Quellen zur Justizgeschichte in der Nachkriegszeit (1945-1949)

Rechtshistorische Reihe

Band 502

Zur Qualitätssicherung und Peer Review der vorliegenden Publikation

Die Qualität der in dieser Reihe erscheinenden Arbeiten wird vor der Publikation durch einen der Herausgeber der Reihe geprüft.

Notes on the quality assurance and peer review of this publication

Prior to publication, the quality of the work published in this series is reviewed by one of the editors of the series.

Werner Schubert

Quellen zur Justizgeschichte in der Nachkriegszeit (1945-1949)

Tagungen der Oberlandesgerichtspräsidenten, der Generalstaatsanwälte und der Landesjustizminister in der Britischen Zone. Interzonale Juristentagungen (1946-1948)

PETER LANG

Lausanne - Berlin - Bruxelles - Chennai - New York - Oxford

Bibliografische Information der Deutschen Nationalbibliothek
Die Deutsche Nationalbibliothek verzeichnet diese Publikation in der Deutschen Nationalbibliografie; detaillierte bibliografische Daten sind im Internet über http://dnb.d-nb.de abrufbar.

ISSN 0344-290X
ISBN 978-3-631-90706-1 (Print)
E-ISBN 978-3-631-90720-7 (E-PDF)
E-ISBN 978-3-631-90721-4 (EPUB)
DOI 10.3726/b21106

Verlegt durch:
Peter Lang GmbH, Berlin, Deutschland

info@peterlang.com http://www.peterlang.com/

Inhaltsverzeichnis

Einleitung

Seit 1945/47 fanden in der Britischen Zone mit Genehmigung der Besatzungsmacht selbständige, regelmäßige Treffen der OLG-Präsidenten, der GStA und der Justizminister statt, eine Tradition, die Vorbild war für die seit 1949/50 stattfindenden Tagungen der Justizminister, OLG-Präsidenten und Generalstaatsanwaltschaften der Bundesrepublik (für die Zeit von 1948–1973 sind die Niederschriften der Tagungen der GStA wiedergegeben bei *W. Schubert* [Hrsg.], Strafverfolgung in der Bundesrepublik Deutschland und in Berlin [West], 2 Bde., Berlin 2021).

Die vorliegende Edition bringt die Niederschriften/Protokolle der Tagungen der OLG-Präsidenten von Kiel, Hamburg, Oldenburg, Celle, Braunschweig, Hamm, Düsseldorf und Köln, der Tagungen der GStA bei den genannten OLG und die Protokolle der Tagungen/Konferenzen der Landesjustizminister von Schleswig-Holstein, Niedersachsen, Nordrhein-Westfalen und Hamburg (Justizverwaltung). Nicht einbezogen in die Edition wurden die „Besprechungen der Referenten für die Gesetzgebung im Britischen Bezirk" mit Ausnahme der Niederschriften vom 14./15.11.1945 und vom 09./10.11.1946. Von einem weiteren Abdruck der Niederschriften des Gesetzgebungsausschusses wurde abgesehen, da die Beratungen im Wesentlichen nur Fragen der Gesetzgebung betreffen.

Teil 4 enthält die Protokolle/Niederschriften der interzonalen Juristentage vom Juli 1946 (Bad Godesberg) und von Wiesbaden (Dez. 1946) sowie Berichte über die Tagungen von Konstanz (Juni 1947), deren Niederschrift in Buchform vorliegt, sowie von Juni 1948 in München. Wiedergegeben auch die Referate über die Nürnberger Prozesse von *Ehard* und *La Follette.*

Teil 5 bringt Hinweise auf die übergreifenden Juristentagungen in der sowjetischen Besatzungszone (SBZ) mit den Landesjustizministern und auf regionalen Juristenkonferenzen in den Ländern. Eine Einbeziehung dieser Materialien in die vorliegende Edition war wegen des Umfangs der Materialien nicht möglich.

I. Über die Wiederherstellung der Justiz in der britischen Zone unterrichtet umfassend *Joachim Reinhold Wenzlau,* Der Wiederaufbau der Justiz in Nordwestdeutschland 1945 bis 1949, Königstein (Ts.) 1979 und in einem breiteren Zusammenhang *Siegfried Großekatzhöfer,* Besatzungsherrschaft und Wiederaufbau: Staatlichen Strukturen in der britischen Zone 1945–1949 Göttingen; 2016 (unter besonderer Berücksichtigung von Niedersachsen und des Vereinigten Wirtschaftsgebiets, der. sog. Bizone), und auf *Matthias Etzel,* Die Aufhebung von nationalsozialistischen Gesetzen durch den Alliierten Kontrollrat (1945–1948), Tübingen 1992.

Für die in den Beratungsprotokollen erwähnten Gesetze und Verordnungen sei auf folgende Gesetzessammlungen verwiesen:

Amtsblatt des Kontrollrats in Deutschland,
Gesetzblatt der Verwaltung für das Vereinigte Wirtschaftsgebiet, 1947–1949,
Verordnungsblatt für die Britische Zone, 1947–1949,

Zentraljustizblatt für die Britische Zone, 1947–1949,
Amtsblatt der Verwaltung für das Vereinigte Wirtschaftsgebiet, 1947–1949,
Gesetz- und Verordnungsblatt für das Land Nordrhein-Westfalen, 1946–1949,
Gesetz- und Verordnungsblatt für das Land Schleswig-Holstein, 1947–1949,
Hamburgisches Gesetz- und Verordnungsblatt, 1946–1949,
Hamburgisches Verordnungsblatt, 1945,
Niedersächsisches Gesetz- und Verordnungsblatt, 1947–1949.

Die Themen der Beratungen der OLG-Präsidenten und GStA und der Justizminister sowie der Juristentage (4. Teil der Edition) werden erschlossen durch das Sachregister und betreffen insbesondere das Dienstalter und die Altersgrenze der Richter, die Wiedereinführung von Laienrichtern, die Juristenausbildung, die Eingliederung der Flüchtlingsjuristen, das Wohnungsrecht, das Verhältnis der StA zur Polizei, Gnadensachen, Strafvollzugsrecht, Schwarzmarkt, Jugendgerichtsbarkeit, Kontrollratsgesetz Nr. 10 (u.a. Denunziationen). Den OLG-Präsidenten stand als Justizzentralausschuss bis Herbst 1946 das Gesetzesinitiativrecht zu, das ab Ende 1946 wieder auf die Länder und Justizministerien überging. Die Protokolle der Tagungen der OLG-Präsidenten und der GStA wurden „absichtlich" so inhaltsarm wie möglich abgefasst (hierzu *Wenzlau*, S. 168). Zur weiteren Erschließung der Beratungsgegenstände sind die übrigen Überlieferungen der OLG-Präs. und GStA in den jeweils zuständigen Landesarchiven heranzuziehen. – Im Anhang zum ersten Teil werden wiedergegeben die Berichte über die Tagungen der Richter und Staatsanwälte in Nordrhein-Westfalen in den Jahren 1948 und 1949.

II. Ob in der amerikanischen Zone Besprechungen des bayer. Justizministers mit den obersten Justizbehörden zwischen 1946 und 1949 stattgefunden haben, lässt sich nicht mehr feststellen. Überliefert sind lediglich Unterlagen in StA Bamberg über eine Besprechung der OLG-Präsidenten mit Vertretern des Justizministers in Fürth 1948.

Gut überliefert sind die Arbeiten des Länderrats des amerikanischen Besatzungsgebiets (hierzu *Lia Härtel*, Der Länderrat des amerikanischen Besatzungsgebietes, Stuttgart u. Köln 1951; *Anton Pfeiffer*, Der Länderrat der Amerikanischen Zone, seine Geschichte und staatsrechtliche Würdigung, München 1948, und *Antje Mohr*, Hessen und der Länderrat des amerikanischen Besatzungsgebietes: Möglichkeiten und Grenzen länderübergreifender Kooperation in den Jahren 1945 bis 1949, Frankfurt a.M. 1999). Der Rechtsausschuss des Länderrats hat u.a. bearbeitet: Angleichung der Gesetzgebung und der Rechtspflege in den Ländern, Reinigung der übernommenen Rechtsordnung von nationalsozialistischem Gedankengut, Ausarbeitung von Gesetzen und Verordnungen und Stellungnahmen zu Gesetzentwürfen anderer Ausschüsse, Überwachung der Durchführung der erlassenen Gesetze und Verordnungen in den Ländern, Stellungnahme zu Gesetzentwürfen der Militärregierung und des Kontrollrats sowie Ausarbeitung von Durchführungsverordnungen zu diesen Gesetzen (vgl. *Härtel*, S. 115 ff.).

III. Für die französische Zone (Oberlandesgerichte Freiburg und Koblenz) lassen sich keine zentralen Beratungen mit dem Justizministerien oder der Besatzungsmacht nachweisen.

IV. Der vierte Teil der Edition bringt die Protokolle und sonstigen Materialien der Interzonalen Juristentage sowie Tagungsberichte aus juristischen Zeitschriften. Die erste, vom Düsseldorfer OLG-Präs. Lingemann organisierte Tagung fand in Bad Godesberg vom 16./17.7.1946 statt. Wiedergegeben wird die Niederschrift der Tagung, an der außer der Justizverwaltung der Amerik. Zone vornehmlich Juristen aus der Brit. Zone teilnahmen. Umfangreiche Vorträge hielten der Kölner OLG-Präsident Schetter über das Problem der Justizreform, der Celler OLG-Präsident v. Hodenberg über das neue Arbeitsgerichtsgesetz und der Kieler OLG-Präs. Kuhnt über die Juristenausbildung.

Vom 4.–6.12.1946 fand in Wiesbaden der 2. Internationale Juristentag statt, an dem aus der Ostzone auch der Leiter der ostzonalen Justizverwaltung Schiffer (Reichsjustizminister von 1919/21) und der Vizepräsident Melsheimer teilnahmen. Themen der Wiesbadener Tagung waren die Revision des StGB, das Ausbildungswesen, die Rechtsmittel gegen Urteile des Landgerichts in Zivilsachen, internationale Rechtsfragen (insbes. gegenseitiger Rechtshilfeverkehr) sowie die Durchführung des Kontrollratsgesetzes 18 (Wohnungsgesetz).

Der nächste interzonale Juristentag fand vom 2.–5.6.1947 in Konstanz statt, dessen Protokoll noch 1947 veröffentlicht wurde (Der Konstanzer Juristentag [2.–5. Juni 1947], Ansprachen/Vorträge, Diskussionsreden, Tübingen 1947). Auch an dieser Tagung nahmen wiederum aus der Ostzone Schiffer und Melsheimer teil. Wiedergegeben wird außer einem Tagungsbericht in der DRZ auch ein Beitrag von Schiffer zum Konstanzer Juristentag in der „Neuen Justiz“. Die wichtigsten Themen der Referate betrafen die „Wiedergesundung des heutigen Rechtslebens“, Verfassungsformen „unseres Zeitalters“, die Bestrafung der nationalsozialistischen Verbrechen (KRG 10), die durch Aufhebung des Reichserbhofgesetzes geschaffene Rechtslage und die Beteiligung des Volkes an der Rechtspflege.

Zu letzterem Thema stellte *Melsheimer* fest, „das, was wir mit diesem politischen Richter (unter dem Nationalsozialismus) in diesen 13 Jahren erlebt haben, darf sich nie wiederholen. Infolgedessen ist Voraussetzung, dass jede Reform der Justiz in Deutschland die *politische Erziehung der Richter* wieder in die Hand nehmen muss. Es gibt manche Wege, die dahin führen könnten. Mir scheint, dass der Weg, der heute hier besprochen worden ist, der Weg über die Auswahl der Laienrichter, der Weg über die fachliche Schulung der Schöffen und Geschworenen nicht der richtige ist. Ich bin der Meinung, dass es notwendig ist, dass die Schöffen und Geschworenen politisch geschult werden.

Ob das allein der richtige Weg ist, die deutsche Justiz zu einer Justiz des Volkes zu machen, will mir allerdings zweifelhaft scheinen, solange es in der Justiz maßgebliche Personen gibt, die diese Erkenntnis zwar haben, aber nicht richtig demokratisch denken können. und deshalb sind wir in der Ostzone neue Wege gegangen. Wir haben in der Ostzone Schöffen herangezogen, wir haben eine weitere Beteiligung des Laienelements in der Justiz seit langem wieder eingeführt. Ich darf Ihnen sagen, dass beispielsweise unsere Schöffengerichte, bei denen außer einem Richter Schöffen saßen, beachtliche Erfolge erzielt haben. Zurzeit haben wir wieder die Organisation, wie sie vor 1933 gewesen ist. Wir haben Schöffengerichte,

Strafkammern und Schwurgerichte, letztere in der Besetzung 3 zu 6. Aber nicht das ist das Wesentlichste einer Demokratisierung der deutschen Juristen; das Wesentlichste ist, dass ein neuer Geist in die Richter einzieht. Ich habe gestern bereits Gelegenheit gehabt, Ihnen zu sagen, wie ernst wir es in der Ostzone mit der Denazifizierung genommen haben. Wir haben es uns zum Prinzip gemacht, auch nicht irgendeinen Menschen mit kleinstem Rostfleck zu beschäftigen. Wir haben dadurch einen großen Mangel an Richtern gehabt. Nun sind wir im Osten einen Weg gegangen, der mit der bloßen Laienbeteiligung in der Rechtsprechung sich nicht begnügt, sondern wir haben *neue Richter* geschaffen. Wir haben in allen möglichen Provinzen unserer Zone Richterschulen eingerichtet auf den ausdrücklichen Befehl des Marschalls Schukow, und diese Richterschulen sind interne Schulen, in denen die Menschen, die dahin kommen, neun Monate ausschließlich auf ihre Ausbildung verwenden. Diese Richterschulen werden beschickt aufgrund von Vorschlägen der Parteien und anderer demokratischer Organisationen, und in diesen Schulen sitzen Männer und Frauen aus dem Volk, Menschen, die in ihrem Leben als Verfolgte erfahren haben, was die Justiz des nationalsozialistischen Reiches verbrochen hat. Das sind Menschen, die eine andere Art haben als manche Richter alter Schule, die von einem Reich ins andere hinübergeschliddert sind und sich auch dem Dritten Reich gebeugt haben. Diese Menschen werden in neun Monaten ausgebildet. Es sind in diesen neun Monaten keine Juristen aus ihnen zu machen; das ist klar, dass ein Mensch, der als Gewerkschaftssekretär oder auch als Vorsteher eines Anwaltsbüros zur Schule kommt, dass er nicht im Handumdrehen zu einem Volljuristen gemacht werden kann. Aber diese Menschen bringen vieles mit an Wert und Lebenserfahrung." (Tagungsband, S. 173 ff.)

Zum Abschluss der Tagung stellte *Schiffer* fest, der Chef du Contrôle de la justice allemande Bourthoumieux habe „uns Deutschen einen Spiegel vorgehalten, dass wir zu viel an Systematik und Konstruktion haben. Er hat uns entgegengehalten das Bild seines eigenen Volkes, das in höherem Grade auf dem festen Boden der Tatsachen stehe und sich mehr leiten lasse von den Mächten des Gefühls. Er mag recht haben. Aber ist dieser Widerspruch vielleicht nicht der Widerspruch, der im menschlichen Geschlecht überhaupt vorhanden ist? Lebt er nicht in jedem einzelnen Menschen und in jedem Herzen? Und hat nicht jede Menschenseele – und jede Nation – die Aufgabe, das Gleichgewicht zwischen beiden Mächten herzustellen? Wenn wir früher vielleicht zu viel nachgedacht haben, so hat uns jetzt ein hartes Schicksal auf den festen Boden der Tatsachen gestellt. Der Herr Präsident hat ein Zitat aus Hamlet zitiert: dass zwischen Himmel und Erde Dinge sind, von denen die Schulweisheit nichts weiß. Ich möchte ein anderes Wort anführen: Sein oder Nichtsein, das ist hier die Frage. Nach einem Winter von unsagbarer Härte stehen wir noch immer im Kampf ums Dasein. Selten nur fällt in dieses harte Leben ein Strahl der Sonne und der Hoffnung. Einen solchen Sonnenstrahl stellen diese Tage von Konstanz dar. In dem wundervollen Rahmen dieser schönen alten Stadt am Ufer des Bodensees haben wir unvergessliche Stunden erlebt. Wir haben uns auf verschiedenen Gebieten der Rechtswissenschaft reiche Anregung und Belehrung mitgenommen. Die Tagung hat uns klargemacht, dass eine Rechtspflege nicht möglich ist ohne Rechtseinheit; denn die Rechtseinheit ist die Grundlage für jede wirtschaftliche Einheit. Ein straffer und freier Wirtschaftsverkehr ist nicht möglich ohne die Grundlage eines gemeinsamen Rechts. Alle Militäradministrationen haben noch etwas anderes getan, als sie uns hierher eingeladen haben. Die Einladung war mehr als eine liebenswürdige Geste. Sie gab uns die Möglichkeit einer Annäherung, die über die Grenzen des Reiches hinausgeht. Das deutsche Volk steht sehr allein und verlassen in der Welt. Wir drängen uns niemandem auf. Aber wir sind unendlich dankbar, wenn uns eine Hand entgegengestreckt wird, um uns aus der Vereinsamung zu erlösen. Ich wiederhole es, wir werden diese sonnigen Tage in einem dankbaren Herzen bewahren." (Tagungsband, S. 208 f.)

Von der Tagung deutscher Juristen in Bad Godesberg vom 30.9.–1.10.1947 liegen als Sonderveröffentlichung des Zentraljustizblatts für die Britische Zone die Reden und Vorträge in Buchform vor. Eine Diskussion war nicht vorgesehen. Wie die Teilnehmerliste (S. 256 ff.) ergibt, nahmen außer Vertretern der Justiz in der Britischen Zone auch Juristen der amerikanischen und französischen Zone teil, nicht mehr jedoch aus der Ostzone. Die Themen der Vorträge waren u.a.: Staatsrechtliche Probleme des bizonalen Aufbaus, die „Freiheit und Gebundenheit des englischen Richters" (Ernst Wolff), Fragen des Enteignungsrechts und der Wiedergutmachung, Recht und Pflicht des Richters zur Prüfung der Gültigkeit des Strafgesetzes, die Unabhängigkeit der Rechtspflege (Eberhard Schmidt) sowie Fragen des Strafverfahrens und des Zivilprozessrechts. Einen kurzen Überblick über die Tagung bringt der in der Edition wiedergegebene Tagungsbericht in der DRZ.

Der letzte Interzonale Juristentag fand in München vom 1.–4.6.1948 statt, über den eine vollständige Niederschrift nicht vorliegt. Es werden wiedergegeben die Tagungsberichte aus der SJZ, der NJW (von Dr. Lewald) und der DRZ. Überliefert sind das Referat des bayer. Ministerpräsidenten Ehard über den „Nürnberger Prozess und das Völkerrecht", HStA München (auch in der DRZ 1948 S. 8) und der Vortrag von Charles M. La Follette (Direktor der Militärregierung für das Land Württemberg-Baden) über den Nürnberger Juristenprozess. Das Referat lag zunächst auf Englisch vor (diese Fassung ist in den Akten nicht enthalten); wiedergegeben wird die den Teilnehmern zugänglich gemachte deutsche Übersetzung des Vortrags, der seiner Länge wegen nicht vollständig vorgetragen werden konnte. Mit seinem Vortrag wollte La Follette helfen, „das Gute im deutschen Volk wieder aufzubauen" und wollte nicht „zu seinem künftigen Elend beitragen". Dies sei der Grund, warum ich „so hart gerungen habe".

Der 5. Teil der Edition enthält Hinweise auf die archivalischen Quellen zu den Besprechungen der Zentralverwaltung der Justiz der sowjetischen Besatzungszone (hierzu *Hermann Wenther*, Justiz in der SBZ/DDR 1945–1953. Transformation und Rolle ihrer zentralen Institutionen, München 2001). Zunächst werden mitgeteilt die Tagesordnungen der Länderkonferenzen vom 11.3.1946–25.–26.3.1949. Präsident der Zentralverwaltung war bis Mitte 1948 der ehemalige Reichsjustizminister Eugen Schiffer, dessen Stellvertreter (Vizepräsident) war bis Mitte 1948 Ernst Melsheimer (1897–1960), der anschließend bis 1960 Generalstaatsanwalt der DDR war. Unter II. werden mitgeteilt Berichte über die Konferenzen vom 11./12.6.1948,

15.1.1949 und vom 25./6.3.1949. Unter III. wird dokumentiert eine Tagung der GStA der Länder am 25./26.4.1947. Es folgen unter IV. Hinweise auf Juristenkonferenzen in den Ländern. Inwieweit diese Angaben vollständig sind, müsste noch anhand der Bestände der Landesarchive der neuen Bundesländer überprüft werden. Hingewiesen sei noch auf folgende Tagungsberichte: Interzonentagung der Juristen des VVN in Schönberg/Taunus vom 20.–22.3.1948 (NJ 1948, S. 56–58; *Hilde Benjamin*, Die Zonenkonferenz der Kontrollkommissionen und Kontrollausschüsse [NJ 1949, S. 118 f.]) und auf die erste internationale Tagung der Vereinigung demokratischer Juristen am 16.7.1949 in Berlin (NJ 1949, S. 166–168, *Dr. Hans Loch*, Justizminister in Thüringen).

Erster Teil: Tagungen der Oberlandesgerichtspräsidenten der Britischen Zone

I. Niederschrift über die Besprechung der OLG-Präs. aus Hamburg, Celle, Braunschweig und Oldenburg am 27.9.1945 in Lüneburg (vgl. noch S. 663 ff.)

Anwesende:
OLG Hamburg: OLG-Präs. Dr. Kiesselbach
OLG Celle: OLG-Präs. Frhr. v. Hodenberg, OLG-Rat Dr. Benefeld;
OLG Braunschweig: OLG-Präs. Dr. Mansfeld, OLG-Rat Dr. Fricke
OLG Oldenburg: OLG-Präs. Dr. Koch, AG-Rat Langenbach.

OLG-Präs. Dr. Kiesselbach gab eine Übersicht über die Entwicklung des Rechtswesens in Hamburg seit der Besetzung. Er wies darauf hin, dass offenbar seitens der Besatzungsmächte eine Zentralisierung der Justizverwaltung erstrebt würde, und zwar sei das letzte Ziel die Errichtung einer Zentrale in Berlin unter Beteiligung aller Besatzungsmächte; nebenher bestehe aber in der von den Briten besetzten Zone auch der Plan, die Verwaltung in Oeynhausen zu zentralisieren. Als das von deutscher Seite zu erstrebende Ziel bezeichnete Präs. Dr. Kiesselbach die Schaffung einer deutschen Zentrale. Solange diese für das gesamte Deutschland nicht möglich sei, sei zu erstreben, wenigstens in der englischen Zone eine solche zu bilden. Aus diesem Grunde sei es wünschenswert, dass zunächst die fünf nordwestdeutschen OLG, nämlich Hamburg, Kiel, Celle, Braunschweig und Oldenburg miteinander in Verbindung treten. *OLG-Präs. Dr. Kiesselbach* schlägt vor, dass regelmäßige Zusammenkünfte der Präsidenten für diese Gerichte zum Zwecke des einheitlichen Vorgehens stattfinden sollten.

OLG-Präs. Frhr. v. Hodenberg tritt diesen Ausführungen bei, meint aber, dass eine Zentrale in Berlin zurzeit wohl noch nicht wünschenswert sei, da zu befürchten wäre, dass von russischer Seite eigene Wege eingeschlagen würden. So viel er wisse, würden in der russischen Zone die Richter bisher wie Angestellte behandelt. Es werde gesagt, dass in Greifswald ein Maurergeselle Präsident des LG geworden sei. Zu erstreben sei deshalb zunächst eine einheitliche Zentrale in der gesamten englischen Zone, vielleicht mit Einschluss der amerikanischen. – Bis dieses Ziel erreicht sei, empfiehlt *OLG-Präs. v. Hodenberg* regelmäßige Zusammenkünfte der Präs. aller OLG in der britischen Zone, also auch der Präs. der OLG Köln, Hamm und Düsseldorf. Besonders eilbedürftige Sachen würden allerdings wohl nur mit dem jeweils sofort erreichbaren Präs. gemeinsam besprochen werden können.

OLG-Präs. Dr. Kiesselbach glaubt auch, dass das zuletzt zu erstrebende Ziel eine Zentrale für das gesamte britische und amerikanische Gebiet sei, ist aber der

Ansicht, dass zunächst eine Beschränkung der Zusammenkünfte auf die von ihm angeführten OLG, nämlich die heute vertretenen vier und Kiel erfolgen solle. Später müsse dann erstrebt werden, auch die drei anderen OLG-Bezirke hinzuzuziehen, vorläufig werde ein schriftlicher Verkehr aufgenommen werden können.

OLG-Präs. Dr. Mansfeld berichtet aus Braunschweig, dass dort vorläufig wohl nur die AG wieder eröffnet werden könnten, da es für die Eröffnung der anderen Gerichte an Richtern fehle. In Braunschweig seien bisher nur 15 (20 %) der Richter, die der Partei angehört hatten, zugelassen worden. Es sei hierbei, wie OLG-Präs. Dr. Mansfeld näher darlegt, absolut schematisch verfahren, so dass das Ergebnis sehr unbefriedigend sei.

Es wurde besprochen, zunächst über die Frage über die Entlassung der Richter zu sprechen.

OLG-Präs. v. Hodenberg gab an, dass die Verhältnisse in Celle besser als in Braunschweig wären. Die schematische Regelung sei zunächst aufgegeben, scheine aber wieder eingeführt werden zu sollen. Er schlägt vor, dass eine gemeinsame Aktion der OLG-Präs. zur Darlegung der Untragbarkeit des bisher eingeschlagenen Modus vorgenommen werde.

OLG-Präs. Dr. Koch tritt dem Vorschlag bei. Die Erfahrungen in Oldenburg seien allerdings bisher besser gewesen.

OLG-Präs. Dr. Kiesselbach stimmt gleichfalls zu, meint aber, dass man vorsichtig vorgehen solle, es sei vielleicht ratsam, zunächst eine Besprechung mit Oberst Carton vorzunehmen.

OLG-Präs. v. Hodenberg ist hiermit einverstanden, glaubt aber, dass schon jetzt eine Eingabe, die später an die Militärregierung gehen solle, vorbereitet werden solle. – So viel er wisse, werde in Hamm bei den abgelehnten Richtern die Gründe angegeben und es sei ein Einspruch der Richter möglich.

Es wurde beschlossen, dass die Herren OLG-Präs. v. Hodenberg und Dr. Mansfeld eine Eingabe aufsetzen und vorbereiten sollen. Auf Anregung von *OLG-Präs. Dr. Kiesselbach* wurde weiter beschlossen, dass diese Eingabe Oberst Carton vorgelegt werden soll, und zwar bei einer gemeinsamen Besprechung der OLG-Präs., zu der Oberst Carton zu bitten sein wird. *OLG-Präs. Dr. Kiesselbach* sagt ferner Herrn OLG-Präs. Dr. Mansfeld zu, dass er Oberst Carton von dem Wunsch von OLG-Präs. Dr. Mansfeld in Kenntnis setzen wolle, dass Oberst Carton einmal nach Braunschweig käme oder aber OLG-Präs. Dr. Mansfeld ihn in Hamburg aufsuchen könne. OLG-Präs. Dr. Kiesselbach wird auch mit Oberst Carton wegen der Eingabe und seiner Teilnahme an der gemeinsamen Besprechung reden. OLG-Präs. Dr. Kiesselbach bittet ferner, in der Eingabe darauf hinzuweisen, dass bei den auswärtigen Bewerbern, soweit sie aus dem russ. Gebiet kämen, die Qualifikation ihrer Parteizugehörigkeit usw. nur sehr schwer festzustellen wäre.

OLG-Präs. v. Hodenberg berichtet, dass in Celle folgendes Verfahren bei der Bewerbung auswärtiger Richter angewandt würde: Zurückgewiesen würden politisch Belastete, ferner diejenigen, die aus dem Justizdienst seit längerer Zeit bereits ausgeschieden waren, und endlich diejenigen, die ihren Wohnort in einem anderen OLG-Bezirk der von den Engländern und Amerikanern besetzten Zonen hätten.

Von den übrigen Bewerbern würden die in der Russ. Zone wohnhaften besonders berücksichtigt, wobei auf ihre Qualifikation, die Zahl der Kinder usw. sowie darauf, ob sie mit dem Bezirk besonders verbunden seien, Rücksicht genommen wird. Endlich würden natürlich die Kriegsbeschädigten besonders berücksichtigt. – Es sei damit zu rechnen, dass die Bewerber sich auch in anderen Bezirken wahrscheinlich gleichzeitig bewerben würden, hieran sei aber nichts zu ändern. – *OLG-Präs. v. Hodenberg* regt dann die Frage an, ob die Zulassung auswärtiger Anwälte in allen Bezirken gleichmäßig vorgenommen werden könne.

OLG-Präs. Dr. Kiesselbach wies darauf hin, dass sich noch gar nicht absehen lasse, wie die wirtschaftliche Entwicklung in den einzelnen Bezirken sich gestalten und wie daher die Aussichten für Anwälte in ihnen sein würde. *OLG-Präs. Dr. Kiesselbach* ist der Ansicht, dass bei der Zulassung der Anwälte in erster Linie die Bedürfnisfrage maßgebend sein muss.

Bezüglich der entlassenen Richter teilt *OLG-Präs. Dr. Kiesselbach* mit, dass nach Angabe von Oberst Carton diese als Syndici, ferner aber auch bei anderen Behörden beschäftigt werden könnten. Ob die Entlassenen eine Entschädigung erhalten sollen, steht noch zur Verhandlung, ebenso wie die Frage, ob sie Anspruch auf ihren Titel beibehielten.

OLG-Präs. Dr. Mansfeld berichtet, dass in Braunschweig teilweise Wohnung und Möbel den Entlassenen fortgenommen wären.

Es wurde sodann über Fragen der Gesetzgebung gesprochen. Die neue StPO und das GVG sind an alle Anwesenden gegangen. *OLG-Präs. v. Hodenberg* gibt an, dass nach der ihm erteilten Auskunft auch bereits eine neue ZPO vorläge, die aber vorläufig nicht gedruckt werden könne. *OLG-Präs. Dr. Kiesselbach* erstattet Bericht über die in Hamburg bisher auf dem Wege der Gesetzgebung geleistete Arbeit. Die Hamburger VO über die Wiedereröffnung der Gerichte wurde verlesen. Abschrift von ihr sowie der VO über die erweiterte Vertragshilfe mit dem Anschreiben an die Militärregierung wurde allen anwesenden OLG-Präs. ausgehändigt. Es wurde ferner zugesagt, dass in Zukunft regelmäßig an die fünf nordwestdeutschen Bezirke Abschriften aller erlassenen VO sowie auch Mitteilung über sonstige wichtige Fragen gelangen solle. Um ein gemeinsames Zusammenarbeiten bei der gesetzgeberischen Tätigkeit und auch bei sonstigen Fragen zu erzielen, wurde beschlossen, dass außer der Zusammenkunft der Chefpräsidenten regelmäßige Zusammenkünfte der Referenten bei den einzelnen OLG stattfinden sollten. Vorbereitet werden diese Referentenbesprechungen durch den vorherigen Schriftwechsel.

Es wurde angeregt, dass möglichst eine Disziplinarkammer für die gesamte englische Zone geschaffen werde.

Es wurde sodann über das juristische Studium und die Ausbildung der Referenten gesprochen. Die einstimmige Meinung ging dahin, dass die Zeiten abgekürzt werden sollten, und zwar sei es ratsam, dass das Studium auf zwei Jahre, die Referendarzeit auf zweieinhalb Jahre verkürzt werde. Diese Abkürzung der Ausbildungszeit soll aber nur dann erfolgen, wenn bei der Zulassung zur ersten Prüfung der Kandidat eine ordnungsmäßige Schulausbildung mit Abschlussprüfung und drei Jahre Kriegsdienst hinter sich hat, bei der zweiten Prüfung, wenn der Kandidat ein Referendarexamen nach Friedensbedingungen abgelegt hat, er mindestens drei Jahre im Krieg war und endlich nach seinen Zeugnissen geeignet erscheint.

OLG-Präs. v. Hodenberg hat Zweifel, ob die Universitäten mit der Abkürzung des Studiums einverstanden sein würden, Göttingen sei bisher ablehnend. *OLG-Präs. Dr. Kiesselbach* versprach, die Ansicht der juristischen Fakultät in Hamburg über die Frage in Erfahrung zu bringen. Wegen der Prüfungen ging die Meinung der Versammelten dahin, dass es ratsam wäre, eine Prüfungsstelle für die zweite juristische Prüfung für die vertretenen OLG einzurichten. Das OLG Hamburg ist zurzeit die einzige bestehende Prüfungsstelle. Es wurde vom OLG-Präs. Dr. Koch angeregt, dass *eine* Prüfungsstelle eingerichtet werden sollte, dass diese aber jeweils bei den verschiedenen OLG tagen möge. Eine Zuziehung von Richtern sämtlicher OLG wird in Aussicht genommen.

Bezüglich des Unterhaltszuschusses an die Referendare geht die Meinung dahin, dass die Bestimmungen reformbedürftig seien. Es wird zu erwägen sein, ob nur gut Qualifizierte den Zuschuss erhalten sollen, und zwar auch nur dann, wenn sie bedürftig sind. Alte Kriegsteilnehmer müssten natürlich besonders berücksichtigt werden. Nach weiterer Besprechung wurde beschlossen, den Präs. des Bremer LG vorläufig nicht zu den Zusammenkünften hinzuzuziehen, weil die Verhältnisse in der amerikanischen Zone anders liegen. Ebenso wurde abgelehnt, dass die GStA teilnehmen sollten. Es erscheint aber wünschenswert, wenn auch sie Zusammenkünfte vereinbaren, und zwar möglichst an demselben Ort und an demselben Tag wie die Besprechungen der OLG-Präs.

Als Tag der nächsten Tagung der OLG-Präs. wurde vorgesehen *Mittwoch, d. 24.10.1945, 10.30 Uhr in Lüneburg.*

Anhang: Erklärung der Länder der Britischen und Amerikanischen Zone auf der Interzonenkonferenz vom 4./5.10.1946 zum Nürnberger Urteil.

Die in Bremen versammelten Chefs der deutschen Länder und Freien Städte der Brit. und Amerik. Zone [4./5.10.1946] geben zu dem Urteil des Internationalen Militärtribunals einstimmig folgende Erklärung ab:

Das Internationale Militärtribunal in Nürnberg hat aufgrund seines Statuts über die Tatbestände des internationalen Rechts entschieden, die in dem Statut enthalten sind.

Über die Schuldfrage dem deutschen Volk gegenüber unter Zugrundelegung bestehenden deutschen Rechts ist damit noch nicht entschieden. Diese Schuldfrage muss von deutschen Gerichtsinstanzen alsbald geprüft und entschieden werden.

Die Ministerpräsidenten haben am 26.3.1946, also zu einer Zeit, in der das Ergebnis des Nürnberger Prozesses noch nicht zu übersehen war, zu dieser grundsätzlichen Frage in einer gemeinsamen, dem Kontrollrat zugeleiteten Erklärung wie folgt Stellung genommen: „Die überwältigende Mehrheit des deutschen Volkes verabscheut und verurteilt diese Verbrechen, deren Opfer fremde Völker und Staaten geworden sind und billigt die Bestrafung der Schuldigen.

Gleichzeitig fordert das deutsche Volk aber mit aller Entschiedenheit, dass die Führer des Nationalsozialismus und ihre Helfershelfer wegen der ungeheuren Verbrechen zur Rechenschaft gezogen werden, die sie gegen das deutsche Volk in seiner Gesamtheit und unzählige einzelne Deutsche begangen haben. Diese gegen das eigene Volk gerichteten Freveltaten, die aus sicher wohlerwogenen Gründen in der Anklage nahezu unerwähnt geblieben sind, sind ebenfalls von gewaltigen Ausmaßen gewesen. Das deutsche Volk hat bereits vor den anderen Völkern unter der verbrecherischen Tätigkeit der Nationalsozialisten und damit länger als diese zu leiden gehabt.

Ein von einem deutschen Gericht gefälltes Urteil wird sich auf das deutsche Volk politisch in einer Weise auswirken, wie es durch den Spruch eines Internationalen Militärtribunals niemals mit gleicher Wirksamkeit möglich wäre. Im Hinblick auf die Entwicklung einer gesunden deutschen Demokratie in den kommenden Jahren, kann die politische Bedeutung eines solchen Vorgehens, das auf die endgültige Reinigung des deutschen Volkes vom Nationalsozialismus größten Einfluss haben wird, nicht hoch genug eingeschätzt werden. Man verhindert dadurch das Entstehen der Legende, dass die Kriegsverbrecher zwar von einem Internationalen Gerichtshof, aber nicht vom deutschen Volke für schuldig befunden wurden.

Wir halten dafür, dass vor der Welt das Schuldmaß sich in seinem vollen Umfang erst dann erweisen wird, wenn auch die Untaten, die die Kriegsverbrecher gegenüber dem deutschen Volke begangen haben, durch den Spruch eines deutschen Gerichtes ihre Sühne finden."

Wir bekennen uns erneut zu diesen in der oben genannten Entschließung niedergelegten Grundsätzen und geben gleichzeitig dem Wunsche Ausdruck, dass es dem deutschen Volke ermöglicht wird, für das ganze deutsche Gebiet einen Gerichtshof zu bilden, vor dem diese dem deutschen Volke gegenüber begangene und noch nicht gesühnte Schuld festgestellt und abgeurteilt wird.

II. Niederschrift über die Besprechung der OLG-Präs. im britischen Bezirk am 24.10.1945 in Lüneburg

Bei Beginn der Sitzung waren anwesend:
OLG Braunschweig: OLG-Präs. Dr. Mansfeld, OLG-Rat Dr. Fricke;
OLG Celle: OLG-Präs. Dr. Frhr. v. Hodenberg, OLG-Rat Dr. Benefeld, OLG-Rat Dr. Tasche;
OLG Hamburg: OLG-Präs. Dr. Kiesselbach, LG-Dir. Villers, AG-Dir. Dr. Vogler;
OLG Hamm: OLG-Präs. Dr. Hermsen, OLG-Rat Dr. Adrian;
OLG Kiel: OLG-Präs. Dr. Kuhnt, OLG-Rat Dose, OLG-Rat Schmidt;
OLG Oldenburg: OLG-Präs. Dr. Koch, OLG-Rat Beitzel;
außerdem:
Oberst Carton von der britischen Militärregierung, Hamburg.

OLG-Präs. Dr. Harmsen aus Hamm entschuldigte das Ausbleiben der OLG-Präs. aus Köln und Düsseldorf, die erst gestern von der Sitzung Nachricht bekommen hätten und daher vielleicht mit Verspätung eintreffen würden.

OLG-Präs. Dr. Kiesselbach eröffnete die Sitzung und begrüßte besonders Herrn *Oberst Carton,* sowie die OLG-Präs. aus Hamm und Kiel, die zum ersten Mal an der Sitzung der Präsidenten teilnahmen. Er legte dar dass der Gedanke der Zusammenkunft der OLG-Präs. sich daraus entwickelt habe dass zunächst die Bezirke Kiel und Hamburg, später auch Celle miteinander in Verbindung getreten seien. Aus dieser Fühlungnahme habe sich dann der Plan einer ständigen Zusammenkunft der Präsidenten entwickelt, der auch von der britischen Militärregierung begünstigt sei, wofür vor allem Herrn *Oberst Carton* der Dank ausgesprochen werden müsse. Ziel der Beratungen sei in erster Linie die Säuberung des Rechts von NS-Geist und die Einstellung des Rechts auf die besonderen Zeitumstände. Dagegen sei es noch nicht an der Zeit, eine Reform der Gesetzgebung auf anderen Gebieten vorzunehmen, das müsse der Zukunft vorbehalten bleiben. Es sei zu hoffen, dass sich aus den Zusammenkünften allmählich eine Zentrale für die Gesetzgebung für die britische Zone, hoffentlich später auch für die anderen Zonen und für ganz Deutschland gestalten werde. Gesetzvorschläge sollten in Zukunft in der Weise der Militärregierung unterbreitet werden, dass sie bei den Zusammenkünften verbreitet und dann, wie sie von der Mehrheit beschlossen seien, eingereicht würden. Erstrebenswert sei, dass nur ein Vorschlag, höchstens aber zwei Vorschläge eingebracht würden, wobei aber natürlich abweichende Meinungen zu einzelnen Punkten ebenfalls zur Kenntnis der Militärregierung gebracht werden können. Jedenfalls solle aber nicht jeder Bezirk für sich allein Vorschläge einbringen, soweit diese über lokale Belange hinausgingen.

OLG-Präs. Dr. Kiesselbach betonte nochmals, dass der von ihm entwickelte Plan in vollem Umfange die verständnisvolle Billigung von Herrn Oberst Carton gefunden habe.

Herr *Oberst Carton* dankte für die Einladung und erklärte, dass er an der Zusammenkunft lediglich als Gast, nicht aber etwa kontrollierend oder sonst wie beeinflussend teilnehme.

Er habe das Bestreben der Präsidentenzusammenkünfte gefördert in der Hoffnung, dass in dieser Weise die Leitung der Justiz in unabhängige Hände kommen werde. Für die Militärregierung hätten sich folgende Möglichkeiten bezüglich der Gerichtsbarkeit in Deutschland ergeben:

1. Man hätte die deutsche Justiz ganz ausschalten und die Justiz in die Hände der Militärregierung legen können;

2. man hätte die Justiz von den NS-Elementen reinigen und dann den Deutschen überlassen können;

3. Man könnte versuchen, durch Zusammenarbeit der deutschen Justizbehörden mit der britischen Militärregierung ein wirksames Ergebnis zu erreichen.

Dieser dritte Weg sei von der Militärregierung gewählt und er habe die Hoffnung, dass er ein gutes Ergebnis bringen werde. Herr Oberst Carton verlas dann einen Erlass, den der Kontrollrat der vier Mächte über die deutsche Justiz vor zwei Tagen veröffentlicht habe und der demnächst in den deutschen Zeitungen erscheinen würde.

Herr *Oberst Carton* äußerte endlich die Hoffnung, dass die Militärregierung Vertrauen zu der deutschen Justiz fassen werde, und dass man dann daran denken könnte, ein Justizministerium einzurichten, zu dessen Vorbereitung die Zusammenkünfte dienen sollen.

OLG-Präs. Dr. Kiesselbach dankte Herrn Oberst Carton zu seinen Erklärungen. – Es wurde alsdann in die TO eingetreten.

Punkt 1 der TO (Eingaben) wurde von der Verhandlung abgesetzt, da Richtlinien über die Frage der Zulassung zu erwarten seien.

Herr *Oberst Carton* teilte mit, dass die obersten Provinzialbeamten der Militärregierung in den acht OLG-Bezirken der britischen Zone das Recht hätten, Richter zuzulassen mit Ausnahme der Präsidenten. Es seien in dieser Beziehung gewisse Richtlinien maßgebend. – Herr *Oberst Carton* teilte endlich noch mit, dass in Zukunft der Briefverkehr zwischen den OLG-Bezirken über die Militärregierung gehen könne, so dass eine Beschleunigung eintreten würde.

Folgende Punkte wurden alsdann besprochen:

1. *OLG-Präs. Dr. Kuhnt* nahm zu dem Vorschlag Celle Stellung: Das Studium soll sechs Semester dauern. Für Kriegsteilnehmer ist eine Abkürzung unter gewissen Voraussetzungen zulässig, und zwar auf fünf Semester. Fraglich sei, wie weit Staatsrecht gelehrt werden solle. Im Referendarexamen solle sich die Prüfung auf bürgerliches Recht, Zivilprozessrecht, Strafrecht – StPO – und gewisse Nebenmaterien beschränken, das Verwaltungsrecht müsse zurücktreten. Für die Prüfungskommission schlägt *OLG-Präs. Kuhnt* drei Prüfer vor, wobei der Vorsitzende Richter sein müsse, die Beisitzer könnten Richter oder Professoren sein.

OLG-Präs. Dr. Frhr. v. Hodenberg schlägt vor, das Studium für Kriegsteilnehmer auf fünf Semester abzukürzen. Er ist der Meinung, dass Staatsrecht weiter gelehrt werden müsse, und zwar das Staatsrecht der anderen großen Völker. Auch Kirchenrecht sei weiter zu dozieren. Für die Prüfungskommission schlägt er vier Prüfer vor, nämlich zwei Richter und zwei Professoren, Vorsitzender ein Richter.

Es erschienen die OLG-Präs. von Köln, *Dr. Schetter*; von Düsseldorf, *Dr. Lingemann.*

OLG-Präs. Dr. Koch stimmt den Anregungen des OLG-Präs. Dr. Frhr. v. Hodenberg zu. Herr *Oberst Carton* war der Ansicht, dass das römische Recht weiter zu lehren sei, aber vorläufig nicht geprüft werden solle, weil die Kenntnisse der jetzigen Studenten im Lateinischen zu gering wären. Staatsrecht müsse weiter gelehrt und geprüft werden. Empfehlenswert würde sein, besonders auch das englische Staatsrecht zu betreiben. Dauer des Studiums im Regelfalle sechs Semester, Lehrbücher und Lehrgang des Studiums seien zu prüfen und zu überholen.

Die Versammlung definierte den Begriff Kriegsteilnehmer dahin, dass als solche Leute anzusehen seien, die wenigstens drei Jahre in der Wehrmacht oder im Arbeitsdienst bzw. Notdienst gewesen sind. – Bezüglich der Länge des Studiums wurden von der Versammlung allgemein sechs Semester als Studiumsdauer bezeichnet, während für Kriegsteilnehmer die Dauer des Studiums fünf Semester dauern solle.

Die Versammlung beschloss ferner, dass die Kommission entsprechend dem Vorschlage des *OLG-Präs. Dr. Frhr. v. Hodenberg* aus vier Prüfern bestehen solle. *OLG-Präs. Dr. Kuhnt* schlug vor, dass im Examen eine große Arbeit von vier Wochen und drei, vielleicht vier Klausuren verlangt werden müssten.

Die Versammlung stimmte dafür, dass die alten Prädikate über die Beurteilung im Examen beibehalten würden und dass drei Klausuren zu verlangen wären. – Es wurde ferner beschlossen, dass die erste Prüfung am Sitz des zuständigen OLG stattzufinden habe, wobei aber den einzelnen OLG-Bezirken überlassen bleibe, sich mit einem anderen Bezirk dahin zu einigen, dass dieser die Prüfung übernehme.

Bezüglich der zweiten Prüfung wurde beschlossen, dass die Dauer der Ausbildung drei Jahre sein solle, die aber für Kriegsteilnehmer auf 27 Monate durch den zuständigen OLG-Präs. abgekürzt werden könne, mindestens aber jetzt noch sechs Monate dauern müsse. – Im Examen sei eine Relation (vier Wochen Zeit) und drei Klausuren zu verlangen. Die Prüfung solle durch drei Richter abgenommen werden, die aus den verschiedenen Bezirken zu bestellen seien.

Als Prüfungsstellen wurden die OLG Hamburg und Hamm festgesetzt. – Dem OLG-Präs. bleibt es überlassen, ob er in der Ausbildungszeit die Station des OLG durch eine Verwaltungsstation im Einzelfall ersetzen will, ebenso die Dauer der Beschäftigung bei einem kleinen AG.

Es wurde beschlossen, dass die Präs. von Celle, Kiel und Oldenburg gemeinsam eine neue Ausbildungs- und Prüfungsordnung aufgrund der Ergebnisse der heutigen Besprechung ausarbeiten und den einzelnen Bezirken zuschicken sollen.

Die Frage der Unterhaltszuschüsse für Referendare wurde nicht weiter erörtert, da es sich letzten Endes um eine Angelegenheit der Finanzverwaltung handelt.

2. Die Aussprache über das *Testamentsgesetz* usw. wurde für die Referentenbesprechung zurückgestellt.

3. *§ 18 GVG: LG-Dir. Willers* berichtete, dass Herr *Oberst Carton* eine Mitteilung gemacht habe, dass folgende Grundsätze anzuwenden seien:

1. Bei Angelegenheiten der freiwilligen Gerichtsbarkeit sei in jedem Fall die Einwilligung der Militärregierung einzuholen.

2. Bei Kapitalgesellschaften sei die Genehmigung der Militärregierung einzuholen, wenn diese Gesellschaften von Angehörigen der alliierten Staaten kontrolliert würden.

Herr *Oberst Carton* habe zugesagt, dass dies Grundsätze noch schriftlich mitgeteilt würden; LG-Dir. Willers versprach, den einzelnen Bezirken dieselben dann sofort zuzusenden. Von den oben erwähnten Einschränkungen abgesehen, könne das den Präsidenten zugegangene Votum über die Auslegung des § 18 GVG als zutreffend angenommen werden. Herr *Oberst Carton* erklärte hierzu, dass Anträge über die Durchführung von Klagen usw. gegen Angehörige aus den alliierten Staaten nicht von der Partei, sondern nur durch den OLG-Präs. der Militärregierung vorgelegt werden sollten. Die Vorlage und die Genehmigung seien nicht nötig, wenn bereits ein Treuhänder von der Militärregierung eingesetzt worden sei.

4. Zustellung: Die Präs. von Köln, Celle und Kiel teilten mit, dass in ihren Bezirken bereits wieder Zustellungen in alter Form möglich sind.

5. Dauer des Stillstandes der Rechtspflege: Es muss den einzelnen OLG-Bezirken überlassen bleiben, diese durch Lokalverordnung festzusetzen.

6. Zurückstellung aufgrund § 1 der VO vom 12.5.1943: Eine besondere Aufhebung ist nicht nötig.

7. Eintragungen in das Grundbuch bei beschlagnahmtem Vermögen: Es wurde darüber geklagt, dass in dieser Beziehung noch große Unklarheiten herrschen. Es wurde der Vorschlag gemacht, dass die Präs. der Oberfinanzämter die Anträge auf Eintragung stellen sollten, weil diesen ja die einzelnen Umstände bekannt sind.

Es wurde beschlossen, diesen Punkt der Referentenbesprechung zur Verhandlung zu überlassen. Alle OLG-Präs. werden vorher ihre Vorschläge nach Hamburg berichten, wo der Entwurf einer in der Referentenbesprechung zu behandelnden VO gemacht werden soll.

8. Abgrenzung der Befugnisse der OLG-Präs. und der RegPräs.: Nach ausführlicher Aussprache gab die Versammlung ihrer Meinung dahin Ausdruck, dass die früheren Befugnisse des JMin. auf die OLG-Präs. übergegangen sind, die also jeweils allein oder zusammen mit den Stellen, welche anstelle der früheren Ministerien getreten sind, Gesetzesvorschläge zu bearbeiten haben. Der *OLG-Präs. Dr. Frhr. v. Hodenberg* wird einen Entwurf in diesem Sinne ausarbeiten und vorlegen.

9. Ehefähigkeitszeugnisse und Ehedispense: Herr *Oberst Carton* teilte mit, dass Angehörige der alliierten Nationen von der Beibringung des Ehefähigkeitszeugnisses nicht befreit werden dürften. – Bezüglich des Ehedispenses teilte Oberst Carton mit, dass der LG-Präs. des Wohn- oder Aufenthaltsortes des Antragstellers an die Stelle des im Gesetz bezeichneten LG-Präs. treten solle. – Entsprechende VO ist zu erlassen.

Zum Schluss wurde über den zukünftigen Tagungsort gesprochen. – Es wurde beschlossen, dass die Tagungen in Zukunft in *Bad Nenndorf* stattfinden sollten, und zwar an zwei aufeinander folgenden Tagen.

Die nächste Referentenbesprechung wird am *14. u. 15.11.1945,* die Präsidentenbesprechung am 28. u. 29.11.1945 in Bad Nenndorf stattfinden.

gez. Willers, LG-Dir.

Anhang: Niederschrift über die Besprechung der Referenten für die Gesetzgebung im britischen Bezirk am 14. u. 15.11.1945 in Bad Pyrmont

Anwesend:
OLG Braunschweig: OLG-Rat Dr. Fricke
OLG Celle: OLG-Rat Dr. Taschke, LG-Rat Dr. Erdsiek
OLG Düsseldorf und Köln: LG-Rat Baerns
OLG Hamburg: LG-Dir. Willers, RA Dr. Sieveking

OLG Hamm: Senatspräs. Dr. Adrian, OLG-Rat Dr. Niemann
OLG Kiel: OLG-Rat Dose
OLG Oldenburg: OLG-Rat Weitzel, OLG-Rat Schmidt-Ranke

I. 14.11.1945

Senatspräs. Dr. Adrian übernimmt den Vorsitz.

1. Zu Punkt 1 der TO: Eheschließung nach dem Tode gemäß Geheimerlass des Führers. Material: Schreiben des OLG-Präs. Kiel vom 18.10.1945; VO-Entwurf vom OLG Hamburg.

LG-Dir. Willers berichtet, dass die Frage der Gültigkeit von Eheschließungen nach dem Tode von der Militärregierung aufgegriffen sei. Für die Vergangenheit seien die bereits geschlossenen Ehen als gültig zu betrachten. Für die Zukunft werde eine Übergangsregelung für erwünscht gehalten.

Senatspräs. Dr. Adrian befürwortet die Gültigkeit des Erlasses für eine gewisse Zeit.

OLG-Rat Dr. Tasche schließt sich ebenfalls dem Hamburger Entwurf an.

LG-Rat Baerns teilt mit, dass der Oberpräs. der Rheinprovinz im Mitteilungs- und Verordnungsblatt der Nord-Rheinprovinz eine Bekanntmachung erlassen habe, nach der die Eheschließung nach dem Tode fortfällt.

LG-Rat Weitzel berichtet, dass in Oldenburg bisher 178 Anträge vorgelegen haben, von denen 124 genehmigt seien. Für die Zukunft werde die Aufhebung der Verordnung befürwortet.

Die Abstimmung ergibt, dass für die Vergangenheit die bereits geschlossenen Ehen als gültig zu betrachten seien; für die Zukunft wird die Aufrechterhaltung der VO mit 5:3 Stimmen abgelehnt.

Senatspräs. Dr. Adrian schlägt folgenden Entwurf einer VO vor: „Der Führererlass vom 6.11.1941 betr. Eheschließungen nach dem Tode ist vom Inkrafttreten dieser VO an nicht mehr anzuwenden. Die geschlossenen Ehen sind gültig."

2. *Zu Punkt 2 der TO:* Verschollenheitsgesetz. Material: Schreiben des OLG-Präs. Kiel vom 8.9.1945 und 12.11.1945; Bemerkungen des OLG-Präs. Hamburg hierzu.

Senatspräs. Dr. Adrian ist der Ansicht, dass die Frist des § 4 Abs. 1 noch nicht laufen könne, solange noch Kriegsgefangene nicht zurückgekehrt seien und Deutschland besetzt sei. – Die Aussprache ergibt die einheitliche Ansicht, dass die Voraussetzungen für den Beginn der Frist des § 4 noch nicht gegeben seien.

OLG-Rat Dr. Fricke befürwortet die Aufhebung der VO vom 20.1.1943 und die Wiedereinführung des Aufgebots auch für die Kriegsverschollenheit.

Zur Frage der Zuständigkeit schlägt OLG-Rat Dose gemäß dem überreichten Entwurf ersatzweise das örtlich nächste Gericht vor.

LG-Dir. Willers schlägt vor, ein Gericht für die britische Zone zu bestimmen, und zwar das AG Hannover.

Der Vorschlag Hamburgs zu § 15 mit Bestimmung des AG Hannover wird einstimmig angenommen.

OLG-Rat Dr. Tasche wiederholt den vom OLG Celle bereits gemachten Vorschlag, in allen Fällen, in denen das AG oder LG Berlin ersatzweise zuständig gewesen sei, das AG Hannover für zuständig zu erklären.

Die Aussprache ergibt bis auf eine Stimme Übereinstimmung, dass ein zentrales Gericht gemäß dem Vorschlag von Celle in Hannover zu bestimmen sei mit Wirkung für die gesamte britische Zone.

3. *Zu Punkt 3 der TO:* TestG. Material: Referat OLG Hamburg; Schreiben des OLG-Präs. Kiel vom 18.10.1945; zur ErbregelungsVO: Schreiben des OLG-Präs. Hamm vom 31.10.1945; Entwurf OLG Celle.

Zu § 21 TestG ergibt die Aussprache Übereinstimmung, dass diese Vorschrift zu belassen sei.

Zu § 48 Verweist OLG-Rat Dose auf den Vorschlag des OLG-Präs. Kiel, der die Aufhebung von Abs. 1 und 3 und die Beschränkung von Abs. 2 auf Familienrücksichten vorsieht.

OLG-Rat Dr. Tasche überreicht einen Entwurf, der eine Neufassung von § 48 Abs. 2 vorsieht.

Es wird mit 7: 1 Stimmen beschlossen, § 48 fallen zu lassen.

Zur ErbregelungsVO wird beschlossen, diese noch bestehen zu lassen, da der Zeitpunkt für die Aufhebung noch nicht gegeben sei.

3 a. Zur Frage der Wiedergutmachung berichtet LG-Dir. Willers, dass in Hamburg Prozesse zur Wiedergutmachung nicht geführt werden sollen.

LG-Rat Baerns berichtet aus Köln, dass nach Anweisung der Militärregierung Schäden, die durch gesetzliche Eingriffe entstanden seien, gesetzlich geregelt werden sollen, und dass, soweit es sich um private Eingriffe handle, der Rechtsweg offen stehe.

Senatspräs. Dr. Adrian berichtet das Gleiche für Hamm und verweist auf eine Anordnung der Militärregierung vom 19.9.1945 im „Justizblatt für Westfalen und Lippe“ Nr. 4, S. 22.

4. Zu Punkt 4 der TO: Bestimmung eines Nachlassgerichts für in Ostdeutschland verstorbene Erblasser. Material: Vorschlag des OLG-Präs. Kiel 18.10.1945, Ergänzungsvorschlag Hamburg.

Senatspräs. Dr. Adrian legt die Veröffentlichung einer VO vom „Justizblatt Westfalen und Lippe“ Nr. 4, S. 22 vor, nach der § 73 Abs.3 FGG entsprechend gilt, wenn der Erblasser zwar ein Inländer ist, das an sich zuständige Nachlassgericht aber nicht in der britischen Besatzungszone liegt. Es ist dann jedes AG der britischen Besatzungszone als Nachlassgericht zuständig in Ansehung aller in dieser Besatzungszone befindlichen Nachlassgegenstände.

Mit Rücksicht auf diese bereits erlassene VO wird beschlossen, diese anzunehmen mit dem von Hamburg vorgeschlagenen Zusatz und als zentrales Kontrollgericht das AG Hannover zu bestimmen. Das zuerst befasste Gericht soll Nachlassgericht für die ganze britische Zone bleiben. Vom OLG Hamburg wird ein entsprechender Entwurf ausgearbeitet werden.

5. Zu Punkt 5 der TO: Gültigkeit von durch Feindeinwirkung vernichteten Testamenten. Material: Vorschlag des OLG Hamburg.

LG-Dir. Willers begründet den vorgeschlagenen Entwurf und weist auf die im Volke verbreitete Ansicht hin, dass vernichtete Testamente im Allgemeinen als ungültig angesehen werden.

Senatspräs. Dr. Adrian äußert Bedenken gegen die vorgeschlagene Fassung und schlägt folgenden Entwurf vor: „Ist ein Testament (alle Stücke) ohne Willen des Erblassers vernichtet worden, und hat dieser nicht eindeutig seinen Willen hierzu erklärt, so gilt, wenn er nach Erkenntnis der Vernichtung noch länger als drei Monate gelebt hat, das Testament als widerrufen. – Gleiches tritt ein, wenn der Erblasser irrtümlich angenommen hat, sein Testament sei vernichtet."

LG-Dir. Willers befürwortet eine feste Regelung, um weitere Beweisschwierigkeiten zu vermeiden.

OLG-Rat Schmidt-Ranke spricht sich gegen die vorgeschlagene VO aus, die eine Änderung des jetzigen Gesetz bedeute.

Senatspräs. Dr. Adrian hält es für ausreichend, eine Vermutung für die Aufhebung eines vernichteten Testaments zu schaffen, um die Schwierigkeit der Rekonstruktion eines solchen Testaments zu vermeiden.

Die weitere Aussprache ergibt, dass für die Vergangenheit insbesondere für abgewickelte Erbfälle, die vorgeschlagene Regelung nicht in Frage kommt, und dass für die Zukunft u.U. ein Pressehinweis dazu führen könne, dass vernichtete Testamente neu errichtet oder widerrufen werden. Es wird daher beschlossen, den Entwurf zur weiteren Beratung zurückzustellen und in den einzelnen Bezirken zu prüfen, ob die Notwendigkeit für eine Regelung bestehe.

6. Zu Punkt 6 der TO: Wiedereinführung der formellen Zustellung durch die Post; Aufhebung von Kriegsmaßnahmen-Verordnungen. – Material: Schreiben OLG Kiel v. 20.10.1945; Schreiben OLG Braunschweig v. 5.11.1945. – Es liegen Mitteilungen der einzelnen Postdirektionen vor, nach denen die formelle Zustellung durch die Post wieder vorgenommen werden kann, soweit Formulare vorhanden sind.

In Düsseldorf besteht eine Anweisung, von der VO vom 12.5.1943 abzusehen und die bisherige Regelung wieder einzuführen.

In Hamm ist nach einer Veröffentlichung im „Justizblatt für Westfalen und Lippe" Nr. 6 IV Ziff. 9 die fakultative Zustellung ohne Urkunde bestehen geblieben und nur der Zwang aufgehoben worden.

Es wird beschlossen, dass § 5 der VO vom 12.5.1943 nicht aufzuheben ist. Es soll lediglich der Zwang zur Postzustellung fortfallen und die Möglichkeit der formellen Zustellung durch die Post wieder eröffnet werden. Bei Klagen und Entscheidungen ist tunlichst mit Urkunde zuzustellen.

OLG-Rat Dr. Fricke beantragt die Aufhebung der Bestimmungen über die Kostenfestsetzung nach § 60 der 2. KriegsmaßnahmenVO vom 27.9.1944.

Senatspräs. Dr. Adrian weist auf eine Veröffentlichung im „Justizblatt für Westfalen und Lippe" Nr. 6 II Ziff. 1 über die Nichtanwendung von VO hin. Die Militärregierung habe vor Eröffnung der Zivilkammern Klarheit über die KriegsmaßnahmenVO haben wollen. Die KriegsmaßnahmenVO von 1943 solle nach Befehl der Kontrollkommission zunächst nicht aufgehoben werden. Der dortige Gerichtsoffizier habe erklärt, was er genehmige, komme direkt von der Kontrollkommission.

OLG-Rat Dr. Tasche berichtet, dass von Celle aus beabsichtigt werde, bei dem zuständigen Gerichtsoffizier eine Klärung der Frage über die Reichweite der von den Gerichtsoffizieren ausgesprochenen Genehmigungen herbeizuführen.

LG-Dir. Willers beabsichtigt, dasselbe in Hamburg zu unternehmen und bittet um Zusendung der Veröffentlichung von Hamm.

6 a. Zur Frage der Zuständigkeitsgrenzen gemäß Gesetz Nr. 4 des Kontrollrates wird berichtet, dass in Hamm die Zuständigkeitsgrenze auf 1.500 RM festgesetzt sei. Das Gleiche ist für Braunschweig beabsichtigt mit Berufungssummen von 100 RM und 500 RM.

7. Zu Punkt 7 der TO: Wiedereröffnung der Gerichte. Nach Verteilung des Materials wird die Besprechung auf den 15.11. vertagt. Siehe unten Ziff. 18 a.

8. Zu Punkt 8 der TO: Wiedereintragung von gelöschten Firmen. – Material: VO-Entwurf vom OLG Hamburg.

Auf Antrag des Senatspräs. Dr. Adrian wird der vorgeschlagene Entwurf mit folgenden Änderungen einstimmig genehmigt: Zu § 1 ist anstatt „... das Geschäft unter der gelöschten Firma betrieben werden" zu setzen: „... auf Antrag die gelöschte Firma wieder eingetragen werden".

§ 1 Abs. 2 Satz 2 erhält folgende Fassung: „... Sind mehrere Rechtsnachfolger vorhanden, und nehmen sie nicht sämtlich den Betrieb wieder auf, so kann das Recht aus Abs. 1 ausgeübt werden, wenn die nicht aufnehmenden Rechtsnachfolger der Annahme der gelöschten Firma zustimmen. Handelt es sich um Rechtsnachfolger, so kann der letzte Inhaber widersprechen."

Bei § 2 ist anzufügen: „Handelt es sich um Rechtsnachfolger, so kann der letzte Inhaber widersprechen."

Vom OLG Hamburg wird eine neue Fassung vorgelegt werden.

Zu Punkt 9 der TO: Beseitigung von Schwierigkeiten bei Eintragung der Errichtung von Zweigniederlassungen und der Verlegung einer Hauptniederlassung oder des Sitzes einer Handelsgesellschaft. – Material: VO-Entwurf vom OLG-Hamburg.

LG-Dir. Willers begründet den Entwurf. Mit Ausnahme von LG-Rat Dose, der sich für Kiel weitere Vorschläge vorbehält, sind alle mit dem Entwurf einverstanden.

OLG-Rat Dr. Fricke weist darauf hin, dass auch das GmbHG zu berücksichtigen wäre.

Zu Punkt 10 der TO: Anmeldung und Niederlegung von Geschmacksmustern. – Material: Entwurf einer VO betr. das Musterregister vom OLG Hamburg.

Es wird die Annahme des Entwurfs beschlossen.

Auf Vorschlag von OLG-Rat Dose ist in Abs. 3 anstelle von „Wohnsitz oder Aufenthaltsort" „Wohnort oder Betriebsort" zu setzen.

LG-Dir. Willers berichtet über die Ablehnung des Entwurfs einer VO über Patentanmeldestellen und die Aufhebung der Anmeldestelle Braunschweig. Die Gründe für die Ablehnung der Genehmigung werden den Anwesenden überreicht.

11. Zu Punkt 11 a der TO: Ersatz des Deutschen Reichsanzeigers. – Material: VO des Präsidenten des Hanseatischen OLG vom 5.11.1945; Schreiben des OLG-Präs. Braunschweig vom 27.10.1945, Schreiben des OLG-Präs. Oldenburg vom 30.10.1945.

Senatspräs. Dr. Adrian verweist auf das „Justizblatt für Westfalen und Lippe" Nr. 5 IV Ziff. 5 und 6. Über die Möglichkeiten der Veröffentlichung von VO und Bekanntmachungen wird berichtet: In Celle werden im Justizblatt nur VO veröffentlicht, sonstige Bekanntmachungen im „Hannoverschen Kurier". Dem Oberpräsidenten in Hannover ist ein VO-Blatt abgelehnt worden. – In Köln haben nach einem Schreiben der Militärregierung die OLG-Bezirke ein Justizblatt einzurichten. Das Mitteilungs- und Verordnungsblatt des Oberpräsidenten hat keinen Platz für Veröffentlichungen der Justiz; ebenso wenig besteht eine Möglichkeit in den Tageszeitungen. – In Hamm sollen alle Bekanntmachungen im Justizblatt veröffentlicht werden. Wünschenswert ist aber eine Trennung von Gesetzblatt und Anzeigenblatt.

OLG-Rat Dr. Fricke und LG-Rat Dr. Erdsiek regen an, ein Blatt wie „Die Deutsche Justiz" zu schaffen, in dem Aufsätze und Entscheidungen abgedruckt werden.

Die Frage, ob auch englische Gesetze veröffentlicht werden dürfen, beantwortet LG-Dir. Willers dahin, dass dies bisher abgelehnt worden sei.

Senatspräs. Dr. Adrian macht den Vorschlag, ein „Nordwestdeutsches Gesetzblatt" mindestens für die Justiz, möglichst für die gesamte Verwaltung zu schaffen, das in beschränkter Auflage für Behörden und Kammern erscheint, und getrennt davon einen „Nordwestdeutschen Staatsanzeiger" mit derselben Auflage für Veröffentlichungen, die in beschränktem Kreise interessieren, und endlich für besondere Fälle und weitere Verbreitung (Todeserklärungen etc.) ein „Sonderblatt des Staatsanzeigers" zu drucken zum Vertrieb durch die Tageszeitungen als Beiblatt für die von der Militärregierung zu bestimmenden Blätter.

Es wird beschlossen, es zunächst bei den bisher erscheinenden Justizblättern in den Bezirken, wo dieses nötig ist, zu belassen. Im Übrigen wird der Vorschlag des Senatspräs. Dr. Adrian genehmigt und die Schaffung eines zentralen Gesetzblattes befürwortet. Entsprechende Anträge sollen von Hamburg und Hamm bei der Militärregierung vorgelegt werden.

12. Zu Punkt 11 b der TO: VO über die Befreiung vom Ehehindernis des Ehebruchs. – Die VO des Präs. des HansOLG vom 30.10.1945 ist von der Militärregierung genehmigt.

Senatspräs. Dr. Adrian teilt die Veröffentlichung im Justizblatt Nr. 6 VIII Nr. 1 mit.

OLG-Rat Dr. Tasche berichtet, dass in Celle für „Wohn- oder Aufenthaltsort" „Wohnort" gesetzt ist.

13. Zu Punkt 11 c der TO: Eintragung von Hypotheken in das Schiffsregister. – Die von der Militärregierung genehmigte VO vom 29.10.1945 liegt vor. – In Hamburg wird beabsichtigt, einen Zusatz zu veröffentlichen, nach dem alle Anträge, die in der Zeit vom 3.5.1945 bis 1.12.1945 eingehen, gleichen Rang haben. – Der Zusatz wird grundsätzlich allgemein gebilligt.

14. Zu Punkt 11 d der TO: Versammlung von Gesellschaften. – Die Bekanntmachung des Präs. des HansOLG vom 1.11.1945 liegt vor.

OLG-Rat Weitzel fragt an, ob die Mitteilung an die Reichsbankhauptstelle nur für Hamburg gilt oder ob in den Provinzen noch Sonderstellen aufrecht erhalten werden. – OLG Hamburg wird klären, ob durch die Reichsbankhauptstelle Hamburg als Ersatz der Reichsbankhauptstelle Berlin Provinzialstellen aufgelöst sind, und ob Hamburg nur für den Hamburger Bezirk eingesetzt ist oder für alle Bezirke. Ebenso ist zu klären, ob noch eine Sammelliste gemäß VO vom 8.1.1945 herauskommt.

15. Zu Punkt 11 e der TO: § 18 GVG. – Die Klarstellung zu § 18 GVG n.F. vom 30.10.1945 liegt vor.

LG-Dir. Willers erklärt, dass diese inhaltlich genehmigt sei, jedoch noch nicht formell.

16. Bezüge für Referendare, Assessoren, Beamtenanwärter. – Material: Vorschlag OLG-Präs. Hamm vom 17.10.1945; Bemerkungen des OLG-Präs. Braunschweig vom 12.11.1945.

Senatspräs. Dr. Adrian berichtet von einem Erlass im Justizblatt Nr. 6 III Ziff. 1 und 2, nach dem Unterhaltszuschüsse bei Bedürftigkeit und Fähigkeit gewährt werden und eine Rückzahlung bei Ausscheiden aus dem Staatsdienste vorgesehen sei.

OLG-Rat Dr. Fricke äußert Bedenken gegen die Rückzahlungspflicht und gegen die überspannte Forderung guter Leistungen. Eine gleichmäßige Regelung sei erwünscht.

LG-Dir. Willers hält eine Rückzahlung nicht für angebracht, schlägt aber vor, es bei der Regelung von Hamm zu belassen.

OLG-Rat Schmidt-Ranke äußert sich gegen die Rückzahlung.

Eine allgemeine Beschlussfassung erfolgt nicht. Es herrscht die Ansicht, dass an dem Erfordernis der Bedürftigkeit festzuhalten sei und das Erfordernis der Tüchtigkeit und die Pflicht zur Rückzahlung großzügig zu behandeln sei. Eine Abschrift des Erlasses aus dem Justizblatt von Hamm wird allen Bezirken zugesandt werden.

17. Erbhofrecht. – Material: Denkschrift OLG-Präs. Hamm vom 20.10.1945; Entwurf einer VO zur vorläufigen Regelung des Verfahrens in Pachtschutz-, Landwirtschafts- und Erbhofsachen vom OLG Celle.

Der Entwurf von Celle ist mit Begleitschreiben vom 31.10.1945 am 3.11.1945 der Militärregierung zur Weiterleitung übergeben worden. Zum Tage der Besprechung hatten ihn nur Braunschweig und Oldenburg erhalten. Eine Erörterung des Entwurfs ist daher nicht möglich.

OLG-Rat Dr. Tasche betont die Notwendigkeit, die Materie in Angriff zu nehmen. Am 5.11.1945 habe bereits eine Besprechung in Lübeck stattgefunden.

OLG-Rat Dose erklärt, dass in Kiel ein Vorschlag vorbereitet werde, zu dem er aber noch keine Äußerung machen könne.

Mit überwiegender Mehrheit wird die Meinung geäußert, dass das Erbhofrecht grundsätzlich bestehen bleiben solle.

OLG-Rat Dr. Fricke regt an, als gemeinsames Gericht gemäß § 2 der Celler VO das Gericht in Celle zu erklären.

OLG-Rat Dr. Tasche bittet um schriftliche Stellungnahme zu dem VO-Entwurf.

II. 15.11.1945

18. Vertragshilfe. – Material: Entwurf OLG Hamburg; Entwurf OLG Celle; Entwurf OLG Kiel gemäß Schreiben vom 8.11.1945.

LG-Dir. Willers berichtet, dass der Hamburger Entwurf über die erweiterte Vertragshilfe zur Genehmigung bei der Militärregierung vorliege, die den Bremer Entwurf als zu kompliziert bezeichnet hatte. Das Problem der Vertragshilfe habe sich insoweit erweitert, als auch die Fälle der Haftung der Grundeigentümer zerstörter Häuser für Hypothekenschulden und die Inanspruchnahme von Industriewerken für Forderungen aus Bauunternehmungen des Reichs und ähnliche Fälle, die sich aus dem Wegfall des Reichs als Vermögensträger ergeben, der Abhilfe bedürften. Da es sich hier um Fragen des materiellen Rechts handle, so sei den Schuldnern mit dem in den VertragshilfeVO vorgesehenen Anerkenntnis nicht gedient. Die Gerichte seien hier vorläufig auf § 242 BGB und ähnliche Bestimmungen angewiesen. Das Beste sei, zunächst im materiellen Recht an nichts zur rühren, andererseits müsse verhindert werden, dass schon jetzt Entscheidungen ergehen. Es sei daher zu erstreben, dass die Richter die Entscheidungen aussetzen.

OLG-Rat Dr. Tasche berichtet, dass in Celle beabsichtigt sei, einen neuen Entwurf einzureichen, der Stundung und Teilzahlung sowie eine Schuldenbereinigung im Ganzen voraussieht. – Es wird den einzelnen OLG-Präs. anheimgegeben, Entwürfe einzureichen. Im Übrigen muss abgewartet werden, bis das Währungsproblem in Angriff genommen wird.

18 a. Zu Punkt 7 der TO: AusführungsVO zur VO über die Wiedereröffnung der Gerichte. – Material: Entwurf OLG Hamburg, Gegenentwurf OLG Kiel vom 12.10.1945; OLG Celle vom 1.11.1945; Stellungnahme des OLG Hamburg hierzu; Bemerkungen des OLG-Präs. Braunschweig vom 12.11.1945.

OLG-Rat Dr. Tasche beantragt, den Hamburger Entwurf zugrunde zu legen. An dem Erfordernis des Notfristattests brauche nicht festgehalten zu werden. Bei der Revision sei die Zulässigkeit immer anzunehmen, wenn bewiesen werde, dass Revision eingelegt sei.

OLG-Rat Weitzel will die Revision für unzulässig halten, wenn positive Tatsachen für die Unzulässigkeit vorliegen.

Da die Frage der Zulässigkeit der Revision nur für die Kosten interessiert, wird beschlossen, den Hamburger Entwurf anzunehmen und keine Sonderbestimmungen über Notfristatteste oder die Prüfung der Zulässigkeit aufzunehmen. Die Richter müssten nach freiem Ermessen entscheiden, ob eine Revision eingelegt sei oder nicht.

Zu § 5 wird auf Antrag von *OLG Dr. Tasche* beschlossen, am Ende die Worte anzufügen: „... und beträgt drei Monate“.

Zu § 6 beantragt *OLG-Rat Schmidt-Ranke,* diesen als unnötig zu streichen.

LG-Dir. Willers rechtfertigt die Bestimmung, die geeignet sei, bestehende Zweifel zu beheben.

Die Abstimmung ergibt eine Mehrheit von 5:3 Stimmen für Streichung von § 6.

Zu § 7 äußert *OLG-Rat Dr. Tasche* Bedenken gegen die doppelte Einlegung einer Berufung. Es sei besser, zu bestimmen, dass das alte Berufungsverfahren fortgesetzt wird.

Es wird beschlossen: § 7 erhält folgende Fassung: „Wenn das Berufungsgericht gemäß § 69 Abs. 1 Satz 2, § 70 Abs. 2 der VO vom 27.9.1944 die Berufung für erledigt erklärt und die Revision zugelassen hat, so gelten die §§ 3 bis 5 mit der Maßgabe, dass die für erledigt erklärte Berufung fortgesetzt wird." – Die Meinung der Referenten geht fast einmütig dahin, dass die nach § 69 der VO vom 27.9.1944 erledigten Sachen, soweit nicht Revision zugelassen ist, nicht wiederaufzunehmen sind. Die beim OLG anhängigen Berufungen gegen Urteile der AG sollen weiterhin beim OLG bleiben.

Zum Abschnitt *„Freiwillige Gerichtsbarkeit"* schlägt *OLG-Rat Dr. Fricke* vor, ein gemeinsames Gericht in der britischen Zone zu bestimmen.

LG-Dir. Willers und *OLG-Rat Dose* halten diese Frage nicht für dringlich. – Es wird beschlossen, die Frage zur Präsidentenbesprechung zurückzustellen.

OLG-Rat Dr. Fricke hält ebenfalls ein *gemeinsames Gericht für Patentsachen* für erwünscht. – Es wird festgestellt, dass in Düsseldorf und Hamburg Patentkammern bestehen, die für Hamm und Köln bzw. Kiel und Celle ebenfalls zuständig sind. Die Zuständigkeit für Oldenburg und Braunschweig ist fraglich.

Zum Abschnitt *„Strafgerichtsbarkeit"* werden keine Bedenken mehr erhoben.

15. Behandlung von Straftaten mit nach 1933 verschärftem Strafrahmen.

OLG-Rat Schmidt-Ranke trägt vor, dass nach Anweisung Nr. 1 an die Richter bei Straftaten, für die das Strafmaß nach 1933 verschärft sei, nur der Strafrahmen anzuwenden sei, der vor 1933 galt. Es tauche die Frage auf, ob diese Bestimmung auch bei Sondertatbeständen mit erhöhtem Strafrahmen anzuwenden sei oder nicht. Beispiel: Die Sondertatbestände des § 175 a StGB, die nach 1933 aus § 175 herausgenommen seien.

LG-Rat Dr. Erdsiek warnt vor einer Anwendung des argumentum e contrario und will in § 175 a eine Verschärfung des bisherigen Strafrahmens von § 175 annehmen.

LG-Dir. Willers will nur das Strafmaß von § 175 anwenden und regt an, die Frage den GStA zu übertragen.

OLG-Rat Schmidt-Ranke weist auf weitere Fälle einer Strafverschärfung hin, so in § 20 a und § 42 k StGB.

Senatspräs. Dr. Adrian schlägt vor, die Frage im Einzelfall der Militärregierung zur Entscheidung vorzulegen.

Das OLG Oldenburg wird eine Denkschrift zu dieser Frage einreichen.

20. Abwesenheitspflegschaft. – Material: Entwurf OLG Celle.

OLG-Rat Dr. Tasche weist auf die VO vom 16.4.1942 (RGBl. I S. 178) hin. Eine Anregung zur Erweiterung dieser VO sei durch die Wirtschaftskammer gegeben, um auch die Fälle zu erfassen, dass sich Zweigniederlassungen in der britischen Zone, die Hauptniederlassung aber im Osten befindet. Die bisherigen Vorschriften über die Abwesenheitspflegschaft gelten nur für natürliche, nicht für juristische Personen.

Senatspräs. Dr. Adrian erklärt sich mit dem Vorschlag einverstanden, wenn statt „Provinz Hannover“ „Britische Zone“ gesetzt wird. Die Regelung von § 2 sei bedenklich, da die Gesamt-Prokura erhalten bleiben müsse.

Es wird beschlossen, § 1 zu ändern in: „... Vermögensangelegenheiten, die in der britischen Zone zu erledigen sind, ein Abwesenheitspfleger bestellt werden, wenn die juristische oder natürliche Person nicht zu erreichen ist“. – § 2 Abs. 1 ist zu streichen.

OLG Celle wird für die Präsidentenbesprechung einen abgeänderten Entwurf einreichen, in dem die Einreichung eines Abwesenheitspflegers gemäß § 1911 BGB auch für Angehörige der Ostgebiete und Lagerinsassen, die ihre Geschäfte nicht besorgen können, vorgesehen ist.

21. Zustellungen an Gefangene. – LG-Dir. Willers legt eine Bekanntmachung des Präs. des HansOLG vom 8.11.1945 vor, nach der gemäß Rücksprache mit der Militärregierung Ladungen und Zustellungen an Gefangene möglich sind.

22. Entpolitisierung der Gerichte.

OLG-Rat Dr. Fricke berichtet über eine Anweisung des Präsidenten des Braunschweigischen Staatsministeriums vom 7.11.1945, die für Beamte Zurückhaltung aus der Politik fordert. Für Beamte soll Anschluss an eine Partei sowie das passive Wahlrecht ausgeschlossen sein. Lediglich das aktive Wahlrecht ist gegeben. – Aus Oldenburg und Hamm werden ähnliche Maßnahmen berichtet. – Allgemein wird die gleiche Maßnahme auch für die Justiz befürwortet.

23. Verjährung von Wiedergutmachungsansprüchen.

OLG-Rat Dr. Fricke stellt die Frage, ob Straftaten von Nationalsozialisten, die bisher nicht verfolgt wurden, noch verfolgt werden können, auch wenn sie bereits verjährt sind. Der GStA sei der Ansicht, dass eine Verfolgung noch zulässig sei, da unter der Herrschaft des Nationalsozialismus keine Möglichkeit zum Einschreiten gegeben war.

OLG-Rat Weitzel berichtet aus Oldenburg, dass auch dort der GStA bei derartigen Straftaten § 67 StGB nicht anwenden wolle.

LG-Dir. Willers berichtet von einer ähnlichen Anregung aus Hamburg, der jedoch nicht stattgegeben sei.

Allgemein werden Bedenken gegen die analoge Anwendung der Vorschrift über den Stillstand der Rechtspflege geäußert, so dass die Verjährung anerkannt werden müsse. Lediglich die Aufhebung von Amnestien sowie die Verfolgung von Kapitalverbrechen gegen Rädelsführer sei zu erwägen. Die Frage soll vorläufig auf sich beruhen und der Präsidentenbesprechung anheimgegeben werden. – Das Gleiche wurde für zivilrechtliche Ansprüche beschlossen, bei denen durch die Hemmung der Verjährungsfristen und die Möglichkeit der Arglisteinrede gegen die Verjährung eine Wiedergutmachung in gewissem Rahmen gegeben ist.

24. Ausbildung der Rechtspfleger. – Material: Vorschlag des OLG-Präs. Braunschweig vom 12.11.1945.

OLG-Rat Dr. Fricke berichtet über die Frage der Zulassung der Justizschüler, die Einrichtung von Rechtspflegerschulen und das Prüfungswesen. – Der Vorschlag von Braunschweig wird gebilligt. – OLG Braunschweig wird für die Präsidentenbesprechung einen Entwurf ausarbeiten.

25. Amnestie-Erlasse. Aus Celle wird berichtet, dass der in Hamburg veröffentlichte Justizerlass Nr. 1 in anderer Fassung genehmigt sei. Das Gleiche wird aus Köln und Oldenburg berichtet. – In Hamm und Braunschweig sind Amnestien noch nicht erlassen.

26. Auftreten von Referendaren vor Gericht als Vertreter von Rechtsanwälten.

OLG-Rat Dr. Fricke stellt die Frage, ob Referendare zu vereidigen sind, bevor sie als Vertreter von Rechtsanwälten vor Gericht erscheinen.

Senatspräs. Dr. Adrian erklärt, dass es von der Militärregierung abhänge, ob die Referendare politisch geprüft, zugelassen oder vereidigt werden. Eine Einstellung erfolge schon vor Prüfung durch die Militärregierung.

Es besteht die Ansicht, dass ein formell bestellter Rechtsanwaltsvertreter von der Militärregierung vereidigt werden muss. Für ein Auftreten des Referendars im Rahmen des Ausbildungsdienstes ist eine Vereidigung nicht nötig.

27. Weibliche Richter und Rechtsanwälte.

LG-Dir. Willers berichtet, dass die Militärregierung sich mit der Verwendung weiblicher Richter allenfalls in Jugendpflege- und Jugendgerichtssachen einverstanden erklärt habe. Gegen die Zulassung von weiblichen Rechtsanwälten beständen keine Bedenken.

Senatspräs. Dr. Adrian ist der Ansicht, dass bei den Rechtsanwälten zunächst die Kriegsteilnehmer zu berücksichtigen seien und erst in letzter Linie weibliche Bewerber.

Die vorgetragenen Grundsätze finden Billigung.

28. Mitwirkung des StA in bürgerlichen Rechtsstreitigkeiten. Eine Denkschrift zu dieser Frage ist vom OLG Kiel ausgearbeitet worden.

OLG-Rat Dose bittet, den Entwurf zurückzustellen.

29. Zuständigkeit von Justiz und Verwaltung.

LG-Dir. Willers berichtet über die Schwierigkeiten, die das Zusammenarbeiten von Justiz und Verwaltung ergibt, wenn es sich um Gremien von OLG-Präs. und RegPräs. bzw. Bürgermeistern handelt.

Von *Hamburg* ist eine Zusammenstellung der ressortmäßigen Zuständigkeiten des früheren RJMin. ausgearbeitet, für welche die Federführung für den OLG-Präs. in Frage kommt. Die Ausarbeitung wird überreicht. In Hamburg wird zurzeit an einem Entwurf einer VO über die Abgrenzung von Justiz und Verwaltung gearbeitet. Eine Regelung durch die Militärregierung, evtl. die Schaffung einer Zentrale für die Gesetzgebung, muss abgewartet werden.

Senatspräs. Dr. Adrian verweist auf Anweisungen im „Justizblatt von Westfalen und Lippe", nach denen nur ordentlich erlassene Gesetze gelten sollen.

Im Anschluss daran berichtet *LG-Dir. Willers* über eine Anweisung der Militärregierung, nach der die Genehmigung zur Durchführung von gerichtlichen Verfahren nur auf dem Wege über den OLG-Präs. beantragt werden darf. Es handle sich dabei um Verfahren, die der Genehmigung bedürfen.

30. Ehegesetz. – Material: Bemerkungen zum EheG vom OLG Hamburg, OLG Celle, OLG Hamm.

LG-Dir. Willers referiert über aufzuhebende Bestimmungen. – Es herrscht die Ansicht, dass das Ehegesundheitsgesetz sowie die Bestimmungen über die Eheerlaubnis bei Ausländern beizubehalten seien.

Zu § 50 stellt *Senatspräs. Dr. Adrian* seine Bedenken gegen den Widerspruch von § 50, § 51 zurück.

Zu § 52 befürwortet *Senatspräs. Dr. Adrian* die Aufhebung, während die Mehrheit für Beibehaltung der Bestimmung ist.

§ 53 ist nach einstimmiger Ansicht aufzuheben.

Zu § 55 ist die Auffassung überwiegend für Beibehaltung mit einer Änderung des Widerspruchsrechts.

37. Arbeitsrechtliche Streitigkeiten.

Senatspräs. Dr. Adrian schlägt eine Anregung bei der Militärregierung in der Frage der Besetzung der Arbeitsgerichte mit Beisitzern vor. Eine Eröffnung der Arbeitsgerichte sei wünschenswert, da die AG an Zuständigkeitsgrenzen gebunden seien und der Zwang zur Klage beim LG bei größeren Objekten eine Unbilligkeit für den Arbeitnehmer bedeute.

LG-Dir. Willers berichtet, dass in Hamburg die Arbeitsgerichte ohne Beisitzer als Arbeitsgerichte eröffnet sind; die Besetzung mit Beisitzern sei erst möglich, wenn Arbeitnehmer-Vertretungen gebildet seien.

32. Schiedsgerichte. – Material: Schreiben des OLG-Präs. Hamm an die Militärregierung vom 2.10.1945.

Senatspräs. Dr. Adrian berichtet von den Bedenken der Militärregierung gegen die Tätigkeit von Schiedsgerichten.

LG-Dir. Willers berichtet, dass in Hamburg grundsätzlich keine Bedenken von englischer Seite gegen Schiedsgerichte erhoben seien. Im Übrigen warnt er vor der Bestimmung, dass ehemalige Parteigenossen als Schiedsrichter abgelehnt werden können.

33. Notariat. – Material: Denkschriften der OLG Celle und Kiel. – Während die Denkschriften das Anwaltsnotariat befürworten, sprechen sich die Vertreter von Hamburg und Köln für das Nur-Notariat aus. Die Frage wird als nicht dringlich angesehen.

34. Polizeiverfügungen und Privatklagen.

Senatspräs. Dr. Adrian berichtet, dass in Hamm polizeiliche Strafverfügungen nicht gestattet, Privatklagen jedoch zugelassen sind. – Das Gleiche wird aus Köln berichtet. – In Hamburg sind Privatklagesachen nicht zugelassen, in Celle nur teilweise zugelassen.

35. Spruchverfahren über Herabsetzung von Strafen.

Senatspräs. Dr. Adrian stellt die Frage, ob eine Revision gegen Strafurteile gegeben sei, wenn das zuständige OLG noch nicht eingerichtet sei. – Als Hilfsmittel wird das Spruchverfahren über Herabsetzung von Strafen angesehen. – In Zivilsachen helfen die Vorschriften über den Stillstand der Rechtspflege.

LG-Rat Baerns wird gebeten, die Frage der Zulässigkeit der Revision im Hinblick auf die §§ 115, 115 a GVG n.F. aufzuklären.

36. Adoption durch Kriegerwitwen.

Senatspräs. Dr. Adrian berichtet über den Missstand, der dadurch entsteht, dass Kinder, die von Witwen angenommen werden, den Mädchennamen der Adoptivmutter erhalten. Dadurch entstehe die Vermutung, dass es sich um uneheliche Kinder handle. – Eine Abhilfe könne dadurch geschaffen werden, dass das Kind den ehelichen Namen der Mutter annehmen dürfe, und dass diese Namensänderung schon vor der Adoption genehmigt werde. – Es wird verwiesen auf einen Erlass des Preuß. Ministers des Innern vom 5.10.1915, JMinBl. 1916, S. 69, in dem bereits im Ersten Weltkriege für Kriegerwitwen dieselbe Fürsorge getroffen sei.

37. Verschiedene Hinweise.

a) *LG-Dir. Willers* erwähnt die Frage der Nichtigkeitsklage bei Urteilen von aufgehobenen Gerichten.

b) *LG-Dir. Willers* äußert zur Frage der öffentlichen Zustellung, dass sie nicht mehr aufrechtzuerhalten sei.

c) *LG-Dir. Willers* regt an, eine Verlängerung der Verjährungsfristen vor Ende des Jahres vorzunehmen.

d) Zur Frage der Zuständigkeit der Kriegsgerichte wird mitgeteilt, dass die meisten Akten der Heeresgerichte vernichtet sind, während sich sämtliche Gerichtsakten der Marine noch in Mürvik befinden.

e) *LG-Dir. Willers* bittet, im künftigen Schriftverkehr Äußerungen zu einem Beratungsgegenstand jeweils auf einem besonderen Bogen zu versenden.

38. Stand der Gerichte.

Die einzelnen Referenten berichten, wie folgt:

Braunschweig: Sämtliche AG, Strafkammern und Zivilkammern der LG, OLG.

Celle: AG zum größten Teil. – LG Göttingen und Hildesheim vollständig, Stade mit Strafkammern, OLG noch nicht.

Düsseldorf: AG haben ihre Tätigkeit zum großen Teil wieder aufgenommen, zum Teil werden sie von anderen AG weiterverwaltet, einige sind noch nicht eröffnet. – Die LG sind eröffnet, das OLG noch nicht.

Hamm: Über die Eröffnung der Gerichte wird im Justizblatt berichtet. – Das OLG soll am 1.12.1945 eröffnet werden.

Kiel: Alle LG in Strafsachen und Zivilsachen eröffnet. – Das OLG soll am 26.11.1945 eröffnet werden.

Die nächste Referentenbesprechung soll etwa in fünf Wochen stattfinden. – gez. Sieveking –

III. Niederschrift über die Besprechung der Oberlandesgerichtspräsidenten im britischen Bezirk am 5. und 6.12.1945 in Bad Pyrmont

Anwesend:

OLG Braunschweig: OLG-Präs. Mansfeld, OLG-Rat Dr. Fricke
OLG Celle: OLG-Präs. Frhr. v. Hodenberg, OLG-Rat Dr. Tasche, OLG-Rat Dr. Benefeld, OLG-Rat Dr. Kreger
OLG-Düsseldorf: OLG-Präs. Dr. Lingemann, LG-Rat Dr. Baerns
OLG Hamburg: OLG-Präs. Dr. Kiesselbach, LG-Dir. Willers
OLG Hamm: OLG-Präs. Dr. Hermsen, Senatspräs. Dr. Adrian
OLG Kiel: OLG-Präs. Dr. Kuhnt, OLG-Rat Schmidt, OLG-Rat Krohn
OLG Köln: OLG-Präs. Dr. Schetter
OLG Oldenburg: OLG-Präs. Dr. Koch, OLG-Rat Weitzer
Den Vorsitz übernahm OLG-Präs. Dr. Kiesselbach

I. 1. der TO: Mitteilungen der Militärregierung

OLG-Präs. Dr. Kiesselbach berichtet, dass der General Macaskie bei einer Besprechung auf folgende Punkte hingewiesen hat:

a) Es soll ein fester Treffpunkt eingerichtet werden. Vorläufig wird bis zur anderweitigen Regelung durch die Militärregierung Bad Pyrmont in Aussicht genommen.

b) Es sei zweckmäßig, Kurse für zurückkehrende junge Richter und Rechtsanwälte einzurichten.

Hierzu berichtet Köln, dass im dortigen Bezirk schon solche Kurse stattfinden, die von der juristischen Fakultät veranstaltet werden.

c) Eine Neuordnung der RAO soll vorläufig nicht vorgenommen werden, wohl aber sind Ergänzungen einzelner statthaft.

d) Es wurde beschlossen, die Besprechung auf die Frage des numerus clausus zu beschränken.

Celle referierte und wurde beauftragt, einen dem Ergebnis der Besprechung entsprechenden Entschluss zu formulieren und an die einzelnen Bezirke zu übersenden. Die einzelnen Präs. werden diesen sodann den Präs. der Rechtsanwaltskammern ihrer Bezirke mitteilen und ihn alsdann der Militärregierung übermitteln.

e) Zur Frage der Begnadigung ist die Entscheidung der Militärregierung dahin ergangen, dass diese durch die GStA im Namen der OLG-Präs. zu erfolgen habe.

Eine Diskussion über diesen Punkt fand nicht statt.

I. 2 der TO: Verlängerung der Verjährungsfrist über den 1.1.1946 hinaus.

Es wurde einstimmig beschlossen, die Verlängerung der Verjährungsfrist auf ein Jahr vorzunehmen. Der Entwurf entsprechender VO bleibt den einzelnen Bezirken überlassen.

II. 1 der TO: Nachträgliche Eheschließung: Düsseldorf und Braunschweig haben den Geheimerlass bereits aufgehoben. Im Übrigen wird der Vorschlag von Hamburg mit 5:3 Stimmen angenommen, mit der Ergänzung, dass die Frist am 1.4.1946 ablaufen soll. Hamburg wird den VO-Entwurf der Militärregierung vorlegen und alsdann allen Bezirken übersenden.

II. 2 der TO: Verschollenheitsgesetz: Es wurde vorgeschlagen, dieselbe Regelung wie bei dem Nachlassgericht zu treffen, so dass also jedes AG zuständig sein soll, entsprechende Meldungen aber einem Zentralgericht einzureichen hat. – In dem vorgelegten Entwurf des Bezirks Hamburg soll das Wort „auch" gestrichen werden. Kiel wird beauftragt, die so genehmigte VO zu entwerfen und den Bezirken zu übersenden.

II. 3 der TO: Testamentsgesetz: Es wurde beschlossen, die Aufhebung des § 48 Abs. 2 in der Weise vorzunehmen, dass es heißt: „§ 48 Abs. 2 ist nicht mehr anzuwenden."

II. 4 der TO: Tagesordnung: Ebenso sollen die VO vom 5.11.1937 und 4.10.1944 in Zukunft nicht mehr angewendet werden. Hamburg wird eine entsprechende VO entwerfen.

II. 5 der TO: Rechtsstreite über Wiedergutmachung: Hamburg berichtet, dass in seinem Bezirk auf Anordnung der Militärregierung solche Prozesse ausgesetzt werden. In anderen Bezirken wird nach Weisung der Militärregierung anders verfahren.

II. 6 der TO: Nachlassgericht: Der vorgelegte Entwurf wurde einstimmig angenommen.

II. 7 der TO: Gültigkeit vernichteter Testamente: Es wurde beschlossen, hierüber keine VO zu erlassen, sondern sich darauf zu beschränken, durch Presse und Rundfunk auf den bestehenden Rechtszustand hinzuweisen, dass nämlich Testamente, die durch Kriegseinwirkung vernichtet sind, weiterhin Gültigkeit haben, wenn der Errichter sie nicht ausdrücklich widerruft.

II. 8 der TO: Wiedereintragung erloschener Firmen: Der von Hamburg vorgelegte Entwurf wurde einstimmig angenommen.

II. 9 der TO: Zweigniederlassungen: Der von Hamburg vorgelegte Entwurf wurde einstimmig angenommen.

II. 10 der TO: Musterregister: Der von Hamburg vorgelegte Entwurf wurde einstimmig angenommen. In Hamm ist das Musterregister bei dem AG bereits wieder eingerichtet und eröffnet.

II. 11 der TO: Veröffentlichungsorgane: Nach Prüfung wurde die weitere Beratung über diesen Punkt abgebrochen und auf die nächste Sitzung vertagt.

II. 12 der TO: Reichsbankhauptstelle: Es wurde mitgeteilt, dass in Hamburg eine Zentrale der Reichsbank für die britische Zone eröffnet ist.

II. 13 der TO: Bezüge für im Ausbildungsdienst Beschäftigte: Die in Hamm und Braunschweig erlassenen VO lagen vor. Die Handhabung in den einzelnen Bezirken wurde besprochen. Eine Beschlussfassung unterblieb, weil die Regelung Sache der Finanzpräsidenten ist.

II. 14 der TO: Erbhofrecht: Celle referierte. Es wurde beschlossen, dass über die materielle Regelung noch nicht beraten werden sollte, dass vielmehr die Besprechung sich auf das formelle Recht zu beschränken habe. Es wurde festgestellt, dass Beibehaltung des Erbhofrechts grundsätzlich wünschenswert sei.

Nach Besprechung des von Celle vorgelegten Entwurfs wurde dieser genehmigt. Celle wird die endgültige Formulierung vornehmen und den einzelnen Bezirken zusenden.

Es erschienen sodann von der englischen Militärregierung: *Oberst Rathbone, Oberst Carton, Oberst Leman.*

Herr *Oberst Rathbone* führte aus, dass die britische Militärregierung bestrebt sei, die Rechtseinheiten der britischen Zone zu fördern. Es sei daher beabsichtigt, neben einem juristischen Zentralausschuss, der aus den acht Präsidenten der britischen Zone zusammengesetzt sei, einen juristischen Unterausschuss zu bilden, der ein Dauerorgan der Rechtspflege darstellen werde und zu dem jeder Bezirk einen von der Militärregierung genehmigten Vertreter entsenden solle. Es wurde die Anweisung Nr. 4 an die OLG-Präs. über Bildung eines juristischen Zentralausschusses überreicht. – Über die Einzelheiten wurden Fragen von Seiten der einzelnen Präs. an Herrn *Oberst Rathbone* gerichtet, die von diesem beantwortet wurden. – Nachdem die Herren der britischen Militärregierung sich wieder entfernt hatten, wurde die Beratung über die einzelnen Punkte der TO fortgesetzt.

II. 15 der TO: Abwesenheitspflegschaft: Der von Celle vorgelegte Entwurf wurde angenommen; Celle wird ihn bei der Militärregierung einreichen.

II. 16 der TO: Entpolitisierung der Gerichte: Nach ausführlicher Beratung wurde mit 5:3 Stimmen beschlossen, dass durch den Bezirk Celle eine Eingabe an die Militärregierung gerichtet werden soll, in der gebeten wird, den Richtern zwar das aktive, aber nicht das passive Wahlrecht zu geben und anzuordnen, dass die Richter sich von jeder tätigen Teilnahme an der Politik fernzuhalten hätten. – Ferner gab die Versammlung ihrer Meinung dahin Ausdruck, dass die Präs. den Richtern nicht erlauben sollten, an der Bildung von Gewerkschaften unter Beteiligung an solchen teilzunehmen. – Bezüglich der StA wird Celle sich mit den GStA ins Benehmen setzen.

II. 17 der TO: Ausbildung der Rechtspfleger: Der von Braunschweig vorgelegte Entwurf wurde angenommen.

II. 18 der TO: Weibliche Richter und Rechtsanwälte: Hierzu verliest *Baerns* ein Schreiben der Militärregierung, in dem diese die Zulassung weiblicher Richter und Rechtsanwälte an sich billigt, aber der Meinung ist, dass vorläufig wahrscheinlich wenig Bedarf für solche sein werde.

II. 19 der TO: Mitwirkung der StA: Die Besprechung hierüber wird zurückgestellt. Auf der nächsten Referentenbesprechung soll die Frage geprüft werden, wobei grundsätzlich davon auszugehen ist, dass die nach 1933 angeordnete Mitwirkung der StA zu beseitigen sein wird.

II. 20 der TO: Aufhebung von § 5 der ersten und § 6 der zweiten KVO: Die Aufhebung beider Bestimmungen wird gebilligt.

II. 21 der TO: Ehegesetz: Nach Beratung wurde die Meinung vertreten, dass § 42 und § 48 aufzuheben sind; § 55 dagegen mit Einschränkungen beizubehalten sein wird. Die weitere Beratung hierüber wurde auf die nächste Versammlung vertagt.

II. 22 der TO: Notariatsordnung: Die Verhandlung wurde zurückgestellt.

III. 23 der TO: Vertragshilfe: Da eine Entscheidung der Militärregierung über den von Hamburg im September vorgelegten Entwurf einer VO über Vertragshilfe noch nicht erfolgt ist, wurde Hamburg vorgeschlagen, eine Regelung dahin zu treffen, dass die Aussetzung solcher Prozesse anzuordnen sei, die infolge der Einstellung der Zahlungen durch das Reich entstanden sind. Es wurde ausführlich über diesen Vorschlag gesprochen und Hamburg sodann beauftragt, einen Entwurf einer entsprechenden VO zu entwerfen. Es wurde vorgesehen, dass die Bezirke Kiel und Celle einen Vertreter zur weiteren Beratung nach Hamburg entsenden könnten. Da der Erlass einer entsprechenden VO eilt, wie besonders von Hamm betont wurde, wird Hamburg seinen Entwurf allen Bezirken übersenden und ihn, falls keine Einwendungen erhoben werden, alsdann der Militärregierung vorlegen.

III. 24 der TO: Zuständigkeit: Es soll der Militärregierung vorgeschlagen werden, die Grenze für die Zuständigkeit der AG vorläufig auf 2.000 RM festzusetzen.

Die Versammlung befasst sich endlich noch mit den von der Militärregierung eingereichten Anweisungen Nr. 4 über die Bildung des Zentral- und Untersuchungsausschusses. *OLG-Präs. Dr. Kiesselbach* gab Anregungen über die Fassung der Geschäftsordnung. Er wird die Einzelheiten mit Herrn *Oberst Carton* besprechen.

OLG-Präs. Frhr. v. Hodenberg wird über die Frage der Zulassung der Richter mit Herrn *Oberst Carton* Rücksprache nehmen und sodann eine Eingabe an die Militärregierung einreichen, ohne diese vorher den einzelnen Präsidenten zugehen zu lassen.

Als Tag für die nächste Referentenbesprechung wurde der *9.1.1946* in Aussicht genommen. Die Referenten werden im Laufe des Nachmittags des 8.1.1946 in Pyrmont eintreffen.

Anhang: Niederschrift über die dritte Besprechung der Referenten für die Gesetzgebung im britischen Bezirk in Bad Pyrmont am 9. u. 10.1.1946

Anwesende:

Senatspräs. Dr. Adrian (OLG Hamm), Vorsitz
OLG Braunschweig: OLG-Rat Dr. Fricke
OLG Celle: OLG-Rat Dr. Tasche, OLG-Rat Figge
OLG Düsseldorf: LG-Rat Dr. Baerns
OLG Hamburg: LG-Dir. Willers, OLG-Rat Dr. Petersen, LG-Rat Dr. Sieveking
OLG Hamm: SenatsPräs. Dr. Adrian, OLG-Rat Dr. Niemann
OLG Kiel: OLG-Rat Krohn
OLG Köln: OLG-Rat Dr. Floss
OLG Oldenburg: OLG-Rat Weitzel

I. 9.1.1946.

1. Bewertung von Forderungen gegen das Reich in den Bilanzen per 31.12.1945. – Bildung von Ausgleichskonten, Außerkrafttreten der Bestimmungen über Überschuldung als Konkursgrund. – 7 a der TO:

LG-Dir. Willers berichtet über Anregungen aus Wirtschaftskreisen, Vorschriften über die Bewertung von Forderungen gegen das Reich in den Bilanzen und die Bildung von Ausgleichskonten aufzustellen. Er schlägt vor, die Angelegenheit der

Militärregierung in Hamburg vorzulegen und abzuwarten, ob dort die Sache für wesentlich gehalten wird. – Bezüglich der Überschuldung als Konkursgrund sei es notwendig, eine VO zu erlassen, um Konkursanträge zu verhindern.

Dr. Fricke legt ein Schreiben des Reichsbankdirektors in Braunschweig vom 22.12.1945 zur Frage der Bankbilanzen vor.

Die Versammlung beschließt: 1 (a) Die Frage der Überschuldung als Konkursgrund ist zusammen mit der AussetzungsVO zu besprechen; – 1 (b) die übrigen Punkte von 7 a gelten bis zur Unterredung mit der Militärregierung Hamburg als erledigt. Alsdann erfolgt weitere Mitteilung.

2. Aufhebung des § 35 der VO v. 27.9.1944 betr. Briefausschluss; 7 b der TO:

Dr. Petersen berichtet über ein Schreiben der Hypothekenbank in Hamburg, in dem ausgeführt wird, dass durch den Ausschluss der Hypothekenbriefe die Tätigkeit der Hypothekenbanken stark behindert wird.

Die Versammlung ist der Ansicht, dass Hypothekenbriefe wieder ausgefertigt werden können und technische Schwierigkeiten zu überwinden sind. – In Kiel und Oldenburg ist bereits die ganze KriegsmaßnahmenVO vom 27.9.1944 aufgehoben.

Es wird beschlossen, (2) zur nächsten Präs.-Besprechung vorzuschlagen, § 35 der VO v. 27.9.1944 aufzuheben, soweit es nicht schon geschehen ist.

3. Vollstreckung von Urteilen aus anderen Zonen.

Aus Kiel wird angefragt, ob Einwendungen gegen die Vollstreckung von Urteilen aus anderen Zonen, insbesondere der russischen, bestehen.

Die Versammlung ist der Ansicht, (3) dass solche Urteile vollstreckt werden müssen und einstweilen keine Schritte zu unternehmen sind, bis genügend Material über die Erfahrungen bei solchen Urteilen vorliegen.

4. Numerus clausus der Rechtsanwälte; 7 c der TO:

Das Schreiben des OLG-Präs. Celle vom 22.12.1945 liegt vor. – (4) Die Absendung des dort in Anlage beigefügten Schreibens an die Militärregierung findet allgemeine Zustimmung.

5. Bekämpfung des Schleichhandels und der Schwarzschlachtung; 7 e der TO:

LG-Dir. Willers trägt den neuen Entwurf einer vom GStA Hamburg bearbeiteten VO vor, in dem gegenüber dem ersten Entwurf den bezugsbeschränkten Erzeugnissen Mangelwaren gleichgesetzt werden. – Er schlägt vor, das Ergebnis der Beratung der GStA über den Entwurf abzuwarten.

(5) Die Versammlung billigt diesen Vorschlag trotz einiger Bedenken, die gegen die Notwendigkeit des Erlasses der VO geäußert werden.

6. Einsparung von Richtern: Dr. Adrian schlägt vor, gewisse Aufgaben der sog. minderen Justiz den Richtern zu nehmen und anderen Verwaltungsstellen oder Notaren zu übertragen, um die verfügbaren Richter im Wesentlichen mit der Spruchtätigkeit zu betrauen.

LG-Dir. Willers äußert Bedenken gegen die Durchführbarkeit dieses Gedankens und schlägt vor, eine solche Reform einer späteren Entwicklung zu überlassen.

Die Versammlung beschließt, (6 a) dass zunächst Material darüber zu sammeln ist, inwieweit in den einzelnen Ländern Geschäfte, die nach Reichsgesetz

Richtergeschäfte sind, von Verwaltungsbeamten, Notaren usw. erledigt worden sind und weiterhin, wie viele Richter mit solchen Dingen beschäftigt sind.

(6 b) Es übernimmt OLG Celle die Gebiete Hannover, Baden, Württemberg; – OLG Köln und Düsseldorf den rheinischen Raum und evtl. weitere südliche Bezirke; – OLG Hamm Westfalen, Süddeutschland (außer Baden und Württemberg), Mecklenburg.

7. Eröffnung des Grundbuches; Verfügung über Grundstücke und Grundstücksrechte.

Dr. Adrian stellt eine VO des OLG Düsseldorf zur Diskussion, in der bei Verfügungen über Grundstücke und Grundstücksrechte eine Bescheinigung der unteren Verwaltungsbehörde verlangt wird, dass keine Verfügungsbeschränkungen gemäß Gesetz Nr. 52 der Militärregierung vorliegen. – Das Vorgehen von Düsseldorf findet allgemeine Ablehnung, da die untere Verwaltungsbehörde zu einer Prüfung ebenso wenig imstande sei wie das Grundbuchamt. – In Hamm, Hamburg, Kiel und Oldenburg sind keine besonderen Vorschriften über die Prüfung der Verfügungsbeschränkung erlassen. In Celle ist eine VO ergangen, nach der das Grundbuchamt eine besondere Erklärung verlangen soll.

Die Versammlung regt an,

(7 a) dass jedes OLG, sofern es in dieser Sache Stellung nehmen muss, etwa auf Anfrage eines Oberpräsidenten oder Bürgermeisters, dem Fragesteller seinen Standpunkt erklären und nach Düsseldorf Mitteilung machen soll.

(7 b) Es wird weiter der Meinung Ausdruck gegeben, dass im Sinne der Zusammenarbeit bei Eingaben an Verwaltungsbehörden in Angelegenheiten, die für sämtliche OLG von Bedeutung sind, das Einverständnis der Präsidenten vorher eingeholt werden soll.

8. Vertragshilfe und AussetzungsVO; 1 der TO.

Der Hamburger Entwurf einer VO über die Aussetzung gerichtlicher Verfahren liegt vor und wird im Einzelnen von den Hamburger Vertretern begründet.

Nach eingehender Beratung werden an dem Entwurf folgende Änderungen vorgenommen:

(5 a) Zu § 1 Zeile 1: „Von Amts wegen“ und „auf Antrag“ wird umgestellt. – Zu § 1 Ziff. a: Zwischen den Worten „Ländern“ und „Gemeinden“ wird eingefügt: „den Gemeindeverbänden“; vor „Körperschaft“ „sonstigen“.

Zu § 2. „Zahlungsfähigkeit“ ist zu ändern in „Leistungsfähigkeit“; im Übrigen sind die gleichen Einfügungen wie bei § 1 a vorzunehmen.

Zu § 3: Abs. 2 wird Abs. 1 mit folgender Fassung: „sind beide Parteien zu hören“. – In Abs. 2 n.F. ist „die Klage“ zu ändern in „eine Klage“.

Zu § 4: In Zeile 1 ist zu ändern „dem Gläubiger“ in „beiden Parteien“. – In Zeile 4 ist das Wort „sofortige“ zu streichen.

Zu § 6 Abs. 1: Der Hauptsatz erhält folgende Fassung: „so hat das Vollstreckungsgericht auf Antrag des Schuldners die Zwangsvollstreckung bis zum 1.7.1946 einzustellen“. – Abs. 2 lautet: „Die §§ 2, 3 Abs. 1, 4, 5 finden entsprechende Anwendung.“

Die weiterhin geäußerten Bedenken gegen die VO werden für erledigt erklärt, insbesondere wird beschlossen, Zahlungsbefehle nicht besonders zu behandeln, das OLG als Beschwerdeinstanz zu belassen, die Frage der Aufrechnung nicht zu erwähnen, da ein rechtlicher Zusammenhang nur in den seltensten Fällen gegeben sei. Der Antrag Braunschweigs, die Erstattung außergerichtlicher Kosten auszuschließen, wird abgelehnt. – Motive zur VO werden von Hamburg ausgearbeitet werden.

(5 b) Es wird einstimmig beschlossen, den Hamburger Entwurf vom 20.12.1945 mit den vorgenommenen Änderungen anzunehmen. Hamburg wird den Entwurf im Namen sämtlicher OLG-Präs. der Kontrollkommission über Oberst Carton einreichen und gleichzeitig den anderen OLG Abschriften auch in Englisch übersenden. Falls sich die Entscheidung der Kontrollkommission verzögert, darf jedes OLG bei seiner Provinzial-Militärregierung um Genehmigung nachsuchen.

Hamburg berichtet weiterhin, dass die VO über die erweiterte Vertragshilfe bestehen bleiben soll. Der Antrag auf Genehmigung liegt noch bei der Militärregierung. – Entsprechende Entwürfe sind auch von Celle, Braunschweig und Oldenburg eingereicht. Wenn die VO genehmigt werden sollte, soll der Entwurf mit Übersetzung und Material nach Hamm für eine eigene VO eingesandt werden.

9. Überschuldung als Konkursgrund; 7 a der TO.

Dr. Petersen schlägt den Erlass einer VO vor, die die Bestimmungen über die Überschuldung als Konkursgrund ändern soll. In Frage kommt zunächst eine Regelung der Aktiva in Bilanzen, falls es sich um Forderungen gegen das Reich handelt, und ferner eine Bestimmung über Passiva gemäß dem in der VO über die Aussetzung gerichtlicher Verfahren vorgesehenen § 7.

Der Entwurf einer VO wird vorgelegt. – Grundgedanken des Hamburger Vorschlages werden gebilligt. Es wird beschlossen,

(9) dass das OLG Hamburg nach Anhören der in Frage kommenden Wirtschaftskreise eine VO entwerfen und den Entwurf zur nächsten Präsidentenbesprechung versenden soll.

10. Mitwirkung der StA in bürgerlichen Rechtsstreitigkeiten; 2 der TO.

LG-Dir. Willers weist darauf hin, dass der Wunsch bestehe, die Mitwirkung der StA in bürgerlichen Rechtsstreitigkeiten einzuschränken. Es sei andererseits wünschenswert, dass das öffentliche Interesse auch in Zivilprozessen berücksichtigt werde. Dabei sei der Gedanke der freien Wirtschaft nicht mehr allein ausschlaggebend. Zur Mitwirkung in Zivilprozessen sei der StA als Vertreter des Staates und nicht als Anklagevertreter berufen, wie dies in anderen Ländern vielfach vorgesehen ist.

Es wird beschlossen, (10) die Fragen bis zur nächsten Referentenbesprechung zurückzustellen, da in einigen Bezirken der GStA noch nicht gehört worden ist.

11. Verfolgung verjährter Straftaten; 3 der TO.

Oldenburg referiert den gemäß Schreiben vom 19.12.1945 übersandten Entwurf eines Justizerlasses, der durch Abänderung von Verjährungsvorschriften des StGB und durch Widerruf erteilten Straffreiheit die Verfolgung von Straftaten zugunsten des Nationalsozialismus ermöglichen soll, die bisher ungesühnt geblieben sind. Das Verlangen nach Verfolgung solcher Straftaten sei in der Bevölkerung geäußert worden. Weitere Anregungen seien von englischer Seite ergangen.

Braunschweig trägt einen entsprechenden Entwurf vor, der gemäß Schreiben vom 29.11.1945 übersandt worden ist.

Von Kiel werden Bedenken gegen den Erlass einer VO vorgetragen, die die Verjährungsvorschriften und die Wirkungen einer einmal gewährten Gnade beseitige. Die Einwände sind im Schreiben vom 20.12.1945 zum Ausdruck gebracht.

Köln schließt sich diesen Bedenken an.

Von Hamburg wird auf ein Schreiben der Rechtsabteilung, Oberstes Hauptquartier, Kontrollkommission für Deutschland, an die Militärregierung Hamburg vom 8.12.1945 hingewiesen, nach dem die während des Naziregimes begangenen Verbrechen nicht wegen der nach deutschem Recht eingetretenen Verjährung ungesühnt bleiben sollen und der GStA in Hamburg angewiesen ist, zur Bearbeitung einer entsprechenden VO die Frage dem Rechtsunterausschuss zu unterbreiten.

Es wird beschlossen, (11) dass das Schreiben der Kontrollkommission vom 8.12.1945 den OLG zur Vorbereitung der Besprechung bei der nächsten Referententagung zu übersenden ist.

12. Hauptversammlung von Aktiengesellschaften, 4 der TO.

Celle referiert über den Entwurf einer VO, zu der die Anregung von der Handelskammer gegeben sei.

OLG-Rat Krohn äußert Bedenken gegen die Einsetzung eines Treuhänders für nicht erschienene Aktionäre. Schon vor dem Kriege sei oft weniger als die Hälfte des Grundkapitals vertreten gewesen. Der vorgesehene Treuhänder würde über eine große Macht verfügen, es seien nicht genügend geeignete Treuhänder vorhanden, um die Gefahr des Missbrauchs einer solchen Stellung auszuschließen.

LG-Dir. Willers teilt die geäußerten Bedenken. In der Hamburger Wirtschaft seien keine Fälle praktisch geworden, die nach der Einsetzung eines Treuhänders verlangten. Es genüge die Möglichkeit für Vorstand oder Aufsichtsrat, die Beschlüsse einer Minderheit bis zu einer neuen Hauptversammlung zu suspendieren, falls die Abwesenheit eines Großaktionärs ausgenutzt sei.

Es wird beschlossen, (12) in den einzelnen Bezirken in Wirtschaftskreisen nachzuforschen, ob die Gefahr eines Missbrauchs durch Abwesenheit der Majorität besteht und ein Bedürfnis für den Erlass der von Celle vorgeschlagenen VO gegeben ist. Berichte über das Ergebnis der Nachforschungen sind nach Celle zu senden; die Angelegenheit wird bis zur nächsten Referentenbesprechung zurückgestellt.

13. Reform des EheG; 5 der TO.

Das EheG vom 6.7.1938 wird im Einzelnen durchgesprochen. Die Versammlung nimmt zu den einzelnen Bestimmungen wie folgt Stellung:

(13 a) § 4 ist aufgehoben. Das Gleiche gilt für die mit § 4 zusammenhängenden Bestimmungen der §§ 20, 28 u. 29, soweit sie sich auf des Blutschutzgesetz beziehen.

§ 5 ist beizubehalten. Nach Rechtsanweisung Nr. 34 der Militärregierung (vgl. Celler Justizbl. Nr. 3, S. 14) sind die Bestimmungen des EhegesundheitsG durchzuführen.

Die Aufhebung von § 48 wird befürwortet, da die in Frage kommenden Fälle durch § 49 erfasst werden.

§ 52 ist entgegen der abweichenden Ansicht von Kiel beizubehalten, da er im Zusammenhang mit § 54 tragbar erscheint.

§ 53 ist aufzuheben.

§ 55 soll bestehen bleiben, eine Einengung der Scheidungsmöglichkeit wird schon dadurch erreicht, dass diese Bestimmung nicht mehr in der bisherigen Weise ausgelegt werden kann.

§ 58 ist aufzuheben.

§ 83 soll bestehen bleiben.

(13 b) Für die Besprechung des EheG auf der Präs.-Tagung wird Kiel das Referat übernehmen. Es soll eine Begründung der in Aussicht genommenen VO zur Abänderung des EheG angefertigt und veröffentlicht werden. In ihr soll auf die Gründe hingewiesen werden, welche die Aufrechterhaltung der sonst etwa fragwürdigen Bestimmungen rechtfertigen.

14. Übernahme von Anwärtern in den höheren Justizdienst; 6 der TO.

Es wird beschlossen: (14) Die OLG werden in Anlehnung an die Schreiben von Celle vom 27.11.1945 und Kiel vom 29.12.1945 ihr Verfahren betr. Referendare und Rechtspfleger den anderen Bezirken durch Rundschreiben mitteilen.

II. 10.1.1946

15. Nachträgliche Beurkundung von Geburts- und Sterbefällen; 6 a der TO.

Dr. Baerns berichtet über eine Bekanntmachung in der Neuen Rheinischen Zeitung vom 19.12.1945, nach der der Oberpräsident der Nord-Rheinprovinz Verwaltungsmaßnahmen getroffen hat, die in gleicher Richtung gehen, wie der von Celle ausgearbeitete Entwurf. Der Erlass ist dem Wortlaut nach nicht bekannt.

OLG-Rat Figge trägt den von Celle ausgearbeiteten Entwurf eines Erlasses über die nachträgliche Beurkundung von Geburts- und Sterbefällen vor. Die dort vorgesehene verschiedene Behandlung von Geburts- und Sterbefällen wird damit begründet, dass für die Beurkundung von Geburten sich in der Praxis bereits ein Verfahren herausgebildet habe, das von der VO übernommen sei.

LG-Dir. Willers bekundet seine grundsätzliche Zustimmung zu dem Celler Entwurf, äußert aber Bedenken hinsichtlich der verschiedenen Behandlung von Geburten und Sterbefällen. Von Hamburg wird ein zentrales Register in Hannover auch für die Beurkundung von Geburten vorgeschlagen. Dementsprechend ist von Hamburg ein VO-Entwurf ausgearbeitet worden, der verlesen wird.

(15 a) Der Hamburger Entwurf wird mit folgenden Änderungen gebilligt:

In Art. I ist zu streichen: „deutscher Staatsangehöriger". Anstatt „ihres Wohnortes" ist zu setzen „des Wohnsitzes, oder wenn das Kind in der britischen Zone keinen Wohnsitz hat, dem Standesbeamten des Aufenthaltsortes des Kindes."

In Art. II Abs. 1 ist zu streichen: „von Wehrmachtsangehörigen und Zivilpersonen deutscher Staatsangehörigkeit"; zwischen „bisherigen" und „Vorschriften" ist einzufügen „reichsgesetzlichen"; anstelle von „des Wohnortes" ist zu setzen „des Wohnsitzes oder in Ermangelung eines solchen in der britischen Zone des Aufenthaltsortes des Anzeigenden"; anstelle von „Wehrkreiskommando" ist zu setzen „Kommando".

(15 b) OLG Hamburg wird einen hiernach sich ergebenden neuen Entwurf den anderen OLG in zweifacher Ausfertigung mit Begründung zur Erledigung bei der nächsten Präsidentenbesprechung zu senden.

16. Verjährung zivilrechtlicher Ansprüche, 7 d der TO.

Dr. Fricke berichtet über den Braunschweiger Entwurf einer VO über die Hemmung der Verjährung von Ansprüchen aus unerlaubter Handlung politischer Art.

Von Kiel werden Bedenken gegen die vorgeschlagene Regelung geäußert.

Dr. Adrian verliest ein Schreiben des OLG-Präs. Hamm an den Oberpräsidenten Westfalen, in dem er sich zur Frage der Wiedergutmachung äußert. – Nach Mitteilung von Hamburg wird die Angelegenheit von den Engländern selbst bearbeitet, so dass von deutscher Seite noch nicht zu unternehmen ist.

Die Versammelten sind einstimmig der Meinung, (16) dass die Frage der Verjährung zivilrechtlicher Ansprüche aus unerlaubten Handlungen, denen politische Motive zugrunde liegen, zurückzustellen ist wegen des Zusammenhangs mit der Wiedergutmachungsfrage, die zurzeit noch nicht spruchreif ist.

17. TestG: Es wird erörtert, ob außer § 48 Abs. 2 TestG auch § 48 Abs. 3 aufzuheben sei.

Dr. Petersen wendet sich gegen die vollständige Aufhebung von § 48 und schlägt vor, Abs. 3 aufrechtzuerhalten.

Dr. Adrian hält Abs. 3 für entbehrlich. Er enthalte eine Spitze gegen die Kirche und sei von nationalsozialistischer Prägung. Die Aufhebung sei daher zu befürworten.

Es wird beschlossen, (17) dass wegen der Meinungsverschiedenheiten bezüglich der Frage, ob § 48 Abs. 1 und 3 des TestG aufzuheben sei, die Sache auf der nächsten Präsidententagung zu erörtern ist.

18. ErbrechtsVO.

Auf der letzten Präsidentenbesprechung ist die Aufhebung der ErbregelungsVO beschlossen worden. Dieser Beschluss ist von Kiel und Hamburg durchgeführt worden.

Von Celle, Düsseldorf und Hamm wird die Aufrechterhaltung der VO befürwortet. – Hamburg regt an, im Interesse der Einheitlichkeit die VO überall aufzuheben, auch wenn ihre Beibehaltung noch wünschenswert erscheinen könnte.

Es wird beschlossen, (18) die Angelegenheit auf die TO der nächsten Präsidentenbesprechung zu setzen, damit noch einmal zur Frage der Durchführung des Beschlusses vom 6.12.1945 Stellung genommen werden kann.

19. Zentralgericht Hannover, Punkt 3 der Referentenbesprechung vom 14.11.1945

Auf Antrag von Hamm wurde beschlossen, (19) die Frage der Bestimmung von Hannover als Zentralgericht für die britische Zone anstelle des in verschiedenen Gesetzen vorgesehenen AG oder LG Berlin soll auf die TO der nächsten Präsidentenbesprechung kommen, da sie bei der letzten Besprechung nicht erledigt werden konnte.

20. NotariatsO, Punkt 33 der Referentenbesprechung vom 14.11.1945.

Die Frage der NotariatsO soll gleichfalls auf die TO der nächsten Präsidentenbesprechung gesetzt werden.

21. Eheschließung nach dem Tode.

Auf Anfrage wird von Hamburg berichtet, dass die vorgesehene TO noch nicht zur Genehmigung eingereicht sei, da noch eine Übereinstimmung mit dem Bürgermeister erzielt werden müsse.

22. Wiedereintragung gelöschter Firmen.

Hamburg berichtet, dass die vorgeschlagene VO noch nicht genehmigt sei, sondern zurzeit bei der Kontrollkommission liege.

23. Zuständigkeit der AG.

Die Zuständigkeit der AG ist in den einzelnen Bezirken verschieden geregelt. In Köln und Düsseldorf liegt sie bei 1.500 RM, in Kiel bei 2.000 RM, in Hamburg bei 500 RM.

Es wird beschlossen, (23) eine einheitliche Regelung herbeizuführen und die Frage der Zuständigkeitsgrenze der AG für die nächste Präsidentenbesprechung auf die TO zu setzen.

24. Erbhofrecht.

Auf Anfrage wird der Meinung Ausdruck gegeben, dass keine Bedenken bestehen, § 54 der ErhofrechtsVO anzuwenden, obwohl dieser in dem Celler Entwurf nicht aufgenommen ist. Da es sich um eine Justizverwaltungssache handelt, kann jedes OLG in beliebiger Form seine Regelung treffen.

25. Verschollenheitsgesetz, 2. der Referentenbesprechung vom 14.11.1945.

Dr. Adrian regt in Ergänzung der von Kiel vorgeschlagenen VO die Aufhebung der VO vom 20.1.1943 betr. das Aufgebotsverfahren an. – Die Versammlung hält die VO in der vorgesehenen Weise für tragbar, da sie nur die besonderen Fälle des § 4 Abs. 2 betrifft, in denen ein Aufgebot entbehrlich ist. – Es wird beschlossen, dass jeder Bezirk die VO einreichen soll.

26. Güterrechtsregister.

Dr. Adrian führt aus, dass die Veröffentlichung von Eintragungen in das Güterrechtsregister zu einer unerwünschten Belastung der Veröffentlichungsorgane führe. – Er schlägt vor, dass die in § 1562 BGB vorgesehene Veröffentlichung von Eintragungen ins Güterrechtsregister vorläufig aufgehoben wird. – Auf Antrag von Düsseldorf und Hamburg wird beschlossen: (26) Die Frage ist zurückzustellen, da sie nicht als dringend anzusehen ist und Bedenken gegen eine Abschaffung der Eintragung bestehen.

27. Gebührenfreiheit für Nachlassbehandlungen, wenn der Tod oder die Todeserklärung des Erblassers durch politische Verfolgung verursacht ist.

Von Hamm wird angeregt, die Opfer politischer Verfolgung den Kriegsteilnehmern gleichzustellen, für welche § 2 der VO vom 4.10.1939 (RGBl. I S. 1944), AusführungsVO vom 18.8.1942 (DJ S. 545) gelten. – Es wird beschlossen, die Frage auf der nächsten Referentenbesprechung zu behandeln.

28. Zeitpunkt des Inkrafttretens von VO.

Von Celle wird angefragt, wann VO in Kraft treten. Aus Hamm wird berichtet, dass dort im Allgemeinen bestimmt wird, dass VO vier Tage nach der Veröffentlichung in Kraft treten. – Die allgemeine Meinung geht dahin, dass jeder Bezirk im Einzelfall bestimmen müsse, wenn VO zu einem besonderen Zeitpunkt in Kraft treten sollen.

29. Erbgesundheitsgericht.

Dr. Fricke weist auf die Möglichkeit hin, die Unfruchtbarkeit rückgängig zu machen und auf die damit zusammenhängende Frage einer Wiederaufnahme des Verfahrens. Er regt an, das ErbgesundheitsG mit dem Recht der Wiederaufnahme aufrechtzuerhalten und einen entsprechenden Beschluss der Militärregierung vorzutragen.

Es wird beschlossen, (20) diese Frage auf die TO der nächsten Präsidentenbesprechung zu setzen und schriftlich vorzubereiten.

Die Referenten sind jedoch der Ansicht, dass die Sache vorläufig noch ruhen solle.

30. Wiedereröffnung der Gerichte. Hierzu wird aus den einzelnen Bezirken berichtet: Braunschweig: Keine Änderung seit letzter Mitteilung, Celle: Änderungen sind im Justizbl. veröffentlicht. Düsseldorf: OLG ist eröffnet. – Hamm: Berichte über die Veröffentlichungen befinden sich im Justizbl. – Kiel: Alle Gerichte sind eröffnet. Köln: OLG am 10.1.1946 eröffnet.

Die LG Aachen, Bonn und Köln in beschränktem Umfang eröffnet. – Alle AG eröffnet, außer Heinsberg (v. Geilenkirchen betreut), Hennef und Brühl (von Köln umfasst). – Oldenburg: OLG noch nicht eröffnet. Zivilkammern der LG noch nicht eröffnet. Im Übrigen ist im Justizbl. berichtet.

gez. Sieveking.

Anhang:

Notizen zur Referentenbesprechung vom 9. u. 10.1.1946 über Punkte, die nicht ins Protokoll aufgenommen sind

1. Die Anfrage von LG-Dir. Willers, ob in den einzelnen Bezirken für beschlagnahmte Vermögen von den OLG Verwalter benannt und beaufsichtigt werden, wird dahin beantwortet, dass keine praktischen Erfahrungen darüber vorliegen. – Die Tätigkeit der OLG auf diesem Gebiet beschränkt sich auf die gelegentliche Benennung von Verwaltern.

2. Auf Anregung von Dr. Adrian wird eine Karenzzeit von drei Tagen vor jeder Besprechung befürwortet, in der keine Anträge zur TO mehr gestellt werden dürfen. – Bei der Abfassung des Protokolls ist die Beschlussfassung mit sämtlichen Teilnehmern auf der Tagung selbst abzustimmen.

3. Bei Einreichung von Entwürfen an die Militärregierung ist von dem referierenden Bezirk an die anderen Bezirke der Entwurf mit Übersetzung, Begründung und Anschreiben zu übersenden. – Hamburg wird den englischen Text der AusführungsVO zur EröffnungsVO sofort an alle Bezirke versenden.

4. Die Beschlussfassung über das aktive Wahlrecht der Richter hat Meinungsverschiedenheiten ergeben, da Celle der Ansicht ist, dass es ruhen soll. Die Frage soll auf der nächsten Präsidentenbesprechung noch einmal erörtert werden.

5. OLG Hamm hat Hamburg um die Übersendung von Formularen von Schiffshypothekenbriefen gebeten.

6. Bezüglich der Arbeitsgerichtsverfahren wird Hamburg bei Oberst Carton anfragen, wie die Ansicht der Militärregierung zur Frage der Beisitzer ist.

7. Zur Frage der Gültigkeit von Gütertrennungsverträgen bei Personen, deren Vermögen beschlagnahmt ist, hat die Aussprache ergeben, dass durch die Beschlagnahme das Vermögen der Ehefrau miterfasst wird, auch wenn Gütertrennungsverträge sind. Die Frage ist zwar noch nicht in allen Bezirken entschieden insbesondere wurden in Hamburg bisher Gütertrennungsverträge für wirksam gehalten. Das Gleiche gilt von Braunschweig, wo aber eine neue Regelung erwartet wird.

8. Auf Anfrage von Hamm, ob in Hamburg Dr. Laue als Gutachter für Blutgruppenuntersuchungen noch zuständig ist, wird von Hamburg nach den diesbezüglichen Feststellungen an sämtliche Bezirke eine Antwort erteilt werden.

9. Eine Umfrage über Zulassung von polizeilichen Strafverfügungen ergibt, dass diese in Hamburg noch zugelassen sind, in Celle nur, soweit sie Verstöße gegen VO ahnden; in Düsseldorf, Köln und Kiel sind keine polizeilichen Strafverfügungen zugelassen. – Ordnungsstrafen sind in den meisten Bezirken zugelassen.

Hamburg, d. 16.1.1946

IV. Niederschrift über die 4. Besprechung der OLG-Präs. in der britischen Zone in Bad Pyrmont am 6.2.1946

Anwesende:
OLG-Präs. Dr. Kiesselbach (OLG Hamburg) Vorsitzer.
OLG Braunschweig: OLG-Präs. Dr. Mansfeld, OLG-Rat Dr. Fricke, OLG-Rat Höpfner
OLG Celle: OLG-Präs. Frhr. v. Hodenberg, OLG-Rat Dr. Tasche, OLG-Rat Dr. Benefeld, KG-Rat Dr. v. Zabiensky
OLG Düsseldorf: OLG-Präs. Dr. Lingemann, OLG-Rat Behrens
OLG Hamburg: LG-Dir. Willers, LG-Rat Dr. Sieveking (Protokoll)
OLG Hamm: OLG-Präs. Dr. Hermsen, Senatspräs. Dr. Adrian
OLG Kiel: OLG-Präs. Dr. Kuhnt, OLG-Rat Krohn
OLG Köln: OLG-Präs. Dr. Schetter, AG-Rat Dr. Berger
OLG Oldenburg: OLG-Präs. Dr. Koch, OLG-Rat Weitzel
Außerdem: von der Rechtsabteilung der Kontrollkommission für Deutschland (britisches Element): Oberst Rathbone, Major Romberg.

1. Formale Fragen der Geschäftshandhabung. Pkt. 1 der TO.

(i) Dr. Kiesselbach führt im Hinblick auf die Vorschriften über die Protokollführung aus, dass ein Bearbeiter ausschließlich mit der Protokollführung betraut worden sei. – Die Protokolle werden von Hamburg aus in sechs Exemplaren der Militärregierung eingereicht werden. Mit Rücksicht auf die Papierknappheit wird

jedes OLG nur ein Exemplar des Protokolls erhalten. – Die bisher verfassten Protokolle werden in Hamburg rekonstruiert und dort eingereicht werden.

Die Versammlung: (1 a) ist mit den Vorschlägen von Dr. Kiesselbach einverstanden.

(ii) *Dr. Frhr. v. Hodenberg* weist auf den Missstand hin, dass Veröffentlichungen von VO in den einzelnen Bezirken in ungleichen Zeiträumen erscheinen.

Die Versammlung beschließt, (1 b) die Beratung über die Regelung dieser Frage an den Unterausschuss zu überweisen.

2. Geschäftsordnung der beiden Kommissionen.

(I) *Dr. Kiesselbach* verliest den Entwurf einer Geschäftsordnung zur Sicherung der Zusammenarbeit zwischen der Rechtsabteilung der Kontrollkommission, dem juristischen Zentralausschuss und dem juristischen Unterausschuss.

Der Entwurf wird in seinen einzelnen Bestimmungen durchgesprochen und in folgenden Punkten geändert:

(2 a) In § 2 Abs. 1 wird auf Vorschlag von Dr. Frhr. v. Hodenberg anstatt „evtl. genehmigt" gesetzt: „verabschiedet"; in Abs. 3 wird der letzte Satz gestrichen.

In § 3 werden die Worte „an sich" gestrichen.

§ 4 erhält folgende Fassung: „Für die geschäftsmäßige Handhabung der Aufgaben des JZA ist der OLG-Präs. in Hamburg federführend."

§ 5 wird auf Vorschlag von Dr. Kuhnt gestrichen.

In § 6 wird anstelle von „In dem Falle dass" gesetzt „falls". Die von Düsseldorf geäußerten Bedenken werden zurückgestellt.

§ 8 erhält folgende Fassung: „Der JZA bestellt den Vorsitzenden und stellv. Vorsitzenden des juristischen Unterausschusses. Dieser bestimmt die Art der Verteilung seiner Geschäfte selbst."

§ 9 wird gestrichen.

§ 10 Abs. 1 a.E. lautet: „... für die letzten sieben Tage jedes Monats in ihre Bezirke zurückkehren und am 1. des folgenden Monats ihre Tätigkeit in Hamburg wieder aufnehmen;" – Abs. 2 wird gestrichen.

In § 11 Abs. 4 wird gestrichen: „jedoch ohne Stimmrecht".

In § 12 wird gestrichen: „zur Beratung ohne Stimmrecht".

§ 13 wird gestrichen.

(II) *Dr. Kiesselbach* bemerkt zu § 2, dass ein VO-Entwurf, der die Interessen mehrerer Bezirke berührt, von dem Vorschlagenden nicht gegen die Stimmen der anderen Präsidenten durchgebracht werden kann; und zu § 12, dass auf Anordnung der Militärregierung der GStA in Hamburg zum JUA gehört.

(III) *Dr. Frhr. v. Hodenberg* berichtet, dass ebenfalls die Universitäten beantragt hätten, hinzugezogen zu werden.

Die Versammlung (2 b) ist gegen die Hinzuziehung der Universitäten. Dem JUA stehe es frei, hinzuzuziehen wen er wolle. Die Angelegenheit soll in diesem Sinne Oberst Rathbone vorgetragen werden.

Die Versammlung beschließt: (2 c) Die Geschäftsordnung, in der abgeänderten Form wird genehmigt.

(2 d) OLG-Rat Dr. Petersen wird zum Vorsitzenden, Senatspräs. Dr. Adrian zum stellv. Vorsitzenden des juristischen Unterausschusses bestellt.

3. Nachträgliche Beurkundung von Geburten und Sterbefällen. Pkt. 4 der TO.

Nachdem auf einer Vorbesprechung der Referenten von *Willers* über die Stellungnahme des Rechtsamts Hamburg zu dem von Hamburg ausgearbeiteten und versandten VO-Entwurf berichtet worden und ein neuer Entwurf des Rechtsamts Hamburg, der sich dem alten Celler Entwurf annähert, vorgelegt worden war, wird auf *Vorschlag von Celle und Hamburg beschlossen:* (3) Die Vertreter von Celle und Hamburg werden gemeinsam in Annäherung an den Celler Vorschlag den Entwurf einer VO fertigstellen, der gemeinsam für die gesamte britische Zone eingereicht werden wird.

4. Testamentsgesetz. Pkt. 5 der TO: Es wird festgestellt, dass Meinungsverschiedenheiten darüber bestehen, ob auf der letzten Tagung § 48 des TestG in seiner Gesamtheit oder ob nur Abs. 2 aufgehoben sei.

Die Versammlung beschließt mit 7:1 Stimmen: (4) § 48 TestG wird aufgehoben. – OLG Hamburg wird den Vorschlag für die ganze Zone einreichen.

5. Assessorprüfungen. (I) *Dr. Kiesselbach* fragt, ob es zweckmäßig sei, dass die Prüfungskommission herumreisen oder am Prüfungsort selbst prüfen soll.

(II) *Dr. Kuhnt* spricht sich für das Verbleiben der Kommission an einem Ort aus.

Die Versammlung beschließt: (5) Dass die Assessorexamen jeweils am Platz der Prüfungskommission stattfinden sollen.

6. Überschuldung als Konkursgrund. (I) *Willers* trägt den von Hamburg ausgearbeiteten Entwurf einer VO vor, der den Bezirken übersandt worden ist. Über die Frage der Bilanzierung haben im Hamburger Senat bereits Besprechungen stattgefunden. Mit Ausnahme der Vorschriften über Steuerbilanzen sind bisher keine gesetzlichen Vorschriften ergangen.

(II) *Dr. Frhr. v. Hodenberg* ist mit dem Inhalt der VO einverstanden, äußert aber Bedenken gegen die Formulierung von §§ 2 und 3.

Nach inzwischen erfolgter Beratung durch die Referenten wird *beschlossen:* (6 a) § 2 erhält folgende Fassung: „Überschuldung im Sinne der gesetzlichen Bestimmungen liegt ferner nicht vor, wenn sie sich daraus ergibt, dass bei der Bewertung der Aktiven die eingetretenen und möglichen Auswirkungen des Kriegsausganges berücksichtigt sind." – § 3 wird gestrichen. – (6 b) Die VO wird in dieser Form angenommen.

7. ErbregelungsVO. – Pkt. 6 der TO.

(I) *Dr. Kuhnt* stellt fest, dass auf der letzten Tagung die Aufhebung der ErbregelungsVO beschlossen worden sei. Dieser Beschluss könne nicht wieder geändert werden. Die VO müsse auch aus sachlichen Gründen aufgehoben bleiben, da die in ihr vorgesehene Fiktion eines Testaments juristisch widersinnig sei.

(II) *Dr. Hermsen* hält die VO für nützlich, da es Fälle gäbe, bei denen der Wille des Erblassers klar, das Testament aber ungültig sei. Er stellt aber trotzdem seine Bedenken zurück.

(III) *Dr. Frhr. v. Hodenberg* hält ebenfalls die VO in vielen Fällen für wertvoll, jedoch eine Änderung für geboten, da sie auf das gesunde Volksempfinden abgestellt sei. Deswegen sei Aufhebung dieser VO zu befürworten.

Die Versammlung beschließt einstimmig:

(7 a) Die ErbregelungsVO bleibt aufgehoben. – (7 b) Die Aufhebung von § 48 TestG und der ErbregelungsVO ist vom OLG Celle für die ganze britische Zone bei der Militärregierung einzureichen mit der Bemerkung, dass für Kiel und Hamburg die Aufhebung der ErbregelungsVO bereits erledigt sei.

8. Gemeinsames Amtsgericht. Pkt. 7 der TO.

Dr. Tasche führt aus, dass der vom OLG Celle vorgeschlagene Entwurf einer VO, die das AG oder LG Hannover anstelle des LG oder AG Berlin als Zentralgericht für zuständig erklärt, inzwischen durch verschiedene Einzelregelungen an Bedeutung verloren habe (VerschollenheitsG, VO über Nachlassgerichte). Die noch in Frage kommenden Fälle bereiteten keine Schwierigkeiten mehr, so dass kein Interesse an der VO bestehe.

(8) Der Antrag wird für *erledigt erklärt.*

9. Aufhebung von § 35 der VO vom 27.9.1944 betr. Briefausschluss. Pkt. 8 der TO.

(I) *Willers* berichtet über ein Schreiben der Hypothekenbank in Hamburg, in dem ausgeführt wird, dass durch den Ausschluss der Hypothekenbriefe die Tätigkeit der Hypothekenbanken stark behindert sei.

(II) *Dr. Frhr. v. Hodenberg* ist mit der Wiedereinführung von Briefhypotheken einverstanden und meint, dass Schwierigkeiten, die durch Mangel an Papier und Personal entstehen, überwunden werden könnten, jedoch eine Vorbereitungszeit bis zum 1.4. gegeben sein müsse.

Die Versammlung beschließt, (9 a) § 35 der VO vom 27.9.1944 wird mit Wirkung vom 1.4.1946 aufgehoben. – (9 b) OLG Hamburg hat den VO-Entwurf einzureichen.

10. Ehegesetz. Pkt. 9 der TO.

(I) *Dr. Kuhnt* überreicht den Entwurf einer VO zum EheG, nachdem §§ 48, 53 und 58 nicht mehr anzuwenden sind, und nimmt zu den einzelnen Bestimmungen des EheG Stellung.

Während der Besprechung erscheinen *Oberst Bathbone* und *Major Romberg* und werden von *Dr. Kiesselbach* begrüßt.

(II) *Major Romberg* erbittet so bald wie möglich einen Bericht über die Tagung und teilt sodann mit, dass in Berlin ein neues EheG vorbereitet wird, so dass es wünschenswert sei, vorläufig keine Regelung des Eherechts vorzunehmen.

Die Versammlung beschließt daher (1) mit Rücksicht auf diese Erklärung, die Sache von der TO abzusetzen.

11. Oberst Rathbone führt sodann das Folgende aus:

(I) Die bisher von den OLG geleistete Arbeit sei ermutigend, jedoch sei vielfach noch Hoffnungslosigkeit und Überarbeitung festzustellen. Diese Reaktion sei zu überwinden, insbesondere sei darauf hinzuarbeiten, dass bei der Zunahme der Verbrechen eine Überflutung der Justiz mit Strafsachen verhindert werde. Ein wirksames, schnelles und gerechtes Arbeiten sei erforderlich. Vor dem Zusammenbruch haben in der britischen Zone acht OLG, 35 LG und 371 AG bestanden. Es sei die Absicht der Militärregierung, alle OLG und LG sowie 233 AG zu eröffnen. Bisher seien sechs OLG, 31 LG und 245 AG eröffnet. Die Zahl der AG müsse evtl. verringert werden. Während im Jahre 1940 2391 Richter amtiert hätten, sei die Zahl heute 925. Gegenüber diesem Fehlen an Richtern sei der Mangel an StA noch größer. Schwierigkeiten bereite auch das Fehlen eines JMin. Trotz dieser Schwierigkeiten bei der Verwaltung sowie der Ernährung seien gute Fortschritte erzielt worden und die bisherigen Leistungen über alles Lob erhaben. Es sei aber notwendig, die Erfolge hoch zu vergrößern. Der Mangel an tüchtigen Richtern werde nicht verkannt, es würden jedoch Maßnahmen zur Überwindung dieser Schwierigkeiten ins Auge gefasst. An der Vorschrift, dass nicht mehr als 50 % ehemalige Parteigenossen sein müssten, könne allerdings nichts geändert werden, da es die erste Aufgabe sei, den Militarismus und den Nationalsozialismus auszurotten.

Die Aufarbeitung der Rückstände in Strafsachen sei ein Problem, das die ganze Zone betreffe und notwendig provisorische Maßnahmen erfordere, zumal immer mehr Sachen von der Militärregierung an deutsche Gerichte abgegeben würden. Zur Beschleunigung der Justiz sei eine Reform der Voruntersuchung, der Vorbereitung der Hauptverhandlung und der Hauptverhandlung erforderlich. Zusammen mit den GStA seien durch den Unterausschuss Reformvorschläge auszuarbeiten, in denen auch eine Erweiterung der Wirkungsmöglichkeit der Referendare und Rechtspfleger ins Auge zu fassen sei. Es sei beabsichtigt, diese Vorschläge als Gesetze der Militärregierung zu erlassen.

Der juristische Unterausschuss solle vor Ende des Monats zusammentreten und seine Arbeit aufnehmen.

(II) *Dr. Kiesselbach* dankt Oberst Rathbone für seine ermutigenden Ausführungen und weist im Anschluss daran auf die Schwierigkeiten hin, die dem Unterausschuss aus der Transportfrage entständen.

(III) *Oberst Rathbone* erwidert, er habe Vollmacht von der Transportabteilung des Hauptquartiers, dass in Zukunft die Mitglieder des Unterausschusses bevorzugt berücksichtigt werden. Die OLG-Präs. sollten entsprechende Anträge an die Offiziere der Militärregierung richten.

Im Übrigen solle für Telefonverbindung zwischen dem Büro des Unterausschusses und den OLG-Präs. gesorgt werden.

Oberst Rathbone und *Major Romberg* entfernen sich wieder.

12. Zuständigkeitsgrenze des AG, Pkt. 10 der TO fällt aus, da durch Anordnung der Militärregierung inzwischen die Zuständigkeitsgrenze auf 2.000 RM festgesetzt ist.

13. Eintragung der Grundbuchsperre. Pkt. 11 der TO.

(I) *Dr. Schetter* nimmt Bezug auf die Verfügung der Militärregierung, nach der alle Vermögensbeschlagnahmen in das Grundbuch einzutragen seien. Diese Eintragung sei überflüssig, da die Ungültigkeit des Erwerbes bereits kraft Gesetzes eintrete. Wegen der Umständlichkeit des Verfahrens sei in Vorschlag zu bringen, von solchen Eintragungen abzusehen.

(II) *Dr. Kuhnt* stimmt insoweit überein, hält jedoch die Frage, ob der zweite Erwerb auch unwirksam sei, für zweifelhaft und daher eine Eintragung des Sperrvermerks zum Schutze des Publikums für erforderlich. [vgl. S. 61 unter 2.]

(III) *Dr. Koch* weist auf die Unmöglichkeit hin, die Eintragung bei allen Grundbuchrechten vorzunehmen, da nicht einmal die Personenidentität der Grundbuchberechtigten eindeutig festzustellen sei. Ein Schutz für das Publikum sei daher nicht gegeben. Es sei daher die Sperre für unnötig zu erklären. Dasselbe müsse auch für die bei anderen Registern angeordneten Sperrvermerke gelten.

Die Versammlung beschließt: (13 a) Eine Eintragung der Sperre von blockiertem Vermögen im Grundbuch, Schiffsregister, Handelsregister und Güterrechtsregister ist nicht vorzunehmen. – (13 b) OLG Oldenburg wird einen entsprechenden Vorschlag mit Begründung ausarbeiten.

Zu der Frage, ob eine einheitliche Regelung über die Abgabe einer eidesstattlichen Erklärung bei der Einreichung von Anträgen zu den Registern zu verlangen sei, wird mit 6:1 bei einer Stimmenthaltung [beschlossen]: (13 c) Bei Grundbucherklärungen ist von einer einheitlichen Regelung abzusehen. – (13 d) Die OLG werden sich gegenseitig Mitteilung über die Regelung in den einzelnen Bezirken machen.

14. Erbgesundheitsgericht. Pkt. 10 der TO/Pkt. 14 der TO.

Dr. Mansfeld berichtet, dass über die Frage, ob die Unfruchtbarkeit rückgängig zu machen sei, zurzeit ein Gutachten eingeholt werde. Nach dem Ergebnis des Gutachtens müsse auch die Frage einer Wiederaufnahme des Verfahrens beantwortet werden. Er schlägt daher vor, zunächst das Gutachten abzuwarten.

Es wird beschlossen: (14) den Gegenstand von der TO abzusetzen.

15. Änderung der NotariatsO. Pkt. 13 der TO.

(I) *Dr. Frhr. v. Hodenberg* begründet den Entwurf des OLG Celle zur Änderung der Reichsnotarordnung.

(15 a) Die in §§ 1 und 2 vorgesehene Ausmerzung nationalsozialistischer Ausdrücke wird *gebilligt.*

(II) Zu § 3 gibt *Dr. Schetter* zu erwägen, ob neben dem von der Militärregierung vorgeschriebenen Eid von deutschen Justizbeamten ein deutscher Eid zu leisten sei.

(III) *Dr. Kuhnt* hält eine doppelte Eidesleistung für bedenklich.

Es wird beschlossen: (15 b) § 3 zu fassen: § 14 der Reichsnotarordnung wird gestrichen. § 4 erhält folgende Fassung: Die Befugnis der Reichsnotarkammer werden in den Bezirken Düsseldorf, Hamburg, Köln den zuständigen Notarkammern, in den anderen Bezirken den Rechtsanwaltskammern übertragen. – Die Befugnisse der Notarkammer in den Bezirken Kiel, Celle, Braunschweig, Hamm und Oldenburg werden in den in diesen Bezirken zuständigen Rechtsanwaltskammern übertragen

(15 b) OLG Celle wird einen entsprechenden Entwurf einreichen.

16. Gerichtsferien. Pkt. 14 der TO.

Dr. Kiesselbach fragt an, ob wieder Gerichtsferien einzuführen seien oder der evtl. Urlaub über das ganze Jahr zu verteilen sei.

(16) *Die Versammlung ist der Ansicht,* dass Gerichtsferien noch nicht durchzuführen sind.

17. Aktives Wahlrecht der Richter und Entpolitisierung der Gerichte. Pkt. 15 und II 9 der TO.

(I) *Dr. Frhr. von Hodenberg* überreicht ein Schreiben der Militärregierung, nach dem richterlichen Beamten die Mitgliedschaft bei politischen Parteien gestattet ist, dagegen nicht die Ausübung politischer Ämter, die Abhaltung von politischen Reden oder die Mitgliedschaft bei Gewerkschaften. Er weist auf den Widerspruch mit den vielfach ergangenen Verwaltungsvorschriften hin, nach denen Beamte nicht Mitglieder einer politischen Partei werden dürfen und schlägt vor, das Gleiche auch für Richter, StA, Nur-Notare und Rechtspfleger zu bestimmen. – Auch das aktive Wahlrecht der Richter müsse ausgeschlossen werden, um die Richter jeder Werbung zu entziehen.

(II) *Dr. Schetter* hält diesen Vorschlag für zu weitgehend. Den Richtern sei das aktive Wahlrecht als ein Grundrecht des Volkes zu belassen.

(III) *Dr. Hermsen* und *Dr. Koch* sprechen sich ebenfalls dafür aus, den Richtern das aktive Wahlrecht zu lassen.

(IV) *Willers* weist darauf hin, dass bereits auf der Tagung vom 6.12.1945 beschlossen worden sei, den Richtern das aktive Wahlrecht nicht zu entziehen und regt an, über das Protokoll abzustimmen.

(17 a) *Es wird beschlossen,* über das aktive Wahlrecht der Richter und die Teilnahme von Richtern an politischen Versammlungen neu und getrennt abzustimmen.

(V) *Dr. Kuhnt* hält es im Interesse des Vertrauens des Volkes für wesentlich, dass die Richter kein aktives Wahlrecht besitzen und erklärt auch den Besuch von politischen Versammlungen für unerwünscht.

(VI) *Willers* äußert Bedenken dagegen, derartig weitgehende Beschlüsse zu fassen, ohne die Meinungen der Richter selbst zu hören.

Die Versammlung beschließt mit 5:3 Stimmen (17 b) den Richtern das aktive Wahlrecht zu belassen, mit 5:3 Stimmen (17 c) den Richtern den Besuch von politischen Versammlungen zu verbieten.

18. Examina. Pkt. II 1 der TO.

(I) Es liegt ein Schreiben der Militärregierung mit dem Protokoll einer Versammlung vor, die am 19.1.1946 in Bünde zur Erörterung der Justizausbildung in der britischen Zone stattgefunden hat.

(II) Zu einer neuen Zusammenkunft bei der Kontrollkommission in Bünde am 18.2.1946 werden Dr. Frhr. v. Hodenberg und Dr. Kuhnt als Vertreter der OLG-Präs. erscheinen, um die im Protokoll vom 19.1.1946 erwähnten Probleme zu erörtern.

(III) *Dr. Frhr. v. Hodenberg* berichtet, dass er bereits an Oberst Rathbone ein Schreiben in dieser Angelegenheit gerichtet habe und überreicht die Abschrift eines Schreibens an den Rektor der Universität Göttingen, Prof. Smend.

(18) Die Beratung über diesen Punkt wird damit für erledigt erklärt.

19. Laienbeteiligung bei Gerichten. Punkt II 2 der TO.

(1) *Willers* verliest ein Schreiben der Militärregierung vom 24.1.1946, nach dem von den OLG-Präs. erwartet wird, dass sie zu der Frage der Zusammensetzung der Schöffen- und Schwurgerichte und ihrer Zuständigkeit Instruktionen an den juristischen Unterausschuss erteilen und Vorschläge zur Ergänzung des GVG machen.

(II) *Dr. Frhr. v. Hodenberg* hält es nicht für möglich, heute bereits Anweisungen für den Unterausschuss auszuarbeiten und schlägt vor, dass jedes OLG dem Unterausschuss sein Material übersendet.

(III) *Dr. Kuhnt* überreicht ein Schreiben vom 28.1.1946, in dem zur Wiederherstellung der Schöffen- und Schwurgerichte Stellung genommen wird und schlägt ebenfalls vor, die Bearbeitung der Frage dem Unterausschuss zu überlassen.

Die Versammlung beschließt: (19 a) Jeder OLG-Präs. bearbeitet die Sache mit dem GStA und gibt dem Unterausschuss Anweisungen zu folgenden Fragen: a) Auswahl der Schöffen und Geschworenen, b) Zusammensetzung der Schöffen- und Schwurgerichte, Verteilung der Zuständigkeit zwischen diesen und den Strafabteilungen bzw. Kammern, Ergänzungen zum GVG (4 a der Instruktion der Militärregierung). Durchschrift dieser Anweisungen ist an die anderen Präsidenten zu übersenden.

(IV) *Dr. Mansfeld* regt eine Erörterung der Frage an, ob die Schwurgerichte nach altem oder neuem Muster einzurichten sind.

Es wird beschlossen, (19 b) dass diese Frage jeder Bezirk für sich erörtern kann. Die Besetzung der Arbeitsgerichte und Kammern für Handelssachen soll noch nicht besprochen werden.

20. Wiedergutmachung. Pkt. II 3 der TO.

Dr. Lingemann berichtet über den Entwurf einer VO über die durch nationalsozialistische Maßnahmen verursachten Schäden, der von dem Oberpräsidenten der Nordrhein-Provinz verfasst worden ist und einen von ihm ausgearbeiteten Gegenentwurf, der mit Schreiben vom 27.12.1945 dem OLG-Präs. übersandt worden ist. – Er schlägt jedoch vor, die Erörterung zurückzustellen, da die Regelung dieser Frage von der Militärregierung selbst in Angriff genommen werde.

Es wird beschlossen, (20) diesen Punkt der TO zurückzustellen.

21. Einschränkung der Firmenfreiheit. Pkt. II 4 der TO.

(I) *Dr. Schetter* berichtet über eine Bekanntmachung des Oberpräsidenten der Nordrhein-Provinz und des OLG-Präs. von Düsseldorf über Firmenänderung vom 7.11.1945, nach der Firmen nur mit Genehmigung der Militärregierung geändert werden dürfen. Er äußert Bedenken gegen die Gültigkeit dieser Bekanntmachung, da es sich um eine Änderung des HGB handle und weist auf den Verstoß gegen die Einheitlichkeit der Gesetzgebung hin.

(II) *Willers* erklärt, dass über diese Angelegenheit nach Lübbecke berichtet worden sei. Die Frage hänge mit der Wiedergutmachung zusammen, in der eine Regelung von englischer Seite bevorstehe. Im Übrigen sei das Verfahren des Oberpräsidenten unzulässig und im Widerspruch zu den von der Militärregierung getroffenen Anweisungen über die gesetzgeberischen Vollmachten der Verwaltung und Justiz.

Die Versammlung äußert ihre Ansicht (21) dahin, dass der Oberpräsident der Nordrhein-Provinz seine Befugnisse überschritten habe. – Im Übrigen wird die Besprechung zur Sache ausgesetzt.

22. Nachversicherung entlassener Beamter. Pkt. II 5 der TO.

(I) *Dr. Mansfeld* wirft die Frage der Versorgung entlassener Beamter auf, die keine Pension erhalten. Zum Ausgleich von unbilligen Härten sei es erforderlich, eine Nachversicherung vorzunehmen.

(II) *Dr. Kiesselbach* hält die Angelegenheit im Augenblick noch nicht für spruchreif.

Die Versammlung beschließt, (22) die Frage auszusetzen.

23. Fideikommiss-Gerichtsbarkeit. Pkt. II 6 der TO.

(I) *Dr. Frhr. v. Hodenberg* referiert aufgrund seines Schreibens vom 16.1.1946, in dem eine Neuregelung der örtlichen Zuständigkeit der Fideikommiss-Instanzen wegen Änderung der OLG-Bezirke und die Neubestimmung eines Obersten Fideikommiss-Gerichts gefordert wird.

(II) *Dr. Mansfeld* überreicht ein Schreiben vom 5.2.1946 und schlägt vor, die Fideikommiss-Senate bei den OLG anstelle der Fideikommiss-Gerichte bei den LG wiederherzustellen und das oberste Fideikommiss-Gericht abzuschaffen.

(III) *Dr. Schetter, Dr. Frhr. v. Hodenberg* und *Dr. Kuhnt* äußern ihr Einverständnis mit diesem Vorschlag.

(IV) *Dr. Hermsen* regt an, eine gemeinsame zweite Instanz für die gesamte britische Zone evtl. in Celle einzurichten.

(V) *Dr. Mansfeld* hält diese Regelung nicht für zweckmäßig, da die örtlichen Besonderheiten zu unterschiedlich seien und genaue Spezialkenntnisse erforderten.

Die Versammlung beschließt: (23 a) Die Fideikommiss-Gerichtsbarkeit in erster Instanz geht wieder auf die Fideikommiss-Senate bei den OLG über. – Eine zweite Instanz fällt fort.

(23 b) OLG Celle arbeitet einen Entwurf aus, der die Frage der Zuständigkeit in Fideikommiss-Sachen regelt und prüft, inwieweit eine Abänderung des materiellen Rechts in Fideikommiss-Sachen erforderlich ist. – (23 c) Die Vorschläge sind an die OLG Braunschweig, Düsseldorf, Hamm, Kiel und Oldenburg zu senden. Falls nicht alle zustimmen, ist der Gegenstand auf die TO der nächsten Präsidentenbesprechung zu setzen.

24. Zuziehung des GStA zu den künftigen Kommissionen. Pkt. II 7 der TO. (24) Der Punkt ist durch Ziff. 2 erledigt.

25. Aufsichtsbehörde für Gerichte. Pkt. II 8 der TO.

Dr. Frhr. v. Hodenberg referiert über Anweisungen der Militärregierung betr. Prüfung der Gerichte auf Einhaltung der Gesetze der Militärregierung, Aufsichtsrechte der Militärregierung und Vorlage von Akten bei Ablehnung von Richtern und Dienstaufsichtsbeschwerden.

(25) *Die Versammlung* nimmt von den Anweisungen Kenntnis und erörtert die praktische Durchführung.

26. Gerichtsorganisation. Pkt. II 10 der TO.

Dr. Kuhnt referiert sein Schreiben vom 22.1.1946, in dem die Aufhebung der gemeinsamen Verwaltung von AG und LG erwogen wird.

Die Versammlung beschließt: (26 a) Aufhebung des Erlasses des Reichsministers der Justiz vom 5.10.1944 (3200-7, I a 9 962) ist erwünscht.

(26 b) Es bleibt jedem OLG-Präs. überlassen, die Aufhebung, sobald tunlich, durchzuführen.

27. VO über Schleichhandel und Schwarzschlachtung. Pkt. II 11 der TO.

(I) *Willers* überreicht den Entwurf einer VO, der vom GStA aufgrund der Besprechung der GStA vom 16./17.1.1946 eingegangen ist und dem Gesetzgebungsausschuss zur Beschlussfassung überwiesen wird.

(II) *Dr. Kuhnt* schlägt vor, die weitere Bearbeitung dem Unterausschuss zu überlassen, da sie eine eingehende Berücksichtigung der einzelnen Bestimmungen der Verbrauchsregelungs- und KriegswirtschaftsVO erfordere.

Die Versammlung beschließt, (27) den Punkt von der TO abzusetzen und an den Unterausschuss zu verweisen.

28. Flüchtlingsprobleme bei der Anwaltschaft.

(I) *Dr. Kuhnt* erörtert die Frage, ob Flüchtlinge, denen die Rückkehr in die Heimatzone zuzumuten sei, auf Widerruf als Anwälte zuzulassen seien. Er äußert Bedenken gegen die Zulassung auf Widerruf, da dadurch die freie Berufsausübung des Anwalts gefährdet sei.

(II) *Dr. Kiesselbach* berichtet, dass die gleiche Frage in Hamburg erörtert, die Zulassung auf Widerruf jedoch abgelehnt sei. Bisher seien ca. 50 Anwälte von auswärts zugelassen.

(III) *Dr. Schetter* hält das Problem nicht für dringend, da in seinem Bezirk Ostflüchtlinge nicht zahlreich seien.

(IV) *Dr. Frhr. v. Hodenberg* berichtet über eine teilweise großzügige Zulassung von Flüchtlingen, die allerdings in einzelnen Fällen unter Widerruf erfolgt sei. Grundsätzlich werde die Zulassung jedoch endgültig ausgesprochen.

29. Zusammenarbeit mit der Anwaltschaft.

Dr. Frhr. v. Hodenberg weist auf die Notwendigkeit der Zusammenarbeit mit der Anwaltschaft in der Erörterung der Fragen des numerus clausus, der Ehrengerichtsbarkeit und der Beschwerde gegen Versagung der Zulassung hin. Eine Ehrengerichtsordnung werde bereits bearbeitet. Die Frage der Zusammensetzung der 2. Instanz und die Beteiligung von Richtern bei Ehrengerichten seien zu erörtern.

Die Versammlung beschließt: (29 a) Eine Kommission der OLG-Präs., bestehend aus Dr. Kuhnt, Dr. Frhr. v. Hodenberg (Vertreter Dr. Koch) soll gemeinsam mit dem Ausschuss der Anwaltschaft beraten. – (29 b) *Dr. Schetter* wird Verbindung mit Rechtsanwalt Fink aufnehmen.

30. Erbhofrecht.

Dr. Frhr. v. Hodenberg berichtet über eine Besprechung mit Dr. Sauer von der deutschen Zentralstelle für Ernährung und Landwirtschaft bei dem englischen Hauptquartier für die britische Zone in Obernkirchen. Da Dr. Sauer den Auftrag habe, den Entwurf eines Agrargesetzes vorzubehalten, das alle Gebiete des Landwirtschaftsrechts umfassen soll, so sei eine Fühlungnahme mit dem Gesetzgebungsausschuss erwünscht. Es sei eine bestimmte Stelle zu bezeichnen, die diese Verbindung herstellen könne.

Die Versammlung beschließt: (30 a) Die Vorbereitung der materiell-rechtlichen Frage des Erbhofrechts verbleibt bei den einzelnen Bezirken. – (30 b) Federführend für das Erbhofrecht ist das OLG Celle. – Celle wird einen Fragebogen herumschicken, in dem die zur Erörterung stehenden Fragen aufgeführt sind.

31. Hinterbliebenenversorgung nichtplanmäßiger Justizbeamter.

Dr. Mansfeld fragt an, wie die Versorgung der Hinterbliebenen nichtplanmäßiger Justizbeamter in den einzelnen Bezirken geregelt ist. – Da die Frage zur Zuständigkeit der Finanzbehörden gehört, *wird beschlossen,* (31) die Angelegenheit auf sich beruhen zu lassen.

32. Datum der nächsten Zusammenkunft.

Als Tag für die nächste Präsidentenbesprechung wurde der *12.3.1946* in Aussicht genommen.

V. Niederschrift über die 5. Besprechung der OLG-Präs. in der britischen Zone in Bad Pyrmont am 28.3.1946

Anwesend:
OLG-Präs. Dr. Kiesselbach (OLG Hamburg), Vorsitzer.
OLG Braunschweig: OLG-Präs. Mansfeld, OLG-Rat Dr. Fricke, OLG-Rat Höpfner
OLG Celle: OLG-Präs. Dr. Frhr. v. Hodenberg, OLG-Rat Dr. Tasche, OLG-Rat Dr. Benefeld
OLG Düsseldorf: OLG-Präs. Dr. Lingemann, Senatspräs. Baerns
OLG Hamburg: LG-Dir. Willers, LG-Rat Dr. Sieveking (Protokoll)
OLG Hamm: Vizepräs. Dr. Cullmann, Senatspräs. Adrian, OLG-Rat Dr. Gerstberger
OLG Kiel: OLG-Präs. Dr. Kuhnt, OLG-Rat Krohn
OLG Köln: OLG-Präs. Dr. Schetter, AG-Rat Dr. Berger
OLG Oldenburg: OLG-Präs. Dr. Koch, OLG-Rat Weitzel
Außerdem:
OLG-Rat Dr. Petersen, Vorsitzender des Rechtsunterausschusses.

1. Mitteilungen des Vorsitzenden.

(I) Dr. Kiesselbach begrüßt die Anwesenden und macht sodann Mitteilung von einer Anfrage von Herrn Oberst Rathbone über die Verteilung von Zusatzlebensmittelkarten. Es sei in Aussicht genommen, eine gewisse Zahl von Zusatzlebensmittelkarten für Beamte in besonders verantwortlicher Stellung herauszugeben. Diese Maßnahme könne leicht zu Missstimmung führen und den Verdacht einer Bevorzugung leitender Beamter aufkommen lassen, der besonders im Hinblick auf die Vergangenheit zu vermeiden sei. Es sei daher der Vorschlag gemacht, die Zusätze für Dienstreisen zur Verfügung zu stellen und den Überschuss zugunsten der Beamtenschaft zu verwerten.

Dr. Kiesselbach bittet die Anwesenden um ihre Stellungnahme, um diese Oberst Rathbone zu übermitteln.

(II) Die Aussprache ergibt, dass allgemein Bedenken bestehen, Zusatzkarten nur an bestimmte Beamtenkategorien auszugeben. Auch wird eine Verteilung an

Bedürftige für undurchführbar gehalten, da die Zahl der zur Verfügung stehenden Karten zu gering sei, um eine gerechte Verteilung durchzuführen. Andererseits wird allgemein der Wunsch geäußert, die zur Verfügung stehenden Karten anzunehmen. – (1) Der Vorschlag von Dr. Kiesselbach, die Zusätze zunächst für Dienstreisezwecke zu verwenden, findet allgemeine Zustimmung. Der Überschuss sei nach Ermessen der Chefpräsidenten zu verwenden.

2. Antrag auf Berichtigung des Protokolls vom 6.2.1946. Pkt. 1 der TO.

Auf Antrag von Dr. Kuhnt gemäß Schreiben vom 5.3.1946 wird das Protokoll der Besprechung der OLG-Präs. vom 6.2.1946 in Ziff. 13 Abs. II folgendermaßen berichtigt: (2 a) Dr. Kuhnt führt aus, er sei gleichfalls der Ansicht, dass der zweite Erwerb unwirksam sei, halte aber die Eintragung des Sperrvermerks deswegen für ratsam, weil sonst der zweite Erwerber keine Möglichkeit habe, den Sperrvermerk zu erkennen.

(2 b) Bei der Stimmangabe zu (13 a) und (13 b) ist einzufügen: Die Versammlung beschließt gegen die Stimme des OLG-Präs. Kiel.

3. Unterzeichnung von VO des CLC. Pkt. 2 der TO.

(I) Dr. Kiesselbach regt an, bei der Unterzeichnung von VO des CLC zum Ausdruck zu bringen, dass diese für die ganze britische Zone gelten, um sie von den VO zu unterscheiden, die nur in einem OLG-Bezirk Gültigkeit haben.

(II) Dr. Koch berichtet, dass in Oldenburg bei jeder VO eine Erläuterung über den Geltungsbereich gemacht wird.

(III) Dr. Frhr. v. Hodenberg hält es für wünschenswert, dass der juristische Zentralausschuss in der Überschrift oder bei der Unterzeichnung in Erscheinung tritt, nicht nur in einer Erläuterung.

(IV) Dr. Kuhnt erklärt sich für den Vorschlag von Dr. Koch, da nur der betreffende OLG-Präs. in seinem Bezirk die Funktionen des RJMin. ausübe.

Die Versammlung beschließt: (3 a) OLG Celle und Kiel werden eine Formulierung für die Unterzeichnung von VO des CLC ausarbeiten und auf der nächsten Besprechung der Präsidenten in Vorschlag bringen. – (3 b) Bis dahin sind die VO des CLC mit einer Anmerkung über den Gültigkeitsbereich versehen.

4. Behandlung der seitens der Präs. gemachten Vorschlag. Pkt. 3 der TO.

(I) Dr. Kiesselbach bittet die Anwesenden, Anträge zur TO spätestens 14 Tage vor der Besprechung an ihn gelangen zu lassen, da sonst eine rechtzeitige Vorlage an die Militärregierung nicht möglich sei.

(4 a) Die Versammlung ist damit einverstanden, dass nur diejenigen Gegenstände auf die TO kommen, die 14 Tage vor einer Besprechung in Hamburg beantragt sind und dass nachher nur dringende Punkte Berücksichtigung finden.

(4 b) Auf Vorschlag von Dr. Kiesselbach wird das Arbeitsgebiet der Präsidentenbesprechungen auf folgende Stoffe beschränkt: a) VO-Entwürfe, die vom Unterausschuss bearbeitet sind; b) Beratung über die Überweisung von Gesetzesvorschlägen an den Unterausschuss oder ihre selbständige Erledigung. c) Allgemeine Fragen, Standesfragen etc.

(4 c) Es herrscht Einverständnis darüber, dass sämtliche VO-Entwürfe nur durch den Unterausschuss bei der Militärregierung einzureichen sind.

5. Wirkung des Gesetzes Nr. 52 auf gerichtl. Verfahren. Pkt. A der TO.

(I) Es liegt eine Anfrage des OLG Celle vom 1.3.1946 vor, die dahin geht, ob das Grundbuchamt verpflichtet ist, bei Blockierungen etwa vorhandenen Grundbesitz der Ehefrau anzugeben, wenn ein Ersuchen der Militärregierung um Auskunft bezüglich des Vermögens des Ehemanns vorliegt.

(5 a) Es herrscht Übereinstimmung, dass diese Frage zu bejahen ist.

(II) Ein Schreiben des OLG Köln vom 7.3.1946 beschäftigt sich mit der Anwendung des Gesetzes Nr. 52 auf Prozessverfahren.

Dr. Kiesselbach berichtet, dass in Hamburg ein Memorandum zu dieser Frage ausgearbeitet worden ist. Dieses soll mit der Bitte um Stellungnahme den OLG-Präs. zugesandt werden.

Die Versammlung beschließt: (5 b) Die Frage der Anwendung von Gesetz Nr. 52 auf Prozessverfahren ist auf die nächste TO zu setzen. Das Hamburger Memorandum ist zu versenden. Die einzelnen Bezirke haben dazu schriftlich Stellung zu nehmen.

(III) Zu der Frage der Eintragung von Sperrvermerken in die Grundbücher nach den Gesetzen Nr. 52 und 53 der Militärregierung [Vermögenssperre] liegt eine Eingabe des OLG-Präs. von Oldenburg vom 12.3.1946 an die Militärregierung vor, die auf der Besprechung vom 6.2.1946 gemäß (13 b) des Protokolls beschlossen war. – Die weitere Beratung ist damit erledigt.

6. Wiederaufhebung der VO zur Beseitigung von Schwierigkeiten bei Eintragung der Errichtung von Zweigniederlassungen usw.; Pkt. 5 der TO.

Es liegen Schreiben vom OLG Celle vom 18.2.1946 und vom OLG Braunschweig vom 9.3.1946 vor, die sich mit der Ausdehnung der VO befassen.

(I) Willers berichtet über die gemäß Schreiben vom 7.3.1946 bekanntgemachte Anordnung der Militärregierung über die Außerkraftsetzung der in Hamburg am 14.12.1945 erlassenen VO. Die Aufhebung ist durch Bekanntmachung vom 6.3.1946 veröffentlicht.

(II) Dr. Petersen bittet um Zusendung von Material zu dieser Frage, um die wirtschaftlichen Motive der aufgehobenen VO der Militärregierung darlegen zu können.

Der Unterausschuss wird den Gegenstand weiter bearbeiten.

7. Änderung von § 13 a HGB; Pkt. 6 der TO.

(I) Es liegt ein Schreiben vom OLG Köln vom 2.2.1946 vor mit dem Entwurf einer VO zur Änderung des § 13 a HGB, der eine Prüfung der Zulässigkeit von Eintragungen im Handelsregister einer Hauptniederlassung durch das Registergericht der Zweigniederlassung vorsieht.

(II) Willers berichtet, dass die Ansichten der in Hamburg befragten Wirtschaftskreise und Behörden geteilt sei. Nach Aufhebung der VO zur Beseitigung von Schwierigkeiten bei Eintragung von Zweigniederlassungen sei eine Änderung des § 13 a HGB nicht durchzuführen.

Es wird beschlossen: (7) Die Frage der Änderung des § 13 a HGB ist vorläufig zurückzustellen.

8. Ausbildung der Rechtspfleger. Pkt. 7 der TO.

Es liegen Schreiben des OLG-Präs. von Köln vom 8. und 11.2.1946 mit einem Vorschlag des LG-Rats Dr. Korintenberg für die zeitbedingte Gestaltung der Rechtspflegerausbildung vor.

(I) Dr. Koch äußert sich gegen den Vorschlag von Dr. Korintenberg. Er hält insbesondere die Einrichtung von Rechtspflegerschulen weder für durchführbar noch für wünschenswert. Die Ausbildung erfolgt am besten durch die Praxis.

(II) Mansfeld stimmt mit Dr. Koch überein und weist auf den bereits vom OLG Braunschweig vorgelegten und genehmigten VO-Entwurf hin. Der Vorschlag von Dr. Korintenberg enthalte starke Gegensätze zu dem Braunschweiger Entwurf. Es sei jedoch keine Notwendigkeit einer Änderung des bisherigen Verfahrens gegeben, da dieses sich durchaus bewährt habe. Der selbständig eingereichte Vorschlag von Dr. Korintenberg müsse wieder zurückgezogen werden.

(III) Dr. Schetter berichtet über das Zustandekommen des Memorandums von Dr. Korintenberg, dass die Militärregierung von ihm eine Denkschrift erbeten habe, die sich mit der Frage der Verminderung der Richterzahl befasse. Darauf sei an Dr. Korintenberg die Aufforderung zur Ausarbeitung der Denkschrift ergangen. Es sei nicht erwartet gewesen, dass diese nach Oeynhausen eingereicht werde, auch solle die frühere Zustimmung zu der von Braunschweig ausgearbeiteten vorläufigen Regelung, die am 5. und 6.12. in Bad Pyrmont beschlossen sei, nicht widerrufen werden. Bei einer grundsätzlichen Reform sei jedoch das Ziel: Weniger Richter und bessere Rechtspfleger. Daher seien die Schulen in Aussicht genommen worden.

(IV) Dr. Kiesselbach weist darauf hin, dass die Frage der Hebung des Richterstandes selbständig zu behandeln und nicht zu vermischen sei mit der Ausbildung der Rechtspfleger. Es handle sich jetzt darum, entweder den Vorschlag Dr. Korintenberg oder Braunschweig anzunehmen.

(V) Dr. Frhr. v. Hodenberg schlägt vor, die Militärregierung auf den von Braunschweig ausgearbeiteten Entwurf zur vorläufigen Regelung hinzuweisen und den Vorschlag von Dr. Korintenberg für eine spätere Regelung zu berücksichtigen.

(VI) Dr. Petersen berichtet, dass der Braunschweiger Entwurf der Militärregierung noch nicht eingereicht sei, weil das Schreiben aus Köln gekommen wäre.

Von Hamburg ist ein Brief zur Erklärung der Vorgänge bereits an die Militärregierung abgesandt.

Auf Vorschlag von Dr. Kiesselbach wird beschlossen: (8 a) OLG-Präs. Mansfeld wird im Namen der Präsidenten der Militärregierung Hannover berichten. – (8 b) Der Braunschweiger Entwurf soll durch den Unterausschuss mit Abschrift des Schreibens von Braunschweig an Hannover der Militärregierung vorgelegt werden.

9. Erbgesundheitsgesetz; Pkt. 8 der TO.

Vom OLG Braunschweig ist mit Schreiben vom 15.3.1946 der Entwurf einer VO zur Änderung des Gesetzes zur Verhütung erbkranken Nachwuchses vom 14.7.1933 und der 5. AusführungsVO vom 25.2.1936 vorgelegt worden.

(I) Mansfeld führt dazu aus, dass es fraglich sei, ob das Gesetz noch gelte. Nach Einbau gewisser verfahrensrechtlicher Kautelen sei die Aufrechterhaltung des Gesetzes zu befürworten, das nicht spezifisch nationalsozialistisch sei, sondern auch in anderen Ländern Parallelen habe und sich bei vorsichtiger Handhabung segensreich auswirken könne.

(II) Dr. Kiesselbach wirft die Frage der Zuständigkeit auf und verliest eine Anordnung der Militärregierung über die Kompetenzen der OLG-Präs. Danach gehört das Erbgesundheitsgesetz nicht zur Zuständigkeit der OLG-Präs., federführend sei der Nachfolger des Reichsinnenministers. Es sei zu empfehlen, dass sich der Zentralausschuss nicht mit der Sache befasse.

(III) Dr. Koch und Dr. Kuhnt schließen sich dieser Auffassung an.

Es wird beschlossen: a) Die Beratung wird ausgesetzt. Der Zentralausschuss betrachtet sich nicht für zuständig.

10. Weitergeltung von § 8 der VO vom 13.8.1943; Pkt. 9 der TO.

Es liegt ein Schreiben von Braunschweig vom 4.3.1946 vor, in dem die Frage der Weitergeltung des Art. 8 der VO zur weiteren Vereinfachung der Strafrechtspflege erörtert wird.

(I) Dr. Frhr. v. Hodenberg berichtet über ein Schreiben, das er am 12.2.1946 an die Militärregierung zur Weitergabe nach Lübbecke gerichtet hat. Er wird dieses Schreiben mit einer Abschrift der englischen Antwort den Bezirken zusenden.

(II) Dr. Petersen berichtet, dass im Unterausschuss ein Gesetzesentwurf zur Aufhebung der VereinfachungsVO bearbeitet wird.

Es wird beschlossen: (10) Das Gutachten des Unterausschusses abzuwarten und den Gegenstand nach Stellungnahme auf die TO der nächsten Sitzung zu setzen.

11. Gebührenerlass bei Nachlasshandlungen; Pkt. 10 der TO.

Dr. Petersen berichtet über einen Gesetzentwurf, den der Unterausschuss zu dieser Frage fertiggestellt hat und der an die OLG-Präs. abgesandt ist.

Es wird beschlossen: (11) Die Erörterung auf die nächste Besprechung zu vertagen, da der Entwurf des Unterausschusses erst eben eingegangen ist.

12. Laienbeteiligung bei Strafverfahren; Pkt. 11 der TO.

Es liegen Schreiben von Braunschweig vom 7.3.1946, von Oldenburg vom 11.3.1946 und von Kiel vom 16.3.1946 vor. Die Frage wird zurzeit vom Unterausschuss bearbeitet.

Es wird beschlossen: (12) Die Beratung wird bis zum Eingang des Ergebnisses des Unterausschusses vertagt.

13. Verschiedenes.

A. Übermittlung von Mitteilungen von Herrn Oberst Rathbone.

Willers berichtet, dass auf Anordnung von Herrn Oberst Rathbone jeder OLG-Bezirk eine Schreibmaschine für den Unterausschuss zu stellen habe und für jeden Vertreter eine Schreibkraft zur Verfügung stehen solle. Es wird empfohlen, Schreibkräfte nicht von auswärts heranzuziehen, da keine Zuzugsmöglichkeit gegeben sei. – Es wird weiter mitgeteilt, dass die für die deutschen Gerichte erlassenen Gesetze des Kontrollrates (z.B. das EheG Nr. 11) in den jeweiligen Publikationsorganen der OLG-Bezirke abgedruckt werden sollen.

B. Justizausbildung. Die mit Schreiben vom 28.2.1946 vom OLG Celle versandte Fassung des Entwurfs einer Justizausbildungsordnung liegt vor.

(I) Dr. Frhr. v. Hodenberg berichtet, dass der Entwurf genehmigt sei und fragt an, ob dieser von einer Stelle gedruckt werden könnte, um den örtlichen Justizblättern als Anlage beigefügt zu werden.

(II) Dr. Kuhnt schlägt vor, einen Sonderdruck bei der Druckerei Augustin herstellen zu lassen.

Die Versammlung beschließt: (13 A) Einen Sonderdruck der Justizausbildungsordnung herstellen zu lassen. Jedes OLG hat seinen Bedarf beim OLG Kiel anzumelden, von dem aus der Druck in die Wege geleitet wird.

C. Polizeiliche Strafverfügungen.

(I) Es liegen Schreiben von Düsseldorf vom 23.2.1946 und von Braunschweig vom 13.3.1946 vor, in denen vor allem im Interesse der Beschleunigung der Strafrechtspflege die Wiedereinführung von polizeilichen Strafverfügungen befürwortet wird.

(II) Dr. Frhr. v. Hodenberg berichtet, dass in Hannover täglich 120 Fälle sich ereignen, die durch Strafverfügung erledigt werden können. Er schlägt vor, dass sämtliche Präsidenten durch den Unterausschuss eine Eingabe an die Militärregierung machen.

(III) Dr. Petersen regt an, diese Gedanken in die Denkschrift über die Beschleunigung der Strafrechtspflege einzuarbeiten.

(IV) Dr. Kuhnt führt aus, dass sich Strafverfügungen auch durch Strafbefehle erledigen lassen. Der Standpunkt, dass grundsätzlich alle Strafsachen vor den Richter kämen, sei zu billigen und der Standpunkt der Militärregierung richtig.

(V) Adrian führt aus, dass in Hamm eine Denkschrift zu dieser Frage ausgearbeitet werde. Die Gerichte seien so überlastet, dass sie die Strafverfügungen nicht bewältigen könnten. Diese müssten daher vorläufig von der Polizei erlassen werden.

(VI) Dr. Kiesselbach weist auf die Common Law Praxis hin, die nur Verfügungen durch die Verwaltungsbehörden und Appell an die Gerichte kenne. Es sei erforderlich, Material zu sammeln und eine Eingabe zu machen.

(VII) Krohn schlägt vor, die Befugnisse der Polizei auf Geldstrafen zu beschränken und die Gerichte nur Ersatzfreiheitsstrafen verhängen zu lassen.

Mit 7:1 Stimmen wird beschlossen: (13 C) Die OLG übersenden zur Frage der polizeilichen Strafverfügung bis zum 20.4.1946 Material an das OLG Hamm. Dieses wird eine Eingabe vorbereiten und Abschrift an die anderen Bezirke senden. Der abweichende Standpunkt des OLG Kiel ist in der Eingabe zu erwähnen.

Vorübergehend soll es bei dem bisherigen Zustand bleiben, bis der Zentralausschuss in der Lage ist, geeignete Vorschläge zu machen.

D. Überprüfung weiterer Vorschriften des StGB.

(1) OLG-Präs. Mansfeld weist auf den Entwurf einer Neufassung des StGB hin, der von dem Freiburger Prof. Dr. Adolf Schönke ausgearbeitet und einer Reihe von Dienststellen der Justizverwaltung übersandt worden ist. Dieser Entwurf

sei recht praktisch und es sei wünschenswert, dass der Unterausschuss die Ausführungen prüft.

(13 D) Es wird beschlossen, dass OLG-Präs. Braunschweig den Entwurf von Dr. Schönke und seine Ausführungen dazu dem Unterausschuss zugänglich macht.

E. Löschung von nicht zugelassenen Rechtsanwälten.

(I) Dr. Frhr. v. Hodenberg weist darauf hin, dass nach Ziff. 2 der Anweisungen für OLG-Präs. Nr. 8 bei nichtbestätigten Rechtsanwälten die Mitgliedschaft in der Rechtsanwaltskammer aufhören soll. Die Anordnung der Löschung dieser abgelehnten Rechtsanwälte sei jedoch ohne Änderung RAO nicht möglich. Die erstrebte Zusammenarbeit mit der Anwaltschaft sei bisher nicht zustande gekommen. Bisher seien nichtzugelassene Anwälte nicht gelöscht worden.

(II) Dr. Kuhnt ist der Ansicht, dass durch die Ablehnung eines Rechtsanwalts durch die Militärregierung dessen Eigenschaft als Anwalt beendet sei. Die Löschung habe daher nur deklaratorische Bedeutung. Er habe daher bei abgelehnten Anwälten die Löschung vornehmen lassen. Anders sei es bei Fällen, die noch in der Schwebe sind.

Es wird beschlossen: (13 E) Die Frage wird zurückgestellt, bis die Beschlüsse der Präsidenten der Rechtsanwaltskammer über die Neufassung der RAO sowie ein Entwurf von Dr. Kuhnt und Dr. Frhr. v. Hodenberg vorliegen. Alsdann soll die Frage weiter geprüft werden.

F. Fortfall der Sondergerichte.

(I) Dr. Frhr. v. Hodenberg wirft die Frage auf, welche Strafkammern nach Fortfall der Sondergerichte deren Zuständigkeit übernehmen sollen. Eine Regelung sei besonders für Wiederaufnahme des Verfahrens und für die Strafvollstreckung erforderlich. Es sei beabsichtigt, eine VO zu erlassen, nach der die örtlichen Strafkammern zuständig sein sollen. Eine einheitliche Regelung sei jedoch erwünscht.

(II) Dr. Kuhnt macht den Vorschlag, dass für die Zuständigkeit der Strafkammern maßgebend sein soll a) der Sitz des Sondergerichts, b) wenn dieser nicht mehr festzustellen oder nicht erreichbar, das Gericht des Aufenthaltsortes. – Der von Dr. Kuhnt formulierte VO-Entwurf wird besprochen und genehmigt.

Es wird beschlossen: (13 F) Der Rechtsunterausschuss reicht den Entwurf vom OLG Kiel als VO ein. – Die Zustimmung zu diesem Entwurf wird angenommen, wenn nicht innerhalb von 14 Tagen Einwendungen an den Rechtsunterausschuss gelangen.

G. Weisung der Militärregierung zum Preisstrafrecht.

(I) Sämtlichen OLG-Präs. ist eine Anweisung der Militärregierung zugegangen, die PreisstrafrechtsVO in der von der Militärregierung vorgeschriebenen Form abzuändern. OLG Hamburg legt eine Übersetzung der englischen Anweisung vor mit der Anheimgabe, diese in gleichem Wortlaut in allen Bezirken zu veröffentlichen.

(II) OLG Hamm erklärt darauf, dass diesem Bezirk bereits eine von der Militärregierung verfasste Übersetzung der Anweisung in die deutsche Sprache zugegangen ist mit der Anweisung, diese sofort zu veröffentlichen. – Nach Verlesung dieser Hamm zugegangenen Übersetzung stellt die Versammlung einstimmig fest, dass diese Missverständnisse und Unstimmigkeiten enthält, die eine Veröffentlichung untunlich erscheinen lassen.

(III) Dr. Kuhnt erklärt, er habe Anweisung von seinem zuständigen Gerichtsoffizier erhalten, sich zu den von der Militärregierung vorgeschriebenen Abänderungen der PreisstrafrechtsVO zu äußern. Er legt die von ihm gemachte Äußerung vor, die mit einigen Abänderungen grundsätzlich von der Versammlung gebilligt wird.

(IV) Dr. Cullmann erklärt, dass ihm gestern eine Anweisung der Militärregierung zugegangen sei, nach welcher die von der Militärregierung erlassene Anweisung dahin abgeändert wird, dass nur noch das AG und LG, nicht das OLG in erster Instanz zuständig sein soll, und zwar sollen Entscheidungen der der Preisüberwachungsstelle untergeordneten Stellen an das AG, Entscheidungen der Preisüberwachungs- und Preisbildungsstelle an das LG gehen. Außerdem sei mündlich von dem Gerichtsoffizier erklärt, dass die Verfahren nach der StPO vor sich gehen und durch Urteil abgeschlossen werden sollen.

Es wird beschlossen: (13 G) Die Sache soll gemäß allgemeiner Anweisung Nr. 4 Ziff. 3 C dem Rechtsunterausschuss zur Beratung und Formulierung zugehen, wobei die abgeänderte Stellungnahme des OLG Kiel und die heute mitgeteilten Anweisungen der Militärregierung an OLG Hamm zugrunde gelegt werden sollen. – Der Unterausschuss wird mit Dr. Kuhnt zusammenarbeiten. Dieser wird von CLC bevollmächtigt, namens der Präsidenten die Zustimmung zu erteilen. Jeder Präsident wird seinen Gerichtsoffizier ins Bild setzen.

H. Wiedergutmachungsgesetz.

(I) Dr. Frhr. v. Hodenberg weist darauf hin, dass der Arbeitsausschuss zum WiedergutmachungsG einen Gesetzentwurf ausgearbeitet habe, der den Präsidenten mit der Aufforderung zur Stellungnahme zugeschickt worden sei.

(II) Dr. Kuhnt schlägt vor, den Entwurf dem Unterausschuss zuzuleiten. Es handle sich zwar um eine politische Maßnahme, die aber zivilrechtliche Folgen habe und Fragen wie den Schutz des guten Glaubens und den Ausschluss des Rechtsweges betreffe.

Es wird beschlossen: (13 H) OLG Oldenburg stellt den Präsidenten und dem Rechtsunterausschuss den Gesetzentwurf zu zur gutachtlichen Stellungnahme und zur Beratung auf der nächsten Präsidentenbesprechung.

I. Anrechnung von Studien im Kriegsgefangenenlager.

(i) Dr. Frhr. v. Hodenberg fragt an, inwieweit eine Anrechnung von Studien im Kriegsgefangenenlager in Frage komme, wenn diese durch Kolleghefte bescheinigt seien. Oft liege ein vollständiges Studium vor, das wenigstens zum großen Teil angerechnet werden könne.

(II) Willers berichtet über zwei Fälle von Studium in den Vereinigten Staaten, in denen eine Anrechnung in Frage komme.

(iii) Dr. Petersen weist darauf hin, dass die Anrechnung solcher Studien in Aussicht gestellt sei. Der Unterausschuss schlage vor, das Studium in Kriegsgefangenenlagern zur Hälfte, höchstens jedoch mit drei Semestern anzurechnen.

(IV) Dr. Frhr. v. Hodenberg hält es für ausreichend, wenn mindestens noch zwei Semester an einer deutschen Universität zuzubringen sind.

(13 I) Es wird beschlossen:

Die Anrechnung der Semester von Kriegsgefangenen bleibt dem Bezirk überlassen.

In jedem einzelnen Falle ist den anderen Bezirken Bescheid zu geben.

Datum der nächsten Besprechung:

(14) Es wird beschlossen, dass die nächste Besprechung der OLG-Präs. am 7.5.1946 stattfinden soll.

Sieveking.

VI. Niederschrift über die 6. Besprechung der OLG-Präs. in der britischen Zone in Bad Pyrmont am 13.–14.5.1946

Anwesende:
OLG-Präs. Dr. Kiesselbach (OLG Hamburg), Vorsitzer.
OLG Braunschweig: OLG-Präs. Mansfeld, OLG-Rat Dr. Fricke
OLG Celle: OLG-Präs. Dr. Frhr. v. Hodenberg, OLG-Rat Dr. Tasche
OLG Düsseldorf: OLG-Präs. Dr. Lingemann, OLG-Rat Dr. Johnen
OLG Hamburg: LG-Dir. Willers, LG-Rat Dr. Sieveking (Protokoll)
OLG Hamm: Vizepräs. Dr. Cullmann, OLG-Rat Dr. Gerstberger
OLG Kiel: OLG-Präs. Dr. Kuhnt, OLG-Rat Krohn
OLG Köln: OLG-Präs. Dr. Schetter, Senatspräs. Dr. Korintenberg
OLG Oldenburg: OLG-Präs. Dr. Koch, OLG-Rat Weitzel
Außerdem:
OLG-Rat Dr. Petersen, Vorsitzer des Rechtsunterausschusses.

1. Gebührenerlass in Nachlasssachen; Pkt. 4 der TO:

(I) *Dr. Petersen* referiert über den vom Rechtsunterausschuss vorgelegten Entwurf einer VO und einer Verfügung über Gebührenvergünstigung für die Erben politisch Verfolgter und schlägt eine Regelung durch VO, nicht durch Verfügung vor.

(II) *Willers* hält eine Verfügung infolge der Willkürlichkeit der zeitlichen Begrenzung der vorgesehenen Vergünstigung für zweckmäßiger.

(III) *Dr. Frhr. v. Hodenberg* weist darauf hin, dass die Frage, ob VO oder Verfügung, davon abhängt, ob man die Notare einbeziehen wolle. Bei Befreiung von Notariatsgebühren könne nur eine Regelung für die Zukunft in Frage kommen. Eine solche sei zu befürworten.

(IV) *Dr. Schetter* wendet sich gegen die Einbeziehung der Notare.

(V) *Willers* liest den Entwurf einer von Hamburg versandten Verfügung vor, die sich nur auf die Zukunft erstreckt und die Notare nicht mit einbezieht.

Die Versammlung beschließt: (1) Den Hamburger Entwurf anzunehmen mit folgendem Zusatz: „Bereits entrichtete Gebühren werden nicht erstattet. Bei Zweifeln, ob der Tod infolge nationalsozialistischer Verfolgung eingetreten sei, entscheidet der OLG-Präs." – Der Unterausschuss reicht den Entwurf der Verfügung ein.

2. Bildung einer leitenden Justizstelle für die britische Zone; Pkt. 1 der TO: Auf Antrag von *Dr. Frhr. v. Hodenberg* wird beschlossen: Die Besprechung wird auf den Schluss der Sitzung verschoben – vgl. Ziff. 30 –.

3. Unterzeichnung von VO des CLC. Es liegt ein von Celle versandter Brief vom 30.4.1946 vor, der Vorschläge für die Unterzeichnung von VO des CLC enthält.

Die Versammlung beschließt: (3) Es bleibt bei der bisherigen Art der Unterzeichnung. Der im Protokoll vom 28.3.1946 Ziff. 3 b erwähnte Zusatz hat nicht in der VO, sondern hinter der VO zu erscheinen.

4. Wirkung von Gesetz Nr. 52 (Vermögenssperre) auf gerichtliche Verfahren.

(I) *Willers* berichtet über die vom OLG Köln gemachte Anregung und trägt das aus Anlass der Besprechung vom 28.3.1946 (Protokoll Ziff. 5 b) von Hamburg verfertigte Memorandum vor.

(II) In der Aussprache erklärt *Dr. Schetter,* den in seinem Schreiben geäußerten Standpunkt nicht aufrecht erhalten zu können.

Es wird zu folgenden Punkten *Stellunog genommen:* 4 a) *Prüfung der Genehmigung.* Es ist allgemeine Meinung, dass das Gericht zu prüfen hat, ob eine Genehmigung nach Gesetz Nr. 52 vorliegt und diese Prüfung nicht erst der Zwangsvollstreckung überlassen werden darf.

4 b) *Aktiv- und Passivprozesse.* (I) *Willers* äußert sich dahin, dass sowohl in Aktiv- wie in Passivprozessen die Genehmigung zu prüfen sei, es müsse aber versucht werden, die *Aktivprozesse* von dieser Prüfung zu befreien, da nur ein Vermögensvorteil beabsichtigt sei. Die Kostenfrage sei nebensächlich. Auch bei Feststellungsklagen, die nicht genehmigt zu werden brauchten, spiele das Kostenrisiko keine Rolle.

(II) *Dr. Frhr. v. Hodenberg* äußert Bedenken, ob die vorgeschlagene Regelung zu empfehlen sei, da das Kostenrisiko des Beklagten zu beachten sei.

(III) *Dr. Cullmann* hält diesen Gesichtspunkt für unerheblich. Das Verfahren müsse möglichst einfach und ohne viele Genehmigungen durchgeführt werden. Er verweist auf den mit Schreiben vom 26.4.1946 geäußerten Standpunkt der Militärregierung in Münster zur Frage der Genehmigung von Klagen gegen Bergwerksgesellschaften.

Die Versammlung beschließt: (4 b 1) Die im Schreiben des OLG Hamburg vom 10.4.1946 und des OLG Hamm vom 23.4.1946 niedergelegten Grundsätze werden gebilligt. Bei Aktivprozessen, Feststellungsklagen und Statusklagen ist eine Genehmigung nicht erforderlich. – Bei Prozesshandlungen, die Verfügungen über den Prozessgegenstand enthalten, ist eine Genehmigung herbeizuführen.

(IV) Zur Frage der *Passivprozesse* war vom *OLG Celle* schriftlich die Ansicht geäußert, dass eine Genehmigung nicht erforderlich sei, wenn auf Geld oder vertretbare Sachen geklagt werde. Es sei möglich, dass der Beklagte freie Mittel habe, in die auch vollstreckt werden könne. – *Willers* hält diesen Gedanken für undurchführbar, es sei eine Ausnahme, dass ein Vermögen nur teilweise gesperrt sei. – *Dr. Kuhnt* hält bei einer Verurteilung in die Freigrenze die Klagbegründung für entscheidend, da nur zur Deckung des Lebensunterhalts der Freibetrag gewährt werde.

(4 b 2) *Die Versammlung* hält bei Passivprozessen eine Genehmigung für erforderlich.

(4 c) *Feststellungsklagen:* Eine Genehmigung wird nicht für erforderlich gehalten.

(4 d) *Zeitpunkt des Nachweises der Genehmigung:* Die Genehmigung braucht nicht vor Klagerhebung nachgewiesen zu werden. Es genügt die Vorlage während des Verfahrens. Entscheidend ist der Zeitpunkt des Urteils.

(4 e) *Versäumnisurteil:* Bei Antrag auf Erlass eines Versäumnisurteils ist die Frage der Blockierung und das Vorhandensein einer Genehmigung zu prüfen, wenn ein begründeter Anlass für den Richter vorliegt, anzunehmen, dass das Vermögen des Beklagten blockiert sei.

(4 f) *Beweisverfahren:* Es bestehen keine Bedenken gegen die Durchführung ohne Genehmigung.

(4 g) *Arrest:* Es gilt das Gleiche wie zu f).

(4 h) *Freiwillige Gerichtsbarkeit:* Ein im OLG Hamburg ausgearbeitetes Referat wird verteilt. Die in dem Referat geäußerten Grundsätze werden gebilligt.

Die Versammlung beschließt: (4) Der Unterausschuss macht aufgrund der vorgelegten Referate und des Ergebnisses der heutigen Aussprache ein Memorandum zur Vorlage bei der Militärregierung.

(4 i) *Abwesenheitspfleger:* Bezüglich der Abwesenheitspfleger werden die in einem *Schreiben der Militärregierung v. 3.5.1946* gestellten *Fragen* folgendermaßen *beantwortet:*

(4 i) Abwesenheitspfleger für Personen außerhalb der britischen Zone können bestellt werden. – Bei blockiertem Vermögen kann ein Pfleger bestellt werden, wenn kein Custodian da ist. Ist ein Custodian ernannt, ist die Bestellung eines Abwesenheitspflegers nicht mehr erforderlich. – Bei Bestellung eines Custodian durch Property Control ist seine Bestellung zum Abwesenheitspfleger notwendig.

5. Beschleunigung des Strafverfahrens; Pkt. 5 der TO.

(I) *Dr. Petersen* referiert über die Denkschrift des Unterausschusses über Maßnahmen zur Beschleunigung des Strafverfahrens und den Entwurf einer entsprechenden VO. – (II) Die Bestimmungen der VO werden im Einzelnen durchgesprochen:

a) *§ 153 StPO: Dr. Frhr. v. Hodenberg* hält eine Ausdehnung von § 153 StPO auf Vergehen für bedenklich. – *Dr. Kuhnt, Dr. Lingemann* und *Dr. Mansfeld* äußern sich in gleicher Weise und halten ebenfalls eine Ausschaltung des Richters nur bei Übertretungen für tragbar.

Die Versammlung beschließt: (5 a) Die zu § 153 vorgeschlagene Neufassung wird nicht genehmigt.

b) *§ 200 StPO, Fortfall des Ermittlungsergebnisses in der Anklageschrift:* (5 b) § 200 wird genehmigt mit der Maßgabe, dass in Abs. 1 das Wort „Angeklagter“ und „Angeschuldigter“ zu ersetzen und in Abs. 2 vor dem Wort „Übertretungen“ das Wort „allen“ zu streichen ist.

c) *Ausnahmen von der Aufforderung gemäß § 210 Abs. 1 StPO:* (5 c) § 201 Abs. 2 a Entwurf wird genehmigt.

d) *§ 202 StPO, Aufforderung zur Stellung von Beweisanträgen.* (5 d) § 202 Abs. 2 n.F. wird genehmigt.

e) *§ 212 b Schnellverfahren.*

(I) *Dr. Frhr. v. Hodenberg* äußert Bedenken gegen die Erweiterung des Schnellverfahrens gegenüber dem bereits erweiterten § 212, da die Gefahr einer zu wenig sorgfältigen Bearbeitung gegeben sei.

(II) Ebenso äußert sich *Dr. Cullmann* gegen eine unbeschränkte Ausdehnung des beschleunigten Verfahrens.

(III) *Dr. Kuhnt* befürwortet den Vorschlag des Unterausschusses mit Hinweis auf die Zulässigkeit von Rechtsmitteln.

(IV) *Dr. Lingemann, Dr. Koch* und *Dr. Schetter* schließen sich Dr. Kuhnt an.

Die Versammlung beschließt mit 5:3 Stimmen: (5 e) der Vorschlag des Unterausschusses zu § 212 b wird genehmigt.

f) *§ 223 StPO, Vernehmung von Zeugen vor Terminanberaumung.* 5 f) § 223 Abs. 3 des Entwurfes wird genehmigt.

g) *Dr. Petersen* berichtet weiter über verschiedene Erwägungen zur Beschleunigung des Strafverfahrens, die nicht zu Abänderungsvorschlägen geführt haben, so zu § 232 (Abwesenheit des Angeklagten), § 245 (Ablehnung von Beweisanträgen), § 229 (Unterbrechung der Hauptverhandlung), § 269 a, § 270 (Befugnis des Amtsrichters zur Verweisung an das zuständige Gericht) und § 198 a (Ablehnung der Anordnung zur Hauptverhandlung).

(5 g) Die Versammlung ist in Übereinstimmung mit dem Unterausschuss der Ansicht, dass es hier bei dem bisherigen Rechtszustand verbleiben soll. – Ebenso wird eine Einschränkung der Pflicht zur Urteilsbegründung nicht befürwortet.

h) Auf Antrag von *Dr. Frhr. v. Hodenberg* wird zur Frage der Verhandlung in Abwesenheit des Angeklagten beschlossen: (5 b) § 233 StPO a.F. wird mit der Maßgabe wiederhergestellt, dass keine höhere Strafe als sechs Monate Gefängnis, Haft, Geldstrafe oder Einziehung allein oder in Verbindung miteinander zu erwarten ist.

i) *§ 320 StPO. Sofortige Übersendung der Akten nach Einlegung der Berufung:* (5 i) Der Vorschlag des Unterausschusses wird genehmigt.

k) *Dr. Kuhnt* schlägt vor, dass Rügen, die in der Hauptverhandlung hätten gemacht werden können, aber nicht geltend gemacht sind, in der Revisionsinstanz ausgeschlossen sein sollen. *Dr. Frhr. v. Hodenberg* äußert sich gegen den Vorschlag.

(5 k) Es wird beschlossen, den Vorschlag nicht in den VO-Entwurf zu übernehmen.

l) *§ 383 a StPO. Einstellung von Privatklagen.*

Dr. Frhr. v. Hodenberg befürwortet eine Aufhebung von § 383 a StPO, da dem Anspruch des Verletzten Rechnung getragen werden müsse. Er regt eine Behandlung dieser Frage für eine spätere Besprechung an.

(5 l) *Die Versammlung beschließt:* Die Aufhebung sowie die vom Unterausschuss vorgeschlagene Änderung von § 383 a StPO werden abgelehnt.

m) *§ 407 ff. Erlass von Strafbefehlen durch die StA oder Amtsanwaltschaft.*

Auf Vorschlag von Dr. Kiesselbach wird beschlossen: (5 m) Die Verhandlung zu dieser Frage wird im Zusammenhang mit der Verhandlung über die Regelung polizeilicher Strafverfügungen zur Besprechung auf der nächsten Sitzung vertagt. – Der

Entwurf des Unterausschusses wird ohne die zu diesem Punkt gemachten Vorschläge eingereicht.

Damit ist auch Punkt 14 der TO erledigt.

n) *§ 140 StPO. Notwendige Verteidigung:* Auf Antrag von *Dr. Frhr. v. Hodenberg* wird beschlossen; (5 n) § 140 Abs. 1 Ziff. 1 der StPO n.F. im Sinne der früheren Fassung einzuschränken: – Der Unterausschuss wird einen Entwurf im Einvernehmen mit dem OLG Celle einreichen.

6. Aufhebung von § 40 der Zweiten KriegsmaßnahmenVO.

(I) *Dr. Petersen* berichtet über den Entwurf des Unterausschusses für eine VO über die Aufhebung des § 40 der Zweiten KriegsmaßnahmenVO, wodurch eine Wiedereinführung der Genehmigung des Vormundschaftsgerichts zum Abschluss von Lehrverträgen angeordnet wird.

(II) *Dr. Koch* äußert sich gegen eine stückweise Aufhebung der VO und hält eine Prüfung bzw. Aufhebung der gesamten VO für erforderlich.

Die Versammlung beschließt: (6) Der VO-Entwurf wird zurückgestellt, da eine allgemeine Überprüfung der Zweiten KriegsmaßnahmenVO vorgenommen werden soll. – Die einzelnen Bezirke senden dem Unterausschuss Vorschläge darüber, welche Vorschriften aufgehoben werden sollen.

7. Wertgrenze bei Berufungen; Pkt. 7 der TO.

Dr. Petersen trägt den Entwurf einer VO vor, der für die Zulässigkeit der Berufungen eine einheitliche Wertgrenze von 100 RM vorsieht. – (7) *Die Versammlung* ist mit der einheitlichen Wertgrenze einverstanden. Der Entwurf wird genehmigt und der Unterausschuss beauftragt, ihn einzureichen.

8. § 1595 a BGB. Befugnis des StA zur Eheanfechtungsklage; Pkt. 8 der TO:

(I) *Dr. Petersen* berichtet über die verschiedentlich geäußerten Zweifel über die Gültigkeit von § 1595 a BGB und die Befugnis des StA zu Klagen auf Anfechtung der Ehelichkeit. Der Unterausschuss ist der Ansicht, dass § 1595 a BGB noch gelte und sich auch bewähre.

(II) *Dr. Kuhnt* stimmt dem Unterausschuss bei, hält jedoch eine Ermächtigung durch den GStA für erforderlich.

Die Versammlung beschließt: § 1595 a BGB ist weiterhin anzuwenden.

9. Kompetenzabgrenzung.

Dr. Frhr. v. Hodenberg erklärt seinen mit Schreiben vom 19.3.1946 geäußerten Antrag für zurückgezogen. Die Besprechung ist damit erledigt.

10. Rechtzeitschrift.

(I) *Dr. Frhr. v. Hodenberg* hält die Herausgabe einer Rechtszeitschrift für die gesamte britische Zone für dringend notwendig. Diese brauche nicht durch die OLG-Präs. selbst herausgegeben zu werden, es sei jedoch zweckmäßig, dass von ihnen die Initiative ausgehe und dazu Verbindung mit den Fakultäten und den Kammervorständen aufgenommen werde.

(II) *Dr. Kiesselbach* schlägt vor, die von Dr. Mettgenberg in Hamburg geplante „Monatsschrift für Deutsches Recht" (MDR) durch die Mitherausgeberschaft eines OLG-Präs. zu einem offiziellen Organ auszugestalten.

(10) Die *Versammlung* ist mit den Anregungen und Vorschlägen einverstanden.

11. Vereinheitlichung der Rechtsprechung in Sachen der freiwilligen Gerichtsbarkeit; Pkt. 11 der TO.

Es liegt ein Antrag des OLG Celle vor, nach dem einzelne OLG für gewisse Teilgebiete der freiwilligen Gerichtsbarkeit jeweils als höchste Instanz für zuständig erklärt werden sollen, um auf diese Weise eine einheitliche höchstrichterliche Rechtsprechung herbeizuführen und einen Ersatz für das KG zu schaffen.

Dr. Schetter und *Dr. Kuhnt* äußern sich gegen den Vorschlag.

Die Versammlung beschließt: (11) Der Antrag wird abgelehnt.

12. Anerkennung von amtsgerichtlichen Ehescheidungsurteilen in der russischen Zone; Pkt. 12 der TO.

Willers berichtet über ein Urteil des AG Luckenwalde vom 13.11.1945 in einer Ehescheidungssache, das zu einer Anfrage des Rechtsamtes der Verwaltung der Hansestadt Hamburg über die Anerkennung solcher Urteile geführt habe. Es werde vorgeschlagen, die Urteile als gültig anzuerkennen.

Die Versammlung beschließt: (12) Amtsgerichtliche Ehescheidungsurteile grundsätzlich anzuerkennen.

13. Hebung des Richterstandes; Pkt. 13 der TO.

(I) *Dr. Kiesselbach* stellt zur Erörterung, ob das Problem der Hebung des Richterstandes zu bearbeiten sei, insbesondere die Frage der Entlastung der Richter, der Betrauung der Rechtspfleger mit Kostensachen, kl. Strafsachen, Privatklagesachen usw. Er schlägt vor, einen Referenten für die schriftlich eingehende Vorbereitung einer Denkschrift zu bestellen.

(II) *Dr. Schetter* weist im Zusammenhang hiermit auf das Problem der Ausbildung der Rechtspfleger hin, um die Möglichkeit zu schaffen, in größerem Umfang richterliche Geschäfte auf die Rechtspfleger zu übertragen und die Richter auf die Spruchtätigkeit zu beschränken.

(III) *Dr. Koch* und *Dr. Frhr. v. Hodenberg* weisen auf die Schwierigkeiten hin, die hierdurch in ländlichen Bezirken entstehen würden.

Die Versammlung beschließt, Dr. Schetter mit der Ausarbeitung einer Denkschrift zu beauftragen.

14. Fortfall der polizeilichen Strafverfügungen; erledigt durch Pkt. 5 der Besprechung.

15. Wiedereröffnung der Entschuldungsämter; Pkt. 15 der TO.

Dr. Schetter regt an, die Entschuldungsämter wieder zu eröffnen, damit die Grundbücher mit der Rechtslage in Einklang kommen.

(15) Die *Versammlung* ist einverstanden, dass die Entschuldungsämter auf bestimmten Gebieten wieder eröffnet werden. Die Bearbeitung wird an den Unterausschuss verwiesen. Die Bezirke senden Material ein. Der Unterausschuss reicht die Sache direkt weiter.

16. Entlassung nicht zugelassener Richter und Rechtsanwälte; Pkt. 16 der TO.

Die Sache wird von der TO abgesetzt.

17. Beseitigung von Schwierigkeiten bei Eintragung der Errichtung von Zweigniederlassungen; Pkt. 17 der TO.

Dr. Petersen erbittet Material, um die auf diesem Gebiet aufgetretenen Schwierigkeiten und Probleme wieder an die Militärregierung herantragen zu können.

18. Urlaubsfragen für Richter und Beamte.

Dr. Kiesselbach berichtet, dass die Angestellten Urlaub nach dem Tarifvertrag beanspruchten, während den Richtern bisher nicht mehr als 14 Tage Urlaub gewährt werde.

Es wird beschlossen: (18) Als einheitliche Maßnahme ist den Richtern und Beamten voller Urlaub nach den vor 1933 bestehenden Grundsätzen zu gewähren, höchstens jedoch vier Wochen und nach einer Mindestdienstzeit von sechs Monaten, sonst nach Beschäftigungsdauer.

19. Bevorzugte Behandlung von Militäranwärtern.

Dr. Lingemann erklärt sein Schreiben vom 24.3.1946 durch VO Nr. 25 der Militärregierung für erledigt. – Die Sache wird von der TO abgesetzt.

20. Fragen der Vereinheitlichung des Zivilprozessrechts. Im Hinblick auf die in Aussicht stehende Einrichtung einer leitenden Justizstelle wird die Erörterung der Frage von der TO abgesetzt.

21. Lenkung der Rechtspflege; Pkt. 21 der TO.

(1) *Dr. Frhr. v. Hodenberg* bespricht die Möglichkeiten, mit den Richtern Fragen der Strafzumessung oder andere Probleme der Rechtsfindung zu erörtern.

(II) Es findet eine *Aussprache* statt. Ein Beschluss wird nicht gefasst. Jeder Präsident wird für sich handeln, wie er es für richtig hält.

22. Instanz für die Zulassung von Rechtsanwälten; Pkt. 22 der TO.

(22) Es besteht die *einhellige Ansicht,* dass die Zulassung von Rechtsanwälten nach wie vor zur Zuständigkeit der OLG-Präs. gehört.

23. Wiedergutmachungsgesetz; Pkt. 23 der TO.

Da die Begründung zum Entwurf eines Wiedergutmachungsgesetzes in der in Oldenburg am 21.3.1946 beratenen Fassung erst zu spät eingegangen ist, wird beschlossen: (23) Die Erörterung wird auf die nächste Besprechung vertagt. Bis dahin haben die Präsidenten und der Unterausschuss ihre Äußerungen einzureichen.

24. Eheschließung nach dem Tode; Pkt. 24 der TO.

(I) *Dr. Petersen* referiert über eine Verfügung der Militärregierung vom 6.5.1946, nach der vom Zeitpunkt des Inkrafttretens des EheG keine rechtliche Grundlage mehr für die Gültigkeit von Eheschließungen nach dem Tode gegeben sei. Er verliest den Entwurf einer VO des Unterausschusses, der vorsieht, dass Eheschließungen nach dem Tode nicht mehr stattfinden, jedoch die aufgrund des Erlasses vom 6.11.1941 geschlossenen Ehen mit allen Rechtswirkungen einer Eheschließung rechtswirksam bleiben.

(II) *Dr. Frhr. v. Hodenberg* erwägt eine Sonderregelung der Rechtswirkungen der Eheschließung, insbesondere im Hinblick auf Unterhaltsansprüche und Erbreche.

(III) *Dr. Kuhnt* befürwortet die VO des Unterausschusses. Die Eheschließung nach dem Tode sei entweder mit allen Rechtsfolgen auszustatten oder aber nicht zuzulassen.

(IV) *Dr. Cullmann* ist der Ansicht, dass die Entscheidung in dieser Frage davon abhänge, aus welchen Motiven die Ehen geschlossen worden seien.

Es wird beschlossen: (24) Die Besprechung wird vertagt. Die Bezirke übersenden Material darüber, wie viele Ehen nach dem Tode geschlossen sind, welche Beweisanforderungen gestellt wurden und ob Erbverzichte häufig waren an das OLG Celle, welches einen Gesetzentwurf ausarbeiten wird.

Abschriften gehen an den Unterausschuss und das OLG Kiel.

25. Fideikommissgerichtsbarkeit; Pkt. 25 der TO.

Es wird beschlossen: (25) Nachdem die Antworten der Präsidenten auf das Schreiben des OLG Celle vom 30.4.1946 eingegangen sind, wird dieses einen Entwurf über den Unterausschuss einreichen.

26. Zuständigkeit für Ehescheidungsklagen; Pkt. 26 der TO.

Die Erörterung wird für die nächste Besprechung verschoben.

27. Dienststrafgerichtsbarkeit; Pkt. 27 der TO.

Dr. Frhr. v. Hodenberg stellt im Hinblick auf ein Schreiben der Militärregierung vom 19.2.1946 die Fragen: a) ob die Zuständigkeit der Dienststrafsenate auch für Vergehen bestehen soll, für die die Dienststrafkammern zuständig waren; b) ob bei Nur-Notaren auch persönliche Fehltritte vor die Dienststrafsenate kommen sollen. (27) Die Fragen werden von der *Versammlung* bejaht.

Die Angelegenheit wird dem Unterausschuss zum Entwurf einer VO überwiesen, in der folgende Grundsätze zum Ausdruck kommen: a) die Rückkehr zu dem vor 1933 geltenden Zustande wird abgelehnt, b) vor die Dienststrafsenate gehören auch die persönlichen Fehltritte der Justizbeamten, c) das Gleiche gilt für Nur-Notare. d) Bei Anwaltsnotaren gehören dienstliche Verfehlungen als Notare vor die Dienststrafsenate. Alle anderen Verfehlungen, also diejenigen, die nicht dienstliche Verfehlungen der Notare als solche sind, gehören vor die anwaltlichen Ehrengerichte.

Die Frage der Wiedereinführung der Strafe der Versetzung wird einer späteren Regelung vorbehalten.

28. Rechtskräftiger Abschluss von Verfahren durch die Zweite KriegsmaßnahmenVO; Pkt. 28 der TO.

Dr. Petersen nimmt zu den vom OLG Hamm mit Schreiben vom 9.4.1946 geäußerten Fragen Stellung.

(28) Die Ansicht des Unterausschusses, dass a) nicht für erledigt erklärte Berufungen jetzt sachlich zu entscheiden sind, b) in den Fällen, in denen die Frist des § 70 Abs. 2 S. 1 Zweite KriegsmaßnahmenVO abgelaufen ist, Rechtskraft eingetreten ist, wird einhellig gebilligt. – Es wird kein Anlass gesehen, zu diesen Fragen eine VO zu erlassen. – Der Unterausschuss wird ein Gutachten dazu erstatten, das sämtlichen OLG-Bezirken zugesandt werden wird.

29. Schiedsmänner; Pkt. 29 der TO.

(I) Aufgrund einer Anfrage des OLG Hamm wird die Frage erörtert, vor welcher Stelle bis zur Ernennung von Schiedsmännern Sühneversuche gemacht werden sollen.

(II) *Dr. Frhr. v. Hodenberg* schlägt die Leiter der Gemeinden vor.

(III) *Dr. Kuhnt* regt an, einstweilen von Sühneversuchen abzusehen.

(IV) *Dr. Kiesselbach* verweist auf die in Hamburg wieder eingeführten Rechtsauskunfts- und Gütestellen.

Es wird beschlossen: (29) Es bleibt den Bezirken überlassen, die Durchführung des Sühneversuchs nach eigenem Ermessen zu regeln.

30. Bildung einer leitenden Justizstelle für die britische Zone; Pkt. 1 der TO.

Nach Referaten von *Dr. Lingemann* und *Dr. Koch* unter einer Aussprache, an der sich alle Anwesende beteiligen, wird *folgende Entschließung* gefasst: (30)

1. Der Zentralausschuss begrüßt die Pläne der Militärregierung zur Gründung eines Zentraljustizamtes lebhaft.
2. Eine solche Zentralstelle ist in der Lage, besonders wirksam mit der obersten Stelle der Militärregierung zusammenzuarbeiten, das Recht zu erneuern und das Verfahren zu reformieren.
3. Da die staatliche Organisation der Britischen Zone noch nicht feststeht, muss das Zentraljustizamt möglichst einfach und beweglich organisiert sein.
4. Die Aufgabe des Amtes soll sich auf die Gesetzgebung beschränken. Die OLG-Präs. sind zu grundsätzlichen gesetzgeberischen Fragen – zu solchen der Strafrechtspflege auch die GStA – zu hören. Die Justizverwaltung ist wie bisher grundsätzlich den OLG-Präs. zu überlassen. Dies gilt insbesondere für die Ernennung der Anwälte. Dies schließt nicht aus, dass einzelne einer zentralen Regelung bedürftige Aufgaben dem Zentraljustizamt übertragen werden.
5. Der Strafvollzug gehört seiner Tradition und seinem Wesen nach zur Justizverwaltung.
6. Der Aufbau eines Zentraljustizamtes erfordert nicht die Aufhebung von OLG.

31. Datum der nächsten Besprechung: Es wird beschlossen, dass die nächste Besprechung am *24.6.1946* stattfinden soll.

Sieveking.

VII. Bericht über die Tagung der OLG-Präs. in Pyrmont am 24. und 25.6.1946

I. Alle OLG-Präs. waren mit ihren Referenten erschienen. Von der Militärregierung war kein Vertreter anwesend.

II. Folgende Punkte der vorher mitgeteilten TO wurden verhandelt:

1. Wiedergutmachungsgesetz: Der UA ist noch mit der Prüfung beschäftigt. Da vermutlich die Angelegenheit durch ein für alle Zonen gültiges Kontrollratsgesetz geregelt wird und die Angelegenheit einen wesentlich politischen Anstrich hat, ist die Spruchreife noch nicht gegeben. Wenn auch die Richter möglichst aus der Erledigung der politischen Wiedergutmachung fernzuhalten sind, wird die Mitwirkung der ordentlichen Gerichte nicht zu umgehen sein, da insbesondere die Frage der Ausschaltung des guten Glaubens beim Erwerb von Grundbesitz und die Frage des Kausalzusammenhanges wesentliche Teile der Abwicklung bilden werden.

2. Zuständigkeit in Ehesachen: Es haben sich Zweifel ergeben, ob der § 606 ZPO in der alten Fassung fort gilt oder in der Fassung, die er durch die 4. DurchfVO zum EheG im Oktober 1941 (§ 19 RGBl. I S. 654) erhalten hat. Da durch § 79 des neuen EheG die Durchführungsvorschriften zum EheG von 1938 nur insoweit aufgehoben sind, als sie mit dem Gesetz Nr. 16 unvereinbar sind, wird angenommen, dass die 4. DurchfVO noch gültig ist. Häufig ist nun der Fall gegeben, dass der letzte gemeinsame Aufenthalt der Eheleute in der russischen Zone, der jetzige Wohnsitz oder Aufenthalt des Mannes aber in der britischen Zone liegt. Dazu wird die Ansicht vertreten, dass in der russischen Zone eine Zuständigkeit nicht gegeben sei (alte ZPO), weil nach dem dort geltenden Recht der Wohnsitz maßgebend sei und in der britischen Zone die Zuständigkeit nicht vorliege, weil es nach dem hier geltenden Recht auf den gemeinsamen gewöhnlichen Aufenthaltsort ankomme.

Die Konferenz war der Meinung, dass, ohne der Entscheidung der Gerichte vorzugreifen, eine doppelte Zuständigkeit angenommen werden könne. Dementsprechend haben sich die Gerichte in einzelnen Bezirken schon eingestellt. Sollten Schwierigkeiten auftreten, so soll der UA beauftragt werden, einen Gesetzentwurf vorzulegen.

3. Feld- und Forstdiebstahlgesetz: Der UA hat einen Entwurf ausgearbeitet, wonach b.a.w. Feld- und Forstdiebstähle nach den Grundsätzen des StGB als gewöhnliche Diebstähle behandelt werden sollen.

4. Verschollenheitsgesetz: Hierzu lag ein Abänderungsvorschlag des UA vor, der den Begriff der Lebensgefahr näher definiert, die Fristen der Kriegs- und allgemeinen Verschollenheit für noch nicht laufend erklärt und es der Justizverwaltung überlässt, zu bestimmen, von welchem Tage ab der Lauf der Fristen einsetzen soll. Zur Frage der Todeserklärung von KZ-Häftlingen wird noch eine Äußerung Kölns erwartet.

5. Jugendgerichtsbarkeit: Da der Kontrollrat diese Materie für das ganze ehemalige Reich einheitlich regeln will, soll der vom UA vorgelegte Entwurf des neuen JGG dem Kontrollrat als Material zugeleitet werden.

6. VO zur Vereinfachung der Verwaltung von Personenvereinigungen vom 8.1.1946: Ein vom UA ausgearbeiteter Entwurf wurde einstimmig angenommen, der das Bedürfnis zur Abhaltung von Generalversammlungen nur für Aktiengesellschaften anerkennt und die Hauptversammlungen des Jahres 1946 für beschlussfähig erklärt, falls ein Drittel des Aktienkapitals vertreten ist.

7. Beschäftigungsvergütung und Trennungsentschädigung: Soweit noch nicht geschehen, sollen die Kriegsvereinfachungen im Reise- und Umzugskostenrecht und die danach erfolgten Übertragungen auf die LG-Präs. überall aufgehoben werden, was für Köln bereits geschehen ist.

8. Hebung des Richterstandes und Entlastung der Richter: Zu diesem Punkte wurden die OLG-Präs. von Köln und Hamburg beauftragt, unter Zugrundelegung der von Köln eingereichten Denkschrift zu dieser Frage den ersten Teil des Programms (kl. Justizreform) weiter zu bearbeiten und einen entsprechenden Entwurf vorzulegen. Das Thema soll auf der am 15.7. in Godesberg stattfindenden Zusammenkunft mit den Justizministern der süddeutschen Länder von Köln eingehend behandelt werden.

9. Kostenfreiheit bei Wiedereintragung gelöschter Firmen: Der hierzu vorliegende Entwurf des UA wurde mit der Maßgabe angenommen, dass das „Gericht" ermächtigt wird, die Kosten zu erlassen, so dass der Erlass als Rechtsanspruch und nicht als Gnadenangelegenheit anzusehen ist.

10. Straftaten aus der Zeit vor der Besatzung: Es wurde keine Notwendigkeit anerkannt, durch eine erneute Amnestie die Arbeitsbelastung zu steuern.

11. Friedensprüche in Privatklagesachen: Es sind Zweifel aufgetaucht, ob Art. 6 der VereinfVO vom 13.8.1942 noch gegenüber der Neufassung der StPO (Anweisung an Richter Nr. 2) gilt. Die Mehrheit war der Meinung, dass Friedensprüche nicht mehr zulässig seien. Hierzu lag ein Entwurf des UA vor, der genehmigt wurde.

12. Lenkung der Strafrechtspflege: Die Meinungen, ob und in welcher Weise auf die Strafrichter eingewirkt werden dürfe, wenn die Strafen in den Urteilen in Schwarzmarktsachen und bei Diebstählen zum Nachteil der Eisenbahn und Post zu gering ausfielen, waren geteilt. Es wurde den OLG-Präs. überlassen, ob und in welcher Art sie eine Belehrung der urteilenden Gerichte für zweckdienlich hielten.

13. Fideikommissrecht: Die Vorschläge von Celle zur Abänderung einzelner Bestimmungen des Fideikommissauflösungsrechts wurden angenommen.

14. Aufgebotsverfahren: Die von Düsseldorf ausgehende Anregung, das Verfahren in die freiwillige Gerichtsbarkeit zu verweisen, soll vom UA geprüft werden, desgl. die von Köln gegebene Anregung, mit Rücksicht auf die besonderen Verhältnisse der Bombengeschädigten etc. die Fristen zu verlängern und das Verfahren auf eilige Fälle zu beschränken (80.000 in Köln verloren gegangene Sparkassenbücher).

15. Abwesenheitspflegschaft: Die von der Militärregierung erlassenen Anordnungen über das Verhältnis der von ihr eingesetzten Treuhänder und der von den deutschen Gerichten bestellten Abwesenheitspfleger können zu Interessenkollisionen führen. Der UA soll sich zur Klärung der in Aussicht stehenden Schwierigkeiten mit der Militärregierung auseinandersetzen.

16. Binnenschifffahrtssachen: Der vorgelegte Entwurf des UA vom 17.4.1946 wurde angenommen, insbesondere die Bestimmung, wonach neben einem ausschließlichen Gerichtsstand in der russischen und französischen Zone auch ein Gerichtsstand des Wohnsitzes des Beklagten Anerkennung findet.

17. Polizeiliche Strafverfügung und richterliche Strafbefehle zur Beschleunigung des Strafverfahrens: Die Konferenz hat bereits früher die vom UA gemachten Vorschläge zur Beschleunigung des Strafverfahrens gebilligt. Zurückgestellt waren: Strafbefehle und polizeiliche Strafverfügungen. Hierzu lagen entsprechende Entwürfe vor. Sie wurden in der Form angenommen, dass die Zuständigkeit zum Erlass von Strafbefehlen und Strafverfügungen beim Amtsrichter (evtl. später Rechtspfleger) ruhen soll und dass das Strafmaß für Strafbefehle von drei auf sechs Monate erhöht wird.

18. Unabsetzbarkeit der Richter: Es bestand Einmütigkeit darüber, dass ein wiederzugelassener Richter Anspruch auf die Planstelle habe, die er vor der Besatzung bekleidete und dass diese Unabsetzbarkeit nur durch eine beschränkte Wiederzulassung der Militärregierung geändert werden könne.

19. Festsetzung des allgemeinen Dienstalters: Die anderweitige Festsetzung des Besoldungsdienstalters im Wege der Wiedergutmachung bedeutet noch nicht eine Korrektur des allgemeinen Dienstalters. Es soll versucht werden, die verschiedenen Dienstalter miteinander in Einklang zu bringen. Senatspräs. Korintenberg wurde beauftragt, entsprechende Vorschläge zu machen.

20. Einsicht in die Personalakten: Übereinstimmung herrschte darüber, dass die Gestattung einer unbeschränkten Einsicht in die Personalakten nicht empfehlenswert sei, dass andererseits die Einsicht den Beteiligten nicht verwehrt werden dürfe. Es wurde beschlossen, mit der Zentrale der allgemeinen Verwaltung in Verbindung zu treten, da die Angelegenheit eine Frage des allgemeinen Beamtenrechts sei.

21. Betriebsräte: In einzelnen OLG-Bezirken sind Wünsche dieser Art laut geworden. Da das Betriebsrätegesetz die Einrichtung nur gestattet, wird empfohlen, abzuwarten, ob entsprechende Wünsche geäußert werden.

22. Arbeitsgerichte: In allen OLG-Bezirken haben die Arbeitsbehörden um Überlassung von Richtern und Geschäftsräumen für die ausgegliederten Gerichte gebeten. Die Konferenz steht grundsätzlich auf dem Standpunkt, dass die Arbeitsgerichte nicht in den Gebäuden der Justizverwaltung tagen sollen, wenn sie nicht mit Richtern besetzt sind. Dieser Grundsatz soll aber dort nicht angewandt werden, wo in Notstandsgebieten eine anderweitige Unterbringung der Arbeitsgerichte in anderen Gebäuden nicht möglich ist.

23. Zusatzrationen für Justizbeamte: Bisher besteht nur für die Beamten des Strafvollzuges die Möglichkeit der Anforderung von Zusatznahrungsmitteln. Es hat sich als notwendig ergeben, Schwerarbeiterzulagekarten für alle Beamten in Anspruch zu nehmen, die durch Dienstreisen, Trennung von ihrer Familie und durch Krankheit mit den normalen Rationen nicht auskommen können. Es wurde ein gemeinsames Schreiben aller OLG-Präs. an die Legalsektion unterzeichnet, wonach für die Justizbeamten mittelschwere Zulagen für 20 % des Personalbestandes angefordert werden sollen, deren Verteilung den OLG-Präs. obliegt.

24. Laienrichter: Der UA hat bereits einen Entwurf vorgelegt, durch den das System der Schwurgerichte im Sinne der Emminger-VO beibehalten wird und lediglich die Abgrenzung der Zuständigkeit zwischen Strafkammer und Schwurgericht einerseits, Schöffengericht und Amtsgericht andererseits noch verhandlungsbedürftig ist. Es wurde beschlossen, die GStA zu ersuchen, zum Entwurf des UA Stellung zu nehmen.

25. Zentralisierung einzelner Angelegenheiten der freiwilligen Gerichtsbarkeit: Die Angelegenheit wurde als nicht dringlich vertagt, zumal die Frage des Zonenrechts noch vorläufig undurchsichtig sei.

26. Vollstreckung der Entscheidung der Wohnungsämter: Es wurde ein Antrag Kölns gebilligt, wonach die Justizverwaltung ihre Gerichtsvollzieher zur Vollstreckung von Entscheidungen der Wohnungsämter nicht zur Verfügung stellen soll, weil sonst die Grenzen der Justiz und der allgemeinen Verwaltung verwischt würden und das Odium der Vollstreckung den Justizbehörden anheimfalle.

27. Prüfungswesen: Die überwiegende Mehrheit der Ansichten ging dahin, dass weder bei der 1. noch bei der 2. Staatsprüfung den Kandidaten Handkommentare zur Verfügung gestellt werden sollen.

III. Außerhalb der TO wurden noch folgende Punkte beraten:

1. Immunität: In Schleswig-Holstein war die Frage aufgetaucht, ob die Abgeordneten des Prov. Landtags Anspruch auf Immunität hätten. Die Frage wurde überwiegend bejaht, da insoweit die Weimarer Verfassung noch in Geltung sei.

2. Auslegung des Begriffs Kriegsende: Die von der Militärregierung Düsseldorf mitgeteilte Meinungsäußerung des Königs von England, dass der Kriegszustand mit Deutschland noch nicht beendet sei, ist in allen OLG-Bezirken außer der Nord-Rheinprovinz nicht bekannt geworden. Die Mitteilung geht offenbar zurück auf den Vortrag des Prof. Mosler, Bonn, der die These verteidigt hat, dass der Krieg seit der Waffenstreckung beendet sei. An diesem Vortrag hatten auch hohe englische Offiziere teilgenommen, die offenbar die Meinung des Professors nicht teilten. Die Tagung der OLG-Präs. bestätigte ihre frühere Meinung, dass völkerrechtlich und privatrechtlich die Auslegung nicht einheitlich ausfallen könne. Für das Privatrecht, insbesondere das Pachtrecht müsse erneut der Standpunkt vertreten werden, dass der Krieg beendet sei. Da aber nicht damit zu rechnen sei, dass die Militärregierung einem Gesetzentwurf zustimme, in dem der 8.5.1945 als Kriegsende herausgestellt werde, solle versucht werden, auf einem Umwege den Auslegungsschwierigkeiten zu begegnen. Demgemäß solle der UA beauftragt werden, anstelle des früher aufgestellten Entwurfs zur Regelung des Verfahrens in Pachtangelegenheiten einen neuen Entwurf aufzustellen, der die Pachtverhältnisse noch einmal um ein Jahr verlängert und ein Kündigungsrecht für alle Pachtungen gewährt, die alsdann noch bis einschließlich Pachtjahr 1947 laufen würden.

3. Wiederherstellung des § 845 ZPO: Der UA wurde beauftragt, sämtliche VereinfachungsVO auf dem Gebiete des Zivilrechts auf ihre Fortgeltung nachzuprüfen. Es herrschte Übereinstimmung, dass die Wiederinkraftsetzung des § 845 ZPO, der durch § 7 Abs. 8 der 4. VereinfVO vom 12.1.1943 aufgehoben worden ist, wiederherzustellen sei. Der UA soll einen entsprechenden Entwurf vorlegen. Vgl. dazu Just.Blatt Köln S. 22.

4. Haftprüfung: Der Antrag, die Haftprüfung von zwei Monaten auf einen Monat zu verkürzen, fand keine Annahme, da bei den gegebenen Verkehrsverhältnissen diese Maßnahme nicht zu einer Beschleunigung, sondern zu einer Verlangsamung des Verfahrens führen würde.

5. Grenzen der Justiz und Verwaltung: Der Oberpräsident von Hannover hat eine VO erlassen, wonach Hausrat für Flüchtlinge etc. durch freiwillige und erzwingbare Maßnahmen beschafft werden soll. Die VO enthält ein Enteignungsrecht, mit dem sich die Rechtspflege nicht ohne weiteres einverstanden erklären kann. Auch erscheint die Zuständigkeit für eine solche VO überschritten. Die Angelegenheit soll mit der zuständigen Militärregierung geklärt werden.

VIII. Niederschrift über die 8. Besprechung der OLG-Präs. in der britischen Zone in Bad Pyrmont am 15. u. 16.8.1946

Anwesende:

OLG-Präs. Dr. Kiesselbach, OLG Hamburg (Vorsitzer)
OLG Braunschweig: OLG-Präs. Mansfeld, OLG-Rat Dr. Fricke
OLG Celle: OLG-Präs. Dr. Frhr. v. Hodenberg, OLG-Rat Dr. Tasche
OLG-Düsseldorf: OLG-Präs. Dr. Lingemann, OLG-Rat Dr. Johnen
OLG Hamburg: LG-Dir. Willers, LG-Rat Dr. Sieveking (Protokoll)
OLG Hamm: Vizepräs. Dr. Cullmann, OLG-Rat Dr. Gerstberger
OLG Kiel: OLG-Präs. Dr. Kuhnt, OLG-Rat Krohn
OLG Köln: OLG-Präs. Dr. Schetter, Senatspräs. Dr. Korintenberg
OLG Oldenburg: OLG-Präs. Dr. Koch, OLG-Rat Weitzel
Außerdem: OLG-Rat Dr. Petersen, Vorsitzender des Rechtsunterausschusses.
Zu Beginn: Oberst Rathbone von der Rechtsabteilung, Major Romberg.

A. Besprechung am 15.8.1946

Dr. Kiesselbach eröffnet die Sitzung und begrüßt *Oberst Rathbone* sowie *Major Romberg,* die zu Beginn der Tagung erschienen waren.

Oberst Rathbone teilte sodann mit:

I. dass die Militärregierung die Errichtung eines *Zentraljustizamts* für die britische Zone bewilligt habe; eine VO über das Zentralamt sei in Vorbereitung. Es handle sich aber um eine provisorische Maßnahme, die die Überlegungen des Zonenbeirats über die Verteilung der Zuständigkeit zwischen den Landesregierungen und der Zentralregierung für die einzelnen Rechtsgebiete nicht zu beeinflussen habe. Das Zentraljustizamt werde entweder Teil eines Zentra-Justiz-Ministeriums für ganz Deutschland oder für die Westhälfte Deutschlands sein, für die britische Zone jedoch nur vorläufig.

Das ZJA solle am 1.10.1946 seine Tätigkeit aufnehmen. Alsdann würden die OLG-Präs. keine gesetzgebende Gewalt mehr haben. Über die Zukunft des Zentral-Rechts-Ausschusses, dessen Arbeit für die Gesetzgebung in der britischen Zone voll anzuerkennen sei, werde später vom ZJA entschieden. – Da die Errichtung des ZJA erst veröffentlicht werden solle, wenn sie im Zonenbeirat bekanntgegeben sei, dies jedoch geschehen sei, stünde der Veröffentlichung nichts im Wege. Nur die in Frage kommenden Namen könnten erst erwähnt werden, wenn Anweisung ergehe.

II. Oberst Rathbone erwähnt sodann die Beunruhigung, die durch die Nachricht von der erneuten *Überprüfung der Beamten* hervorgerufen sei. Diese werde hoffentlich durch eine Erklärung von General Balfour beseitigt, wonach die endgültig zugelassenen Rechtsbeamten nicht automatisch wieder überprüft werden sollten, es sei denn, dass neue Belastungen und Beweismittel vorgebracht würden.

III. Zur Frage der *Mitgliedschaft an verbrecherischen Organisationen,* wie sie vom Militärgericht in Nürnberg festgestellt werde, würden Gesetzesvorschläge ausgearbeitet.

IV. Über die Schwierigkeiten, die die *Verwaltung der deutschen Gerichte* verursache, hat Oberst Rathbone einen Bericht ausgearbeitet, der insbesondere den Mangel an Papier, Feuerung, Baumaterial, Geldmittel, Arbeitskräften darlegt. Dieser Bericht sei der Militärregierung vorgelegt und günstig aufgenommen worden, so dass die Hoffnung bestehe, dass die deutsche Justizverwaltung im kommenden Winter in einer besseren Lage sein werde als im vergangenen Jahre.

V. Im *KontrollratsG Nr. 10* werden die Zonenbefehlshaber ermächtigt, Verbrechen von Deutschen gegen Deutsche deutschen Gerichten zur Aburteilung zu überlassen. Es sei beanstandet worden, dass die britische Militärregierung von dieser Ermächtigung keinen Gebrauch gemacht habe. Zurzeit sei in Oldenburg noch ein Verfahren vor dem Militärgericht anhängig. Nach dessen Abschluss werde eine AusführungsVO zu Gesetz Nr. 10 ergehen, die die genannten Verbrechen deutschen Gerichten zur Aburteilung zuweise. Es sei anzunehmen, dass die dadurch entstehende Mehrarbeit gern übernommen werde.

Dr. Kiesselbach dankt Oberst Rathbone für seine Ausführungen und das Interesse, das er der Arbeit des Ausschusses entgegengebracht habe. Die kommende Neugestaltung werde keine Änderung in der Zusammenarbeit hervorrufen.

Danach verabschieden sich *Oberst Rathbone* und *Major Romberg.*

Es wird sodann mit der TO begonnen.

1. Vollstreckung der Urteile der Arbeitsgerichte: Willers befürwortet im Hinblick auf die in der Besprechung vom 24.6.1946 zu Punkt 25 gestellte Frage die Betrauung der Organe der Justiz mit der Vollstreckung der Urteile der Arbeitsgerichte. Es sei nicht zweckmäßig, neue Vollstreckungsinstanzen zu schaffen, andererseits müsse für einen Kostenausgleich Sorge getragen werden.

(1) Die *Versammlung* ist mit diesem Vorschlag einverstanden.

2. Räumungsurteile und Wohnungswechselverbot:

(I) *Dr. Schetter* nimmt Bezug auf die VO der Militärregierung Nr. 16 betreffend Wohnungswechselverbot und die Anweisung der Militärregierung vom 24.5.1946 und weist auf die Schwierigkeiten hin, die sich hinsichtlich der Vollstreckung von Räumungsurteilen bei Weigerung des Schuldners ergeben. Es sei bedenklich, die Maßnahmen der Gerichte mit denjenigen der Wohnungsämter zu verquicken.

(II) Es findet eine Aussprache statt, in der Erfahrungen ausgetauscht werden. Schwierigkeiten sind bisher in der Praxis noch nicht aufgetreten. *Dr. Frhr. v. Hodenberg* und *Dr. Kuhnt* führen aus, dass nach der Anweisung vom 24.5.1946 vermieden werde, dass Urteile ergehen, die nicht vollstreckt werden könnten. *Dr. Kuhnt* entwickelt die Grundsätze des Verfahrens, wie sie in einer Verfügung in den Schl.-Holst. Anzeigen veröffentlicht werden.

(2) Das Verfahren wird im Allgemeinen gebilligt.

3. Fragen der politischen Prüfung: Dieser Punkt der TO ist durch die Erklärung von Herrn Oberst Rathbone (II) erledigt.

4. Nachwuchs für den höheren Justizdienst: Dr. Frhr. v. Hodenberg nimmt Bezug auf sein Schreiben vom 13.6.1946, das mit dem Zweck verfasst sei, eine Übersicht über die Zahl der auswärtigen Referendare zu bekommen. Es sei sein Wunsch, dass auch die übrigen Bezirke durch gastweise Übernahme von Referendaren zur Ausbildung des juristischen Nachwuchses beitrügen. Eine gründliche Ausbildung des Nachwuchses sei dringend erforderlich, da der Bedarf nicht in vollem Umfange gedeckt werden könnte. Um bei dem Mangel an Richtern diese Ausbildung zu gewährleisten, müsse ein Ausgleich stattfinden. Die Bereitwilligkeit des OLG Kiel, weitere auswärtige Referendare zu übernehmen, sei zu begrüßen.

Die *Versammlung befürwortet* (4) die Anregung, einen Austausch von auswärtigen Referendaren vorzunehmen.

5. Zulassung von Rechtsanwälten aus den russisch besetzten Gebieten.

(I) *Dr. Frhr. v. Hodenberg* wirft die Frage auf, ob Rechtsanwälte aus den russisch besetzten Gebieten auf Widerruf zugelassen werden könnten, wenn ihnen die Rückkehr zuzumuten sei. Da ist der russisch besetzten Zone Mangel an Juristen bestehe, so sei es erwünscht, dass die von dort stammenden Rechtsanwälte einmal wieder dorthin zurückkehren.

(II) *Dr. Kuhnt* berichtet, dass er in jedem solchen Falle im Einvernehmen mit dem Vorstand der Anwaltskammer und mit Einverständnis des Bewerbers die Zulassung mit dem Vorbehalt ausgesprochen habe, dass sie widerrufen werde, wenn die Rückkehr zuzumuten sei. Dem einheimischen Nachwuchs dürfe durch die Zulassung auswärtiger Rechtsanwälte das Tätigkeitsfeld nicht beschränkt werden. Aufgrund der VO vom 1.3.1943 bestehe die Möglichkeit bei einer zweiten Zulassung den Widerruf vorzubehalten. Die Maßnahme sei also juristisch gerechtfertigt. In Kiel seien etwa 50 bis 60 Flüchtlinge zugelassen.

(5) Die *Versammlung stellt* übereinstimmend fest, dass es grundsätzlich zulässig sei, aufgrund der VO vom 1.3.1943 eine Zulassung unter Vorbehalt des Widerrufs auszusprechen.

B. Besprechung am 16.8.1946

6. Sammlung der Akten von Gerichten östlich der Oder-Neisse-Linie. Nach einer *Aussprache* über die vom OLG Oldenburg gemachte und allerseits gebilligte Anregung wird beschlossen: (6) Die Akten von Gerichten östlich der Oder-Neisse-Linie sind zu sammeln. Die Präs. der OLG-Bezirke haben ein Verzeichnis dieser Akten anzufertigen und nach Hamburg einzusenden.

7. Abwesenheitspflegschaft.

(I) *Dr. Petersen* referiert über den Entwurf einer AusführungsVO zur Durchführung der VO über Abwesenheitspflegschaft, der mit Schreiben vom 18.6.1946 versandt worden ist.

Die *Versammlung beschließt:* (7) Der Entwurf des Rechtsunterausschusses wird als Bekanntmachung aufgrund von § 3 der VO über Abwesenheitspflegschaft mit folgenden Änderungen angenommen: Unter III ist das Wort „anderen" zu streichen. – Unter IV sind die Worte „eine Bank oder einen Bankier" zu ersetzen durch „ein Bankunternehmen".

8. Besetzung der Kammern für Handelssachen.

(I) *Dr. Petersen* referiert über die VO über die Besetzung der Kammern für Handelssachen und überreicht einen vom Rechtsunterausschuss hergestellten neuen Entwurf.

(II) *Dr. Frhr. v. Hodenberg* äußert Bedenken gegen die vorgesehene Ermächtigung der OLG-Präs., die nicht ausdrücklich ausgesprochen zu werden braucht, in Bezug auf Berufungs- und Beschwerdesachen sei es zweckmäßiger, den Zustand von vor 1919 wieder herzustellen.

Die *Versammlung beschließt:* (8) Der Rechtsunterausschuss wird eine neue Formulierung der VO herstellen und versenden. Diese wird, wenn alle Präsidenten einverstanden sind, veröffentlicht werden. Andernfalls ist ein neuer Beschluss zu fassen.

9. Austausch von Gesetzesbüchern.

Dr. Kiesselbach berichtet über ein Schreiben der Rechtsabteilung vom 19.6.1946, in dem der Austausch von Gesetzesbüchern angeregt wird, um dem Mangel an Gesetzesbüchern in einzelnen Bezirken abzuhelfen. – Auf diese Anregung hin empfiehlt die *Versammlung,* (9) überzählige Gesetzbücher abzugeben.

10. Notariatsgebühren für Beglaubigungen von Unterschriften bei Erklärungen gemäß Gesetz Nr. 52 und 53.

(I) *Dr. Petersen* berichtet über den Entwurf einer VO, der am 5.8.1946 versandt worden ist. Im Hinblick auf die zu diesem Punkte aufgeworfenen Fragen sieht die VO eine Gebühr nach dem Werte des angemeldeten oder den Gegenstand der Erklärung bildenden Vermögens vor.

(II) *Die Versammlung* wendet sich in der Aussprache gegen eine Bemessung der Gebühr nach Wert des Vermögens.

(10) Der VO-Entwurf wird mit folgender Fassung des § 1 angenommen: Für die Beglaubigungen von Unterschriften durch Gerichte oder Notare bei Anträgen, Anmeldungen und Erklärungen gemäß den Gesetzen der Militärregierung Nr. 52 und 53 wird eine Gebühr von 3 RM für jede Beglaubigung erhoben.

11. Geschäftsrevisionen bei den Gerichten.

Dr. Frhr. v. Hodenberg äußert Bedenken gegen die von der Militärregierung vorgeschriebene jährliche zweimalige Revision der LG durch den OLG-Präs. und der AG durch den LG-Präs. Er befürwortet eine Einschränkung der Revisionen wegen der starken Arbeitsüberlastung der Präsidenten.

(11 a) Die *Versammlung* hält es für erstrebenswert, dass die Revisionen nur einmal im Jahr vorgenommen werden, und dass auch größere AG nicht wie vorgesehen durch den OLG-Präs., sondern durch den LG-Präs. revidiert werden.

(11 b) Bezirke, die besonders belastet sind, haben entsprechendes Material bis zum 1.9.1946 dem UA einzureichen, der dieses zu einer Eingabe verarbeiten wird. Alsdann soll die Angelegenheit durch Dr. Kiesselbach mit Herrn Oberst Rathbone besprochen werden.

12. Grundsätze für die Festsetzung des allgemeinen Dienstalters

(I) *Dr. Korintenberg* berichtet über die Grundsätze, die für die Festsetzung des allgemeinen Dienstalters und für das Besoldungsdienstalter gelten. Besondere

Fragen ergäben sich für den Ausgleich von Härten in solchen Fällen, in denen die Dienstzeit eine Unterbrechung erfahren habe, oder in denen eine Beförderung aus politischen Gründen unterblieben sei. Solche Härtefälle ließen sich aufgrund von § 46 der AusführungsVO zum BesoldungsG regeln.

(II) *Dr. Cullmann* erwähnt, dass auch bei Berechnung des Dienstalters für Rechtsanwälte, die von der Justiz übernommen werden, im Einvernehmen mit der Finanzverwaltung beim Oberpräsidenten ein Ausgleich von Härten ermöglicht sei.

(12) *Dr. Korintenberg* wird das von ihm gehaltene Referat schriftlich den einzelnen Bezirken zusenden.

13. Laienbeteiligung an der Strafrechtspflege: Die Beratung wird aufgrund der Eingabe des GStA von Celle vom 9.8.1946 ausgesetzt.

14. Begriff des Kriegsendes.

(I) Es findet eine *Aussprache* im Hinblick auf die mit Schreiben von Köln vom 12.7.1946 mitgeteilte Verfügung der Militärregierung vom 27.5.1946 statt. Von Düsseldorf wird eine weitere Entscheidung abgewartet.

(II) *Dr. Kiesselbach* wird unter Bezugnahme auf die Äußerung von Köln und Düsseldorf die Frage der Auslegung des Begriffs des Kriegsendes durch deutsche Gerichte gelegentlich mit Oberst Rathbone besprechen.

(III) *Willers* erwähnt im Zusammenhang mit dem Begriff des Kriegsendes eine AV des RJM vom 13.10.1944 (DJ S. 275) über den Wegfall von Kostenerstattungen zwischen der Justizverwaltung und anderen Reichsverwaltungen. Da die Kostenerstattung nur für die Dauer des Krieges wegfallen sollte, ergäbe sich die Frage, ob die AusführungsVO aufgehoben werden müsste.

(14) *Die Versammlung* ist der Ansicht, dass die AV gegenstandslos ist, weil das Kriegsende im Sinne dieser VO eingetreten ist.

15. Änderung des § 115 a StPO [Haftprüfung].

(I) Nachdem gemäß dem Beschluss auf der Besprechung vom 25.6.1946 (Punkt 33) der RUA [Unterausschuss des Juristischen Zentralausschusses] an die GStA geschrieben hatte, liegt eine Antwort des GStA beim HansOLG vor, in der das Bedürfnis zu einer Abänderung des § 115 a StPO nicht anerkannt wird.

(II) *Dr. Kuhnt* und *Dr. Lingemann* halten ihren bei der letzten Besprechung zu Punkt 33 geäußerten Standpunkt aufrecht. *Dr. Kuhnt* bezieht sich auf die Verfügung der Rechtsabteilung vom 26.7.1946, nach der die OLG-Präs. ermächtigt werden, § 126 StPO aus dem Jahre 1877 nach ihrem Belieben in ihren OLG-Bezirken wieder einzuführen.

Die *Versammlung beschließt* mit 6:2 Stimmen: (15) Eine allgemeine Änderung von § 115 a StPO wird abgelehnt.

16. Ausschuss für Rechtsangleichung: Wahl von Vertretern der britischen Zone.

Dr. Kiesselbach verliest den auf der Tagung in Bad Godesberg gefassten Beschluss, mit Zustimmung der Militärregierungen einen Ausschuss für deutsche Rechtsangleichung zu bilden, zu dem die Justizverwaltungen in jeder Zone zwei Mitglieder entsenden.

(16) Auf Vorschlag von Dr. Kiesselbach werden *Dr. Koch* und *Dr. Lingemann* zu Mitgliedern des Ausschusses für Rechtsangleichung gewählt. – Beide Herren nehmen die Wahl an.

17. Zusammenarbeit mit dem Zentralamt für Wirtschaft.

(I) *Dr. Cullmann* berichtet über die Besprechung im Zentralamt für Wirtschaft am 8.7.1946, bei der die Herausgabe eines Blattes ins Auge gefasst worden sei, das den früheren Reichsanzeiger sowie die zentrale Handelsregisterbeilage ersetzen solle.

(II) *Dr. Petersen* gibt von einem Schriftwechsel Kenntnis, den der RUA mit dem Zentralamt für Wirtschaft geführt hat und der Meinungsverschiedenheiten über die Frage der Zuständigkeit zur Gesetzgebung ergeben hat.

(17 a) *Es besteht die Ansicht,* dass die Frage der Schaffung eines Organs zur Veröffentlichung von Gesetzen, wie auch die Streitfrage über die Zuständigkeit zur Gesetzgebung sich nach Schaffung des Zentralen Justizamtes von selbst regeln werde.

(17 b) *Dr. Lingemann* wird in der nächsten Zeit mit *Dr. Agartz* zusammenkommen und über das Ergebnis seiner Besprechung dem Zentral-Rechtsausschuss berichten. Alsdann sollen weitere Schritte unternommen werden.

18. Besetzung der Wiedergutmachungsstellen.

(I) *Die Aussprache* ergibt, dass eine Stellungnahme zum WiedergutmachungsG nicht möglich ist, bevor das KontrollratsG vorliegt.

(II) *Dr. Lingemann* berichtet, dass der Oldenburger Entwurf dem Rechtsausschuss des Zonenbeirats zur Beratung vorliegt.

(III) *Dr. Petersen* erwähnt, dass auch in Süddeutschland Entwürfe vorliegen.

(18 a) *Auf Vorschlag von Dr. Kiesselbach* wird der UA den Präsidenten die Entwürfe der Süddeutschen Zone inhaltlich mitteilen. Dr. Kiesselbach wird mit Oberst Rathbone besprechen, ob das KontrollratsG abzuwarten ist. – (18 b) Die weitere Besprechung wird ausgesetzt.

19. Kriegsmaßnahmen auf dem Gebiete des Beamtenrechts. Aufhebung der VO vom 9.10.1942.

(I) *Dr. Lingemann* erklärt, dass es sich bei den genannten Bestimmungen um Kriegsmaßnahmen handelt, die nicht mehr gerechtfertigt sind. In Düsseldorf werden die Bezüge alten Beamten weiter gezahlt. Neue Zahlungen werden dagegen sistiert.

(II) Die Aussprache ergibt, dass die Bestimmungen in Celle aufgehoben, in Oldenburg, Braunschweig, Hamburg und Hamm nicht aufgehoben sind.

Die Versammlung beschließt: (19) Zunächst abzuwarten bis weitere Anregungen von außen herantreten.

20. Entnahme von Blutproben.

(I) *Dr. Petersen* referiert über den Entwurf einer VO über Untersuchungen zur Feststellung der Abstammung, der mit Schreiben vom 8.8.1946 vorgelegt worden ist. Es sei zunächst festzustellen, ob § 7 der VO vom 6.2.1943 noch gelte und ob die Bestimmungen des bisherigen § 7 einer Änderung bedürfen bezüglich des dem Untersuchungszwang unterliegenden Personenkreises und bezüglich des Rechtes auf Verweigerung der Untersuchung. Der Entwurf sehe keine Beschränkung des Personenkreises vor und gebe ein Verweigerungsrecht nur aus allgemein triftigen Gründen. Ein typisch nationalsozialistischer Gehalt sei in § 7 nicht zu sehen. Die Entnahme von Blutproben sei einer Augenscheinseinnahme gleichzusetzen.

(II) *Dr. Frhr. v. Hodenberg* ist abweichender Ansicht. Es kämen nur solche Personen für die Entnahme von Blutproben in Frage, die auch Zeugen sein könnten. Es sei daher auch ein Verweigerungsrecht anzuerkennen, da niemandem zugemutet werden könne, ein Zeugnis abzulegen, das nahe Angehörige belastet. Eine Einschränkung des Verweigerungsrechtes bedeute einen weitgehenden Eingriff in die Individualsphäre des Einzelnen, der typisch nationalsozialistischen Charakter trage.

(III) *Mansfeld* äußert die gleichen Bedenken gegen die auf nationalsozialistischen Gedanken beruhende Ausdehnung der Bestimmungen über die Entnahme von Blutproben.

(IV) *Dr. Kuhnt* neigt der Auffassung des RUA zu. Bei dem Zeugnisverweigerungsrecht naher Verwandter sei der Gewissenskonflikt entscheidend, den das Gesetz vermeiden wolle. Es sei jedoch auch kein Schutz gegen Durchsuchung der Wohnung oder der Person gegeben. Die Entnahme von Blutproben sei eine Errungenschaft der neueren medizinischen Wissenschaft und keine typisch nationalsozialistische Maßnahme.

(V) *Willers* steht ebenfalls auf dem Standpunkt, dass das Zeugnisverweigerungsrecht den Sinn habe, einen untragbaren inneren Konflikt zu vermeiden. Die Entnahme von Blutproben sei unabhängig vom Nationalsozialismus als Mittel der Wahrheitsfindung entwickelt worden.

Auf Vorschlag von Dr. Kuhnt wird beschlossen, (20) die Besprechung auszusetzen und auf eine spätere Zusammenkunft zu vertagen.

Dr. Lingemann entfernt sich.

21. Ehrengerichte bei den Rechtsanwaltskammern.

Dr. Petersen berichtet über den neuen Entwurf einer VO über die Ehrengerichte bei den Rechtsanwaltskammern, der vom OLG Celle mit Schreiben vom 26.7.1946 versandt worden sei und dem sich der UA anschließe.

(17) Der Celler Entwurf wird mit folgenden Änderungen angenommen, wobei die endgültige Formulierung vom RUA im Einvernehmen mit Prof. Fischer vorgenommen werden soll.

(a) Die Wahl der Mitglieder des Ehrengerichts gemäß § 2 soll der Vorstand der Rechtsanwaltskammer entweder aus dem Vorstand oder der Kammer vornehmen. – (b) In § 4 ist als 4. Abs. anzufügen: Die Aufgaben der StA werden vom GStA beim HansOLG wahrgenommen. – (c) § 5 erhält folgende Fassung: Die bei den Dienststrafkammern anhängigen ehrengerichtlichen Verfahren gehen in der Lage, in der sie sich befinden, auf die Ehrengerichte bei den Rechtsanwaltskammern, die bei dem Dienststrafsenat anhängigen Verfahren in der Lage, in der sie sich befinden, auf den Ehrengerichtshof über.

(d) § 6 erhält folgende Fassung: 1. Das Ehrengericht ist ermächtigt, auf Antrag des GStA, des Vorstandes der Rechtsanwaltskammer oder des verurteilten

Rechtsanwaltes ehrengerichtliche Verurteilungen aus der Zeit vom 30.1.1933 bis 8.5.1945, die durch politische, religiöse oder rassische Gründe beeinflusst sind, aufzuheben oder zu mildern. – 2. Vor der Entscheidung des Ehrengerichts sind der GStA und der verurteilte Rechtsanwalt zu hören. Das Ehrengericht entscheidet durch Beschluss. Gegen die Entscheidung steht dem GStA und dem Rechtsanwalt das Rechtsmittel der sofortigen Beschwerde zu. – 3. Bleibt wie im Entwurf.

22. Zulassung von Wiederaufbau-Hypotheken: Auf *Antrag* von *Dr. Kiesselbach* wird beschlossen:

(22) die Sache zurückzustellen, bis das OLG Hamm gemäß Schreiben vom 18.7.1946 auf die Angelegenheit zurückkommt.

23. Einstellung der Verzinsung hinterlegter Gelder: Dr. Petersen berichtet über den VO-Entwurf des RUA vom 19.6.1946.

(23) Der *Entwurf* wird mit folgenden Änderungen *einstimmig angenommen:* In § 2 ist anstelle von „ausgezahlt“ zu setzen „vergütet“. § 3 ist zu streichen.

24. Inkrafttreten von Gesetzen des Kontrollrats: Aufgrund eines Schreibens vom OLG Celle vom 19.7.1946 werden die Unstimmigkeiten besprochen, die sich daraus ergeben, dass die Gesetze des Kontrollrates nach der Verkündung in Kraft treten, jedoch den deutschen Dienststellen erst sehr viel später zugeleitet werden. (24) *Dr. Kiesselbach* wird aufgrund des Schreibens des OLG Celle die Angelegenheit mit Oberst Rathbone besprechen.

25. Zuständigkeit in Patentstreitigkeiten. Änderung der VO vom 10.9.1936.

(I) *Dr. Petersen* trägt den Entwurf einer VO zur Abänderung der VO des RJM vom 10.9.1936 vor, nach der in Patentsachen für Braunschweig die Zuständigkeit der Hamburger Gerichte gegeben ist. (25 a) Der *Entwurf* des RUA wird *angenommen.*

(II) *Dr. Frhr. v. Hodenberg* weist auf das dringende Bedürfnis nach einem Patentschutz hin, da zahlreiche Erfindungen ohne Patentschutz nicht ausgenutzt werden könnten.

(III) *Dr. Kiesselbach* warnt davor, die Sache schon jetzt aufzugreifen. (25 b) Es wird *beschlossen,* die Frage des Patentschutzes zunächst zurückzustellen. – Dr. Koch entfernt sich.

26. Einsichtnahme in die Personalakten.

(I) *Dr. Kuhnt* berichtet über eine Äußerung des Oberpräsidenten von Schleswig-Holstein, nach der die Einsichtnahme in die Personalakten den Beamten gestattet wird. Das Recht auf Einsicht in die Personalakten entspreche demokratischen Grundsätzen; allerdings sei die Personalakte nur auf das zu beschränken, was eigentlich dazu gehöre. Disziplinarakten, Krankheitsberichte gehörten z.B. nicht dazu. Die Einsichtnahme sei nur in Gegenwart eines anderen Beamten zu gestatten, auch habe nur der aktive Beamte ein Recht auf Akteneinsicht, nicht dessen Witwe oder ein Pensionär.

(II) *Dr. Frhr. v. Hodenberg* sowie *Mansfeld* sprechen sich unter Bezugnahme auf die Ausführungen in der Besprechung vom 25.6.1946 zu Punkt 19 gegen die Einsichtnahme in die Personalakte aus.

(26 a) Da nur sechs Herren anwesend sind, wird eine Probeabstimmung vorgenommen, die 4:2 Stimmen für den Vorschlag von Dr. Kuhnt ergibt.

(26 b) Es wird beschlossen, die Sache auszusetzen. *Dr. Kuhnt* wird seine Ausführungen schriftlich machen. Vorläufig bleibt es jedem Präsidenten überlassen, wie er verfahren will.

27. Verschiedenes: a) Die Eröffnung des Schiffsregisters.

Es liegen Schreiben von Oldenburg und Celle vor, die sich mit der Zuständigkeit des Schiffsregisters für andere Eintragungen als Hypotheken befassen. (27 a) Der RUA wird die Angelegenheit weiter bearbeiten und einen VO-Entwurf einreichen.

(b) Ausübung des Gnadenrechts. Dr. Kuhnt berichtet über den Erlass der Militärregierung vom 20.6.1946 über die Strafvollstreckung aufgrund aufgehobener deutscher Strafgesetze und das in Ziff. 9 dieses Erlasses für die GStA vorgesehene Gnadenrecht. Er habe deswegen bei dem Provinzialhauptquartier der Militärregierung von Schleswig-Holstein Vorstellungen erhoben.

Es wird beschlossen: (27 b) die Sache auszusetzen und die Antwort der Militärregierung abzuwarten.

(c) Diensteid der Beamten des mittleren und unteren Dienstes. Dr. Frhr. v. Hodenberg berichtet über einen Entscheid der britischen Militärregierung in Hannover, nach dem der in Gesetz Nr. 2 der Militärregierung vorgeschriebene Eid nur von Richtern, StA, Rechtsanwälten, Notaren, Assessoren, Referendaren, Amtsanwälten und allen Beamten des gehobenen Dienstes zu leisten ist, nicht jedoch von Beamten des mittleren und unteren Dienstes. Es frage sich, welche Eide von den Beamten des mittleren und unteren Dienstes zu leisten seien.

Es wird beschlossen: (27 c) dass in jedem Bezirk angefragt werden soll, welche Eide geleistet werden. Eine Mitteilung darüber hat mit Durchschlag an die übrigen Bezirke an das OLG Hamburg zu ergehen.

Dr. Kiesselbach wird die Frage bei sich bietender Gelegenheit mit Oberst Rathbone besprechen. Unter Umständen wird die Angelegenheit zu erneuter Besprechung wieder vorgelegt werden.

(d) Aufhebung polizeilicher Strafverfügungen. Änderung des Gerichtskostengesetzes und der Strafregister-VO: Dr. Petersen legt den Entwurf einer VO zur Änderung des Gerichtskostengesetzes, sowie den Entwurf einer VO zur Ergänzung der Strafregister-VO vor. – Beide VO tragen der neuen VO über gerichtliche Strafverfügungen Rechnung und regeln die Erhebung von Gerichtskosten sowie die Eintragung von gerichtlichen Strafverfügungen in das Strafregister. – (27 d) Die *VO* werden *einstimmig angenommen.*

(e) Zeitpunkt der nächsten Tagung.

Über die nächste Zusammenkunft der OLG-Präs. wird kein Beschluss gefasst, da die Einrichtung des Zentraljustizamtes bevorsteht und noch nicht zu übersehen ist, wann der Zentral-Rechtsausschuss aufgelöst wird.

Sieveking.

IX. Niederschrift über die 9. Besprechung der Oberlandesgerichtspräsidenten der britischen Zone in Bad Pyrmont am 28. u. 29.10.1946

Anwesende:
OLG Braunschweig: OLG-Präs. Mansfeld, OLG-Rat Dr. Fricke
OLG Celle: OLG-Präs. Dr. Frhr. v. Hodenberg, OLG-Rat Dr. Tasche, OLG-Rat Dr. Bennefeld
OLG Hamburg: OLG-Präs. Dr. Ruscheweyh, LG-Dir. Willers
OLG Hamm: OLG-Präs. Wiefels (zugleich für OLG-Präs. Lingemann, Düsseldorf)
OLG Kiel: OLG-Präs. Dr. Kuhnt, OLG-Rat Krohn, LG-Rat von Starck (Protokoll)
OLG Köln: OLG-Präs. Dr. Schetter
OLG Oldenburg: Senatspräs. Schmidt-Ranke, OLG-Rat Weitzel
Außerdem: Vizepräs. Dr. Koch, Zentraljustizamt

Besprechung am 28.10.1946

Dr. Kuhnt eröffnet die Versammlung. Vor Eintritt in die TO wird auf Vorschlag des Zentraljustizamts die Abgrenzung der Zuständigkeit zwischen Zentraljustizamt, Landesjustizminister und OLG-Präsident erörtert.

Dr. Koch referiert. Die VO Nr. 41, durch die dem Zentraljustizamt (ZJA) gewisse Befugnisse übertragen sind, enthält nur eine Übergangslösung. Dem ZJA liegt der Entwurf einer VO über die gesetzgeberischen Befugnisse der Länder vor. Danach sollen die gesetzgeberischen Funktionen grundsätzlich auf die Länderregierungen übergehen, für eine zentrale Regelung sind erhebliche Reservate vorgesehen. Zur Frage der Zuständigkeitsverteilung in Justizverwaltungssachen lässt eine (inzwischen widerrufene) Verfügung für Nordrhein-Westfalen Folgendes erkennen: Die Anstellung und Beförderung von Richtern und StA (mit Ausnahme der Spitzenstellungen), die Gnadensachen, die Herausgabe des Gesetzblattes, das Gefängniswesen, der Strafvollzug, die Rechtserziehung und die Anweisungsbefugnis an die StA sollen Aufgabe der Länder werden. Nach diesem Plan würde etwa der Zustand eintreten, wie er in der Weimarer Republik bestanden hat. Das ZJA wäre im Wesentlichen Gesetzgebungsministerium, die Justizverwaltung Sache der Länder. Ein wesentlicher Gesichtspunkt der Militärregierung (MR) bei diesem Plan ist der, dass die Länderregierungen demnächst unter parlamentarische Kontrolle kommen, das ZJA aber vorläufig nicht. Die politischen Parteien werden voraussichtlich wünschen, auf die Richterernennungen Einfluss zu nehmen. Nach Auffassung des ZJA soll die Justizverwaltung tunlichst von Politik fernbleiben.

Dr. Frhr. v. Hodenberg fragt, ob eine Ausschaltung der OLG-Präs. aus der Justizverwaltung beabsichtigt sei, wie es in der amerikanischen Zone der Fall sei, wo das Ministerium unmittelbar mit dem LG-Präs. verkehre.

Dr. Koch erwidert, hiervon sei nichts bekannt.

Dr. Kuhnt äußert Bedenken gegen die Befassung der Landesjustizverwaltung mit der Ernennung und Beförderung der Richter. Dadurch würden Versetzungen in die Bezirke anderer Länder fast unmöglich. Örtliche politische Einflüsse könnten die innere Unabhängigkeit der Richter gefährden.

Dr. Ruscheweyh ist der Auffassung, dass die Rechtsetzung von einer zentralen politischen Stelle aus erfolgen müsse. Dazu bedürfe es einer parlamentarischen Instanz. Eine politische Kontrolle des ZJA sei daher unerlässlich. Anlangend die Justizverwaltung so sei sie von erheblicher politischer Bedeutung und daher dürfe auch bei ihr der politische Einfluss nicht ausgeschaltet werden. Er müsse bei der zentralen Stelle einsetzen und sich von dort auswirken. Man solle aber den Länderregierungen von der Errichtung von Landesjustizministerien abraten. Die Aufteilung der Aufgaben solle vielmehr zwischen dem ZJA und den OLG-Präs. möglichst in der bisher geltenden Weise erfolgen.

Mansfeld hält eine unpolitische Personalpolitik für die wichtigste Voraussetzung der Unabhängigkeit der Rechtspflege.

Dr. Kuhnt äußert Bedenken gegen eine politische Einflussnahme auf das Gnadenrecht, da sie richterliche Entscheidungen praktisch beiseiteschieben könne.

– Die Besprechung wird am 29.10.1946 fortgesetzt. –

Nach weiterer Erörterung wird folgende *Entschließung*, deren Verwendung dem ZJA überlassen bleibt, einstimmig angenommen:

„Die Konferenz der OLG-Präs. der britischen Zone in Bad Pyrmont am 29.10.1946 hat auf Veranlassung des ZJA über die Organisation des Rechtsweges beraten und ist dabei, ohne auf Einzelheiten einzugehen, einstimmig zu folgender grundsätzlicher Entschließung gelangt:

1. Die Einheit des Rechts ist eine wesentliche Grundlage für jede deutsche Staatsverfassung. Deshalb muss die Gesetzgebung grundsätzlich einer Zentralinstanz zustehen, die nach dem demokratischen Prinzip ein Parlament sein muss. Die Verwaltungsarbeiten für die Vorbereitung der Gesetze müssen einer zentralen Justizverwaltung übertragen werden. Diese Aufgaben erfüllt zurzeit das ZJA. Ihm muss eine politische Kontrollinstanz übergeordnet werden, etwa in Form eines Ausschusses der Länderparlamente, solange noch kein Gesamtparlament besteht.

2. Die Rechtsprechung muss Richtern übertragen sein, die in jeder Weise unabhängig sind. Um diesen Grundsatz zu verwirklichen, muss auch die Ernennung und Beförderung der Richter sowie die oberste Dienstaufsicht einer Stelle übertragen sein, die den Einflüssen der Tagespolitik entzogen ist. Dieser Forderung entspricht die jetzige Übertragung der genannten Aufgaben an die OLG-Präs. Der leitende Einfluss der Staatsregierung und damit der Volksvertretung erhält die ihm zukommende Geltung dadurch, dass das politisch zu kontrollierende ZJA die leitenden Richter (Präsidenten) und die leitenden StA ernennt und das Justizausbildungswesen in der Hand hat. Sollte eine weitergehende politische Kontrolle für erforderlich gehalten werden, so empfiehlt es sich, alle Richterernennungen und auch die oberste Dienstaufsicht über die Gerichte dem ZJA zu übertragen. Die Übertragung dieser Entscheidung an Landesjustizverwaltungen würde, weil dann lokale politische Einflüsse Bedeutung gewinnen würden, die Unabhängigkeit der Rechtspflege sehr stark gefährden.

3. Aus den zu 1. und 2. entwickelten Grundsätzen ergibt sich, dass auch die übrigen Justizverwaltungen den OLG-Präs. belassen oder dem ZJA übertragen werden sollten. Die Konferenz ist deshalb der Ansicht, dass es der Einrichtung von Landesjustizministerien, die über ein Justizsekretariat [?] hinausgehen, nicht bedarf.

Die versammelten OLG-Präs. machen sich mit dieser Entschließung für ihr Arbeitsgebiet die leitenden Gedanken zu eigen, die die Fachvertreter des Zonenbeirats in der Sitzung vom 21.10.1946 ausgesprochen haben."

Sodann wird in die TO eingetreten.

1. Verbrechen gegen die Menschlichkeit (Kontrollrats-Gesetz Nr. 10). Bestrafung durch deutsche Gerichte.

Dr. Koch erklärt, dass das ZJA weitere Verhandlungen mit der MR führe, den OLG-Präs. aber rechtzeitig Gelegenheit zur Stellungnahme geben werde. Es wird *beschlossen:* – Die Frage wird von der TO abgesetzt.

2. Schlagkräftige Bekämpfung des Schwarzhandels.

Dr. Frhr. v. Hodenberg referiert über die Anweisung der MR vom 26.9.1946 (Legal/MOJ/52333), wonach § 153 StPO in Schwarzmarktsachen keine Anwendung finden soll. Eine solche Regelung könne aber nur durch gesetzliche Vorschrift getroffen werden. Eine Außerkraftsetzung des § 153 StPO stünden bezüglich der zahlreichen Bagatellsachen große praktische Bedenken entgegen. Er wendet sich gegen Vorstellungen, in Einzelsachen schärfere Strafen zu verhängen.

Dr. Koch stimmt zu. Er ist der Auffassung, dass es wenig Erfolg verspreche, wenn man nur mit Strafen die Ablieferungsmoral bessern wolle.

Die Versammlung beschließt: Es sollen beim ZJA Vorstellungen dahin erhoben werden, 1. dass die Anweisung der MR, welche die Anwendung des § 153 StPO in Schwarzmarktsachen verbietet, aufgehoben werde; 2. dass Vorstellungen gegenüber einzelnen Gerichten, schärfere Strafen zu verhängen, künftig unterbleiben.

Dr. Koch und *Dr. Ruscheweyh* entfernten sich.

3. Schlagkräftigere Bekämpfung der Felddiebstähle. – Die Angelegenheit wurde erörtert.

4. und 5. Politische Überprüfung der Referendare. – Entnazifizierung des mittleren und einfachen Dienstes.

Dr. Frhr. v. Hodenberg äußert im Zusammenhang mit der Anweisung des Kontrollrats Nr. 24 Bedenken dagegen, dass in vielen Fällen eine Überprüfung von Referendaren und mittleren Beamten durch den Entnazifizierungsausschuss erfolgen soll, und dass der Ausschuss seinen Vorschlag der MR zuleitet. Die Delegation der Entscheidung auf die OLG-Präs. werde damit rückgängig gemacht.

Dr. Kuhnt ist der Auffassung, dass die OLG-Präs. nur für die Bestätigung und zwar nur bei solchen Referendaren und Beamten des mittleren und einfachen Dienstes zuständig sind, bei denen es keines Entnazifizierungsverfahrens bedarf. – Ein Beschluss wird nicht verfasst.

6. Befugnis der OLG-Präs. zur Entlassung von Beamten

Die Angelegenheit wird erörtert.

7. Errichtung von Justizausschüssen.

Schmidt-Ranke berichtet, dass in Oldenburg Justizausschüsse eingerichtet sind, die lediglich zur Unterstützung der Entnazifizierungsausschüsse tätig werden.

Dr. Schetter berichtet über Kölner Erfahrungen mit ähnlichen Ausschüssen.

Nach weiterer Erörterung beschließt die Versammlung:

Es soll jedem OLG-Präs. überlassen bleiben, ob er, nachdem die Entnazifizierungsausschüsse in Tätigkeit getreten sind, noch Justizausschüsse einrichten will.

8. Anwendung der lateinischen und der deutschen Schrift bei Gerichtsbehörden.

Die Angelegenheit wird kurz erörtert.

9. Errichtung von Wirtschaftsverbänden gem. TA Nr. 12.

Nach Erörterung der Sachlage beschließt die Versammlung: Zwecks Klärung der Angelegenheit soll an das ZJA herangetreten werden mit der Bitte, bei der Legal-Division Vorstellungen zu erheben.

10. Übertragung justizfremder Aufgaben auf die Gerichte.

Mansfeld referiert, dass die Gerichte durch die Übertragung der polizeilichen Strafverfügungen, die Entscheidung über Einsprüche gegen Erzwingungsstrafen der Finanzämter, die haushaltsmäßige Behandlung der Geldstrafen der MR und die Vollstreckung in Arbeitsgerichtssachen, in ihrem schon starken Arbeitspensum durch die Bezahlung des Personals der Property Control aus dem Haushalt der Justizverwaltung auch finanziell erheblich belastet würden. Es handle sich um justizfremde Aufgaben.

Dr. Kuhnt ist der Auffassung, dass es keinen Erfolg verspreche, gegen die Übertragung der polizeilichen Strafverfügungen auf die Gerichte nochmals vorstellig zu werden; die Vollstreckung der Arbeitsgerichtsentscheidungen übernehme zweckmäßig die Justiz, denn die Einrichtung besonderer Vollstreckungsorgane für die Arbeitsgerichte sei unwirtschaftlich; anders möge es sich hinsichtlich der Erzwingungsstrafen der Finanzämter und der Bezahlung des Personals des Property-Control verhalten.

Dr. Wiefels führt aus, ihm sei zuverlässig bekannt, dass die Befassung der Gerichte mit den Erzwingungsstrafen der Finanzämter nur eine Übergangsregelung von kurzer Dauer sei. Die Bezahlung des deutschen Personals der Property-Control durch die Justizverwaltung erfolge lediglich in einzelnen OLG-Bezirken.

Nach weiterer Erörterung *beschließt die Versammlung* mit 5:3 Stimmen: Es soll jedem davon betroffenen OLG-Präs. überlassen bleiben, wegen der Belastung der Justizverwaltung mit den Zahlungen für das Personal der Property-Control bei der MR vorstellig zu werden.

Wegen der übrigen Punkte soll davon abgesehen werden, Vorstellungen zu erheben.

11. Aufhebung der Verpflegungszulagen für Justizangehörige.

Dr. Kuhnt berichtet, dass er unter Hinweis auf die Zulagen für Gefangene und Beamte im Strafvollzugsdienst erneut bei der MR vorstellig geworden ist.

Dr. Frhr. v. Hodenberg teilt mit, dass die Verpflegungszulagen für Gefangene seit einigen Tagen gestrichen seien; die im Strafvollzug tätigen Beamten und die Polizei hätten sie jedoch behalten. Über den Ernährungszustand der Justizbeamten lägen ihm erschütternde Berichte vor.

Abschließend wird *Dr. Frhr. v. Hodenberg* gebeten, in Weiterführung des früher erteilten Auftrages für alle OLG-Präs. erneut Vorstellungen bei der MR zu erheben.

12. Gehaltseinstufung der LG-Präs., OStA usw.

Die Angelegenheit wird zurückgestellt.

13. Amtliche Begründung der VO des ZJA.

Die Angelegenheit wird nach kurzer Erörterung von der TO abgesetzt.

14. Beamteneigenschaft gastweise beschäftigter Referendare.

Dr. Frhr. v. Hodenberg referiert, dass nach einem Schreiben des KG-Präs. vom 10.8.1946 alle dort zurzeit nicht tätigen Referendare entlassen sind. Sie könnten deshalb nicht gastweise beschäftigt, sondern mussten neu ernannt werden. *Dr. Kuhnt* meint, dass ihre Neuernennung die nicht unbedenkliche Folge habe, dass sie damit den einheimischen Referendaren gleichgestellt würden. Das gelte insbesondere für die Unterhaltszuschüsse und für die Beschäftigung nach bestandener großer Staatsprüfung. Andererseits müsse man jenen Referendaren Gelegenheit geben, ihr Examen abzulegen.

Dr. Wiefels macht den Vorschlag, die Übernahme der Referendare mit der Maßgabe auszusprechen, dass weder ein Anspruch auf Unterhaltszuschuss noch auf spätere Anstellung besteht.

Die Versammlung beschließt: Es bleibt dem einzelnen OLG-Präs. überlassen, ob er bei der Ernennung von Referendaren aus der sowjetischen Besatzungszone Einschränkungen hinsichtlich Unterhaltszuschusses und Anstellungsmöglichkeit machen will.

15. Geschäftliche Behandlung der gerichtlichen Strafverfügungen.

Nach kurzer Erörterung *beschließt die Versammlung:* Die Regelung soll jedem OLG-Bezirk überlassen bleiben.

Im Anschluss an die TO werden noch folgende Fragen erörtert:

16. Anforderung des ZJA an Personallisten.

Dr. Kuhnt berichtet, dass die Einforderung der Listen das Ziel verfolge, das ZJA über die Personalverhältnisse in der Justizverwaltung zu unterrichten.

17. Betriebsrätegesetz und Beamte.

Nach Erörterung der Angelegenheit wird übereinstimmend die Auffassung vertreten, dass das Betriebsrätegesetz nach Wortlaut und Inhalt auf Beamte keine Anwendung finden könne.

Es soll Gelegenheit genommen werden, die Sache in geeigneter Weise weiter zu klären.

18. Besondere Aufwandsentschädigung für OLG-Präs. und GStA.

Dr. Schetter fragt, ob die Verfügung des Reichsfinanzministers über besondere Aufwandsentschädigungen für OLG-Präs. und GStA noch in Kraft sei. Es wird festgestellt, dass in Celle, Düsseldorf und Hamm Aufwandsentschädigungen gezahlt werden.

Es besteht Einverständnis, dass allen OLG-Präs. Aufwandsentschädigung zusteht.

19. Übernahme von Angestellten in das Beamtenverhältnis.

Dr. Frhr. v. Hodenberg hält eine Ausnahmeregelung in einzelnen Fällen für angemessen und schlägt vor, das ZJA mit der Frage zu befassen. Von der Abnahme einer Prüfung der Angestellten hat Celle in solchen Fällen abgesehen.

Dr. Kuhnt hält die Abnahme einer Prüfung der Anwärter für unentbehrlich.

Es besteht Übereinstimmung, dass ein gleichmäßiges Vorgehen zweckmäßig ist. Die Angelegenheit wird bis zur nächsten Tagung zurückgestellt.

20. Zur Frage der Geschäftsordnung der Tagung wurde beschlossen:

Die Leitung der Tagung verbleibt bei Dr. Kuhnt als dem des ältesten OLG-Präs. Die geschäftsmäßige Vorbereitung mit Einschluss der Einladungen und der Übersendung der Programme übernimmt der OLG-Präs. von Celle, da Celle postalisch am günstigsten liegt und der Tagungsort Bad Pyrmont zum Celler Bezirk gehört.

21. Es ist beabsichtigt, die nächste Tagung in der letzten Woche des *November 1946* abzuhalten.

von Starck.

Entschließung

Die Konferenz der OLG-Präs. der britischen Zone in Bad Pyrmont am 29.10.1946 hat auf Veranlassung des ZJA über die Organisation des Rechtswesens beraten und ist dabei, ohne auf Einzelheiten einzugehen, einstimmig zu folgender grundsätzlichen Entschließung gelangt:

1. Die Einheit des Rechts ist eine wesentliche Grundlage für jede deutsche Staatsverfassung. Deshalb muss die Gesetzgebung grundsätzlich einer Zentralinstanz zustehen, die nach dem demokratischen Prinzip ein Parlament sein muss. Die Verwaltungsarbeiten für die Vorbereitung der Gesetze müssen einer zentralen Justizverwaltung übertragen werden. Diese Aufgaben erfüllt zurzeit das ZJA. Ihm muss eine politische Kontrollinstanz übergeordnet werden, etwa in Form eines Ausschusses der Länderparlamente, solange noch kein Gesamtparlament besteht.

2. Die Rechtsprechung muss Richtern übertragen sein, die in jeder Weise unabhängig sind. Um diesen Grundsatz zu verwirklichen, muss auch die Ernennung und Beförderung der Richter sowie die oberste Dienstaufsicht einer Stelle übertragen sein, die den Einflüssen der Tagespolitik entzogen ist. Dieser Forderung entspricht die jetzige Übertragung der genannten Aufgaben auf die OLG-Präs. Der leitende Einfluss der Staatsregierung und damit der Volksvertretung erhält die ihm zukommende Geltung dadurch, dass das politisch zu kontrollierende ZJA die leitenden Richter (Präs.) und die leitenden StA ernennt und das Justizausbildungswesen in der Hand hat. Sollte eine weitergehende politische Kontrolle für erforderlich gehalten werden, so empfiehlt es sich, alle Richterernennungen und auch die oberste Dienstaufsicht über die Gerichte dem ZJA zu übertragen. Die Übertragung dieser Entscheidung an Landesjustizverwaltungen würde, weil dann lokale politische Einflüsse Bedeutung gewinnen würden, die Unabhängigkeit der Rechtspflege sehr stark gefährden.

3. Aus den zu 1. und 2. entwickelten Grundsätzen ergibt sich, dass auch die übrigen Justizverwaltungsaufgaben den OLG-Präs. belassen oder dem ZJA übertragen

werden sollten. Die Konferenz ist deshalb der Ansicht, dass an der Einrichtung von Landesjustizministerien, die über ein Justitiariat hinausgehen, nicht bedarf.

Die versammelten OLG-Präs. machen sich mit dieser Entschließung für ihr Arbeitsgebiet die leitenden Gedanken zu eigen, die die Fachvertreter des Zonenbeirats in der Sitzung vom 21.10.1946 ausgesprochen haben.

Bad Pyrmont, den 29.10.1946

Dr. Kuhnt, Dr. Frhr. v. Hodenberg, Dr. Schetter, Dr. Wiefels, Ruscheweyh, Mansfeld, Schmit-Ranke.

Anhang: Schreiben des OLG-Präs. v. Hodenberg vom 16.11.1946 an die OLG-Präs.

Betr. Zuständigkeit des Zentraljustizamtes in Justizverwaltungssachen. Punkt 3 der TO der bevorstehenden Tagung der OLG-Präs.

Auf der Tagung der OLG-Präs. vom 13./15.5.1946 war eine einstimmige Entschließung gefasst, in der wir die Einrichtung eines ZJA für Zwecke der Gesetzgebung begrüßt, aber den Standpunkt vertreten haben, dass die Justizverwaltung bei den OLG-Präs. verbleiben solle. Dieser einstimmig gefassten Entschließung entspricht die VO Nr. 41 über die Errichtung eines ZJA für die britische Zone, deren Art. IV unter Ziff. 9 die Befugnisse des ZJA wiedergibt. Hiernach ist der besonders wesentliche Teil der Justizverwaltung, der in der Ernennung der Beamten und der Zulassung der Rechtsanwälte besteht, mit den aus Art. IV Ziff. 9 b ersichtlichen Ausnahmen den OLG-Präs. verblieben. Demgegenüber steht das ZJA, wie sich aus einer Reihe von inzwischen eingegangenen Verfügungen ergibt, auf dem Standpunkt, dass die Befugnis zum Erlass Allgemeiner Verfügungen, soweit sie früher dem RJM zustand, auf das ZJA übergegangen sei. Dieser Standpunkt wird auch in einer als „Bekanntmachung" bezeichneten Verfügung des Herrn Präsidenten des ZJA vom 8.10.1946 vertreten.

Gegen diese Auffassung sind nach meiner Ansicht Bedenken zu erheben. Der Herr Präsident des ZJA folgert die Berechtigung dieser Auffassung aus Ziff. 1 a (ii) der Anweisung Nr. 1 an das ZJA der britischen Zone. Der erste Satz der in Frage kommenden Bestimmung stellt klar, dass das Recht zur Gesetzgebung ausschließlich dem ZJA zusteht. Davon, dass die Befugnisse auch hinsichtlich der Verwaltung auf das ZJA übergegangen sind, sagt dieser Satz nichts. Der zweite Satz der Vorschrift schließt sich nicht eindeutig logisch an den ersten Satz an und enthält daher eine Unklarheit. Aus ihm kann aber nach meiner Auffassung nicht gefolgert werden, dass nun das Recht des RJM zum Erlass Allgemeiner Verfügungen auf das ZJA übergegangen sein soll. Das würde bedeuten, dass auch die Justizverwaltung praktisch dem ZJA zusteht und nur nach Anweisung des ZJA ausgeübt werden kann. Dagegen spricht die Tatsache, dass Ziff. 1 der Anweisung ausdrücklich auf VO 41 Bezug nimmt, in dieser aber der Übergang der *Verwaltung* auf das ZJA nicht vorgesehen ist. Vielmehr ist gerade das besonders wichtige Recht zur Ernennung von Richtern und StA – mit den oben erwähnten Ausnahmen – und der Zulassung von Rechtsanwälten, also der wesentlichste Teil der Justizverwaltung, zweifellos bei den OLG-Präs. verblieben.

Auch sachlich bestehen gegen eine Zentralisierung der Justizverwaltung ernste Bedenken. In der oben erwähnten Entschließung, die seinerzeit einstimmig, also unter Zustimmung des jetzigen Herrn Justizpräsidenten und des Herrn Justizvizepräsidenten, gefasst worden ist, gingen wir von der Auffassung aus, dass auf dem Gebiete der Gesetzgebung eine einheitliche Regelung erforderlich sei, es dagegen unerwünscht sei, hinsichtlich der Justizverwaltung den bisherigen, übertriebenen Zentralismus des Dritten Reichs aufrecht zu erhalten. Sicherlich gibt es auch auf dem Gebiete der Justizverwaltung Gebiete, auf denen eine einheitliche Regelung, mindestens für die ganze britische Zone, erwünscht ist. Soweit das der Fall ist, müsste, wie bisher, diese Übereinstimmung durch entsprechende Beschlussfassung der für die Justizverwaltung zuständigen OLG-Präs. auf schriftlichem Wege oder bei Gelegenheit der regelmäßigen Tagungen herbeigeführt werden.

Es ist nach meiner Auffassung umso erwünschter, zu einer zentralistischen Regelung zurückzukehren, als mit der Einrichtung von Landesjustizministerien zu rechnen ist, auf die voraussichtlich die Justizverwaltung teilweise übergehen wird.

Ich beabsichtige, diese Frage auf der bevorstehenden Tagung in Bad Pyrmont zu erörtern.

gez. Dr. Frhr. von Hodenberg

X. Niederschrift über die 10. Besprechung der Oberlandesgerichtspräsidenten der britischen Zone in Bad Pyrmont am 25. u. 26.11.1946

a) Endgültige Fassung der Niederschrift

Anwesende:
OLG-Braunschweig: OLG-Präs. Mansfeld, OLG-Rat Dr. Fricke
OLG Celle: OLG-Präs. Dr. Frhr. v. Hodenberg, OLG-Rat Dr. Tasche, OLG-Rat Dr. Bennefeld
OLG Düsseldorf: OLG-Rat Dr. Johnen
OLG Hamburg: OLG-Präs. Dr. Ruscheweyh
OLG Hamm: OLG-Präs. Wiefels (zugleich für OLG-Präs. Lingemann (Düsseldorf)
OLG Kiel: Vizepräs. Dr. Scheer, OLG-Rat Krohn, LG-Rat v. Starck (Protokoll)
OLG Köln: OLG-Präs. Dr. Schetter
OLG Oldenburg: Senatspräs. Schmidt-Ranke, OLG-Rat Weitzel
Außerdem:
Präs. Dr. Kiesselbach, Vizepräs. Dr. Koch, JDir. Dr. Staff, ZJA

In Abwesenheit von *Dr. Kuhnt* übernimmt im allseitigen Einverständnis *Dr. Frhr. v. Hodenberg* den Vorsitz und eröffnet die Versammlung.

Ziff. 1. Kontrollratsgesetz Nr. 10 und VO-Entwurf Nr. 47

Dr. Staff referiert: Die vergangenen zwölf Jahre haben Deutschland mit Geschehnissen erfüllt, die einen starken Unrechtsgehalt sowohl in politischer wie in krimineller Hinsicht aufweisen. Die gemeine Meinung verlangt eine Beseitigung dieses Unrechts. Auf dem Wege der Entnazifizierung wird versucht, das politische Unrecht zu bereinigen. Nach den bisherigen Erfahrungen ist von dem Entnazifizierungsverfahren kein befriedigender Erfolg zu erwarten. Das Verfahren weist verschiedene Mängel auf: es ist langwierig, kennt keine „res iudicata“ und geht von bestimmten Schuldvermutungen aus. Eine Sammlung des Materials, das für und gegen den Betroffenen verwertet wird, ist nicht vorgesehen. Ebenso fehlt es an einem geordneten Prozessverfahren, der Betroffene wird vielfach nicht persönlich gehört. Ein weiterer Mangel ist die Entscheidung durch Laien. Diese Verfahrensmängel haben zur Folge, dass das politische Unrecht weder restlos noch gleichmäßig erfasst wird. – Das kriminelle Unrecht kann nach der bisherigen Rechtslage nur beseitigt werden, soweit deutsche Gesetze anwendbar sind. Dabei ergeben sich vielfach Schwierigkeiten und Mängel:

1. Viele der Fälle liegen zeitlich weit zurück, so dass eine Feststellung des Tatbestandes sehr erschwert ist.

2. Besonders schwere Verfehlungen lassen nach deutschem Recht keine oder nur eine ungenügende Bestrafung zu. Für die strafrechtliche Behandlung bleibt demnach eine Gruppe von Fällen, die nur unbefriedigend gelöst werden können. Rechtliche Schwierigkeiten, insbesondere in Denunziationsfällen würden m.E. bei Annahme einer mittelbaren Täterschaft gelöst werden können. Die Praxis der Gerichte ist auf diesem Wege leider nicht gefolgt. – In nächster Zeit ist zu erwarten, dass die deutschen Gerichte volle Ermächtigung erhalten, das Kontrollratsgesetz Nr. 10 und die VO Nr. 47 anzuwenden. Das Gesetz ist von besonderer Tragweite wegen seiner weitgehenden Rückwirkung.

Für jede Gesetzeskodifikation halte ich drei Voraussetzungen für erforderlich: 1. Es darf keine Rückwirkung des Gesetzes angeordnet sein. – 2. Der Satz „Nulla poena sine lege“ muss volle Gültigkeit haben. – 3. Jede Analogie muss ausgeschlossen sein.

Bei Ausnahmegesetzen kann jedoch aus rechtspolitischen Erwägungen von der Innehaltung dieser Grundsätze abgesehen werden. Nach meiner Auffassung ist deshalb das Kontrollratsgesetz Nr. 10 mit unserem Gewissen vereinbar.

Folgende Erwägungen unterstützen diese Auffassung:

1. Schon Art. 116 der WeimRV hat § 2 des StGB aufgelockert.

2. Das Zivilrecht kennt von jeher den Grundsatz der Rückwirkung.

3. Der Satz „Nullum crimen sine lege“ hängt eng mit dem Sieg des positiven Rechts über das metaphysische Recht zusammen. Er stellt eine Reaktion gegen die Verdachtsstrafe dar. Namhafte Juristen haben den Grundsatz stets abgelehnt.

4. Alle in Deutschland hat sich ein so großer Unrechtsgehalt aufgespeichert, dass die Behinderung des deutschen Rechtsbewusstseins und die Aufrechterhaltung des Grundsatzes „Nulla poena“ in Widerspruch geraten. Ersteres muss den Vorzug haben.

5. Im Falle eines Staatsnotstandes können auch noch nach der WeimRV gewisse Grundrechte aufgehoben werden.

Dr. Frhr. v. Hodenberg referiert: Neben dem politischen und dem kriminellen Unrecht gibt es noch weitere Arten von Unrecht, vor allem das moralische. Der

Staat hat sich auf die Ahndung bestimmter Fälle des Unrechts beschränkt und sie in den Tatbeständen des Strafrechts festgelegt. Soweit es sich um die Urteile der Sondergerichte handelt, werden viele aus den Zeitverhältnissen heraus „bona fide" erlassen sein. Die Verurteilung eines Richters wegen eines derartigen Urteils scheint hier nur möglich, wenn er gegen ein Gesetz, nämlich den Tatbestand der Rechtsbeugung verstoßen hat. Auch die MR hat in dem ersten Gesetz, das sie nach dem Einmarsch erließ, ihre Auffassung dahin kundgetan, dass der Richter an das zurzeit der Begehung und der Tat geltende Gesetz gebunden ist. Es bestehen deshalb große Bedenken, für Ausnahmegesetze eine Rückwirkung zuzulassen.

Im Einzelnen bemerke ich zu den Ausführungen von *Dr. Staff:* Art. 116 der RV hat nach herrschender Auffassung keine Einschränkung des § 2 StGB gebracht. Nach der Zeit der Aufklärung ist der Grundsatz „Nulla poena sine lege" zum tragenden Grundsatz rechtsstaatlicher Auffassung geworden. Die Berufung der Naturrechtslehre auf die lex divina kann demgegenüber nicht mehr durchgreifen. Es erscheint mir auch unzulässig, den tragenden Grundsatz des Strafrechts für den Fall des Staatsnotstandes zu durchlöchern. Der Staatsnotstand ist eine Angelegenheit der Politik. Der tragende Grundsatz darf nicht zur Frage der Politik werden. – Gegen das Kontrollratsgesetz Nr. 10 bestehen noch weitere grundsätzliche Bedenken. In Übereinstimmung mit dem Gutachten von Niethammer vermisse ich einen greifbaren Tatbestand. Die Rechtsanwendung muss daher völlig unsicher werden und den Richter in Gewissenskonflikte bringen. Was geschieht aber, wenn der Richter die Anwendung des Gesetzes ablehnen will? Wird die Entscheidung nicht bewusst oder unbewusst von der Sorge um seine Stellung beeinflusst sein. Abschließend regt *Dr. Frhr. v. Hodenberg* die Annahme einer in diesem Sinne von ihm bereits formulierten Entschließung an.

Dr. Kiesselbach führt aus: Das KRG Nr. 10 widerspricht unserer Auffassung. Die gesetzgebende Gewalt liegt aber bei der MR. Das Gesetz Nr. 10 ist gegenüber den zu Beginn der Besatzung erlassenen Gesetzen das spätere Gesetz. An seiner Gültigkeit kann deshalb kein Zweifel bestehen. Die lex divina hat nicht die Kraft, geltendes Recht aufzuheben. Das Naturrecht stellt nur Rechtsmaßstäbe auf. Wir dürfen nicht aus metaphysischen Gründen dem geltenden Recht den Gehorsam verweigern. Nach den Ausführungen von Radbruch (Rechtsphilosophie) darf einem Gesetz nur der Gehorsam verweigert werden, wenn es Unrecht verkörpert. Das KRG Nr. 10 tut das nicht.

Dr. Schetter ist der Auffassung, die Richter haben geschworen, die geltenden Gesetze zu befolgen. Wir können nur versuchen, Einschränkungen für die deutsche Rechtsanwendung zu erreichen. Die Anwendung des deutschen Rechts sollte ausreichen, um alle wesentlichen Fälle zu treffen. Der Begriff der mittelbaren Täterschaft muss so erweitert werden, dass nur eine formale Anwendung des KRG Nr. 10 notwendig wird.

Nach Auffassung von *Mansfeld* liegt die Schwierigkeit im subjektiven Tatbestand, insbesondere in den Fällen der „richterlichen Willkür". Die von Dr. Staff beanstandeten Urteile liegen innerhalb der damaligen Strafrechtsnorm. Die richterliche Willkür ist nach der subjektiven Seite kaum abzugrenzen. In den Fällen der Denunziation lag vielfach eine Rechtspflicht zum Handeln vor. Man kann den Denunzianten nur bestrafen, wenn er aus niedrigen Motiven gehandelt hat, andernfalls gerät man in eine bedenkliche Unsicherheit.

Dr. Ruscheweyh wendet sich gegen eine Entschließung der Versammlung und führt aus: Es wäre gut, wenn das politische Unrecht durch eine politische Instanz bestraft werden könnte, wir müssen es aber dem ZJA, dessen grundsätzliche Auffassung mit der unsrigen übereinstimmt, überlassen, dies der MR mitzuteilen. Die Schwierigkeit liegt darin, nach dem KRG Nr. 10 praktisch zu urteilen. Die Gerichte dürfen nicht vor verschwommenen Strafsachen stehen, sondern müssen konkrete Tatbestände erhalten. Vorschlag: 1. Im Interesse der Rechtssicherheit einen obersten Strafsenat bei einem OLG zu schaffen. – 2. Das ZJA zu bitten, die Bedenken der Versammlung gegen das KRG Nr. 10 in geeigneter Weise vorzubringen.

Dr. Wiefels ist der Meinung, dass deutsche Gerichte das Gesetz Nr. 10 praktisch nicht anwenden können. Sie sind nur gewöhnt, nach festen Tatbeständen zu urteilen. Diese unsere Bedenken müssen zur Sprache gebracht werden.

Von der Annahme einer Entschließung wird mit 5:3 Stimmen abgesehen.

Ziff. 2. Mitteilungen und Berichte des Herrn Präsidenten des ZJA

Dr. Kiesselbach fragt zunächst, ob nach dem Wegfall des RG die Schaffung einer einheitlichen obersten Instanz für Straf- und Zivilsachen wünschenswert sei. In welcher Form dieser Plan verwirklicht werden könne, sei noch nicht zu übersehen.

Der Vorschlag wird von der Versammlung allgemein begrüßt. Dr. Schetter teilt in diesem Zusammenhang mit, dass in Köln ein oberstes Arbeitsgericht geschaffen worden ist.

Dr. Kiesselbach weist die Versammlung sodann auf Folgendes hin:

1. Die Bestrafung der Angehörigen der in Nürnberg verurteilten Organisationen werde demnächst besondere Ausnahmegerichte im starken Maße beschäftigen.

2. Nach einer Mitteilung der MR sollen künftig alle zugelassenen Richter ohne Rücksicht auf ihre Parteizugehörigkeit, gleich behandelt werden.

3. Durch den Ausschluss der Richter und StA vom passiven Wahlrecht würden wertvolle Kräfte von den Parlamenten ferngehalten.

Dr. Kiesselbach erbittet Vorschläge, wie dem abgeholfen werden könnte.

Dr. Wiefels hält eine zeitweise Beurlaubung zur Übernahme parlamentarischer Tätigkeit für nötig.

Dr. Frhr. v. Hodenberg äußert Bedenken. Der betreffende Richter oder StA werde einer Partei beitreten müssen. Wenn er bei der Wahl durchfalle, werde er in die Justiz zurückkehren, sei dann aber politisch abgestempelt.

Dr. Ruscheweyh ist der Auffassung, dass Justizbeamte nun als parteilose Kandidaten politische Ämter übernommen sollten.

Dr. Kiesselbach deutete die Möglichkeit an, dass erwogen werden könne, den etwaigen späteren RJM vom gesamten Kabinett für eine bestimmte Zeit wählen zu lassen, so dass seine Stellung von Rücktritten des Kabinetts unberührt bleibe.

4. Die erhobenen Bedenken gegen die Einrichtung von Justizministerien der Länder sind erfolglos geblieben. Die Zuständigkeit des ZJA ist enumerativ begrenzt. Im Übrigen steht die ausschließliche Gesetzgebung den Landesregierungen zu.

5. Es sind Klagen darüber laut geworden, dass vielfach keine ausreichenden Strafen verhängt werden. Ein Vorschlag geht dahin, aus diesem Grunde die Reformatio in pejus wieder einzuführen.

Dr. Ruscheweyh begrüßt diesen Vorschlag unter Vorbehalt weiterer Prüfung.

Dr. Scheer hält ihn ebenfalls für erwägenswert, weil er eine einheitliche Handhabung des Strafmaßes erleichtern würde.

Dr. Frhr. v. Hodenberg äußert grundsätzliche Bedenken, es müsse der StA vorbehalten bleiben, bei unzureichenden Strafen Berufung einzulegen.

Eine Abstimmung (die unter Vorbehalt einer erneuten Erörterung auf einer späteren Tagung) hatte das Ergebnis, dass sieben Stimmen sich für eine Beibehaltung des jetzigen Rechtszustandes aussprechen und Dr. Ruscheweyh sich der Stimme enthält (weil er sich eine weitere Prüfung noch vorbehalten möchte).

6. In London sollen rechtswissenschaftliche Kurse für Kriegsgefangene abgehalten werden. Es fehlt an Büchern. Vor allem werden 30–40 Textausgaben des BGB benötigt.

Dr. Kiesselbach bittet die OLG-Präs., zu prüfen, ob diese Bücher aus den vorhandenen Beständen abgegeben werden können und bittet, dem ZJA Nachricht zu geben.

7. Der Beck'sche Verlag beabsichtigt, die Deutsche Juristenzeitung neu herauszugeben. Es fehlt bisher an geeigneten Persönlichkeiten als Herausgeber und Bearbeiter. – Aus der Versammlung wurden dazu keine Anregungen gegeben.

8. Nachdem der Erlass von Strafverfügungen auf die Gerichte übergegangen ist, beansprucht die Polizei den Erlös aus den Strafverfügungen.

Schmidt-Ranke teilt dazu mit, dass eine VO vom 3.9.1936 (RGBl. I S. 715) besteht, die auf diese Frage anwendbar ist und sie zugunsten der Gerichte entscheidet.

9. Eine neue Rechtsanwaltsordnung für Bayern enthält die Bestimmung, dass der Anwalt ihm bekannt gewordene nazistische Äußerungen der Behörde anzuzeigen habe. Eine solche Denunziationspflicht für Anwälte sei sehr bedenklich.

10. Der Zonenbeirat hat den Wunsch geäußert, es möchten Richter für die Berufungsausschüsse in der Entnazifizierung zur Verfügung gestellt werden.

Dr. Frhr. v. Hodenberg weist darauf hin, dass die Legal-Div. eine andere Auffassung vertritt und dass auch die Versammlung in früheren Beschlüssen eine ablehnende Haltung eingenommen hat.

Die Versammlung beschließt: Es wird an der Auffassung festgehalten, dass eine Beteiligung von Richtern an Entnazifizierungsausschüssen grundsätzlich unerwünscht ist. Es soll dem ZJA überlassen bleiben, diese Auffassung dem Zonenbeirat gegenüber zu vertreten.

Ziff. 3. Zuständigkeit des ZJA in Justizverwaltungssachen. Die Frage wird von der TO abgesetzt.

Ziff. 4. Übernahme bewährter Angestellter in die Beamtenlaufbahn.

Dr. Schetter berichtet: Der Betriebsrat der Kölner Gerichte hat den Wunsch geäußert, durch eine Ausnahmeregelung möge bewährten Angestellten das nachträgliche Einrücken in Beamtenstellungen des mittleren Dienstes ermöglicht werden. Im Einzelnen ist vorgeschlagen, dass auch Bewerber mit mehr als 41 Lebensjahren zugelassen werden, dass den Bewerbern die Prüfung erlassen wird und dass finanzielle Einbußen vermieden werden sollen. Die Regelung soll nur für Angestellte gelten, die bisher aus politischen Gründen nicht in das Beamtenverhältnis übernommen werden konnten.

Dr. Frhr. v. Hodenberg wiederholt den Vorschlag von Celle in dem Schreiben vom 12.11.1946.

Dr. Schetter, Schmidt-Ranke, Dr. Scheer und *Dr. Wiefels* sind der Auffassung, dass auf die Abnahme einer Prüfung nicht verzichtet werden kann. In geeigneten Fällen könnten Erleichterungen in der Prüfung selbst gewährt werden.

Dr. Wiefels schlägt weiter vor, in geeigneten Fällen auf jeglichen Vorbereitungsdienst zu verzichten.

Die Versammlung beschließt: Der Vorschlag von Celle in dem Schreiben vom 12.11.1946 wird mit der Maßgabe angenommen, dass Nr. 3 des Vorschlags gestrichen wird und zu Nr. 2 in geeigneten Fällen auf den Vorbereitungsdienst überhaupt verzichtet werden kann. Die zur Durchführung des Beschlusses erforderlichen Verhandlungen mit den Finanzministerien sollen von jedem OLG-Präs. selbständig geführt werden. Für Niedersachsen übernimmt Celle, für Nordrhein-Westfalen Köln die Verhandlungen.

Ziff. 5. Eid der mittleren und unteren Beamten. Die Frage wird von der TO abgesetzt.

Ziff. 6. Einziehung der Kosten der Arbeitsgerichte.

Dr. Tasche berichtet: Die Justizbeitreibungsordnung bezieht sich nur auf *gerichtliche* Kosten. Nachdem die Arbeitsgerichte aus der Justizverwaltung ausgeschieden sind, kann die Beitreibung der Kosten nur im Verwaltungs-Zwangsverfahren erfolgen. Für die Beitreibung der Kosten kommt die Finanzverwaltung oder die allgemeine Verwaltung in Betracht. Es sei jedoch eine justizpolitische Frage, ob man die Gerichtsvollzieher zur Verfügung stellen sollte.

Nach weiterer Erörterung *beschließt die Versammlung:* Den Landesarbeitsämtern und Arbeitsgerichten soll auf entsprechende Anfragen mitgeteilt werden, dass die Gerichtsvollzieher für die Einziehung von Kosten nicht zur Verfügung gestellt werden sollen, da in verschiedenen Bezirken bereits eine andere Regelung besteht und eine einheitliche Handhabung in allen Bezirken der britischen Zone erforderlich erscheint.

Ziff. 7. § 56 JustizausbildungsO. Zweite Wiederholung der Assessorprüfung.

Dr. Frhr. v. Hodenberg spricht sich für die 3. Zulassung zur Assessorprüfung aus. Diese Auffassung entspricht dem Ergebnis der Beratungen zur JustizausbildungsO.

Schmidt-Ranke wendet sich gegen die 3. Zulassung.

Mit einem Stimmenverhältnis von 5:3 spricht sich die Versammlung dafür aus, dass eine dritte Zulassung möglich ist und dass für die Bewilligung der dritten Zulassung der Präsident des Prüfungsamts zuständig ist. [Ziff. 8 nicht belegt.]

Ziff. 9. Weitere Behandlung der Frage: Eheschließung nach dem Tode

Dr. Frhr. v. Hodenberg berichtet über die früheren Verhandlungen der Versammlung. Da Zweifel darüber bestanden, inwieweit Erb- und Unterhaltsansprüche der Ehefrauen gerechtfertigt sind, wurden die Verhandlungen ausgesetzt, um weiteres

Material zu sammeln. Die Nachprüfung hat ergeben, dass die Verwaltungsbehörden die nachträglichen Eheschließungen im Allgemeinen nur nach sorgfältiger Prüfung angeordnet haben. Vielfach haben die Frauen auf Erb- und Unterhaltsansprüche verzichtet. – Es wird allgemein davon ausgegangen, dass solche nachträglichen Eheschließungen als rechtlich wirksam anzusehen sind; erstrebt muss auch werden, dass die Verzichtserklärungen rechtswirksam sind. Angesichts der bestehenden Zweifel ist eine entsprechende gesetzliche Regelung erwünscht. Zu erwägen wird sein, ob in besonderen Fällen auf Antrag der Richter ermächtigt sein soll, der Frau oder den Kindern Erb- und Unterhaltsansprüche zu versagen. Eine entsprechende Regelung im Wege des ordentlichen Prozesses könne in Betracht kommen.

Dr. Wiefels ist der Auffassung: Der Gesetzgebungsakt liegt nicht in dem unveröffentlichten Erlass Hitlers, sondern in jeder einzelnen Anordnung der Eheschließung. Es handelt sich um einen Gesetzgebungsakt für den einzelnen Fall, um ein Privileg. Von diesem Standpunkt aus sind die mit den Anträgen verbundenen Verzichtserklärungen der Frauen Bestandteil des Gesetzgebungsaktes und damit der richterlichen Nachprüfung entzogen. – Auch die gesetzliche Grundlage ist gegeben. Nach dem Staatsrecht des 3. Reiches war die Art der Bekanntgabe von Gesetzen Hitler überlassen.

Dr. Ruscheweyh unterstreicht, dass im 3. Reich auch mündliche Führerbefehle als Gesetzgebungsakte angesehen wurden. Die konstitutive Wirkung des Faktischen muss anerkannt werden.

Nach weiterer Erörterung über die Frage, welche vermögensrechtlichen Wirkungen den Ehen zukommen soll, *beschließt die Versammlung:* a) Nachträglich geschlossene Ehen sollen erbrechtliche Wirkungen haben (Stimmenverhältnis 5:3); – b) im einzelnen Falle soll eine abweichende Regelung durch den Richter (etwa entsprechend der aufgehobenen ErbregelungsVO) nicht zulässig sein (Stimmenverhältnis 5:3); – c) Ausgesprochene Erbverzichte usw. sollen als rechtswirksam behandelt werden (einmütige Auffassung); – d) Es muss versucht werden, die nach dem 28.2.1946 bis zum 31.3.1946 noch angeordneten bzw. genehmigten Eheschließungen rechtlich zu sanktionieren (einmütige Auffassung).

Celle wird entsprechend diesem Beschluss an das ZJA berichten.

Ziff. 10. Einrichtung des Ehrengerichtshofes für die Rechtsanwälte (§ 8 der VO v. 8.10.1946).

Dr. Ruscheweyh berichtet: Der Ehrengerichtshof für Rechtsanwälte hat seinen Sitz in Hamburg. Mit Rücksicht auf die schwierigen Verkehrsverhältnisse sind jedoch örtliche Bezirke gebildet worden. Einer der Beisitzer muss Senatspräsident sein. Ich schlage vor, jedes OLG benennt einen Senatspräs. für diese Aufgabe.

Nach kurzer Erörterung beschließt die Versammlung: Jeder OLG-Präs. benennt einen Senatspräs.

Ziff. 11. Verpflegungszulagen für die Justizangehörigen.

Dr. Frhr. v. Hodenberg berichtet. Er erbittet Material über ernährungsmäßige Notstände von der Justizverwaltung und schlägt vor, den Arbeitsumfang zu beschränken.

Dr. Schetter berichtet über katastrophale Zustände in Köln. Die Ziviljustiz ist fast ganz eingestellt. Für die Strafkammern müssen Rechtsanwälte als Beisitzer herangezogen werden.

Die Versammlung beschließt: Es soll jedem OLG-Präs. überlassen bleiben, Arbeitszeiteinschränkungen anzuordnen.

Ziff. 12. Bericht von Celle über die VO zur vorläufigen Regelung des Verfahrens in Pachtschutz-, Landbewirtschaftungs- und Erbhofsachen.

Dr. Frhr. v. Hodenberg berichtet: Der Entwurf der VO ist vor Monaten dem Zentralamt für Ernährung und Landwirtschaft mitgeteilt worden, ohne dass eine Stellungnahme einging. Jetzt hat das Zentralamt für Ernährung und Landwirtschaft mit Schreiben vom 9.11.1946 beantragt:

a) Im § 6 des VO-Entwurfs ist zu sagen, dass an die Stelle des Reichsbauernführers, Landesbauernführers und Kreisbauernführers das Zentralamt für Ernährung und Landwirtschaft trete, mit dem Recht, die Befugnisse auf andere Stellen zu übertragen.

b) Im Hinblick auf den inzwischen verstrichenen Zeitraum und auf die in Süddeutschland, insbesondere in Bayern erfolgte gesetzliche Regelung im § 7 statt „1.10.1947“ zu sagen „31.12.1947“ und im § 8 anstatt „frühestens zum Schluss des nach dem 30.9.1946 beginnenden Pachtjahres“ zu sagen: „frühestens zum Schluss des nach dem 31.12.1948 endigenden Pachtjahres.“

Die Frage zu a) ist für die Justiz nicht von grundsätzlicher Bedeutung. Die abweichenden Vorschläge des Zentral-Ernährungsamtes hinsichtlich der Beendigungstermine von Pachtverträgen sind *nicht* tragbar. Die Vorschläge laufen darauf hinaus, die Verpächter noch auf Jahre hinaus an die alten Pachtverträge zu binden.

Dr. Schetter teilt mit, dass die Landesbauernschaft Rheinland für einen baldigen Ablauf dieser Pachtverträge eintrete.

Dr. Weitzel berichtet das Gleiche aus Oldenburg.

Übereinstimmend wird von der *Versammlung die Auffassung vertreten*, dass an dem früheren Entwurf bezgl. des Pachtendes festgehalten werden müsse.

Die Versammlung beschließt: OLG-Präs. Celle wird gebeten, die weiteren Verhandlungen mit der Legal-Division zu führen und bei den Verhandlungen die Auffassung der Versammlung zu vertreten. Von Verhandlungen mit dem ZEA soll abgesehen werden. Die Entscheidung soll der MR überlassen bleiben.

Ziff. 13. Eidesleistung der nichtreligiösen Form: In der Erörterung wurde überwiegend die Auffassung vertreten, dass es dem Richter überlassen bleiben müsse, ob und in welcher Form er über die Möglichkeit einer nichtreligiösen Eidesleistung belehren will. Ein Beschluss wurde nicht gefasst.

Ziff. 14 a) Beförderung von Beamten. Die Frage wird von der TO abgesetzt.

14 b) Gründung eines Justizverwaltungsblattes für die Brit. Zone (zum 1.1.1947) und die sich daraus für die einzelnen Justizblätter ergebenden Folgen. Die Frage wird von der TO abgesetzt.

14 c) Besetzung von Planstellen. Dr. Kiesselbach berichtet, dass aus der Einweisung von Bewerbern in Planstellen sich mehrfach Schwierigkeiten ergeben haben, wenn jetzt die Stelleninhaber zurückkehren.

Dr. Frhr. v. Hodenberg erinnert an frühere Beschlüsse, wonach die Stelleninhaber (jedoch nicht Kriegsgefangene) bis zur endgültigen Klärung als suspendiert gelten. Nur schwache Bewerber seien bereit, sich auf Privatdienstvertrag beschäftigen zu lassen, tüchtige dagegen nicht.

Dr. Koch schlägt vor, Zusatzstellen zu beantragen. – Ein Beschluss wird nicht gefasst.

14 d) Inspizient für die deutschen Gerichte (German Courts inspectorate). Die Frage wird erörtert.

14 e) Zulassung früherer Beamter als Rechtsanwälte. Die Frage wird erörtert.

14 f) Tätigkeit eines Gerichtsassessors als Rechtsberater und Gutachter in arbeitsrechtlichen Fragen bei den allgemeinen Gewerkschaften (II F 171). Die Frage wird nach kurzer Erörterung abgelehnt.

Im Anschluss an die TO wurden noch folgende Fragen erörtert:

Ziff. 15. Dr. Schetter schneidet die Frage an, ob ausländische Urkunden ohne Legalisationsvermerk anerkannt werden können.

In der Versammlung besteht Übereinstimmung, dass § 438 ZPO die Anerkennung solcher Urkunden zulässt.

Ziff. 16. Dr. Wiefels bringt zur Sprache, ob politische Plakate in den Gerichten ausgehängt werden können. Die Versammlung verneint die Frage übereinstimmend.

Ziff. 17. Zur Geschäftsordnung.

Die Versammlung beschließt, dass die Vorbereitungen der Besprechungen bei Celle verbleiben sollen. gez. von Starck.

b) Vorfassung der Niederschrift

Der Vorsitz wurde von OLG-Präs. Dr. Frhr. v. Hodenberg geführt.

1. Verbrechen gegen die Menschlichkeit

Justizdir. Dr. Staff hielt einen ausführlichen Vortrag. Er erörterte zunächst die Frage der Ahndung politischen Unrechts und nahm im Einzelnen zu den Mängeln des Denazifizierungsverfahrens Stellung. Diese Mängel brächten es mit sich, dass eine vollständige Sühne politischen Unrechts nicht möglich sei. Es ergebe sich daraus die Notwendigkeit, einen Teil der in Frage kommenden Tatbestände, bei denen kriminelles Unrecht eine Rolle spiele, mit kriminellen Mitteln zu ahnden. Er denke dabei vor allem an die Fälle der richterlichen Willkür und der Denunzianten. Er habe den Versuch gemacht, diese Fälle aufgrund des geltenden Rechts zu bearbeiten und erwähnte in diesem Zusammenhange, dass auch in der Literatur die Ansicht vertreten sei, die Fälle der Denunziation als mittelbare Täterschaft zu bestrafen. Die Gerichte seien jedoch nicht gefolgt, so dass ein Bedürfnis bestehe, auf andere Weise die kriminelle Ahndung zu ermöglichen. Zu den Fällen der richterlichen Willkür erwähnte Justizdir. Dr. Staff eine Reihe von Urteilen des Sondergerichts Braunschweig, die nur als richterliche Willkür bezeichnet werden könnten. Er hob insbesondere einen Fall der Brandstiftung, deutschlandfeindliche Äußerungen eines Ausländers, weiter einen Fall fortgesetzten Diebstahls, in dem dem ausländischen *Zwangs*arbeiter der Missbrauch des deutschen *Gast*rechts vorgeworfen sei, den Fall einer angeblichen Plünderung von Gegenständen des Volksopfers, obwohl es sich nur um einen Diebstahl bei der Abfuhr von derartigen

Sachen gehandelt habe, und schließlich auch einen Fall hervor, in dem ein wegen Diebstahls Flüchtiger wegen Wehrdienstentziehung zum Tode verurteilt worden sei, weil er in die Schweiz habe fliehen wollen, um der Strafe wegen Diebstahls zu entgehen.

Alle diese Fälle machten eine Bereinigung notwendig. Auch er betrachte als Grundsatz für jede dauernde Regelung des Strafrechts 1. das Verbot der Rückwirkung nulla poena sine lege, 2. ferner den Satz nullum crimen sine lege, 3. das Verbot der Analogie.

Diese Grundsätze könnten aber in diesem Falle nicht beachtet werden, weil es sich um Verfahren handle, bei denen angesichts der Übergangszeiten auch eine Übergangsregelung gefunden werden müsse. Es sei in diesem Zusammenhang auch zu beachten, dass z.B. der frühere Wortlaut des § 2 des RStGB durch Art. 116 der Reichsverfassung geändert worden sei. Justizdir. Dr. Staff ging in diesem Zusammenhang darauf ein, dass in der früheren Rechtsentwicklung über das geschriebene Recht ein höheres Recht gestellt worden sei und erwähnte insbesondere das römische Recht, das kanonische Kirchenrecht und wies auch auf die Materialien zum BGB hin, die ausdrücklich die Möglichkeit der Rückwirkung neuen Rechts auf bereits abgeschlossene Tatbestände erwähnten. Abschließend kam Justizdir. Dr. Staff zu dem Ergebnis, dass die im Gesetz des Kontrollrats Nr. 10 vorgesehene Abweichung von den Grundsätzen des § 2 des RStGB, die er für eine Dauerregelung auch als verbindlich ansehe, darum tragbar und notwendig sei, weil

1. es sich um ein temporäres Gesetz handle,

2. die Abweichung von dem Satz nulla poena und nullum crimen sine lege nicht gegen natürliches Recht, sondern nur gegen positivistisches Recht verstoße und

3. jetzt ein Notstand auf dem Gebiet des Rechts herrsche, der eine Bereinigung erfordere.

OLG-Präs. Dr. Frhr. v. Hodenberg führte einleitend aus, dass zur Behebung von Unrechtsgehalt zwei Mittel zur Verfügung stehen. Politisches Unrecht könne mit politischen Mitteln bereinigt werden, kriminellem Unrecht sei mit den Mitteln des Strafrechts zu begegnen. Darüber hinaus könne moralisches Unrecht nicht geahndet werden. Man müsse sich damit abfinden, dass nicht aller Unrechtsgehalt mit staatlichen Mitteln wieder gutgemacht werden könne. Es sei auf jeden Fall davor zu warnen, einem Unrechtsgehalt mit anderen Mitteln zu begegnen als für ihn vorgesehen sei, also z.B. politisches Unrecht mit kriminellen Strafen zu ahnden oder auch den Versuch zu machen, moralisches Unrecht mit kriminellen Strafen zu belegen. – Er glaube auch nicht, dass die Fälle, in denen ein Eingriff notwendig wäre, so zahlreich seien. Justizdir. Dr. Staff habe selbst ausgeführt, dass es sich nur um wenige Fälle der Denunziation handeln könne, die für eine Bestrafung überhaupt in Frage kämen. Das Gleiche werde man bei den von Justizdir. Dr. Staff erwähnten Fällen der richterlichen Willkür sagen müssen. Die von Justizdir. Dr. Staff aufgeführten Fälle könne man abschließend nur beurteilen, wenn man die Prozessakten kenne und die Richter dazu gehört habe. Er habe z.B. in einem Falle, in dem ihm ein Urteil des Sondergerichts zunächst auch als kaum verständlich vorgekommen sei, nach Anhörung der betreffenden Richter sagen müssen, dass sie unter dem

Eindruck der Zeitverhältnisse geurteilt hätten, denen sich der Richter nicht habe entziehen können. Er glaube, dass man mit der Rechtsbeugung auskommen müsse, denn jeder Fall der echten Willkür werde doch wohl auch als Rechtsbeugung angesehen werden müssen.

OLG-Präs. Dr. Frhr. v. Hodenberg ging in seinen Ausführungen weiter auf die Ausführungen seines eigenen Gutachtens sowie das des Prof. Dr. Eberhard Schmidt ein. Er erwähnte weiter ein Gutachten des Prof. Dr. Niethammer, das den Mitgliedern des Ausschusses ebenfalls zugänglich gemacht werden solle. Er hob die Schwierigkeit hervor, die auch Prof. Dr. Niethammer in seinem Gutachten ausgeführt habe, dass man tatbestandslose Tatbestände bestrafen solle. OLG-Präs. Dr. Frhr. v. Hodenberg schlug eine von ihm verfasste Entschließung zur Annahme vor, in der sich der Ausschuss gegen eine weitere Ausdehnung der Ermächtigung wenden soll.

Justizpräs. Dr. Kiesselbach führte aus, dass er die Ausführungen des OLG-Präs. v. Hodenberg fast Wort für Wort unterschreiben könnte, wenn er als deutscher Gesetzgeber sprechen würde. OLG-Präs. v. Hodenberg übersähe jedoch, dass die ausschließliche Gewalt jetzt in den Händen der Militärregierung liege. Die Militärregierung könne von der Weimarer Verfassung, der früheren Fassung des StGB und auch von früheren eigenen Gesetzen abgehen. Er komme zu dem absolut zwingenden Schluss, dass das KRG Nr. 10, welches von wesentlichen Grundsätzen des deutschen Strafrechts abgehe, ein zwingendes Gesetz sei, das von jedem Richter beachtet werden müsse. Göttliches Recht oder Naturrecht habe nach seiner Auffassung nicht die Kraft, positives Recht aus den Angeln zu haben. Früher habe immer nur die Auffassung geherrscht, dass der Gesetzgeber dazu berufen sei, in den Einzelgesetzen dieses Recht zu verwirklichen. Seiner Auffassung nach sei es Richterpflicht, das KRG Nr. 10 anzuwenden. Außerdem sei auch zu berücksichtigen, dass ein Antrag der GStA vorliege, in dem sie bitten, die Anwendung des KRG Nr. 10 in vollem Umfange zu ermöglichen. Auch in einem Urteil des OLG Freiburg sei das KRG Nr. 10 angewandt. Diese Anwendung werde auch von weiten politischen Kreisen gefordert; man könne also nicht sagen, dass die Anwendung gegen das einheitliche deutsche Rechtsempfinden verstoße. Schließlich sei auch noch zu beachten, dass bei der geteilten Stimmung in englischen Kreisen der Versuch gemacht werden müsste, die deutschlandgünstige Stimmung zu unterstützen. Der Richter sei nolens volens gezwungen, dem Gesetz zu folgen.

OLG-Präs. Dr. Schetter führte aus, dass man dem Gesetz folgen müsse. Man könne seine Anwendung jedoch insofern mildern, als man möglichst weitgehend mit dem deutschen Recht auszukommen versuche. Das sei bei den Fällen richterlicher Willkür mit der Annahme einer mittelbaren Täterschaft möglich, während man bei Denunzianten mit dem deutschen Recht nicht auskomme.

OLG-Präs. Mansfeld wies auf die Schwierigkeit des subjektiven Tatbestandes hin. Nur bei einer sorgfältigen Prüfung des subjektiven Tatbestandes, die außerordentlich schwierig sei, sei die Anwendung des Gesetzes vertretbar.

OLG-Präs. Dr. Ruscheweyh wies einleitend darauf hin, dass nicht übersehen werden dürfe, dass wir augenblicklich in der Zeit einer Revolution lebten. Man könne daher nicht den Gedanken des Rechtsstaates einseitig hervorheben. Richtig wäre es, kriminelles Unrecht kriminell zu ahnden, politisches Unrecht aber politisch. So denke die Militärregierung aber nicht. Das KRG Nr. 10 sei nun einmal vorhanden, und der Richter müsse ihm folgen, auch wenn er persönlich die Abweichung von den Grundsätzen des deutschen Strafrechts für bedenklich halte. Er würde es aber für falsch halten, eine Resolution zu fassen. Es sei nur möglich, dass man dem ZJA die eigenen Bedenken sage und es ihm überlasse, in geeigneten Augenblicken diese Bedenken der MR gegenüber geltend zu machen. Die Schwierigkeiten lägen in der Anwendung des Gesetzes, und es müsse angestrebt werden, nicht in Verschwommenheit stecken zu bleiben.

Es wurde beschlossen, von einer Entschließung abzusehen.

Ziff. 2. Mitteilungen und Berichte des Präsidenten des ZJA

a) Stellung der durch die MR bestätigten Richter.

Justizpräs. Dr. Kiesselbach teilt mit, dass nach dem Willen der MR alle endgültig bestätigten Richter auf dem Gebiete der Rechtsprechung in vollem Umfang als gleichgestellt angesehen werden sollten, auch wenn ursprünglich irgendeine Belastung vorgelegen habe.

b) Einrichtung von zentralen Rechtsmittelgerichten für die gesamte Zone.

Justizpräs. Dr. Kiesselbach bat, die Frage zu überlegen, ob irgendwelche organisatorischen Maßnahmen möglich seien, durch die eine einheitliche Rechtsprechung für die britische Zone erreicht werden könne. – Köln teilte hierzu mit, dass nach einer Mitteilung, die Köln erhalten habe, das OLG Köln einheitliches Revisionsgericht von Arbeitsgerichtssachen für die Brit. Zone werden sollte.

c) Verurteilung von Angehörigen derjenigen Organisationen, die in Nürnberg verurteilt worden sind.

Justizpräs. Dr. Kiesselbach teilte mit, dass von der MR als eine der nächsten Aufgaben die Verurteilung der Angehörigen derjenigen Organisationen in Angriff genommen werden sollte, die in Nürnberg verurteilt sind. Die Angelegenheit sei noch in einem so frühen Stadium, dass eine Beratung durch den Präsidentenausschuss vorerst zwecklos sei. Das ZJA wolle sich jedenfalls mit allen Mitteln dagegen verwahren, dass der Justiz in diesem Zusammenhang Aufgaben übertragen würden. Es handle sich um sehr umfangreiche Aufgaben. Man rechne mit Verfahren gegen 27.000 politische Gefangene. Der Gedanke der Kontrollkommission sei, dass diese Verfahren innerhalb eines Jahres erledigt werden sollen.

d) Übernahme politischer Stellungen durch Richter.

Justizpräs. Dr. Kiesselbach stellte die Frage, inwieweit es für möglich gehalten wird, dass Richter politische Stellungen übernehmen. An sich wäre nach den jetzigen Bestimmungen die Bekleidung politischer Ämter durch Richter nicht möglich.

Hamm schlug hierzu vor, die Richter für politische Tätigkeit zu beurlauben.

Kiel teilte mit, dass OLG-Präs. Kuhnt zur Übernahme des Amtes als Justizminister des Landes Schleswig-Holstein von der MR beurlaubt worden sei.

e) Festsetzung von Planstellen (zugleich 14 c der TO).

Justizpräs. Dr. Kiesselbach stellte die Frage, wie bisher die Besetzung von Planstellen noch nicht fertig denazifizierter Richter und vermisster Richter in den

Bezirken gehandhabt sei. – Celle wies in diesem Zusammenhang auf den früheren Beschluss des Zentralausschusses hin, nach dem der Beamte nach Durchführung der Entnazifizierung Anspruch darauf habe, in seine alte Planstelle übernommen zu werden, allerdings könnten sich aus dieser Regel Schwierigkeiten gerade mit den tüchtigen Bewerbern ergeben, die auf die sofortige Übernahme in eine Planstelle Wert legten und entsprechende Bedingungen stellten. – Düsseldorf, Hamm und Hamburg machten demgegenüber geltend, dass in diesen Bezirken so viel Planstellen frei seien, dass ohne Bedenken Einstellungen von Bewerbern vorgenommen werden könnten. – Justizvizepräs. Dr. Koch äußerte die Auffassung, dass notfalls nichts anderes übrig bleibe, als bei der MR Zusatzplanstellen zu beantragen.

f) Landesjustizministerien: Nach den neuesten Mitteilungen der MR werden in allen Ländern Landesjustizministerien eingerichtet, die die ausschließliche Justizverwaltung haben würden, während die Zuständigkeit des ZJA enumerativ beschränkt sei. Eine Entscheidung, ob die Landesjustizministerien auch die Besetzung der führenden Justizstellen vornehmen sollen, sei noch nicht getroffen.

g) Einführung der reformatio in pejus. Im Zusammenhang mit den Klagen der MR über angeblich ungenügende Bestrafungen durch die Gerichte wurde die Frage der reformatio in pejus erörtert. Die überwiegende Auffassung des Ausschusses (7:1) ging dahin, dass die Möglichkeit der reformatio in pejus nicht wieder eingeführt werden solle. Der StA müsse anheimgegeben werden, häufiger von sich aus Berufung einzulegen.

h) Es werde beabsichtigt, in England ein Kriegsgefangenenlager für Juristen einzurichten, für das noch Bücher fehlten. Das ZJA bitte, für diesen Zweck Bücher zur Verfügung zu stellen. Eine Umfrage ergab, dass in den Bezirken voraussichtlich Bücher nicht entbehrt werden können, da die Bestände nicht ausreichen. Das ZJA bittet, etwa überflüssige Bestände zu melden.

i) Der Verlag Beck beabsichtigt, die alte deutsche Juristenzeitung wieder zu veröffentlichen und bittet, Herausgeber und Mitarbeiter zu benennen.

k) Erlös der früheren polizeilichen Strafverfügungen. Hamburg teilte mit, dass der Hamburger Polizeisenator die Forderung gestellt habe, wegen der entgangenen Einnahmen aus gerichtlichen Strafverfügungen abgefunden zu werden... [eine Seite fehlt im Original].

[Ziff. 4 der TO: Übernahme bewährter Angestellter in die Beamtenlaufbahn.]

... Ziff. 3 soll gestrichen werden. Es soll in jedem Fall eine Prüfung verlangt werden, die in geeigneten Fällen entsprechend gestaltet werden kann.

Ziff. 4, nach der es sich nur um eine einmalige Begünstigung handeln soll, wird gebilligt.

Wegen der weiteren Verhandlung schlägt Celle vor, dass bis zur Einrichtung von Länderjustizministerien an den zuständigen Finanzminister mit dem Antrag herangetreten werden soll, der Abweichung von den Laufbahnbestimmungen im Sinne der Beschlüsse von Ziff. 1–4 zuzustimmen. Nach Einrichtung der Länderjustizministerien soll an diese mit dem Antrag herangetreten werden, allgemein der Änderung der Laufbahnbestimmungen im Sinne der Beschlüsse zu Ziff. 1–4 heranzutreten. Für das Land Niedersachsen soll dieser Antrag von Celle auch für die OLG-Bezirke Oldenburg und Braunschweig gestellt werden. Die endgültige Fassung des Beschlusses soll durch das Protokoll der heutigen Sitzung festgestellt werden.

Ziff. 5. Eid der mittleren und unteren Beamten: Die Angelegenheit soll bis zur Einrichtung der Länderjustizministerien zurückgestellt werden.

Ziff. 6. Einziehung der Kosten der Arbeitsgerichte: Celle berichtete, dass sich die Justizbetreibungsordnung an sich nur auf die Kosten der Justizbehörden beziehe und dass jetzt nach Ausgliederung der Arbeitsgerichte aus der ordentlichen Justiz eine Regelung erforderlich ist. – In Hamm lässt der Präsident des Landesarbeitsamtes das Kostenwesen durch die Arbeitsämter erledigen. Aufstellung und Anforderung der Kosten ist also Sache dieser Behörden. Nur die eigentliche Vollstreckung soll hier durch die Gerichtsvollzieher erfolgen. Hamm vertritt die Auffassung, dass man den Arbeitsämtern entgegenkommen sollte. – In Hamburg werden auch die Gerichtsvollzieher nicht mit der Angelegenheit befasst. Es wird überwiegend als erwünscht bezeichnet, dass die Angelegenheit von den Gerichtsvollziehern nicht erledigt wird, wenn die Arbeitsgerichte in keinem Zusammenhang mit der Justiz stehen.

Ziff. 7. § 56 der JustizausbildungsO wurde bereits unter Ziff. 2 p) der TO erledigt.

Ziff. 8. Einsichtnahme in die Personalakten: Die Angelegenheit soll bis zur Einrichtung der Länderjustizministerien zurückgestellt werden.

Ziff. 9. Wirkungen der Eheschließung nach dem Tode: Celle berichtete anhand der Schreiben vom 24.6.1946 und 22.7.1946 und hielt eine elastische Regelung für notwendig, bei der eine Erbregelung durch Entscheidung eines Gerichts stattfinden kann. Die schweren Bedenken, die gegen die Beibehaltung der ErbregelungsVO gesprochen hätten, müssten hier zurückgestellt werden, da die Verhältnisse nun einmal so unklar seien, dass nicht alle Fälle gleich behandelt werden könnten und etwa ein Erbrecht in diesen Fällen gegeben werden könnte.

Hamm führte hierzu aus, dass es die vor kurzem von dem LG Verden erlassene, in der Hannoverschen Rechtspflege veröffentlichte Entscheidung für richtig hielte, die Begründung jedoch nicht billigen könne. Hamm war der Auffassung, der grundlegende Erlass Hitlers habe für den Reichsinnenminister die Möglichkeit eröffnet, im Einzelakt durch einen Gesetzgebungsakt Privilegien in dem Sinne zu schaffen, dass unter Abweichung von den sonstigen Bestimmungen über die Eheschließung Ehen auch nach dem Tode geschlossen werden könnten. Diese Eheschließungen aufgrund eines so gegebenen Privilegiums könnten natürlich nur mit der Maßgabe Gültigkeit haben, wie sie im einzelnen Falle gegeben seien. Wenn also im Einzelfall die beteiligte Verlobte auf ein Erbrecht verzichtet habe, sei das Privilegium der nachträglichen Eheschließung auch nur ohne Erbrecht gegeben. Das Erbrecht könne nicht nachträglich beansprucht werden.

Es herrschte Übereinstimmung darüber, dass die Wirkungen der Eheschließung nach dem Tode angesichts der bestehenden Unklarheiten durch eine besondere VO geklärt werden müssen. Einen Antrag von Celle, die Regelung im Einzelfall dem Gericht zu überlassen, wird abgelehnt, ebenso wie die Ansicht von Kiel, dass die Eheschließung nach dem Tode die volle Wirkung einer normalen Eheschließung haben solle. Angenommen wird eine Entschließung, nach der ein Erbrecht bestehen soll, es sei denn, dass die Verlobte auf das Erbrecht bei den Verhandlungen verzichtet hat. Dabei soll es keine Rolle spielen, ob dieser Verzicht in einer dem BGB entsprechenden Weise erklärt worden ist. Celle wird die weiteren Verhandlungen mit dem ZJA führen.

Ziff. 10. Einrichtung des Ehrengerichtshofes für Rechtsanwälte.

Zur Erledigung der Ehrengerichtssachen, die vor dem Ehrengerichtshof für Rechtsanwälte zu verhandeln sind, sollen nach dem Bericht von Celle drei Bezirke gebildet werden:

a) OLG-Bezirke Düsseldorf und Köln, b) OLG-Bezirke Hamm, Oldenburg und Braunschweig, c) Celle, Hamburg und Kiel.

Zunächst habe man daran gedacht, dass jeder der beteiligten OLG-Präs. einen Senatspräs. als Beisitzer für den Ehrengerichtshof benennen solle, der jeweils zur Verhandlung der aus dem betreffenden Bezirk stammenden Sachen herangezogen werden soll. Von dieser Regelung sei man abgekommen, da der einzelne Beisitzer auf diese Weise nicht den notwendigen Kontakt mit den übrigen Mitgliedern des Ehrengerichts und keine Praxis bekommen werde. Es wurde beschlossen, je einen Beisitzer und einen Vertreter für die drei Bezirke zu benennen. Für den zweiten Bezirk erklärte sich Hamm bereit, den Beisitzer zu stellen, während Braunschweig den Vertreter stellen soll.

Ziff. 11. Verpflegungszulagen: Celle berichtete über den Stand der Angelegenheit und erwähnte, dass von einzelnen LG-Präs. des OLG-Bezirks Celle außerordentlich eindringliche Berichte gekommen seien, in denen die Notwendigkeit der Wiedergewährung der Zusatzkarten betont sei. – Köln berichtete, dass sich die schlechte Ernährungslage in katastrophaler Weise auf die Rechtsprechung auswirke. – Celle bittet, Berichte ähnlicher Art an Celle weiterzugeben, damit die Angelegenheit entsprechend verfolgt werden könne. Außerdem sollen aber auch die einzelnen OLG-Präs. immer wieder bei ihren MR wegen der Gewährung der Verpflegungszulagen vorstellig werden.

Ziff. 12. VO zur vorläufigen Regelung des Verfahrens in Pachtschutz-, Landbewirtschaftungs- und Erbhofsachen.

Celle berichtete über den Stand der Angelegenheit. Aufgrund einer Mitteilung der Kontrollkommission habe man annehmen können, dass die vorgeschlagene VO mit einer geringfügigen Abänderung demnächst von der MR gebilligt werden würde. Dazu hätten sich jedoch neue Schwierigkeiten ergeben. Die Rechtsabteilung der Kontrollkommission habe die zuständige agrarpolitische Abteilung der Kontrollkommission und diese wiederum noch einmal das Zentralamt für Ernährung und Landwirtschaft eingeschaltet. Das Zentralamt sei schon längst mit der Angelegenheit bekannt gewesen und hätte gegen den Celler Entwurf keine Bedenken geltend gemacht. Überraschenderweise komme das Zentralamt jetzt mit Bedenken, und zwar in folgender Richtung: Nach dem Entwurf seien in einzelnen Verfahren vielfach die Präsidenten der Landwirtschaftskammern oder die Kreisbauernvorsteher zu beteiligen. Das Zentralamt für Ernährung und Landwirtschaft will, dass an die Stelle dieser Dienststellen das Zentralamt für Ernährung und

Landwirtschaft treten soll. Die Befugnisse sollen allerdings dann von dem Zentralamt an nachgeordnete Dienststellen übertragen werden, jedoch nicht an Landwirtschaftskammern oder Kreisbauernvorsteher, also Organe der Landwirtschaft, sondern auf Organe der allgemeinen Verwaltung. Celle ist der Auffassung, dass die Übertragung dieser Befugnisse auf das Zentralamt zwar wenig erfreulich sei. Es handle sich jedoch um eine Angelegenheit, die die Justiz nicht berühre und daher von den für agrarpolitische Angelegenheiten zuständigen Dienststellen erledigt werden müsste. – Außerdem wünsche aber auch das Zentralamt für Ernährung und Landwirtschaft eine Änderung des § 9 des Celler Entwurfs. Das Zentralamt will die Bestimmung so gefasst wissen, dass die mit Kriegsende ablaufenden Pachtverträge erst Ende 1949 enden. Celle äußerte gegen diese Fassung schwere Bedenken.

Hamm vertrat dagegen die Auffassung, dass ja auch die Möglichkeit bestehe, bei Vorliegen eines wichtigen Grundes den Pachtvertrag vorzeitig zu lösen. Diese Bestimmung müsse dann eben entsprechend häufiger angewendet werden.

Es wurde beschlossen, dass Celle weiterhin mit dem Zentralamt für Ernährung und Landwirtschaft und der MR verhandeln soll.

Ziff. 13. Eidesleistung in nichtreligiöser Form: Überwiegend geht die Auffassung dahin, dass keine allgemeinen Vorschriften getroffen werden sollen, sondern dass die Angelegenheit bezirksweise geregelt werden müss und ggf. dem Landesjustizministerium überlassen werden soll.

Ziff. 14. a) Beförderung von Beamten: Die Angelegenheit wird von der TO abgesetzt, ebenso b) Gründung eines Justizverwaltungsblattes.

c) Besetzung von Planstellen wurde bereits unter 2 e) mitbesprochen.

d) Inspizient für die deutschen Gerichte: Celle äußerte Bedenken gegen die Veröffentlichung des Schreibens des ZJA vom 14.2.1946. Allgemein wurde die Veröffentlichung allenfalls in der Form für zweckmäßig gehalten, dass die dem Schreiben des ZJA zugrundeliegende Auffassung der MR veröffentlicht wird, nicht eine Anweisung des ZJA.

e) Zulassung früherer Beamter als Rechtsanwälte: Beschluss wird in dieser Angelegenheit nicht gefasst.

f) Tätigkeit eines Gerichtsassessors als Rechtsberater: Es herrschte übereinstimmend die Auffassung, dass eine Zusammenarbeit mit den Gewerkschaften zwar erwünscht ist, dass eine Tätigkeit als Rechtsberater und Gutachter für Gerichtsassessoren jedoch nicht in Frage kommen könne.

g) Legalisation von Urkunden aus dem Ausland: Köln stellte die Frage, welche Stellen jetzt nach Wegfall der deutschen Konsulate für die Erledigung von Legalisierung ausländischer Urkunden zuständig seien.

Hamburg war der Auffassung, dass man im Allgemeinen auf die Legalisierung verzichten könne.

XI. Niederschrift über die Zusammenkunft der Oberlandesgerichtspräsidenten in Bad Pyrmont am 28./29.4.1947

1. Tagungen.

Celle berichtet, dass StS Moericke der Auffassung wäre, nach dem Beschluss der Landesjustizminister sollte den OLG-Präs. der Zusammentritt zu Tagungen unabhängig von Einberufungen durch das ZJA freigestellt werden. Es wird beschlossen, dass die OLG-Präs. wie bisher von Zeit zu Zeit zusammentreten. Die Einberufung der Tagungen soll dem OLG-Präs. in Celle übertragen werden, der auch den Vorsitz führt. Die LJM sollen unter Mitteilung der TO von den Tagungen Nachricht erhalten.

2. Denkschrift über eine oberste gerichtliche Instanz für die britische Zone.

Nach längerer Aussprache wird über die verschiedenen Möglichkeiten einer einheitlichen Rechtsprechung in der Brit. Zone abgestimmt. Der Vorschlag des OLG-Präs. in Hamburg, dass die OLG-Präs. zusammentreten, wird abgelehnt, ebenso der Vorschlag des Senatspräs. Wimmer in Köln, dass die Präs. der Strafsenate der Brit. Zone in einem formell vorgesehenen Verfahren von Zeit zu Zeit zur Entscheidung wichtiger streitiger Fragen zusammentreten. Gegen den Vorschlag eines Zusammentritts der Senatspräs. zu formlosen Aussprachen sprechen sich vier OLG-Präs. aus. Einstimmig ist die Versammlung der Ansicht, dass die Errichtung einer obersten Instanz für die Brit. Zone erwünscht ist. Als erste Grundlage für die Errichtung einer obersten Instanz wird der jetzt vorliegende Gesetzentwurf des ZJA über die Vereinheitlichung der Rechtsprechung von den Anwesenden begrüßt.

3. Politische Überprüfung.

a) Akteneinsicht: Celle teilt mit, dass in einer Besprechung über Entnazifizierungsverfahren mit dem Staatskommissar für Entnazifizierung für das Land Niedersachsen ein Übereinkommen dahin erzielt worden sei, dass in den einzelnen Fällen zwei Mitgliedern der Entnazifizierungsausschüsse für die Regierungsbezirke die Akteneinsicht gestattet werden sollte. Es soll sich bei diesen Mitgliedern um besonders ausgesuchte Mitglieder handeln, die zur besonderen Geheimhaltung verpflichtet werden sollen. Die Qualifikationsberichte sollen von der Vorlegung ausgenommen werden. Wenn sich im Einzelfall aus der Vorlegung besondere Bedenken ergeben sollten, nimmt Celle an, dass die LG-Präs. berichten werden. Braunschweig äußert Bedenken, da bereits Akten beim Entnazifizierungsausschuss verloren gegangen seien und auch die Verschwiegenheit nicht voll gewährleistet sei. In einer Besprechung mit dem Leiter des Berufungsausschusses sei vereinbart worden, dass jeweils Aktenauszüge in den einzelnen Fällen angefertigt werden, Köln berichtet, dass dem Justizausschuss über den Vorsitzenden Akteneinsicht gewährt werde. Der Hauptausschuss bekommt bisher keine Einsicht. Hamburg teilt mit, dass dort wegen der Art der Zusammensetzung der Ausschüsse, die über Justizangehörige entscheiden, keine Bedenken gegen die Gewährung der Akteneinsicht beständen. Kiel berichtet, dass ein Verbot der MR vorliege, die

Personalakten den Ausschüssen zu übersenden. Wenn jedoch im Einzelfall die grundsätzlichen Bedenken der MR nicht zuträfen, halte sich die Justizverwaltung für befugt, Akteneinsicht zu gewähren.

b) Nochmalige Überprüfung: Celle berichtet, dass die ursprünglichen Befürchtungen wegen einer nochmaligen Entnazifizierung sich in der Praxis nicht bewahrheitet hätten. Die bisherigen Entscheidungen bei nochmaliger Entnazifizierung entsprechen durchaus den Wünschen des OLG-Präs. Hamburg berichtet, es sei verabredet, dass diejenigen Richter, die bisher nur durch einen Offizier der MR überprüft worden seien, nochmals durch den Ausschuss laufen sollten. Die Ergebnisse der nochmaligen Überprüfung seien durchaus zu billigen. Abweichungen seien bisher nicht vorgekommen. Köln teilt mit, dass dem Bestreben einzelner Kreisausschüsse nach nochmaliger Entnazifizierung aller Beamten Widerstand geleistet werde. Kiel berichtet, dass die Überprüfungen in Schleswig-Holstein durch einen Ausschuss von Juristen vorgenommen würden. Es seien bisher nur wenige Fälle nochmals überprüft worden. Das Verfahren wegen nochmaliger Überprüfung sei in diesen Fällen durch den OLG-Präs. eingeleitet.

c) Anspruch auf die bisherigen Planstellen: Celle steht grundsätzlich auf dem Standpunkt, dass der gebilligte Beamte Anspruch auf Verwendung in seiner bisherigen Planstelle habe, berichtet aber von einem Fall, in dem sich dieses wegen nachträglichen Bekanntwerdens anderer Tatsachen als bedenklich herausgestellt habe. Praktisch sei eine Lösung in einem solchen Falle nur dadurch möglich, dass eine nochmalige Überprüfung eingeleitet werde oder dass der Beamte zu einem Verzicht auf seine Planstelle veranlasst werde. Auf einige Zeit könne man sich auch mit einer Abordnung helfen. Köln hat in Fällen, in denen die Weiterbeschäftigung in der bisherigen Planstelle bedenklich ist, stets den Vorschlag gemacht, den betreffenden Beamten in eine andere Planstelle zu versetzen. Diesem Vorschlage hat die MR auch stets entsprochen. Sie fragt in jedem Einzelfall an, ob die Beschäftigung in der bisherigen Planstelle erwünscht ist. Hamm hilft sich mit der Abordnung des bestätigten Beamten, wenn eine Weiterbeschäftigung in der bisherigen Stelle nicht möglich erscheint. Bezüglich des Gehalts und der Dienstbezeichnung herrscht Übereinstimmung darüber, dass der für eine endgültige Beschäftigung bestätigte Beamte nur das Gehalt und die Dienstbezeichnung der Dienststelle erhält, für die er bestätigt ist. Oldenburg führt hierzu aus, dass in einem Fall, in dem ein OLG-Rat in der Stelle eines AG-Rats weiterbeschäftigt wird (gemäß Entscheidung der MR), der niedersächs. Finanzminister mitgeteilt habe, dass der Richter auch weiterhin den Titel des OLG-Rats führen müsse, und sein Gehalt beanspruchen könne. Hamm teilt mit, dass die MR für Nordrhein-Westfalen sich auf den Standpunkt gestellt habe, dass alle Beförderungen nach 1939 nicht als gültig angesehen werden können. Celle erwähnt mehrere Fälle, in denen planmäßige Richter, in einem Fall ein OLG-Rat, nur als beauftragte Richter bestätigt sind mit der Auflage, dass sie nur das Gehalt eines Assessors bekommen können.

d) Entlassungsbescheinigung der Review-Boards in Internierungslagern: Hamm berichtet, dass die MR sie nicht für ihre Entscheidungen als bindend anerkenne und stets noch einmal überprüfe. Nach Mitteilung von Celle steht die Militärregierung in Hannover auf dem Standpunkt, dass die Entscheidungen maßgebend sind. Die MR habe jedoch gesagt, dass die Justiz die Bewerber nicht zu beschäftigen brauche, wenn sie sie nicht beschäftigen wolle. Celle will zweifelhafte Fälle zurückstellen und sie der MR vorlegen. Nach Mitteilung von Kiel habe die MR früher geäußert, es komme darauf an, ob es sich um endgültige oder vorläufige Entscheidungen der Review-Boards handle. Jetzt stelle sich die MR auf den Standpunkt, dass nur noch Milderungen der ursprünglichen Entscheidung möglich seien.

e) VO Nr. 54: Nach Mitteilung von Celle steht Public Safety angeblich aufgrund einer Entscheidung von höchster Stelle auf dem Standpunkt, dass alle Leute, die nicht an ihrem bisherigen Dienstort beschäftigt werden, beruflichen Einschränkungen im Sinne der VO Nr. 54 unterliegen und daher in Gruppe III fallen. Man müsse den Bewerber darum vor einen deutschen Ausschuss bringen, der darüber zu entscheiden habe, ob der Bewerber nicht trotzdem in Gruppe IV oder V kommen müsse. Hamm ist der Auffassung, dass die Anordnung der Verwendung am anderen Ort nicht wie berufliche Beschränkung im Sinne der VO Nr. 54 gelten könne.

4. Politische Betätigung der Referendare.

Nach Auffassung von Celle gilt das Verbot der politischen Betätigung der Beamten auch für Referendare, da sie mindestens nach Fortschreiten ihrer Ausbildung richterliche Geschäfte ausüben können. Celle hat aber Zweifel, ob diese Ansicht richtig ist und hält es an sich für erwünscht, dass die Referendare politisch sich frei betätigen können. Hamm hat Bedenken gegen eine politische Betätigung der Referendare, da die politische Tätigkeit der Referendare doch den Gerichten zur Last gelegt werde. Vorwiegend besteht Übereinstimmung darüber, dass keine Bedenken gegen eine politische Betätigung bestehen. Es soll jedoch jedem OLG-Präs. überlassen bleiben, ob er den Referendaren die politische Betätigung gestatten will. Celle will an die MR herantreten.

5. Anwendung Contempt of Court.

Hamm berichtet kurz über die Übertragung der englischen Grundsätze betr. Bestrafung des Contempt of Court. Hamm hat keine Bedenken dagegen, dass die Besprechung der Schuldfrage bis zur rechtskräftigen Erledigung einer Strafsache verboten wird. Ein weiteres Schutzgesetz erscheint Hamm bedenklich, zwar nicht grundsätzlich, aber wegen der Wirkungen, die die Einführung einer solchen Vorschrift wahrscheinlich haben wird. Schon die Einführung weitergehender Verbote werde zu schweren Angriffen gegen die Justiz führen. Außerdem sei zu berücksichtigen, dass in den Angriffen häufig ein berechtigter Kern läge. Außerdem verlange die Zulassung einer solchen Vorschrift eine starke Homogenität des Richterstandes, die zurzeit nicht gegeben sei. Hamburg berichtet, dass das ZJA bereits der MR gegenüber Stellung genommen habe und Strafvorschriften im Sinne der englischen Bestimmungen nicht für erwünscht halte. Köln spricht sich für Schutzbestimmungen aus, hält aber auch einen Schutz der StA für notwendig. Hamburg berichtet über Verhandlungen, die von dort aus mit Vertretern der Presse geführt worden seien. Nach diesen Verhandlungen sei Hamburg der Ansicht, dass die Angelegenheit nur dadurch befriedigend gelöst werden könne, dass die Vertreter der Presse aufgrund ihrer Berufsauffassungen entsprechend Zurückhaltung üben.

Celle bejaht das Bedürfnis für Schutzbestimmungen. Eingriffe in schwebende Verfahren müssten auf jeden Fall verhindert werden. Für den Ehrenschutz dürften die bestehenden Vorschriften, insbesondere unter Berücksichtigung der Notverordnung von 1932, genügen. Celle bezweifelt die Möglichkeit, einen ausreichenden Schutz der Gerichte über die Ehrengerichte der Presse zu erreichen. Celle meint, dass eine Lösung vielleicht im Sinne der VO Nr. 8 der MR über den Schutz der Gerichte der MR möglich sei. Oldenburg verweist auf die Denkschrift des RJMin. über das kommende Strafrecht von Gürtner.

Die Abstimmung über die zur Debatte gestellten Fragen hatte folgendes Ergebnis:

a) Die Ausdehnung des § 176 GVG auf schriftliche Eingaben erscheint unzweckmäßig. (6:2)

b) Es besteht ein Bedürfnis nach neuen Strafvorschriften. (7:1)

c) Es besteht ein Bedürfnis nach Erweiterung des Berichtigungszwanges, und zwar in dem Sinne, dass Berichtigungen der Justizverwaltung in jedem Falle aufgenommen werden müssen. (5:3)

d) Es erscheint notwendig, während eines schwebenden Verfahrens jede kritische Würdigung des Verfahrens des Gerichts zu verhindern. (7:1)

e) Es erscheinen Vorschriften notwendig, die die Verächtlichmachung des Gerichts oder Drohungen gegenüber dem Gericht unter Strafe stellen. (6:2)

6. Richtervereine.

Hamm verneint die Zweckmäßigkeit der Bildung von Richtervereinen. Schon die früheren Richtervereine hätten wenig Aktivität entwickelt. Außerdem bestehe aber auch die Gefahr, dass die Bildung von Richtervereinen zur Spaltung innerhalb der Richterschaft führen werde. Überwiegend wird die Bildung von Richtervereinen für nicht zweckmäßig gehalten. Eine Unterstützung der Gründung durch die Justizverwaltung komme jedenfalls nicht in Frage. Hamburg berichtet, dass bereits seit Januar 1946 ein Richterverein bestehe. Es habe sich auch, namentlich in wirtschaftlichen Angelegenheiten der Richter, als durchaus zweckmäßig herausgestellt, einen Verhandlungspartner an der Hand zu haben.

7. Zugehörigkeit zu Betriebsräten.

Köln berichtet über die Verhältnisse bei den Behörden in Köln. Der ursprüngliche Standpunkt, dass die Beamten nicht in die Betriebsräte hineingehörten, werde jetzt nicht mehr von allen Kölner Behörden vertreten. Bei den Postbehörden in Köln beständen Betriebsräte einschließlich der Beamten. Die Frage bedürfe dringend der Klärung. Auch das Schreiben der MR vom 22.4.1947 genüge nicht. Köln habe übrigens eine Anweisung dieser Art noch nicht erhalten.

Hamburg hat sich im Herbst 1946 mit den Gewerkschaften dahin verständigt, dass Wahlen zu den Betriebsräten von den Angestellten und denjenigen Beamten vorgenommen würden, die bisher keine Vertretung in einer Berufsvereinigung hätten. Vertretungen in Berufsvereinigungen bestehen in Hamburg für Richter, Rechtspfleger und Gerichtsvollzieher. Der Betriebsrat bestehe demgemäß in Hamburg aus drei Gruppen: Gruppe 1 mittlerer und einfacher Dienst, Gruppe 2 Angestellte, Gruppe 3 Hausarbeiter und Reinemachefrauen. In Fragen, die alle

Beschäftigten in der Justizverwaltung beträfen, träten Vertreter der Berufsvereinigungen mit den Betriebsräten zusammen. Nach den Mitteilungen der übrigen Bezirke ist die Frage der Zugehörigkeit der Beamten zu den Betriebsräten fast überall unklar. Auf Anregung von Celle wird beschlossen, an die LJM und das ZJA die Bitte zu richten, die Frage in der Zusammenkunft am 19.5. zu besprechen.

8. Behandlungen der Ostverdrängten.

Köln bittet, einen Prozentsatz festzulegen, zu dem jeder Bezirk verpflichtet sein soll, Richter und Rechtsanwälte aufzunehmen. Köln soll ein Formular ausarbeiten, aus dem sich ergibt, in welchem Umfange bisher Richter und Rechtsanwälte übernommen worden sind. Hamm teilt mit, dass bisher jeder Richter und Anwalt, der sich aus dem Gebiet ostwärts der Oder-Neiße-Linie gemeldet habe, übernommen worden sei. Bisher seien 40 Anwälte übernommen (= 10 % mehr als die Vorkriegszahl). Außerdem seien aber auch noch weitere 80 sonstige Bewerber in den Anwaltsstand übernommen. An Richtern würden bisher etwa 20 % Ostverdrängte beschäftigt. Nach Auffassung von Hamm ist es durchaus möglich, 10 % Anwälte mehr zu beschäftigen, als 1939 vorhanden waren. In Hamburg ist 1945 eine Anordnung der MR ergangen, dass mindestens 10 % Ostverdrängte in die Anwaltschaft übernommen werden müssten. Die MR habe dabei jedoch ausgesprochen, dass sich diese Anordnung auf frühere Pg's nicht beziehe. Aufgrund dieser Anordnung seien 49 Ostverdrängte (politisch völlig unbelastete Personen) übernommen worden. An Richtern seien so viele übernommen, wie es dem Bedürfnis entsprochen habe, zurzeit etwa 15–20 %. Jetzt werde wahrscheinlich eine Übernahme von Richtern in Zukunft nicht mehr möglich sein. Celle macht entgegen seinem ursprünglichen Standpunkt keinen Unterschied mehr, ob die Ostverdrängten zu der russischen Zone oder aus dem Gebiet ostwärts der Oder-Neiße-Linie stammen. Abgelehnt wurden aber alle Gesuche von Juristen, die sich noch in der russisch besetzten Zone befänden. Bisher seien etwa 40 % der Planstellen der Richter mit Ostverdrängten besetzt. Der Vorstand der Anwaltskammer in Celle nehme erfreulicherweise einen sehr flüchtlingsfreundlichen Standpunkt ein.

9. Behandlung der Rechtsbeistände.

Hamm ist der Ansicht, dass die Neuzulassung von Rechtsbeiständen im Ermessen der deutschen Justizverwaltung stände. Dieses sei auch der Standpunkt der MR. Im OLG-Bezirk Hamm werden Rechtsbeistände in großen Städten und mittleren Städten im Rahmen der bisherigen Übung zugelassen. Hamm verweist jedoch darauf, dass es im Westen stets sehr viel mehr Rechtsbeistände gegeben habe als in den übrigen Bezirken. Hamburg verneint ein Bedürfnis für die Neuzulassung von Rechtsbeiständen, da eine ausreichende Vertretung durch Anwälte gewährleistet sei. Celle schlägt vor, dass man sich allgemein auf den Standpunkt stellen solle, Rechtsbeistände brauchten nicht mehr zugelassen werden. Über das Maß der früher üblichen Zulassung hinaus wird allgemein eine Zulassung neuer Rechtsbeistände für unerwünscht gehalten.

10. Beauftragte Richter als Vorsitzende in den Kammern.

Es besteht Übereinstimmung darüber, dass der Planstelleninhaber Vorsitzender sein müsse.

XII. Niederschrift über die Besprechung der Oberlandesgerichtspräsidenten in der britischen Zone in Hamburg am 15./16.9.1947

Anwesende:
OLG-Präs. Dr. Kuhnt (OLG Kiel) als Vorsitzender
OLG-Braunschweig: OLG-Präs. Mansfeld
OLG Celle: OLG-Präs. Dr. Frhr. v. Hodenberg
OLG Hamburg: OLG-Präs. Dr. Ruscheweyh, Senatspräs. Sommerfeld, OLG-Rat Dr. Schwarz (Protokoll)
OLG Hamm: OLG-Präs. Dr. Wiefels
OLG Köln: OLG-Präs. Dr. Schetter – nur am 18.9.1947
OLG Oldenburg: Vizepräs. Schmidt-Ranke
Außerdem:
Bürgermeister Koch u. Senatspräs. Dr. Drexelius (Hamburg, die sich bald entfernten),
Justizminister Hoffmeister (nur am 16.9.1947), StS Möricke, beide Niedersachsen)
MinDir. Dr. Wiedemann – Nordrhein-Westfalen, nur am 18.9.1947
RegPräs. Prätorius – Schl.-Holst., nur am 15.9.1947 und zum Schluss der Sitzung am 16.9.1947
Vortragender Rat Dr. Reichau – ZJA, nur am 16.9.1947

Dr. Kuhnt eröffnet die Sitzung und begrüßt Bürgermeister Koch und die Vertreter der Justizverwaltungen. Es wird sodann in die TO eingetreten.

Beschleunigung der Einführung von Laiengerichten: Pkt. 4 der TO.

Mansfeld referiert. Die Aussprache ergibt, dass das Verfahren zur Auswahl der Laienrichter in den Bezirken verschieden gehandhabt wird. Es wird der Erlass weiterer Ausführungsbestimmungen durch die einzelnen Justizverwaltungen erwartet. Allgemein wird die Besetzung aller Strafgerichte mit Ausnahme der Revisionsinstanz mit Laienrichtern für wünschenswert erachtet.

Altersgrenze für Justizbeamte: Pkt. 8 der TO.

Dr. Frhr. v. Hodenberg hält eine Altersgrenze für erforderlich, um für den Nachwuchs Platz zu schaffen. Für Richter sei eine Heraufsetzung von 65 auf 68 Jahre zweckmäßig. Eine Überschreitung der Altersgrenze in einzelnen Fällen, besonders bei Schlüsselstellungen, müsste statthaft sein, da, zurzeit wenigstens, kein ausreichender Ersatz vorhanden sei.

Schmidt-Ranke hält eine Altersgrenze wegen des Grundsatzes der Unabsetzbarkeit der Richter für notwendig.

Dr. Kuhnt ist der Ansicht, eine Altersgrenze müsse bestehen (für Richter 60 Jahre). Nur in besonderen Ausnahmefällen dürfe die Grenze überschritten werden.

Mansfeld vertritt den Standpunkt, eine Altersgrenze ließe sich zurzeit nicht einhalten, weil keine genügende Anzahl politisch einwandfreier und fachlich geeigneter Richter vorhanden sei.

Dr. Frhr. v. Hodenberg erklärt, die Altersgrenze müsse für Richter entweder allgemein auf 68 Jahre fortgesetzt werden oder auf 65 Jahre mit der Möglichkeit, Ausnahmen zuzulassen.

Dr. Wiefels ist dafür, es bei der Altersgrenze von 65 Jahren zu belassen.

Dr. Reichau führt aus, das ZJA vertrete die Ansicht, dass für eine Übergangszeit für diejenigen Richter, die vom ZJA ernannt würden, die Innehaltung einer Altersgrenze möglich sei. Im Übrigen bestehe die Absicht, für Richter die Altersgrenze auf 68 Jahre heraufzusetzen. Die Angelegenheit solle bei der nächsten Zusammenkunft der Justizminister besprochen werden.

Fragen der Entnazifizierung: Pkt. 5 der TO

Die Aussprache ergibt, dass die Verfahren in den einzelnen Bezirken uneinheitlich sind. Während sich in Hamburg die MR nicht mehr beteiligt, greift sie in den anderen Bezirken ein und entscheidet teilweise gegen die Vorschläge der Ausschüsse. In Kategorie III Eingestufte werden allseitig als Richter für untragbar gehalten, weil mit dieser Einstufung Vermögenssperre und polizeiliche Meldepflicht verbunden ist.

Dr. Frhr. v. Hodenberg weist auf die Schwierigkeiten hin, die sich nach dem Beamtengesetz ergeben, wenn Entscheidungen nachträglich abgeändert würden.

Allgemein steht die Versammlung auf dem Standpunkt, dass es notwendig sei, bei den maßgeblichen Stellen vorstellig zu werden, um eine Lösung der bestehenden Schwierigkeiten herbeizuführen. Zu diesem Zweck und zur wirksameren Vertretung der Belange der Justiz soll ein Ausschuss aus Vertretern der Justizverwaltungen und drei OLG-Präs. unter Beteiligung des ZJA gebildet werden. Federführend in diesem Ausschuss soll das JMin. Nordrhein-Westfalen sein. Von den OLG-Präs. wurden einstimmig in diesen Ausschuss gewählt: Dr. Frhr. v. Hodenberg, Dr. Ruscheweyh, Dr. Schetter.

Personalbesetzung der Gerichte: Möglichkeit der Berücksichtigung der in den einzelnen Bezirken zur Verfügung stehenden Bewerber. – Punkt 3 a der TO.

Dr. Schetter verteilt einen Bericht mit Statistik.

Die Versammlung beschließt: Dieser Bericht soll auf der nächsten Tagung weiter erörtert werden, um den Teilnehmern Gelegenheit zu geben, sich mit dem Material zu befassen.

Frhr. v. Hodenberg weist darauf hin, dass in der Ostzone noch im Amt befindliche Bewerber abgelehnt werden müssten.

Dr. Kuhnt bemerkt, Schleswig-Holstein sei derart übersetzt, dass mit der Einstellung von Ostflüchtlingen nicht gerechnet werden könne.

Frhr. v. Hodenberg führt aus, dass es bei der Besetzung freier Planstellen schwierig sein, aus der Vielzahl der Bewerber die geeigneten herauszufinden. Von der Ausschreibung der Stellen sei in seinem Bezirk noch abgesehen worden.

Dr. Schetter erklärt, dass im Kölner Bezirk das Ausschreibungsverfahren mit gutem Erfolg angewandt worden sei.

Dr. Wiedemann gibt bekannt, dass Nordrhein-Westfalen jetzt allgemein dazu übergehen werde, die offenen Stellen auszuschreiben.

Stellungnahme zur Übernahme unbekannter bezirksfremder jüdischer Emigranten. Punkt 8 b der TO. – *Frhr. v. Hodenberg* teilt mit, dass bei ihm Listen von Emigranten eingegangen seien mit der Anfrage, ob eine Einstellung möglich sei. Da jegliche nähere Angabe über die Bewerber fehlte, könne eine Entscheidung nicht getroffen werden. Das sei insofern bedenklich, als eine negative Antwort unter Umständen als antisemitische Einstellung gewertet werden könnte. – Die Versammlung ist nach Aussprache einhellig der Ansicht, dass mindestens ein ausführlicher Lebenslauf gefordert werden müsse, bevor irgendeine Entscheidung ergeht.

Die unerledigten Punkte der TO sollen auf der nächsten Zusammenkunft, die am 10.11.1947 um 15 Uhr in Bad Pyrmont stattfinden soll, besprochen werden. Es wird der Wunsch geäußert, dass an dieser Tagung auch Vertreter der Justizverwaltungen teilnehmen. Die OLG-Präs. können einen Referenten mitbringen.

gez. Schwarz.

XIII. Niederschrift über die Zusammenkunft der OLG-Präsidenten der britischen Zone in Bad Pyrmont am 10./11.11.1947

Anwesende:
OLG-Präs. Dr. Kuhnt (OLG Kiel) als Vorsitzender
OLG Braunschweig: OLG-Präs. Dr. Mansfeld, OLG-Rat Dr. Fricke
OLG Celle: OLG-Präs. Dr. Frhr. v. Hodenberg, OLG-Rat Dr. Tasche (Protokoll), OLG-Rat Dr. Bennefeld, später OLG-Rat Dr. Erdsiek
OLG Düsseldorf: OLG-Präs. Lingemann, OLG-Rat Dr. Johnen
OLG Hamburg: OLG-Präs. Dr. Ruscheweyh
OLG Hamm: OLG-Präs. Dr. Wiefels
OLG Kiel: (OLG-Präs. Dr. Kuhnt), OLG-Rat Krohn
OLG Köln: OLG-Präs. Dr. Schetter, OLG-Rat Dr. Floss
OLG Oldenburg: Vizepräs. Schmidt-Ranke, OLG-Rat Weitzel
Außerdem:
Justizvizepräs. Dr. Koch für das ZJA, StS Dr. Moericke für den Niedersächs. Minister der Justiz.

Dr. Kuhnt eröffnet die Tagung und begrüßt Dr. Koch und Dr. Moericke.

Dr. Koch überbringt die Grüße von Justizpräs. Dr. Kiesselbach und verliest weiter eine Adresse von Mr. Rathbone an das ZJA, die einen Überblick über die Rechtsentwicklung in der Zone enthält und in der insbesondere folgende Fragen näher behandelt sind:

a) Aufrechterhaltung der Verbindung zwischen den führenden Rechtsbehörden der Zone;

b) Angriffe gegen die Justizverwaltung, insbesondere Angriffe der Presse, die in der Mehrheit unrichtig und für die Unabhängigkeit der Richter bedauerlich seien, vor allem, soweit es sich dabei um eine Stellungnahme zu schwebenden Gerichtsverfahren handle;

c) Juristische Ausbildung: Geplant sei insbesondere jedes Mal für ein Vierteljahr je 25 Referendare nach England einzuladen;

d) Sicherstellung im Amte, insbesondere der bei den Spruchverfahren tätigen deutschen Juristen.

Dr. Kuhnt dankt Dr. Koch und bittet, auch Mr. Rathbone den Dank der Versammlung für seine Adresse zu übermitteln.

Sodann wird in die TO eingetreten: Mit Rücksicht auf die noch nicht erschienenen Vertreter von Düsseldorf und Hamm wird zunächst eine Erörterung der Punkte 1–2 der TO zurückgestellt und der Pkt. 7 behandelt. Während der Besprechung des Pkt. 7 erschienen die Vertreter von Düsseldorf und Hamm.

Pkt. 7 der TO: Titelführung von entlassenen Beamten und Berufsbezeichnung der beauftragten Richter.

Dr. Frhr. v. Hodenberg berichtet. Es erhebe sich die Rechtsfrage, ob die oberste Dienstbehörde in der Lage sei, einem von der MR endgültig entlassenen Beamten die Weiterführung der bisherigen Dienstbezeichnung mit dem Zusatz a.D. zu bewilligen. Eine solche Befugnis komme nach dem Beamtengesetz hier nicht in Frage. Hinsichtlich der Titelführung von beauftragten Richtern komme für Niedersachsen in die AV des Niedersächs. JMin. v. 11.8.1947 (Nieders. Rpfl. 8, 30) in Betracht.

Nachdem *Dr. Kuhnt* und *Dr. Floss* zu den einschlägigen Fragen sich geäußert haben, bittet Dr. Ruscheweyh, es bei dem früheren Beschluss der OLG-Präs. hierzu zu belassen. Das bestehende buntscheckige Bild möge einstweilen bestehen bleiben und die endgültige Regelung im Zusammenhang mit einem endgültigen neuen Beamtengesetz erfolgen.

Die Versammlung entschließt entsprechend der Anregung Dr. Ruscheweyh.

Pkt. 3 der TO: Personalbesetzung der Gerichte, Möglichkeit der Berücksichtigung der in den einzelnen Bezirken zur Verfügung stehenden Bewerber sowie von noch in der Ostzone wohnhaften Bewerbern.

Dr. Schetter berichtet anhand der von Köln angefertigten Aufstellung.

Dr. Ruscheweyh: In Hamburg sind 80–85 % der Stellen durch Planstelleninhaber und Geschäftsaufträge besetzt. Es fehlt noch an geeigneten Bewerbern, so dass noch belastete Hilfsrichter aufgrund Beschäftigungsauftrags eingesetzt werden müssen.

Dr. Kuhnt: Im Bezirk Kiel sind rund 100 % der Stellen mit Planstelleninhabern und Geschäftsaufträgen ausgefüllt, etwa 50 % davon mit Planstelleninhabern. Die Nachwuchsfrage lässt sich sehr ungünstig an. Fast sämtliche Kandidaten der Großen Staatsprüfung erklären, dass sie sich der Anwaltschaft oder der freien Wirtschaft zuwenden wollen.

Dr. Frhr. v. Hodenberg: Eine völlige gleichmäßige Berücksichtigung der Bewerber in den einzelnen OLG-Bezirken ist nicht so wichtig wie die Frage, wie der

Ausgleich in den einzelnen Bezirken stattfinden soll. Es fehlt an einer Ausgleichsstelle in der Zone, die insbesondere auf offene Stellen, auf deren Ausschreibung keine Bewerbungen eingegangen sind, die Bewerber hinweisen kann.

Dr. Kuhnt regt hierzu an, im westlichen Teil der Zone ausgeschriebene Stellen, auf die keine Bewerbung eingegangen sei, in den östlichen Bezirken bekanntzugeben.

Dr. Wiefels: Auch im Bezirk Hamm sind genug Bewerber vorhanden. Bewerbungen für einzelne ausgeschriebene Stellen bleiben aber mitunter aus, weil keine Wohnung für den Bewerber vorhanden ist.

Dr. Koch: Die behandelten Fragen sind auch schon verschiedentlich beim ZJA geprüft, es haben sich bisher aber keine Wege finden lassen, um dem unbefriedigenden Zustand abzuhelfen. Auch auf der letzten Tagung mit den Ministern haben wir uns mit diesen Fragen befasst. Zu erwägen ist, ob auf offene Stellen, auf die nach erfolgter Ausschreibung keine Bewerbung eingegangen ist, im Zentraljustizblatt hingewiesen werden soll.

Dr. Moericke: Es kommt entscheidend darauf an, dass versetzte Beamte auch für ihre Familie eine Zuzugsgenehmigung erhalten.

Pkt. 4 der TO: Einweisung der bei den Spruchgerichten und Anklagebehörden der Spruchgerichte tätigen Beamten in Planstellen.

Dr. Kuhnt berichtet und wirft dabei die Frage auf, ob, wenn ein in der Spruchgerichtstätigkeit tätiger Beamter schon jetzt in eine Planstelle übernommen werde, diese Übernahme bei der Zahl der in den Bezirk übernehmenden Beamten angerechnet werde und dieser Beamte schon jetzt aus der Spruchtätigkeit ausscheide.

Dr. Koch: Die bei den Spruchgerichten tätigen Beamten müssen ruhig und unabhängig ihrer Arbeit nachgehen können. Es handelt sich hierbei um ein Problem des Rechtsstaats. Der Generalinspekteur hatte zunächst erwogen, durch eine mit Genehmigung der MR zu erlassenen VO zu bestimmen, dass die Beamten in Planstellen zu übernehmen seien. Diese Frage wird aber am besten durch gegenseitiges Entgegenkommen mit den einzelnen Bezirken gelöst.

An Beamten des höheren Dienstes sind zurzeit beim Generalinspekteur insgesamt 248 beschäftigt.

Davon würden entfallen auf

	NRW	**Nieders.**	**Schl.-Holst.**	**Hamburg**
	58 %	22 %	8 %	10 %
	145	56	10	27
von den einzelnen LJVw. zur Verfügung gestellt	38	13	1	8

	NRW	Nieders.	Schl.-Holst.	Hamburg
zu übernehmen wären demnach noch	107	43	14	19

Die einzelnen Herren haben bereits ihre Wünsche mitgeteilt. Sie sind auf besonderen Listen für die einzelnen Bezirke zusammengestellt, die ich heute noch den einzelnen Bezirken überreichen werde. Erklärt im Bezirk bezüglich einer dieser Beamten die Übernahme, so ist eine Beförderung derselben bei den Spruchgerichten nicht mehr möglich. Es ist bereits angeregt, bei den Ländern zusätzliche Planstellen zu schaffen.

Dr. Frhr. v. Hodenberg weist darauf hin, dass sich Tüchtige und Untüchtige unter diesen Beamten befänden.

Dr. Moericke: In Gegenwart des Generalinspekteurs ist gerade diese letzte Frage ausführlich besprochen. Er hat völliges Verständnis hierfür und hat zugesagt, dass er bei Empfehlungen einen besonders strengen Maßstab anlegen werde. Eine Reihe von Richtern und StA werde er nicht zur Anstellung empfehlen können.

Dr. Koch: Wird hinsichtlich eines Beamten die Übernahmeerklärung abgegeben, so wird dieser Beamte bei der endgültig zu übernehmenden Zahl angerechnet. 3.300 von insgesamt 24.000 Spruchsachen sind bereits erledigt. Nach der bisherigen Entwicklung ist mit einem Abschluss der Spruchtätigkeit zu Juni/Juli 1948 zu rechnen. Beschäftigt sind rund 150 StA und 80 Richter. Wenn heute Bedenken geäußert werden, ob diese große Zahl von StA unterzubringen ist, so ist zu berücksichtigen, dass aufgrund des Wirtschaftsverwaltungsgesetzes sehr viele neue StA benötigt werden. Denn ob ein öffentliches Interesse an einer Strafverfolgung besteht und daher die Ahndung im gerichtlichen Strafverfahren oder im Ordnungsstrafverfahren zu erfolgen hat, wird in sämtlichen Verfahren von der StA geprüft und entschieden; ihr sind daher von den Stellen der Verwaltung sämtliche Sachen zu diesem Zweck zuzuleiten.

Dr. Koch überreicht anschließend den einzelnen Bezirken die für sie in Betracht kommende Liste der Bewerber.

Punkt 5 der TO: Besprechung der VO Nr. 92 (Mark = Mark).

Dr. Frhr. v. Hodenberg berichtet vor allem über die Entwicklung der Rechtsprechung bis zum Erlass der VO Nr. 92, die sich immer mehr der im Urteil des OLG Kiel vertretenen Auffassung angeschlossen habe. In dem abweichenden Urteil des OLG Köln seien noch Gesichtspunkte zugrunde gelegt, die durch die Entwicklung als überholt anzusehen seien. Dr. Frhr. v. Hodenberg empfiehlt eine Entschließung, beim ZJA eine AussetzungsVO für Kapitalanlagen auf lange Sicht anzuregen.

Dr. Kuhnt: Es handelt sich um eine hochpolitische Angelegenheit, bei der eine vorsichtige Prüfung geboten ist.

Dr. Koch macht nähere Mitteilungen über die Vorgeschichte der VO Nr. 92, die auf eine Anregung des gemeinsamen deutschen Finanzrats zurückgehe. Justizpräs. Dr. Kiesselbach habe bei allen Verhandlungen mit Entschiedenheit betont, dass er ein ausgesprochener Gegner der VO sei. Den Gründen, die nach den Ausführungen von Dr. Frhr. v. Hodenberg gegen die durch die VO Nr. 92 getroffene Regelung sprächen, stimme er zu. Das ZJA habe alles getan, um den Erlass dieser VO zu verhindern.

Dr. Wiefels: Bei der künftigen Währungsreform wird es vollkommen gleichgültig sein, ob jemand noch eine Forderung zusteht oder ob er bereits Zahlung erhalten hat.

Dr. Schetter: Die gegen das Urteil Kiel in anderen Urteilen aufgeführten Gesichtspunkte sind durch die Entwicklung überholt, und die VO Nr. 92 ist unhaltbar geworden.

Dr. Koch: Nachdem die VO einmal erlassen ist, würde ihre Aufhebung zu einem Zusammenbruch der Wirtschaft führen.

Dr. Mansfeld: Die VO muss als sehr unbillig empfunden werden.

Dr. Ruscheweyh regt an, die Aussprache ohne Beschlussfassung abzuschließen und Dr. Koch zu bitten, die heutige Aussprache zur Kenntnis zu nehmen und sie in der dem ZJA geeignet erscheinenden Weise zu verwerten.

Dr. Frhr. v. Hodenberg: Es müssen Maßnahmen erwogen werden, um aus der durch die VO geschaffenen Lage herauszukommen.

Schmidt-Ranke: Die VO kann den Richter in einen Konflikt bringen, ob er der Regelung der VO u.U. seine Anerkennung zu versagen hat.

Die abschließende *Abstimmung* über die Anregung Ruscheweyhs, es ohne Entschließung bei der Aussprache zu belassen, ergibt ein *Stimmenverhältnis von 4:4.* Als der Vorsitzende dazu bemerkt, dass der Antrag Ruscheweyhs damit angenommen ist, weil der Vorsitzender dafür gestimmt habe, erhebt sich zur Geschäftsordnung eine Debatte, bei welcher der eine Teil die Auffassung vertritt, dass bei Stimmengleichheit ohne Rücksicht auf die Stimme des Vorsitzenden ein Antrag abgelehnt sei, während der andere Teil dem Vorsitzenden das ausschlaggebende Stimmrecht zubilligt.

Eine anschließende Abstimmung über die grundsätzliche Frage, ob bei Stimmengleichheit die Stimme des Vorsitzenden den Ausschlag gibt, ergibt ein Stimmenverhältnis von 5:3 für das ausschlaggebende Stimmrecht des Vorsitzenden.

Aufgrund dieser letzteren Abstimmung stellt der Vorsitzende fest, dass damit der *Beschluss, dass ohne Entschließung* es bei *der Aussprache* zu Punkt 5 TO *sein Bewenden halten solle,* nunmehr endgültig *gefasst* sei.

Punkt 6 der TO: Justiz und Presse

Dr. Schetter berichtet und verneint dabei die Frage, ob der bisherige Rechtsschutz nicht ausreichend sei.

Dr. Kuhnt: Man müsse unterscheiden zwischen der Schilderung wahrer Zustände durch die Presse. Hiergegen dürfe nichts unternommen werden, andernfalls komme man zu einem besonderen Recht zugunsten der Justiz. Auf der anderen Seite bestände die Schilderung unwahrer und entstellter Tatsachen. Er selbst sei früher jahrelang Pressereferent im Justizmin. gewesen. Ein sog. Maulkorbgesetz zugunsten der Justiz sei bedenklich und stelle einen Versuch mit untauglichen Mitteln dar. Gegenüber einem Maulkorbgesetz könnten Abgeordnete unter dem Schutz der Immunität das vorbringen, was der Presse unmittelbar versagt sei. Wahrheitsgetreue Berichte eines Vorgangs im Parlament seien geschützt. Ein Maulkorbgesetz würde daher nur böses Blut machen und nicht zum Erfolg führen.

Dr. Ruscheweyh: Bei der für Ende November in Hamburg vorgesehenen Pressetagung wird Präs. Dr. Klaas über die Schwierigkeiten sprechen, die die Presse der Justiz macht. Persönlich halte ich es nach wie vor für unklug, Gesetze zu erlassen, durch die die Meinungsäußerung eingeschränkt wird.

Dr. Wiefels: Als Abhilfe kommt in Frage persönliche Fühlungnahme mit den Zeitungen selbst. Presseangriffe beziehen sich meist auf Strafsachen, und vielfach ist der Angriff berechtigt. Abhilfe könnte in sehr vielen Fällen dadurch geschaffen werden, dass die StA sich in weiterem Umfange als bisher zur Einlegung von Revisionen entschließt.

Dr.Frhr. v. Hodenberg gibt der Meinung Ausdruck, dass alsbald etwas geschehen müsse.

Dr. Moericke: In Thüringen ist die Verächtlichmachung und der Eingriff in ein schwebendes Verfahren unter Strafe gestellt durch § 145 c StGB. Die persönliche Fühlungnahme mit der Presse hat Schiffbruch erlitten. Der Nieders. Landtag hat schärfsten Kampf angesagt gegen jedes Bestreben, die Kritik einzuschränken.

Dr. Ruscheweyh: Eine gesetzliche Regelung müsse vom ZJA erfolgen. Da dieses keine Volksvertretung hinter sich hat, würde es allein die Verantwortung tragen. Das ist bedenklich.

Dr. Koch: Bislang bin ich noch Gegner eines solchen Gesetzes. Anfang dieses Jahres, als eine gesetzliche Regelung zum ersten Male erwogen wurde, wäre ein solches Gesetz sicher verfrüht gewesen. Man soll abwarten, wie die Haltung der Presse sich gestalte. Ich habe immer noch die Hoffnung, dass durch Einflussnahme eine Erziehung der Presse noch gelingt. Es erscheint mir aber empfehlenswert, dass alle einschlägigen Artikel gesammelt und dem ZJA zugeleitet werden, damit sie notfalls der Presse vorgelegt werden können, um dieser zu beweisen, dass die Kritik über das zulässige Maß hinausgeht. Man muss auf diesem Gebiet Geduld haben. Unter Umständen mag man später, nachdem weitere Erfahrungen gesammelt sind, eine gesetzliche Regelung erneut erwägen.

Dr. Mansfeld: Es handelt sich um eine eminent politische Frage. Ein Mindestmaß von Schutz für die Justiz gegenüber der Presse muss es geben, sonst leidet die Justiz Schaden. Mit einer gesetzlichen Regelung darf nicht mehr zu lange gewartet werden. Der Schutz, den die englische MR für ihre Gerichte für nötig hält, geht außerordentlich weit. Eine gesetzliche Regelung mag jetzt noch verfrüht sein, aber auf die Dauer wird es nicht mehr so weitergehen können wie bisher.

Schmidt-Ranke schließt sich der Auffassung von Dr. Mansfeld an.

Dr. Koch gibt zu erwägen, ob nicht bereits dadurch eine Abhilfe sich anbahnen könne, dass aus Kreisen der Justiz der Presse mehr Beiträge zur Verfügung gestellt würden, durch die auch „vielleicht etwas Gutes" aus dem Bereich der Justiz der Öffentlichkeit zugänglich gemacht würde.

Ergebnis der Aussprache: Es besteht Übereinstimmung darüber, dass für gesetzgeberische Maßnahmen nur das ZJA zuständig ist und dass zunächst noch die Pressekonferenz in Hamburg Ende November abgewartet werden soll.

Punkt 8 der TO: Besetzung von Richterstellen durch Juristen, die aus einer christlichen Kirchengemeinde ausgetreten sind.

Dr. Frhr. v. Hodenberg berichtet.

Dr. Kuhnt: Es ist Privatsache des Einzelnen, wie er zu religiösen Fragen steht. An sich ist daher der Austritt aus der Kirche für einen Beamten ohne Bedeutung, sofern der Austritt nicht Ausfluss einer Kriecherei ist. Es handelt sich um eine Frage der verwaltungsmäßigen Taktik, ob und wieweit man bei der Besetzung kleiner einstelliger AG Rücksicht nehmen soll.

Dr. Ruscheweyh stimmt diesen Ausführungen zu. Eine Entschließung wird nicht gefasst.

Punkt 9 der TO: Behandlung von Richtern, die in die Kategorie III und IV eingereiht sind.

Dr. Frhr. v. Hodenberg bittet, diesen Punkt von der TO abzusetzen. Es findet dann aber doch noch eine Erörterung statt.

Dr. Kuhnt: In folgender Reihenfolge sind die einzelnen Gruppen zu berücksichtigen: Erst die Sonderklasse, dann Kategorie V und schließlich Kategorie IV, sofern nicht besondere Umstände im einzelnen Fall vorliegen.

Dr. Mansfeld: Nach den Erfahrungen ist es rein zufällig und damit willkürlich, ob eine Einstufung in V oder IV erfolgt. Es kommt darauf an, wo der Beamte seinen Wohnsitz hat und wie die einzelne Strafkammer ihn einstuft. Daraus ergeben sich größte Verschiedenheiten und Willkürlichkeiten.

Dr. Frhr. v. Hodenberg, Dr. Mansfeld und *Dr. Schetter* heben ebenfalls hervor, dass die Einstufung vollkommen willkürlich sich auswirke.

Dr. Kuhnt: Da in Schleswig-Holstein ein Landesausschuss einheitlich für Richter, StA und Rechtsanwälte zuständig ist, kommen hier so große Ungleichheiten wie in anderen Bezirken nicht vor.

Dr. Ruscheweyh: In Hamburg ist die Lage wie in Schleswig-Holstein. Beförderungen von Beamten aus Gruppe IV werden nicht ausgesprochen, sondern nur aus Gruppe V.

Schmidt-Ranke: Im Bereich des früheren Landes Oldenburg ist die Einstufung wohl richtig, nicht aber in den LG-Bezirken Aurich und Osnabrück. Hier besteht auch die größte Ungleichheit.

Dr. Frhr. v. Hodenberg: Bei Einstufung in Gruppe IV besteht ein Anspruch des bestätigten Beamten auf seine alte Planstelle.

Dr. Kuhnt: In Schleswig-Holstein besteht ein Landesgesetz, nach welchem bei Einstufung in IV ein Anspruch auf die alte Planstelle nicht gegeben ist.

Dr. Wiefels: Der Justizmin. Nordrhein-Westfalen hat mich ermächtigt, bei Einstufung in IV einen Richter auch in eine andere Stelle einzusetzen. Bei Rechtsanwälten ist die Rechtslage im Bezirk Hamm jedoch anders.

Punkt 10 der TO: Wiedereinführung der Gerichtsferien.

Dr. Ruscheweyh berichtet: Die Meinungen in Hamburg sind geteilt. Ich persönlich bin für Wiedereinführung der Gerichtsferien vor allem aus meiner früheren anwaltlichen Erfahrung heraus.

Dr. Kuhnt: Gerichtsferien passen wohl nicht mehr so ganz in die gegenwärtige Zeit, aber die Anwaltschaft legt wohl den größten Wert auf Wiedereinführung.

Lingemann: Aus Gründen der Belange der Anwaltschaft spreche ich mich für Wiedereinführung aus.

Dr. Schetter und *Dr. Wiefels* halten eine Wiedereinführung noch für verfrüht.

Dr. Frhr. v. Hodenberg: Durch die Gerichtsferien tritt kein Stillstand ein. Das Maß der Arbeit wird dadurch auch nicht verringert. Gefühlsmäßig mögen die Gerichtsferien wohl unpopulär sein. Das Interesse des Gerichtsbetriebes und der Beschleunigung sprechen aber wohl für eine Wiedereinführung, auch die Unterkunftsmöglichkeiten für Beamte, die eine Urlaubsreise beabsichtigen.

Die Versammlung spricht sich mit einem Stimmenverhältnis von *4:4 gegen eine Wiedereinführung der Gerichtsferien aus,* wobei die Stimme des Vorsitzenden den Ausschlag gibt.

Punkt 11 der TO: Wiedereinführung der Präsidien bei den OLG und LG.

Dr. Frhr. v. Hodenberg berichtet: Aus Gründen der rechtsstaatlichen Sicherung muss die Frage der Geschäftsverteilung wieder unabhängigen Stellen übertragen werden, damit Eingriffe der Verwaltung auf diesem Gebiet unmöglich sind. Der Apparat muss aber weniger schwerfällig sein als früher; bei einzelnen sehr großen Gerichten bestand das Präsidium früher aus mehr als 100 Personen. Es kommt daher eine Verkleinerung des Präsidiums in Frage etwa in der Weise: Präsident des Gerichts, zwei Direktoren bzw. Senatspräs. und zwei Räte. Für Eilfälle wäre wohl vorzusehen, dass der Präsident zunächst allein die Regelung trifft, dass diese aber binnen einer Woche vom Präsidium genehmigt werden muss.

Dr. Kuhnt: Ich bin ebenfalls für die Wiedereinführung eines unabhängigen Gremiums, damit auf diesem Gebiet die Freistellung von politischen Einflüssen und ministeriellen Instanzen gesichert ist. Für eine besondere Regelung für Eilfälle vermag ich mich nicht auszusprechen.

Dr. Ruscheweyh: In Hamburg besteht bereits wieder die alte Übung. Die Handhabung funktioniert gut.

Dr. Mansfeld: Auch in Braunschweig sind die Präsidien bereits wieder eingeführt.

Dr. Schetter spricht sich für eine Wiedereinführung der Präsidien und eine Verkleinerung derselben auf vielleicht höchstens fünf bis sieben Mitglieder aus.

Lingemann und *Dr. Wiefels* schließen sich dieser Auffassung an.

Schmidt-Ranke weist darauf hin, dass für Eilfälle bereits eine Regelung in § 64 Abs. 2 GVG enthalten sei (Vermerk des Protokollführers: Die Bestimmung des § 64 Abs. 2 ist durch Gesetz vom 4.7.1933, RGBl. I S. 451 eingeführt).

Ergebnis: a) Es besteht Übereinstimmung darüber, dass die Präsidien wieder einzuführen sind. – b) Bei der Frage der Verkleinerung der Präsidien ergibt die Abstimmung ein Stimmenverhältnis von 5:3 zugunsten einer Verkleinerung.

Punkt 12 der TO: Einführung der Stenografie im Strafverfahren

Dr. Frhr. v. Hodenberg berichtet über die bestehende Rechtslage und weist auf die Entscheidung des RG in Strafsachen Bd. 55 S. 1 ff. aus dem Jahre 1920 hin. Danach ist die Verwendung der Kurzschrift im Strafverfahren nicht zulässig. Die Verwendbarkeit der Stenografie im Strafverfahren ist aber dringend erwünscht und eine Regelung entsprechend dem im Jahre 1924 eingeführten § 163 a ZPO zu erstreben. Eine solche Verwendung kommt sowohl für das Vorverfahren in Frage (§§ 180, 168 StPO), wie auch für kommissarische Vernehmungen (§§ 223, 233 StPO), wie auch für die Feststellung von Vorgängen in der Hauptverhandlung usw. nach § 273 Abs. 3 StPO.

Dr. Ruscheweyh: In Hamburg haben wir schon immer die Stenografie im Strafverfahren verwandt.

Ergebnis: Es besteht Übereinstimmung darüber, dass eine Verwendung der Kurzschrift im Strafverfahren durch eine entsprechende gesetzliche Regelung anzustreben ist.

Punkt 13 der TO: Löschung von Sperrvermerken im Grundbuch

Dr. Kuhnt berichtet über die Schwierigkeiten, die sich aus den formellen Bestimmungen der GBO ergeben können.

Dr. Koch gibt zu erwägen anheim, ob an die MR generell eine Anregung wegen der Herbeiführung der Löschung herangetragen werden solle.

Dr. Frhr. v. Hodenberg weist darauf hin, dass in einem LG-Bezirk des OLG Celle die Property Control sich allgemein mit einer Löschung der Sperrvermerke einverstanden erklärt habe und darauf die Löschungen von Amts wegen in diesem Bezirk erfolgten. Es sei nunmehr vielleicht Folgendes zu erwägen: Bei der Verfügungsbeschränkung des Gesetzes Nr. 52 der MR handle es sich um ein absolutes Veräußerungsverbot, das an sich nicht eintragungsfähig sei. Erst aufgrund besonderer Sperrersuchen der MR sei es eingetragen und eintragungsfähig geworden. Nachdem nunmehr infolge der aufgrund einer Anweisung der MR erlassenen AV des ZJA vom 6.7.1947 (ZJBl. S. 14) die Eintragung von Sperren entfallen sei, erscheine die Auffassung vertretbar, dass die Sperren nunmehr wieder unzulässige Eintragungen darstellten. Eine Löschung derselben von Amts wegen erscheine daher unbedenklich, wenn gleichzeitig mit der Löschung die Aufnahme der gesperrten Personen in die Liste der gesperrten Personen erfolge.

Ergebnis: Es besteht Übereinstimmung darüber, dass entsprechend den von Dr. Frhr. v. Hodenberg entwickelten Gesichtspunkten verfahren werden soll und die Grundbuchämter in den einzelnen Bezirken entsprechend unterrichtet werden.

Punkt 14 der TO: Angleichung des allgemeinen Dienstalters an das Besoldungsdienstalter im Falle von Wiedergutmachung.

Dr. Frhr. v. Hodenberg berichtet: Diese Frage ist im Allgemeinen erledigt. Auch ein beauftragter Richter, der früher bereits eine Richterstelle innegehabt hat, wird nach seinem früheren allgemeinen Dienstalter zu behandeln sein. Das Dienstalter früherer Rechtsanwälte führt aber zu Schwierigkeiten und Unstimmigkeiten, wenn diese zusammen mit jüngeren Richtern in einer Kammer oder einem Senat sitzen. Es müsste daher die Möglichkeit geschaffen werden, das allgemeine Dienstalter in solchen Fällen anderweit festzusetzen.

Dr. Kuhnt: Die Angelegenheit ist regelungsbedürftig. Man kann eine Regelung dahin erwägen, dass das allgemeine Dienstalter dem Besoldungsdienstalter angeglichen wird.

Von verschiedenen Seiten werden gegen diesen Vorschlag Bedenken erhoben.

Ergebnis: Es besteht Übereinstimmung darüber, dass eine Verbesserung des allgemeinen Dienstalters in den behandelten Fällen möglich sein muss. Die Frage, ob diese Regelung durch Angleichungen des Besoldungsdienstalters zu lösen ist, wird noch weiter zu prüfen sein.

Punkt 15 der TO: Eheschließung von Angehörigen der Brit. Streitkräfte mit deutschen Frauen.

Dr. Schetter berichtet entsprechend seinem Schreiben vom 29.9.1947.

Dr. Wiefels: Im Bezirk Hamm ist es inzwischen gelungen, die bestehenden Schwierigkeiten auszuräumen. Englische Zivilbeamte erhalten die Heiratserlaubnis erst, wenn sie vorher auch dem deutschen Standesbeamten ihre Papiere vorgelegt haben. Für Soldaten wird dasselbe erstrebt. Von der englischen Dienststelle soll die Erlaubnis zur Eheschließung nur mehr erteilt werden, wenn die Eheschließung gleichzeitig oder unmittelbar nacheinander sowohl nach englischem wie nach deutschem Recht erfolgen kann.

Dr. Kuhnt: Auch im Bezirk Kiel ist es bereits erreicht, dass beide Eheschließungen dicht zusammenliegen.

Dr. Mansfeld: Die Lage in Braunschweig ist wie in Schleswig-Holstein.

Dr. Ruscheweyh: In Hamburg ist die Regelung im Gange.

Punkt 16 der TO: Erneute Beeidigung der Notare, die bereits als Rechtsanwalt nach dem Gesetz Nr. 2 der MR beeidigt sind. – Entsprechend der Anregung von Dr. Frhr. v. Hodenberg wird dieser Punkt ohne Erörterung als erledigt angesehen.

Punkt 17 der TO: Bericht über eine Besprechung des Friedensrichterproblems mit den JMin. der amerikanischen Zone am 22.10.1947 in Stuttgart.

Dr. Schetter berichtet. An der Besprechung haben auch Vertreter des ZJA teilgenommen, auch Vertreter aus der Franz. Zone waren inoffiziell anwesend. In Württemberg-Baden sollen wieder Friedensgerichte eingeführt werden; und zwar gemeindliche in den kleineren Gemeinden und staatliche in den größeren Gemeinden. Erwogen wird dort auch die Einrichtung eines Oberfriedensrichters als Rechtsmittelstelle.

Dr. Mansfeld: Bei der in Württemberg-Baden erstrebten Regelung handelt es sich anscheinend um die Wiederherstellung eines Zustandes, wie er dort früher bereits bestanden hat.

Ergebnis: Der Bericht Dr. Schetter wird zur Kenntnis genommen und Dr. Schetter gebeten, die OLG-Präs. weiter auf dem Laufenden zu halten.

Punkt 10 der TO: Anrechnung der Teilnahme an Tagungen auf den Erholungsurlaub.

Dr. Frhr. v. Hodenberg berichtet über die bestehende Rechtslage und bezeichnet es als erwünscht, dass in weiterem Umfange als bisher eine Teilnahme an Tagungen ohne Anrechnung auf den Erholungsurlaub ermöglicht werde, z.B. an den Tagungen in Hermannsburg und auch an den pädagogischen Tagungen, die vom Kultusminister Dr. Grimme veranstaltet würden.

Dr. Kuhnt, Dr. Mansfeld und *Lingemann* sprechen sich gegen eine Erweiterung der Nichtanrechnung aus.

Punkt 19 der TO: Ausdehnung der Voruntersuchung, wird auf Vorschlag von *Dr. Frhr. v. Hodenberg* zunächst zurückgestellt.

Punkt 20 der TO: Unrichtige Angaben von Beamten über ihre frühere politische Tätigkeit.

Dr. Frhr. v. Hodenberg berichtet: Zwei Fälle sind zu unterscheiden: Unrichtige Angaben bei der jetzigen Ausfüllung der Fragebogen und unrichtige frühere Angaben vor dem Zusammenbruch. Selbstreinigung durch die Justiz im Wege von Disziplinarmaßnahmen sei besser als zunächst die Entnazifizierungsausschüsse mit den Fällen zu befassen.

Dr. Kuhnt: Es kommt darauf an, nach welcher Seite im einzelnen Falle der Schwerpunkt des Verstoßes liegt und je nach dem wird eine Bestrafung im Disziplinarwege oder eine politische Beurteilung naheliegen.

Dr. Wiefels: Fälle dieser Art sind im Bezirk Hamm verhältnismäßig häufig, namentlich bei den Ostverdrängten. Kleinere Verstöße werden nicht weiter verfolgt, mit Verweis und dergleichen ist nicht gedient. Bei allen schweren Fällen ist nicht das Disziplinarverfahren das Richtige. Bei beauftragten Richtern wird der Auftrag widerrufen. Bei Richtern in Planstellen habe ich mir von der MR die Ermächtigung geben lassen, diese Richter zu suspendieren. Denn es handelt sich um eine politische Frage, die Sache der MR ist.

Schmidt-Ranke: Wie im Bezirk Hamm wird bei der Zentralkarteistelle (Akten des früheren Justizministeriums) auf dem Weg über die MR angefragt und die MR nimmt sich daher des Weiteren der Sache an.

Dr. Ruscheweyh: In Hamburg wird von vornherein eine Anfrage an die Zentralkarteistelle gerichtet. Bei schweren Verstößen wird das Disziplinarverfahren eingeleitet. Von der MR werden diese Sachen nach Möglichkeit ferngehalten.

Dr. Frhr. v. Hodenberg: Es handelt sich nicht um eine Angelegenheit der MR, der diese Sachen daher grundsätzlich fernzuhalten sind. Ob der Beamte früher unrichtige Angaben gemacht hat oder ob er sie jetzt macht, ist für die Beurteilung gleichgültig.

Dr. Moericke: Im JMin. Niedersachsen werden Lüge und Unwahrhaftigkeit, auch in früherer Zeit begangene, als sehr ernst und als Ausdruck einer absoluten Unanständigkeit angesehen. Da wird hier ein sehr strenger Standpunkt vertreten, aber es erfolgt eine individuelle Behandlung in jedem einzelnen Falle.

Punkt 1 und 2 der TO: Veröffentlichung von Urteilen und Behandlung des Zeitschriftenwesens.

Dr. Ruscheweyh Als Berichterstatter bezeichnet den Punkt 1 als durch das Schreiben des Verlags Lambert Schneider erledigt. Er vertritt weiter den Standpunkt, dass eine Überlassung von Unterscheidungen an die „Juristische Rundschau“ und die „Neue Juristische Wochenschrift“ seitens der Justizverwaltungen in der Brit. Zone nicht zu fördern sei, da für die Brit. Zone eine Unterstützung der „Monatszeitschrift für Deutsches Recht“ in Betracht komme.

Dr. Schetter berichtet zu 2 b der TO (Entscheidungssammlung der Strafsenate) gemäß seinem Schreiben vom 17.10.1947.

Dr. Kuhnt weist darauf hin, dass diese Frage eng mit der demnächstigen Praxis des Obersten Zonengerichts zusammenhänge. Es komme darauf an, dass die tragenden Gedanken der einzelnen Urteile erfasst würden.

Dr. Mansfeld: An einer zentralen Stelle muss eine Sammlung wie früher beim RG in Form von Repertorien vorhanden sein.

Dr. Koch: Nicht nur beim demnächstigen Obersten Gerichtshof, sondern bei jedem OLG muss ein übereinstimmendes Repertorium vorhanden sein.

Dr. Frhr. v. Hodenberg: Es kommt nicht darauf an, dass alle Entscheidungen zwecks Berücksichtigung (nach §§ 35, 36 des bisherigen Entwurfs für die Schaffung eines Obersten Gerichtshofes in der Zone) erfasst werden. Das ist auch bei der zum Vergleich heranzuziehenden Bestimmung des § 28 GVG nie der Fall gewesen. Nur veröffentlichte Entscheidungen werden zu berücksichtigen sein. Entschließt man sich für Aufstellung des Repertoriums, so wird dieses zweckmäßig beim Obersten Gerichtshof geführt. An dieses müssten vollständige Abschriften aller wichtigen Entscheidungen von den OLG entsandt werden. Der Oberste Gerichtshof bestimmt dann darüber, ob und welche Leitsätze in Frage kommen, nimmt sie in das Repertorium auf und teilt Abschriften den einzelnen OLG mit.

In Celle ist die *Frage* aufgeworfen, *für das neue Landwirtschaftsrecht* (Kontrollgesetz Nr. 45 und VO der MR Nr. 84) den Bedürfnissen nach einer *Entscheidungssammlung* (entsprechend früher *Vogels-Hopp* für das Erbhof- und Pachtschutzrecht) besteht.

Dr. Wiefels spricht sich dagegen aus, dass für jedes Gebiet eine besondere Entscheidungssammlung erscheint. Die auf dem Gebiete des Landwirtschaftsrechts ergehenden grundsätzlichen Entscheidungen werden zu dem bereits in der von Lambert Schneider geplanten Sammlung von Entscheidungen der OLG Aufnahme finden.

Punkt 21 der TO: Betriebsvereinbarungen in der Justiz.

Dr. Ruscheweyh berichtet zu der Betriebsvereinbarung zwischen dem ZJA und dem Zentralbetriebsrat „Justiz". Bei der Bestimmung des § 6 ergeben sich Bedenken wegen der Zustimmung des Betriebsrats in den dort geregelten Fällen. Wenn diese Bestimmung dahin auszulegen ist, dass eine Zustimmung des Betriebsrats bei hoheitsrechtlichen Angelegenheiten nicht in Frage kommt, würden diese Bedenken entfallen.

Vor Abschluss einer Vereinbarung wäre eine Anhörung der Justizverwaltungen durch das ZJA wohl erwünscht gewesen. Meine heutige Anregung soll nur eine Aussprache, nicht aber eine Beschlussfassung herbeiführen.

Dr. Kuhnt: Gemäß meinem Schreiben vom 27.10.1947 ist für den OLG-Bezirk Kiel bereits eine Betriebsvereinbarung abgeschlossen. Schwierigkeiten sind nicht zu besorgen. Vor allem gelten die Bestimmungen des § 6 nur im Rahmen des § 5.

Dr. Mansfeld: Von dem Abschluss der Betriebsvereinbarung durch den ZJA bin ich schmerzlich betroffen. Eine Anhörung der Landesjustizminister und der OLG-Präs. wäre erwünscht gewesen. Aus der Betriebsvereinbarung ergeben sich

Unklarheiten, die zu Reibungen führen können. Außer den von Dr. Ruscheweyh hervorgehobenen Bedenken ergeben sich auch Bedenken gegen die Bestimmung in § 2 über die Verschwiegenheitspflicht. Der Betriebsrat entscheidet darüber, ob die Verschwiegenheitspflicht besteht oder nicht. Auch die Auswirkungen der Betriebsvereinbarung auf nicht zum Betriebsrat gehörige Behördenmitglieder muss berücksichtigt werden.

Dr. Frhr. v. Hodenberg stimmt Dr. Mansfeld zu. Vor allem würden durch die Betriebsvereinbarungen falsche Hoffnungen vom Betriebsrat über den Umfang seiner Befugnisse erweckt, die zu Enttäuschungen später führen müssten. Es seien daher nachteilige Auswirkungen zu befürchten.

Dr. Kuhnt: Die Betriebsvereinbarung ist nach langwierigen Verhandlungen getroffen und dabei, wie es in solchen Fällen die Regel ist, ein Kompromiss zustande gekommen. Bei allen Zonenverwaltungen sind bereits entsprechende Betriebsvereinbarungen getroffen. Sie waren vor allem erforderlich, da die Zonenverwaltungen keiner parlamentarischen Kontrolle unterstehen. Ob die Landesjustizverwaltungen entsprechende Betriebsvereinbarungen abschließen werden, wird abzuwarten bleiben und ist nicht ohne weiteres anzunehmen. Vor Abschluss der Betriebsvereinbarung durch das ZJA ist den Gewerkschaftsvertretern voll Aufklärung über den Rahmen ihrer Befugnisse gegeben worden. Die Betriebsvereinbarung ist für die Justiz völlig ungefährlich, weil sie sich nur auf Angestellte und Arbeiter bezieht.

Dr. Schetter: Es wird darauf ankommen, die Abweichungen in den einzelnen Bezirken noch erreichbar sind, ohne dass Beunruhigung entsteht.

Dr. Wiefels: In Nordrhein-Westfalen wird abgewartet, bis das Justizministerium zu einem Beschluss gekommen ist.

Dr. Moericke: Auch in Niedersachsen soll es wie in Nordrhein-Westfalen gehandhabt werden. Es kommt vor allem auch eine Abstimmung der Zuständigkeiten gegenüber dem Parlament in Betracht.

Punkt 22 der TO: Lebensmittelkarten für die Justiz.

Schmidt-Ranke berichtet: Alle Zulagen für die Justiz sind gestrichen, vor allem erhält auch das OLG keine Zulagen mehr, wenigstens nicht die Geistesarbeiter. Die Reinemachefrauchen erhalten aber ihre Zulagen weiter. Es wird zu erwägen sein, ob ein gemeinsamer Vorstoß seitens der Justiz bei den zuständigen Stellen unternommen werden soll.

Auf eine Frage von Dr. Kuhnt wegen der Lebensmittelzulagen an Gefangene erklärt *Dr. Moericke:* Die Gefangenen erhalten eine Kalorienmenge von 1550 täglich garantiert, während bei der Bevölkerung diese Kalorienmenge zwar auch vorgesehen, aber nicht immer aufgerufen wird. Gefangene, die Schwerarbeit leisten, erhalten daneben Zusatzkarten.

Dr. Ruscheweyh: Vor einem Vierteljahr habe ich eine eingehende Besprechung mit Mr. Rathbone über diese Frage gehabt und ihm eindringlich die Lage geschildert.

Dr. Koch: Vom 1.1.1948 ist der Wirtschaftsrat in Frankfurt (Dir. Dr. Schlange-Schöningen) zuständig. Bis dahin gilt noch die alte Regelung. In der US-Zone ist unter Führung von JMin. Zinn, Hessen eine Eingabe an Dr. Schlange-Schöningen gemacht. Es wird zu erwägen sein, ob vom ZJA im Auftrage der JMin. ein Appell an Dr. Schlange-Schöningen gerichtet werden soll.

Dr. Wiefels: Die MR kann für Behörden Gemeinschaftsverpflegung anordnen und dem Ernährungsamt dabei aufgeben, dass die erforderlichen Lebensmittel dabei zur Verfügung gestellt werden. Die auf diese Weise gewährte Gemeinschaftsverpflegung stehe dem Kalorienwert einer Zusatzkarte gleich.

Dr. Moericke: In Hannover erhalten bei sämtlichen Ministerien die Beschäftigten eine Gemeinschaftsverpflegung von einem täglichen Kaloriensatz von 500.

Dr. Frhr. v. Hodenberg: Die angeregte Gemeinschaftsverpflegung ist nur in größeren Städten möglich. Für Dienstreisen entfällt aber die auf diese Weise mögliche Entlastung. Nimmt die Gemeinschaftsverpflegung größeren Umfang an, so wird damit überhaupt die Ernährungswirtschaft gestört. Zu erwägen wird sein, ob ein Beauftragter des Zentraljustizamts mit Dr. Schlange-Schöningen die Angelegenheit bespricht und diesem gleichzeitig das in Betracht kommende Material unterbreitet.

Ergebnis: Dr. Frhr. v. Hodenberg wird beauftragt, eine noch abzufassende Entschließung für die OLG-Präs. der Brit. Zone beim ZJA einzureichen.

Punkt 24 der TO: Vollstreckungsaufträge aus der russ. Besatzungszone.

Dr. Kuhnt berichtet über die in Betracht kommenden einzelnen Gruppen von Fällen und die sich dabei aus dem Verbot für Schleswig-Holstein ergebenden Schwierigkeiten.

Dr. Frhr. v. Hodenberg verweist auf die Veröffentlichung in der Hann. Rpf. 1946 S. 35 Nr. 3. Als im Bezirk Celle bekannt wurde, dass im Bezirk Köln ein Verbot bestehe, ist bei der Reichsbankleitstelle in Hamburg angefragt worden, die darauf mit Schreiben vom 9.12.1946 (Tgb. Nr. 1167/46) Stellung genommen hat. Dieses Schreiben ist in der Hann. Rpf. 1947 S. 11 Nr. 5 veröffentlicht. Irgendwelche Schwierigkeiten haben sich für den Bezirk Celle nicht ergeben. Ein Verbot der MR besteht hier nicht. Da die in Frage stehenden Forderungen der Sperre nach Gesetz Nr. 52 Art. I Nr. 1 f. unterliegen, muss Zahlung auf ein Sperrkonto erfolgen.

Außerhalb der TO schneidet *Dr. Kuhnt* noch die (von ihm mit Schreiben v. 3.11.1947 – 3131 Ea – angekündigte) Frage der *Pensionierung von Richtern auf Weisung der MR* an.

Dr. Ruscheweyh weist darauf hin, dass die Fragen in dem neuen Entnazifizierungsgesetz aller Voraussicht nach geregelt würden. Auf seine Anregung wird daher die Erörterung dieser Punkte mit Rücksicht auf die zu erwartende Neuregelung zurückgestellt. Eine weitere Erörterung soll auf der nächsten Tagung der OLG-Präs. stattfinden.

Eine *Erörterung der weiteren Punkte* der TO (Nr. 19, 23, 25 und 26) konnte wegen der vorgerückten Zeit nicht mehr stattfinden.

Die *nächste Zusammenkunft* der OLG-Präs. wird für etwa Anfang Februar 1948 in Köln oder auch Godesberg (im Zusammenhang mit der zu diesem Zeitpunkt zu erwartenden Eröffnung des Obersten Gerichtshofes in Köln) in Aussicht genommen.

Um 15.15 Uhr schließt Dr. Kuhnt die Tagung.

gez. Dr. Tasche

XIV. Niederschrift über die Zusammenkunft der Oberlandesgerichtspräsidenten der Brit. Zone in Bad Pyrmont vom 16./17.2.1948

Anwesende:
OLG-Präs. Dr. Kuhnt (OLG Kiel) als Vorsitzender.
OLG Braunschweig: OLG-Präs. Dr. Mansfeld, OLG-Rat Dr. Fricke
OLG Celle: OLG-Präs. Dr. Frhr. v. Hodenberg, OLG-Rat Dr. Tasche (Protokoll), OLG-Rat Dr. Bennefeld
OLG Düsseldorf: OLG-Präs. Lingemann, OLG-Rat Dr. Johnen
OLG Hamburg: OLG-Präs. Dr. Ruscheweyh
OLG Hamm: OLG-Präs. Dr. Wiefels
OLG Kiel: OLG-Präs. Dr. Kuhnt, OLG-Rat Krohn
OLG Köln: OLG-Präs. Dr. Schetter
OLG Oldenburg: Vizepräs. Schmidt-Ranke, OLG-Rat Weitzel
Außerdem:
Justizvizepräs. *Dr. Koch* für das ZJA, JMin. *Dr. Hoffmeister* und StS *Dr. Moericke* für das Nieders. Ministerium der Justiz.

Die Tagung zerfiel in drei Sitzungen:

A. In eine Sitzung am Nachmittag des 16.2, an der nur die Vertreter der OLG-Bezirke Braunschweig, Celle, Hamburg, Kiel und Köln teilnahmen, bereits kurz vor Schluss dieser Nachmittagssitzung erschien aber Justizvizepräs. Dr. Koch.

B. In eine Sitzung am Abend des 16.2. unter Teilnahme sämtlicher als anwesend geführten Personen.

C. In eine Sitzung am Vormittag des 17.2., an der sämtliche als anwesend aufgeführten Personen außer JMin. Dr. Hoffmeister teilnahmen.

A. Nachmittagssitzung am 16.2.

Dr. Kuhnt eröffnet die Tagung. Mit Rücksicht darauf, dass erst fünf OLG-Bezirke vertreten sind, schlägt er vor, zunächst nur die Punkte der TO zu erörtern, bei denen eine Anwesenheit sämtlicher OLG-Präs. nicht erforderlich erscheine.

Punkt 2 der TO: Bestrafung von Wirtschaftsvergehen trotz weitgehender praktischer Aushöhlung der Zwangswirtschaft.

Dr. Mansfeld berichtet gemäß seinem Schreiben vom 22.1.1948 und wirft zum Schluss die Frage auf, ob es noch einen Sinn habe, einige wenige Fälle herauszugreifen und sie der Bestrafung zuzuführen.

Dr. Kuhnt: Es handelt sich um eine hochpolitische Frage. Es ist bedenklich, sich in eine solche Frage einzumischen. Die Gesetze liegen vor, die der Richter anzuwenden hat. Auf einer Tagung der Strafrichter des OLG-Bezirks Kiel mit Vertretern der Wirtschaftsverwaltung hat letztere entschieden in Abrede gestellt, dass alles das, was in der Wirtschaft auf diesem Gebiet vor sich gehe, mit ihrem Wissen geschehe. Ob die bestehenden Gesetze zu ändern sind, das zu entscheiden, ist Aufgabe der für die Gesetzgebung zuständigen Stellen. Hierzu irgendwie eine Resolution zu fassen, ist nicht angebracht. Resolutionen können auch als Eingriff in die Rechtspflege, als Lenkung derselben, angesehen werden.

Dr. Frhr. v. Hodenberg: Schon auf zwei LG-Präs.-Tagungen im Bezirk des OLG Celle ist diese Angelegenheit auf Anregungen aus dem Bezirk heraus verhandelt worden. In Wirklichkeit ist die Planwirtschaft schon zusammengebrochen und nur ein geringer Satz der Fälle wird zur Verurteilung gebracht. An den Erörterungen der LG-Präs. hat ein Vertreter des Landesernährungsamtes Hannover teilgenommen. Dieses ist sich der Sachlage voll bewusst. Um die Wirtschaft aufrecht zu erhalten, sind Deputatlöhne und dergleichen eingeführt. Das hat zwangsläufig dazu geführt, dass auf dem Ernährungssektor die bestehenden Bewirtschaftungsbestimmungen übertreten werden müssen. Die Justiz ist verpflichtet, den Finger auf diese Wunde zu legen, wo Gesetz und Recht auseinanderklaffen. Ein Beschluss, der über die Justizministerien an das ZJA zu leiten wäre, könnte daher heute durchaus gefasst werden, etwa in dem Sinne, dass Bestrafungen auf die Fälle beschränkt werden, in denen die Bestrafung noch dem Rechtsbewusstsein entspricht, nämlich wo aus unlauteren gewinnsüchtigen Motiven gehandelt ist. Durch einen Beschluss würde die Wirtschaftsordnung nicht erschüttert; die Wirtschaftsverwaltung ist bereits zusammengebrochen.

Dr. Kuhnt: Nachdem der Gesetzgeber durch das vor kurzem erst in seinem Wortlaut bekannt gewordene Bewirtschaftsnotgesetz (vom 30.10.1947, VOBl. BZ 1948 2 I) die Frage in aller Form neu geregelt hat, darf vor allem der Standpunkt der Rechtssicherheit nicht außer Acht gelassen werden. In Fällen des gesetzlichen Notstandes kann bereits geholfen werden. Gerade aus dem Gesichtspunkt des Bewirtschaftungsnotgesetzes bedarf die Angelegenheit noch besonders sorgfältiger Prüfung.

Dr. Ruscheweyh schließt sich im Wesentlichen dem Standpunkt von Dr. Kuhnt an. Wenn man den § 153 StPO sehr weitgehend anwendet und eine entsprechende Anregung an die JMin. heranträgt, wird man durchweg zu einem befriedigenden Ergebnis gelangen können.

Dr. Schetter: Mit Rücksicht auf den Konflikt, in dem sich die Richter befinden, muss etwas geschehen. § 153 StPO wird weitgehend eine Handhabe bieten, mit den bestehenden Mitteln aus dem Dilemma herauszukommen. Eine entsprechende allgemeine Anordnung müsste an die Staatsanwaltschaften ergehen.

Dr. Mansfeld: Mit § 153 StPO ist nicht überall zu helfen. Es gibt Fälle, die wirtschaftlich unvermeidbar sind, aber in größtem Umfange Verstöße gegen die Wirtschaftsregelung bedeuten, so dass sie mit § 153 nicht erfasst werden können.

Nach weiterer Erörterung wird auf Anregung von Dr. Ruscheweyh mit Rücksicht auf das Bewirtschaftungsnotgesetz, mit dem man sich zunächst noch weiter behelfen müsse, beschlossen:

Das Thema soll auf der nächsten Tagung der OLG-Präs. weiter erörtert werden. Das Referat wird Dr. Mansfeld und das Korreferat Dr. Kuhnt geben.

Punkt 12 der TO: Sammlung und Austausch von Entscheidungen der OLG in Zivilsachen.

Dr. Kuhnt: Die im ZJBl. laufend erscheinende Zusammenstellung von Entscheidungen erscheint ausreichend. Ein Austausch von Entscheidungen darüber hinaus ist nicht erforderlich.

Dr. Schetter macht Mitteilung davon, dass beim OLG Köln die wichtigeren Entscheidungen den Zeitschriften zur Veröffentlichung, insbesondere dem Verlag Lambert Schneider in Heidelberg zugeleitet und die weniger wichtigen Entscheidungen karteimäßig erfasst würden.

Entsprechend einer *Anregung von Dr. Ruscheweyh,* der *Dr. Frhr. v. Hodenberg* sich anschließt, besteht schließlich Übereinstimmung darüber, dass die Veröffentlichungen des ZJA im Zentraljustizblatt eine ausreichende Zusammenstellung der für die Frage der Zulassung einer Revision zu berücksichtigenden Entscheidungen darstellen.

Punkt 13 der TO: Nebenbeschäftigung von richterlichen Beamten als Assistenten bei juristischen Fakultäten.

Dr. Schetter berichtet: Da zwei Fakultäten im OLG-Bezirk Köln bestehen, ist der Bedarf an Hilfskräften besonders groß. Es taucht daher die Frage auf, wie die Justizverwaltung sich zu den Vergütungen, die sehr unterschiedlich seien und von 100 RM monatlich (für Referendare) über vielleicht 300 RM (bei Assessoren) bis zu 500 RM im Monat betrügen, und auch dazu stellen soll, dass durch diese Inanspruchnahme die Betreffenden der Justiz entfremdet würden.

Dr. Kuhnt: In Kiel sind nur Referendare als Assistenten tätig. Sobald sie das Assessorexamen bestanden haben, scheiden sie aus der Assistententätigkeit aus. Schwierigkeiten sind bisher nicht aufgetreten.

Dr. Ruscheweyh und *Dr. Frhr. v. Hodenberg* erklären ebenfalls, dass im OLG-Bezirk Hamburg bzw. Celle bisher Schwierigkeiten nicht hervorgetreten seien.

Dr. Schetter: In diesem Zusammenhang taucht auch die Frage auf, welches Amt als das Hauptamt anzusehen ist, wenn, wie das in Köln der Fall ist, ein höherer Richter zugleich a.o. Prof. an der Universität ist, und ob dieser Zustand erwünscht sei.

Dr. Ruscheweyh: Solche Fälle haben wir in Hamburg auch, und zwar in der Weise, dass der betreffende Prof. für seine Tätigkeit als Richter eine monatliche Vergütung von 100 RM erhält.

Dr. Kuhnt: Auch beim OLG Kiel sind zwei Professoren nebenamtlich als Richter tätig, die monatlich eine Vergütung von 150 RM für diese Nebentätigkeit beziehen.

Dr. Frhr. v. Hodenberg weist darauf hin, dass auch ein Prof. der Universität Göttingen mit der Anregung hervorgetreten sei, als Mitglied einer Strafkammer in Göttingen tätig werden zu können. Er halte eine solche Lösung für durchaus erwünscht.

Ein Beschluss wird nicht gefasst.

Punkt 8 der TO: Anrechnung des Studiums in Kriegsgefangenenlagern.

Dr. Ruscheweyh berichtet gemäß seinem Schreiben vom 26.11.1947 und bezeichnet eine Anhörung der Nordwestdeutschen Hochschulkonferenz als zweckmäßig.

Dr. Kuhnt: Es bleibt zweckmäßig jedem einzelnen Prüfungsamt überlassen, wie es sich zu dieser Frage stellt. Gewisse Richtlinien sind jedoch zweckmäßig, damit nicht ein Prüfungsamt gegen das andere ausgespielt wird. Wenn jemand aus der Kriegsgefangenschaft heimkehrt, kann nicht sogleich über die Frage der Anrechnung entschieden werden, da noch nicht beurteilt werden kann, was der Einzelne bei den Kursen in Kriegsgefangenenlagern wirklich in sich aufgenommen hat, zumal in den einzelnen Kriegsgefangenenlagern außerordentlich große Verschiedenheiten bestehen werden. Erst nach Teilnahme des Heimkehrers an Übungen oder an Arbeiten im Seminar wird sich die Frage der Anrechnung beantworten lassen. Als Richtlinie erscheint mir zweckmäßig, dass nicht mehr als drei Semester Studium in einem Kriegsgefangenenlager angerechnet werden können. Das würde auch der Regelung des § 2 Abs. 2 Satz 2 GVG entsprechen.

Dr. Ruscheweyh: Für den Heimkehrer ist es natürlich von größter Bedeutung, möglichst bald Klarheit über die Frage der Anrechnung zu bekommen, damit er sich auf die für das weitere Studium erforderlichen Aufwendungen an Zeit und Geld einstellen kann.

Dr. Schetter: Man könnte durchaus mehr als drei Semester anrechnen.

Dr. Frhr. v. Hodenberg: Der Präs. des Prüfungsamts entscheidet. Ihm können wir keine Vorschriften machen. Wir haben uns mit dieser Frage bereits auf unserer Tagung vom 28./29.3.1946 (Nr. 16 der damaligen TO) befasst. Ich bitte, es bei diesem Beschluss zu belassen, bei dem eine Höchstzahl von drei Semestern als anrechnungsfähig bereits ausdrücklich abgelehnt worden ist. Ich halte es für zweckmäßig, dass der Nordwestdeutsche Hochschultag in Göttingen vor einer Entscheidung gehört wird. Endgültiger Bescheid wird gewöhnlich erst erteilt werden können, wenn der Heimkehrer bereits ein Semester an der Universität absolviert hat.

In diesem Zusammenhang möchte ich auch anregen, auf einen größeren *Ausgleich der Prüfungsanforderungen* in den einzelnen Bezirken bedacht zu sein. Beim Prüfungsamt in Celle fielen zunächst durchschnittlich 25 %, später 20 %, dagegen beim Prüfungsamt in Köln durchschnittlich nur 7 % der Kandidaten durch. Diese erheblichen Unterschiede werden sich im Wesentlichen nur mit unterschiedlichen Anforderungen in den beiden Bezirken erklären lassen.

Dr. Kuhnt bittet eine Empfehlung an die Vorsitzenden der Prüfungsämter zu beschließen, dass nicht mehr als drei Semester Studiums in einem Kriegsgefangenenlager angerechnet werden.

Ergebnis: a) Es besteht Übereinstimmung darüber, dass es erwünscht ist, vor einer Entscheidung durchweg bei dem Nordwestdeutschen Hochschultag in Göttingen (Wilhelmplatz 1) anzufragen.

b) Mit einem Stimmenverhältnis von 4:1 wird beschlossen, den Vorsitzenden der Prüfungsämter zu empfehlen, nicht mehr als drei Semester Studiums in Kriegsgefangenenlagern anzurechnen.

Punkt 16 der TO: Pensenschlüssel für die Berechnung der richterlichen Geschäftsbelastung.

Dr. Schetter: Der Pensenschlüssel des OLG-Bezirks Hamm gilt auch für die OLG-Bezirke Köln und Düsseldorf. Er ist vor einiger Zeit neu im JMin. Nordrhein-Westfalen aufgrund von Unterlagen aufgestellt worden, die aus dem früheren RJMin. noch vorhanden waren.

Dr. Mansfeld: Braunschweig hat keinen Pensenschlüssel. Die Arbeitsverhältnisse der Richter sind heute derart abnorm, dass mit durchschnittlichen Arbeitsstatistiken der Sache nicht gedient ist. Die Arbeitskraft in Deutschland wird durchschnittlich mit 40 % der früheren Leistung bewertet. Die höchste englische Arbeitsbehörde in Deutschland nimmt eine Leistung von höchstens zwei Drittel der früheren an.

Dr. Frhr. v. Hodenberg: Es bestehen sicher große Verschiedenheiten gegenüber früher. Die O-Sachen beim LG haben z.B. nachgelassen. Die Tätigkeit beim AG in Zivilsachen ist dagegen mit der Heraufsetzung der Zuständigkeitsgrenze auf 2.000 RM schwieriger geworden. Die alten Pensenschlüssel passen also nicht mehr. Mit den erforderlichen Vorbehalten ist der Pensenschlüssel aber doch ein geeignetes Mittel, einen annähernd sachgemäßen Ausgleich bei der Auslastung der einzelnen Gerichte und Richter herbeizuführen.

Dr. Krohn: Das JMin. in Kiel hat für Schleswig-Holstein einen revidierten Pensenschlüssel aufgestellt. Die Arbeitskraft des Richters ist dabei erheblich höher als früher eingesetzt worden. Für den OLG-Bezirk Kiel besteht deswegen ein erhebliches Interesse an einem annähernd einheitlichen Pensenschlüssel für die gesamte britische Zone.

Dr. Mansfeld: Im OLG-Bezirk Braunschweig wird mit Hilfe der Geschäftsübersichten monatlich die Belastung von Richtern und Gerichten überprüft.

Ein Beschluss wurde nicht gefasst.

Punkt 18 b der TO (Nachtrag): Einrichtung detachierter Zivilkammern.

Dr. Frhr. v. Hodenberg berichtet gemäß Schreiben vom 7.2.1948. Von den übrigen Bezirken wird erklärt, dass dort ein Bedürfnis nach Einrichtung detachierter Zivilkammern nicht bestehe.

Punkt 18 c der TO (Nachtrag): Anfertigung von Durchschlägen von Beweisprotokollen im Rechtshilfeverkehr.

Dr. Frhr. v. Hodenberg berichtet, ihm sei in den letzten Tagen bekannt geworden, dass bei Rechtshilfeersuchen aus dem LG-Bezirk Lüneburg von den Gerichten in Hamburg Durchschläge von den Beweisprotokollen nicht angefertigt werden.

Dr. Ruscheweyh: Die Justiz in Hamburg leidet an außerordentlichem Papiermangel. Selbst Strafurteile können erst nach längerer Zeit ausgefertigt werden, obwohl der Verurteilte in Untersuchungshaft sitzt.

Ergebnis: Entsprechend dem Wunsch von Dr. Ruscheweyh wird Celle diese Frage weiter schriftlich behandeln.

Punkt 18 a der TO (Nachtrag): Richterliches Dienstalter.

Dr. Ruscheweyh berichtet gemäß Schreiben vom 28.1.1948.

Dr. Frhr. v. Hodenberg weist darauf hin, dass diese Frage schon einmal behandelt worden sei (Tagung vom 15./16.8.1946) und dass die Anweisung Nr. 67 der MR hierbei von ausschlaggebender Bedeutung sei.

Dr. Schetter: Es ist noch nicht an der Zeit, diese Frage abschließend jetzt in Angriff zu nehmen.

Ergebnis: Die Angelegenheit soll auf der nächsten Tagung der OLG-Präs. weiter erörtert werden. Dr. Ruscheweyh übernimmt dafür das Referat.

Justizvizepräs. Dr. Koch trifft ein und wird vom Vorsitzenden begrüßt.

Auf eine Anfrage teilt *Dr. Koch* Folgendes mit: Durch eine der MR vom ZJA vorgeschlagene und bereits eingereichte VO soll die *Altersgrenze für Richter* von 65 auf 68 Jahre heraufgesetzt werden. Damit sind die auf diesem Gebiet hervorgetretenen Meinungsverschiedenheiten zwischen den Ländern und dem ZJA dann geregelt. Aller Voraussicht nach ist der Erlass dieser VO schon alsbald zu erwarten. In dieser VO ist die Weiterbeschäftigung eines Richters über das 68. Lebensjahr hinaus nicht vorgesehen.

Daneben wird dann noch die VO der MR Nr. 119 über Ernennung hoher Richter bestehen, wonach die Wiedereinberufung nach Vollendung des 68. Lebensjahres möglich ist. Die VO wird aber nur in besonderen Ausnahmefällen angewandt werden und nicht allgemein. In dieser VO ist eine Wiedereinberufung vorgesehen, jedoch nicht eine Wiederzurruhesetzung.

Außerhalb der TO bringt dann *Dr. Kuhnt* an dieser Stelle die *Frage des Richternachwuchses* zur Sprache. Wie er bereits auf einer früheren Tagung hervorgehoben habe, wendeten sich die Juristen nach der bestandenen großen Staatsprüfung fast in keinem Falle mehr dem Richterdienst, sondern anderen juristischen Berufen, vor allem der Anwaltschaft zu.

Dr. Schetter bemerkt dazu, dass seine Erfahrungen im OLG-Bezirk Köln andere seien.

Dr. Frhr. v. Hodenberg: In Celle ist die Lage wie in Kiel. Es muss daher Aufgabe der Justizverwaltung sein, junge Assessoren für den Richterdienst zu gewinnen. Dies kann dadurch geschehen, dass seitens der Justizverwaltung durch persönliche Rücksprache ihnen Aussichten auf einen baldigen Geschäftsauftrag und auf baldige Übertragung einer Planstelle gemacht werden. Wie Dr. Kuhnt bereits hervorgehoben hat, ist die Tatsache, dass immer mehr Rechtsanwälte auf hohe Richterposten berufen werden, bei dieser Frage nicht außer Acht zu lassen.

Dr. Ruscheweyh: Einen Wandel wird man erreichen, wenn man die Wirtschaftslage der Richter bessert. In Hamburg pflegen Anwälte für höhere Richterstellen nicht mehr vorgeschlagen zu werden.

Dr. Mansfeld: Für die Einstellung der jungen Assessoren ist auch nicht ohne Bedeutung, dass Richter in der Presse angegriffen werden, Rechtsanwälte dagegen nicht.

B. Abendsitzung am 16. Februar.

Dr. Kuhnt begrüßt die inzwischen eingetroffenen JMin. Dr. Hoffmeister, StS Dr. Moericke und die Vertreter der OLG-Bezirke Düsseldorf, Hamm und Oldenburg.

Punkt 1 der TO: Einschränkung der gerichtlichen Tätigkeit wegen Verschärfung der Ernährungslage und Verschlechterung des Gesundheitszustandes der Justizangehörigen.

JMin. Dr. Hoffmeister berichtet über die Tagung der JMin. in Hamburg von Anfang Febr. 1948 in Anwesenheit von Mr. Romberg und die Besprechungen in Gegenwart von Mr. Rathbone. Über die außerordentliche Not der Richter ist kein Zweifel gelassen worden. Es muss etwas geschehen, wenn nicht eine Einschränkung der Rechtspflege eintreten soll. Bei den Verhandlungen ist beschlossen worden, 5.000 Schwerarbeiterkarten für die rund 1.000 Bediensteten der Justizverwaltung in der Brit. Zone anzufordern, die dann von der Justizverwaltung nach ihrem Ermessen verteilt werden sollen. Dieser Beschluss ist an die Legal Division weitergegeben.

Bei den Verhandlungen in Hamburg ist weiter beschlossen, wenn die vorgenannte Aktion nicht einen genügenden Erfolg hat, dass dann ein Ausschuss, bestehend aus Vizepräs. Dr. Koch, JMin. Dr. Hoffmeister und Jmin. Zinn-Hessen sowie einem weiteren Vertreter der US-Zone bei Direktor Schlange-Schöningen in Frankfurt Vorstellungen erheben soll.

Über das Ergebnis der Verhandlungen in Hamburg hat Mr. Rathbone telegrafisch Mitteilung an die Kontrollkommission in Berlin gemacht.

Dr. Kuhnt: Wenn keine Hilfe erfolgt, brechen viele Beamte und Angestellte zusammen. Ich erhalte ständig Meldungen über Zusammenbrüche aus dem Bezirk. In diesem Kreise ist über diese Frage so häufig gesprochen, dass eine Resolution überflüssig erscheint. Wir können es nur außerordentlich dankbar begrüßen, dass unsere Bestrebungen nunmehr durch die höchsten Stellen der Justizverwaltung unterstützt werden.

Dr. Koch verliest die Entschließung, die in Hamburg am 5.2.1948 gefasst worden ist (während der Tagung werden von dieser Entschließung Abschriften angefertigt und den Teilnehmern der Tagung überreicht) und fährt sodann fort: Diese Form ist gewählt, um den ganzen Ernst der Situation klar vor Augen zu führen. Es sind bereits bestimmte Maßnahmen ins Auge gefasst. Die Rückstände in der Strafrechtspflege beginnen anzuwachsen, sowohl bei den Gerichten als auch bei den StA. Es müssten daher möglichst viele Kräfte aus der Zivilrechtspflege in die Strafrechtspflege abgeordnet und auch u.U. Kräfte von den Gerichten an die StA abgegeben werden. In einigen Bezirken sind die Rückstände bei den StA außerordentlich groß. Nur im OLG-Bezirk Hamm ist ein Anschwellen der Rückstände nicht eingetreten.

In erster Linie werden in der Zivilrechtspflege Sachen zurückgestellt werden müssen, die zu vertagen oder zur Ruhe zu bringen sind. Es ist bisher davon abgesehen, besondere gesetzgeberische Maßnahmen in dieser Richtung schon zu ergreifen, aber gegenüber der MR ist bereits angekündigt, dass gesetzgeberische Maßnahmen auf Zurückstellung von Sachen usw., wie während des Krieges, unvermeidlich sein würden. Die Justizverwaltung muss an eine Unterstützung der Richter denken, da es bei den gegebenen Verhältnissen den Richtern gegenüber nicht mehr verantwortet werden kann, die bestehende Belastung ohne entsprechenden Ernährungszuschuss weiter anhalten zu lassen. Wenn aus der Vertagung oder Zurückstellung von Sachen Dienstaufsichtsbeschwerden entstehen, werden

Bescheide nach der Richtung in Erwägung zu ziehen sein, dass die Justiz unter den gegebenen Verhältnissen nicht mehr in der Lage sei, die Sachen zu bearbeiten.

Alle Stellen beurteilen die Lage für die Justiz ernst, nur nicht die Ernährungsverwaltung. Die MR-Befehlshaber Oley und Robertson haben aber bereits erklärt, die MR müsse in Erwägungen eintreten, wenn seitens der deutschen Ernährungsverwaltung nicht das Erforderliche geschehe. Aufgrund der Jmin-Konferenz in Hamburg ist bereits eine Eingabe an Direktor Schlange-Schöningen gerichtet worden.

Dr. Wiefels führt zur Illustrierung der Lage Beispiele aus der gewerblichen Wirtschaft an, was an Sachbezügen in der Textilindustrie und in der optischen Industrie an in diesen gewerblichen Zweigen Tätige gewährt würde, die auf diese Weise ein unversteuertes Einkommen von jährlich 10.000 RM hätten.

Dr. Frhr. v. Hodenberg wirft die Frage auf, ob nicht auch andere Behörden dieselben Sonderzuwendungen in Anspruch nehmen würden, wenn sie der Justizverwaltung zugebilligt würden, z.B. die Post und die Eisenbahn. Da aber nach den Worten von Dr. Koch bei der Justiz keine Personalvermehrung erfolgt sei, wohl aber bei den anderen Behörden, bestehe doch wohl eine besondere Lage für die Justiz.

Um eine Entlastung der Justiz zu erreichen, müsse auch eine Einschränkung des Berichtswesens dringend ins Auge gefasst werden. Die Behandlung grundsätzlicher Fragen müsse zurückgestellt werden.

StS Dr. Moericke: Wir sind im Begriff, dem Berichtswesen unsere besondere Aufmerksamkeit zuzuwenden und zwar sowohl dem Gerichtswesen gegenüber dem ZJA wie vor allem auch gegenüber der MR. Die Strafvollstreckungsabteilungen beschäftigen sich zum großen Teil nur mit Berichten gegenüber der MR. Die uns zugegangenen Aufträge auf dem Gebiete der Gesetzgebung sind vielfach so kurz befristet, dass sie von uns selbst kaum eingehalten werden können.

Dr. Frhr. v. Hodenberg: Wenn die Strafrechtspflege verstärkt werden solle, wird es vielfach an Räumen für die Sitzungen der Strafkammern fehlen.

Dr. Kuhnt: Wir haben uns gegenüber dem Raummangel bereits mit der Einrichtung von zwei detachierten Strafkammern geholfen.

Ein Beschluss wurde nicht gefasst.

Punkt 4 der TO: Ausdehnung der gerichtlichen Voruntersuchung.

Dr. Frhr. v. Hodenberg wirft zunächst die Frage auf, ob die Erledigung dieses Punktes unter Berücksichtigung der bestehenden Lage, wie sie vor allem durch die Erörterungen zu Punkt 1 der TO soeben noch besonders hervorgetreten sei, gerechtfertigt wäre. Er müsse die Erörterung dieses Punktes der TO aber doch als dringlich bezeichnen. Im Übrigen nahm er auf sein allen Teilnehmern vorliegendes schriftliches Referat vom 5.2.1948 Bezug.

Dr. Kuhnt: Ich bin ebenfalls für die grundsätzliche Wiedereinführung des früheren Rechtszustandes. Eine Voruntersuchung durch den Richter verbürgt eine gründlichere Vorbereitung.

Lingemann: Ich bin von jeher ein Gegner der gerichtlichen Voruntersuchung gewesen. In meiner langjährigen Tätigkeit als StA habe ich größere und bedeutungsvollere Sachen immer selbst persönlich erledigt, und zwar bis zur Anfertigung der Anklageschrift. Auch bei Schwurgerichtssachen habe ich ebenso verfahren. Als OstA in Essen habe ich dasselbe Prinzip durchgeführt, bzw. durch meine Referenten durchführen lassen. Da die Referate bei der StA in Essen und bei der Kripo in Essen aufeinander abgestimmt waren, bestanden eine ausgezeichnete Zusammenarbeit und die Gewähr einer unmittelbaren persönlichen Erledigung durch den StA oder die Kripo. Auf diese Weise wurden auch Schwurgerichtssachen beschleunigt zum Abschluss gebracht, die dann nur der Form wegen noch dem Untersuchungsrichter zugeleitet werden mussten, ohne dass sie bei diesem noch eine sachliche Förderung erfuhren. Trotzdem verkenne ich nicht, dass heute besondere Gründe bestehen, die für eine Wiederherstellung der Voruntersuchung sprechen. Ich spreche mich daher heute dafür aus, dass die Voruntersuchung wieder obligatorisch gemacht wird.

Dr. Schetter: Ich bin immer ein besonderer Freund der Voruntersuchung gewesen. Auch meine Erfahrungen als Strafkammervorsitzender bestärken mich in dieser Auffassung. Die Vorbereitung durch den Untersuchungsrichter ist besser, als wenn die Sache nur von der StA und deren Organen vorbereitet ist. Auch gegenüber der Öffentlichkeit hat der Untersuchungsrichter eine ganz andere Autorität.

Dr. Mansfeld: Vernehmungen durch die StA selbst sind wegen der jetzigen Belastung wohl nur selten durchführbar. Die Kripo ist aber den Aufgaben nicht gewachsen. Auch mir erscheint daher eine obligatorische Voruntersuchung bei Kapitalsachen wünschenswert.

Schmidt-Ranke spricht sich ebenfalls in diesem Sinne aus. Ebenso *Dr. Ruscheweyh.*

Dr. Kuhnt stellt fest, dass Einstimmigkeit darüber bestehe, die Voruntersuchung in der früheren Weise wieder einzuführen.

Dr. Frhr. v. Hodenberg weist darauf hin, dass nach seinem schriftlichen Referat das Ablehnungsrecht des Gerichts gegenüber dem Antrag der StA über den früheren Rechtszustand hinaus erweitert werden solle. Er verstehe die heutige einmütige Stellungnahme dahin, dass auch dieser sein Vorschlag gebilligt werde.

Dr. Koch: Die MR wird wohl nicht geneigt sein, die heute einmütig als erwünscht bezeichneten Änderungen vorzunehmen, da der Kontrollrat mit einer Änderung der StPO befasst ist.

Dr. Moericke: Ich bin ebenfalls ein Anhänger der Voruntersuchung. Die mir bekannt gewordene abweichende Einstellung der StA hat mich überrascht. Aufgabe der Justizverwaltung muss es jedoch sein, wirklich geeignete Persönlichkeiten unter den Richtern zum Untersuchungsrichter zu bestellen.

Dr. Frhr. v. Hodenberg bittet Dr. Koch zu erwägen, ob nicht doch eine Möglichkeit bestehe, trotz Befassung des Kontrollrats mit der StPO im Zusammenhang mit der Wiedereinführung der Geschworenen und Schöffen in die Strafrechtspflege die Voruntersuchung in dem heute als erwünscht bezeichneten Umfang auszugestalten.

Dr. Koch: Die Anregung wird vom ZJA geprüft. Einer besonderen Eingabe bedarf es nicht mehr, da das schriftliche Referat Celle vom 5.2.1948 im ZJA vorliegt und zusammen mit der Abschrift des heutigen Tagungsprotokolls als Material im ZJA berücksichtigt wird.

Nr. 5 der TO: Wiedereinführung von Hilfsuntersuchungsrichtern.

Schmidt-Ranke berichtet und teilt mit, dass die MR gegen die Verwendung von Hilfsuntersuchungsrichtern Bedenken geäußert habe.

Dr. Kuhnt: Die Bedenken der MR teile ich.

Lingemann schließt sich den Bedenken von Dr. Kuhnt an.

Dr. Ruscheweyh: Der Untersuchungsrichter ist sozusagen ein Zwischending zwischen Richter und StA, er soll mit Energie untersuchen und nicht entscheiden. Ich halte das Institut des Hilfsuntersuchungsrichters daher für eine richtige und zweckmäßige Lösung.

Dr. Koch: Wenn in anderen Bezirken ein Bedürfnis nicht hervorgetreten ist, wird es auch in Oldenburg ohne Hilfsuntersuchungsrichter gehen müssen.

Dr. Mansfeld: Gegen den Hilfsuntersuchungsrichter habe ich keine Bedenken.

Ergebnis der Abstimmung: Die Wiedereinführung des Hilfsuntersuchungsrichters wird mit 5:3 Stimmen abgelehnt.

C. Vormittagssitzung am 17. Februar.

Zu Beginn der Sitzung wiederholt *Dr. Kuhnt* unter allgemeiner Zustimmung den bereits gestern geäußerten Wunsch, dass von *schriftlichen Anträgen zur TO sämtlichen übrigen Bezirken* von dem antragstellenden Bezirk *Abschriften* übersandt werden möchten, damit allen Bezirken eine sachgemäße Vorbereitung des betreffenden Punktes der TO ermöglicht werde.

Punkt 3 der TO: Verwertung eingezogener Gegenstände:

Schmidt-Ranke berichtet und verweist auf die Bestimmung von § 48 der StrafvollstreckungsO. Vielfach findet ein freihändiger Verkauf an Justizangehörige statt, wobei vielfach nur die im Strafvollzug tätigen Personen berücksichtigt werden.

Dr. Kuhnt: Im OLG-Bezirk Kiel ist eine AV erlassen worden. Der Verbrauchsregelung unterliegende Sachen müssen danach den Wirtschaftsämtern zur Verfügung gestellt werden. Damit ist eine korrekte Handhabung sichergestellt.

Dr. Moericke: Gebrauchte Sachen können Justizangehörigen zur Verfügung gestellt werden im Ausnahmefall, der heute weitgehend gegeben sein dürfte, wenn Sachen an Flüchtlingsbeamte, die keinen Mantel oder keine Hose haben, verteilt werden. Der Anschein einer Bevorzugung muss natürlich vermieden werden. Gegenstände, die der Verbrauchsregelung unterliegen, sind abzuführen.

Dr. Schetter: Die Justizbehörden können keine Handwerker oder dergl. mehr bekommen. Unter Einsatz beschlagnahmter Zigarren oder Zigaretten wäre an die Handwerker heranzukommen. Wir haben uns deswegen mit den Wirtschaftsämtern in Verbindung gesetzt, haben aber keinen Erfolg damit gehabt. Es ist bei uns abgelehnt, an Angestellte oder Beamte der Justiz etwas abzugeben. Nichtbewirtschaftete Gegenstände können an besonders bedürftige Angehörige der Justiz natürlich abgegeben werden.

Dr. Frhr. v. Hodenberg: So weit möglich, sollten die Gegenstände der Justiz zugewandt werden. Es muss dabei mit voller Korrektheit vorgegangen und jede Bevorzugung vermieden werden. Eine sehr liberale Handhabung wäre zu begrüßen.

Nach weiteren Äußerungen von *Dr. Ruscheweyh* und *Dr. Mansfeld* wurde die Aussprache über diesen Punkt geschlossen und von Dr. Kuhnt als *übereinstimmende*

Meinung festgestellt, dass mit den Bestimmungen des § 48 der StrafvollzugsO (insbes. Abs. 4 daselbst) auszukommen sei.

Punkt 6 der TO: Lockerung der Vorschriften über Aktenvernichtung.

Schmidt-Ranke berichtet gemäß Schreiben vom 2.10.1947.

Dr. Koch: Einer Aktenvernichtung stehen die Vorschriften der MR noch im Wege. Der Rechtszustand im OLG-Bezirk Kiel hat dem ZJA aber Anlass zu einer Anfrage bei der Legal-Division gegeben, eine einheitliche Regelung für die gesamte Brit. Zone zu erreichen. Von der Legal-Division ist uns aber bisher ein Bescheid nicht zugegangen, der eine Handhabung entsprechend der Rechtslage im Bezirk Kiel ermöglicht.

Punkt 7 der TO: Erste juristische Staatsprüfung.

XX) *a) Maßnahmen zur Behebung der aus dem starken Andrang zur Prüfung und dem Mangel an Literatur sich ergebenden Schwierigkeiten.*

Dr. Frhr. v. Hodenberg berichtet über den bei der Universität Göttingen zu erwartenden verstärkten Andrang zur 1. juristischen Prüfung. Die Kandidaten seien angewiesen auf die Einrichtungen der Universität, die den Anforderungen aber nicht mehr genügen könne. Die Fakultät in Göttingen habe deswegen angeregt, die Hausarbeit abzuschaffen oder die Zeit für dieselbe abzukürzen. – Eine Abkürzung der Zeit von sechs auf vier Wochen könne in Erwägung gezogen werden, die Themen könnten unverändert bleiben. Die Fakultät rege Erhöhung der Zahl der Klausuren an, vor allem für das öffentliche Recht.

Schmidt-Ranke: Aufgrund meiner 25jährigen Erfahrungen als Prüfer möchte ich die Hausarbeit unter keinen Umständen missen. Vorübergehend war die Zeit für die Hausarbeit auf vier Wochen abgekürzt. Verkürzungen brauchen kein Nachteil zu sein. Durch Klausuren kann die Hausarbeit nicht ersetzt werden.

Dr. Kuhnt: Die Zeit für die Hausarbeit würde ich nicht unter sechs Wochen bemessen. Ich bin dafür, dass es bei dem jetzigen Zustand sein Bewenden behält.

Dr. Wiefels: Auch wenn bei der Universität Bücher nicht in genügender Zahl vorhanden sind, wissen sich die Kandidaten schon zu helfen. Für eine Abkürzung der Frist von sechs Wochen kann ich mich nicht aussprechen. Ich bin sehr für die Ausgestaltung von Klausuren, denn dabei muss der Kandidat Selbständigkeit und Entschlusskraft zeigen. Das Klausurenschreiben muss aber auch vorher geübt sein.

Dr. Koch: In der US-Zone werden zurzeit nur Klausuren geschrieben; es sind dort aber Bestrebungen im Gange, die Hausarbeit wieder einzuführen.

Ergebnis: Durch Abstimmung mit 6:2 Stimmen wird die Beibehaltung des gegenwärtigen Rechtszustandes beschlossen.

Dr. Mansfeld bringt in diesem Zusammenhang Folgendes zur Sprache: Bei der *Assessorprüfung in Hamburg* wurde nur der *Gesetzestext* zur Verfügung gestellt, in *Düsseldorf dagegen Kurzkommentare.*

Dr. Kuhnt: Diese Frage ist von uns schon früher erörtert. Es bedeutet keine Erschwerung, wenn nur Textausgaben zu Verfügung gestellt werden, das war auch früher beim preuß. JMin. der Fall. Wenn man nur Textausgaben zur Verfügung stellt, kann man den Kandidaten besser beurteilen.

Dr. Wiefels: Im RJ-Prüfungsamt wurden Kurzkommentare zur Verfügung gestellt, jedenfalls die letzten Jahre. Ich würde aber die von Dr. Kuhnt empfohlene Regelung vorziehen.

Dr. Frhr. v. Hodenberg lenkt erneut die Aufmerksamkeit darauf, auf einen Ausgleich der Anforderungen *bei den einzelnen Prüfungsämtern* etwa durch *Austausch der Themen* usw. hinzuwirken.

Lingemann: Ich bin mit einem solchen Austausch einverstanden. Vielleicht könnte zunächst ein Austausch der Themen für Klausuren und große Arbeiten zwischen Celle und Düsseldorf ins Auge gefasst werden, danach könnte dann ein Austausch zwischen zwei anderen Bezirken erfolgen.

Dr. Mansfeld: Es muss einheitlich geregelt werden, ob bei Prüfungen Kurzkommentare oder nur Textaufgaben zur Verfügung gestellt werden sollen.

Dr. Koch: Vom ZJA wird bereits eine Vereinheitlichung angestrebt.

Punkt 7 b der TO: Abhaltung der Referendarprüfungen am Sitze des OLG oder der Universität.

Dr. Frhr. v. Hodenberg berichtet: Nachdem früher häufiger wegen der schlechten Unterkunftsverhältnisse in Celle die Prüfungen in Göttingen abgehalten worden seien, fänden sie nunmehr regelmäßig in Celle statt. Es bereite aber Schwierigkeiten, dass die Professoren der Fakultät in Göttingen sich für die Prüfungen in Celle zur Verfügung stellten. – Die Schwierigkeiten würden mit Rücksicht auf die zu erwartende große Zahl der Prüfungen in den nächsten Monaten noch erheblich größer werden. Gebe man dem Wunsch der Fakultät in Göttingen auf Abhaltung der Prüfungen in Göttingen nach, so würden sich in der Zeit der demnächstigen Hochflut der Vorsitzende des Justizprüfungsamts und ein Richter fast ständig in Göttingen aufhalten müssen. Es bestehe dann die Gefahr, dann von der Fakultät wieder Bestrebungen aufgegriffen würden, das Referendarexamen zu einer Universitätsabschlussprüfung zu entwickeln, wobei der alte Kampf dann wieder auflebe.

Dr. Kuhnt: Die Frage spielt für Kiel zurzeit noch keine Rolle, aber mit der demnächstigen Verlegung des OLG Kiel nach Schleswig wird diese Frage auch für uns Bedeutung bekommen. Die Prüfung muss nach meiner Ansicht am Sitz des OLG verbleiben, sonst lebt der alte Kampf wieder auf. Wenn seitens der Professoren Schwierigkeiten bestehen, muss die Prüfung durch drei Praktiker und einen Professor vor sich gehen.

Schmidt-Ranke: Es muss dem Vorsitzenden überlassen bleiben, wo er die Prüfungen abhält. Die Prüfungen des Prüfungsamts in Oldenburg haben an den verschiedensten Stellen bereits stattgefunden, so z.B. auch in Hannover. Es kommt aber darauf an, welcher Ort im einzelnen Fall der geeignetste ist.

Dr. Wiefels: Die Prüfungen des Justizprüfungsamts Hamm finden ausnahmslos in Hamm statt. Ich lasse die Professoren von Münster abholen. Eine Abhaltung der Prüfungen in Münster würde ich ablehnen.

Dr. Kuhnt wirft die Frage auf, ob der *LJMin.* in der Lage sei, *Weisungen an Vorsitzende der Prüfungskommissionen* wegen des Ortes der Prüfung zu erteilen.

Die Stellungnahmen von Dr. Wiefels, Dr. Ruscheweyh und Dr. Frhr. v. Hodenberg zu dieser Frage sind nicht ganz einheitlich.

Punkt 18 d der TO (Nachtrag): Referendarausbildung (Schrb. Kiel vom 6.1.1948).

Dr. Koch: Von den LJMin. ist eine Verlängerung des Vorbereitungsdienstes abgelehnt, vor allem aus sozialen Gründen. Die Verwaltungsstation wird aber obligatorisch eingeführt, ebenso eine Klausur aus dem öffentlichen Recht.

Dr. Moericke: Aufgrund meiner langjährigen Erfahrungen in Baden kann ich die Einführung einer obligatorischen Verwaltungsstation, ebenso die Einführung einer Klausur aus dem öffentlichen Recht nur begrüßen.

Dr. Koch teilt weiter mit, dass in der vom ZJA vorgesehenen neuen Regelung eine dritte Wiederholung der großen Staatsprüfung bereits vorgesehen sei.

Es besteht *Übereinstimmung darüber,* dass die Frage der Anweisung, einen Referendar aufzunehmen, Sache der Landesjustizverwaltungen sei.

Dr. Kuhnt spricht sich dafür aus, Referendare zu Rechtanwaltsvertretern zu bestellen.

Dr. Frhr. v. Hodenberg, Dr. Ruschweyh und Dr. Wiefels sprechen sich dagegen aus mit dem Hinweis, dass genug andere Kräfte vorhanden seien. Dieser Auffassung schließt sich auch Dr. Schetter an und ebenso Dr. Mansfeld.

Dr. Kuhnt lässt darauf seine Anregung hierzu fallen.

Eine *fakultative Überweisung eines Referendars an das Arbeitsgericht* anstelle einer Verwaltungsstation wird allgemein für empfehlenswert gehalten, ebenso auch eine Beschäftigung bei den Rechtsauskunftsstellen der Gewerkschaften, weil dies ein Mittel sei, die jungen Juristen an die Gewerkschaften heranzubringen.

Mit Rücksicht darauf, dass von den Landesjustizverwaltungen bereits eine Verlängerung des Vorbereitungsdienstes abgelehnt sei, will *Dr. Kuhnt* seine *Anregung,* die *Dauer des Rechtsstudiums von sechs auf acht Semester zu erhöhen,* nicht mehr weiter verfolgen.

Eine Erörterung der *Frage,* ob an einen im großen Staatsexamen *durchgefallenen Referendar* ein *Unterhaltszuschuss* gezahlt werden könne, führt zu dem Ergebnis, dass die Entscheidung dem einzelnen Fall überlassen bleiben müsse.

Die weitere Erörterung ergab, dass in Schleswig-Holstein die *Referendare* ohne *politische Überprüfung* zum Assessorexamen zugelassen werden, während politische Überprüfungen in anderen Bezirken wegen des Stillstandes der Entnazifizierung nicht erfolgen können.

Punkt 9 der TO: Kategorisierung von Richtern in Gruppe IV mit Vermögenssperre, wobei gleichzeitig Punkt 14, die Barzahlung von Gehältern an die wiedereingestellten Mitglieder des OLG mit erörtert wird.

Dr. Frhr. v. Hodenberg: Bei Einstufungen in Gruppe IV ohne Berufsbeschränkung hat der betreffende Beamte einen Anspruch auf Wiedereinstellung in seine frühere Planstelle. Wenn das an dem betreffenden Ort nicht tragbar ist, muss durch Verhandlungen mit dem betreffenden Beamten eine sachgemäße Lösung herbeigeführt werden. Wenn Vermögenssperre angeordnet ist, aufgrund deren dem Richter höchstens 200–300 RM monatlich zur Verfügung stehen, taucht die Frage auf, ob ein so in seinen Mitteln beschränkter Richter seinem Amte ferngehalten werden könne.

Dr. Schetter: Im Bezirk des OLG Köln sind immer noch sehr viele Richter nicht aus der Vermögenssperre heraus.

Nach den Erklärungen von *Dr. Mansfeld* und *Dr. Frhr. v. Hodenberg* kommen solche Fälle bei Mitgliedern der OLG in Braunschweig und Celle nicht mehr vor.

Die weitere Erörterung ergibt zu Punkt 9, dass die Rechtslage in den einzelnen Ländern zu verschieden ist, als dass eine einheitliche Regelung für die gesamte Brit. Zone zurzeit hier angestrebt werden könnte.

Punkt 10 der TO: Zurruhesetzung von Richtern in Beförderungsstellen bei Einstufung in die Gruppe IV ohne Berufs- oder Vermögensbeschränkung.

Dr. Schetter berichtet gemäß Schreiben vom 19.1.1948.

Auch hier ergibt die Erörterung, dass in den einzelnen Bezirken Verschiedenheiten bestehen.

Punkt 11 der TO: Anstellung und Beförderung von Pgs. von 1933.

Schmidt-Ranke berichtet, dass auch nach einer Anweisung vom Ministerium Pgs. von 1933 nicht wieder in Beförderungsstellen wieder eingestellt werden sollten.

Dr. Moericke weist darauf hin, dass ein entsprechender Beschluss des Kabinetts Niedersachsen vorliege.

Nach Mitteilung von *Dr. Ruscheweyh* ist in Hamburg die Rechtslage die gleiche.

Punkt 14 der TO (vgl. bereits oben zu Punkt 7 der TO):

Übereinstimmung besteht darüber, dass an nach Gesetz Nr. 52 gesperrte Personen keine Barzahlungen erfolgen dürfen.

Punkt 15 der TO: Befriedung des Verhältnisses zwischen Einheimischen und Flüchtlingen (OLG-Präs. Kiel und Hamburg haben von ihrer Landesjustizverwaltung Abschrift des Schreibens des Nds. JMin. vom 4.12.1948 bisher nicht erhalten).

Dr. Frhr. v. Hodenberg berichtet anhand des vorgenannten Schreibens vom 4.12.1947 und macht im Anschluss daran Mitteilung über die Ergebnisse einer Kommissionsbesprechung, die im Bezirk des OLG Celle stattgefunden hat.

a) Die Regelung wird sich nicht nur auf das Verhältnis Flüchtlinge-Einheimische, sondern allgemein auf die Ordnung des Hausfriedens zu beziehen haben, da die gleichen Reibungen auch zwischen Mietern und Untermietern, die nicht Flüchtlinge sind, vorkommen.

b) Besonders wesentlich ist auch, auf die Instanz hinzuwirken, die die Einweisung vorgenommen hat, also auf die Wohnungsämter, damit diese bei den einzelnen Einweisungen mit der erforderlichen Sorgfalt vorgehen. Erwünscht ist, dass die dafür zuständigen Ministerien den unterstellten Wohnungsämtern die notwendigen Anweisungen dazu erteilen. Für eine ordnungsmäßige Durchführung stehen den Wohnungsämtern aber nicht die geeigneten Personen zur Verfügung.

c) Die bestehenden materiellen Vorschriften reichen nicht vollständig aus. Durch Umwandlung von Einweisungen aufgrund des Reichsleistungsgesetzes in Einweisungen nach dem Wohnungsgesetz und damit Umwandlung des bisher öffentlichen in privatrechtliches Verhältnis ist weitgehende Hilfe möglich, trotzdem muss aber eine Stelle mit Rechtsgestaltungsmöglichkeit geschaffen werden. Die Ausfüllung von Lücken bei einer Vereinbarung ist bereits Rechtsgestaltung.

Eine Rechtsgestaltung kommt aber vor allem dann in Frage, wenn verschiedene Mietverträge mit verschiedenen Mietern berührt würden.

d) Als Verfahren kommt ein solches der freiwilligen Gerichtsbarkeit, jedoch mit zwangsweiser mündlicher Verhandlung in Betracht.

e) Schwierig ist die Frage, welche Stelle zuständig sein soll. Man kann davon ausgehen, dass diese Fragen wichtig genug sind, um den Richter damit zu befassen. In Wirklichkeit handelt es sich aber im Allgemeinen um Kleinigkeiten, und die Erledigung durch eine andere Stelle ist daher am Platze. Das Wohnungsamt oder eine bei ihm einzurichtende Raumschlichtungsstelle ist nicht geeignet. Auch der Schiedsmann ist im Allgemeinen nicht geeignet. Im Bezirk des OLG Celle ist man daher überwiegend auf den Rechtspfleger abgekommen. Dieser neigt vielleicht zu sehr zu einer bürokratischen Behandlung. Aber vielleicht kann man ihm hier noch die Möglichkeit der Bewährung geben. Die Zahl der vorhandenen Rechtspfleger wird jedoch nicht überall ausreichen.

Gegen die Entscheidung des Rechtspflegers muss irgendwie ein Rechtsbehelf gegeben werden, und zwar nicht erst an den Amtsrichter, sondern an das LG.

f) Die Abgrenzung der Zuständigkeit für das vorgeschlagene Verfahren der freiwilligen Gerichtsbarkeit ist außerordentlich schwierig, vielfach hängen die zu behandelnden Fälle mit einer Räumungsklage oder auch mit einer Zahlungsklage zusammen.

Dr. Kuhnt: In der Stadt Eckernförde ist durch Ortssatzung eine besondere Schlichtungsstelle geschaffen. Alle Streitigkeiten in Wohnungsangelegenheiten, soweit es sich nicht um die Erfassung, Belegung oder Ausnutzung der Räume handelt, werden von dieser Schlichtungsstelle entschieden. Ich bin jedoch dafür, es bei dem bisherigen Rechtszustand auf diesem Gebiet zu belassen.

Dr. Moericke: Dem Schreiben des Nds. JMin. vom 4.12.1947 liegen wiederholte Anregungen des Staatskommissariats für das Flüchtlingswesen zugrunde. Mit Richtersprüchen ist nicht überall zu dem gewünschten Hausfrieden zu kommen.

Dr. Koch: Die heute erörterten Anregungen sind noch nicht an das ZJA gelangt. Ein Bedürfnis nach der angestrebten Regelung besteht aber sicher allgemein. Damit nicht alle möglichen Stellen eine besondere Regelung treffen, erscheint daher eine einheitliche Regelung für die gesamte Brit. Zone erwünscht. Mir erscheint auch der Rechtspfleger geeignet. Der Rechtsmittelzug müsste an den Amtsrichter gehen, vielleicht mit Beschränkung auf Rechtsverletzungen.

Dr. Ruscheweyh: In Hamburg besteht die Oera (Öffentliche Rechtsauskunfts- und Beratungsstelle), die wahrscheinlich einen großen Teil der in Betracht kommenden Sachen erledigt. Die Einschaltung des Rechtspflegers wäre mir sehr sympathisch. Als Rechtsmittelinstanz gegen die Entscheidung des Rechtspflegers könnte ein nur aus Rechtspflegern gebildetes Gremium in Frage kommen. Aber der Richter muss doch wohl die letzte Instanz sein. Die Befugnisse des Rechtspflegers dürfen nicht zu gering sein. Ob in Hamburg ein Bedürfnis besteht, kann ich nicht sagen.

Dr. Wiefels: In Westfalen sind Schlichtungsstellen eingerichtet mit einem Richter als Vorsitzenden. Für den Einsatz des Rechtspflegers auf diesem Gebiet möchte ich mich nicht aussprechen. Will man etwas Besonderes schaffen, so kommt m.E. ein richterliches Vertragshilfeverfahren in Frage.

– *Ergebnis:* Mit Rücksicht darauf, dass noch nicht alle Bezirke im Besitz des erforderlichen Materials sind, bleibt eine weitere Erörterung auf der nächsten Tagung der OLg-Präs. vorbehalten. Celle behält sich jedoch vor, alsbald an das Ministerium in Hannover zu berichten und von seinen Berichtsvorschlägen Abschriften den übrigen Bezirken zukommen zu lassen.

Punkt 17 der TO: Fragen der Höfeordnung und der Verfahrensordnung für Landwirtschaftssachen.

Nachdem mitgeteilt ist, dass eine AV des ZJA über die registermäßige Behandlung der Landwirtschaftssachen in der Februar-Ausgabe des ZJBl. veröffentlicht werde, bezeichnet Oldenburg diesen Punkt der TO als erledigt.

Punkt 18 der TO (Verschiedenes).

Dr. Kuhnt bringt *außerhalb der TO* hier die Frage der Behandlung von Richtern zur Sprache, die *bei der Ausfüllung von Fragebogen unwahre Angaben* gemacht haben. Die Erörterung ergibt gegenüber der Behandlung dieser Frage auf der Tagung am 10.10.1947 (Pkt. 20 der damaligen TO) keine neuen Gesichtspunkte.

Die *nächste Zusammenkunft* soll im Zusammenhang mit der feierlichen Eröffnung des Obersten Zonengerichtshofes in Köln stattfinden. Falls diese nicht am 16.3.1948 stattfindet, soll die nächste Zusammenkunft am Nachmittag vor der Eröffnung erfolgen.

gez. Dr. Tasche.

XV. Niederschrift über die Zusammenkunft der Oberlandesgerichtspräsidenten der Brit. Zone in Bad Pyrmont vom 23./24.4.1948

Anwesende:
OLG-Präs. Dr. Kuhnt (OLG Kiel) als Vorsitzender.
OLG Braunschweig: OLG-Präs. Dr. Mansfeld, OLG-Rat Dr. Fricke
OLG Celle: OLG-Präs. Dr. Frhr. v. Hodenberg, OLG-Rat Dr. Tasche (Protokoll), OLG-Rat Dr. Bennefeld
OLG Düsseldorf: OLG-Präs. Lingemann, OLG-Rat Dr. Johnen
OLG Hamburg: Vizepräs. Sommerfeld, LG-Dir. Dr. Priess
OLG Hamm: OLG-Präs. Dr. Wiefels
OLG Kiel: OLG-Präs. Dr. Kuhnt, OLG-Rat Johannsen
OLG Köln: OLG-Präs. Dr. Schetter
OLG Oldenburg: Vizepräs. Schmidt-Ranke, OLG-Rat Weitzel

Dr. Kuhnt eröffnet die Sitzung und schlägt vor, mit der Erörterung des Punktes 1 den Punkt 9 der TO zu verbinden.

Punkt 1 der TO: Entlastung der OLG-Präsidenten.

Dr. Frhr. v. Hodenberg nimmt auf sein Schreiben v. 13.4.1948 an den Nieders. JMin. (3130) Bezug, das allen Teilnehmern bekannt ist.

Dr. Wiefels: Das JMin. Nordrhein-Westfalen wird die Angelegenheit mit dem OLg-Präs. des Landes in den nächsten Tagen besprechen. Es wird darauf ankommen, die MR aufzuklären über die wirkliche Stellung des OLg-Präs. und über seine Befugnisse und Pflichten. Ich stimme dem Schreiben Celle vom 13.4.1948 zu. Man wird noch hinzufügen können, dass die Verwaltungsgeschäfte der OLg-Präs. durch die Errichtung der LJMinisterien sich nicht vermindert, sondern vermehrt haben. Was früher der OLg-Präs. mit einem Federstrich erledigen konnte, erfordert jetzt häufig sehr lange Berichte an den Minister. Es haben daher beim OLg-Präs. in Hamm mehr Dezernenten und auch mehr Personal auf den Verwaltungsgeschäftsstellen als vorher eingesetzt werden müssen.

Ganz allgemein nimmt die Verwaltung den OLg-Präs. stärker in Anspruch als früher. Er muss sich um alles kümmern, um Auto, Kohlen, Baumaterialfragen usw.

Bei größeren OLG war es nie möglich und üblich, dass der OLg-Präs. sich in nennenswerter Weise an der Rechtsprechung beteiligte. Die Verhältnisse in den einzelnen Bezirken liegen aber vollständig verschieden. Die Übertragung von Zuständigkeiten vom OLg-Präs. auf das Ministerium ist höchst unzweckmäßig. Auch das Rechnungsamt darf im OLG-Bezirk Hamm nicht vom OLG weggenommen werden.

Dr. Wiefels verliest ein von ihm ausgearbeitetes Exposé, das er in Abschrift sämtlichen OLg-Präs. übersenden wird.

Dr. Kuhnt: Als ich das JMin. Schleswig-Holstein bis vor etwa Jahresfrist leitete, waren dort an Beamten und Angestellten 16 Personen tätig. Jetzt sind es 56. Durch das Berichtswesen ist für mich eine stärkere Belastung eingetreten, durch Wegnahme des Rechnungsamtes vom OLG jedoch eine Entlastung.

Durch Wegnahme der Verwaltung von den OLg-Präs. würde dem Ansehen derselben Abbruch getan, z.B. auch gegenüber der Anwaltschaft.

Dr. Frhr. v. Hodenberg: Das Thema wird nicht unter dem Gesichtspunkt einer Justizreform, sondern lediglich unter dem Gesichtspunkt zu prüfen sein, wie der OLg-Präs. persönlich entlastet werden kann.

Dr. Mansfeld: Hinter dem Schreiben der Legal-Division vom 11.3.1948 steckt keine wirkliche Gefahr. Wenn die Legal-Division richtig aufgeklärt wird, wird sie auch weiter nicht drängen. Zurzeit ist eine Freimachung der OLg-Präs. von Verwaltungsgeschäften noch nicht möglich. Die Entnazifizierung und der Ansturm der Ostverdrängten erfordert eine Befassung des OLg-Präs. mit diesen Angelegenheiten. Wenn diese Fragen zur Ruhe gekommen sind, also in etwa 1–2 Jahren, wird die Lage anders sein.

Schmidt-Ranke: Die Legal-Division will offenbar grundsätzlich die Stellung des OLg-Präs. anders gestalten und nicht eine provisorische Regelung treffen. Ich muss ihr grundsätzlich Recht geben. Die höchste Tätigkeit des OLg-Präs. ist die richterliche. Der beste Richter pflegte für diesen Posten ausgesucht zu werden, nicht der Richter mit der besten Verwaltungsbefähigung. Durch seine Mitwirkung in der Rechtsprechung des OLG wirkt sich seine Tätigkeit auf die Rechtsprechung des

Bezirks aus. Eine Beaufsichtigung der Rechtsprechung im Verwaltungswege ist bedenklich. Es besteht die Gefahr, dass der OLg-Präs. dann die Rechtsprechung im Verwaltungswege zu beeinflussen versucht, wenn sie ihm nicht richtig erscheint. Die Personalpolitik ist eine wichtige Aufgabe des OLG-Präs. Die Funktionen des Rechnungsamtes, des Haushalts usw. können unbedenklich abgetrennt werden.

Dr. Kuhnt: Die Annahme, dass der OLg-Präs. in erster Linie nach seinen Leistungen in der Rechtsprechung ausgesucht worden sei, ist nach meinen Erfahrungen, die ich im früheren preuß. JMin. gesammelt habe, nicht richtig. Entscheidend war, wer von den in Betracht kommenden Kandidaten, der natürlich auch ein tüchtiger Richter sein musste, wohl der geschickteste Verwaltungsbeamte sei.

Dr. Schetter: Ich bin ein Freund der Teilnahme des OLg-Präs. an der Rechtsprechung. Die Lage ist in den einzelnen Bezirken aber verschieden. In den letzten 50 Jahren sind wohl sämtliche OLg-Präs. aus der Ministerialinstanz gekommen. Sie haben sich aber trotzdem an der Rechtsprechung beteiligt, wenn auch vielfach nur in sehr geringem Maße. Zurzeit und auch in der nächsten Zeit ist die Zahl der Aufgaben noch so groß, dass die OLg-Präs. neben den Verwaltungsgeschäften kaum noch andere Geschäfte wahrnehmen können. Das Problem muss daher auf ruhige Zeiten vertagt werden.

Dr. Frhr. v. Hodenberg: Ich stimme Schmidt-Ranke insofern zu, als man die Bedeutung des OLg-Präs. als Richter nicht unterschätzen sollte. Eine vollständige Abtrennung der Verwaltung von der Rechtsprechung in der Justiz halte ich aber für unerwünscht; denn von einer Verwaltung, die nur mehr verwaltet, würde der Gedanke der Unabhängigkeit der Richter nicht mehr genügend berücksichtigt werden.

Sommerfeld: Auf die Mentalität der Engländer wird bei Erörterung der Frage einer Beaufsichtigung der Rechtsprechung durch die OLG-Präs. Rücksicht genommen werden müssen. Was die Tätigkeit der OLg-Präs. als Richter anbelangt, so liegen die Verhältnisse in den einzelnen Bezirken offenbar verschieden. In Hamburg hat ständig der Präsident dem Strafsenat vorgesessen, nur ausnahmsweise in einzelnen Sitzungen nicht. Der HansOLg-Präs. ist auch Vorsitzender des HansOVG, auch dort führt er grundsätzlich persönlich den Vorsitz. Dafür hat allerdings der Vizepräs. in Hamburg an Senatssitzungen nicht teilgenommen.

Mit dieser Aussprache wurde die Erörterung dieses Punktes als abgeschlossen angesehen.

Punkt 9 der TO: Gestaltung der Tagungen der OLG-Präs.

An der Erörterung dieses Punktes beteiligen sich sämtliche Präsidenten. Ein Beschluss wurde nicht gefasst.

Punkt 2 der TO: Bestrafung von Wirtschaftsvergehen.

Dr. Mansfeld. Seit unserer letzten Tagung sind die von mir hervorgehobenen unerfreulichen Erscheinungen noch krasser hervorgetreten. Die Wirtschaftsgesetzgebung ist praktisch zusammengebrochen. Die Bevölkerung hat sie abgelehnt. Ich brauche nur auf das Beispiel des Speisekammergesetzes zu verweisen, zu dem in der Stadt Braunschweig bei reichlich 40.000 Haushaltungen nur 15 Haushaltungen den Fragebogen beantwortet haben, und in der Stadt Detmold nach

Zeitungsmeldungen nur ein altes 70jähriges Mütterchen den Fragebogen beantwortet hat. Ich verweise wegen der Einzelheiten und meiner Vorschlage auf mein Schreiben vom 13.4.1948 (407).

Dr. Kuhnt: Ich habe bei unserer letzten Tagung schon darauf hingewiesen, dass die zur Erörterung kommenden Fragen einen hochpolitischen Einschlag haben. Mit Rücksicht auf die allem Anschein nach nahe bevorstehende Währungsreform, durch die voraussichtlich das schwierige Problem sich erledigt, möchte ich vorschlagen, heute von einer weiteren Erörterung abzusehen.

Dr. Wiefels: In Nordrhein-Westfalen wird die Auffassung vertreten, dass nicht bestraft und als gesetzmäßig anerkannt wird, was mit stillschweigender Billigung des Wirtschaftsministeriums geschieht. Im ordentlichen Strafverfahren werden daher nur verfolgt Schwarzhändler und Schieber, dagegen nicht Hamsterer und Personen, die, um notwendige Anschaffungen zu ermöglichen, gegen die Bewirtschaftungsbestimmungen verstoßen haben. Diese letzteren werden im Ordnungsstrafverfahren verfolgt.

Dr. Frhr. v. Hodenberg: Wir sind in der letzten Zeit bei der Fassung von positiven Beschlüssen nach meiner Ansicht zu zurückhaltend gewesen, trotzdem bin ich hier aber der Auffassung, dass zurzeit von uns keine Anträge zur Wirtschaftsgesetzgebung zu stellen sind. Eine andere Frage ist, ob wir nicht genötigt sind, unserer allgemeinen Überzeugung dahin Ausdruck zu geben, dass das Rechtsbewusstsein aufs schwerste erschüttert wird, wenn die bestehenden Strafbestimmungen nur teilweise angewendet werden. Die Frage wird aber davon abhängen, ob die Währungsreform alsbald bevorsteht und wie sie sich auswirkt. Was Dr. Wiefels soeben über die Handhabung in Nordrhein-Westfalen mitgeteilt hat, entspricht Vorschlägen, die von Celle aus im September auf einer LG-Präs.-Tagung gemacht worden sind.

Dr. Mansfeld: Ich würde der Anregung Dr. Frhr. v. Hodenberg zustimmen. Es müsste aber wenigstens zum Ausdruck gebracht werden, dass Klarheit in die jetzt völlig unübersichtlichen Strafbestimmungen auf dem Gebiete des Wirtschaftsrechts gebracht wird.

Dr. Frhr. v. Hodenberg: Die Kommissionsarbeiten über das geltende Wirtschaftsstrafrecht, an denen Prof. Eberhard Schmidt beteiligt ist, sind jetzt nach sechs Monaten abgeschlossen.

Ergebnis der Abstimmung: Mit 6:2 Stimmen wird die Fassung einer Entschließung abgelehnt.

Punkt 3 der TO: Befriedung des Verhältnisses zwischen Einheimischen und Flüchtlingen.

Dr. Frhr. v. Hodenberg verweist auf seinen Bericht auf der letzten Tagung der OLg-Präs. und auf das Schreiben Celle vom 15.3.1948 an den Nds. JMin., das sämtlichen Teilnehmern bekannt ist, mit folgender Ergänzung: Nach der 1. Durchf.-VO zum Wohnungsgesetz vom 7.2.1948 (Nds. Gesetz- u. VOBl. S. 7) werden Schlichtungsstellen gebildet, die mit einem zum Richteramt oder zum höheren Verwaltungsdienst befähigten Vorsitzenden zu besetzen sind; und in gleicher Weise auch Spruchstellen bei den Aufsichtsbehörden (§§ 24, 29 das.). Für die Justizverwaltung erhebt sich die Frage, ob Richter für diese Stellen zur Verfügung gestellt werden sollen. Die Richter sind bereits so belastet, dass ich in meinem Vorschlag vom 15.3.1948 Übertragung der dort vorgesehenen Aufgaben an den Rechtspfleger vorgeschlagen habe. Es taucht die Frage auf, ob es überhaupt erwünscht ist, dass diese Schlichtungsstellen mit Richtern besetzt werden; denn aus einer solchen Tätigkeit können sich Kollisionen mit der übrigen Tätigkeit des Richters ergeben. Ich halte es an sich für erwünscht, dass Richter den Vorsitz in diesen Schlichtungsstellen übernehmen. Wenn die Entscheidungen der Schlichtungsstellen einstweilen noch vom Regierungspräsidenten als Aufsichtsbehörde, solange dort noch nicht eine unabhängige Spruchstelle gebildet ist, aufgehoben werden können, so ist das allerdings kein erfreulicher Zustand, aber doch immerhin ein nur vorübergehender, der in Kauf genommen werden muss.

Dr. Wiefels: Wir haben schon seit Herbst 1945 solche Schlichtungsstellen, gegen die die Beschwerde an den RegPräs. geht. Diese Schlichtungsstellen befassen sich auch mit anderen mit ihrer Tätigkeit zusammenhängenden Fragen, deren Regelung vom Nds. JMin. in seinem Vorschlag vorgesehen ist. Ich habe keine Bedenken dagegen, diese Schlichtungsstellen mit Richtern zu besetzen. Anstände haben sich im Bezirk des OLG Hamm daraus nicht ergeben.

Sommerfeld: In Hamburg besteht die ÖRA (Öffentliche Rechtsauskunft- und Vergleichsstelle), und zwar schon etwa seit den 20er Jahren. Beisitzer wirken dort nicht mit. Die Tätigkeit wird ausgeübt durch Richter (Insges. wohl 50), Rechtsanwälte und auch Verwaltungsbeamte. Diese Stellen haben kein Entscheidungsrecht. Die von ihnen geschlossenen Vergleiche sind aber vollstreckbar.

Schmidt-Ranke: Es ist zu begrüßen, dass der Kreis der Tätigkeit der Richter erweitert wird. Wenn die vorhandenen Kräfte nicht ausreichen, müssen weitere Kräfte eingestellt werden. Es ist zu begrüßen, wenn der Vorsitzende der Schlichtungsstellen ein Richter ist.

Dr. Mansfeld: Ich halte es nicht für möglich, die Richter noch mit diesen Sachen zu belasten. Die Arbeitskraft der Richter ist schon zu stark in Anspruch genommen.

Dr. Kuhnt: Ich halte es grundsätzlich doch für erwünscht, dass Richter diese Aufgaben wahrnehmen. Es wird von den Besonderheiten in den einzelnen Bezirken und Ländern abhängen, das Nähere zu bestimmen.

Ergebnis: 6:2 Stimmen bezeichnen es als grundsätzlich erwünscht, dass der Richter den Vorsitz in den Schlichtungsstellen innehaben.

Es wurden sodann die Vorschläge des Nds. JMin. zur Frage der Befriedigung des Verhältnisses zwischen Einheimischen und Flüchtlingen vom 4.12.1947 erörtert.

Dr. Wiefels: Ich halte diese Vorschläge für überflüssig, hätte aber nicht dagegen einzuwenden, wenn bestimmen wird, dass, wenn Rechtsstreitigkeiten dieser Art vor die Gerichte kommen, ein Vertragshilfeverfahren etwa in der vorgesehenen Weise Platz zu greifen hat.

Dr. Mansfeld: Ich habe mich in meiner Stellungnahme vom 17.4.1948 grundsätzlich für die Vorschläge des Ministers ausgesprochen und halte daran auch jetzt fest.

Ergebnis: Es besteht Übereinstimmung darüber, dass ein Vertragshilfeverfahren erwünscht ist. Zu der Frage, ob die Aufgaben dem Richter oder dem Rechtspfleger übertragen werden sollen, sprechen sich fünf Stimmen für den Richter und zwei Stimmen für den Rechtspfleger bei einer Stimmenthaltung aus.

Punkt 4 der TO: Richterliches Dienstalter.

Sommerfeld: Die Frage ist von Hamburg noch nicht abschließend vorbereitet. Die wesentlichsten Gesichtspunkte sind aber bereits zusammengestellt.

Sommerfeld verliest darauf ein Exposé zu dieser Frage.

Nach Erörterung (Dr. Wiefels, Dr. Frhr. v. Hodenberg, Dr. Kuhnt) besteht Übereinstimmung darüber dass versucht werden soll, eine Änderung der Anweisung Nr. 67 bei der MR zu erreichen und dass auf diese Weise eine befriedigende Lösung nicht nur für Richter, sondern für alle Justizbeamten erstrebt werden soll. Hamburg wird eine entsprechende Eingabe ausarbeiten und den übrigen Bezirken übersenden. Diese werden dann länderweise (Celle zugleich für Braunschweig und Oldenburg) eine entsprechende Eingabe an den JMin. richten.

Punkt 7 a der TO: § 62 GVG (Vorsitz in den Kammern).

Dr. Frhr. v. Hodenberg berichtet entsprechend dem Schreiben Celle vom 6.4.1948 (326 bzw. 310). Im Bezirk Celle sind bei den LG 50 Kammern eingerichtet, während nur 28 Etatstellen an Direktoren vorhanden sind. In erster Linie wird eine Vermehrung der Etatstellen nicht eine Verlängerung der Frist des Art. 6 Nr. 4 a der VO vom 27.1.1968 (VOBl. BT, S. 13) anzustreben sein.

Dr. Schetter: Im Bezirk Köln decken sich die benötigten Kammerzahlen und die Planstellenzahlen.

Dr. Kuhnt: Im Bezirk Kiel kommen wir mit den Etatstellen nicht aus. Die Frage wird sein, ob die Finanzlage eine Vermehrung der Stellen erlaubt. Notfalls muss daher auf eine Fristverlängerung hingearbeitet werden.

Dr. Mansfeld: Der Zustand in Braunschweig ist wie in Celle.

Ergebnis der Erörterung: In der Erwartung, dass die vorhandenen Planstellen in dem benötigten Umfange in den einzelnen Bezirken vermehrt werden, erscheint heute kein Anlass vorhanden, eine Fristverlängerung beim Gesetzgeber anzuregen.

Im Rahmen der Erörterungen wies *Sommerfeld* auf Folgendes hin: In Hamburg müssen 2 Senatspräs.- und eine AG-Präs.Stelle besetzt werden. Als geeignete Kandidaten für diese Stellen sind in Hamburg nur solche vorhanden, die in der Partei waren. Beim ZJA müssen daher Vorstellungen erhoben werden, dass Parteigenossen herangezogen werden können.

Punkt 7 b der TO: Weitergeltung des § 8 a GVG.

Dr. Frhr. v. Hodenberg nimmt Bezug auf Nr. 3 des Schreibens Hamm vom 20.2.1948 (370-01-115 [nicht bei den Akten]).

Es besteht Übereinstimmung darüber, dass zurzeit diese Frage nicht weiter vorangetrieben werden soll.

Dr. Kuhnt weist in diesem Zusammenhang darauf hin, dass offenbar versehentlich in Art. 6 Abs. 3 unter Nr. 4 b der VO vom 27.1.1948 (VOBl. BZ S. 13) die StA nicht berücksichtigt seien.

Dr. Mansfeld: Es scheint mir angezeigt, nicht nur die StA, sondern auch die Wehrmachtsrichter hier zu berücksichtigen.

Die Anregung Dr. Mansfeld findet teilweise Widerspruch, teilweise Unterstützung.

Bei der Abstimmung ergibt sich ein Stimmenverhältnis von 7:1 für die Anregung von Kiel. Kiel wird einen entsprechenden Antrag dem ZJA zuleiten.

Punkt 7 c der TO: Beauftragter Richter als Mitglied des Präsidiums.

Es besteht Übereinstimmung darüber, dass ein beauftragter Richter nicht Mitglied des Präsidiums sein kann.

Punkt 5 der TO: Unentgeltliche Beschäftigung von Assessoren und Richtern.

Dr. Frhr. v. Hodenberg berichtet gemäß Schreiben Celle vom 28.2.1948 (2200).

Dr. Wiefels: In Hamm greifen wir in solchen Fällen zu einer Beschäftigung als Rechtspfleger. Die Betreffenden bekommen dann eine Vergütung. Wenn die Betreffenden auch nicht selbst als Richter unterzeichnen können, so können sie doch einem Richter helfen. Auch eine Beschäftigung als Bibliothekar ist bereits gewählt worden.

Bei der Erörterung hatte sich Übereinstimmung darüber ergeben, dass zu ihrer Ausbildung beschäftigte Assessoren und Richter an den Beratungen aufgrund der Vorschrift des § 193 GVG teilnehmen können.

Punkt 6 der TO: Folgerungen, die aus der Ernährungslage und aus dem Anwachsen der Geschäfte zu ziehen sind.

Zur Frage der Ernährungslage konnte keine abschließende Stellungnahme erfolgen, da über die Entscheidung des bizonalen Amtes für Ernährung und Landwirtschaft doch nichts Zuverlässiges bekannt war und bisher nur Zeitungsnachrichten darüber vorlagen.

Bei Erörterung der Frage, ob und welche Folgerungen (teilweise Stilllegung der Rechtspflege?) aus dem Anwachsen der Geschäfte zu ziehen sind, ergab sich, dass es sich hier um eine nur Niedersachsen betreffende Angelegenheit handelt.

Punkt 8 der TO: Beitritt zur Deutschen Friedensgesellschaft.

Dr. Frhr. v. Hodenberg berichtet entsprechend Schreiben Celle vom 5.4.1958 (110 c).

Dr. Wiefels verneint den politischen Charakter der Deutschen Friedensgesellschaft. *Lingemann* ebenfalls, hält aber trotzdem einen Beitritt für unerwünscht. *Sommerfeld, Dr. Mansfeld, Dr. Schetter* und *Schmidt-Ranke* bejahen politischen Charakter.

Punkt 10 der TO: Zahlung von Versorgungsgebührnissen.

Dr. Schetter berichtet gemäß Schreiben Köln vom 12.4.1948 (212–202).

Lingemann schließt sich der Auffassung von Dr. Schetter an. Im Bezirk Düsseldorf handelt es sich um 104 Fälle.

Dr. Frhr. v. Hodenberg weist darauf hin, dass in Celle anders verfahren werde, nämlich nach einer Verfügung des FinMin. Hannover vom 15.10.1946 (Zubilligung voller Versorgungsbezüge an Personen, für die eine Pensionsfestsetzungs- und Regelungsbehörde im Gebiet Hannover zuständig war, die aber nachweislich lediglich unter den unmittelbaren Auswirkungen der Kriegsereignisse und mit dem Willen, möglichst bald nach Hannover zurückzukehren, ihren Aufenthalt vorübergehend in anderen Gebieten genommen hatten. Grundsätzlich muss der

Dienst ausschließlich bei der Behörde innerhalb der Grenzen des jetzigen Landes Hannover geleistet werden).

Sommerfeld: Hamburg wird wie in Celle verfahren. Dort liegt auch eine entsprechende Entscheidung der MR vor.

Dr. Wiefels: Im Bezirk Hamm wird streng nach der Anweisung Nr. 88 verfahren. Zum Ausgleich werden aber Mittel aus einem privaten Hilfsfonds bezahlt.

Punkt 14 der TO: Klagen um beschlagnahmten Hausrat, der politisch und rassisch Verfolgten überlassen ist.

Dr. Schetter berichtet gemäß Schreiben Köln vom 16.4.1948 (344-33).

Dr. Wiefels: Im Bezirk Hamm ist von der MR wiederholt eine Anweisung in den einschlägigen Prozessen ergangen, den Prozess einzustellen. Die Legal-Division ist seit langem damit befasst, die Angelegenheit durch eine entsprechende Anweisung zu regeln.

Lingemann: Im Bezirk Düsseldorf sind bis Ende 1947 46 einschlägige Prozesse eingestellt worden.

Da es sich um eine nur Nordrhein-Westfalen betreffende Angelegenheit handelt, wurde ein Beschluss nicht gefasst. Köln behält sich aber vor, sich mit Anregungen an das ZJA zu wenden.

Punkt 11 der TO: Anweisung Nr. 110 der Legal-Division vom 11.9.1947 (ZJBl. 1947 S. 97).

Dr. Kuhnt berichtet gemäß Schreiben Kiel vom 13.4.1948 (370-50) unter Berücksichtigung des Schreibens Celle vom 11.3.1948 (103 a Allgem.).

Die Erörterung ergab Übereinstimmung darüber, dass das Gericht von Amts wegen die Frage, ob ein Custodian bestellt ist, nicht zu prüfen braucht.

Punkt 12 der TO: Heiligkeit des Eides und eidesstattliche Versicherungen.

Dr. Frhr. v. Hodenberg verweist auf das Schreiben Celle vom 9.4.1947 (372/I) sowie auf den Beschluss der Länderminister dazu vom 20./21.5.1947 (Pkt. 14 der damaligen TO) und fügt noch hinzu: Unerfreuliche Ergebnisse sind auch dadurch zutage getreten, dass zahlreiche eidesstattliche Versicherungen vor Notaren abgegeben werden. Nach der Rechtsprechung des RG wird der Notar im Allgemeinen bei der Beurkundung eidesstattlicher Versicherungen nicht als eine zuständige Behörde im Sinne von § 156 StGB angesehen. Nur bei Vorliegen besonderer Umstände, z.B. im Falle des § 2356 BGB wird von diesem Grundsatz eine Ausnahme gemacht (RG in Strafsachen Bd. 74 S. 175). Diese Rechtsprechung führt dann zu unerfreulichen Folgerungen, wenn jemand eine derartige eidesstattliche Versicherung durch einen Notar mit einem bewusst wahrheitswidrigen Inhalt beurkunden lässt und dann davon gegenüber Behörden, privaten Unternehmungen usw. Gebrauch macht. In diesen Fällen wird durch die notarielle Beurkundung und das Amtssiegel des Notars der Eindruck erweckt, als ob es sich um eine besonders feierliche und amtlich bestätigte Erklärung handle. Es wird daher zu erwägen sein, die Notare anzuweisen, vor einer derartigen Beurkundung festzustellen, zu welchen Zwecken die Urkunde Verwendung finden soll, und im Eingang der Urkunde einen Passus aufzunehmen, in dem zum Ausdruck gebracht wird, zu welchem Zweck und von welcher Behörde die eidesstattliche Versicherung abgegeben werden soll. Würde in dieser Weise verfahren, so bestände die Gefahr, dass notariell beurkundete eidesstattliche Versicherungen nicht zu Zwecken missbraucht werden, für die sie nicht bestimmt sind.

Außer durch eine entsprechende Anweisung an die Notare werden durch eine gesetzliche Regelung entsprechend dem Hamburgischen Gesetz vom 7.11.1947 (Hamb. Gesetz- u. VOBlatt 1947 S. 69) die hervorgetretenen Missstände behoben werden können.

Dr. Schetter verweist auf sein Schreiben vom 31.7.1947 nebst Anlage (372-79) und hält für das Rheinland irgendwelche Maßnahmen nicht für erforderlich.

Dr. Mansfeld schließt sich Dr. Frhr. v. Hodenberg an.

Dr. Wiefels: Im Bezirk Hamm sind keine Missstände bekannt geworden.

Schmidt-Ranke: Ich halte eine Einschränkung eidesstattlicher Versicherungen für bedenklich. Denn einfache Erklärungen würden bewusst unwahr ganz hemmungslos abgegeben werden.

Ergebnis: Die Versammlung spricht sich mit einem Stimmenverhältnis von 6:1 bei einer Stimmenthaltung (Hamburg) dafür aus, dass an das ZJA herangetreten werde, eine dem Hamb. Gesetz vom 7.11.1947 entsprechende Regelung für die ganze Zone zu erstreben. Hamburg enthält sich der Stimme, weil dort bereits eine Regelung besteht.

Hinsichtlich der Notare bleibt es den einzelnen OLG-Bezirken überlassen, die angeregten Hinweise zu geben bzw. beim Minister anzuregen.

Punkt 13 der TO: VO Nr. 92 – Mark = Mark.

Dr. Frhr. v. Hodenberg schlägt mit Rücksicht auf die bevorstehende Währungsreform vor, heute von einer Erörterung abzusehen.

Punkt 15 der TO: Verwendung Blinder als Richter.

Dr. Frhr. v. Hodenberg bringt das Schreiben des Nieders. Jmin. vom 28.2.1948 (2200-I-1a1 239/48) zur Verlesung. Zu erörtern wird noch sein, ob eine gesetzliche Vorschrift erforderlich ist, durch die den Vorlesern blinder Personen eine durch Strafandrohung zu sichernde Schweigepflicht auferlegt wird und ob die Vorleser vom Staat eine Vergütung zugebilligt erhalten können.

Dr. Kuhnt: Eine Beschäftigung von Blinden als Richter ist bei großen Gerichten möglich. Mir ist der Fall eines Blinden aus dem 1. Weltkriege bekannt, der in einer Mobiliarvollstreckungsabteilung eingesetzt war. Hinsichtlich des Vorlesers muss natürlich geprüft werden, ob bei ihm die Amtsverschwiegenheit gesichert ist. Bei der Frau eines Richters wird man dies ohne weiteres annehmen können.

Dr. Wiefels: Von der Blindenstation in Marburg sind bereits mehrere Juristen in den Bezirk Hamm gekommen. Es begleiten sie schon bei der Ankunft junge Mädchen, die der Stenografie kundig sind. Soviel mir bekannt ist, werden die Kosten für die Hilfspersonen vom Institut in Marburg vermittelt und vom Roten Kreuz getragen. Bei großen Gerichten halte ich die Verwendung blinder Richter für durchaus möglich, z.B. Einsatz in einer Beschwerdekammer.

Eine gesetzliche Vorschrift zur Sicherung der Amtsverschwiegenheit erscheint hinsichtlich der Hilfsperson nicht erforderlich. Die Zuziehung der Hilfsperson, der auf diese Weise dienstliche Vorgänge bekannt werden, bedarf der Genehmigung.

Ergeben sich aus dem Verhalten der Hilfspersonen Bedenken, so wird die Genehmigung zurückzuziehen sein.

Dr. Mansfeld: Es ist selbstverständlich, dass für erblindete Juristen alles geschieht, was möglich ist. Ein Richter muss sich jedoch alle Eindrücke von Parteien, Zeugen, von Rechtsanwälten usw. aufgrund der Verhandlung verschaffen können. Das ist für einen Blinden nicht möglich. Selbst ein Einsatz beim Grundbuchamt erscheint mir nicht angängig, da der Richter selbst in der Lage sein muss, Karten einzusehen. Ein Einsatz als Rechtsanwalt ist schon eher möglich. Ich habe aber mit zwei blinden Rechtsanwälten Erfahrungen gesammelt, die auch nicht sehr günstig sind.

Dr. Schetter: Ein Blinder ist als Richter im Bezirk Köln beschäftigt. Mit den Leistungen bin ich zufrieden. Die hervorgehobenen allgemeinen Bedenken bestehen allerdings. Einige blinde Richter wird man aber einsetzen können.

Lingemann: Mir ist ein Fall aus Elberfeld bekannt, wo ein erblindeter Richter lediglich mit der Bearbeitung familienrechtlicher Sachen betraut ist.

Schmidt-Ranke: In Breslau war ein erblindeter OLG-Rat. Seine Mitarbeit im Senat ist tadellos gelaufen. Ich bin der Auffassung, dass ein Blinder in einem Kollegium durchaus beschäftigt werden kann.

Dr. Kuhnt: Die Besoldung der Hilfsperson wird von der Justiz nicht übernommen werden können. In sehr vielen Fällen wird die Hilfsperson aber als Angestellte untergebracht und so auch aus der Justizkasse besoldet werden können.

Punkt 16 der TO: Folgerungen aus dem Altersaufbau in der Zusammensetzung der Richterschaft.

Dr. Frhr. v. Hodenberg berichtet anhand der für den OLG-Bezirk Celle angefertigten (an die Tagungsteilnehmer heute verteilten) Übersicht über die Alterszusammensetzung der Richter nach dem Stande vom 24.1.1948. Welche Folgerungen ergeben sich daraus für die Frage der Neueinstellung von Bewerbern, z.B. von Flüchtlingen? Nach meiner Ansicht müssten möglichst Richter zwischen 60 bis 68 Jahren eingestellt werden, denn diese fallen bald wieder weg und es werden damit für den Nachwuchs wieder Plätze frei.

Dr. Kuhnt: In Schleswig-Holstein dürfen Flüchtlinge als Richter, die älter als 55 Jahre sind, nicht mehr eingestellt werden wegen der daraus sich ergebenden Pensionsbelastung.

Dr. Wiefels: Junge Richter im Bezirk Hamm sind kaum noch zur Anstellung reif. Erst in einigen Jahren werden sie wieder vorhanden sein. Bei der Planstellenbesetzung nehme ich in erster Linie Bewerber aus dem Bezirk, in zweiter Linie alte und bewährte Flüchtlinge und bevorzuge dabei diejenigen mit dem höheren Lebensalter. Die so eingestellten Flüchtlingsrichter können nach drei Jahren eine Pension bekommen (§ 68 des ReichsbeamtenG) und ihre Stellen werden dann wieder für den Nachwuchs frei. Sowohl bei Richtern wie auch bei Rechtspflegern wird im Bezirk Hamm in dieser Weise verfahren.

Sommerfeld: Vom Personalamt des Senats in Hamburg ist mir nahegelegt worden, bei der Neueinstellung Zurückhaltung zu üben; anscheinend ist geplant, die Pensionen von Flüchtlingen später teilweise auf einer breiteren Ebene (bizonal) zum Ausgleich zu bringen.

Punkt 17 der TO: Verschiedenes.

a) *Dr. Wiefels* bittet, durch entsprechende Verfügungen in der gesamten Zone sicherzustellen, dass bei Erledigung von Rechtshilfeersuchen gleich die erforderlichen Durchschläge von Beweisprotokollen mit angefertigt werden. Im Bezirk Hamm ist eine entsprechende Verfügung erlassen.

Dr. Frhr. v. Hodenberg verweist auf Punkt 18 e der TO vom 16./17.2.1948, wo diese Frage bereits im Verhältnis zwischen Celle und Hamburg erörtert ist.

Ergebnis: Vor weiterem soll noch geklärt werden, wie die Handhabung in den drei süddeutschen Ländern ist. Celle wird sich mit den Jmin. derselben zwecks Klärung dieser Frage ins Benehmen setzen (unmittelbar oder über den Nieders. Jmin.).

b) Reichsbahnsonderausweise für die Benutzung von Dienst-D-Zügen: Hamburg hat drei Ausweise, Düsseldorf fünf Ausweise und einen Spezialausweis für OLG-Präs. Lingemann, Kiel drei Ausweise. Hamm hat auch Ausweise. Hiernach haben lediglich Braunschweig, Celle und Oldenburg keine Sonderausweise.

c) Nächste Zusammenkunft der OLG-Präs. – auf Einladung von Lingemann wird die nächste Zusammenkunft für den 21.7.1948 in Godesberg in Aussicht genommen (Zureise 20.7. und Rückreise 22.7.).

gez. Dr. Tasche.

XVI. Niederschrift über die Zusammenkunft der OLG-Präsidenten der Britischen Zone in Bad Godesberg vom 20./22.7.1948

Anwesende:

OLG-Präs. Dr. Kuhnt (OLG Schleswig-Holstein) als Vorsitzender der Tagungsabschnitte II–IV.

OLG Braunschweig: OLG-Präs. Dr. Mansfeld, OLG-Rat Dr. Fricke

OLG Celle: OLG-Präs. Dr. Frhr. v. Hodenberg, OLG-Rat Dr. Tasche (Protokoll), OLG-Rat Dr. Bennefeld

OLG Düsseldorf: OLG-Präs. Lingemann, OLG-Rat Dr. Johnen

OLG Hamburg: Vizepräs. Sommerfeld, LG-Dir. Dr. Priess

OLG Hamm: OLG-Präs. Dr. Wiefels

OLG Schleswig-Holstein: (OLG-Präs. Dr. Kuhnt), OLG-Rat Johannsen

OLG Köln: OLG-Präs. Dr. Schetter (als Vorsitzender des Tagungsabschnitts I), Vizepräs. Dr. Korintenberg, OLG-Rat Dr. Floss

OLG Oldenburg: Vizepräs. Schmidt-Ranke, OLG-Rat Weitzel

Außerdem:

Justizvizepräs. Dr. Koch und Präs. Baerns vom ZJA Hamburg, MinDir. Dr. Bleibtreu vom Jmin. Nordrhein-Westfalen, Vizepräs. Dr. Wolff, Dr. Fritsch und GstA Dr. Schneidewien vom Obersten Zonengericht Köln

Präs. Dr. Ruscheweyh, Bizonales Obergericht in Köln

MinRat Dr. Gasse, Jmin. Württemberg-Baden in Stuttgart

Als Vertreter der MR vorübergehend: Mr. Macaskie, Dir. Der Legal-Division, mit Mr. Rathbone und weiteren Mitgliedern der MR.

Die Tagung zerfiel in drei Abschnitte:

Abschnitt I: Tagung am Nachmittag des 20.7.1948;

Abschnitt II: Tagung am Vormittag des 21.7.1948;

Abschnitt III: Tagung am Nachmittag des 21.7.1948;

Abschnitt IV: Tagung am Vormittag des 22.8.1948.

Während des Tagungsabschnitts I waren die Bezirke Schleswig-Holstein und Oldenburg noch nicht vertreten. Präs. Lingemann traf erst bei Schluss der Erörterung von Punkt 3 der TO ein.

Während des ersten Tagungsabschnittes waren ferner noch nicht anwesend: Dr. Koch und Dr. Bleibtreu. Dr. Gasser nahm vom III. Tagungsabschnitt ab teil. Während es III. Tagungsabschnitts erschien Mr. Macaskie mit Mr. Rathbone und weiteren Vertretern der MR sowie ferner Dr. Wolff, Dr. Prisch und Dr. Ruscheweyh. Dr. Schneidewien nahm nur am IV. Tagungsabschnitt teil.

Tagungsabschnitt I.

Dr. Schetter übernimmt den Vorsitz, eröffnet in Vertretung des noch nicht eingetroffenen Dr. Kuhnt die Tagung und begrüßt die Erschienenen.

Punkt 9 der TO: Entwurf des ZJA für eine VO über die Ersatzzuständigkeit.

Hamburg zieht diesen Punkt der TO zurück, nachdem Baerns erklärt hat, beim ZJA bestehe nicht die Absicht, diesen VO-Entwurf alsbald weiter zu bearbeiten.

Punkt 2 der TO: Gesetzliche Regelung der Frage, ob ein Hilfsrichter Mitglied des Präsidiums sein kann.

Dr. Frhr. v. Hodenberg berichtet entsprechend Schreiben Celle vom 21.6.1948.

Dr. Wiefels erhebt Bedenken, ob eine von einem nicht richtig zusammengesetzten Präsidium vorgenommene Geschäftsverteilung einen Revisionsgrund usw. abgeben könne. – Da in den anderen OLG-Bezirken ein Bedürfnis nach gesetzlicher Regelung der Frage nicht hervorgetreten ist, zieht Celle heute diesen Punkt von der TO zurück.

Punkt 3 der TO: Verlängerung der Übergangsvorschriften des Art. 6 Abs. 3 Nr. 3 u. 4 der VO vom 27.1.1948 (VOBl. BZ S. 13) über den 31.12.1948 hinaus.

Dr. Wiefels befürwortete eine Verlängerung dieser Vorschriften, und zwar insbesondere auch hinsichtlich des Vorsitzes in den Senaten der OLG.

Dr. Frhr. v. Hodenberg erhebt Bedenken. Bei Nichtverlängerung werde ein Druck auf die zur Beförderung und Anstellung der erforderlichen Richterhilfskräfte verpflichteten Stellen ausgeübt. Lediglich bei den Vorsitzenden der Kammern der LG werde wohl eine Ausnahme zu machen sein, jedenfalls für den Bezirk des OLG Celle, denn es müsse zur ordnungsmäßigen Besetzung sämtlicher Kammern bei den LG etwa eine Verdoppelung der Direktorenstellen vorgenommen werden, eine Maßnahme, die jetzt nach der Währungsreform sicher nicht erreichbar sei.

Köln und Hamburg erklären, dass in ihren Bezirken keinerlei Schwierigkeiten beständen.

Dr. Wiefels: Eine Verlängerung des „Schiebeparagraphen“ ist erforderlich; es sind belastete Richter bereits wieder in ihre Planstellen gekommen, dadurch wird die Justiz diskriminiert. Die Justiz muss deswegen Belastete aus Gruppe 4 oder 5, die bereits wieder in ihren Planstellen sitzen, anderweitig beschäftigen können. Nur bei „echten Fünfern", nämlich solchen Richtern, die erst 1937 in die Partei eingetreten sind, kein Amt gehabt haben und daher mit Recht in Gruppe 5 eingestuft worden sind, wird keine anderweitige Beschäftigung in Frage kommen.

Dr. Schetter: Aus den von Dr. Wiefels angegebenen Gründen besteht auch im Bezirk Köln ein Bedürfnis nach weiterer Verlängerung der Vorschrift des Art. 6 Abs. 3 Nr. 3 bzw. früher § 8 a GVG.

Baerns: Der erste VO-Entwurf des ZJA sah eine weitere Verschiebbarkeit vor. Aber die Justizverwaltungen haben sich dagegen ausgesprochen; so ist es zu der Befristung zum 31.12.1948 gekommen.

Sommerfeld: Der Hamburger Senat steht auf dem Standpunkt, dass Entnazifizierte der Gruppen 4 und 5 wieder in ihre Planstellen kommen, Richter der Gruppe 4 jedoch nur dann, wenn der Entnazifizierungsausschuss keine weiteren Maßnahmen empfohlen hat.

Dr. Wiefels: In Nordrhein-Westfalen haben die Ausschüsse nicht die Möglichkeit, bei Einstufung in Gruppe 4 eine weitere Maßnahme zu treffen.

Dr. Frhr. v. Hodenberg: Wir sind verpflichtet alles zu tun, um zu rechtsstaatlichen Zuständen zurückzukehren. In diesem Bemühen müssen wir daher das ZJA unterstützen.

Dr. Wiefels: Wir können nicht alle Entnazifizierten, die uns die Entnazifizierungsausschüsse liefern, ohne weiteres hinnehmen. Wenn die Entnazifizierungsausschüsse ihre Aufgaben nicht ordentlich erfüllen, dann muss die Justiz das Ihrige tun, damit sie nicht diskriminiert wird. Andernfalls handelt die MR und versagt aufgrund von Gesetz Nr. 2 die Tätigkeit der in Betracht kommenden Richter.

Baerns: Es erscheint bedenklich, alle diese Fragen im Verwaltungswege zu regeln.

Wenn die Justizverwaltung sich für eine Verlängerung über den 31.12.1948 aussprechen, werden wir vom ZJA aus uns kaum dagegen aussprechen können.

Dr. Frhr. v. Hodenberg: Wir müssen uns dagegen wehren, dass die MR eingreift, mag das im einzelnen Fall für die Verwaltung erwünscht sein.

Ergebnis der Abstimmung:

a) Soll die Vorschrift des Art. 6 Abs. 3 Nr. 3 bzw. des § 8 a GVG bis Ende 1949 verlängert werden?

Hamburg enthält sich der Stimme. Die übrigen Bezirke (Braunschweig, Celle, Hamm und Köln) stimmen dafür.

b) Soll die Vorschrift des Art. 6 Abs. 3 Nr. 4 a hinsichtlich der Kammervorsitzenden bei den LG in gleicher Weise verlängert werden?

Abstimmungsergebnis wie vorstehend zu a).

c) Sollen jetzige oder frühere ordentliche Vorsitzende von Kammern oder Senaten den Vorsitz in einem Senat des OLG nach dem 31.12.1948 führen können?

Zwei Stimmen dafür, drei dagegen. Hamburg enthält sich ebenfalls der Stimme.

An dieser Abstimmung nahm auch der soeben eingetroffene Präsident Lingemann teil.

Punkt 6 der TO: Höhere besoldungsrechtliche Einstufung der Vizepräsidenten.

Dr. Wiefels: Die Vizepräsidenten werden besoldet wie die übrigen Senatspräs. Es ist aber erforderlich, dass sie dasselbe Gehalt beziehen wie der LG-Präs. eines großen LG-Bezirks. Diese Rechtslage bestand in Preußen auch bereits bis 1927.

Dr. Frhr. v. Hodenberg: Celle ist bereits früher wegen einer Verbesserung des Gehalts des Vizepräs. vorstellig geworden. Im Zusammenhang damit wird zu prüfen sein, ob auch für die Präs. der LG, deren Bezirk durch die Bevölkerungsbewegung mehr als 500.000 Gerichtseingesessene nunmehr aufweist, Folgerungen zu ziehen sind.

Dr. Mansfeld: Unter den gegenwärtigen Verhältnissen wird leider keine Aussicht auf Verwirklichung dieser Wünsche bestehen.

Dr. Sommerfeld: Auch die AG-Präs. werden höher einzustufen sein. Das Bedürfnis nach einer solchen Besserstellung ist besonders in Hamburg hervorgetreten.

Ergebnis: Es besteht Einverständnis darüber, dass die Weiterverfolgung dieser Fragen wegen der jetzigen Lage nach der Währungsreform einstweilen zurückgestellt werden muss.

Punkt 7 der TO: Entwurf der Rechtspfleger-VO.

Dr. Frhr. v. Hodenberg: Vor einer Erörterung zur Sache wird zunächst zu klären sein, ob diese Angelegenheit vor Vollendung des politischen Aufbaues der Westzonen zum Abschluss gebracht werden soll und ob, wenn eine sachliche Erörterung im Kreise der OLG-Präs. stattfinden soll, nicht zuvor eine vorbereitende Bearbeitung dieser Angelegenheit durch einen besonderen Ausschuss erfolgen soll.

Baerns: Die Schaffung des Gemeinderichters in der Amerik. Zone und des Schöffenrichters in der Franz. Zone haben diese Angelegenheit auch für die Brit. Zone wieder in Fluss gebracht, damit vor allem die in der Franz. Zone sich anbahnende Entwicklung abgefangen wird. Ich kann nicht sagen, dass die Bearbeitung dieser Sache im ZJA forciert werden wird, aber auch nicht, dass dort die Sache zurückgestellt werden wird. Die Lage in der Franz. Zone ist unerquicklich.

Dr. Frhr. v. Hodenberg: In den einzelnen Zonen muss die Tendenz dahin gehen, alles zu unterlassen, was zu einer Zersplitterung führt.

Baerns: Der Versuch einer Abstimmung, mindestens mit der Amerik. Zone wird vom ZJA sicher gemacht werden. Eine gänzliche Zurückstellung der Angelegenheit würde mir nicht angezeigt erscheinen.

Dr. Frhr. v. Hodenberg: Ich schlage vor, einen kleineren Ausschuss zu bilden, der die Sache bearbeitet zur Vorbereitung der nächsten Tagung der OLG-Präs.

Dr. Mansfeld: Gegen diesen Vorschlag habe ich nichts einzuwenden. Der Entwurf selbst erscheint mir aber unzeitgemäß. Vor der Währungsreform bestand eine ganz andere Situation. Wird der VO-Entwurf Gesetz, so werden Gehaltsforderungen der Rechtspfleger sich anschließen, die man einerseits als nicht unbegründet bezeichnen kann, jetzt nach der Währungsreform aber wohl nicht als erfüllbar ansehen muss.

Dr. Frhr. v. Hodenberg: Ob die Auffassung von Dr. Mansfeld richtig ist, erscheint mir zweifelhaft. Es mag aber auch dieser Punkt weiter geprüft werden.

Ergebnis der Abstimmung: Einstimmig wird die Bildung einer Kommission beschlossen.

Wegen der Zusammensetzung der Kommission schlägt Dr. Frhr. v. Hodenberg die Sachbearbeiter von Köln und Braunschweig vor. Von anderer Seite wird auch der Sachbearbeiter von Celle als Mitglied der Kommission vorgeschlagen.

Ergebnis der Erörterung hierzu: Die Sachbearbeiter von Braunschweig, Köln und Celle bilden die Kommission, die Federführung liegt bei Celle. Von Zeit und Ort des Zusammentritts der Kommission sind die übrigen in der Kommission nicht vertretenen Bezirke zu benachrichtigen.

Tagungsabschnitt II.

Punkt 1 der TO: Ordentliche Professoren als Hilfsrichter am OLG.

Dr. Kuhnt berichtet entsprechend seinem Schreiben vom 2.7.1948 (2200) und ergänzt dieses noch durch weitere Einzelheiten.

Dr. Frhr. v. Hodenberg: Im Bezirk Celle ist der Prof. Dr. Eberhard Schmidt, Göttingen, mit dem Wunsch hervorgetreten, als Hilfsrichter beim LG Göttingen tätig werden zu können, um dort an Sitzungen der Strafkammer teilzunehmen.

Dr. Schetter: Im Bezirk Köln hat Prof. Dr. v. Weber, Bonn, einen entsprechenden Wunsch geäußert.

Der umgekehrte Wunsch, als Richter nebenamtlich an einer Universität tätig werden zu dürfen, besteht mehrfach im OLG-Bezirk Köln.

Sommerfeld: Prof. Dr. Böttcher, Universität Hamburg, ist auch als Richter tätig und bekommt dafür monatlich 100 RM.

Dr. Koch: Um die besprochenen Wünsche durchzuführen, müssen besondere Stellen mit gemindertem Gehalt ausgeworfen werden, wie das auch früher bei einigen OLG der Fall gewesen ist. Der Finanzminister hat sich ständig dagegen gewehrt, dass eine Ausdehnung auch auf die LG-Dir.-Stellen vorgenommen werde. Es wird auch jetzt darauf ankommen, die Zustimmung des Finanzministers zu erreichen.

Dr. Bleibtreu: Ich glaube nicht, dass die Finanzmin. zustimmen werden.

Ergebnis der Erörterungen: Es besteht Übereinstimmung darüber, dass es erwünscht ist, dass nicht bloß bei den OLG, sondern überhaupt Professoren als Richter tätig werden können. Eine entsprechende Abstimmung mit den Finanzministern soll versucht werden.

Punkt 4 der TO: Bewaffnung der Justizwachtmeister.

Dr. Kuhnt verweist auf ein Schreiben vom 1.7.1948 (237-12). Die Besprechung dieses Punktes ergibt Übereinstimmung darüber, dass die angeschnittenen Fragen zweckmäßig vom ZJA mit der MR erörtert und nicht heute in Anwesenheit der zu erwartenden Vertreter der MR verhandelt werden. Ebenso besteht Übereinstimmung darüber, dass als Waffe die Pistole und nicht der Karabiner in Frage kommt.

Punkt 5 der TO: Dienstbezüge der Beamten und Angestellten.

Dr. Frhr. v. Hodenberg bittet, diesen Punkt zurückzustellen und ihn im Zusammenhang mit den weiteren Fragen der Währungsreform zu verhandeln.

Punkt 6 der TO: Überprüfung unrichtiger Angaben in Fragebogen der Richter, StA und Rechtsanwälte.

Dr. Kuhnt berichtet gemäß Schreiben vom 2.7.1948 (2000 a). Ich habe mich gegen die Einsetzung eines Ausschusses gegenüber dem Jmin. ausgesprochen, bin mit meinen Bedenken aber nicht durchgedrungen. Der Ausschuss für das Land Schleswig-Holstein besteht aus einem Senatspräs., einem einheimischen und einem Flüchtlings-Richter. Dieser Ausschuss ist nicht nur für Richter, sondern auch für StA und Rechtsanwälte zuständig.

Dr. Mansfeld: Ich halte es für richtiger, dass allein die Verwaltung ohne einen Ausschuss entscheidet. Es entsteht eine missliche Lage, wenn der Ausschuss sich für einen Richter ausspricht, die Verwaltung dann aber anders entscheidet.

Dr. Schetter u. *Dr. Wiefels* sprechen sich ebenfalls gegen die Schaffung eines Ausschusses aus.

Dr. Frhr. v. Hodenberg: In den Fragebogen sind nicht nur falsche Angaben über politische Fragen, sondern vielfach auch über die Examensprädikate gemacht worden. Rechtlich ergeben sich insofern Schwierigkeiten, als die falschen Angaben gemacht sind zu einer Zeit, als der Betreffende nicht Beamter im Bezirk war. Ob sein Verhalten dienststrafrechtlich zu erfassen ist, ist daher zweifelhaft. Man kann vielleicht sagen, dass die Unterlassung des Widerrufs der vor Erlangung der neuen Beamtenqualität gemachten falschen Angaben ein Dienststrafvergehen darstelle.

Eine Anfechtung (Nichtigkeitserklärung nach § 32 DBG) wird vielfach an der Frage des ursächlichen Zusammenhanges scheitern. Denn solange die 50 %-Grenze für Parteigenossen bestand, wird die Frage des Examensprädikats bei Nichtparteigenossen häufig ohne entscheidende Bedeutung gewesen sein.

M.E. müsste die hier vorhandene Lücke durch den Gesetzgeber ausgefüllt werden.

Auch mir erscheint die Einrichtung eines Ausschusses unerwünscht. Wenn es sich um einen Planrichter handelt, muss die Dienststrafkammer entscheiden, beim Hilfsrichter muss ein Widerruf des Beschäftigungsbeauftragten erfolgen, wobei zuvor ein Richter mit der Anstellung der Ermittlungen zu beauftragen sein wird.

Ich möchte noch darauf hinweisen, dass gegen eine Nichtigkeitserklärung nach § 32 DBG bisher ein Rechtsbehelf nicht gegeben war. Ein solcher ist aber nunmehr nach der VO Nr. 141 gegeben. Aber auch für Hilfsrichter muss ein Rechtsbehelf gegeben sein.

Ergebnis der Erörterungen: Es besteht Übereinstimmung darüber, dass die Einsetzung besonderer Ausschüsse unerwünscht ist.

Dr. Wiefels weist noch darauf hin, dass eine Strafversetzung von Richtern als dienststrafrechtliche Maßnahme wieder eingeführt werden müsse, wie sie auch früher bereits bestanden habe.

Dr. Koch: In einem VO-Entwurf des ZJA ist eine solche Maßnahme bereits vorgesehen.

Sommerfeld: Auch eine Zurückversetzung muss als Dienststrafmaßnahme wieder möglich sein.

Dr. Frhr. v. Hodenberg: Eine Zurückversetzung halte ich für unerwünscht, das läuft auf eine dauernde Schmälerung des Ansehens eines bestimmten Richteramtes hinaus.

Dr. Bleibtreu schließt sich dieser Auffassung an.

Punkt 10 der TO: Auswirkung der VO Nr. 141 der MR über die Zuständigkeit der Verwaltungsgerichte.

Sommerfeld berichtet gemäß Schreiben vom 7.6.1948 (310). In Hamburg unterstehen die Verwaltungsgerichte der Dienstaufsicht des OLG-Präs. Der OLG-Präs. ist gleichzeitig Vorsitzender des Oberverwaltungsgerichts.

Akte der Justizverwaltung unterliegen der Nachprüfung durch die Verwaltungsgerichte. Das ist meine Auffassung und war auch die Auffassung der übrigen Vorsitzenden der Verwaltungsgerichte auf einer Tagung in Minden. Wenn auch die Klage vor den Verwaltungsgerichten gegen Akte der Justizverwaltung hiernach gegeben ist, so werden im Allgemeinen über die Gründe für einen Erfolg der Klage nicht ausreichen.

Dr. Wiefels: Der Widerruf eines Beschäftigungsauftrages ist nicht nachprüfbar, weil er Sache des freien Ermessens ist.

Dr. Frhr. v. Hodenberg: Es wird auf die Begründung des Widerrufs ankommen. Wird der Widerruf mit einem Charakterfehler begründet, dann muss der Widerruf nachprüfbar sein. Es brauchen aber natürlich keine Gründe angegeben zu werden.

Dr. Koch: Der Widerruf der Zulassung eines Rechtsbeistandes wird sicher aufgrund der VO Nr. 141 nachprüfbar sein.

Dr. Frhr. v. Hodenberg: Im Einzelnen werden sicher erhebliche Zweifel bestehen. Es fragt sich, ob die Justiz ein Interesse daran hat, besondere Verwaltungsgerichte der Justiz zu schaffen. Für Hamburg wird keine Veranlassung dazu bestehen, weil dort die Verwaltungsgerichte vom Jmin. ressortieren, in anderen Ländern ressortieren sie aber vom Innenmin. Ich bin daher dafür, dass von der Möglichkeit des Art. X der VO Gebrauch gemacht wird, weil in Kreisen der Verwaltung nicht überall das richtige Verständnis für die Belange der Justiz bestehen wird. Auch eine Aufhebung des § 142 DBG müsse angestrebt werden.

Dr. Koch stimmt diesen Ausführungen zu. Es schweben bereits Verhandlungen mit der MR. Durch eine AusführungsVO zur VO Nr. 114 soll der Verwaltungsrechtsweg ausgeschlossen werden gegen Entscheidungen im Entnazifizierungsverfahren. Weiter soll bestimmt werden, dass Gericht im Sinne von Art. II 2 der VO Nr. 141 auch der mit Justizverwaltungsaufgaben betraute richterliche Beamte ist. Wenn eine AusführungsVO mit diesem Inhalt erlassen wird, wären noch ausgenommen die Akte der StA und der Jmin.

Dr. Frhr. v. Hodenberg: Wird eine solche Ausf.-VO erlassen, dann haben die Angehörigen der Justiz nicht den gleichen Schutz, den die Angehörigen anderer Verwaltungen haben.

Dr. Koch: Zunächst kommt es auf eine Abschirmung der Justiz gegenüber den Verwaltungsgerichten an. Vielleicht kommen dann noch besonders positive Vorschriften für die Justiz in Frage.

Dr. Bleibtreu: Vielleicht werden besondere Verwaltungssenate bei den OLG zur Entscheidung über die hier erörterten Akte der Justiz einzurichten sein.

Dr. Kuhnt: Während meiner Zeit als Jmin. in Schleswig-Holstein habe ich immer die Ansicht vertreten, dass die Verwaltungsgerichtsbarkeit in die Justiz hineingehören.

Punkt 5 der TO und zugleich *„Sonstige Auswirkungen der Währungsreform"* sowie *Punkt 21 der NachtragsTO: „Zulässigkeit des Eintritts der Richter in den Deutschen Beamtenbund".*

16) *Dr. Frhr. v. Hodenberg* nimmt auf sein Schreiben vom 18.6.1948 (2100) Bezug und macht weiter Mitteilung von dem inzwischen eingegangenen Bescheid des Nieders. Jmin. vom 6.7.1948, wonach dieser wegen Aufhebung der 6 %igen Kürzung der Dienst- und Versorgungsbezüge nach der 1. GehaltskürzungsVO vor einiger Zeit an den Nieders. Fmin. herangertreten ist und wonach gegen eine Erhöhung der Dienstbezüge darüber hinaus angesichts der durch die Währungsreform grundlegend veränderten Verhältnisse Bedenken zu erheben seien.

Es erhebt sich die Frage, ob mit Rücksicht auf die zu befürchtenden Gehaltskürzungen dem *Eintritt in den Deutschen Beamtenbund* oder der *Bildung von Richtervereinen* eine besondere Aufmerksamkeit zu widmen ist. In Niedersachsen ist eine völlige Einstellungs- und Beförderungssperre verfügt.

Dr. Kuhnt: Vom FinMin. Schleswig-Holstein ist eine Kürzung der Pensionen der einheimischen Beamten um 25 % und der Flüchtlinge um 33 % bis zu 300 RM Monatspension angekündigt. Falls diese Kürzungen nicht ausreichen sollten, sei eine Herabsetzung der Gehälter erwogen, insbesondere derjenigen der höheren Beamten bis zu 10 %. Richtervereine sind bereits in Kiel und Lübeck gegründet. In Itzehoe steht die Gründung bevor. Auch ein Landesverband soll gegründet werden. Eine Beförderungssperre ist angekündigt; die aber für die Justiz- und Schulverwaltung nicht gelten soll.

Sommerfeld: In Hamburg besteht ein Richterverein seit Ende 1946. Die Verbindung mit dem Richterverein in Duisburg ist aufgenommen.

Beförderungen werden in Hamburg noch vorgenommen. Von Sperrungen ist noch nichts bekannt. Die Justiz hat aber bereits von sich aus gestoppt.

Dr. Schetter: Im Bezirk Köln sind örtliche Richtervereine auf der alten Grundlage wieder aufgebaut. 80 % der Richter sind beigetreten. Die StA sind mit eingeschlossen. Fühlungnahme mit anderen Bezirken hat stattgefunden. Duisburg wird als Vorort betrachtet.

Dr. Bleibtreu: In Rheinland-Westfalen besteht bisher keine Einstellungs- und Beförderungssperre. Alle Besetzungen dürfen nur mit Zustimmung des FinMin. erfolgen.

Im ganzen Lande sind bisher 900 Richter den Richtervereinen beigetreten. Die Gesamtzahl beträgt aber 2.300. Ortsgruppen bestehen noch nicht überall.

Dr. Kuhnt: Die Frage des Eintritts in den Deutschen Beamtenbund hat starken politischen Beigeschmack. Gründung und Beitritt bei Richtervereinen möchte ich daher vorziehen. Auch ist zu befürchten, dass der Einfluss der Richter im Beamtenbund wegen ihrer geringen Zahl nur geringfügig sein wird.

Dr. Wiefels: Aus dem Verhältnis des Deutschen Beamtenbundes zur Gewerkschaft öffentlicher Dienste ergibt sich ein Gegensatz, der nicht erwünscht ist und aus dem sich die Richter durch Nichteintritt in den Deutschen Beamtenbund heraushalten können.

Dr. Korintenberg: Das Interesse der Beamtenschaft kann nur gewahrt werden durch eine große Beamtenorganisation. Im Übrigen wird bis zum Abschluss der Bildung von Richtervereinen auch noch zu viel Zeit vergehen.

Dr. Bleibtreu: Der Deutsche Beamtenbund gehört zu den Gewerkschaften im weiteren Sinne. Es erhebt sich daher die Frage, ob die Richter in den Streit zwischen der Gewerkschaft öffentlicher Dienste und dem Beamtenbund Stellung beziehen sollen. Es kommt daher m.E. allein auf das Problem an, ob Richtervereine gegründet werden sollen oder nicht.

Dr. Koch: Der Eintritt in den Beamtenbund als Gewerkschaft im weiteren Sinne bedarf der Genehmigung.

Dr. Mansfeld: Es erhebt sich die Frage, ob es zweckmäßig ist, die Rechtspflegervereine und Richterverein zusammen zu führen.

Nach Äußerungen von *Sommerfeld* und *Dr. Frhr. v. Hodenberg* besteht Übereinstimmung darüber, dass wohl eine Koordinierung, aber nicht eine Verschmelzung von Richtervereinen und Rechtspflegervereinen anzustreben ist.

Dr. Frhr. v. Hodenberg bittet in Übereinstimmung mit den übrigen Präsidenten das ZJA, alles zu tun, was möglich ist, damit die Einstellungs- und Beförderungssperre beseitigt werde.

b) *Unterhaltungszuschüsse und Währungsreform*

Dr. Frhr. v. Hodenberg: In Jahresfrist werden im Bezirk Celle 600 Referendare vorhanden sein. Der Bedarf für die Justiz wird rund 125 Assessoren und für die Rechtsanwälte rund 75 Assessoren im Jahre betragen. Vor bestandenem Examen kann man vom Referendar keine bindenden Erklärungen verlangen, welche Laufbahn er ergreifen wird. Deswegen wird man auch nicht eine Beschränkung der Unterhaltszuschüsse auf nur 200 Referendare vornehmen können. Aber eine Höchstzahl wird man doch wohl beim FinMin. erreichen müssen. Auszuschließen von Unterhaltszuschüssen werden wohl nur diejenigen Referendare sein, bei denen die Ableistung des Assessorexamens nicht besonders erwünscht ist.

Dr. Kuhnt: In Schleswig-Holstein liegen die Verhältnisse besonders ungünstig wegen der vielen Flüchtlingsreferendare.

Insgesamt sind 230 Referendare vorhanden. Rund 20 davon erhalten ihre Bezüge als Assessor-K; etwa 30 bekommen einen Unterhaltszuschuss, rund 20 haben einen Zuschuss nicht nötig. Es verbleiben 150–160 Referendare, die sich selbst ihre Mittel beschaffen müssen. Im Etat waren bisher 140.000 RM Unterhaltszuschuss für die Justiz, nicht bloß für Referendare, vorgesehen. Es ist dann aber ein Betrag von 270.000 RM vom Landtag bewilligt worden. Etwa 50 % der Referendare werden genügend gesichert sein, 50 %, vielleicht auch 70 % der Referendare sind Flüchtlinge.

Dr. Mansfeld: In Braunschweig sind 63 % der Referendare Flüchtlinge.

Sommerfeld: In Hamburg haben wir 325 Referendare. Sämtliche Referendare bekommen einen Unterhaltszuschuss, verheiratete 200 RM und unverheiratete

150, 160 oder 170 RM in den verschiedenen Vorbereitungsjahren. Vielleicht 60 % der Referendare sind Flüchtlinge. K-Assessoren erhalten ihre besonderen Bezüge.

Dr. Korintenberg: Im Bezirk Köln sind 380 Referendare einschließlich Assessoren-K. Nur Referendare, die ein gutes „Befriedigend" oder eine bessere Note aufzuweisen haben, erhalten einen Unterhaltszuschuss. Bis vor drei Wochen konnte den hiernach in Betracht kommenden Referendaren der Unterhaltszuschuss fast ausnahmslos gegeben werden. Dann haben die Anträge sich aber gehäuft. Vielleicht werden bei bisher berücksichtigten Referendaren Kürzungen vorgenommen, um weitere Referendare in die Unterhaltszuschüsse hineinbringen zu können. In den nächsten zwölf Monaten ist mit einer Verschlechterung zu rechnen mit Rücksicht auf den Zugang von den Universitäten. Etwa nur 15 % sind Flüchtlinge.

Schmidt-Rande: In Oldenburg ist mit der Gewährung des Unterhaltszuschusses bisher großzügig verfahren. K-Assessorden bekommen keine höheren Bezüge wie die übrigen Referendare.

Dr. Wiefels: Grundsätzlich wird mindestens eine befriedigende Leistung zu verlangen sein. Nur unter besonderen ungünstigen Verhältnissen wird man auch bei einer schlechteren Note einen Unterhaltszuschuss gewähren müssen.

c) *Auswirkungen der Währungsreform auf die Zahlung der Prüfungsgebühr.*

Dr. Wiefels: Zahlung von Prüfungsgebühren, die mit der Meldung zur Prüfung oder danach erfolgt sind, wird man, wenn in RM erfolgt, anerkennen müssen. Vor der Meldung erfolgte Zahlungen haben wir vor der Währungsreform nicht angenommen.

Sommerfeld: Wir konnten vor Eintritt der Währungsreform nicht mehr alle Zahlungen zurücküberweisen. – Es besteht *Einverständnis* darüber, dass die nach zulässiger Meldung vor der Währungsreform in RM geleisteten Zahlungen voll anzurechnen sind.

Punkt 11 der TO: Zuständigkeit zur Erteilung der Aussagegenehmigung bei Hilfsbeamten der StA (Schrb. Celle v. 17.6.1948–2045).

Dr. Frhr. v. Hodenberg bittet um vorläufige Zurückstellung.

Punkt 12 der TO: Ausbildung für den höheren Justizdienst und Erleichterungen für politisch, rassisch und religiös Verfolgte (Schrb. Celle vom 23.6.1948 (2220).

Dr. Frhr. v. Hodenberg zieht diesen Punkt zurück.

Punkt 13 der TO: Sühnetermine in Ehesachen (Schrb. Celle vom 22.6.1948 – 346).

Dr. Frhr. v. Hodenberg bittet, diesen Punkt vorläufig zurückzustellen.

Punkt 14 der TO: Austausch von Prüfungsarbeiten für die erste juristische Staatsprüfung.

Sommerfeld berichtet gem. Schrb. Hamburg vom 19.6.1948.

Dr. Frhr. v. Hodenberg schlägt vor, sämtliche Prüfungsarbeiten von einer zentralen Stelle aus zu verteilen.

Dr. Korintenberg: Dieser Vorschlag erfordert einen großen Apparat. Wenn wir in Köln nicht genügend Arbeiten vorrätig hatten, haben wir mitunter dieselbe Arbeit mehrfach, und zwar für denselben Prüfungstermin ausgegeben. Anhaltspunkte für eine Zusammenarbeit unter den einzelnen Kandidaten sind dabei fast nie in

Erscheinung getreten. Die Konkurrenz unter den Kandidaten ist im Allgemeinen so groß, dass sie selbständig arbeiten.

Zum Schlusse geht *allgemein die Meinung* dahin, dass eine größere Gemeinschaft nicht anzustreben ist. Celle und Hamburg werden aber untereinander wegen einer stärkeren Zusammenarbeit Fühlung nehmen.

Tagungsabschnitt III

Punkt 19 der TO: Verteilung der für die Justiz bewilligten Zusatzlebensmittelkarten (Schrb. Celle v. 22.6.1948 – 70 b).

Dr. Frhr. v. Hodenberg zieht diesen Besprechungspunkt zurück, da Zusatzlebensmittelkarten nicht mehr verteilt werden.

Dr. Koch: Eine Nichtbewilligung von Zusatzlebensmittelkarten widerspricht den Anweisungen des Birartite-Board. Danach kommen Zusatzlebensmittel erst dann nicht mehr in Frage, wenn der Satz von 1.800 Kalorien erreicht ist.

Im Bezirk Oldenburg werden noch Zusatzlebensmittelkarten gewährt, allem Anschein nach nur nicht in den Bezirken Braunschweig und Celle.

Punkt 18 der TO: Bildung von Betriebsräten.

Dr. Mansfeld berichtet gem. Schrb. Vom 1.7.1948 (Az. E 250 a).

Während des Berichtes von Dr. Mansfeld erscheint *Mr. Macaskie* mit *Mr. Rathbone* und weiteren Mitgliedern der MR.

Nach Begrüßung durch Dr. Kuhnt wird in die Erörterung von *Punkt 20 der NachtragsTO: „Verteilung der Flüchtlingsbewerber auf die einzelnen OLG-Bezirke"* eingetreten.

Dr. Kuhnt berichtet gemäß seinem Schrb. Vom 14.7.1948.

Im Anschluss hieran geben die übrigen Bezirke die in Betracht kommenden Zahlen bekannt. Sämtliche Bezirke sprechen sich dahin aus, dass sie nicht in der Lage seien, noch weitere Flüchtlinge zu übernehmen.

Schmidt-Ranke wirft darauf die Frage auf, ob eine Unterbringung in anderen Zonen möglich sei.

Dr. Kuhnt: Diese Frage würde nicht zur Zuständigkeit der OLG-Präs., sondern der Jmin. gehören.

Mr. Macaskie: Die mitgeteilten Zahlen ergeben, dass die Verhältnisse in den verschiedenen Bezirken sehr voneinander abweichen. Anscheinend ist in Niedersachsen die Zahl der Bewerber, die nicht aufgenommen werden können, am größten. Anscheinend ist im Bezirk Hamm der größte Erfolg mit den Einstellungen zu verzeichnen. Es könnte daher möglich sein, dass mit etwas mehr Anstrengung dem guten Beispiel von Hamm gefolgt werden könnte. Wenn die FinMin. jeder weiteren Einstellung Schwierigkeiten machen, beabsichtige ich mich einzuschalten, um über den Regional-Commissioner Einfluss zu nehmen. Es kann sich die Frage ergeben, ob durch stärkere Pensionierungen nicht Hilfe geschaffen werden kann, indem auf diese Weise Stellen offen werden.

In den letzten Tagen ist bekannt geworden, dass in der Franz. Zone keine Richter aus der Ostzone aufgenommen würden. Andererseits ist heute bekannt geworden (Mitteilung Köln), dass Flüchtlingsbewerber aus dem Saargebiet und aus der Franz. Zone in der Westzone sind. Ich bin gern bereit, mit dem Direktor der Rechtsabt.

Der Franz. Zone Rücksprache zu nehmen, damit Bewerber dort untergebracht werden können. Die Franz. Zone ist aber sehr klein und gibt keine große Möglichkeit der Unterbringung. Auf diese Weise wird eine völlige Lösung nicht möglich sein. Wie es in der Amerik. Zone steht, wäre auch noch zu erörtern. In der Brit. Zone scheint der Sättigungspunkt erreicht zu sein.

Dr. Kuhnt: In Schleswig-Holstein ist die nächste Pensionierung eines Richters erst in drei Jahren zu erwarten. Auf dem Wege einer Pensionierung lassen sich daher einstweilen Neueinstellungen nicht ermöglichen.

Dr. Schetter: Wenn mir auch genaue Angaben nicht zur Verfügung stehen, so ist mir doch bekannt, dass in den LG-Bezirken Koblenz und Trier erst etwa 60 % der Stellen besetzt sind; das war die Lage vor etwa zwei Monaten. Über die anderen Teile der Franz. Zone habe ich keine zuverlässigen Nachrichten.

Dr. Gasser: Ich bin Personalreferent im Jmin. Württemberg-Baden. In Württemberg-Baden sind alle Richter- und StA-Stellen so gut wie besetzt. Ein großer Teil der früheren Richter und StA hat bisher noch nicht wieder unterkommen können. In Württemberg-Baden besteht daher keine Aufnahmefähigkeit für Flüchtlinge.

Auch die Verhältnisse in Bayern sind mir einigermaßen bekannt. Sie sind dort noch ungünstiger, weil Bayern von mehr Flüchtlingen aufgesucht worden ist als Württemberg-Baden. In Bayern sind manche Bezirke für Flüchtlinge vollkommen gesperrt.

Über die Verhältnisse in Hessen weiß ich nicht so genau Bescheid; soweit ich unterrichtet bin, sind dort alle Stellen besetzt oder fast alle besetzt. Bei den Rechtsanwälten ist überall die Lage die gleiche.

Mr. Macaskie: Es könnte eine Vermehrung der Richterstellen ins Auge gefasst werden. Auch die Einrichtung eines neuen Senats beim Obersten Zonengericht wäre ins Auge zu fassen. Auch sonst müssten mehr Einstellungen erfolgen.

Dr. Kuhnt: Das Arbeitspensum der Richter ist erhöht. Beim OLG Kiel fallen 30 % Sachen mehr an als früher. Die Zahl der Richter ist schon im geringen Maße vergrößert worden. Eine weitere Vermehrung wird sich aber beim FinMin. nicht durchsetzen lassen.

Dr. Frhr. v. Hodenberg: In Niedersachsen hat die Arbeit der Gerichte im letzten Jahr ganz erheblich zugenommen, vor allem auf dem Gebiete der Strafgerichtsbarkeit und durch die angelaufene Tätigkeit der Landwirtschaftsgerichte. Bis vor kurzem konnte der Geschäftsvermehrung dadurch Rechnung getragen werden, dass neue Hilfsrichterstellen bewilligt wurden. Diese Möglichkeit ist nunmehr aber durch die Einstellungssperre verschlossen. Ich würde es begrüßen, wenn die Einstellungsmöglichkeiten wieder verbessert würden.

Mr. Rathbone: Es ist kaum anzunehmen, dass die FinMin. sich solche Anregungen zugänglich zeigen werden.

Mr. Macaskie: Alle zur Sprache gebrachten Argumente müssen zusammengefasst und dem Ministerpräsidenten vorgetragen werden, damit dieser den FinMin. bewege, Mittel zu bewilligen. Die Überfüllung der Gefängnisse muss in den Vordergrund gestellt werden mit dem Hinweis, es sei nicht tragbar, dass die Gefängnisse gefüllt, Richter aber nicht vorhanden seien, die Häftlinge abzuurteilen. Ich verkenne nicht, dass die gegenwärtige Lage nach der Währungsreform ungünstig ist. In etwa sechs Monaten haben sich aber die Verhältnisse wohl wieder soweit stabilisiert, dass alle OLG-Bezirke an ihren Minister herantreten und erreichen, dass alle Stellen wieder besetzt werden.

Mr. Rathbone: Nach meiner Ansicht hat die Justizverwaltung alles getan, was zur Abhilfe des Flüchtlingsproblems geschehen konnte. Schließlich ist die Justiz keine Wohlfahrtseinrichtung.

Punkt 17 der TO: Form der Verkündung der oberlandesgerichtlichen Urteile und der Zulassung der Revision.

Dr. Wolff:

a) In den *Verkündungsprotokollen* heißt es: „Anliegendes Urteil wurde verkündet". Aus Anlass einer Revision war beim Obersten Zonengericht nicht ohne weiteres sicher festzustellen, welches Urteil verkündet war, denn die Urschrift des Urteils gelangt zu den Sammelakten und nur eine Ausfertigung wird zu den Prozessakten genommen. Um alle Zweifel und Unklarheiten auszuschließen, empfiehlt sich vielleicht folgender Vermerk auf der Urschrift des Urteils: „Anlage zum Protokoll vom ...". Abschrift dieses Vermerks wäre dann auf die Ausfertigungen und Abschriften des Urteils zu übernehmen.

Es ergibt sich bei der Erörterung *Übereinstimmung* darüber, dass die Anregung Dr. Wolff den Vorsitzenden der Senate zugeleitet werden möge.

b) Der Ausspruch über die *Zulassung der Revision* (nach § 29 der VO v. 17.11.1947) befindet sich mitunter im Tenor des Urteils, vielfach aber in den Urteilsgründen, und zwar alsdann meist am Schluss. Nach der Rechtsprechung des RG muss die Zulassung bereits bei der Verkündung erfolgt sein. Steht sie in den Gründen, so ist nicht sicher, ob sie erst nachträglich in die Gründe geschrieben ist oder bei Erlass des Urteils beschlossen war. Es wäre daher zu begrüßen, wenn die Senate der OLG darauf hingewiesen würden, dass die Zulassung der Revision nicht in den Gründen, sondern ausnahmslos im Tenor erfolgt.

Punkt 16 der TO: Umfang der Bezugnahmen im Tatbestand der Zivilurteile.

Dr. Wolff: Am Schluss des Tatbestandes der Urteile heißt es häufig: „Im Übrigen wird auf den gesamten Inhalt der Schriftsätze und der Beiakten Bezug genommen". Bei einer solchen Bezugnahme ist es vielfach nicht klar, was vorgetragen worden ist und was nicht. Das gilt vor allen Dingen von Nachtragsschriftsätzen aus dem ersten Rechtszuge. Auch bei nachträglich eingegangenen Akten ist vielfach nicht klar, ob und was daraus berücksichtigt ist.

Dr. Wiefels: Die Beiakten müssen genau identifiziert werden, aber Schriftsätze können summarisch in Bezug genommen werden.

Dr. Frhr. v. Hodenberg: Das Wesentliche des Vortrages muss im Tatbestand klargestellt werden. Im Übrigen wird aber eine allgemeine Bezugnahme auf die Schriftsätze in Betracht kommen, statt einen großen Teil des Tatbestandes mit der Aufführung von einzelnen Schriftsätzen zu belasten.

Bei der weiteren Erörterung (*Sommerfeld, Dr. Mansfeld, Schmidt-Ranke* und *Lingemann*) wird zum Ausdruck gebracht, dass auf die Anfertigung des Tatbestandes besondere Sorgfalt verwendet werden müsse, dass aber die gegenwärtigen Verhältnisse dabei zu berücksichtigen seien. Immerhin sei es aber erwünscht, die Aufmerksamkeit der Senate auf diese Fragen zu lenken.

Als *Ergebnis der Aussprache* zu Punkt 17 und 16 wurde der Wunsch an Vizepräs. Dr. Wolff herangetragen, dass er seine heutigen Ausführungen in Form eines Schreibens den OLG-Präs. zuleiten möge.

Darauf verabschiedet sich *Mr. Macaskie* mit seiner Begleitung, nachdem er den acht OLG-Präs. seinen Dank für die in den drei vergangenen Jahren geleistete Arbeit ausgesprochen hatte, durch die vor allem weitgehend die Einheit des Rechts in der Zone aufrechterhalten worden sei.

Punkt 15 der TO: Fragen der Währungsreform.

Dr. Wolff:

a) Frage der *Zulässigkeit des Rechtsmittels:* Ist bei Einlegung der Revision die Rechtsmittelsumme erreicht, ist aber bis zur Verhandlung infolge der Währungsreform der Streitgegenstand unter die Revisionssumme gesunken, dann hat sich das Oberste Zonengericht auf den Standpunkt gestellt, dass die zulässigerweise eingelegte Revision durch spätere Ereignisse nicht unzulässig wird.

Dr. Wiefels: Dieses Problem ist im Bezirk Hamm vor kurzem auf einer LG-Präs.-Tagung erörtert. Die Versammlung hat sich dabei der letzten Rechtsprechung des RG angeschlossen, die mit den Ausführungen von Dr. Wolff übereinstimmt.

Dr. Wolff: Wenn vor Revisionseinlegung durch die Währungsreform die Revisionssumme nicht mehr erreicht wird, so ist die Revision unzulässig. Dazu wird aber der Erlass einer VO durch das ZJA erwogen, indem in solchen Fällen eine Revision nachträglich soll zugelassen werden können.

b) *Festsetzung des Streitwertes und Berechnung der Kosten.* Bei der *Festsetzung des Streitwertes* ist zu unterscheiden zwischen Geldansprüchen und Sachleistungen. Aufgrund einer Besprechung beim Obersten Zonengericht ist eine Anweisung an die Kostenbeamten ergangen, dass, wenn Zweifel hinsichtlich des Streitwertes vorliegen, sie den Streitwert für die Zeit bis zur Währungsreform und für die Zeit danach durch den Senat festsetzen lassen.

Prozessgebühr und Entscheidungsgebühr sind nicht so sehr zivilrechtliche Gegenleistungen für eine Leistung des Gerichts, es handelt sich hier vielmehr um eine Art von Abgabe für Hoheitsakte des Staates. Es wird daher auf den Zeitpunkt der Fälligkeit ankommen. Die Entscheidungsgebühr ist also z.B. nach dem Zeitpunkt des Erlasses der Entscheidung anzusetzen. Ist eine Prozessgebühr in RM bezahlt, dann ist sie durch Zahlung erledigt. Anders jedoch wird es wohl sein bei den *RA-Gebühren.* Diese werden wohl, wenn sich die Instanz über den Zeitpunkt der Währungsreform hingezogen hat, alle in Dmark zu berechnen sein. Entscheidungen des Obersten Zonengerichts zu diesen Fragen liegen noch nicht vor. Bisher handelt es sich nur um interne Anweisungen an die Kostenbeamten.

Sommerfeld: Bei einer Besprechung in Hamburg zur Frage der Behandlung von Gerichtskosten ist überwiegend die Ansicht vertreten worden, dass, wenn der Prozess bis zum Tage der Währungsreform erledigt worden ist, dann alle Gerichtsgebühren in Rmark zu berechnen sind, andernfalls sämtlich in Dmark. Meine persönliche Meinung stimmt damit nicht überein und deckt sich nicht mit der von Dr. Wolff vorgetragenen Auffassung.

Dr. Wiefels: Ich schließe mich hinsichtlich der Gerichtskosten und der Anwaltsgebühren der Auffassung von Dr. Wolff an. Wenn jedoch auf die Anwaltsgebühren ein Vorschuss geleistet ist, müssen für die Verrechnung des Vorschusses für die Zeit vor der Währungsreform Rmark und Dmark gegenübergestellt werden. Bei den Armenanwaltsgebühren ist der Standpunkt der Anwaltschaft wohl richtig, dass die ganzen Gebühren nach dem Eintritt der Währungsreform in Dmark zu berechnen sind. Anders wird nur bei der Anrechnung von Vorschüssen zu verfahren sein.

Tagungsabschnitt III.

Punkt 18 der TO: Bildung von Betriebsräten.

Dr. Kuhnt: Im Bezirk Schleswig-Holstein haben OLG-Präs. und GstA eine Betriebsvereinbarung für den Bezirk getroffen entsprechend der Muster-Betriebsvereinbarung des ZJA. Jedes der vier LG hat einen Betriebsrat und außerdem das OLG einen Betriebsrat zugleich für das ganze Land.

Dr. Mansfeld: Es muss Klarheit darüber geschaffen werden, für welche Gerichte eine Betriebsvereinbarung zu treffen ist, ob für das einzelne AG, den LG-Bezirk usw.

Dr. Frhr. v. Hodenberg: Im Bezirk Celle besteht fast nirgends ein Betriebsrat. Beim LG in Hildesheim besteht ein Betriebsrat für den ganzen LG-Bezirk, der sich zum Zentralbetriebsrat für den ganzen OLG-Bezirk ausgestaltet hat.

Schmidt-Ranke: Es besteht Unsicherheit und Unklarheit darüber, mit wem man eine Betriebsvereinbarung abschließen soll. Die einzelnen Betriebsräte im Bezirk des OLG Oldenburg haben sich auf einen Angestellten geeinigt, der sich als Gesamtbetriebsrat bezeichnet.

Sommerfeld: In Hamburg besteht ein Betriebsrat, der von sämtlichen Gerichten gewählt worden ist. Die StA hat einen eigenen Betriebsrat. Eine Betriebsvereinbarung besteht bisher nicht, da die MR die Genehmigung versagt hat.

Lingemann: In Nordrhein-Westfalen besteht ein Länderbetriebsrat. Mit ihm hat der Jmin. Anfang dieses Monats eine Betriebsvereinbarung getroffen. Der Jmin. hat ein entsprechendes Muster den einzelnen OLG-Präs. übersandt, damit in den Bezirken Einzelvereinbarungen getroffen werden.

Ich warte zunächst noch weitere Klärung ab.

Fortsetzung von Punkt 15 der TO:

Dr. Wolff fasst seine gestrigen Ausführungen noch einmal zusammen: Die Gerichtskosten sind nach dem Zeitpunkt der Fälligkeit zu berechnen. Es sind aber verschiedene Ansichten möglich und die Gebühren der Rechtsanwälte sind wohl anders zu beurteilen.

Bei der Wertfestsetzung von Sachen ergeben sich insofern Schwierigkeiten, als sich noch kein Markt wieder gebildet hat; auch mit der Anhörung von Sachverständigen wird man daher nicht wesentlich weiter kommen. Bei Grundstücken gibt der Einheitswert keinen sicheren Anhalt.

Dr. Frhr. v. Hodenberg: Die Berechnung von Gerichtskosten und der Frage der Verrechnung von Vorschüssen ist nicht nur die de lege lata, sondern auch de lege ferenda zu erörtern, da das ZJA den Erlass einer VO über diese Fragen erwägt.

Dr. Wiefels: Wenn die Parteien Vorauszahlungen bei der Gerichtskasse vorgenommen haben, ohne dass Zahlung bereits erfolgen durfte, ist dieser Vorschuss für die Justiz verloren gegangen, er kann daher dem Einzahlenden nicht angerechnet werden.

Dr. Koch: Das ZJA würde es begrüßen, wenn die auftauchenden Fragen laufend an das ZJA herangetragen würden, so z.B. auch die Frage der Umstellung und Erhöhung des Kapitals bei Handelsgesellschaften. Erwünscht ist wegen der Eilbedürftigkeit eine unmittelbare Zuleitung dieser Fragen an das ZJA, so dass dem zuständigen Jmin. nur eine Abschrift zu übersenden wäre. Aufgrund einer Besprechung, die in der nächsten Woche mit MinDir. Dr. Harmening in Frankfurt stattfinden soll, wird das ZJA dann erwägen, ob und welche Fragen einer gesetzlichen Regelung durch das ZJA zugeführt werden sollen.

Schlussbesprechungen über die *nächste Zusammenkunft* der OLG-Präs. – sie wird für die zweite Hälfte September oder für Anfang Oktober in Aussicht genommen. Die für die Tagung in Betracht kommenden Punkte sollen Celle mitgeteilt werden. Da wahrscheinlich die nächste Ministerkonferenz Anfang Oktober stattfindet, erscheint es erwünscht, dass die Tagung der OLG-Präs. noch im September abgehalten wird. Dies wird aber davon abhängen, ob genügend Besprechungspunkte bis dahin hervortreten.

Als Tagungsort wird Damme in Oldenburg in Aussicht genommen.

Gez. Dr. Tasche.

Anhang:

Erweiterte Tagung am 23.7.1948 (SJZ 1948, S. 435)

Die seit der Kapitulation in regelmäßigen Abständen in Bad Pyrmont abgehaltene Zusammenkunft der acht OLG-Präsidenten der Brit. Zone, die im Interesse der Wahrung der Rechtseinheit in den Ländern der Zone dem Austausch von Erfahrungen auf den Gebieten der Rechtsprechung und der Justizverwaltung sowie der Erörterung von Gesetzesvorschlägen dient, fand diesmal in größerem Rahmen vom 20. Bis 23.7.1948 in Bad Godesberg statt. Die internen Konferenzen der OLG-Präs., an denen außer Vertretern des ZJA f. d. Brit. Zone und der LJM der Vizepräs. des Obersten Gerichtshofs für die Brit. Zone, *Dr. Wolff,* sowie zeitweise Vertreter der brit. MR teilnahmen, fanden eine wertvolle Bereicherung durch Vorträge von Hochschullehrern der beiden rheinischen Universitäten Köln und Bonn. Die Referate wurden vor einem geladen Kreise von Juristen der drei westlichen Zonen gehalten.

Prof. Dr. Nipperdey (Köln) sprach über *„Die Grundprinzipien des Wirtschaftsverfassungsrechts".* Er versteht darunter Rechtsgrundsätze ersten Ranges, die die einem bestimmten Wirtschaftssystem immanenten Grundsätze rechtssatzmäßig aussprechen, garantieren und sichern. Es sei bisher vielfach nicht erkannt worden, dass der Automatismus der Wettbewerbswirtschaft nicht nur notwendige wirtschaftliche, sondern auch notwendige rechtliche Voraussetzungen und Sicherungen haben müsse, wenn er funktionieren solle. In der Wettbewerbsordnung müssten sieben wirtschaftsverfassungsrechtliche Ordnungsprinzipien bestehen, die mit der Maßgabe festzulegen seien, dass keines von ihnen das andere aufheben oder einschränken dürfe: Gewerbefreiheit, Wettbewerbsfreiheit, Leistungswettbewerb, Monopolkontrolle, Vertragsfreiheit, Vereinigungsfreiheit, Gewährleistung eines menschenwürdigen Daseins für alle in Freiheit vor Furcht und Not.

In einem Vortrag über *„Die Entwicklung der Verwaltungsgerichtsbarkeit seit dem Jahre 1945"* gab *Prof. Dr. Friesenhahn* (Bonn) einen Überblick über die Verwaltungsgerichtsbarkeit der letzten Jahre. Inzwischen ist das VerwaltungsgerichtsG für die Brit. Zone als VO Nr. 165 der MR erlassen und am 15.8.1948 in Kraft getreten.

Prof. Dr. v. Weber (Bonn) behandelte *„Das Verhältnis der Militärgerichtsbarkeit zur deutschen Strafgerichtsbarkeit"*, bes. im Hinblick auf das in Aussicht genommene Besatzungsstatut. Eine Beschränkung des persönlichen Geltungsbereichs der Gerichtsbarkeit der Besatzungsmächte, die fast jeden kriminellen Ausländer der deutschen (dt.) Gerichtsbarkeit entzieht, ist nach der Auffassung des Referenten ebenso notwendig wie eine solche der sachlichen Zuständigkeit. Die Unabhängigkeit des dt. Richters auch gegenüber der Besatzungsmacht müsse ebenfalls das Ziel eines Besatzungsstatuts sein, indem die bisher geübte Kontrolle der MR gegenüber der dt. Rechtspflege bis auf Beobachtung, Bewachung und Unterstützung abgebaut werde. Hierzu gehöre auch der Wegfall der Möglichkeit, einzelne Sachen oder Gruppen von Sachen der dt. Gerichtsbarkeit zu entziehen und dt. Gerichtsentscheidungen zu überprüfen. Notwendig sei eine Regelung über die Behandlung der Entscheidung eines dt. Gerichts in einer Sache, die der Gerichtsbarkeit der Besatzungsmächte vorbehalten ist. Einer Regelung bedürfe auch die Frage, ob Urteile der Militärgerichte in ihren prozessualen sowie materiellen Wirkungen als inländische oder ausländische Urteile anzusehen sind.

Ein Referat des Dozenten *LGR Dr. Bosch* (Bonn) hatte *„Das Verhältnis der Militärgerichtsbarkeit zur deutschen Zivilgerichtsbarkeit"* zum Gegenstand. Auch auf dem Gebiete der Zivilgerichtsbarkeit ist nach Auffassung des Referenten eine Reform durch das Besatzungsstatut unumgänglich. Die übergroße Fülle der bestehenden Normen versetze den dt. Richter ständig in Sorge, dass er eine Vorschrift der MR missachten könne. Untragbar seien die Exemtionen von der dt. Zivilgerichtsbarkeit, die zudem in den einzelnen Zonen noch verschieden seien. Sie seien bei der Zivilgerichtsbarkeit ernster als bei der Strafgerichtsbarkeit, da sie in vielen Fällen einer Rechtsverweigerung gleichkommen. Vorgeschlagen werden vom Referenten gemischte Zivilgerichte aus deutschen und ausländischen Richtern für Fälle, in denen die dt. Gerichtsbarkeit abgelehnt wird, sowie Errichtung eines gemischten Kompetenzkonfliktsgerichtshofs, der darüber entscheiden soll, ob die dt. Gerichtsbarkeit mit Recht in Anspruch genommen wird.

Diskussionen konnten wegen Zeitmangels nur in geringem Umfange erfolgen. Es soll aber eine Diskussion über die beiden letzterwähnten Referate zwischen Vertretern der LandesMR und den zuständigen deutschen Justizverwaltungsstellen zu einem späteren Zeitpunkt fortgesetzt werden.

XVII. Niederschrift über die Zusammenkunft der OLG-Präsidenten der Britischen Zone in Damme vom 5./6.10.1948

Anwesende:
OLG-Präs. Dr. Kuhnt (OLG-Schleswig-Holstein) als Vorsitzender.
OLG Braunschweig: OLG-Präs. Dr. Heusinger, Beauftr. Richter Dr. Schröder
OLG Celle: OLG-Präs. Dr. Frhr. v. Hodenberg, OLG-Rat Dr. Tasche (Protokoll)
OLG Düsseldorf: Senatspräs. Sträter, OLG-Rat Dr. Johnen
OLG Hamburg: Vizepräs. Sommerfeld, LG-Dir. Dr. Priess
OLG Hamm: OLG-Präs. Dr. Wiefels
OLG Schleswig-Holstein: (OLG-Präs. Dr. Kuhnt), OLG-Rat Johannsen
OLG Köln: OLG-Präs. Dr. Korintenberg
OLG Oldenburg: Vizepräs. Schmidt-Ranke, OLG-Rat Weitzel
Außerdem:
Präs. Dr. Ruscheweyh: Deutsches Obergericht für das vereinigte Wirtschaftsgebiet in Köln.
Vizepräs. Dr. Wolff und Dr. Delbrück: Oberster Gerichtshof für die Britische Zone in Köln.
Justizvizepräs. Dr. Koch: ZJA in Hamburg (während der Erörterungen zu Punkt 2 der TO eintreffend).
StS Dr. Moericke: Nieders. Ministerium der Justiz in Hannover.

Dr. Kuhnt eröffnet um 9 Uhr die Sitzung und begrüßt vor allem die Gäste: StS Dr. Moericke und die Präs. Dr. Ruscheweyh und Dr. Wolff. Er heißt auch herzlich willkommen die OLG-Präs. Dr. Heusinger und Dr. Korintenberg, die nach ihrer Ernennung zum ersten Mal an einer Tagung der OLG-Präs. teilnehmen.

Zu Punkt 15 b der TO: Fragen der Währungsreform, erteilt Dr. Kuhnt sodann das Wort an *Prof. Dr. Würdinger.*

Nach Schluss des Vortrages erklärte sich Dr. Würdinger auf den aus der Versammlung geäußerten Wunsch bereit, das Manuskript seines heutigen Vortrages dem OLG-Präs. Hamburg zwecks Vervielfältigung und Versendung an die übrigen OLG-Präs. zur Verfügung zu stellen.

Aus dem Vortrag Dr. Würdingers ist hier nur festzuhalten, dass der Vortragende seine unter IV des Aufsatzes „Betrachtungen zur Auslegung des Dritten Währungsgesetzes“ MDR 1948 S. 230 (S. 232 linke Spalte unten beginnend) vertretene Auffassung, dass bei einem Werk- oder Werklieferungsvertrag die vor dem Stichtag gemachten Aufwendungen für Material und Löhne usw. nur zu einem Zehntel des RM-Betrages in DM zu entrichten seien, grundsätzlich nicht mehr aufrecht erhält, sondern diese Auffassung nurmehr für die sog. Selbstkostenverträge vertritt, bei denen laufende Abrechnungen zu erfolgen haben und daher insoweit auch von einer Erfüllung vor dem Währungsstichtag die Rede sein kann.

Nachdem *Dr. Kuhnt* Dr. Würdinger den Dank für seine grundlegenden Ausführungen ausgesprochen hatte, wurde mit diesem Vortrag die Erörterung von *Punkt 15 a: Fassung der Urteilsformel usw.* und *Punkt 8: Erörterung von Zweifelsfragen, die sich aus dem Währungs- und Umstellungsgesetz ergeben*, verbunden.

Dr. Wolff: Der Oberste Gerichtshof hat sich bereits mit der *Festsetzung von Armenanwaltsgebühren* zu beschäftigen gehabt, und zwar in einem Falle, in dem die Verhandlung vor dem Stichtag stattgefunden hat, die Instanz aber erst nachher zu Ende gegangen ist. Der Oberste Gerichtshof hat dabei den § 18 Abs. 1 Nr. 2 des UmstellungsG sinngemäß angewandt. Er hat den Vertrag zwischen dem Prozessbevollmächtigten und seiner Partei bzw. dem Staat als einen Dienstvertrag mit Werkvertragselementen angesehen und die Verhandlungsgebühr im RM-Betrag vor dem Stichtag zugebilligt, wobei dann eine Umwandlung 10:1 auf DM stattgefunden hat.

Wegen der *Zulässigkeit der Revision* machte Dr. Wolff Ausführungen, wie sie bereits zu Punkt 15 a der TO Bad Godesberg vom 20./22.7.1948 (S. 15 der Protokollabschrift) niedergelegt sind.

Was die *Fassung der Urteilsformel* anbelangt, so sind zwei Fälle zu unterscheiden: Das Berufungsgericht hat abgewiesen und es liegt einer der seltenen Fälle vor, dass das Revisionsgericht abweichend in der Sache entscheiden kann. In diesem Falle ist, wenn vor dem OLG der Antrag auf Zahlung von 100.000 RM gestellt war, die inzwischen eingetretene Währungsreform dahin zu berücksichtigen, dass auf Zahlung von 10.000 DM zu erkennen ist; denn es handelt sich in einem solchen Falle bei dem Revisionsurteil um eine neue Entscheidung.

Hat das OLG vor dem Währungsstichtag zur Zahlung von 100.000 RM verurteilt und ist die Revision zurückzuweisen, so steht der Oberste Gerichtshof auf dem Standpunkt, dass lediglich eine Zurückverweisung der Revision zu erfolgen und nicht eine Neufassung des Urteils in DM vorzunehmen ist. Das Revisionsgericht hat nämlich nur zu prüfen, ob das Recht vom Berufungsgericht richtig angewandt ist. Das RG hat zwar immer mehr anerkannt, dass, wenn nach Abschluss des Berufungsverfahrens eine Änderung des Rechts eingetreten ist, diese Änderung dann zu berücksichtigen ist, wenn es sich um eine Änderung öffentlichen Rechts handelt. Bei der Währungsreform handelt es sich aber nicht um eine Rechtsänderung dieser Art. Beide Senate des Obersten Gerichtshofs befolgen daher den Grundsatz, dass eine unbegründete Revision einfach zurückzuweisen ist. Die Senate verkennen dabei nicht, dass der Gläubiger ein Interesse an der Umstellung haben kann.

Es erhebt sich überhaupt die Frage, wie die *auf RM lautenden Urteile zu vollstrecken* sind. Man kann die Auffassung vertreten, dass 100.000 RM = 10.000 DM zu vollstrecken sind, wenn man sich auf den Standpunkt stellt, dass es sich bei einem Urteil um einen Verwaltungsakt nach § 2 des WährungsG handelt. Man kann sich aber auch auf den Standpunkt stellen, dass ein auf RM lautender Vollstreckungstitel etwas darstelle, was es nach der Währungsreform nicht mehr gibt, und dass daher die Vollstreckung aus einem RM-Schuldtitel abzulehnen ist.

Dr. Frhr. v. Hodenberg macht in diesem Zusammenhang Mitteilung von der AV des Nds. Jmin. vom 7.9.1948 und dem Entwurf einer VO über die Umschreibung vollstreckbarer Titel, deren Erlass bizonal geplant sei.

Punkt 2 der TO: Hausfriedensordnung.

Dr. Heusinger berichtet und trägt dabei die im Schreiben Braunschweig vom 13.8.1948 (620) enthaltenen grundsätzlichen Gesichtspunkte vor. Er spricht sich vor allem für einen Einbau der beabsichtigten Regelung in das Mieterschutzgesetz aus und damit gegen den Erlass eines besonderen neuen Gesetzes.

Dr. Frhr. v. Hodenberg: Eine Regelung in einem besonderen neuen Gesetz erscheint mir erwünscht. Wenn in einem Prozess als Vorfrage eine Frage der Hausfriedensordnung von Bedeutung sein wird, möchte ich eine Regelung empfehlen, dass der Richter des Mietprozesses die Möglichkeit hat, ein Verfahren der HausfriedensO mit allen darin vorgesehenen Möglichkeiten selbst einzuschalten.

Ich habe mich früher in meiner Stellungnahme auf den Standpunkt gestellt, dass für die Fragen der HausfriedensO der Richter zuständig sein solle, aber zwecks Entlastung eine Übertragung auf den Rechtspfleger erfolgen könne. Gegen die jetzt vorgesehene Regelung habe ich jedoch auch keine Bedenken.

Das im Entwurf dem Rechtspfleger eingeräumte freie Ermessen geht vielleicht zu weit. Es muss sich m.E. bei der HausfriedensO um ein Verfahren der freiwilligen Gerichtsbarkeit handeln. Die von Dr. Heusinger angedeuteten Zweifel sollte man dadurch ausräumen, dass allgemein die Vorschriften der freiwilligen Gerichtsbarkeit für anwendbar erklärt werden.

Bei der Regelung der Kostenfrage müsste auch wohl noch mehr auf die Belange des Fiskus Rücksicht genommen werden.

Schmidt-Ranke: M.E. handelt es sich hier nicht um ein Gebiet der freiwilligen Gerichtsbarkeit, sondern um die Beilegung von Streit. Man sollte daher ein Schlichtungsverfahren schaffen. Ein dringendes Bedürfnis nach einem solchen Verfahren besteht. Ich halte auch den Rechtspfleger für besonders geeignet.

Dr. Heusinger: Eigenartig bei der Regelung des Entwurfs ist, dass, wenn der Rechtspfleger des AG beurlaubt ist, der Amtsrichter ihn in Hausfriedenssachen nicht vertreten kann.

Ein *Beschluss* wurde *nicht gefasst.* Dem von anderen Bezirken geäußerten Wunsch entsprechend wird Celle von seiner demnächstigen Stellungnahme zum VO-Entwurf Abschrift den übrigen Bezirken übersenden.

Während der Erörterungen zu Punkt 2 der TO war *Vizepräs. Dr. Koch* eingetroffen und wurde nunmehr von Dr. Kuhnt begrüßt.

Punkt 1 der TO: Die Justiz in der staatsrechtlichen Neuordnung Westdeutschlands.

Dr. Ruscheweyh: Ich will nur kurz berichten über die Gesichtspunkte, die nach dem Bericht von Herrenchiemsee (Entwurf eines Grundgesetzes) die Justiz und die Gerichte betreffen. Im Anschluss daran wird sich die Frage ergeben, ob die OLG-Präs. dazu Schritte unternehmen wollen und gegebenenfalls welche.

Die bisherige Justizordnung in Deutschland hat mehr oder weniger ihren Boden verloren. Jetzt muss durch die Beratungen des Parlamentarischen Rates in Bonn ein künftiges Grundgesetz oder eine künftige Verfassung, eine Neuordnung gefunden werden, die dann in absehbarer Zeit wahrscheinlich nicht änderbar sein wird.

In Köln hat vor kurzem bereits eine Konferenz stattgefunden, an der Dr. Wolff und ich und andere leitende Juristen in Köln sowie auch Mitglieder des

Parlamentarischen Rates teilgenommen haben. Das Referat hat dort Dr. Berger gegeben.

Aus dem Entwurf von Herrenchiemsee kommen in Frage der VIII. Abschnitt: Das Bundesverfassungsgericht, und der XII. Abschnitt: Die Rechtspflege. Angefügt ist dem Entwurf des GG ein Verzeichnis der Bundesbehörden, in dem unter den Bundesministerien als letztes das Ministerium für Justiz aufgeführt ist.

Die Zuständigkeit des Bundes und der Länder auf dem Gebiete der Justiz ist abgegrenzt in den Art. 35–46. Nach Art. 35 kommt eine ausschließliche Gesetzgebung des Bundes auf dem Gebiet der Justiz nicht in Frage, sondern nach Art. 36 nur eine Vorranggesetzgebung des Bundes. Grundsätzlich gehört die Justiz also zur Zuständigkeit der Länder. Das Recht der Rechtsanwälte und Notare ist in Art. 36 nicht mit aufgeführt. Vielleicht kann man es unter Gerichtsverfassung (Art. 36 Nr. 3) bringen. Auch über die Justizverwaltung ist hier nichts gesagt.

Nach Art. 42 Abs. 1 ist die Ausführung der Bundesgesetze Angelegenheit der Länder. Auch das Verwaltungsgerichtsverfahren ist Sache der Länder. Letzteres steht im Gegensatz zu der Regelung, wie sie jetzt in der Brit. Zone erfolgt ist.

Die Bestimmung des Art. 129 über das Oberste Gericht oder die obersten Gerichte des Bundes stellt nicht eine Lösung dar, sondern eröffnet verschiedene Möglichkeiten.

Einmal kann ein einheitliches Oberstes Gericht für die verschiedenen in Art. 129 aufgeführten Rechtsgebiete in Frage kommen. Zu einer solchen Lösung hätte ich nichts zu sagen.

Es können aber auch mehrere einheitliche oberste Gerichte für die verschiedenen in Art. 129 aufgeführten Rechtsgebiete in Betracht kommen. Z.B. ein Oberstes Verfassungsgericht, ein Oberstes Revisionsgericht für Zivil-, Straf- und Arbeitsgerichtssachen usw.

Weiter kann aber auch ein Hauptrevisionsgericht in Betracht kommen, neben dem dann weitere besondere Gerichte, z.B. für die Finanz bestehen würden.

Schließlich kann man den Obersten Gerichten auch die Stellung lediglich von Spruchstellen einräumen. Diese rechtliche Möglichkeit hat bisher wenig Befürworter gefunden.

Sodann erhebt sich auch die Frage, ob es Bundesgerichte von der ersten bis zur letzten Instanz geben soll oder in den unteren Instanzen Landesgerichte bis zur Stufe der OLG.

Nach Art. 130 kann zur Wahrung der Bundesbelange bei der Anwendung von Bundesrecht durch Gerichte der Länder durch Bundesgesetz bestimmt werden, dass in Straf- und Verwaltungsstreitsachen, sowie in Dienststrafverfahren eine Bundesbehörde die Befugnis der Anklagebehörde oder des Vertreters des öffentlichen Interesses übernehmen und auch ein Rechtsmittel einlegen kann. Es erhebt sich die Frage, ob eine solche Bestimmung bereits in die Verfassung aufgenommen werden soll.

Nach Art. 132 sind die Richter unabhängig und nur dem Gesetz und ihrem Gewissen unterworfen. Wie soll der Richter sich nun entscheiden, wenn bei ihm Gesetz und Gewissen in Konflikt kommen? Nach § 1 Abs. 2 der VO Nr. 165 der

MR (Verwaltungsgerichtsbarkeit in der Brit. Zone) darf ein Gericht die Anwendung einer bestehenden gesetzlichen Vorschrift nicht deshalb ablehnen, weil sie nach seiner Ansicht der Billigkeit oder übergesetzlichen Grundsätzen widerspricht. Soll der Verfassungsgerichtshof entscheiden, wie der Richter im Fall eines Widerspruchs zwischen Gesetz und Gewissen zu entscheiden hat? Das wäre widerspruchsvoll. Es ist bereits der Gedanke aufgetaucht, die Worte: „und ihrem Gewissen" zu streichen.

Es erhebt sich die Frage, ob auch die Rechtspfleger an der Unabhängigkeit der Richter teilnehmen. Weiter ist auch die Frage aufzuwerfen, ob das richterliche Prüfungsrecht in das GG mit aufzunehmen ist. Weiter taucht die Frage auf, ob es eine Verfassungsbeschwerde gegen jedes letztinstanzliche Urteil geben soll mit der Begründung, es sei verfassungswidrig, eine Frage, über die dann nur der Verfassungsgerichtshof zu entscheiden hätte.

Über das Recht der Ernennung der Richter brauche ich mich heute nicht weiter zu äußern und kann auf die Broschüre des ZJA verweisen.

In Art. 138 sind die verwaltungsrechtliche Popularklage und die Generalklausel enthalten.

Die Zuständigkeit des BverfG (Art. 97) ist recht weit gespannt (Art. 98).

Dem Justizministerium ist keine besondere Stellung zugewiesen. Der Jmin. würde daher die gleiche Stellung wie die anderen parlamentarischen Minister haben.

Es erhebt sich die Frage, ob die OLG-Präs. als Richter, die lediglich die Verfassung und das Gesetz anzuwenden haben, zu den hier im Entwurf des GG behandelten oder zu behandelnden Fragen Stellung nehmen sollten. Denn bei dem hier werdenden Gesetz handelt es sich um Fragen von eminent politischer Bedeutung. Man kann sich m.E. aber auf den Standpunkt stellen, dass diese Fragen so bedeutungsvoll sind, dass nicht nur die Richter der Brit. Zone, sondern auch die Richter der beiden anderen Zonen sich damit befassen und zu ihnen Stellung nehmen müssten.

Mir persönlich ist bekannt, dass die Verfasser des Entwurfs des GG von Herrenchiemsee ausgesprochen die Absicht hatten, neben der Gesetzgebung und der Verwaltung der Justiz als der dritten Gewalt im Staate eine kräftigere Stellung als bisher einzuräumen. Will man das erreichen, dann muss auch der Richter beim Entstehen des GG zur Gehör kommen. Die eigentliche Justiz ist im Parlamentarischen Rat in Bonn schwach vertreten, vor allem in dem für die heute von mir erörterten Fragen zuständigen Ausschuss.

Mir würde es doch außerordentlich erwünscht oder sogar notwendig erscheinen, dass die leitenden Richter aller drei Westzonen zur Erörterung und zwecks Herbeiführung einer Stellungnahme zu den hier in Betracht kommenden Fragen alsbald zusammentreten würden.

Dr. Kuhnt spricht dem Vortragenden den Dank der Teilnehmer für seine Ausführungen aus.

Dr. Frhr. v. Hodenberg: Wenn wir heute zu dem Ergebnis kommen, dass eine Weiterbehandlung auf Dreizonenbasis erfolgen soll, brauchen wir jetzt in eine Einzeldebatte nicht einzutreten.

Dr. Wolff: Vielleicht kann man die Erörterungen auf den einen Punkt beschränken, ob die OLG nur noch Revisionsgerichte sein sollen, ein Gedanke, der vom Leiter des Rechtsamts in Frankfurt, Dr. Strauss, vertreten wird.

Dr. Kuhnt: Die Frage ist, ob wir überhaupt etwas tun sollen, oder die Angelegenheit, weil sie politisch ist, ihren Lauf nehmen lassen sollen.

Dr. Frhr. v. Hodenberg: Es ist m.E. unsere Pflicht, uns zum Wort zu melden. Wir werden uns dabei nicht auf einzelne Fragen, z.B. die Frage der Stellung der OLG als Revisionsgerichte beschränken können.

Nach weiterer Erörterung, an der sich noch Dr. Ruscheweyh, Dr. Delbrück und Dr. Koch beteiligten, stellte Dr. Kuhnt als *allgemeine Meinung* der Versammlung fest, dass die OLG-Präs. sich mit den heute aufgeworfenen Fragen befassen sollten.

Es bestand *Übereinstimmung* darüber, dass über die Verbindungsstelle der Justiz beim Wirtschaftsrat (Vortragender Rat der Höpfner) versucht werden solle, eine Zusammenkunft *sämtlicher OLG-Präs.* der brit., amerik. und Franz. Zone in der Nähe von Frankfurt für den *18.10.1948* (Anreisetag 17.10.) einzuberufen. An dieser Zusammenkunft werden sich Dr. Ruscheweyh und Dr. Wolff beteiligen. OLG-Präs. Dr. Korintenberg wird das Referat übernehmen. Die Zuziehung eines Hochschullehrers des öffentlichen Rechts (Prof. Jellineck) wird als erwünscht bezeichnet.

Für den Fall, dass eine Zusammenkunft auf Drei- oder auch nur Zweizonenbasis sich nicht ermöglichen lässt, werden die *OLG-Präs. der Brit. Zone* unter Beteiligung von Dr. Ruscheweyh und Dr. Wolff zusammentreten, und zwar ebenfalls am 18.10.1948. Als Tagungsort ist Bad Pyrmont oder auch Damme in Aussicht genommen. Für eine solche Tagung ist die Zuziehung eines Lehrers des öffentlichen Rechts aus der Brit. Zone (Prof. Ipsen, Hamburg oder auch Smend, Göttingen) in Aussicht genommen.

Punkt 3 der TO: Bekämpfung des Preiswuchers durch die Justiz aufgrund des Preiswuchergesetzes.

Dr. Frhr. v. Hodenberg berichtet und legt dabei den Text – § 1 – des Preiswuchergesetzes zugrunde, wie er in der Zeitung: „Die Welt" vom 12.8.1948 als Entwurf abgedruckt ist, unter Hinweis darauf, dass in Abweichung vom Entwurf das Gesetz nicht bis zum 31.12.1949, sondern nur bis zum 31.12.1948 befristet ist.

Dr. Frhr. v. Hodenberg verlies dabei die Entschließung des Richtervereins in Lüneburg und schlägt vor, auch heute eine Entschließung zum Preiswuchergesetz zu fassen.

Dr. Koch: Die Entschließung des Justizkollegiums zum Preiswuchergesetz, die durch die Tagespresse bekannt geworden ist, lag vor der Verabschiedung des Gesetzes durch den Wirtschaftsrat. Im Wirtschaftsrat sind eingehende Bedenken gegen das Gesetz erhoben worden. Nur dem persönlichen Eingreifen von Prof. Dr. Erhard ist es gelungen, das Gesetz zur Annahme zu bringen. Bei der Abstimmung über das Gesetz war die Zahl der Stimmenthaltungen größer als die Zahl der für das Gesetz Stimmenden. Aus der amtlichen Begründung zum Gesetz ergibt sich, dass die Preislage sich auspendeln solle durch Angebot und Nachfrage. Auch ein Knappheitspreis soll zulässig sein. Wenn z.B. 100 Bewerber für zehn Paar Schuhe da sind, soll der Verkäufer den Preis so hoch setzen dürfen, dass nur noch zehn Bewerber übrig bleiben. Nach Absicht des Gesetzgebers sollen nur unlautere Preise erfasst werden. Dem Strafrichter fehlt aber jede Unterlage, welchen Preis er zugrunde legen soll. Die Meinung der zuständigen Stellen in Frankfurt bei der Beschlussfassung des Gesetzes war, dass mit Rücksicht auf die Unruhe der Bevölkerung wegen der steigenden Preise etwas geschehen müsste.

Die Versammlungsteilnehmer sprechen sich heute bei Schluss der Erörterung dieses Punktes einstimmig für die *Fassung einer Entschließung* aus, die im Laufe der Tagung näher formuliert wurde und zum Abschluss die aus der Anlage ersichtliche Fassung erhalten hat. Die bei Schluss der Tagung anwesenden Teilnehmer erhielten einen Durchschlag der Entschließung ausgehändigt.

Punkt 4 der TO: Erlass eines Straffreiheitsgesetzes aus Anlass der Währungsreform.

Dr. Kuhnt berichtet und äußert Bedenken gegen die in Niedersachsen erwogene gesonderte Lösung.

Dr. Moericke: Der Rechtsausschuss des Landtages in Niedersachsen hatte den Erlass eines Straffreiheitsgesetzes angeregt. Mit Rücksicht auf die aus den anderen Ländern der Brit. Zone erhobenen Bedenken wird der Plan, ein Gesetz zu erlassen, in Niedersachsen nicht mehr weiter verfolgt. Es sollen aber in erheblichem Umfange einzelne Gnadenerweise ausgesprochen werden.

Schmidt-Ranke: In Rheinland-Pfalz ist bereits eine entsprechende Amnestie erlassen.

Punkt 5 der TO: Zuständigkeit der Gerichte in Strafsachen.

Dr. Frhr. v. Hodenberg berichtet entsprechend dem Schreiben Celle vom 14.9.1948 (322).

Sommerfeld und *Dr. Wiefels* stimmen dem Vorschlag von Celle zu.

Dr. Koch: Der jetzige Vorschlag steht mit der früheren Auffassung der OLG-Präs. im Jahre 1946 im Widerspruch.

Dr. Frhr. v. Hodenberg: Es ist richtig, dass wir uns mit unserer heutigen Auffassung im Widerspruch zu unserem früheren Standpunkt setzen. Die auftretenden Bedenken dagegen, dass die StA Einfluss auf die Zuständigkeit des Gerichts bekommt, lassen sich aber dadurch grundsätzlich ausräumen, dass eine Zuständigkeitsverlagerung von der Strafkammer an das Schöffengericht oder den Amtsrichter nur mit Zustimmung des Vorsitzenden der Strafkammer erfolgen kann.

Ergebnis: Es besteht Übereinstimmung darüber, dass das ZJA eine den heutigen Vorschlägen entsprechende Regelung in Erwägung ziehen möge.

Punkt 6 der TO: Zuständigkeit der AG und Höhe der Berufungssumme.

Dr. Kuhnt berichtet gemäß Schreiben vom 31.8.1948 (3210 E 3) und spricht sich zum Schluss dahin aus, dass er eine Herabsetzung der Zuständigkeitsgrenze heute nicht in Vorschlag bringen möchte.

Sommerfeld: Ich habe bereits gegenüber der Senatskommission für die Justiz in Hamburg Stellung genommen und mich dabei auf den Standpunkt gestellt, man sollte es bei der Zuständigkeitsgrenze von 2.000 DM bewenden lassen. Allein mit Rücksicht auf die Anwaltschaft darf ein Gesetz nicht gemacht werden. Bleibt es bei der Zuständigkeit des Amtsrichters bis zu 2.000 DM, so dient das dem Gedanken, dass der Einzelrichter weitgehend soll entscheiden können. Sollte eine

Herabsetzung trotzdem ins Auge gefasst werden, so sollte man die Zuständigkeitsgrenze auf 1.000 DM festlegen.

Dr. Frhr. v. Hodenberg: Eine Zuständigkeitsgrenze von 2.000 DM für die AG ist m.E. zu hoch, aber im Augenblick ist es doch wohl nicht an der Zeit, hieran zu rütteln.

Dr. Koch: Wir im ZJA sind der Meinung, dass man im Augenblick nichts veranlassen sollte. Man mag noch ein halbes oder ein ganzes Jahr warten und während dieser Zeit die Entwicklung der Preisverhältnisse beobachten. Gerade bei der starken Belastung der LG von der strafrechtlichen Seite her darf im Augenblick nichts geschehen, was die Belastung der LG vergrößern würde.

Ergebnis: Es besteht Übereinstimmung darüber, dass keine Anregungen zur Änderung der bestehenden Zuständigkeitsgrenzen höheren Orts gegeben werden sollen.

Punkt 7 der TO: Dienststrafordnung für Justizbeamte – VO-Entwurf des ZJA.

Dr. Frhr. v. Hodenberg: Man kann die Frage aufwerfen, ob nicht der Erlass einer gesonderten Richterdienststrafordnung angestrebt werden soll. Es ist aber doch wohl besser, eine einheitliche Dienststrafordnung für Justizbeamte zu schaffen. Im Übrigen beabsichtige ich, nur einzelne Fragen aus dem VO-Entwurf zur Erörterung zu bringen.

Es erhebt sich die Frage, ob eine *Erweiterung* der Vorschrift des § 2 dahin erwünscht ist, dass ein Beamter, der infolge des Zusammenbruchs seine bisherige dienstliche Tätigkeit aufgeben musste und inzwischen wieder eingestellt worden ist, auch wegen seines *Verhaltens in der Zwischenzeit,* z.B. wegen unrichtiger Angaben im Fragebogen bei seiner Entnazifizierung oder hinsichtlich seiner Examensprädikate dienststrafrechtlich soll zur Verantwortung gezogen werden können. Wie nach § 2 des Entwurfs Dienststrafvergehen in einem früheren Amt dienststrafrechtlich sollen verfolgt werden können, scheint es mir erwünscht, dass auch die von mir erwähnten zwischenzeitlichen Verfehlungen dienststrafrechtlich geahndet werden können. Mit einer Nichtigkeitserklärung nach § 32 DBG wird man nicht immer zu einer befriedigenden Lösung kommen können. Man wird aber vielleicht nur solche zwischenzeitlichen Vergehen dienststrafrechtlich verfolgen dürfen, die in Beziehung auf die Wiedererlangung bzw. Neuerlangung eines Amtes stehen.

Schmidt-Ranke spricht sich gegen eine solche Bestimmung aus.

Dr. Schröder wirft die Frage auf, ob die vorgeschlagene Regelung überhaupt in das Dienststrafrecht gehöre; es handle sich um eine Frage des Beamtenrechts.

Nach längerer Debatte, bei der der Meinung Ausdruck gegeben wurde, dass sich ein Einbau der vorgeschlagenen Bestimmung in den § 4 des Entwurfs empfehle, war das *Ergebnis einer Abstimmung:* dass sich fünf Stimmen für und zwei Stimmen (bei einer Stimmenthaltung: Dr. Heusinger) gegen Ausfüllung der vorhandenen Lücke in der vorgeschlagenen Richtung aussprechen.

Dr. Frhr. v. Hodenberg: Die Bestimmung des § 198 Nr. 9 des *Entwurfs* greift hinein in das Gebiet der Anfechtung von Verwaltungsakten. Wenn man eine Anfechtung von Justizverwaltungsakten bei einem besonderen Gericht der Justiz ermöglicht, wird die Bestimmung des § 109 Nr. 9 des Entwurfs zu streichen sein. Da die Dienststrafkammer nicht in der Lage sein wird, unter den vielen in Betracht kommenden Stellenbewerbern die „mangelnde Eignung“ und das „Interesse der Justizverwaltung“ nachzuprüfen, wird dem Betroffenen kaum mit dem hier vorgesehenen Schutz gedient sein. Die Bestimmung wird als Schutz des Betroffenen praktisch nicht durchführbar sein. Deswegen spreche ich mich für eine Streichung aus.

Dr. Kuhnt und *Dr. Koch* sprechen sich für die Beibehaltung der Bestimmung aus.

Sommerfeld: Der in § 109 Nr. 9 des Entwurfs geregelte Widerruf würde sich auf den Widerruf von Beschäftigungsaufträgen bei Assessoren beziehen. Das wird aber nicht erwünscht sein.

Dr. Wiefels: Die Bestimmung des Entwurfs wird dahin führen, dass Assessoren und Flüchtlinge sich Planstellen ersitzen, weil die Dienststrafkammer zu viel Milde walten lässt und in sehr vielen Fällen den von der Justizverwaltung beabsichtigten Widerruf daher nicht für zulässig erklären wird. Das wird dann dahin führen, dass die Stellenvergebung in die Hand der Dienststrafkammer kommt.

Dr. Heusinger: Hinsichtlich der Assessoren muss es bei den Bestimmungen der Laufbahn-VO verbleiben. Man wird die beabsichtigte Regelung nur auf ehemalige Planstelleninhaber in der Justiz und in anderen Sparten beziehen dürfen.

Dr. Moericke: Wir haben gegenüber dem ZJA folgenden Standpunkt eingenommen: An sich ist die Einführung einer Schutzbestimmung zugunsten des Widerrufsrichters entsprechend dem Entwurf zu begrüßen. In Niedersachsen sind aber wohl mehr als 150 beauftragte Richter tätig. Bei einer so großen Zahl würde die vorgeschlagene Regelung zu außerordentlichen Weiterungen führen.

Dr. Koch: Der soeben vorgetragene Standpunkt von Niedersachsen würde zu einer Vertagung des Rechtsschutzes für die Widerrufsrichter führen aus dem Grunde, dass noch keine normalen Zeiten wieder da seien.

Dr. Frhr. v. Hodenberg: Auch die Fälle, in denen der Beschäftigungsauftrag befristet ist, werden, wenn eine zusammenhängende Tätigkeit von einem Jahr zurückgelegt ist, unter diese Bestimmung fallen müssen. Im Interesse der Unabhängigkeit der Gerichte wird man einen Unterschied zwischen den verschiedenen Sparten nicht machen dürfen.

Dr. Kuhnt: Die Bestimmung des Entwurfs ist für die Justizverwaltung nicht bequem, es muss aber im Interesse der Widerrufsbeamten etwas geschehen.

Ergebnis der Abstimmung: Ob (vorbehaltlich einer anderen Formulierung des Entwurfs) überhaupt die im Entwurf vorgesehene Regelung erfolgen soll: 4:4.

Dr. Frhr. v. Hodenberg: Ich möchte vorschlagen, dass auch eine *Strafversetzung* vorgesehen werden müsste. Außerdem glaube ich, dass eine *unfreiwillige Versetzung* und auch eine *unfreiwillige Versetzung in den Ruhestand* bei Richtern (früher §§ 82–93 der Preuß. DienststrafO für die richterlichen Beamten) wieder vorgesehen werden müsste. Die Frage wird aber sein, ob man über diese letzteren Maßnahmen die Dienststrafkammer oder vielleicht einen Senat des OLG entscheiden lassen soll. Damit die betreffenden Richter nicht mit einem Makel behaftet erscheinen, würde die Fernhaltung von der Dienststrafkammer sich empfehlen. Ich möchte mich aber doch für eine Zuständigkeit der Dienststrafkammer aussprechen, weil diese mir zur Entscheidung geeigneter erscheint als ein Senat des OLG.

Dr. Kuhnt: Ich trete dieser Auffassung bei. Strafversetzung ist m.E. unentbehrlich.

Dr. Koch: Der Referent des ZJA, der über eine außerordentlich lange Erfahrung auf dem Gebiete des Dienststrafrechts verfügt, hält aufgrund seiner Beobachtungen die Strafe der Strafversetzung für höchst unerwünscht.

Ergebnis: Es besteht Übereinstimmung der OLG-Präs. darüber, dass es erwünscht ist, wenn die vorgeschlagenen Maßnahmen in die DienststrafO für Justizbeamte eingebaut werden. Schmidt-Ranke, Dr. Korintenberg und Dr. Frhr. v. Hodenberg sprechen sich dabei aber dafür aus, dass für die unfreiwillige Versetzung in ein anderes Richteramt und die unfreiwillige Versetzung in den Ruhestand eine andere Stelle als die Dienststrafkammer zuständig sein soll.

Dr. Frhr. v. Hodenberg: In Übereinstimmung mit der Auffassung, wie sie die LG-Präs. in ihren Berichten mir gegenüber zum Ausdruck gebracht haben, bin ich der Auffassung, dass eine *Zurückversetzung* nicht in Vorschlag zu bringen ist.

In Abweichung von § 30 und 109 des Entwurfs bin ich der Auffassung, dass *gegen jede Dienststrafverfügung* der Betroffene den *Antrag auf gerichtliche Entscheidung* sollte stellen können und dass weiter in Abweichung von § 28 des Entwurfs schlechthin *jeder Dienstvorgesetzte* auf Geldbuße bis zum zulässigen Höchstbetrag (Höhe der *einmonatigen Dienstbezüge* sollte erkennen können.

Dr. Kuhnt: Eine gewisse Abstufung hinsichtlich der Höhe der Geldbuße, die von den einzelnen Dienstvorgesetzten verhängt werden kann, halte ich für berechtigt.

Dr. Wiefels schließt sich der Auffassung von Dr. Kuhnt an.

Nach weiterer Debatte ergibt eine *Abstimmung*, dass sich sieben Stimmen gegen den Vorschlag Dr. Frhr. v. Hodenberg und für eine *Beibehaltung des § 28 Abs. 2* des *Entwurfs* aussprechen. Im Übrigen stimmen alle, außer Dr. Heusinger, dem Vorschlag von Dr. Frhr. v. Hodenberg zu, dass *auch bei Richtern im Wege der Dienststrafverfügung eine Geldbuße* verhängt werden kann und dass *gegen jede Dienststrafverfügung die Anrufung der Dienststrafkammer* zulässig sein soll.

Dr. Heusinger: Die Bestimmung des § 4 des Entwurfs gehört wohl in das allgemeine Beamtenrecht. Ich bin der Auffassung, dass die sachliche Tätigkeit eines Richters nicht darf nachgeprüft werden können.

Dr. Koch: Die Bestimmung des § 4 ist hier entsprechend der in der allgemeinen DienststrafO vorgesehenen Regelung aufgenommen worden. Es wird besser sein, diese Bestimmung hier zu treffen; als allgemeine beamtenrechtliche Vorschrift wäre sie unerfreulich.

Dr. Koch bezeichnet es noch als erwünscht, die Auffassung der Tagungsteilnehmer über die Fragen der *Öffentlichkeit* und die Fragen der *Zuziehung von Laienbeisitzern* kennenzulernen.

Die Äußerungen ergeben, dass *Übereinstimmung* darüber besteht, dass die *Öffentlichkeit* im Dienststrafrecht nicht erwünscht, aber wohl *nicht vermeidbar* ist, dass aber die *Zuziehung von Laienbeisitzern* höchst ungeeignet und daher *abzulehnen* ist.

Dr. Frhr. v. Hodenberg: Die in § 68 des Entwurfs vorgesehene *Rechtsmittelfrist* und auch die Bestimmung in § 70 Abs. 3 über das Verbot neuen Vorbringens, erscheinen mit abänderungsbedürftig.

Die Erörterungen dieser Fragen ergeben *Einverständnis* darüber, dass der *§ 70 Abs. 3* gestrichen werden möge.

Eine *Abstimmung* über die Frage, ob die *Berufungsfrist* oder die Frist für die Berufungsbegründung verlängert werden soll, ergibt ein *Stimmenverhältnis von 4:4.*

Punkt 10 der TO: Verzicht auf Prüfungsgebühren.

Dr. Wiefels: Die von mir mit Schreiben vom 11.8.1948 (2223) angeschnittene Frage hat sich inzwischen erledigt. Die Frage war lediglich im ersten Augenblick nach der Währungsreform aufgetaucht. Die Prüfungsgebühren werden jetzt wieder bezahlt.

Dr.Kuhnt: Es muss auch eine Zahlung der Prüfungsgebühren in Raten möglichsein.

Dr. Heusinger verweist auf sein Schreiben vom 27.8.1948 (2222) und teilt mit, dass das Justizprüfungsamt in Hamburg auf dem Standpunkt stehe, dass vor der Prüfung die gesamte Gebühr bezahlt sein müsse. Es muss daher irgendwie ein Weg gefunden werden, um den Prüflingen bei den geringen Unterhaltszuschüssen die Bezahlung der Prüfungsgebühr von 75 DM zu ermöglichen.

Sommerfeld: Das Prüfungsamt in Hamburg hat bisher auch Stundungen bewilligt. Nur die Aushändigung der Prüfungsurkunde ist von der vollen Bezahlung der Gebühr abhängig gemacht.

Dr. Frhr. v. Hodenberg: Auch ein teilweiser Erlass der Prüfungsgebühr müsste ins Auge gefasst werden. Es müsste versucht werden, die Finanzminister für eine solche Lösung zu gewinnen.

Ergebnis der Erörterungen: Es besteht Übereinstimmung darüber, dass Stundung auch über den Zeitpunkt der Aushändigung der Urkunde hinaus erstrebt werden müsse und dass in besonders gelagerten Fällen auch Niederschlagung möglich sein müsste. Die Teilnehmer sprechen sich einstimmig für eine solche Handhabung beim Assessorexamen aus. 6:2 Stimmen sprechen sich auch dafür aus, dass diese Regelung für das Referendarexamen zu erstreben sei.

Punkt 9 der TO: Auswirkung der VO Nr. 141 der MR (jetzt VO Nr. 165) über die Zuständigkeit der Verwaltungsgerichte.

Dr. Heusinger berichtet gemäß Schreiben vom 3.9.1948 (3131 a). Die weitere Erörterung dieser Frage ergibt keine wesentlichen neuen Gesichtspunkte gegenüber der Erörterung zu Punkt 10 der TO Bad Godesberg vom 20./22.7.1948.

Dr. Koch: Auf der Tagung Bad Godesberg war ich wegen des Erlasses einer Ausf.VO bezüglich der Justizverwaltungsakte optimistisch. Der Versuch, Justizverwaltungsakte gegenüber den allgemeinen Verwaltungsgerichten abzuschirmen, ist jedoch inzwischen im vollen Umfang gescheitert. Auf diesem Wege wird sich nichts erreichen lassen. Auf der anderen Seite ist aber damit zu rechnen, dass die Verwaltungsgerichte eine erhebliche Zuständigkeit gegenüber Akten der Justizverwaltung für sich in Anspruch nehmen werden.

Ergebnis der Erörterungen: Es besteht Einverständnis darüber, dass das ZJA die Angelegenheit mit der MR erörtern und dabei eine Regelung erstreben möge, dass, soweit eine Klage gegen Akte der Justizverwaltung erhoben werden kann, nicht die Verwaltungsgerichte, sondern ein Senat des OLG zuständig sein soll.

Am Schluss des Tagungsabschnitts vom 5.10. brachte *Dr. Wolff* außerhalb der TO noch Folgendes vor: Wenn vom Obersten Gerichtshof ein *Urteil aufgehoben und die Sache* an das OLG *zurückverwiesen* worden ist, erfährt der Oberste Gerichtshof nichts über das weitere Schicksal des Prozesses. Es ist aber für den betreffenden Senat von allergrößtem Interesse zu erfahren, wie sein Urteil sich auswirkt und wie überhaupt der Prozess zum Abschluss gekommen ist. Es besteht daher beim Obersten Gerichtshof der Wunsch, dass im Falle einer Aufhebung zur Zurückverweisung die Akten dem Obersten Gerichtshof noch einmal übersandt werden, wenn das Verfahren ohne erneute Revisionseinlegung zum rechtskräftigen Abschluss gelangt, sei es durch Urteil des OLG, sei es auch durch einen Vergleich.

Von den OLG-Präs. wurde erklärt, dass dem Wunsch des Obersten Gerichtshofs Rechnung getragen werden solle.

Fortsetzung der Tagung am 6.10.

An diesem Tagungsabschnitt haben Dr. Moericke und Dr. Wiefels nicht mehr teilgenommen.

Punkt 11 der TO: Ehescheidung von Polen durch deutsche Gerichte.

Dr. Heusinger: Nach dem mir vorliegenden Material werden Ehescheidungen von Polen durch deutsche Gerichte in Polen wohl nicht anerkannt. Im Bezirk des OLG Braunschweig werden auch Ehen von Polen nicht mehr geschieden. Die Frage, ob die MR zu einer Ehescheidungsklage von Polen als Angehörigen der Vereinten Nationen die Genehmigung gibt, ist für die hier zu entscheidende Frage ohne Bedeutung.

Dr. Koch: Ich stimme der Auffassung von Dr. Heusinger zu. Vom ZJA haben wir mit dem bayr. Jmin. Fühlung genommen und haben von dort eine Antwort erhalten, die sich mit der Auffassung Dr. Heusingers deckt. Insbesondere sind polnische Konsulate nicht ermächtigt, eine Genehmigung zur Scheidung von Polen durch deutsche Gerichte zu erteilen.

Im nächsten Heft des ZJBlatts wird ein entsprechender Hinweis erfolgen, vor allem deswegen, weil der Hinweis im ZJBlatt 1947, S. 46/47 nicht mehr zutreffend ist.

Punkt 12 der TO: Sühnetermine in Ehesachen.

Dr. Frhr. v. Hodenberg berichtet entsprechend dem Schreiben vom 22.6.1948 (346) und weist anhand der Anlage zum Schreiben darauf hin, wie gering die Erfolge der Sühnetermine in Ehesachen gewesen sind. Vielleicht könne aber eine Verlagerung des Sühnetermins vom LG an das AG sich günstig auswirken, weil dann die örtliche Kenntnis des Amtsrichters nutzbar gemacht werden könne.

Dr. Kuhnt macht darauf Mitteilungen über die Erfolge bei Sühneterminen in Ehesachen im Bezirk Schleswig-Holstein. Diese sind noch ungünstiger als die von Celle mitgeteilten Zahlen.

Sträter: Beim LG in Düsseldorf haben Sühnetermine auch außerordentlich selten Erfolg. Als Senatsvorsitzender sehe ich mir vor der ersten Terminansetzung eine Ehescheidungssache besonders daraufhin an, ob eine Sühne angezeigt erscheint. In verhältnismäßig vielen Fällen kommt in dieser Weise doch noch im letzten Augenblick eine Sühne zustande.

Ergebnis der Erörterungen: Es besteht Übereinstimmung darüber, dass im Augenblick zur Regelung der Sühnetermine in Ehesachen keine Anregungen zu geben sind.

Punkt 14 der TO: Wiedereinführung einer sozialen Gerichtshilfe.

Dr. Frhr. v. Hodenberg: Die Frage der Wiedereinführung einer sozialen Gerichtshilfe ist durch die Schreiben des ZJA vom 24.4.1948 (410/9-II-4579/48) aufgeworfen worden. Von dem Einsatz einer sozialen Gerichtshilfe im Strafverfahren sind im Wesentlichen Verbesserungen der Strafrechtspflege zu erwarten, indem vor allem eine zuverlässigere und umfassendere Beurteilung der Persönlichkeit des Angeklagten ermöglicht wird. Als Nachteil ist lediglich zu befürchten, dass Berichte der sozialen Gerichtshilfe anstelle unmittelbarer Beweise verwertet werden, oder dass solche Berichte, ohne im Einzelnen nachgeprüft zu werden, stimmungsmäßig nach der einen oder anderen Richtung wirken, weil die Berichte sich nun einmal bei den Akten befinden. Die Nachteile einer solchen Anonymität müssten vermieden werden. Finanziell würde die Einführung einer sozialen Gerichtshilfe eine Belastung des Staates zur Folge haben, die aber vielleicht durch Ersparnisse bei der Strafvollstreckung usw. wieder ausgeglichen würde.

Sommerfeld: In Hamburg ist im Jahre 1926 die Gerichtshilfe gesetzlich geregelt. Diese hat seitdem ununterbrochen gearbeitet außer im Sommer 1945. Bis in die 30er Jahre stand die Arbeit unter Leitung der Justizverwaltung und der Wohlfahrtsbehörden. Letztere sind im Jahre 1935 aus der Arbeit ausgeschieden. Seitdem ist die Gerichtshilfe lediglich Angelegenheit der Justizverwaltung. Ihre Leitung hat manchmal in der Hand eines Richters gelegen. Seit 1945 liegt sie aber in der Hand eines OstA. Unter dem Leiter steht eine Anzahl von hauptamtlichen Kräften. Von der einzelnen Kraft werden monatlich etwa 40 Fälle bearbeitet. Es ist richtig, dass an Gefangenenkosten mehr gespart wird, als die Gerichtshilfe an Aufwendungen erfordert. Die Arbeit verläuft tadellos.

Dr. Wolff: In England besteht die Einrichtung des Probation-Officers. Dieser hatte zunächst nur die Aufsicht über einen bedingt Begnadigten. Später ist er auch zu anderen Aufgaben herangezogen, z.B. im Falle der Scheidung wegen der Personenfürsorge der Kinder; der Probation-Officer überwacht die Kinder. Die Einrichtung des Probation-Officers ist den Gemeinden angegliedert. In England ist man im Allgemeinen mit dieser Einrichtung zufrieden.

Dr. Ruscheweyh: Auch vom Standpunkt des Verteidigers habe ich in Hamburg mit der Einrichtung der Gerichtshilfe gute Erfahrungen gemacht. Der Bericht der Gerichtshilfe lag bereits vor der Verhandlung bei den Akten. Als Verteidiger hatte ich Gelegenheit, seinen Inhalt mit meinem Mandanten durchzusprechen. Mängel der Unmittelbarkeit sind dabei nicht besonders hervorgetreten. Geschadet oder gestört hat der Bericht nach meinen Beobachtungen nie. Wertvoll war er durchweg; wertvoll war an ihm durchweg auch der Hinweis auf noch vorhandene Nebenakten bei anderen Behörden, die sonst im gerichtlichen Verfahren nicht ausgewertet worden wären und deren Auswertung von großem Nutzen war.

Zum Schlusse der Erörterungen stellte *Sommerfeld* Übersendung des Hamburger Materials, das dem Schreiben des ZJA vom 24.4.1948 nicht beigelegen hat, in Aussicht.

Punkt 15 c der TO: Beschränkung der Zahl der Anwaltsassessoren.

Sommerfeld berichtet gemäß Schreiben vom 16.9.1948 (3175/1 a) und spricht sich mit Nachdruck für die Beibehaltung des Instituts des Anwaltsassessors aus, um auf diese Weise nach bestandenem Examen die Ausbildung des Assessors, der den Anwaltsberuf ergreifen will, bei einem seriösen Anwalt sicherzustellen.

Dr. Kuhnt: Ich habe mit dem Präsidenten der Anwaltskammer in Schleswig-Holstein die Angelegenheit besprochen. Es haben sich dabei etwa dieselben Gesichtspunkte ergeben, wie sie von Dr. Sommerfeld vorgetragen sind. Ich schließe mich der Auffassung von Dr. Sommerfeld an und halte die Beibehaltung des Anwaltsassessors für dringend erwünscht. Schwierigkeiten macht allerdings die finanzielle Seite.

Bei den RA auf Entlassung von ständigen Hilfsarbeitern zu dringen, ist ein zweischneidiges Schwert, da der Hilfsarbeiter vielfach Familienvater ist und einer Familie damit die Erwerbsquelle genommen würde. Eine Herabsetzung der Bezüge der Anwaltsassessoren möchte ich auch nicht empfehlen. Ich möchte annehmen, dass es sich hier um Übergangserscheinungen handelt, die in einigen Monaten wohl behoben sein werden. Notfalls müsste die Zulassung zum Anwaltsassessor für einige Monate gesperrt werden.

Sommerfeld: Von Bedeutung sind wohl die VO vom 22.1.1940 und 15.2.1940. Danach können die Bezüge des Assessors um ein Drittel gekürzt werden, wenn er nicht voll beschäftigt ist. Solange er nicht überwiesen werden kann, erhält er nur den Unterhaltszuschuss. Die Anwaltskammer Hamburg hat vorgeschlagen, durch VO die Bezüge des Anwaltsassessors herabzusetzen. Es ist zweifelhaft, wer für eine solche Regelung zuständig wäre. Ich habe vorgeschlagen, die Angelegenheit dem ZJA vorzulegen.

Dr. Frhr. v. Hodenberg: Schon vor der Währungsreform hatte der Vorstand der Anwaltskammer in Celle den Beschluss gefasst, dass nur mehr 4 % der Zahl der vorhandenen Anwälte an Anwaltsassessoren zugelassen werden solle. Der Minister hat angeordnet, dass ein Drittel der zuzulassenden Anwaltsassessoren Flüchtlingsbewerber sein sollen. Ich halte die finanzielle Frage auch mehr für eine Übergangserscheinung, halte aber auch die Möglichkeit, geringere Bezüge zu billigen, für erwünscht.

Dr. Heusinger: Die Zahl der Anwälte im OLG-Bezirk Braunschweig beträgt etwa 150, die Zahl der Anwaltsassessoren 20. Dazu sollen dann noch jährlich neun oder acht Anwaltsassessoren aus dem Kreise der Flüchtlinge hinzukommen.

Punkt 15 d der TO: Rechtliche Stellung der Anwaltsassessoren, insbesondere Beendigung des anwaltlichen Anwärterdienstes.

Dr. Heusinger berichtet gemäß Schreiben v. 14.9.1948 (3175). Die Auffassung, dass ein Assessor längstens zwei Jahre Anwaltsassessor sein könne und dann automatisch ausscheidet, ist vom Minister nicht gebilligt worden. Im Allgemeinen ist in Braunschweig die Neigung, Anwaltsassessoren zu beschäftigen, größer als einen Hilfsarbeiter, weil letzterer als Terminvertreter nicht auftreten kann.

Schmidt-Ranke: In Oldenburg haben wir bisher keine Schwierigkeiten gehabt. Es wird eine bestimmte Zahl von Assessoren zugelassen, von denen wir annehmen, dass sie nach einem Jahr als Anwalt bestellt werden. Bei Bewerbern aus fremden Bezirken wird von vornherein ein Verzicht auf die spätere Zulassung im Bezirk verlangt, wenn ihre spätere Zulassung im Bezirk nicht möglich erscheint.

Sommerfeld: Wenn man jemand als Anwaltsassessor zulässt, muss man ihn hernach auch als Anwalt zulassen. Ein vorheriger Verzicht kann dabei nicht entscheidend sein.

Dr. Frhr. v. Hodenberg (außerhalb der TO): Der Nieders. Jmin. will einen *Anwärter für die Richterlaufbahn* nur annehmen, wenn er bereits einen Dienstleistungsauftrag sechs Monate lang gehabt hat. Es bestehen aber Schwierigkeiten, dieses Verlangen des Ministers auszuführen, denn es müssen bereits Dienstleistungsaufträge von Flüchtlingen zurückgenommen werden, um den aus der Entnazifizierung oder sonst wie zurückkehrenden Planrichtern ein Einrücken in ihre Stellen oder überhaupt eine Beschäftigung zu ermöglichen. Stellen zur Vergebung von Dienstleistungsaufträgen an Assessoren sind also gar nicht vorhanden. Es erhebt sich daher die Frage, ob das Institut der unbesoldeten Assessoren wieder geschaffen werden soll. Entsprechende Anregungen sind bereits an mich herangetragen. Es handelt sich dabei vielfach um Assessoren, die an einem bestimmten Gericht tätig werden wollen, weil sie dort oder in der Nähe einstweilen bei Verwandten oder sonst wie unterkommen können, wobei ihnen die Bestreitung des Lebensunterhalts keine Schwierigkeiten macht.

Sommerfeld: Den unbesoldeten Assessor möchte ich ablehnen.

Dr. Kuhnt: Im Bezirk Schleswig-Holstein habe ich zwei Fälle unbesoldeter Assessoren gehabt. Der eine hat alsbald einen Beschäftigungsauftrag erhalten. Es hat sich lediglich um vorübergehende Erscheinungen gehandelt. Den unbesoldeten Assessor als solchen möchte ich auch ablehnen.

Dr. Johnen: Im Bezirk Düsseldorf hat die Erteilung von Dienstleistungsaufträgen an Assessoren bisher keine Schwierigkeiten gemacht.

Dr. Heusinger: Vielleicht ist es demnächst möglich, Sonderaufträge zu erteilen und damit auch wieder mehr Assessoren einsetzen zu können. Wenn nicht Anwärter für die Richterlaufbahn aus den jüngeren Jahrgängen angenommen werden können, wird sich diese Politik später sehr rächen. In Braunschweig ist der jüngste Planstellenrichter bereits 35 Jahre alt.

Punkt 13 der TO: Kontrollratsgesetz Nr. 10, Verbrechen gegen die Menschlichkeit.

Dr. Heusinger berichtet gemäß Schreiben v. 20.9.1948 (E 127). Angesichts der von mir hervorgehobenen Rechtsprechung der MR muss man damit rechnen, dass in Fällen der Denunziation demnächst die Laienrichter eine Verurteilung grundsätzlich nicht mitmachen werden.

Dr. Kuhnt: Im Bezirk Schleswig-Holstein habe ich bisher keine Beobachtungen gemacht.

Dr. Koch: Ich habe die MR auf die Lage hingewiesen. Mr. Rathbone hat mir dabei ebenfalls erklärt, dass gegen freisprechende Urteile der MR von dieser nichts unternommen werde.

Dr. Heusinger: Als Ausweg bleibt, dem Obersten Zonengericht demnächst eine Sache zur Entscheidung vorzulegen. An das OLG Braunschweig sind in letzter Zeit aber Sachen dadurch gekommen, dass die Strafkammer die HV abgelehnt hatte und das OLG daher auf Beschwerde mit der Sache befasst wurde. Eine Vorlage an den obersten Gerichtshof kam daher nicht in Frage.

Dr. Kuhnt: Wir werden nichts weiter tun können, als die Entscheidung des Obersten Gerichts abzuwarten, wenn ein Fall auf Revision dorthin vorgelegt wird.

Dr. Heusinger: M.E. müsste versucht werden, auf andere Weise zu einer befriedigenden Lösung zu kommen. Wenn, was noch festzustellen wäre, es bei den von mir erwähnten Entscheidungen der Militärgerichte sich nicht um Einzelurteile, sondern um einen auch von den übrigen Militärgerichten befolgten Grundsatz handelt, müsste m.E. die Sparte, die bisher in solchen Fällen verurteilt hat, nachgehen. Es müssten also die deutschen Gerichte in solchen Fällen auch auf Freisprechung erkennen.

Dr. Frhr. v. Hodenberg: Vielleicht hat sich bei der Besatzungsmacht inzwischen das Gefühl durchgesetzt, dass eine milde Rechtsprechung auf diesem Gebiet nunmehr am Platze sei.

Dr. Koch: Man hat das Gefühl, dass bei der Anwendung des Gesetzes Nr. 10 in der Praxis über das Ziel hinaus geschossen ist. Die StA hat zu viele geringfügige Sachen an das Gericht gelangen lassen. Es ist daher beabsichtigt, vom ZJA Richtlinien über die LJMin. an die StA wegen der Anwendung des Gesetzes Nr. 10 heranzutragen.

Auch die MR wird sich im gleichen Sinne an die LJMin. wenden.

Schluss der Tagung: Am 6.10.1948 um 14.15 Uhr.

Die nächste Tagung ist für Mitte Dezember 1948 in Aussicht genommen und als Tagungsort ebenfalls wieder Damme.

Daneben bleibt die für den 18.10.1948 vorgesehene Tagung zur Fortsetzung von Punkt 1 der heutigen Tagung bestehen.

Celle, den 8.10.1948, gez. Dr. Tasche.

Anlage zum Protokoll vom 5./6.10.1948

Die Präsidenten des deutschen Obergerichts für das vereinigte Wirtschaftsgebiet und des Obersten Gerichtshofs für die Britische Zone sowie die Präsidenten der acht OLG der Brit. Zone haben einstimmig folgenden Beschluss gefasst:

Die Preisentwicklung auf den meisten Gebieten des täglichen Lebens erfüllt die Bevölkerung mit nicht geringer Sorge. Die Bekämpfung des Preiswuchers ist eine dringende Notwendigkeit. Trotzdem halten wir uns aufgrund unseres Amtes und unseres Gewissens für verpflichtet, gegen das vom Wirtschaftsrat beschlossene Gesetz über die Preistreiberei im Anschluss an die Stellungnahme des Justizkollegiums auch unsererseits stärkste Bedenken zu äußern.

Dem deutschen Richter wird hier eine Aufgabe zugemutet, die praktisch mit den Mitteln der Rechtsprechung nicht gelöst werden kann. Nachdem der Staat auf eine gesetzliche oder verwaltungsmäßige Preisfestsetzung verzichtet hat, fehlen die tatsächlichen Unterlagen, die dem Richter eine auch nur einigermaßen zutreffende Beurteilung der Frage ermöglichen würden, ob der im Einzelfall verlangte oder angenommene Preis wucherisch ist. Mit Sicherheit glauben wir voraussehen zu können, dass das vorliegende Gesetz den tatsächlichen Zweck, die Bevölkerung vor wucherischer Ausnützung zu schützen, nicht erreichen wird. Wir halten es daher für unsere Pflicht, auf die Gefahr hinzuweisen, dass Urteile deutscher Gerichte auf dem Gebiete des Preisstrafrechts der wahren Gerechtigkeit und deshalb der inneren Überzeugungskraft entbehren, wobei die deutschen Richter erneut vor schwere innere Konflikte gestellt werden. Die deutschen Gerichte trifft hiernach keine Verantwortung, wenn das Gesetz in der praktischen Handhabung versagt.

XVIII. Niederschrift über die Zusammenkunft von OLG-Präsidenten aus den drei Westzonen Deutschlands in Frankfurt a.M. am 18.10.1948

Anwesende:
OLG-Präs. Dr. Kuhnt (OLG Schleswig-Holstein) als Vorsitzender.
OLG Braunschweig: OLG-Präs. Heusinger, Beauftr. Richter Dr. Schröder
OLG Bremen: OLG-Präs. Stutzer
OLG Celle: OLG-Präs. Dr. Frhr. v. Hodenberg, OLG-Rat Dr. Tasche (Protokoll)
OLG Düsseldorf: OLG-Präs. Baerns
OLG Freiburg: OLG-Präs. Dr. Zürcher
OLG Hamburg: Vizepräs. Sommerfeld
OLG Hamm: Vizepräs. Dr. Niemann
Hessisches OLG: Vizepräs. Daltrop
OLG Karlsruhe: Senatspräs. Dr. Schelb
OLG Koblenz: OLG-Präs. Haupt
OLG Köln: OLG-Präs. Dr. Korintenberg
OLG Oldenburg: Vizepräs. Schmidt-Ranke
OLG Schleswig-Holstein: (OLG-Präs. Dr. Kuhnt), OLG-Rat Johannsen
OLG Stuttgart: Senatspräs. Kröll
Außerdem:
Präs. Dr. Ruscheweyh: Deutsches Obergericht für das Vereinigte Wirtschaftsgebiet in Köln.
Vizepräs. Dr. Wolff: Oberster Gerichtshof für die Brit. Zone in Köln
RegDir. Dr. Ule: ZJA in Hamburg
Dr. Hauenstein, Rat am Bayer. ObstLG: Bayer. Justizverwaltung
Universitätsprof. Dr. Jellinek: Universität Heidelberg

Die Tagung zerfiel in drei Abschnitte: Eine Vormittags-, eine Nachmittags- und eine Abendsitzung. Nach der Vormittagssitzung entfernte sich Baerns. An der Abendsitzung nahmen nurmehr teil: Dr. Heusinger, Dr. Schröder, Stutzer, Dr. Frhr. v. Hodenberg, Dr. Tasche, Sommerfeld, Dr. Niemann, Schmidt-Ranke, Dr. Kuhnt, Johannsen, Dr. Ruscheweyh, Dr. Hauenstein, Prof. Dr. Jellinek.

A. Vormittagssitzung:

Dr. Kuhnt übernimmt als Dienstältester der OLG-Präs. der Brit. Zone den *Vorsitz,* eröffnet die Sitzung und begrüßt die Erschienenen, insbesondere die Vertreter aus der Amerik. und der Franz. Zone, sowie Prof. Dr. Jellinek als Vertreter der Rechtswissenschaft, dem er für sein Erscheinen besonders dankt. Die erst während des Referats Korintenberg eintreffenden Herren Haupt und Dr. Zürcher werden nach ihrem Erscheinen begrüßt.

Dr. Kuhnt beruft zum ersten Protokollführer Dr. Tasche und zum zweiten Protokollführer Dr. Ule.

Dr. Kuhnt macht Mitteilung von seinem Briefwechsel mit OLG-Präs. Dr. Deuler in Bamberg und weist darauf hin, dass die OLG-Präs. der drei bayer. OLG gehindert seien, an der heutigen Tagung teilzunehmen, weil das bayer. Jmin. zuvor eine Aufklärung über die einzelnen zur Erörterung kommenden Fragen gewünscht habe. Er gehe jedoch davon aus, dass Dr. Hauenstein nicht nur im Auftrag der bayer. Justizverwaltung, sondern auch im Auftrag des Präsidenten des bayer. ObstLG teilnehme.

Dr. Hauenstein erklärt, dass er nur im Auftrag der bayer. Justizverwaltung teilnehme.

Dr. Kuhnt bittet um Stellungnahme aus der Versammlung zur Frage der Teilnahme Dr. Hauensteins an der Tagung.

Dr. Ruscheweyh: Es ist zu bedauern, dass das bayer. StMin. den vom Vorsitzenden mitgeteilten Standpunkt eingenommen und dadurch den drei OLG-Präs. in Bayern eine Teilnahme an der heutigen Tagung nicht ermöglicht hat. Bei längerer Vorbereitungszeit hätte hiernach jedoch Hoffnung auf Teilnahme auch der drei Präs. der bayer. OLG bestanden. Auf der anderen Seite ist es aber zu begrüßen, dass das bayr. StMin. einen Kollegen, ein Mitglied des ObstLG zur heutigen Tagung entsandt hat. Gegen seine Teilnahme an der Tagung sind m.E. keine Bedenken zu erheben.

Der Auffassung von Dr. Ruscheweyh stimmten die übrigen Teilnehmer zu.

Zur Geschäftsordnung warf Dr. Ruscheweyh im Laufe der Tagung noch die *Frage der Stimmberechtigung* auf. Er gehe davon aus, dass nur die OLG-Präs. und Vertreter von OLG-Präs. stimmberechtigt seien, nicht aber auch die übrigen Tagungsteilnehmer, z.B. auch nicht Präs. Dr. Wolff und er selbst.

Dr. Kuhnt bezeichnete es unter allgemeiner Zustimmung als selbstverständlich, dass die Präs. Dr. Ruscheweyh und Dr. Wolff an Abstimmungen mit teilnehmen. Demgemäß haben an den in dieser Niederschrift vermerkten Abstimmungen nur die OLG-Präs., Vertreter von OLG-Präs. und die Präs. Dr. Ruscheweyh, Dr. Wolff, nicht aber Vertreter von Justizverwaltungen und auch nicht Prof. Dr. Jellinek teilgenommen.

Dr. Kuhnt erteilt sodann das Wort an *Dr. Korintenberg* zu dem Thema: Besprechungen der Bestimmungen über *die Rechtspflege im Herrenchiemseer Entwurf:*

Nach dem ausgezeichneten Überblick, den Dr. Ruscheweyh den meisten Teilnehmern bereits auf der Tagung der OLG-Präs. der Brit. Zone in Damme am 5. Ds. Mts. gegeben hat, und nachdem der Verfassungsentwurf inzwischen im Buchhandel erschienen ist, beschränke ich mein heutiges Referat auf *zwei Hauptpunkte,* die ich als die wichtigsten für die Aussprache ansehe: *Gerichtsorganisation* über die obersten Bundesgerichte hinaus und *Unabhängigkeit der Rechtspflege.*

16. *Zur Gerichtsorganisation:* Der Entwurf geht vom Föderalismus aus. Die Justizhoheit soll bei den Ländern liegen. Der Aufbau der obersten Bundesgerichte ist im Entwurf (Art. 129) offen gelassen. Als Lösung kommen daher mehrere oberste Bundesgerichte oder organisatorische Eingliederung der obersten Gerichte in *ein* Gericht in Frage. Entweder wird der Parlamentarische Rat oder ein Bundesgesetz sich damit zu befassen haben, welche Lösung erfolgen soll.

Die materielle Einheit des Rechts muss gesichert werden. Justizgesetze werden vom Bund und nicht von den Ländern erlassen (Art. 36). Die Frage ist, ob das Recht der Rechtsanwälte und Notare und auch die Grundlagen der richterlichen Ausbildung in den Art. 36 mit aufzunehmen sind. Die Ausführung der Bundesgesetze soll den Ländern übertragen werden. Nach Art. 42 Abs. 1 soll nicht nur das Verwaltungsverfahren, sondern auch das Verwaltungsgerichtsverfahren der Landeszuständigkeit gehören. Das birgt die Gefahr einer verschiedenen Ausgestaltung der Verwaltungsgerichtsbarkeit in den einzelnen Ländern in sich. Die Gefahr lässt sich dadurch beseitigen, dass ein oberstes Bundesverwaltungsgericht geschaffen wird.

Die Hauptfrage ist heute: *Ein Oberstes Bundesgericht oder mehrere selbständige Bundesgerichte,* nämlich ein Oberstes ordentliches Gericht für Zivil- und Strafrecht, einschließlich Arbeitsrecht, ein Oberstes Verfassungsgericht, ein Oberstes Verwaltungsgericht, ein Oberstes Disziplinargericht und ein Oberster Kompetenzgerichtshof. In Kreisen der Juristen ist in der letzten Zeit die Forderung nach einem einheitlichen Obersten Gericht, aber auch nach einem einheitlichen Gericht in den unteren Instanzen immer wieder mit großem Nachdruck erhoben worden, das alle Ströme der Rechtsprechung in sich aufnehmen soll. Ein Gedanke, den 1864 *Bähr* in seinem Werk „Der Rechtsstaat" verfochten hat. Der Gedanke von Bähr ist aber der Auffassung von *Gneist* („Der Rechtsstaat" 1870) unterlegen. *Thoma* hat dann aber den Gedanken von Bähr vor vier Jahrzehnten wieder mit allem Nachdruck verfochten. In jüngster Zeit hat Friesenhahn-Bonn erneut die Forderung nach dem einen einheitlichen Gericht erhoben. Auf der letzten Tagung der Präs. der RA-Kammern der Brit. Zone ist diese Auffassung einstimmig gebilligt. Auch auf der Tagung der Richter und StA in Recklinghausen ist ein einheitliches Oberstes Gericht mit einem einheitlichen Unterbau gefordert worden. Schon im Herrenchiemseer Entwurf ist zum Ausdruck gekommen, dass die ordentliche Gerichtsbarkeit, die Arbeitsgerichtsbarkeit und die Verwaltungsgerichtsbarkeit in einem einheitlichen Obersten Gericht vereinigt werden sollen.

Die Entscheidung dieser Frage hängt davon ab, ob man die Mitwirkung eines von der Verwaltung unabhängigen Verwaltungsgerichts anerkennen will. Die Bezeichnung der Gerichte spielt dabei keine Rolle. Die Einfügung solcher Verwaltungsgerichte in die ordentlichen Gerichte stellt dann nur noch eine Frage der technischen Organisation dar. Die Richter der ordentlichen Gerichtsbarkeit sind durchaus in der Lage, diese Aufgabe zu lösen, wie das Beispiel von Hamburg, Hessen und Württemberg bewiesen hat. Dafür spricht auch, dass ein großer Teil der Richter des Reichsfinanzhofs und auch des preuß. Oberverwaltungsgerichts aus der ordentlichen Gerichtsbarkeit hervorgegangen sind. Durch die Zusammenfassung bei einem Gericht würde das Vertrauen in eine wirklich unabhängige Rechtsprechung vermehrt. Ob es daneben auch noch spezielle Oberste Gerichte, z.B. ein Oberstes Finanzgericht geben soll, ist eine Frage organisatorischer Natur.

Es müsste überall zwei Länderinstanzen geben und darüber ein Oberstes Gericht einheitlich für alle Materien. Dabei brauchte das Oberste Gericht kein Wasserkopf zu werden, wenn seine Zuständigkeit sachgemäß geregelt wird. Die für das bizonale Obergericht getroffene Regelung gibt einen Anhalt für die zu erstrebende Lösung. Rechtsfragen von grundsätzlicher Wichtigkeit für die Einheit des Bundes müssen vom Obersten Gericht entschieden werden, und zwar ohne Rücksicht auf das Objekt. Um dies zu erreichen, muss bei den Länderinstanzen ein Filter eingebaut werden; das letztinstanzliche Landesgericht muss darüber entscheiden, ob es die Revision an das Oberste Gericht zulassen will; oder es muss die Möglichkeit geschaffen werden, das Oberste Gericht im Wege der Beschwerde anzurufen, wenn das Oberste Landesgericht die Zulässigkeit der Revision nicht ausgesprochen hat, damit auch unabhängig von den Länderinstanzen das Oberste Gericht über diese Frage entscheiden kann.

Werden so die verschiedenen Rechtsmaterien im Obersten Gerichtshof vereinigt, so ergibt sich daraus die Möglichkeit einer außerordentlichen Befruchtung der einzelnen Senate. Darüber hinaus wird weitgehend die Gefahr von Kompetenzstreitigkeiten ausgeschaltet. Nur ein Gericht ist wohl zwingend dabei auszunehmen, das Bundesverfassungsgericht, soweit es keine Rechtsentscheidungen, sondern politische Entscheidungen zu treffen hat. In Art. 98 werden diese beiden Dinge bunt durcheinander geworfen; teils handelt es sich hier um politische Dinge, teils um reine Rechtsstreitigkeiten. Letztere gehören jedoch in die Hand der ordentlichen Richter; es muss ein Senat entscheiden, ohne dass Politiker dabei mitwirken. Nach Art. 100 des Entwurfs entscheidet über alle in Art. 98 aufgeworfenen Fragen aber das Bundesverfassungsgericht in der Zusammensetzung, dass die Hälfte der Richter der Obersten Bundesgerichte oder der höchsten Gerichtshöfe der Länder (also Berufsrichter) sein müssen, die andere Hälfte braucht aber die Befähigung zum Richteramt nicht zu haben. Das gesamte Gericht aber mit politischen Entscheidungen zu belasten, würde u.U. für die Rechtspflege eine unzumutbare Belastung bedeuten.

II. Unabhängigkeit der Rechtspflege. Der Rechtspflege als der dritten Funktion des Staates ist im Entwurf ein besonderer Abschnitt eingeräumt. Bei der Regelung ist man über Art. 102 der WRV hinausgegangen. Wenn im Art. 132 bestimmt ist, dass die Richter nur dem Gesetz und ihrem Gewissen unterworfen sind, so glaubt man durch die letzteren Worte zum Ausdruck bringen zu können, dass der Richter prüfen solle, ob das positive Recht völlig im Einklang stehe mit dem ungeschriebenen Naturrecht. Dem einzelnen Richter kann man aber diese Frage nicht überlassen, sondern hierüber muss die Entscheidung dem Bundesverfassungsgericht überlassen bleiben, soweit eine Frage des Bundesrechts, und dem Verfassungsgerichtshof des Landes, soweit Landesrecht in Frage steht.

Art. 133 behandelt die Unabsetzbarkeit der Richter. Dieser Schutz ist über die frühere Regelung hinaus auf alle Richter ausgedehnt worden, auch auf Laienrichter. Vorbehalten bleiben die gesetzlich vorgesehenen Fälle einer Absetzung oder Versetzung, über die ein Gericht im geregelten Verfahren entscheiden muss. M.E. müsste vom Bund her jetzt geregelt werden, ob und unter welchen Voraussetzungen ein Richter aus seinem Amte entfernt oder versetzt werden kann. In seinem Beitrag zur Denkschrift des ZJA ist Prof. Schmidt zu dem Ergebnis gekommen, dass neben der Bestimmung des § 336 StGB nur noch disziplinargerichtliche Verfolgung in Betracht kommen darf, wenn schuldhaft Amtspflichtverletzung vorliegt. Schmidt erblickt diese als vorliegend, wenn Richter schuldhaft gegen Sinne und Geist der Verfassung verstoßen. Das macht aber notwendig, dass die Sachentscheidung nachgeprüft wird.

Über die Form der Bestellung der Richter ist im Entwurf nichts gesagt. Die Frage, ob sie von der Exekutive ernannt oder von einem Ausschuss gewählt werden sollen, ist offen gelassen. In den letzten Wochen ist diese Frage Gegenstand eingehender Erörterungen gewesen. Ruscheweyh hat in seinem Beitrag zur Denkschrift des ZJA sich mit dieser Frage näher befasst und dabei insbesondere auf den Rechtszustand in Frankreich nach der dortigen neuen Verfassung hingewiesen. In Frankreich wählt hiernach ein Ausschuss von zwölf Mitgliedern zuzüglich eines Vorsitzenden den Richter aus. Dem Ausschuss gehören an: vier Richter, zwei vom Staatspräs. bestellte Juristen aus nichtrichterlichen Kreisen und sechs vom Parlament mit Zwei-Drittel-Mehrheit auf fünf Jahre (bei einer Parlamentsdauer von vier Jahren) zu wählende Personen, die nicht Mitglieder des Parlaments sein dürfen. Ein von diesem Ausschuss gewählter Richter muss vom Staatspräsidenten oder seinem Vertreter (Justizminister) ernannt werden.

Welcher Weg wird für uns der richtige sein? Ruscheweyh hat in seinem eben erwähnten Beitrag zutreffend darauf hingewiesen, dass die Entscheidung der Frage davon abhänge, welche Bedeutung man der Justiz im Staatsleben zuspricht, nämlich ob man die Rechtspflege nur als eine der Verwaltung gleichwertige Funktion oder als eine der drei Hauptstaatsfunktionen ansieht. Der Herrenchiemseer Entwurf steht auf dem letzteren Standpunkt. Ein Richter, der solche Aufgaben zu meistern hat, darf nicht in die allgemeine Beamtenschaft eingegliedert werden. Er muss eine besondere Stellung haben, die bundesrechtlich festzulegen ist. Der Richter muss politischen Strömungen entrückt bleiben, bei seiner Ernennung darf nicht ein Aushandeln nach politischen Grundsätzen möglich sein. Durch eine Richterwahl durch einen Ausschuss ist eine unpolitische Auswahl besser gewährleistet als bei der Ernennung durch die Exekutive. Man wird dann mehr als bisher erfahrene Rechtsanwälte, Hochschullehrer usw. auswählen können. Einstweilen ist aber noch eine Heranbildung von Gerichtsassessoren erforderlich, weil bei dem heutigen Aufbau der Gerichte noch verhältnismäßig viele Richter nötig sind.

Ruscheweyh schlägt für einen solchen Richterwahlausschuss neun Mitglieder vor. Nach ihm soll in der Verfassung nur das Prinzip zum Ausdruck gebracht werden. Die näheren Bestimmungen sollen dann Sache des Landesrechts sein. Mir erscheint das hierin liegende Risiko zu groß. M.E. muss bereits vom Bund her für alle Länder einheitlich bestimmt werden, wie der Ausschuss zusammengesetzt sein soll. Der OLG-Präs. müsste Vorsitzender sein, zwei Richter, zwei Rechtsanwälte, zwei vom Parlament bestimmte Personen, die nicht dem Parlament angehören dürfen und mit einer qualifizierten Mehrheit von diesem zu wählen wären, und schließlich zwei Vertreter der Regierung (z.B. der Jmin., sein Vertreter oder der Sachbearbeiter des Ministeriums) müssten nach meiner Ansicht den auf neun Personen bestehenden Wahlausschuss bilden.

Dr. Kuhnt dankt dem Vortragenden für seine Ausführungen und fährt sodann fort: Es erhebt sich die *Frage,* ob außer der Gerichtsorganisation und der Unabhängigkeit der Richter auch das *Problem der Zuständigkeit zur Gesetzgebung* (Art. 31–36 und 139, 140 des Entwurfs) heute mit *zu erörtern ist,* und zwar als selbständiger Punkt, oder mit den anderen beiden Punkten zusammen. Ich möchte vorschlagen, ihn als ersten Punkt zu nehmen, weil er die Grundlage für das Übrige ist.

Dr. Wolff: Ich habe Bedenken, dass über die Frage der Zuständigkeit zur Gesetzgebung gesondert gesprochen wird. Die anderen Punkte sind bereits so umfangreich, dass der heutige Tag damit ausgefüllt sein wird. Außerdem ist die Frage der Gesetzgebungskompetenz eine sehr politische. Es erscheint mir daher zweifelhaft, ob, wenn wir hierzu etwas zu sagen haben, dies für den Parlamentarischen Rat von nennenswertem Einfluss sein wird. Ich möchte daher vorschlagen, die beiden von Dr. Korintenberg herausgestellten Fragen zunächst zu behandeln und über den anderen Punkt uns erst auszusprechen, wenn dafür noch Zeit bleibt.

Dr. Heusinger: Bei der Frage der Unabhängigkeit der Gerichte und Richter lässt sich die von Dr. Kuhnt angeschnittene Frage vielleicht erledigen.

Dr. Frhr. v. Hodenberg: Die Frage der Bundeskompetenz ist eine ausschließlich politische. Ich möchte daher vorschlagen, die Erörterung auf die von Dr. Korintenberg herausgestellten beiden Gesichtspunkte zu beschränken.

Hierauf bestand *Übereinstimmung* darüber, *dass die Erörterung zunächst auf die von Dr. Korintenberg herausgestellten beiden Punkte beschränkt* werden solle.

I. Zur Frage der Gerichtsorganisation.

Prof. Dr. Jellinek: Die Frage, ob die Verwaltungsgerichtsbarkeit auf die ordentlichen Gerichte übertragen werden soll, kann nicht ohne Anhörung der Gegenseite, also von Vertretern der Verwaltungsgerichtsbarkeit entschieden werden. Meine auf der Tagung der Staatsrechtslehrer in Leipzig im Jahre 1925 geäußerte Auffassung, dass die Verwaltungsgerichtsbarkeit bei den ordentlichen Gerichten besser aufgehoben sei, hat damals bei meinen Kollegen einen Sturm der Entrüstung ausgelöst. Ich bin jetzt Mitglied des Verwaltungsgerichtshofs in Karlsruhe. Ich bin der Auffassung, dass verschiedene den Verwaltungsgerichten obliegende

Entscheidungen, z.B. Fragen der Umgemeindungen, Verwaltungszwangsmaßnahmen und Gewerbegenehmigungen sich für eine Entscheidung durch den bisher nur in der ordentlichen Gerichtsbarkeit tätigen Richter nicht eignen. Es muss erst eine Generation von Juristen dafür herangebildet werden. Das hohe Lied, das im Allgemeinen auf die Rechtsprechung des Hanseatischen Oberverwaltungsgerichts gesungen wird, ist zwar berechtigt, aber auf andere Verhältnisse nicht übertragbar. Die Rechtsprechung des KG hat verschiedentlich gezeigt, dass die ihm fehlende Praxis in Fragen des öffentlichen Rechts wiederholt zu Fehlentscheidungen geführt hat. Das hat eben darin seinen Grund, dass dem Richter der ordentlichen Gerichtsbarkeit das Verwaltungsrecht im Allgemeinen nicht liegt. Hinzu kommt noch, dass in der Brit. Zone wohl für absehbare Zeit durch eine VO der MR die Verwaltungsgerichtsbarkeit geregelt ist und gegenüber dieser Regelung ein Bundesgesetz ohne Wirkung bleiben würde. Durch die heute vorgeschlagene Regelung in der Verfassung würde also eine Einheitlichkeit in Westdeutschland nicht erreicht, weil die Brit. Zone nicht erhalten würde, was in der Amerik. Zone rechtens wäre.

M.E. kann diese grundsätzliche Frage in dem heutigen Gremium nicht erörtert werden. Man wird dem Parlamentarischen Rat nur den Wunsch unterbreiten können, dass ein Richtergremium vor endgültiger Verabschiedung des Verfassungsentwurfs gehört werde, damit etwaige Fehler ausgemerzt werden, die sich im letzten Augenblick etwa noch einschleichen.

Außerdem wird man sich heute nur auf die Erörterung von Einzelfragen beschränken können. Z.B. die Bestimmung des Art. 132, dass die Richter nur dem Gesetz und ihrem Gewissen unterworfen sein sollen. Soll der einzelne Richter hierüber entscheiden können, während ihm das Recht zur Entscheidung über die Verfassungsmäßigkeit nicht zusteht? Die Frage der Richtermaßregelung ist von größter Bedeutung.

Vorgänge in Stuttgart aus der letzten Zeit zeigen mir, dass die Verwaltungsgerichte „gegen Anpöbelungen ein dickeres Fell" haben. Klargestellt müsste auch werden, was richterliche Entscheidung bedeutet, ob es sich dabei um Entscheidungen durch den echten Richter handeln muss, oder auch Entscheidungen durch Parlamentarier in Frage kommen. M.E. müssen wir uns heute darauf beschränken, zu den einzelnen Art. Über die Rechtspflege unsere kritischen Bemerkungen zu machen (Prof. Jellinek macht darauf zu den Art. 129, 131, 132, 133, 134, 135, 136, 137 und 138 im Protokoll im Einzelnen nicht festgehaltene kritische Bemerkungen).

Dr. Korintenberg: Ich habe in meinem Referat nicht die Forderung vertreten, dass die Verwaltungsgerichtsbarkeit auf die ordentlichen Gerichte übertragen werden solle. Ich habe mich für eine einheitliche Gerichtsorganisation ausgesprochen. Neben den Zivil- und Strafabteilungen soll es besondere Gliederungen für die Verwaltungsgerichtsbarkeit geben. Das entspricht Forderungen, die *Friesenhahn* in seinem Beitrag in der Denkschrift des ZJA (S. 124/125) vertritt und auch *Thoma* im Jahre 1910 vertreten hat. Dass die Verwaltungen gegen unsere Vorschläge sind, liegt auf der Hand. Aber die Unabhängigkeit der Rechtspflege muss mit aller Kraft nach außen gezeigt werden.

Dr. Frhr. v. Hodenberg: Prof. Dr. Jellinek hat Vorschläge zur GeschäftsO und zur Sache gemacht.

Einzelheiten können wir m.E. heute nicht einer Kritik unterziehen. Wenn wir heute über die Zonengrenzen hinaus zusammengekommen sind, dann können wir nur zu ganz wenigen Gesichtspunkten grundsätzliche Bemerkungen machen. Eine sog. Gegenseite gibt es nicht, wir geben nur wieder, was unserer Auffassung entspricht.

Es ist m.E. erwünscht, dass die Verwaltungsgerichtsbarkeit von Bundes wegen geregelt wird. In den einzelnen Ländern bestehen verschiedene Neigungen, und zwar vielfach auch zum Totalitären. Die Länder würden die Möglichkeit haben, den Schutz des Einzelnen gegen den Staat zu schmälern. Die in der Brit. Zone erlassene VO Nr. 165 über die Verwaltungsgerichtsbarkeit kann naturgemäß nicht durch einen deutschen Akt außer Kraft gesetzt werden, trotzdem werden wir aber die grundsätzliche Frage, ob die Verwaltungsgerichtsbarkeit von Bundes wegen geregelt werden soll, anschneiden können. Es wird sich dann schon mit der MR hernach ein Modus finden lassen.

Für die Frage der Gestaltung der Gerichte, insbesondere einer Einheit der Gerichtsorganisation ist von Bedeutung, wie die einzelnen Abteilungen der Gerichte aufgebaut sein werden. In meinem Referat auf der ersten Tagung in Bad Godesberg über die Arbeitsgerichtsbarkeit habe ich mich sehr für eine Wiedereingliederung in die ordentliche Gerichtsbarkeit ausgesprochen. Es bestehen aber Bedenken, die jetzigen Arbeitsgerichte ein- oder anzugliedern den ordentlichen Gerichten, wie auch vor zwei Jahren Bedenken dagegen erhoben worden sind, die Arbeitsgerichte in ihrer jetzigen Zusammensetzung in die Gebäude der ordentlichen Gerichtsbarkeit mit hineinzunehmen. Denn alles, was die Arbeitsgerichte tun, ginge damit leicht auf das Konto der ordentlichen Gerichte. Mir erscheint es daher zweifelhaft, ob wir die Besetzung der Gerichte, die den ordentlichen Gerichten ein- oder angegliedert werden sollen, heute dahingestellt sein lassen dürfen.

Ein einheitliches Gericht in der obersten Spitze ist sehr erwünscht. Auch ist die These erwünscht, dass andere Zweige der Gerichtsbarkeit (Arbeitsgerichtsbarkeit und Verwaltungsgerichtsbarkeit) den ordentlichen Gerichten eingegliedert oder angegliedert werden. Gewisse Mindestvoraussetzung über die Zusammensetzung dieser ein- oder anzugliedernden Zweige müssten aber wohl aufgestellt werden. Auszunehmen von der An- oder Eingliederung wären wohl die Finanzgerichte.

Ich habe Bedenken dagegen, die Zuständigkeit der Obersten Gerichte auf wichtige grundsätzliche Fragen ohne Rücksicht auf das Objekt zu beschränken. Denn wer soll entscheiden, ob eine Revision zulässig ist?

Mit der Entscheidung durch den judex a quo sind keine *guten* Erfahrungen gemacht. Überträgt man die Entscheidung dem judex ad quem, dann tritt eine außerordentliche Belastung des Obersten Gerichts bereits mit der Vorprüfung, ob eine Revision zugelassen werden soll, ein, eine Arbeit, die schon für das eigentliche Entscheidungsverfahren in Frage käme. Man wird daher nicht darum herumkommen, die Zuständigkeit des Obersten Gerichtshofs stark zu beschränken, wenn das Oberste Gericht nicht zu einem Wasserkopf anschwellen soll.

Dr. Ruscheweyh: Sehr wichtig ist, dass die Einheit des Verwaltungsgerichtsverfahrens gesichert wird. Es ist nicht unsere Absicht, dass das materielle Verwaltungsrecht Bundessache sein und vereinheitlicht werden soll. Aber das formelle Verfahren müsste m.E. Bundessache werden. Auf dem Wege zu dieser Entwicklung sind wir bereits. Als die Brit. MR einen Ausschuss zur Ausarbeitung des Verwaltungsgerichtsverfahrens einberief, wurde ich dessen Vorsitzender und bekam von vornherein die Weisung mit auf den Weg, die für die Brit. Zone zu schaffende Regelung dürfe einer Vereinheitlichung der Verwaltungsgerichtsbarkeit für das gesamte westdeutsche Gebiet nicht im Wege stehen. Uns wurde dabei der sog. Heidelberger Entwurf, der wohl von Prof. Dr. Jellinek stammt, ausgehändigt, um diesen als Richtschnur zu benutzen. Wir waren dann allerdings zu manchen Punkten anderer Meinung. Ich sehe daher keine Schwierigkeiten, dass der Erlass der VO Nr. 165 der MR einer Koordinierung der beiden Regelungen in der Brit. und Amerik. Zone irgendwie stehen könnte. Ich schlage daher eine Entschließung etwa folgenden Inhalts vor:

a) die Verwaltungsgerichtsbarkeit ist der alleinigen Gesetzgebung des Bundes zu unterstellen. – Es würde meinem Herzen entsprechen, sie der ausschließlichen Zuständigkeit des Bundes zu unterstellen. Gegen eine solche Regelung sind aber große Widerstände zu erwarten. Daher wird es wohl besser sein, dem Bunde nur eine Vorranggesetzgebung auf diesem Gebiete einzuräumen. Praktisch wird man damit zu demselben Ergebnis kommen, weil, sowie eine Regelung erfolgt ist, eine Änderung durch die Länder nicht möglich wäre.

b) Die Verwaltungsgerichte sind der ordentlichen Gerichtsbarkeit anzuschließen – (das ist wohl besser als zu sagen, mit der ordentlichen Gerichtsbarkeit zu vereinigen). Dieselbe Regelung würde ich auch für die Behandlung der Arbeitsgerichtsbarkeit vorschlagen. Gegen eine solche Regelung ist natürlich heftigster Widerstand seitens der Gewerkschaften und auch seitens der Arbeitsminister zu erwarten, von welch letzteren bereits kürzlich auf einer Tagung erklärt worden ist, es bleibe selbstverständlich mit der Arbeitsgerichtsbarkeit so, wie es jetzt sei.

Zu diesen beiden Punkten gehört dann noch eine Bemerkung über die Besetzung der Gerichte, sowohl der Verwaltungsgerichte wie auch der Arbeitsgerichte. Insofern hat Dr. Frhr. v. Hodenberg mit seinen Ausführungen durchaus Recht.

Die Fehler, die nach den Erfahrungen von Prof. Dr. Jellinek von den ordentlichen Gerichten gemacht worden sind, sind nicht entscheidend. Wichtig ist es zu fordern, dass die Vorsitzenden und die Laienbeisitzer der Verwaltungsgerichtsbarkeit eine gewisse Praxis hinter sich haben. In Hamburg ist das in glücklichster Weise geregelt.

Ich möchte daher weiter noch vorschlagen, dass die Vorsitzenden der Arbeitsgerichte und der Verwaltungsgerichte die Befähigung zum Richteramt haben müssen, weiter aber auch noch eine besondere Qualifikation für ihr Amt aufgrund ihres Berufsweges. Das Nähere könnte dann Ausführungsbestimmungen durch ein Bundesgesetz vorbehalten bleiben.

Die Fassung meiner Vorschläge wird nicht gleich erfolgen können. Es ist daher zu überlegen, ob wir in unserem Kreise uns nicht darauf beschränken, heute diese

Grundsätze herauszuarbeiten und das Weitere dann der Arbeit einer Redaktionskommission überlassen.

Dr. Frhr. v. Hodenberg: Es wird darauf ankommen, heute eine Entschließung zur Sache zu fassen. Die Auswirkung derselben muss dann im Einzelnen beim Parlamentarischen Rat in Bonn geprüft und entschieden werden.

Prof. Dr. Jellinek: Hinsichtlich der Verwaltungsgerichtsbarkeit wird der Vorschlag von Dr. Ruscheweyh für die Verwaltung schwer annehmbar sein. Die Verwaltungsgerichte haben sich übrigens durchaus bewährt. Kritisieren und ändern darf man doch wohl nur, was sich nicht bewährt hat.

Dr. Heusinger: Mit der Eingliederung der Verwaltungsgerichtsbarkeit wird man nicht schon bei den AG, sondern erst bei den LG beginnen können. Folgerichtig wird man dann aber auch Regierungsräte zu LG-Präs. machen können bzw. machen müssen.

Dr. Kuhnt: Technische Fragen brauchen uns heute in der grundsätzlichen Frage nicht zu beeinflussen.

Dr. Frhr. v. Hodenberg: Das Wesentlichste wird sein, dass die Verwaltungsgerichtsbarkeit und die Arbeitsgerichtsbarkeit wieder ein Teil der Justiz werden und damit vom Jmin. und nicht von anderen Ministerien ressortieren. Wir dürfen uns nicht zu sehr auf die Verwaltungsgerichte beschränken, sondern müssen auch die Arbeitsgerichte berücksichtigen.

Sommerfeld: Von den Verwaltungsgerichten ist selbstverständlich starker Widerstand gegen die vorgeschlagene Regelung zu erwarten. Ich habe gewisse Zweifel, ob die Verwaltungsgerichte wirklich überall unabhängig sind. In einem Land der Brit. Zone reist der Präsident des Verwaltungsgerichts in seinem Bezirk herum, als Beisitzer im Lande wird dann z.B. ein ehemaliger Landrat, der jetzt in einer Regierung tätig ist, herangezogen. Das wird allerdings nach der VO Nr. 105 nicht mehr möglich sein.

Prof. Dr. Jellinek: Es erscheint mir auch besser, wenn die Verwaltungsgerichte dem Justizminister unterstellt werden, denn dieser kann sie gegen Angriffe besser in Schutz nehmen als der Innenminister.

Dr. Ruscheweyh: Mit Dr. Korintenberg bin ich der Auffassung, dass es nicht darauf ankommt, zu entscheiden, ob das Alte Fehler in sich birgt oder nicht. Sondern der entscheidende Gesichtspunkt ist, dass die Gerichtsbarkeit in ihrer Gesamtheit eine machtvolle Institution neben Gesetzgebung und Exekutive werden soll. Dass sie es nicht war, hat sich in Deutschland in der NS-Zeit ergeben. Es erweist sich mutatis mutandis auch unter den heutigen Verhältnissen. Die Regierung will nun einmal regieren, und es ist leichter zu regieren mit Entscheidungen der Verwaltungsgerichte. Aus der Praxis der Verwaltungsgerichte ließen sich mannigfache Beispiele anführen. Die Rechtsprechung ist aber ein geschlossener großer Körper. Stehen wir in allen Sparten der Rechtsprechung zusammen und bilden wir mit dem Jmin. eine Einheit, so können wir uns eher durchsetzen. Diese Überlegung ist Grundlage dafür, ob wir aus den deutschen Ländern wirkliche Rechtsstaaten machen oder nicht. Aus dieser Überlegung heraus mache ich meine Vorschläge.

Dr. Kuhnt: Ich stelle fest, dass in der Versammlung kein Zweifel daran besteht, dass die Arbeitsgerichtsbarkeit der ordentlichen Gerichtsbarkeit wieder zugeführt und aus der Hand der Arbeitsminister in die Hand des Jmin. gelegt werden soll.

Schmidt-Ranke: Man wird sich die Geschichte der Verwaltungsgerichtsbarkeit vor Augen halten müssen. Bei Einrichtung der Verwaltungsgerichtsbarkeit bestand die ordentliche Gerichtsbarkeit bereits; daher wurde die erstere als etwas Neues dem Innenminister unterstellt. Die Entwicklung geht aber dahin, dass dieser Zustand überwunden wird. Die Entwicklung geht zu einer höheren Form, wie sie in Hamburg bereits ersichtlich ist. Gewinner bei dieser Vereinheitlichung werden nicht die ordentlichen Gerichte, sondern die Verwaltungsgerichte sein, indem das Vertrauen, dass die ordentlichen Gerichte genießen, sich auf die Verwaltungsgerichtsbarkeit überträgt.

Dr. Niemann: Anzustreben ist, dass die Verwaltungsgerichtsbarkeit mit der ordentlichen Gerichtsbarkeit in eine organisatorische Verbindung kommt. Das wird für beide Seiten nur gut sein. In der Rechtsprechung der verschiedenen Sparten werden dann Verschiedenheiten der Ansichten und auch verschiedene Gerichtsbarkeiten vermieden.

Baerns und *Haupt* schließen sich dieser Auffassung an.

Dr. Zürcher: Die hier behandelten Fragen sind auch in Herrenchiemsee erörtert, parlamentarische Strömungen waren aber dagegen. Ich bin für Einheit der Rechtsprechung eingetreten und habe nur die Finanzgerichtsbarkeit davon ausgenommen. Mir wurde entgegengehalten, dass dem föderalistischen Prinzip damit zu sehr nahe getreten würde. Auf der Landesebene wird man aber mit der Vereinheitlichung wohl Halt machen müssen. Dann ist vielleicht auch die Zustimmung von Bayern zu erlangen.

Dr. Schelb: Die Mitwirkung der Justiz bei den Verwaltungsgerichten würde ich als sehr vorteilhaft ansehen.

Daltrop: Die Verwaltungsgerichtsbarkeit wird einheitlich der Justiz unterstellt werden müssen.

Stutzer: In Bremen gibt es einen Verwaltungsgerichtshof; ihm gehören ein Verwaltungsgerichtsrat und drei OLG-Räte als Beisitzer an. Er tagt im Gerichtsgebäude. Mit seinen Entscheidungen hat er sich beim Wohnungssenator unbeliebt gemacht, so dass Bestrebungen im Gange sind, durch Gesetz ihm die Zuständigkeit in Wohnungssachen zu entziehen. Unsere Erfahrungen in Bremen machen es durchaus wünschenswert, dass die Verwaltungsgerichtsbarkeit der Justiz unterstellt wird.

Dr. Wolff: Vor einem Jahr habe ich in Godesberg auf die Verhältnisse in England hingewiesen. Ich habe damals Bedenken geäußert, ob innerhalb der deutschen Justiz die nötige Sachkunde vorhanden sei, um die ordentlichen Gerichte wie in England für alle Fragen allein für zuständig zu erklären. Ich habe deswegen damals nur eine weitere Stärkung der Unabhängigkeit der Gerichte befürwortet. Heute möchte ich mich aber doch für eine Eingliederung in die ordentliche Gerichtsbarkeit aussprechen. Die Mängel der Vertrautheit mit dem öffentlichen Recht lassen sich überwinden. Im Interesse des Ansehens der Rechtsprechung ist es höchst gewünscht, dass es zu einer einheitlichen Gerichtsorganisation kommt. Nur die Finanzgerichte nehme ich dabei aus.

Dr. Kuhnt stellte als *übereinstimmende Auffassung* der Präs. fest, dass eine *Angliederung nicht nur der Arbeitsgerichtsbarkeit, sondern auch der Verwaltungsgerichtsbarkeit an die ordentlichen Gerichte* erwünscht erscheint.

Gerichtsorganisation bei den obersten Bundesgerichten:

Dr. Wolff: Mit Dr. Korintenberg halte ich eine Verschmelzung des BverfG mit anderen Gerichten für schlechterdings unmöglich. Nach dem Entwurf muss die eine Hälfte der Mitglieder des BverfG die Befähigung zum Richteramt haben, die andere dagegen nicht, da über die Qualifikation der Richter nichts gesagt ist. Mit einem derartig zusammengesetzten Gericht können die anderen Obersten Gerichte nicht verschmolzen werden.

Ob man die in Art. 129 genannten Gerichte zu einer Einheit zusammengefasst oder nebeneinander bestehen lässt, ist eine Frage der Organisation und hat wohl weniger prinzipielle Bedeutung. Ist bei der Zusammenfassung nicht eine Mammutorganisation zu befürchten? Wie soll dann noch eine Einheitlichkeit gewahrt werden? Meine Erfahrungen bei dem Obersten Zonengericht zeigen mir, dass die Leitung schon eines kleinen Gerichts so viel Arbeit erfordert, dass, wenn noch die Rechtsprechung hinzukommt, eine Arbeitslast gegeben ist, die kaum noch zu bewältigen ist. Statt eines eindrucksvollen Gebäudes würde daher vielleicht nur eine eindrucksvolle Fassade entstehen. Bei Vereinigung sehr vieler Zuständigkeiten in einem Gericht würden sehr viele Richter benötigt. Es wird auch die Frage auftauchen, ob das alles heute in einer Stadt möglich ist und in absehbarer Zeit möglich sein wird.

Wenn als Vorteil angeführt wird, dass es innerhalb eines einheitlichen Gerichts leichter sei, Meinungsverschiedenheiten auszutragen als zwischen verschiedenen Gerichten, so müsste aber doch bei dem einheitlichen Gericht eine Art von Plenum oder Großer Senat geschaffen werden. Man wird kaum eine genügende Anzahl von auf allen Gebieten erfahrenen Richtern hierfür herausfinden können, so dass schließlich der Große Senat über weniger Sachkunde verfügen wird als der an sich zuständige Senat. Es erhebt sich überhaupt die Frage, ob die Einheitlichkeit der Rechtsprechung etwas unbedingt Notwendiges ist. Auf bestimmten Gebieten natürlich selbstverständlich, z.B. hinsichtlich der Auslegung des § 48 EheG. zwischen dem RG und dem Preuß. Verwaltungsgericht haben häufiger Meinungsverschiedenheiten bestanden, ebenso auch zwischen Reichsfinanzhof und RG.

Der Vorschlag von Dr. Korintenberg würde dahin führen, dass über den bisherigen Revisionsgerichten eine Art Superrevisionsinstanz geschaffen würde.

Dr. Korintenberg: Nach meinem Vorschlag soll es grundsätzlich zwei Tatsacheninstanzen als Länderinstanzen geben, darüber eine ordentliche Revisionsinstanz und darüber dann noch eine Superrevision.

Dr. Wolff: Gegen den wohl bekannten Plan von Dr. Strauss (Leiter des Rechtsamts in Frankfurt) habe ich die schwersten Bedenken. Zwei Tatsacheninstanzen sind nach meiner Ansicht absolut notwendig. Im Interesse der Rechtspflege ist es dringend erwünscht, dass das Gericht, das sowohl in Strafsachen wie auch in

Zivilsachen als letztes entscheidet, die Berührung mit dem Tatsachenstoff nicht verliert. Nach meiner Ansicht ist jede Reform, die den bestehenden Rechtszustand im Sinne einer Kassationsbeschwerde ausgestaltet, ein großer Rückschritt. Man darf dem Obersten Gericht nicht die Fülle, die das tatsächliche Leben bietet, nehmen. Ich bin deswegen unbedingt der Meinung, dass die Revisionsfunktion des bisherigen RG in dem bisherigen Umfange erhalten bleiben muss. Vielleicht kann man aber von einer Revisionssumme absehen und die Revision von der Zulassung durch das OLG abhängig machen.

Dr. Kuhnt: Sehr viele der in Art. 98 geregelten Fragen sind rein politische. Hier muss eine Trennung eintreten, damit die politischen Aufgaben einem politischen Gremium und die juristischen Aufgaben einem juristischen Gremium zur Entscheidung zustehen.

Dr. Korintenberg: Der politische Gerichtshof muss scharf getrennt werden von dem übrigen Obersten Gerichtshof. Die Rechtsprechung des Obersten Finanzgerichts in München ist während der NS-Zeit in starke Abhängigkeit vom Reichsfinanzminister geraten, so dass der StS Reinhardt einmal erklärt hat, der Reichsfinanzhof sei nur eine Abteilung des Reichsfinanzministeriums.

Nach meiner Ansicht kann ein bestimmter Streitwert nicht maßgebend dafür sein, ob eine Sache an das Oberste Gericht kommt. Letztinstanzlichen Entscheidungen wird man nicht Gesetzeskraft beimessen dürfen, sonst wird die Rechtswissenschaft zu früh ausgeschaltet.

Dr. Ruscheweyh: Bei der Vereinigung von Zivilrichtern, Verwaltungsrechtlern, Staatsrechtlern und Finanzrechtlern in einem großen Senat wird man aufgrund gemeinsamer Beratung und des Austauschens der verschiedensten Gesichtspunkte aus den einzelnen Sparten zu wertvollen Ergebnissen kommen. Vielleicht ist aber die rechtseinheitliche Entscheidung noch viel wichtiger als die rechtsrichtige Entscheidung. Das rechtsuchende Publikum versteht nicht, wenn ein Oberstes Gericht so und ein anderes anders entscheidet.

Soweit politische Fragen in Betracht kommen, muss ein abgesondertes Gericht als Verfassungsgerichtshof entscheiden. Die Entscheidung über die Verfassungsmäßigkeit von Gesetzen muss aber dem ordentlichen höchsten Gericht eingeräumt werden. Dabei können dann keine Laienbeisitzer mitwirken.

Über Auslegung und Anwendung von Gesetzen kann nicht mit Gesetzeskraft entschieden werden. Über Verfassungsmäßigkeit muss dies jedoch der Fall sein.

Dr. Kuhnt: Eine Revisionsregelung für Strafsachen, wie sie Dr. Korintenberg vorschlägt, entfremdet das Oberste Gericht zu sehr dem Leben.

Dr. Frhr. v. Hodenberg: Wir können uns nicht abschließend mit der Frage befassen, wie Revisionen eingeschränkt werden können. Es handelt sich dabei um sehr viele Einzelfragen: Was heißt grundsätzlich, was heißt rechtseinheitlich wichtig? Die Fragen des judex quo und judex quem würden eingehend zu prüfen sein, und trotzdem drängt sich die Frage auf, ob ein einheitliches Bundesgericht zu schaffen ist oder nicht. Die Bedenken gegen ein einheitliches Gericht überwiegen aber doch wohl. Über ein einheitliches Oberstes Bundesgericht für Zivil-, Straf-, Arbeits- und Verwaltungsrecht (unter Einschluss der Verfassungsmäßigkeit der Gesetze) wird man nicht hinausgehen können; andere Gebiete werden dem Obersten Bundesgericht fernzuhalten sein.

Dr. Heusinger: Wir können im Augenblick nicht abschließend übersehen, ob sich eine weitere Zusammenfassung der Gerichte empfiehlt.

Dr. Zürcher: Auch in Herrenchiemsee haben die hier erörterten Fragen ihre Bedeutung gehabt. Wir waren uns nicht im Unklaren, dass einige der in Art. 98 aufgeführten Fragen mehr oder weniger politische Entscheidungen enthielten. Es wurde aber geltend gemacht, dass es zweckmäßig sei, einen ganzen Katalog aller Zuständigkeiten zusammenzufassen, um eine Grundlage für eine Diskussion zu ermöglichen. Soweit es sich um mehr oder weniger politische Entscheidungen handelt, wurde zum Ausdruck gebracht, dass Richter auch den Mut haben sollten, zu politischen Fragen Stellung zu nehmen. Bei der Regelung des Entwurfs zu Art. 98 handelt es sich um eine Kompromisslösung. Ich persönlich möchte nur die Fragen mit vorwiegendem rechtlichen Charakter dem Obersten Gerichtshof zuweisen, die anderen aber einem politischen Gericht. Auch der Vorschlag über die Zusammensetzung des Gerichts ist das Ergebnis eines Kompromisses.

B. Nachmittagssitzung.

II. Unabhängigkeit der Rechtspflege.

Dr. Kuhnt schlägt vor, die Frage der Unabhängigkeit der Rechtspflege zu behandeln unter den beiden Gesichtspunkten: Richterbestellung und Richtergesetz mit grundlegenden Garantien für die Unabhängigkeit der Richter.

1. Richterbestellung (Qualifikation und Richterwahl):

a) Qualifikation:

Prof. Dr. Jellinek: Auch die Fähigkeit zum Richteramt muss in der Verfassung geregelt werden, damit klar ist, dass wir keine Volksrichter, sondern Berufsrichter wollen.

Daltrop: In Hessen haben wir ein besonderes Gesetz, das die Ablegung zweier Prüfungen für Justiz und Verwaltung vorschreibt. Für eine Ernennung im höheren Verwaltungsdienst kann in Ausnahmefällen auch eine im öffentlichen Dienst erworbene Eignung in Betracht kommen.

Dr. Heusinger: In der jetzigen Fassung des GVG (Allgem. Anweisungen für Richter Nr. 2) ist die Frage der Vorbildung nicht geregelt. Wenn die Frage nicht durch Bundesgesetz geregelt wird, würde die Landesgesetzgebung also freie Hand haben.

Sommerfeld: Wenn die Frage der Vorbildung im GVG in der Fassung der Allgem. Anweisungen für Richter Nr. 2 nicht geregelt ist, so ist dadurch das GVG selbst nicht geändert. Die Regelung muss aber trotzdem m.E. in die Verfassung hinein. Es wäre vorzuschreiben ein sechssemestriges Studium, davon drei an einer deutschen Hochschule.

Dr. Frhr. v. Hodenberg: Beim Parlamentarischen Rat in Bonn wird man sich fragen, warum die Justiz auf Aufnahme dieser Vorschriften Wert legt. Gefühlsmäßig sage ich mir, dass so etwas nicht in ein Grundgesetz hineingehört.

Dr. Ruscheweyh: Die hier erörterten Fragen gehören auch wohl besser nicht in ein Bundesgesetz.

b) Richterwahl.

Dr. Wolff: Die Ernennung von Richtern durch die Landesregierung im Auftrage des Landesherrn hatte sich bis 1918 bewährt, aber seitdem hat sich die Situation wohl geändert. Die in der neuen französischen Verfassung getroffene Regelung erscheint mir sehr erwägenswert.

Daltrop: In Hessen haben wir ein Richterwahlgesetz (vom 13.8.1948) aufgrund von Art. 122 der Hessischen Verfassung. Die Regelung bezieht sich nur auf die erste Anstellung, nicht auf die Beförderung.

Dr. Frhr. v. Hodenberg: Außer der Frage, ob wir überhaupt für ein Richterwahlgesetz uns aussprechen sollen, erhebt sich die Frage, ob ein Richterwahlausschuss sich auch für größere Bezirke eignet. Die Verhältnisse in Hamburg liegen eben anders als in Niedersachsen. Man wird höchstens für die einzelnen OLG-Bezirke Richterwahlausschüsse bilden können. Der Parlamentarische Rat wird jedoch Wert darauf legen, dass die Mehrheit des Ausschusses Parlamentarier sind. Dann wird es vielleicht schlimmer als bisher sein.

Dr. Kuhnt: Die Richtervereine wollen auch das Recht haben, vor Ernennung und Beförderung gehört zu werden.

Dr. Ruscheweyh: Man muss versuchen, den richtigen Weg zu ergründen. Es besteht die Gefahr, dass im Schoß des Ministeriums politische Gesichtspunkte ausgehandelt werden. Diese Gefahr ist geringer bei einem ganzen Gremium. Die Vertrauensleute des Parlaments sollen ja nicht Mitglieder des Parlaments sein. Die Erfahrungen in Bremen und Hamburg mit einem Richterwahlausschuss sind durchaus günstig. In Bremen besteht eine gesetzliche Regelung, in Hamburg nur eine entsprechende tatsächliche Handhabung. Nach 1945 habe ich diese Handhabung in Hamburg wieder eingeführt. Der von mir in der Denkschrift gemachte Vorschlag hat daher doch wohl etwas für sich.

Dr. Kuhnt: Während meiner Tätigkeit im Ministerium hat der preuß. Jmin. am Zehnthof jede politische Aushandlung bei der Besetzung von Richterstellen strikt abgelehnt.

Dr. Zürcher: Die Frage der Richterwahl ist auch in Herrenchiemsee besprochen. Einstimmigkeit bestand gegen die Übernahme des hessischen Prinzips. Seitdem die Souveränität beim Volk liegt, wäre es folgerichtig, wenn das Volk die Richter wählt. Aber bei uns hat sich die Demokratie noch nicht weit genug entwickelt. Eine Beteiligung des Parlaments ist aus den hier schon erörterten Gründen in Herrenchiemsee für nicht vertretbar gehalten worden. Es sollte daher schließlich dabei bleiben, dass das Kabinett die Ernennung vornimmt, das politisch dem Parlament und damit auch dem Volk verantwortlich ist. Deswegen wurde ein Richterwahlausschuss für nicht erforderlich gehalten. Gegen Missbrauch durch das Kabinett gibt es ja das Misstrauensvotum im Parlament.

Zu der von anderer Seite schon behandelten Frage, wer Richter im Sinne des Entwurfs sei, ist nichts gesagt worden; es soll darunter der Richter im bisherigen Sinne verstanden werden; etwas darüber in die Verfassung aufzunehmen, erschien uns von Übel.

Prof. Dr. Jellinek: Eine Verwaltung sollte von der anderen lernen. Bei den Universitäten wird von diesen ein Vorschlag für die Berufung eines Professors gemacht. So könnte auch das Präsidium eines Gerichts seine Vorschläge bei der Ernennung oder Beförderung eines Richters machen. Nach der Verwaltungsgerichtsgesetzgebung in der US-Zone wird vor der Ernennung eines Senatspräsidenten vorher das betreffende Gericht angehört.

Dr. Niemann: Ich neige dem Vorschlag von Dr. Ruscheweyh zu. Wenn der bisherige Zustand noch nicht zu unerfreulichen Erscheinungen geführt hat, so besteht aber doch die Befürchtung, dass bei der Besetzung von Richterstellen ganz unkontrollierbare Einflüsse sich geltend machen können.

Ein heterogen zusammengesetzter Ausschuss verhindert ein solches nicht kontrollierbares Spiel von Kräften. In einem Ausschuss müssen die Erwägungen öffentlich vorgebracht werden. Bloße Fürsprache durch ein Mitglied des Ausschusses würde nichts nützen. Bei einem Ausschuss ist also die Gewähr für eine richtige, der Rechtspflege dienliche Auswahl größer als in der Hand eines Ministers oder des Kabinetts.

In Nordrhein-Westfalen hat das Ernennungsrecht der Minister. Dieser muss aber vorher allen anderen Ministern seinen Vorschlag zuleiten, die dagegen ein Einspruchsrecht binnen 14 Tagen haben. Kommt es zu einem Einspruch durch einen Minister, so muss der Fall im Kabinett beraten werden.

Haupt: Der Minister wird selbstverständlich auf die Stimme der LG-Präs. und des OLG-Präs. großes Gewicht legen. Das schließt aber die ungeheure Gefahr nicht aus, dass der Minister als Exponent einer politischen Partei und auch das Kabinett die Richterernennung in einer Weise ausüben kann, durch die die Unabhängigkeit des Richters und der Rechtspflege gefährdet wird.

M.E. ist kein Augenblick so günstig wie der heutige, um Maßnahmen zur Minderung solcher Gefahren zu befürworten und durchzusetzen.

Dr. Schelb: Bei uns wird vor der Ernennung eines LG-Rats oder eines AG-Rats eine Entscheidung des Plenums des LG, vor der Ernennung eines LG-Dir. Oder eines OLG-Rats eine Entscheidung des Plenums des OLG eingeholt.

Dr. Heusinger: Wir haben heute gute und schlechte Beispiele kennen gelernt. Ob die Verhältnisse der Hansestädte sich auf größere Länder übertragen lassen, erscheint zweifelhaft. Für eine positive Regelung ist m.E. die Angelegenheit wohl noch nicht reif. Soweit eine Richterwahl zugelassen wird, müssen wir darauf Bedacht nehmen, dass nicht die politisch beeinflussbaren Mitglieder die Mehrzahl im Ausschuss haben.

Dr. Kuhnt: Entscheidend wird die Frage sein, ob bisher Missgriffe vorgekommen sind. Da das nicht der Fall ist, sollte man den bisherigen Zustand beibehalten.

Dr. Frhr. v. Hodenberg: In Niedersachsen sind seit acht Monaten keine Ernennungen mehr herausgekommen. Das liegt wohl an der Unfertigkeit der politischen Verhältnisse. Ich glaube, dass sich mit der Zeit politische Einflüsse in den Vordergrund schieben werden. Die OLG-Präs. sollen in Niedersachsen ja aus der Verwaltung ausgeschaltet werden. Danach wird dann die andere Entwicklung kommen. Wir müssen daher doch wohl noch einen Weg suchen, der dem Ausschusssystem entspricht. Durch die Nichtzugehörigkeit der zu wählenden Mitglieder zum Parlament wird immerhin eine gewisse Objektivität gewährleistet. Durch die Zusammenarbeit von Richtern, Ministerialbeamten, Anwälten und vom Parlament gewählten Mitgliedern wird ein gesunder Ausgleich geschaffen werden können, durch den auch die Laien zur Sachlichkeit erzogen werden.

Dr. Kuhnt: Ein solcher Ausschuss müsste dann folgerichtig auch über die Beförderungen entscheiden.

Sommerfeld: In Hamburg haben wir nicht nur einen Ausschuss, der den OLG-Präs. berät, sondern außerdem auch noch eine Senatskommission, der vier Parlamentarier und ein Senatssyndikus angehören. Der OLG-Präs. und der GstA nehmen an diesen Sitzungen teil.

Prof. Dr. Jellinek: Die hanseatischen Verhältnisse darf man nicht auf andere Gebiete übertragen.

Dr. Frhr. v. Hodenberg: Der Jmin. wird nicht immer eine starke Persönlichkeit sein und im Kabinett befinden sich durchweg Nichtjuristen.

Dr. Zürcher: Mit einem Wahlausschuss tun wir den ersten Schritt zum Wahlrichtertum. Das ist der Anfang von einer Entwicklung, deren Ende wir nicht abzusehen vermögen. Für ein Wahlkollegium kann ich mich nicht entscheiden. Ich halte es für absolut schädlich. Die Landesregierungen werden sich auch nicht vorschreiben lassen, wie sie das Richteramt zu besetzen haben sollen. Solche Bestimmungen gehören m.E. nicht in eine Verfassung.

Dr. Korintenberg: Ein Kabinett ist kein ideales Wahlkollegium.

Dr. Kuhnt lässt sodann über folgende Fragen *abstimmen:*

a) Soll es beim Status quo verbleiben? Dafür sechs Stimmen.

b) Soll ein Richterwahlausschuss gefordert werden? Dafür neun Stimmen.

c) Sollen hierzu überhaupt keine Anregungen an den Parlamentarischen Rat herangetragen werden? Dafür sieben Stimmen, dagegen acht (die Mehrheit hat sich also für Anregungen ausgesprochen).

Dr. Frhr. v. Hodenberg: Es besteht m.E. Übereinstimmung darüber, dass politische Einflüsse auszuschalten sind. Nur darüber, wie das zu erreichen ist, gehen die Wege auseinander. Die Mehrheit hat sich aber immerhin für eine Ausschusswahl ausgesprochen.

Ein Antrag von *Dr. Frhr. v. Hodenberg,* in diesem Sinne zu beschließen, führt nur zu einem Stimmverhältnis von 8:7.

Ein Antrag von *Dr. Korintenberg,* zu beschließen, dass der Wahlausschuss bestehen müsse aus den OLG-Präs., zwei Richtern, zwei Rechtsanwälten, zwei Vertretern des Parlaments und zwei Vertretern der Regierung, dass die Vertreter des Parlaments für einen über die Wahlperiode des Parlaments hinausreichenden Zeitraum auf fünf oder sechs Jahre gewählt werden müssten und nicht Mitglieder des Parlaments sein dürften und dass die Entscheidungen des Ausschusses mit Zweidrittelmehrheit gefasst werden müssten, ergibt ein Stimmenverhältnis von zehn dafür und drei dagegen.

2. Richtergesetz mit grundlegenden Garantien bei Abberufung. (Nr. 133 des Entwurfs).

Prof. Dr. Jellinek: Es muss klargestellt werden, was hier unter Richterentscheidungen zu verstehen ist, sonst können auch Parlamentarier mit einer Mehrheit abberufen.

Dr. Wolff: Es muss sich hier um ein aus Berufsrichtern zusammengesetztes Gericht handeln.

Prof. Dr. Jellinek: Auch die geringste Strafe gegen Richter darf nur durch Entscheidung eines Gerichts verhängt werden.

Dr. Ruschweyh: Solche Einzelheiten und Feinheiten gehören m.E. nicht in die Verfassung. Außerdem ist eine solche Regelung auch nicht sehr praktisch. Es gibt eine Reihe von Fällen, wo es im Interesse aller Beteiligten besser ist, durch Dienststrafverfügung eine Sache zu erledigen, als den großen Apparat einer förmlichen Verhandlung in Bewegung zu setzen.

Der *Auffassung Dr. Ruscheweyhs* wurde *allgemein zugestimmt.*

Prof. Dr. Jellinek: Die Regelung des Art. 132 („ihrem Gewissen unterworfen") führt dahin, dass der Richter in diesem Punkte freier gestellt ist als gegenüber der Frage der Verfassungsmäßigkeit oder Verfassungswidrigkeit einer Gesetzesbestimmung.

Dr. Ruscheweyh: Man sollte einfach die frühere Bestimmung des § 1 GVG wieder herstellen.

Dr. Heusinger: Ich bin dafür, dass die Worte: „ihrem Gewissen unterworfen" bestehen bleiben. Heute würde dem Richter im Falle des Gewissenskonflikts nur der Weg des Abschieds aus dem Amt bleiben. Die Möglichkeit der Anrufung eines Obersten Gerichts führt an sich auch nicht weiter. Trotzdem ist die Möglichkeit der Anrufung eines Obersten Gerichts nicht zu unterschätzen. Man kann wohl hoffen, dass in absehbarer Zeit solche Fälle nicht eintreten.

Dr. Ruscheweyh: Nach der Begründung zum Herrenchiemseer Entwurf darf der Richter nicht nur, sondern er soll nach naturrechtlichen Gesichtspunkten entscheiden. Diese Regelung halte ich für falsch. Es sollte ausgesprochen werden, dass auch das Naturrecht den Richter bindet. Die Naturrechte sind in den Grundrechten niedergelegt. Daher würde bei Unvereinbarkeit mit dem Naturrecht ein Widerspruch gegen die Verfassung bestehen und auf diese Weise die ganze Frage sich lösen.

Prof. Dr. Jellinek: Der Art. 132 kann m.E. unverändert bestehen bleiben, wenn in Art. 137 noch aufgenommen würde: „oder unvereinbar mit seinem Gewissen".

Dr. Zürcher: Was hier diskutiert wird, wurde auch in etwa ähnlicher Weise in Herrenchiemsee zu diesen Fragen gesagt. Ich würde vorschlagen, den § 1 GVG aufzunehmen statt Art. 132. Dann wäre in Art. 137 eine zusätzliche Bestimmung nicht nötig.

Dr. Schelb: Man könnte auch daran denken, im Falle eines Gewissenskonflikts dem Richter ein Ausscheiden aus seinem Amt zu erleichtern (durch günstige Regelung seiner Pensionsbezüge).

Prof. Dr. Jellinek: In Art. 137 müsste auch die Völkerrechtswidrigkeit einer Gesetzesbestimmung aufgenommen werden.

Dr. Hauenstein: Wenn man wie im bayr. Gesetz Nr. 124 bei Vorlage von Fragen von grundsätzlicher Bedeutung an das Bayer. ObstLG bestimmen würde, dass das vorlegende Gericht seine Rechtsauffassung begründen muss, ist nicht zu befürchten, dass zu viele Sachen dem Verfassungsgerichtshof vorgelegt werden.

Bei einer *Abstimmung,* ob die Worte „und ihrem Gewissen" gestrichen werden sollen, sprechen sich fünf Stimmen für Streichung und sieben Stimmen dagegen aus.

Bei einer *weiteren Abstimmung* über die Frage, ob in Art. 137 ein Zusatz bezüglich des Natur- und Völkerrechts aufgenommen werden soll, sprechen sich sämtliche Stimmen bei einer Stimmenthaltung (Dr. Ruscheweyh) für einen solchen Zusatz aus.

Prof. Dr. Jellinek: Die Frage ist, ob auch *vor Inkrafttreten der Verfassung erlassene Gesetze* auf ihre Verfassungsmäßigkeit auf dem in Art. 137 vorgesehenen Wege geprüft werden sollen. Die jetzige Bestimmung ist aus der hessischen Verfassung übernommen. Besser ist aber die Regelung Württemberg-Baden.

Dr. Zürcher: Die Fassung ist bewusst gewählt in Abweichung von der Regelung in Württemberg-Baden. Weiter bin ich der Auffassung, dass Gesetze und RechtsVO im Sinne dieser Bestimmung gleichwertig sind.

Dr. Ruscheweyh: Es steht uns nicht zu, einen Vorschlag dazu zu machen, wie weit Prüfungen auf Verfassungsmäßigkeit nach rückwärts möglich sein sollen. Das mögen die Politiker entscheiden.

Entsprechend einer Anregung von Dr. Ruscheweyh wird *hierzu kein Beschluss* gefasst.

Dr. Heusinger: Die Frage ist, ob auch die NotarO in Art. 137 mit aufgeführt werden soll. Nach Zeitungsnotizen ist die RechtsanwaltsO inzwischen hier aufgenommen worden.

Dr. Frhr. v. Hodenberg: Die Frage der *Zugehörigkeit eines Richters* zu einer Partei ist sehr wichtig, und es wäre erwünscht, wenn auch zu ihr heute Stellung genommen wird.

Dr. Wolff: Die Frage ist gewiss wichtig, aber heute wohl nicht sachgemäß zu erledigen. Sie bedarf sehr eingehender Prüfung.

Dr. Zürcher: In Herrenchiemsee ist die Frage nur ganz kurz gestreift. Es erschien nicht zweckmäßig, sie in die Verfassung mit hineinzunehmen. Man war allgemein der Meinung, dass der Richter nicht schlechter gestellt werden dürfe als andere Staatsangehörige.

Dr. Heusinger: M.E. ist die Frage durch den Entwurf bejahend dahin geregelt, dass der Richter einer politischen Partei angehören darf, da die für einen Ausschluss vom Wahlrecht (vom aktiven und passiven Wahlrecht) vorgesehenen Bestimmungen auf den Richter nicht zutreffen. Ausnahmen davon durch einfaches Landesrecht wären m.E. nicht möglich.

Dr. Frhr. v. Hodenberg: Kann der Richter einer politischen Partei angehören, so geben wir damit kampflos eine Position auf, um die wir in der Brit. Zone lange und schwer gerungen haben.

Dr. Kuhnt: Wegen der einschneidenden Bedeutung der Frage bin ich dafür, dass wir uns mit dieser Sache befassen. Vorher wird aber noch klarzustellen sein, was mit den heute gefassten Entschließungen geschehen soll.

Dr. Kuhnt schlägt hierzu unter allgemeiner Zustimmung vor, dass von ihm die *Entschließungen übersandt werden sollen* unter Anführung der Präsidenten, die daran teilgenommen haben: dem Parlamentarischen Rat, den Justizministern in den drei Westzonen, den OLG-Präs. in Bayern (die an der heutigen Sitzung nicht teilgenommen haben; diejenigen Präs., die an der heutigen Sitzung teilgenommen haben, erhalten mit der Protokollabschrift Abschrift der heutigen Entschließungen), dem ZJA, dem Justizkollegium in Frankfurt und dem Rechtsamt in Frankfurt.

Prof. Dr. Jellinek schlägt vor, die Bestimmung des Art. 136 Abs. 1 zu ersetzen durch Art. 22 der hessischen Verfassung: *„Kein Strafgesetz hat rückwirkende Kraft,* es sei denn, dass es für den Täter günstiger ist als das zur Zeit der Tat in Geltung gewesene Strafgesetz."

Diesem Vorschlag wird allgemein zugestimmt.

C. Abendsitzung:

Während der Abendsitzung werden die während der Tagung von Dr. Ruscheweyh formulierten *Entschließungen* durchgesprochen und redaktionellen Änderungen unterzogen. Mit der Vornahme der *endgültigen redaktionellen Fassung* wird der Vorsitzende der heutigen Tagung, Dr. Kuhnt, beauftragt.

Erwogen wird auch, während der Abendsitzung die Frage der *politischen Betätigung der Richter* näher zu erörtern. Es besteht Übereinstimmung darüber, dass trotz der Wichtigkeit dieser Frage sie in dem kleinen Gremium der Abendsitzung nicht mehr erörtert werden könne. Im Begleitschreiben zu den Entschließungen an den Parlamentarischen Rat soll aber vom Vorsitzenden zum Ausdruck gebracht werden, dass vom Parlamentarischen Rat, bzw. vom zuständigen Ausschuss, ein Sachkundiger zur Frage der politischen Betätigung aus dem Kreise der heutigen Tagungsteilnehmer gehört werden möge.

Dr. Kuhnt schlägt hierzu, weil für den Parlamentarischen Rat leicht erreichbar, in erster Linie Dr. Ruscheweyh, dann aber auch Dr. Wolff und Dr. Korintenberg vor. Sein Vorschlag findet allgemeine Zustimmung.

Dr. Kuhnt hatte während der Erörterungen noch mitgeteilt, dass ihm die nicht mehr anwesenden Präs. von Stuttgart und Karlsruhe mitgeteilt hätten, dass sie sich gegen eine politische Betätigung der Richter aussprächen.

Dr. Frhr. v. Hodenberg brachte zum Schluss zum Ausdruck, dass die heutige erstmalige Verbindung über die Zonengrenzen hinweg weiter im Auge behalten und noch häufiger verwirklicht werden möge. Dieser Auffassung wurde allgemein zugestimmt.

Um 21.15 Uhr wurde die Tagung vom Vorsitzenden geschlossen.

Celle, d. 21.10.1948. gez. Dr. Tasche.

Schreiben des Präsidenten des Schleswig-Holsteinischen Oberlandesgericht an den Präsidenten des Parlamentarischen Rats.

Sehr geehrter Herr Präsident!

Angesichts der weittragenden Bedeutung, die der Rechtspflege im neuen deutschen Staat zukommt, haben die Präsidenten des Obergerichts für das Vereinigte

Wirtschaftsgebiet, des Obersten Gerichtshofes für die Brit. Zone und die OLG-Präsidenten von Braunschweig, Bremen, Celle, Düsseldorf, Frankfurt a.M., Freiburg, Hamburg, Hamm, Kiel, Koblenz, Köln, Oldenburg und Stuttgart sowie der Präsident der Zweigstelle Karlsruhe des OLG Stuttgart, auf einer Zusammenkunft am 18.10. ds. Js. in Frankfurt a.M. die die Rechtspflege betreffenden Vorschriften des Herrenchiemseer Entwurfs gemeinsam erörtert. In der Überzeugung, dass es für die Arbeit des Parlamentarischen Rats von Bedeutung sein dürfte, die Auffassung der höchsten Richter der Westzonen zu dieser Materie zu erfahren, haben sie die in der Anlage niedergelegte *Entschließung* gefasst, die Ihnen im Namen der Vorgenannten zu unterbreiten ich die Ehre habe.

Die Versammlung hat auch die Frage erörtert, ob es tunlich sei, den Richtern eine parteipolitische Betätigung zu untersagen, wie dies in Übereinstimmung mit einer früher gefassten Entschließung der OLG-Präsidenten der Britischen Zone für das Gebiet dieser Zone durch Anordnung der Britischen Militärregierung geschehen ist. Eine Beschlussfassung hierzu konnte mit Rücksicht auf die fortgeschrittene Zeit nicht mehr erfolgen. Die Versammlung lässt Ihnen jedoch die Bitte unterbreiten, hierzu die Präsidenten des Obergerichts für das Vereinigte Wirtschaftsgebiet in Köln, des Obersten Gerichtshofes für die Britische Zone in Köln und des OLG in Köln, die Herren Dr. Ruscheweyh, Dr. Wolff und Prof. Dr. Korintenberg zu hören, die über die Meinung der Versammlung unterrichtet sind. Sie können auch, wenn es gewünscht wird, nähere Ausführungen zu den in der Anlage niedergelegten Entschließungen machen.

Mit dem Ausdruck meiner ausgezeichneten Hochachtung habe ich die Ehre zu sein Ihr sehr ergebener gez. Dr. Kuhnt.

Entschließung des Präs. des Obergerichts für das Vereinigte Wirtschaftsgebiet des Obersten Gerichtshofs für die Britische Zone und der OLG Braunschweig, Bremen, Celle, Düsseldorf, Frankfurt a.M., Freiburg, Hamburg, Hamm, Kiel, Koblenz, Köln, Oldenburg und Stuttgart.

Nach unserer Überzeugung erfordert der Rechtsstaat eine von fachkundigen, unabhängigen und volksverbundenen Organen ausgeübte einheitliche Gerichtsbarkeit und Rechtsprechung, die einen umfassenden Rechtsschutz gewährt. Um diesen Forderungen Geltung zu verschaffen, empfehlen wir, im Grundgesetz zu bestimmen:

I. Die Befähigung zum Richteramt wird durch ein Hochschulstudium, eine praktische Ausbildung und die Ablegung zweier Prüfungen oder durch die Ernennung zum ordentlichen Lehrer des Rechts im Bundesgebiet erlangt.

Die Richter der ordentlichen Gerichtsbarkeit werden auf Lebenszeit ernannt. Ihre Ernennung und Beförderung erfolgt unabhängig von parteipolitischen Gesichtspunkten.

Den Weg hierzu sieht eine Mehrheit der Versammlung in einer Wahl der zu ernennenden Richter durch Wahlausschüsse. Die Zusammensetzung der Wahlausschüsse muss die Gewähr dafür bieten, dass parteipolitische Erwägungen bei der Entscheidung ausgeschlossen sind. Der für jeden OLG-Bezirk zu bildende Wahlausschuss wolle demnach bestehen aus dem OLG-Präs. als dem Vorsitzenden, zwei vom Parlament gewählten Mitgliedern, die nicht Abgeordnete sein dürfen, zwei vom Landesminister der Justiz bestimmten Mitgliedern, zwei vom Präsidium des OLG gewählten, planmäßig angestellten Richtern und zwei vom Vorstand der Rechtsanwaltskammer gewählten Rechtsanwälten. Wahl und Bestellung der Ausschussmitglieder muss für die Dauer von fünf Jahren erfolgen. Für die Beschlussfassung des Ausschusses ist eine Zweidrittelmehrheit erforderlich. Entsprechende Wahlausschüsse sind für die Wahl der Mitglieder der Obersten Bundesgerichte und Oberster Gerichte der Länder zu bilden. Für die Bestellung der Präsidenten dieser Gerichte und der OLG sind besondere Vorschriften zu treffen.

Die Richter, die über die dauernde oder zeitweise Entfernung eines Richters aus seinem Amte oder über seine Versetzung in eine andere Stelle oder in den Ruhestand zu entscheiden haben, müssen Berufsrichter sein.

II. Das Verwaltungsgerichtsverfahren gehört zur Vorranggesetzgebung des Bundes.

Eine Beschränkung der generellen Zuständigkeit der Verwaltungsgerichte ist unzulässig.

Die Verwaltungs- und Arbeitsgerichte werden den ordentlichen Gerichten angeschlossen. Die Vorsitzenden der Verwaltungsgerichte müssen die Befähigung zum Richteramt haben, hauptamtlich auf Lebenszeit angestellt und mit richterlicher Unabhängigkeit ausgestattet sein.

Eine ausreichende Beteiligung von Laien an der Rechtsprechung der Verwaltungs- und Arbeitsgerichte ist sicherzustellen.

III. Für die Entscheidung über Revisionen auf dem Gebiete des Bundesrechts in Zivil-, Straf-, Arbeits- und Verwaltungssachen ist ein einheitliches Oberstes Bundesgericht zu bilden.

Nur dieses Gericht hat auch – und zwar mit Gesetzeskraft – über die Ungültigkeit von Rechtsnormen zu entscheiden, die sich aus dem Landesrecht übergeordneten Normen ergibt (Bundesverfassungsrecht, Bundesrecht, Naturrecht, Völkerrecht). Die unteren Gerichte haben diese Fragen unter Aussetzung des Verfahrens dem Obersten Bundesgericht zur Entscheidung vorzulegen.

Dem Obersten Bundesgericht obliegt ferner die Entscheidung über alle Verfassungsstreitigkeiten von rein rechtlicher oder überwiegend rechtlicher Natur (z.B. nach Art. 98 Ziff. 5 und 6 des Herrenchiemseer Entwurfs). Für die Entscheidung über Verfassungsstreitigkeiten von überwiegend oder rein politischer Natur dagegen (z.B. nach Art. 98 Ziff. 1, 6 und 9 des Herrenchiemseer Entwurfs) ist ein besonderer Staatsgerichtshof zu bilden.

IV. Kein Strafgesetz hat rückwirkende Kraft, es sei denn, dass es für den Täter günstiger ist als das zur Zeit der Tat in Geltung gewesene Strafgesetz.

Die vorstehende Entschließung mit Ausnahme derjenigen über die Richterwahlausschüsse (I Abs. 3) sind einstimmig gefasst worden.

XIV

XVI. Niederschrift über die Zusammenkunft der OLG-Präsidenten der Britischen Zone in Damme am 26.1.1949

Anwesende:
OLG-Präs. Dr. Kuhnt (OLG Schleswig-Holstein) als Vorsitzender
OLG Braunschweig: OLG-Präs. Dr. Heusinger, beauftr. Richter Dr. Schröder
OLG Celle: OLG-Präs. Dr. Frhr. v. Hodenberg, OLG-Rat Dr. Tasche (Protokoll), OLG-Rat Dr. Schröder
OLG Düsseldorf: OLG-Präs. Baerns, Senatspräs. Dr. Johnen
OLG Hamburg: Vizepräs. Sommerfeld, LG-Dir. Dr. Priess
OLG Hamm: OLG-Präs. Dr. Wiefels
OLG Schleswig-Holstein: (OLG-Präs. Dr. Kuhnt), OLG-Rat Johannsen
OLG Köln: OLG-Präs. Prof. Dr. Korintenberg, LG-Dir. Dr. Goertz
OLG Oldenburg: Vizepräs. Schmidt-Ranke, OLG-Rat Weitzel
Außerdem:
Vizepräs. Dr. Koch: ZJA Hamburg
Präs. Dr. Ruscheweyh und OLG-Rat Dr. Stoecker: Deutsches Obergericht für das Vereinigte Wirtschaftsgebiet in Köln
OLG-Präs. Stutzer: OLG Bremen

Dr. Kuhnt eröffnet kurz nach 9 Uhr die Sitzung und begrüßt die Erschienenen, vor allem als Gäste die Herren Vizepräs. Dr. Koch, Präs. Dr. Ruscheweyh und Präs. Stutzer.

Vor Eintritt in die TO wies Dr. Kuhnt darauf hin, dass der bisherige Direktor der Legal Division (Legal Adviser), Mr. Rathbone mit dem 1.2.1949 aus seinem Amte ausscheide und nach England zurückkehre. Er hob die Bemühungen desselben um den Wiederaufbau der deutschen Rechtspflege besonders hervor und regte an, ihm dafür namens der OLG-Präs. der Brit. Zone den Dank auszusprechen. Die OLG-Präs. erklärten sich damit einverstanden, dass Dr. Kuhnt Mr. Rathbone schriftlich den Dank der OLG-Präs. der Brit. Zone ausspricht.

Sodann erteilte Dr. Kuhnt außerhalb der TO das Wort an Dr. Ruscheweyh mit der Bitte um einen Bericht über den *Stand der Arbeiten im Parlamentarischen Rat in Bonn.*

Dr. Ruscheweyh: Zurzeit tagt ein Redaktionsausschuss, bestehend aus den Abg. Dr. Zinn, Dr. Strauss und Dr. Dehler.

Aus dem Abschnitt VIII des Entwurfs „Gerichtsbarkeit und Rechtspflege“ in seiner jetzigen Fassung sind die Bestimmungen über die Richteranklage, die Richterernennung (Wahl) und die Übergangsbestimmungen besonders wichtig.

In Art. 128 und 128 Abs. 4 ist ein *Oberstes Bundesgericht* vorgesehen, dessen Bedeutung noch nicht näher umschrieben ist. Vielleicht entfällt dieses Oberste Bundesgericht noch und es würden dann nur die *vier oberen Bundesgerichte* der ordentlichen, der Verwaltungs-, der Finanz- und der Arbeits- und sozialen Gerichtsbarkeit bleiben (Art. 129). Die Arbeitsgerichtsbarkeit wird also nicht der ordentlichen Gerichtsbarkeit an- oder eingegliedert.

Gegen die Bestimmung des Art. 129 Abs. 1 über die Richteranklage gegen Bundesrichter bestehen schwere Bedenken aus dem Gesichtspunkt der Unabhängigkeit der Gerichte. Bedenklich ist auch die Bestimmung des Abs. 2, wonach für Landesrichter entsprechende Bestimmungen durch das Landesrecht erlassen werden können. Ob aufgrund des Abs. 2 Satz 2: „Weitergehendes Landesrecht bleibt unberührt" nur die einschlägigen Bestimmungen der hessischen oder bremischen Landesverfassung in Kraft bleiben oder auch neues Landesrecht erlassen werden kann, erscheint zweifelhaft.

Mit den *Richterwahlausschüssen* (Art. 129 a) folgt man grundsätzlich dem hessischen Richterwahlgesetz. Es müssten noch nähere Bestimmungen über die Zusammensetzung der Ausschüsse in die Verfassung hinein.

Das *Bundesverfassungsgericht* (Art. 128, 128 Abs. 1) hat größere Bedeutung erlangt, als im Entwurf von Herrenchiemsee vorgesehen war. Seine Zuständigkeit ist ausgedehnt. Zum Teil ist es nunmehr für Fragen zuständig, z.B. die Frage der Wirksamkeit von Gesetzen, deren Entscheidung eigentlich dem obersten Bundesgericht überlassen bleiben müsste. Auch die Regelung über die Ernennung der Mitglieder (Art. 128 Abs. 3) ist bedenklich.

Nach Art. 132 sind *Richter,* Geschworene und andere Laienrichter *unabhängig und nur dem Gesetz unterworfen.* Die früher vorgesehene Bestimmung „und ihrem Gewissen unterworfen" ist also weggefallen. Im Übrigen ist die Unabhängigkeit der Richter nicht weiter verfassungsrechtlich geregelt. Es gelten also die Bestimmungen des GVG, das aber nur noch in der Brit. Zone eine einheitliche Fassung hat. Änderungen des GVG würden durch einfaches Bundesgesetz möglich sein.

Aus den *Übergangsbestimmungen* ist Folgendes besonders wichtig: Bei Meinungsverschiedenheiten über die Fortgeltung von Rechtsvorschriften gegenüber dem Grundgesetz entscheidet das Bundesverfassungsgericht (Art. 140).

Sehr einschneidend sind auch die Bestimmungen des Art. 143 c Abs. 2, wonach Beamte und Richter, die im Zeitpunkt des Inkrafttretens des GG auf Lebenszeit angestellt sind und die persönlichen und fachlichen Voraussetzungen ihres Amtes nicht erfüllen, bis zum 1.1.1950 auch vor Erreichung einer gesetzlich vorgeschriebenen Altersgrenze in den Ruhestand versetzt werden können. Auf unkündbare Angestellte findet diese Vorschrift entsprechende Anwendung. Durch die Vorschrift des Abs. 2 würden alle wohlerworbenen Rechte von Beamten und Angestellten der Bizone beseitigt.

In diesem Zusammenhang erscheint mir wichtig, dass im Rechtsausschuss des Parlamentarischen Rates erwogen wird, die Richter aus dem allgemeinen Beamtenrecht herauszunehmen und ihre Stellung in einem besonderen *Richtergesetz* zu regeln. Das Justizkollegium hat mich beauftragt, die in einem solchen

Richtergesetz zu regelnden Fragen zusammenzustellen. Anregungen hierzu wären daher besonders erwünscht. Wenn das Material gesammelt ist, könnten weitere Kreise mit diesen Fragen befasst werden. Auch eine Befassung der Richtervereine mit diesen Fragen erscheint mir wünschenswert.

Dr. Kuhnt dankt Dr. Ruscheweyh für seine Ausführungen, äußert aber Bedenken, ob die Richtervereine zur Befassung mit diesen Fragen geeignet seien.

Dr. Wiefels: Die Spitze der Justizverwaltung im Bezirk, also der OLG-Präs. bleibt m.E. zweckmäßig dem Richterverein fern. In den Richtervereinen werden zuweilen Beschlüsse gefasst, denen der OLG-Präs. nicht zustimmen kann. Daher ist es wohl empfehlenswert, dass aus unseren Kreisen Anregungen zum Richtergesetz unmittelbar an Dr. Ruscheweyh herangetragen werden, in Form eines kollegialen Meinungsaustausches.

Dr. Koch: Beim Wirtschaftsrat in Frankfurt wird die Beamtengesetzgebung beraten. Wir haben uns dabei auf den Standpunkt gestellt, dass die Richter aus dieser Regelung des Beamtengesetzes heraus bleiben müssten. Anscheinend wird beim Wirtschaftsrat der Gedanke eines besonderen Richtergesetzes nicht weiter verfolgt. Es müsste daher erreicht werden, dass in das vom Wirtschaftsrat etwa zu erlassende Beamtengesetz aufgenommen wird, dass es auf Richter keine Anwendung findet.

Dr. Frhr. v. Hodenberg: Da die Organisationen der Richtervereine seit 1933 zerschlagen waren und jetzt erst wieder aufgebaut werden, wird zunächst die Mitarbeit der Richtervereine noch mit gewissen Erschwerungen verknüpft sein. Trotzdem wird man aber daran denken können, durch Vorträge in den einzelnen Landesrichtervereinen die für ein Richtergesetz in Betracht kommenden Fragen zu fördern.

Zu dem Entwurf des GG möchte ich anregen, dass in Art. 135 Abs. 2 klargestellt wird, ob eine Straferhöhung mit rückwirkender Kraft zulässig sein soll. Nach der Fassung der Weimarer Verfassung war es ja zunächst ebenfalls zweifelhaft, ob mit rückwirkender Kraft durch Gesetz eine Straferhöhung vorgenommen werden konnte.

Die Bestimmung des Art. 143 c Abs. 2, dass bis zum 1.1.1950 auch vor Erreichen der Altersgrenze Versetzungen in den Ruhestand vorgenommen werden können, erscheint mir untragbar. Die Unsicherheit der Rechtsstellung von Beamten und Richtern, die sich daraus ergibt, ist mit dem Gedanken des Rechtsstaates unvereinbar. Es muss auch damit gerechnet werden, dass die Frist des 1.1.1950 verlängert wird.

Dr. Kuhnt: Mir erscheint es ebenfalls untragbar, dass Beamte und Richter immer neuen Unsicherheiten ausgesetzt werden. Diese Frage müsste m.E. von den OLG-Präs. den Landesjustizministern vorgetragen werden.

Dr. Heusinger: Neben den Richtervereinen, von deren Stoßkraft ich mir vorerst nicht allzu viel verspreche, müsste die Justizverwaltung die Frage des Richtergesetzes besonders interessiert werden. Es kommt noch hinzu, dass die Richtervereine leicht nur als Interessenvertreter angesehen werden.

Nicht nur die Übergangsbestimmungen des GG, sondern auch einige Dauerbestimmungen erscheinen mir falsch, z.B. die Berufung in das Richteramt durch Wahlausschuss, die nicht entpolitisiert, sondern gerade umgekehrt politisch zusammengesetzt sind, und auch die Entfernung aus dem Richteramt im Wege einer politischen Anklage, und schließlich dass aus dem GVG für Richter nicht die Bestimmungen über die lebenslängliche Anstellung usw. übernommen sind.

Dr. Koch: So weit ich unterrichtet bin, wollen die Landesjustizminister der Brit. Zone verhindern, dass amtierende Richter aufgrund von Art. 143 c Abs. 2 erneut überprüft werden.

Dr. Korintenberg: An Richterwahlausschüssen müssen wir m.E. festhalten. Gegen die politische Wirksamkeit der Richter wird man die bisherigen Bedenken zurückstellen müssen. Die Richter müssen wieder im politischen Leben stehen, dann bekommen sie wieder Einfluss im öffentlichen Leben und in den Parlamenten.

Während der Erörterungen war als Wunsch sämtlicher OLG-Präs. der Brit. Zone zum Ausdruck gebracht worden, dass *Dr. Ruscheweyh* weiter, wie bisher, alle Möglichkeiten *gegenüber dem Parlamentarischen Rat* und seinen Mitgliedern ausnutzen möge, damit die vom *Standpunkt der Justiz und der Richter* erforderlich erscheinenden Regelungen im GG vorgenommen würden.

Punkt 1 der TO: Durchführung der Grundbuchverfügung.

Dr. Heusinger berichtet gemäß Schreiben Braunschweig vom 9.11.1948 unter Berücksichtigung der schriftlichen Stellungnahmen der übrigen Bezirke.

Unter allgemeiner Zustimmung fasste Dr. Heusinger das Ergebnis des Gedankenaustausches dahin zusammen, dass eine Weiterführung der Umschreibungsarbeiten zurzeit nicht angezeigt sei, aber nach Wegfall der jetzt entgegenstehenden Hindernisse die Arbeiten wieder aufzunehmen seien auf der Grundlage der Umschreibung auf Reichsvordruck.

Punkt 3 der TO: Erhebung von Gerichtsgebühren von Gerichten verschiedener Landesjustizverwaltungen.

Dr. Heusinger berichtet entsprechend Schreiben Braunschweig vom 15.11.1948. Er weist darauf hin, dass der Ausgangspunkt durch die AV des ZJA vom 25.11.1948 (ZJBl. S. 266) entfallen sei und zurzeit kaum ein Bedürfnis mehr für eine weitere Regelung bestehe.

Punkt 2 der TO: Entwurf einer Verfahrensordnung des deutschen Obergerichts für das Vereinigte Wirtschaftsgebiet.

Dr. Ruscheweyh berichtet und weist darauf hin, dass der Herr Generalanwalt zu dem Entwurf der VerfahrensVO bisher nicht amtlich Stellung genommen habe.

Die gegen den Entwurf geltend gemachten Bedenken werden durchweg durch die Änderungen des Entwurfs beseitigt, die schon vorgesehen sind:

a) Die Beiladung soll auf die Fälle des Art. V der VO Nr. 127 beschränkt werden.

b) Zum Anwaltszwang: Verwaltungsrechtsräte sollen nicht zugelassen werden, wohl aber Hochschulprofessoren im weiteren Maße.

c) Die Offizialmaxime wird wohl bleiben in den Fällen des Art. V, also für die erste Instanz vor dem Obergericht. In der Revisionsinstanz bestehen dagegen erhebliche Bedenken gegen den Grundsatz der Offizialmaxime.

d) Ob das Recht zu einstweiligen Anordnungen bestehen bleibt, ist noch nicht geklärt.

e) Auch über die Regelung der Aussagegenehmigung sind noch keine endgültigen Beschlüsse gefasst.

f) Das Institut des Vorbescheides wird vielleicht ganz fallen gelassen.

g) Die Befugnisse der *Generalanwälte* waren im Entwurf sehr weit gezogen. U.U. wird nunmehr der Schlusssatz des § 14 hierzu bestehen bleiben.

Dr. Frhr. v. Hodenberg: Durch die Ausführungen von Dr. Ruscheweyh sind die im Schreiben Celle vom 7.1.1949 gegen den Entwurf der VerfO vorgebrachten Bedenken im Wesentlichen ausgeräumt.

Dr. Korintenberg: Der letzte Satz des § 14 des Entwurfs passt wohl für das bürgerliche Recht, nicht aber für das Strafrecht und das öffentliche Recht. Dass die Beteiligung des Generalanwalts in den unteren Instanzen der Gerichte gestrichen werden soll, wird der Generalanwalt selbst außerordentlich begrüßen.

Punkt 4 der TO: Bestellung der LG-Präs. zur Vorsitzenden der Schwurgerichte.

Schmidt-Ranke berichtet gemäß Schreiben Oldenburg vom 10.1.1949.

Dr. Kuhnt: Bei den LG Flensburg, Lübeck und Itzehoe führen die LG-Präs. den Vorsitz im Schwurgericht.

Baerns: Es ist erwünscht, dass die LG-Präs. den Vorsitz im Schwurgericht führen. In meinem Bezirk war das bisher aber nicht üblich. Bei großen LG wird es auch praktisch nicht möglich sein.

Sommerfeld: In Hamburg ist es ebenfalls nicht möglich, dass der LG-Präs. im Schwurgericht den Vorsitz führt. Er würde sonst häufiger einen ganzen Monat seinen übrigen Geschäften entzogen sein.

Dr. Heusinger: In Braunschweig ist es nicht üblich, aber auch nicht möglich, dass bei dem großen LG der Präs. den Vorsitz im Schwurgericht führt. Ich hätte auch gegen die Häufung der Verantwortungen Bedenken, wenn der LG-Präs. in wichtigen politischen Strafsachen den Vorsitz führt. Er würde dann nicht den Vorsitzenden des Schwurgerichts gegen etwaige Angriffe schützen können.

Dr. Frhr. v. Hodenberg: Wo ein LG-Präs. selbst den Wunsch äußert, bestelle ich ihn zum Vorsitzenden des Schwurgerichts. Ich sehe keinen zwingenden Grund, dass er sich aus politischen Strafsachen heraushält. Gegen Angriffe kann und muss ihn der OLG-Präs. und die Pressestelle des OLG in Schutz nehmen.

Punkt 5 der TO: Richtlinien für die Verleihung des Notariats.

Dr. Heusinger berichtet gemäß Schreiben Braunschweig vom 16.11.1948 und Schreiben Celle vom 29.11.1948 nebst Nachtrag vom 19.1.1949.

Dr. Frhr. v. Hodenberg: Unter Berücksichtigung der Lage im Bezirk des OLG Celle und der dort vorhandenen besonders zahlreichen Flüchtlingsanwälte erscheint eine 15jährige Wartezeit ohne sonstige Einschränkungsmöglichkeit nicht tragbar. Man muss entweder die Wartezeit auf 20 Jahre ausdehnen. Bei einer Wartezeit von 20 Jahren würden in den nächsten Jahren nur Ostanwälte im Bezirk Celle ernannt werden. Oder man bleibt bei einer Wartezeit von 15 Jahren. Dann dürften weitere Ernennungen trotz dieser Wartezeit nicht erfolgen, wenn bei einer weiteren Ernennung in einem AG-Bezirk durchschnittlich weniger als 200 Beurkundungsnummern auf den einzelnen Notar entfallen würden. Diese Regelung entspricht einem Vorschlage des Präsidenten der Rechtsanwaltskammer Celle.

Dr. Kuhnt: Auf der nächsten Tagung der Präsidenten der Anwaltskammern sollen die heute bei uns zur Aussprache anstehenden Fragen ebenfalls erörtert werden.

Entscheidend ist der Ausgangspunkt, ob es allein auf die Bedürfnisfrage ankommen oder nach Ablauf einer Wartezeit eine Verleihung automatisch erfolgen soll. Für die Entscheidung dieser Frage kann es nur auf die Belange der Rechtspflege ankommen. Zwergnotariate müssen auf alle Fälle vermieden werden. Unter eine Mindestzahl von 200 Beurkundungsnummern im Jahr wird man nicht gehen dürfen. Höhere Zahlen wären mir durchaus sympathisch. Wenn ich recht unterrichtet bin, ist das auch wohl die Meinung der Mehrheit der RA-Kammern.

Wenn ein Bedürfnis zu bejahen ist, müsste m.E. der älteste Anwärter, sofern er persönlich geeignet ist, zum Zuge kommen. Im Übrigen müsste für alle Anwälte, auch bei Flüchtlingsanwälten eine Anlaufzeit an dem betr. Orte abgewartet werden, die ich auf drei Jahre bemessen möchte. Das Gleiche gilt bei früheren Beamten.

Dr. Heusinger: Eine Faustregel von 200 Beurkundungsnummern im Jahr kann im einzelnen Fall sehr unbillig sein. Die Zulassung von Abweichungen halte ich daher für erforderlich.

Dr. Kuhnt: Richtlinien sollen Anhaltspunkte abgeben, nicht eine starre Handhabung.

Dr. Frhr. v. Hodenberg: Richtlinien, die in jedem Einzelfalle außer Anwendung bleiben können, sind bedenklich.

Dr. Koch: Ursprünglich war geplant, dass die Länder der Brit. Zone jedes für sich Richtlinien für die Verleihung des Notariats aufstellen. Jetzt bestehe aber der Wunsch der Länder, dass durch das ZJA eine Koordinierung der Richtlinien erfolgt. Es liegt der Entwurf von Nordrhein-Westfalen vor. Nach diesem soll nach einer Wartezeit von 15 Jahren die Ernennung unbedingt erfolgen. Daneben soll in besonderen Ausnahmefällen eine Verleihung auch ohne diese Wartezeit vorbehalten bleiben. Richtig erscheint es mir, vom Bedürfnis auszugehen und für die Bedürfnisfrage objektive Maßstäbe festzulegen, die dann nicht bloß Richtlinien sein, sondern starr innegehalten werden müssten.

Ich würde eine Wartezeit von 15 Jahren für richtig halten, aber der Meinung sein, dass trotz dieser Wartezeit eine Ernennung dann nicht erfolgen dürfte, wenn eine bestimmte Zahl von Nummern nicht erreicht wird. Vor einer Wartezeit von 15 Jahren müsste eine Ernennung erfolgen, wenn ein dringendes Bedürfnis besteht, das ich ebenfalls bei mehr als 350 Nummern bejahen würde.

Ergebnis der Abstimmung:

a) 15jährige Wartezeit, jedoch frühere Ernennung, falls Bedürfnis besteht, und Versagung der Ernennung, wenn eine Mindestzahl von Nummern nicht erreicht wird?: Keine Bedenken.

b) Soll, wenn Bedürfnis bejaht wird, immer der RA mit der längsten Wartezeit, falls er überhaupt geeignet ist, zum Zuge kommen?: Allgemeine Meinung.

c) Besondere Anlaufzeit am Orte von mindestens drei Jahren auch für Flüchtlinge?: sechs dafür, eine Stimme dagegen.

d) Soll auch bei früheren Beamten grundsätzlich eine Wartezeit von drei Jahren Platz greifen?: Fünf Stimmen dafür, eine Stimme dagegen. Soll auf die Wartezeit die frühere Beamtenzeit angerechnet werden können, wenn diese im Einzelfall als geeignete Grundlage für die Ausübung des Notariat, z.B. bei früheren Richtern der ordentlichen Gerichte anzusehen ist?: Vier Stimmen dafür, eine dagegen.

Punkt d) des Nachtrags zur TO: Grundsätze für die Zulassung von Rechtsanwälten.

Dr. Kuhnt: Wenn der numerus clausus aufgehoben und freie Advokatur eingeführt wird, womit nach den heutigen Ausführungen von Dr. Ruscheweyh im Rahmen seines Vortrages über den Stand der Arbeiten im Parlamentarischen Rat als Möglichkeit immerhin gerechnet werden muss, dann ist diese Frage vollkommen gegenstandslos. Wir können aber nur wünschen, dass im Interesse der Rechtspflege es beim numerus clausus verbleibt. In Schleswig-Holstein würden bei freier Advokatur den bisherigen 430 Rechtsanwälten noch 700 weitere Rechtsanwälte in die Erscheinung treten; dabei sind bereits jetzt *35 %* über der Friedenszahl zugelassen.

Wie sollen nun unter der Herrschaft des numerus clausus die Gesuche um Zulassung behandelt werden, von Einheimischen, Flüchtlingen und früheren Beamten und Nachwuchsbewerbern? Für geeigneten Nachwuchs müssen unter allen Umständen Stellen offen gehalten werden. In Schleswig-Holstein hat man bisher jährlich 20 Anwaltsassessoren zugelassen. Zulassungsgesuche von Berufsfremden müssen grundsätzlich abgelehnt werden. Einheimische und Flüchtlingsbewerber müssen grundsätzlich einander gleichstehen. Es besteht aber die Neigung, Einheimische zu bevorzugen mit der Begründung, sie seien mit Land und Leuten vertraut und, wenn der Osten auch nur teilweise wieder sich für die Deutschen öffne, die Flüchtlinge sich alsbald nach dort begeben würden. Es erscheint mir nicht zweckmäßig, diese Frage durch Richtlinien zu regeln. Tüchtigkeit und Persönlichkeit des Bewerbers müssen entscheidend sein.

Der Auffassung von Dr. Kuhnt wurde allgemein zugestimmt.

Punkt e) des Nachtrags zur TO: Grundsätze für die Zulassung von Rechtsbeiständen.

Dr. Kuhnt: Hauptsächlich von früheren Bürovorstehern oder von früheren Rechtsanwälten und Beamten kommen laufend Gesuche um Zulassung als Rechtsbeistand. Nach der bekannten Anweisung der MR dürfen Zulassungen nur da erfolgen, wo Anwälte nicht genügend zur Verfügung stehen und auch keine geeigneten Anwaltsbewerber in die Erscheinung getreten sind. M.E. ist den Gesuchen zum Zulassung als Rechtsbeistand gegenüber Zurückhaltung zu üben.

Dr. Frhr. v. Hodenberg: Die Handhabung in den einzelnen LG-Bezirken des OLG Celle ist je nach der historischen Entwicklung nicht einheitlich. Im Übrigen ist die Gefahr aufgetreten, dass ein LG-Präs. Volljuristen als Rechtsbeistände zulassen wollte. Es erhebt sich die Frage, ob im Wege der Dienstaufsicht hier eingegriffen werden kann. Ich bin der Auffassung, dass dies aufgrund von §§ 11, 12 der I. AusfVO zum Gesetz zur Verhütung von Missbräuchen auf dem Gebiete der Rechtsberatung vom 13.12.1935 nicht zulässig ist.

Dr. Heusinger: Solange der Erlass der MR besteht, gibt dieser eine Handhabe zum Eingreifen. Sollte dieser entfallen, so besteht für die OLG-Präs. gegenüber den LG-Präs. kein Anweisungsrecht.

Ergebnis der Erörterungen: Es besteht Übereinstimmung darüber, dass gegenüber Gesuchen auf Zulassung als Rechtsbeistand Zurückhaltung zu üben ist.

Aus Anlass der Frage, ob gegen eine Verweigerung der Zulassung aufgrund der VO Nr. 165 der MR die Klage im Verwaltungsstreitverfahren zulässig sei, machte Dr. Koch davon Mitteilung, dass nunmehr vom ZJA ein neuer *VO-Entwurf* aufgestellt sei, um *für Klagen gegen Akte der Justizverwaltung* statt der Verwaltungsgerichte eine Zuständigkeit von besonderen Gerichten der Justiz zu schaffen.

Punkt 6 der TO: Übernahme von Rechtskandidaten in den Vorbereitungsdienst.

Dr. Heusinger: Im Zusammenhang mit diesem Punkt der TO werden auch die Punkte a, b und c des Nachtrags zu behandeln sein.

Dr. Kuhnt: Mir erscheint eine grundsätzliche Erörterung des ganzen Problems erwünscht. Zurzeit ist es so, dass der Rechtsstudent sich durch das Studium durchhungert, während seiner Referendarzeit Unterhaltszuschüsse bekommt, nach bestandenem Examen dann aber ohne Unterhaltszuschuss und im Allgemeinen auch ohne jede Erwerbsmöglichkeit in einem juristischen Beruf dasteht. Die Justiz selbst ist nicht mehr weiter aufnahmefähig, auch bei der Post und der Eisenbahn ist eine Unterbringung nicht möglich, ebenso auch nicht in der Anwaltschaft. Die Assessoren stehen sich also durchweg nach bestandenem Examen schlechter als vor dem Examen. Besonders bedauerlich ist das für Verheiratete. Bei den nicht in ihrem Fach beschäftigten Assessoren besteht die Gefahr, dass sie in das Fahrwasser des politischen Radikalismus geraten. Aus dieser Lage glaube ich den Schluss ziehen zu müssen, dem LandesJMin. in Schleswig-Holstein vorzuschlagen, das juristische Studium für drei Jahre überhaupt zu schließen. Eine andere Lösung wäre noch der numerus clausus für Referendare. Wie aber soll dann beim numerus clausus die Zulassung zum Referendariat erfolgen? Nach dem Alter oder nach dem Prädikat?

Alle diese Erwägungen zwingen m.E. zu einer grundsätzlichen Erörterung des ganzen Problems.

Dr. Frhr. v. Hodenberg: Die Frage der Zulassung zum Studium kann heute nicht weiter erörtert werden. Diese Frage erfordert ein eingehendes Spezialreferat. Auch die Hochschulen müssten gehört werden.

Sommerfeld: Für die Universität Hamburg hat die MR eine bestimmte Zahl von Rechtsstudenten festgesetzt. Die juristische Fakultät in Hamburg beabsichtigt, durch Zwischenprüfungen die weniger geeigneten Rechtsstudenten auszumerzen. Ich bin ebenfalls der Auffassung, dass dieses Thema heute nicht weiter erörtert werden kann.

Was die Frage der Anzahl der Referendare in Hamburg anbelangt, so betrug sie vor einiger Zeit 370. Sie ist damals auf höchstens 450 beschränkt worden. Diese Zahl ist mit jetzt 430 schon bald erreicht. Danach wird dann erst ein Referendar ausscheiden müssen, bevor ein neuer zugelassen werden kann. Dabei wird die Hochflut der Referendare erst kommen. Im März werden 230 Rechtsstudenten ihr

Studium beenden und sich zum Referendarexamen in Hamburg melden. In einem Jahr wird die Lage so sein, dass ein Referendar nach seinem Examen ein Jahr warten muss, bevor er zugelassen werden kann. Es ist beabsichtigt, die Auswahl dann so zu treffen, dass der zuerst zugelassen wird, der am meisten Zeit verloren hat.

Fast alle Referendare in Hamburg haben bisher Unterhaltszuschuss bekommen. Auch besser gestellte Referendare haben ein Taschengeld von 50 DM erhalten. Für die Gewährung von Unterhalt ist nunmehr aber die Anzahl vom Dezember 1948 maßgebend, danach dürfen nur mehr 370 Referendare Unterhaltszuschuss bekommen. Wir werden wahrscheinlich dazu übergehen, den so in seiner Gesamtsumme bemessenen Unterhaltszuschuss einigen ganz zu entziehen oder ihn nur teilweise zu bewilligen, damit möglichst viele am Unterhaltszuschuss beteiligt werden können. Referendaren mit schlechten Leistungen werden wir in Zukunft den Unterhalt entziehen müssen, um sie zum Ausscheiden zu zwingen. Nicht in allen Fällen wird man aber die Zeugnisse über die Leistungen allein den Ausschlag geben lassen dürfen.

Dr. Heusinger: Gegen eine Einführung des numerus clausus für Referendare habe ich die schwersten Bedenken. Es ist außerordentlich schwierig, für die Zukunft eine irgendwie zuverlässige Prognose zu stellen. Augenblicklich haben wir eine außerordentliche Stauungserscheinung. Wie das aber nach einigen Jahren sein wird, kann man jetzt nicht übersehen. Ein Ausscheiden aus der juristischen Laufbahn nach abgeschlossenem Studium ist außerordentlich hart. Es müssen m.E. alle denkbaren Mittel ergriffen werden, um eine Fortsetzung der Berufsausbildung zu ermöglichen. Ob man allen Referendaren Unterhaltszuschüsse gewähren kann, wäre eine spätere Frage.

Schmidt-Ranke: Ich kann mich der Auffassung von Dr. Heusinger überall nur anschließen. Ich halte es für bedenklich, dass heute unter den anormalen Verhältnissen Beschlüsse für die Zukunft gefasst werden. Da die Unterhaltszuschüsse beschränkt sind und wir nur den besten Referendaren Unterhalt gewähren können, wird damit schon ein Ausscheiden der schlechteren weitgehend erreicht.

Dr. Schröder (Celle): Im Bezirk des OLG Celle hat sich die Gesamtzahl der Referendare im letzten Jahr um 50 % erhöht. Im Herbst wird wohl die Zahl von 600 Referendaren überschritten werden. Davon können bestenfalls 200–250 in einem volljuristischen Beruf aufgenommen werden. Mit dem Abstoppen des Nachwuchses muss schon möglichst früh begonnen werden.

Dr. Frhr. v. Hodenberg: Gegen den numerus clausus für Referendare habe ich Bedenken. M.E. wird das ganze Problem zu sehr bezirksmäßig gesehen. Es müsste ein Ausgleich auf breiterer Grundlage ins Auge gefasst werden, der auch auf die Flüchtlinge sich erstrecken müsste.

Dr. Korintenberg: Im Bezirk des OLG Köln ist der Anteil der Flüchtlingsrichter allerdings geringer als in den westlichen Bezirken der Brit. Zone. Im Bezirk das OLG Köln sind aber mehr Richter ohne Planstellen als in der gesamten Brit. Zone. Das hat darin seinen Grund, dass hier bei Kriegsausbruch und auch während des Krieges sehr viele Referendare das Notexamen als Assessoren gemacht haben und zu Richtern ernannt sind. Diese Richter leisten zum Teil weniger als Referendare,

20 von ihnen habe ich aus jeder Tätigkeit herausziehen müssen und lasse sie nun durch besonders gute Richter schulen. Wenn von solchen Richtern mir die übrigen Bezirke den einen oder anderen abnehmen, bin ich jederzeit bereit, von dort einen Flüchtlingsrichter in den Bezirk des OLG Köln zu übernehmen.

Dr. Wiefels: Unter dem von Dr. Korintenberg geschilderten Zustand leiden auch alle anderen Bezirke. Es handelt sich dabei um Kriegsernennungen von Richtern. Diese Richter wurden gleichmäßig auf das ganze Reich verteilt, ohne dass ihnen eine Planstelle zugewiesen wurde.

Dr. Korintenberg: Infolge des Vorhandenseins von zwei Universitäten im Bezirk des OLG Köln haben viele Ostflüchtlinge hier ihr Studium aufgenommen. Wenn sie bei uns ein Zimmer gefunden haben, bleiben sie in unserem Bezirk, der ihnen dann zur neuen Heimat wird. Daraus ergibt sich ein starker Andrang zum Referendariat usw. Zurzeit haben wir bereits 15 geprüfte Rechtskandidaten, die nicht ernannt werden können, weil für sie keine Ausbildungsmöglichkeit in der Justiz besteht. Was Hamburg erst in Kürze zu befürchten hat, haben wir also in Köln bereits. Die Zahl der Referendare beträgt zurzeit 356. Die Ausbildungsmöglichkeiten im Bezirk des OLG Köln sind dadurch besonders beengt, dass das LG Aachen wegen der dortigen umfangreichen Kriegszerstörungen nur sehr wenige Referendare (8) zur Ausbildung nehmen kann. Da sich die Ausbildung hiernach auf die LG Köln und Bonn konzentriert, sind dort Kammern und Richter mit auszubildenden Referendaren bereits überlastet.

Die Zahl der Rechtsstudenten der 5. und 6. Semester der beiden Universitäten Bonn und Köln beträgt 652. Die Wurzel des Übels liegt darin, dass nicht vor Beginn des Studiums die Befähigung für den juristischen Beruf geprüft wird. Es erfolgt nicht die geringste Auslese; auch die Auslese im Referendarexamen ist sehr gering. Im Durchschnitt fallen nicht einmal 4 % der Kandidaten durch. Im Bezirk des OLG Köln sind wir dazu übergegangen, bereits im letzten Ausbildungsabschnitt den Referendaren zu empfehlen, auszuscheiden und sich um eine Stellung in der Verwaltung zu bemühen. Es muss aber erreicht werden, dass auch die Fakultäten die Zahl der Rechtsstudenten den praktischen Bedürfnissen anpassen. Das ist umso mehr erforderlich, als nach meiner Ansicht der numerus clausus für die Rechtsanwälte aufgehoben und freie Advokatur kommen wird. Es muss daher rechtzeitig abgestoppt werden, damit aus diesem Rechtszustand sich nicht untragbare Folgen für die Justiz ergeben.

Dr. Heusinger: Die Gesamtzahl der Richter und StA könnte einen sehr wertvollen Ausgangspunkt für die Bemessung des juristischen Nachwuchses für die gesamte Brit. Zone abgeben. Schlägt man zu der Zahl der vorhandenen Richter und StA noch etwa 20 % hinzu, dann wäre wohl die Höchstzahl erreicht. Durch weiteren Ausbau der Arbeitsgemeinschaften könnte man bei einzelnen LG noch die Ausbildungsmöglichkeiten erweitern.

Dr. Kuhnt: Wir werden eingreifen müssen trotz aller Härten, auf die von den verschiedensten Seiten hingewiesen worden ist. Wir werden zweckmäßig wohl die weitere Erörterung für unsere nächste Tagung zurückstellen. Erwünscht erscheint es auch mir, dass für diese Aussprache ein Referent bestellt wird, dem die Zahlen aus den einzelnen OLG-Bezirken zugängig gemacht werden.

Dr. Frhr. v. Hodenberg: Auch die Semesterzahlen von den einzelnen Hochschulen müssen dem Referenten zugängig gemacht werden.

Einstimmig wird beschlossen: Dr. Korintenberg möge dieses Referat übernehmen, wozu dieser sich bereit erklärt.

Damit werden die Punkte 7 und c des Nachtrags zur TO als erledigt angesehen.

Punkt a) des Nachtrags zur TO: Ausbildung von Gastreferendaren anderer Länder mit anders gearteten Ausbildungsordnungen.

Dr. Frhr. v. Hodenberg berichtet gemäß Schreiben Celle vom 19.1.1949.

Dr. Wiefels und *Baerns:* Wir haben in unseren Bezirken die Ausbildung nach den in der Heimat der Referendare geltenden Bestimmungen geordnet. Schwierigkeiten haben sich dabei nicht ergeben.

Punkt 6 der TO: Übernahme von Rechtskandidaten in den Vorbereitungsdienst.

Dr. Heusinger berichtet gemäß Schreiben Braunschweig vom 14.12.1948. Er weist vor allem darauf hin, dass in Bayern nicht bayerische Staatsangehörige, z.B. aus dem Sudetenland, das Referendarexamen wohl ablegen könnten, in Bayern aber nicht zur Ausbildung zugelassen würden. Die Zulassung zur Ausbildung werde davon abhängig gemacht, dass der Referendar anderswo ernannt werde.

Dr. Kuhnt: Wenn in Bayern das Referendarexamen abgenommen worden ist, muss dieses Land auch den Betreffenden als Referendar behalten.

Dr. Koch erklärt sich bereit, diese Angelegenheit gelegentlich im Justizkollegium zur Sprache zu bringen.

Punkt b) des Nachtrags zur TO: Übernahme von Berliner Referendaren, die an der Ableistung des Ausbildungsabschnitts bei dem im Ostsektor gelegenen KG aus politischen Gründen verhindert sind.

Dr. Frhr. v. Hodenberg berichtet gemäß Schreiben Celle vom 19.1.1949

Baerns und *Sommerfeld:* In unseren Bezirken haben wir einige dieser Referendare bereits endgültig übernommen. Jetzt ist das aber nicht mehr möglich.

Dr. Wiefels: Im Bezirk Hamm haben wir auch bereits einige Referendare dieser Art übernommen. Die Möglichkeit zur weiteren Aufnahme ist noch nicht ganz erschöpft. Ich bin daher bereit, einstweilen noch weiteren Gesuchen stattzugeben.

Schmidt-Ranke: Wir haben bereits einige solcher Referendare im Bezirk Oldenburg ausgebildet.

Punkt 8 der TO: Aufwandsentschädigung der Referendararbeitsgemeinschaftsleiter.

Dr. Kuhnt berichtet gemäß Schreiben Schleswig v. 14.12.1948. Der Finanzminister hat die Zahlung solcher Aufwandsentschädigungen gestoppt. Ich halte die Zahlung von Aufwandsentschädigungen aber für durchaus berechtigt wegen der besonderen Aufwendungen, die für Richter als Leiter von Referendararbeitsgemeinschaften zur Anschaffung von Büchern usw. erforderlich sind. Die Folge der Maßnahme des Finanzministers ist, dass gerade die tüchtigsten Arbeitsgemeinschaftsleiter nunmehr ihr Amt niedergelegt haben.

Die *Erklärungen der einzelnen Bezirke hierzu* ergeben, dass in den OLG-Bezirken Celle, Hamburg, Düsseldorf, Köln und Bremen Aufwandsentschädigungen gezahlt werden, in Hamm, Braunschweig und Oldenburg dagegen nicht.

Punkt 9 der TO: Ausbildung der Referendare in der Verwaltung.

Dr. Frhr. v. Hodenberg berichtet gemäß Schreiben Celle vom 2.12.1948 und fügt noch hinzu: Eine zu starke Aufteilung der Verwaltungsstation muss verhindert werden. Im Bezirk Celle ist die Frage aufgetaucht, ob dem Wunsch der Industrie- und Handelskammer in Hannover nach Ausbildung von Referendaren stattgegeben werden soll. Es können Bedenken bestehen, diesem Wunsch stattzugeben, weil die Ausbildung dort etwas einseitig und zu wenig Stoff für den verwaltungsrechtlichen Teil des Assessorexamens vermittelt.

Dr. Kuhnt: Ich habe mich mit Prof. Dr. Jellinek in Heidelberg in Verbindung gesetzt, der eine Zersplitterung der Ausbildung in der Verwaltung ebenfalls für sehr nachteilig hält. Der von mir weiter befragte Präsident des Landesverwaltungsgerichts Schleswig-Holstein hält eine Beschäftigung beim Landesverwaltungsgericht auch nicht für zweckmäßig, weil der auf diese Weise vermittelte Stoff aus dem öffentlichen Recht der erforderlichen breiten Grundlage entbehre.

Dr. Koch: Sechs Monate Vorbereitungsdienst in der Verwaltung sind an sich zu kurz. Vom ZJA aus wollten wir diesen Ausbildungsabschnitt mit zehn Monaten bemessen. Das hätte aber zur Folge gehabt, dass der gesamte Vorbereitungsdienst auf dreieinhalb Jahre hätte verlängert werden müssen. Dagegen sprachen sich die Jmin. aus sozialen Gründen aus. Wir haben uns deswegen mit sechs Monaten Vorbereitungsdienst in der Verwaltung einverstanden erklärt. Ich bin der Auffassung, dass die sechs Monate grundsätzlich nur an *einer* Verwaltungsstation abgeleistet werden dürften. Als Referendar bin ich in Oldenburg seinerzeit auch in der Verwaltung ausgebildet worden. In Oldenburg war es damals üblich, den Referendar nur dem Landratsamt zu überweisen. Nur tüchtige Referendare überwies man auch städtischen Verwaltungen.

Dr. Wiefels: Früher suchten sich die Referendare die Ausbildungsstelle in der Verwaltung aus. Es erfolgte dann die Zuweisung durch die Justiz nach dort.

Dr. Koch: Es erscheint mir erwünscht, dass nach Möglichkeit auf jede Anregung seitens der Verwaltung eingegangen wird. Ebenso erscheint es mir auch erwünscht, dass etwaigen Wünschen von Verwaltungsgerichten auf Abhaltung der Sitzungen in Gebäuden der Justiz stattgegeben wird und auch für die Verwaltungsgerichte geeignete Richter zur Verfügung gestellt werden.

Dr. Wiefels: Früher erfolgte eine weitgehende Ausbildung der Referendare innerhalb der Arbeitsgemeinschaft durch Kräfte, die der RegPräs. dafür benannte.

Sommerfeld: Bei uns hält ein Hochschullehrer des öffentlichen Rechts, der zugleich Hilfsrichter ist, für Referendare Kurse im öffentlichen Recht ab. Da es sich dabei um 100 und mehr Referendare handelt, hat schon eine Teilung vorgenommen werden müssen. Auch die Rechtsanwälte veranstalten Kurse im öffentlichen Recht.

Punkt 10 der TO: Zulassung der Geschäftsführer von Landwirtschaftsverbänden als Vertreter der Verbandsmitglieder in Angelegenheiten nach der LVO.

Dr. Korintenberg berichtet gemäß Schreiben Köln vom 27.11.1984 und weist dabei insbesondere auf die gegenüber dem früheren Rechtszustand außerordentlich erweiterten Befugnisse der Landwirtschaftsgerichte hin.

Missstände ergeben sich daraus, dass die Landwirtschaftsgerichte in der Regel die landwirtschaftlichen Verbände gutachtlich hören und diese Verbände bald dieses, bald jenes Mitglied vertreten. Eine Regelung entsprechend dem früheren § 14 der ErbhofverfahrensO, wäre daher durchaus in Erwägung zu ziehen.

Baerns: Im Bezirk Düsseldorf sind bisher keinerlei Missstände hervorgetreten. Gutachtliche Äußerungen werden nicht von den Verbänden, sondern von den Landwirtschaftskammern eingeholt. Nachdem die LVO erst ein Jahr in Kraft ist, erscheint es mir jetzt nicht zweckmäßig, Verbote gegen die Vertreter von landwirtschaftlichen Verbänden anzuregen.

Dr. Frhr. v. Hodenberg: Grundsätzlich teile ich die Bedenken von Dr. Korintenberg. Ich bin aber der Meinung, dass der Versuch, die Vertreter von landwirtschaftlichen Verbänden von der Vertretung in Gerichtsverhandlungen nach der LVO auszuschließen, vergeblich sein würde. In gleicher Weise müsste man dann auch den Vertretern anderer Verbände das Auftreten versagen. Mir würde es daher eher zusagen, dass den Gerichten empfohlen wird, von Vertretern des Landvolks gutachtliche Äußerungen nicht einzuholen.

Punkt 11 der TO: Änderung der Vorschriften über die Einlegung der Berufung in bürgerlichen Rechtsstreitigkeiten.

Johannsen berichtet gemäß Schreiben Schleswig v. 11.1.1949. Nach Äußerungen von *Weitzel* und *Dr. Heusinger* ergab sich *Übereinstimmung* darüber, dass *keinerlei Anregungen zu gesetzlichen Maßnahmen* zu machen sind.

Punkt 12 der TO: Unfähigkeit zum Amt eines Schöffen (Änderung des § 32 GVG).

Dr. Frhr. v. Hodenberg berichtet gemäß Schreiben Celle vom 12.1.1949 unter Berücksichtigung des Schreibens Braunschweig vom 20.1.1949.

Dr. Koch: Entsprechend dem Schreiben Braunschweig vom 20.1.1949 habe auch ich Bedenken gegen die angeregte Gesetzesänderung. Die Rechtseinheit würde weiter zerfallen und die Zahl der Revisionsgründe erweitert. Es muss Sache des Ausschusses sein, nicht bestrafte Personen für das Schöffen- und Geschworenenamt auszuwählen.

Nachdem *Dr. Frhr. v. Hodenberg* darauf hingewiesen hatte, dass der Ausschuss auf die bereits bestehende Jahresliste keinerlei Einfluss mehr habe und die Entfernung eines Schöffen oder Geschworenen von der Jahresliste nur durch eine weitere gesetzliche Bestimmung erreicht werden könne, und nachdem *Weitzel* noch auf die Regelung in § 6 Abs. 3 und § 9 Abs. 1 LVO hingewiesen hatte, wurde die Angelegenheit mit der Erklärung von *Dr. Koch,* dass das ZJA die Angelegenheit weiter prüfen werde, als erledigt angesehen.

Punkt f) des Nachtrags zur TO: Wiedereinstellung entnazifizierter Richter.

Dr. Frhr. v. Hodenberg berichtet gemäß Schreiben Celle vom 19.1.1949. Es handelt sich für mich heute nur darum, zu erfahren, wie in anderen Bezirken der Ausgleich zwischen den Interessen der eingesetzten Flüchtlingsrichter und den bisher nicht wieder eingesetzten Planrichtern gefunden wird.

Dr. Kuhnt: Wenn ein Planrichter nicht entlassen war, hat er Anspruch auf seine Planstelle, soweit nicht von der VO vom 4.1.1949 Gebrauch gemacht wird. War der Planrichter entlassen, so ist es eine Frage der Gerechtigkeit, wem die Planstelle im Widerstreit der Interessen überlassen werden soll. Diese Frage kann nur von Fall zu Fall entscheiden werden.

Dr. Wiefels: Im Bezirk des OLG Hamm werden die nicht entlassenen Richter entweder in ihrer Planstelle oder als beauftragte Richter untergebracht. Die Geschäfte bei den Gerichten sind so angestiegen, dass ich bisher mit verhältnismäßig wenigen Kündigungen (etwa 14) ausgekommen bin. Richtern, die entlassen und nunmehr in Gruppe IV eingestuft worden sind, wird im Allgemeinen mitgeteilt, dass sie vorläufig nicht beschäftigt werden können.

Wenn gekündigt werden muss, wird denen gekündigt, die sich nicht bewährt haben. In einigen Fällen ist aber auch solchen gekündigt worden, die wirtschaftlich auf eine richterliche Tätigkeit nicht angewiesen waren. Den Widerruf spreche ich aus, nicht der Minister.

Baerns und *Schmidt-Ranke:* In unseren Bezirken haben wir bisher keine Entlassungen vorzunehmen brauchen.

Punkt g) des Nachtrags zur TO: Pensenschlüssel für AG.

Dr. Heusinger berichtet gemäß Schreiben Braunschweig vom 12.1.1949.

In allen Einzelheiten wird das Problem heute nicht erörtert werden können. Es wird sich heute um die grundsätzliche Frage handeln, ob auch in anderen Bezirken das Bedürfnis nach Anpassung des Pensenschlüssels an die jetzigen Verhältnisse hervorgetreten ist.

Baerns und *Dr. Wiefels* weisen darauf hin, dass in ihren Bezirken wegen der dort bestehenden Notstände noch besondere Zuschläge zum Pensenschlüssel gemacht wurden.

Dr. Kuhnt: Der im Lande Schleswig-Holstein geltende Pensenschlüssel ist mir nicht bekannt.

Dr. Frhr. v. Hodenberg: Bei den LG ist der Pensenschlüssel wegen der Strafsachen ungünstig; das ist bisher aber durch die zahlreichen Ehesachen etwas ausgeglichen. Der Abzug von 25 % bei den AG müsste, wie Dr. Heusinger bereits vorgeschlagen hat, entfallen.

Die weitere Erörterung dieser Angelegenheit führt zu dem *Ergebnis,* dass *Dr. Korintenberg im Bezirk des OLG Köln einen Ausschuss zur Überprüfung der bestehenden Pensenschlüssel* bilden wird. Das Ergebnis dieser Arbeiten soll dann allen Bezirken zur weiteren Bearbeitung zugehen. Es bleibt vorbehalten, später einen gemeinsamen Vorschlag für die Landesjustizverwaltungen auszuarbeiten.

Unter Punkt 13 der TO: „Verschiedenes" wurde u.a. von Dr. Heusinger zur VO Nr. 174 der MR (Art. I, 1 daselbst) die Frage erörtert, an welche Dienststelle der MR und auf welchem Wege die hiernach in Betracht kommende Überweisung vom AG, LG und OLG zu erfolgen habe.

Baerns und *Dr. Wiefels* weisen darauf hin, dass die deutsche Übersetzung der VO Nr. 174 in diesem Punkte nicht richtig sei, wenn von Überweisung gesprochen werde, und dass bei Zugrundelegung des englischen Textes sich keine Schwierigkeiten ergäben.

Die Tagung wurde vom Vorsitzenden um 18.30 Uhr geschlossen, nachdem die *nächste Tagung* für die Woche vom 3.–9. April in Aussicht genommen war. Als Tagungsort ist wieder Damme vorgesehen.

Celle, den 29.1.1949, gez. Dr. Tasche

XX. Niederschrift über die Zusammenkunft der OLG-Präs. der Britischen Zone in Hamm am 14.6.1949

Anwesende:
OLG-Präs. Dr. Kuhnt (OLG Schleswig-Holstein) als Vorsitzender
OLG Braunschweig: OLG-Präs. Dr. Heusinger, b. Richter Dr. Schröder
OLG Celle: OLG-Präs. Dr. Frhr. v. Hodenberg, OLG-Rat Dr. Tasche (Protokoll)
OLG Düsseldorf: Senatspräs. Sträter, Senatspräs. Dr. Hoberg
OLG Hamburg: Vizepräs. Sommerfeld, OLG-Rat Dr. Priess
OLG Hamm: OLG-Präs. Dr. Wiefels, OLG-Rat Dr. Gerstberger
OLG Schleswig-Holstein: (OLG-Präs. Dr. Kuhnt), OLG-Rat Johannsen
OLG Köln: Senatspräs. Decking, LG-Dir. Dr. Goertz
OLG Oldenburg: Vizepräs. Ries
Außerdem:
Vizepräs. Dr. Koch: ZJA Hamburg,
Präs. Dr. Ruscheweyh, Deutsches Obergericht für das Vereinigte Wirtschaftsgebiet in Köln

Dr. Kuhnt eröffnet kurz nach 9 Uhr die Sitzung und begrüßt die Erschienenen, vor allem als Gäste die Herren Vizepräs. Dr. Koch und Präs. Dr. Ruscheweyh.

Punkt 1 der TO: Frage des juristischen Nachwuchses.

Köln überreicht zwei für das Gebiet der Brit. Zone nach dem Stande von Mitte März 1949 angefertigte *Übersichten* (Referendare“ und „Studierende an den Rechts- und Staatswissenschaftlichen Fakultäten“; in der letzteren Übersicht ist versehentlich die Universität Kiel nicht mit aufgeführt).

Senatspräs. Decking erläutert diese Übersichten und kommt zu dem Ergebnis, dass für die nächsten zwei bis drei Jahre sich wahrscheinlich die Aussichten nicht verschlechtern, sondern eher verbessern würden und daher irgendwelche Maßnahmen nicht erforderlich seien.

Dr. Kuhnt: In Schleswig-Holstein sind die Aussichten für den juristischen Nachwuchs ganz besonders ungünstig. Überhaupt ist die Lage für die Juristen nach dem Assessorexamen noch schlechter als vorher. Für die Referendare besteht in Schleswig-Holstein bereits der numerus clausus. Auch bei den Hochschulen müsste er eingeführt werden. Die Neuzulassung von etwa 60 in jedem Semester könnte für die Universität Kiel in Erwägung gezogen werden. An der Medizinischen Fakultät der Universität Kiel werden in jedem Semester nur zehn Studierende neu zugelassen. Die Zahl von 60 erscheint daher für das juristische Studium noch zu hoch.

Dr. Frhr. v. Hodenberg: Gegen den numerus clausus habe ich die größten Bedenken. Die Bestimmungen über die Aufnahme bei den einzelnen Universitäten sind schon jetzt außerordentlich verschieden. Bei der einen Universität werden hauptsächlich oder in erster Linie Landeskinder aufgenommen, anderswo ist die Güte des Abiturientenexamens entscheidend, anderswo wieder gilt ein Punktsystem, wobei die Punkte nach der Examensnote der Landeskindereigenschaft, der Kriegsteilnehmerschaft, der Kriegsversehrtheit, der sozialen Stellung der Eltern usw. bemessen werden. Die jungen Leute reisen daher von der einen Universität zur anderen; an der einen werden sie genommen, an der anderen nicht. Wenn eine Universität den numerus clausus einführt, werden die Universitäten ohne numerus clausus den Vorteil davon haben und von dort die Juristen nach bestandenem Referendarexamen sich in die anderen OLG-Bezirke ergießen.

Dr. Kuhnt: In Schleswig-Holstein erfolgt die Ernennung zum Referendar nur, wenn das Examen dort abgelegt ist.

Sommerfeld: In Hamburg nehmen wir die Referendare ohne Rücksicht darauf, wo sie ihr Examen abgelegt haben.

Dr. Wiefels: Der OLG-Bezirk Hamm ist zurzeit noch aufnahmefähig. Ich erkläre mich daher zur Aufnahme von Flüchtlingen bereit, auch wenn diese anderswo ihr Examen bestanden haben, soweit und solange eine Aufnahmefähigkeit im OLG-Bezirk Hamm besteht.

Die augenblickliche Lage sehe ich in keiner Weise als katastrophal an. Sie ist nicht schlechter als früher schon einmal. Im Bezirk des OLG Hamm sind ordentliche Bewerber um den Richterberuf nach bestandenem Examen kaum da. Gegen den numerus clausus an den Hochschulen habe ich die größten Bedenken. Beim numerus clausus besteht die Gefahr, dass es bei der Zulassung mehr auf Fürsprache als auf Tüchtigkeit ankommt.

Dr. Frhr. v. Hodenberg: Die Examensnote ist nicht immer ein sicherer Prüfstein für die spätere Bewährung in der Praxis. Man kann auch nicht von vornherein die späteren Berufsaussichten des Einzelnen übersehen.

Dr. Heusinger: Ich bin ebenfalls gegen den numerus clausus. Den Geist kann man nicht bewirtschaften.

Das Ergebnis der Aussprache fasste *Dr. Kuhnt* dahin zusammen, dass keine Maßnahmen hinsichtlich der Zulassung des juristischen Nachwuchses angeregt oder ergriffen werden sollen.

Mit der Erörterung von Punkt 1 wurde *Punkt 2 der TO* (Stellung zu den Beschlüssen der Hochschullehrerkonferenz zur Ausgestaltung der ersten jur. Prüfung) als *erledigt* angesehen.

Punkt 3 der TO: Anerkennung freier Ehen rassisch und politisch Verfolgter.

Dr. Frhr. v. Hodenberg wirft zunächst die Frage auf, ob eine Erörterung dieser Gesetzgebungsangelegenheit nach Bildung der Bundesrepublik Deutschland z.Zt. angezeigt sei.

Dr. Koch: Eine Stellungnahme der Herren OLG-Präs. zu dieser Angelegenheit erscheint mir sehr erwünscht. Entweder wird ein entsprechender VO-Entwurf noch vom ZJA der MR vorgelegt, oder die Angelegenheit wird auf der

Dringlichkeitsliste für das Bundesjustizministerium stehen. Für die US-Zone soll in den dort erlassenen Gesetzen die Frist verlängert werden.

Dr. Frhr. v. Hodenberg: Ich bin gegen die vorgesehene gesetzliche Regelung. Meinen Standpunkt habe ich näher im Schreiben vom 3.2.1949 niedergelegt. Es erscheint mir nicht richtig, etwas nur deshalb zu akzeptieren, weil es bereits in einer anderen Zone bestimmt ist.

Sommerfeld: Entsprechend meinem Schreiben vom 22.2.1949 schließe ich mich dieser Auffassung an. Falls man sich zu einer gesetzlichen Regelung aber doch entschließt, dann müssten die Einschränkungen erfolgen, wie ich sie in meinem Schreiben empfohlen habe.

Dr. Heusinger: Im Interesse der Rechtseinheit im gesamten Gebiet des Bundes wird man das Gesetz aus der Amerik. Zone doch wohl für den Bereich der Brit. Zone übernehmen müssen. Ich würde daher alle an sich schwerwiegenden Bedenken im Interesse der Rechtseinheit zurückstellen.

Dr. Koch: Das ZJA hatte zunächst sich auf den Standpunkt gestellt, dass ein Bedürfnis für die gesetzliche Regelung nicht bestehe. Zunächst war auch nur ein einschlägiger Fall bekannt. Inzwischen sind etwa 30 Fälle gesammelt worden. Stellt man nicht die Rechtseinheit dar, so würden die in Betracht kommenden Personen durch Begründung eines Wohnsitzes in der Amerik. Zone oder auf anderem Wege versuchen, die in der Amerik. Zone getroffene Regelung für sich anwendbar zu machen. Man wird daher die Regelung in der Amerik. Zone in den Bereich der Brit. Zone übernehmen müssen.

Dr. Kuhnt: Es erscheint auch mir erwünscht, ausnahmsweise allein aus Rücksichten der Rechtseinheit die in der Amerik. Zone getroffene Regelung zu übernehmen.

Dr. Wiefels: Ich bin ebenfalls für Übernahme der gesetzlichen Regelung aus der Amerik. Zone, die mir übrigens auch sehr vernünftig erscheint.

Ergebnis der anschließenden Abstimmung: 5:3 Stimmen sprechen sich für Übernahme der gesetzlichen Regelung aus der Amerik. Zone aus.

Punkt 4 der TO: Allgemeines Dienstalter der richterlichen Beamten.

Dr. Heusinger berichtet gemäß Schreiben vom 6.4.1949.

Sommerfeld: In Hamburg hatten wir bereits im Jahre 1948 eine ähnliche Eingabe an die Justizverwaltung gerichtet; im Sept. 1948 ist uns darauf der Bescheid geworden, dass die Angelegenheit im Interesse vordringlicherer Arbeiten zurückgestellt sei.

Dr. Frhr. v. Hodenberg: Ich schließe mich der Auffassung Dr. Heusingers an. Außer den von ihm erwähnten Fällen wäre auch noch folgender Fall zu berücksichtigen: Ein Richter ist ursprünglich mit Rücksicht auf die Bedenken der MR herabgestuft worden, hernach aber durch die Entnazifizierung entlastet worden. Schwerer Belastete, die wegen ihrer Belastung sich zunächst zurückgehalten und erst später aufgrund ihrer Entnazifizierung in ihre alte Stelle wieder eingestuft worden sind, würden dem Ersteren gegenüber zu Unrecht einen Vorteil haben. In solchen Fällen müsste also der bisher Abgestufte demnächst sein früheres Dienstalter wiederbekommen.

Die Frage des Dienstalters ist für die Zusammensetzung des Präsidiums von Bedeutung, ebenso auch für den Vorsitz im Gericht und auch für die Frage der Besetzung des Gerichts (Reihenfolge des Eintritts bei Verhinderung eines Mitgliedes). Auch für die Betroffenen selbst ist diese Angelegenheit von unmittelbarer praktischer Bedeutung. Um eine einwandfreie Zusammensetzung der Präsidien und eine einwandfreie Besetzung der Gerichte sicherzustellen, ist die Regelung dieser Angelegenheit für die Justiz dringlich. Man wird daher nicht abwarten dürfen, dass diese Angelegenheit allgemein für alle Beamtenkategorien geregelt wird. Darüber würde zu viel Zeit vergehen.

Ergebnis der Erörterung: Die OLG-Präs. halten eine baldige Regelung für erwünscht und die Zuständigkeit des ZJA für gegeben, da es sich – jedenfalls weitgehend – um Fragen handelt, die Angelegenheiten des GVG berühren.

Punkt 5 der TO: Anhörung der Rechtsanwaltschaft bei der Anstellung und Beförderung von Richtern und StA.

Dr. Frhr. v. Hodenberg berichtet gemäß Schreiben vom 21.4.1949. Entsprechend den Ausführungen in diesem Schreiben halte ich eine Anhörung der Rechtsanwaltschaft für angezeigt, jedoch nicht auf dem von RA Ellinghaus gewünschten Wege.

Dr. Kuhnt: Ich schließe mich dieser Auffassung an. Eine schematische Befragung ist nicht zu empfehlen, wohl aber eine zuverlässige Fühlungnahme mit einem geeigneten Anwalt, und es im einzelnen Fall angezeigt ist. Bei der Anstellung und Beförderung von StA wird eine Anhörung der Rechtsanwaltschaft im Allgemeinen weniger angebracht sein, weil StA und Verteidiger zu oft im Gegensatz zueinander stehen und dieser Gegensatz auf die Beurteilung abfärben könnte.

Nach zustimmender Äußerung von Dr. Wiefels wird der Standpunkt von Dr. v. Hodenberg und Dr. Kuhnt *allgemein gebilligt.*

Punkt 6 der TO: Mitarbeit des Betriebsrats bei Ernennungen und Beförderungen usw. der Richter und Beamten des gehobenen Dienstes.

Sommerfeld berichtet gemäß Schreiben vom 25.3.1949. Auf mein Schreiben an die Gewerkschaft habe ich von dieser bisher keine Antwort erhalten. Es kann daher die Angelegenheit wohl als erledigt angesehen werden.

Der Standpunkt von Sommerfeld findet *allgemeine Zustimmung.*

Punkt 7 der TO: Löschung von Dienststrafeneintragungen in den Personalnachweisen der Beamten.

Dr. Kuhnt berichtet gemäß Schreiben vom 28.4.1949. Ich spreche mich gegen die Löschung aus, denn die Personalakten müssen ein möglichst vollständiges Bild der Persönlichkeit des Beamten liefern.

Dr. Frhr. v. Hodenberg: Ich schließe mich der Auffassung von Dr. Kuhnt an.

Sträter: Ich schließe mich ebenfalls an. Auf eine Anfrage an das Ministerium in Düsseldorf zur Klärung der Angelegenheit haben wir bisher noch keine Antwort erhalten.

Dr. Wiefels: Ich spreche mich für Wiedereinführung des alten Rechtszustandes aus und möchte die Anlegung eines neuen Personalblattes anregen.

Dr. Heusinger: Nach meiner Ansicht müssten Flüchtlingsbeamte wohl uneingeschränkt Auskunft geben. Sonst besteht die Gefahr, dass sie das Verschweigen einer Dienststrafe damit zu entschuldigen versuchen, sie hätten die Strafe für gelöscht gehalten.

Mit 7:1 wird die Auffassung von Dr. Kuhnt gebilligt.

Punkt 8 der TO: Teilnahme eines Vertreters der MR an der Beratung der Gerichte.

Sommerfeld berichtet gemäß Schreiben vom 6.5.1949. Ein weiterer Bescheid ist mir von der MR bisher nicht geworden, so dass ich die Angelegenheit als erledigt betrachte.

Dr. Kuhnt: Nach Art. VII Nr. 12 des Gesetzes Nr. 2 der MR hat die MR keinen Anspruch darauf, dass ein Vertreter von ihr an der Beratung teilnimmt.

Ries: Der Präs. des Verwaltungsgerichts in Oldenburg hat seinerzeit den Vertreter der MR an der Beratung teilnehmen lassen, nicht weil er den Standpunkt desselben für berechtigt hielt, sondern um Weiterungen zu vermeiden.

Ergebnis der Erörterung: Falls von einem Vertreter der MR bei den ordentlichen Gerichten das Verlangen auf Teilnahme an einer Beratung gestellt wird, ist ein solches Verlangen zurückzuweisen.

Dr. Wiefels: Von der MR ist mir mitgeteilt worden, dass die Teilnahme von Vertretern der MR, die nicht der Legal Branch angehören, nur aufgrund einer entsprechenden schriftlichen Bescheinigung der Legal Branch an nicht öffentlichen Verhandlungen zulässig ist.

Sommerfeld: Es ergibt sich noch die Frage, wo der Vertreter der MR bei einer Verhandlung Platz zu nehmen hat. Nach meiner Ansicht hat er nicht hinter dem Richtertisch, sondern unten im Verhandlungsraum Platz zu nehmen.

Dr. Wiefels: Ich bin derselben Auffassung, halte es aber auch für empfehlenswert, dass auch deutsche Aufsichtsbeamte, wenn sie an einer Verhandlung teilnehmen, ebenfalls unten im Verhandlungsraum ihren Platz haben.

Punkt 9 der TO: Offenlegung abweichender Stimmen bei gerichtlichen Entscheidungen.

Dr. Heusinger berichtet gemäß Schreiben vom 3.5.1949. Gegenüber der in der Bundesverfassung vorgesehenen Richteranklage gewinnt das Problem an Bedeutung. Solange die deutschen Gerichte den starken Schutz des angelsächsischen Contempt of Court nicht haben, erscheint mir für Deutschland eine Offenlegung abweichender Stimmen nicht empfehlenswert.

Dr. Kuhnt: Die Offenlegung eines abweichenden Votums stellt eine Durchbrechung des Beratungsgeheimnisses dar. Auf der Wahrung des Beratungsgeheimnisses beruht aber im Wesentlichen die Unabhängigkeit unserer Rechtsprechung. Man sollte hieran nur etwas ändern, wenn es eine Verbesserung bedeutete, das würde hier aber nicht der Fall sein.

Dr. Ruscheweyh: Ausdrücklich ist gesetzlich nicht festgelegt, dass Berufsrichter das Beratungsgeheimnis zu wahren haben. In der Verfahrensordnung für das Obergericht ist dies nunmehr ausdrücklich angeordnet. Im Augenblick ist die Autorität der deutschen Gerichte nicht so stark, dass die Bekanntgabe eines abweichenden Votums nach außen gestattet werden könnte. Eine ausdrückliche entsprechende gesetzliche Regelung wäre zu begrüßen. Die von Dr. Kuhnt aufgeworfene Frage, ob bei Richteranklage der einzelne Richter eines Kollegialgerichts seine Meinung, die er bei Erlass der Entscheidung vertreten hat, bekannt geben dürfe, möchte ich bejahen.

Dr. Frhr. v. Hodenberg: Ich habe gegen die Bekanntgabe einer abweichenden Meinung Bedenken. Wenn man hier einmal eine Ausnahme zulässt, kann man nicht übersehen, welche weiteren Folgen das nach sich zieht.

Sommerfeld: Im Strafverfahren halte ich die Bekanntgabe abweichender Meinungen für völlig unmöglich. Im Zivilprozess kann man die Frage vielleicht anders ansehen.

Dr. Koch: Das Für und Wider der heute erörterten Frage ist auch bei den Gesetzgebungsberatungen bei Schaffung des GVG eingehend erörtert worden. In den Materialien (Hahn) ist das nachzulesen. Lasker hat sich damals sehr für Offenlegung abweichender Stimmen ausgesprochen. Totalitäre Systeme werden leicht dazu neigen, das Geheimnis der Beratung anzutasten. In Hessen ist die Regelung getroffen, dass ein abweichendes Votum zu den Geheimakten gebracht werden kann; eine Veröffentlichung des abweichenden Votums kann aber nur mit Zustimmung des Präsidenten des Gerichts und des Verfassers des Votums erfolgen.

Mit dieser Erörterung wurde die *Angelegenheit* als *erledigt* angesehen.

Punkt 10 der TO: Vorsitz in den Kammern und Senaten.

Es bestand Übereinstimmung darüber, dass im Augenblick abzuwarten sei, ob der vom ZJA der MR eingereichte VO-Entwurf zur Verlängerung der Frist des 30.6.1949 genehmigt werde oder nicht. Es wurde dabei darauf hingewiesen, dass bei Nichtverlängerung der Frist das OLG Hamm 18 und das OLG Düsseldorf 19 dort zurzeit tätige Richter verlieren würde, vor allem werde es auch an Senatsvorsitzenden fehlen.

Punkt 11 der TO: Zeitweilige Zurückstellung bürgerlicher Rechtsstreitigkeiten.

Durch Erlass der VO vom 30.5.1949 erledigt.

Punkt 12 der TO: Amtsgerichtliche Zuständigkeitsgrenze.

Dr. Frhr. v. Hodenberg berichtet gem. Schreiben vom 1.4.1949 und erläutert dabei vor allem die dem Schreiben vom 1.6.1949 beigegebene Übersicht. Ich halte eine Herabsetzung der Zuständigkeitsgrenze von 2.000 auf 1.000 DM für erwünscht. Das war auch die fast einmütige Auffassung der LG-Präs. des OLG-Bezirks Celle, mit denen vor einigen Tagen diese Angelegenheit ebenfalls erörtert worden ist. Wenn man berücksichtigt, dass ein Teil der in die Stufe von 1.000–2.000 DM fallenden Prozesse, infolge Zuständigkeitsvereinbarung bei den AG verbleiben wird, würde eine Herabsetzung der Zuständigkeitsgrenze auf 1.000 DM für die ersten vier Monate des Jahres 1949 im Bezirk des OLG Celle zur Folge gehabt haben, dass schätzungsweise 750 Prozesse von den AG an die LG verlagert worden wären. Das wäre eine erwünschte Entlastung bei den AG und eine durchaus tragbare zusätzliche Belastung bei den LG bedeuten. Ein solcher Zuwachs bei den LG ist aus mehreren Gründen besonders erwünscht: Viele bedeutungsvolle Prozesse (z.B. um Beutefahrzeuge und wegen Beschlagnahme von Fahrzeugen nach dem RLG) würden nicht mehr letztinstanzlich von verschiedenen LG, sondern von den OLG entschieden und damit die Möglichkeit der Zulassung einer Revision an den Obersten Gerichtshof eröffnet. Durch das Anwachsen der O-Sachen würde das bisherige erdrückende Übergewicht der Ehescheidungssachen in den Zivilkammern der LG gemildert. Auch für die Ausbildung der Referendare würde sich eine größere Auswahl an geeigneten Prozessen bei den LG bieten.

Dr. Koch: Das ZJA wird sich mit der angeregten gesetzlichen Regelung wohl nicht mehr befassen.

Dr. Heusinger: Mit der angeregten gesetzlichen Bestimmung wird zweckmäßig auch eine Vereinheitlichung der Berufungssumme im bisherigen Gebiet der drei Westzonen anzustreben sein.

Einverständnis besteht darüber, dass eine Herabsetzung der Zuständigkeitsgrenze auf 1.000 DM und eine Vereinheitlichung der Berufungssumme anzustreben ist.

Punkt 13 der TO: Zwangsvollstreckung aus einstweiligen Anordnungen in Ehesachen.

Dr. Frhr. v. Hodenberg verweist auf sein Schreiben vom 1.4.1949.

Es besteht *Einverständnis* darüber, dass eine entsprechende gesetzliche Regelung erwünscht ist.

Punkt 14 der TO: Rechtsmittelbelehrung bei Justizverwaltungsakten.

Dr. Heusinger berichtet gemäß Schreiben vom 12.5.1949.

Dr. Wiefels: Mir ist bisher nicht der Gedanke gekommen, dass man Justizverwaltungsakte mit einer Rechtsmittelbelehrung zu versehen habe. Im Bezirk des OLG Hamm geschieht das bisher auch nicht.

Sommerfeld: In Hamburg ist Rechtsmittelbelehrung vorgeschrieben (Sommerfeld verlas die dort vorgeschriebene Formulierung).

Dr. Frhr. v. Hodenberg: Die Verpflichtung zur Rechtsmittelbelehrung wird man grundsätzlich anerkennen müssen. Auch im Interesse baldiger Rechtskraft ist eine Rechtsmittelbelehrung häufig erwünscht. Wir befinden uns aber in einer schwierigen Lage, weil nicht mit Sicherheit zu überwachen ist, in welchen Fällen demnächst die Verwaltungsgerichte das Verwaltungsstreitverfahren gegenüber Akten der Justizverwaltung für zulässig erklären werden. Die Justizverwaltungsakte könnten also nur mit einer Rechtsmittelbelehrung unter Vorbehalt versehen werden. Das ist höchst unerfreulich. Man könnte daran denken, die in Betracht kommenden gesetzlichen Bestimmungen auf einer Anlage dem Betroffenen mitzuteilen und auf diese zu verweisen.

Ries: In Oldenburg geben wir nur eine Rechtsmittelbelehrung, wenn jemand einen Anspruch zu haben behauptet und damit abgewiesen wird. Bisher haben wir nur einen Fall gehabt, in dem ein Einspruchsbescheid erforderlich geworden ist.

Punkt 15 der TO: § 58 RJGG.

Dr. Frhr. v. Hodenberg berichtet im Wesentlichen gemäß Schreiben vom 1.4.1949: Aufgrund erneuter Prüfung neige ich heute der Auffassung zu, dass die Mindeststrafe von drei Monaten Jugendgefängnis (§ 5 RJGG) als ein Verstoß gegen Nr. 8 a der Richteranweisung Nr. 1 anzusehen ist und daher die Möglichkeit besteht, geringere Jugendgefängnisstrafen als von drei Monaten zu verhängen. Gegen die Bestimmung in § 58 RJGG habe ich jedoch keine Bedenken, wie in meinem Schreiben vom 1.4.1949 bereits ausgeführt.

Dr. Wiefels: Kurzfristige Freiheitsstrafen sind für Jugendliche nicht angezeigt. Bei Schaffung des RJGG ist man davon ausgegangen, dass Jugendarrest bis zu einem Monat genüge und eine Jugendgefängnisstrafe von weniger als drei Monaten nicht in Betracht komme. Diese Regelung hat sich in der Praxis bewährt und im Bezirk des OLG Hamm bisher zu keinerlei Schwierigkeiten geführt. Das RJG ist übrigens auch kein Gesetz, das zwar während der Herrschaft des Nationalsozialismus erlassen, aber doch außerordentlich wenig von nationalsozialistischen Gedanken beeinflusst ist.

Dr. Heusinger weist darauf hin, dass in Württemberg-Baden die Dauer des Jugendarrestes auf zehn Wochen heraufgesetzt worden sei.

Ries: Der MinDirig. Dr. Gross im ZJA vertritt die Auffassung, dass weder die Bestimmung über die Mindeststrafe von Jugendgefängnis, noch die Bestimmung über den Mindestvollzug einer Gefängnisstrafe (§ 5 und § 58 RJGG) mit der Vorschrift der Nr. 8 a der Richteranweisung Nr. 1 im Widerspruch stehen. Ich bin ebenfalls dieser Auffassung.

Punkt 16 der TO: Mitwirkung des Staatsverwaltungsbeamten bei der Wahl der Schöffen und Geschworenen.

Dr. Frhr. v. Hodenberg berichtet gemäß Schreiben vom 23.5.1949.

Dr. Koch: Der Hauptfehler der jetzigen Regelung ist wohl der, dass der Landtag die Wahl des Staatsverwaltungsbeamten vorzunehmen hat. Ich neige der Auffassung zu, dass man als Staatsverwaltungsbeamte hier auch die Kommunalbeamten ansehen kann, die doch auch sonst Auftragsangelegenheiten des Staates zu erledigen haben. Bei der geplanten VO zur Wiedereinführung von Schöffen bei den Strafkammern werden die hier erörterten Fragen u.U. mit geregelt werden können.

Sträter und *Dr. Hoberg* weisen darauf hin, dass in Nordrhein-Westfalen Kommunalbeamte in die Ausschüsse zur Wahl der Schöffen und Geschworenen entsandt worden seien.

Mit dieser Erörterung wurde die *Angelegenheit* als *erledigt* angesehen.

Punkt 17 der TO: Amtssiegel der Notarverweser.

Dr. Frhr. v. Hodenberg schlägt vor, diesen Punkt abzusetzen. Dem Vorschlag wird zugestimmt.

Punkt 18 der TO: Verwaltungsrechtsräte.

Dr. Frhr. v. Hodenberg: Die in meinem Schreiben vom 23.5.1949 enthaltenen Anregungen möchte ich als durch den mir inzwischen bekanntgewordenen VO-Entwurf des ZJA erledigt ansehen.

Dr. Koch: Nach dem VO-Entwurf sollen bereits zugelassene Verwaltungsrechtsräte und auch Personen, die bis zum 1.4.1949 einen Antrag auf Zulassung als Verwaltungsrechtsrat gestellt haben, ohne weiteres in die Rechtsanwaltschaft übernommen werden. In Zukunft kann jemand, der die Prüfung für den höheren Verwaltungsdienst abgelegt hat, als Rechtsanwalt zugelassen werden, wenn er außerdem die Befähigung zum Verwaltungsrichter hat. Diese nach der VO vorgesehene Lösung war m.E. notwendig. Entschloss man sich nicht zu einer solchen Lösung, so bestand die Gefahr, dass mit Rücksicht auf die Lage der Verwaltungsrechtsräte die Rechtsanwälte von den Verwaltungsgerichten ausgeschlossen wurden. Nach der vorgesehenen gesetzlichen Regelung wird die Anwaltschaft jedoch das einigende Band zwischen ordentlichen und Verwaltungsgerichten darstellen, ein Ergebnis, das außerordentlich erwünscht ist.

Dr. Frhr. v. Hodenberg: Der vom ZJA beschrittene Weg scheint mir eine sehr erwünschte Lösung zu sein. Es erhebt sich noch die Frage, bei welchem ordentlichen Gericht die bisher bereits zugelassenen Verwaltungsrechtsräte zugelassen sein sollen. Können sie sich das Gericht wählen?

Dr. Koch bejaht diese letztere Frage.

Dr. Kuhnt weist noch darauf hin, dass im Laufe der Zeit für die als Rechtsanwälte zugelassenen bisherigen Verwaltungsrechtsräte die Frage der Verleihung des Notariats auftreten werde.

Mit dieser Erörterung wurde die *Angelegenheit* als *erledigt* angesehen.

Punkt 19 der TO: Gesetzliche Regelung der Vergütungsansprüche der Rechtsbeistände.

Dr. Heusinger berichtet gemäß Schreiben vom 21.3.1949. Seine Auffassung, dass ein besonderes Bedürfnis zu einer gesetzlichen Regelung nicht bestehe, findet allgemeine Zustimmung.

Punkt 20 der TO: Rechtsberatung der Angehörigen der GCLO durch Rechtsberater der GCLO-Gruppen.

Dr. Frhr. v. Hodenberg berichtet gemäß Schreiben vom 23.5.1949. Dass die Rechtsberatung, die mit dem Beschäftigungsverhältnis der GCLO [German Civil Labor Organisation]-Angehörigen im Zusammenhang steht, von der Bestimmung des § 7 des Rechtsberatungsmissbrauchsgesetzes gedeckt wird, erscheint mir zweifelsfrei. Ob aber auch sonstige Angelegenheiten, z.B. Beratung in Eheprozessen, damit gedeckt sind, erscheint mir zweifelhaft. Eine Erlaubniserteilung zum Auftreten vor Gericht dürfte nicht in Frage kommen. In diesem Zusammenhang ist im OLG-Bezirk Celle auch die Frage aufgetaucht, ob die Leitung eines größeren Werkes durch ein Vorstandsmitglied oder einen Angestellten die Arbeitnehmer des Betriebes rechtlich beraten lassen darf. Ich verneine diese Frage.

Von den Vertretern der *übrigen OLG-Bezirke* wird erklärt, dass dort die *Frage der Rechtsbetreuung von Angehörigen der GCLO* bisher *nicht hervorgetreten* sei.

Dr. Heusinger: Ich möchte annehmen, dass Unternehmer größerer Betriebe befugt sind, ihre Arbeitnehmer rechtlich zu betreuen. Was wir verhindern können und verhindert werden muss, ist das Auftreten solcher Rechtsberater vor Gericht.

Dr. Wiefels: Nach meiner Kenntnis der Dinge war es bisher allgemein üblich, dass die Arbeitnehmer durch die Leitung ihres Werkes rechtlich betreut wurden. Nach meiner Ansicht hat der Arbeitgeber das Recht und die Pflicht, sich um die persönlichen Sorgen und damit auch um die Sorgen und Angelegenheiten auf rechtlichem Gebiet bei seinen Angestellten zu kümmern.

Dr. Ruscheweyh: Ich neige der Auffassung zu, dass eine solche Rechtsberatung von Unternehmern durch § 7 nicht gedeckt ist und daher einer Erlaubnis bedarf.

Dr. Koch: Ich halte die Rechtsberatung für einen Ausfluss der Betreuungspflicht des Unternehmers.

Mit dieser Erörterung wird die *Angelegenheit* als *erledigt* angesehen. Es besteht aber Einverständnis darüber, dass, wenn in anderen Bezirken die Frage der Rechtsbetreuung von Angehörigen der GCLO auftritt, mit dem OLG-Präs. in Celle Fühlung genommen werden soll, damit nach Möglichkeit eine einheitliche Behandlung dieser Frage sichergestellt wird.

Punkt 21 a des Nachtrags zur TO: Referendare als Richter. K.A.

Dr. Frhr. v. Hodenberg bittet diesen Punkt von der TO abzusetzen.

Punkt 21 b des Nachtrags zur TO: Bestellung von Stellvertretern für Rechtsanwälte.

Dr. Frhr. v. Hodenberg berichtet gemäß Schreiben vom 3.6.1949. Der jetzige Rechtszustand der Bestellung von RA-Vertretern durch den OLG-Präs. ist außerordentlich unzweckmäßig. Es wäre erwünscht, wenn im Zusammenhang mit der Änderung der RAO aus Anlass der Zulassung der Verwaltungsrechtsräte zur RA-Schaft (Punkt 18 der heutigen Tagung) eine Ergänzung des § 32 der RAO vorgenommen würde, damit in Zukunft die Bestellung von RA-Vertretern wieder durch die OLG-Präs. möglich ist.

Dr. Wiefels: Ich stimme diesem Vorschlag zu.

Dr. Kuhnt: In Schleswig-Holstein bestellt das Ministerium die RA-Vertreter und greift damit in die durch das Gesetz den OLG-Präs. eingeräumte Befugnis ein.

Dr. Koch: Die Einschaltung des OLG-Präs. bei der Bestellung eines RA-Vertreters wird dann erwünscht sein, wenn ein Referendar zum Vertreter bestellt und damit der Ausbildungsplan des betreffenden Referendars berührt wird.

Unter *Punkt 21: „Verschiedenes"* wurde u.a. noch Folgendes zur Sprache gebracht:

(1) *Dr. Wiefels:* Mir liegen etwa 60–70 Gesuche auf Zulassung zum Anwaltsassessor vor. Es erhebt sich die Frage, ob die Zulassung von Anwaltsassessoren ohne Beschränkung erfolgen soll und mit einer Regelung der Entschädigungsfrage zu rechnen ist.

Dr. Koch: Die Angelegenheit soll auf der nächsten Zusammenkunft der Jmin. besprochen werden. Eine Herabsetzung der Vergütungssätze ist vorgesehen.

(2) *Dr. Ruscheweyh* lenkte die Aufmerksamkeit der Anwesenden darauf, dass der *Deutsche Juristentag* wieder gegründet und eine Tagung des DJT in Wiesbaden für den 16.9.1949 vorgesehen sei.

Celle, d. 17.6.1949, gez. Dr. Tasche

Anhang:
Tagungen der Richter und Staatsanwälte in Nordrhein-Westfalen

1. Tagung vom 8./9.10.1948 (DRZ 1948, S. 486 f.)

Unter Beteiligung von Vertretern der entsprechenden Verbände Hamburgs und Niedersachsens fand am 8. u. 9.10.1948 in Recklinghausen eine Tagung des Vereins der Richter und Staatsanwälte im Lande Nordrhein-Westfalen statt. Die Vereinigung, die im Dezember 1947 gegründet wurde, zählt heute bereits über 1200 Mitglieder.

In einer öffentlichen Kundgebung am 9.10.1948, an welcher die JM von Nordrhein-Westfalen und Niedersachsen, Vertreter der MR, der Präsident des Obergerichts, *Dr. Ruscheweyh,* sowie die Vertreter und Vorstände zahlreicher Behörden, Parteien und Gewerkschaften teilnahmen, sprach *Prof. Dr. Eberhard Schmidt* (Göttingen) zu dem Thema *„Der Berufsjurist in der staatlichen Rechtspflege"*. In seiner lebendigen und offenen Art umriss *Schmidt* die geistesgeschichtliche Stellung des Berufsjuristen im Rechtsstaat. Der Berufsjurist als der wissenschaftlich umfassend gebildete Jurist, der über bloßes Gesetzeswissen und die Kenntnis der Normanwendung hinaus zur Erkenntnis des Rechts in seiner systematischen Ordnung als Ganzes, seinem ethischen Sinngehalt und seinem geschichtlichen Werden vorgedrungen sei, sei von einer Rechtspflege im Rechtsstaat nicht zu trennen. Erst die in langem Studium und in dauernder Denkschulung zu gewinnende geistige Durchdringung des Rechts schaffe den in allen Zweigen des Rechtslebens für den Rechtsstaat notwendigen Juristen, dem als Richter, Staatsanwalt und Rechtsanwalt das Recht nicht nur Wissen, sondern Motor seiner inneren Haltung sei. Erst die wissenschaftliche Ausbildung führe zu einem stets kritisch-wachen und skeptischen Denken, das dem Juristen ermögliche, Herr der geschichtlich-politischen Situation zu bleiben und die eine rechtsstaatliche Justiz auch dem der Rechtsordnung unterworfenen Staate gegenüber gewährleiste. Der wissenschaftlich gebildete und von der inneren Erkenntnis des Rechts getragene Jurist habe stets, auch im NS-Regime, in der Front des Rechtsstaates gegen den Polizeistaat gestanden. Die wissenschaftlich-kritische Haltung fordere aber auch unantastbare Garantien der richterlichen Unabhängigkeit, die Sicherung der Freiheit vom Staat und zur gerechten Entscheidung. Richterliche Unabhängigkeit sei nichts anderes als die Freiheit der Wissenschaft, übertragen auf das Gebiet der praktischen Justiz. Demgegenüber zeige die Entwicklung in der Ostzone zum „Volksrichter", der zweifellos der beherrschende Richtertyp werden solle und den Akademiker in die Defensive treibe, dass man dort sehr wohl die für ein totalitäres Regime im akademischen Juristen erwachsende Gefahr erkenne; denn der nicht annähernd zur wissenschaftlichen Erkenntnis vordringende Volksrichter gewinne nicht die gefährliche innere Überlegenheit und kritische Haltung, die für eine rechtsstaatliche Justiz notwendig sei. Nach den Intentionen der dortigen Staatsführung solle der Volksrichter diese innere Unabhängigkeit auch gar nicht gewinnen, da er weisungsgebunden (Unterrichtsbriefe!) sei und jederzeit nach dem Gefallen der parlamentarischen Mehrheit abgesetzt werden könne. *Schmidt* lehnte die Kontrolle der richterlichen Spruchtätigkeit durch Staats- und Verfassungsgerichtshöfe ab, da die Disziplinargerichtsbarkeit und das Rechtsmittelverfahren ausreichende Mittel seien, um den Missbrauch der richterlichen Gewalt zu ahnden. Die Weisungsgebundenheit des Staatsanwalts sei nur tragbar, wenn der Justizminister sich nur als Vollstrecker des Rechtswillens im Staate, nicht aber des Machtwillens fühle.

JM Dr. Sträter betonte, dass der Richter im NS-Regime sich in der großen Mehrzahl rückgratfest und nur dem Recht verpflichtet gezeigt habe. Dies werde durch die Haltung des Nationalsozialismus gegenüber den Juristen bewiesen, insbesondere durch den im OKW-Prozess bezeugten Ausspruch Hitlers: „Ich werde nicht eher ruhen, als bis der letzte Deutsche erkannt hat, dass es eine Schande ist, Jurist zu sein!" Es sei unsere Aufgabe, dem Juristen im Staate wieder die Stellung zu sichern, die ihn zum unabhängigen Wahrer der Rechtsordnung mache, damit in Umkehrung des bezeugten „Führerworts" es wieder eine Ehre sei, Jurist zu sein.

Die Versammlung bekannte sich in einer kurz gefassten *Entschließung* zur rechtsstaatlichen Demokratie. Sie forderte für den zu schaffenden deutschen Staat eine einheitliche Gesetzgebung auf dem Gebiete der Gerichtsverfassung, des bürgerlichen Rechts, des Strafrechts, des Verfahrensrechts und der freiwilligen Gerichtsbarkeit. In einer einheitlichen Justiz müssten ordentliche Gerichte mit den Arbeitsgerichten und den Verwaltungsgerichten zusammengeschlossen werden. Die Ausschaltung parteipolitischer Einflüsse bei der Besetzung aller, auch der leitenden Richterstellen müsse garantiert werden. Die Beteiligung der Laienrichter an der Rechtsprechung werde begrüßt, jedoch der „Volksrichter" neuerer Prägung abgelehnt. Für die StA werde die Sicherung derjenigen Unabhängigkeit gefordert, die notwendig sei, um eine nur dem Gesetz entsprechende Verfolgung aller Straftaten, frei von politischen Einflüssen, zu gewährleisten. Eine Kontrolle richterlicher Tätigkeit durch Staatsgerichtshöfe, die vom Parlament besetzt oder beeinflusst seien, werde abgelehnt. Richter und Staatsanwälte verzichteten auf jede parteipolitische Betätigung, erwarteten jedoch, dass die Belange der Rechtspflege in der parlamentarischen Arbeit durch Anhörung der Verbände von Richtern und StA vor der einschlägigen Gesetzgebung gehört werden. Schließlich forderte die Entschließung den Schutz der Richter und StA gegen unsachliche Angriffe und den Schutz gegen jeden Versuch der Einflussnahme auf schwebendem Verfahren.

In einem Telegramm an den Präsidenten des Parlamentarischen Rats in Bonn ersuchte die Versammlung, bei der Beratung der Justizgesetzgebung in dem zu schaffenden Grundgesetz gehört zu werden.

LGR Dr. Kurt Kleinrahm, Essen.

2. Tagung vom 7./8.10.1949 (DRZ 1949, S. 496)

Ein Jahr nach der vielbeachteten 1. Tagung in Recklinghausen im Oktober 1948 (vgl. DRZ 1948, 486) fanden sich zahlreiche Mitglieder und Gäste des Vereins der Richter und Staatsanwälte im Lande Nordrhein-Westfalen zur 2. Mitgliederversammlung und Arbeitstagung am 7. u. 8.10.1949 in Duisburg zusammen. Unter den Beschlüssen der Mitgliederversammlung verdient die einstimmige Entschließung besondere Beachtung, künftig auch den Richtern der Verwaltungs- und Finanzgerichte die Mitgliedschaft im Verein zu eröffnen, da nach der neuen gesetzlichen Regelung und Organisation dieser Gerichte ihre richterlichen Mitglieder ohne Einschränkung Unabhängigkeit genießen und damit den Richtern der ordentlichen Gerichte gleichgestellt sind. Mit diesem Beschluss bekennt sich der Verein erneut zu seiner programmatischen Forderung nach einer Vereinigung aller Gerichtsbarkeit in einer einheitlichen und unteilbaren Justiz.

JM Dr. Sträter hob in seiner Rede auf der Arbeitstagung die beiden, im Mittelpunkt des neuen Richterrechts stehenden Probleme der *Richterwahl* und der *Richteranklage* hervor. Er bekannte sich zu dem Gedanken der Richterwahl, sofern die Wahl in ihrer Ausgestaltung der Idee des unabhängigen und allein dem Gesetz unterworfenen Richtertums in erforderlichem Maße Rechnung trage. Auf keinen Fall dürfe über die Richterwahl eine parteipolitische Beurteilung der auszuwählenden Richter zur Geltung kommen. Bezüglich der Richteranklage betonte S., bei aller Skepsis und kritischen Würdigung dieser neuen Institution dürfe nicht vergessen werden, dass sie Inhalt unserer neuen Bundesverfassung sei und als Grundentscheidung des Verfassungsgesetzgebers gerade von den Richtern als den Hütern des Rechts selbstverständliche Anerkennung fordern müsse. Die Richteranklage sei keineswegs mit der Unabhängigkeit des Richtertums unvereinbar, da die Unabhängigkeit nur im Rahmen der gegebenen Rechtsordnung, d.h. unter strikter Bindung des Richters an die bestehenden Gesetze, insbes. an das Grundgesetz, gewährt werde. Die Bindung des Richters an die Verfassung stelle daher nicht nur eine politische, sondern eine echte Rechtsverpflichtung dar. Jedoch müsse Sorge dafür getragen werden, dass bei der Zusammensetzung des über die Richteranklage entscheidenden Bundesverfassungsgerichts die Gefahr einer parteipolitisch beeinflussten Entscheidung ausgeschaltet werde. S. begrüßte in eindrucksvollen Worten die Initiative des Vereins, mit dem Deutschen Gewerkschaftsbund in ein fruchtbares Gespräch zu kommen. Der Verein habe mit dieser Arbeit gezeigt, dass er ernsthaft um die Probleme ringe, die das Grundgesetz in seiner Forderung nach einem nicht zuletzt auch sozialen Rechtsstaat in der Rechtsprechung aufwerfe.

In einem breit angelegten Referat setzte sich auch Rechtsanwalt *Dr. Dahs* (Bonn) auseinander. Seine Ausführungen gipfelten in dem Ergebnis, dass mit der Richteranklage die Idee eines unabhängigen Richtertums nicht vereinbar sei und dass die notwendig auch an den Richter zu stellende politische Vertrauensfrage in den Formen einer neu zu schaffenden Disziplinargerichtsbarkeit beantwortet werden müsse.

Als Vertreter des Vorsitzenden des Deutschen Gewerkschaftsbundes Dr. h.c. Böckler sprach das Mitglied des Bundesvorstandes *Adalbert Stenzel* über das Thema *„Richter, Rechtsprechung und Arbeiter“*. St. betonte unmissverständlich die Notwendigkeit eines unabhängigen und keiner Weisung unterworfenen Richtertums, forderte aber, dass die Richterschaft den Bestrebungen der Gewerkschaften nach einer Demokratisierung der Wirtschaft Verständnis entgegenbringe und den sozialen Problemen der breiten Schichten unseres Volkes auch in der Rechtsprechung in befriedigender Weise Rechnung trage. Der Redner begrüßte das Bestreben des Richtervereins nach einer engen Fühlungnahme mit den Gewerkschaften und unterstützte die Bemühungen des Vereins, geeignete Richter in die praktische Bildungs- und Schulungsarbeit der Gewerkschaften zu gemeinsamer Aussprache mit Betriebsräten und Funktionären einzuschalten, ein Versuch, der mit großem Erfolg an verschiedenen Orten bereits durchgeführt worden sei.

Der Präsident des Deutschen Obergerichts *Dr. Ruscheweyh* sprach in eingehenden Ausführungen über die Einzelfragen eine neu zu schaffenden *Richtergesetzes* und den Stand der Vorarbeiten.

OLGR *Dr. Kurt Kleinrahm,* Düsseldorf.

Zweiter Teil: Besprechungen der Generalstaatsanwälte der Britischen Zone

I. Protokoll der Besprechung am 22.11.1945 in Bad Pyrmont

Anwesend:
GStA Dr. von Lewinski, Köln, als Vorsitzender
OLG Celle: GstA Dr. Möricke, Erster StA Dr. Biermann
OLG Düsseldorf: GstA Dr. Junker
OLG Hamburg: Erster StA Dr. Klaas
OLG Hamm i. Westf.: GstA Dr. Kesseböhmer, OstA Dr. Hennings
OLG Kiel: GstA Dr. Dörmann, MinDirig. Dr. Marx
OLG Köln: GstA Dr. von Lewinski
OLG Oldenburg: GstA Dr. Meyer-Abich, StA Dr. Gerlach

1. Justizverwaltung.

a) In eingehender Aussprache wurde die Frage der Zuständigkeit zwischen OLG-Präs. und GstA, insbesondere die Aufteilung der bisherigen Befugnisse des Reichsministers der Justiz auf die beiden genannten Behörden erörtert. Jeder GstA berichtete über die in seinem Bezirk geübte Praxis und Zusammenarbeit mit dem OLG-Präs. Die Einzelheiten ergeben sich aus einem anliegenden Entwurf des GstA Dr. Möricke in Celle.

Beschluss: Jeder GstA wird diesen Entwurf mit seinem OLG-Präs. besprechen. Es soll dann gemeinschaftlich an die MR herangetreten werden.

b) Die Wiedereinrichtung der Amtsanwaltschaften als selbständige Behörden wurde besprochen.

Beschluss: Von einer Wiedereinrichtung soll *zunächst* abgesehen werden, vielmehr soll es einstweilen bei der Regelung verbleiben, die durch die AV des RJM vom 19.4.1945 (3263-1 a 9 965, Deutsche Justiz S. 247) erfolgt ist.

2. Personalfragen.

a) *Dr. Möricke* überreichte ein Schreiben des OLG-Präs. in Celle vom 17.11.1945 mit einem Formular, das eine Übersicht über den Aufbau des höheren Justizdienstes, der Rechtsanwaltschaft und des Notariats geben soll.

b) *Dr. Möricke* teilte inhaltlich eine Verfügung des OLG-Präs. in Celle vom 27.10.1945 mit, das sich auf die Entlassung von Beamten und Angestellten bezieht. Sie ist erlassen aufgrund einer Besprechung, die der OLG-Präs. in Celle mit dem zuständigen Gerichtsoffizier der Brit. Zone gehabt hat.

c) In vielen Fällen bewerben sich Gesuchsteller gleichzeitig in mehreren OLG-Bezirken um ihre Einstellung.

Beschluss: In diesen Fällen soll die Entscheidung der MR auch den anderen Bezirken, in denen der Bewerber seine Einstellung nachgesucht hat, mitgeteilt werden.

3. Gnadenwesen.

I. *Dr. Klaas* teilt mit, dass für den OLG-Bezirk Hamburg eine Amnestie bereits erlassen ist.

II. *Dr. Möricke* erklärte, für den OLG-Bezirk Celle sei eine Amnestie von der MR genehmigt worden.

III. *Dr. Junker, Dr. von Lewinski* und *Dr. Meyer-Abich* teilten mit, dass für ihre Bezirke die Genehmigung der MR für eine Amnestie noch ausstehe.

Beschluss: Die Amnestiefrage muss für die Brit. Zone einheitlich geregelt werden. Dr. Junker wird unter Berücksichtigung der bisher vorliegenden oder geplanten Amnestieerlasse einen neuen ausarbeiten und den GstA zur Stellungnahme übersenden.

IV. *Dr. Junker* teilte mit, er habe die OstA seines Bezirks angewiesen, zunächst unter Anwendung des § 153 StPO verfahren, die sich auf vor der Kapitulation begangene Straftaten beziehen, einzustellen.

4. Änderung der §§ 67, 61 StGB.

I. *Dr. Meyer-Abich* teilte die Herausgabe eines geplanten Justizerlasses mit. Durch diesen soll ermöglicht werden, auch Straftaten noch zu verfolgen, die in der Zeit vom 30.1.1933 bis einschl. 8.5.1945 zugunsten des Nationalsozialismus begangen sind, deren Strafverfolgung jedoch wegen nach den bisherigen Vorschriften eingetretener Verjährung nicht mehr möglich ist oder deren Strafverfolgung aufgrund eines der erlassenen Straffreiheitsgesetze eingestellt ist.

II. Die übrigen GstA waren der Ansicht, dass die für solche Straftaten aufgrund früherer Amnestieerlasse gewährte Straffreiheit als nicht erteilt gelten müsse, dass von einer Änderung der Verjährungsvorschriften jedoch abzusehen sei. Im Übrigen sei es zweckmäßig, auch diese Frage für die Brit. Zone einheitlich zu regeln.

III. *Dr. Meyer-Abich* hielt an dem Entwurf des für seinen Bezirk geplanten Justizerlasses fest, sagte jedoch zu, die MR von der abweichenden Ansicht der übrigen GstA zu unterrichten.

5. Strafvollzug.

a) *Dr. Marx* gab einen eingehenden Überblick über die derzeitigen Verhältnisse im Strafvollzug, wobei er insbesondere die Dringlichkeit der Heizungsfrage, die für die Gesundheit der Gefangenen von unmittelbarer Bedeutung ist, hervorhob.

Beschluss: Es soll die Genehmigung der Militärregierung erwirkt werden, bei einem Strafrest von nicht mehr als einem Jahr in dringenden Fällen Strafunterbrechung gewähren zu können.

b) *Dr. Marx* erörterte ferner die Fälle von Entweichungen von Gefangenen und die schwere Beurteilung, die sie durch die Besatzungsbehörden finden. Er betonte, dass bei den heutigen Verhältnissen die Aufsichtsbeamten im Allgemeinen kein Verschulden treffe, und dass deshalb eine mildere Auffassung geboten sei.

c) *Dr. Marx* hob weiter die wesentliche Bedeutung hervor, welche die Arbeitsbeschaffung für Gefangene im Strafvollzug hat.

d) *Dr. Möricke* erörterte das besondere Problem, welches die Ausländer, insbesondere die Polen, bieten, die aufgrund militärgerichtlicher Verurteilung in deutschen Strafanstalten einsitzen.

II. Dr. Döhrmann teilte mit, dass im OLG-Bezirk Kiel derartige Strafgefangene in die Strafanstalt Rendsburg verbracht würden. Dieser einheitliche Strafvollzug für Ausländer habe sich bewährt.

e) I. *Dr. Meyer-Abich* regte an, anlässlich des Weihnachtsfestes das für die Gefangen bestehende Verbot, Lebensmittel zu empfangen, zu lockern.

II. *Dr. Marx* widerspricht diesem Vorschlag aus Gründen einer gleichmäßigen Behandlung aller Strafgefangenen.

f) Übereinstimmend wurde festgestellt, dass Arreststrafen nur wirken, wenn sie sofort vollstreckt werden.

g) I. *Dr. Kesseböhmer* teilte mit, dass nach einer Verfügung seiner MR die von der Besatzungsbehörde bei der Besetzung verfügte Entlassung von Strafgefangenen als Verbüßung gilt.

II. *Dr. Klaas* will diese Frage mit dem für die Brit. Zone zuständigen Gerichtsoffizier klären, und die GstA unterrichten, soweit es sich um *Untersuchungsgefangene* handelt.

h) Es wurde beschlossen, die Frage zu klären, ob entlassene Sicherungsverwahrte wieder festgenommen werden sollten.

i) Es wurde festgestellt, dass Vorbeugungshäftlinge, soweit es nicht bereits geschehen ist, unverzüglich zu entlassen sind.

j) Dr. Meyer-Abich teilte mit, dass er in seinem Bezirk, in dem z.Zt. keine Jugendarrestanstalt verfügbar sei, in dringenden Fällen den Jugendarrest in besonderen Teilen eines gewöhnlichen Strafgefängnisses vollstrecken lässt.

Dieses Verfahren wurde einstimmig gebilligt.

k) Dr. Marx erwähnte, dass z.Zt. auf Militäranwärter für den Aufsichtsdienst nicht verzichtet werden könne. Sie seien meist nicht Parteigenossen und außerdem besonders geeignet, Disziplin und Ordnung unter den Aufsichtsbeamten und unter den Gefangenen zu gewährleisten.

6. Strafregister

a) Dr. Klaas teilte mit, er wolle mit dem für die Brit. Zone zuständigen Gerichtsoffizier in Verbindung treten, ob militärgerichtliche Verurteilungen dem Strafregister mitzuteilen sind.

b) Es wurde beschlossen, dass dem Strafregister mitzuteilen ist, wenn Strafen nach Art. 4 Ziff. 10 des Gesetzes Nr. 1 der MR nicht vollstreckt werden.

c) Dr. Möricke übernahm es, die Einrichtung einer Zentralsammelstelle für unanbringliche Strafregistermitteilungen bei der StA Hannover zu veranlassen.

7. Nachprüfung von vollstreckten Strafurteilen.

Es herrschte Übereinstimmung, dass solche Urteile nur im Rahmen des Wiederaufnahmeverfahrens nachgeprüft werden können.

8. Forderungen entlassener Gefangener.

I. *Dr. Meyer-Abich* brachte zur Sprache, dass in vielen Fällen entlassene Gefangene rückständige Arbeitsbelohnung, eingezahlte eigene Gelder sowie Effekten verlangen, dass aber ihre Angaben oft nicht nachgeprüft werden können, weil die Unterlagen durch die Kriegseinwirkungen vernichtet worden sind.

II. *Dr. Marx* vertrat die Ansicht, dass Strafgefangene auf Arbeitsbelohnung keinen Rechtsanspruch haben, dass ihnen aber im Übrigen (eigene Gelder, Effekten) nach Prüfung ihrer Angaben aus Billigkeitsgründen eine Entschädigung zu gewähren sei.

9. Nicht erledigte Revisionen des Reichsgerichts.

Es wurde mitgeteilt, dass diese Frage von den OLG-Präs. geklärt wird.

10. Neue Revisionen? Wenn das OLG noch nicht arbeitet.

1. *Dr. Möricke* teilte mit, dass in seinem Bezirk solche Urteile als rechtskräftig angesehen und vollstreckt werden.

2. Andere GstA berichteten, dass solche Urteile infolge Stillstandes der Rechtspflege als noch nicht rechtskräftig betrachtet würden.

11. Bericht an die MR über eingestellte Ermittlungsverfahren. – *Dr. Junker* und *Dr. Klaas* teilen mit, dass in ihren Bezirken die Berichtspflicht aufgehoben ist.

12. Einstellung von Ermittlungsverfahren nach § 153 StPO.

Dr. Meyer-Abich regt an, § 153 StPO entsprechend der bisherigen Fassung dahingehend abzuändern, dass die Zustimmung des Amtsrichters zur Einstellung des Verfahrens entfällt.

Beschluss: Eine Abänderung des § 153 StPO ist mit Rücksicht darauf, dass zurzeit lediglich Übergangsverhältnisse bestehen, nicht tunlich.

Es herrschte Übereinstimmung, dass im Fall einer Einstellung nach § 153 StPO Auflagen unzulässig sind, ausgenommen, wenn der Beschuldigte den durch die Straftat angerichteten Schaden wieder gut macht. In diesem Fall wird man ggfs. sagen können, dass die Folgen der Tat unbedeutend sind.

13. Anklageform. – Es herrschte Übereinstimmung, dass § 200 StPO wieder in seiner letzten Fassung in Kraft gesetzt ist. Damit müssen auch die Anklageschriften wieder den Erfordernissen des § 200 StPO entsprechen. Es ist allerdings darauf zu achten, dass sie trotzdem für den Laien gut verständlich sind, lange Satzbauten und sprachliche Unschönheiten vermeiden.

14. Besondere Naziverbrechen.

I. *Dr. Klaas* erörterte die Frage der Strafverfolgung dieser besonderen Verbrechen, zu denen insbesondere Synagogenbrände sowie Morde in Zuchthäusern und Irrenanstalten gehören.

II. *Dr. Meyer-Abich* teilte mit, er habe von sich aus mit Zustimmung der MR die Strafverfolgung der Synagogenbrände angeordnet.

15. Schwangerschaftsunterbrechungen.

Dr. Kesseböhmer stellte dieses Problem zur Aussprache. – *Beschluss:* Der Erlass des Reichsministers des Innern vom 19.9.1940, wonach sie zugelassen werden können, wenn eine ernstliche Gefahr für Leib oder Leben der Frau besteht, wird weiter angewandt werden können.

16. Kontensperre.

I. *Dr. Möricke* teilte mit, dass in seinem Bezirk noch Konten von Beamten gesperrt sind, die von der MR bereits bestätigt worden sind. Über Aufhebungsanträge sei noch nicht entschieden, obgleich sie bereits vor drei Monaten gestellt wären.

II. Andere GstA berichteten, dass sie in ihren Bezirken in solchen Fällen ohne Schwierigkeiten aufgehoben wären.

17. Schwarzer Markt.

Dr. Klaas berichtete eingehend über den Schwarzhandel, der in seinem Bezirk in besonders krasser Weise auftritt. Er teilte insbesondere die Maßnahmen mit, die zu seiner Bekämpfung im Zusammenwirken mit Arbeits-, Finanz- und Wohnungsamt getroffen worden sind. – Außerdem kündigte er für seinen Bezirk den Erlass einer weiteren VO zur Bekämpfung des Schwarzhandels an. Diese VO habe sich mit Rücksicht auf die Rechtsprechung des Hamburger AG als notwendig herausgestellt.

18. Statistik.

I. *Dr. Junker* berichtete, dass in seinem Bezirk bis zum 31.12.1945 von der Erstattung statistischer Berichte abgesehen wird.

II. Die übrigen GstA waren der Ansicht, dass die Statistik auch in der jetzigen Zeit weiter geführt werden müsse.

19. Amtssiegel: Es herrschte Übereinstimmung, dass bis zur Einführung eines neuen Amtssiegels das frühere, jedoch ohne Adler, zu führen ist.

20. Uniform der Strafanstaltsbeamten: Aus einem Bezirk wurde berichtet, dass das Tragen der schwarz-weiß-roten Kokarde an der Mütze verboten sei.

Beschluss: Eine generelle Regelung dieser Frage erscheint zurzeit nicht erforderlich.

21. Abänderung des § 232 StPO.

Dr. Meyer-Abich regte an, mit Rücksicht auf die derzeitigen schwierigen Verkehrsverhältnisse § 232 StPO entsprechend der früheren Fassung abzuändern, so dass auch in Abwesenheit des Angeklagten verhandelt werden kann, wenn eine Gefängnisstrafe von sechs Monaten zu erwarten ist.

Beschluss: Die Zahl dieser Fälle ist nicht so erheblich, dass ihretwegen § 232 StPO abzuändern ist.

22. Rundfunknachrichten.

Dr. Junker berichtete, dass er täglich vom OLG-Präs. der Rheinprovinz alle Rundfunknachrichten erhalte und so über alles Tagesgeschehen gut unterrichtet sei.

23. Zentralbeschaffungsstelle für Strafvollzugsanstalten.

Dr. Marx regte an, dass bei dem derzeitigen Mangel an allem Notwendigen es wünschenswert ist, dass an Anstaltsbedarf aufgekauft wird, was zu bekommen ist, und dass dann evtl. Sachen ausgetauscht werden. – Der Vorschlag fand allgemeine Billigung.

24. Schöffengerichte.

Dr. Meyer-Abich wies darauf hin, dass die jetzige Fassung des GVG nicht den früheren § 58 enthält, der vorsah, dass für den Bezirk mehrerer Amtsbezirke einem von ihnen die Entscheidung der Strafsachen ganz oder teilweise zugewiesen werden kann. Es besteht deshalb zunächst keine Handhabe, einem AG entsprechend dem früheren Schöffengericht einen Teil der Strafsachen mehrerer AG-Bezirke zu übertragen. Es ist jedoch im Interesse einer einheitlichen Rechtsprechung auf dem Gebiet der mittleren Kriminalität die bisherige Zweiteilung der AG erwünscht. – Die vorgetragene Ansicht wurde gebilligt.

25. Haftkosten für militärgerichtlich Verurteilte.

I. *Dr. Meyer-Abich* erörterte, wer die Haftkosten für Gefangene trägt, die auf Veranlassung der MR in deutschen Gefängnissen einsitzen, insbesondere ob diese Kosten als Besatzungskosten anzusehen sind. Diese Frage hat auch Bedeutung, wenn ein solcher Gefangener während seiner Haft zu Schaden oder zu Tode kommt und hierdurch ein Entschädigungsanspruch begründet wird.

II. *Dr. Kesseböhmer* teilte mit, er sei bereits damit beschäftigt, diese Frage zu klären und werde das Ergebnis allen GstA mitteilen.

26. Gemeinsam interessierende Fragen: Dr. Klaas schlägt vor, dass alle Fragen, die über das Interessengebiet eines OLG-Bezirks hinausgehen, nicht für diesen Bezirk allein geregelt werden solle, sondern zunächst gemeinsam besprochen werden. – Dieser Vorschlag fand allgemeine Billigung.

27. Justizblatt: Es wurde beschlossen, dass jeder GstA das Justizblatt seines Bezirks den übrigen GstA der Brit. Zone übersendet.

28. Nächste Tagung: Es wurde beschlossen, dass die nächste Tagung in Bad Pyrmont am 16. und 17.1.1946 stattfindet.

Anhang: Auszugsweise Niederschrift zu Punkt 1.

Zum Thema Justizverwaltung ergab die Aussprache, dass eine wünschenswerte Übereinstimmung in der Handhabung der Justizverwaltungsgeschäfte keineswegs gegeben ist.

Die Rechtslage ist nicht völlig klar. Nur im OLG-Bezirk Hamm hat der GstA spezielle Instruktionen von der MR erhalten, die seine Amtsbefugnisse auch im Verhältnis zum OLG-Präs. abgrenzen. Diese Instruktion datiert vom August 1945 und ist durch die Praxis in den anderen Bezirken schon überholt.

Überwiegend ist die praktische Handhabung so, dass im Einvernehmen mit dem OLG-Präs. die GstA für ihren gesamten Dienstbereich ihre Amtsgeschäfte völlig selbständig und nur der MR direkt verantwortlich führen. Diese klare Linie ist nur in einigen Bezirken dadurch durchbrochen, dass in „allgemeinen Anweisungen" an den OLG-Präs., die von Mitte September 1945 datieren, die GstA den OLG-Präs. untergeordnet sind „in seiner Eigenschaft als der Beamte, dem Befugnisse des RJMin. bereits übertragen sind oder noch übertragen werden".

In diesen Bezirken besteht Unklarheit darüber, inwieweit solche Übertragungen bereits als erfolgt anzusehen sind. Auch soweit solche Dienstanweisungen an die OLG-Präs. vorliegen, ist der GstA „unabhängig in seinem eigenen Bereich und seinerseits verantwortlich für die Disziplin der StA" mit direkter Weisungsbefugnis.

Es bestand in der Versammlung Übereinstimmung, dass die in den OLG-Bezirken bestehende verschiedene Handhabung nicht im Interesse der Rechtspflege liegen kann und im Einzelfall zu erheblichen Schwierigkeiten und Zweifeln führen muss. Die GstA befürworten daher eine einheitliche Regelung der Aufteilung der

Kompetenzen des RJM und zwar dahingehend, dass, soweit solche von der MR übertragen sind oder künftighin übertragen werden sollen, sie dem OLG-Präs. und dem GstA jeweils für ihr Ressort übertragen werden. Dabei soll im Interesse einer reibungslosen Praxis eine klare Scheidung erfolgen. Das anzustrebende Ergebnis einer solchen klaren Scheidung würde also sein, dass OLG-Präs. und GstAschaft zusammen, zwar jeder für sich, in ihrem Bezirk die Aufgaben des RJM ausübe, die als solche von der MR übertragen werden. Es sollte vermieden werden, dass qua RJM der OLG-Präs. eine Einweisungs- und Aufsichtsbefugnis gegenüber dem GstA ausübt, was mit seiner Funktion als höchster Richter seines Bezirks schlechterdings als auch mit dem dem GstA von der MR zugewiesenen selbständigen Aufgabenkreis unvereinbar ist. In der Praxis würde die Durchführung einer solchen Regelung z.B. dazu führen, dass, wie in vielen Bezirken es bereits geschieht, das Ernennungsrecht auch der höheren Beamten dem GstA für seinen Dienstbereich zusteht (selbstverständlich vorbehaltlich der jeweiligen Zustimmung der MR), und dass er auch in dem ihm ohnehin formal oder materiell zustehenden Gnadenwesen selbständig handelt, auch soweit der RJM bisher in Frage kam.

Die vorgeschlagene Regelung vermeidet den Missstand, dass der OLG-Präs. formell seinen Namen für sachlich endgültig vom GstA getroffene Entscheidungen hergibt und andererseits ferner auch den Missstand, dass etwa in der Behörde des OLG-Präs. ein neuer bisher nicht vorgesehener Referent mit der sachlichen Bearbeitung und Kontrolle der Maßnahmen beauftragt wird, was mit der traditionellen Selbständigkeit des GstA in seinem Verhältnis zum OLG-Präs. unvereinbar wäre.

II. Protokoll der Besprechung der Generalstaatsanwälte in Bad Pyrmont am 16. und 17.1.1946

Anwesend waren:
OLG Braunschweig: GstA Dr. Staff, AG-Rat Herbst
OLG Celle: GstA Dr. Möricke, Erster StA Biermann
OLG Düsseldorf: GstA Dr. Junker
OLG Hamburg: GstA Dr. Klaas
OLG Hamm: GstA Dr. Kesseböhmer, OStA Dr. Henning
OLG Kiel: GstA Dörmann, MinDirig. Marx
OLG Köln: GstA von Lewinski
OLG Oldenburg: GstA Dr. Meyer-Abich, StA Dr. Gerlach
Am 17.1.1946 ferner:
Squadronleader J. Carton.

GStA Dörmann eröffnete als Vorsitzender die Tagung.
A. Justizverwaltung.

I. Trennung der StA von der Justizverwaltung: Dr. Klaas erklärte, er sei von seiner MR ermächtigt worden, der Tagung zu eröffnen, dass die von den Regierungschefs der Brit. Zone begehrte Abtrennung der StA von der MR abgelehnt werde.

II. Zentralausschuss: Dr. Klaas beantragte folgende Entschließung: Unter Hinweis auf Ziff. 1 a des Protokolls vom 22.11.1945 wird die Beteiligung der GstA an dem durch die Anweisung Nr. 4 der MR an die OLG-Präs. gebildeten juristischen Zentralausschuss sowie die unmittelbare Beteiligung an dem Unterausschuss für notwendig gehalten. Die beantragte Entschließung wurde einstimmig angenommen.

III. Abgrenzung der Zuständigkeit zwischen OLG-Präs. und GstA: Dr. Meyer-Abich beantragte mit Rücksicht auf die Entschließung zu II., von der weiteren Erörterung dieses Punktes einstweilen abzusehen. Der Antrag wurde angenommen.

IV. Mitwirkung der Justiz an der Gesetzgebung: Dr. Möricke berichtete über die Handhabung im OLG-Bezirk Celle.

V. Personalfragen:

a) Personalklage: In Einklang mit der Entnazifizierungspolitik der MR wurden die mit dem Wiederaufbau der StA und der Strafvollzugsstellen und mit dem starken Arbeitsanfall verbundenen personellen Schwierigkeiten erörtert. Die besonderen Verhältnisse jedes OLG-Bezirks und die dort getroffenen Maßnahmen wurden besprochen und die bisherigen Erfahrungen ausgetauscht.

b) Bildung und Fortbildung: Die weitere Erörterung wurde einstweilen zurückgestellt.

c) Entpolitisierung: Dr. Meyer-Abich referierte zu diesem Punkt. Einstimmig wurde die Auffassung zum Ausdruck gebracht, dass in der Frage der Ausübung des aktiven und passiven Wahlrechts eine unterschiedliche Behandlung der Richter und der StA nicht angebracht sei, ebenso, dass für Richter und StA das passive Wahlrecht ruhen müsse. Die Abstimmung über die Frage der Ausübung des aktiven Wahlrechts ergab vier Stimmen für und vier Stimmen gegen die Ausübung dieses Wahlrechts.

VI. Verhältnis der StA zur Polizei: Dr. Meyer-Abich berichtete über eine Anweisung der MR in Osnabrück und Oldenburg, nach der die Polizei keinerlei Anweisungen von der StA mehr entgegen zu nehmen und Ermittlungen in Strafsachen nur noch selbständig vorzunehmen habe. Er habe hierüber an die Provinzial-MR in Hannover berichtet und dabei auch auf den Widerspruch zu § 152 StPO hingewiesen. Abhilfe sei zugesagt worden. Wie sich bei der Aussprache ergab, sind ähnliche Anordnungen der MR in anderen Bezirken nicht ergangen.

B. Strafrecht.

Die Beratung wurde auf den zweiten Verhandlungstag verlegt.

C. Strafverfahrensrecht, Gerichtsverfassung und ähnl.

I. Übergang der Kriegsgerichtsbarkeit auf die Ziviljustiz.

Dr. Klaas wies darauf hin, dass laut ihm zugegangener Mitteilung vom 20.1.1946 ab die Wehrmachtsjustiz auf die Ziviljustiz übergeleitet werde. Die angestrebte Personalübernahme müsse nach den Entnazifizierungsgrundsätzen in jedem einzelnen Falle geprüft werden. Dr. Meyer-Abich trug ein Schreiben der

Marinegerichte – Auffangstelle – Flensburg-Mürwik vom 8.1.1946 vor, das sich mit der Zuständigkeit dieser Stelle hinsichtlich der Straf- und Gnadensachen aus dem Bereich der früheren Kriegsmarine befasst.

II. Überwachung des Schriftverkehrs mit Gefangenen:

Es wurde beschlossen, dass eine Änderung der bisherigen Regelung, dass der StA die Prüfung vorzunehmen habe, nicht eintreten solle.

III. Regelung des gerichtsmedizinischen Dienstes:

Gemäß dem Antrag von Dr. Klaas soll eine Neuregelung dieser Angelegenheit nicht angestrebt werden.

IV. Beteiligung von Laien an der Rechtsprechung:

Auf Vorschlag von Dr. Möricke wurde ein Eingreifen in die schwebenden Erörterungen nicht für erforderlich gehalten.

V. Wiederaufnahme des Verfahrens bei Sondergerichtsurteilen:

Auf Vorschlag von Dr. Möricke wurde die Ansicht gebilligt, dass für die Wiederaufnahmeverfahren das örtlich zuständige LG nach den allgemeinen Vorschriften zuständig sei.

VI. Teilnahme des StA an der mündlichen Verhandlung im vereinfachten Jugendverfahren:

Nach dem Vortrag von Dr. Staff soll § 50 des RJGG in der Fassung vom 6.11.1943 als im Widerspruch zu § 226 StPO jetziger Fassung stehend angesehen werden und deswegen nicht mehr angewandt werden (d.h., der StA hat auch bei diesen Verhandlungen teilzunehmen).

D. Strafregisterfragen.

I. Auskunftspflicht gegenüber KZ-Ausschüssen und ähnlichen Organisationen:

Nach dem Vortrag von Dr. Möricke soll der Kreis der künftig auskunftsberechtigten Stellen neu festgestellt werden. Dr. Klaas wird in der nächsten Tagung einen Entwurf hierzu vorlegen. Dr. Junker berichtete, dass in seinem Bezirk die Auskunft an Wiedergutmachungsausschüsse erteilt würde, falls der Betroffene zugestimmt habe.

II. Zentralstrafregister in Hannover:

Erster StA Biermann berichtete über den der MR in Hannover vorgelegten Entwurf. Das Ergebnis wird mitgeteilt werden.

III. Ausbürgerungsvermerk im Strafregister:

Zur Frage des Strafregistervermerks über die Ausbürgerung wurde beschlossen, dass eine besondere Regelung nicht erforderlich sei.

E. Gnadenwesen.

I. Neuregelung des Gnadenwesens: a) Zuständigkeit für Gnadenerweise und b) Düsseldorfer Entwurf.

Dr. Klaas stellte folgenden Antrag: „Mit Rücksicht darauf, dass ein Bedürfnis für eine Änderung der GnadenO vom 6.2.1935 nicht besteht, wird dem vom GstA in Düsseldorf vorgelegten Entwurf einer Neuregelung des Gnadenrechts die Zustimmung versagt." Dieser Antrag wurde mit sieben Stimmen gegen eine Stimme (Düsseldorf) angenommen.

II. Anordnung der MR betr. Besondere Gnadenmaßnahmen vom 19.12.1945: Dr. Kesseböhmer berichtete: MinDirig. Marx nahm vom Standpunkt des Strafvollzuges aus Stellung. Die Besprechung ergab eine verschiedene Handhabung in den einzelnen OLG-Bezirken, so hinsichtlich der Frage, ob sich die Anordnung vom 19.12.1945 auch auf Jugendarrest und Zuchthaus erstrecke, ob eine Geldstrafe als Vorstrafe zu behandeln sei, ob deutsche Gefangene der Militärgerichte erst auf Befehl der MR zu entlassen seien. Auch die grundsätzlichen Bedenken gegen eine solche „Amnestie" wurden erörtert.

III. Verhältnis der Proklamation des Kontrollrats Nr. 3 Abschnitt II Nr. 5 zu dem Gesetz Nr. 1 Art. IV Nr. 10 der MR: Dr. Möricke wird das Ergebnis seiner noch vorzunehmenden näheren Nachprüfung, inwieweit die Proklamation vom 26.11.1945 einen von Art. IV Nr. 10 des Gesetzes Nr. 1 der MR abweichenden Rechtszustand geschaffen habe, vorlegen (vgl. unten zu B. VI).

IV. Oldenburger Amnestie – Einsetzen von Ausschüssen durch die MR: Das in einigen OLG-Bezirken von der MR geschaffene Board of Review besteht noch im OLG-Bezirk Kiel. Im Interesse der Einheitlichkeit soll die Abschaffung der Einrichtung für den OLG-Bezirk Kiel angestrebt werden.

F. Strafvollzugsfragen

I. Arbeitspflicht für Untersuchungsgefangene. Die Arbeitspflicht für Untersuchungsgefangene soll fortbestehen. Die Bestimmung des § 116 StPO steht dem nicht entgegen.

II. Betreten der Vollzugsanstalten durch Richter und Polizeibeamte zu Vernehmungszwecken: Dr. Kesseböhmer und von Lewinski berichten über eine Anordnung ihrer MR, dass Richter Gefängnisse nur noch wie Besucher betreten dürfen (vgl. unten zu).

III. Wintermaßnahmen: Dr. Möricke wies auf die Schwierigkeiten in der Versorgung der Gefängnisse mit Kohlen hin.

IV. Entlassung von Gefangenen durch alliierte Truppen oder auf Anweisung der MR: Dr. Klaas berichtet über den Standpunkt seiner MR, nach welchem die durch die alliierten Truppen vorgenommene Entlassung von Strafgefangenen als endgültiger Gnadenakt anzusehen sei, falls über die Anordnung der Entlassung ein schriftlicher Beleg vorliege.

V. Berechnung von Haftkosten; Zahlung von Haftkosten durch militärgerichtlich Verurteilte: Dr. Kesseböhmer wird über das Ergebnis der der MR unterbreiteten Vorschläge berichten.

VI. Haftunterbrechung bei Haftunfähigkeit von militärgerichtlich Verurteilten (Kosten des Krankenhausaufenthalts): OstA Dr. Henning wies darauf hin, dass, wenn die Militärgerichte bei Haftunfähigkeit eine Haftunterbrechung nicht anordnen, die Kosten eines Krankenhausaufenthaltes von der Justiz (und nicht vom Fürsorgeamt) zu zahlen seien.

VII. Personalanforderung der MR für kleine Gerichtsgefängnisse: Dr. Kesseböhmer berichtete über die Schwierigkeiten, die auch bei der Besetzung auch der kleinen Gerichtsgefängnisse infolge der allgemeinen Knappheit an geeigneten Aufsichtskräften entstanden sind.

VIII. Beschaffung von Wolldecken und Wäsche; Zentralbeschaffungsstelle: Dr. Möricke berichtete über den in den Gefängnissen seines Bezirks bestehenden großen Mangel an Wolldecken und Wäsche. MinDirig. Dr. Marx verwies darauf, dass die MR im OLG-Bezirk Kiel durch besondere Maßnahmen Wolldecken und Wäsche beschafft. Dr. Meyer-Abich verwies auf die Notwendigkeit einer zentralen Beschaffungsstelle, über welche auch der Bedarf aller Gefängnisse an Formularen und Listen usw. gedeckt werden könne. Dr. Klaas wird prüfen, ob die Vordrucke, Listen usw. in der Hamburger Strafanstalts-Druckerei hergestellt werden könnten. Dr. Klaas empfahl eine besondere Tagung der Strafvollzugsreferenten zur Erörterung der Strafvollzugsfragen. Der Vorschlag wurde angenommen.

IX. Schießausbildung der Beamten; Schlüsselgurte: Ausreichende Schießausbildung wurde wegen der Verschiedenartigkeit der Waffen für erforderlich erklärt. Wegen der Beschaffung der von der MR Hannover vorgeschriebenen Schlüsselgurte und -ketten werden Braunschweig, Celle und Oldenburg in Verbindung treten.

G. Verschiedenes.

I. Wahlrecht der StA: (siehe oben zu A V c)

II. (vgl. unten)

B. Strafrecht

I. Anwendung der nach dem 30.1.1933 normierten oder abgeänderten Straftatbestände (z.B. §§ 211, 212 StGB): Dr. Kesseböhmer und Erster StA Biermann erörterten die Rechtsfragen in Bezug auf die alten und neuen Strafbestimmungen, namentlich die des § 211 StGB. Oberst Carton wies auf das zu erwartende neue StGB hin. Dr. Staff erklärte sich bereit, eine Sammelstelle wichtiger Strafgerichtsentscheidungen zu bilden und die Entscheidungen allen Bezirken mitzuteilen.

II. Zulässigkeit der Sicherungsverwahrung: Über die Zulässigkeit der Sicherungsverwahrung bestand Einigkeit.

III. Aufhebung der VolksschädlingsVO (Auswirkung auf Vollstreckung und Vollzug der Sicherungsverwahrung): Dr. Kesseböhmer gab bekannt, dass nach Ansicht der MR Westfalen die VolksschädlingsVO zwar nicht mehr anzuwenden sei, die früheren Urteile dadurch grundsätzlich jedoch nicht berührt würden.

IV. Schwarzer Markt: Dr. Klaas bat mit Rücksicht auf die Rechtsprechung in Hamburg um Zustimmung zum Hamburger Entwurf. Auf die Mitteilungen von Dr. Möricke, dass inzwischen der Gesetzgebungsausschuss sich mit der Frage befasst habe, erklärte Dr. Klaas, dass er zunächst das Ergebnis dieser Arbeit prüfen wolle und bat um Zustimmung, den Entwurf weiter zu verfolgen. Falls der vom Gesetzgebungsausschuss in Aussicht genommene Entwurf den besonderen Hamburger Verhältnissen nicht Rechnung trüge. – Der Vorschlag wurde einstimmig angenommen.

V. Verfolgung von Geldhortung: Die Frage der Anordnung der Strafverfolgung (§ 1 d Abs. 4 KWVG) wurde erörtert. – Es soll den GstA überlassen werden, die allgemeine Übertragung der Anordnungsbefugnis auf sie bei der MR zu erwirken.

VI. Verfolgung von Verbrechen, begangen auf Anordnung oder unter Duldung der früheren Regierung: Dr. Meyer-Abich begründete seinen Entwurf betr. Aufhebung der Verjährungs- und Amnestievorschriften (Anlage). Er führte aus, es gelte in der Vergangenheit begangenes, wegen der politischen Verhältnisse ungesühnt gebliebenes Unrecht jetzt zu ahnden, um dem verletzten Rechtsgefühl weiter Kreise Genugtuung zu verschaffen. Das Gesetz Nr. 10 des Kontrollrats, zu dem allerdings die Durchführungsbestimmungen noch nicht vorlägen, ergreife möglicherweise nicht leichtere Fälle, insbesondere nicht Antragsvergehen. Dr. Staff begrüßte den Entwurf, weil er klare Verhältnisse schaffe, obwohl seiner Ansicht nach es einer gesetzlichen Regelung nicht bedürfe, da in einer Zeit, in der der Staat einen Verfolgungsanspruch nicht anerkenne, auch keine Verjährung zu laufen beginne. Dr. Junker schloss sich ebenfalls dem Entwurf an, da in seinem Bezirk ein besonderes Bedürfnis hervorgetreten sei. Dr. Möricke empfahl, über die im Gesetz Nr. 10 getroffene Regelung nicht hinauszugehen, da zu beachten sei, dass durch eine restlose Aufgreifung aller auch der geringfügigen Straffälle der Rechtsfrieden nicht gefördert, der im Gegenteil erheblich gestört werden könnte. Er wies auf die Gefahr hin, dass die Bearbeitung zahlreicher solcher für die Allgemeinheit jetzt nicht mehr bedeutsamer Strafsachen, die Strafverfolgungsbehörden von ihren z.Zt. lebenswichtigen Aufgaben abhalten würde. Dr. Kesseböhmer schloss sich diesen Ausführungen an und bat, ebenfalls den Gedanken der Rechtssicherheit in den Vordergrund zu rücken.

Hierzu gab Oberst Carton bekannt, dass zu dem Gesetz Nr. 10, das wie alle Gesetze des Kontrollrats nur ein Rahmengesetz sei, Ausführungsbestimmungen ergehen würden, in denen voraussichtlich die Strafverfolgung von Delikten aus früherer Zeit in weitem Umfang den deutschen Gerichten übertragen würde. Er empfahl, schon jetzt mit der Sammlung und Vorbereitung dieser Fälle zu beginnen.

Dr. Meyer-Abich schlug vor, den Oldenburger Entwurf als Anregung der Kontrollkommission zu unterbreiten. Dr. Möricke blieb demgegenüber bei seiner Ansicht, dass kein Anlass bestehe, über das Rahmengesetz, das jedem Rechtsgefühl genüge, hinauszugehen.

Für den Vorschlag stimmten vier (Oldenburg, Braunschweig, Düsseldorf und Köln), dagegen die übrigen vier GstA.

G. Verschiedenes

I. Wahlrecht: (s. oben zu A. V. c)

II. Ermittlungshilfe, Gefangenenhilfe: Wurde nicht besprochen.

III. Organisation der Besprechungen: Die Vorbereitung der nächsten Tagung der GstA (März) wurde erörtert.

IV. Feld- und Forstdiebstähle: Da Bedenken gegen die Anwendung der VO aus 1942 erhoben wurden, wurde Dr. Junker beauftragt, im Namen aller GstA einen begründeten Gesetzesvorschlag über die Weitergeltung einzureichen.

V. Ehrengerichte der Rechtsanwälte: Die Zuweisung von Richtern zu dem Ehrengerichtshof (2. Instanz) wurde auf Antrag von Dr. Möricke einstimmig für geboten erklärt. Ebenso die Beibehaltung des StA als Anklagevertreter.

Oberst Carton empfahl den GstA, vor der Tagung der Rechtsanwälte am 1.2.1946 den Präsidenten der Anwaltskammern diese Stellungnahme mitzuteilen.

VI. Anzeigen über Einlieferungen in Irrenanstalten: Die Anzeigen wurden einstimmig für erforderlich gehalten.

VII. Zulässigkeit polizeilicher Strafverfügungen: Oberst Carton gab bekannt, dass die sog. Gebührenpflichtigen Verwarnungen abgeschafft, dagegen polizeiliche Strafverfügungen weiterhin zulässig seien, jedoch von der Verwaltungspolizei zu erlassen seien.

VIII. Überprüfung der Maßregeln der Sicherung und Besserung: Oberst Carton gab der Auffassung Ausdruck, dass die Prüfung den deutschen Stellen obliege. Die Tätigkeit des Board of Review erübrige sich daher. – Auf Anfrage Dr. Kesseböhmers erklärte Oberst Carton, dass die vom Board of Review ausgesprochene Entlassung als bedingte Entlassung anzusehen sei.

IX. Zu dem Vorbringen einzelner Bezirke über örtliche Schwierigkeiten empfahl Oberst Carton, derartige Schwierigkeiten durch persönliche Vorstellungen auszuräumen.

X. Amtssiegel: Dr. Klaas berichtet über eine Anweisung der Militärregierung, nach der die Anbringung lokaler Wappen im Siegel ausgeschlossen sei.

XI. Mitteilungen des Oberst Carton:

1. Oberst Carton erörterte, aus welchen Quellen weitere Kräfte für die StA gewonnen werden können.

2. Beteiligung der StA am Zentralausschuss und am Unterausschuss: Oberst Carton sagte zu, dass die GstA am Zentralausschuss und am Unterausschuss beteiligt würden, da die Strafjustiz im Vordergrunde stehe.

Der Vorsitzende schloss die Tagung. Gez. Dörmann

Anlage (Entwurf Meyer-Abich):

Justizerlass. Mit Zustimmung der MR wird angeordnet:

§ 1. Soweit für Straftaten, die in der Zeit vom 30.1.1933 bis 1.7.1945 zugunsten der NSDAP, ihrer Gliederungen, der ihr angeschlossenen Verbände oder sonst wie zur Förderung nationalsozialistischer Ziele begangen worden sind, allgemein oder im Einzelfall Straffreiheit gewährt worden ist, gilt diese als nicht erteilt.

§ 2. Die Verjährung der Verfolgung der in § 1 bezeichneten Straftaten beginnt ohne Rücksicht auf den Zeitpunkt der Tat mit dem Inkrafttreten dieses Erlasses, auch wenn die Strafverfolgung nach den allgemeinen Vorschriften (§ 67 StGB) schon verjährt war.

§ 3. Soweit die Strafverfolgung von dem Strafantrag des Verletzten abhängig ist, beginnt die in § 61 StGB bestimmte Antragsfrist mit dem Inkrafttreten dieses Erlasses.

§ 4. Dieser Erlass tritt am .... 1946 in Kraft.

III. Protokoll der Besprechung am 28. und 29.3.1946 in Bad Gandersheim

Anwesend waren:
GstA Dr. Junker (OLG Düsseldorf), Vorsitzender
OLG Braunschweig: GstA Dr. Staff, AGR Herbst
OLG Celle: GstA Dr. Möricke, StA Landwehr
OLG Düsseldorf: siehe oben
OLG Hamburg: GstA Dr. Klaas
OLG Hamm: GstA Dr. Kesseböhmer, OstA Dr. Henning
OLG Kiel: GstA Dörmann, MinDirig. Marx
OLG Köln: GstA von Lewinski
OLG Oldenburg: GstA Dr. Meyer-Abich, StA Dr. Gerlach

Die Besprechungen fanden in der Reihenfolge der TO statt, die der Kontrollkommission vorgelegt worden ist. Zu jedem einzelnen Punkt hielt zunächst der GstA einen Vortrag, der in der TO hierzu an erster Stelle bezeichnet ist.

1. Bekämpfung des Kartenlegens gegen Entgelt:

(I) Es wurde von dem GstA in Celle berichtet und die Angelegenheit besprochen.

(II) *Es wurde einstimmig beschlossen,* dass die vorhandenen Strafbestimmungen über groben Unfug und Betrug ausreichend erscheinen und der Erlass neuer Strafbestimmungen nicht erforderlich ist.

2. Behandlung der Abtreibungssachen:

(I) Der GstA in Celle wies darauf hin, dass aus Kreisen der Ärzte und auch von anderen Seiten empfohlen worden sei, Ausnahmen von dem Verbot der Abtreibung (§ 218 StGB) zuzulassen.

(II) *Es wurde einstimmig beschlossen:* Eine Änderung des Gesetzes soll gegenwärtig nicht angestrebt werden. Bei der Beurteilung der einzelnen Fälle sollen jedoch die Zeitverhältnisse berücksichtigt werden.

3. Gültigkeit des § 20 des JGG: Der GstA in Hamburg beantragte, Folgendes zu beschließen: Die Bestimmung des § 20 JGG ist weiterhin anwendbar. Art. IV Nr. 7 des Gesetzes Nr. I der Kontrollkommission „Aufhebung nationalsozialistischen Rechtes" im Zusammenhang mit § 2 StGB steht der Anwendung nicht entgegen, weil bei § 2 a JGG wie z.B. bei § 330 StGB das „gesunde Volksempfinden" nicht Tatbestandsmerkmal ist. In der Anweisung für Richter Nr. 1 ist jene Bestimmung des JGG im Gegensatz zu anderen Bestimmungen dieses Gesetzes nicht als aufgehoben bezeichnet. Im Übrigen ist Art. IV Nr. 8 dieses Gesetzes zu beachten. – *Der Beschluss wurde einstimmig gefasst.*

4. Gerichtsbarkeit über Letten, Litauer und Esten: Dieser Punkt ist erledigt, da inzwischen eine Anweisung der MR in allen OLG-Bezirken ergangen ist.

5. Beschleunigung und Vereinfachung des Strafverfahrens:

(I) Der GstA in Hamburg legte im Auftrage des Rechts-Untersuchungsausschusses eine Denkschrift vor.

(II) *Es wurde beschlossen,* dass die einzelnen GstA sich ihrerseits mit der Angelegenheit befassen und ihre Vorschläge dem GstA zu Hamburg zur Weiterleitung an den Rechts-Unterausschuss beschleunigt übermitteln und gleichzeitig den OLG-Präs. ihres Bezirkes Mitteilung machen sollen.

6. Welches Gericht ist zuständig in Strafsachen, die früher vor dem Sondergericht geschwebt haben?

(I) Die Frage wurde besprochen.

(II) *Es wurde einstimmig folgender Beschluss gefasst:* Da die praktische Handhabung vor allem in den OLG-Bezirken Düsseldorf, Köln und Hamm einen anderen Weg nicht zuließ, soll auch weiterhin zur Entscheidung über die Anträge auf Wiederaufnahme von Verfahren die vor den Sondergerichten geschwebt haben, die Strafkammer am Sitz des früheren Sondergerichtes für zuständig erachtet werden. Das Gleiche gilt für Verfahren, die der Ermäßigung oder dem Erlass der Strafe gem. Ziff. 8 u. 10 des Gesetzes Nr. 1 der Kontrollkommission „Aufhebung nationalsozialistischen Rechtes" und § 458 StPO (I J 2) dienen. Überdies ist diese Strafkammer nach der ausdrücklichen Bestimmung der DurchführungsVO der OLG-Präs. und GstA in Düsseldorf und Köln zu dem Erlass über die Gewährung von Straffreiheit vom 23.1.1946 für zuständig erklärt worden.

7. Polizei als Hilfsbeamte der StA: Es wurde einstimmig festgestellt: Die Stellung der Polizeibeamten als Hilfsbeamte der StA ist in § 152 GVG (I J 2) geregelt.

8. Polizeiliche Strafverfügungen und Ordnungsstrafverfahren: Nach Besprechung wurde folgender Beschluss einstimmig gefasst: Polizeiliche Strafverfügungen sind nach §§ 413 ff. StPO (I J 2) zulässig und bei der Belastung der Gerichte und StA auch erforderlich. Der Beschuldigte hat nach den bestehenden Bestimmungen in diesem Falle die Möglichkeit, eine gerichtliche Entscheidung herbeizuführen. – Dies letztere muss dem Beschuldigten auch im gesamten Ordnungsstrafrecht möglich sein. – Der GstA in Hamburg wird die Angelegenheit dem Rechts-Unterausschuss unterbreiten.

9. Stellungnahme zur Frage einer Umgestaltung des Steuerstrafverfahrens: Dieser Punkt wurde unter allgemeiner Zustimmung von der TO abgesetzt.

10. Behandlung von Devisenstrafsachen: Auch dieser Punkt wurde abgesetzt.

11. Beteiligung von Laien an der Rechtsprechung in Strafsachen: Die GstA haben sich zu dieser Frage zum Teil bereits gegenüber den OLG-Präs. ihres Bezirks geäußert. Die Frage soll auf der heutigen Tagung der OLG-Präs. zu Pyrmont erörtert werden. Eine weitere Stellungnahme der GstA soll hiernach stattfinden. Eine Abschrift der Äußerungen der einzelnen GstA soll auch den anderen GstA übersandt werden.

12. Beibehaltung des Ordnungsstrafverfahrens bei Preisüberschreitungen: Dieser Punkt wurde bereits bei Punkt 8 behandelt.

13. Sofortige Vollstreckbarkeit von Strafurteilen:

(I) Die Erschienenen waren einstimmig der Auffassung, dass diese Bestimmung nicht mehr in Kraft ist. Sie ist durch die Allgemeine Anweisung an Richter Nr. 1 (Ziff. 2 u. 15) aufgehoben worden.

(II) Der GstA in Celle berichtet Folgendes: Die Allgemeine Anweisung an Richter Nr. 2 und die VO Nr. 15 der Kontrollkommission stimmen sachlich überein. Das Amtsblatt Nr. 5 enthält einen schwerwiegenden Interpunktionsfehler. Der GstA in Celle wird den anderen GstA eine Abschrift der hierzu ergangenen Verfügung der MR übersenden.

14. Frage einer Verschmelzung von Strafregister und polizeilichen Listen:

(I) Der GstA in Hamburg berichtet, dass eine Entscheidung der MR des Inhalts erlassen ist, wonach die Trennung von Strafregister und polizeilichen Listen bestehen bleibt.

(II) *Es wurde beschlossen,* Strafnachrichten hinsichtlich der Personen, die östlich der Oder geboren sind, an das Auslandsstrafregister des KG zu Berlin O 2, Neue Friedrichstr. 16/17, zu senden. Erfahrungen über die Abgrenzung der Zuständigkeit des Strafregisters sind gegenseitig den anderen GstA mitzuteilen.

15. Neuregelung der Auskünfte aus dem Strafregister:

(I) *Es wurde einstimmig der Beschluss gefasst:* Die Neuregelung muss zurückgestellt werden, bis der Neuaufbau der Behörden abgeschlossen ist.

(II) *Es wurde ferner beschlossen:* Mit Rücksicht auf die sich häufenden Anfragen von Organisationen ehemaliger politischer Gefangener soll eine Regelung der Auskunftserteilung aus dem Strafregister an derartige Organisationen von dem Rechtsunterausschuss vorbereitet werden.

16. Straftilgung politischer Strafen:

(I) Der GstA in Oldenburg berichtet über die Verfügung der MR in Hannover (Det 229) über die Tilgung von Strafvermerken im Strafregister hinsichtlich solcher Straftaten, bei denen die Verurteilten durch ein Board of Review aus der Strafhaft entlassen worden sind. – Eine gleiche Anordnung ist auch in den anderen OLG-Bezirken ergangen.

(II) *Es wurde einstimmig beschlossen:* Die Vollzugsanstalten sollen den einschlägigen Vollstreckungsbehörden (OstA, AG) von der Entlassung Mitteilung machen. Bei Sicherungsverwahrten soll diese Mitteilung jedoch erfolgen an den GstA, in dessen Bezirk die Vollstreckungsbehörde ihren Sitz hat.

17. Mitwirkung des StA im Gnadenverfahren: Die GstA vertreten einstimmig auch weiterhin die Auffassung, dass der Schwerpunkt im Gnadenverfahren, wie es gegenwärtig der Fall ist und sich in der Praxis nach jeder Richtung bewährt hat, bei der StA zu verbleiben hat.

18. Rechtsfolgen von Verurteilungen aufgrund von der MR aufgehobener Gesetze (insbes. Behandlung des Registers und Problem der Gesamtstrafen):

(I) Die Angelegenheit wurde besprochen.

(II) *Es wurde beschlossen:* Der GstA in Hamburg wird ein Rechtsgutachten ausarbeiten und den anderen GstA vorlegen.

19. Vereinheitlichung der Straffreiheitsbestimmungen:

(I) Die Frage wurde erörtert.

(II) Es bestand Übereinstimmung darüber, dass eine solche Maßnahme gegenwärtig nicht durchführbar ist.

20. Gnadenwesen und Vollstreckung bei Urteilen von nicht erreichbaren oder nicht mehr bestehenden Gerichten (z.B. Wehrmachtsgerichte, auswärtige Gerichte):

(I) Die Angelegenheit wurde erörtert.

(II) Es besteht übereinstimmend die Meinung, dass mit Rücksicht auf die gebietsmäßige Beschränkung der deutschen Gerichtshoheit nicht die Möglichkeit besteht, Strafen, die durch Gerichte in den abgetrennten Gebietsteilen erkannt worden sind, im Wiederaufnahmeverfahren aufzuheben. – Es ist jedoch notwendig, dass durch eine gesetzliche Regelung die Möglichkeit geschaffen wird, Urteile der Gerichte der früheren deutschen Wehrmacht und der früheren deutschen Polizei im Wiederaufnahmeverfahren auszuheben.

21. Zulässigkeit der Außenarbeit der Gefängnisgefangenen: Es wurde Folgendes beschlossen: Da das Gesetz des Kontrollrats vom 30.1.1946, wonach die Gefängnisgefangenen nicht zur Außenarbeit gezwungen werden sollen, noch nicht eine Ausführungsbestimmung für die Brit. Zone erhalten hat, ist es zurzeit noch nicht zu beachten. Eine praktische Bedeutung hat diese Bestimmung nicht, da die Gefängnisgefangenen sich ausnahmslos freiwillig zur Außenarbeit bereit zu erklären pflegen.

22. Gemeinsame Herstellung von Vordrucken: Dies soll bei der demnächstigen Besprechung der Strafvollzugsreferenten erörtert werden.

23.–26. Einberufungen von Beamten des Strafvollzuges in freie Planstellen, insbes. Des Aufsichtsdienstes – Lehrgänge für diese Beamten entsprechend der Personalordnungen – Beförderungen von Beamten des Strafvollzuges in Vorgesetztenstellen – Ernennung von Hilfsaufsehern zu Aufsehern und Verleihung von Rangabzeichen:

OstA Hemming (Hamm) berichtet: Viele Planstellen im Strafvollzugsdienst sind gegenwärtig nicht besetzt und werden von Hilfskräften verwaltet. Diese letzteren sollen baldigst in die Planstellen eingewiesen werden. Ihre Ausbildung erfolgt weiterhin in der Strafvollzugsschule zu Rissen. – Ebenso sind viele Beförderungsstellen im Strafvollzugsdienst gegenwärtig nicht besetzt. Zur Erhöhung der Autorität der Beamten, die diese Dienstgeschäfte wahrnehmen, soll die Beförderung auch dieser Beamten bald stattfinden. Bewährte Hilfsaufseher sollen zu Aufsehern unter Verleihung der Rangabzeichen ernannt werden. Hierdurch wird die Arbeitsfreudigkeit dieser Beamten gefördert werden.

27. Vollstreckung des Jugendarrests nach § 66 Abs. 4 Reichsjugendgerichtsgesetz:

Es wurde einstimmig beschlossen: Mit Rücksicht auf die gegenwärtige Ernährungslage soll im Strafvollzug bei der Vollziehung des Jugendarrestes, des Freizeitarrestes und der Hausstrafen die Schmälerung der Kost nicht mehr angewandt werden.

28. Annahme von Anwärtern für den gehobenen Strafvollzugsdienst:

Es wurde einstimmig beschlossen, dass auch dies der Erörterung bei der bevorstehenden Besprechung der Referenten des Strafvollzuges bleiben soll.

29. Mitwirkung des StA in bürgerlichen Rechtssachen: Es gelangte einstimmig die Ansicht zum Ausdruck, dass im gegenwärtigen Zeitpunkt nicht das Bedürfnis einer Änderung der bestehenden gesetzlichen Regelung vorhanden ist. – Die GstA zu Braunschweig, Celle, Düsseldorf, Hamburg, Hamm haben zu dem Vorschlag des OLG-Präs. in Kiel gegenüber den OLG-Präs. ihres Bezirkes Stellung genommen.

30. Frage der Fortdauer der JugendschutzVO: Es besteht Übereinstimmung darüber, dass die JugendschutzVO vom 10.6.1943 nicht außer Kraft getreten ist.

31. Berücksichtigung von Verurteilungen durch Militärgerichte im späteren deutschen Strafverfahren: Es besteht Einmütigkeit darüber, dass Verurteilungen durch die Gerichte der MR von deutschen Gerichten bei der Bemessung der Höhe der Strafen berücksichtigt werden können.

32. Erteilung von Auskünften und Akteneinsicht für Verteidiger aus früheren politischen Strafverfahren (Nr. 129 der Richtlinien für das Strafverfahren): Nach Erörterung kam folgende einstimmige Ansicht zum Ausdruck: Die Entscheidung richtet sich nach der Lage des einzelnen Falles. Hierbei sind die in der allgemeinen Verfügung d. RJM vom 13.4.1935 („Richtlinien für das Strafverfahren") enthaltenen Bestimmungen über die Akteneinsicht zu beachten.

33. Erlangung der beim RG lagernden Akten (Übernahme der Zuständigkeit des RG durch die OLG): Es herrschte Übereinstimmung darüber, dass es wünschenswert ist, dass die bei dem früheren RG zu Leipzig lagernden Strafakten an die zuständigen OLG gesammelt übersandt werden. Dies soll der MR vorgeschlagen werden durch den GstA in Düsseldorf.

34. Behandlung von Personen, die wegen politischer Straftaten zum Verlust der bürgerlichen Ehrenrechte verurteilt worden sind, bei den bevorstehenden öffentlichen Wahlen": Der GstA in Düsseldorf wird den anderen GstA die Abschrift einer Stellungnahme übersenden, die der OLG-Präs. in Düsseldorf und er gegenüber dem Oberpräsidenten der Nord-Rheinprovinz abgegeben haben.

35. Datum der nächsten Zusammenkunft: Diese soll in der zweiten Hälfte des Monats Mai in Bodenwerder bei Pyrmont stattfinden.

Gez. Dr. Junker, GstA.

IV. Protokoll der Besprechung am 14.5.1946 in Bodenwerder

Anwesend waren:
GstA Dr. Moericke (OLG Celle), Vorsitzender
OLG Braunschweig: GstA Dr. Staff, AGR Herbst
OLG Celle: OstA Biermann
OLG Düsseldorf: GstA Dr. Junker
OLG Hamburg: GstA Dr. Klaas
OLG Hamm: GstA Dr. Kesseböhmer, Erster StA Dr. Haas
OLG Kiel: GstA Dörmann
OLG Köln: GstA von Lewinski
OLG Oldenburg: GstA Dr. Meyer-Abich, StA Dr. Gerlach

Die Besprechungen fanden in der Reihenfolge der TO statt, die der Kontrollkommission vorgelegt worden ist. Zu jedem einzelnen Punkt hielt zunächst der GstA einen Vortrag, der in der TO hierzu an erster Stelle bezeichnet ist.

Zu A. Strafrecht

I. Strafverfolgung von Denunzianten: Die GstA sind der Auffassung, dass das geltende deutsche Strafgesetz die Strafverfolgung politischer Denunzianten aus der Zeit vor der Besetzung nicht ermöglicht. Der erörterte Weg der Verfolgung wegen mittelbarer Täterschaft wurde abgelehnt. Ob das Kontrollratsgesetz Nr. 10 und eine etwaige britische DurchführungsVO den Weg für eine Strafverfolgung durch deutsche Gerichte freigibt, bleibt abzuwarten.

Zu B. Strafverfahrensrecht, Gerichtsverfassung u.Ä.

I. Wiedereinrichtung der Amtsanwaltschaften: Es besteht kein praktisches Bedürfnis, den in den einzelnen Bezirken bestehenden Zustand zu ändern.
II. Bearbeitung der Übertretungssachen (früher poliz. Strafverfügung) durch Rechtspfleger: Es besteht einmütige Auffassung, dass strafrichterliche Befugnisse nur durch den Richter ausgeübt werden dürfen.
III. Einstellung nach § 153 StPO gegen Zahlung einer Buße insbesondere an die Staatskasse oder den Geschädigten. Wie bei den früheren Tagungen beschlossen, soll Einstellung des Verfahrens unter Auferlegung einer Buße nicht erfolgen.

Zu C. Strafregisterfragen

I. Beschränkte Auskunft aus dem Strafregister und Straftilgung (Ges. v. 9.4.1920) hinsichtlich der Strafen, die durch die Sondergerichte erkannt und durch einen allgemeinen Gnadenerlass oder gemäß § 458 StPO ermäßigt worden sind: Es ist einstimmige Auffassung, dass die herabgesetzte und nicht die ursprüngliche Strafe maßgebend ist.
II. Aufnahme von Vermerken über Bestrafungen durch Gerichte der MR in das Strafregister: – Es verbleibt bei der bisherigen Stellungnahme.

Zu D. Gnadenwesen

I. Gnadenwesen und Vollstreckung von Urteilen nicht erreichbarer Gerichte (Nr. 20 des Protokolls der Tagung vom 28.3.1946): Es wird berichtet, dass der OLG-Präs. in Kiel den Entwurf einer entsprechenden VO dem Rechtsunterausschuss vorlegen wird. – Abschriften des Schreibens des Rechtsverbindungsstabes zu Nr. 83 Group RAF, Außenstelle Hamburg, vom 24.4.1946 wurden von Celle verteilt.
II. Überprüfung der Urteile der früheren Wehrmachtsgerichte, soweit der OstA um Vollstreckung ersucht worden ist: – Zuständig ist nach allgemeiner Meinung die Vollstreckungs-, nicht die Vollzugsbehörde.

Zu E. Strafvollzugsfragen

I. Beeidigung der Beamten des Vollzugsdienstes: – Die Aussprache ergibt, dass in den verschiedenen Bezirken verschiedene Anordnungen ergangen sind.

II. Arbeitsbelohnungen aus der Zeit vor der Besetzung: – Der GstA in Oldenburg wird sich schriftlich an die übrigen Bezirke wenden.
III. Disziplinargewalt über die Aufsichtskräfte der Strafvollzugs: Die Angelegenheit ist durch eine inzwischen ergangene Erläuterung durch die MR Hannover geklärt.
IV. Bericht über die Einrichtung der Strafanstalten im Emsland (Borkum, Börgermoor): – Der GstA in Oldenburg erstattet Bericht und bittet um Abgabe von Personal.
V. Berechnung der Haftkosten – AV vom 13.10.1944 – DJZ S. 274 – Die AB vom 13.10.1944 ist nach Beendigung des Krieges gegenstandslos geworden. Eine Nachforderung bei bereits abgeschlossenen Berechnungen findet nicht statt.
VI. Wünsche für Entlassene: – Die Fürsorge für Gefangene ist weiterhin planmäßig auszubauen. Es wird von den örtlichen Verhältnissen abhängen, ob sie in private oder amtliche Hand zu legen ist.

Zu F. Verschiedenes

I. Zählkarten zur Kriminalstatistik: – Zwecks Fortführung der Kriminalstatistik sollen in allen Bezirken die Zählkarten ab 1.7.1946 wieder ausgefüllt werden. – Der GstA in Celle wird Abschrift des Schreibens des OLG-Präs. in Braunschweig vom 20.3.1946 dem GstA in Hamburg übersenden. Dieser wird sich mit dem statistischen Landesamt für die brit. Besatzungszone in Hamburg-Bergedorf, Ernst Mantiusstr. 8 ins Benehmen setzen.
II. Weitergeltung der Reichsdienststrafordnung: – Es besteht einstimmige Auffassung, dass die Reichsdienststrafordnung vom 26.1.1937 weiter gilt.
III. Fragen der Justizverwaltung: – Die Schreiben der MR vom 11.4. und 4.5.1946 betr. Einrichtung eines Zonen-Ministeriums wurden erörtert.

Gez. Dr. Moericke.

V. Protokoll über die Besprechung vom 8./9.7.1946 in Wolfenbüttel

Anwesend waren:
GstA Dr. Kesseböhmer (OLG Hamm), Vorsitzender
OLG Braunschweig: GstA Dr. Staff, AGR Herbst
OLG Celle: GstA Dr. Moericke, OstA Biermann
OLG Düsseldorf: GstA Dr. Junker
OLG Hamburg: GstA Dr. Klaas
OLG Hamm: OstA Dr. Henning
OLG Kiel: GstA Dörmann
OLG Köln: GstA von Lewinski
OLG Oldenburg: GstA Dr. Meyer-Abich, StA Dr. Gerlach

Die Besprechungen fanden im Wesentlichen in der Reihenfolge der TO statt, die der Kontrollkommission vorgelegt worden ist. Zu jedem einzelnen Punkt hielt der GstA einen Vortrag, der in der TO hierzu an erster Stelle bezeichnet ist.

Zu A. Strafrecht.

1) *I. Weitergeltung der VO über Feld- und Forstdiebstähle vom 20.11.1942 (RGBl. I S. 558).* – Die OLG-Präs. haben einen Entwurf über die Weitergeltung der VO beraten und eingereicht. Die GstA sind der Auffassung, dass gegen die Anwendung der VO auch schon bisher keine Bedenken bestehen.

2) *II. Änderung der VO vom 6.11.1943 (JugendstrafrechtVO, RGBl. I S. 635):* Der GstA in Hamburg berichtete über die Arbeiten zur Änderung des Reichsjugendgerichtsgesetzes.

3) *III. Verfolgung von Straftaten aus der Zeit vor der Besetzung:* Dem GstA in Hamburg liegt eine Anfrage des Rechtsuntersuchungsausschusses vom 27.5.1946 über die Verfolgung von Straftaten aus der Zeit vor der Besetzung vor. Die GstA sind der Auffassung, dass ein praktisches Bedürfnis für eine besondere Regelung dieser Angelegenheit nicht besteht.

Dagegen wird einhellig auf die dringende Notwendigkeit hingewiesen, unverzüglich die Möglichkeit zu schaffen, nach dem Kontrollratsgesetz Nr. 10 Verfahren durchzuführen. Der GstA in Hamburg berichtete über den Erlass eines von dem bayr. Ministerpräsidenten verkündeten Gesetzes zur Ahndung nationalsozialistischer Straftaten vom 31.5.1946.

4) *IV. Neue Bezeichnung der KriegswirtschaftsVO:* Die jetzige Bezeichnung der KriegswirtschaftsVO führt heute zu unliebsamen Missverständnissen und insbesondere zu immer wiederkehrenden Angriffen bei Revisionsbegründungen. Der GstA in Oldenburg wird sich wegen Änderung der Bezeichnung der KriegswirtschaftsVO mit dem Rechtsunterausschuss ins Benehmen setzen.

Zu B. Strafverfahren – Gerichtsverfassung u.ä.

5) *I. Aufhebung polizeilicher Strafverfügungen:* Die beabsichtigte Neuregelung des bisherigen polizeilichen Strafverfügungsrechts wurde erörtert, insbesondere die Bedenken, die sich aus dem Entwurf ergeben, die Polizei im vorbereitenden Verfahren unter Nichtbeteiligung der StA in unmittelbare Verbindung mit dem Gericht zu bringen.

6) *II. Maßnahmen zur Beschleunigung des Strafverfahrens:* Die Angelegenheit ist bereits auf der Tagung der OLG-Präs. in Bad Pyrmont vom 24.6.1946 abschließend erledigt worden.

7) *III. Beteiligung von Laien an der Strafrechtspflege (Einführung des Schwurgerichts).* Wegen der tiefgreifenden Bedeutung der Angelegenheit soll der GstA von Celle den OLG-Präs. eine Denkschrift einreichen. Zu diesem Zwecke werden die übrigen GstA dem GstA in Celle bis zum 1.8.1946 ihre Stellungnahme zuleiten. Diese Stellungnahme soll sich insbesondere auf folgende Fragen beziehen:

1. Beteiligung von Laien an der Strafrechtspflege überhaupt,
2. zahlenmäßiges Verhältnis der Berufs- und Laienrichter,
3. Zuständigkeit,

4. § 198 a StPO [Anklageerhebung vor dem Amtsrichter der Strafkammer; 1947 aufgehoben.]

8) *IV. Abänderung des § 115 a StPO (Kürzung der Frist im Haftprüfungsverfahren):* Eine Abänderung des § 115 a Abs. 2 StPO wird einstimmig nicht für empfehlenswert gehalten, weil eine Verkürzung der Prüfungsfrist in der Praxis im Ergebnis nicht zu einer Beschleunigung, sondern zu einer Verzögerung des Verfahrens führen würde.

9) *V. Entwurf des Rechtsunterausschusses vom 13.6.1946 betr. Aufhebung von Vereinfachungsmaßnahmen auf dem Gebiete der Strafrechtspflege:* Mit dem Inhalt des Entwurfs erklären sich die GstA einverstanden. Jedoch müssen die Bestimmungen aus der ZuständigkeitsVO vom 21.2.1940, die die Wiederaufnahme des Verfahrens erleichtern, aufrechterhalten bleiben oder entsprechend neu geregelt werden.

10) *VI. Entschädigung für unschuldig erlittene Untersuchungshaft und Entschädigung nach Freisprechung im Wiederaufnahmeverfahren:* Es wurde die Verfügung der Legal-Division der Kontrollkommission vom 15.1.1946 – Legal/Moj/52346 – vorliegt.

11) *VII. Prozessuale Weiterbehandlung von Nichtigkeitsbeschwerden:* Diese Frage wird durch den bevorstehenden Fortfall des § 3 des Gesetzes zur Änderung von Vorschriften des Allg. Strafverfahrens vom 16.9.1939 sowie der ZuständigkeitsVO geregelt.

12) *VIII. Anrechnung der Untersuchungshaft, die zwischen der Verkündung des Urteils der Tatsacheninstanz und dem Revisionsurteil vollzogen ist:* Die Entwicklung der gerichtlichen Praxis soll beobachtet werden.

13) *IX. Schaffung eines zweiten Instanzenzuges oder Einführung der Sprungrevision:* Es besteht kein Anlass, dieser Frage im gegenwärtigen Zeitpunkt näher zu treten.

14) *X. Nichtigkeitsbeschwerde und Wiederaufnahme des Verfahrens bei Sondergerichtsurteilen:* Vgl. B V und B VIII.

Zu C. Strafregisterfragen

15) *I. Tilung von Strafvermerken wegen Fahnenflucht:* Dieser Punkt soll bis zur nächsten Tagung zurückgestellt werden.

16) *II. Mitteilungen über die Löschung politischer Strafen an die Verurteilten:* Die Mitteilung an die Verurteilten soll nicht durch die Strafregisterbehörden, sondern durch die Strafvollstreckungsbehörden erfolgen.

17) *III. Zuständigkeit für Anordnung der Tilgung im Strafregister:* Über Straflöschungsgesuche entscheidet die Gnadenbehörde des Geburtsortes.

18) *IV. Mitteilungen zum Strafregister – Celle –*

a) Für die Aufnahme von militärgerichtlich Verurteilten in das Strafregister ist § 2 Abs. 7 der StrafregisterVO maßgebend.

b) Die Landesarbeitsämter gehören nach allgemeiner Auffassung nicht zu den auskunftsberechtigten Behörden.

19) *Zu D. Gnadenwesen*

I. Wer entscheidet über Gnadengesuche, wenn das Urteil eines deutschen Gerichts durch eine Dienststelle der MR überprüft worden ist? Die deutsche Gnadeninstanz oder die MR? – Die Schwierigkeiten in Einzelfällen sollen durch eine unter dem 26.6.1946 durch den GstA in Hamburg erfolgte Rücksprache bei der MR geklärt werden. Die übrigen GstA sollen demnächst Nachricht erhalten.

20) *II. Niederschlagung von Einzelverfahren* (RV v. 16.1.1942 – 4050 III a 4 77.42): Die Niederschlagung von Einzelverfahren widerspricht der heutigen Rechtsauffassung.

21) *III. Zuständigkeitsgrenze für Gewährung bedingten Strafausstandes* (RV v. 29.8.1939 – 9133/2 III a 4 1071/39 –): Die Rundverfügung gilt insoweit noch weiter.

22) *IV. Amnestie für Straftaten, die kurz nach dem Einmarsch der alliierten Truppen begangen sind:* Ein Bedürfnis für eine generelle Regelung besteht nicht mehr.

Zu E. Strafvollzugsfragen

23) *I. Schriftstellerische Tätigkeit von Gefangenen:* Grundsätzliche Bedenken gegen eine schriftstellerische Tätigkeit, über die im Einzelfalle entschieden werden muss. Über Fragen des Vollzuges dürfen jedoch keine Ausführungen niedergelegt werden.

24) *II. Fortbildungskursus für Anstaltsleiter in der Strafvollzugsschule Hamburg-Rissen: – Die GstA* sind übereinstimmend der Auffassung, dass die Dauer des Lehrgangs mit zwei Wochen erheblich zu lang ist.

25) *III. Maßnahmen aus Anlass von Todesurteilen* (Neufassung der RV v. 19.2.1939 – 4417 – III a 4 318.39 –): Die Notwendigkeit, eine Neuregelung in Anlehnung an die Rundverfügung vom 19.2.1939 zu treffen, wird allgemein anerkannt. Diese wird im gegebenen Zeitpunkt erfolgen.

26) *IV. Haftkosten bei Jugendlichen, die von Militärgerichten verurteilt sind:* Diese sollen grundsätzlich eingezogen werden.

27) *V. Vollzug der Sicherungsverwahrung:* Schwierigkeiten bezüglich des Vollzugs der Sicherungsverwahrung sind in den anderen Bezirken – außer Hamm – nicht aufgetreten.

28) *VI. Gesundheitszustand der Gefangenen:* Die ernste Lage in den Vollzugsanstalten wurde besprochen.

29) *VII. Beschwerdeinstanz in Gefangenen-Unfallsachen:* In einzelnen Bezirken ist der Oberpräsident bereits als vorläufige Beschwerdeinstanz mit Zustimmung des GstA tätig. Dies wird allseitig als eine Übergangslösung angesehen. Es ist anzustreben, die Befugnisse der Beschwerdeinstanz in die Hand derjenigen Stelle zu legen, die die Geschäfte des Reichsversicherungsamtes als Nachfolgerin übernimmt. Die GstA werden diese Auffassung dem zuständigen Oberpräsidenten mitteilen.

Zu F. Verschiedenes

30) *Ehrengerichtsverfahren gegen Rechtsanwälte:* Der Entwurf einer Ehrengerichtsordnung liegt bereits vor. Mit dem Inkrafttreten ist in Kürze zu rechnen.

Zu G. Justizverwaltung

31) *I. Einsicht in die Personalakten:* Die Ausarbeitung des GstA in Düsseldorf über die Rechtslage wird von diesem den übrigen Bezirken zugesandt werden.

32) *II. Zusatzration für Justizbeamte:* Es wurde über die Entschließung der OLG-Präs. in Bad Pyrmont berichtet.

33) *III. Zeichnungsbefugnisse der Sachbearbeiter bei den landgerichtlichen StA.* Es besteht kein Anlass zu einer grundsätzlichen Änderung.

34) *IV. Hilfsbeamte der StA.* Der GstA bestimmt wegen Fehlens einer zentralen Instanz diejenigen Beamtenklassen, die als Hilfsbeamte der StA in Betracht kommen, ggfs. Im Einzelfalle mit Zustimmung derjenigen Zentralstelle, der der betreffende Beamte untersteht.

Am 9.7.1946 um 11.20 Uhr entfernten sich die GstA von Braunschweig und Hamburg auf Wunsch der MR und nahmen daher an den Besprechungen der 28, 29 und 32 nicht teil.

Gez. Dr. Kesseböhmer.

VI. Protokoll der Besprechung am 11./12.9.1946 in Scharpenseel (Kreis Altena/Westf.)

Anwesend waren:
GstA Dr. Meyer-Abich (OLG Oldenburg), Vorsitzender
OLG Celle: GstA Dr. Moericke, OstA Biermann
OLG Düsseldorf: GstA Dr. Junker
OLG Hamburg: GstA Dr. Klaas
OLG Hamm: GstA Dr. Kesseböhmer, OstA Dr. Henning
OLG Kiel: GstA Dörmann
OLG Köln: GstA von Lewinski
OLG Oldenburg: StA Dr. Gerlach

Die Besprechungen fanden in der Reihenfolge der TO statt, die der Kontrollkommission vorgelegt worden ist. Zu jedem einzelnen Punkt hielt der GstA einen Vortrag, der in der TO hierzu an erster Stelle bezeichnet ist.

Zu A. Strafrecht

1. Erweiterter Schutz der Ehre: es wurde beschlossen mit Rücksicht auf die Erörterung der Frage durch den Rechtsunterausschuss und im Hinblick auf die Stellungnahmen, welche die einzelnen GstA dem OLG-Präs. Dr. Lingemann in seiner Eigenschaft als Mitglied des Zonenbeirats abgegeben haben, die Sache von der TO abzusetzen.

2. Anwendung des Kontrollratsgesetzes Nr. 10: (Urteil OLG Kiel im Amtsbl. v. 1.6.1946). – *Dr. Klaas* berichtet über die zunehmende öffentliche Kritik an der bisherigen Zurückhaltung der StA in der Verfolgung von Naziverbrechen, die ihn zur Aufklärung im Hamburger Rundfunk veranlasst hätte. – Die in der Niederschrift über die achte Tagung der OLG-Präs. von dem Vertreter der MR nunmehr angekündigte Erteilung der Ermächtigung, das Kontrollratsgesetz anzuwenden, erscheint den GstA schleunigst notwendig. – *Dr. Moericke* berichtet über die unterschiedliche Auslegung des Gesetzes in der US-Zone und in Berlin. Im ersteren Bezirk und in dem britisch-amerikanischen Sektor Berlins wird die Auffassung vertreten, dass das Gesetz im Begriff „Verbrechen gegen die Menschlichkeit“ keinen selbständigen strafrechtlichen Tatbestand enthält, im Gegensatz zu der Auffassung im russisch-französisch besetzten Gebiet. – Eine authentische Klärung auch dieser Rechtsfrage erscheint erwünscht.

3. Verfolgung von Personen, die während der Herrschaft des Nationalsozialismus politische Straftaten angezeigt haben. (A. 1 des Protokolls von Bodenwerder; Regelung in Gr. Hessen). – In den Fällen der Denunziation an sich wahrer Tatsachen in der Nazizeit empfehlen die GstA entsprechend der Regelung in der US-Zone die Verfolgung solcher nach dem Grundsatz nulla poena sine lege strafrechtlich nicht verfolgbarer Tatbestände die Aburteilung einer politischen Spruchkammer zu überlassen. In Frage kämen hier die Spruchkammern, die über die Angehörigen von für verbrecherisch erklärten Organisationen entscheiden sollen.

4. Empfiehlt sich die Anregung, die Überschreitung der Sperrstunde nach dem Vorbild in der Franz. Zone als Übertretung zu bestrafen und Strafbefugnis den deutschen Gerichten zu übertragen? – Dr. Moericke berichtet über die in der Franz. Zone bestehende Regelung, nach welcher die Überschreitung der Sperrstunde als Übertretung im Sinne des StGB durch deutsche Gerichte im Wege der gerichtlichen Strafverfügung bestraft wird. Hierdurch werden die Vollzugsanstalten wesentlich entlastet und nicht kriminelle Personen vor dem Gefängnis bewahrt. Es wurde einstimmig beschlossen, eine entsprechende Regelung auch für die Brit. Zone der MR vorzuschlagen, und zwar dergestalt, dass Überschreitungen der Sperrstunde mit Haft bis zu sechs Wochen oder Geldstrafe, in schweren Fällen auch mit Gefängnis bis zu drei Monaten, geahndet werden. Dr. Moericke wird das Erforderliche veranlassen.

5. Bestrafung von Verbrechen aus § 1 KWVO vom 25.3.1942 in „besonders schweren Fällen“. (Wiedereinführung der Androhung der Todesstrafe). – *Von Lewinski* berichtet über die Zunahme der schweren Wirtschaftsverbrechen einerseits, über die zum Teil zu milden Strafen andererseits. Die GstA sind übereinstimmend der Ansicht, dass die Todesstrafe auch für den „besonders schweren Fall“ des § 1 KWVO nicht wieder eingeführt werden soll, dass aber eine rücksichtslosere Anwendung des geltenden Strafrahmens dringend geboten ist. Die GstA haben bereits die StA angewiesen, in diesen Fällen auf schärfere Bestrafungen hinzuwirken, als sie bisher von den Gerichten verhängt wurden.

6. Bekämpfung des Schleichhandels: Nach allgemeiner Aussprache bestand Übereinstimmung, dass die StA ihr Augenmerk in erster Linie auf solche Tatbestände zu richten habe, welche die Versorgung der Bevölkerung gefährden.

Zu E. Strafverfahren – Gerichtsverfassung u.ä.

7. 1. §§ 11, 15, 126 a.F. StPO (Abweisung der Kontrollkommission vom 26.7.1946 – Legal KOJ 52333 –): Dr. Dörmann berichtet über die Handhabung und die in Aussicht genommene Regelung im OLG-Bezirk Kiel, nach welcher in diesem OLG-Bezirk die Haftprüfungsfrist auf einen Monat herabgesetzt werden soll. Die Aussprache ergab die Einstimmigkeit dafür, dass es bei der bisherigen Regelung verbleiben muss und dass eine Sonderregelung für einen OLG-Bezirk, durch welche geltendes Reichsrecht abgeändert wird, unerwünscht und gesetzlich nicht unbedenklich erscheint. Dies gilt umso mehr, als eine Abänderung vom Zentralrechtsausschuss mit überwiegender Mehrheit abgelehnt worden ist (vgl. Ziff. 15 des Protokolls über die 8. Besprechung der OLG-Präs. in Bad Pyrmont am 15. u. 16.8.1946).

8. 2. Überleitung der Wehrmachtsgerichtsbarkeit (Entwurf des Rechtsunterausschusses): Dr. Moericke trug inhaltlich das Schreiben des OLG-Präs. in Celle vom 22.8.1946 – 902 – an den Rechtsunterausschuss vor. Den in diesem Schreiben enthaltenen Anregungen wird einstimmig zugestimmt.

9. 3. Laienbeteiligung an der Strafrechtspflege: Nachdem die OLG-Präs. die Beratungen mit Rücksicht auf die Denkschrift des GstA in Celle vom 9.8.1946 ausgesetzt haben (vgl. Ziff. 13 des Protokolls über die 8. Besprechung der OLG-Präs. in Bad Pyrmont am 15. u. 16.8.1946), wird Dr. Moericke die nachträglich eingegangene Stellungnahme der GstA von Oldenburg, Düsseldorf und Braunschweig in einem Nachtrag zur Geltung bringen.

10. 4. Verhältnis zwischen StA und Polizei (Erlass des englischen Polizeichefs v. 22.7.1946): Nach der technical instruction Nr. 26, die in allen OLG-Bezirken bekannt geworden ist, ist die Rechtslage des Verhältnisses zwischen StA und Polizei abschließend und ausreichend geklärt.

11. 5. Bestellung von Beamten des Preisüberwachungsdienstes zu Hilfsbeamten der StA: Ungeachtet des zu diesem Punkt auf der Tagung in Wolfenbüttel gefassten Beschlusses (vgl. Ziff. 34 des Protokolls über die 5. Besprechung der GstA in Wolfenbüttel am 8. u. 9.7.1946) empfehlen die GstA im Hinblick auf die politische Neuordnung der Zone eine Überprüfung der Sach- und Rechtslage durch das zukünftige Zentraljustizamt.

Zu C. Strafregisterfragen.

12. 1. Aufnahme von Strafen, die durch Gerichte der MR bekannt sind, in das Strafregister?

a) *Dr. Junker* berichtet über die Mitteilung seiner Provinzial-MR in Düsseldorf vom 6.8.1946, nach welcher militärgerichtliche Verurteilungen von fünf Monaten Gefängnis und mehr in das deutsche Strafregister einzutragen sind; er berichtet ferner über die Aufforderung, Vorschläge vorzulegen, in welcher Form die Eintragung erfolgen soll. Er legt sein Schreiben an die Prov. MR in Düsseldorf vom 15.6.1946 – 424-143 – vor.

Es wurde festgestellt, dass ähnliche Ersuchen einer anderen MR-Region in anderen Bezirken nicht vorliegen. Die GstA vertreten übereinstimmend die Ansicht, dass eine derartige Regelung einheitlich, zumindest für die Brit. Zone, erfolgen müsste. Im Übrigen halten sie übereinstimmend, ausgenommen Dr. Junker, die bisherige Ansicht aufrecht, dass solche Eintragungen sich für das deutsche Strafregister nicht empfehlen.

b) *Dr. Junker* trug inhaltlich seinen Bericht an die Prov. MR Düsseldorf vom 7.4.1946 – 424-145 – betr. Aussetzung von Strafen der Gerichte der MR und die Überprüfung der Führung der Verurteilten während der Bewährungsfrist durch deutsche Stellen vor. – Es wurde festgestellt, dass ähnliche Ersuchen der MR in anderen Bezirken nicht ergangen sind. Die von Dr. Junker vorgeschlagene Regelung erscheint den übrigen GstA zu kompliziert, notfalls wird eine Auskunft der deutschen Polizei über die Führung des Verurteilten genügen.

13. 2. Strafregister und aufgehobene Gesetze (Gutachten von Hamm): Es wurde das Gutachten von Dr. Kesseböhmer vom 23.7.1946 – 4240 – GstA I 119 – besprochen. Dr. Kesseböhmer schlug vor, dieses Gutachten dem ZJA als Material für eine einheitliche gesetzgeberische Regelung vorzulegen. – *Dr. Moericke* beantragte ergänzend, die Frage im Rahmen eines Gesetzes zur Wiedergutmachung nationalsozialistischen Unrechts in der Strafrechtspflege zu regeln, wie es durch die Länder in der amerikanischen Zone geschehen ist (z.B. Gesetz für Groß Hessen vom 29.5.1946 – Gesetz-VOBl. Für Groß Hessen v. 11.6.1946 S. 136). Die Anträge wurden einstimmig angenommen. Die Vorlage an das ZJA wird durch Dr. Kesseböhmer erfolgen.

14. 3. Tilgung von Strafvermerken von Verurteilungen wegen Fahnenflucht in Verbindung mit anderen strafbaren Handlungen.

Die grundsätzliche Frage ist durch das Gutachten von Dr. Kesseböhmer vom 23.7.1946 (F) erledigt. In Fällen, in denen eine Gesamtstrafe vorliegt, ohne dass infolge Fehlens von Unterlagen die Einsatzstrafen noch festgestellt werden können, schlug Dr. Moericke für die Tilgung von Strafen, die wegen Fahnenflucht erkannt sind, folgende Fassung der Eintragung in die Strafhöhenspalte des Strafregisters vor: „Die Gesamtstrafe wird getilgt, die Höhe der Reststrafe ist nicht zu ermitteln." – Der Antrag wurde einstimmig angenommen.

15. 4. Auskunftserteilung aus dem Strafregister an politische Komitees: Dr. Klaas berichtet über eine Denkschrift des Rechtsunterausschusses vom 29.6.1946, die sich mit der Ansicht der GstA deckt.

Zu D. Gnadenwesen.

10. 1. Regelung der Zuständigkeit in Gnadensachen. (Schreiben des OLG-Präs. in Kiel): Die Aussprache ergab, dass die bisher bestehenden Meinungsverschiedenheiten über die Zuständigkeit sich durch die inzwischen erfolgte Bildung des ZJA erledigen werde. Die GstA sind übereinstimmend der Ansicht, dass das früher vom RJM ausgeübte Gnadenrecht nach Bildung des ZJA diesem zusteht.

17. 2. Wer entscheidet über Gnadengesuche, wenn das Urteil eines deutschen Gerichts durch eine Dienststelle der MR überprüft worden ist? Die deutsche Gnadeninstanz oder die MR? (D 19 des Wolfenbütteler Protokolls). – Dr. Klaas berichtet über die Entscheidung des Obersten Hauptquartiers vom 29.7.1946 – Leg/Penal/52404/1198 –. Danach entscheidet die deutsche Gnadeninstanz. Eine Abschrift dieser Entscheidung wird den GstA übersandt.

18. 3. Bestätigung von Todesurteilen, die von deutschen Gerichten erkannt worden sind (Anordnung der MR Hannover – 229/MG/5600 – D LEG –): Es wurde festgestellt, dass in anderen Bezirken, außer Hannover-Region, eine entsprechende Anordnung nicht ergangen ist. Die GstA sind übereinstimmend der Ansicht, dass die bisherige Handhabung aufgrund der deutschen Bestimmungen beibehalten werden sollte.

Zu E. Strafvollzugsfragen

19. 1. Beschaffungswesen in der Vollzugsverwaltung. (Zentralisierungsanschluss an ein Zentralamt): Es wurde beschlossen, eine Zentralbeschaffungsstelle für die

Brit. Zone mit dem Sitz in Hamm zu errichten. Dr. Kesseböhmer wurde mit der Durchführung des Beschlusses beauftragt.

20. 2. Gefangenentransportwagen (Gefangenenwagen der Reichsbahn): Es wird mit der Notwendigkeit gerechnet, dass demnächst wieder regelmäßig Gefangenentransportwagen der Reichsbahn eingesetzt werden müssen. Mit der Vorbereitung der Sache wurde Dr. Moericke beauftragt.

21. 3. Bearbeitung der Gesuchsmeldungen: Die Bearbeitung der Gesuchsmeldungen wurde im Einzelnen erörtert.

22. 4. Beteiligung aller Bezirke der Brit. Zone an der Materialbeschaffung für Westertimké: Die neu errichtete Zentralbeschaffungsstelle soll auch die Versorgung des Lagers Westertimké mit allen notwendigen Materialien übernehmen.

Zu F. Verschiedenes

1. Gestaltung der Zählkarten bei Neudruck, falls der Schriftwechsel des GstA in Düsseldorf mit dem Präsidenten des Statistischen Amtes der Brit. Zone beendet sein wird: Dr. Junker teilt mit, dass das Statistische Amt von Hamburg nach Minden verlegt worden und infolgedessen noch keine Antwort bei ihm eingegangen sei. – Der Punkt wird daher von der TO abgesetzt.

24. 2. Ehrengerichtsverfahren gegen Rechtsanwälte: Gegen noch nicht zugelassene, aber noch nicht abgelehnte Rechtsanwälte sind nach der übereinstimmenden Auffassung aller GstA schwebende Ehrengerichtsverfahren nicht fortzusetzen.

Zu G: Justizverwaltung

23. 1. Einsicht in die Personalakten. Das Gutachten von Dr. Junker vom 21.6.1946 – 205-79 – wurde besprochen. – Über die Frage, ob es zweckmäßig sei, den Beamten unbeschränkt Einsichtnahme in die Personalakten zu gestatten, wurde förmlich abgestimmt. Die Abstimmung ergab einstimmig die Ablehnung solchen unbeschränkten Einsichtsrechts. Die GstA teilen nicht die Ansicht, dass eine solche Beschränkung undemokratisch sei. – Das Interesse des Staates an einer vollständigen und objektiven Personalaktenführung muss gegenüber etwaigen Individualinteressen des Beamten überwiegen. Diese kann auch sehr wohl in seinem eigenen Interesse gelegen sein. Die Erfahrung der Vergangenheit lehrt auch, dass bei unbeschränkter Einsicht die Neigung zu einer ineffizienten Aktenführung besteht. Der unbeschränkten Akteneinsicht steht endlich entgegen, dass im Entnazifizierungsverfahren die Möglichkeit einer rückhaltlosen Stellungnahme gewährleistet sein muss.

26. 2. Überprüfung bereits beschäftigter Beamter: Dr. Moericke trägt vor, dass im OLG-Bezirk Celle bereits von der MR bestätigte Beamte entgegen den wiederholten Erklärungen des Hauptquartiers (vgl. Schreiben der Legal Division v. 16.8.1946 – Legal/MOJ/52305 –) in Einzelfällen erneut überprüft werden sollen. Angesichts der hierdurch erneut hervorgerufenen Beunruhigung in der Beamtenschaft, die zu einer Gefahr für die Rechtspflege zu werden droht, sollen die GstA in jedem derartigen Fall alsbald Gegenvorstellungen erheben. Es wird allseitig die Notwendigkeit betont, die gesamte Entnazifizierung schnellstmöglich abzuschließen.

27. 13. Betriebsvertretungen bei den StA und den Vollzugsanstalten (Kontrollratsgesetz Nr. 22): Das Kontrollratsgesetz Nr. 22 wurde besprochen. Der Beschluss der OLG-Präs. (Ziff. 20 des Protokolls über die 7. Tagung der OLG-Präs. in Bad Pyrmont am 24. u. 25.6.1946) sowie die weitere Entwicklung der Angelegenheit wurden erörtert. Die GstA vertreten für ihren Geschäftsbereich auch heute den gleichen Standpunkt.

28. 4. Beamtenrechtliche Folgen militärgerichtlicher Verurteilungen. – Die GstA sind der übereinstimmenden Ansicht, dass jede Verurteilung durch ein Militärgericht Veranlassung zur Prüfung der Frage geben muss, ob dienststrafrechtliche Maßnahmen erforderlich sind.

Es wurde beschlossen, die nächste Tagung der GstA in der ersten Woche des November 1946, und zwar voraussichtlich in Damme (OLG-Bezirk Oldenburg), stattfinden zu lassen.

VII. Protokoll der Besprechung am 13./14.11.1946 in Damme i.O.

Anwesend waren:
OLG Braunschweig: OstA Dr. Staff (gleichzeitig als Vertreter des ZJA), AGR Herbst
OLG Celle: GstA Dr. Moericke, OstA Biermann
OLG Düsseldorf: GstA Dr. Junker
OLG Hamm: GstA Dr. Kesseböhmer, Erster StA Dr. Haas
OLG Kiel: GstA Dörmann
OLG Köln: GstA von Lewinski
OLG Oldenburg: GstA Dr. Meyer-Abich, StA Dr. Gerlach

Die Besprechungen fanden in der Reihenfolge der TO statt, die der Kontrollkommission vorgelegt worden ist. Zu jedem einzelnen Punkt hielt der GstA einen Vortrag, der in der TO hierzu an erster Stelle bezeichnet ist.

Zu A. Strafrecht

1. Kontrollratsgesetz Nr. 10, VO Nr. 47 der MR – Schreiben der MR vom 10.9.1946 – Dr. Klaas gibt eine Übersicht über die bisherigen Erörterungen der Probleme durch die interessierten Justizorgane, die durch die nunmehr erfolgte Veröffentlichung der Delegation des KontrollratsG Nr. 10, der VO Nr. 47, ihren formalen Abschluss gefunden haben.

Dr. Moericke überreicht die Denkschrift des OLG-Präs. in Celle vom 7.11.1946. – Es fand eine besonders eingehende Erörterung aller Fragen statt. Beschlüsse wurden nicht gefasst.

2. Erweiterter Schutz der Ehre. – Übereinstimmend wurde die Auffassung vertreten, die Vierte VO des Reichspräsidenten zur Sicherung von Wirtschaft und Finanzen und zum Schutz des inneren Frieden vom 8.12.1931 (RGBl.S. 743), die einen erhöhten Ehrenschutz für im öffentlichen Leben stehende Personen gewährt, noch in Kraft ist. Im Übrigen wird übereinstimmend für zweckmäßig gehalten, wenn das seinerzeit vom Zonenbeirat in Angriff genommene Problem eines verstärkten Ehrenschutzes auch vom ZJA bearbeitet würde.

3. Anordnung der MR, § 219 StGB i.d. Fassung der VO vom 26.5.1933 – RGBl. I S. 140 – anzuwenden: Es wurde übereinstimmend die Auffassung vertreten, dass, nachdem der § 219 in der 1943 geschaffenen Fassung nicht mehr angewendet werden soll, die Anwendung des Gesetzes in der Fassung von 1933 rechtlich nicht möglich ist, bevor sie nicht mit Gesetzeskraft wieder eingeführt ist. Dr. Moericke wird die durch die Anordnung von Legal Division, Zonal Executive Offices vom 28.8./4.10.1946 geschaffene Rechtslage mit dem ZJA erörtern.

4. Ist das Mitführen von Tauschwaren strafbarer Versuch eines Vergehens nach der VRStVO? – Nach allgemeiner Auffassung liegt nicht starbarer Versuch, sondern lediglich straflose Vorbereitungshandlung vor (vgl. Beschluss der Strafkammer Oldenburg, abgedr. Im Oldenburger Justizblatt vom 10.10.1946, Nr. 12 S. 114).

5. Missbräuchliche Anordnungen nach dem ReichsleistungsG (Grenzen verwaltungsmäßigen Ermessens): Da ein strafrechtliches Einschreiten gegen einen Ermessensmissbrauch bei der Anwendung des ReichsleistungsG nicht möglich ist, erscheint den GstA eine möglichst zurückhaltende Anwendung des fraglichen Gesetzes dringend gebeten.

6. Aufhebung der Ausgangsbeschränkung: Erörterungen über die Wiedereinführung von Ausgangsbeschränkungen wegen angeblich dadurch herbeigeführter Steigerung der Kriminalität werden übereinstimmend als verfrüht bezeichnet.

Zu B. Strafverfahren – Gerichtsverfassung u.ä.

1. Hilfsbeamte der StA – Entwurf vom 16.9.1946 einer AV des ZJA über die Bestellung von Hilfsbeamten der StA –.

Zu dem noch vom RUA herrührenden Entwurf einer Änderung des § 152 GVG pp., der vom 16.9.1946 datiert, haben die verschiedenen Bezirke Stellung genommen. Dr. Moericke hat insbesondere Bedenken gegen die generelle Bestellung von Angestellten zu Hilfsbeamten der StA, wie sie der dem ZJA vorliegende Entwurf und die in Vorschlag gebrachte allgemeine Verfügung für den Bereich des Zentralamts für Wirtschaft und der Preisbehörden vorsieht. Auch müssen bei der Neuordnung die Rangbezeichnungsänderungen der Polizei berücksichtigt werden. Eine Neuordnung der Angelegenheit durch das jetzt zuständige ZJA wird übereinstimmend für dringlich erachtet.

2. § 153 StPO und Wirtschaftsvergehen. – AO der MR Hannover Region, § 153 StPO einstweilen bei Wirtschaftsvergehen nicht anzuwenden –. Es wurde klargestellt, dass das Original der fraglichen Anweisung der MR nicht von Wirtschaftsvergehen, sondern von Schwarzmarktvergehen (black market offences) spricht. Dem Beschluss, den die OLG-Präs. in dieser Angelegenheit zu Punkt 2 der TO in ihrer Sitzung vom 28.–29.10.1946 gefasst haben, treten die GstA übereinstimmend bei.

3. § 154 StPO Untersuchungsgefangene für Militärgerichte und deutsche Gerichte – Schreiben der Legal Division vom 25.9.1946/LEG/MOJ/52333 –. Dr. Moericke veranlasst die Erörterung von Einzelfragen, die sich insoweit ergeben haben.

4. Haftprüfungsverfahren: GstA Dörmann berichtet, dass der OLG-Präs. in Kiel für den Bezirk Schleswig-Holstein unter dem 21.9.1946 eine VO veröffentlicht hat, die das Haftprüfungsverfahren i.d. Fassung des Gesetzes von 1877 entgegen der im Übrigen gültigen reichsrechtlichen Regelung zum Gegenstand hat. Unter Hinweis auf den zu B 1 des Protokolls über die 6. Tagung vom 16.9.1946 vertretenen Standpunkt soll übereinstimmend das ZJA geboten werden, die auch grundsätzlich bedeutsame Angelegenheit einer Nachprüfung zu unterziehen.

5. Vernehmung internierter Personen in deutschen Strafverfahren: Es wird bekanntgegeben, dass eine Neuregelung durch die MR bevorstünde.

Zu C. Strafregisterfragen

1. Eintragung von Strafen der brit. Militärgerichte in deutsche Strafregister: Dr. Klaas berichtet von einem Einzelfall, in dem von Dortmund aus das Ersuchen um Eintragung militärgerichtlicher Strafen in das Strafrechtsregister in Hamburg gestellt worden sei. Wegen der grundsätzlichen Bedeutung der Frage soll die Angelegenheit dem ZJA unterbreitet werden. Es wird an dem zu Punkt C 1 des Protokolls der letzten Tagung eingenommenen Standpunkt festgehalten.

Zu D Gnadenwesen

1. Regelung der Zuständigkeiten in Gnadensachen – Anweisung Nr. 1 an das ZJA –: Bis zur endgültigen Neuordnung des Gnadenrechts soll es bei der bisherigen Praxis in den einzelnen Bezirken verbleiben, was, wie Dr. Klaas berichtet, auch der Auffassung des Präsidenten des ZJA entspricht.

2. Erprobung der Entlassungsreife bei unbestimmt verurteilten jungen Gefangenen: – Die zu § 68 JstrVO gemachten Erfahrungen wurden erörtert.

3. Entlassung der Fahnenflüchtigen: Soweit überhaupt noch Fahnenflüchtlinge in Haft sind, sind sie nach übereinstimmender Auffassung zu entlassen, nachdem die Tilgung der fraglichen Strafe angeordnet und weithin durchgeführt worden ist.

Zu E. Strafvollzugsfragen

1. Ernährungsrationen in den Strafanstalten. – Die Ernährungslage in den Strafanstalten der einzelnen Bezirke wurde erörtert.

2. Zentralbeschaffungsamt. – Dr. Kesseböhmer berichtet über die bisher geleistete Arbeit und die mit dem Zentralamt für Wirtschaft geführten Verhandlungen. Danach sind für Beschaffungen zunächst noch weiterhin zuständig die provinzialen Landeswirtschaftsämter. Praktisch sei mit Rücksicht auf die allgemeine Wirtschaftslage mit nennenswerten Zuteilungen nicht zu rechnen.

Dr. Staff erörtert einen Plan der Errichtung von Anstaltswebereien auf Handwebstühlen. Es wird beschlossen, dass Celle das Projekt für die Bezirke gemeinsam weiterbearbeiten soll.

3. Weihnachtspakete für Gefangene: Entgegen der Regelung zu 5 e des Protokolls über die erste Tagung vom 22.11.1945 soll die Handhabung den einzelnen Bezirken überlassen bleiben.

4. Nachkurse im Anschluss an die Lehrgänge für Aufsichtskräfte in Hamburg-Rissen: Es wird einstimmig der Standpunkt vertreten, dass entgegen der bisherigen Handhabung, die Nachkurse in den Hamburger Anstalten durchzuführen, die Ableistung der Nachkurse im Anschluss an die Rissener Lehrgänge in Anstalten des Heimatbezirks verlegt werden sollte.

5. Beeidigung der Beamten des Strafvollzugs: Die Erörterung ergab, dass in den Bezirken Oldenburg, Schleswig-Holstein und Westfalen eine Beeidigung von Strafvollzugsbeamten stattgefunden hat. Übereinstimmend wird, soweit noch nicht geschehen, allgemein eine Beeidigung für erforderlich erachtet, und zwar, da der in Art. 5 des Gesetzes Nr. 1 der MR vorgesehene Eid für Richter pp. nicht passend erscheint, mit nachstehender Eidesformel:

Für Beamte: Ich schwöre bei Gott, dem Allmächtigen und Allwissenden, dass ich mein Amt in Treue, nach Recht und Gesetz, ohne Rücksicht auf Religion, Rasse, Abstammung oder politische Überzeugung und frei von Eigennutz führen werde. So wahr mir Gott helfe!“

Für Angestellte: „Ich gelobe: Ich werde meine Dienstobliegenheiten treu, gewissenhaft und uneigennützig erfüllen.“

Die Beeidigung der Anstaltsleiter soll durch den GstA, der Beamten und Angestellten durch die Anstaltsleiter erfolgen.

6. Nachtrag: Allseitig wird die Einrichtung eines Tuberkulose-Krankenhauses für Gefangene der Zone für dringend erforderlich erachtet. Dr. Staff berichtet über die von ihm dieserhalb geleisteten Vorarbeiten. Danach erschiene Schloss Severn bei Holzminden, das zurzeit noch mit Polen belegt ist, für die in Frage kommenden Zwecke vorzüglich geeignet. Die weitere Bearbeitung des Projekts wird Celle übertragen, nachdem die Frage in den einzelnen Bezirken mit den zuständigen Gefängnisoffizieren aufgenommen ist. Dabei wird insbesondere die Zahl der in Frage kommenden Patienten zu klären sein.

Zu F. Verschiedenes

1. Zulässigkeit freiwilliger Entmannung (§ 14 Abs. 2 des Gesetzes zur Verhütung erbkranken Nachwuchses i.d.F. vom 26.6.1935 – RGBl. I S. 773 –): Dr. Klaas berichtet über einen Schriftwechsel, den er mit dem ZJA anlässlich eines Einzelfalles in der fraglichen Angelegenheit geführt hat, wonach grundsätzlich die Zulässigkeit einer freiwilligen Entmannung nach § 14 Abs. 2 des Gesetzes zur Verhütung erbkranken Nachwuchses anerkannt wird, in der Praxis aber weitgehende Zurückhaltung geboten erscheint. Der Schriftwechsel wird von ihm den einzelnen GstA zugängig gemacht werden.

Zu G. Justizverwaltung

1. Stellung der StA in der künftigen Justizorganisation – Anweisung Nr. 1 an das ZJA –: Dr. Klaas gibt die Resolution der OLG-Präs. auf ihrer letzten Pyrmonter Tagung vom 29.10.1946 bekannt. Eine Kundgebung der GstA wird mit Rücksicht auf die inzwischen erfolgte weitere Entwicklung nicht mehr für erforderlich gehalten.

Nochmalige Überprüfung bereits bestätigter Beamter nach der VO Nr. 24 – Schreiben des Präs. des ZJA vom 21.10.1946 (200/3) –: Das Rundschreiben des ZJA vom 21.10.1946 gibt Veranlassung, die Lage in den einzelnen Bezirken zu besprechen, insbesondere die kritische Entwicklung, die in diesem Bezirk eingetreten ist. Beschlüsse wurden nicht gefasst.

3. Errichtung eines Ausschusses der GstA: Das Schreiben des Herrn Präsidenten des ZJA für die Brit. Zone vom 23.10.1946, in dem die Bildung eines aus den GstA gebildeten Ausschusses im Einzelnen vorgeschlagen wird, soll dahingehend beantwortet werden, dass die derzeitigen acht GstA der Brit. Zone entsprechend dem vorerwähnten Schreiben diesen Ausschuss bilden, der sich außerdem noch bis zu etwaiger anderer Regelung mit allen zentralen, den Strafvollzug betreffenden Fragen weiterhin zu beschäftigen hat. Entgegen der bisherigen Übung wählen die GstA Herrn Dr. Moericke, Celle, zum ständigen Vorsitzenden dieses Ausschusses, Herrn Dr. Klaas, Hamburg, zum ständigen Vertreter des Ausschusses gegenüber dem Herrn Präsidenten des ZJA, dem in Beantwortung seines Schreibens vom 23.10.1946 durch Dr. Klaas entsprechend berichtet werden soll.

4. *Ernennung der Ersten StA und StA:* Bis zur Neuregelung soll es bei der bisherigen Handhabung in den einzelnen Bezirken verbleiben.

5. *Einleitung von Dienststrafverfahren gegen noch nicht bestätigte Beamte:* Es wird festgestellt, dass gegen die Einleitung solcher Verfahren rechtlich keinerlei Bedenken besteht, das praktische Bedürfnis danach aber außer in den Fällen, in denen Entlassung in Frage kommt, nicht erheblich ist. In derartigen Fällen aber wird es zweckmäßigerweise durchgeführt.

6. *Anforderung von Personalakten über Beamte, die früher in der russischen Zone beschäftigt waren:* Die Erfahrungen der einzelnen Bezirke werden ausgetauscht.

Zusatz zu der TO.

1. *Erstattung erlassener Geldstrafen:* Bei dem insbesondere in Dienststraf- und Ehrengerichtsverfahren vorgesehenen Straferlass erhebt sich, wie Dr. Kesseböhmer vorträgt, das Problem, ob die entrichtete Geldstrafe zu erstatten ist. Es wird übereinstimmend die Auffassung vertreten, dass die gezahlte Geldstrafe in diesen, wie grundsätzlich in allen anderen Fällen nicht erstattet werden kann, da ein Erstattungsschuldner (Deutsches Reich) nicht vorhanden ist und auch noch keine Wiedergutmachungsgesetze insoweit existieren; auch der Gesichtspunkt der ungerechtfertigten Bereicherung entfällt.

Es wurde beschlossen, die nächste Tagung der GstA im letzten Drittel des Monats Januar 1947 stattfinden zu lassen, und zwar voraussichtlich in Goslar, falls dort nicht möglich, evtl. in Hamburg.

Gez. Dr. Klaas.

VIII. Protokoll der Besprechung am 12./13.5.1947 in Wolfenbüttel

Teilnehmer:
Von Zentralbehörden:
1. StS Dr. Moericke in Celle/Hannover
2. Präs. der Strafrechtsabteilung im ZJA Dr. Klaas in Hamburg
3. Generalinspekteur für die Spruchgerichte Dr. Meyer-Abich in Hamburg/Oldenburg

Von den Bezirken:
1. Braunschweig: GstA Dr. Staff, AGR Herbst
2. Celle: OstA Biermann, MinRat Dr. Eichler
3. Hamburg: GstA Feyen

4. Hamm: GstA Dr. Kesseböhmer
5. Kiel: GstA Dörmann
6. Köln: GstA von Lewinski
7. Oldenburg: LG-Dir. Rieß

Die Besprechung fand unter dem Vorsitz des GstA Dr. Kesseböhmer statt. Sie begann am 12.5.1947, 9 Uhr.

I. Gefangenentransportwesen, Bericht über den gegenwärtigen Stand der Angelegenheit.

MinRat Dr. Eichler erstattete ein eingehendes Referat. Nach allgemeiner Ansicht erscheint es zweckmäßig, dass die Justizverwaltung das gesamte Gefangenentransportwesen übernimmt. Sie soll auch die Transportkosten tragen. Eine Erstattung der Kosten unter den einzelnen Ländern soll nicht erfolgen. Wegen der Einrichtung des Transportwesens auf der Reichsbahn soll der GstA in Celle weiterhin die Federführung haben. Ein Gefangenentransportwagen der Reichsbahn wird im Allgemeinen mit drei Beamten in je zwei Schichten zu besetzen sein. Transportbeamte werden zweckmäßig in der waffenlosen Kampfesweise ausgebildet. Besonderes Augenmerk wird dem Zubringe- und Abholverkehr zuzuwenden sein.

II. Zentralbeschaffungsamt für den Strafvollzug (Schreiben Hamm vom 10.12.1946 – 4402 a GstA 4.19 –).

GstA Dr. Kesseböhmer berichtete über den Sachstand. *Generalinspekteur Dr. Meyer-Abich* empfiehlt, den in seinem Geschäftsbereich tätigen Herrn Hansen, der eine sehr geeignete Persönlichkeit sei, für Zwecke einer zentralen Beschaffung heranzuziehen. Der GstA in Hamm soll sich mit Herrn Hansen zu diesem Zwecke in Verbindung setzen.

III. Übernahme des Hilfsstrafvollzugsdienstes auf die Bezirke: MinRat Dr. Eichler erstattete ein Referat. Bisher sind im Hilfsstrafvollzugsdienst rund 2.000 Hilfsaufseher ausgebildet worden. Es sollen noch etwa weitere 600 zur Ausbildung gelangen. Hinsichtlich der den einzelnen Bezirken zugedachten Betreuung der deutschen Wachen in den Lagern, die zu diesen Bezirken gehören, besteht immer noch keine Klarheit über die Zuständigkeitsabgrenzung gegenüber Westertimke bzw. dem GstA in Celle. Die Dienstbefugnis hinsichtlich der Hilfsaufseher ist auf den jeweiligen britischen Lagerkommandanten übertragen worden. An die Angehörigen des Hilfsstrafvollzugsdienstes wird jetzt ein Lagergeld von 2 RM täglich gezahlt, von dem jedoch 1,10 RM für Verpflegung, Unterkunft usw. in Abzug gebracht werden. Eine gewisse kleine Anzahl von Hilfsaufseherstellen des ordentlichen Strafvollzugsdienstes soll demnächst zur Besetzung mit ausscheidenden Angehörigen des Hilfsstrafvollzugsdienstes offen gehalten werden.

IV. Politische Überprüfung der Vollzugsbeamten: Diese Überprüfung erfolgt in den einzelnen Bezirken verschieden. Im Allgemeinen werden die Beamten vom Obersekretär abwärts nicht etwa generell überprüft.

V. Bildung von Betriebsräten, insbesondere in Vollzugsanstalten: Die Verhältnisse in den einzelnen Bezirken ergeben kein einheitliches Bild für die gesamte Zone. Nach Anordnung der MR in Hamburg und Braunschweig scheinen Betriebsräte nunmehr auch in Vollzugsanstalten zugelassen zu werden. In Hamburg besteht auch für die Justiz ein Gesamtbetriebsrat. Die Frage, ob Beamte des höheren und solche des gehobenen Dienstes Betriebsräten angehören dürfen, erscheint zweifelhaft, da sie nicht Mitglieder von Gewerkschaften sein dürfen.

VI. Anrechnung der von Strafgefangenen in einem Krankenhaus verbrachten Zeit auf die Strafzeit (§ 461 StPO): Im Hinblick auf die neuerlich ergangene Anordnung der MR über die Bedeutung des § 461 StPO wird von verschiedenen Seiten die Auffassung vertreten, dass eine Unterbrechung der Haft wegen Krankheit nicht mehr zulässig sei. Die Bedeutung der englischen Stellungnahme auch für die §§ 30 und 31 der StrafvollstrO sowie die entsprechenden Bestimmungen der StrafvollzugsO wurden erörtert.

VII. Einrichtung eines Tbc-Krankenhauses für Gefangene: Eine Übernahme des früher in Aussicht genommenen Schlosses Brevern kommt für absehbare Zeit nicht in Betracht. MinRat Dr. Eichler soll die Genehmigung der englischen MR zur Einrichtung eines Tbc-Krankenhauses für die Brit. Zone herbeiführen und die erforderlichen weiteren Schritte ggfs. Unter Hinzuziehung des bereits oben erwähnten Herrn Hansen unternehmen. Für ein solches Krankenhaus kommt eine in der Nähe von Bremen gelegene Anstalt in Betracht.

VIII. Frage der Strafbarkeit der Entweichung von Gefangenen: Die GstA sprechen sich gegen die Einführung der Strafbarkeit der Entweichung eines Gefangenen, wie sie in Bayern bereits eingeführt ist, aus. Es wird darauf hingewiesen, dass in weiten Kreisen der Strafvollzugsbeamten die Einführung der Strafbarkeit als wünschenswert erachtet wird unter dem Gesichtspunkt des Vergehens gegen die Rechtspflege.

IX. Vollstreckungsersuchen im interzonalen Verkehr: Es wird nochmals ausdrücklich betont, dass auch Vollstreckungsersuchen von Behörden der russisch besetzten Zone grundsätzlich durchzuführen sind.

X. Sicherungsverwahrung: Die GstA sprechen sich für eine Beibehaltung des Instituts der Sicherungsverwahrung aus. Sie erstreben eine möglichste Einheitlichkeit in der Durchführung des Vollzuges der Sicherungsverwahrung. MinRat Dr. Eichler wird gebeten, Maßnahmen zu einer solchen Vereinheitlichung vorzubereiten.

XI. Bekämpfung von Eisenbahndiebstählen: Die Erfahrungen auf diesem Gebiete wurden ausgetauscht. Von einer Aufstellung von Richtlinien über die Bekämpfung von Eisenbahndiebstählen wird abgesehen. In Hamburg werden alle vor dem 1.5. ds. Js. begangenen Delikte sehr großzügig behandelt werden (Einstellung nach § 153 StPO oder kleine Geldstrafen).

XII. Verfolgung der Ausschreitung gegen Juden im November 1938: Die Erfahrungen auf diesem Gebiete wurden ausgetauscht. Dabei kam allgemein der Wunsch zum Ausdruck, dass die von der MR noch angeordnete Beschränkung der Strafverfolgung von Vergehen zum Nachteil von Juden aufgehoben würde. Ein strafrechtliches Einschreiten gegen Beamte wegen ihres damaligen Verhaltens (im Jahre 1938) wird nur für berechtigt gehalten, wenn der Beamte sich eines strafwürdigen Tuns schuldig gemacht hat. Ein gewöhnliches Unterlassen des Einschreitens in der damaligen Zeit wird im Hinblick auf die damals herrschenden Zustände im Allgemeinen nicht ausreichen zur Verwirklichung eines strafrechtlichen Tatbestandes.

XIII. Beschäftigung weiblicher StA: Gegen eine solche Beschäftigung bestehen grundsätzlich keine Bedenken. Die Lage des Einzelfalls wird immer entscheidend sein, wobei allerdings im Hinblick auf die Eigenart des staatsanwaltschaftlichen Dienstes größte Zurückhaltung geboten erscheint.

XIV. Verkehr von Verteidigern und Untersuchungsgefangenen (RV des RJM vom 15.9.1944 – 3170/1 – I a 5654 –): Wie die Aussprache ergab, ist das Berliner Merkblatt nicht in allen Bezirken eingeführt worden. Eine unnötige Erschwerung des Verkehrs der Verteidiger mit Untersuchungsgefangenen ist zu vermeiden. Andererseits gebieten wichtige strafprozessuale Gesichtspunkte die Unterbindung eines über den Zweck des Verteidigerbesuchs hinausgehenden Verkehrs. Es wird für erforderlich erachtet, dass Referendare oder Bürovorsteher, die vor den eigentlichen Verteidiger die Untersuchungshäftlinge besuchen wollen, den Besuch nicht lediglich aufgrund einer Verteidigervollmacht durchführen können, sondern einen Sprechschein beibringen müssen.

XV. Strafzumessung als Revisionsgrund (Arndt in Südd. Juristenzeitung Jahrgang I Nr. 2): Der GstA in Celle wird den übrigen GstA eine zu dieser Frage verfasste Denkschrift des Reichsanwalts Schneidewien zugehen lassen.

XVI. Zuständigkeit der GstA in Gnadensachen (Schreiben der Rechtsabteilung der Kontrollkommission aus Dezember 1946 – Leg/MOJ/52303/I –). Die Frage ist durch die inzwischen ergangene VO Nr. 67 im Wesentlichen geklärt. In Niedersachsen und Schleswig-Holstein steht das Gnadenrecht dem Ministerpräsidenten zu, der es delegieren kann.

XVII. Annullierung von Urteilen in politischen Verfahren in der sowjetischen Zone. Auswirkung auf die Brit. Zone (Deutsche Rechtszeitschrift Heft 6, Dez. 1946 S. 183): In Zweifelsfällen soll an das ZJA Bericht erstattet werden.

XVIII. Aufräumungsarbeiten als Auflage (Düsseldorfer Nachrichten Nr. 7 S. 67): Eine solche Auflage wird bei bedingter Strafaussetzung für zulässig angesehen. Dagegen erscheint die Hervorhebung der – bestimmungsmäßig begründeten – Ablieferungspflicht z.B. bei Landwirten als Auflage bei bedingter Strafaussetzung nur zulässig, soweit die Ablieferung über das Ablieferungssoll hinausgehen soll.

XIX. Spruchgerichte und Anklagebehörden bei den Spruchgerichten. Haushaltsrechtliche Behandlung (Offenhalten der Stellen, Beförderung usw. der bei den Spruchgerichten eingesetzten Beamten): Der Generalinspekteur *Dr. Meyer-Abich* erstattete einen eingehenden Bericht, in dem er auf die Entwicklung seit Mai 1945 sowie die Grundlagen der zu treffenden Entscheidungen (insbes. Nürnberger Urteil, Statut, Kontrollratsgesetz Nr. 10 und Ordonnance Nr. 69) hinweist. Die zur Aburteilung gelangenden Taten seien nicht politische Straftaten, sondern solche krimineller Art. Es handle sich nicht um eine Art Entnazifizierungsverfahren, sondern um ein Verfahren zur Aburteilung einer verbrecherischen Tätigkeit, wie sie bereits in ähnlicher Weise in der RGE Bd. 58, S. 401 für strafbar erachtet worden sei. In dem Nürnberger Urteil seien nicht die Organisationen verurteilt worden, sondern nur der Kreis der Personen aus diesen Organisationen, die in Kenntnis des verbrecherischen Charakters der Organisationen Mitglieder bei diesen geworden oder geblieben seien. Hinsichtlich des Verhältnisses der vor den Spruchkammern zu erledigenden Verfahren zu den vor den ordentlichen Gerichten wegen Vergehens nach dem Kontrollratsgesetz Nr. 10 schwebenden wies Dr. Meyer-Abich darauf hin, dass die in den beiden Arten von Verfahren zur Aburteilung gelangenden Delikte nach seiner Ansicht in Realkonkurrenz zueinander standen. Die Verfahren vor den ordentlichen Strafverfolgungsbehörden hätten den Vorrang gegenüber denen vor den Spruchgerichten. Sie sollten daher möglichst beschleunigt werden. Zum Zweck einer guten Auswertung des in den beiden Verfahren zutage tretenden Materials sei eine möglichst enge Zusammenarbeit zwischen den StA und den Anklagebehörden bei den Spruchgerichten wünschenswert. Diesem Zweck dienten u.a. auch die bereits früher angeordneten Meldungen an die Zentralkartei. Die Auffindung von Beschuldigten oder Zeugen könne durch entsprechende strafregisterliche Maßnahmen erleichtert werden. Der Generalinspekteur ist bereit, auch die Überstellung mancher in den Internierungslagern befindlichen Personen in Untersuchungshaftanstalten dann zu vermitteln, wenn das von den ordentlichen Gerichten zu verfolgende Verbrechen schwerer wiegt als das von den Spruchgerichten abzuurteilende Vergehen. Denunziationsfälle im Sinne des Erlasses der MR vom 21.11.1946 werden nicht an die Spruchgerichte zur Aburteilung abgegeben werden, da diese nicht mit der Aburteilung politischer Straftaten befasst werden sollen. Nach den bisherigen Erfahrungen scheint das Strafbescheidsverfahren nicht in jeder Hinsicht zu dem gewünschten Erfolg zu führen versprechen.

Die aus den Anklagebehörden bzw. Spruchgerichten in die andere Justizverwaltung zurückkehrenden Beamten haben Anspruch auf Einweisung bzw. Offenhaltung ihrer Planstellen, nicht jedoch auf Einweisung in eine entsprechende Beförderungsstelle. – Vor Beförderungen wird sich Dr. Meyer-Abich mit den in Frage kommenden GstA ins Einvernehmen setzen. Es folgte noch eine Besprechung der haushaltsrechtlichen Vorschriften, die im Wesentlichen von Amtsrat Hohnstein entworfen worden sind.

XX. Kontrollratsgesetz Nr. 10, insbes. Ermächtigung zur Verfolgung von Denunziationen: Die in dem Schreiben der Legal Division vom 21.11.1946 vorgesehene Vorlage von Vorgängen betr. Denunziationen soll künftighin unterbleiben. Aus der Versammlung heraus wurde darauf hingewiesen, dass die gegen eine Verfolgung von Denunziationen früher bestehenden Bedenken heute nicht mehr bestehen. Insbesondere verletze das Kontrollratsgesetz Nr. 10 gar nicht den Grundsatz nulla poena bzw. nullum crimen sine lege. Das Kontrollratsgesetz Nr. 10 sei deutsches materielles Recht. Das Schreiben der Legal Division vom 21.11.1946 sei nur insoweit als VO anzusehen, als dieses Schreiben die Ermächtigung gebe, nunmehr auch Denunziationsfälle vor deutschen Gerichten zur Aburteilung zu bringen. Soweit dagegen in dem Schreiben lediglich eine Möglichkeit erörtert werde, an das ZJA heranzutreten, sei das Schreiben nicht etwa als eine VO zu betrachten. Es sei Aufgabe der Rechtsprechung, die im Zusammenhang mit einer Aburteilung von Denunziationen auftretenden Zweifelsfragen zu klären. Ein Gericht dürfe insbesondere nicht etwa eine Entscheidung unter Hinweis auf die Möglichkeit ablehnen, die Sache dem ZJA vorzulegen.

Im Übrigen wurde die Auffassung vertreten, dass man die Eigenschaft einer Handlung als Verbrechen gegen die Menschlichkeit nicht auf die Folgen der Handlung allein abstellen könne. Für die Frage, ob beispielsweise der durch die StrafffreiheitsVO vom 21.3.1933 ausgesprochene Straferlass jetzt noch Anerkennung verdiene, wurde empfohlen, den Erlass des im Entwurf vorliegenden Rechtseinheitsgesetzes abzuwarten.

XXI. Rechtspflegegesetz: Der Entwurf des Rechtspflegegesetzes wurde erörtert. Die Besprechung ergab eine einhellige ablehnende Stellungnahme, insbesondere zu der in dem Entwurf vorgesehenen Einführung des Rechtspflegers als Friedensrichter.

XXII. Strafregisterfragen, insbes. Penal Branch Instruction No. 14: Die GstA vertreten die Auffassung, dass diese Instruction nicht eine Tilgung im technischen Sinne, sondern lediglich einen Vermerk über den Erlass der Strafe anordnen wolle.

XXIII: Hilfsbeamte der StA: AG-Rat Herbst, Braunschweig, erörterte die Frage, ob lediglich das ZJA eine Bestellung von Einzelbeamten, die nicht in den Kreis der allgemein zu Hilfsbeamten bestellten Personen fallen, zu Hilfsbeamten der StA vornehmen solle oder ob dieses Recht nicht zweckmäßigerweise den GstA delegiert werden könne.

XXIV. Vereidigung der Angestellten der StA (nicht Vollzugsanstalten): Eine Vereidigung der Angestellten wird nicht für erforderlich gehalten. Es genügt, die Angestellten neu zu verpflichten. Eine teilweise Abschrift des Erlasses der Rechtsabteilung der Kontrollkommission vom 14.2.1947 – Legal/MOJ/52334 – wurde überreicht.

XXV. Stellung der früheren Amtsanwaltschaften innerhalb der StA: Der jetzige Zustand – Eingliederung der Amtsanwaltschaften – soll beibehalten werden.

XXVI. Einstellung der Verfahren nach § 153 StPO bei gerichtlichen Strafverfügungen: Nach Erlass der gerichtlichen Strafverfügung obliegt die Entscheidung über die Einstellung des Verfahrens dem Gericht, nachdem die StA diese angeregt hat.

XXVII. Erstattung von erlassenen Dienstgeldbußen: Die Erstattung solcher Dienstgeldbußen, die inzwischen erlassen worden sind, wird für zulässig erachtet. Es wird jedoch ggfs. Die Einholung einer entsprechenden Anweisung seitens des ZJA für zweckmäßig angesehen.

XXVIII. Kontrollratsgesetz Nr. 50: Besondere Erfahrungen über die Behandlung der Strafverfahren nach diesem Gesetz waren im Hinblick auf die Kürze der seit Inkrafttreten des Gesetzes verstrichenen Zeit noch nicht gemacht worden.

XXIX. Einziehung nationalsozialistischen Schriftguts (Kontrollratsbefehl Nr. 4): Die Behandlung dieser Frage ist in den einzelnen Bezirken verschieden erfolgt.

Schluss der Beratungen am 13.5.1947, nachmittags 16 Uhr.

IX. Protokoll der Besprechung am 14./15.10.1947 in Braunschweig

Teilnehmer:
Von Zentralbehörden:
1. StS Dr. Moericke in Celle/Hannover
2. Präs. der Strafrechtsabteilung im ZJA Dr. Klaas, Hamburg
3. Generalinspekteur für die Spruchgerichte Dr. Meyer-Abich in Hamburg/Oldenburg

Von den Bezirken:
OLG Braunschweig: GstA Dr. Staff, AGR Herbst
OLG Celle: OstA Biermann
OLG Düsseldorf: GstA Dr. Junker
OLG Hamburg: GstA Feyen
OLG Hamm: GstA Dr. Kesseböhmer, OstA Dr. Henning
OLG Kiel: GstA Dörmann
OLG Köln: GstA von Lewinski
OLG Oldenburg: LG-Dir. Ries

Die Besprechung fand unter dem Vorsitz des *GstA Dr. Kesseböhmer* statt. Sie begann am 14.10.1947, 8.30 Uhr.

I. Materielles Strafrecht

1. Abwehr unsachlicher Angriffe gegen die Justiz und Staatsverleumdung im Sinne des § 131 StGB: Die Angelegenheit wurde besprochen, und die in den einzelnen Bezirken erworbenen Erfahrungen wurden ausgetauscht. Allgemein wurde die Ansicht vertreten, dass unsachliche Angriffe gegen die Justiz in der Regel nicht den Tatbestand des § 131 StGB erfüllen, sondern ggfs. unter dem Gesichtspunkt der §§ 185 ff. StGB und der Bestimmungen im Teil 8 Kap. III der VO vom 8.12.1931 – RGBl. I S. 742 – zu verfolgen sind. – Eine aktivere Gestaltung des gesamten Justizpressewesens wurde für dringend notwendig erachtet.

2. Rechtliches Zusammentreffen von Straftaten nach dem Kontrollratsgesetz Nr. 10 und solchen nach allgemeinen deutschen Strafgesetzen: Die Behandlung dieser Frage ist in den einzelnen Bezirken verschieden. In der Mehrzahl der Bezirke wird in Fällen von Vergehen gegen die Menschlichkeit, in denen die Tat des Beschuldigten zugleich auch den Tatbestand einer deutschen Strafbestimmung erfüllt, unter dem Gesichtspunkt eines solchen Delikts – nach den deutschen Bestimmungen in Tateinheit mit einer Zuwiderhandlung gegen das Kontrollratsgesetz Nr. 10 Anklage erhoben. In anderen Bezirken wird in diesen Fällen, falls die deutsche Strafbestimmung im Einzelfall auch dem Strafrahmen nach ausreicht, häufig lediglich aus dieser Bestimmung angeklagt.

Die Konkurrenzfrage soll nach Möglichkeit baldiger Klärung durch die Rechtsprechung zugeführt werden. – Für die Zwischenzeit wird empfohlen, der Stellungnahme der Mehrzahl der Bezirke zu folgen. – Die Frage, inwieweit ein Verletzter sich einem Verfahren wegen Verbrechens gegen die Menschlichkeit als Nebenkläger anschließen kann, unterliegt z.Zt. der Prüfung des ZJA.

3. Anwendung des KRG Nr. 50 [Entwendung]: Eine Notwendigkeit, die Bestimmungen des Gesetzes, insbesondere die über den Täterkreis, besonders weit auszulegen, besteht nicht, zumal bei Nichtanwendbarkeit des Gesetzes ausreichende deutsche Strafbestimmungen insbesondere in der VerbrauchsregelungsstrafVO und der KWVO zur Verfügung stehen. In den für eine Anwendung in Betracht kommenden Fällen wird das KRG 50 als lex specialis gegenüber den früheren deutschen Bestimmungen anzusehen sein. Die Polizeibehörden geben dem Gesetz vielfach eine nicht vertretbare, zu weitgehende Auslegung.

3 a. Strafverfolgung von Gefangenen wegen Entweichens: Es bleibt bei der früheren ablehnenden Stellungnahme gegenüber der Einführung einer Strafvorschrift, wenngleich die in Bayern getroffene gegenteilige Regelung zu einem Rückgang der Entweichungen geführt haben soll.

3 b. Zuständigkeit zur Prüfung über die Entlassung aus der Unterbringung (KRG Nr. 55): Da die Bestimmung des Art. I Nr. 12 in Verbindung mit Art. II des KRG Nr. 55 immerhin zu Zweifeln Anlass geben kann, welche Stelle nunmehr für die nach §§ 42 f und h StGB zu treffenden Entscheidungen zuständig ist, wird das ZJA voraussichtlich eine diese Zweifel ausschließende Regelung treffen.

II. Gerichtsverfassung, Strafverfahren

4. Wiedereinrichtung der Amtsanwaltschaften: Die überwiegende Auffassung geht dahin, dass von einer Ausgliederung der Amtsanwaltschaften abgesehen werden sollte.

5. Behandlung der Euthanasieverbrechen: Düsseldorf trug bezirkliche Erfahrungen auf diesem Gebiete vor und wird diese den anderen Bezirken schriftlich mitteilen.

6. Internationale Rechtshilfe: Die Lage aufgrund der Anordnung der Legal-Division vom 28.7.1947 wurde besprochen. Die Fälle müssen individuell entschieden werden.

7. Aburteilung von Straftaten, die begangen wurden in KZ-Lagern, insbesondere solchen außerhalb der Besatzungszone: Wegen der Notwendigkeit einheitlicher Behandlung und aus Gründen der Arbeitsersparnis ist anzustreben, dass für alle Straftaten, die in außerhalb Deutschlands gelegenen KZ begangen sind, eine bestimmte StA als zuständige Verfolgungsbehörde bezeichnet wird. Für die Verfolgung sämtlicher Straftaten in KZ innerhalb Deutschlands müssten die obersten Justizbehörden der einzelnen Länder in einer übereinstimmenden Erklärung die Zuständigkeit für die für das Lager örtlich zuständige StA begründen.

8. Vernehmung von Insassen von Internierungslagern im Vorverfahren: Eine Vernehmung durch Beamte des Generalinspekteurs erscheint nicht angebracht und ist auch nicht mit dem seitens der MR festgelegten Verfahren vereinbar. Die Beschleunigung dieses Verfahrens ist jedoch, wie in Celle geschehen, anzustreben. Bei weiter Entfernung kommt auch eine Erledigung im Wege der Amtshilfe durch die nächstgelegene StA in Frage.

9. Einführung der Laiengerichtsbarkeit: Die Wiedereinführung der Laiengerichtsbarkeit wurde allgemein begrüßt. Im Hinblick auf die Bedeutung der der schöffengerichtlichen Zuständigkeit überwiesenen Sachen wurde es als notwendig bezeichnet, als Sitzungsvertreter bei Schöffengerichten lediglich StA (also nicht Amtsanwälte) auftreten zu lassen. Eine Wiedereinrichtung der sog. Kleinen Strafkammer wurde als unerwünscht bezeichnet; ihre Aufgaben sollten durch die sog. Große Strafkammer erledigt werden.

10. Nachprüfung des öffentlichen Interesses an der Strafverfolgung in Sachen, deren Erledigung im Ordnungsstrafverfahren von dem Landesernährungsamt oder der Preisbehörde betrieben wird.

11. Verbleib der Akten, wenn im Falle des aufgehobenen § 28 der PreisstrafrechtsVO vom 26.10.1944 der Betroffene auf gerichtliche Entscheidung angetragen hat.

12. Bestrebungen von Preisbehörden, in dem zuletzt genannten Falle Geldstrafen und eingezogenen Mehrerlös zu vereinnahmen.

Zu 10. Bis 12.: Der gesamte Komplex wird auf Wunsch des Verwaltungsamtes für Wirtschaft im ZJA geklärt werden.

13. Verfolgung unwahrer Angaben vor einem Entnazifizierungsausschuss (Art. XIII 16 a Satz 2 MR-VO Nr. 79): Die vorbezeichnete Bestimmung dürfte dahin auszulegen sein, dass zwar der Inhalt einer Aussage oder eines Geständnisses vor einem Entnazifizierungsausschuss für ein Gericht in Strafsachen – im Sinne einer reinlichen Scheidung beider Verfahren – nicht ohne weiteres als bewiesen angesehen werden darf, dass aber nicht etwa eine *in strafbarer Weise* gemachte Angabe, die z.B. den Tatbestand des § 186 StGB oder des § 164 StGB erfüllt, der strafgerichtlichen Verfolgung entzogen ist.

14. Zurücknahme gerichtlicher Strafverfügungen: Wenn der Erlass der gerichtlichen Strafverfügung ohne Beteiligung der StA erfolgt, so ist diese doch für ihre Zurücknahme als ausschließlich zuständig anzusehen, wie aus den Bestimmungen der §§ 417, 411 StPO und der allgemeinen Stellung der StA im Strafverfahren zu folgern sein dürfte.

15. Strafregisterauskünfte und Akteneinsicht (Personalakten) durch politische Überprüfungsausschüsse und Organisationen politisch Verfolgter: Eine grundsätzliche Regelung durch das ZJA ist in Aussicht genommen. – Akteneinsicht sollte nur den Vorsitzenden der Ausschüsse und Organisationen persönlich gewährt werden, und zwar in der Regel nur dann, wenn die Erteilung einer Auskunft nicht genügt und wenn eine vertrauliche Behandlung der Akten gewährleistet erscheint.

15 a. Untersuchungsgefangene für Militärgerichte und deutsche Gerichte (Schreiben der Kontrollkommission vom 25.9.1946 – LRG/MOJ/52333 –, vgl. Ziff. 9 des Protokolls vom 18.11. über die Tagung in Damme): Die Versammlung ist der Auffassung, dass der Angelegenheit keine erhebliche Bedeutung zuzumessen ist.

15 b. Praxis der Begnadigung in Wirtschaftssachen: Wirtschaftssachen dürfen in der Gnadenpraxis nicht anders als sonstige Strafsachen behandelt werden.

III. Strafvollzug

A. Verpflegung der Gefangenen

16. Versorgung der Anstalten mit Gemüse (Hülsenfrüchte): Braunschweig trug die Verpflegungslage, die in allen Bezirken mehr oder weniger schwierig ist, vor. Die Zuweisung von Hülsenfrüchten durch die Landesernährungsämter muss angestrebt werden. Oldenburg und Celle werden prüfen, ob eine Abgabe von Gemüse in die Bezirke mit besonderer Bevölkerungsdichte möglich ist.

17. Lebensmittelzulage für jugendliche Gefangene: Aus den Bezirken außer Braunschweig wurden keine Klagen erhoben.

18. Vollzug strenger Tage (Kostschmälerung und hartes Lager). (Nr. 19 der Jugendarrestvollzugs O): In Niedersachsen sind wieder strenge Tage eingeführt, zumal bei ihrer Vollstreckung der Kaloriensatz der Verpflegung dadurch nicht geändert wird. – Die Zurückstellung der Angelegenheit bis zum Frühjahr wurde allgemein für zweckmäßig gehalten.

19. Einbringung von Lebens- und Genussmitteln in Vollzugsanstalten: In Braunschweig sind monatliche Pakete bis zu einem Gewicht von 4 kg durch das Ministerium und durch die MR für Untersuchungsgefangene zugelassen. Die dagegen sprechenden Bedenken wurden erörtert. Eine einheitliche Behandlung in allen Bezirken erscheint notwendig. Es soll zunächst die Praxis beobachtet werden und spätere Vorstellungen sollen vorbehalten bleiben.

20. Unbefugtes Zustecken von Lebens- und Genussmitteln, auch Kassibern durch Verteidiger: Solche Fälle wurden in mehreren Bezirken beobachtet und in einzelnen Bezirken sind bereits strenge Ahndungen durch Ehrengerichte erfolgt.

20 a. Raucherlaubnis für Gefangene: In Oldenburg hat ein Anstaltsleiter Raucherlaubnis zwecks Steigerung der Arbeitsleistung und als Disziplinarmittel beantragt. Hiergegen sind erhebliche Bedenken geltend gemacht.

B. Gesundheitspflege der Gefangenen

21. Beschaffung von Heilmitteln (Salvarsan, Penicillin): In mehreren Bezirken, in denen Schwierigkeiten bestehen, wurden hinsichtlich der Heilmittel Anträge an die zuständigen Stellen gestellt.

22. Tbc-Krankenhaus: Ein Bericht des Herrn Hansen (Beauftragter des Generalinspekteurs) wurde den Besprechungsteilnehmern übergeben.

23. Zentrale Beschaffung für die Vollzugsanstalten: Es ist erforderlich, dass Herr Hansen seitens der Länderministerien einen zonalen Auftrag erhält, damit er als Zentralbeschaffungsstelle der Justiz der Brit. Zone den zonalen und bizonalen Ämtern gegenüber auftreten kann. Düsseldorf wird das Justizministerium von Nordrhein-Westfalen bitten, mit den obersten Justizbehörden der anderen Länder wegen der Erteilung eines entsprechenden Auftrags an Herrn Hansen in Verbindung zu treten.

24. Strafvollzug bei Verurteilung durch die Spruchgerichte: Die Angelegenheit hat inzwischen ihre Erledigung gefunden.

25. Berichterstattung über den neuesten Stand des Gefangenentransportwesens: Wie aus dem mündlichen Vortrag von Hamm und aus dem den Teilnehmern übergebenen schriftlichen Bericht von Celle hervorgeht, ist mit einer baldigen Ingangsetzung des Sammelwagenverkehrs der Eisenbahn zu rechnen. Die Umläufe der Sammelwagen wurden bekanntgegeben.

26. Einflussnahme der Arbeitsämter auf Gefangenen-Außenarbeiter: Entsprechend der Praxis in den Jahren um 1930 sind die in mehreren Bezirken beobachteten Versuche der Arbeitseinsatzstellen, ein Anweisungsrecht an die Vollzugsanstalten bezüglich des Einsatzes der Gefangenen zu erhalten, abzulehnen. Der Arbeitseinsatz soll jedoch im Einvernehmen mit den Lenkungsmaßnahmen der Arbeitsämter erfolgen.

27. Ehrenamtliche Mitarbeit von Vertretern der Öffentlichkeit im Strafvollzug: Eine Wiedereinführung des Gefängnisbeirates wird grundsätzlich für erwünscht gehalten. Die Mitglieder des Beirats sollen möglichst aus den Reihen der Gefängnisgesellschaften stammen; sie sollen jedoch nicht ohne Aufsicht die Gefangenen in der inneren Anstalt aufsuchen dürfen.

IV. Beamtenfragen

28. Einweisung der bei den Spruchgerichten und den Anklagebehörden bei den Spruchgerichten tätigen Beamten in Planstellen: Der Generalinspekteur machte eingehende Ausführungen über diese Frage und gab bekannt, dass er bereits an die MR einen Antrag auf Zuweisung der Planstellen der Anklagebehörden an die ordentlichen Behörden nach Erledigung der Aufgaben der ersteren gestellt habe. Schwierigkeiten bietet nach Auffassung der Besprechungsteilnehmer namentlich die Übernahme beförderter StA bei den Anklagebehörden. Der Generalinspekteur wird den Bezirken zu ihrer Unterrichtung eine Aufstellung seiner StA zusenden.

29. Übernahme von Angehörigen des Hilfsstrafvollzugsdienstes in den ordentlichen Vollzugsdienst: Die Frage hängt mit Ziff. 30 der TO zusammen. Zurzeit ist eine Übernahme mangels freier Planstellen nur ausnahmsweise möglich. Celle empfiehlt bei dieser Übernahme Zurückhaltung, da qualitativ nur verhältnismäßig wenige Kräfte in Frage kommen.

30. Erhöhung der Zahl der Planstellen (auch Beförderungsstellen im Aufsichtsdienst [Vollzug]): Angesichts des Missverhältnisses zwischen Planbeamten und Hilfskräften im Aufsichtsdienst (im Bezirk Hamm 450 zu 800) erstrebt das Justizministerium Nordrhein-Westfalen eine Erhöhung der Zahl der Planstellen und der Beförderungsstellen. Eine Quote von 1:7 der Zahlen der Aufsichtskräfte zu der der Gefangenen wird allgemein für erforderlich [gehalten].

31. Wiedereinführung der kurzen Strafvollzugslehrgänge im Rahmen des juristischen Vorbereitungsdienstes: Die Frage wurde erörtert, ob der Referendar während einer Woche in die Praxis des Strafvollzugs eingeführt werden soll.

32. Betriebsräte und Leiter der Behörde: Es wurde bekanntgegeben, dass das ZJA die bereits früher angekündigten Richtlinien für Betriebsvereinbarungen inzwischen erlassen hat. Im Übrigen wurde die Angelegenheit erörtert. Köln hat eine Verfügung der MR erhalten, wonach bei Vollzugsanstalten die Betriebsräte ihre Tätigkeit wieder einstellen sollen.

33. Einsichtnahme in Personalakten: Entsprechend den früheren Beschlüssen von Wolfenbüttel und Altena wurde ein unbeschränktes Einsichtsrecht des Beamten nicht für zweckmäßig erachtet. Dasselbe gilt für die Einsichtnahme in die Personalakten durch den Betriebsrat.

34. Zulassung von Anwärtern für die Amtsanwaltslaufbahn: Angesichts des Vorhandenseins vieler ausgebildeter Kräfte des höheren Dienstes besteht z.Zt. für die Ausbildung und Einberufung von Anwärtern kein Bedürfnis.

V. Verschiedenes

Die nächste Tagung soll voraussichtlich im Bezirk des OLG Oldenburg stattfinden.

– Schluss der Beratungen am 15.10.1947, 12 Uhr –

gez. Dr. Kesseböhmer.

X. Protokoll der Besprechung am 22./23.3.1948 in Damme (Oldbg.)

Teilnehmer:
Von Zentralbehörden:
1. StS Dr. Moericke in Celle (Hann.)
2. Präs. der Strafrechtsabteilung im ZJA Dr. Klaas in Hamburg (am 23.3.1948)
3. Generalinspekteur für die Spruchgerichte Dr. Meyer-Abich in Hamburg-Oldenburg (am 23.3.1948)
4. GstA beim Obersten Gerichtshof Dr. Schneidewien in Köln

Von den Bezirken:
OLG Braunschweig: AG-Rat Herbst
OLG Celle: OstA Biermann, EstA Dr. Harms
OLG Düsseldorf: GstA Dr. Junker
OLG Hamburg: GstA Feyen
OLG Hamm: GstA Dr. Kesseböhmer, EstA Schrübbers
OLG Kiel: GstA Dörmann
OLG Köln: GstA Burchardi
OLG Oldenburg: LG-Dir. Ries, EstA Dr. Gerlach
als Gast: GstA Bollinger, Bremen (US-Zone)

Die Besprechung fand unter Vorsitz des GstA Dr. Kesseböhmer statt, der die Teilnehmer begrüßte und der am Erscheinen verhinderten Senatspräs. am Obersten Gerichtshof Dr. Staff und GstA von Lewinski gedachte, denen telegrafisch die Grüße der Tagung übermittelt wurden. Die Beratungen begannen am 22.3.1948 um 9.00 Uhr. Folgende Punkte wurden besprochen:

16. *Stellung des StA im Strafprozess:* Die Denkschrift des OLG-Präs. in Celle über die Gleichstellung des StA mit dem Verteidiger im Strafprozess, die dieser an den Jmin. des Landes Niedersachsen und abschriftlich an den GstA in Celle sowie an sämtliche OLG-Präs. der Brit. Zone gerichtet hatte, ist vom GstA in Celle am 25.11.1947 beantwortet worden. Abschrift dieser Antwort ist allen GstA zugegangen.

Am 11.12.1947 hat der Jmin. des Landes Niedersachsen dem OLG-Präs. in Celle geantwortet, dass die Aufgabe des deutschen StA von der Einleitung eines

Strafverfahrens an bis zur Beendigung in einer tätigen Beteiligung bestehe und deshalb mit der Stellung des Anklagevertreters im englischen Strafprozess nicht verglichen werden könne. Der gegenwärtige Zeitpunkt stärkster Kriminalität sei auch zu einer Reform nicht geeignet. Die Stellungnahme des Jmin. des Landes Niedersachsen wurde vom ZJA gebilligt. Die aufgeworfenen Fragen sind ferner auf einer Tagung des ZJA in Pyrmont mit den LJMin. erörtert worden. Die einhellige Auffassung ging dahin, dass eine äußerliche Gleichstellung mit dem Verteidiger der grundsätzlichen Stellung des StA im deutschen Strafprozess widerspreche. Inzwischen haben sich dieserhalb auch die Vorstände der Anwaltskammern mit einer Eingabe an das ZJA gewandt, deren Auffassung des ZJA in seiner Antwort entgegengetreten ist.

Die Erörterungen können damit als abgeschlossen angesehen werden; es empfiehlt sich jedoch, in geeigneter Weise auf ein besonders korrektes Verhalten zwischen StA und Richtern in der Hauptverhandlung hinzuwirken.

Im Anschluss hieran wurde die Frage einer Berufsorganisation der StA erörtert. Es besteht z.Zt. keine Veranlassung, für StA eine besondere Organisation zu gründen. Die Bildung einer Gruppe StA innerhalb des Richtervereins wird genügen.

Im Übrigen wird ein häufiger Wechsel zwischen Kräften des richterlichen und staatsanwaltschaftlichen Dienstes für wünschenswert gehalten, um eine Entfremdung der beiden Laufbahnen zu vermeiden. Hierbei ist jedoch zu beachten, dass nur gut qualifizierte Kräfte zwischen den beiden Laufbahnen ausgetauscht werden. Bei Beförderungen von Richtern und StA wird demnächst der Frage Bedeutung beizumessen sein, ob der betr. Beamte in beiden Laufbahnen Erfahrungen gesammelt hat.

Abschließend wurde die Weisungsbefugnis gegenüber dem StA erörtert.

2. Zurücknahme gerichtlicher Strafverfügungen: Die Frage, wer für die Zurücknahme einer vom Amtsrichter erlassenen Strafverfügung zuständig ist, wird von den Gerichten unterschiedlich beantwortet. Nach der einen Auffassung ist der Richter, nach der anderen der StA zuständig. In einigen Bezirken stellt der Richter mit Zustimmung des StA nach § 153 Abs. 3 StPO das Verfahren ein, in anderen auch ohne Zustimmung. *StS Dr. Moericke* teilt mit, dass das ZJA die Auffassung der OLG-Präs. und des Jmin. des Landes Niedersachsen gebilligt habe, nach der im Zusammenhang mit dem Erlass einer Strafverfügung der Richter allein für alle Entscheidungen zuständig sei, weil durch die Neuregelung des Sonderverfahrens bei Übertretungen nach §§ 413 ff. StPO diese von der Polizei auf das Gericht übergegangen seien. Sobald jedoch Einspruch eingelegt sei, müsse die StA beteiligt werden. Es wurde weiter die Frage erörtert, ob für die Anwendung des § 153 StPO auch dann Raum ist, wenn nach Erlass der Strafverfügung eine erneute Prüfung ergibt, dass es überhaupt an einem strafbaren Tatbestand (einer strafrechtlichen Schuld) fehlt, die Anwendbarkeit des § 153 StPO also überhaupt nicht in Betracht kommt. Ferner ergeben sich Bedenken, ob auf dem Wege über den § 153 StPO Fälle erledigt werden können, in denen der Richter aufgrund der von der Polizei vorgelegten Unterlagen eine Strafe für unzweckmäßig hält und von dem Erlass einer Strafverfügung absehen will, da zweifelhaft ist, ob eine derartige Maßnahme mit dem für den Richter bestehenden Legalitätsprinzip vereinbar ist und damit in den Aufgabenbereich der Strafverfolgungsbehörde eingegriffen wird. Der Fragenkomplex wird möglicherweise einer ergänzenden gesetzlichen Regelung bedürfen.

3. Austausch von grundsätzlichen Entscheidungen der OLG: Mit Rücksicht auf die Errichtung des Obersten Gerichtshofes für die Britische Zone erscheint es erforderlich, dass die Entscheidungen der OLG in Strafsachen allgemein bekannt werden, um feststellen zu können, ob ein Senat mit seiner Entscheidung von der eines anderen Senats abweicht. Über die derzeitigen Veröffentlichungen hinaus werden weitere Maßnahmen nicht für erforderlich gehalten, weil die wirklich wichtigen Verfahren ohnehin zur Vorlage kommen werden. Es erscheint jedoch zweckmäßig, dass die Strafsenate zum Ausdruck bringen, ob und wo eine ihrer Entscheidungen veröffentlicht werden soll. Es empfiehlt sich deshalb, eine entsprechende Anregung an sämtliche Senate heranzutragen. Z.Zt. trifft der Lambert Schneider Verlag in Heidelberg Vorbereitungen, die Entscheidungen aller Strafsenate laufend zu veröffentlichen.

4. Zusammenarbeit mit Nachbarbezirken bei Wirtschaftsvergehen: Im Strafverfahren wegen Wirtschaftsvergehens erscheint es häufig notwendig, ein Bild von der Persönlichkeit des Täters und seinem allgemeinen Verhalten zu gewinnen, um festzustellen, ob es sich um eine einmalige Verfehlung oder um die Tat eines gewohnheitsmäßigen Hamsterers und gewerbsmäßigen Schwarzhändlers handelt. Da derartige Feststellungen in der Regel nur am Wohnort des Täters getroffen werden können, erhebt sich die Frage, ob solche Verfahren zweckmäßig an die StA des Wohnorts abzugeben sind, wenn die Tat in einem anderen Bezirk begangen worden ist. Eine allgemeine Abgabe aller Verfahren wegen Wirtschaftsvergehen an die StA des Wohnortes erscheint jedoch unzweckmäßig. Vielmehr hängt die Abgabe von den Besonderheiten des Einzelfalles ab, in solchen Fällen soll die StA des Wohnortes die Übernahme nicht grundsätzlich unter Hinweis auf die durch den Tatort begründete Zuständigkeit ablehnen.

5. Internationale Rechtshilfe: StS Dr. Moericke macht Mitteilung von einem Schreiben der LandesMR Niedersachsen vom 14.11.1947 – 229/MG/5610/LEG –, durch das die einschlägigen Fragen geregelt werden. Das Schreiben wird allen GstA zugehen. Grundsätzlich erscheint es angezeigt, in allen Fällen rein krimineller Natur gegenseitige Rechtshilfe zu gewähren.

6. Beschaffungswesen: Es ist zu bedauern, dass die Justizverwaltung bislang noch nicht als Sonderkontingentträger anerkannt worden ist, obwohl sie die Verantwortung für Leben und Gesundheit zahlreicher Gefangener übernehmen muss. *GstA Dr. Junker* teilt mit, dass im Lande Nordrhein-Westfalen ein Zentralbeschaffungsamt bestehe, dessen Leiter er sei. Es sei ihm gelungen, für bestimmte Gegenstände die Anerkennung als Sonderkontingentträger zu erreichen, allerdings nicht für Textilien und Schuhe. In diesem Zusammenhang wies er auf die Möglichkeit hin, Leibstuhlgefäße [Toiletten] durch die Firma Streuber und Lohmann in Herford zu beziehen. Düsseldorf hat bislang günstige Erfahrungen mit der ständigen Verlegung von jungen Strafgefangenen in einen Arbeitsbetrieb gemacht, wobei die betr. Firma in weitem Umfange die Ausrüstung für das Lager und die Gefangenen übernimmt.

GstA Dr. Meyer-Abich empfiehlt, auch in anderen Ländern Zentralbeschaffungsämter zu bilden, da hierdurch die Legitimation gegenüber den Wirtschaftsbehörden wesentlich gestärkt werde.

7. Dauer der Untersuchungshaft: Präs. Dr. Klaas berichtet über die Erörterung dieser Frage mit einer englischen Kommission und knüpfte hieran die Anregung, mit allen Mitteln auf eine Verkürzung der Dauer der Untersuchungshaft hinzuwirken. Zu empfehlen seien folgende Maßnahmen: Die Weiterbearbeitung der Haftsachen durch den bisherigen Sachbearbeiter im Falle eines Dezernatwechsels, die Nichtversendung von Haftakten, die Anlegung einer persönlichen Haftliste für jeden Sachbearbeiter, die Einrichtung von Sonderdezernaten für Strafsachen von außergewöhnlichem Umfang und die Anklageerhebung hinsichtlich der abschlussreifen Teile eines größeren Strafverfahren vor Abschluss der weiteren noch erforderlichen Ermittlungen.

Zur Beschaffung geeigneten Zahlenmaterials soll nach einem bestimmten Schema für einen bestimmten Stichtag eine Übersicht über die Häufigkeit und Dauer der Untersuchungshaft aufgestellt werden. Insoweit wird der GstA in Hamm das Weitere veranlassen.

Die Teilnehmer berichteten über die von ihnen bereits getroffenen Maßnahmen, um die Dauer der U-Haft zu verkürzen und die der Beschleunigung der Bearbeitung von Haftsachen dienen.

8. Rechtsprechung der OLG zur Frage der Denunziation nach dem Kontrollratsgesetz Nr. 10: Präs. Dr. Klaas berichtet, dass die Erörterung der Frage, ob die Nebenklage in einem Strafverfahren nach dem KRG Nr. 10 zulässig sei, vom ZJA inzwischen in verneinendem Sinne entschieden worden ist, da die Zulassung der Nebenklage in diesen Fällen einen zu schwerwiegenden Einbruch in das Strafverfahrenssystem bedeute, zumal für die Verfahren demnächst die Schwurgerichte zuständig seien.

Für die Anwendung des KRG Nr. 10 in der Brit. Zone haben sich Schwierigkeiten u.a. dadurch ergeben, dass in der US-Zone die Anwendung des Gesetzes durch die ordentlichen Gerichte ausgeschlossen ist und sich ferner die Rechtsprechung der Militärgerichtshöfe in Nürnberg nicht ohne weiteres auf das deutsche Strafrechtssystem übertragen lässt. Im Interesse der Rechtseinheit ist jedoch eine baldige Klärung geboten.

Die Teilnehmer berichteten sodann über die Rechtsprechung ihrer Bezirke hinsichtlich der Denunziation. Es wurde festgestellt, dass die in Betracht kommenden Rechtsfragen sehr uneinheitlich entschieden werden. Schon aus rechtspolitischen Gründen ist eine baldige Vereinheitlichung in der Rechtsprechung dringend geboten. Diesem Ziele dürfte man mit der Errichtung des Obersten Gerichtshofes näher gekommen sein.

9. Strafverfahren nach dem KRG Nr. 10 gegen frühere Richter und StA wegen ihrer amtlichen Tätigkeit während des Naziregimes: In einigen Bezirken sind derartige Verfahren anhängig. Die Erfahrungen werden ausgetauscht. Möglicherweise ergibt sich aus dem Urteil im Nürnberger Juristenprozess, das demnächst abschriftlich allen GstA zugehen wird, weiteres Material.

10. Strafverfahren nach dem KRG Nr. 10 wegen Euthanasie: Es kommen im Wesentlichen Verfahren in Betracht, die mit den Maßnahmen zur Beseitigung Geisteskranker bei Reichs- und Provinzialdienststellen im Zusammenhang stehen, sowie das strafbare Verhalten einzelner Personen bei der Tötung in den Anstalten betreffen. In diesem Zusammenhang ist die Frage von Bedeutung, inwieweit die Zuständigkeit deutscher Behörden ausgeschlossen ist, wenn sich unter den Opfern Ausländer befunden haben. Das Schreiben der MR vom 20.2.1948 – Leg/ MOJ/ 52343/3 – gibt zu Zweifeln Anlass. Es soll eine Klärung durch das ZJA herbeigeführt werden, ob trotz der Beschränkung der Zuständigkeit der Erlass von Haftbefehlen, die Anordnung der Voruntersuchung und der Beschlagnahme usw. durch deutsche Gerichte möglich ist.

11. Zuständigkeit des GstA für Entscheidungen nach §§ 42 f, 42 h StGB: Die Frage, ob das Gericht oder die höhere Vollzugsbehörde zuständig ist, hat das OLG Kiel dahin entschieden, dass die erforderlichen Entscheidungen vom Gericht zu treffen sind. In Kürze wird auch eine Entscheidung des OLG in Hamm zu erwarten sein. – *Präs. Dr. Klaas* teilt mit, dass sich das ZJA seit längerer Zeit bemühe, eine gesetzliche Regelung dieser Zweifelsfragen herbeizuführen. Die Teilnehmer tauschten die in ihren Bezirken gewonnenen Erfahrungen aus.

12. Bestrafung von Kompensationsgeschäften: GstA Dr. Junker berichtet über die Regelung in Nordrhein-Westfalen. Eine Verlautbarung des Wirtschaftsministers will den Betrieben zugestehen, ihre Erzeugnisse bis zu 6 % des Lohnes den Arbeitern als Deputat zu überlassen oder für diese zu verwenden. Ferner sollen in der gewerblichen Wirtschaft die Erzeugnisse bis zu 4 % der Produktion zur Kompensation versandt werden dürfen, wenn es sich darum handelt, einen Notstand zu beseitigen und die Leistungsfähigkeit der Betriebe zu erhalten oder zu erhöhen, in der Rechtsprechung hat die Frage der Zulässigkeit von Kompensationsgeschäften eine widerspruchsvolle Beantwortung erfahren. Eine Lösung des rechtlichen Problems hält GstA Dr. Junker aus dem Gesichtspunkt der Pflichtenkollision für möglich.

Es kann nicht Aufgabe der Rechtsprechung sein, wirtschaftsregulierend einzugreifen. Die Lösung der Frage muss vielmehr der Wirtschaft, allenfalls dem Gesetzgeber, überlassen bleiben. Bestimmte Weisungen einzelner Wirtschaftsorgane an untergeordnete Stellen können für die Justiz nicht rechtsverbindlich sein.

13. Fragen aus dem Bewirtschaftungsnotgesetz, insbesondere das Verhältnis zu anderen Wirtschaftsbestimmungen: Durch das Bewirtschaftungsnotgesetz, insbesondere die §§ 17, 18 sind der StA neue Aufgaben zugewiesen worden. In einigen Bezirken ist bereits ein SonderStA zu den Landesernährungsämtern abgeordnet worden. – Aufgrund das § 33 Abs. 1 des BewirtschaftungsnotG ergibt sich das Bedenken, ob die bislang nach der VerbrauchsregelungsstrafVO als Übertretungen zu verfolgenden streitbaren Handlungen nunmehr als Vergehen anzusehen sind.

14. Ausdehnung der gerichtlichen Voruntersuchung: Die OLG-Präs. der Brit. Zone haben auf ihrer letzten Tagung einstimmig beschlossen, die Einführung der Voruntersuchung in der früheren Form zu empfehlen.

Die Erörterung dieser Frage, die auf Vermerk des Präs. Dr. Klaas wegen ihrer Bedeutung eingehend wiedergegeben werden soll, ergab folgender Vermerk (vgl. Vermerk).

Aus diesen erörterten Gründen ist eine Wiedereinführung der obligatorischen Voruntersuchung als unangebracht, dagegen die Beibehaltung der fakultativen Voruntersuchung als empfehlenswert anzusehen.

15. Neuordnung des Gnadenrechts: Nach der VO 100 ist der Senat der Hansestadt Hamburg ermächtigt, die ihm übertragenen Gnadenbefugnisse zu delegieren, während nach der entsprechenden VO 67 die Ministerpräsidenten der Länder nicht die Befugnis erhalten haben, ihre Rechte zu delegieren, in der Praxis hat sich in den einzelnen Ländern ein sehr unterschiedliches Bild hinsichtlich der Zuständigkeit bei Ausübung des Gnadenrechts ergeben. Aus diesem Grund ist von der MR eine Arbeitsgruppe ins Leben gerufen worden, die am 19.2.1948 zusammengetreten ist und die Einführung der im Lande Nordrhein-Westfalen getroffenen Regelung für alle Länder der Brit. Zone für empfehlenswert gehalten hat. Möglicherweise wird sich die Notwendigkeit ergeben, die Gnadenordnung vom 6.2.1935 den heutigen Verhältnissen anzupassen.

16. Staatskommissariat zur Bekämpfung von Korruption und Misswirtschaft in Nordrhein-Westfalen: GstA Dr. Junker berichtet über die Entstehung und bisherigen Ergebnisses des in Nordrhein-Westfalen eingerichteten Staatskommissariats. Die Außenstellen werden von StA geleitet; die das anfallende Material zu prüfen und weiterzuleiten haben. Der Staatskommissar hat das Recht auf Auskunft gegenüber allen Personen und Behörden, dagegen nicht das Recht, in schwebende polizeiliche oder staatsanwaltschaftliche Ermittlungsverfahren einzugreifen. Es wird festgestellt, dass in den anderen Ländern der Brit. Zone eine gleiche oder ähnliche Einrichtung nicht besteht.

17. GstA und Strafvollzugsbehörde: Am 15. u. 16.1.1948 sowie am 17. u. 18.3.1948 hat in Herford eine Tagung des zonalen Strafvollzugsbeirats stattgefunden. Zu den Vorschlägen, die auf die Schaffung einer selbständigen Strafvollzugsbehörde abzielen, haben sich die GstA und in Niedersachsen der Jmin. bereits ablehnend geäußert. Die mit der Einrichtung selbständiger Vollzugsämter auftauchenden Fragen wurden erörtert, auch unter dem Gesichtspunkte einer etwaigen Auswirkung auf das Gnaden- sowie das Strafvollstreckungsrecht.

18. Reform der UntersuchungshaftvollzugsO Ziff. 34–45: Es haben sich Bedenken ergeben, ob die in den Ziff. 34 bis 45 der UntersuchungshaftvollzugsO geregelten Sonderformen I, II und III heute noch anwendbar sind. Einige der dort vorgesehenen Maßnahmen dürften die Natur von Strafen haben, die mit der U-Haft als unvereinbar anzusehen sind. In einigen Bezirken kommen die Sonderformen zur Anwendung, in anderen wird hiervon kein Gebrauch gemacht. Es erscheint eine zentrale Regelung dieser Fragen geboten.

19. Nebenamtliche Tätigkeit von Strafanstaltsgeistlichen bei der Bearbeitung von Gnadensachen: Die Gnadenäußerungen sind vom Vorstand der Anstalt abzugeben, eine Bearbeitung der Gnadensachen durch den Anstaltsgeistlichen wird daher nicht zulässig, wegen seiner Stellung als Seelsorger auch nicht erwünscht sein. Dagegen dürfte sich aus seinem Amte u.U. die Pflicht zur Mitwirkung bei der Bearbeitung der Gnadensachen ergeben.

20. Ausgleich der Belegung der Anstalten: Im Bezirk Hamm sind die Vollzugsanstalten in bedenklicher Weise überbelegt, so dass die Abgabe einer größeren Anzahl von Gefangenen erforderlich ist. *GstA Dr. Meyer-Abich* teilt mit, dass die Regierung in Osnabrück um Zuweisung von 3.000 Gefangenen gebeten hat, die für Kultivierungsarbeiten im Emsland eingesetzt werden sollen. Er bittet daher zu diesem Zwecke außenarbeits- und moorfähige Gefangene abzugeben und ggfs. Örtliche Arbeitsvorhaben zurückzustellen. Eine Entlastung des Hammer Bezirks ist hierdurch jedoch nicht zu erwarten, da dort die Schwierigkeiten gerade bei den geschlossenen Anstalten liegen, in denen sich im Wesentlichen die bedingt Arbeitsfähigen befinden.

21. Tbc-Krankenhaus: Die seit längerer Zeit geführten bisherigen Verhandlungen wegen der dringend notwendigen Beschaffung eines Krankenhauses für Tbc-Gefangene sind als gescheitert anzusehen. Es soll deshalb jede Möglichkeit anderer Bezirke geprüft werden. Ferner soll die Frage dem zonalen Strafvollzugsbeirat nahegebracht werden.

22. Verwertung eingezogener Gegenstände: Über die bereits bei früheren Besprechungen erörterten Fragen hinaus ergeben sich in zunehmendem Maße Schwierigkeiten in den Fällen, in denen gehortete Warenlager sichergestellt worden sind, deren sofortige Freigabe und Verwertung von der Öffentlichkeit gefordert wird. Solange die Sicherstellung aufrechterhalten wird, ist eine Verwertung von rechtskräftiger Einziehung in der Regel nur im Rahmen des § 11 des BewirtschaftungsnotG möglich, im Übrigen wird nach wie vor bei der Verwertung eingezogener Gegenstände größte Vorsicht und Zurückhaltung empfohlen.

23. Zusammenwirken mit den Betriebsräten: Die bisherigen Erfahrungen über die Zusammenarbeit und den Abschluss von Betriebsvereinbarungen wurden ausgetauscht.

24. Ernährung der Beamten: Präs. Dr. Klaas berichtet über die seitens der Justizverwaltung unternommenen Schritte zur Verbesserung der Ernährungslage, die bisher leider ohne Erfolg geblieben sind. Der Frage muss jedoch nach wie vor erhöhte Aufmerksamkeit gewidmet werden, da unter den gegenwärtigen Umständen eine sachgemäße Arbeit der Justiz nicht gewährleistet werden kann und ggfs. Die Stilllegung ganzer Zweige der Rechtspflege ins Auge gefasst werden muss.

Die nächste Tagung soll voraussichtlich in Neuenrade (OLG-Bezirk Hamm) stattfinden.

Die Beratungen wurden am 23.3.1948 um 18.00 Uhr beendet.

Anhang:

1. Aktennotiz zum Problem obligatorische gerichtliche Voruntersuchung (24.3.1948).

Auf der Tagung der GstA in Damme am 22./23.3.1948 hat eine eingehende Besprechung dieser Sache zu Punkt 8 der TO stattgefunden.

Düsseldorf: U-Richter stünden nicht zur Verfügung. Es wäre eine Personenfrage, die Richter müssten staatsanwaltschaftliche Erfahrung haben, die Zusammenarbeit mit der Kripo funktioniere bei der StA besser.

Kiel: Ausgesprochener Gegner, außer in seltenen Ausnahmefällen. In Schleswig-Holstein keine geeigneten Richter. Verfahren nicht beschleunigt. Es gäbe keine sachlichen Gründe für die Einführung. Eine Förderung der Voruntersuchung wäre ohnehin nur in ständiger Zusammenarbeit mit der StA möglich.

Köln (Burchardi): Die Voruntersuchung dauert länger. Der U-Richter wäre in schwierigen Fällen ganz auf sich allein gestellt. Es bedeute Kraftverschwendung, da der U-Richter dann in der Hauptverhandlung völlig ausgeschaltet wird.

Schneidewin: Er hätte es in guter Erinnerung. Die richterlichen Protokolle wären besser verwertbar, man gewönne einen sehr wichtigen Zeugen und es wäre ein angenehmes Abstellgleis für lästige Anzeigen.

Moericke: Anhänger der Voruntersuchung aus badischer Praxis, bedeute unter den heutigen Verhältnissen eine notwendige Entlastung der StA. In Baden seien allerdings die besten Richter U-Richter gewesen. In Niedersachsen wären z.Zt. keine geeigneten Beamten vorhanden, man müsste deshalb StA zu Richtern und damit zu U-Richtern machen.

Biermann: Wir könnten uns die Institution in unserer Notzeit nicht leisten. Doppelte Arbeit. Das rationellste Verfahren entschiede.

Braunschweig: Sie hätten von der Voruntersuchung weitgehend auf Wunsch des OLG-Präs. Gebrauch gemacht mit dem Ergebnis, dass die U-Richter sich schon wegen Überlastung festgefahren hätten. Der überlastete U-Richter ist aber kein Gewinn für die Justiz. Ruhigere Arbeitsatmosphäre insbesondere bei politischen Sachen nach Ansicht des OLG-Präs.

Bollinger, Bremen: Begrüßt die in Bremen-US-Zone eingeführte Voruntersuchung zur Entlastung der StA. Die Kripo genüge nicht. Für Bremen sei sie unentbehrlich. Erfahrung günstig. Auch in Bremen seien von jeher die besten Richter U-Richter gewesen.

Biermann: Wiederholt, dass die doppelte Arbeit unkaufmännisch wäre. Wenn man schon zusätzliche Bearbeiter schaffen wolle, solle man StA nehmen.

Oldenburg: Man habe mit guten U-Richtern gute Erfahrungen gemacht; über solche verfüge man nicht mehr.

Hamm: Macht selten Gebrauch mit schlechten Erfahrungen. Personalverhältnisse erlaubten Einführung nicht. Qualitätsrichter bekäme man nicht mehr wegen der seit den 20er Jahren steigenden Voreingenommenheit gegen die Strafjustiz. Die Voruntersuchung verlängere das Verfahren außerordentlich, das Odium der Verzögerung bliebe immer bei der StA.

Hamburg: Gegen die Einführung; es wäre unbedingt vorzuziehen, dass der Ermittler auch die Anklage in der Hauptverhandlung vertritt.

Gez. Dr. Klaas.

XI. Protokoll der Besprechung am 9./10.11.1948 in Bilstein (Sauerland)

Teilnehmer:
Von Zentralbehörden:
1. StS Dr. Moericke in Celle (Hannover)
2. Präs. der Strafrechtsabteilung im ZJA Dr. Klaas (Hamburg); Vortragender Rat Dr. Krille im ZJA (Hamburg)
3. Generalinspekteur für die Spruchgerichte Dr. Meyer-Abich (Hamburg–Oldenburg)
4. GstA beim Obersten Gerichtshof Dr. Schneidewin in Köln am 9.11.1948; OstA beim Obersten Gerichtshof Schrübbers am 10.11.1948

Von den Bezirken:
OLG Braunschweig: StA Dr. Schulz
OLG Celle: GstA Biermann, EstA Dr. Harms
OLG Düsseldorf: GstA Dr. Junker
OLG Hamburg: GstA Feyen
OLG Hamm: GstA Dr. Kesseböhmer, StA Arens
OLG Schleswig (Kiel): GstA Dr. Heitzer
OLG Köln: GstA Dr. Burchardi
OLG Oldenburg: LG-Dir. Ries
als Gast: GstA Dr. Bollinger, Bremen (US-Zone)

Die Besprechung wurde durch *GstA Dr. Kesseböhmer* geleitet, der die Teilnehmer begrüßte und des am Erscheinen verhinderten Senatspräs. beim Obersten Gerichtshof Dr. Staff sowie der in den Ruhestand getretenen GstA von Lewinski und Dörmann gedachte.

Die Beratungen begannen am 9.11.1948 um 9.00 Uhr.

Da GstA Dr. Schneidewin aus dienstlichen Gründen nur am 9.11.1948 anwesend sein konnte, wurden die Besprechungspunkte Ziff. II 7. und 8. Vorweggenommen.

Im Anschluss hieran machte GstA Dr. Schneidewin Ausführungen über

Vorbereitung der Sachen für die Revisionsinstanz beim Obersten Gerichtshof.

GstA Dr. Schneidewin teilt mit, dass die bei dem Obersten Gerichtshof in der Revisionsinstanz eingehenden Akten oft technische Mängel ausweisen, die zu unliebsamen Verzögerungen führen. Die Frist zwischen dem Erlass des angefochtenen Urteils und dem Eingang der Akten bei dem Obersten Gerichtshof ist in vielen Fällen zu groß und beträgt z.Zt. durchschnittlich vier Monate. Der größte Anteil der Verzögerung fällt offensichtlich auf die Kanzleien der LG, die mit der Herstellung der Urteilsausfertigungen nicht nachkommen. Es ist erwünscht, dass die OstA mit allen Mitteln auf eine Beschleunigung hinwirken. GstA Dr. Schneidewin weist insbesondere auf die oft unleserlichen Urteilsabschriften, auf fehlende Unterschriften in den Sitzungsprotokollen, auf die vielfach undeutlichen Eingangsstempel und ähnliche Mängel hin. Ganz besonderes Augenmerk ist auf die Formalien der Zustellung usw. zu richten. Es wird gebeten, den Einsendungsbericht in zwei Stücken vorzulegen. Insbesondere sind hierbei Haftsachen kenntlich zu machen.

Ein entsprechendes Merkblatt wird zur Verteilung an die StA den Teilnehmern übergeben.

Im Übrigen wurden folgende Punkte, teilweise in abgeänderter Reihenfolge, besprochen:

I. Beamtenrecht

1. Not der Flüchtlingsbeamten: GstA Biermann schilderte die Not der zahlreichen planmäßig früher in der Ostzone angestellten StA, die vornehmlich in den Sammelpunkten des OLG-Bezirks Celle sich befinden bzw. noch eintreffen und infolgedessen in großer Zahl sich im dortigen OLG-Bezirk um Wiedereinstellung bewerben. Es muss angestrebt werden, dass diese in vielen Fällen gut befähigten und politisch unbelasteten Beamten möglichst auf die sämtlichen drei Westzonen verteilt werden, da die Beschäftigung im Lande Niedersachsen allein in keiner Weise möglich ist.

In diesem Zusammenhang wird die Auffassung des hess. Justizministeriums in einem Sonderfall vorgetragen, nach welcher das hess. Justizministerium den Standpunkt vertritt, der Staat Hessen sei nicht Rechtsnachfolger des Deutschen Reichs, so dass die früheren Reichsjustizbeamten in keinem Beamtenverhältnis zu dem neuen Staat ständen. Die Beamten gälten mit der nach der Besetzung angeordneten Schließung der Gerichtsbehörden als entlassen. Es macht die künftige Einweisung von StA in Planstellen von deren Wohnsitz in Hessen und dem Besitz der hessischen Staatsangehörigkeit der Bewerber abhängig.

Die Besprechung ergab Übereinstimmung dahin, dass in den drei Westzonen die Frage der Unterbringung der verdrängten Ostbeamten und die Wiedereinstellung der Inhaber von Planstellen unbedingt einheitlich geregelt werden muss.

2. Berufliche Stellung der StA: Die Entwicklung der Kriminalität nach dem Zusammenbruch hat dazu geführt, dass das Schwergewicht des strafrechtlichen Ermittlungsverfahrens immer stärker auf der StA lastet. Gerade in umfangreichen und rechtlich schwierigen Fällen sind die Sachbearbeiter der StA gezwungen, selbst die wesentlichen Ermittlungen durchzuführen. Das hat dazu geführt, dass über den Stand der zahlenmäßigen Nachweisungen der Geschäftsübersichten hinaus die StA außerordentlich stark überbelastet sind. Viele StA müssen infolgedessen mit einer größeren Anzahl von Hilfsarbeitern arbeiten. Es erscheint daher dringend geboten, die Zahl der Planstellen bei den StA zu vermehren, um so eine sichere Gewähr für die reibungslose Tätigkeit der StA zu gewährleisten.

Die Beförderungsmöglichkeiten für befähigte StA sind bei den StA wegen Mangels an ausreichenden Beförderungsstellen viel zu gering. Die Erfahrung hat erwiesen, dass gut geschulte StA Vorzügliches auch als Richter leisten. Es wird deshalb empfohlen, StA auch bei der Beförderung in höhere Richterstellen entsprechend zu berücksichtigen.

3. Staatsanwaltlicher Nachwuchs: Die augenblickliche Personallage hat dazu geführt, dass von den Assessoren, die die große Staatsprüfung nach dem Zusammenbruch 1945 bestanden haben, nur eine sehr geringe Anzahl bei den StA beschäftigt werden kann. Die StA sind daher nicht in der Lage, einen hinreichenden Nachwuchs aus den Reihen der Assessoren heranzubilden. Bei dieser Sachlage besteht die Gefahr, dass im Laufe der nächsten Jahre eine Überalterung der StA eintritt und ein Mangel an jungen tatkräftigen Sachbearbeitern der StA entsteht. Es ist daher dringend geboten, bei den StA besondere überplanmäßige Hilfsarbeiterstellen zu schaffen, die nur mit Assessoren besetzt werden sollen. Auf diese Weise wird es möglich sein, aus den Reihen der Assessoren diejenigen auszuwählen, die sich ihrer Befähigung und ihrer gesamten Persönlichkeit nach am besten für den StA-Beruf eignen.

Im Übrigen wird angeregt, bereits im Vorbereitungsdienst in der StA-Station diejenigen Referendare vorzumerken, die für den Beruf des StA reges Interesse zeigen und somit zum StA besonders befähigt erscheinen.

4. Einweisung von StA in Amtsanwaltsstellen: Die Frage der Beschäftigung von StA im Amtsanwaltsdienst wird eingehend erörtert. Es wird darauf hingewiesen, dass die zur Zuständigkeit der Amtsrichter gehörenden Strafsachen auch nach der Änderung des GVG infolge der oft nicht einfachen Rechtsmaterie für eine einwandfreie Sachbearbeitung vielfach erhebliche Rechtskenntnisse des Sachbearbeiters voraussetzen. Gerade auch die sog. Bagatellsachen können im Übrigen für die Betroffenen (Anzeigenden und Beschuldigten) von ganz erheblicher Bedeutung sein. In zahlreichen Fällen ist daher die Bearbeitung der Amtsanwaltssachen durch StA schon aus diesem Grunde unbedingt erwünscht. Es wird vorgetragen, dass in Süddeutschland bereits seit jeher die sog. Amtsanwaltssachen nur durch StA bearbeitet werden. Die Nachkriegsverhältnisse in Deutschland haben es mit sich gebracht, dass in den Westzonen zahlreiche aus der Ostzone stammende, gut befähigte und politisch unbelastete ehemalige planmäßig angestellte StA zur Verfügung stehen, denen die Beschäftigung bei der Amtsanwaltschaft übertragen werden kann. Diese wertvollen Kräfte völlig brachliegen zu lassen, erscheint unangebracht. Es wird daher angeregt, in größerem Umfange als bisher StA in Amtsanwaltsstellen einzuweisen.

Andererseits hat die Geschäftslage bei den StA gerade infolge des Umfangs der Strafsachen (große Anzahl der Verurteilten in Wirtschaftssachen usw.) dazu geführt, dass die Rechtspfleger der StA bei der Bearbeitung der Vollstreckungssachen übermäßig hoch belastet sind. Es wird daher als dringend erforderlich angesehen, die Stellen des gehobenen Dienstes bei den StA erheblich zu vermehren, um auf diese Weise die erforderliche Beschleunigung der Vollstreckung der Urteile zu gewährleisten.

5. Beteiligung von StA an Staatsprüfungen und Referendarkursen: Zu diesem Punkt wird erörtert, in welchen OLG-Bezirken StA an Staatsprüfungen und Referendarkursen beteiligt sind. Hierbei wurde u.a. festgestellt, dass z.B. im OLG-Bezirk Celle zwei StA im Prüfungsamt tätig sind, in anderen Bezirken dagegen die Beteiligung von StA nur gering ist.

Die Besprechung ergibt eine Einmütigkeit darüber, dass die Beteiligung von StA an Staatsprüfungen und auch an Referendarkursen notwendig und daher in größerem Umfang als bisher anzustreben ist.

6. Entwurf einer Dienststrafordnung für Beamte: Präs. Dr. Klaas stellt hierzu klar, dass der den beiderseitigen Vorstandsbeamten der OLG vorgelegte Entwurf lediglich einen Referentenentwurf darstellte, der zunächst nur eine grundsätzliche Erörterung, keine detaillierte Stellungnahme auslösen sollte. Von einer weitergehenden Erörterung des Entwurfs wurde daher Abstand genommen.

GstA Dr. Kesseböhmer weist darauf hin, dass der Verlust des Ruhegehalts bei alten Beamten sich sehr schwerwiegend auswirke und dass daher die Möglichkeit geschaffen werden müsse, bei Dienstentlassungen ein Ruhegehalt wenigstens teilweise zu belassen.

II. Materielles Strafrecht

7. Behandlung von Verstößen gegen das KRG 10: LG-Dir. Ries führt aus, dass bei Anklagen wegen Verbrechens gegen die Menschlichkeit die Zahl der Freisprüche aus tatsächlichen und rechtlichen Gründen außerordentlich hoch ist. Dieselbe Beobachtung ist auch in allen anderen Bezirken gemacht worden. Es erhebt sich die Frage, wie es vermieden werden kann, dass durch solche Freisprüche ein falsches Bild in der Öffentlichkeit entsteht. In diesem Zusammenhang wird auch der Erlass des ZJA vom 10.9.1948 – 401/5-I 5324/48 – eingehend erörtert.

GstA Dr. Schneidewin führte dazu aus, dass die Rechtsprechung des Obersten Gerichtshofs die erforderliche Handhabe biete, die Verfahren wegen Unmenschlichkeitsverbrechen in vernünftigen Grenzen zu halten. Gegen die Anwendung des § 153 StPO bestehen stärkste Bedenken. § 153 trifft auf das KRG 10 nicht zu. Der OGH hat festgestellt, dass das KRG 10 außerhalb der Stufenfolge des § 1 StGB liegt. Bei den im KRG 10 erwähnten Straftaten handelt es sich zwar um Verbrechen, aber nicht um Verbrechen im technischen Sinne des § 1 StGB. Schon aus diesem Grunde ist die Anwendung des § 153 StPO nicht angängig, da diese Bestimmung nur Vergehen und Übertretungen im Sinne des StGB im Auge hat. Ebenso wenig wie die Straftat nach dem KRG 10 ein Verbrechen im Sinne des § 1 StGB ist, kann sie auch kein Vergehen in diesem Sinne sein. Hinzu kommt, dass bei den Unmenschlichkeitsverbrechen des KRG 10 schon tatbestandsmäßig niemals die Folgen der Tat unbedeutend im Sinne des § 153 StPO sein können. Deshalb muss grundsätzlich für das KRG 10 der Verfolgungszwang nach § 152 StPO gelten.

Aufgrund der Besprechung besteht Einmütigkeit darüber, dass § 153 StPO bei Verbrechen gegen die Menschlichkeit nicht angewendet werden sollte. – Im Übrigen wurde darauf hingewiesen, dass die Gerichte vielfach in Denunziationssachen, die den Tatbestand des Unmenschlichkeitsverbrechens erfüllen, im Strafmaß zu milde sind. – Es herrscht ferner Übereinstimmung darüber, dass die Verfahren wegen Verbrechens gegen die Menschlichkeit mit größter Beschleunigung möglichst bald zum Abschluss gebracht werden müssen.

8. Einzelfragen zur PreisstrafrechtsVO: LG-Dir. Ries weist auf den im Zentraljustizbl. für die Britische Zone, Jahrgang 2, Heft 6, S. 132 veröffentlichten Aufsatz von Dr. Bartz hin. In den Ausführungen unter Ziff. II, 5 wird hier die Auffassung vertreten, dass für die Mitwirkung der StA beim Antrage auf gerichtliche Entscheidung im Ordnungsstrafverfahren kein Grund vorhanden sei, dass demnach die Preisbehörden allein mitwirken sollten.

Vortr. Rat Dr. Krille bemerkt dazu, dass dieser Aufsatz von Dr. Bartz keine amtliche Verlautbarung des ZJA darstelle. Der Verfasser des Aufsatzes geht davon aus, dass bei der Mitwirkung der StA die Gefahr besteht, dass die Verwaltungsbehörde in der HV ihren Ordnungsstrafbescheid zurücknimmt und damit die StA klaglos stellt.

Es wird im Verlaufe der Besprechung auf den an sich unerwünschten Zustand hingewiesen, dass zwei verschiedene amtliche Stellen bzw. Vertreter des Staates bei dem Verfahren über den Antrag auf gerichtliche Entscheidung als Prozessparteien teilnehmen. Es wird erörtert, ob zweckmäßigerweise die zuständigen Wirtschaftsstellen nicht als Nebenkläger oder Ankläger, sondern als Sachverständige aufgerufen werden.

Die Besprechung ergibt in der Mehrheit eine Übereinstimmung dahin, dass die StA auch künftig an dem Verfahren über den Antrag auf gerichtliche Entscheidung gem. § 32 a Abs. 2 PreisstrVO teilnehmen sollen.

III. Gerichtsverfassung, Strafverfahren

9. Maßnahmen anlässlich der Wiedereinführung der Schöffengerichte: Bei Erörterung dieses Punktes wurde Punkt 10: *Zuständigkeit der Amtsanwälte in der Geschäftsverteilung usw.* wegen des Zusammenhangs sofort mit besprochen.

Die VO zur Wiedereinführung von Schöffen und Geschworenen in der Strafrechtspflege vom 22.8.1947 – VOBl. F. d. Brit. Zone Nr. 16 vom 30.8.1947 – wird besprochen. Die vorgenannte VO ist im Lande Nordrhein-Westfalen erst am 30.9.1948 in Kraft getreten. Auf die starke Einschränkung der Zuständigkeit des Amtsrichters im § 25 GVG n.F. wird hingewiesen. Die Besprechung ergibt eine Übereinstimmung dahin, dass durch diese Einschränkung der Zuständigkeit des Amtsrichters die Zuständigkeit der Schöffengerichte eine zu starke Erweiterung erfahren hat und dass die Schöffengerichte sich hierdurch zum Teil mit sog. Bagatellsachen befassen müssen.

Präs. Klaas weist auf den problematischen Charakter der genannten Novelle und auf deren justizpolitische Bedeutung hin. Er vertritt den Standpunkt, dass der Katalog der Zuständigkeit des Einzelrichters nicht unbedingt zweckmäßig ist. Die Novelle habe im Übrigen nur vorläufigen Charakter und könne noch nicht abschließend beurteilt werden. Vor allem müsse für eine endgültige Regelung die Koordinierung der Westzonen abgewartet werden.

Die Besprechung ergibt weiter, dass die Frage, ob die Schöffengerichtssachen ausschließlich durch StA bearbeitet werden sollen und ob die Vertretung der Anklage vor den Schöffengerichten nur durch StA oder auch in unbedeutenden Sachen durch Amtsanwälte erfolgen soll, in den einzelnen Bezirken nicht einheitlich geregelt ist. Es wird zum Teil die Auffassung vertreten, dass in einfachen Sachen auch Amtsanwälte vor Schöffengerichten die Anklage wahrnehmen sollen, zumal die Amtsanwälte oft den Vorzug haben, die lokalen Verhältnisse besser zu übersehen.

Demgegenüber wird von *GstA Biermann* darauf hingewiesen, dass im Bezirke des OLG Celle gerade die Schöffengerichtsvorsitzenden selbst es nicht für ratsam halten, in Schöffengerichtssachen die Anklage durch Amtsanwälte vertreten zu lassen. Sogar die Einzelrichter haben darum gebeten, in ihre Hauptverhandlungen StA und nicht Amtsanwälte zu entsenden, da oft auch in Einzelrichtersachen materiell-rechtlich schwierige Straffälle zur Verhandlung stehen, bei denen die Mitwirkung eines StA dringend erwünscht sei.

Dieselbe Erfahrung ist auch in anderen Bezirken gemacht worden.

Die Erörterung ergibt schließlich eine allgemeine Auffassung dahin, dass örtliche Sitzungsvertreter auf keinen Fall in Schöffengerichtssachen auftreten können, dass im Übrigen über die Entwicklung der Strafsachen vor den Schöffengerichten abgewartet werden muss.

In diesem Zusammenhang wird bemerkt, dass vielfach die Schöffengerichtsvorsitzenden sich weigern, die zur HV erforderlichen Ladungen selbst ausführen zu lassen. Die Besprechung ergibt demgegenüber eine Übereinstimmung dahin, dass § 214 Abs. 1 Satz 2 StPO eine Verwaltungsvorschrift enthält, deren Beachtung durch die Verwaltungsbehörden der Justiz dem Richter zur Pflicht gemacht werden kann.

10. Zuständigkeit der Amtsanwälte in der Geschäftsverteilung (vgl. Ziff. 9).

10 a. Sonderpunkt: Präs. Dr. Klaas macht Ausführungen über *Interzonale Rechtshilfe.* – Erörtert wird der Erlass der brit. MR vom 13.10.1948. *Präs. Dr. Klaas* betont, dass Deutschland de jure nach wie vor ein einheitliches Staatsgebilde darstellt. Nach eingehender Aussprache wird in folgen Punkten Übereinstimmung erzielt:

1. Die StA haben die Vollständigkeit und Gesetzmäßigkeit der bei ihnen eingehenden Haftbefehle, die von Gerichten in der russischen Zone erlassen sind, zu überprüfen und den Haftbefehl dann weiterzugeben, wenn er den rechtlichen Erfordernissen der StPO entspricht. Andernfalls ist er an die Justizbehörde der Ostzone zur entsprechenden Ergänzung und Berichtigung zurückzugeben.

2. Liegt ein den gesetzlichen Vorschriften entsprechender, ordnungsmäßiger Haftbefehl vor, so bestehen gegen die Vollstreckung des Haftbefehls keine Bedenken. Treffen jedoch in angemessener Zeit weder die Akten noch sonst Unterlagen über den Haftbefehl aus der Ostzone ein, so empfiehlt es sich, den Justizbehörden in der Ostzone eine Mitteilung dahin zu machen, dass nach Ablauf einer gesetzten Frist angenommen wird, dass sie mit der Haftentlassung einverstanden sind.

3. Es empfiehlt sich, die Gefängnisvorstände anzuweisen, alle Fälle zu berichten, in denen Haftbefehle aus der russischen Zone vollstreckt werden.

4. Die gesamte Angelegenheit soll auf die TO der Besprechung der GstA der Trizone gesetzt werden.

11. Erfahrungsaustausch über gerichtliche Voruntersuchungen: GstA Dr. Kesseböhmer trägt vor, dass von der gerichtlichen Voruntersuchung im OLG-Bezirk Hamm bisher nur wenig Gebrauch gemacht worden ist. Es wurden beantragt 1946: 10, 1947: 18, 1948: 42 Voruntersuchungen. In den anderen Bezirken sind die Zahlen teils geringer, teils etwa gleich hoch. Es wird darauf hingewiesen, dass die gerichtlichen Voruntersuchungen vielfach zu lange dauern und oft nicht zu einer hinreichenden Aufklärung des Sachverhalts geführt haben, dass vielmehr die durch die StA selbst durchgeführten Ermittlungen bessere Ergebnisse gezeigt haben.

Die Besprechung ergibt dieselbe Auffassung, wie sie auf der Tagung der GstA am 22. Bzw. 23.4.1948 festgestellt worden ist. Eine Wiedereinführung der obligatorischen Voruntersuchung wird abgelehnt. Die Beibehaltung der fakultativen Voruntersuchung erscheint empfehlenswert.

12. StA und Polizei: Die Frage, ob und inwieweit der OstA aufgrund des § 152 GVG in der Fassung der VO des Präs. des ZJA vom 14.1.1947 gegen die als Hilfsbeamte der StA tätigen Polizeibeamten Disziplinarmaßnahmen verfügen kann, wird eingehend erörtert.

Vortr. Rat Dr. Krille führt aus, dass § 24 der Dritten AV des RJM über die Vereinheitlichung der StA vom 18.12.1934 – III a 26372 – DJ S. 1608 – noch besteht. Der OstA ist subsidiär gegenüber den Disziplinarvorgesetzten der Polizei noch zum Erlass von Disziplinarmaßnahmen befugt. Primär steht dieses Recht jedoch den Polizeivorgesetzten zu. Grundlage ist im Übrigen das Preuß. Ausführungsgesetz vom 24.4.1878 – GS S. 230 ff. – vgl. § 81 aaO. –.

In diesem Zusammenhang wird auch die Frage aufgeworfen, ob die Genehmigung des OstA zur Zeugenaussage bei Polizeibeamten, soweit sie als Hilfsbeamte der StA tätig gewesen sind, genügt oder nicht.

Die Besprechung ergibt, dass der gesamte Fragenkomplex besonders vorbereitet werden muss und auf der nächsten Tagung der GstA besprochen werden soll.

13. Maßnahmen gegen Verteidiger wegen unerlaubten Einbringens von Nahrungs- und Genussmitteln sowie Schriftstücken usw. in Gefängnisse: GstA Dr. Burchardi wirft die Frage auf, welche Maßnahmen gegen Verteidiger zu ergreifen sind, die im Untersuchungsgefängnis den von ihnen verteidigten Untersuchungshäftlingen unerlaubterweise Lebens- und Genussmittel, Schriftstücke und anderes zustecken.

Es erscheint recht zweifelhaft, ob in einem solchen Fall dem Anwalt das Betreten der Strafanstalt generell verboten werden kann.

Die Besprechung ergibt, dass in allen solchen Fällen je nach der Schwere des Verstoßes entweder ein ehrengerichtliches Verfahren gegen den Rechtsanwalt oder, wenn der Tatbestand der Begünstigung erfüllt ist, ein gerichtliches Strafverfahren einzuleiten ist.

14. Beteiligung der StA an den Verfahren bei richterlichen Strafverfügungen: Die vom GstA Düsseldorf angeregte Frage ist für Nordrhein-Westfalen erledigt worden durch den Erlass des JM von Nordrhein-Westfalen vom 22.10.1948, der inzwischen veröffentlicht worden ist.

IV. Strafvollstreckung und Vollzug

15. Bewilligung von Strafausstand bei Freiheitsstrafen von drei Monaten: Dieser Besprechungspunkt wird in Verbindung mit der Erörterung des Punktes V, 22. Erledigt.

16. Vorschläge für die Abänderung von Verwaltungsvorschriften, die den Strafvollzug betreffen:

a) Nach den Ausführungen des GstA Dr. Junker werden im Düsseldorfer Bezirk die Arbeitsbelohnungen der Gefangenen nicht immer durch ein Viertel der Arbeitslöhne gedeckt (vgl. AV d. fr. RJM vom 27.12.1940 – 4446 III a s *I* 2260 – DJ 1941, 63 –.

In den anderen Bezirken ist, wie festgestellt wird, eine derartige Wahrnehmung nicht gemacht worden. Im Übrigen wird die Abhängigkeit der Arbeitsbelohnungen von der Höhe des Aufkommens der Arbeitslöhne in dem in der AV vorgesehenen

Umfang nicht für angebracht gehalten. Die für den Geltungsbereich der vorläufigen ArbeitsverwaltungsO vom 14.3.1936 zugelassenen Vereinfachungen nach der AV vom 9.4.1933 – DJ 237 – können als Dauereinrichtung bestehen bleiben.

b) *GstA Dr. Junker* legt eingehend dar, dass durch die Beschränkung der Betriebsmittel eine Planung auf längere Sicht nicht möglich ist. Die Besprechung ergibt, dass die Betriebsmittel unbedingt vermehrt werden müssen.

c) Die Frage der Zuweisung der Haushaltsmittel für Bauvorhaben wird eingehend erörtert. Es wird Übereinstimmung dahin erzielt, dass die Zuweisung dieser Mittel über die Justizverwaltung erfolgen soll und so vor allem der frühere Zustand wieder hergestellt werden muss.

17. Krankenhaus für Tbc-Kranke: GstA Dr. Heitzer berichtet, dass im OLG-Bezirk Schleswig-Holstein in Heiligenhafen in einem öffentlichen Krankenhaus eine Abteilung für Tbc-Kranke durch Mietvertrag eingerichtet worden ist, und zwar durch Anbringung einfacher Sicherungsmittel. Er weist darauf hin, dass die Anstalt für kriminelle Schwerverbrecher nicht geeignet ist. Er bittet, die Möglichkeit der Unterbringung von etwa 50 Tbc-kranken Schwerverbrechern in anderen OLG-Bezirken festzustellen.

GstA Dr. Kesseböhmer teilt mit, dass sich wahrscheinlich die Möglichkeit einer Unterbringung im OLG-Bezirk Hamm demnächst ergeben wird.

18. Wiederherstellung der Rechte der U-Gefangenen: Präs. Dr. Klaas teilt mit, dass der MR der Entwurf einer VO über die obligatorische Haftprüfung in mündlicher Verhandlung, die erstmalig zwei Monate nach Vollstreckung des Haftbefehls stattzufinden hat, vorgelegt ist. Der Verhaftete soll auf die mündliche Verhandlung verzichten können. Mit dem baldigen Erlass dieser VO ist zu rechnen.

Im Übrigen führt Präs. Dr. Klaas aus, dass die Rechte der Verhafteten gemäß den Bestimmungen des § 116 StPO, Nr. 16 der UvollzO möglichst schnell in vollem Umfang wiederhergestellt werden müssen. Die Besprechung ergibt, dass z.B. die getrennte Unterbringung der Verhafteten von den Strafgefangenen häufig immer noch an der dichten Belegung der Anstalten scheitert. Der Selbstbeköstigung steht das Verbot der MR, Lebens- und Genussmittel in die Anstalten einzubringen, entgegen. Es ist zunächst anzustreben, dass durch die MR das Einbringen von Rauchwaren und Lebensmitteln wieder gestattet wird.

Im Übrigen ergibt die Besprechung Einmütigkeit dahin, dass die Dauer der Untersuchungshaft und die Zahl der Untersuchungshäftlinge mit allen Mitteln zu beschränken sind.

Auf der nächsten Tagung sollen die Teilnehmer über die inzwischen gemachten Erfahrungen berichten.

19. Vollzugsschule: Es wird festgestellt, dass an der Neueinrichtung einer Strafvollzugsschule allseits größtes Interesse besteht, falls die Vollzugsschule in Rissen ausfällt. *GstA Dr. Kesseböhmer* weist darauf hin, dass sich im Lager Staumühle die Einrichtung einer Vollzugsschule leicht ermöglichen lässt und dass gegen eine solche Einrichtung auch die MR keine grundsätzlichen Bedenken erhebt.

20. Gefängnisgesellschaft und Fürsorgevereine: GstA Dr. Kesseböhmer weist darauf hin, dass auf die freiwillige Liebestätigkeit gegenüber entlassenen Strafgefangenen gerade in der jetzigen Zeit nicht verzichtet werden kann. Es besteht Einmütigkeit darüber, dass die Gefängnisgesellschaft und die Fürsorgevereine hierzu weitgehend wieder heranzuziehen sind.

21. Bekleidung der Gefangenen: Die Bekleidung der Gefangenen in den Strafanstalten ist auch heute noch völlig unzureichend. Aus allen Bezirken wird gleichmäßig geklagt, dass es immer noch am Notwendigsten, insbesondere auch an Decken, Bettwäsche, Unterwäsche, Oberkleidung usw. fehle. Gerade auf diesem Gebiet muss schleunigste Abhilfe geschaffen werden, da sonst ein ordnungsmäßiger Vollzug nicht mehr durchgeführt werden kann.

V. Gnadenrecht und Strafregister

22. Straffreiheitsgesetz und Gnadenerweise: Die Besprechung ergibt, dass teilweise Gnadenerweise in zu weitgehendem Umfang erteilt werden. *Präs. Dr. Klaas* macht allgemeine Ausführungen über das Begnadigungsrecht. Die Gnadenordnung gilt in ihrem bisherigen Umfange grundsätzlich weiter. Damit wird auch Punkt 15 der TO als erledigt angesehen. *GstA Bollinger* teilt mit, dass in Bremen wie in den süddeutschen Ländern ein Amnestiegesetz in Vorbereitung ist.

23. Eintragung von Strafen, die durch Gerichte der Kontrollkommission erkannt worden sind, in das Strafregister. Zeitpunkt der Eintragung: Präs. Dr. Klaas beantwortet die Frage, von welchem Zeitpunkt an die Strafen einzutragen sind, dass hierfür maßgeblich der 1.5.1948 ist. Die Rückwirkungsmöglichkeit bis 1.5.1945 ist vorbehalten. Vor dem 1.5.1948 ausgesprochene Verurteilungen durch die Gerichte der Kontrollkommissionen sind jetzt noch nicht einzutragen.

Die Angelegenheit soll im Übrigen auf die TO der trizonalen Tagung der GstA gesetzt werden.

24. Auskunft aus dem Strafregister an Kommunalstellen: Die Besprechung ergibt Übereinstimmung dahin, dass die Kommunalstellen die Auskünfte aus dem Strafregister bei Gelegenheit der Eheschließung von Deutschen mit Angehörigen der britischen Besatzungsmacht über die Länderministerien einholen müssen.

VI. Verschiedenes

1. *GstA Biermann* spricht über den Entwurf zur Vereinfachung des Wirtschaftsstrafrechts, insbesondere über die Fassung des § 6 aaO. Wegen der vorgerückten Zeit kann jedoch hierzu nicht Stellung genommen werden.

2. *Präs. Dr. Klaas* weist darauf hin, dass die Löschungen in den Fahndungsbüchern von den Ausschreibestellen rechtzeitig vorgenommen werden müssen. Eine Prüfung hat ergeben, dass 70 % der in einem Bezirk ausgeschriebenen Fahndungen bereits erledigt waren.

3. *Generalinspekteur Dr. Meyer-Abich* teilt mit, dass die Kultivierungsarbeiten durch Häftlinge der Emslandlager mit Nachdruck weiter fortgesetzt werden sollen. Es werden deshalb Gefangene für diese Lager benötigt. Sie brauchen nicht moorfähig zu sein. Außenarbeitsfähigkeit genügt.

4. *Präs. Dr. Klaas* macht darauf aufmerksam, dass die Einweisung in Arbeitshäuser nach Auffassung der MR künftighin nicht durch Anordnungen der Verwaltungsbehörden erfolgen soll. Derartige Einweisungen dürfen nach Ansicht der

MR nur durch Richterspruch ausgesprochen werden. Gesetzliche Neuregelung sei zu erwarten.

5. *Präs. Dr. Klaas* teilt weiter mit: Die MR wird zum 1.1.1949 für die Kontrollkommissionsgerichte anordnen, dass entsprechend der britischen „Probation of offenders not“ die Verurteilung ausgesetzt werden kann und die Überwachung sodann durch einen von deutschen Stellen zu benennenden probation officer erfolgt.

6. Die Frage der Wiedereinführung der reformatio in pejus in Rechtsmittelverfahren wird eingehend erörtert. Die Besprechung ergibt, dass die Mehrheit der Teilnehmer sich gegen die Aufhebung des Verbots der reformatio in pejus ausspricht.

7. Abschließend wird angeregt, die trizonale Tagung der GstA nicht vor Mitte Januar 1949 abzuhalten. Der Ort und der Zeitpunkt der Tagung sollen aber Frankfurt überlassen bleiben.

Die nächste Tagung der GstA der Brit. Zone soll etwa Ende April oder Anfang Mai 1949 stattfinden.

Die Besprechung wurde am 10.11.1948, 22.50 Uhr beendet.

Gez. Dr. Kesseböhmer.

XII. Protokoll der Besprechung am 10./11.5.1949 in Rhöndorf (Bad Honnef)

Teilnehmer:
Von Zentralbehörden:
1. StS Dr. Moericke (Hannover) am 11.5.1949
2. GstA beim OGH f. d. Brit. Zone in Köln Dr. Schneidewin am 11.5.1949
3. OstA beim OGH f. d. Brit. Zone in Köln Schrübbers am 10.5.1949

Von den Bezirken:
OLG Celle und Braunschweig: GstA Biermann, EstA Dr. Harms
OLG Düsseldorf: GstA Dr. Junker
OLG Hamburg: GstA Feyen
OLG Hamm: GstA Dr. Kesseböhmer, OstA Albrecht
OLG Schleswig (Kiel): GstA Dr. Heitzer
OLG Köln: GstA Dr. Burchardi, OstA Dr. Jansen, EstA Dr. Cremer am 10.5.1949
OLG Oldenburg: LG-Dir. Ries, MinRat Dr. Graf
Als Gast: GstA Dr. Bollingter in Bremen (US-Zone)

Die Besprechung wurde mit Begrüßungsworten des GstA Dr. Kesseböhmer an die Teilnehmer am 10.5.1949 um 9.15 Uhr eröffnet.

Da GstA beim OGH Dr. Schneidewin aus dienstlichen Gründen erst am zweiten Tage der Beratungen (11.5.1949) sein konnte, wurden die Besprechungspunkte I, III 3–6, IV 15 für den folgenden Tag zurückgestellt.

Die Erörterung der Punkte II 1 und IV 7 soll zwischen V 16 und V 17 eingeschoben werden.

II. Beamtenrecht

II 2. Ausbildung der jungen Juristen bei den StA. – *GstA Dr. Kesseböhmer* weist auf den Mangel an tüchtigen Sachbearbeitern im höheren staatsanwaltschaftlichen Dienst hin. Er erörtert die Frage, ob neben der in § 5 der Justizausbildungsordnung vorgesehenen informatorischen Beschäftigung von Rechtsstudenten beim AG auf die Dauer von sechs bis acht Wochen ihnen auch Einblick in die Tätigkeit der StA ermöglicht werde. Die GstA Dr. Junker, Feyen und Dr. Bollinger sowie LG-Dir. Ries sprechen sich für eine solche Beschäftigung aus, während die GstA Dr. Burchardi, Dr. Heitzer und Biermann ihre z.Zt. ablehnende Haltung begründen (Beschränkung der Diensträume der StA, Arbeitsfülle der StA).

GstA Dr. Kesseböhmer stellt abschließend fest, dass diese Frage uneinheitlich beurteilt wird, eine knappe Mehrheit der Anwesenden für die informatorische Beschäftigung von Rechtsstudenten bei der StA ist.

GstA Dr. Kesseböhmer wirft in diesem Zusammenhang die Frage der Beteiligung von StA an juristischen Staatsprüfungen und Referendarkursen auf. Hierzu wird festgestellt, dass in keinem OLG-Bezirk – ausgenommen Bremen (US-Zone) – ein StA Kursleiter für Referendare ist, während im OLG-Bezirk Celle zwei Mitglieder der StA im Prüfungsamt für Referendare und in den OLG-Bezirken Hamburg, Schleswig (Kiel), Köln und Oldenburg je ein Mitglied der StA im Prüfungsamt für Assessoren vertreten sind.

GstA Dr. Kesseböhmer bittet, auf eine stärkere Beteiligung von StA an Staatsprüfungen hinzuwirken und ferner dabei im Auge zu behalten, dass auch StA im Vorsitz vertreten sind.

IV. Gerichtsverfassung, Strafverfahren

8. Verhältnis zwischen StA und Polizei: GstA Dr. Kesseböhmer erinnert zu diesem Punkt an die Erörterungen auf der Tagung in Bilstein am 9./10.11.1948 und bedauert, dass Vortr. Rat Dr. Krille im ZJA, der zu einem Vortrag über diesen Besprechungspunkt sich bereit erklärt hatte, nicht anwesend ist. Er trägt die Auffassung seines Sachbearbeiters zu dieser Frage vor, wonach die Verhängung einer Ordnungsstrafe durch den OstA nicht mehr möglich ist und diesem nur ein Rüge- und Ermahnungsrecht gegenüber den als Hilfsbeamten der StA tätigen Polizeibeamten zusteht. GstA Dr. Kesseböhmer wird die Ausführungen seines Sachbearbeiters den übrigen GstA zugehen lassen. Die GstA Feyen, Dr. Heitzer und Dr. Bollinger wünschen eine strenge Überwachung der Hilfsbeamten der StA durch die OstA.

Die in diesem Zusammenhang aufgeworfene Frage, inwieweit die Polizeibeamten Hilfsbeamten der StA sind und wann nicht, bittet GstA Dr. Bollinger bis zur nächsten Tagung zurückzustellen. Die GstA bitten den abwesenden Vortr. Rat Dr. Krille, eine gutachtliche Äußerung zu dieser Frage abzufassen und den einzelnen GstA vor der nächsten Besprechung zugehen zu lassen.

9. Aufhebung eines Urteils durch Urteil eines anderen Landes: GstA Dr. Kesseböhmer bespricht die Angelegenheit anhand eines in seinem Geschäftsbereich eingetretenen Falles.

Die GstA halten es für unerträglich, dass ein Urteil eines Landes durch ein Gerichtsurteil eines *anderen* Landes aufgehoben wird. – *LG-Dir. Ries* regt an, diese Angelegenheit auf der Tagung der GstA der *Trizone* zu besprechen. – In diesem

Zusammenhang wird von OstA Albrecht die Frage zur Erörterung gestellt, wie zu verfahren ist, wenn eine Person, die in der Brit. Zone ihren Wohnsitz hat, eine Straftat in einer *anderen* Zone begangen hat oder umgekehrt und in einer dieser Zonen hierfür Straffreiheit besteht. – Diese Frage bleibt offen. Mit ihr hat sich in nächster Zeit der Strafsenat des OLG in Hamm zu befassen (2 Ss 364/49).

10. Behandlung der an einen inländischen Empfänger gerichteten Briefe, die mit Geldscheinen aus dem Auslande eintreffen und im Grenzverkehr beschlagnahmt werden: GstA Dr. Junker berichtet über in seinem Geschäftsbereich vorgekommene Fälle. *GstA Feyen* weist in diesem Zusammenhang auf zwei Schreiben der brit. MR vom Dezember 1948 und März 1949 hin.

11. Behandlung von Wirtschaftsstrafsachen mit Tatorten in verschiedenen OLG-Bezirken: GstA Dr. Kessebeöhmer weist auf ein stark voneinander abweichendes Strafmaß in den verschiedenen OLG-Bezirken hin. *LG-Dir. Ries* nimmt Bezug auf die Erörterung und Entschließung über die Zusammenarbeit mit Nachbarbezirken bei Wirtschaftsvergehen anlässlich der Beratungen am 22./23.3.1948 in Damme.

Es wird festgestellt, dass diese Frage durch die veränderten Zeitverhältnisse im Wesentlichen als überholt anzusehen ist.

12. Gerichtliche Strafverfügung: GstA Dr. Kessebőhmer vertritt die Auffassung, dass der Amtsrichter in der gerichtlichen Strafverfügung ein Strafmaß bis zu 150 DM und bis zu sechs Wochen Haft festsetzen kann. Die GstA Dr. Junker und Dr. Burchardi schließen sich dieser Ansicht an, während die GstA Dr. Bollinger und Biermann gegenteiliger Meinung sind. – Die Mehrzahl der GstA ist der Auffassung, dass die Beschränkung, die für die Polizeibehörde im Strafmaß früher bestand, durch § 415 StPO für den *Amtsrichter* nicht besteht.

13. Kurzfristige Freiheitsstrafen: LG-Dir. Ries nimmt zur Frage der Weitergeltung des Erlasses des Präsidenten des ZJA vom 29.10.1946 – 401-1-1 – über Verhängung kurzfristiger Freiheitsstrafen Stellung. – Es herrscht Übereinstimmung darüber, dass die kurzfristigen Freiheitsstrafen nicht zu entbehren sind, soweit nicht die Voraussetzungen des § 27 b StGB gegeben sind.

14. Übersicht über die Höhe der Ordnungsstrafen in Bewirtschaftungssachen: GstA Dr. Junker weist auf die verschiedenen und auffallend milden Beurteilungen von Bewirtschaftungsverstößen durch die Bezirkswirtschaftsämter im Lande Nordrhein-Westfalen im Jahre 1948 hin.

16. Strafvollstreckung und Strafvollzug: Welche Behörde hat Freiheitsstrafen bis zu drei Monaten zu vollstrecken, die von dem Vorsitzenden des Schöffengerichts durch amtsrichterlichen Strafbefehl festgesetzt worden sind?

GstA Dr. Junker geht zunächst auf die Vorfrage ein, wer in Schöffengerichtssachen den Strafbefehl erlässt (Amtsrichter oder Vorsitzender des Schöffengerichts)? Er hält den Vorsitzenden des Schöffengerichts für zuständig. Derselben Meinung sind GstA Biermann und LG-Dir. Ries. Die GstA Dr. Burchardi und Dr. Kessebőhmer vertreten einen gegenteiligen Standpunkt (Amtsrichter). – Die Frage ist nicht unzweifelhaft, die Anwesenden neigen zu der Auffassung, dass der Vorsitzende des Schöffengerichts zum Erlass eines Strafbefehls in Schöffengerichtssachen zuständig ist. – Z.Zt. wird aber in fast allen OLG-Bezirken anders verfahren. Eine nähere

Klärung dieser Frage durch Erörterung in der Literatur und durch Herbeiführung gerichtlicher Entscheidungen erscheint nötig.

Ebenso zweifelhaft ist den GstA die Frage, wem in Fällen, in denen dem Vorsitzenden des Schöffengerichts durch Strafbefehl eine Freiheitsstrafe bis zu drei Monaten verhängt worden ist, die Strafvollstreckung zusteht (Amtsrichter oder StA). Die AV des fr. RJM vom 21.12.1942 (Änderung der StrafvollstreckungsO) beantwortet diese Frage nicht (vgl. DJ 42, 125 ff.).

II. 1. Rechtliche Stellung der ehemaligen Beamten der früheren Emslandlager, die eine Planstelle außerhalb des OLG-Bezirks Oldenburg innehatten.

Anhand von Zahlen wurde ein Überblick über die Personalverhältnisse der früheren Emslandlager durch MinRat Dr. Graf gegeben. Sodann wurde die im niedersächs. Jmin. überprüfte rechtliche Stellung der ehemaligen Beamten der früheren Emslandlager eingehend erörtert. Berücksichtigt wurde dabei die über die niedersächs. Landesinteressen hinausgehende Bedeutung der Emslandaufgaben sowie die heutige Rechtsauffassung über das Fortbestehen des Deutschen Reiches, sei es in seiner Eigenschaft als Völkerrechtssubjekt, sei es hinsichtlich der inneren Rechtsordnung sowie schließlich auch die Bestimmung des BeamtenänderungsG vom 30.6.1933 insonderheit § 22 Abs. 2. Soweit hiernach die Übernahme eines verhältnismäßigen Teiles der ehemaligen Emslandbeamten in Frage kommt, wird als Ergebnis der Beratungen festgestellt: Der OLG-Bezirk Oldenburg kann einen größeren Teil der erwähnten Beamten nicht übernehmen, um nicht die Träger des früheren Emslandlagervollzuges an der gleichen Wirkungsstätte in auffallendem Maße in Erscheinung treten zu lassen (grundsätzliche Bedenken, Kritik der Öffentlichkeit, Besorgnis der MR). Die übrigen Bezirke sind grundsätzlich bereit zur anteiligen Wiedereinsetzung von Beamten, soweit freie Stellen verfügbar sind. Beamte, die eine Planstelle außerhalb des Bezirks Oldenburg innehatten, sollen grundsätzlich im Bereich der hierfür zuständi8gen Aufsichtsbehörde Berücksichtigung finden. Soweit es sich um Inhaber von Planstellen in Gebieten der Ostzone handelt, wird ein gegenseitiger Ausgleich für angebracht gehalten. Von begründeten Ausnahmefällen abgesehen soll grundsätzliche Voraussetzung für eine Wiedereinstellung sein, dass es sich um ehemalige Beamte mit abgeschlossener Ausbildung für die Beamtenlaufbahn handelt. Für die Übernahme ehemaliger Angehöriger der Wachmannschaft der Emslandlager, die zu Widerrufsbeamten ernannt worden sind und die Voraussetzung für eine Anstellung auf Lebenszeit nicht erfüllt haben (dreimonatige Einführung und sechsmonatige Bewährung im Dienst einer Vollzugsanstalt), besteht keine Neigung, zumal in sämtlichen Bezirken zahlreiche ausgebildete ehemalige Beamte, die wieder eingestellt werden dürfen, mangels freier Plätze bisher noch abgelehnt werden mussten. Austauschwünsche sollen wohlwollend berücksichtigt werden, soweit entsprechende Anträge gestellt und am Austausch interessierte Beamte gefunden werden.

IV. 7. Schaffung einer Justizverwaltungsgerichtsbarkeit, insbesondere unter Berücksichtigung der Interessen des Strafvollzuges.

LG-Dir. Ries, der die Notwendigkeit der Einrichtung einer Justizverwaltungsgerichtsbarkeit überzeugend begründet, bringt hierfür in jedem OLG-Bezirk die

Kammer eines LG – drei Berufsrichter und zwei Laienrichter – und in zweiter Instanz für jedes Land den Senat eines OLG – drei Berufsrichter – in Vorschlag. *GstA Biermann* und *EstA Dr. Harms* sprechen sich für den Vorschlag Ries aus, wollen aber die Mitwirkung eines Strafvollzugsbeamten, der zur Bekleidung eines solchen Richteramtes befähigt ist. *GstA Dr. Kesseböhmer* wünscht, dass auch ein StA in einem solchen Gericht mitwirkt. – Alle Anwesenden sind der Ansicht, dass bei einer künftigen Justizverwaltungsgerichtsbarkeit ein Beamter des höheren Strafvollzugsdienstes, soweit er die Befähigung zum Richteramt besitzt, und möglichst auch ein StA zu hauptamtlichen Mitgliedern der Kammer bzw. des Senats ernannt werden und dass die Vertretung des öffentlichen Interesses in jedem Falle der StA übertragen wird.

V. 17. Gefangenzuführung in das Emsland.

MinRat Dr. Graf bringt vor, dass zur Kultivierung des Emslandgebietes noch 1.000 Gefangene benötigt werden. Er wünscht Zuführung von Gefangenen aus anderen Bezirken. Abruf der Gefangenen erfolgt bei den GstA durch die Strafanstaltsleitung in Papenburg (Ems). Im Allgemeinen erscheint folgende Begrenzung der Strafzeit bzw. Strafendes angebracht: mindestens drei Monate bis zu fünf Jahren. Die zu überführenden Strafgefangenen brauchen nicht moorfähig, sollen aber möglichst voll arbeitsfähig sein. Gegen die Überführung von nur beschränkt arbeitsfähigen Strafgefangenen bestehen keine Bedenken, soweit es sich um nicht mehr als 30–40 % der jeweils Überführten handelt. Schriftliche Mitteilung von Oldenburg wird in Aussicht gestellt. – Einverständnis wurde im Übrigen noch dahin erzielt, dass Gefangene, die als Kranke ankommen oder als fluchtverdächtig oder tobsüchtig Veranlagte oder als typische Querulanten anzusehen und versehentlich einmal mit überführt sind, sofort, spätestens aber binnen einer Woche nach Ankunft des Transports, von den Strafanstalten Emsland unmittelbar an die Herkunftsanstalt zurückgeschickt werden können. Damit soll den besonderen Verhältnissen im Emsland Rechnung getragen und daselbst eine Anhäufung völlig ungeeigneter Elemente vermieden werden. – Sämtliche Bezirke erklären sich zur Abgabe von Gefangenen bereit. Anstaltskleidung kann jedoch nirgends mitgegeben werden. – Personen, die zu Arbeitshaus verurteilt sind, können möglicherweise in dem Landeswerkhaus in Mohringen (21 b), Kreis Northeim, untergebracht werden.

V. 18. Überweisung weiblicher jugendlicher Strafgefangener in das Frauenjugendgefängnis Vechta (Oldenburg).

MinRat Dr. Graf teilt mit, dass alle weiblichen jugendlichen Bestraften unter 21 Jahren nach dem Frauenjugendgefängnis Vechta gebracht werden sollen, soweit sie noch Strafreste von zwei Monaten und mehr zu verbüßen haben.

V. 19. Erfahrungen des Jugendstrafvollzuges.

GstA Dr. Burchardi berichtet, dass 60 bis 70 % der Insassen des Jugendgefängnisses bereits durch Gerichte vorbestraft sind. Kurze Strafen im Jugendstrafvollzug sind unangebracht. Strafen bis zu sechs Monaten sind bei mehr als der Hälfte aller Verurteilten verhängt worden, 32,4 % *unbestimmter* Bestrafungen sind von Militärgerichten ausgesprochen worden, während bei den deutschen Gerichten dieser

Prozentsatz nur 4,1 % beträgt, obwohl die unbestimmte Strafe das beste Mittel für den Strafvollzug ist.

GstA Dr. Heitzer ergänzt die Ausführungen des GstA Dr. Burchardi.

MinRat Dr. Graf erklärt, dass sich die Erfahrungen von GstA Dr. Burchardi mit denen, die in Oldenburg gemacht worden sind, decken. Nach Mitteilung des GstA Dr. Burchardi wird seitens des Jmin. des Landes Nordrhein-Westfalen nächstens ein Erfahrungsbericht mit näheren Einzelheiten veröffentlicht werden. *GstA Dr. Burchardi* bemerkt noch, dass die Richter und StA vielfach nur geringe Kenntnis vom Jugendstrafvollzug haben. Er hält es für angebracht, dass ihnen Gelegenheit gegeben wird, sich mit dem praktischen Vollzug bekannt zu machen.

V. 20. Lazarett für Tbc-kranke Gefangene.

GstA Dr. Kesseböhmer kündigt die Errichtung eines Tbc-Krankenhauses in Staumühle in einigen Monaten an. Endgültiges kann er noch nicht mitteilen. Vorläufig ist eine Belegung von 120 Köpfen vorgesehen.

MinRat Dr. Graf führt aus, dass Oldenburg eine Tbc-Abteilung mit 35 Betten in Lingen (Ems) hat, die voll für den eigenen Bezirk in Anspruch genommen ist.

V. 21. Rechtsanspruch der Gefangenen auf Gefangenenbekleidung.

MinRat Dr. Graf macht zu diesem Punkte Mitteilung, *GstA Dr. Junker* billigt den Gefangenen einen Rechtsanspruch auf Gefangenenbekleidung nicht zu, da Nr. 98 Ziff. 1 der StrafvollzugsO nur dem Sicherungsgedanken Rechnung tragen wolle.

Nach eingehendem Gedankenaustausch vertritt die Mehrheit der Anwesenden die Ansicht, dass ein Recht auf Anstaltskleidung nicht gegeben ist und dass ein Anspruch auf Ersatz für Verbrauch eigener Kleidungsstücke grundsätzlich nicht besteht. Handelt es sich bei besonders gelagerten Fällen um einen „erhöhten Verschleiß“, so kann ggfs. eine Ersatzleistung in Frage kommen. Die Möglichkeit einer Aufrechnung mit den Haftkosten wird in solchen Fällen ebenfalls zu prüfen sein. Auch auf etwaige Fürsorgemaßnahmen wird verwiesen.

V. 22. Unter welchen Umständen wird die Zahlung der Dienstbezüge der Aufsichtskräfte bei Außenarbeitsstellen von den Unternehmern verlangt?

Es wird festgestellt zu diesem Punkt: Eine allgemeine Empfehlung lässt sich nicht aufstellen.

V. 23. Ausschaltung von Konkurrenzmöglichkeiten zwischen den staatlichen Arbeits-Großbetrieben der Gefängnisverwaltungen in den einzelnen OLG-Bezirken.

MinRat Dr. Graf empfiehlt die Wiedereinführung eines Verzeichnisses der Gegenstände, die in Vollzugsanstalten hergestellt werden.

Allseits wurde die Auffassung vertreten, dass jeder Bezirk eine solche Liste für seinen Bereich aufstellt und diese Listen alsdann gegenseitig ausgetauscht werden.

V. 24. Arbeitseinsatz und Unterbringung von ausgewählten jungen männlichen Strafentlassenen, die heimatlos sind, im Industriebezirk, insbesondere im Bereich der Bergbauverwaltung.

MinRat Graf teilt mit, dass nach einem Schreiben der Deutschen Kohlenbergbauleitung sich der Kohlenbergbau nicht davon ausschließen will, dass geeigneten jugendlichen Strafentlassenen der Weg ins Berufsleben ermöglicht wird. Dabei wird empfohlen, sich wegen der Durchführung mit der Außenstelle Bergbau des Landesarbeitsamtes des Landes Nordrhein-Westfalen in Gelsenkirchen-Buer in Verbindung zu setzen. Erörtert wurde dabei die Unterbringung heimatloser ausgewählter junger männlicher Entlassener in einem Heim mit pädagogischer Betreuung. *GstA Dr. Kesseböhmer* wies auf ein kurz vor der Vollendung stehendes Heim für strafentlassene Jugendliche in Neheim-Hüsten hin, das vom Strafanstaltsfürsorger in Bochum betreut werde. *GstA Dr. Junker* erwähnt in diesem Zusammenhang die Pläne des zur Betreuung jugendlicher Bergleute gegründeten Arbeitsausschusses für Pestalozzi-Dörfer. Die Gesamtfrage soll in Verbindung mit beteiligten Stellen des Bergbaus noch weiter geprüft werden.

Fortsetzung der Besprechungen am 11.5.1949 – 9.00 Uhr.

Zu Beginn der Besprechung begrüßt *GstA Dr. Kesseböhmer* den *StS Dr. Moericke* (Hannover) und den *GstA beim OGH Dr. Schneidewin.*

I. Erörterungen des GstA Dr. Schneidewin. – GstA Dr. Schneidewin macht zunächst anhand von Strafverfahren aus jüngster Zeit Ausführungen über die Rechtsprechung des OGH in Menschlichkeitssachen und gibt hierbei Fingerzeige für die Bearbeitung derartiger Verfahren. Vielfach seien die Urteilsgründe hinsichtlich des Strafmaßes anfechtbar. Unter Anführung von Beispielen bittet GstA Dr. Schneidewin, der Anfechtung solcher im Strafmaß nicht befriedigender Urteile durch Einlegung der Revision besondere Aufmerksamkeit zu schenken. Bei der Kritik an der Rechtsprechung des OGH hänge man noch zu viel an den ersten Urteilen des OGH, obwohl inzwischen bessere Urteile (klarer und schöner) dieses Gerichts vorliegen. Er hält es für empfehlenswert, dass insbesondere die Vorsitzenden des Schwurgerichts mit dem Stoff vertraut gemacht werden. In Straffällen, bei denen die Öffentlichkeit *gerade am Tatort* ein besonderes Interesse an der Entscheidung durch den OGH habe, solle dies der StA beim OGH in angemessener Weise mitgeteilt werden.

GstA Dr. Schneidewin weist noch auf die Entscheidung des OGH hin, wonach das Revisionsgericht in der Lage ist, die nach dem Urteil erster Instanz erlittene Untersuchungshaft angemessen auf die erkannte Strafe anzurechnen. – *GstA Dr. Schneidewin* bittet, auf eine größere Beschleunigung bei der Weiterleitung der Akten an die Revisionsinstanz hinzuwirken. Er bemerkt, dass die beim OGH eingehenden Akten häufig Mängel in Bezug auf Gegenerklärung, Ungenauigkeiten, schlecht leserliche Urteilsabschriften und Ordnungsmäßigkeit der Zustellung aufweisen. Hierdurch werde die Durchführung des Verfahrens noch weiter verzögert. Ein früher ergangenes *Revisionsurteil* müsse sich in den Handakten befinden. Je nach Lage der Sache könne die Beifügung von Beiakten, die in der Regel zu unterbleiben habe, erforderlich sein. Es sei darauf zu achten, dass keine Urteilsabschriften zur Zustellung an den Angeklagten benutzt werden, die stark abgeändert sind.

Im Anschluss hieran macht *StS Dr. Moericke* eine kurze Mitteilung über die letzten Besprechungen im Justizkollegium in Frankfurt a.M: u.a.:

a) über den Antrag der Regierung Rheinland-Pfalz auf Ausdehnung der notwendigen Verteidigung (§ 140 StPO) im Falle länger dauernder Untersuchungshaft,

b) über das Verhältnis der Flüchtlinge zu den Einheimischen in der Justiz (öffentliches Interesse an der Strafverfolgung bei Beleidigung, Körperverletzung usw., Verhängung geringer Strafen),

c) über die Frage der Vertretung der Revision bei dem Deutschen Obergericht für das Vereinigte Wirtschaftsgebiet (GstA *neben* dem Generalanwalt oder ersterer allein) – VO Nr. 127 der MR Art. VI und XI, Ausf.VO Nr. 2 zur VO Nr. 127 (VOBl. BZ S. 125), VerfahrensO des Deutschen Obergerichts f.d. Vereinigte Wirtschaftsgebiet (VOBl. BZ S. 127) –.

Da Niedersachsen für die nächste Sitzung des Justizkollegiums das Referat zu dieser Frage hat, wäre StS Moericke für ihm von den GstA zugehende Anregungen dankbar.

III. Materielles Strafrecht.

III. 3. Anwendbarkeit des § 1 KWVO auf Schwarzschlachtungen von Schlachtvieh minderen Gewichts im Hinblick auf die markenfreie Abgabe von Fleischgerichten in Gaststätten. – Zu diesem Punkt wird vorgetragen, dass eine strenge strafrechtliche Ahndung dieser Bewirtschaftungsverstöße nicht mehr vertreten werden könne, solange nicht die für die Einhaltung der Wirtschaftsbestimmungen zuständigen Behörden gegen derartige Verstöße energisch einschreiten, bei der Bevölkerung vielmehr der Eindruck bestehen muss, dass sie stillschweigend von den Wirtschaftsbehörden geduldet werden. Es wird eine großzügigere Behandlung einschlägiger Strafsachen unter Annahme eines Vergehens (*nicht* Verbrechens nach § 1 KWVO) anheimgegeben. Auch kann nach Lage der Sache eine Abgabe in das Ordnungsstrafverfahren in Erwägung gezogen werden.

III. 4. Weitergeltung des § 58 des RJGG. – GstA Dr. Burchardi trägt vor, dass im OLG-Bezirk Köln die Weitergeltung des § 58 RJGG vom 6.11.1943 von einem Teil der an der Jugendstrafrechtspflege Beteiligten in Zweifel gezogen werde. Diese Auffassung werde damit begründet, dass es sich bei der erwähnten Bestimmung um den Ausdruck eines typisch nationalsozialistischen Grundsatzes der Jugenderziehung handle, der die betroffenen Jugendlichen gegenüber erwachsenen Verurteilten erheblich benachteilige. Des weiteren werde vorgebracht, dass durch das im § 58 RJGG angeordnete Verbot der vollständigen Aussetzung der erkannten Jugendgefängnisstrafe gegenüber dem früheren Rechtszustand (§ 10 JGG vom 16.2.1923) die Strafe für den Verurteilten härter fühlbar werde. Diese für den verurteilten Jugendlichen mit der Einführung des § 58 RJGG eingetretene Schärfung sei aber der nach Ziff. 8 b der Allg. Anweisungen für Richter Nr. 1 verbotenen Strafschärfung gleich zu achten und infolgedessen die Anwendung des § 58 RJGG nicht mehr zulässig. *GstA Dr. Burchardi* tritt dieser Auffassung entgegen und sieht in § 58 RJGG nach wie vor noch geltendes Recht, das den Jugendrichter bindet. Er hält es daher für unzulässig, wenn der Jugendrichter im Urteil die ganze Jugendgefängnisstrafe auf Probe aussetzt.

Es wird festgestellt, dass sich in den anderen OLG-Bezirken in dieser Hinsicht keine Schwierigkeiten herausgestellt haben.

Es besteht Übereinstimmung darüber, dass § 58 RJGG weiter anzuwenden und als zweckmäßig auch weiter aufrecht zu erhalten ist.

§ 20 RJGG ist nach der überwiegenden Ansicht der GstA nicht mehr anzuwenden.

III. 5. Anfechtung der Ehelichkeit.

LG-Dir. Ries erörtert die Angelegenheit und weist darauf hin, dass die von Bayern herausgegebenen Richtlinien sehr weit gehen. *GstA Dr. Schneidewin* führt aus, dass § 1595 a BGB nach wie vor in Geltung ist. Er vertritt den Standpunkt, dass der StA von dem ihm verliehenen Anfechtungsrecht *weitgehend* Gebrauch machen soll. Die Frage des Vorliegens eines öffentlichen Interesses an der Anfechtung hat der StA allein zu prüfen und seine Entschließung hierüber unterliegt *nicht* der Nachprüfung durch das Gericht, wie es das OLG in Köln in seiner Entscheidung vom 23.6.1948 (3 U 109/48) – abgedruckt im JMBl. NRW 1949 S. 75) zum Ausdruck gebracht hat. Der vom OLG Hamburg in seinem Urteil vom 17.9.1948 – 1 U 232/48 – vertretenen Meinung (s. JMBl. NRW 1949, S. 100 mit Bemerkungen von Min-Rat Dr. Hensel) wird nicht zugestimmt.

III. 6. Wahrnehmung berechtigter Interessen bei Beleidigungen und Verdächtigungen, die gegen staatliche Behörden (StA) wegen ihrer dienstlichen Maßnahmen begangen werden.

OstA Albrecht äußert sich zu diesem Punkt. – Die Anwesenden sind darüber einig, dass in einschlägigen Fällen von einem Vorgehen wegen Beleidigung nur sparsam Gebrauch gemacht werden soll.

IV. 15. Wiedereinführung der sog. Sprungrevision gegen Urteile der Amts- und Schöffengerichte.

LG-Dir. Ries nimmt zur Wiedereinführung der Sprungrevision gegen Urteile der Amts- und Schöffengerichte Stellung.

Es wird festgestellt, dass die Teilnehmer einhellig für die Einführung der Sprungrevision eintreten, die nach Mitteilung des GstA Dr. Bollinger in der Amerik. Zone bereits gesetzlich festgelegt ist.

Auf Anregung von GstA Biermann wird hier die Frage der Wiedererrichtung der *kleinen* Strafkammer als Berufungsinstanz gegen Urteile des Amtsrichters eröffnet.

Alle Anwesenden sind der Auffassung, dass nur *eine* Strafkammer – für Berufung – und erste Instanz – geschaffen wird. Sie soll mit drei Berufsrichtern und zwei Laienrichtern besetzt sein.

VI. Gnadenrecht und Strafregister.

VI. 25. Zuständigkeit für Entscheidungen über Strafausstand.

GstA Dr. Burchardi nimmt Stellung zu der VO Nr. 67 der MR nebst Anordnung Nr. 1 hierzu (Schema), wonach die Befugnis der OstA zur Bewilligung von Strafausstand eingeschränkt worden ist.

Alle GstA halten es für wünschenswert, dass der bis 1945 für den OstA bestehende Zustand hinsichtlich der Gewährung von Strafausstand und bedingter Strafaussetzung beibehalten bleibt.

VI. 26. Strafbemessung und Gnadenerweise in Wirtschaftsstrafsachen.

Zu diesem Besprechungspunkt wird keine Stellung mehr genommen.

VI. 27. Zentralstrafregister des Landes Hessen.

GstA Dr. Junker berichtet hierüber. – Dieser Punkt wird nicht weiter erörtert; er soll bei der nächsten Tagung der GstA der *Trizone* besprochen werden.

VI. 28. Zweites Auslandsstrafregister in Berlin.

GstA Dr. Burchardi teilt mit, dass er, um die Einrichtung des neuen Auslandsstrafregisters zu fördern, für seinen Geschäftsbereich angeordnet habe, dass künftig alle Strafnachrichten für das Auslandsstrafregister nicht nur wie bisher dem Auslandsstrafregister in Berlin C 2, Neue Friedrichstr. 16/17, sondern auch dem Auslandsstrafregister in Berlin-Wilmersdorf, Fehrbelliner Platz (Yorckhaus) mitzuteilen sind.

Es erscheint nach Auffassung aller GstA wünschenswert, dass die Strafnachrichten beiden Auslandsstrafregistern in Berlin übermittelt werden.

VII. Verschiedenes

VII. 29. Befugnisse der Haushaltsreferenten und Rechnungsämter bei Ermessensentscheidungen.

LG-Dir. Ries referiert zu diesem Punkt. Es ergibt sich kein Widerspruch gegen seine diesbezüglichen Darlegungen. – *GstA Biermann* kommt im Hinblick auf die letzte Besprechung in Bilstein auf die Untersuchungshaft zu sprechen. Diese Frage soll bei der nächsten Tagung weiter erörtert werden. GstA Dr. Bollinger wird allen GstA eine von der amerikanischen MR für Bremen herausgegebene VO übermitteln, in der alle diesbezüglichen Fragen der Untersuchungshaft behandelt sind. *StS Dr. Moericke* teilt noch mit, dass der Entwurf einer neuen UntersuchungshaftvollzugsO dem ZJA vorgelegt worden ist.

StS Dr. Moericke legt eine Zeitung „Der Wochenkurier" vor, die den Gefangenen in Vollzugsanstalten zum Bezug von 0,10 DM pro Nummer angeboten werden soll: Es wird für wünschenswert erachtet, den Gefangenen den Bezug einer derartigen Zeitung zu ermöglichen.

GstA Dr. Kesseböhmer teilt mit, dass der DJT voraussichtlich am 16.9.1949 in Wiesbaden stattfinden soll.

GstA Dr. Junker berichtet über Unzuträglichkeiten, die sich bei dem Gefangenensammeltransport in andere Zonen *kurz vor Entlassung* von Gefangenen zugetragen haben. Diese Angelegenheit soll auf der nächsten Tagung der GstA der *Tri*zone behandelt werden.

GstA Dr. Kesseböhmer bringt noch die Frage der Verwertung von eingezogenen Nahrungs- und Genussmitteln und *ihre Überlassung an Justizbedienstete* zur Sprache. Er lehnt die Überlassung von solchen Gegenständen an Justizbedienstete ab. Diese Ansicht wird von allen Anwesenden geteilt.

Die nächste Tagung der GstA der Brit. Zone soll im November 1949 im OLG-Bezirk Düsseldorf abgehalten werden.

Die Besprechungen wurden am 11.5.1949 um 21.40 Uhr beendet.

Gez. Dr. Kesseböhmer.

Dritter Teil: Konferenzen der Landesjustizminister der Britischen Zone

I. Protokoll der Tagung vom 5.2.1947 im Zentraljustizamt

geplante Tagesordnung:

11.00 Uhr Eröffnung durch den Vorsitzenden Mr. Moller, Deputy Chief Legal Division CCG

Nach Erwiderung durch den Präs. des ZJA *Dr. Kiesselbach* wird *Col. Rathbone,* Director MOJ (Control) Branch Leg. Div. das Wort nehmen, Anschließend Erörterung folgender Punkte:

1. Verfahren der Zusammenarbeit
2. Kompetenzverteilung zwischen Landesjustizminister und ZJA, insbes. Abgrenzung der Justizverwaltung
3. Einheitliche Amnestie für die ganze Zone
4. Ernennung der höheren Richter und StA durch das ZJA
   a)Verfahren
   b)gegenwärtige Vakanzen
5. Austausch von Richtern und StA zwischen den Ländern
6. Aufarbeitung der gerichtlichen Rückstände
7. Bestellung der Spruchgerichte
   a) Ernennung der Vorsitzenden der Spruchkammern und der Mitglieder der Spruchsenate im Einvernehmen mit dem Landesjustizministern,
   b) Ernennung der Laienbeisitzer durch die Landesregierung
8. Beförderung von Richtern, die zu den Arbeitsgerichtsbehörden abgestellt worden sind
9. Ausbildung der Referendare
   a)allgemeine Handhabung
   b) („Anregung des Zonenbeirats“ Verlängerung der Ausbildung um ein halbes Jahr
   c) („Anregung des Zonenbeirats“:) Einheitliche Ausbildung für Verwaltung und Justiz
10. Schaffung einer Zentrale für Bewerbungen und Anträge auf Pensionen, insbes. von Flüchtlingen
11. Numerus clausus der Rechtsanwälte
12. Verfahren bei Ernennung von Beamten
13. Siegel der Gerichte und sonstiger Justizbehörden
14. Übergesetzliches Recht

15. Oberster Gerichtshof
16. Einheitliche Presseorientierung namentlich bei großen Prozessen
17. Sicherstellung von urkundlichem Material aus der Nazizeit
18. Einsatz von Strafgefangenen für wichtige öffentliche Arbeiten
19. Unterbrechung der Verfahren gegen Internierte
20. Prozesse gegen Personen, die der Vermögenssperre gemäß Gesetz Nr. 52 unterliegen
21. Anerkennung ausländischer Scheidungsurteile
22. Internationale Tagung im Sommer
23. Zonale Rechtszeitschrift
24. Nachträge und Sonstiges

Die ersten Punkte dieser TO werden, soweit die Zeit es zulässt, in der Vormittagssitzung erledigt. In der Nachmittagssitzung wird Präs. Kiesselbach in Abwesenheit der englischen Herren den Vorsitz führen.

Teilnehmer:

von der Legal Division: Mr. Moller, Deputy Chief, Legal Division CCG, Mr. Rathbone, Legal Division CCG, Mr. Romberg, Liaison Officer beim ZJA, Mr. Wills, Liaison Officer beim Generalinspekteur;

von den Landesjustizministerien: JM Ellinghaus, Niedersachsen mit GStA Dr. Möricke und LG-Rat Dr. Brümmer, JM Dr. Sträter, Nordrhein-Westfalen, mit LG-Präs. Dr. Wiedemann; JM Dr. Kuhnt, Schleswig-Holstein, mit OStA Dr. Stein;

von Hamburg: Bürgermeister Brauer mit Senatssyndikus Dr. Drexelius;

vom ZJA: Justizpräs. Dr. Kiesselbach, Vizepräs. Dr. Koch, ORR Dr. Lüders als Protokollführer.

Um 11.05 eröffnete der Vorsitzende *Mr. Moller* die Sitzung. Er gab nach einleitenden Worten der Begrüßung der Hoffnung Ausdruck, dass das ZJA den Kern eines künftigen Reichsjustizministeriums bilden werde. Zwischen dem ZJA und den Landesjustizministerien, auf die gemäß VO Nr. 69 im Interesse der Dezentralisation der Rechtsprechung ein Maximum an Kompetenzen übertragen sei, müsse enger Kontakt bestehen. Kompetenzstreitigkeiten seien zu vermeiden oder in freundschaftlicher Zusammenarbeit zu klären. Er schlage regelmäßige monatliche Konferenzen vor, bei denen die Linie der gemeinsamen Arbeit festgelegt werden könne. Allerdings wäre es nicht möglich, die LJM bei allen gesetzgeberischen Ausarbeitungen des ZJA hinzuzuziehen; das Verfahren würde sonst zu schleppend. Die MR wolle künftig mehr und mehr in den Hintergrund treten und die Entscheidungen den deutschen Stellen überlassen.

Zum Schluss der Ansprache erschien Bürgermeister Brauer.

Anschließend führte *Präs. Kiesselbach* aus: Es komme vordringlich darauf an, die Rechtseinheit zu wahren. Diese Aufgabe bedinge für die Rechtsprechung einen obersten Gerichtshof, der zunächst auf zonaler Basis errichtet werden müsse. Auf die Frage des Richtermangels eingehend, stellte Präs. Kiesselbach fest, dass hunderte von Personalakten erfolgreich entnazifizierter Richter bei der Public Safety festlägen; er richtete die dringende Bitte an Mr. Moller, diesen Missständen abzuhelfen. Dann ging Präs. Kiesselbach auf seine Bemühungen um die Hebung des Richterstandes ein. Das Ansehen der Justiz werde gegenwärtig stark gefährdet durch die hemmungslose Pressekritik an nicht rechtskräftigen Urteilen; von englischer Seite sei angeregt worden, ähnliche strafrechtliche Schutzbestimmungen in das deutsche Recht einzubauen, wie sie in den angelsächsischen Rechtsordnungen bestehen. Entsprechende Schritte würden erwogen. Die Entlastung der richterlichen Tätigkeit unter Beschränkung auf das Wesentliche erstrebe ein in Arbeit befindliches Rechtspflegergesetz. Zugleich stelle die Erweiterung der Aufgaben des Rechtspflegers ein Mittel dar, eine engere personelle Verbindung der Justiz zum Volk herzustellen. Abschließend betonte Präs. Kiesselbach die Notwendigkeit gegenseitigen Verständnisses der Rechtsanschauung beider Kulturvölker. Ziel bleibe eine gesunde Justiz, aufgebaut auf der Idee der Gerechtigkeit und der unantastbaren Unabhängigkeit der Gerichte.

Colonel Rathbone behandelte alsdann die Frage der Aburteilung der Internierten. Die beschleunigte Durchführung dieser Aktion noch im Jahre 1947 habe höchste Priorität; sie sei jedoch nur möglich mit voller Unterstützung aller beteiligten deutschen Dienststellen. Wegen der Kürze der Zeit habe man davon Abstand genommen, bei der Ausarbeitung der erforderlichen VO die LJM oder OLG-Präs. hinzuzuziehen. Eine Pressekonferenz am 8.2. in Bielefeld unter Leitung des Generals Bishop werde der Öffentlichkeit alle Einzelheiten zur Kenntnis bringen. Gleichzeitig werde der Oberbefehlshaber Sir Sholto Douglas ein persönliches Schreiben an alle Ministerpräsidenten und führenden Juristen der Brit. Zone richten, in dem die Notwendigkeit eines fairen und schnellen Verfahrens betont werde. Von den 27.000 Internierten sei eine ganze Reihe zwangsmäßig zur SS überführt, die jetzt entlassen würden. Zur Aburteilung wegen Zugehörigkeit zu den verbrecherischen Organisationen kämen nur knapp 20.000 Internierte. Sie stellen den Kern der Nazi-Aktivisten dar, die für die Ermordung von 14 Mio. Menschen und den Zusammenbruch Deutschlands verantwortlich seien.

Bürgermeister Brauer betonte anschließend, dass die Entstehung eines neuen Rechtsstaates in Deutschland die letzte Hoffnung auf Rettung der westlichen Zivilisation darstelle. Es sei ein ungeheures Glück, dass wir jetzt so eng mit der angelsächsischen Rechtsidee in Berührung kämen; sie müsse auch zum Lebensgesetz des deutschen Volkes werden. Bürgermeister Brauer führte aus, dass er fest entschlossen sei, Hamburgs Stellung als Land zu behaupten. Entgegen der jetzigen Regelung halte er es für richtiger, wenn auch die Ernennung der höheren Richter der einzelnen Länder diesen vorbehalten bliebe. Bürgermeister Brauer trat dann jedoch für eine kräftige Reichsinstanz ein, ohne die ein planmäßiger Aufbau nicht vonstattengehen könne. Er sei Gegner des Einparteienstaates, sehe die Stärke der Demokratie vielmehr in dem friedlichen Kampf der Meinungen und Parteien, aus dem der Wille der Mehrheit zur Tat reife. Bgm. Brauer setzte sich nachdrücklich für die Unabhängigkeit der Gerichte ein. Was über die hemmungslose Pressekritik an Urteilen und Richtern gesagt sei, gelte letzten Endes auch für die Angriffe auf die Verwaltung. Pressefreiheit bedeute nicht Schimpf- und Verleumdungsfreiheit. Er spreche sich für die Einführung einer dem angelsächsischen libel-suit ähnlichen Klage aus. Im Übrigen aber könnten nicht alle jenseitigen Einrichtungen von England nach Deutschland überführt werden. Die hiesige Tradition müsse ebenso beachtet werden wie die Tatsache, dass manche angelsächsische Institution nur auf dem Boden der angelsächsischen Tradition lebensfähig sei.

Mr. Moller gab seiner Freude Ausdruck, dass Bgm. Brauer sich so positiv vor die Richterschaft gestellt habe. Was die von Präs. Kiesselbach angesprochenen Missstände der Denazifizierung betreffe, so bäte er um baldmögliche Übermittlung einer aufgeschlüsselten Liste der deutscherseits entnazifizierten, aber englischerseits noch nicht bestätigten Richter und sonstigen Justizangehörigen. Genaue Angaben über Namen, Datum des Abschlusses des Entnazifizierungsverfahrens usw. seien erforderlich. Nach Erhalt der Liste wolle er sofort bei der Public Safety vorstellig werden. Auf die Presseangriffe gegen Gerichtsurteile eingehend, meinte Mr. Moller, dass zwischen der Freiheit der Presse und dem Schutz der Richter eine Interessenkollision bestände, deren Lösung schwierig sei.

Anschließend übergab Mr. Moller den Vorsitz an Präs. Dr. Kiesselbach zur Erledigung der TO.

Dr. Kiesselbach führte aus: Die Kürze der Tagung mache es erforderlich, dass die TO nur kursorisch durchgegangen werden könne. Gewisse Punkte der TO seien zweifellos Angelegenheiten der LJM. Sie seien auf die TO gesetzt, weil das ZJA ein Sammelbecken bildet, an das fast alle Rechtsprobleme der Zone herangetragen werden. Daneben bestehe aber auch bei gewissen, den Ländern vorbehaltenen Angelegenheiten der Wunsch, dass im Interesse der Rechtseinheitlichkeit übereinstimmende Regelungen in den einzelnen Ländern getroffen würden.

16. Nach Eintritt in die TO wurde die Sitzung um 12.15 Uhr unterbrochen und um 15.50 Uhr (in Abwesenheit der vier englischen Herren, des Bgm. Brauer und des Herrn JM Ellinghaus) fortgesetzt. *Verfahren der Zusammenarbeit.*

16) Nach eingehender Beratung, ob künftig weiter gemeinsame Konferenzen der acht OLG-Präs. oder der acht GStA stattfinden sollen, wurde beschlossen: Die Ministerkonferenz behält sich vor, anstelle der bisherigen Konferenzen der OLG-Präs. oder der GStA zu gegebener Zeit von Fall zu Fall die OLG-Präs. oder GStA zusammenzurufen.

Zur Frage des Verkehrs zwischen ZJA und OLG-Präs. wurde festgelegt: b) Der wechselseitige Briefverkehr ist grundsätzlich über das zuständige LJM zu leiten; soweit das ZJA bei gesetzgeberischen Vorarbeiten die Stellungnahme der OLG angefordert hat, werden die LJM die Ausführungen der OLG-Präs. unverändert (ggfs. unter Beifügung einer eigenen Stellungnahme) an das ZJA weiterleiten.

Dr. Drexelius erklärte: c) Mit Rücksicht auf die besonderen Verhältnisse in Hamburg bestehen keine Bedenken, wenn das ZJA weiterhin unmittelbar mit dem OLG verkehrt; jedoch ist das Rechtsamt des Senats jeweils von solchen Angelegenheiten abschriftlich auf dem Laufenden zu halten.

Bezüglich der künftigen JM-Konferenzen wurde beschlossen, d) Als Tagungsort wird seiner zentralen Lage wegen im Allgemeinen Pyrmont vorgezogen.

Die nächste Tagung soll daselbst am 5./6. März stattfinden; das LJM Hannover trifft die erforderlichen Vorbereitungen für Unterkunft und Essen. *2. Kompetenzverteilung zwischen LJM und ZJA.*

Es wurde die Frage erörtert, ob gewisse, den Ländern zugewiesenen Gebiete, deren einheitliche Regelung in der Zone wünschenswert sei, vom Präs. des ZJA „im Einvernehmen mit den LJM" geregelt werden könne. Als Beispiele wurden erwähnt: Strafregisterwesen (Ziff. 13 der TO), Aktenordnung (Ziff. 7 der TO), Zonenamnestie für politische Delikte (Ziff. 3 der TO).

a) Nach Stellungnahme der Beteiligten wird festgestellt, dass das ZJA grundsätzliche Fragen der Justizverwaltung bearbeiten und Entwürfe aufstellen solle. Die Entwürfe sind den LJM auf den regelmäßigen Tagungen vorzulegen und von ihnen zu billigen oder zu verwerfen. Im Falle der Billigung erlässt der Präs. des ZJA eine AV „im Einvernehmen mit den LJM". Als Ziel soll damit angestrebt werden, dass auch in der Justizverwaltung einheitliche Grundsätze erhalten bleiben, während die Ausgestaltung im Einzelnen jedem LJM obliegt.

b) Die Erörterung erstreckte sich auf die Frage, ob die Zuständigkeit des ZJA für Strafrecht bedeute, dass auch VO oder Gesetze anderer Zentral- oder Landesinstanzen, die neben der Regelung der den Ländern überlassenen Sachgebiete auch Strafbestimmungen enthielten, nur im Einvernehmen oder wenigstens nach Fühlungnahme mit dem ZJA erlassen werden könnten. Wie sollte bejahendenfalls die Zusammenarbeit zwischen Landesparlament und ZJA hergestellt werden?

Es wurde beschlossen: Das ZJA wird zu den damit im Zusammenhang stehenden Fragen ein Gutachten ausarbeiten. Das Korreferat übernimmt JM Dr. Kuhnt. Den anderen Beteiligten wird Stellungnahme freigestellt. *3. Einheitliche Amnestie für die ganze Zone.*

Es wurde festgestellt: a) Amnestien sind nicht Teile des Strafrechts, sondern Ausfluss des Gnadenrechts, daher Länderangelegenheit.

b) Zoneneinheitlichkeit ist auf dem Gebiet der politischen Amnestie dringend erwünscht (s. Fall Garbe). Es bestehen jedoch die zu Punkt 2 der TO erwähnten Schwierigkeiten.

c) Die Vorbereitungen des ZJA für einen Zonen-Amnestieentwurf sollen fortgesetzt werden. Der Entwurf muss so weit gefasst werden, dass alle örtlichen Amnestien gedeckt werden.

(JM Ellinghaus erscheint wieder.)

4. Ernennung der höheren Richter und StA durch das ZJA.

Das Schreiben der Legal Division vom 14./20.1.1947 wurde besprochen, in dem eine Reihe von Planstellen der OLG-Präs. und GStA als vakant bezeichnet wird.

Hierzu wurde festgestellt: a) Die fraglichen Personen sind mit Einverständnis der MR zu anderweitiger Verwendung beurlaubt worden. – b) eine solche Beurlaubung ist mit dem deutschen Beamtenrecht vereinbar, solange der Beamte kein politisches Amt antritt (alle Stellungen unterhalb des Ministers). Bezahlung erfolgt zwar aus der angetretenen Stellung, doch kann die bisherige Planstelle einstweilen nicht anderweit besetzt werden. – c) Beamte, die zu Ministern berufen werden, scheiden aus dem Beamtenverhältnis aus; es ist daher erforderlich, sie nach ihrer ministeriellen Tätigkeit ausdrücklich in das Beamtenverhältnis wieder einzusetzen. – Dagegen bleiben Anwälte, die ein politisches Amt antreten, in der Anwaltsliste; sie können sich also in ihrer Anwaltstätigkeit vertreten lassen.

JM Dr. Kuhnt stellte hierzu fest, dass er bei Antritt seines Ministerpostens von der MR ausdrücklich als OLG-Präs. beurlaubt worden sei.

Präs. Dr. Kiesselbach bat die Herren JM, ihm Vorschläge für die Besetzung der freien Planstellen von höheren Richtern und StA zukommen zu lassen, soweit deren Ernennung dem ZJA vorbehalten sei.

Des Weiteren bat *Präs. Dr. Kiesselbach* um baldmögliche Übermittlung der Listen über Personen, deren Akten der Public Safety zur Bestätigung der erfolgreichen Entnazifizierung vorgelegt seien (s. die Erwiderung Mr. Mollers auf die Rede des Präs. Kiesselbach).

5. Austausch von Richtern und StA zwischen den Ländern.

Diese Frage wurde zurückgestellt.

6. Aufarbeitung der gerichtlichen Rückstände.

Präs. Dr. Kiesselbach bat die Herren JM, sich der Sache anzunehmen und die zur Beseitigung der Rückstände erforderlichen Maßnahmen zu ergreifen, soweit dies in ihrer Macht stände.

7. Bestellung der Spruchgerichte.

a) Die Herren JM wurden gebeten, Vorschläge für die Spruchkammervorsitzenden einzureichen.

b) *Präs. Kiesselbach* gab bekannt, dass der Oberbefehlshaber in einem Schreiben an die Ministerpräsidenten angeordnet habe, bei der Aufstellung der Schöffenlisten die Gewerkschaften heranzuziehen.

c) Aus Anlass eines gemeinsamen Schreibens von drei StA aus dem OLG-Bezirk Düsseldorf, die unter Umgehung des Dienstweges unmittelbar beim Präs. des ZJA gegen ihre Verwendung als Ankläger bei den Spruchgerichten protestierten, wurde festgestellt, dass bei StA, die ja doch stets den Weisungen ihrer Vorgesetzten unterständen, keine Bedenken gegen eine befehlsmäßige Abordnung zu den Spruchgerichten beständen.

Dem JM NRW wurde anheimgestellt, Disziplinarmaßnahmen gegen die Beschwerdesteller zu ergreifen.

8. Übereinstimmende Regelungen für die Justiz in den Landesverfassungen.

Vizepräs. Dr. Koch äußerte den Wunsch, dass die einzelnen künftigen Länderverfassungen in ihren Bestimmungen über die Justiz, soweit es sich um die Abgrenzung der Kompetenzen gegenüber der Zentralinstanz (jetzt ZJA, später VJM) handle, übereinstimmen. Deshalb rege er an, das ZJA bei den Vorbehalten zu diesen fraglichen Verfassungsbestimmungen in irgendeiner Form zu beteiligen.

Bedenken gegen diese Anregung wurden nicht vorgetragen.

9. Beförderung von Richtern, die zu den Arbeitsgerichtsbehörden abgestellt worden sind.

Es wurde das Schreiben des Zentralamts für Arbeit verlesen, in dem gebeten wurde, die zu den Arbeitsbehörden abgestellten Richter bei der Beförderung nicht zu benachteiligen.

Nach Erörterung der haushaltsrechtlichen Schwierigkeiten ergab sich: Das ZJA wird dem Zentralamt für Arbeit antworten, dass es dessen Ansicht teile, aber hierüber nicht entscheiden könne, da es insoweit nur für die Präsidentenstellen innerhalb der Justiz zuständig sei. Die Frage sei den LJM vorgelegt. Sie wollen jeden einzelnen Fall wohlwollend berücksichtigen. Das Zentralamt für Arbeit wird deshalb gebeten, sich an den im Einzelfall zuständigen LJM zu wenden.

10. Ausbildung der Referendare.

a) Allgemeine Handhabung, b) Verlängerung der Ausbildung um ein halbes Jahr, c) einheitliche Ausbildung für Verwaltung und Justiz.

Zu a) wurde festgestellt: Gemäß Ziff. 3 der Anlage zur VO Nr. 41 ist das ZJA befugt, die für die Justizausbildung erforderlichen legislativen Anordnungen zu treffen. Die Ausführung dieser Anordnungen, also die eigentliche Ausbildung der Gerichtsreferendare und -Assessoren obliegt dagegen gemäß VO Nr. 69 den Ländern.

Zu b) und c) wurde beschlossen: Die Anregung des Zonenbeirats, die Ausbildung der Gerichts- und Regierungsreferendare einheitlich zu gestalten und die Gesamtausbildungszeit um ein halbes Jahr zu verlängern, wird gutgeheißen. In den bisherigen Justizausbildungsplan sind acht Monate Verwaltung einzubauen, hiervon sind zwei Monate beim kleinen AG oder LG einzusparen.

Punkt 11 und 12 der TO wurden zurückgestellt.

Punkt 13: Einheitliche Regelungen auf dem Gebiete des Strafregisterwesens ist bei Punkt 2 der TO mit behandelt worden.

14. Numerus clausus der Rechtsanwälte.

Nach Erörterung der wechselseitigen Argumente wurde festgestellt: Die Legal Division steht gemäß Schreiben vom 20.1.1948 auf dem Standpunkt, dass die LJM zuständig sind. Die Frage soll auf einer der nächsten Tagungen weiter behandelt werden.

gez. Dr. Kiesselbach

Anhang: Brief for Deputy Chief, Legal Division – Chairman at the Morning Session.

1. (a) This is the first formal meeting that has been held between the Land Ministries of Justice and the Central Legal Office, and this meeting is primarily a German responsibility. In view, however, of the importance of the occasion, I and members of my staff have been invited to attend this first meeting, an invitation which we have accepted with great pleasure.

(b) As Deputy Chief of the Legal Division for the British Zone I have been given the privilege of taking the Chair this morning, and of opening this first Meeting. It is the intention that Dr. Kiesselbach, the President of the Central Legal Office, shall take the Chair at the afternoon session, and that I and other officers of Military Government shall then leave the meeting in your hands. I have no doubt that you will have many important questions to discuss this afternoon.

2. (a) The Central Legal Office for the British Zone has been established by Military Ordinance No. 41, in order, primarily, to establish legal uniformity throughout the British Zone. The Central Legal Office, will, it is hoped, form the nucleus of a Reich Ministry of Justice.

(b) Land Ministries of Justice for the British Zone have been established by Military Government Ordinance No. 67 in order to carry out the policy of the British Government that the maximum powers possible shall be delegated to the Länder within the British Zone, and that the administration of justice shall, as far as possible, be decentralised to the Länder.

3. In the interests of the administration of justice and of essential legal uniformity in the British Zone it is essential that the Land Ministries of Justice and the Central Legal Office shall work in the closest possible collaboration and harmony.

4. (a) I think it is true to say that under the Weimar Constitution a considerable amount of time was spent in a manner close to the heart of all constitutional lawyers in deciding matters relating to the conflict of jurisdiction between the Land Governments on the one hand and the Reich Government on the other hand.

(b) It is essential now that these matters of conflict shall be eliminated as far as is humanly possible. For this reason the powers of the Central Legal Office and of the Land Ministries of Justice and the Land Governments have been clearly defined by Military Government. I am confident that any difficulties that may arise between the Ministries of Justice in the Länder and the Central Legal Office and will be amicably settled between you. I need hardly emphasise the necessity of this close collaboration, as there is at present no Court of competent jurisdiction to decide differences on constitutional questions that may arise between the Länder and the German Central of Zonal authorities.

5. (a) I would therefore stress the importance of regular conferences between the Central Legal Office and the Land Ministries of Justice, and I would suggest that monthly conferences similar to that which you are having today, should be held at the capital of each Land in rotation, except, of course, that Military Government will not necessarily participate therein.

(b) These regular monthly conferences will not only enable differences – and differences will inevitably arise – to be settled, but will also give the opportunity of discussing and agreeing the general policy of legislative proposals affecting the whole Zone which are under consideration by the General Legal Office.

(c) In this connection I would emphasise that it is not intended that all legislative drafts on subjects reserved to the Central Legal Office need be referred to the Land Ministries of Justice for their comments. Legislation on those reserved on these reserved subjects has been definitely excluded from the competence of the Land Government and such a procedure would result in unnecessary duplication of work. It is, however, desirable that the broad policy of all such legislation shall be a matter of consultation between the Central Legal Office and the Land Ministries of Justice before promulgation by the Central Legal Office.

6. I would like now to say a word about the higher legal appointments reserved by Ordinance No. 41 to the Central Legal Office. This provision was made in order

ensure, under the present difficult conditions, that the best use should be made of all available resources of legal abilities and that for the highest legal appointments a choice should be open extending throughout the British Zone. It is, however, not the intention that appointments reserved to the Central Legal Office should ever be made in any Land without consultation with the Land Ministers of Justice concerned.

7. (a) In May 1945, at the time of the surrender of Germany, the German legal system hat altogether ceased to function. With the assistance of a handful of reliable German Lawyers, we started to rebuild the German legal system from the bottom.

(b) Up to date 8 Oberlandesgerichte, 36 Landgerichte and 327 Amtsgerichte have been re-opened in the British Zone. There is no mean achievement and you gentlemen are now taking over a going concern.

(c) I feel that the setting up of the Central Legal Office and the re-establishment of the Land Ministries of Justice, abolished by the Nazis in 1935, are the crowning points to the achievements of the German legal profession since the surrender and, in my opinion, the achievement of the German profession it the British Zone have been most successful.

8. It is our intention to hand over increasing responsibilities to the German administration as time goes on, Military Government will more and more fade into the background until the day comes when complete responsibility for the Government of this country can be handed back to [nicht lesbar]

9. It had rightly been said that justice is the "corner-stone of democracy". It is therefore upon you and each of you as a foundation that the building up of the rule of law and of a democratic and decent Governmental system in this country will primarily rest. For a long as we remain in Germany we will afford you the fullest possible support and assistance in your work in the measure to which you are prepared to co-operate to these ends. the era of constructive rehabilitation in Germany is at hand and in conclusion, I cannot stress too strongly the noose of your and our close co-operation. I would therefore wish you good luck and every possivle success in the significant and difficult task that lies before you.

II. Protokoll der Tagung vom 31.3. u. 1.4.1947 in Bad Pyrmont

Tagesordnung:

1. Genehmigung des Protokolls der Ministerkonferenz vom 5.3.1947
2. Interzonale Tagung im Sommer
3. Genfer Tagung, Mitteilung von Prof. Schönke
4. Vorbereitung des Friedens
5. Urlaubsregelung für das Jahr 1947
6. Vorschläge für Ernennungen höherer vakanter Stellen und Regelung der Art der Bewerbungen

7. Austausch von Richtern und StA
8. Einweisung von Frauen in staatsanwaltliche Planstellen (Eingabe von Min. Ellinghaus)
9. Rechtsstellung der Angehörigen von Ministerien
10. Ernennung von Beamten ohne Aushändigung der Urkunde, Beseitigung dieses Zustandes
11. Ernennung von Anwälten zu Notaren (Stichtag 1937)
12. Numerus clausus der Anwälte (Fortsetzung der Diskussion zu Ziff. 14 des Protokolls vom 15.2.1947; Eingabe von Minister Dr. Kuhnt)
13. Monatsschrift für Deutsches Recht (Eingabe von Minister Dr. Kuhnt)
14. Amtliche Justizblätter
15. Papierverwaltung Justiz
16. Laienbeteiligung bei Strafgerichten 1. Instanz
17. Amnestiegesetz
18. Gesetz zur Aufhebung nationalsozialistischen Unrechts (Amnestie vom 21.3.1933)
19. Zuständigkeit bei VO mit strafrechtlichen Nebenbestimmungen (Ziff. 2 des Prot. vom 5.2.1947, Referat: ZJA, Korreferat: Minister Dr. Kuhnt)
20. VO-Recht der bizonalen Ämter
21. Hebung des Richterstandes, Rechtspflegegesetz
22. Sondersenat für Rechtsentscheid über Nichtbestehen von Gesetzen
23. Oberster Gerichtshof
24. Kritik an nicht rechtskräftigen Urteilen, contempt of Court
25. Amtliche Presseorientierung bei wichtigen Prozessen
26. Unterbrechung von Verfahren gegen Internierte
27. Anerkennung ausländischer Schuldurteile
28. Sicherstellung urkundlichen Materials aus der Nazizeit
29. Nachträge und Verschiedenes.

Teilnehmer:

Justizpräs. Dr. Kiesselbach, Vizepräs. Dr. Koch, ORR Dr. Lüders, ORR Jess, JM Dr. Sträter, LG-Präs. Dr. Wiedemann, LG-Rat Husemann, JM Ellinghaus, MinDir. Moericke, MinRat Dr. Brümmer, JM Dr. Kuhnt, OVerwRat Paulsen, OStA Dr. Stein, Senatssyndikus Dr. Drexelius, Senatspräs. Sommerfeld.

16. *Präs. Dr. Kiesselbach* eröffnet die Sitzung (in Abwesenheit des später erschienenen LG-Rat Husemann) um 14.45 Uhr. Es wird sofort in die TO eingetreten. Das Protokoll der ersten Ministerkonferenz am 5.2.1947 wird genehmigt. *JM Dr. Kuhnt* zieht nach Erörterung der Frage des numerus clausus der Rechtsanwälte seinen Änderungsantrag vom 16.2.1947 zurück.

Punkt 12 der TO wird vorweg erledigt. Behandelt werden die Fragen

a) S format before space +12oll der numerus clausus bestehen bleiben?

b) Wer soll das Recht der Zulassung von Rechtsanwälten ausüben?

Dr. Koch stellt hierzu zunächst fest, dass die gesetzliche Regelung dieser Fragen zur Zuständigkeit des ZJA gehört und die praktische Ausführung dieser Gesetze, insbesondere die Zulassung der Rechtsanwälte, Angelegenheit der Länder sei. Eine lockere Handhabung des numerus clausus sei insbesondere mit Rücksicht auf die Lage der Flüchtlinge, unvermeidlich.

Nach eingehender Aussprache besteht Übereinstimmung darüber:

1. dass der numerus clausus zurzeit noch aufrechterhalten werden muss,

2. dass der numerus clausus nicht einheitlich für die ganze Zone festgelegt werden kann, die Lage der Flüchtlingsjuristen aber gebührend berücksichtigt werden muss,

3. dass zonal nur ein Mindestsatz bestimmt werden kann, der in jedem Land je nach Lage der dortigen Verhältnisse durch einen zusätzlichen Prozentsatz erweitert werden kann; die Bestimmung dieses Prozentsatzes ist Sache der Länder.

Gegen den Widerstand von JM Dr. Kuhnt wird beschlossen,

4. dass die letzte Entscheidung über die Zulassung eines Anwalts der Landesjustizverwaltung zukommt und dass die Anwaltskammer zwar anzuhören ist, aber kein Vetorecht hat.

1. a) Privilegien der Emigranten bei Zulassung als Anwalt.

Es besteht volle Übereinstimmung darüber, dass aus dem Gesichtspunkt der Wiedergutmachung den Emigranten jede mögliche Unterstützung gewährt werden soll.

a) Deshalb sollen Emigranten jederzeit auf Antrag in ihrer Heimatstadt als Rechtsanwälte wieder zugelassen werden;

b) soweit aus irgendeinem Grunde die Zulassung in der Heimatstadt nicht möglich ist, soll die Zulassung bei einem anderen Gericht gleicher Ordnung ermöglicht werden;

c) diese Zulassung soll ohne Anrechnung auf die Quote des numerus clausus erfolgen.

Noch nicht abschließend geklärt und bis zur nächsten Tagung aufgeschoben wird die Entscheidung der Fragen

a) ob für diese Anwälte auf die Residenzpflicht verzichtet werden kann,

b) ob es für diese Anwälte erforderlich ist (vor oder binnen einer bestimmten Frist nach Wiederzulassung), die deutsche Staatsangehörigkeit wieder zu erwerben.

Auf Anregung von *JM Dr. Sträter* wird dem ZJA übertragen, durch Rückfrage bei der MR festzustellen, ob für die emigrierten Anwälte die Möglichkeit besteht, die deutsche Staatsangehörigkeit zurück zu erwerben, ohne die englische Staatsangehörigkeit zu verlieren.

1 b) Anerkennung ausländischer Scheidungsurteile.

Es wird beschlossen: a) Im Einvernehmen mit den LJM wird das ZJA beauftragt, die Anerkennung ausländischer Scheidungsurteile mit verbindlicher Wirkung für die Britische Zone auszusprechen. – b) Im Anerkennungszertifikat soll dieser Auftrag zum Ausdruck kommen.

1 c) Zulassung von Rechtsbeiständen.

16. Das Schreiben der Legal Division vom 27.3.1947 soll den LJM abschriftlich übermittelt werden. Die Beratung der Angelegenheit wird auf die nächste Tagung verschoben.

2. Interzonale Tagung.

Präs. Kiesselbach verliest ein Schreiben des OLG-Präs. Dr. Lingemann, der anregt, eine interzonale Juristentagung im Herbst dieses Jahres in Godesberg einzuberufen.

a) Die Anregung findet allseitige Zustimmung. Das ZJA wird beauftragt, die erforderlichen Vorbereitungen unter Mitwirkung des LJM NRW und des OLG-Präs. Düsseldorf zu treffen.

b) Als Datum wird Anfang Oktober in Aussicht genommen.

c) *Präs. Kiesselbach* weist auf die Notwendigkeit der rechtzeitigen Vorbereitung einer Festschrift hin. Als Themen werden vorgeschlagen: Interzonale Rechtshilfe; – die Anerkennung der Urteile anderer Besatzungszonen. – Weitere Vorschläge werden von den LJM dem ZJA bis Ende April unterbreitet.

d) Das ZJA wird versuchen, die Finanzierung der Tagung vollen Umfangs zu übernehmen.

3. Genfer Tagung.

Die LJM werden bis Mitte April dem ZJA Namen von Strafrechtlern aufgeben, die für einen Vorschlag zur Teilnahme an der Genfer Tagung geeignet sind.

4. Vorbereitung des Friedens.

Es wird festgestellt, dass das zunächst für das britische und amerikanische Besatzungsgebiet gegründete Friedensbüro in Frankfurt/M. durch Anordnung des amerikanischen Generals Clay auf Teilnehmer der amerikanischen Zone beschränkt worden ist.

JM Ellinghaus teilt mit, dass sich in den nächsten Tagen die Ministerpräs. der Länder der Brit. Zone zur Gründung eines entsprechenden Friedensbüros für die Brit. Zone zusammenfinden werden; in dieses Büro würden voraussichtlich auch Jahreis-Köln, Krauss-Göttingen und Laun-Hamburg berufen.

Präs. Kiesselbach spricht den Wunsch aus, dass in diesem Büro auch die Justiz vertreten sein möge. – *JM Ellinghaus* teilt hierzu mit, dass er selbst dem Büro für die Landesregierung Niedersachsen angehören werde.

Des Zusammenwirkens wegen wird vorweg erörtert Ziff. 38 der TO: „Kriegsende".

Präs. Kiesselbach stellt zu dem Antrag von JM Kuhnt vom 18.3.1947 fest: Soweit Privatverträge auf das Kriegsende Bezug nehmen, muss die Auslegung dieses Begriffs dem Richter vorbehalten bleiben. Für das öffentliche Recht schon jetzt vor Abschluss des Friedensstatuts durch VO das Kriegsende verbindlich festzulegen, erscheint aus politischen Gründen nicht angebracht.

5. Urlaubsregelung für das Jahr 1947.

Es besteht Einverständnis darüber, dass der diesjährige Urlaub der Justizangehörigen wie bisher über das ganze Jahr zu verteilen ist. (also keine Gerichtsferien.)

6. Vorschläge für Ernennungen höherer vakanter Stellen und Regelung der Art der Bewerbungen.

Nach Beratung besteht Einigkeit darüber, dass die höheren Personalstellen, die vom ZJA besetzt werden, nicht ausgeschrieben werden sollen.

7. Austausch von Richtern und StA.

Es findet eine Aussprache darüber statt, inwieweit die LJM die von ihnen zu besetzenden Personalstellen ihres Landes mit Einheimischen oder Auswärtigen zu besetzen gedenken.

8. Einweisung von Frauen in staatsanwaltschaftliche Planstellen.

Nach Aussprache ergibt sich: Eine grundsätzliche Stellungnahme ist nicht möglich. Es sind in jedem einzelnen Falle die gesamten persönlichen Umstände zu berücksichtigen. Die süddeutschen Bedenken, dass der Natur einer Frau die staatsanwaltschaftliche Tätigkeit widerspricht, werden nicht voll geteilt.

9. Rechtsstellung der Angehörigen von Ministerien.

Nach Beratung besteht Übereinstimmung darüber, dass Angehörige von Ministerien nur für eine Übergangszeit zugleich auch in den Planstellen der Gerichte und den StA geführt werden können. Beamtenrechtlich ist es zulässig, dass eine Person gleichzeitig auf zwei verschiedenen Planstellen steht.

10. Ernennung von Beamten ohne Aushändigung der Urkunde.

Es wird festgestellt, dass dieser während des Krieges bestehende Zustand jetzt allseits aufgehoben ist. Personen können also nur unter Aushändigung einer Ernennungsurkunde in das Beamtenverhältnis berufen werden.

11. Ernennung von Anwälten zu Notaren (Stichtag 1937).

Vizepräs. Dr. Koch stellt die Frage zur Erörterung. Ausgangspunkt der Angelegenheit ist ein Antrag der Vereinigung der Vorstände der Rechtsanwaltskammern in der Brit. Zone, die AV des RJM vom 14.7.1937 (DJ S. 914) wie folgt abzuändern:

Soweit in einem bisherigen Gebiet des Anwaltsnotariats (§ 8 Abs. 2 RNO) einem Rechtsanwalt gegen dessen Eignung keine Bedenken bestehen, nach Ablauf einer bestimmten Wartezeit das Notariat verliehen wird, ohne dass ein besonderes Bedürfnis vorliegt, verbleibt es bei dieser Übung. Dieses gilt nicht für Rechtsanwälte, welche vor dem 1.7.1937 als Anwalt zugelassen worden sind.

Nach eingehender Aussprache über die Zweckmäßigkeit der Einführung dieses Stichtages wird beschlossen: Die Ernennung zum Notar ohne Prüfung der Bedürfnisfrage von dem Ablauf einer Frist von zehn Jahren abhängig zu machen. Eine vorherige Zulassung ist von dem jeweiligen Bedürfnis abhängig. Ein Stichtag im Sinne des obigen Antrages soll nicht festgelegt werden.

12. Numerus clausus der Rechtsanwälte.

Des Zusammenhanges wegen ist dieser Punkt der TO zu Ziff. 1 erledigt worden.

13. „Monatsschrift für Deutsches Recht".

Dr. Lüders berichtet über die Entwicklung der „Monatsschrift für Deutsches Recht", die zugleich ein Blatt der Praxis und Wissenschaft sein soll. Mit dem Erscheinen der Zeitschrift kann, da das Papier inzwischen genehmigt ist, in der zweiten Hälfte des Aprils gerechnet werden. Herausgeber ist der RA *Dr. Mittelstein* in Hamburg. – Dr. Lüders bittet zur Veröffentlichung geeignetes Entscheidungsmaterial direkt an den Verlag einzusenden. – Es wird zur Sprache gebracht, dass seitens der Anwaltschaft dieser Zone Pläne zur Herausgabe einer anwaltseigenen

Rechtszeitschrift bestehen. Dieses Vorhaben wird von keinem Anwesenden gutgeheißen, da hierdurch eine beiden Teilen schädliche Konkurrenz und Zersplitterung zu befürchten ist. Das ZJA will in diesem Sinn nochmals auf die Vereinigung der Vorstände der Anwaltskammern in Hamburg einzuwirken haben.

14. „Amtliche Justizblätter".

Dr. Lüders berichtet, dass das Erscheinen von drei amtlichen Blättern in Vorbereitung ist:

a) *„Verordnungsblatt für die Britische Zone".* Dieses Blatt soll anstelle des früheren Reichsgesetzblattes treten. In ihm sollen die Gesetze und VO der Zentralverwaltungen der Britischen Zone verkündet werden. Auflage: 40.000 Stück. Erstmaliges Erscheinen 22.4.1947.

b) *„Zentral-Justiz-Blatt".* Dieses Blatt soll die bisher von den OLG-Präs. herausgegebenen Justizblätter ersetzen. In ihm sollen Verwaltungsanordnungen, Rundverfügungen pp. sowie kurze Artikel über Gesetzesbegründungen veröffentlicht werden. Ferner sollen auch die Ausschreibungen über vakante Stellen, soweit für ihre Besetzung die LJM zuständig sind, hier erscheinen.

c) Ein weiteres Blatt ist geplant *als Nachfolger des früheren Reichsanzeigers.* Dieses Blatt soll als bizonaler Anzeiger vom Verwaltungsamt für Wirtschaft in Minden herausgegeben werden. Wann mit dem Erscheinen zu rechnen ist, steht dahin.

Neben den Blättern zu a) und b) werden künftig anstelle der Justizblätter der OLG-Präs. Ministerialblätter der LJMin. herausgegeben werden.

15. Papierverteilung Justiz. – Das Schreiben der Legal Division vom 5.3.1947 (LEGAL/MOJ/52302) wird besprochen. *Es wird festgestellt,* dass für die Schwierigkeit in der Papierzuteilung weniger der fehlerhaften Organisation als dem Mangel an Papier die Schuld zuzuschreiben ist. In diesem Sinne soll an die Legal Division geschrieben werden.

16. Laienbeteiligung bei Strafgerichten 1. Instanz. – Dr. Koch übergibt den Entwurf einer VO mit der Bitte um schriftliche Stellungnahme. Es wird betont, dass es sich bei der VO nur um eine vorläufige Lösung handelt. Die endgültige Lösung soll auf parlamentarischer Grundlage erfolgen.

17. Amnestiegesetz. – Dr. Koch berichtet über den wesentlichen Inhalt des 3. Entwurfs. Der Entwurf wurde erörtert.

Es wird festgestellt: a) dass Übereinstimmung über die Grundzüge der VO besteht; b) dass Änderungen besprochen werden sollen.

18. Gesetz zur Aufhebung nationalsozialistischen Unrechts. (Amnestie vom 21.3.1933).

Der Gesetzentwurf wird von Herrn Dr. Koch zur Erörterung gestellt. Nach Aussprache wird festgestellt, a) über die materielle Grundlage des Gesetzes herrsch Einverständnis, b) redaktionelle Änderungen sollen außerhalb der TO erledigt werden.

19. Zuständigkeit bei VO mit strafrechtlichen Nebenbestimmungen.

Referat: ZJA, Korreferat: JM Dr. Kuhnt.

Das Referat des ZJA ist von der TO abgesetzt worden. Im Wesentlichen werden von JM Dr. Kuhnt drei Möglichkeiten zur Erörterung gestellt: a) ZJA zuständig für die ganze VO; b) bei untergeordneter Bedeutung der Strafbestimmungen alleinige Zuständigkeit der Länder; c) für die Strafbestimmungen Zuständigkeit des ZJA; d) für den materiellen Teil Zuständigkeit der Länder.

Senatssyndikus Dr. Drexelius stellt in diesem Zusammenhang die Frage zur Erörterung, in welcher Form die Zustimmung des ZJA bei der Veröffentlichung zum Ausdruck gebracht werden soll. Es werden folgende Möglichkeiten besprochen: a) mit Zustimmung des ZJA wird verordnet: ... b) Ausdruck der Zustimmung in der Mitunterzeichnung durch das ZJA. c) Einholung der Zustimmung im Vorwege. Keine Veröffentlichung der Zustimmung. *JM Dr. Sträter* weist darauf hin, dass die Zustimmung des ZJA in der Veröffentlichung zum Ausdruck kommen muss, da sonst die Gültigkeit der VO im Wege des richterlichen Nachprüfungsrechts in Frage gestellt werden könnte.

Es wird beschlossen: a) Das ZJA soll ein Gutachten zu diesen Fragen ausarbeiten; b) vorläufig soll folgende Form der Verkündung gewählt werden: „Unter Mitwirkung des ZJA wird verordnet ...". d) Die Angelegenheit wird vertagt.

20. Verordnungsrecht der bizonalen Ämter.

Die Sache soll nicht erörtert werden, da die Klärung der Frage des VO-Rechts von der MR zurzeit zurückgestellt ist.

21. Hebung des Richterstandes, Rechtspflegergesetz.

Präs. Dr. Kiesselbach teilt den Stand der Angelegenheit mit.

Es wird beschlossen: Der vorliegende Entwurf soll auf der nächsten Tagung der JM unter Hinzuziehung der OLG-Präs., Vertretern der GStA und der Anwaltskammer beraten werden.

22. Sondersenat für Rechtsentscheide über Nichtbestehen von Gesetzen.

Die Angelegenheit wird vertagt.

23. Oberster Gerichtshof.

Präs. Dr. Kiesselbach gibt von dem Wunsch der Legal Division Kenntnis, diese Frage zurzeit nicht zu erörtern. Jede Zone soll auf diesem Gebiet zunächst für sich tätig werden.

Es wird beschlossen: Die Sache von der TO abzusetzen.

24. Kritik an nicht rechtskräftigen Urteilen, contempt of Court.

Die Anregung zur Prüfung dieser Frage geht von der MR aus. – *Dr. Koch* referiert die rechtsgeschichtlichen und rechtspolitischen Grundlagen des contempt of Court im deutschen Recht im Vergleich zum englischen Recht. Dr. Koch spricht sich gegen die Durchführung einer gesetzlichen Regelung im Augenblick aus.

JM Dr. Kuhnt und *JM Dr. Sträter* erklären sich beide gegen eine gesetzliche Regelung dieser Frage für den Augenblick und empfehlen eine enge Fühlungnahme mit Presse und Rundfunk, im den in Frage stehenden Problemen zu begegnen.

JM Ellinghaus und *Senatssyndikus Dr. Drexelius* schließen sich dieser Meinung an. JM Ellinghaus regt an, in diesem Punkte an die Ehre der Presse zu appellieren und entsprechende Bestimmungen in das neue Presserecht einzubauen.

Es wird beschlossen: a) für den Augenblick keine gesetzliche Regelung zu treffen, b) durch enge Fühlungnahme mit Presse und Rundfunk (Vororientierung bei wichtigen Prozessen, Pressebesprechungen) soll versucht werden, eine sachliche Kritik in der Presse zu erreichen, c) die Frage, ob der Erlass entsprechender Gesetze in der Zukunft zweckmäßig ist, soll zunächst offen gelassen werden.

Dr. Koch übergibt den Entwurf eines Schreibens an die Legal Division in diesem Sinne, das gebilligt wird.

25. Amtliche Presseorientierung bei wichtigen Prozessen.

Es herrscht Übereinstimmung darüber, dass eine straffe und schnelle Presseorientierung unbedingt notwendig ist. Es soll angestrebt werden, den „Deutschen Pressedienst" und den Rundfunk zentral durch das ZJA zu informieren. – *Dr. Lüders* regt an, von wichtigen Urteilen auf dem schnellsten Wege telefonisch oder telegrafisch dem ZJA Kenntnis zu geben.

26. Unterbrechung von Verfahren gegen Internierte.

Die Herren JM wollen zu dieser Frage feststellen, welche Handhabung innerhalb ihrer Länder üblich ist und ihre Stellungnahme dem ZJA mitteilen.

27. Punkt 27 der TO wurde zu 1 b vorweg erledigt.

28. Sicherstellung urkundlichen Materials aus der Nazizeit.

Es wird das Schreiben des Amtsbürgermeisters a.D. v. Lovenberg vom 21.1.1947 zur Kenntnis gebracht und angeregt, eine entsprechende Regelung zu treffen.

Es wird beschlossen: Die Behandlung dieser Frage in das Belieben der einzelnen Länder zu stellen.

29. Zahlung alter Verbindlichkeiten – Urteil OLG Kiel.

JM Dr. Kuhnt berichtet über das ergangene Urteil.

Nach Aussprache herrscht Übereinstimmung darüber, dass sich hier u.U. eine nicht zu übersehende Gefahr für die Wirtschaft abzeichnet, dass die Angelegenheit als vordringlich zu betrachten ist und nach Sammlung von weiterem Material und Fühlungnahme des ZJA mit den zuständigen Dienststellen die Frage ggfs. an den Kontrollrat herangebracht werden soll.

30. Gesetz Nr. 52 – Anweisung Nr. 109. Die Anweisung Nr. 109 der MR wird zur Kenntnis gebracht. *JM Dr. Sträter* bittet um eine Abschrift der Anweisung, die er bisher nicht erhalten hat.

31. Siegel.

Präs. Dr. Kiesselbach legt den für das ZJA geplanten Siegelentwurf vor.

Es wird festgestellt, dass innerhalb der Landesjustizverwaltungen zurzeit noch verschiedene Arten von Siegeln verwandt werden. – Es herrscht Übereinstimmung, dass für die Zukunft innerhalb der Justizverwaltungen mit dem Landeswappen gesiegelt werden soll.

32. Kriminalpolizeiamt. Präs. Dr. Kiesselbach weist auf die besondere Bedeutung des Amtes hin. Im Übrigen wurde der Punkt für diese Tagung nach kurzer Erörterung als erledigt angesehen.

33. Detmold-VO. Die Frage wird als erledigt und nicht von allgemeinem Interesse von der TO abgesetzt.

34. Vorlage der Personalakten an Entnazifizierungshauptausschüsse.

Nach eingehender Erörterung der Frage *wird beschlossen,* von einer zentralen Regelung abzusehen und es für den Augenblick bei der örtlich eingebürgerten Verwaltungsübung zu lassen.

35. Schriftverkehr zwischen ZJA und OLG.

Nach Verlesung des Schreibens der Legal Division vom 6.3.1947 (Legal Moj/52300) wird festgestellt, dass die diesem Schreiben zugrunde liegende Ansicht dem Protokoll der Ministertagung vom 5.2.1947 widerspricht. – *Es wird beschlossen,* den Schriftverkehr in der im Protokoll vom 5.2. festgelegten Form zu führen.

36. LG Bielefeld. Einhaltung der Dienststunden. – Das Schreiben der Legal Division vom 21.2.1947 (Legal/Moj/52316) wird zur Kenntnis gebracht und auf das Untragbare der in diesem Schreiben erwähnten Verhältnisse hingewiesen.

37. Erbhofrecht. – *Dr. Koch* referiert über den Stand der Angelegenheit. – Nach Aussprache herrscht Übereinstimmung darüber, dass innerhalb des Erbhofrechts Testierfreiheit gewährt werden soll. – Eine Stellungnahme im Einzelnen ist ohne Vorliegen des Textes nicht möglich und wird zurückgestellt.

38. Kriegsende: Dieser Punkt der TO wurde des Zusammenhangs wegen zu Punkt 4 erledigt.

39. Sonstiges.

1. Zusatzlebensmittelmarken. JM Dr. Kuhnt stellt die Frage nach Zuteilung von Zusatzlebensmittelmarken für die Justiz. Es wird festgestellt, dass für die Justiz in der ganzen Brit. Zone einheitlich 20 % gewährt werden.

2. Besetzung der Zivilkammern mit drei Richtern. Es wird festgestellt, dass die Frage der Besetzung mit drei Richtern bei den einzelnen OLG verschieden gehandhabt wird (z.B. Hamm 3, Hamburg 3, Köln 1).

Zivilkammern sollen einheitlich mit drei Richtern besetzt werden, die Angelegenheit soll durch eine einheitliche VO zentral geregelt werden. *3. Richterliche Bestätigung von Haftbefehlen.* Die Anregung zu dieser Frage gibt ein Schreiben der MR NRW am 12.3.1947. Nach Erörterung erscheint als beste Lösung, einen richterlichen Haftbefehl telegrafisch zu übermitteln an den Ort der Inhaftnahme, und ihn dort dem Inhaftierten zu verkünden. Das Schreiben soll den LJM zur [?] Stellungnahme übersandt werden.

JM Ellinghaus teilt mit, dass im Land Niedersachsen ein Gesetz über den Ausgleich von Personenschäden mit befristeter Dauer verkündet sei. Abschrift dieses Gesetzes soll dem ZJA zur Kenntnis übersandt werden.

Die Sitzung wurde am 1.4.1947 um 12.45 Uhr geschlossen.

III. Protokoll der Tagung vom 20./21.5.1947 in Bad Pyrmont*I. Teilnehmer:*

Justizvizepräs. Dr. Koch, ORR Jess
MinDr. Moericke, in Vertretung des geschäftsf. Niedersächs. JM Ellinghaus
MinRat Dr. Brümmer, LG-Dir. Dr. Demme
MinDir. Dr. Wiedemann in Vertretung des geschäftsf. JM von Nordrhein-Westfalen Dr. Sträter
LG-Dir. Dr. Francke, LG-Rat Clasen

RegDir. Dr. Prätorius in Vertretung des Ministerpräs. von Schleswig-Holstein (Rechtsabt.)
Oberverwaltungsrat Paulsen, OStA Dr. Stein
Senatssyndikus Dr. Drexelius

II. Tagesordnung:
1. Genehmigung des Protokolls der Ministerkonferenz am 31.3./1.4.1947 in Bad Pyrmont
2. Zulassung von Rechtsbeiständen (s. Prot. Ziff. 1 c)
3. Privilegien der Emigranten bei Zulassung als Anwalt (Prot. Ziff. 1 a)
4. Numerus clausus der Anwälte (Eingabe des Präs. der Anwaltsvereinigung)
5. Prozessvertretung durch Gewerkschaftssekretäre (Schreiben OLG Düsseldorf vom 14.4.1947)
6. Aufnahme von Juristen aus dem österr. Rechtskreise
7. Freie Planstellen in der ordentlichen Justiz für Spruchrichter nach Abschluss der Spruchverfahren
8. Recht der Ernennung von Mitgliedern der Disziplinarstrafkammer
9. Unterhaltszuschüsse für Beamte im Vorbereitungsdienst
10. Besetzung der Zivilkammern mit drei Richtern (Prot. Ziff. 39, 2)
11. Rundverfügung betr. Bewilligung öffentlicher Zustellungen
12. Unterbrechung von Verfahren gegen Internierte (Prot. Ziff. 26)
13. Unmittelbare Zuleitung von Rechtshilfeersuchen an das ZJA
14. Überhandnehmen der eidesstattlichen Versicherung (Schreiben OLG Celle vom 9.4.1947)
15. Die Stellung der Arbeitsgerichte
16. Die Befriedung der Landtage
17. Richterliche Bestätigung von Haftbefehlen (Prot. Ziff. 39, 3)
18. Laienbeteiligung bei Strafgerichten 1. Instanz (Prot. Ziff. 16)
19. Kontrollratsgesetz Nr. 50
20. Zahlung alter Verbindlichkeiten (Prot. Ziff. 29)
21. Vorbereitung des Friedens (Prot. Ziff. 4)
22. Interzonale Juristentagung in Godesberg Anfang Okt. 1947
23. Nachträge:
   a) Entnazifizierung der Ostanwälte unabhängig vom Zulassungsverfahren (Schrb. d. Rechtsanwaltsvereinigung)
   b) Planstellen für ehemalige Erbhofrichter (Schrb. Dr. Rötelmann)
   c) Zuständigkeit für neue Ärzteordnung (strafrechtl. Nebenbestimmungen)
   d) Papierverteilung, Anweisungsrecht des ZJA
   e) Fortführung d. Dienstbezeichnung (Schrb. Kiel)
   f) Altersgrenze bei Richtern
   g) Beamtenrechtl. Folgen der Verurteilung durch ein Militärgericht (Schrb. Kiel)

III. Vizepräs. Dr. Koch führt den Vorsitz und eröffnet in Abwesenheit von MinDir. Dr. Wiedemann um 10.45 Uhr die Sitzung. Bis zum Eintreffen von MinDir.

Dr. Wiedemann soll nicht in die TO eingetreten werden, da Dr. Francke zur Vertretung des MinDir. Dr. Wiedemann nicht beauftragt ist. Im Einverständnis der übrigen Teilnehmer werden zunächst die Punkte von untergeordneter Bedeutung vorweggenommen, in denen im Wesentlichen nur der Sachstand referiert wird.

23 a. Entnazifizierung der Ostanwälte unabhängig vom Zulassungsverfahren.

Es werden die Schreiben der Vereinigung der Anwaltskammern vom 17.1.1947 und 24.4.1947 zur Kenntnis gebracht. *Dr. Stein* und *Dr. Damme* geben Kenntnis von Schwierigkeiten, die nicht nur für Anwälte, sondern auch für Richter in dieser Frage von den Entnazifizierungsausschüssen und in Schleswig-Holstein auch seitens der MR gemacht werden.

Es herrscht Übereinstimmung darüber, dass hier unbedingt eine Abänderung in dem Sinne erreicht werden muss, dass die Ausschüsse nach Möglichkeit alle Volljuristen zur Entnazifizierung annehmen. Von Seiten der Landesjustizverwaltungen soll zunächst versucht werden, hier eine Änderung zu erreichen. Es soll auch an die örtlichen MR-Stellen in dieser Frage herangetreten werden.

23 b. Planstellen für ehemalige Erbhofrichter.

Der niedersächs. JM will an die anderen LJM herantreten, um eine Unterbringung der ehemaligen Richter des Landeserbhofgerichts in Celle, vor allem im Zusammenhang mit dem Aufleben der Landwirtschaftssachen zu ermöglichen.

23 d. Papierverteilung, Anweisungsrecht des ZJA.

Das Schreiben der Legal Division (Legal/Moj/52302) vom 24.4.1947 wird dem Inhalt nach bekannt gegeben. Auf das darin dem ZJA übertragene Anweisungsrecht wird besonders hingewiesen. Bedenken gegen die Durchführung des Verteilungsverfahrens in dieser Art werden nicht vorgetragen.

23 e. Fortführung der Dienstbezeichnung.

Dr. Stein weist darauf hin, dass es in der Praxis zu Misshelligkeiten führt, wenn Dienstbezeichnung und ausgeübtes Amt nicht übereinstimmt.

Die Anwesenden sind übereinstimmend der Meinung, dass zur Vermeidung etwaiger Schwierigkeiten Beamten, die eine frühere Dienstbezeichnung führen können, bei ihrer Einberufung z.B. als Hilfsrichter, die vorläufige Dienstbezeichnung „beauftragter Richter" gegeben werden soll. Bei Einweisung in eine Planstelle wird dann die endgültige Dienstbezeichnung gegeben. Gegen die Weiterführung der alten Dienstbezeichnung gem. § 37 DBG bestehen keine Bedenken.

Dr. Demme wirft in diesem Zusammenhange die Frage auf, ob das ZJA die Ausübung der Disziplinarbefugnisse über die seiner Ernennungszuständigkeit nach VO Nr. 31 unterliegenden Beamten in Anspruch nimmt. Es bestehen nach Erörterung keine Zweifel, dass die Disziplinargewalt vom ZJA ausgeübt wird. Die Regelung der Fragen, die sich aus den Überschneidungen ZJA und LJM möglicherweise ergeben, soll der Praxis überlassen bleiben.

21. Vorbereitung auf den Frieden.

StS Dr. Moericke teilt mit, dass der für die Brit. Zone geplante Ausschuss noch nicht ins Leben gerufen ist. *Dr. Drexelius* gibt bekannt, dass der Hamburger Ausschuss unter Leitung von Prof. Dr. Ipsen steht.

16. Die Befriedung der Landtage.

Präs. Dr. Koch stellt fest, dass zum Erlass der VO in der von Hamburg geplanten Form das ZJA zuständig ist und wirft die Frage auf, ob in den anderen Ländern der Brit. Zone ebenfalls solche Gesetze erlassen werden sollen. *OVerwR Paulsen* bejaht diese Frage für Schleswig-Holstein. Niedersachsen und Nordrhein-Westfalen lassen diese Frage zunächst offen. Die endgültige Stellungnahme der beiden letztgenannten Länder soll abgewartet werden.

17. Richterliche Bestätigung von Haftbefehlen.

Unter Zugrundelegung eines Schreibens der MR in Nordrhein-Westfalen (NRW/Leg. 18714/5) vom 12.3.1947 wird die Angelegenheit nochmals erörtert. Insbesondere wurde eingehend Stellung genommen zur Verlängerung der Vorführungsfrist auf sieben Tage und der Frage der Vorführung von Personen, die aufgrund eines fernschriftlichen Festnahmeersuchens ergriffen wurden, vor Gerichte der Kontrollkommission.

Einstimmig wurde beschlossen, das bisher geübte Verfahren beizubehalten.

23 h. Amnestiegesetz (Nachträglich auf die TO gesetzt).

Präs. Dr. Koch referiert über den Stand der Angelegenheit, insbesondere darüber, dass nunmehr die VO mit Ausnahme des im Entwurf vorgesehenen Art. II, genehmigt ist.

Übereinstimmend wird festgestellt, dass dadurch der VO ein bedauerlicher Mangel anhaftet, der auch eine unnötige Zersplitterung der Gesetzgebung auf diesem Gebiete zur Folge hat.

StS Dr. Moericke und *OVerwR Paulsen* bitten trotzdem, die VO zu verkünden.

8. Recht der Ernennung von Mitgliedern der Disziplinarstrafkammern.

Nach Erörterung der Angelegenheit wird einstimmig *beschlossen:* Die Mitglieder der Disziplinarkammer werden vom LJM bestellt. Soweit leitende Beamte im Sinne der VO Nr. 41 bestellt werden, ist die Genehmigung des ZJA erforderlich.

Um 13 Uhr wurde die Sitzung unterbrochen und um 15 Uhr in Abwesenheit von MinDir. Dr. Wiedemann fortgesetzt.

Es wird *beschlossen,* in die TO einzutreten, da mit der Ankunft von *Dr. Wiedemann* aus verkehrstechnischen Gründen erst am späten Nachmittag gerechnet werden kann.

1. Genehmigung des Protokolls der Ministerkonferenz vom 31.1./1.4.1947.

StS Dr. Moericke zieht die Fassung des Beschlusses zu Punkt 11 der TO vom 31.3./1.4.1947 in Zweifel. Es wird festgestellt, dass eine Entschließung dieses Wortlautes gefasst worden ist. *StS Dr. Moericke* weist auf das Bedenkliche einer solchen Entschließung hin, vor allem deshalb, weil mit einer starken Überfüllung des Notarberufes zu rechnen sei.

Dr. Drexelius macht in diesem Zusammenhang auf die besonderen Verhältnisse in Hamburg aufmerksam (Nur-Notariat, Anwaltsnotariat). Hamburg will beim Nur-Notariat bleiben, das Anwaltsnotariat soll mit der Zeit aussterben.

Weitere Bemerkungen zum Protokoll werden nicht gemacht. Das Protokoll wird genehmigt. *2. Zulassung von Rechtsbeiständen.*

Das Schreiben der Legal Division (Legal/Moj/52334/2) vom 22.3.1947 wird zur Kenntnis gebracht. *Präs. Dr. Koch* fasst die Erörterung dahin zusammen, dass an den Grundzügen des Gesetzes zur Verhütung von Missbräuchen auf dem Gebiete der Rechtsberatung vom 13.12.1935 festgehalten werden muss und dass von dem Maßstab der Bedürfnisfrage nicht abgewichen werden kann.

Übereinstimmend wurde festgestellt, dass in absehbarer Zeit eine Neuzulassung von Rechtsbeiständen nicht erwünscht ist, da genügend Rechtanwälte (Ostanwälte) zur Verfügung stehen. Die Zulassung von Ostflüchtlingen als Rechtsbeistände bleibt der nach Möglichkeit großzügigen Behandlung der Landesjustizverwaltungen überlassen. Personen, die bereits im Osten als Rechtsbeistände zugelassen waren, können ohne Prüfung der Bedürfnislage wieder zugelassen werden. *3. Privilegien der Emigranten bei Zulassung als Anwalt.*

Präs. Dr. Koch referiert in diesem Zusammenhange über die Fragen der Staatsangehörigkeit und der Residenzpflicht. Es herrscht Übereinstimmung dahin,

1. dass für die Zulassung als Rechtsanwalt in Deutschland nach dem gültigen Recht (vgl. § 116 RAO) der Besitz der deutschen Staatsangehörigkeit nicht erforderlich ist;
2. dass an den Erfordernissen der Residenzpflicht nach Ablauf einer angemessenen Frist festgehalten werden muss.

Einer neuen gesetzlichen Regelung bedarf es hierfür nicht, da die bisherigen Vorschriften der RAO ausreichen.

4. Numerus clausus der Anwälte.

Das Schreiben der Vereinigung der Vorstände der Anwaltskammern vom 8.5.1947 wird inhaltlich bekanntgegeben und der Beschluss der Vereinigung vom 27./28.3.1947 verlesen. Weiterhin wird das Schreiben des Präsidenten der Rechtsanwaltskammer von Düsseldorf vom 12.5.1947 zur Kenntnis gebracht. – Nach eingehender Erörterung der in diesem Schreiben geltend gemachten Bedenken wird *beschlossen,* die zur Frage des numerus clausus gefassten Beschlüsse der Konferenz vom 31.3. nicht zu ändern.

5. Prozessvertretung durch Gewerkschaftssekretäre.

Anlass zur Erörterung dieser Frage gaben zwei Schreiben des OLG-Präs. in Düsseldorf und des Präs. der Vereinigung der Vorstände der Anwaltskammern. – Es herrschte Übereinstimmung, dass bei der ausreichenden Zahl der zur Verfügung stehenden Rechtsanwälte und Rechtsbeistände ein Bedürfnis zur Zulassung von Gewerkschaftssekretären zur Prozessvertretung über den Rahmen der vor 1933 geltenden Bestimmungen nicht besteht.

6. Aufnahme von Juristen aus dem österreichischen Rechtskreise.

Die Erörterung dieser Frage ist angeregt durch ein Schreiben des OLG-Präs. in Braunschweig vom 12.4.1947. *Es wird einstimmig beschlossen:* Die in Frage kommenden Bewerber sollen einer erneuten Prüfung nicht unterworfen werden. Die Feststellung ihrer Eignung für den Justizdienst kann in ausreichendem Maße während des Vorbereitungsdienstes festgestellt werden. Es soll im Übrigen nach § 31 JustizausbildungsO vom 23.5.1946 verfahren werden. – Der Beschluss soll von den Landesjustizverwaltungen den OLG mitgeteilt werden.

7. Preis-Planstellen in der ordentlichen Justiz für Spruchrichter nach Abschluss der Spruchverfahren.

Präs. Dr. Koch referiert über eine vom Generalinspekteur für die Spruchkammern zur Regelung dieser Frage erbetene VO. Die Möglichkeit einer solchen VO wird besprochen.

Es wird einstimmig beschlossen:

1. Vom Generalinspekteur soll eine Aufstellung über die in Frage kommenden Herren an das ZJA gegeben werden.
2. Das ZJA soll nach Erhalt der Aufstellung mit den Landesjustizverwaltungen in Verbindung treten um festzustellen, welche Anzahl prozentual von den einzelnen Ländern übernommen werden soll.
3. Im Laufe der Spruchverfahren soll dann im Einzelfalle die Übernahme in eine Planstelle mit den Landesjustizverwaltungen besprochen werden.
4. Aufgrund dieser Regelung erübrigt sich nach Meinung der Anwesenden der Erlass einer VO.
5. Der Punkt soll auf die TO der nächsten Ministerkonferenz gesetzt werden.

9. Unterhaltungszuschüsse für Beamte im Vorbereitungsdienst.

Der vom Zentralhaushaltsamt vorgelegte Entwurf von Richtlinien auf diesem Gebiet wird erörtert. Die Herausgabe der Richtlinien durch das Zentralhaushaltsamt soll abgewartet werden. Bedenken wurden nicht geltend gemacht.

10. Besetzung der Zivilkammer mit drei Richtern.

Der Entwurf einer VO auf diesem Gebiet ist den Landesjustizverwaltungen zugegangen. Die Stellungnahme wird abgewartet werden.

11. Rundverfügung betr. Bewilligung öffentlicher Zustellungen.

Um eine Einzeländerung der ZPO zu vermeiden, soll die Angelegenheit zunächst durch Rundverfügung geregelt werden. Bedenken gegen ein solches Verfahren werden nicht geäußert. Der Entwurf einer entsprechenden Rundverfügung ist den Landesjustizverwaltungen übersandt worden. Die Stellungnahme soll abgewartet werden.

12. Unterbrechung von Verfahren gegen Internierte.

Präs. Dr. Koch berichtet über den Sachstand. – Die Äußerung der Landesjustizverwaltungen soll abgewartet werden. Das OLG Hamburg soll an die Stellungnahme erinnert werden.

13. Unmittelbare Zuleitung von Rechtshilfesachen an das ZJA.

Das augenblicklich geübte Verfahren wird erörtert. Es soll beibehalten werden und auch in Zukunft der Schriftverkehr in Rechtshilfesachen nicht über die LJM gehen.

14. Überhandnahme der eidesstattlichen Versicherungen.

Das Schreiben des OLG Celle vom 9.4.1947 wird zur Kenntnis gebracht. Über das Unerwünschte dieses Zustandes herrscht Übereinstimmung. Die LJM sollen versuchen auf die anderen Ministerien dahin einzuwirken, dass eidesstattliche Versicherungen nicht unnötige abverlangt werden.

15. Die Stellung der Arbeitsgerichte.

Präs. Dr. Koch teilt mit, dass dem ZJA vom JM eine Reihe fehlerhafter Urteile von Arbeitsgerichten übersandt worden ist. Dieselben Mängel sind auch in den süddeutschen Ländern bereits im größeren Umfange beobachtet worden. Diese Häufung von Fehlern lässt berechtigte Zweifel an der Richtigkeit des heutigen Zustandes aufkommen. Auf die Wichtigkeit der Sammlung und Übersendung weiteren Materials wird hingewiesen.

Um 17.45 Uhr erscheint der geschäftsf. nieders. JM Ellinghaus. JM Ellinghaus übergibt einen Ausschnitt aus der „Hannoverschen Presse" vom 20.5.1947. Der Artikel ist nach Rücksprache mit dem Redakteur der „Hannoverschen Presse" trotz Abmahnung durch JM Ellinghaus, eine solche Kritik vor Rechtskraft des Urteils zu üben, veröffentlicht worden. Der Artikel wird verlesen. Er enthält schwerste Vorwürfe gegen die Justiz. Das Urteil hat nicht vorgelegen.

Da nach den Erfahrungen der Praxis der in der Ministerkonferenz vom 31.3.1947 gefasste Beschluss [keine gesetzl. Regelung für den Augenblick. Eine Fühlungnahme [nicht lesbar] nicht zu dem erwünschten Ziel führen wird, wird dieser einstimmig dahin geändert: Das ZJA soll unverzüglich an die MR herantreten, um den Erlass von Vorschriften zu erreichen, dass *Erörterung* von nicht rechtskräftigen Entscheidungen verboten ist.

Die Frage, ob Strafbestimmungen oder Androhung von Zwangsmitteln im Verwaltungswege mit der Möglichkeit der Anrufung des Verwaltungsgerichts in die VO als zweckmäßig eingearbeitet werden sollen, wird offen gelassen. Als Zwangsmittel wird u.a. das Erscheinungsverbot in Erwägung gezogen. Das LJMin. Niedersachsen will umgehend das in dieser Frage von Prof. Eberhard Schmidt erstattete Gutachten zur Verfügung stellen, sowie den Zeitungsartikel übersenden.

Zu Beginn der Beratung über diesen Punkt erscheint *MinDir. Dr. Wiedemann.*

18. Laienbeteiligung bei Strafgerichten 1. Instanz.

Präs. Dr. Koch gibt Bericht über den Stand der Sache unter besonderem Hinweis auf die Dringlichkeit der Regelung, die einen nicht unerheblichen Beitrag zur Hebung der augenblicklichen Justizkrise bedeute.

Einstimmung wird beschlossen:

1. In allen Tatsacheninstanzen soll die Beteiligung von Laien wieder eingeführt werden, auch in der Strafkammer. Das ZJA soll dieserhalb noch einmal bei der Legal Division vorstellig werden.

2. Als Endziel der Entwicklung auf diesem Gebiet soll die Wiedereinführung des Schwurgerichts alter Form angestrebt werden. Die Wiedereinführung soll jedoch dem zukünftigen einheitlichen Parlament überlassen bleiben.

3. Die Zuständigkeit des Schwurgerichts soll auf die Verbrechen gegen die Menschlichkeit ausgedehnt werden.

Die Landesjustizverwaltung Nordrhein-Westfalen will die schriftliche Stellungnahme zu dem VO-Entwurf noch nachreichen.

19. Kontrollratsgesetz Nr. 50 [Entwendung v. Nahrungsmitteln].

Zur Auslegung des KontrollratsG Nr. 50 ist eine Anordnung der MR zu erwarten. Der Wortlaut des Entwurfs, der im Wesentlichen eine Milderung bedeutet, wird inhaltlich bekanntgegeben.

20. Zahlung alter Verbindlichkeiten.

Der augenblickliche Stand der Sache wird erörtert. Anträge werden nicht gestellt.

23. Altersgrenze bei Richtern.

Es wird über den Stand der Gesetzgebung innerhalb der einzelnen Landesjustizverwaltungen berichtet. Wesentlich neue Gesichtspunkte werden nicht vorgetragen. Es ist die übereinstimmende Meinung, dass die Zweite MaßnahmenVO ausdrücklich außer Kraft gesetzt werden muss, um ihre Gültigkeit zu verlieren. Das ZJA wird den Landesjustizverwaltungen schriftlich seine Stellungnahme mitteilen.

23 c. Zuständigkeit für neue Ärzteordnung. (Strafrechtliche Nebenbestimmungen)

Die Stellungnahme der Landesjustizverwaltungen soll schriftlich erstattet werden.

22. Interzonale Juristentagung in Godesberg Anf. Okt. 1947.

Präs. Dr. Koch berichtet über die bisher durchgeführten Vorbereitungen sowie über die Organisation und Referateinteilung während der Tagung. Anträge werden nicht gestellt.

Hamburg, d. 31.5.1947. gez. Dr. Koch.

IV. Protokoll der Tagung vom 30./31.10.1947 in Bad Pyrmont

I. Teilnehmer:

ZJA für die Brit. Zone: Justizpräs. Dr. Kiesselbach, Vizepräs. Dr. Koch, ORR Dr. Lüders, ORR Jess

LJMin. Niedersachsen: JM Dr. Hofmeister, StS Dr. Moericke, MinRat Dr. Brümmer, LG-Dir. Dr. Demme

LJMin. NRW: JM Dr. Heinemann, OLG-Rat Geller

LJVerw. Schleswig-Holstein: RegDir. Dr. Praetorius, LG-Rat Mumm

LJVerw. Hamburg: Senatssyndikus Dr. Drexelius, AG-Rat Görtz

Vorübergehend als Gäste:

Mr. Rathbone, Director of MOJ Branch, Mr. Weinberg, Legal Officer MOJ Branch Legal Division Herford, Mr. Romberg, Verbindungsoffizier beim ZJA.

II. Tagesordnung:

Vorweg Genehmigung des Protokolls der 3. Pyrmonter Tagung vom 20. u. 21.5.1947.

1. Dankschreiben an zu pensionierende Beamte, die der Partei oder ihren Gliederungen angehört haben.
2. Volksdeutsche als Richter (Schrb. LJM NRW v. 14.5.1947).
3. Richterliche Altersgrenze.
4. Spätere Verwendung des Personals der Spruchgerichte

a) als Richter oder StA, b) als Rechtsanwalt.

5. Streichung von Planstellen.
6. Ernennung von Rechtsanwälten zu Notaren (Schrb. LJM NRW v. 13.9.1947).

7. Anfrage des Zonenbeirats nach der Zahl der 1933–1943 gemaßregelten Richter und StA.
8. Erhöhung der Lebensmittelzuteilung an Justizangehörige.
9. Entwurf der AVO zur JustizausbildungsO.
10. Zentralbewerbungsstelle.
11. Zuständigkeit zur Gesetzgebung bei strafrechtl. Nebenbestimmungen.
12. Überlastung der Gerichte durch Einführung der gerichtlichen Strafverfügungen (Schrb. LJM NRW v. 1.7.1947).
13. Tagung Justiz und Presse in Hamburg am 24. u. 25.11.1947.
14. Oberster Gerichtshof, Bericht über den Stand der Lage.
15. Geltungsbereich der Gerichtskostenmarken.
16. MR-VO Nr. 84, Aufteilung landwirtschaftl. Grundstücke vor der Bodenreform.
17. Abfindungsverträge zwischen unehelichen Kindern und ihren Erzeugern (Schrb. LJM NRW v. 9.9.1947).
18. Nachträge:

a) Verzögerung bei Ernennung der höchsten Richter – Vorschlagsrecht der LJM

b) Fristsetzung zur Entnazifizierung für noch nicht wieder zugelassene Anwälte.

c) Entschließung der LG-Präs. im OLG-Bezirk Celle – Rechtsprechung über die Strafvorschriften der Zwangswirtschaft

d) Todeserklärung Verschollener – Vorschlag des Anlaufs der Verschollenheitsfristen

e) Zuständigkeit für verwaltungsrechtliche Befugnisse des ehemaligen RJM, insbes. auf dem Gebiet des Handelsrecht

f) Zuständigkeit auf dem Gebiet der Verwaltungsgerichtsbarkeit

g) Dienstbezüge der beamteten Hilfskräfte und der Beamten im Vorbereitungsdienst (Schrb. LJV Schleswig-Holstein vom 25.9.1947)

h) Entwurf der Rechtsanwaltsordnung

i) Mitwirkung der StA bei Ordnungsstrafen auf dem Gebiete des Warenverkehrs

k) Beistandspflicht der Grundbuchämter zur Durchführung der Besteuerung – Verwendung schwarzer Gelder für Rückzahlung von Hypotheken

l) Betriebsvereinbarungen bei Behörden (auf Wunsch des LJM Ns.)

m) Regelung des Gnadenrechts (auf Wunsch des LJM Ns.)

n) Termin der nächsten JM-Konferenz in Pyrmont

o) Sonstiges

III. Protokoll: Präs. Dr. Kiesselbach führt den Vorsitz und eröffnet um 14.30 Uhr die Sitzung mit Worten der Begrüßung an die Herren Minister *Dr. Heinemann* und *Dr. Hofmeister* und die anwesenden Herren der MR.

Anschließend ergreift *Mr. Rathbone* das Wort. Nach einleitenden Sätzen der Bewunderung und des Dankes für die Arbeit der deutschen Justizbehörden und die gute Zusammenarbeit mit der Legal Division sprach er über die nächstliegenden Aufgaben der Justizverwaltung. Zusammengefasst ergaben sich folgende Gesichtspunkte:

1. Um den Erfolg aller Arbeiten sicherzustellen, ist eine *möglichst enge Zusammenarbeit* zwischen dem ZJA, den LJMin., den OLG-Präs. und den GStA unerlässlich. Die Aufrechterhaltung der Verbindung und der gemeinsame Austausch von Ideen und Erfahrungen haben sich in der Vergangenheit als außerordentlich wertvoll erwiesen und sollen auch in Zukunft die Basis sein zum Ausgleich von Meinungsverschiedenheiten und zur Erreichung des Zieles der Rechtseinheit. Die reibungslose Zusammenarbeit der genannten Stellen hat auch in anderen Zonen Anerkennung gefunden und es sind alle Anzeichen dafür vorhanden, dass die im ZJA gipfelnde Organisation der Justiz von einer Zentralregierung übernommen wird entweder für ganz Deutschland in Zukunft oder zum Mindesten für die Westzonen Deutschlands. Es wird angeregt, die Ministertagungen mindestens alle drei Monate in den verschiedenen Landeshauptstädten und auch in Hamburg stattfinden zu lassen.

2. Die *Angriffe auf die Justiz* haben auch in letzter Zeit nicht abgenommen. Die Mehrzahl dieser Angriffe ist ebenso unrichtig wie bedauerlich. Sie bedeuten aber in ihrer Gesamtheit eine Gefahr für die Unabhängigkeit des Richterstandes. Es ist notwendig, bei jeder Gelegenheit darauf hinzuweisen, von welcher Bedeutung es ist, in den Landtagen die Justiz wirksam zu verteidigen und Presseangriffe gegen die Justiz unverzüglich und standhaft zu beantworten.

In diesem Zusammenhang berührte Mr. Rathbone die Anfrage des Zonenbeirats betr. Besetzung der Planstellen der Richter und StA. Er gibt der Meinung Ausdruck, dass die Anfrage vom ZJA bzw. den Ländern entsprechend der Zuständigkeit gemäß VO Nr. 41 und 67 beantwortet werden sollte.

3. Besonderes Augenmerk ist auf die *Ausbildung des Nachwuchses* zu legen. Einen Beitrag zu der Vielseitigkeit der Ausbildung sollen Kurse im Englischen Recht in England bilden, die auf Anregung von Mr. Rathbone z.Zt. in Vorbereitung sind. Die eingereichten Pläne liegen z.Zt. dem Auswärtigen Amt in London vor. Gedacht ist an junge Juristen im Alter von 20–30 Jahren, die auf die Dauer von zwei Monaten, je Kursus ungefähr 25 Mann, nach England kommen sollen. Es ist hierbei nicht das Ziel der brit. MR, Ideen des englischen Rechts der Deutschen Justizverwaltung aufzudrängen, sondern vielmehr den Ausblick junger deutscher Rechtsstudenten zu erweitern.

4. *Die Unterbringung der deutschen Juristen, die z.Zt. bei den Spruchgerichten beschäftigt sind,* ist eine besondere Pflicht der JM oder anderer zuständiger Behörden in den Ländern. Es muss dafür Sorge getragen werden, dass kein geeigneter Richter und StA oder sonstiger Justizbeamter, der bei den Spruchgerichten tätig gewesen ist, nach Beendigung der Spruchgerichtsverfahren beschäftigungslos ist, sondern dass den Beamten jede erdenkliche Möglichkeit für eine spätere geeignete Anstellung gegeben wird.

Zum Schluss seiner Ausführungen wünschte Mr. Rathbone der Tagung einen erfolgreichen Verlauf und gab der Hoffnung Ausdruck, dass sie einen Schritt näher zu dem Ziele führen möge, das von der MR wie auch von den deutschen Stellen angestrebt wird, die Errichtung und das Bestehen eines Rechtsstaates, einer gesunden Rechtspflege und eines unabhängigen Richterstandes in der Brit. Zone Deutschlands.

In Anwesenheit von Mr. Rathbone werden außerhalb der TO vorweg folgende Punkte besprochen*A. Entnazifizierung und Kategorisierung der Justizbeamten.*

Mr. Rathbone berichtet, dass er sich wegen der Frage der Kategorisierung der Justizbeamten an Gov.Sub.Comm. gewandt habe mit dem Ziele, zu erreichen, dass bestätigte und in der Brit. Zone wieder eingestellte Justizbeamten automatisch in Kategorie V eingestuft werden. Gov.Sub.Comm. hat eine Einmischung in diese inzwischen rein deutsche Angelegenheit abgelehnt.

Die Angelegenheit ist jetzt dem Chief Legal Officer insbesondere hinsichtlich der Frage vorgelegt worden, ob es wünschenswert ist, die Regional Commissioners zu bitten, die Kategorisierung von Justizbeamten besonders zu überwachen.

Mr. Rathbone weist in diesem Zusammenhang darauf hin, dass nach Möglichkeit die leitenden Justizbeamten, deren Ernennung gemäß VO Nr. 41 dem ZJA obliegt, nicht in der Partei gewesen sein sollen und unterstreicht diese Notwendigkeit insbesondere im Hinblick auf eine etwaige Zonenvereinigung. Vereinzelte Ausnahmen können jedoch in besonders gelagerten Fällen mit Zustimmung aller Beteiligten gemacht werden.

Präs. Dr. Kiesselbach weist darauf hin, dass bei dem Mangel an geeigneten leitenden Beamten es außerordentlich schwierig ist, sämtliche LG-Präs.-Stellen und Senatspräs.-Stellen in dieser Weise zu besetzen und schlägt vor, generell für LG-Präs. und Senatspräs. der Zivilsenate eine Ausnahme zuzulassen. Mr. Rathbone stellt demgegenüber fest, dass es undurchführbar ist, eine generelle Regel in dieser Hinsicht aufzustellen. Im Übrigen bestehen nach seiner Meinung keine Bedenken, dass, wenn jemand vom deutschen Entnazifizierungsausschuss für entlastet erklärt worden ist, ihm ohne Rücksicht auf frühere Parteizugehörigkeit alle Justizstellen offenstehen, mit Ausnahme der vom ZJA gemäß VO Nr. 41 zu besetzenden Stellen.

B. 18 a. Verzögerung bei Ernennung der höchsten Richter.

Mr. Rathbone gibt hinsichtlich der Auslegung der VO Nr. 41 und 67 den veränderten Standpunkt der MR bekannt, wonach bei Ernennung von Justizbeamten der Länder der JM nicht gehindert ist, über Personalfragen mit dem Kabinett zu beraten.

8. Erhöhung der Lebensmittelzuteilung an Justizangehörige.

Präs. Dr. Kiesselbach weist mit besonderem Nachdruck auf die Notwendigkeit der Erhaltung und Erhöhung der Zusatzverpflegung für Justizbeamte hin. *Dr. Brümmer* gibt Kenntnis, dass in Teilen Niedersachsens die Zusatzverpflegung mit der laufenden Kartenperiode bereits fortgefallen ist. – *Mr. Rathbone* erklärt, dass General Robertson eine Besserstellung der Justiz zunächst abgelehnt habe, da die amerikanische MR sich dagegen ausgesprochen haben. Beide Legal Chiefs der amerikanischen und englischen Zone wollen einen erneuten Versuch bei General Robertson und General Clay machen, dessen Erfolg aber unsicher erscheint. – Die anwesenden deutschen Herren, vor allem JM Dr. Heinemann, weisen nachdrücklich auf die ernsten Gefahren der drohenden Korruption hin.

Dr. Demme hält es für zweckmäßig, in diesem Zusammenhang auch die Kohlenfrage zu lösen. Hiervon wird jedoch abgesehen, da die Verteilung der Kohlen eine ausschließliche Länderangelegenheit ist.

Mr. Rathbone regt eine Beschlussfassung der JM an, die dem bizonalen Ernährungsamt in Frankfurt eingereicht werden soll.

Mr. Rathbone verlässt mit Mr. Weinberg und Mr. Romberg die Tagung.

Präs. Dr. Kiesselbach schlägt vor, zur Klärung der Kategorisierungsfragen der Justizbeamten eine besondere Kommission einzusetzen. Im allseitigen Einvernehmen wird JM Dr. Hofmeister beauftragt, bis zum nächsten Tage den Entwurf einer geeigneten Resolution vorzubereiten.

Nach Abschluss der vorweggenommenen Punkte wird nunmehr in die TO eingetreten. *1. Denkschreiben an zu pensionierende Beamte, die der Partei oder ihren Gliederungen angehört haben.*

Nach Erörterung der in den einzelnen Ländern üblichen Verfahren wird festgestellt, dass eine einheitliche Handhabung der Angelegenheit zweckmäßig ist.

Es herrscht Übereinstimmung dahin, dass grundsätzlich Justizbeamten, die von der MR wieder zugelassen sind, oder die nach Prüfung durch die deutschen Ausschüsse wiederverwandt worden sind, Dank und Anerkennung in der üblichen Form ausgesprochen werden soll. *2. Volksdeutsche als Richter.*

Nach Erörterung des Sachstandes wird beschlossen: 1. die in diesem Zusammenhang notwendigen Maßnahmen sollen anhand des süddeutschen Entwurfs weiter vorbereitet werden. 2. Zu diesem Zweck wird eine Kommission gebildet aus den Herren OLG-Rat Dr. Geller, JM NRW, OLG-Rat Dr. Hornig, JM NRW und Vortr. Rat Dr. Reichau, ZJA. 3. Der Punkt soll zur weiteren Besprechung auf die TO der nächsten Ministerkonferenz gesetzt werden.

JM Dr. Heinemann wirft in diesem Zusammenhang die Frage der Behandlung derjenigen Referendare auf, die aus politischen, rassischen oder religiösen Gründen aus dem Vorbereitungsdienst entlassen worden sind und tritt für ein erleichtertes Assessorexamen dieses Personenkreises ein. *Präs. Dr. Koch* weist darauf hin, dass es zweckmäßig erscheint, geeignete Bestimmungen im Zusammenhang mit den geplanten Maßnahmen zu treffen. *3. Richterliche Altersgrenze.*

Präs. Dr. Koch berichtet über den Sachstand. Nach eingehender Aussprache wird beschlossen: 1. die Frage der Geltung der zweiten MaßnahmenVO für diejenigen Landesbeamten, die durch das ZJA gemäß VO 41 ernannt werden, soll der Praxis überlassen bleiben. Es bestehen keine Bedenken, diese Beamten länger in ihren Ämtern zu belassen. 2. Die Altersgrenze für Richter soll auf 68 Jahre heraufgesetzt werden. Die notwendige VO soll vom ZJA mit Genehmigung der MR erlassen werden. – Der Beschluss zu 2. wurde gegen die Stimme von Dr. Praetorius gefasst, der für eine Erhöhung der Altersgrenze auf 70 Jahre eintrat.

4. Spätere Verwendung des Personals der Spruchgerichte, a) als Richter oder StA, b) als Rechtsanwalt.

Präs. Dr. Koch referiert und weist auf die besondere Notwendigkeit einer sofortigen brauchbaren Lösung hin. In der folgenden Aussprache wird von allen Seiten auf die Gefahr der Verstopfung der Planstellen der ordentlichen Justiz und auf den

Mangel des Einflusses auf die Beförderung der zu übernehmenden Richter und StA hingewiesen.

Unter allseitigem Einverständnis soll unter folgenden Bedingungen über die Übernahme weiter verhandelt werden:

1. Der Generalinspekteur soll den LJMin. die Einstellungswünsche geeigneter Anwärter für Planstellen unverzüglich übergeben.

2. Die LJMin. werden die Einweisung in Planstellen wohlwollend prüfen.

3. Bei positivem Entscheid über die spätere Einweisung in eine Planstelle der Landesjustizverwaltung soll eine Beförderung dieser Beamten des Generalinspekteurs nur noch mit Zustimmung der LJMin. erfolgen.

4. Für den Fall, dass auf diesem Wege nicht alle geeigneten Anwärter untergebracht werden können, soll in weitere Beratungen eingetreten werden. Es soll dann eine Sitzung der Referenten der Länder vom ZJA einberufen werden.

5. Die Anregung des Generalinspekteurs, die Beamten des Generalinspekteurs in KW-Stellen der Länder zu übernehmen ohne Beschränkung der Planstellen der ordentlichen Justiz, wird begrüßt. Verhandlungen in dieser Richtung sollen aufgenommen werden.

5. Streichung von Planstellen.

Es herrscht Übereinstimmung dahin, dass in Zukunft bei Streichung von Planstellen der Justiz in den Haushalten der Länder über die nach VO Nr. 41 das ZJA verfügt, dieses beteiligt werden soll.

6. Ernennung von Rechtsanwälten und Notaren.

Präs. Dr. Koch trägt den Sachverhalt vor. In der folgenden Erörterung werden die Bedenken, vor allem der Überfüllung des Notarstandes und der Bildung von Zwergnotariaten zurückgestellt. Der Anregung von JM Dr. Heinemann, die Wartezeit für die Ernennung von Notaren auf zwölf Jahre auszudehnen, wird nicht widersprochen. Bei Ostanwälten, die bereits im Osten Notar gewesen sind, soll ein Jahr Ortsansässigkeit Bedingung sein.

Es wird beschlossen: 1. die LJMin. sollen bis zum 1.12.1947 schriftlich Stellung nehmen. 2. Wenn eine Einigung auf diesem Wege nicht erzielt werden kann, soll der Punkt auf der nächsten Ministerkonferenz angesprochen werden.

7. Anfrage des Zonenbeirats nach der Zahl der 1933–1943 gemaßregelten Richter und StA.

Präs. Dr. Kiesselbach teilt mit, dass das ZJA für seinen Zuständigkeitsbereich die Frage bereits beantwortet hat und gegenüber dem Zonenbeirat im Übrigen auf die Zuständigkeit der Länder verwiesen worden ist.

8. Erhöhung der Lebensmittelzuteilung an Justizangehörige.

Nach Erörterung und Verlesung eines Telegramms von JM Dr. Zinn, Hessen, wonach ein gemeinsames Vorgehen der Justizverwaltungen von Bayern, Württemberg, Hessen und Bremen vorbereitet ist, wird beschlossen:

Die LJM schließen sich dem süddeutschen Vorgehen an. Das ZJA wird ermächtigt, die hierzu geeigneten Schritte zu unternehmen, sowie eine geeignete Formulierung einer anschließenden Resolution zu finden und zu verwenden.

9. Entwurf der AVO zur JustizausbildungsO.

Präs. Dr. Koch berichtet. Die Aussprache beschränkt sich im Wesentlichen auf den Punkt des Einbauens der Verwaltungsstation in den Referendarvorbereitungsdienst und die Gesamtdauer des Vorbereitungsdienstes. Im Gegensatz zum StS Dr. Moericke vertritt JM Dr. Heinemann den Standpunkt, dass drei Jahre Vorbereitungsdienst in jedem Fall ausreichend sind. Eine Verlängerung bedeutet seiner Meinung nach nur eine Zurückstellung der Befähigten, für die eine dreijährige Ausbildungszeit in jedem Fall ausreichend ist.

Es wird beschlossen: 1. die Gesamtdauer der Referendarausbildung soll drei Jahre nicht überschreiten. Die Verwaltungsstation soll auf sechs Monate beschränkt werden. 2. Es soll ein Zentralprüfungsamt mit dem Sitz in Hamburg und einer Außenstelle in Düsseldorf errichtet werden.

10. Zentralbewerbungsstelle.

Es herrscht Übereinstimmung, dass die Einrichtung einer Zentralbewerbungsstelle praktisch undurchführbar ist und außerdem wenig Vorteile bietet. Die Einzelbewerber müssen sich mit ihren Gesuchen weiter an die vier Landesjustizverwaltungen wenden.

11. Zuständigkeit zur Gesetzgebung bei strafrechtlichen Nebenbestimmungen.

Präs. Dr. Koch referiert über den Sachstand. Nach Erörterung wird einstimmig festgestellt:

1. Für die Gesetzgebung auf dem Gebiete des Strafrechts ist das ZJA ausschließlich zuständig. Für die Gesetzgebung auf dem Gebiete des Verwaltungsstrafrechts ist die Zuständigkeit der Länder begründet. Das ZJA soll jedoch in den Fällen beteiligt werden, wenn Bestimmungen getroffen werden sollen, die das eigentliche Strafrecht berühren oder eine Beteiligung im Interesse der Rechtseinheit erforderlich erscheint.

2. Sollten Gerichtsentscheidungen die Zuständigkeit der Länder verneinen, wird die MR um eine ErgänzungsVO anzugehen sein.

12. Überlastung der Gerichte durch Einführung der gerichtlichen Strafverfügung.

OLG-Rat Dr. Geller referiert. Anträge wurden nicht gestellt. Es soll bei dem bisherigen Verfahren verbleiben.

Des Zusammenhanges wegen wird der Punkt 18 i. der TO vorweg erörtert.

18 i. Mitwirkung der StA bei Ordnungsstrafen auf dem Gebiete des Warenverkehrs.

Präs. Dr. Koch referiert unter Hinweis darauf, dass die Länder schon jetzt Vorkehrungen treffen müssten, um eine spätere Zusammenarbeit mit den Wirtschaftsstellen zu gewährleisten und die erforderlichen Aufgaben durchführen zu können.

Es wird beschlossen:

1. Nach Erlass der geplanten gesetzlichen Maßnahmen, der für den 31.10. vorgesehen ist, soll eine Referentenbesprechung beim ZJA abgehalten werden.

13. Tagung Justiz u. Presse in Hamburg am 26./27.11.1947.

Dr. Lüders berichtet über die bevorstehende Tagung. Anträge werden nicht gestellt. Die Einladungen für die Tagung werden an die LJM übergeben.

14. Oberster Gerichtshof, Bericht über den Stand der Lage.

Der Bericht zu diesem Punkt wird im allseitigen Einverständnis an den Schluss der Sitzung verlegt (vgl. Protokoll Punkt 18 m).

15. Geltungsbereich der Gerichtskostenmarken.

Präs. Dr. Koch gibt einen Bericht über den Sachstand. Es herrscht Übereinstimmung dahin, dass gemäß dem schriftlichen Vorschlag des ZJA verfahren werden soll. Ein Ausgleich zwischen den Ländern soll vorerst nicht stattfinden. Es wird angeregt, alsbald eine bizonale Regelung anzustreben.

16. MR-VO Nr. 84. Aufteilung landwirtschaftl. Grundstücke vor der Bodenreform.

Nach Referat von Präs. Dr. Koch wird der Punkt von der TO abgesetzt, da die Zuständigkeit des ZJA nach Erlass der VO 103 nicht mehr gegeben ist.

17. Abfindungsverträge zwischen unehelichen Kindern und ihren Erzeugern.

Es herrscht Einverständnis dahin, dass Abfindungsverträge im Hinblick auf eine eventuelle Währungsreform unerwünscht sind. Von Anweisungen seitens der JMin. an die Gerichte soll jedoch abgesehen werden.

18 a. Verzögerung bei Ernennung der höchsten Richter.

S. die Ausführungen von Mr. Rathbone zu B (18 a).

18 b. Fristsetzung zur Entnazifizierung für noch nicht wieder zugelassene Anwälte.

In der Aussprache wird festgestellt, dass es nicht zweckmäßig ist, diese Frage unter Beschränkung auf Rechtsanwälte anzuschneiden. Denn die gegenwärtig von den Ländern beratenen Ausführungsbestimmungen zu der MR-VO Nr. 110, die die Entnazifizierung den Ländern überträgt, legen die Fristen ganz generell, und zwar viel zu kurz fest.

Es wird beschlossen: in einer gemeinsamen Entschließung auf Verlängerung der Fristen zu drängen. Die Entschließung soll vom LJM Niedersachsen entworfen und vom Präsidenten des ZJA im Namen sämtlicher vier LJustizverw. unterzeichnet werden.

Es werden dann die Schwierigkeiten erörtert, die sich aus vereinzelt vorgekommenen Kategorisierungen von Richtern oder Rechtsanwälten in Stufe III ergeben haben.

Es wird beschlossen:

1. durch das ZJA ein Votum der Rechtsanwaltskammern der Brit. Zone anzufordern zur Frage, ob es angebracht sei, einen in Kategorie III eingestuften Juristen zur Rechtsanwaltschaft zuzulassen;

2. Einfluss auf die Entnazifizierungsausschüsse auszuüben, dass diese künftig davon Abstand nehmen, ehemalige Richter in Kategorie III einzustufen unter gleichzeitiger Feststellung der Tragbarkeit ihrer weiteren richterlichen Betätigung. Bei entsprechend schwerer Belastung müsste Richtern, die in Stufe III kategorisiert werden sollen, auch die Befähigung zur Ausübung des Richteramtes aberkannt werden, oder aber diese Richter müssten, falls ihre weitere Amtsführung als tragbar angesehen würde, in Kategorie IV eingestuft werden.

18 c. Entschließung der LG-Präs. im OLG-Bezirk Celle.

Nach Verlesung der Entschließung vom 4. u. 5.9.1947 bringt *Präs. Dr. Kiesselbach* Bedenken zum Ausdruck, dass sich amtierende Richter in dieser Weise zusammentun, um Einfluss auf die Rechtsprechung oder die Haltung der StA auszuüben.

18 d. Todeserklärung Verschollener.

Dr. Görtz stellt fest, dass beim AG Hamburg die Praxis besteht, § 4 Abs. 2 des VerschollenheitsG von 1939 anzuwenden, wenn jemand in Kämpfen mit den westlichen Alliierten vermisst wurde und alle Nachforschungen seitdem – insbesondere auch über das Rote Kreuz – ohne Erfolg blieben.

Es wird beschlossen, von einer Inlaufsetzung der Verschollenheitsfristen nur für den westlichen Bereich abzusehen und die Gerichte durch Hinweise (Richtlinien) auf die sich aus § 4 Abs. 2 VerschG ergebenden Möglichkeiten aufmerksam zu machen. Ein entsprechender Entwurf solcher Richtlinien soll vom ZJA ausgearbeitet und den LJustizverw. zugesandt werden.

18 e. Zuständigkeit für verwaltungsrechtliche Befugnisse des ehemaligen RJM, insbesondere auf dem Gebiet des Handelsrechts.

Präs. Dr. Kiesselbach weist auf ein Schreiben des ZJA an die Legal Division vom 12.8. ds. Js. hin. Hierin ist bereits bei der MR beantragt worden, das ZJA zu ermächtigen, in solchen Fällen die LJustizverw. als zuständige Instanz zu erklären, sollte indessen einmal die Übertragung der Kompetenz auf das ZJA wünschenswert sein, so würde dies gesondert bei der Legal Division vom ZJA beantragt werden. – Die Legal Division hat sich bisher zu diesem Schreiben noch nicht erklärt. – *JM Dr. Hofmeister* bittet das ZJA, die Legal Division an die baldmögliche Erledigung des Antrages zu erinnern.

18 f. Zuständigkeit auf dem Gebiet der Verwaltungsgerichtsbarkeit.

Präs. Dr. Kiesselbach verliest die in Hamburg gefasste Entschließung der Ministerpräsidenten der Britischen Zone vom 29.8.1947.

Dr. Drexelius berichtet als Mitglied des Beratenden Ausschusses für öffentliches Recht über den Stand der Lage.

Mit Rücksicht auf die Unzuständigkeit der Justiz in dieser Angelegenheit wird von einer Entschließung Abstand genommen.

18 g. Auf Wunsch von LJV Schleswig-Holstein auf die TO gesetzt, wird von RegDir. Dr. Prätorius zurückgezogen.

18 h. Entwurf der Rechtsanwaltsordnung.

Präs. Dr. Kiesselbach teilt mit, dass der Entwurf der neuen RAO den LJMin. in diesen Tagen zur Stellungnahme zugesandt worden ist. Er schlägt vor, die Kommission zu bilden, die über die Einzelheiten berät.

Nach Aussprache über die Regelung des Entwurfs zur Frage der Zulassung zur Rechtsanwaltschaft, die keinen Widerspruch findet, regt *JM Dr. Hofmeister* mit Rücksicht auf die Eilbedürftigkeit des Inkrafttretens der neuen RAO an, die Zustimmung schriftlich zu erklären.

Es wird beschlossen: Die LJustizverw. werden ihre Stellungnahmen dem ZJA baldmöglich schriftlich zukommen lassen. Sollte ihr Inhalt das Zusammentreten einer beratenden Kommission erforderlich machen, wird das ZJA alsdann eine solche nach Hamburg einberufen, der Kommission sollen je ein Vertreter des JMin. NRW, des JMin. Niedersachsen und des ZJA angehören.

JM Dr. Heinemann teilt mit, dass er beabsichtigt, die bei den OLG zugelassenen Anwälte wieder wie früher nur bei den OLG (also nicht auch bei den LG) zuzulassen. Hierzu müsse er die während des Krieges erlassenen Bestimmungen, durch die die Zulassung der Anwälte auch auf die LG erweitert wurde, aufheben. Es bestehen Zweifel, ob das durch einfache Allgemeine Verfügung des JM geschehen kann. In der Aussprache wird festgestellt, dass es sich empfiehlt, die Frage mit der MR NRW zu erörtern, da diese ihn zu einem solchen Vorgehen ermächtigen muss.

18 i. s. oben S. 340

18 k. Beistandspflicht der Grundbuchämter bei der Besteuerung.

Gegen die Anregung der Finanzleitstelle bestehen grundsätzlich keine Bedenken, wohl aber gegen die gewünschte vertrauliche Handhabung. Der Staatsbürger hat ein Anrecht darauf, über die Auskunftspflichten der Behörden, mit denen er zu tun hat, orientiert zu werden.

18 l. Betriebsvereinbarungen bei Behörden.

§ 6 des vom ZJA ausgearbeiteten Musters einer Justizbetriebsvereinbarung wird beanstandet. *Präs. Dr. Koch* stellt fest, dass die nach § 6 erforderliche Zustimmung des Betriebsrats zu allen Personalveränderungen sich nur auf Angestellte, Beamte des mittleren und des unteren Dienstes erstreckt, mit der Besonderheit, dass solche Beamte ausgenommen sind, denen hoheitsrechtliche Befugnisse zustehen. (Dabei ist zu berücksichtigen, dass nur solche im Dienst der Justiz stehenden Personen zu Beamten ernannt werden sollen, denen hoheitsrechtliche Befugnisse zugeteilt werden.)

JM Dr. Hofmeister weist darauf hin, dass die Verhältnisse bei einer nur der MR unterstellten Zonenbehörde wie dem ZJA anders zu beurteilen seien als bei den JMin., die der parlamentarischen Verantwortung unterstehen. Er könne dem Landtag gegenüber die Verantwortung nicht übernehmen, wenn es den Gewerkschaften möglich sei, über den Betriebsrat auf die Personalverhältnisse des JMin. Einfluss zu nehmen.

18 m. Regelung des Gnadenrechts für die von den Spruchgerichten Abgeurteilten.

Es werden Bedenken geäußert gegen die Übernahme des Gnadenrechts durch die Ministerpräsidenten der Länder. Die Länder seien mit diesen Verfahren nicht befasst. Es sei richtiger, das Gnadenrecht dem Generalinspekteur für die Spruchgerichte oder dem Präs. des ZJA zu übertragen.

Präs. Dr. Kiesselbach macht darauf aufmerksam, dass die Dienststelle des Generalinspekteurs voraussichtlich in einem Jahr aufgelöst wird. Im Übrigen sei das Problem bereits ausführlich mit der Legal Division besprochen; diese lege Wert darauf, dass das Gnadenrecht von einer politischen Instanz ausgeübt werde. Er werde die Legal Division von den Bedenken der JM in Kenntnis setzen.

Dr. Moericke betont, dass in jedem Fall aber Delegationsmöglichkeiten für die Ministerpräsidenten vorgesehen werden müssten; das gelte auch für das allgemeine Gnadenrecht der Ministerpräs. in sonstigen Strafsachen. Eine entsprechende schriftliche Anregung werde dem ZJA in Kürze zugehen.

14. Oberster Gerichtshof in Köln.

Präs. Dr. Kiesselbach berichtet über den Stand der Lage. Die vom ZJA ausgearbeitete AusführungsVO läge in der vom Zonenbeirat gebilligten Fassung der MR zur Genehmigung vor. Mit der Eröffnung des Gerichts werde erst Anfang des nächsten Jahres zu rechnen sein.

18 n. Der Termin des nächsten JM-Treffens in Bad Pyrmont wird auf den *22. u. 23.1.1948* festgelegt.

18 o. Sonstiges.

JM Dr. Hofmeister teilt mit, dass er im Länderrat der Brit. Zone beantragen werde, mit Rücksicht auf diese JM-Treffen von der Errichtung besonderer Ausschüsse der JM im Länderrat abzusehen.

Dr. Moericke bittet, bei den künftigen Pyrmonter Konferenzen die jeweiligen zu den einzelnen Punkten der TO gefassten Beschlüsse sofort protokollarisch festzulegen und zu verlesen.

Der Anregung soll künftig entsprochen werden.

Hamburg, d. 7.11.1947. gez. Dr. Koch.

V. Protokoll der Tagung vom 22./23.1.1948 in Bad Pyrmont

I. Teilnehmer:

ZJA für die Britische Zone: Justizpräs. Dr. Kiesselbach, Abteilungspräs. Dr. Klaas, ORR Dr. Lüders, ORR Jess
LJMin. Niedersachsen: JM Dr. Hofmeister, StS Dr. Moericke, MinRat Dr. Brümmer, LG-Dirk. Dr. Demme
LJMin. NRW: JM Dr. Heinemann, MinRat Dr. Franke
LJMin. Schleswig-Holstein: JM Dr. Katz, RegDir. Dr. Praetorius
LJustizverw. Hamburg: Senatssyndikus Dr. Drexelius, AG-Rat Görtz
Militärregierung: Mr. Boulton, Assistant Solicition of MOJ Branch, Legal Divisiln Herford; Mr. Romberg, Verbindungsoffizier beim ZJA.

II. Tagesordnung:

1. Genehmigung des Protokolls der Konferenz am 30./31.10.1947
2. Lebensmittelzulage für Justizangehörige (Ziff. 8 des Prot. v. 30./31.10.1947)
3. Unterstützung mittelloser Referendare
4. a) Einhaltung des Dienstweges, hier: Inspektoratsüberprüfung
   b) sofortige Meldung bei Aufhebung von Urteilen durch die MR
   c) Tagungen der OLG-Präs.
5. Ausschreibung von Planstellen
6. Spätere Verwendung des Personals der Spruchgerichte (Ziff. 4 des Prot. vom 30./31.10.1947)
   a) als Richter oder StA (Schreiben des LJM Niedersachsen und LJM NRW)
   b) als Rechtsanwalt
7. Schaffung einer DienststrafVO für Justizbeamte (Schreiben der Legal Division vom 12.12.1947)
8. Einheitliche Richtlinien für die Arbeit der Justizpressestellen (Schreiben des ZJA vom 1.12.1947)

9. Sammlung der Strafsenatsentscheidungen der Brit. Zone (Schreiben OLG Köln v. 16.10.1947)
10. Notlage bei der Besetzung der höchsten Richterstellen
11. Erhöhung der Altersgrenze der Richter (Schreiben LJM Niedersachsen vom 31.12.1947) – Ziff. 3 des Protokolls vom 30. u. 31.10.1947 –
12. Vermehrung der Planstellen der StA
13. a) Zuständigkeit der Landesparlamente bei Amnestien (Schreiben LJM NRW vom 6.12.1947)
b) Working Party für Gnadenrecht
c) Gnadenordnung für die Entscheidungen der Spruchgerichte (Ziff. 18 m des Protokolls v. 30./31.10.1947)
14. Stromdiebstähle (Schreiben des Verwaltungsamts für Wirtschaft vom 5.12.1947)
15. Entwurf eines Flüchtlingsgesetzes (Schreiben des Zentralamts für Arbeit vom 17.12.1947)
16. MR-VO Nr. 92
17. Zeitpunkt der Eröffnung der Schöffen- u. Schwurgerichte
18. Rechtspflegestatistik – Geschäftsübersichten
19. Errichtung eines Zentralprüfungsamtes
20. Aufsicht über gemeindl. Verwaltungen (Gesetzentwurf Innenmin. NRW)
21. Behandlung der Fragebogenfälschung (NRW)
22. Übertragung der Strafgerichtsbarkeit gegen polnische Staatsangehörige auf deutsche Gerichte (Schreiben der Legal Division vom 13.1.1948)
23. Prüfung von Vormundschaftssachen – Aufhebung des Runderlasses RJM vom 9.7.1935 – (Schreiben LJV Hamburg v. 13.1.1948)
24. Ernennung von Rechtsanwälten zu Notaren (Ziff. 6 des Prot. vom 30./31.10.1947)
25. Sonstiges.

III. Protokoll

Präs. Dr. Kiesselbach führt den Vorsitz und eröffnet um 15 Uhr in Abwesenheit von JM Dr. Hofmeister die Sitzung mit Worten der besonderen Begrüßung für JM Dr. Katz. *1. Genehmigung des Protokolls der Konferenz am 30. und 31.10.1947:* Zu Ziff. 2 des Protokolls – Volksdeutsche als Richter – teilt *Präs. Dr. Kiesselbach* mit, dass die vorgesehene Kommission ihre Arbeit aufgenommen hat. Sie wartet jedoch im Augenblick das Ergebnis der diesbezüglichen Beratungen im Rechtsausschuss des Länderrats ab. – Zu Ziff. 18 b des Protokolls – Fristsetzung zur Entnazifizierung für noch nicht wieder zugelassene Anwälte – stellt *Präs. Dr. Kiesselbach* fest, dass das LJMin. Niedersachsen davon Abstand genommen hat, eine Entschließung, wie vorgesehen, auszuarbeiten, offenbar weil die Angelegenheit wegen des Inkrafttretens der MR-VO als zeitlich überholt angesehen worden ist.

Das Protokoll wurde genehmigt.

2. Lebensmittelzulage für Justizangehörige: Im allseitigen Einverständnis soll Punkt 2 zusammen mit Punkt 12 der TO am 23.1. vormittags gemeinsam mit den Vertretern der MR erörtert werden.

3. Unterstützung mittelloser Referendare: ORR Jess weist, von einem Einzelfall ausgehend, auf die Notwendigkeit hin, völlig mittellosen ostverdrängten Referendaren zumindest die gastweise Beendigung ihrer bereits begonnenen Referendarausbildung möglich zu machen. Es wurde festgestellt, dass dieses im weitgehenden Umfange bereits bisher geschehen ist und auch in Zukunft besonderes Augenmerk auf diesen Personenkreis gerichtet werden soll. *JM Dr. Katz* erbat die Anschrift des von ORR Jess als Einzelfall angesprochenen Referendars.

4 a. Einhaltung des Dienstweges, hier: Inspektoratsprüfung: Dr. Klaas berichtet, dass Richter oder StA gelegentlich bei Besuchen des Inspectorate Officer legislative Anregungen an die Legal Officers der Länder einreichen. Von dort werden sie der Legal Division in Herford zugeleitet. Diese übersendet sie regelmäßig zur Stellungnahme dem ZJA, das seinerseits wieder Rückfrage hält bei den LJustizverw. – Dr. Klaas regt an, Anweisung zu geben, dass derartige Anregungen zur Vermeidung unnötigen Leerlaufs zunächst auf dem deutschen Dienstweg an das ZJA weitergegeben werden. – Die Anregung findet keinen Widerspruch.

b) Sofortige Meldung bei Aufhebung von Urteilen durch die MR: Präs. Dr. Klaas bittet aus gegebener Veranlassung die LJM, Anweisung zu erteilen, dass dem ZJA auf dem Dienstweg Meldung zu erstatten ist, falls ein deutsches Urteil durch Order der MR gemäß Art. VII des MR-Gesetzes Nr. 2 aufgehoben oder abgeändert wird. Auf Anregung von *JM Dr. Heinemann* soll diese Meldung erweitert werden auf jene Fälle, in denen durch Eingriff der MR Sachen der deutschen Gerichtsbarkeit entzogen und der Militärgerichtsbarkeit überwiesen werden. – Es erhebt sich kein Widerspruch.

c) Tagungen der OLG-Präs.: Präs. Dr. Kiesselbach weist darauf hin, dass die OLG-Präs. sich in ihren regelmäßigen Besprechungen gelegentlich mit Fragen auseinandersetzen, die bereits im Gremium der LJM endgültig entschieden sind. Er bringe die Sache im Interesse der OLG-Präs. zur Sprache, um ihnen überflüssige Mehrarbeit zu ersparen.

Es wird beschlossen: Die OLG-Präs. sollen gebeten werden, die TO ihrer Besprechung jeweils *rechtzeitig* vorher dem ZJA und den LJustizverw. zu übermitteln. Das ZJA wird die OLG-Präs. nach Prüfung der TO ggfs. darauf aufmerksam machen, falls die weitere Beratung eines Punktes der TO aus irgendeinem Grunde nicht angezeigt ist.

5. Ausschreibung von Planstellen: ORR Jess referiert über den Sachstand. Es herrscht Übereinstimmung dahin, dass die unter die VO Nr. 41 der MR fallenden Planstellen durch die [Lücke im Original]

Es erscheint *JM Dr. Hofmeister.*

6. Spätere Verwendung des Personals der Spruchgerichte, a) als Richter oder StA, b) als Rechtsanwalt.

Präs. Dr. Klaas erläutert die in dieser Angelegenheit eingereichten Schreiben von Nordrhein-Westfalen vom 8.1.1948 und Niedersachsen vom 12.1.1948. Zur Klärung der aufgetretenen Zweifel wird festgestellt, dass es vier Gruppen von Spruchrichtern und Spruchgerichts-StA gibt:

1. Diejenigen Herren, die eine Planstelle hatten,

2. diejenigen Herren, für die eine Planstelle für ein bestimmtes Land zugesagt ist.

Für diese beiden Gruppen gelten die Vereinbarungen der letzten Ministerkonferenz.

3. Hier handelt es sich um Flüchtlinge, die überhaupt noch nicht für eine anderweitige spätere Beschäftigung in Frage gekommen sind. – Für diese Gruppe bedeutet eine Beförderung keinerlei Beziehungen zu Planstellen eines Landes. Wenn ihr Auftrag bei dem Spruchgericht erledigt ist, haben sie keinen Anspruch auf eine Anstellung oder Gehalt.

4. Das Gleiche gilt für die Gruppe 4, d.h. für Flüchtlinge, für die keine Planstelle, aber eine evtl. Beschäftigung in Aussicht genommen ist. – Auch hier ist das betreffende Land völlig frei, den Betreffenden nachher zu beschäftigen oder nicht. Für diese beiden Gruppen hat die Beförderungsfrage keinerlei Interesse für ein einzelnes Land.

JM Dr. Hofmeister erklärt, dass in seinem Bereich allein vier Herren der 2. Gruppe befördert worden wären, ohne dass das Ministerium hierüber befragt worden wäre. Ein weiterer Fall soll noch schriftlich mitgeteilt werden.

Senatssyndikus Dr. Drexelius verweist ebenfalls auf einen Fall, wo ein mittlerer Beamter sogar gegen die ausdrückliche Erklärung der Senatskommission befördert worden ist.

Bei der Erörterung der Einzelfälle ergeben sich Zweifel gegenüber den von Herrn Generalinspekteur Dr. Meyer-Abich gemachten Angaben, die ohne seine Anwesenheit nicht zu klären sind. Auch über die grundsätzliche Übernahme von Beamten herrschten nach einer Äußerung von Generalinspekteur Dr. Meyer-Abich gegenüber Herrn StS Dr. Moericke Unklarheiten.

Es wird daher beschlossen:

a) wegen der beanstandeten Einzelfälle sofort schriftlich eine Klärung anzustreben,

b) grundsätzliche Fragen der Übernahme von Beamten der Spruchgerichte in die ordentliche Justiz sollen in einer Sondersitzung der JM in Hamburg beim ZJA am Donnerstag, den 5.2.1948, 11 Uhr vormittags geklärt werden.

Die Erledigung des Punktes 6 b wurde bis zur Sitzung am 5.2.1948 zurückgestellt.

7. Schaffung einer Dienststrafordnung für Juristen.

Präs. Dr. Klaas teilt mit, dass die Legal Division in einem Schreiben vom 12.12.1947 die Frage angeschnitten hat, welches Disziplinargericht für die Bestrafung von Beamten der LJMin. zuständig sei. Nach Ansicht der MR bestehe insoweit eine Lücke in der Gesetzgebung. Das ZJA sei deshalb gebeten worden, nach Rücksprache mit den LJM einen Gesetzesvorschlag zu unterbreiten. Präs. Dr. Klaas stellt zur Debatte, ob die Angelegenheit vom ZJA weiter auf dem mit Schreiben vom 1.12.1947 (203/3 Ia) den LJM mitgeteilten Wege behandelt werden soll.

Den LJM NRW und Niedersachsen ist das Schreiben vom 1.12.1947 unbekannt. Senatssyndikus Dr. Drexelius bestätigt für Hamburg den Empfang.

Die Angelegenheit wird bis zur nächsten Sitzung vertagt. Das ZJA wird den Ländern (außer Hamburg) ein Doppel des Schreibens vom 1.12.1947 zusenden.

8. Einheitliche Richtlinien für die Arbeit der Justizpressestelle.

ORR Dr. Lüders stellt fest, dass zu dem Schreiben des ZJA vom 1.12.1947 bisher nur Schleswig-Holstein Stellung genommen hat. Die drei anderen Justizverwaltungen wollen dem ZJA demnächst antworten.

Zu § 11 PresseG (Berichtigungszwang) teilt *Präs. Dr. Klaas* mit, dass das ZJA in Kürze der Legal Division eine Darstellung der Rechtslage übermitteln wird. Hiernach könne kein Zweifel bestehen, dass das Pressegesetz und damit auch § 11 noch in Kraft sei, wie es auch auf der Tagung Justiz und Presse von dem Vorsitzenden des Nordwestdeutschen Journalistenverbandes bestätigt worden sei. Mit Rücksicht darauf, dass englische Presseoffiziere in den Ländern einen anderen Standpunkt einnehmen, wird das ZJA gebeten, die Legal Division zu einer autoritativen Feststellung der MR und zu einer entsprechenden Anweisung an die Presseoffiziere zu veranlassen.

Dr. Lüders berichtet, dass bei der Tagung Justiz und Presse angeregt sei, einen permanenten Ausschuss zu bilden, der paritätisch mit maßgeblichen Vertretern der Justiz und Presse besetzt sei. Diesem Gremium solle die Aufgabe zufallen, Fragen, die zu Reibungen zwischen Justiz und Presse geführt haben oder führen können, zu klären und möglichst einen Ausgleich herbeizuführen. Insbesondere könne auch daran gedacht werden, diesen Ausschuss zu einer Untersuchung und Feststellung zu veranlassen, wenn etwa ein Zeitungsangriff gegen die Justiz in unsachlicher Form geführt worden ist. Eine solche Erklärung könne, da unter Beteiligung führender Vertreter der Presse ausgesprochen, einen erzieherischen Einfluss auf Journalisten ausüben. Auch könne sie in einem etwaigen Prozessverfahren als gewichtiges Gutachten herangezogen werden.

Die Anwesenden halten es nach Aussprache für angebracht, dass sich das ZJA zwecks Bildung dieses Ausschusses mit dem Nordwestdeutschen Journalistenverband in Verbindung setzt.

9. Sammlung der Strafsenatsentscheidungen der Brit. Zone.

ORR Lüders berichtet über Anregungen vom OLG Köln und Hamburg zum Austausch von Strafsenatsentscheidungen. Es besteht allseits der Wunsch nach einer geschlossenen Sammlung von Entscheidungen der OLG, auch auf dem Gebiete des Zivilrechts. *MinRat Dr. Brümmer* macht darauf aufmerksam, dass der Verlag Lambert Schneider in Heidelberg eine solche Sammlung für ganz Deutschland herausgeben wollte. Das ZJA wird sich bei Lambert Schneider nach dem Stand erkundigen.

10. Notlage bei der Besetzung der höchsten Richterstellen.

Punkt 10 der TO soll auf den 23.1. verlegt und in Gegenwart der Vertreter der MR verhandelt werden.

11. Erhöhung der Altersgrenze der Richter: ORR Jess berichtet über den Stand der Sache. Der Beschluss der Ministerkonferenz vom 30./31.10.1947 zu Punkt 3 des Protokolls wird noch einmal zur Debatte gestellt. *JM Dr. Heinemann, JM Dr. Hofmeister* und *Senatssyndikus Dr. Drexelius* sind für eine Erhöhung der Altersgrenze der Richter (nicht StA) auf 68 Jahre. *JM Dr. Katz* behält sich die Stellungnahme zu der Frage vor, da er die Angelegenheit im Kabinett zur Sprache bringen will.

Er sichert schriftliche Äußerung innerhalb einer Woche zu. Nach Eingang wird die VO unter Berücksichtigung der vorgeschlagenen Änderungen erlassen werden.

12. Vermehrung der Planstellen der StA: Vgl. Punkt 6 des Protokolls.

13 a. Zuständigkeit der Landesparlamente bei Amnestien: Präs. Dr. Klaas äußert sich aus Anlass des Schreibens von Nordrhein-Westfalen vom 6.12.1947 dahin, dass man an der Zuständigkeit der Länder zum Erlass von Amnestien nicht zweifeln könne. Doch sei einstweilen kein Anlass zu erkennen, aus dem heraus ein einzelnes Land von diesem Recht Gebrauch machen sollte.

b. Working Party für Gnadenrecht.

Präs. Dr. Klaas berichtet über die Working Party, die auf Anregung der MR unter seinem Vorsitz zum Zweck der Vereinheitlichung des Gnadenrechts zusammentreten soll.

Als Vertreter der Länder sind bestimmt worden: OStA Kömhoff, Hagen i. Westf., EStA Steigerthal, niedersächs. JMin. für Niedersachsen, RegDir. Dr. Prätorius für Schleswig-Holstein, EStA Buchholz für Hamburg.

c. Gnadenordnung für die Entscheidungen der Spruchgerichte.

Präs. Dr. Klaas legt dar, dass gemäß § 3 letzter Abs. der GnadenO vom 3.12.1947 eine Delegation der Gnadenentschließung nicht möglich sei. Demgegenüber habe sich das JMin. NRW mit Schreiben vom 19.12.1947 an den Leiter der Anklagebehörde bei dem Spruchgericht in Bielefeld auf den Standpunkt gestellt, dass eine Delegation aufgrund der alten GnadenO jedenfalls dann möglich sei, falls es sich um eine bedingte Strafaussetzung handle. Diese Ansicht könne nicht als richtig anerkannt werden. – JM Dr. Heinemann nimmt das zur Kenntnis.

14. Stromdiebstähle: Präs. Dr. Klaas weist auf das Schreiben des Verwaltungsamts für Wirtschaft vom 15.12.1947 hin.

15. Entwurf eines Flüchtlingsgesetzes.

Präs. Dr. Klaas berichtet über den dem ZJA vom Zentralamt für Arbeit übermittelten Entwurf eines Flüchtlingsgesetzes, soweit die Justiz betroffen ist. Der Stellungnahme des ZJA, das die Formulierungen zu §§ 13, 16 und 25 als zu weitgehend abgelehnt hat, schließen sich die Anwesenden an. Es wird betont, dass jede starre Regelung untragbar sei, die etwa die JM verpflichten würde, zunächst bis zu einem bestimmten Prozentsatz nur Flüchtlinge als Richter oder StA zu ernennen oder als Rechtsanwälte oder Notare zuzulassen. Die Aussprache ergibt, dass die im Entwurf vorgesehenen Prozentsätze in einzelnen Ländern der Brit. Zone bereits überschritten sind.

16. MR-VO Nr. 92.

ORR Dr. Lüders berichtet über eine Tagung der LG-Präs. des Celler Bezirks, auf der starke Bedenken geäußert wurden gegen die Außerkraftsetzung des Grundsatzes von Treu und Glauben (§ 242 BGB) durch MR-VO Nr. 92. OLG-Präs. Dr. Frhr. v. Hodenberg habe angeregt, eine VO zu erlassen, durch die der Richter solche Prozesse bis zur Währungsreform aussetzen könne.

Es besteht Einigkeit darüber, dass eine derartige AussetzungsVO kaum von der MR gebilligt werden würde. Die Bedenken gegen die VO Nr. 92 werden aber allseits geteilt. Das LJMin. NRW will das in einem Schreiben an das ZJA für sämtliche vier Länder nochmals ausführlich darlegen.

17. Zeitpunkt der Eröffnung der Schöffen- und Schwurgerichte.

Von Präs. Dr. Klaas über den Stand der Sache befragt, legen die JM die Schwierigkeiten dar, die zu einer Verzögerung der Aufstellung der Schöffen- und Geschworenenlisten in den einzelnen Ländern geführt haben, insbesondere durch die Einschaltung der Länderparlamente in die Wahl der Staatsverwaltungsbeamten. *Senatssyndikus Dr. Drexelius* teilt mit, dass die Gerichte in Hamburg ihre Tätigkeit am 1.2.1948 aufnehmen könnten. In den anderen Ländern wird sich der Zeitpunkt noch um eine kurze Zeitspanne verschieben.

JM Dr. Heinemann schlug vor, die demnächst in Tätigkeit tretenden Schöffen und Geschworenen auf ihre von ihnen erwartete Tätigkeit zu schulen. Dies wurde wegen der möglichen Missdeutung für nicht zweckmäßig erachtet. *Präs. Dr. Klaas* schlug als Ersatz für die Herausgabe eines „Mark-Blattes" für Schöffen und Geschworene durch das ZJA vor, was allseits gebilligt wurde.

18. Rechtspflegestatistik – Geschäftsübersichten.

ORR Jess teilt mit, dass das Statistische Amt für die Brit. Besatzungszone beabsichtigt, dass statistische Jahrbuch in dem früheren Umfang wieder herauszugeben. Es bedarf dazu auch der Wiederaufnahme der alten Geschäftsübersichten und der übrigen Angaben über Rechtsstatistik. Die LJMin. waren über Einzelheiten durch das Statistische Amt bisher nicht informiert worden. Grundsätzliche Bedenken gegen die Notwendigkeit der Wiederaufnahme der Justizstatistiken wurden nicht erhoben. Die Angelegenheit soll schriftlich mit den einzelnen LJMin. weiter verfolgt werden.

19. Errichtung eines Zentralprüfungsamts.

ORR Dr. Lüders berichtet, dass dem ZJA zu seinem Entwurf vom 3.12.1947 nur geringfügige Abänderungswünsche vorgelegt worden sind. Der neue Entwurf berücksichtige diese Anregungen. Jedoch könne vorerst aus finanziellen und verkehrstechnischen Gründen ein Austausch der Prüfer nicht vorgesehen werden (Anregung Niedersachsen). Folgende Änderungen werden gutgeheißen:

a) In Ziff. 2 sind die Worte „nebenamtlich aus der Zahl der Mitglieder des Zentraljustizamts" gestrichen. Auf Wunsch von Senatssyndikus Dr. Drexelius soll auch in den neuen Entwurf kein Hinweis aufgenommen werden, dass der Leiter des Prüfungsamts seine Geschäfte nebenamtlich führt; es genügt, wenn das in der Begründung zur VO betont wird.

b) Zu § 3 berichtet *ORR Dr. Lüders,* dass die Legal Division nunmehr lt. Schreiben vom 16.12. mit der Ernennung durch den Präs. des ZJA einverstanden ist.

c) In §§ 4 und 5 sind die Wünsche des LJMin. NRW berücksichtigt.

d) Auch gegen § 10 (Bestimmung des Inkrafttretens durch den Präs. des ZJA) bestehen keine Bedenken. – Es besteht Einverständnis, dass der neue Entwurf der Legal Division unverzüglich vom ZJA zur Genehmigung vorgelegt wird. Den LJMin. ist eine Ausfertigung des neuen Entwurfs zu übermitteln.

20. Aufsicht über gemeindliche Verwaltungen. (Gesetzentwurf des Innenministeriums NRW.)

(Auf Wunsch vom LJM NRW auf die TO gesetzt.) – *JM Dr. Heinemann* zieht diesen Punkt zurück, da der Entwurf sich erledigt habe.

21. Behandlung der Fragebogenfälschung.

Auf Anregung von *JM Dr. Heinemann* wird in Erörterung darüber eingetreten, wie Fragebogenfälschungen von Justizbeamten im Einzelnen zu behandeln seien. *Präs. Dr. Klaas* gibt davon Kenntnis, dass in Hamburg derartige Fälle zunächst wieder den Entnazifizierungsausschüssen zugeleitet werden, zur Vorabentscheidung darüber, ob überhaupt eine Fragebogenfälschung vorliegt oder nicht. Die ebenfalls in diesem Zusammenhang von JM Dr. Heinemann aufgeworfene Frage, ob es zweckmäßig sei, von den Richtern und StA eine Bescheinigung über ihre Teilnahme an dem 9.11.1938 (Kristallwoche) zu verlangen, wird übereinstimmend verneint.

22. Übertragung der Strafgerichtsbarkeit gegen polnische Staatsangehörige auf deutsche Gerichte.

Präs. Dr. Klaas referiert den Inhalt des Schreibens der MR vom 13.1.1948 (Legal MOJ 52307/11) und stellt die darin von der Legal Division geäußerten Bedenken zur Debatte. *JM Dr. Katz* erklärt sich gegen eine Übertragung der Strafgerichtsbarkeit gegen Polen auf deutsche Gerichte. *StS Dr. Moericke,* Hannover, erklärt sich für eine Übertragung der Gerichtsbarkeit, die nach dem Territorialprinzip erforderlich sei. Er knüpfte noch die Bedingung daran, dass die Polizei bewaffnet würde und eine Durchsuchung der Lager möglich ist. JM Dr. Heinemann erklärt sich ebenfalls für eine Übertragung.

Präs. Dr. Klaas hebt noch einmal die Bedenken hervor, die gegen eine Übernahme sprechen und verweist insbesondere auf die Zweifel, die sich daraus ergeben, dass das Deutsche Reich mit Polen z.Zt. noch im Kriegszustand befindlich ist und auf der polnischen Seite daher der Eindruck entstehen könnte, dass ein „fair trial" nicht gewährleistet ist.

Es wird beschlossen, die Angelegenheit am 23.1. in Gegenwart der Vertreter der MR erneut zu erörtern.

23. Prüfung von Vormundschaftssachen.

ORR Dr. Lüders berichtet, dass der RJM durch Runderlass vom 9.7.1935 Nr. IV b 4584 angeordnet hat, dass alle Vormundschaften, Pflegschaften u.A., soweit ein Vermögen von mehr als 50.000 RM verwaltet wird, außerhalb der üblichen Geschäftsrevisionen jährlich nochmals in besonders eingehender Weise zu überprüfen sind. Die Senatskommission für die Justizverw. in Hamburg hat angeregt, dies Anordnung aufzuheben, da diese Nachprüfungen nach Hamburger Erfahrungen zu keinen nennenswerten Beanstandungen geführt haben, jedoch für die damit beauftragten Richter und Rechtspfleger eine erhebliche Belastung bedeuten. Die Aufhebung gehöre zwar zur Zuständigkeit der Länder, doch halte Hamburg ein gleichmäßiges Vorgehen in der Brit. Zone für angebracht. – Die LJM wollen nach Rückfrage bei den Gerichten zu dieser Anregung schriftlich Stellung nehmen. Die Frage ist nach Eingang der Stellungnahmen auf die nächste Pyrmonter TO zu setzen.

24. Ernennung von Rechtsanwälten zu Notaren.

ORR Jess referiert den Sachstand. Eine Einigung über die Frage der Zulassung von Rechtsanwälten zu Notaren konnte nicht erzielt werden. *JM Dr. Heinemann* machte den Vorschlag, die Zulassung von Rechtsanwälten zu Notaren ohne Prüfung des Bedürfnisses zum Grundsatz zu machen. Eine plötzliche Überfüllung des Notarstandes durch diese Regelung könne durch eine verschiedenartige Begrenzung der Wartezeit von 10, 12 oder 15 Jahren vermieden werden. Diesen Vorschlag hält auch Niedersachsen als Diskussionsgrundlage für annehmbar.

Es wird beschlossen, die Angelegenheit auf die nächste TO zu setzen.

25. Kur- und Erholungsaufenthalt für Richter und StA. (Richter-Erholungsheim Bad Brückenau)

ORR Jess berichtet auf Anregung des JM des Landes Nordrhein-Westfalen von der Möglichkeit einer evtl. Freigabe des ehemaligen Richterheims Brückenau durch die Besatzungsmacht. Es herrscht Übereinstimmung dahin, dass es sehr begrüßenswert wäre, wenn dieses Erholungsheim wieder eingerichtet werden könnte. Das ZJA wird ermächtigt, die erforderlichen Schritte in dieser Angelegenheit zusammen mit den süddeutschen Ländern zu unternehmen.

Die Sitzung schließt um 18.30 Uhr.

Die Sitzung beginnt am Freitag, d. 23.1.1948 vormittags um 10 Uhr. *Präs. Dr. Kiesselbach* begrüßt zunächst die Herren der MR, *Mr. Boulton* und *Mr. Romberg.*

In seiner Antwort auf die Begrüßungsworte überbrachte Mr. Boulton die Grüße von Mr. Rathbone, der z.Zt. in Frankfurt ist und an den Verhandlungen über die Einrichtung des bizonalen Obergerichts teilnimmt. Mr. Boulton bedauerte, selbst nicht ermächtigt zu sein, eine Begründung für die Stilllegung des Obersten Gerichts in Köln bekanntzugeben. Er erklärte jedoch, dass die MR alles daransetzen würde, diesen Gerichtshof auf einer zonalen oder bizonalen Basis zu eröffnen.

Im allseitigen Einverständnis sollen zunächst die Punkte 22, 2 und 12 der TO besprochen werden.

22. Übertragung der Strafgerichtsbarkeit gegen polnische Staatsangehörige auf deutsche Gerichte.

Präs. Dr. Klaas referiert die am Vortage erörterten Gesichtspunkte. Danach bestehen von deutscher Seite aus keine Bedenken gegen die arbeitsmäßige Belastung durch eine Übertragung der Aburteilung polnischer Staatsangehöriger durch deutsche Gerichte. Es ist auch für deutsche Gerichte selbstverständlich, dass ein gerechtes Urteil gefällt werden wird. Fraglich erscheint nur, ob es auch als gerecht empfunden wird. Letzteres erscheint bei der außenpolitischen Lage nicht wahrscheinlich. Die Übertragung der Strafverfolgung auf deutsche Gerichte hat im Übrigen nur dann Zweck, wenn wirklich durch diese Maßnahme eine wirksame Bekämpfung dieser Art der Kriminalität erreicht werden kann. Dieses ist jedoch nur möglich, wenn die deutsche Polizei bewaffnet wird und eine Nachsuchung ins Lager hinein möglich ist. *Präs. Dr. Klaas* regt an, diesen Sachverhalt der Legal Division in Herford aufgrund der Erörterung schriftlich vom ZJA aus zu berichten.

Mr. Boulton weist noch auf die besonderen Schwierigkeiten hin, die sich daraus ergeben, dass die Polen in die verschiedensten Gruppen eingeteilt seien und nur teilweise unter den Begriff des „displaced people“ fielen. Er stimme insbesondere

Präs. Dr. Klaas dahin zu, dass polnische Konsulate auf Urteile deutscher Strafgerichte empfindlich reagieren würden. Er gibt der Meinung Ausdruck, dass vor Übertragung auf deutsche Gerichte das Kontrollratsgesetz Nr. 2 geändert werden müsse. Gleichfalls müsse die Frage der Bewaffnung der Polizei und der Nachsuchung ins Lager vorher entschieden werden. Mr. Boulton erklärte, dass er die Angelegenheit nach Eingang des Berichts des ZJA mit den anderen Branches noch erörtern wolle.

Es herrscht Einverständnis dahin, dass das ZJA den auf der heutigen Sitzung von den Justizverw. der Länder vertretenen Standpunkt der Legal Division in Herford mitteilen soll. Die LJM erhalten Durchschlag des Schreibens.

2. Lebensmittelzulage für Justizangehörige.

ORR Jess berichtet über den Sachstand zu 2. und weist auf die durch die ablehnende Antwort des Direktors der Verwaltung für Ernährung und Landwirtschaft entstandene, sehr ernste Situation hin, bei der, ausgehend von einer Anregung der Richter des LG in Verden, in Erwägung gezogen werden muss, für die mangelnde Ernährung einen Ausgleich durch eine spürbare Verkürzung der Arbeitszeit zu schaffen.

Präs. Dr. Klaas gibt zu Punkt 12 einen eingehenden Bericht über die *Notwendigkeit der Vermehrung der staatsanwaltschaftlichen Plan- und Hilfsstellen.* Er begründet dies

a) durch das Ansteigen der Kriminalität,

b) durch die noch zu erledigenden Verbrechen gegen die Menschlichkeit; zahlenmäßig sind es noch 2.786, von denen es sich in den meisten Fällen um umfangreiche Sachen handelt,

c) durch die Einführung der Schwur- und Schöffengerichte,

d) durch das vom Wirtschaftsrat in Frankfurt geschaffene Wirtschaftsstrafrecht.

Zu dem letzteren Punkte weist *Präs. Dr. Klaas* noch besonders darauf hin, dass im Interesse der rechtsstaatlichen Entwicklung eine starke Beteiligung der Justiz erreicht werden muss, und dass eine solche ohne Personalvermehrung nicht zu erreichen ist.

Präs. Dr. Klaas weist weiter darauf hin, dass große Schwierigkeiten auch noch nach Vermehrung der Planstellen bestehen würden, da geeignete Beamte schwerlich zu finden sind, und wenn sie gefunden sind, wieder die technische Ausrüstung (Büroräume, Schreibkräfte usw.) fehlt. Es sei daher in diesem Zusammenhang in Erwägung zu ziehen, ob man nicht durch evtl. Einstellung der Zivilrechtspflege das nötige Personal freimachen muss.

Zu 2. *JM Dr. Katz* gibt bekannt, dass die Herabsetzung der Brotzuteilungen auf ein Drittel für die nächste Zuteilung beschlossen worden ist. Hierbei könne eine Arbeitsfähigkeit der Gerichte nicht mehr garantiert werden.

JM Dr. Heinemann erklärt, dass erreicht werden müsse, dass die Richter zumindest dieselbe Kalorienzahl zugebilligt bekommen wie die Strafgefangenen. Im Übrigen spricht er sich, falls ein anderer Ausgleich nicht zu erreichen ist, für eine Arbeitszeitverkürzung aus. Ferner sei er aufgefordert worden, 130 Ankläger im

Denazifizierungsverfahren zu stellen und er verweist auf die Überfüllung der Haftanstalten.

JM Dr. Hofmeister betonte nachdrücklich, dass bei der augenblicklichen Sachlage ein weiteres Verhandeln über Zusatzverpflegung für den Justizsektor keinen Zweck hätte. Aus den Maßnahmen der letzten Zeit ergebe sich klar, dass die Ernährungsdecke für die in der Bizone lebende Bevölkerung z.Zt. nicht ausreiche. Auf der anderen Seite sei es aber nicht zu verkennen, dass die physische und moralische Gefährdung des Richterstandes in ein akutes Stadium eingetreten sei. – Die Lösung sei seiner Ansicht nach darin zu suchen, die Zivilrechtspflege ganz zu schließen und lediglich die Strafrechtspflege u.U. bei entsprechender Arbeitszeitverkürzung durchzusetzen.

Mr. Boulton, der von *Präs. Dr. Kiesselbach* aufgefordert wurde, zu diesen Fragen Stellung zu nehmen, erklärte Folgendes:

a) Mr. Rathbone bespricht die Frage der Zusatzverpflegung der Justiz z.Zt. in Frankfurt,

b) die MR wird weiterhin bemüht sein, alles zu versuchen und zu tun, um die Ernährungslage der Justiz zu verbessern,

c) sollte es zu einer Entschließung über die Schließung der Zivilgerichtsbarkeit oder ähnlichen Maßnahmen kommen, muss der Militärgouverneur über Legal Division Herford hiervon vorher verständigt werden.

Mr. Boulton gab seiner Meinung Ausdruck, dass er es nicht für zweckmäßig halte, die gesamte Zivilrechtspflege zu schließen. Er empfahl, es zumindest gebietsmäßig zu beschränken. Letzteres wird als unzweckmäßig bezeichnet.

JM Dr. Hofmeister weist insbesondere noch auf die durch die verzweifelte Ernährungslage erhöhte Gefahr der Bestechung hin.

Präs. Dr. Kiesselbach rät, die Möglichkeit anderer Maßnahmen zu erwägen, bevor zu der Ultima Ratio der Schließung der Ziviljustiz geschritten werden würde. Er schlägt die Errichtung einer Kommission zur Prüfung der Sachlage vor.

JM Dr. Katz schließt sich diesen Bedenken an, unter besonderem Hinweis darauf, dass eine Schließung der Ziviljustiz praktisch einer Stilllegung des Wirtschaftslebens gleichkomme. Er machte den Gegenvorschlag, zu versuchen, eine ähnliche Situation wie bei den Bergarbeitern auch bei der Justiz herbeizuführen und zu erreichen versuchen, eine Carepaket-Aktion für die Justizangehörigen durchzuführen.

Präs. Dr. Kiesselbach weist auf die Bedenken bei einer solchen Carepaket-Aktion hin, dass die Justiz damit leicht den Anschein einer Sonderbehandlung erwecken würde. Er wiederholt den oben gemachten Vorschlag, die Angelegenheit einer Kommission zu übergeben.

Präs. Dr. Klaas machte wegen der Dringlichkeit der Angelegenheit den Vorschlag, die Frage anlässlich des Ministertreffens am 5.2. in Hamburg (Old-Lace-Besprechung) weiter zu erörtern.

Der Vorschlag von Präs. Dr. Klaas wurde einstimmig angenommen.

10. Notlage bei der Besetzung der höchsten Richterstellen.

Mr. Romberg berichtet über einen Vorschlag der MR zu diesem Punkte. Die Angelegenheit, die zunächst vertraulich behandelt werden soll, wurde erörtert. Die LJM wurden gebeten, ihre Vorschläge und Stellungnahmen schriftlich über die Chief-Legal-Officers an Legal Division in Herford zu geben. Das ZJA soll Abschrift dieser Schreiben erhalten.

Die Konferenz wurde am 23.1.1948 um 12.15 Uhr geschlossen.

Als nächster Termin wurde der 15. u. 16.4.1948 festgelegt. Je nach Lage der Dinge soll evtl. dieser Termin auf den 18. u. 19.3.1948 vorverlegt werden.

VI. Protokoll der außerordentlichen Konferenz der Landesjustizminister am 5.2.1948 im ZJA Hamburg

I. Teilnehmer:
ZJA für die Britische Zone: Justizpräs. Dr. Kiesselbach, Vizepräs. Dr. Koch, Abteilungspräs. Dr. Klaas, Vortr. Rat Dr. Bülow (zeitweise), ORR Dr. Lüders, ORR Jess
Generalinspekteur für die Spruchgerichte: Generalinspekteur Dr. Meyer-Abich, OStA Dr. Huismanns
LJMin. Niedersachsen: JM Dr. Hofmeister, MinRat Dr. Brümmer
LJMin. Nordrhein-Westfalen: MinRat Dr. Franke
LJMin. Schleswig-Holstein: JM Dr. Katz, RegDir. Dr. Praetorius
LJustizverw. Hamburg: Senatssyndikus Dr. Drexelius, AG-Rat Görtz
Militärregierung: Director *Mr. Rathbone,* Director MOJ Branch Legal Division Herford, *Mr. Romberg,* Verbindungsoffizier beim ZJA, Brigadier *Ingham,* Director Penal Branch, Legal Division Herford.

II. Tagesordnung:
1. Oberster Zonengerichtshof: a) Budget-Fragen, b) Revision gegen Schwurgerichtsurteile
2. Notlage der Justiz, Einschränkung der Zivilrechtspflege (Ziff. 12 des Prot. der Pyrmonter Konferenz am 23.1.1948)
3. Spätere Verwendung des Personals der Spruchgerichte (Ziff. 6 a des Prot. vom 23.1.1948)

III. Protokoll:

Präs. Dr. Kiesselbach führt den Vorsitz und eröffnet um 11.15 Uhr die Sitzung mit Worten des Dankes für die harmonische Zusammenarbeit, die am heutigen Tage auf eine einjährige Dauer zurückblicken kann und gibt der Hoffnung Ausdruck, dass sie auch in Zukunft erfolgreich sein möge. – Anschließend ergreift *Mr. Rathbone* das Wort. Nach Worten des Dankes für die gute Zusammenarbeit, die sowohl das ZJA wie auch die Länder in der Vergangenheit mit der MR hatten, werden folgende Punkte von ihm erörtert:

1. Bizonales Obergericht: Es ist beschlossen worden, ein bizonales Obergericht mit dem Dienstsitz in Köln einzurichten. Es handelt sich in der Hauptsache um ein Gericht erster Instanz, etwa mit den Funktionen des Staatsgerichtshofs der

Weimarer Republik. In einigen Fällen wird dieses Gericht auch Berufungs- oder Revisionsgericht betr. Wirtschaftsfragen der Bizone sein.

2. Oberster Gerichtshof für die Britische Zone: In den Frankfurter Verhandlungen ist der Errichtung eines Obersten Gerichtshofs für die Brit. Zone zugestimmt worden. Die Gründe für die Schließung des durch VO bereits errichteten Gerichtshofs waren zweifach: a) der Versuch, das Oberste Gericht auf die Bizone zu erstrecken, b) die Gefahr einer Beeinflussung des Prestiges und des Erfolges des geplanten bizonalen Obergerichts. – General Robertson hat erklärt. dass beide Gründe nicht mehr zutreffend sind und seine Zustimmung zur Eröffnung des Obersten Gerichtshofs in Köln unter der Bedingung gegeben, dass keine feierliche Eröffnung stattfindet.

Der Errichtung des Obersten Gerichtshofs stellt sich eine weitere Schwierigkeit entgegen, da der Zonenhaushalt und das Zonenhaushaltsamt mit Wirkung vom 31.3.1948 verschwinden. Es soll versucht werden, die Ausgaben des Obersten Gerichts in den bizonalen Haushalt einzugliedern. Wenn dieses nicht erreicht werden kann, wird zu erwägen sein, ob die Kosten auf die Länder der Brit. Zone verteilt werden können. Die Minister werden gebeten, dieses Problem zu überlegen und der MR geeignete Vorschläge zu unterbreiten. *3. Lebensmittelzulagekarten für die Justiz: Mr. Rockwell* Legal Division (OMGUS) und *Mr. Macaskie* machen sich schwere Sorgen um die Ernährungslage der Justiz und über die damit verbundenen Gefahren. Beide sind sich darüber einig, dass alle Wege versucht werden müssen, um eine Besserung dieser Lage zu erreichen. An die Generale Clay und Robertson soll der Vorschlag herangetragen werden, 3.000 Schwerarbeiterkarten für die Justiz der Bizone bereitzustellen, die durch die LJM in den Notstandsgebieten verteilt werden sollen. Es wird jedoch schwer sein zu erreichen, dass General Clay und General Robertson gegen deutsche Stellen eine entsprechende Anweisung geben. Der Erfolg dieses Versuches ist daher nicht sicher und große Hoffnungen können nicht gemacht werden.

Schließung der Ziviljustiz wird für eine sehr ernste Sache gehalten, die reiflich überlegt sein muss und mit dem Chief Legal Division und den Regional Commissioners abgestimmt werden muss. Mr. Rathbone erklärt, dass er selbst eine Zustimmung zu einer solchen Maßnahme nicht geben könne.

4. Referendarlehrgänge in England: Nach mühevollen Verhandlungen hat das brit. Außenministerium seine Zustimmung zu einer Abhaltung von Referendarkursen in England gegeben. Der erste Kursus war bereits für den 1.3. ds. Js. vorgesehen. Der Beginn muss aber verschoben werden. Für seine Verschiebung spreche vor allem, dass in der Kürze der Zeit eine ordnungsgemäße Vorbereitung der Kursusteilnehmer nicht möglich ist und dass zudem durch die im Juni beginnenden dreimonatlichen englischen Gerichtsferien eine anschauliche Verbindung mit der Praxis für diese Lehrgänge nicht hergestellt werden könne. Es erscheint daher zweckmäßig, die ersten Kurse nicht vor dem Herbst dieses Jahres zu beginnen.

5. Unterbringung der Beamten der Spruchgerichte: Es liegt der MR sehr am Herzen, dass diese Beamten in der ordentlichen Justiz in jedem Fall untergebracht werden. Im Interesse der Zusammenarbeit der Justiz und auch im Interesse der Beamten der Spruchgerichte hält es die MR jedoch für unzweckmäßig, diese

Unterbringung durch eine Anordnung zu regeln und hofft, dass die Frage auch durch Zusammenarbeit aller Beteiligten gelöst werden kann. – *Mr. Rathbone* bittet die Herren, sich um 14.30 Uhr für einen Besuch des Brigadiers Inham bereitzuhalten, der die Gelegenheit seines Besuches in Hamburg wahrnehmen möchte, um die JM der Länder zu begrüßen.

Nachdem Mr. Rathbone und Mr. Romberg die Sitzung verlassen haben, wird in die TO eingetreten.

1. Oberster Zonengerichtshof.

a) Budget-Fragen, b) Revision gegen Schwurgerichtsurteile. Herr *Präs. Dr. Kiesselbach* gibt der Meinung Ausdruck, dass nach Klärung der Frage der Revision gegen Schwurgerichtsurteile und nach Vorliegen der endgültigen Genehmigung durch General Robertson der Oberste Gerichtshof für die Britische Zone am 1.3.1948 seine Arbeit aufnehmen kann. Er teilte weiter mit, dass bei der augenblicklichen Lage die begründete Aussicht besteht, dass Köln zu einem Justizmittelpunkt für Deutschland entwickelt werden könnte, da der Plan gefasst wurde, auch das Oberste Verwaltungsgericht und das Oberste Arbeitsgericht in Köln zu errichten.

Es wird nunmehr die Budgetfrage des Obersten Gerichtshofs für die Britische Zone zur Erörterung gestellt.

JM Dr. Katz stellt im Anschluss an die von Mr. Rathbone zu diesem Punkte gemachten Ausführungen fest, dass zurzeit zwei Möglichkeiten der Finanzierung ins Auge gefasst sind:

a) die Finanzierung des Obersten Gerichtshofes für die Britische Zone aus dem bizonalen Haushalt, und, wenn dies nicht durchführbar ist,

b) die Verteilung der Kosten dieses Gerichts auf die Länder der Brit. Zone.

Mr. Rathbone habe mit seiner Darlegung offenbar erreichen wollen, dass sich die Justizminister bereits jetzt Gedanken, hauptsächlich zu der zweiten Möglichkeit, machen sollen, um die deutsche Stellungnahme kennenzulernen. *JM Dr. Katz* betont, dass das Finanzministerium voraussichtlich bei der Beschränktheit der Justizmittel Schwierigkeiten machen würde. Er hält außerdem eine Festlegung in der Richtung der Verteilung der Kosten auf die Länder in dem augenblicklichen Status für unzweckmäßig, da der bizonalen Lösung u.U. damit vorgegriffen würde. Im Übrigen könne eine endgültige Stellungnahme von ihm nicht abgegeben werden, ohne dass das Kabinett des Landes dazu Stellung nähme.

JM Dr. Hofmeister tritt diesem Standpunkt bei und betont, dass eine Stellungnahme zu diesen Fragen erst möglich sei, wenn der Gesamtkomplex des Finanzausgleichs erledigt sei.

Vizepräs. Dr. Koch hält es für erforderlich, dass Mr. Rathbone irgendeine Erklärung zu dieser Frage erhalten muss, zumindest in der Richtung, dass die Länder grundsätzlich bereit sind, diese Kosten zu übernehmen.

Dr. Drexelius hält eine solche Erklärung für unmöglich, da eine Entscheidung dieser Frage erst möglich wäre, wenn entschieden ist, welche Einkommensquellen den Ländern in Zukunft verbleiben.

JM Dr. Katz schlägt eine Vertagung dieser Frage bis zur Klärung der Finanzausgleichsfragen vor.

Präs. Dr. Kiesselbach schlägt vor, dass einer der anwesenden Minister Mr. Rathbone am Nachmittag die Stellungnahme der Anwesenden dahingehend übermitteln soll, dass eine definitive Zusage zu der Übertragung der Kosten des Obersten Gerichts auf die Länder nicht gegeben werden könne, dass aber die Länder von der Notwendigkeit des Obersten Gerichts genauso überzeugt sind wie von der Tatsache, dass auch ein Weg der Finanzierung dieses Gerichts notfalls durch die Länder gefunden werden muss. Diesem Vorschlag wird allseits zugestimmt. *JM Dr. Hofmeister* übernimmt es, die Stellungnahme der Anwesenden Mr. Rathbone zu übermitteln. *2. Notlage der Justiz, Einschränkung der Zivilrechtspflege.*

Vizepräs. Dr. Koch gibt einleitend einen zusammenfassenden Überblick über die Notlage als auch über die Mittel ihrer Bekämpfung. Vizepräs. Dr. Koch spricht sich gegen eine Stilllegung der Ziviljustiz aus. Nach seiner Ansicht muss in dieser Richtung mit organisatorischen Maßnahmen geholfen werden, die das Schwergewicht der Arbeit auf die Strafjustiz verlagern unter Einschränkung der Ziviljustiztätigkeit. Auf diese Weise würde es auch möglich sein, die immer stärker anwachsenden Rückstände in der Strafjustiz zu verringern.

Gleichzeitig stellt er eine Anregung von Herrn JM Zinn, Hessen, zur Erörterung, der zur Behebung der Not eine Arbeitszeitverkürzung innerhalb der Justiz vorschlägt.

Die Frage der äußeren und inneren Not der Justiz, die von Herrn JM Dr. Hofmeister anschließend dargelegt wird, wurde eingehend erörtert. Die Anwesenden sind darüber einer Meinung, dass die Behebung der äußeren Not unbedingt mit allem Nachdruck in Angriff genommen werden muss, wenn einschränkende Maßnahmen in der Rechtspflege vermieden werden sollen.

Die Anwesenden tragen keine Bedenken gegen die von Herrn Vizepräs. Dr. Koch gegebenen Anregungen, die Strafjustiz zu entlasten unter Einschränkung der Ziviljustiz.

Präs. Dr. Kiesselbach bittet daher die LJM, die OLG-Präs. mit entsprechenden Anweisungen zu versehen und gibt im Übrigen die Anregung, zur Besserung der Ernährungslage der Justiz eine Entschließung zu fassen.

Es herrscht Übereinstimmung dahin, dass einer solchen Entschließung gegenüber dem bizonalen Ernährungsamt auch diesmal der Erfolg versagt bleiben würde. *JM Dr. Hofmeister* und *JM Dr. Katz* halten es für den einzig gangbaren Weg, eine Anordnung der MR zu erreichen, dass der Justiz eine bestimmte Menge von Zusatzkarten auf Anordnung der MR zugeteilt wird.

Präs. Dr. Kiesselbach regt an, eine solche Entschließung für die MR zu entwerfen und darin zum Ausdruck zu bringen, dass, wenn eine Besserung der Ernährungsnotlage nicht erreicht werden könnte, die Gefahr bestünde, die Zivilrechtspflege in erheblichem Umfange einzuschränken. – Die Anwesenden stimmen diesem Vorschlag zu. Die Entschließung soll am Nachmittag den Vertretern der MR vorgelegt werden.

Die Sitzung wird um 13 Uhr für eine Stunde Mittagspause unterbrochen.

Nach Eröffnung der Nachmittagssitzung um 14.15 Uhr erscheint Mr. Rathbone mit Brigadier Ingham (Director Penal Branch). *Brigadier Ingham* begrüßte die

Anwesenden mit Worten des Dankes für die Möglichkeit, die ihm heute gegeben ist, die JM der Länder kennenzulernen.

Er gibt davon Kenntnis, dass ein Zonal Penal Advice Board (Zonenbeirat für das Gefängniswesen) gegründet ist, der seine erste Sitzung abgehalten hat, deren Protokoll in den nächsten Tagen eingeht. Diese Dienststelle hat beratende Aufgaben und es wird keine Entscheidung von ihr durchgeführt werden, ohne dass die LJustizverw. und das ZJA angehört worden sind. Brigadier Ingham hält es weiter für erforderlich, dass in jedem LJMin. ein Leiter einer Abteilung für Strafvollzug ernannt werden soll. Ein solches System hat sich bereits in der amerikanischen und französischen Zone bewährt.

Ferner wird das Problem der Schulung des Personals der Strafvollzugsanstalten besprochen und drei Möglichkeiten erörtert: 1. ob die bisherige Schule in Rissen fortbestehen soll, 2. ob eine andere zentrale Regelung unter Kostenbeteiligung der Länder durchgeführt werden soll, 3. ob in jedem Land eine eigene Schule für diesen Zweck eingerichtet werden soll. – Brigadier Ingham erbittet zu den von ihm angeschnittenen Fragen die deutsche Stellungnahme bis zum 12.3., dem Datum der nächsten Sitzung des Zonal Penal Advice Board.

Präs. Dr. Kiesselbach weist in seiner Antwort darauf hin, dass das ZJA für Fragen des Strafvollzuges nicht zuständig ist, dass aber die anwesenden LJM sicherlich gern bereit wären, den gegebenen Anregungen zu folgen.

Brigadier Ingham verlässt die Sitzung.

Es wird daraufhin die Erörterung von Pkt. 2 der TO: *Notlage der Justiz, Einschränkung der Zivilrechtspflege* fortgesetzt.

Vizepräs. Dr. Koch verliest einen Resolutionsentwurf. Nach eingehender Erörterung wird die folgende Resolution an die MR beschlossen:

Die Ernährungskrise bereitet der Justiz ernsteste Sorge. Fälle von Unterernährung und Ausfälle durch Krankheiten, Überarbeitung usw. häufen sich in bedenklichem Ausmaße.

Dieser Zustand trifft zusammen mit einer laufenden Zunahme an Straf- und Zivilsachen. Im Gegensatz zu anderen öffentlichen Organen arbeitet die Justiz mit einem Personalbestand, der geringer ist als vor dem Kriege. Auch dem Bevölkerungszuwachs nach dem Kriege und der damit verbundenen Mehrarbeit wurde in der Justiz in keiner Weise Rechnung getragen.

Versuche der Justizverw., den Gesundheitszustand durch Ernährungszulagen zu verbessern, sind auf Ablehnung gestoßen. Der Zustand ist nicht mehr fern, dass ganze Sparten der Justiz zum Erliegen kommen. Es besteht auch die ernste Besorgnis, dass der für die deutsche Justiz selbstverständliche Ruf unbedingter Unbestechlichkeit und Sauberkeit der Not zum Opfer fallen könnte.

Die Justizverw. der Brit. Zone sind deshalb übereingekommen, vorsorgliche Maßnahmen zu ergreifen, um einem vollständigen oder teilweisen Zusammenbruch der Rechtspflege vorzubeugen. Zu diesem Zweck ist beschlossen worden:

1. Die Strafrechtspflege, der zur Aufrechterhaltung der Ruhe und Ordnung in der Zone die erste Bedeutung zukommt, und der laufend neue Aufgaben übertragen werden, ist bevorzugt aufrecht zu erhalten. Die Zahl der Strafrichter und

StA ist möglichst aus dem vorhandenen Bestand der Zivilrichter zu vermehren, dadurch soll erreicht werden, dass die Sitzungstage vermehrt werden und eine unverzügliche Bestrafung des Rechtsbrechers ermöglicht wird.

2. Die Zivilrechtspflege ist weitgehend zurückzustellen und nur insoweit zu betreiben, als dadurch die Strafrechtspflege keinen Schaden erleidet.

3. Diese Maßnahmen können nur dann Erfolg haben, wenn für die Justiz mindestens 5.000 Schwerarbeiterkarten zur Verfügung gestellt werden. Die Justizverw. werden in weitere Erwägungen eintreten müssen, wenn diesem berechtigten Wunsch nicht entsprochen wird. Dann ergibt sich die Gefahr mit den daraus entstehenden Folgen, dass ganze Sparten der Justiz, insbesondere die Zivilrechtspflege, stillgelegt werden müssen.

Mr. Rathbone, in dessen Gegenwart der Beschluss gefasst wird, nimmt hiervon Kenntnis und sagt zu, den Inhalt umgehend an General Robertson in Berlin zu telegrafieren, um damit der besonderen Lage das erforderliche Gewicht zu geben.

JM Dr. Hofmeister schlägt vor, neben diesem Vorstoß über die MR eine Abordnung, bestehend aus Chefs der süddeutschen LJVerw. und entsprechenden Vertretern der Brit. Zone nach Frankfurt zum bizonalen Amt für Ernährung und Landwirtschaft zu entsenden, um die Dringlichkeit der Angelegenheit Herrn Minister Schlange-Schöningen persönlich mit dem nötigen Nachdruck vorzustellen. Ein erneuter Versuch mit den deutschen Stellen wird schon deshalb für erforderlich gehalten, weil die Antwort auf die Resolution sämtlicher JM der Brit. Zone, die von Herrn MinDr. Podeyn erteilt worden ist, als in jeder Weise unzulänglich empfunden worden ist. Der Vorschlag wird allgemein begrüßt. *Vizepräs. Dr. Koch* hält es für zweckmäßig, den weiteren Modus des Vorgehens bei deutschen Stellen zunächst auf der für den 13.2.1948 in Aussicht genommenen Besprechung der Chefs der LJVerw. festzulegen.

Diesem Vorschlag wird zugestimmt. *3. Spätere Verwendung des Personals der Spruchgerichte.*

Präs. Dr. Kiesselbach gibt zunächst einen historischen Überblick über die Einrichtung der Spruchgerichte, die Notwendigkeit ihrer schnellen Einrichtung und die sich aus der besonderen Art der Tätigkeit der Richter ergebenden Verpflichtung der Justiz, die Zukunft der Beamten der Spruchgerichte mit den gegebenen Mitteln sicherzustellen.

Vizepräs. Dr. Koch ergänzt diesen Überblick noch durch Einzelheiten und weist insbesondere darauf hin, dass bereits seit Mai 1947 an der Sicherstellung der Beamten durch das ZJA gearbeitet wird, ohne dass nennenswerte Erfolge in dieser Richtung erzielt werden können. Die Anwesenden gaben übereinstimmend der Meinung Ausdruck, dass sie nach wie vor an den auf den bisherigen Konferenzen gefassten Beschlüssen festhalten, dass sie grundsätzlich bereit sind, die Beamten der Spruchgerichte in die ordentliche Justiz zu übernehmen.

JM Dr. Katz weist einschränkend darauf hin, dass nach einem Kabinettsbeschluss in Schleswig-Holstein Planstellen an Nichteinheimische erst nach einer zweijährigen Bewährungszeit vergeben würden. Er hält es außerdem für unbegründet, etwa in Kategorie IV eingestufte Beamte des Generalinspekteurs politisch weniger belasteten anderen Bewerbern vorzuziehen.

JM Dr. Hofmeister erklärt, dass in Niedersachsen bereits sechs bis sieben Planstellen fest zugesagt seien. Seiner Meinung nach sei es aber unbegründet, Bewerber des Generalinspekteurs anderen Planstellenbewerbern des Landes, die die gleichen Voraussetzungen bieten, vorzuziehen. Es käme nur eine Gleichstellung in Betracht.

MinRat Dr. Franke gibt zu bedenken, dass nicht der JM allein die Entscheidung über Vergebung von Planstellen hat, sondern in Nordrhein-Westfalen das Kabinett befragt werden müsse. Der Finanzmin. des Landes Nordrhein-Westfalen übernimmt grundsätzlich keine über 40 Jahre alten Bewerber, außer im Falle der Wiedergutmachung auf Planstellen. Außerdem seien Schwierigkeiten des Kabinetts zu erwarten bei Übernahme politisch Belasteter, die beispielsweise 33iger Parteigenossen waren und in Kategorie IV eingestuft sind.

Vizepräs. Dr. Koch verweist in diesem Zusammenhang auf die süddeutsche Regelung. Der Länderrat hat ein Gesetz verabschiedet, sonach die Beamten der Befreiungsministerien in Planstellen der Verwaltungen der Länder unterzubringen sind.

Die seitens der Minister vorgetragenen Bedenken wurden im Einzelnen mit *Herrn Generalinspekteur Dr. Meyer-Abich* erörtert. Die JM gaben der Meinung Ausdruck, dass es wohl möglich sein würde, bezüglich der von den Kabinetten für die einzelnen Länder aufgestellten Bedingungen Ausnahmen zu erreichen.

Da die Mehrheit der Anwesenden der Überzeugung ist, dass die Frage der Übernahme der Beamten sich bei der grundsätzlich erklärten Bereitwilligkeit im Übrigen nur für den Einzelfall lösen lässt, macht *Präs. Dr. Kiesselbach* den Vorschlag, die Verhandlungen über die Einzelfälle bis zum 15.3.1948 zum Abschluss zu bringen, um dann erneut zusammenzukommen, um etwa noch bestehende Schwierigkeiten und Zweifelsfälle zu klären. Es ist anzunehmen, dass bei dieser Art des Vorgehens die Mehrzahl der Fälle bis dahin erledigt sind. Nach Erörterung dieses Vorschlags herrscht Übereinstimmung dahin, dass die Angelegenheit der Übernahme der Beamten des Generalinspekteurs zunächst auf folgender Basis weiterverfolgt werden soll:

a) die Beamten des Generalinspekteurs sollen in erster Linie in Planstellen der Länder übernommen werden, mindestens aber soll ihnen ein Beschäftigungsauftrag erteilt werden, der nur in bestimmten Fällen durch die JM im Einvernehmen mit dem ZJA widerrufen werden kann,

b) die Verhandlungen über die Übernahme der einzelnen Bewerber sollen sofort aufgenommen und intensiviert werden,

c) der Plan, in den Ländern kw-Stellen zu schaffen, der im Übrigen die Unterstützung der Engländer findet, soll von den Ländern weiter fortgesetzt werden.

Herr JM Dr. Katz bittet, die Erörterung zu diesem Punkt zu unterbrechen und zunächst evtl. andere noch anstehende grundsätzliche Fragen zu klären, da er um 17 Uhr bereits auf einer anderen Sitzung anwesend sein muss.

Die Erörterungen zu Punkt 3 wurden zunächst zurückgestellt.

JM Dr. Hofmeister stellte daraufhin den Punkt der *Wiedereinführung der Gerichtsferien* zur Diskussion.

Präs. Dr. Kiesselbach gab eine Erklärung ab, aus welchen Gründen bisher von der Wiedereinführung der Gerichtsferien abgesehen worden ist. Mit Ausnahme von Herrn Senatssyndikus Dr. Drexelius, der sich eine endgültige Entscheidung vorbehält, stellen sich die Anwesenden übereinstimmend auf den Standpunkt, dass die Wiedereinführung der Gerichtsferien zu begrüßen ist.

Da weitere Punkte nicht zur Sprache gebracht werden, verabschiedet sich *JM Dr. Katz.* Es wird sodann die unterbrochene Verhandlung über Punkt 3 der TO fortgesetzt.

Die von den Ländern erhobenen Beanstandungen bezüglich Beförderung von Beamten des Generalinspekteurs ohne Zustimmung der LJVerw. werden im Einzelnen durchgesprochen, aufgeklärt und als erledigt angesehen.

Im Übrigen herrscht Übereinstimmung dahin, dass diejenigen Beamten, denen bestimmte Planstellen zugesagt sind, nur mit Zustimmung der LJM befördert werden können.

Für die Beamten, die keine Planstellen zugesagt bekommen haben, gelten die §§ 4 und 5 der VO über die beamten- und besoldungsrechtliche Stellung der Beamten des Generalinspekteurs i.d. Fassung vom 12.1.1948. Da hiernach für die Länder keine Verpflichtung besteht, die Beamten in Beförderungsstellen zu übernehmen, bedarf es auch nicht der Zustimmung der LJM zu einer Beförderung.

Die Sitzung wurde um 17 Uhr geschlossen.

Gez. W. Kiesselbach.

VII. Protokoll der Tagung vom 29./30.4.1948 in Bad Pyrmont

I. Teilnehmer:

ZJA: Justizpräs. Dr. Kiesselbach, Justizvizepräs. Dr. Koch, ORR Dr. Lüders, ORR Jess
LJMin. NRW: MinRat Dr. Franke, OLG-Rat Dr. Haensel, LG-Rat Dr. Thunecke
LJMin. Niedersachsen: JM Dr. Hofmeister, StS Dr. Moericke, MinRat Dr. Brümmer, LG-Dir. Lemme, OLG-Rat Dr. v. Hinüber
LJMin. Schleswig-Holstein: JM Dr. Katz (zeitweise), RegDir. Dr. Praetorius
Ljustizverw. Hamburg: Senatssyndikus Dr. Drexelius, AG-Rat Görtz

II. Tagesordnung:

1. VO vom 30.4.1948 über die Altersgrenze der Richter
2. Einschränkung der Verwaltungstätigkeit der OLG-Präs.
3. Gerichtsferien
4. Schaffung einer DienststrafO für Justizbeamte (s. Prot. v. 22.1.1948 Ziff. 7)
5. Auslieferung von Deutschen (Schrb. LJM Niedersachsen vom 24.3.1948)
6. Aufhebung der PolizeiVO vom 21.1.1941
7. Sicherungsmaßnahmen zur Durchführung der Bodenreform
8. Ostverbindlichkeiten
9. Prüfung von Vormundschaftssachen (s. Prot. v. 22.1.1948 Ziff. 25)

10. Sammlung von Gerichtsakten aus dem Raum jenseits Oder-Neisse (Schrb. d. ZJA v. 10.3.1948)
11. Ernennung von Rechtsanwälten zu Notaren (s. Prof. v. 22.1.1948 Ziff. 24)
12. Rechtsbeistände in Armenrechtsverfahren
13. Sammlung der Strafsenatsentscheidungen der Brit. Zone (s. Prot. v. 22.1.1948 Ziff. 9)
14. Presseangelegenheiten (s. Prot. v. 22.1.1948 Ziff. 8)
15. Lebensmittelzulage für Justizangehörige
16. Richtererholungsheim in Bad Brückenau (s. Protokoll vom 22.1.1948 Ziff. 25)
17. Juristentag in Bad Kissingen
18. Rechtsanwaltsordnung
19. Betriebsvereinbarungen für die Justiz (auf Wunsch LJMin. NRW)
20. Einzelne Mitteilungen des ZJA
21. Ort und Zeit der nächsten Sitzung
22. Sonstiges

III. Protokoll: Präs. Dr. Kiesselbach führt den Vorsitz und eröffnet um 14 Uhr die Sitzung.

Auf Wunsch des am zweiten Besprechungstages verhinderten JM Dr. Katz wird der Punkt 18 der TO vorweggenommen:

15. Rechtsanwaltsordnung: Dr. Koch referiert den Entwurf der RechtsanwaltsO, die als Ganzes von der Tendenz getragen sei, die Freiheit der Anwaltschaft nach Möglichkeit wieder herzustellen.

Als besondere Punkte werden hervorgehoben:

a) Nach dem Entwurf beschränkt sich die Staatsaufsicht über die Rechtsanwaltskammern auf gesetzwidrige Beschlüsse.

b) Die Zulassung zur Anwaltschaft beruht auf einem Kompromiss zwischen der Vereinigung der Anwaltskammervorstände und den Justizverwaltungen. Die Zulassung soll durch die Jverw. nach Gutachten der Rechtsanwaltskammer erfolgen, an das negative Gutachten der Rechtsanwaltskammer soll die Jverw. gebunden sein, nicht jedoch an das positive. Vorgesehen ist, dass das negative Gutachten durch ein Ehrengerichtsverfahren nachgeprüft werden kann. Hierbei muss besonders betont werden, dass durch die Eröffnung einer solchen Verfahrensmöglichkeit praktisch auch die Entscheidung der LJVerw. auf diesem Wege nachgeprüft werden kann.

c) Der Numerus clausus für die Zulassung von Anwälten ist aus der RAO selbst herausgelassen worden und in die Übergangsvorschriften verwiesen. Für die Beibehaltung des Numerus clausus ist hierin eine Frist bis zum 31.12.1950 vorgesehen worden. Die durch die Vereinigung der Rechtsanwaltskammern und das Jmin. Niedersachsen erbetene Verlängerung dieser Frist ist in den letzten Entwurf nicht eingearbeitet worden, da eine solche Verlängerung den Grundcharakter der Fassung der RAO, wie sie dem Zonenbeirat zur Genehmigung vorgelegen hat, ändern würde.

Dr. Koch schlägt vor, eine etwa notwendige Verlängerung dieser Frist späteren Parlamentsbeschlüssen zu überlassen.

JM Dr. Katz hält die Bindung der LJVerw. an das negative Gutachten der Rechtsanwaltskammern in der Frage der Zulassung bei den Flüchtlingsverhältnissen in Schleswig-Holstein für untragbar. Dr. Katz spricht sich überhaupt gegen eine gesetzliche Regelung der RAO ohne Parlament aus. Er gibt der Meinung Ausdruck, dass man in dieser Hinsicht dem Weststaat nicht vorgreifen solle, zumal sich durch die Belassung des Numerus clausus an der augenblicklichen Regelung nichts ändere.

Dr. Koch hält dieser Ansicht entgegen, dass die durch die alte RAO geschaffene Regelung rein nazistischer Prägung sei und so unaufschiebbar wäre, zu gewählten Rechtsanwaltskammern zu kommen.

JM Dr. Katz begegnet diesen Bedenken mit der Anregung, hierfür Spezialvorschriften zu erlassen.

JM Dr. Hofmeister weist darauf hin, dass während der Fortdauer des Numerus clausus das negative Gutachten der Rechtsanwaltskammer nur für die obligatorischen Versagungsgründe verbindlich sei, setzt sich im Übrigen bezüglich des Numerus clausus für eine unbestimmte Frist ein, da es in der Zukunft den Parlamenten leichter sei, eine unbestimmte Frist zu begrenzen, als eine bestimmte Frist zu verlängern.

JM Dr. Katz tritt nochmals für den Wegfall der negativen Bindung an das Gutachten der Anwaltskammern ein. Er hält dieses zum Schutze der Bewerber im Sinne einer freien Anwaltschaft unbedingt für erforderlich. Er schlägt nunmehr vor, unter Weglassung dieser Vorschrift die RAO im Übrigen zu verabschieden.

Dr. Drexelius und *Dr. Franke* schließen sich ausdrücklich dem von JM Dr. Katz vertretenen Standpunkt an. *Dr. Franke* für Nordrhein-Westfalen nur insoweit, als die bisherige schriftliche Stellungnahme keine Berücksichtigung findet.

JM Dr. Hofmeister tritt nach Erörterung der Frage, ob eine Möglichkeit besteht, den § 12 der RAO gegenüber dem § 16 straffer zu fassen, ebenfalls der von *JM Dr. Katz* vertretenen Ansicht bei, die RAO außer der Vorschrift des § 12 zu erlassen.

Dr. Franke regt an, für den Nachwuchs, der nach dem Inkrafttreten der RAO sein Examen abgelegt hat, den Numerus clausus fallen zu lassen, für alle anderen Bewerber jedoch den unbegrenzten Numerus clausus zu belassen.

JM Dr. Katz und *Dr. Demme* äußern sich gegen diesen Standpunkt, da bei dieser Lösung der Frage des Numerus clausus für die älteren Anwälte überhaupt kein Bedürfnis mehr vorhanden sein würde.

JM Dr. Katz hebt noch hervor, dass für Schleswig-Holstein eine solche Lösung von vornherein untragbar wäre, da hier allein sechs Nachwuchslehrgänge vorhanden sind.

Dr. Moericke hält die Fassung des § 16 für zu unbestimmt und regt die von Hannover in dem Schreiben vom 4.12.1948 schriftlich vorgeschlagenen Änderungen an.

Dr. Koch verweist auf die einer solchen kasuistischen Fassung entgegenstehenden Bedenken, da erfahrungsgemäß solche Fassungen bei der praktischen Handhabung aufliefen.

JM Dr. Hofmeister schneidet die Frage der Syndizi-Anwälte an und betont, dass es unmöglich sei, jedem Syndikus den Rechtsanwaltstitel zu geben und nach Verlust seiner Syndikusstellung den Rechtsanwaltstitel wieder zu entziehen.

Dr. Thunecke trägt den Standpunkt des JM Dr. Heinemann vor, der die Syndizi für eine Bereicherung des Anwaltsstandes hält. Er gibt bekannt, dass in Nordrhein-Westfalen der Rechtsanwaltstitel ohne Widerruf gegeben wird, da für einen solchen jede gesetzliche Grundlage fehle.

JM Dr. Katz stimmt dem zu, glaubt aber, die Frage ohne weitere zahlenmäßige Erhebung nicht entscheiden zu können.

JM Dr. Hofmeister hält seinen Standpunkt aufrecht und betont vor allen Dingen noch, dass auf diese Weise Arbeitsplätze für den Nachwuchs und etwaige Flüchtlinge verloren gehen.

Präs. Dr. Kiesselbach tritt dem von Herrn Dr. Koch vertretenen Standpunkt bei, dass diese Frage gesetzlich schwer zu regeln sei, da die Wirtschaft in der Praxis sich andere Wege suchen würde, die zu dem gleichen Ziele führen und verweist insbesondere darauf, dass die Regelung dieser Frage nur Standessache der Anwälte sei. Dieser Meinung tritt auch unter Vorbehalt näherer Prüfung *JM Dr. Katz* bei.

JM Dr. Katz gibt die Anregung, bezüglich der Zurücknahme der Zulassung zur Anwaltschaft bei einer Entscheidung nach § 26 Ziff. 5 a das Ermessen der Jverw. einzuschalten.

Dr. Koch verweist zu § 26 darauf, dass auch hier der Ehrengerichtshof angerufen werden kann. Die Bedenken, dass gemäß § 18 Abs. 2 der Ehrengerichtshof nur den Grund der Versagung oder Zurücknahme feststellt, sollen dadurch behoben werden, dass dem § 18 ein Abs. 3 folgenden Inhalts angefügt werden soll: Im Fall des § 16 Ziff. 1–3 ist im Ehrengerichtsverfahren sowohl darüber zu entscheiden, ob ein Grund zur Versagung der Zulassung besteht, wie darüber, ob von der Möglichkeit, aus diesem Grunde die Zulassung zu versagen, Gebrauch zu machen ist.

Dr. Koch stellt sodann weitere Einzelheiten der RAO zur Erörterung. Es wird zunächst die Frage des Sitzes des Ehrengerichts besprochen. Dr. Koch gibt von den beiden in Frage kommenden Plätzen Köln und Hamburg den Vorzug, da die Vereinigung der Anwaltskammern hier ihren Sitz hat und die verwaltungsmäßigen Geschäfte der Ehrengerichte hier leichter abzuwickeln sind. – *Dr. Franke* spricht sich für den Sitz des Ehrengerichts in Köln aus.

Eine Entscheidung in dieser Richtung wird nicht gefällt. Der Sitz des Ehrengerichts soll vielmehr nach übereinstimmender Meinung der Entscheidung des Präs. des ZJA überlassen bleiben.

Dr. Drexelius schneidet im Zusammenhange hiermit die Frage der Zusammensetzung des Ehrengerichts an und gibt der Meinung Ausdruck, dass der Ehrengerichtshof besser mit zwei Richtern und fünf Anwälten besetzt werden solle.

Präs. Dr. Kiesselbach schlägt vor, die Zusammensetzung des Ehrengerichts so wie vorgesehen zu belassen und dem richterlichen Mitglied den Vorsitz zu geben.

Die Anregung von Dr. Drexelius wurde zum Beschluss erhoben, ebenso die notwendige Änderung des § 107 Abs. 1 Satz 3. Hier sind die Worte „Senatspräsidenten" zu streichen und dafür einzusetzen „Richtern".

Es herrscht weiterhin Übereinstimmung dahin, dass die Verjährungsfrist gemäß § 42 der RAO nicht wie angeregt, gekürzt werden soll, sondern fünf Jahre betragen soll.

Dr. Koch erörtert sodann die Frage der widerruflichen Zulassung von Anwälten und betont, dass die Rechtsanwaltskammern sich für die Zulassung ausgesprochen haben.

Dr. Moericke tritt für eine widerrufliche Zulassung unter Vorbehalt bestimmter, in der Zulassung angegebener Gründe ein.

Dr. Drexelius und *Dr. Franke* sprechen sich gegen die widerrufliche Zulassung aus.

Dr. Koch fasst die Erörterungen über die Zulässigkeit des Widerrufs dahin zusammen, dass eine Zulassung des Widerrufs eine Ermächtigung für die Jverw. darstellt, die mit Rücksicht auf die ländermäßig verschiedene Flüchtlingslage ausgeübt werden kann. Diese Ermächtigung scheint mit Rücksicht auf die Ostanwälte notwendig. Das Widerrufsrecht soll nur bei Zumutbarkeit ausgeübt werden. *1. VO vom 30.3.1948 über die Altersgrenze der Richter.*

Präs. Dr. Kiesselbach teilt mit, dass er von der Anwendung der VO Nr. 119 nach Möglichkeit keinen Gebrauch machen würde, da mit der ausnahmsweisen Verlängerung bestimmter Richter im Amt die übrigen Richter leicht eine Kritik an ihrer Qualifikation erblicken könnten.

Es werden sodann von den Anwesenden verschiedene Streitfragen aus der VO vom 30.3.1948 zur Erörterung gestellt:

a) Kann eine Pensionierung vor Erreichung der Altersgrenze nur noch aus Gründen der Dienstunfähigkeit erfolgen oder bereits mit Ablauf des 62. Lebensjahres? Widerspricht eine Zurruhesetzung nach Ablauf des 62. Lebensjahres den Anordnungen der Kontrollkommission über die Gültigkeit des Deutschen Beamtenrechts? – Es wird die Meinung vertreten, dass eine Pensionierung nach Vollendung des 62. Lebensjahres möglich ist. Das ZJA übernimmt es, zur Entscheidung dieser Fragen nochmals bei der MR klarzustellen, welche Paragraphen des Beamtenrechts noch in Kraft sind oder nicht.

b) Die VO vom 30.3.1948 betrifft lediglich richterliche Beamte. Das ZJA wird gebeten, zu der Frage Stellung zu nehmen, ob die Zweite MaßnahmenVO für die seinem Ernennungsrecht unterstehenden Beamten noch gelten soll oder nicht. Weiterhin wird eine Äußerung erbeten, welche Behandlung die OstA erfahren sollen, die das 65. Lebensjahr bereits überschritten haben.

c) Es wird festgestellt, dass Ruhestandsbeamte, soweit es sich um die Besetzung solcher Stellen handelt, für die das Land zuständig ist, im Rahmen der VO vom 30.3.1948 auch vom Lande wiederernannt werden können.

d) Es wird festgestellt, dass diejenigen Beamten, die durch Einzelverlängerung über den in der VO vom 30.3.1948 hinausgehenden Zeitpunkt im Amt belassen worden sind, automatisch an dem in der VO genannten Stichtage in den Ruhestand treten.

In diesem Zusammenhang schneidet *Dr. Drexelius* die Frage an, ob die Gehaltseinstufung der Beamten als Landessache anzusehen ist.

Präs. Dr. Kiesselbach weist darauf hin, dass diese Frage aufgrund der Anordnung der MR vom 10.6.1947 – abgedruckt in Nr. 1 der Bekanntmachung in Heft I 1947 des Zentral-Justizbl. – zu bejahen ist. Er erklärte weiter zu der Frage der Zustimmung durch die Finanzministerien der Länder bei Beförderungen von Beamten, dass das ZJA an die Versagung der Zustimmung durch die Landesfinanzministerien nicht gebunden ist. *2. Einschränkung der Verwaltungstätigkeit der OLG-Präs.*

Dr. Koch referiert den Inhalt eines Schreibens der Legal Division Herford vom 16.3.1948/LEGAL/MOJ/52310/61), das an die Chief-Legal-Officers gerichtet ist und in dem die Anregung gegeben wird, Versuche zu unternehmen, die Verwaltungstätigkeit der OLG-Präs. im Wesentlichen einzuschränken, damit die OLG-Präs. vorwiegend richterlich tätig werden können. *Dr. Koch* unterstreicht den Unterschied der Verhältnisse in England und Deutschland. Hier beruhe die Stellung des OLG-Präs. darauf, dass er der oberste Justizverwaltungsbeamte seines Bezirkes sei. Deshalb müsse vor allem die Personalpolitik im Interesse der Stetigkeit und Objektivität den OLG-Präs. belassen werden. Es bestehe nur die Möglichkeit, die übrige Verwaltungstätigkeit einzuschränken. Dieses könne jedoch nicht durch eine generelle Regelung erfolgen wegen örtlicher Verschiedenheit der einzelnen Bezirke. Zweckmäßig sei es, je nach den Gegebenheiten den Chefpräs. durch geeignete Referenten weitgehend zu entlasten. Dann sei für ihn hinreichend Zeit, sich an der Rechtsprechung zu beteiligen. Es sei Sache der LJVerw., hierauf hinzuwirken. Die Beteiligung an der Rechtsprechung befruchte auch die übrigen Arbeiten des OLG-Präs.

Dr. Praetorius teilt hierzu mit, dass der Rechnungshof in Kiel die Doppelarbeit zwischen Ministerium und OLG in Verwaltungs- und Personalsachen beanstandet habe. Das Finanzministerium habe daraufhin die umgehende Durchführung einer Reform verlangt, die auch inzwischen erfolgt sei. Die Arbeiten des Rechnungsamts und die Bearbeitung der Personalien würden in Zukunft im Ministerium vorgenommen. Hierdurch sei es möglich geworden, 14 Kräfte einzusparen. Hierdurch sei erreicht, dass der Chefpräs. mehr für richterliche Tätigkeit frei wird.

Zum Vergleich werden von den Herren *Präs. Dr. Kiesselbach* und *Dr. Moericke* die Verhältnisse in Süddeutschland und in Hamburg vor der Verreichlichung der Justiz angezogen, wonach die Chefpräs. mit Verwaltungstätigkeit nicht belastet gewesen sind.

Präs. Dr. Kiesselbach fasst die übereinstimmende Meinung der Anwesenden dahin zusammen, dass man in dem kritischen Augenblick des Aufbaus der Justiz keine generellen Änderungen treffen solle, dass jedoch nach Beendigung der Aufbauarbeit es durchaus erstrebenswert erscheint, die OLG-Präs. mehr an die Rechtsprechung heranzubringen.

Dr. Koch teilt mit, dass der Termin für die Berichte durch die LJM in dieser Angelegenheit vom Engländer bis zum 1.6.1948 verlängert worden ist.

Außerhalb der TO wird auf Anregung von *JM Dr. Katz* der Entwurf über die Errichtung des Rechtsamtes bei der Verwaltung für Wirtschaft, der am folgenden Tage (30.4.) im Länderrat in Frankfurt zur Debatte steht, besprochen. *2. Gerichtsferien.*

Ausgehend von der auf der JM-Konferenz vom 5.2.1948 erzielten Übereinstimmung über die Wiedereinführung der Gerichtsferien schneidet *Präs. Dr. Kiesselbach* noch einmal die Frage der Gerichtsferien an und gibt der Meinung Ausdruck, dass für die Durchführung der nötigen Maßnahmen es für dieses Jahr wohl bereits zu spät sei.

JM Dr. Hofmeister erklärt im Gegensatz dazu, dass für dieses Jahr bereits alles vorbereitet sei und für ihn jedenfalls die Möglichkeit einer anderweitigen Regelung nicht mehr bestünde.

JM Dr. Katz erklärt sich ebenfalls für Einführung der Gerichtsferien bereits in diesem Jahr und weist insbesondere darauf hin, dass es für die Länder eine finanzielle Erleichterung bedeute, wenn die Einstellung von Vertretern erspart werden könne.

Dr. Koch weist noch einmal auf die von Seiten der Wirtschaft gegen die Gerichtsferien geltend gemachten Bedenken hin. Er betont weiterhin auch, dass in Süddeutschland Gerichtsferien nicht eingeführt wären und empfiehlt, die Frage mit der Wirtschaft und Süddeutschland vorher abzustimmen. Es sei bei Einführung der Gerichtsferien auch zu bedenken, dass der augenblickliche Zeitpunkt bei dem in der Öffentlichkeit bekannten Richtermangel, der Überlastung der Gerichte und der eben bewilligten Zulagekarten ungünstig erscheint.

Dr. Koch regt an, probeweise für dieses Jahr einen Zustand während der beiden Sommermonate herzustellen, der den Gerichtsferien alter Art entspricht.

JM Dr. Katz empfiehlt, durch geeignete Presseberichte unter Hinweis auf die finanziellen Angelegenheiten auf die Notwendigkeit der Gerichtsferien hinzuweisen.

Es wird übereinstimmend beschlossen, entsprechend der Anregung Dr. Kochs zu verfahren.

4. Schaffung einer Dienststrafordnung für Justizbeamte.

Dr. Koch berichtet über den Sachstand der Einführung einer besonderen DienststrafO für Justizbeamte und wirft die Frage auf, ob man in dem augenblicklichen Zeitpunkt den Ländern einen entsprechenden Entwurf vorlegen soll.

JM Dr. Katz teilt mit, dass dem Landtag in Schleswig-Holstein ein Entwurf einer DienststrafO für nichtrichterliche Beamte vorliegt. Er bejaht im Übrigen die Notwendigkeit einer zoneneinheitlichen Regelung einer DienststrafO für Justizbeamte.

Dr. Franke erklärt, dass in Nordrhein-Westfalen die bisherigen Bestimmungen weiter in Geltung bleiben sollen. Fraglich sei hierbei lediglich die Zuständigkeit für die Beamten des LJMin.

Dr. Koch weist zusammenfassend noch einmal auf die drei hauptsächlichen Lücken im augenblicklichen Zustand hin, die darin bestehen, dass man weder die Beamten des ZJA noch des Obersten Gerichtshofs disziplinarisch zur Verantwortung ziehen kann, und dass es im Übrigen eine Berufungsinstanz in Disziplinarsachen nicht gibt.

JM Dr. Hofmeister, JM Dr. Katz und *Dr. Drexelius* sprechen sich für eine zonale Regelung einer DienststrafO für Justizbeamte und die Schaffung einer zweiten Instanz aus.

Dr. Franke hat für Nordrhein-Westfalen eine Erklärung nicht abgegeben.

5. Auslieferung von Deutschen.

Dr. Moericke berichtet von einer Entschließung des niedersächs. Landtags, wonach die MR gebeten werden soll, vor Auslieferung von Deutschen an fremde Mächte in eine Untersuchung durch deutsche Dienststellen über die zur Last gelegten Verbrechen einzutreten. Inzwischen habe die MR die VO über den Extradition Court in Hamburg erlassen. Unter diesen Umständen rege er an, ob nicht deutsche Dienststellen in irgendeiner Form an diesem Verfahren beteiligt werden können.

Präs. Dr. Kiesselbach will die Frage mit Mr. Rathbone besprechen.

Dr. Moericke macht auf die finanziellen Schwierigkeiten aufmerksam, die der Bestellung deutscher Verteidiger für die im Ausland angeklagten Deutschen entgegenstehen.

Dr. Koch teilt mit, dass die drei süddeutschen Finanzminister laut Protokoll des Rechtsausschusses des süddeutschen Länderrats gemeinsam einen Betrag von 200.000 RM für diese Zwecke zur Verfügung gestellt haben; mit der JEIA [Joint Export Import Agency – Außenhandelsbehörde der Besatzungsmächte in Frankfurt a.M.] seien Verhandlungen zwecks Freigabe der erforderlichen Devisen aufgenommen. Er rege an, dass man in Norddeutschland entsprechend verfahre, d.h. die einzelnen JM müssten an die Finanzminister unter Hinweis auf diesen Präzedenzfall herantreten.

Dr. Franke berichtet, dass für belgische Kriegsverbrecher-Prozesse bereits Devisen zur Verfügung ständen. Von anderer Seite wird festgestellt, dass das Rote Kreuz über einen Betrag von 125.000 S für die Verteidigung von in Frankreich wegen Kriegsverbrechen verfolgten Kriegsgefangenen verfüge.

Dr. Drexelius schneidet die Frage an, ob den Auslieferungsersuchen von Justizbehörden der Ostzone ohne weitere Folge zu leisten sei. Er habe in einem besonderen Falle mit politischem Einschlag Genehmigung der MR; doch hege er Zweifel, ob die Aburteilung im Osten nach rechtsstaatlichen Gesichtspunkten vor sich gehe.

JM Dr. Katz regt an, mit der Legal Division Fühlung aufzunehmen, ob nicht in solchen Fällen vor Auslieferung eine Überprüfung durch ein deutsches Gericht durchgeführt werden könne (analog dem Verfahren vor dem Extradition Court).

Von anderer Seite wird darauf aufmerksam gemacht, dass man durch enge Zusammenarbeit mit dem Legal Officer, der die Genehmigung zu erteilen habe, zu vernünftigen Ergebnissen kommen könne.

6. Aufhebung der PolizeiVO vom 21.1.1941.

Dr. Koch berichtet über den Sachstand; die Zuständigkeitsfrage sei nicht geklärt.

Dr. Moericke hält das ZJA mit Rücksicht darauf, dass die VO vom Innenministerium erlassen sei, für nicht zuständig, um die VO aufzuheben. Nach Aussprache wird beschlossen:

1. die Aufhebung soll den Innenministern überlassen bleiben,

2. das ZJA soll die Innenminister hiervon verständigen und zum Ausdruck bringen, dass die Aufhebung der PolizeiVO mit Rücksicht auf die Neufassung von § 219 StGB erwünscht sei, vor allem aber, dass in dieser Frage ein einheitlicher Rechtszustand in der Brit. Zone bestehen sollte.

7. Sicherungsmaßnahmen zur Durchführung der Bodenreform.

Dr. Koch berichtet, dass gewisse Zweifel aufgekommen seien, ob die sich mit diesem Gegenstand beschäftigenden DurchführungsVO der Länder im Bereich der Landeszuständigkeiten geblieben wären.

Dr. Praetorius teilt mit, dass das OLG Kiel die in Schleswig-Holstein erlassene VO für gültig erklärt habe.

JM Dr. Hofmeister bittet Dr. Praetorius, ihm die VO von Schleswig-Holstein und das Urteil des OLG Kiel zuzusenden.

(JM Dr. Katz verlässt die Versammlung.)

8. Ostverbindlichkeiten.

Präs. Dr. Kiesselbach berichtet, dass durch die immer einschneidendere Trennung der Ostzone von den Westzonen eine Vielzahl schwerwiegender Rechtsprobleme aufgetaucht sei. Das Amt erwäge, ob durch die Gesetzgebung Klarheit geschaffen werden könne. Er bitte deshalb die Herren Minister, ihm alles in dieser Hinsicht anfallende Material zugänglich zu machen, um einen möglichst weitgehenden Überblick über die sich aus dem Zonenschnitt ergebenden Nöte und Probleme zu erhalten.

9. Prüfung von Vormundschaftssachen.

Dr. Lüders berichtet, dass sich die Justizminister von Nordrhein-Westfalen und Niedersachsen schriftlich gegen eine Aufhebung des Runderlasses ausgesprochen haben.

Dr. Praetorius schließt sich dem für Schleswig-Holstein an.

Die Anregung der LJVerw. Hamburg, den Runderlass aufzuheben, wird daher nicht aufgenommen.

10. Sammlung der Gerichtsakten aus dem Raum jenseits Oder-Neisse.

Dr. Koch teilt mit, dass das LJMin. Hannover nicht damit einverstanden ist, dass für die Sammlung von Gerichtsakten aus den Ostgebieten Hannover als zentrale Sammelstelle eingerichtet wird. Es herrscht Übereinstimmung dahin, dass eine zentrale Sammelstelle für notwendig gehalten wird. Es wird allgemein Hannover für die geeignetste Stadt wegen seiner zentralen Lage angesehen.

JM Dr. Hofmeister behält sich eine Entscheidung hierzu jedoch vor.

11. Ernennung von Rechtsanwälten zu Notaren.

Auf Anregung von *Dr. Koch* wird der Punkt 11 der TO zunächst zurückgestellt.

12. Rechtsbeistände in Armenrechtsverfahren.

Dr. Koch berichtet über den Stand der Sache. Es herrscht Übereinstimmung dahin, dass es bei der durch die AV vom 3.5.1942 angeführten Regelung verbleiben soll. Eine Ausdehnung der Zulassung von Rechtsbeiständen im Armenrecht ist nicht beabsichtigt.

13. Sammlung der Strafsenatsentscheidungen der Brit. Zone.

Dr. Lüders berichtet, dass der Erste Teil der gesammelten OLG-Entscheidungen (Zivilsachen) von ganz Deutschland vor kurzem bei Lambert Schneider in Heidelberg erschienen sei. Der Zweite Teil (Strafsachen) werde in Kürze herausgegeben. Des weiteren würden alle wesentlichen Urteile in kurz gefassten Thesen im Zentral-Justizblatt bekanntgegeben. Mit Rücksicht darauf hätten die OLG-Präs.

bei ihrer letzten Besprechung in Pyrmont erörtert, dass ein zusätzlicher Austausch der Strafsenatsentscheidungen nicht erforderlich sei. – Die Versammlung schließt sich dem an.

Dr. Lüders bittet, die OLG anzuweisen, rechtskräftige Strafsenatsentscheidungen unverzüglich dem Zentral-Justizblatt zu übermitteln, falls sie für Bekanntgabe geeignet seien. In einem solchen Fall bitte er, dass die Inhaltsthese bereits von dem entscheidenden Senat des OLG abgefasst würde, da dieser am besten den Kern seiner Entscheidung beurteilen könne.

14. Presseangelegenheiten.

Dr. Lüders überreicht den einzelnen LJVerw. Ein Schreiben des ZJA, in dem die Zusammensetzung des Ausschusses Justiz und Presse mitgeteilt wird. Er stellt anheim, nunmehr in wichtigen Presseangelegenheiten von diesem Ausschuss Gebrauch zu machen.

15. Lebensmittelzulage für Justizangehörige.

ORR Jess berichtet, dass inzwischen die Verwaltung für Ernährung und Landwirtschaft in Frankfurt mit Genehmigung des Bipartite Board Teil-Schwerarbeiter-Karten für die in der Strafjustiz tätigen Richter, StA und Urkundsbeamten bis zur Grenze von 7.000 bewilligt hat. Diese Bewilligung gilt nur solange, bis die Neuorganisation der Lebensmittelverteilung, die in Kürze erwartet wird, in Kraft tritt. Um eine zu enge Begrenzung des Personenkreises zu vermeiden, ist inzwischen mit der Verwaltung für Ernährung und Landwirtschaft verhandelt worden und vereinbart, dass die Lebensmittelkarten der Justizverwaltung zur Verfügung gestellt werden sollen mit der Maßgabe, dass sie in erster Linie für den oben bezeichneten Personenkreis gedacht sind. Durch diese Regelung ist den JVerw. die Möglichkeit offen gelassen, ausgleichende anderweitige Verfügungen über die Lebensmittelkarten zu treffen. Mit dem hess. JMin. in Wiesbaden wurde verabredet, dass die ermittelten Zahlenunterlagen dort gesammelt und weiter errechnet werden sollen. Als Berechnungsmodus wurden die Zahlen der Strafrichter und StA zugrunde gelegt und dann hiervon ausgehend bis zur Höchstzahl von 7.000 die Zahl der Urkundsbeamten im Verhältnis zu Richtern und StA ermittelt. Die Zahlenangaben sind inzwischen nach Wiesbaden weitergeleitet worden, so dass damit gerechnet werden kann, dass die Karten noch in der Mai-Zuteilung bereits über die Landesernährungsämter den LJVerw. zugeteilt werden können.

16. Richtererholungsheim Bad Brückenau.

ORR Jess teilt mit, dass in dem früheren Richtererholungsheim Bad Brückenau, das vom bayr. JMin. z.Zt. verwaltet würde, die Einrichtung einer Rechtspflegerschule und die Abhaltung von Referendarlehrgängen geplant sei. Das frühere Richtererholungsheim ist im Augenblick fast vollständig ausgeplündert. Es sind z.Zt. Verhandlungen mit dem Generalinspekteur und der Hamburg-Süd angeknüpft, um die Möglichkeit zu prüfen, wie weit eine Beschaffung von Einrichtungsgegenständen möglich ist.

Für den Fall, dass eine solche Beschaffung durchgeführt werden kann, herrscht Übereinstimmung dahin, dass anlässlich der am 1.–3.6.1948 in München geplanten Juristentagung mit dem bayr. JMin. Fühlung aufgenommen werden soll, um zu erreichen, dass das Richtererholungsheim Bad Brückenau wenigstens teilweise wieder seinem ursprünglichen Zweck zugeführt wird.

17. Juristentag Bad Kissingen.

ORR Jess berichtet über den am 1.–3.6.1948 in München geplanten Juristentag. Soweit dieses aus dem vorbereitenden Schriftwechsel mit dem JMin. München hervorgegangen ist, wurden die Referate bzw. geplanten Besprechungen bekanntgegeben.

Die Konferenz wurde um 19 Uhr beendet und am Morgen des 30.4.1948 um 9 Uhr fortgesetzt.

Es wird zunächst der am Vortag zurückgestellte Punkt 11 der TO verhandelt:

11. Ernennung von Rechtsanwälten zu Notaren.

Dr. Koch setzte den schon mehrfach auf den vergangenen Ministerkonferenzen behandelten Sachstand als bekannt voraus. Er verliest hierzu den Punkt 24 des Prot. der Ministertagung vom 22./23.1.1948.

JM Dr. Hofmeister stellt noch einmal die Bedenken, die sich aus einer unbegrenzten Zulassung von Notaren, insbesondere in der Richtung der Zwergnotariate, ergeben, heraus. In diesem Sinne hat sich auch die Rechtsanwaltschaft in Niedersachsen erklärt. Der Hauptgesichtspunkt, der hier hervortrete, sei der Schutz des rechtssuchenden Publikums vor unerfahrenen Notaren.

Dr. Thunecke legt das augenblickliche Verfahren in Nordrhein-Westfalen klar, wonach grundsätzlich eine Wartezeit von zehn Jahren zur Erlangung des Notariats bestünde, bei Ostanwälten, deren Zehnjahresfrist im Osten bereits abgelaufen sei, würde eine zusätzliche Wartezeit von einem Jahr, die dazu dienen soll, sich mit den örtlichen Verhältnissen bekannt zu machen, verlangt.

Dr. Praetorius weist für Schleswig-Holstein noch einmal darauf hin, dass die Prüfung der Bedürfnisfrage nicht zu entbehren sei, und schließt sich im Übrigen dem Standpunkt von Nordrhein-Westfalen an.

Die rechtlichen Bedenken, die gegen ein solches Verfahren geltend zu machen sind und die sich vor allem aus §§ 6 und 8 der NotO ergeben, werden erörtert.

Es herrscht Übereinstimmung dahin, dass die §§ 6 und 8 NotO entsprechend zu ändern sind. Im Übrigen soll es im Wege der Ermächtigung den Ländern überlassen bleiben, jeweils die Bedürfnisfrage zu prüfen.

19. Betriebsvereinbarungen für die Justiz.

Dr. Franke berichtet, dass in Nordrhein-Westfalen für die Gerichte noch keine Betriebsvereinbarung abgeschlossen worden sei. Dieses ist unterblieben wegen des Verbots der politischen Betätigung der Beamten des höheren und gehobenen Dienstes. Dieses Verbot ist in Nordrhein-Westfalen so aufgefasst worden, dass diese Beamten auch an Betriebsräten nicht teilnehmen dürfen. Zu einer Klärung dieser Frage sei die Entscheidung der MR angerufen worden, die daraufhin mitgeteilt habe, dass sie keine Bedenken hätte, dass die Beamten des höheren und des gehobenen Dienstes eigene Betriebsräte bilden.

In der Erörterung wird festgestellt, dass dieses Schreiben zweifellos so zu verstehen sei, dass die fraglichen Beamtenkategorien eigene Betriebsräte bilden könnten, wobei die Betonung auf das Wort *eigene* zu legen sei.

Dr. Koch fasst die übereinstimmende Meinung dahin zusammen, dass der bisher von der Legal Division Herford und dem ZJA vertretene Standpunkt, dass die Beamten des höheren und gehobenen Dienstes an den Betriebsräten nicht teilnehmen sollen, beibehalten werden soll.

20. Einzelne Mitteilungen.

a) Wiederzulassung emigrierter Anwälte – Annonce in USA.

Präs. Dr. Kiesselbach berichtet, dass er auf eine Annonce aufmerksam gemacht worden sei, die in einer New Yorker Zeitung gestanden haben soll. Darin teilt ein in London ansässiger Rechtsanwalt mit, dass er bei den deutschen Gerichten zugelassen sei. Nach deutschen Standesanschauungen sei eine solche Werbung inkorrekt; doch könnten im Ausland vielleicht andere Vorstellungen bestehen. Der Vorfall zeige jedoch, dass tunlichst an der Residenzpflicht festzuhalten sei, wenn Emigranten oder Ausländer als Rechtsanwälte zugelassen würden.

Dr. Drexelius stellt fest, dass Hamburg in einem Falle von der Residenzpflicht abgesehen habe.

Dr. Franke berichtet, dass Nordrhein-Westfalen in einem Fall dem in London zugelassenen Anwalt auferlegt habe, binnen sechs Monaten an den Sitz der Zulassung überzusiedeln.

Niedersachsen hat bisher keine Ausnahmen zugelassen.

Dr.Praetorius teilt mit, dass Kiel einen entsprechenden Antrag in Bearbeitung habe.

Dr. Koch weist darauf hin, dass es jedenfalls angebracht sei, den wieder zugelassenen Emigranten eine gewisse Karenzzeit zu gewähren, während der der Umzug durchzuführen sei.

b) Einhaltung des Dienstweges – Inspektoratsüberprüfung.

Präs. Dr. Kiesselbach verweist auf Ziff. 4 a des Protokolls der Konferenz vom 22.1.1948. Die Legal Division lege im Gegensatz zu dem Vorschlag von Dr. Klaas Wert darauf, dass Richter und StA wie bisher dem Inspectorate Officers Anregungen aller Art übermitteln.

c) Beteiligung der Landeszentralbanken.

Präs. Dr. Kiesselbach teilt mit, dass die Landeszentralbank in Nordrhein-Westfalen den Wunsch geäußert habe, das ZJA möge sich in Angelegenheiten, in denen es früher mit der Reichsbankleitstelle in Verbindung getreten sei, künftig an die vier Landeszentralbanken wenden. Er glaube jedoch, diesem Wunsch nicht nachkommen zu können. Das ZJA werde künftig mit der Bank der deutschen Länder in Frankfurt anstelle der Reichsbankleitstelle Fühlung halten; er überlasse es den LJM, sich in gleichen Fragen mit der zuständigen Landeszentralbank in Verbindung zu setzen.

d) Beschaffung von Büchern für den Obersten Gerichtshof.

Dr. Lüders macht ein Schreiben des Vizepräs. des Obersten Gerichtshofs bekannt, in dem dieser einen Appell an die JMin. und Gerichte zu richtet bittet zwecks Beschaffung grundlegender Rechtsliteratur für den Obersten Zonengerichtshof. Von Seiten der einzelnen LJMin. wird betont, dass alle Möglichkeiten zur Beschaffung von Rechtsbüchern bereits erschöpft seien.

e) Hebung des Richterstandes.

Präs. Dr. Kiesselbach berichtet, dass die Stellungnahmen der einzelnen JM zu dem von der MR ausgehenden Vorschlag im Wesentlichen gleichartig seien; man habe Bedenken, ob in dem gegenwärtigen Zeitpunkt angesichts der bevorstehenden Währungsreform reale Chancen zur Durchführung eines derartigen Besoldungsprogramms vorhanden seien. Er teile diese Bedenken.

Die Angelegenheit wird weiter bearbeitet.

f) Stockwerkseigentum.

Präs. Dr. Kiesselbach verweist auf die gutachtliche Stellungnahme eines Mitarbeiters des Amtes, die kürzlich den JM übermittelt sei. Die Frage sei von der Hamburger Bürgerschaft an ihn herangetragen worden und er verkenne nicht, dass sozialpolitische Erwägungen für die Einführung des Stockwerkeigentums sprächen; andererseits beständen aber praktische Bedenken. Es komme darauf an, die in Süddeutschland und in anderen Ländern gemachten Erfahrungen auszuwerten. Er bitte, dem ZJA alle diesbezüglichen Materialien zugänglich zu machen. Das beziehe sich auch auf die Frage des Baurechts auf fremdem Grund und Boden.

g) Dank der MR für Unterbringung der Beamten der Spruchgerichte.

Präs. Dr. Kiesselbach spricht den LJM seinen Dank aus dafür, dass die Unterbringung der Beamten der Spruchgerichte nach den letzten Besprechungen in so zufriedenstellender Weise durchgeführt sei; gerade auch die MR habe das besonders anerkannt.

h) Unterbringung der Angestellten der Spruchgerichte.

Dr. Koch berichtet von einer Anregung des Betriebsrats des ZJA, dass auch die Angestellten der Spruchgerichte in angemessener Weise von den LJVerw. übernommen werden möchten.

Dr. Franke ist hieran für Nordrhein-Westfalen sehr interessiert, da dort ein Mangel an Kanzleipersonal besteht.

Von verschiedenen Seiten wird betont, dass die Unterbringung des Schreibmaschinenpersonals keine Schwierigkeiten bereiten würde, wenn den einzelnen Angestellten eine Schreibmaschine mitgegeben würde.

i) Eröffnung der Schöffen- und Schwurgerichte.

Präs. Dr. Kiesselbach stellt fest, dass in Hamburg diese Gerichte bereits eröffnet seien und dass im Lande Niedersachsen die Eröffnung in Kürze bevorstände.

Dr. Franke rechnet für Nordrhein-Westfalen mit dem 1. Juni; ähnlich *Dr. Praetorius* für Schleswig-Holstein.

k) Baulenkung und Bauvergehen.

Dr. Koch berichtet kurz über die in den einzelnen Ländern bestehenden VO-Entwürfe. Der Entwurf von Schleswig-Holstein ist nach Mitteilung von Dr. Praetorius genehmigt. Für die anderen Länder bestehen Zweifel, ob der Inhalt der Strafbestimmungen sich im Rahmen der Zuständigkeit der Länder hält. Es wird empfohlen, die VO von Schleswig-Holstein als Muster zu benutzen (Gesetz- u. VO-Blatt für Schleswig-Holstein Nr. 7 v. 27.4.1948 S. 44).

l) Einschränkung der Zivilrechtspflege.

Es wird im Sinne von Ziff. 2 des Protokolls der außerordentlichen Konferenz der LJM vom 5.2.1948 erörtert, ob die vorhandenen Möglichkeiten zur Erweiterung des Personals der Strafjustiz ausgenutzt sind, insbesondere soweit es die Einrichtung neuer Strafkammern betrifft.

Dr. Franke stellt fest, dass für Nordrhein-Westfalen eine Einschränkung der Zivilrechtspflege nicht erforderlich sei, da mit dem vorhandenen Personal die gestellten Aufgaben der Strafjustiz gelöst werden könnten.

JM Dr. Hofmeister macht darauf aufmerksam, dass die Erweiterung der Strafjustiz in Hannover deswegen nicht möglich sei, weil es an Räumen fehle. Nach Möglichkeit seien die Strafkammern vermehrt worden.

m) Bezug des VOBl. BZ und ZJBl. durch StA und Richter.

Dr. Lüders berichtet aufgrund einer Information des Verbindungsmannes des ZJA beim Verwaltungsrat für Wirtschaft, dass man dort sehr begrüße, dass die Gesetze und VO der Wirtschaftsverwaltung nicht nur im dortigen Gesetzblatt, sondern auch im VOBl. BZ abgedruckt würden. Es habe sich jedoch herausgestellt, dass gleichwohl diese VO der Wirtschaftsverwaltung zu spät bei Richtern und StA bekannt würden. Dies liege daran, dass (mit Ausnahme von Hamburg) diese Blätter nicht von Amts wegen für die einzelnen Richter und StA gehalten würden. Vielmehr müssten diese sich die Gesetzblätter entweder privat halten oder jeweils in der Bibliothek einsehen, was meist verspätet geschehe. *Dr. Lüders* regt an, dass die LJMin. genau wie die LJVerw. Hamburg von Amts wegen die erforderliche Anzahl VO-Blätter für Richter und StA beziehen sollten.

Es wird demgegenüber auf die nicht unbeträchtlichen Kosten hingewiesen. Die LJMin. wollen jedoch die Frage überprüfen.

n) Papierverteilung.

Wie *ORR Jess* mitteilt, hält man an zuständiger Stelle einen Zusammenbruch der Papierversorgung im Herbst ds. Js. nicht für ausgeschlossen. *ORR Jess* regt daher an, soweit irgend möglich, schon jetzt geringfügige Rücklagen zu bilden.

c) Fristanlauf für Todeserklärungen:

Dr. Koch berichtet über den Sachstand. Das Amt erwäge zurzeit, die einjährige Frist bereits am 1.7.1948 anlaufen zu lassen. Diese Maßnahme sei gerechtfertigt, weil sämtliche Alliierten verbindlich zugesagt hätten, die deutschen Kriegsgefangenen bis Ende ds. Js. zu entlassen, insbesondere auch die Sowjetunion. Das würde bedeuten, dass die ersten Verfahren Mitte 1949 anlaufen und die ersten Todeserklärungen im Herbst 1949 ausgesprochen werden könnten. Eine weitere Hinauszögerung der Angelegenheit halte er im Interesse der Frauen dieser Verschollenen für nicht tragbar. – Die Anwesenden schließen sich nach Aussprache diesem Vorschlage an.

Präs. Dr. Kiesselbach macht darauf aufmerksam, dass man erwägen könne, den Antritt der Erbschaft von Verschollenen um eine weitere Frist zu verzögern. Diese Frage könne erörtert werden, sobald man nach Schluss dieses Jahres einen Überblick habe, ob tatsächlich sämtliche Kriegsgefangenen entlassen seien.

p) Flüchtlingsjuristen aus dem Osten.

Dr. Lüders gibt Kenntnis von einem Schreiben der Legal Division vom 20.4.1948, das sich mit Flüchtlingsjuristen aus dem Osten beschäftigt, die jetzt wieder vermehrt in die Westzonen zu kommen trachten. Die Legal Division bitte, solche Versuche nicht zu ermutigen; es läge ihr insbesondere daran, die Position der Berliner Justiz nicht zu schwächen.

Alle derartigen Anträge seien an den Chief Legal Officer in Berlin zu verweisen. Wenn im Einzelfall eine deutsche Behörde einen speziellen Antragsteller angemessen beschäftigen könne und wolle, so sei das rechtzeitig der Legal Division in Herford mitzuteilen, die dann den Chief Legal Division in Berlin verständigen werde.

g) Abdruck des Nürnberger Juristenurteils.

Dr. Lüders teilt mit, dass das Nürnberger Juristenurteil vom ZJA in einer Sonderveröffentlichung herausgegeben worden ist. Der Allgemeine Teil kann im freien Handel erworben werden, der Gesamttext (Allg. Teil plus besonderer Teil) ist nur in wenigen Exemplaren gedruckt, die in diesen Tagen den interessierten Dienststellen (Ministerien und StA) zur etwaigen Auswertung zugehen.

Es sei der vom Nürnberger Gericht übermittelte Text zugrundegelegt. Wie jetzt verspätet bekannt wurde, sei dieser Text in einem Punkte (betr. den Angeklagten Barnickel) unrichtig. Der berichtigte Text werde den Adressaten in Kürze als Nachtrag zugehen.

21. Ort und Zeit der nächsten Sitzung.

Auf Einladung des JMin. Schleswig-Holstein. Am 8. und 9.7.1948 in Lübeck, Beginn am 8. um 9.30 Uhr.

22. Sonstiges.

Materialbeschaffung für Strafvollzug: *JM Dr. Hofmeister* bringt zur Sprache, dass einzelne Gefängnisse des Landes Niedersachsen infolge der allgemeinen Notlage sich in sehr bedenklichem Zustande befänden. Es fehle das Nötigste an Kleidung, Schuhwerk, Matratzen, Decken u.a.m. Alle Versuche, über örtliche Wirtschaftsämter Material zu beschaffen, seien gescheitert. Die moralische Berechtigung des staatlichen Strafanspruchs und -vollzugs sei unter diesen Umständen in Frage gestellt; er trage dem ständig bei Begnadigungen Rechnung.

JM Dr. Hofmeister regt an, dass die LJM der Brit. Zone gemeinsam (evtl. unter Hinzuziehung der süddeutschen JM) an die Verwaltung für Wirtschaft in Frankfurt herantreten sollten. In Zukunft müsse der Strafvollzug als selbständiger Kontingentträger anerkannt werden.

Dr. Franke berichtet, dass die Lage in Nordrhein-Westfalen ähnlich sei.

Dr. Haensel schlägt vor, die Penal Branch in Herford für diese Missstände zu interessieren.

Dr. Moericke teilt mit, dass bereits ein Zentrales Beschaffungsamt für Strafvollzug bestehe, das aber nur ausnahmsweise als Kontingentträger berücksichtigt werde.

Es wird beschlossen: JM Dr. Hofmeister wird gebeten, sich im Auftrage aller vier LJVerw. der Brit. Zone mit den süddeutschen JM in Verbindung zu setzen und alsdann mit der Verwaltung für Wirtschaft in Frankfurt Verhandlungen zwecks Freigabe der notwendigsten Textilien pp. aufzunehmen.

Die Protokolle der 5. Konferenz vom 22./23.1.1948 und der außerordentlichen Konferenz am 5.2.1948 werden ohne Widerspruch genehmigt.

Präs. Dr. Kiesselbach schließt die Sitzung am 30.4.1948 um 12.00 Uhr.

VIII. Protokoll der Tagung vom 8./9.7.1948 in Travemünde.

I. Teilnehmer:

ZJA für die Britische Zone: Justizpräs. Dr. Kiesselbach, Abt. Präs. Dr. Klaas, ORR Dr. Lüders, ORR Jess

LJMin. NRW: MinDir. Dr. Bleibtreu, MinDirig. Dr. Franke, LG-Dir. Oyen

LJMin. Niedersachsen: JM Dr. Hofmeister, StS Dr. Moericke, MinRat Dr. Brümmer, StA Dr. Hiete

LJMin. Schleswig-Holstein: RegDir. Dr. Praetorius, OLG-Rat Dr. Krohn, AG-Rat Fürsen

LJVerw. Hamburg: OLG-Rat Görtz

II. Tagesordnung:

Vorweg: Genehmigung des Protokolls der Konferenz vom 29. und 30.4.1948

1. Währungsreform und Strafrecht (Amnestie)
2. Laienberichtsbarkeit a) Stand der Einführung, b) Schulung der Laien
3. Contempt of Court
4. Aufhebung deutscher Urteile durch die MR
5. Verhängung von Schutzaufsicht durch Gerichte der Kontrollkommission
6. Erweiterung des Old-Lace-Verfahrens auf Nichtinternierte
7. Sammlung der OLG-Entscheidungen im Verlag Lambert Schneider; hier: Auswahl
8. a) Stromsperrstunden für Gerichte und StA, b) Kohlenversorgung
9. Kostenerstattung im interzonalen Rechtsverkehr

Nachträge:

10. Zuständigkeit zum Erlass Allgemeiner Verfügungen (auf Wunsch vom LJM Niedersachsen)
11. Gnadenrecht
12. Justizkollegium in Frankfurt
13. Stellenbesetzung nach der Währungsreform (auf Wunsch von LJM Niedersachsen)
14. Dienststrafordnung für Justizbeamte – Prot. v. 29. und 30.4.1948 Ziff. 4 –
15. Gerichtliche Strafverfügungen
16. Bewaffnung der Justizwachtmeister
17. Haftkontrolle – Maxwell Report
18. Sonstiges

III. Protokoll:

Präs. Dr. Kiesselbach führt den Vorsitz und eröffnet um 9.45 Uhr in Abwesenheit von JM Dr. Hofmeister und Dr. Hiete die Sitzung mit Worten der besonderen Begrüßung für MinDr. Dr. Bleibtreu.

Das Protokoll der sechsten Konferenz vom 29./30.4.1948 wird genehmigt. *OLG-Rat Görtz* machte geltend, dass in Sachen RAO – Ziff. 18 der TO – ein anderer Modus operandi beschlossen worden sei, als im Protokoll dargelegt. *Präs. Dr. Kiesselbach* ist der Meinung, dass ein Eingehen auf diese Frage sich erübrige. Der Entwurf des ZJA, der jetzt der MR zur Genehmigung vorgelegt werde, gestehe nämlich den Ländern das Recht zu, in der Frage der Zulassung durch Landesgesetz von der grundsätzlichen Regelung der RAO abzuweichen. Diese Regelung findet allseitige Zustimmung.

Bis zum Eintreffen von JM Dr. Hofmeister wird mit Einverständnis der übrigen Teilnehmer von der Reihenfolge der TO abgewichen.

14. Dienststrafordnung für Justizbeamte.

Dr. Klaas referiert, ohne auf sachliche Einzelheiten einzugehen, den Sachstand. Für den Augenblick handle es sich nur um die Erörterung der Frage der technischen Weiterbehandlung des inzwischen den Länderministerien vom ZJA übersandten Entwurfs. Dieser Entwurf sei ausgearbeitet worden aufgrund der auf der Tagung vom 29./30.4.1948 getroffenen Feststellung, dass eine genehmigte Regelung für die Zone erwünscht sei. Für die Frage der Weiterbehandlung erscheine es zweckmäßig, auf der Diskussionsgrundlage des Entwurfs zunächst weiterzuarbeiten und die Entscheidung über die Zuständigkeit (Landesregierung oder ZJA) zurückzustellen. Es herrscht Übereinstimmung dahin, dass nach schriftlicher Erörterung über die Einzelpunkte des Entwurfs zunächst eine Referentenbesprechung in Hamburg stattfinden soll. Nach Abstimmung des Entwurfs soll dann über die Zuständigkeit zum Erlass des Gesetzes und die Frage der Zuständigkeit der Disziplinierung der vom ZJA gemäß VO Nr. 41 zu ernennenden Beamten entschieden werden.

15. Gerichtliche Strafverfügungen.

Dr. Klaas erläutert das Schreiben des ZJA vom 24.6.1948 an die LJMin. und legt insbesondere dar, dass die Befürchtung der StA, dass sie durch diese Regelung in ihren Rechten beschnitten würde, ungerechtfertigt sei. Vielmehr habe die gesetzliche Regelung bewusst die Entlastung der StA von der Bagatelljustiz herbeiführen wollen.

4. Aufhebung deutscher Urteile durch die MR.

Dr. Klaas berichtet über die in letzter Zeit erfolgten Aufhebungen deutscher Urteile durch die MR. Hierbei sei festzustellen, dass die MR von diesem Recht gemäß Gesetz Nr. 2 Art. VI, 12 c zunächst wenig Gebrauch gemacht habe. Es seien zunächst nur fünf Fälle bekannt geworden, in denen es sich bei drei Fällen um Aufhebung technisch fehlerhafter Urteile gehandelt habe. Anlässlich der Juristentagung in München sei im Übrigen auf einer Besprechung der Justizminister festgestellt worden, dass in der amerikanischen und französischen Zone bisher keinerlei nennenswerte Eingriffe in die Rechtsprechung vorgekommen seien. Entgegen diesem bisherigen Verfahren habe nunmehr die britische MR neuerdings drei Urteile von Strafkammern aufgehoben, wobei sie den für deutsche Rechtsverhältnisse neuartigen Weg eingeschlagen hätte, die StA anzuweisen, das bereits rechtskräftige Urteil als nicht rechtskräftig anzusehen und Revision einzulegen. Das ZJA habe Besprechungen mit der MR (Mr. Rathbone und Mr. Boulton) aufgenommen, in deren Verlauf zugesichert worden sei, dass in Zukunft keine Urteile mehr aufgehoben werden sollen, ohne vorher Fühlung mit dem ZJA aufgenommen zu haben. Auch sei Überprüfung der erlassenen Anordnungen zugesagt worden.

Dr. Moericke fasst noch einmal die Bedenken, die gegen solche Eingriffe in die Rechtspflege bestehen, zusammen. Er bedauert besonders die dadurch hervorgerufene Erschütterung des Vertrauens zwischen MR und JVerw. auf der einen und Justiz und Bevölkerung auf der anderen Seite und bringt gleichzeitig den Dank für das ZJA zum Ausdruck, dass es unverzüglich erfolgreiche Schritte unternommen habe. Es wurde einstimmig nachstehende Resolution gefasst:

„Die JM haben mit ernster Sorge davon Kenntnis genommen, dass die MR in Anwendung des Gesetzes Nr. 2 Art. VII 12 c unlängst die Rechtskraft mehrerer Strafkammerurteile beseitigt hat. Im Sinne der bewährten Zusammenarbeit hätten sie eine vorherige Fühlungnahme mit den zuständigen deutschen Stellen erwarten dürfen. – Es hätte dann die Möglichkeit bestanden, auf die schwerwiegenden Bedenken hinzuweisen, die gegen solche Eingriffe in rechtskräftig abgeschlossene Verfahren grundsätzlich bestehen. – Es wäre weiter Gelegenheit gewesen, auf die Schwierigkeiten aufmerksam zu machen, die durch die *Form* des Eingriffs (Aufhebung der Rechtskraft und Anordnung der Revision) entstehen können. – Umso mehr begrüßen die JM, dass nach Mitteilung des ZJA nunmehr eine Verständigung über die künftige Handhabung des Gesetzes erzielt ist, und dass die ergangenen Anweisungen noch einmal überprüft werden sollen."

2. Laiengerichtsbarkeit.

a) Stand der Einführung: Dr. Klaas berichtet, dass nur in Hamburg und Niedersachsen (außer Stade) die vor einem Jahr durch VO wieder ins Leben gerufenen Schöffen- und Geschworenengerichte angelaufenen seien.

Dr. Moericke teilt mit, dass der Bezirk Stade ab 15.8. mit der Arbeit beginnen könne.

Dr. Praetorius kündigt als Termin für Schleswig-Holstein den 1.8. (vorsorglich 15.8.) an.

Dr. Bleibtreu berichtet, dass sich in Nordrhein-Westfalen die Wahl der in § 40 Ziff. 3 vorgesehenen Beamten verzögert habe. Der Landtag müsse über gewisse Beanstandungen in der kommenden Sitzung vom 26.7. erneut beschließen. Der Termin des Arbeitsbeginns könne dann voraussichtlich auf den 1.9. angesetzt werden.

b) Schulung der Laien: Dr. Klaas erörtert die Frage, ob – wie schon nach 1910 und in den 20er Jahren – eine gewisse Unterrichtung der Laienrichter durchgeführt werden soll.

(JM Dr. Hofmeister und StA Dr. Hiete erscheinen.)

Nach Besprechung ergibt sich als einhellige Meinung, dass der Vorsitzende zu Beginn der Sitzung die Laienrichter in mündlichem Vortrag kurz über ihre Pflichten und Rechte zu unterrichten habe. Des Weiteren solle den Laienrichtern bereits mit der Ladung ein Merkblatt übersandt werden nach Art des im Preuß. Justizministerialblatt vom 11.3.1927 abgedruckten.

Das ZJA wird den Entwurf eines solchen Merkblattes den LJMin. zur Stellungnahme übersenden und nach Einholung des Einverständnisses in entsprechender Zahl drucken*1. Währungsreform und Strafrecht (Amnestie).*

Dr. Klaas führt aus, dass es jetzt nach der Währungsreform darauf ankomme, die Strafjustiz auf dem wirtschaftlichen Sektor zu aktivieren. Damit zusammen hänge die Frage, ob es nicht angebracht sei, die minderschweren Wirtschaftsdelikte aus der Zeit vor der Währungsreform großzügig zu amnestieren. Ja, es frage sich sogar, ob man nicht gleichzeitig zur Entlastung der Strafrechtspflege eine generelle Amnestie aller Delikte unter sechs oder drei Monaten Gefängnis befürworten solle, zumal bei der Mehrzahl aller Delikte chaotische Wirtschaftsverhältnisse zugrunde gelegen hätten.

JM Dr. Hofmeister spricht sich für den Gedanken der Amnestie aus, ohne sich in der Abgrenzung bereits festzulegen.

Dr. Bleibtreu äußert als persönliche Ansicht (vorbehaltlich einer endgültigen Entscheidung des künftigen LJM), es sei besser, zunächst noch die weitere Entwicklung der Währungsreform abzuwarten. Grundsätzlich schwäche jede Amnestie das allgemeine Rechtsgefühl; es werde der Eindruck verstärkt, dass auch neue Delikte nach Ablauf einiger Zeit wieder amnestiert würden. Im Übrigen habe sich der Kommissar für die Bekämpfung der Korruption in Nordrhein-Westfalen entschieden gegen eine Amnestierung der Warenhorter ausgesprochen, zumal die Landesregierung in Erlassen vor der Währungsreform verschärftes Vorgehen angekündigt habe.

Dr. Praetorius schließt sich diesen Bedenken an, *OLG-Rat Görtz* tritt für eine generelle Amnestie ein, bemerkt jedoch, dass er über die Einstellung des Hamburger Senats nicht orientiert sei, der allerdings einen vorläufigen Entwurf einer Wirtschaftsamnestie habe ausarbeiten lassen.

Nach Besprechung über die weitere Behandlung dieser Frage besteht Einmütigkeit darüber, dass

1. selbständige Amnestien einzelner Länder nicht ratsam sind. Eine solche Amnestie müsse – wie überhaupt – auf zonaler, besser noch bi- oder trizonaler Ebene angeordnet werden;

2. das ZJA vorerst nichts unternehmen wird und abwartet, ob von anderer Stelle (z.B. von der Konferenz der Ministerpräs. oder Wirtschaftsrat in Frankfurt) diese Frage aufgenommen wird;

3. gewisse Möglichkeiten auch ohne Amnestie durch verstärkte Anwendung des § 153 StPO gegeben sind; ob eine Straftat geringfügig ist, kann durch grundlegende wirtschaftliche Veränderungen, wie sie gerade jetzt durch die Währungsreform eingetreten sind, eine andere Beurteilung erfahren als bisher;

4. weitere Möglichkeiten den Ländern durch vermehrte Ausübung des Gnadenrechts gegeben sind;

5. soweit in den Ländern generelle Anweisung zu verstärkter Verfolgung von Wirtschaftsvergehen nach der Währungsreform ergangen sind, solche

Anweisungen ausgetauscht und dem ZJA zur Unterrichtung übermittelt werden sollen.

6. Erweiterung des Old-Lace-Verfahrens.

Präs. Dr. Kiesselbach berichtet, dass die Aburteilung der Mitglieder verbrecherischer Organisationen in ein neues Stadium getreten sei. Das ZJA habe seinerzeit mit der VerfahrensO vom 17.2.1947 zunächst nur die Aburteilung der internierten Mitglieder in die Hand genommen. Da diese Aufgabe im Laufe dieses Sommers abgeschlossen sein werde, habe sich hieran auf der Grundlage der Ordonnance Nr. 69 automatisch die Strafverfolgung der nichtinternierten Mitglieder anzuschließen. Diese Konsequenz sei auch schon aus Gründen der Gerechtigkeit nicht zu umgehen, wenn man bedenke, wie oft einerseits die Internierung nur auf Zufall beruht habe und wie oft andererseits schwerstbelastete Mitglieder sich der Internierung entzogen haben.

Allerdings sei die Zahl der nichtinternierten Mitglieder der verbrecherischen Organisationen so groß (mindestens fünfstellig), dass die Strafverfolgung nur auf die schwersten Fälle beschränkt werden müsse. Der einzig mögliche Weg zu diesem Ergebnis sei eine großzügige Amnestie, von der die abgeurteilten Internierten genauso betroffen werden müssen, wie die noch nicht verfolgten Nichtinternierten. Zuständig für die Amnestie sei die brit. MR; Mr. Rathbone habe gebeten, die Einstellung der LJM zu dieser Frage zu ermitteln.

JM Dr. Hofmeister stimmt zu, desgleichen *Dr. Bleibtreu* und *Dr. Praetorius* (vorbehaltlich einer abweichenden Äußerung der nicht anwesenden LJM).

OLG Görtz weist auf den hochpolitischen Charakter des Problems hin. Er hält persönlich auch eine Amnestie für unerlässlich, könne aber über die Einstellung des Hamburger Senats und von Senatssyndikus Dr. Drexelius nichts sagen. *3. Contempt of Court.*

Dr. Klaas berichtet über den Fall, der sich bei Gelegenheit der Aburteilung einiger Betriebsratsmitglieder der Hückinger Hüttenwerke in Duisburg ereignet habe. Die Legal Division habe aus diesem Anlass erneut die Einführung des Contempt of Court gesetzlich vorgeschlagen und um Diskussion dieses Gremiums gebeten.

Die Aussprache ergibt einhellige Ablehnung. *Dr. Bleibtreu* führt insbesondere aus, gerade der Fall Hückinger Hüttenwerke zeige, dass ein solches Gesetz untragbare Folgen nach sich ziehe. Wenn man nämlich die an der Demonstration beteiligten Arbeiter der Hückinger Hüttenwerke oder auch nur die Rädelsführer wegen contempt of court zur Rechenschaft ziehe, so würde voraussichtlich die Arbeiterschaft im gesamten Rheinland darauf mit einem Generalstreik antworten. *Dr. Klaas* berichtet, der Vorsitzende des Nordwestdeutschen Journalistenverbandes Klabunde habe kürzlich im Hamburger Presseclub offen ausgesprochen, dass die Einführung eines solchen Gesetzes von allen Journalisten als Kampfansage betrachtet würde.

Es wird allgemein festgestellt, dass seit der Hamburger Tagung „Justiz und Presse" im Nov. 1947 das Verhältnis der Presse zur Justiz sich entschieden gebessert habe. Man würde bedauern, wenn diese gesunde Entwicklung durch die Einführung eines solchen für die deutschen Verhältnisse nach wie vor als ungeeignet bezeichneten Gesetzes bedroht werde. Dagegen war man allgemein der Ansicht, dass in geeigneten Fällen strafbare Übergriffe der Presse mit den durchaus zulänglichen Mitteln der deutschen Gesetze verfolgt und abgeurteilt werden sollten.

10. Zuständigkeit zum Erlass Allgemeiner Verfügungen.

Dr. Klaas teilt hierzu mit, dass die Frage der Zuständigkeit zum Erlass Allgemeiner Verfügungen im Wesentlichen durch die Anweisung Nr. 32 der Legal Division über die Übertragung weiterer Befugnisse auf die LJMin. und die Senatskommission in Hamburg vom 22.6.1948 erledigt sei. Der deutsche Text der Anweisung Nr. 32 und das Anschreiben der MR werden zur Verwendung den Vertretern der LJVerw. übergeben.

JM Dr. Hofmeister verweist in diesem Zusammenhang noch einmal auf die Bedenken, die sich aus dem auf der Konferenz der LJM vom 5.2.1947 (vgl. Prot. zu 2 a) gefassten Beschluss ergeben. Hierin sei dem ZJA auf gewissen Gebieten, deren einheitliche Behandlung wegen ihrer grundsätzlichen Bedeutung erwünscht erschiene, überlassen worden, „im Einvernehmen mit den LJVerw." Allgemeine Verfügungen zu erlassen. Es sei fraglich, ob die Organe der staatlichen Verwaltung ihre Zuständigkeit durch Vereinbarung auf andere Stellen übertragen könnten.

JM Dr. Hofmeister regt daher an, in Zukunft folgendermaßen zu verfahren: Diejenige Verwaltung, die die Initiative ergreift, übersendet einen Entwurf einer geplanten Allgemeinen Verfügung den anderen JVerw. und dem ZJA. Diese erklären schriftlich ihr Einverständnis. Ergeben sich Meinungsverschiedenheiten oder handelt es sich um eine Angelegenheit von grundsätzlicher Bedeutung, so wird die Sache auf die TO der nächsten Ministerkonferenz gesetzt. Nach schriftlicher Zustimmung oder entsprechender Beschlussfassung der Ministerkonferenz wird die AV von den einzelnen LJVerw. übereinstimmend erlassen. Dabei soll kenntlich gemacht werden, dass in den anderen Ländern eine Verfügung gleichen Inhalts getroffen wurde.

Dieses Verfahren soll nicht hindern, dass die Initiative zu einer AV auch vom ZJA ausgehen könne und es erschien zweckmäßig, dem ZJA in geeigneten Fällen auch die Vorbereitungen einer AV zu überlassen.

Die Angelegenheit wurde im Einzelnen nicht weiter erörtert. Bedenken wurden nicht erhoben.

Die Sitzung wurde um 16.00 Uhr unterbrochen. – Fortsetzung der Sitzung am 9.7.1948.

Für den an der weiteren Teilnahme verhinderten Präs. Dr. Kiesselbach übernimmt JM Dr. Hofmeister den Vorsitz und eröffnet die Sitzung um 10.00 Uhr.

11. Gnadenrecht.

Dr. Klaas berichtet, dass die Vorschläge der Arbeitsgruppe für Gnadenrecht, die insbesondere die Entlastung der Ministerpräsidenten und die grundsätzliche Zuständigkeit der JM für Gnadenerweise zum Gegenstand hatten, nach neuerlichen Mitteilungen der MR grundsätzlich anerkannt worden seien. Nach einer demnächst zu erwartenden Neuordnung seien die Ministerpräsidenten künftig nur noch als Gnadeninstanz für Todes- und lebenslängliche Zuchthausstrafen zuständig. In diesem Zusammenhang berichtet *Dr. Klaas,* dass man sich bei den

Besprechungen der Arbeitsgruppe gegen weitere Abänderungen der GnadenO, insbesondere gegen die Wiedereinführung der Beauftragten für Gnadensachen, in eingehender Beratung ausgesprochen habe.

JM Dr. Hofmeister spricht sich erneut für die Wiedereinführung dieses Gnadenbeauftragten aus und weist auf die Zweckmäßigkeit der Einführung einer neutralen Instanz zur Bearbeitung von Gnadensachen, evtl. unter Hinzuziehung von Laienbeisitzern, hin.

Dr. Bleibtreu und *Dr. Praetorius* sprechen sich für die Beibehaltung der in der GnadenO von 1935 vorgesehenen Regelung aus, die sich in der Praxis bewährt habe. *OLG-Rat Görtz* möchte, dass es für Hamburg bei der Sonderregelung aufgrund der VO Nr. 100 verbleibt. Es herrscht *Übereinstimmung* darüber, dass die Abänderungsvorschläge von JM Dr. Hofmeister über die Wiedereinführung insbesondere des Gnadenbeauftragten als Material für eine künftige Neuordnung des Gnadenwesens Beachtung finden sollen.

5. Verhängung von Schutzaufsicht durch Gerichte der Kontrollkommission.

Dr. Klaas berichtet über den englischen probation of offenders act und die diesbezüglichen Absichten des Supreme Court.

Diesen Plänen wird von allen Seiten lebhaftes Interesse entgegengebracht, insbesondere auch mit Rücksicht auf eine etwaige spätere Übernahme in das deutsche Strafrecht.

7. Sammlung der OLG-Entscheidungen im Verlag Lambert Schneider, hier: Auswahl.

Dr. Lüders berichtet, dass die im Verlag Lambert Schneider herausgegebene Sammlung der OLG-Entscheidungen die Fortsetzung früherer amtlicher Sammlungen darstellen wolle. Augenblicklich liegen jedoch die Auswahl und die Fassung der Kurzthesen in der Hand zweier Privatpersonen. Da beides zu einer Lenkung der Rechtsprechung benutzt werden könnte, sei es angezeigt, gemeinsam mit den süddeutschen JM mit Lambert Schneider in Verhandlung zu treten, um die Einschaltung eines Vertrauensmannes der Justiz zu erreichen.

Die Anregung findet allseitige Zustimmung.

Dr. Bleibtreu regt des Weiteren an, das ZJA möge den Obersten Gerichtshof ersuchen, seine Entscheidungen nebst Urteilsgründen so schnell wie möglich allen LJM zugänglich zu machen.

Dr. Lüders bittet, die Gerichte der einzelnen Länder zu veranlassen, ihre grundsätzlichen Entscheidungen dem ZJA (Pressestelle) *stets mit selbstverfassten Kurzthesen* für die Thesensammlung des Zentraljustizblatts zu übersenden.

8. a) Stromsperrstunden für die Gerichte und StA, b) Kohlenversorgung.

Es herrscht Übereinstimmung dahin, dass eine zufriedenstellende Regelung der Strom- und Kohlenversorgung der JVerw. durch das ZJA gegenüber der Verwaltung für Wirtschaft in Frankfurt bearbeitet werden soll.

9. Kostenerstattung im interzonalen Rechtsverkehr.

Dr. Klaas berichtet über den Stand der Dinge, insbesondere darüber, dass alle süddeutschen Länder bereits in Aussicht genommen haben, auf Kosten im interzonalen Rechtsverkehr zu verzichten.

JM Dr. Hofmeister hält aus staatsrechtlichen Gründen eine Vereinbarung zwischen allen beteiligten Ländern für erforderlich, deren Abschluss in Niedersachsen nach dem Gesetz vom 11.2.1947 dem Ministerpräsidenten obliegt.

Dr. Klaas bittet, im Augenblick dieses komplizierte Verfahren außer Acht zu lassen, sich des Einverständnisses der Finanzminister zu vergewissern und das ZJA zu einer generellen Zustimmung für die Brit. Zone zu ermächtigen.

Dr. Bleibtreu teilt mit, dass der Finanzminister in Nordrhein-Westfalen zugestimmt habe. – Im Übrigen wird so beschlossen.

12. Justizkollegium in Frankfurt.

Im Einverständnis der Anwesenden soll dieser Punkt außer Protokoll in besonderer Besprechung (JM Dr. Hofmeister, StS Dr. Moericke, MinDir. Dr. Bleibtreu, RegDir. Dr. Praetorius, OLG-Rat Görtz, ORR Jess) erledigt werden.

13. Stellenbesetzung nach der Währungsreform.

Der Punkt wurde vom LJMin. Niedersachsen zurückgezogen, da die Angelegenheit bereits zwischen Präs. Dr. Kiesselbach und Dr. Moericke außerhalb des Protokolls erledigt ist.

16. Bewaffnung der Justizwachtmeister.

Die Frage und Notwendigkeit der Ausrüstung der Justizwachtmeister mit Schusswaffen zur Sicherung des Sitzungsdienstes wird erörtert. Es herrscht Übereinstimmung dahin, dass das ZJA gegenüber der MR die Frage der Bewaffnung weiter erörtern soll.

17. Haftkontrolle/Maxwell Report.

Dr. Klaas berichtet, im sog. Maxwell Report seien Änderungen der deutschen StPO angeregt worden dahingehend, dass die Fristen für Haftprüfungen erheblich zu vermindern seien. Die Aussprache ergibt, dass diesen Bestrebungen allseits große Aufmerksamkeit geschenkt wird. Andererseits komme es darauf an, vermeintliche Wohltaten, die sich in Wahrheit zum Nachteil der Untersuchungshäftlinge auswirken würden, fernzuhalten. Derartiges wäre zu befürchten, wenn man die Haftzulässigkeit in zu kurzen Zeiträumen überprüfen müsse, denn hierdurch werde die StA verhindert, die Ermittlungen so schnell wie möglich zur Anklage vorzutreiben. Das ZJA wird einen Entwurf zur Neuregelung des Haftprüfungsverfahrens ausarbeiten.

18. a) Gesetz zur Ergänzung der Bestimmungen über die Bekämpfung von Missbräuchen im Auswandererwesen.

Dr. Klaas referiert über einen entsprechenden Gesetzentwurf im Rechtsausschuss des Länderrats in Stuttgart am 23.6.1948. Der Erlass dieses Gesetzes sei jedoch nicht für zweckmäßig gehalten worden. Es sei aber den JM der Länder empfohlen worden, einen Runderlass an die Strafverfolgungsbehörden herauszugeben, den Württemberg-Baden entwerfen wird. Es scheint zweckmäßig, zunächst diesen Entwurf abzuwarten, aber schon jetzt die StA auf das in Bremen eingerichtete ständige Sekretariat für Auswanderungsfragen Bremen, Parkallee 115, Tel. 22501 (Rathaus) App. 585 hinzuweisen. Dem Vorschlage von Dr. Klaas wurde allseits zugestimmt.

18. b) Zentral-StA in Wirtschaftsstrafsachen.

Dr. Klaas macht Mitteilung, dass in einer Tagung der Wirtschaftsbehörden in Minden vom 3. bis 4.7.1948, zum Ausdruck gekommen sei, dass die Ziele, die man mit dem Verfahren aufgrund des Bewirtschaftungsnotgesetzes erstrebe, nicht zu verwirklichen seien, wenn der Zentral-StA nicht die notwendige Bewegungsfreiheit besitzt, sondern in seinem Dienstsitz abwartend die Dinge an sich herankommen lasse.

Es herrscht Übereinstimmung dahin, dass im Interesse der Rechtsstaatlichkeit eine Aktivierung der Zentral-StA in jedem nur möglichen Umfange erreicht werden müsse.

18. c) Lebensmittelzulage für Justizangehörige.

Dr. Brümmer berichtet, dass das Landesernährungsamt Hannover dem JMin. mitgeteilt habe, dass auf ausdrückliche Anweisung der Verwaltung ELF [Ernährung, Landwirtschaft, Forsten; 1948/49] in Frankfurt die Zusatzlebensmittelkarten für Juli nicht zur Verteilung kommen. In den anderen Ländern der Brit. Zone ist eine solche Anordnung nicht bekannt geworden. In Hamburg und Nordrhein-Westfalen sind die Karten ausgegeben worden.

ORR Jess erklärt, dass ein Widerruf der Zusatzlebensmittelkarten durch die Verwaltung ELF erst dann erfolgen könne, wenn die Kaloriengrenze von 1800 erreicht sei. Dies sei schriftlich von der Verwaltung ELF festgelegt, und in Verhandlungen, die vom ZJA mit der Verwaltung ELF geführt worden sind, bestätigt worden. Die Kalorienzahl beträgt jetzt aber etwa 1760.

Das JMin. Niedersachsen will, bevor weitere Schritte unternommen werden sollen, zunächst genau aufzuklären versuchen, wie der Widerruf zustande gekommen ist und ob es sich etwa um einen Irrtum handeln kann.

Zum Schluss appelliert *Dr. Klaas* an die Konferenzteilnehmer, in den in Verfolg der Londoner Beschlüsse einsetzenden Erörterungen über die staatliche Struktur der Westzonen niemals den Gedanken an die Rechtseinheit aufzugeben. Die MR habe das ZJA wissen lassen, dass der Kampf um die Rechtseinheit nunmehr ausschließlich von deutschen Instanzen geführt werden müsse.

Die Sitzung wurde um 12.30 Uhr geschlossen. Ein Termin für die nächste Sitzung wurde nicht festgesetzt. W. Kiesselbach Dr. Klaas

IX. Protokoll der Tagung vom 28./29.10.1948 in Horn*I.*

Teilnehmer:

ZJA für die Britische Zone: Justizpräs. Dr. Kiesselbach, Justiz-Vizepräs. Dr. Koch, ORR Jess

LJMin. NRW: JM Dr. Sträter, MinDir. Bleibtreu, MinDirig. Dr. Franke, Senatspräs. Geiler, LG-Dir. Cyen, LG-Rat Dr. Thunecke, ORR Dr. Husemann (zeitweise)

LJMin. Niedersachsen: JM Dr. Hofmeister, StS Dr. Moericke, MinRat Dr. Brümmer, LG-Dir. Dr. Damme

LJMin. Schleswig-Holstein: RegDir. Dr. Praetorius, LG-Dir. Fürsen

LJVerw. Hamburg: Senatssyndikus Dr. Drexelius, RegDir. Görtz

II. Tagesordnung

1. Genehmigung des Protokolls der 7. Konferenz der LJM
2. Missverhältnis zwischen besetzten Planstellen und Hilfsrichtern (Schrb. d. MR [Berichte Court Inspectorate] v. 11.9. und 14.10.1948)
3. Volksdeutsche als Richter (Schrb. d. ZJA v. 12.7.1948)
4. Aufnahme von Richtern und Rechtspflegern in den deutschen Beamtenbund (Anfrage des Beamtenbundes der Brit. Zone)
5. Rechtsanwaltsordnung
   a) Bindung der JVerw. an das Votum der Anwaltskamme(Schrb. des ZJA v. 9. u. 21.10.1948)
   b) Widerrufliche Zulassung der Syndicianwälte (Schrb. v. NRW v. 13.10.1948)
6. Vollstreckung von Räumungsurteilen (Schrb. d. JM NRW vom 7.9.1948 und Schrb. d. ZJA v. 6.10.1948)
7. Altersgrenze der Richter (Belassung von Hilfsrichtern im Amt über die Altersgrenze hinaus) (Schrb. d. MR v. 28.9.1948)
8. Verwaltungsgerichtsbarkeit und Justizverwaltungsangelegenheiten
9. Behandlung früherer Richter und StA (Planstelleninhaber innerhalb der Brit. Zone) nach Durchführung der Entnazifizierung
10. Unterbringung von „Old-Lace"-Beamten
11. Änderung der Justizausbildungsordnung (Abnahme der Prüfungen durch Justizbeamte a.D.)
12. Frage der Anrechnung der Untersuchungshaft, die zwischen dem Urteil der 1. Instanz und dem Urteil oder Beschluss der Revisionsinstanz liegt (Schrb. NRW v. 11.10.1948)
13. Erhöhung der Gerichtskosten, Anwaltskosten und Notarkosten
14. Beteiligung des Generalanwalts beim Obergericht an Verfahren vor den ordentlichen Gerichten und Verwaltungsgerichten (Schrb. JM Nieders. v. 19.10.1948)
15. Änderung von Vorschriften auf dem Gebiete der Gerichtsverfassung – Verlängerung der Fristen in den Übergangsvorschriften auf dem Gebiete der Gerichtsverfassung vom 27.1.1947, VOBl. BZ S. 13 (Schrb. JM Nieders. v. 20.10.1948)
16. Unterbringung von verdrängten Beamten und Angestellten in der JVerw. (Schrb. des Richtervereins Kiel v. 5.10.1948)
17. Rechtsschutz deutscher Angeklagter vor ausländischen, insbes. französischen, belgischen oder luxemburgischen Gerichten (Schrb. JM NRW v. 19.10.1948)
18. Behandlung der Verbrechen gegen die Menschlichkeit durch die StA (Schrb. JM Nieders. v. 20.10.1948)
19. Auslieferung in die russ. Besatzungszone und Vollstreckung von Haftbefehlen aufgrund von Gesuchen aus der Russ. Zone (Schrb. LJMin. Nieders. v. 20.10.1948)
20. Übertragung der Gnadenbefugnisse seitens der Ministerpräsidenten der Länder (Schrb. LJM Nieders. v. 20.10.1948)
21. Mitteilung in Strafsachen (Schrb. d. LJM Nieders. vom 20.10.1948)
22. Wahl des Vorsitzenden des Justizkollegiums
23. Ärztekammern und ärztl. Berufsgerichte (Schrb. des JM Schlesw.-Holst. v. 22.10.1948)

24. Verschiedenes

III. Protokoll: Präs. Dr. Kiesselbach führt den Vorsitz und eröffnet mit Worten der Begrüßung für Herrn JM Dr. Sträter um 14.30 Uhr die Konferenz.

1. Genehmigung des Protokolls der 7. Konferenz der LJM. Das Protokoll der 7. Konferenz der LJM wird genehmigt.

2. Missverhältnis zwischen besetzten Planstellen und Hilfsrichtern.

Dr. Koch berichtet, dass die MR in ihren Court Inspectorate Berichten von Schleswig-Holstein und Niedersachsen v. 9.9.1948 bzw. 7.10.1948 die Frage des Missverhältnisses zwischen besetzten Planstellen und Hilfsrichtern wiederholt angeschnitten habe. In einem besonderen Bericht der MR vom 7.10.1948 sei auf diese Tatsache, dass die Mehrzahl der Richter nicht Planbeamte sind, ausdrücklich mit „höchstem Befremden" hingewiesen worden. Die MR weise vor allen Dingen auf die Bedenken hin, die sich aus dem Missverhältnis hinsichtlich der Unabhängigkeit der Richter ergäben.

Die vorliegenden statistischen Zahlen ergeben, dass von 2600 in der Brit. Zone beschäftigten Richtern nur 1754 in Planstellen beschäftigt seien, mithin 33 % nur als Hilfsrichter. Ländermäßig sei das Zahlenbild zum Teil noch ungünstiger, so z.B. für Schleswig-Holstein, wo 55 % der amtierenden Richter nicht in Planstellen-seien und in Niedersachsen, wo dieselben Berechnungen den Prozentsatz von 41 ergäben.

Dr. Koch stellt die Frage zur Erwägung, ob zur Behebung des Missverhältnisses zwischen besetzten Planstellen und Hilfsrichtern evtl. eine gesetzliche Regelung durch das ZJA getroffen werden müsse.

JM Dr. Hofmeister weist auf das in Niedersachsen noch immer bestehende Verbot des Finanzministers zur Besetzung von Planstellen hin, das es seit längerer Zeit unmöglich mache, in dieser an sich bekannten Lage eine Änderung herbeizuführen. Da sich jedoch inzwischen wegen der weittragenden Bedeutung der damit zusammenhängenden Fragen der Unabhängigkeit der Richter die MR in starkem Umfange eingeschaltet hätte, sei zu hoffen, dass es gelinge, im Laufe des nächsten Vierteljahres die Richter in die vorhandenen Planstellen einzuweisen. Erst wenn auf diesem Wege das erstrebte Ziel nicht erreicht werden könne, halte er es für notwendig, die gesetzliche Regelung durch das ZJA in Erwägung zu ziehen.

Dr. Bleibtreu gibt für das Land Nordrhein-Westfalen der Hoffnung Ausdruck, dass das angeschnittene Problem in der nächsten Zeit gelöst würde, da das bisherige Hemmnis der nicht abgeschlossenen Entnazifizierung im Wesentlichen überwunden sei.

Dr. Praetorius erklärt, dass innerhalb der nächsten drei bis vier Monate die Frage der Einweisung der Hilfsrichter in die Landesplanstellen in Schleswig-Holstein erledigt sei und daher ein Anlass zur Besorgnis nicht mehr gegeben sei.

Dr. Drexelius weist darauf hin, dass die Verhältnisse in Hamburg insoweit günstiger liegen, als zum Mindesten die Vorsitzenden der Kammern und Senate mit Richtern in Planstellen besetzt seien. Soweit Einweisungen in Hamburg in Planstellen noch nicht erfolgt seien, hänge es damit zusammen, dass insbesondere bei den eingestellten Flüchtlingsrichtern eine gewisse Probezeit unvermeidlich sei. Die vollständige Beseitigung des Missverständnisses sei in Hamburg aus diesen Gründen erst in ungefähr einem Jahr zu erwarten. Gesetzliche Maßnahmen würden jedoch für nicht erforderlich gehalten.

Präs. Dr. Kiesselbach stellt abschließend fest, dass in allen LJMin. sowie in der Senatskommission für die Justiz in Hamburg das besprochene Problem seit längerem bekannt sei und dass alle an dem Ziel arbeiten, den Zustand laufend zu verbessern. Präs. Dr. Kiesselbach weist insbesondere noch darauf hin, dass anzustreben sei, wenigstens die Vorsitzenden der Kammern und Senate mit Planrichtern zu besetzen. Im Übrigen sollen die weiteren Erörterungen der Frage zunächst bis zu Beginn des Jahres 1949 zurückgestellt werden, um dann anhand genauen Zahlenmaterials die Notwendigkeit einer evtl. gesetzlichen Regelung zu erörtern.

3. Volksdeutsche als Richter.

Dr. Koch teilt mit, dass das Votum der über die Frage der Richteramtsverleihung an Volksdeutsche zusammengetretenen Kommission zu dem Ergebnis gekommen sei, dass in der Brit. Zone für eine gesetzliche Regelung, wie sie in Süddeutschland erlassen sei, kein Bedürfnis bestehe, da Bewerber der in Rede stehenden Art in der Brit. Zone gar nicht mehr oder doch kaum vorhanden seien. Fraglich sei nur, ob nicht aus politisch taktischen Gründen eine VO entsprechend dem süddeutschen Muster erlassen werden solle, um den Anschein zu vermeiden, dass Flüchtlinge in der Brit. Zone ungünstiger behandelt würden als in der amerikanischen Zone.

Senatspräs. Geller schlägt vor, keine gesetzliche Regelung der Frage vorzunehmen, da die Aufnahmefähigkeit der LJVerw. inzwischen so weit gesunken sei, dass man die in Rede stehenden Kandidaten nach einem Examen wegen der bestehenden Überfüllung doch nicht beschäftigen könne. Es würden durch eine VO also nur unnötige Hoffnungen erweckt.

Es herrscht Übereinstimmung dahin, dass eine gesetzliche Regelung nicht getroffen werden soll. Die Frage, ob die VO vom 8.12.1939, RGBl. I S. 2390 (VO zur Überleitung der Fähigkeit zum Richterdienst an Volksdeutsche) aufgehoben werden muss, soll besonders durch das ZJA geprüft werden.

Dr. Koch weist in diesem Zusammenhange noch auf eine Entschließung der Juristenkonferenz der VVN [Vereinigung der Verfolgten des Naziregimes] vom 20.–22.3.1948 [hierzu Neue Justiz 1948, S. 36–38] hin, in der die Anregung gegeben wurde, für aus politischen, rassischen oder religiösen Gründen verfolgte Juristen erleichterte Examensbedingungen zu schaffen. In der Entschließung wurde eine ähnliche Regelung, wie sie für Kriegsteilnehmer getroffen worden sei, vorgeschlagen. Dr. Koch machte darauf aufmerksam, dass die Kriegsteilnehmervorschriften hier nicht angewandt werden könnten, da diese Vorschrift darauf abstellt, die Examenszeit durch Wegfall beispielsweise der häuslichen Arbeiten und dgl. zu verkürzen. Die geltende Justizausbildungsordnung biete ausreichende Möglichkeit, um Härten in dieser Hinsicht durch Verkürzung der Ausbildungszeit auszugleichen. Es könne im Übrigen auch nicht im Sinne der Geschädigten selbst sein, da erfahrungsgemäß die Neigung bestehe, Kurzexamen als eine mangelhaft abgeschlossene Vorbildung anzusehen.

Es herrscht Einvernehmen darüber, dass gesetzliche Maßnahmen nicht getroffen werden sollen, da die bestehenden Gesetze ausreichen, Härten auszugleichen.

4. Aufnahme von Richtern und Rechtspflegern in den deutschen Beamtenbund.

LG-Dir. Fürsen berichtet über die Bemühungen der Landesverbände von Schleswig-Holstein des Deutschen Beamtenbundes, der sich selbst als unpolitisch bezeichnet, die Richterschaft zum Beitritt zu gewinnen. Er hält die Herbeiführung einer einheitlichen Stellungnahme aller vier Länder in der Zone zu dieser Frage für notwendig.

Dr. Demme gibt die Anregung, die Entscheidung dieser Frage solange zurückzustellen, als der Aufbau der Richtervereine, die sich in Kürze in einem Zonenverband zusammenschließen würden, beendet sei.

Dr. Bleibtreu teilt mit, dass der Landesverband des Deutschen Beamtenbundes ihm gegenüber selbst als Gewerkschaft bezeichnet habe und in dem ihm gegenüber zum Ausdruck gebrachten Erklärungen auch selbst nicht den Wunsch habe, dass Richter und StA der „Beamtengewerkschaft" beitreten.

Dr. Koch erklärt, dass die Lösung der Frage dadurch wesentlich vereinfacht sei, dass der Beamtenbund sich selbst als Gewerkschaft bezeichnet, da den Beamten der Justiz durch englische Anordnung der Beitritt zur Gewerkschaft als politischer Organisation verboten sei.

Präs. Dr. Kiesselbach stellt abschließend fest, dass bei der offenkundig gewerkschaftlichen Einstellung des Beamtenbundes allgemein eine negative Einstellung zu der Frage des Beitritts von Richtern und StA zu dem Deutschen Beamtenbund besteht.

5. Rechtsanwaltsordnung.

a) Bindung der JVerw. an das Votum der Anwaltskammern.

Dr. Koch referiert zunächst über die historische Entwicklung, die die Frage der Bindung der JVerw. an das Votum der Anwaltskammern genommen hat. Die LJM hätten sich zunächst übereinstimmend dahin festgelegt, dass, solange die Bedürfnisfrage bei der Zulassung eine Rolle spiele, die Bindung an das negative Votum der Anwaltskammern nicht verantwortet werden könne. Zur Lösung des Problems sei es schließlich zwischen den LJVerw. zu einem Kompromiss dahingehend gekommen, dass die JVerw. an das negative Votum der Anwaltskammern in den im Gesetzentwurf (§ 16 RAO) festgelegten Gründen gebunden sei. Eine solche Bindung sei als tragbar empfunden, da eine Nachprüfung der Versagung der Zulassung im Wege der Ehrengerichtsbarkeit im Gesetz vorgesehen sei. Gegen diese Lösung hätte Schleswig-Holstein Bedenken erhoben wegen der zu dehnbaren Fassung des § 16. Auch von den anderen LJVerw. seien nachträglich Bedenken gelten gemacht. Da der Erlass der RAO dringend erschienen sei, habe sich das ZJA entschlossen, den Entwurf der MR einzureichen und hierbei die abweichende Stellungnahme der Länder zum Ausdruck zu bringen. Zugunsten der Landesregierungen sei in das Gesetz noch eine Vorschrift eingearbeitet worden, wonach die Länder zu einer abändernden Gesetzgebung zu § 12 des Entwurfs der RAO ermächtigt werden. Gegen diese gesetzliche Regelung hätten nunmehr die Rechtsanwälte auf ihrer Tagung in Godesberg am 21./24.9.1948 geschlossen Front gemacht. Nach längeren

Verhandlungen sei dann seitens der Anwaltschaft der Vorschlag gemacht worden, den Vorbehalt zugunsten der Landesregierungen im § 12 zu streichen und die gesetzlichen Voraussetzungen für eine Versagung der Zulassung in § 16 durch eine straffere Fassung einzuengen. Dr. Koch weist darauf hin, dass dieser Vorschlag bereits im Schreiben vom 4.12.1947 durch den niedersächs. JM gemacht worden sei.

Präs. Dr. Kiesselbach, der den von Niedersachsen und nunmehr auch von den Anwaltskammern gemachten Vorschlag für eine annehmbare Lösung hält, rät dringend zur beschleunigten Verabschiedung der nunmehr seit 1946 in Arbeit befindlichen RAO. Eine weitere Hinausschiebung hält er für unzweckmäßig, da nicht abzusehen sei, wann etwa das zukünftige Parlament eines Weststaates zur Regelung dieser gesetzlichen Materie bei der Fülle vordringlicher Aufgaben Zeit finden würde.

JM Dr. Hofmeister erklärt, dass für die LJVerw. keine Bedenken bestünden, unter normalen Lebensbedingungen an das negative Votum der Anwaltskammern bei einer strafferen Fassung des § 16 gebunden zu sein. Nur solange die Bedürfnisfrage eine Rolle spiele, müsse die JVerw. allein entscheiden können.

Dr. Drexelius unterstreicht, dass auch die von Niedersachsen vorgeschlagene straffere Fassung des § 16 Ziff. 1 immer noch eine Art Blankettvorschrift darstelle. Er sei jedoch bereit, einer Regelung in diesem Sinne zuzustimmen.

JM Dr. Sträter setzt sich ebenfalls für eine straffere Fassung des § 16 Ziff. 1 ein.

Dr. Bleibtreu vertritt im Gegensatz hierzu den Standpunkt, dass nach seiner Meinung und bei der stark restriktiven Haltung der Anwaltschaft eine straffere Fassung der genannten Vorschrift nicht ausreiche. Er halte es im Übrigen grundsätzlich für besser, den Erlass einer RAO im Augenblick zurückzustellen und die Regelung einem späteren deutschen Parlament zu überlassen.

JM Dr. Hofmeister hebt noch einmal hervor, dass wegen des zunächst bestehen bleibenden „Numerus clausus" die sich aus der Fassung des § 16 ergebenden Fragen in den nächsten Jahren keine praktische Bedeutung gewinnen würden. Im Übrigen gibt er der Meinung Ausdruck, dass die Haltung der Anwaltschaft sich nach dem Inkrafttreten der RAO, die eine Neuwahl Anwaltskammervorstände zur Folge hätte, ändern würde.

Dr. Praetorius weist noch einmal auf die besondere Lage in Schleswig-Holstein hin. Hier seien im Gegensatz zu der JVerw., die über 50 % Flüchtlinge als Richter oder StA beschäftige, festzustellen, dass bei 340 Anwälten nur 96 Flüchtlingsanwälte zugelassen worden wären. Die Neigung der Anwälte, den Kreis der Anwälte klein zu halten, könne man auch durch eine straffere Fassung des § 16 Ziff. 1 nicht beheben, da man indirekt hiermit die Bedürfnisfrage entscheiden könnte. Auch die Nachprüfung im Ehrengerichtsverfahren behebe diesen Mangel nicht.

JM Dr. Sträter vertritt im Gegensatz hierzu die Auffassung, dass nach den bisherigen Erfahrungen, die mit der Ehrengerichtsbarkeit der Anwälte gemacht worden wäre, die Einschaltung der Ehrengerichte eine genügende Garantie darstelle, um einen evtl. Missbrauch mit dem § 16 auszuschalten. Er sei daher der Meinung, dass man den nunmehr vorgeschlagenen Kompromiss eingehen könne und die dagegenstehenden Bedenken fallen lassen solle. Er halte eine Zonengesetzgebung im Augenblick für das Richtige.

Präs. Dr. Kiesselbach fasst noch einmal die Gründe zusammen, die für einen sofortigen Erlass einer RAO, die auch der Wunsch der Anwälte ist, sprechen. Er hebt besonders auch hervor, dass es wichtig sei, dass die Urwahlen zu den Kammervorständen abgehalten werden können, die ohne Erlass einer RAO nicht stattfinden können.

Dr. Koch betont besonders, dass, wenn jetzt eine Regelung durch eine RAO nicht erfolge, eine solche durch zahlreiche Übergangsvorschriften getroffen werden müsste, da es nicht zu umgehen sei, zahlreiche nazistische Vorschriften aus der RAO zu beseitigen. Auf diese Weise würde man doch zu einer weitgehenden Neuordnung des Rechtsanwaltsrechts für die Brit. Zone kommen. Das Argument, durch Nichterlass die Rechtseinheit zu wahren, sei daher nicht durchschlagend.

Präs. Dr. Kiesselbach bittet nunmehr zu der Frage abzustimmen, ob die RAO mit den besprochenen Abänderungen nach Genehmigung durch die MR erlassen werden soll. Die zur Abstimmung gestellte Frage wird mit einem Stimmverhältnis von 3:1 bejaht (Niedersachsen, Nordrhein-Westfalen, Hamburg stimmten mit ja, Schleswig-Holstein mit nein).

5. b) Widerrufliche Zulassung der Syndicianwälte.

Dr. Thunecke führt zu der Frage der widerruflichen Zulassung der Syndicianwälte aus, dass die widerrufliche Zulassung erst durch VO vom 1.3.1943 aus kriegsbedingten Gründen eingeführt worden sei. Es bestünden einmal erhebliche Zweifel darüber, ob diese Vorschrift noch heute die erforderliche gesetzliche Grundlage für eine widerrufliche Zulassung bietet, zum Anderen gälte es zu erwägen, ob eine widerrufliche Zulassung, wie sie die Anwaltskammern bei Verlust der Syndicistellen anstreben, als unerwünscht anzusehen sei.

In eingehender Erörterung werden die Bedenken, die gegen eine widerrufliche Zulassung sprechen, insbesondere von den Herren *JM Dr. Hofmeister* und *Dr. Drexelius* herausgestellt. *JM Dr. Hofmeister* hebt besonders hervor, dass es seiner Ansicht nach überflüssig wäre, Syndici zur Rechtsanwaltschaft zuzulassen, da sie die Bezeichnung Rechtsanwalt lediglich als Titel zu benutzen pflegten.

Präs. Dr. Kiesselbach fasst das Ergebnis dahin zusammen, dass nachdem die Rechtsanwaltschaft die Vorfrage, ob überhaupt Syndicianwälte zugelassen werden sollen, bejaht hat, gegen eine widerrufliche Zulassung erhebliche Bedenken bestehen.

Dr. Drexelius spricht in diesem Zusammenhang die *Frage der Besoldung der Anwaltsassessoren* an. Er verweist hierbei auf die von den Anwaltskammern auf ihrer Tagung in Einbeck am 22./23.7.1948 gefassten Entschließung, wonach u.a. die Zahl der Anwaltsassessoren unter Zugrundelegung eines einjährigen Anwärterdienstes höchstens 4 % der Zahl der zugelassenen Anwälte betragen darf. Weiterhin habe auch der Vorstand der Hanseatischen Rechtsanwaltskammer beantragt, im Verwaltungswege die Bezüge der Anwaltsassessoren neu festzusetzen, und zwar für unverheiratete Anwaltsassessoren auf 200 DM pro Monat, für verheiratete auf 250 DM pro Monat und für jedes Kind weitere 20 DM pro Monat.

JM Dr. Sträter bringt nach Erörterung der Angelegenheit in Vorschlag, die Besoldung der Anwaltsassessoren der freien Vereinbarung zu überlassen und die Senkung der Besoldung im Wege einer Kannvorschrift zu regeln.

Dr. Koch weist auf die Möglichkeit hin, dass der bestehende Anwaltsassessorenzwang mit der Konsequenz, dass eine freie Vereinbarung auch auf 0 Mark getroffen werden könne, unvereinbar sei.

Dr. Fürsen schlägt vor, durch Einführung einer Mindestgrenze, die jedoch unter dem Eindruck der Währungsreform nicht zu niedrig gehalten sein dürfe, dieser Frage zu begegnen.

Präs. Dr. Kiesselbach fasst die übereinstimmende Meinung dahin zusammen, dass die Besoldung der Anwaltsassessoren bei einer Mindestgrenze von 250 DM der freien Vereinbarung überlassen werden soll.

Dr. Koch schlägt vor, da die Regelung dieser Frage noch einer näheren Nachprüfung durch eine besondere Kommission bedürfe, die zunächst als Anregung entgegengenommen werden solle und dem ZJA die Ermächtigung übertragen würde, insoweit den Entwurf der RAO zu ändern.

Präs. Dr. Kiesselbach betont, dass durch eine derartige Ergänzung der RAO ihr Erlass, der noch vor Jahresschluss erfolgen solle, nicht hinausgezogen werden sollte. Er schlägt daher vor, den § 7 Abs. 4 des Entwurfs der RAO dahin zu ergänzen, dass die Frage der Besoldung der Anwaltsassessoren der DurchführungsVO überlassen bleibt. Die Formulierung dieser Änderung soll im Einzelnen dem ZJA übertragen werden. Gegen diesen Vorschlag wird Widerspruch nicht erhoben.

6. Vollstreckung von Räumungsurteilen.

Senatspräs. Geller verweist auf die Schwierigkeiten, die dadurch entstanden sind, dass die Wohnungsbehörden die Vollstreckung von Räumungsurteilen dadurch unmöglich machen, dass sie ihrerseits den Räumungsverpflichtigen keinen Wohnraum zuweisen und in einigen Fällen sogar die zur Räumung Verurteilten in die gleiche Wohnung wieder einweisen. Derartige Maßnahmen seien für das Prestige der Justiz untragbar. Es müsse daher erwogen werden, durch Änderung des § 4 des MieterschutzG diese Misshelligkeiten auszuräumen. Die mögliche Zuweisung von Wohnraum durch die Wohnungsbehörde müsse als Klagevoraussetzung für Räumungsklagen verlangt werden. Die Notwendigkeit einer solchen gesetzlichen Regelung würde dadurch unterstrichen, dass eine AV, die in dieser Richtung bereits erlassen worden sei, absolut einen negativen Erfolg gehabt habe.

Die Bedenken, die gegen eine gesetzliche Regelung sprechen, wurden eingehend erörtert.

Präs. Dr. Kiesselbach schlägt eine Vereinbarung der LJVerw. mit den entsprechenden Zentralbehörden der Länder vor.

JM Dr. Hofmeister verweist bei einer solchen Regelung auf die Bedenken, die sich daraus ergeben, dass die zentrale Regelung von den örtlichen Dienststellen u.U. nicht anerkannt werde, da die Leiter der Wohnungsämter in den Städten sich solchen wohl schwer unterwerfen würden.

Es besteht Einvernehmen darüber, dass zunächst jede LJVerw. von sich aus versuchen soll, mit den zuständigen Zentralverwaltungen ihres Landes Verbindung aufzunehmen, um so den Weg einer konkreten Lösung zu finden.

7. Altersgrenze der Richter (Belassung von Hilfsrichtern im Amt über die Altersgrenze hinaus).

Dr. Koch teilt mit, dass die Frage der Verwendung von Hilfsrichtern über die Altersgrenze hinaus durch die Verhältnisse in Nordrhein-Westfalen von der MR, die es als unzulässig betrachte, aufgeworfen sei und bittet um Stellungnahme und Erörterung der Frage.

Dr. Demme erklärt, dass in Niedersachsen die Hilfsrichter mit dem 68. Lebensjahr, also der Erreichung der Altersgrenze für Planbeamte, ausscheiden.

Dr. Bleibtreu berichtet, dass die Angelegenheit inzwischen durch eine Verfügung dahin geregelt worden sei, dass die Hilfsrichter in Zukunft mit Erreichung der Altersgrenze von 68 Jahren aus dem Dienst ausscheiden.

8. Verwaltungsgerichtsbarkeit und Justizverwaltungsangelegenheiten.

Dr. Koch referierte den Sachverhalt. Er weist darauf hin, dass mit Schreiben vom 19.6.1948 das ZJA der Legal Division vorgeschlagen habe, Justizverwaltungsakte der Rechtsprechung der Verwaltungsgerichte dadurch zu entziehen, dass als Gerichte im Sinne der VO Nr. 141 [9.2.1948] über die Gerichtsbarkeit in Verwaltungssachen auch der mit Justizverwaltungsaufgaben betraute richterliche Beamte gelten soll. Dieser Vorschlag habe jedoch bei der Legal Division keinen Anklang gefunden. In ihrer Antwort habe sie darauf hingewiesen, dass beim Erlass der VO die ausdrückliche Absicht bestanden habe, den Rechtsweg vor den Verwaltungsgerichten auch für die Anfechtung beamtenrechtlicher Akte auch vor den Justizbehörden zu eröffnen. In dem Schreiben der Legal Division sei weiter die Auffassung vertreten, dass für eine große Zahl von Justizverwaltungsakten die Verwaltungsgerichtsbarkeit gemäß Art. 2 Abs. 1 der VO Nr. 141 ausgeschlossen sei, da es sich um Entscheidungen auf dem Gebiete der freiwilligen Gerichtsbarkeit handle, oder reine Ermessensentscheidungen betroffen seien, für die nach Art. 3 Abs. 3 der VO Nr. 141 eine Tätigkeit der Verwaltungsgerichtsbarkeit kaum in Frage käme. Die MR habe in ihrem Schreiben gebeten, den Standpunkt der LJM zu dieser Frage einzuholen.

Nach Erörterung wird einstimmig eine Entschließung der LJM dahin angenommen, dass Justizverwaltungsentscheidungen von der Verwaltungsgerichtsbarkeit ausgenommen seien und sie, soweit erforderlich, der ordentlichen Gerichtsbarkeit in besonderen Kammern und Senaten unterstellt werden müssten.

Senatspräs. Geller weist darauf hin, dass die Verwaltungsgerichtsbarkeit, die nach der VO Nr. 165 der Aufsicht des Ministerpräs. unterstellt worden sei, in Nordrhein-Westfalen durch Delegation nunmehr dem Innenminister unterstellt worden sei. Da eine solche Delegation im Gesetz nicht vorgesehen sei, regt er eine Stellungnahme dahingehend an, dass die Verwaltungsgerichtsbarkeit den Justizbehörden unterstellt werden solle.

Dr. Bleibtreu weist darauf hin, dass eine echte Delegation hier nicht vorliege, sondern nur eine Geschäftsübertragung. Eine Abänderung könne nur durch ein neues Gesetz erreicht werden, in dem die Unterstellung unter die JM verankert würde.

Dr. Koch fasst übereinstimmend die Meinung der Anwesenden dahin zusammen, dass die Verwaltungsgerichtsbarkeit mit der Justiz vereint werden müsse. Wenn dieses Ziel nicht zu erreichen sei, müsse das mindere Erfordernis angestrebt werden, die Verwaltungsgerichtsbarkeit der Dienstaufsicht der Justiz zu unterstellen. Dieses sei jedoch nur im Wege der Änderung der VO Nr. 165 möglich. Bei Übereinstimmung der Meinungen erschiene es zweckmäßig, dieses als Wunsch und Entschließung an die MR heranzutragen.

Der Vorschlag von Dr. Koch wurde mit einer Stimmenthaltung (Schleswig-Holstein) angenommen.

9. Behandlung früherer Richter und StA (Planstelleninhaber innerhalb der Brit. Zone) nach Durchführung der Entnazifizierung.

Senatspräs. Geller trägt zunächst eine von ihm in einem Gutachten eingenommene Stellungnahme zu dieser Frage vor. Zusammengefasst ergibt sich hieraus, dass die Entnazifizierten oder Kategorisierten in dem Falle, wo die MR einen Bescheid als „dismissed, removed" oder „not approved" erteilt hat, keinen Rechtsanspruch auf Wiedereinstellung besitzen, sondern sie als entlassen anzusehen sind.

JM Dr. Sträter widerspricht dieser Schlussfolgerung. Nach seinen Besprechungen zu diesem Punkt habe die Control Commission mündlich stets den Standpunkt eingenommen, dass diejenigen Beamten, denen persönlich nichts zur Last gelegt werden konnte, im Amt verblieben wären und ihre zeitweilige Entfernung nur eine Suspendierung im Sinne des Deutschen Beamtenrechts sei. Dieser Standpunkt der MR sei zuletzt am 30.3.1948 mitgeteilt worden, wonach die in Kategorie V Eingestufen einen Wiedereinstellungsanspruch hätten. Er habe die MR dann darauf hingewiesen, dass dieselben Widereinstellungsansprüche auch solche Beamte hätten, die ohne Berufsbeschränkung in die Kategorien III und IV eingestuft worden seien. Der Sachbearbeiter der MR habe diese bedauerliche Konsequenz erkannt und ihm erklärt, dass man nach einem gesetzlichen Wege suchen müsse, um dieser Konsequenz auszuweichen.

Die Anerkennung des Rechtsanspruchs auf Wiedereinstellung habe nicht nur das Urteil des Hamburgischen Verwaltungsgerichts vom 19.6.1948 ausgesprochen, sondern auch das LG Düsseldorf habe einen Anspruch auf Zahlung des Gehaltes eines Beamten anerkannt. Es würde im Augenblick in Nordrhein-Westfalen geprüft, inwieweit der § 27 des Umstellungsgesetzes die geeignete Möglichkeit zur Lösung dieser Wiedereinstellungsfrage endgültig Kategorisierter bietet.

JM Dr. Hofmeister stellt sich gleichfalls auf den Standpunkt von JM Dr. Sträter. Er führt dazu näher aus, dass bei den Entlassungen 1945/46 allen Beamten gesagt worden sei, dass es hiergegen die Möglichkeit der Berufung gäbe. Die formularmäßigen Bescheide auf eine solche Berufung hätten damals gelautet: 1. Ihre Berufung hatte Erfolg. 2. Ihre Entlassung wird hiermit widerrufen. Diese Formulierung lasse klar erkennen, dass die vorübergehende Entlassung lediglich eine Suspension im Sinne des Deutschen Beamtenrechts wäre.

Dr. Demme verweist noch auf die besonderen Ungerechtigkeiten, die auftreten würden, wenn man sich der Rechtsansicht von Senatspräs. Geller anschließen würde, dass dann diejenigen, die gleich nach dem Zusammenbruch ihre Wiedereinstellung betrieben hätten und daraufhin einen Bescheid als dismissed et moved oder approved erhalten hätten, ihrer Beamtenrechte verlustig gegangen sein sollen, oder diejenigen, die sich nicht gemeldet haben und bis heute gewartet haben, ihre Beamtenrechte noch hätten.

Dr. Koch stellt hierzu fest, dass nach überwiegender Meinung diejenigen Beamten, die ohne Berufsbeschränkung in Kategorie IV und V eingestuft sind, einen Rechtsanspruch auf Wiedereinstellung haben, d.h., dass die Justiz praktisch sich wieder so aufbauen würde, wie sie 1945 vor dem Zusammenbruch dastand. Dieses führt in der Justiz zu untragbaren Verhältnissen, da die erfolgreich Kategorisierten als unabsetzbare Richter übernommen werden würden. Eine solche Praxis könne jedoch nicht der Sinn der Demokratisierung sein. Das rechtspolitische Eintreten für eine unabhängige Justiz würde hierdurch stark beeinträchtigt, wenn man der Bevölkerung personell dieselbe Justiz präsentiere, wie sie vor 1945 bestanden habe. Die MR kenne und teile diese Sorgen, es müsse zumindest für die Justiz eine Lösung angestrebt werden, nach der es möglich sei, in die Kategorie IV und V ohne Berufsbeschränkung eingestufte Beamten 1. nach Prüfung wieder einzusetzen, 2. sie zu versetzen, 3. sie in den Wartestand zu versetzen.

Dr. Drexelius tritt den Ausführungen von Dr. Koch bei und weist darauf hin, dass die Länder ein solches Gesetz nicht würden erlassen können wegen des Art. 129 der Weimarer Reichsverfassung. Ein solches Gesetz könne lediglich von der MR erlassen werden. Der Ausweg, die Frage über § 27 UmstellungsG zu lösen, erscheine bedenklich, da Maßnahmen nach diesem Gesetz nur aus Ersparnisgründen geschehen könnten.

Gegen die Frage einer gesetzlichen Regelung durch die MR werden seitens der Anwesenden verschiedene Bedenken vorgetragen, die vor allen Dingen daraus herzuleiten sind, dass es durch die VO des Erlöschens aller Beamtenverhältnisse einen zu großen Einbruch in das Gefüge des Beamtenrechts gebe, dessen endgültige Folgen man nicht übersehen könne. Außerdem ergeben sich gerade für die Justiz aus dem Gesichtspunkt der Unabsetzbarkeit der Richter hierfür nachteilige Folgen.

Präs. Dr. Kiesselbach schlägt unter diesen Umständen vor, die Frage evtl. in einem Ausschuss noch zu prüfen und alsdann mit der MR erneut zu besprechen.

Dr. Bleibtreu spricht sich entschieden gegen eine Verzögerung dieser sehr wichtigen Frage aus und hält eine sofortige Entschließung über evtl. zu treffende gesetzliche Maßnahmen für erforderlich.

Präs. Dr. Kiesselbach gibt der Meinung Ausdruck, dass eine im Moment zu dieser Frage erfolgende Abstimmung nur den Wert einer Zufallsabstimmung bilden würde.

Dr. Koch weist darauf hin, dass Mr. Rathbone, der in dieser Hinsicht bereits bei der Political Division vorstellig geworden sei, zu der Frage gern die Meinung der JM hören möchte. Er schlägt hierzu die Formulierung der Frage folgendermaßen vor: Kann die Justizverwaltung die Entnazifizierungsergebnisse so, wie sie sich im Augenblick abzeichnen, hinnehmen?

JM Dr. Hofmeister schlägt vor, da eine Einigung über die Formulierung dieser Frage bei der Schwierigkeit der Sachlage nicht zu erreichen ist, die Sache im Laufe des Abends in Einzelbesprechungen zu klären und am anderen Morgen erneut auf die TO zu setzen.

Präs. Dr. Kiesselbach stellt fest, dass Widerspruch gegen diesen Vorschlag nicht erhoben wird.

10. Unterbringung von „Old-Lace"[Spruchkammer]-Beamten.

Präs. Dr. Kiesselbach erklärt, dass aus besonderen Gründen für das ZJA und den OGH in Köln voraussichtlich schon jetzt eine der VO Nr. 163 der MR gleichlautende VO erlassen würde. Mr. Rathbone habe hierzu angeregt, die Dienststelle des Generalinspekteurs als Teil des ZJA in diese geplante VO einzubeziehen. Der Generalinspekteur Dr. Meyer-Abich hat sich für seinen Geschäftsbereich einer solchen VO widersetzt und sie jedenfalls zurzeit für unzweckmäßig erklärt. Die Rechte seiner Beamten würden durch Einlösung der durch die LJM gegebenen Versprechen ausreichend gedeckt. Er sei aber ausdrücklich von dem Generalinspekteur gebeten worden, die Angelegenheit der Unterbringung der Old-Lace-Beamten noch einmal auf der LJM-Konferenz anzusprechen.

Auf die Bitte des *Präs. Dr. Kiesselbach,* der Unterbringung der Old-Lace-Beamten ihr besonderes Augenmerk zu schenken, wurde übereinstimmend festgestellt, dass das Möglichste auf diesem Gebiet getan werden würde.

Dr. Praetorius bittet, trotz der vorgeschrittenen Zeit auch jetzt noch Verhandlungen hinsichtlich der Herren mit den entsprechenden Verwaltungen aufzunehmen, die vor dem Zusammenbruch im Bereich der Bahn oder Post als juristische Beamte gewesen wären. Es sei nicht zu verstehen, warum diese Beamte nicht wieder in ihre alten Geschäftsbereiche zurücktreten sollten.

Präs. Dr. Kiesselbach sagte zu, dass er diese Anregung an Herrn Dr. Meyer-Abich weitergeben wolle.

11. Änderung der Justizausbildungsordnung (Abnahme der Prüfungen durch Justizbeamte a.D.).

Dr. Koch erklärt, dass die Personallage in der Justiz den Gedanken aufgebracht habe, die JustizausbildungsO dahingehend zu ändern, dass auch Beamte a.D. als Vorsitzende und Beisitzer der Prüfungskommission tätig werden könnten. Zu diesem Zwecke habe das ZJA eine AbänderungsVO der JustizausbildungsO entworfen (s. Anl. 1). – Die Änderungsvorschrift wird den Anwesenden im Entwurf vorgelegt. –

JM Dr. Sträter äußert Bedenken hiergegen. Es sei ein wohlerworbener und bis 1936 nicht berührter Grundsatz, Prüfungen von Männern aus der Praxis, die mit den Gerichten in lebendiger Verbindung stünden, abnehmen zu lassen. Für das Land Nordrhein-Westfalen sei die Personallage auch nicht so, dass ein zwingender Grund für eine derartige Änderung gegeben sei.

JM Dr. Hofmeister betont, dass er für die Zukunft an der geplanten Änderung kein Interesse habe, jedoch für die rückwirkende Zeit den Erlass einer solchen

Änderungsvorschrift begrüßen würde, da die Personallage in Niedersachsen es notwendig gemacht habe, einen Justizbeamten a.D. mit dem Vorsitz der Prüfungskommission zu beauftragen. Es wird weiterhin die Frage erörtert, in Zukunft den LJM die Dienstaufsicht über die Prüfungsämter zu übertragen.

Es herrscht *Übereinstimmung* dahin, der vom ZJA entworfenen 2. VO zur Änderung der JustizausbildungsVO wird mit folgender Änderung zugestimmt: a) Art. II Abs. 1 – Art. I Ziff. 2–7 treten mit Wirkung vom 1.8.1948 in Kraft. b) Art. II Abs. 2 – Art. I Ziff. 2 tritt mit Ablauf des 31.3.1949 außer Kraft.

Dr. Drexelius stellt zur Erörterung, ob die Streichung von § 14 Abs. 2 und die Änderung von § 70 Abs. 2 notwendig und richtig ist. Die Notwendigkeit etwaiger Änderungen soll vom ZJA nochmals überprüft werden.

12. Frage der Anrechnung der Untersuchungshaft, die zwischen dem Urteil der 1. Instanz und dem Urteil oder Beschluss der Revisionsinstanz liegt.

JM Dr. Sträter stellt die Frage in positivem Sinne zur Erörterung und gibt der Meinung Ausdruck, man solle die Entscheidung der Rechtsprechung überlassen.

Dr. Koch weist auf § 60 StGB hin, der die Möglichkeit der Anrechnung der Untersuchungshaft gibt und macht auf eine in dieser Richtung ergangene Entscheidung des OLG in Kiel aufmerksam.

Dr. Moericke trägt gegen eine besondere gesetzliche Regelung keine Bedenken, wenn sie in Form einer Kann-Vorschrift erlassen wird.

Präs. Dr. Kiesselbach schlägt vor, die Entscheidung der Frage der Rechtsprechung des OGH zu überlassen, der GStA in Köln solle angewiesen werden, einen solchen Fall zur Entscheidung zu bringen. Falls die Entscheidung im negativen Sinne aus, so könne man die Frage der gesetzlichen Regelung erneut erörtern.

Die Sitzung wurde um 20 Uhr unterbrochen und am 29.10.1948 um 9 Uhr fortgesetzt.

9. Behandlung früherer Richter und StA (Planstelleninhaber innerhalb der Brit. Zone) nach Durchführung der Entnazifizierung.

Präs. Dr. Kiesselbach stellt gemäß dem am Vortage gefassten Entschluss erneut Punkt 9 zur Erörterung und schlägt folgende Entschließung der Minister vor: In Erwägung des Umstandes, dass die Beamten aller anderen Verwaltungen mit Ausnahme der Richter versetzbar sind, dass aber im Interesse einer gesicherten und unanfechtbaren Justiz gerade bei der Wiedereinstellung entnazifizierter Richter eine Versetzung in ein anderes Amt mit niedrigerem Endgrundgehalt oder an einen anderen Dienstort eine unabweisbare Notwendigkeit ist, wird das ZJA ersucht, dahingehende Vorschläge, die den Erlass von Ausnahmebestimmungen zur Folge haben, evtl. nach vorangehender Besprechung mit der MR zu machen.

JM Dr. Hofmeister regt für die weitere Bearbeitung des Problems eine Ergänzung der zu entwerfenden Bestimmungen dahin an, dass für den Fall des Besetztseins der Planstelle der Rechtsanspruch erloschen sein soll.

Dr. Moericke betont, es müsse in der Bestimmung klar zum Ausdruck kommen, dass es bei der angestrebten gesetzlichen Regelung sich um eine Ausnahmebestimmung handle und dass eine ausdrückliche Kennzeichnung als solche vorgenommen würde.

Präs. Dr. Kiesselbach erklärt, dass die Entschließung nur den Sinn haben könne, die Versetzung eines Beamten in ein anderes Amt (mit niedrigerem Endgrundgehalt) zu erreichen. Die Regelung der Frage, ob das höhere Gehalt seiner früheren Stelle verändert werden soll, sei ausschließlich Sache der Finanzminister der Länder. Es sei ferner davon auszugehen, dass die geplanten gesetzlichen Bestimmungen nur für Betroffene im Sinne der Entnazifizierungsbestimmungen gelten können.

Die Entschließung wurde einstimmig angenommen.

13. Erhöhung der Gerichtskosten, Anwaltskosten und Notarkosten.

Dr. Brümmer stellt den Vorschlag zur Erörterung, jede Gerichtskostenrechnung um 25 % heraufzusetzen.

Dr. Koch erklärt, dass gegen eine solche Regelung erhebliche Bedenken sprechen. Die Justiz könne unmöglich bei der allgemeinen Preissteigerungstendenz ein derart schlechtes Beispiel geben. Zu erwägen wäre vielmehr, nur bestimmte erfahrungsgemäß zurückgebliebene Kosten zu erhöhen.

Folgende Kostenerhöhungen könnten z.B. in Betracht kommen:

1. Erhöhung der Revisionsgebühren,

2. Erhöhung der Streitwerte a) nach § 10 Abs. 1 Gerichtskostengesetz, bei einem Streit über das Bestehen oder die Dauer eines Miet- oder Pachtverhältnisses und bei Ansprüchen auf Räumung, b) Streitwert in nichtvermögensrechtlichen Streitigkeiten,

3. Einschränkung der Gebührenfreiheit,

4. Abbau der Gebührendegression,

5. Anpassung der Auslagen für Schreibgebühren an die wirklichen Auslagen.

Als weiteres Problem weist *Dr. Koch* auf die Schwierigkeiten hin, die in der Justiz aus den großen Armenrechtskosten erwachsen. Zur Lösung dieser Frage müsse angestrebt werden, dass diejenigen Stellen, die die Armutszeugnisse ausstellen, auch die Armenrechtsbewilligungskosten tragen müssen.

Dr. Bleibtreu tritt den Vorschlägen von Dr. Koch bei und betont, dass nur eine Prüfung der Einzelposten den gewünschten Erfolg bringen könne.

Dr. Koch hält es zur Lösung der Frage unumgänglich, eine Referentenkommission einzusetzen.

Dr. Moericke schneidet die Frage der Kosten in Gnadensachen an. Er hält es für möglich, hier die Bearbeitung in Zukunft von der Entrichtung einer Gebühr abhängig zu machen.

Dr. Drexelius widerspricht diesem Gedanken aus dem Gesichtspunkt, dass die Erhebung von Gebühren dem Wesen der Gnade widerspreche.

JM Dr. Sträter erklärt sich gegen eine generelle Erhöhung der Anwaltsgebühren aus denselben Gründen, die von *Dr. Koch* zur Frage der Erhöhung der Gerichtskosten vorgetragen sind.

Präs. Dr. Kiesselbach fasst das Ergebnis der Erörterungen dahin zusammen, dass zur Prüfung der Frage der Erhöhung einzelner Gerichtskosten eine Kommission, bestehend aus einem Sachbearbeiter des niedersächs. JMin. und einem

Sachbearbeiter der Senatskommission für die Justiz in Hamburg eingesetzt werden soll mit dem Ziele der gesetzlichen Erledigung der Frage bis zum 1.1.1949.

Die Frage der Erhöhung der Anwaltskosten soll nicht weiter bearbeitet werden. Die Möglichkeit, die Kosten nach dem „gemeinen Wert“ zu berechnen, soll besonders erörtert werden.

14. Beteiligung des Generalanwalts beim Obergericht an Verfahren vor den ordentlichen Gerichten und Verwaltungsgerichten.

Dr. Koch teilt mit, dass, nachdem am 14.10.1948 eine Kommission des Justizkollegiums den Entwurf einer AV über den Geschäftsverkehr mit dem Generalanwalt beim Bizonalen Obergericht geschaffen hatte, der niedersächs. JM nunmehr eine Änderung angeregt hätte. In dem Entwurf von Niedersachsen soll der OGH für die Brit. Zone in Erscheinung treten. Eine Ergänzung dahin sei jedoch nicht zu begrüßen, da die Fassung des Justizkollegiums, die nur die AG und LG hervorhebt, die höheren Gerichte aber lediglich durch das Wort „auch“ mit einbezieht, vermeidet, dass die AV auch nur den Anschein erweckt, streitige Kompetenzfragen regeln zu wollen, eine Aufgabe, die allein Sache der Gerichte ist.

Nach Erörterung der Bedenken im Einzelnen erklären sich Nordrhein-Westfalen und Schleswig-Holstein für den Erlass einer AV gemäß der Frankfurter Formulierung. Hamburg ist der Meinung, ohne AV auskommen zu können, während Niedersachsen seine Bedenken gegen die Frankfurter Formulierung nach nochmaliger Durchprüfung geneigt ist, zurückzustellen.

15. Änderung von Vorschriften auf dem Gebiete der Gerichtsverfassung – Verlängerung der Fristen in den Übergangsvorschriften auf dem Gebiete der Gerichtsverfassung vom 27.1.1948 VOBl. BZ S. 1.

Dr. Koch berichtet dahin, dass am 31.12.1948 folgende Fristen der Übergangsvorschriften der VO zur Änderung von Vorschriften auf dem Gebiete der Gerichtsverfassung der bürgerlichen Rechtspflege und des Kostenrechts vom 27.1.1948 ablaufen:

1. Art. 6 Nr. 3: Verpflichtung der Richter, auf Anordnung des OLG-Präs. innerhalb des OLG-Bezirks jegliche Art von richterlichen Geschäften sowie von Geschäften der JVerw. bei jedem ordentlichen Gericht wahrzunehmen.

2. Art. 6 Nr. 4: a) Vorsitz in den Kammern der LG: Der Vorsitz kann übertragen werden: 1. einem bei dem LG angestellten Richter, 2. auch einem *Hilfsrichter*, der als *Richter* ständig angestellt ist, oder früher angestellt war, oder der als *Rechtsanwalt* zugelassen war.

Vorsitz in den Senaten der OLG: Der Vorsitz kann übertragen werden: einem bei dem OLG angestellten Richter

b) Nr. 4 b: Hilfsrichter bei den OLG: Außer ständig angestellten Richtern dürfen berufen werden: früher ständig angestellte *Richter*, früher zugelassene *Rechtsanwälte*. Die Verlängerungsnotwendigkeit der Fristen wird zur Erörterung gestellt.

JM Dr. Hofmeister glaubt bei der in Niedersachsen gegebenen Personallage auf eine Verlängerung der Fristen in Art. 6 Nr. 4 verzichten zu können.

Dr. Bleibtreu betont das dringende Interesse von Nordrhein-Westfalen an der Verlängerung gerade der Fristen des Art. 6 Nr. 4, da die Möglichkeit nicht bestünde, die Stellen mit geeigneten Beamten zu besetzen.

Da auch hinsichtlich der anderen Fristen unter den Ländern aus der Verschiedenheit der Verhältnisse sich ergebende Meinungsverschiedenheiten festzustellen sind, schlägt *Präs. Dr. Kiesselbach* folgenden Kompromiss vor:

1. Verlängerung der Fristen nach Art. 6 Nr. 3 (freie Versetzbarkeit der Richter innerhalb des OLG-Bezirks) bis 31.12.1949.

2. Verlängerung der Fristen gemäß Art. 5 Nr. 4 a) und b) bis 1.7.1949.

16. Unterbringung von verdrängten Beamten und Angestellten in der Justizverwaltung.

ORR Jess berichtet von den bisher für eine Wiederbeschäftigung der aus den besetzten ehemaligen deutschen Ostgebieten verdrängten Beamten unternommenen Schritten. Nachdem zunächst die Personalien der noch nicht wieder beschäftigten verdrängten Beamten zentral erfasst worden seien, sei vom ZJA der Versuch unternommen, mit dem Flüchtlingsausschuss beim Zonenbeirat Fühlung zu nehmen, um evtl. auf der politischen Ebene eine Lösung der Frage zu erreichen. Der Flüchtlingsausschuss hat sich zuletzt am 12.10.1948 mit dieser Frage befasst und beschlossen, den Parlamentarischen Rat zu bitten, bei der Ausarbeitung des künftigen Grundgesetzes die Gesetzgebung und die Weisungsbefugnis auf dem Gebiete des Flüchtlingswesens dem Bund vorzubehalten und ein Bundesministerium für Flüchtlingsangelegenheiten zu schaffen. Man ist sich darüber klar, dass mit der bisherigen Landesgesetzgebung auf diesem Gebiete nicht weiterzukommen ist.

Bei dieser Sachlage erscheint die Erörterung weiterer Schritte innerhalb der JVerw. der Länder der Brit. Zone nicht zweckmäßig, zumal die Justiz in Niedersachsen und Schleswig-Holstein auch zum Teil über 50 % Flüchtlingsrichter und StA aufgenommen hat.

ORR Jess gibt anschließend noch ein Schreiben des Schl.-Holst. Richtervereins vom 15.10.1948 zur Kenntnis, in dem auf die besondere Notlage der Flüchtlingsjuristen hingewiesen wird.

17. Rechtsschutz deutscher Angeklagter vor ausländischen, insbesondere französischen, belgischen und luxemburgischen Gerichten.

Dr. Bleibtreu bittet um Erörterung der aufgrund der Besprechungen der LJVerw. vom 23.7.1948 beschlossenen Richtlinien. Danach sei man einig gewesen, dass gerichtliche Vereinbarungen nach Art von Rechtshilfevereinbarungen in Frage kommen. Der entscheidende Unterschied liege jedoch darin, dass im normalen Rechtshilfeverkehr die Ersuchen von einer Behörde veranlasst werden, während vorliegend auch Rechtshilfeersuchen von Einzelpersonen (Angeklagten und Verteidigern) über die Rechtsschutzstelle für Kriegsgefangene und Zivilarbeiter im Ausland in Hamburg geleitet werden sollen. Gegen dieses Verfahren seien strafprozessuale Bedenken erhoben.

JM Dr. Hofmeister erklärt, dass in seinem Geschäftsbereich diese Bedenken bisher nicht laut geworden wären. Man hätte den Ersuchen nach dem allein möglichen

Gesichtspunkt der Hilfe für die Kriegsgefangenen stattgegeben und die formalen Bedenken zurückgestellt.

JM Dr. Sträter und *Dr. Drexelius* vertreten übereinstimmend ebenfalls den Standpunkt, dass formelle Bedenken zurückgestellt werden müssten.

Dr. Koch verliest Richtlinien des JMin. Stuttgart vom 2.8.1948, die eine Regelung in diesem Sinne vorsehen (vgl. Anl. 2). Es wird beschlossen, im Sinne dieser Richtlinien auch in der Brit. Zone einheitlich vorzugehen.

18. Behandlung der Verbrechen gegen die Menschlichkeit durch die StA.

Dr. Moericke nimmt Stellung zu dem Schreiben des ZJA vom 9.10.1948 zum Kontrollratsgesetz Nr. 10. Er gibt der Befürchtung Ausdruck, dass bei den angewiesenen StA Unklarheiten entstehen würden. Vor allen Dingen herrschten abweichende Vorstellungen darüber, was in Zukunft als Bagatellangelegenheit anzusehen sein würde.

Dr. Praetorius unterstreicht die Bedenken von Dr. Moericke und bringt das Schreiben des JM Dr. Katz vom 23.10.1948 (vgl. Anl. 3 [fehlt in den Akten]) zur Verlesung.

Dr. Koch legt eingehend die Gründe dar, die zu dem Schreiben des ZJA vom 9.10.1948 geführt haben. Einer der maßgeblichen Ausgangspunkte für dieses Schreiben sei gewesen, in jedem Falle eine Verewigung der Verfahren wegen Verbrechens gegen die Menschlichkeit zu vermeiden.

Dr. Bleibtreu erklärt, dass er das Schreiben nur in diesem Sinne aufgefasst habe und er diesen Schritt auch als begrüßenswert bezeichnen würde.

19. Auslieferung in die russische Besatzungszone und Vollstreckung von Haftbefehlen aufgrund von Gesuchen aus der russ. Besatzungszone.

JM Dr. Hofmeister äußert, von einem Einzelfall ausgehend, Bedenken gegen die Auslieferung von Personen, die wegen Wirtschaftsvergehen in der Ostzone gesucht werden, da dieser Grund oft nur als Tarnung für eine politische Auslieferung verwandt würde. Es wäre zu begrüßen, wenn die MR nur mit Einverständnis der deutschen Stellen in solchen Fällen ausliefern würde.

RegDir. Görtz erklärt, dass in Hamburg in solchen Fällen nur mit Einverständnis der deutschen Stellen durch die MR ausgeliefert werde, schriftliche Abmachungen hierüber beständen jedoch nicht.

Dr. Drexelius betont, dass der oberste Grundsatz in der Behandlung aller dieses Gebiet berührenden Fragen der sein müsse, dass gegenseitige Rechtshilfe geleistet wird. Ein anderer Standpunkt sei im Interesse der Rechtseinheit unmöglich einzunehmen. Abweichende Entscheidungen können nur für den Einzelfall geprüft und zugelassen werden.

Dr. Koch unterstreicht die Bedeutung dieser Meinung und verliest hierzu ein Schreiben des Chefs der Deutschen Justizverwaltung der Sowjetischen Besatzungszone in Deutschland vom 21.9.1948, das im Interesse der Aufrechterhaltung einer einheitlichen Rechtspflege Strafvollstreckungsersuchen in den Ländern der sowjetischen Zone durchgeführt werden würden (s. Anl. 4).

LG-Dir. Oyen erklärt, dass das Verfahren in Nordrhein-Westfalen in der gleichen Weise wie in Hamburg geübt würde. Vor Entscheidung würden stets die

Ermittlungsakten angefordert. Dieses Verfahren sei eingebürgert worden aufgrund von ausdrücklichen schriftlichen Anweisungen der MR von Okt. 1947 und Feb. 1948.

LG-Dir. Oyen wirft weiter die Frage auf, ob eine Änderung der Strafprozessordnung zu erwägen sei, wenn offensichtlich unzulängliche Strafvollstreckungsersuchen eingingen und bringt in diesem Zusammenhang ein Urteil eines Volksrichters aus der russ. Besatzungszone zur Verlesung, das in seiner juristischen Haltbarkeit starke Bedenken auslöse. Da es zur Erörterung dieser Frage noch einer weiteren Vorprüfung bedarf, wird beschlossen, die Sache auf die nächste TO der JM-Konferenz zu setzen.

20. Übertragung der Gnadenbefugnisse seitens der Ministerpräsidenten der Länder.

Dr. Moericke wirft die Frage auf, ob nach der Anordnung Nr. 1 der MR gemäß VO Nr. 67 die GStA nunmehr völlig aus dem Gnadenverfahren ausgeschieden seien.

LG-Dir. Oyen glaubt, dass in der Anordnung der MR eine Änderung der bisherigen Regelung nicht getroffen sein soll. In Nordrhein-Westfalen sei vielmehr weiterhin der GStA als Beschwerdeinstanz in das Verfahren eingeschaltet geblieben. Die Meinung der Anwesenden ging übereinstimmend dahin, dass man den GStA weiterhin in dem Verfahren als Beschwerdeinstanz eingeschaltet lassen sollte.

21. Mitteilung in Strafsachen.

Dr. Moericke spricht sich für eine Neuregelung der Mitteilung in Strafsachen aus.

Dr. Koch stellt nach Erörterung nunmehr fest, dass in der englischen Zone zur Frage der Neuregelung übereinstimmend eine positive Meinung bestehe. Bei der Eilbedürftigkeit der Angelegenheit und der bisher eingenommenen Haltung der Länder der übrigen Westzone erscheine es zweckmäßig, einheitlich durch das ZJA in Übereinstimmung mit den Ländern der Brit. Zone notwendige Verfügungen zu erlassen.

Gegen diesen Vorschlag erhebt sich kein Widerspruch.

22. Wahl des Vorsitzenden des Justizkollegiums.

Die Angelegenheit ist außerhalb der TO erledigt worden.

23. Ärztekammern und ärztl. Berufsgerichte.

Der Punkt wurde von Schleswig-Holstein zurückgenommen.

24 Tagungen der OLG-Präs.

JM Dr. Hofmeister erbittet die Stellungnahme der Konferenz zu der Frage, ob neben den JM-Konferenzen und dem Justizkollegium in Frankfurt noch die Notwendigkeit eines Zusammentreffens der OLG-Präs. der Brit. Zone bestehe. Bedenken gegen ein weiteres Zusammentreffen dieses Gremiums bestünden einmal in finanzieller Hinsicht, zum anderen aber wäre er der Meinung, dass die OLG-Präs. zum Teil rein politische und Verwaltungsfragen erörterten, die sich zweifellos ihrer Zuständigkeit entzögen.

JM Dr. Hofmeister schneidet in diesem Zusammenhang die Frage weiterhin an, ob es nicht zweckmäßig wäre, den Kreis der im Justizkollegium zusammentreffenden Personen lediglich auf die Minister zu beschränken und die Einzelarbeit vorweg durch Referentenbesprechungen erledigen zu lassen. Bei der augenblicklichen großen Mitbeteiligung von Referenten sei das Justizkollegium jedenfalls nicht besonders arbeitsfähig.

JM Dr. Sträter schließt sich in vollem Umfange den Ausführungen von JM Dr. Hofmeister, vor allem bezüglich der OLG-Präs.-Zusammenkünfte an und gibt die Anregung, dass Präs. Dr. Kiesselbach den OLG-Präs. im Einzelnen von der Stellungnahme der Minister Kenntnis geben möge.

Dr. Praetorius teilt mit, dass auch JM Dr. Katz sich bei einer gelegentlichen Erörterung zu dieser Frage gegen die Tagungen der OLG-Präs. ausgesprochen hätte.

Dr. Koch spricht sich für eine Fortsetzung der Zusammenkünfte der OLG-Präs. aus, vor allem im Hinblick darauf, dass die wertvollen Anregungen der Praxis von den gesetzgebenden Instanzen nicht entbehrt werden können.

Präs. Dr. Kiesselbach erklärt, dass das Fortbestehen der Zusammenkünfte der OLG-Präs. auf eine Anordnung von ihm im Okt. 1946 zurückginge, zu einer Zeit also, da die LJVerw. noch nicht bestanden hätten. Er habe diese Anordnung seinerzeit getroffen, um die Verbindung mit der Praxis nicht abreißen zu lassen.

Präs. Dr. Kiesselbach hebt hervor, dass bereits bei früheren Gelegenheiten in dieser Konferenz Klarheit darüber geherrscht habe, dass mit der Zeit eine Aktivierung der Chefpräsidenten in der Rechtsprechung anzustreben sei. Dieser Meinung habe er auch insbesondere bei der Ernennung der drei jüngsten Chefpräsidenten in Braunschweig, Köln und Düsseldorf in persönlicher Besprechung Ausdruck verliehen. Trotzdem sei auch er der Meinung, dass die OLG-Präs.-Zusammenkünfte wertvolle Anregungen böten, die man sich nutzbar machen solle.

JM Dr. Sträter gibt der Meinung Ausdruck, dass im Falle der Durchführung der OLG-Präs.-Tagungen auf jeden Fall erreicht werden müsse, dass die Besprechungen dieses Gremiums auf Rechtsfragen beschränkt bleiben müssen und keine politischen Fragen erörtert werden könnten, wie dies in letzter Zeit wiederholt geschehen wäre. Etwaige Entschließungen zu politischen Tagesfragen seien in jedem Fall dem JM als der zuständigen Instanz zuzuleiten und nicht anderen Stellen. Der gleiche Weg müsse auch hinsichtlich des Protokolls dieser Tagung eingehalten werden, das allein dem JM übersandt werden sollte und nicht anderen Instanzen zugänglich sein könnte.

JM Dr. Sträter wiederholt seinen Vorschlag, Präs. Dr. Kiesselbach möge in privater Besprechung diese Frage mit den Chefpräsidenten erörtern.

Präs. Dr. Kiesselbach schlägt vor, die Frage zunächst außerdienstlich mit dem Herrn OLG-Präs. Dr. Kuhnt im Sinne der von Seiten der Landesminister vorgetragenen Bedenken zu erörtern. Er würde in der Besprechung zum Ausdruck bringen, dass die LJM an sich eine Aufhebung dieser Tagungen angestrebt hätten, sie jedoch ihre Bedenken gegen das weitere Zusammentreffen der OLG-Präs. zurückgestellt hätten, wenn eine Beschränkung auf die sachlich zuständigen Aufgaben erreicht würde. Hinsichtlich des Protokolls schlägt er vor, dieses allein den JMin. zuzusenden und eine Abschrift an das ZJA gehen zu lassen. Mit diesem Vorschlag erklären sich die Anwesenden einverstanden.

Die Sitzung wurde um 12.45 Uhr geschlossen.

Als Zeitpunkt der nächsten Konferenz wurde Mitte Januar 1949 in Aussicht genommen.

Dr. W. Kiesselbach

Anlage I

Entwurf Zweite VO zur Änderung der Justizausbildungsordnung.

Art. I. Die JustizausbildungsO für die Brit. Zone in der Fassung der VO zur Änderung der JAO vom 29.9.1948 (VOBl. BZ S. 299) wird wie folgt geändert:

1. In § 5 werden dem Abs. 3 die Worte angefügt: „und des Landesjustizministers (der Senatskommission für die Justizverwaltung in Hamburg."

2. In § 7 wird folgender neuer Abs. 4 eingeschoben: „(4) Die Fähigkeit zur Wahrnehmung der Geschäfte des Vorsitzenden, seines Stellvertreters oder eines Mitglieds des Prüfungsamts (Abs. 2, 3) dauert mit dem Eintritt in den Ruhestand fort."

3. In § 7 wird der bisherige Abs. 4 fortan Abs. 5 und erhält folgende Fassung: „(5) Die Mitglieder einschließlich des Vorsitzenden und seines Stellvertreters beruft der Landesjustizminister (die Senatskommission für die Justizverwaltung in Hamburg) und zwar die Universitätslehrer auf Vorschlag auf Vorschlag des Rektors der Universität."

4. In § 8 Abs. 2 treten an die Stelle der Worte „der Oberlandesgerichtspräsident" die Worte „der Landesjustizminister (die Senatskommission für die Justizverwaltung in Hamburg)."

5. Der § 9 wird gestrichen.

6. In § 14 wird der zweite Absatz gestrichen.

7. in § 15 erhält der vierte Absatz folgende Fassung: „(4) Bei zweimaligem Misserfolg in der gesamten Prüfung kann der Landesjustizminister (die Senatskommission für die Justizverwaltung in Hamburg) in besonderen Ausnahmefällen die nochmalige Wiederholung der Prüfung gestatten, nötigenfalls unter bestimmten Auflagen. Über einen entsprechenden Antrag berichtet der Oberlandesgerichtspräsident, zu dessen Bereich das Prüfungsamt gehört."

8. In § 30 erhält der zweite Satz folgende Fassung: „Gegen die Entscheidung des Oberlandesgerichtspräsidenten findet Beschwerde an den Landesjustizminister (die Senatskommission für die Justizverwaltung in Hamburg) statt."

Art. II

Art. I Ziff. 2 und 7 treten mit Wirkung vom 1.10.1948, die übrigen Bestimmungen mit Verkündung dieser VO in Kraft.

Art. I Ziff. 2 tritt mit Ablauf des 30.9.1951 außer Kraft. Von diesem Zeitpunkt an wird Abs. 5 des § 7 in der neuen Fassung (Art. I Ziff. 3) Abs. 4.

X. Protokoll der außerordentlichen Konferenz am 6.12.1948 im ZJA in Hamburg*I*.

Teilnehmer:

ZJA für die Brit. Zone: Justizpräs. Dr. Kiesselbach, Vizepräs. Dr. Koch, Abt.-Präs. Dr. Klaas, Justizdirig. Dr. Petersen, ORR Dr. Lüders, Vortr. Rat Dr. Bülow (zeitweise)
LJMin. NRW: MinDir. Dr. Bleibtreu
LJMin. Niedersachsen: JM Dr. Hofmeister
LJMin. Schleswig-Holstein: RegDir. Dr. Praetorius
LJVerw. Hamburg: Senatssyndikus Dr. Drexelius, RegDir. Görtz

II. Tagesordnung:
1. Beamtenrechtliche Auswirkungen der Denazifizierung
2. Erhöhung der Gerichtskosten
3. Verlängerung der Aussetzungs-VO
4. Einzelrichter in Ehesachen
5. Sonstiges

III. Protokoll: Präs. Dr. Kiesselbach führt den Vorsitz und eröffnet um 16.30 Uhr die Konferenz. *1. Beamtenrechtliche Auswirkung der Denazifizierung.*

Dr. Koch nimmt Bezug auf die Beratungen zu Ziff. 9 der TO des Treffens der LJM in Horn am 28./29.10.1948 und legt den Entwurf einer VO über die Behandlung von der Entnazifizierung betroffener Richter unter Erläuterungen der einzelnen Paragraphen vor. Die MR habe es abgelehnt, selbst eine entsprechende VO zu erlassen, habe jedoch das ZJA hierzu ermächtigt. Ob die kategorisierten Richter einen Rechtsanspruch auf Wiederverwendung haben, solle durch diese VO nicht entschieden werden. Nicht erfasst würden durch diese Bestimmungen solche Richter, die seit dem 8.5.1945 bereits wieder eine Planstelle inne haben.

Dr. Drexelius stimmt der VO zu, äußert aber, dass an sich in Hamburg mit Rücksicht auf die örtliche Zusammenstellung der Gerichte keine Notwendigkeit vorliege, eine VO über die Versetzbarkeit der betroffenen Richter zu erlassen.

Auch *JM Dr. Hofmeister* stimmt der VO zu, bittet jedoch zu erwägen, ob die VO nicht auch auf solche betroffene Richter ausgeweitet werden könne, die bereits in eine Planstelle wieder eingesetzt seien.

Präs. Dr. Kiesselbach hält das mit Rücksicht auf die zu erwartende Beunruhigung der gesamten Richterschaft für nicht tragbar.

Dr. Bleibtreu äußert sich gleichfalls grundsätzlich zustimmend, betont aber, dass dies nur seine persönliche Meinung sei. JM Sträter sei dagegen der Auffassung, dass alle ohne Berufsbeschränkung kategorisierten Richter Rechtsanspruch auf Wiedereinstellung hätten und dass eine solche Änderung dieses Anspruchs durch Erlass einer solchen VO schweren Bedenken begegne.

Dr. Praetorius schlägt vor, anstelle dieser VO lieber die Frage des Rechtsanspruchs auf Wiederverwendung der betroffenen Richter zu klären, etwa des Inhalts: Richter, die von der MR entlassen worden sind, haben keinen Anspruch auf Wiederverwendung, wenn sie im Entnazifizierungsverfahren in Kategorie IV oder III eingestuft sind; sind sie in Kategorie V eingestuft, so haben sie keinen Anspruch auf eine Beförderungsstelle.

Präs. Dr. Kiesselbach fragt hierzu, ob Aussicht bestehe, eine solche Bestimmung durch die Landesparlamente Gesetz werden zu lassen. – Die Frage wird allseits verneint.

Präs. Dr. Kiesselbach weist darauf hin, dass das ZJA dann aber mit einer solchen VO geradezu gegen den demokratischen Willen, also diktatorisch, vorgehe, eine Handlungsweise, die er nicht verantworten zu können glaube.

Die Beratung der einzelnen Bestimmungen ergibt: Die Präambel soll vom ZJA zusammengestellt werden.

Dr. Drexelius schlägt mit allseitiger Zustimmung für § 1 folgende Fassung vor: Gegen Richter, die im Entnazifizierungsverfahren in die Kategorien III, IV oder V eingestuft worden sind, ohne dass ihnen die Fähigkeit zur Bekleidung öffentlicher Ämter oder ein etwaiger Anspruch aus ihrer früheren lebenslänglichen Anstellung aberkannt worden ist, und die seit dem 8.5.1945 weder in einer ihnen früher verliehenen Planstelle beschäftigt wurden, noch in eine andere Planstelle eingewiesen worden sind, sind die in dieser VO vorgesehenen Maßnahmen zulässig.

§ 5 soll auf Vorschlag von *Dr. Bleibtreu* so gefasst werden, dass die Frist für die bereits beschäftigten Widerrufsbeamten auf sechs Monate seit Inkrafttreten der VO verlängert wird.

Das Ergebnis der Beratung ist: Der VO-Entwurf findet Zustimmung.

Dr. Bleibtreu und *Dr. Praetorius* behalten sich eine abschließende schriftliche Stellungnahme ihrer Ministerien vor. *2. Erhöhung der Gerichtskosten.*

Dr. Petersen berichtet über den ursprünglichen Entwurf des ZJA, das neue hessische Gesetz, die Beratungen im Justizkollegium und die Bedenken des LJMin. Niedersachsen zu dem Entwurf des ZJA.

Dr. Petersen macht den Vorschlag, im Interesse der Rechtseinheit dem hessischen Gesetz zu folgen und die Gerichtsgebühren generell um 25 % zu erhöhen, darüber hinaus aber die sonstigen Bestimmungen des Entwurfs des ZJA (Gebühren für Registereinsicht, Erhöhung des Streitwertes in Ehesachen, Erhöhung der Gebühren in Miet- und Hausratssachen) zu übernehmen.

Die Beratung ergibt, dass allseits Bedenken bestehen, die Gerichtsgebühren in einer Zeit zu erhöhen, in der nachdrücklich allen Tendenzen zur Preissteigerung entgegengetreten wird. Es erscheint zweckmäßiger, diese Frage ihrer grundsätzlichen Bedeutung wegen dem kommenden Bundesgesetzgeber zu überlassen. Die Erhöhung der Einkünfte ist nicht so beträchtlich, als dass sich um ihretwillen allein diese Maßnahme lohnt und rechtfertigt. *3. Verlängerung der Aussetzungs-VO.*

Dr. Petersen berichtet, dass die Aussetzungs-VO Ende d.J. außer Kraft trete. Es sei vorgesehen gewesen, sie zu diesem Termin durch eine Vertragshilfe-VO abzulösen. Die Vorarbeiten zu einer solchen bizonalen VO seien noch nicht abgeschlossen. Es sei daher zweckmäßig, die Gültigkeit der Aussetzungs-VO bis zum Inkrafttreten dieser bizonalen VO zu verlängern.

Dr. Petersen führt weiter aus, dass die Härtebestimmung der Aussetzungs-VO geringfügig abgeändert werden müsse. Nach der bisherigen Fassung komme es darauf an, ob der Schuldner 1945 leistungsfähig gewesen sei oder nicht. Jetzt nach der Währungsreform sei es aber notwendig, auch jene Fälle zu berücksichtigen, in denen der Schuldner inzwischen seine Leistungsfähigkeit wiedererlangt oder verloren habe.

Der Vorschlag findet allseitige Zustimmung; *Dr. Bleibtreu* behält sich die endgültige Stellungnahme des JMin. NRW vor.

4. Einzelrichter in Ehesachen.

Dr. Bülow wird zugezogen. Er berichtet über die Frage der Einführung von Einzelrichtern in Ehesachen.

Die Beratung ergibt, dass es im gegenwärtigen Zeitpunkt nicht angebracht erscheint, in den organisatorischen Aufbau der Gerichte einzugreifen. Die Frage soll dem künftigen Gesetzgeber überlassen bleiben.

Dr. Bleibtreu weist noch darauf hin, dass in Nordrhein-Westfalen (mit etwa 2.500 Richtern) durch eine solche Maßnahme keine nennenswerten Einsparungen herbeigeführt werden könnten (höchstens etwa 30 Richter).

5. Justizkollegium.

Dr. Koch berichtet, dass zurzeit bei der Verwaltung für Wirtschaft zwei Gesetze ausgearbeitet werden, die Belange der Justiz betreffen, ohne dass das Justizkollegium hinzugezogen worden wäre (das Zweite Gesetz zur Vorläufigen Neuordnung von Steuern und das Gesetz zur Änderung des Bewirtschaftungsnotgesetzes). Er regt an, dass der Vorsitzende des Justizkollegiums hierüber in einem Schreiben an die Verwaltung für Wirtschaft Beschwerde führen müsse.

Ein entsprechender Entwurf findet allseitige Billigung und wird Dr. Bleibtreu zur Weitergabe an JM Dr. Sträter ausgehändigt.

Präs. Dr. Kiesselbach schließt die Sitzung um 18.30 Uhr.

XI. Protokoll der Tagung vom 3./4.3.1949 in Hamburg*I.*

Teilnehmer:
ZJA für die Brit. Zone: Justizpräs. Dr. Kiesselbach, Vizepräs. Dr. Koch, Abt.-Präs. Dr. Klaas, Justizdirig. Dr. Petersen (3.3.), Justizdirig. Dr. Gross (4.3.), ORR Dr. Lüders, ORR Jess
LJMin. Niedersachsen: JM Dr. Hofmeister, StS Dr. Moericke, MinRat Dr. Brümmer, LG-Dir. Dr. Demme, OLG-Rat Hornig
LJMin. NRW: JM Dr. Sträter, MinDir. Dr. Bleibtreu, Senatspräs. Dr. Geller, LG-Rat Dr. Thunecke
LJMin. Schleswig-Holstein: RegDir. Dr. Praetorius, LG-Dir. Fürsen, OLG-Rat Krohn
LJVerw. Hamburg: Senatssyndikus Dr. Drexelius, RegDir. Görtz, AG-Rat Sievert
Vorübergehend als Gäste:
Mr. Boulton, Director of MOJ Branch, Miss G. Mills (Dolmetscher), Generalinspekteur Dr. Meyer-Abich), Präs. der RA-Kammer Dr. Kieserling, Hamm (zeitw. stellv. Präs. der RA- Kammer Dr. Urbanczyk zu Pkt. 4), Celle

II. Tagesordnung:
Vorweg: Genehmigung des Protokolls der 8. Konferenz der LJM am 28./29.10.1948

1. Besetzung ärztlicher Berufsgerichte (Schrb. d. JMin. Schlesw.-Holst.)
2. Gesetzliche Regelung der Vergütungsansprüche der Rechtsbeistände (ZJA)
3. Fusion der Verwaltungsrechtsräte und Rechtsanwälte in der Brit. Zone (Berufsvereinigung der Verwaltungsrechtsräte)
4. Verleihung des Notariats an Rechtsanwälte (Schreib. JMin. NRW)
5. Einrichtung der Rechtspflegerschule Wilhelmshaven (ZJA)
6. Verwaltungsgerichtsbarkeit in Justizverwaltungssachen (ZJA)
7. Missverhältnis zwischen besetzen Planstellen und Hilfsrichtern (ZJA)
8. Verlängerung der Aufgebotsfrist im Falle der Verschollenheit (ZJA)
9. Publikationsrecht des Richters an der eigenen Entscheidung (ZJA)
10. Verkehr der Industrie- und Handelskammern mit den Gerichten (ZJA)
11. Lohnsteuerliche Behandlung der Nebenbezüge der Justizbeamten (Schrb. JMin. NRW)
12. Änderung der Reichskostenordnung (Schrb. ZJA v. 23.3.1949)
13. Änderung der StPO
   a) Empfehlung d. Special Control Commission Court
   b) Beteiligung von Laienrichtern in den Strafkammern
14. a) Auslieferung in die russ. Besatzungszone und Vollstreckung von Haftbefehlen aufgrund von Gesuchen aus der russ. Besatzungszone (Prot. d. Tg. v. 28./29.10. P 19)
   b) Interzonale Strafvollstreckung (Schrb. JMin. NRW)
15. Angabe der Zugehörigkeit zu einer Religionsgemeinschaft in einer Kriminalstatistik (ZJA)
16. VO über die Aufhebung der Spruchgerichte und zur Überleitung der Spruchgerichtsverfahren auf die ordentlichen Gerichte (ZJA)
17. Verlängerung der Fristen des § 5 der VO über die Behandlung von der Entnazifizierung betroffener Richter v. 4.1.1949 (Schrb. JMin. Nieders.)
18. Beerbung Ausgebürgerter (ZJA)
19. Verschiedenes
   a) Volksdeutsche als Richter (Schrb. JMin. Nieders.)
   b) „Rechtspflege" im Grundgesetzentwurf des Parlamentarischen Rates.

III. Protokoll

Präs. Dr. Kiesselbach führt den Vorsitz und eröffnet um 10.30 Uhr die Sitzung.

Vorweg: *Genehmigung des Protokolls der 8. Konferenz der LJM am 28./29.10.1948.* Das Protokoll der achten Konferenz der LJM am 28./29.10.1948 wird genehmigt.

1. Besetzung ärztlicher Berufsgerichte.

Die Frage der Einrichtung der ärztlichen Berufsgerichte und ihrer Besetzung wird erörtert. Die Referenten der LJM legen im Einzelnen die bisherige Entwicklung der Angelegenheit in ihren Ländern dar. Hierbei ergeben sich weitgehende Abweichungen. Übereinstimmend wird jedoch festgestellt, dass es zu einer Ausübung der ärztlichen Berufsgerichtsbarkeit im Augenblick an einer gesetzlichen Grundlage fehlt. In Niedersachsen und Hamburg ist daher eine Regelung der Angelegenheit durch Landesgesetz in Vorbereitung.

Die *übereinstimmende Auffassung* geht dahin, dass die Regelung der ärztlichen Berufsgerichtsbarkeit Angelegenheit der Länder ist und dass es zweckmäßig erscheint, die Vorsitzenden der Berufsgerichte durch die LJM zu bestellen*2. Gesetzliche Regelung der Vergütungsansprüche der Rechtsbeistände.*

Dr. Petersen berichtet über die Bemühungen des Verbandes der Rechtsbeistände e.V. in Düsseldorf, den bisher gesetzlich nicht geregelten Vergütungsanspruch des Rechtsbeistandes gegen seine Klienten durch eine Gebührenordnung nach dem Muster der Gebührenordnung für Rechtsanwälte gesetzlich zu regeln und dabei eine Erhöhung der aufgrund der Richtsätze für die Erstattungsfähigkeit der Kosten eines Rechtsbeistandes üblichen Sätze von drei Viertel der Anwaltsgebühren zu erreichen.

Dr. Bleibtreu und *OLG-Rat Hornig* erklären übereinstimmend, dass bisher innerhalb ihres Geschäftsbereichs Missstände irgendwelcher Art, die eine gesetzliche Regelung im Augenblick notwendig machen, nicht hervorgetreten seien.

Dr. Bleibtreu betont dabei, dass man diese Frage allerdings für die weitere Zukunft im Auge behalten solle.

Präs. Dr. Kiesselbach stellt fest, dass bei der gegensätzlichen Meinung zweier LJVerw. eine weitere Erörterung der Angelegenheit nicht zweckmäßig erscheint.

Es herrscht *Übereinstimmung* dahin, die Frage der gesetzlichen Regelung der Vergütungsansprüche der Rechtsbeistände zunächst nicht weiter zu verfolgen. *3. Fusion der Verwaltungsrechtsräte und Rechtsanwälte in der Britischen Zone.*

Dr. Koch berichtet über den Sachstand, insbesondere die Einigungsverhandlungen, die zwischen der Vereinigung der Anwaltskammern der Brit. Zone und der Berufsvereinigung der Verwaltungsrechtsräte in Nordrhein-Westfalen zu einer vorläufigen grundsätzlichen Einigung dahin geführt haben sollen, zunächst keine Neuernennungen von Verwaltungsrechtsräten mehr zuzulassen, die vorhandenen Verwaltungsrechtsräte jedoch, soweit sie die Fähigkeit zum Richteramt haben, zur Rechtsanwaltschaft zuzulassen. Dr. Koch betont die Notwendigkeit der Erörterung der Frage.

Dr. Bleibtreu bestätigt die vorerwähnten Vereinbarungen, die allerdings zu einem abschließenden Ergebnis noch nicht geführt hätten, da noch Differenzen bestünden, welche Verwaltungsrechtsräte als Rechtsanwälte übernommen werden könnten. Fraglich sei vor allem die Zulassung derjenigen Gruppe, die lediglich das Regierungsassessorexamen bestanden hätten. Man verhandle z.Zt. über einen Kompromissvorschlag, die letztgenannte Gruppe zur Rechtsanwaltschaft zuzulassen mit der Einschränkung, nur vor Verwaltungsgerichten aufzutreten. Die zuständigen Stellen der Landesverwaltungen seien sich darüber einig, dass ein Fortbestehen des Instituts der Verwaltungsrechtsräte nicht zweckmäßig sei.

OLG-Rat Hornig erklärt, dass im Gegensatz hierzu das Innenministerium von Niedersachsen beabsichtige, auch weiterhin Verwaltungsrechtsräte zu ernennen und diese Institution auch auf die früher nichtpreußischen Gebietsteile Niedersachsens auszudehnen. Für die Notwendigkeit des Weiterbestehens würde vor allem auf die große Zahl der noch nicht wieder beschäftigten Verwaltungsbeamten hingewiesen, die sonst nicht untergebracht werden könnten. Das JMin. in

Hannover verträte den gleichen Standpunkt wie Nordrhein-Westfalen. Abschließendes in dieser Angelegenheit könne jedoch nicht gesagt werden, da der erwartete Bericht des Innenministeriums noch nicht vorläge.

OLG-Rat Krohn erklärt für Schleswig-Holstein, dass vom Innenministerium eine Verwaltungsanordnung im Entwurf vorliege, wonach die Einrichtung von Verwaltungsanwälten, die auch beim AG zugelassen sein sollen, geplant ist.

Dr. Koch betont, dass er es im Interesse der Einheit der Justiz für unzweckmäßig halte, eine Teilung der Anwaltschaft in Rechtsanwälte und Verwaltungsanwälte zu unterstützen. Eine einheitliche Rechtsanwaltschaft müsse vielmehr als wichtiges Bindeglied zwischen der ordentlichen und der Verwaltungsjustiz angestrebt werden. Das ZJA sei daher bereit, im Einvernehmen mit der Anwaltschaft eine gesetzliche Regelung der Frage anzustreben.

JM Dr. Sträter gibt der Meinung Ausdruck, dass die z.Zt. in Nordrhein-Westfalen schwebenden Verhandlungen in 14 Tagen eine Entscheidung bringen würden und empfiehlt, diese Entscheidung abzuwarten.

Auf Vorschlag von Herrn *Präs. Dr. Kiesselbach* wird die Angelegenheit bis zur nächsten Ministerkonferenz vertagt. Es herrscht Übereinstimmung dahin, dass eine gesetzliche Regelung der Angelegenheit im Sinne einer einheitlichen Anwaltschaft erwünscht erscheint.

4. Verleihung des Notariats an Rechtsanwälte: Punkt 4 der TO wird auf den zweiten Verhandlungstag verlegt.

5. Einrichtung der Rechtspflegerschule Wilhelmshaven.

Da noch Unklarheiten über die Zahl der Teilnehmer und die entsprechenden finanziellen Beiträge der einzelnen Länder bestehen, wird auf Vorschlag von *Dr. Koch* eine Kommission zur Klärung dieser Fragen eingesetzt, bestehend aus:

für das ZJA: ORR Gundlach, für Nordrhein-Westfalen: MinRat Dr. Hensel, für Niedersachsen: LG-Rat Dr. Schultz, für Schleswig-Holstein: RegR Schönke, für Hamburg: AG-Rat Dr. Sievert.

Dr. Drexelius erklärt, dass sich Hamburg an dieser Schule nicht beteiligen werde, da sich die Ausbildung in Hamburg wegen des stadtstaatlichen Charakters dieses Bezirks auch ohne besondere Zusammenfassung in einer derartigen Schule wirkungsvoll durchführen lasse; Hamburg werde die Einheitlichkeit der Ausbildung nicht gefährden, da es bereit sei, die Ausbildungsrichtlinien der Rechtspflegerschule Wilhelmshaven und eine etwaige kommende Ausbildungsordnung für Rechtspfleger strikt zu beachten.

6. Verwaltungsgerichtsbarkeit in Justizverwaltungssachen.

OLG-Rat Hornig trägt den bereits schriftlich dem ZJA im Schreiben vom 15.2. mitgeteilten Standpunkt des Landes Niedersachsen vor, der grundsätzlich dem VO-Entwurf des ZJA über die Verwaltungsgerichtsbarkeit in Justizverwaltungssachen zustimmt.

Dr. Praetorius erklärt, dass er von JM Dr. Katz ausdrücklich gebeten sei, erneut die Frage aufzuwerfen, ob die Loslösung der Justizverwaltungssachen aus der allgemeinen Verwaltungsgerichtsbarkeit erforderlich sei. JM Dr. Katz hielte dieses nicht für erforderlich, spräche sich daher grundsätzlich gegen den VO-Entwurf des

ZJA aus. Herr JM Dr. Katz habe diese Ansicht dem ZJA auch in einem Schreiben vom 1.3.1949 übermittelt.

Präs. Dr. Kiesselbach stellt hierzu fest, dass die gesetzliche Regelung im Sinne des VO-Entwurfs des ZJA auf der achten Ministerkonferenz in Bad Horn mit Stimmenthaltung von Schleswig-Holstein zum Beschluss erhoben sei und die Frage daher nur nochmals zur Erörterung gestellt werden könne.

JM Dr. Hofmeister und *Dr. Bleibtreu* betonen übereinstimmend die Notwendigkeit, die Justizverwaltungsangelegenheiten durch besondere Instanzen der Justiz wahrnehmen zu lassen.

Dr. Drexelius erklärt, dass er für Hamburg, da hier eine weitgehende Personalunion zwischen Justizgerichten und Verwaltungsgerichten bestehe, an der praktischen Seite der Frage nicht interessiert sei. Er habe jedoch Bedenken, ob ein LG immer besser über Ermessensfragen (z.B. Rechtsanwaltszulassung) entscheiden könne.

Dr. Bleibtreu erklärt demgegenüber, dass diese Bedenken durch Einrichtung geeignet besetzter Kammern ausgeräumt werden könnten. Grundsätzlich erschiene ihm jedoch die Nachprüfung von Justizverwaltungssachen durch die Verwaltungsgerichtsbarkeit schon aus der Stellung der Justiz als dritte Gewalt im Staate nicht möglich.

Dr. Praetorius weist darauf hin, dass der jetzige Zustand nur dann änderungsbedürftig wäre, wenn erwiesenermaßen Missstände aufträten. Hierzu läge jedoch in Schleswig-Holstein keinerlei Veranlassung vor. Er teilt für den Fall der Übertragung der Gerichtsbarkeit in Justizverwaltungssachen auf die Justiz den Vorschlag seines Ministers dahingehend mit, dass als erste Instanz das OLG und als zweite Instanz der OGH zweckmäßig erscheine.

Dr. Koch weist auf die Bedenken der Konzentrierung aller Justizverwaltungssachen bei einem OLG hin.

Zur Frage der Hinzuziehung von Laienbeisitzern zu Justizverwaltungsgerichten äußern sich *JM Dr. Hofmeister* und *JM Dr. Sträter* zustimmend.

OLG-Rat Hornig schneidet die Frage der Beteiligung der StA als Vertreterin des öffentlichen Interesses an.

Die Meinungen zu diesem Punkte gehen dahin, dass die Beteiligung der StA in den einzelnen Fällen dem Ermessen der Justizverwaltung überlassen bleiben muss.

Ein Beschluss zu diesem Punkt der TO wurde nicht gefasst.

7. Missverhältnis zwischen besetzten Planstellen und Hilfsrichtern.

Präs. Dr. Kiesselbach bittet um Äußerung der LJM zu der Frage, ob die bereits in der vorigen JMK erörterten Probleme des Missverhältnisses zwischen besetzten Planstellen und Hilfsrichterstellen in der Zwischenzeit einer Lösung entgegengeführt werden konnten.

Die Erklärungen der LJM gehen übereinstimmend dahin, dass das Missverhältnis in kurzer Zeit behoben sein würde, da laufend Einweisungen in Planstellen vorgenommen würden. Eine völlige Beseitigung könne allerdings wohl schwerlich erreicht werden, da trotz des starken Arbeitsanfalls der Justiz an eine Vermehrung der Planstellen nicht gedacht werden könne, sondern lediglich die Mittel für Hilfsrichterstellen zur Verfügung gestellt würden.

JM Dr. Hofmeister betont die Notwendigkeit, die politischen und finanziellen Gesichtspunkte dieser Frage mit den leitenden Persönlichkeiten der MR zu erörtern.

8. Verlängerung der Aufgebotsfrist im Falle der Verschollenheit.

Dr. Petersen berichtet, dass die VO des ZJA vom 14.6.1948 (VOBl. BZ S. 137) in der Annahme erlassen sei, die deutschen Kriegsgefangenen würden bis Ende 1948 zur Entlassung kommen. Da diese Voraussetzung nicht eingetreten sei, frage sich, ob gesetzgeberische Maßnahmen angebracht seien. Das ZJA rate hiervon ab, da die Gerichte nach gegenwärtiger Rechtslage bereits durch entsprechend lange Bemessung der Aufgebotsfrist eine vorzeitige Todeserklärung vermeiden könnten.

OLG-Rat Hornig legt den Entwurf einer Verlautbarung vor, die er den Gerichten mitzuteilen vorschlage (s. Anlage).

Nach Aussprache wird beschlossen: Das ZJA möge eine derartige Verlautbarung (keine allgemeine Verfügung!) im ZentralJBl. bekanntgeben.

9. Publikationsrecht des Richters an der eigenen Entscheidung.

Dr. Klaas berichtet von vereinzelten Missständen, die sich bei der Publikation richterlicher Entscheidungen ergeben hätten.

Es wird erörtert, inwieweit es als korrekt angesehen werden könne, wenn ein Richter die von ihm selbst verfassten Entscheidungen einer Rechtszeitschrift gegen Entgelt zur Veröffentlichung anbiete.

Nach Aussprache besteht Einmütigkeit darüber:

a) dass von dem einzelnen Richter kein Urheberrecht an den gerade von ihm selbst verfassten Entscheidungen zustehe,

b) dass richterliche Entscheidungen von jedermann zur Publikation gebracht werden könnten, also auch von dem Richter selbst, der die Begründung verfasst habe,

c) dass die beim ehemaligen RG und auch bei anderen Gerichten bestehende Praxis, die Entgelte in einer Pensionskasse der Richter und StA anzusammeln, begrüßenswert sei,

d) dass eine Honorierung des Einsenders dann gerechtfertigt sei, wenn er durch Sammlung von Urteilen, Kürzung des Textes oder in sonstiger Weise zusätzliche Arbeit geleistet habe,

e) dass es Sache des Disziplinarvorgesetzten sei, einzuschreiten, falls ihm etwaige Missstände zu Ohren kämen.

10. Verkehr der Industrie- und Handelskammern mit den Gerichten.

Dr. Petersen berichtet, dass Industrie- und Handelskammern vereinzelt unmittelbar an Gerichte herangetreten seien, mit der Aufforderung, in gewissen Fällen genossenschaftsrechtlicher Art grundsätzlich Rückfrage bei den Industrie- und Handelskammern zu halten.

Nach Aussprache wird festgestellt: 1. Es ist unerwünscht, dass die Industrie- und Handelskammern in grundsätzlichen Fragen unmittelbar mit den Gerichten verkehren. Es steht ihnen jedoch frei, ihre Wünsche an die LJM zwecks Weiterleitung an die Gerichte heranzutragen. – 2. Es wird den einzelnen LJM, in deren Bereich sich derartige Übergriffe zugetragen haben, überlassen, bei den Wirtschaftsministern dieses unkorrekte Verhalten der Industrie- und Handelskammern zur Sprache zu bringen.

11. Lohnsteuerliche Behandlung der Nebenbezüge der Justizbeamten. – Der Punkt wird im Einvernehmen mit *JM Dr. Sträter* von der TO abgesetzt.

12. Änderung der Reichskostenordnung.

RegDir. Görtz erklärt, dass die Angelegenheit von Hamburg noch einmal aufgegriffen worden sei aus dem Gesichtspunkt der besonderen wirtschaftlichen Notlage der Nur-Notare, die durch die augenblickliche ReichskostenO z.T. in kleinen Sachen ihr Notariatsgeschäft mit Verlust betreiben müssen. Er weist darauf hin, dass innerhalb des Saargebiets die Notargebühren um 30 % erhöht wären und dass Rheinland-Pfalz eine ähnliche Erhöhung plane. Um eine generelle Erhöhung zu vermeiden, wird angeregt, nur einzelne Punkte zur Erhöhung herauszunehmen.

OLG-Rat Hornig spricht sich aus Gründen der Rechtseinheit und der Preissenkungstendenz gegen eine Erhöhung der Notargebühren aus. Er verweist insbesondere auf den Zusammenhang zwischen Notar- und Gerichtskosten, die in ihrer gesetzlichen Behandlung eng aufeinander abgestimmt seien.

JM Dr. Sträter weist darauf hin, dass man sich mit dem Gedanken einer Sonderregelung wohl vertraut machen müsse, da eine gesetzliche Regelung durch den zukünftigen Bund wegen vordringlicher anderer Gesetzgebungsarbeiten nicht zu erwarten sei.

JM Dr. Hofmeister schlägt vor, durch Einschaltung des Justizkollegiums die Rechtseinheitlichkeit zu wahren.

RegDir. Görtz weist auf die Bedenken dieses Weges hin, da hierdurch eine erhebliche Verzögerung einträte, eine Hilfe in dieser Angelegenheit aber vordringlich sei.

Dr. Koch betont, dass die englische MR wohl schwerlich geneigt sein würde, eine Sonderregelung für Norddeutschland zuzulassen und in jedem Falle Nachfrage halten würde, wie die Angelegenheit in Süddeutschland behandelt würde.

Es herrscht Übereinstimmung dahin, dass die Angelegenheit zunächst vor das Justizkollegium gebracht werden soll.

13. Änderung der StPO.

a) Empfehlung des Special Control Commission Court: Dr. Klaas berichtet über gewisse Empfehlungen auf Abänderung der deutschen StPO, die der englische Oberrichter Inglis anlässlich des Falles Burkhardt ausgesprochen habe. Dieser habe empfohlen:

1. den Angeklagten im HV durch den StA vernehmen zu lassen (also nicht durch den Richter), um die unparteiische Stellung des Richters zu heben,

2. den Platz des StA vom Richtertisch weg auf die Ebene des Angeklagten und seines Verteidigers zu verlegen.

Legal Division Herford habe gebeten, diese Frage im Kreise der LJM zu erörtern.

Nach eingehender Aussprache besteht Einmütigkeit darüber:

a) dass diese Anregung nicht ohne grundlegende Reform der StPO möglich sei,

b) dass der gegenwärtige Zeitpunkt für eine solche Reform ungeeignet sei und dass ein selbständiges Handeln einer Besatzungszone allein die Rechtseinheit Deutschlands gefährde,

c) dass eine derartig weitgehende grundsätzliche Reform der StPO nur auf Beschluss eines gesamtdeutschen Parlaments durchgeführt werden sollte.

13. b) Beteiligung von Laienrichtern in den Strafkammern.

Dr. Klaas stellt zur Debatte, ob, nachdem jetzt Schöffen- und Schwurgerichte wieder eingeführt seien, auch für die Strafkammern wieder Laienbeisitzer gesetzlich vorgesehen werden sollte. – Die Aussprache ergibt, dass grundsätzlich die Beteiligung des Laienelements als erwünscht angesehen wird. Ob indessen jetzt bereits die technischen Voraussetzungen für eine entsprechende Umorganisation der Strafkammern bestehen, soll innerhalb der einzelnen LJVerw. noch geprüft werden.

14. a) Auslieferung in die russische Besatzungszone und Vollstreckung von Haftbefehlen aufgrund von Gesuchen aus der russischen Besatzungszone: Dr. Klaas berichtet über den rechtlichen und tatsächlichen Stand der Lage.

15. Angabe der Zugehörigkeit zu einer Religionsgemeinschaft in einer Kriminalstatistik.

Dr. Klaas wirft die Frage auf, ob für die Zukunft die Zugehörigkeit zu einer Religionsgemeinschaft in den Kriminalstatistiken noch aufgeführt werden soll. Er weist insbesondere darauf hin, dass in Hessen die bisher einheitliche Kriminalstatistik bereits durchbrochen sei dadurch, dass die Religionsgemeinschaft nicht mehr in die statistischen Feststellungen aufgenommen würde.

Es wird kein Widerspruch dagegen erhoben, die Zugehörigkeit zu einer Religionsgemeinschaft in den kriminalstatistischen Angaben in der Brit. Zone nicht mehr aufzuführen.

Außerhalb der TO wurde besprochen: *Gnadenpraxis in Spruchgerichtsangelegenheiten, hier: Anrechnung der Haftzeit.*

Dr. Meyer-Abich trägt vor: Das Gnadenrecht für Urteile der Spruchgerichte liege bei den Ministerpräsidenten der Länder. In der Frage, ob die Haftzeit zwischen dem erst- und zweitinstanzlichen Urteil anzurechnen sei, hätten sich in der Gnadenpraxis der einzelnen Ministerpräsidenten Unterschiede entwickelt, die von den Betroffenen als unbillig empfunden würden. In Nordrhein-Westfalen werde die Haftzeit im Allgemeinen nicht angerechnet, wohl aber in den anderen drei Ländern der Brit. Zone. er bitte die Herren LJM, an zuständiger Stelle die Anrechnung der Haftzeit anzuraten, mit Rücksicht auf die Tatsache, dass auf seine generelle Anweisung hin jetzt die Verurteilten stets am Tage des erstinstanzlichen Urteils bereits in Strafhaft überführt würden.

Nach Aussprache besteht Einmütigkeit darüber,

1. dass für diese Frage im Bereich der Brit. Zone einheitliche Handhabung der Gnadenpraxis erwünscht ist,

2. dass – soweit dies nicht bereits geschieht – allgemein den Herren Ministerpräsidenten Anrechnung zu empfehlen ist.

16. VO über die Aufhebung der Spruchgerichte und zur Überleitung der Spruchgerichtsverfahren auf die ordentlichen Gerichte. – Der Punkt wird von der TO abgesetzt, da hierüber noch weitere Erörterungen mit Nordrhein-Westfalen aufgenommen werden sollen.

17. Verlängerung der Fristen des § 5 der VO über die Behandlung von der Entnazifizierung betroffener Richter vom 4.1.1949.

Nach Erörterung der Notwendigkeit der Frage einer Fristverlängerung, die vor allen Dingen von Niedersachsen betont wurde und an der die Länder Nordrhein-Westfalen, Schleswig-Holstein und Hamburg kein Interesse haben, stellt Niedersachsen seine Bedenken zurück.

Es herrscht Übereinstimmung dahin, dass von einer Verlängerung der Fristen in der VO über die Behandlung von der Entnazifizierung betroffener Richter vom 4.1.1949 abgesehen werden soll.

18. Beerbung Ausgebürgerter.

Dr. Petersen berichtet von dem im Rechtsausschuss des Süddeutschen Länderrates ausgearbeiteten Entwurf eines Gesetzes über die Beerbung Ausgebürgerter. Wie den LJVerw. bereits in dem Schreiben des ZJA vom 18.2.1949 mitgeteilt sei, halte das ZJA im Interesse der Rechtseinheit den Erlass einer entsprechenden VO gleichen Inhalts auch im Bereich der Brit. Zone für wünschenswert.

Die Anwesenden schließen sich dem an.

Dr. Drexelius äußert, er teile diesen Standpunkt, habe aber im Übrigen Bedenken, ob die vorgesehene Regelung wirklich zweckmäßig sei.

19. a) Volksdeutsche als Richter.

Nach Erörterung der Angelegenheit wird beschlossen, die Sache noch einmal der früheren Kommission zuzuleiten. Die Kommission (Dr. Geller, Dr. Reichau, OLG-Rat Hornig) soll am 4.3. zusammentreten.

Dr. Geller teilt mit, dass er aus dienstlichen Gründen am 4.3. bereits in Düsseldorf zurück sein müsse und schließt sich der von Herrn Dr. Reichau vertretenen Ansicht an und bittet jedoch um Zuleitung der VO vor Verkündung. – Die Verhandlung der Kommissionsmitglieder Dr. Reichau und OLG-Rat Hornig wird auf den 4.3. 10 Uhr festgesetzt.

Die Sitzung wurde um 17.15 Uhr unterbrochen und am 4.3. um 10 Uhr in Anwesenheit von Mr. Boulton, Director Ministry of Justice Branch, Nachfolger von Mr. Rathbone, fortgesetzt. Nach Worten der Begrüßung durch Präs. Dr. Kiesselbach führt Mr. Boulton aus, dass er die Politik fortzusetzen wünsche, die Mr. Rathbone bisher eingeschlagen habe. Er hoffe, dass das bisherige gute Einvernehmen seiner Dienststelle zu den leitenden Herren der deutschen Justizverw. auch in Zukunft bestehen bleiben würde.

14. b) Interzonale Strafvollstreckung.

Mr. Boulton führt aus, dass die bisherige Handhabung bei Vollstreckungsersuchen aus der sowjetischen Zone bei der MR Bedenken ausgelöst habe. Er gäbe zu erwägen, ob es nicht besser sei, grundsätzlich solche Strafvollstreckungsersuchen durch die LJVerw. überprüfen zu lassen und Verhaftung und Strafvollstreckung vor dieser Überprüfung für unzulässig zu erklären. Er bitte die Herren LJM zu diesem Vorschlag schriftlich Stellung zu nehmen (Abschrift an ZJA).

Dr. Klaas sprach sich gegen eine so weitgehende Aussetzung der Vollstreckungsersuchen aus, denn

1. seien Fälle politischer Verfolgung im äußeren Rahmen eines kriminellen Verfahrens nach den bisherigen Erfahrungen recht selten,

2. es bestehe in der Frage der Strafvollstreckung ein Gegenseitigkeitsabkommen mit der deutschen JVerw. der sowjetischen Zone.

Er empfehle, den Haftanstalten der Brit. Zone bei Einlieferung von Strafgefangenen aufgrund von Ostzonenurteilen eine Berichtspflicht an den zuständigen OStA aufzuerlegen. Auf Veranlassung des OStA könnten dann die LJVerw. in Zweifelsfällen Nachprüfung vornehmen und, falls erforderlich, Unterbrechung der Strafvollstreckung anordnen.

Mr. Boulton bittet die Herren LJM, zu seinen Vorschlägen Stellung zu nehmen.

Die LJM werden Kopie ihrer Stellungnahmen dem ZJA übersenden.

Außerhalb der TO trägt *Dr. Klaas* vor, dass kürzlich im LG-Bezirk Stade auf Anordnung des örtlichen Legal Officer Urteile deutscher Gerichte aufgehoben seien. Er bringt in Erinnerung, dass die Legal Division Herford seinerzeit zugesagt habe, dass künftig vor Aufhebung deutscher Urteile das ZJA gehört werde.

Mr. Boulton äußert, dass diese Absicht nach wie vor bestände und sagt unverzügliche Überprüfung der Angelegenheit zu.

4. Verleihung des Notariats an Rechtsanwälte.

Präs. Dr. Kiesselbach begrüßt RA Dr. Kieserling und RA Dr. Urbanczyk als Vertreter der Anwaltschaft und bittet zunächst Herrn Dr. Kieserling um Darlegung des von der Vereinigung der Anwaltskammern vertretenen Standpunktes.

RA Dr. Kieserling und *RA Dr. Urbanczyk* teilen eingehend ihre voneinander abweichenden Standpunkte unter Belegung mit Zahlenbeispielen im Einzelnen mit.

Dr. Koch regt an, zunächst vor Erörterung weiterer Einzelheiten darüber eine Entscheidung herbeizuführen, ob entgegen den früheren Erwartungen überhaupt noch einmal eine Koordinierung der abweichenden Standpunkte versucht werden soll oder nicht.

JM Dr. Hofmeister und *OLG-Rat Krohn* betonen, dass es bei der gänzlich verschiedenen Lage innerhalb der Länder unmöglich sei, eine einheitliche Regelung anzunehmen. Jedes Land müsse vielmehr den ihm entsprechenden Weg aus politischen und sachlichen Erwägungen heraus gehen.

Präs. Dr. Kiesselbach stimmt nach weiterer Erörterung der aufgeworfenen Fragen dem zu und betont, dass die Gefahr der Zersplitterung der Rechtseinheit nicht gegeben scheint, da es sich hier mehr um die Lösung verwaltungstechnischer Fragen handelt.

Gegen den Vorschlag von Herrn Präs. Dr. Kiesselbach, es bei der Regelung der 2. VO zur Änderung der Reichsnotarordnung vom 11.10.1948 zu belassen, wird Widerspruch nicht erhoben.

Dr. Kieserling stellt gegenüber den von den Ländern vorgebrachten beamtenrechtlichen Gegengründen die von ihm vorgetragenen Bedenken zurück.

19. b) „Rechtspflege" im GG des Parlamentarischen Rates.

Präs. Dr. Kiesselbach gibt der Meinung Ausdruck, dass die beabsichtigte Änderung der Verfassungsfragen im Augenblick verfrüht und unzweckmäßig erscheint, da man erst die Auswirkung der von den Militärgouverneuren gegen die Verfassung geäußerten Bedenken abwarten muss. Er habe auch bereits Mr. Boulton auf die Angelegenheit aufmerksam gemacht und bittet die Anwesenden, ihrerseits ihr besonderes Augenmerk auf die einschlägigen Fragen zu dem Artikel der Rechtspflege, insbesondere auf die Punkte der Richteranklage und die Möglichkeit der Absetzung von Richtern zu richten.

Gegen die von Herrn Präs. Dr. Kiesselbach vorgeschlagene Meinung werden Bedenken nicht erhoben.

Die Sitzung wurde um 13 Uhr geschlossen. Als Zeitpunkt der nächsten Ministerkonferenz wurde Anfang Mai 1949 in Aussicht genommen. JM Dr. Hofmeister schlug im allseitigen Einvernehmen Niedersachsen als Tagungsland vor. Genauer Zeitpunkt und Ort (Pyrmont, Einbeck) sollen noch näher bestimmt werden.

Dr. Kiesselbach.

Anlage zum Protokoll der JMK am 3./4. März 1949 in Hamburg

Nach der VO des ZJA vom 14.6.1948 (VOBl. BZ S. 137) beginnt die Frist des § 4 Abs. 1, § 7 Abs. 1 des Verschollenheitsgesetzes vom 4.6.1949 mit dem 1.7.1948. Von diesem Zeitpunkt an sind demgemäß Anträge auf Todeserklärungen zulässig.

Das ZJA ist bei Erlass der VO vom 14.6.1948 davon ausgegangen, dass die deutschen Kriegsgefangenen bis Ende 1948 entlassen würden. Diese Erwartung hat sich nicht erfüllt. Das ZJA hat deshalb erwogen, ob etwa der Zeitpunkt, von dem an Anträge auf Todeserklärungen zulässig sind, hinauszuschieben sei. Das ZJA hat jedoch geglaubt, von einer solchen Änderung absehen zu sollen, da auch im Rahmen der geltenden Bestimmungen der Tatsache, dass die Kriegsgefangenen aus Russland noch nicht in dem erwarteten Umfange zurückgekehrt sind, Rechnung getragen werden kann. Der gesetzlich festgelegte Rahmen, innerhalb dessen die Aufgebotsfrist festgesetzt werden kann, beträgt nach § 21 des VerschollenheitsG sechs Wochen bis ein Jahr. In besonderen Fällen kann nach § 21 Abs. 2 die Aufgebotsfrist sogar auf mehr als ein Jahr bestimmt werden. Der Rahmen ist also so weit gespannt, dass das Gericht in der Lage ist, in Fällen der Verschollenheit die Aufgebotsfrist recht geräumig festzusetzen.

XII. Protokoll der (10.) Tagung vom 17./18.6.1949 in Bad Pyrmont

I. Teilnehmer:

ZJA für die Brit. Zone: Justizpräs. Dr. Kiesselbach, Vizepräs. Dr. Koch, ORR Dr. Lüders, ORR Jess

LJMin. Niedersachsen: JM Dr. Hofmeister, StS Dr. Moericke, MinRat Dr. Brümmer, LG-Dir. Dr. Demme, OLG-Rat Hornig

LJMin. NRW: JM Dr. Sträter, MinDir. Dr. Bleibtreu
LJMin. Schleswig-Holstein: JM Dr. Katz, LG-Dir. Fürsen, OLG-Rat Krohn
LJVerw. Hamburg: Senatssyndikus Dr. Drexelius, RegDir. Görtz
Vorübergehend als Gast:
Präs. des OLG f.d. Brit. Zone: Dr. Ernst Wolff

II. Tagesordnung:
1. Genehmigung des Protokolls der neunten Konferenz der LJM am 3./4.3.1949
2. Entschädigungspflicht der Gemeinden für Maßnahmen der Wohnungsämter und Rechtsprechung
3. Dienststrafordnung für Justizbeamte (Schrb. ZJA 8.4.1949)
4. Wahrnehmung von Rechtsangelegenheiten durch Flüchtlingsvereine
5. Anhörung der örtlichen Rechtsanwaltsvertretungen bei der Anstellung und Beförderung von Richtern und StA in gehobener Stellung (Schrb. Nieders. JM v. 6.5.1949)
6. Verwaltungsrechtsräte (Schrb. JMin. NRW v. 4.5.1949)
7. Fragen zur RAO, insbes. Besoldung der Anwaltsassessoren (s. auch Prot. v. 28.10.1948, Ziff. 5)
8. Urteile der Westsektoren Berlins
9. Abschaffung der Todesstrafe
10. Amnestie
11. Maßnahmen der JVerw. zur Durchführung des Restitutionsgesetzes
12. Vorsitz in den Kammern und Senaten – Verlängerung der Frist des 30.6.1949 (Art. 6 Nr. 4 der VO v. 27.1. und 22.12.1948 – VOBl. BZ S. 13 u. 384 –)
13. Verfügungsberechtigung hinsichtlich des Vermögens des Deutschen Reiches (Niedersachsen: 2.6.1949)
14. Unterhaltszuschüsse für Referendare (Schrb. d. JMin. Kiel vom 10.6.1949)
15. Ergänzungen und Sonstiges.

III. Protokoll

Präs. Dr. Kiesselbach führt den Vorsitz und eröffnet um 14.30 Uhr die Sitzung *1. Genehmigung des Protokolls der neunten Konferenz der LJM am 3./4.3.1949.*

Das Protokoll der neunten Konferenz der LJM vom 3./4.3.1949 wird genehmigt. Die zu Punkt 6 der TO beantragte Protokolländerung wird von Schleswig-Holstein nicht weiter verfolgt.

Außerhalb der TO:

Präs. Dr. Kiesselbach erteilt zunächst Herrn *Dr. Wolff*, Präs. des OGH für die Brit. Zone, das Wort.

Dieser führt aus, dass sich die Gerüchte verdichten, wonach nicht Köln, sondern Kassel zum Sitz des obersten und der vier oberen Bundesgerichte vorgesehen werde. Das habe erhebliche Besorgnisse bei den in Köln ansässigen Richtern des Obersten Zonen-, aber auch des bizonalen Obergerichts ausgelöst. In Köln, nicht aber in Kassel, bestehe enger Kontakt zu den Universitäten. Die Bibliotheksverhältnisse in Kassel seien besonders ungünstig. Wichtig sei aber gerade auch der enge Kontakt der oberen Bundesgerichte untereinander, der in Köln gewährleistet sei, während Kassel seiner gedrängten Raumverhältnisse wegen wohl nur *ein* oberes Bundesgericht aufnehmen könne.

JM Dr. Katz versichert, dass die Entscheidung über den Sitz der Bundesgerichte ausschließlich beim Bundestag liege. Weder der Überleitungsausschuss noch der von den Ministerpräsidenten eingesetzte Ausschuss für Raumplanung (Vors. Ministerpräsident Arnold) könne irgendwelche Entscheidungen fällen.

JM Dr. Hofmeister weist darauf hin, dass etwaige Empfehlungen dieser Ausschüsse nicht ganz ohne Einfluss auf die kommende Entwicklung seien.

Präs. Dr. Wolff bittet die anwesenden Chefs der LJVerw., ihren Einfluss dahin geltend zu machen, dass jedenfalls der Sitz des oberen Bundesgerichts für ordentliche Gerichtsbarkeit, möglichst auch der der anderen oberen Bundesgerichte, in Köln verbleibe.

2. Entschädigungspflicht der Gemeinden für Maßnahmen der Wohnungsämter und Rechtsprechung.

Die Angelegenheit ist überholt, da legislative Maßnahmen des ZJA nicht mehr in Frage kommen.

Außerhalb der TO: Zuständigkeit der Länder zur Gesetzgebung bis zum Zusammentreten des Bundestages:

JM Dr. Hofmeister bittet, zu dieser Frage Stellung zu nehmen, die auch auf der nächsten Sitzung des Justizkollegiums erörtert werden soll.

OLG-Rat Hornig ist der Ansicht, dass Art. 125 GG die zurzeit bestehenden Gesetze auf den in Art. 74 aufgeführten Gebieten schon jetzt vor Zusammentritt des Bundestages zu Bundesrecht erhebt. Infolgedessen seien die Länder insoweit nicht zur Gesetzgebung befugt. Es bestehe also für diese Gebiete ein Interregnum. Ein weiteres Problem sei, ob die Länder befugt seien, Ausführungsbestimmungen zu solchen Landesgesetzen zu erlassen, mit denen früheres Reichsrecht abgeändert sei (vgl. Art. 125 Ziff. 2 GG).

JM Dr. Katz führt aus eigener Kenntnis der Dinge aus, dass die Bestimmungen über die konkurrierende Gesetzgebung in letzter Minute durch die Verhandlungen mit den MR abgeändert seien. Seines Erachtens habe der Parlamentarische Rat mit dem Art. 122 ff. nicht das Recht zur Gesetzgebung in der Zeit vor dem Zusammentreten des Bundesrats regeln wollen; vielmehr seien durch diese Artikel die Rechtsgebiete nur für die spätere Zeit abgegrenzt worden. Daraus folge, dass die Länder vorerst zur Gesetzgebung befugt seien, da der Bund diese konkurrierenden Gebiete noch nicht habe an sich ziehen können. An sich sei es rechtspolitisch unerwünscht, dass die Länder allzu viel von dieser Befugnis Gebrauch machen; andererseits empfehle es sich für die Länder, angesichts der zu erwartenden Überlastung des Bundestages etwaige Lücken, die sich in naher Zukunft zu einem Notstand auswirken könnten, jetzt noch rasch durch Landesgesetz auszufüllen.

Dr. Drexelius macht darauf aufmerksam, dass nach Ziff. 7 des Besatzungsstatuts die Gesetze und VO der Besatzungsmächte bis zu ihrer Aufhebung weiterhin in Kraft bleiben. Daraus folge, dass die VO Nr. 41 und 57 mit den darin enthaltenen Delegierungen auch jetzt noch in Geltung sind. Das Besatzungsstatut gelte zwar erst, sobald eine Bundesregierung bestellt sei; zweifelsfrei könne aber das GG bestehendes Besatzungsrecht nicht ipso iure aufheben oder abändern. Im Übrigen sei Art. 123 die übergeordnete Norm für Art. 124 und 125. Infolgedessen behandelten auch Art. 124 und 125 nur „Recht aus der Zeit *vor* Zusammentritt des Bundestages" (s. Art. 123 Abs. 1); es werde also Bundesrecht nur für die Zeit *nach* Zusammentreten des Bundestages geschaffen. Die Länder könnten also in gleicher Weise wie bisher gemäß VO Nr. 57 der MR Gesetze erlassen.

Dr. Bleibtreu schließt sich dieser Ansicht an unter Hinweis darauf, dass Art. 122 Abs. 2 nur Sinn habe, wenn die darin genannten Körperschaften bis zu ihrer Auflösung ihre alten Gesetzgebungsbefugnisse behalten.

Dr. Koch hält dem entgegen, Art. 122 regle nur, dass die fraglichen Körperschaften zur Gesetzgebung befugt seien, nicht aber, inwieweit sie befugt seien. – Im Übrigen könnten nach dem GG die Länder nach Zusammentreten des Bundestages zweifelsfrei die in Art. 125 genannten Gesetze nicht mehr abändern; im Sinne des Art. 72 Abs. 1 habe der Bund insoweit gewissermaßen von seinem Gesetzgebungsrecht bereits Gebrauch gemacht. Diese „fingierte Bundesgesetzgebung" läge aber im Grunde schon vor Zusammentritt des Bundestages vor; denn das GG sei bereit am 24.05. in Kraft getreten. Auf der Grundlage des Besatzungsrechtes sei Dr. Drexelius zuzustimmen.

Präs. Dr. Kiesselbach berichtet, dass das ZJA nach Ansicht der MR bis auf weiteres gemäß VO Nr. 41 zur Gesetzgebung befugt sei. Die MR habe jedoch zu erkennen gegeben, dass sie grundsätzlich nicht bereit sei, jetzt noch neue Gesetzesvorschläge des Amtes zu genehmigen. Im Übrigen werde die MR die VO Nr. 41 dahin abändern, dass das ZJA nach Zusammentritt des Bundestages nicht mehr zur Gesetzgebung befugt sei; das ZJA als Verwaltungsbehörde werde bis zu dem in Art. 130 Abs. 1 S. 2 GG genannten Zeitpunkt bestehen bleiben.

JM Dr. Sträter spricht die Frage an, inwieweit der Verfassungsgerichtshof gemäß Art. 93 befugt sei zu überprüfen, ob ein vom Bundestag erlassenes Gesetz mangels Vorliegen der in Art. 72 Abs. 2 Ziff. 3 GG genannten Voraussetzungen ungültig sei. Er befürchte, dass die Entscheidung über die konkurrierende Gesetzgebung also letztlich beim Verfassungsgericht liegen werde.

Nach Ansicht von *JM Dr. Katz* hat der Bundesgesetzgeber freien Ermessensspielraum; nur ein Ermessensmissbrauch kann vom Verfassungsgericht beanstandet werden.

Dr. Lüders macht darauf aufmerksam, dass die MR auch ohne Vorliegen von Ermessensmissbrauch einschreiten können. Laut Ziff. 5 II des Besatzungsstatuts könnten die Besatzungsbehörden das Inkrafttreten jedes Gesetzes durch ihr Veto verhindern, falls sie glauben, dass durch dieses Gesetz das GG verletzt werde (Ziff. 2 f.). Zu diesem Veto bedürfe es keiner Einstimmigkeit der Besatzungsmächte (Ziff. 6 des Abkommens über Dreimächte-Kontrolle). Der Umfang der konkurrierenden Gesetzgebung hänge also letztlich völlig von den Besatzungsmächten ab. *3. Dienststrafordnung für Justizbeamte.*

Infolge der durch das GG eingeleiteten gesetzgeberischen Entwicklung wird beschlossen, die Angelegenheit nicht weiter zu erörtern und den Punkt von der TO abzusetzen.

4. Wahrnehmung von Rechtsangelegenheiten durch Flüchtlingsvereine.

OLG-Rat Hornig referiert den Standpunkt von Niedersachsen zu dieser Frage. Er hält es für nicht bedenklich, wenn man die Flüchtlingsvereine als auf berufsständischer oder ähnlicher Grundlage gebildete Berufsvereinigung nach § 7 des Rechtsberatungsmissbrauchsgesetzes vom 13.12.1935 (RGBl. I S. 1478) ansieht, wonach die Rechtsberatung der Mitglieder keiner besonderen Erlaubnis bedürfe. Es bestünden daher keine Bedenken, die StA anzuweisen, in den Fällen der Rechtsberatung durch Flüchtlingsvereine nicht einzuschreiten.

JM Dr. Katz vertritt für Schleswig-Holstein den entgegengesetzten Standpunkt. Er hält es für nicht erwünscht, dass Flüchtlingsvereine ihre Mitglieder auf dem Gebiete der Rechtsberatung unterstützen, da hierdurch eine politisch unerwünschte Perpetuierung des Flüchtlingsbegriffs erreicht würde. Die Rechtsanwaltschaft und insbesondere die in Schleswig-Holstein auch zugelassenen Flüchtlingsanwälte könnten den Bedarf an Rechtsberatungen decken.

JM Dr. Sträter schließt sich der Meinung von Herrn JM Dr. Katz an, und ist vor allem der Meinung, dass eine Änderung des geltenden Rechts notwendig wäre, um die Rechtsberatung durch Flüchtlingsvereine zu ermöglichen.

JM Dr. Katz und *JM Dr. Sträter* treten übereinstimmend dafür ein, keine generelle Verfügung über die Zulässigkeit der Rechtsberatung durch Flüchtlingsvereine zu erlassen.

JM Dr. Hofmeister weist darauf hin, dass die Frage in Niedersachsen zur Entscheidung dränge, da zahlreiche Anfragen von Flüchtlingsvereinen und Rechtsanwälten in dieser Richtung vorlägen und unter anderem auch darauf hingewiesen sei, dass auch politische Parteien eine Rechtsberatung ihrer Mitglieder betrieben.

JM Dr. Katz weist in diesem Zusammenhang auf Art. 119 GG vom 23.5.1949 hin, wonach die letzte Entscheidung in der Frage der Flüchtlinge und Vertriebenen beim Bund liege und einer zukünftigen Entscheidung zweckmäßig nicht vorzugreifen sei.

Da im Wesentlichen die Länder Niedersachsen und Schleswig-Holstein an der Frage interessiert sind, soll die Lösung der Angelegenheit der weiteren schriftlichen Erörterung zwischen beiden Ländern überlassen bleiben.

5. Anhörung der örtlichen Rechtsanwaltsvertretungen bei der Anstellung und Beförderung von Richtern und StA in gehobener Stellung.

Dr. Moericke gibt den Inhalt eines an den Präsidenten des Niedersächsischen Landtags gerichteten Schreibens von JM a.D. Ellinghaus bekannt, wonach die Justizbehörden, insbesondere das niedersächs. JMin. sowie die Staatskanzlei gebeten werden, vor der Beförderung oder Einstellung eines Richters oder StA in gehobener Stellung die örtlichen RA-Vertretungen zu hören. Dr. Moericke betont, dass diese Frage durch die inzwischen erfolgte Verkündung des GG evtl. an Bedeutung verloren habe, da es voraussichtlich zum Erlass von Richterwahlgesetzen kommen würde. Er bittet jedoch um Mitteilung der etwa gleichlaufenden Bestrebungen in den anderen Ländern der Brit. Zone.

JM Dr. Katz erklärt, dass die Justiz zu einem solchen Vorschlage nein sagen solle, da hierdurch, in Schleswig-Holstein wenigstens, nur eine Erschwerung der Verwaltungsarbeit erreicht würde. Es seien auch Anregungen bisher an das JMin. oder an andere Landesstellen nicht gestellt worden.

Präs. Dr. Kiesselbach weist darauf hin, dass in Vergangenheit für Hamburg zwar kein gesetzlicher Zwang für eine Anhörung der Anwaltschaft bestanden habe, aber ein sehr brauchbarer Usus. Die oft sehr gute und objektive Personalkenntnis der Rechtsanwaltschaft hätte sich bei der Besetzung der Stellen in Hamburg sehr bewährt.

Dr. Drexelius teilt mit, dass der von Herrn Präs. Dr. Kiesselbach erwähnte Usus auch heute noch üblich wäre. Vor der Beförderung würde auch im augenblicklichen Stadium noch ein in einem Ausschuss zusammengefügter Personenkreis gehört, an dem auch die Rechtsanwaltschaft beteiligt sei.

JM Dr. Hofmeister betont, dass im Falle des Erlasses von Richterwahlgesetzen im den durch dieses Gesetz eingesetzten Ausschüssen selbstverständlich auch die Anwälte vertreten sein würden und dass dieser Ausschuss nicht nur für die Ernennung, sondern auch für die Beförderung von Richtern zuständig sein müsse.

JM Dr. Sträter erklärt, dass in Nordrhein-Westfalen man bisher mit einer Anregung dieser Art an ihn nicht herangetreten sei, hält aber zur Vermeidung von Fehlbesetzungen eine Anhörung der Rechtsanwaltschaft für sehr zweckmäßig.

6. Verwaltungsrechtsräte.

Dr. Bleibtreu teilt mit, dass der Landtag von Nordrhein-Westfalen eine bisher von der MR noch nicht genehmigte VO erlassen habe, in der das Institut der Verwaltungsrechtsräte aufgehoben wird.

Dr. Koch gibt eine Darlegung der Entwicklung des Instituts der Verwaltungsrechtsräte und der in letzter Zeit geführten Verhandlungen, die in Übereinstimmung vor allem mit der Vereinigung der Anwaltskammern der Brit. Zone und mit den süddeutschen Ländern zu der Regelung der den Ländern im Entwurf zugegangenen VO über die Zulassung von Verwaltungsrechtsräten zur Rechtsanwaltschaft geführt habe. Dr. Koch betont hierbei die Wichtigkeit der Tatsache, eine einheitliche Vertretung vor den Gerichten der ordentlichen Gerichtsbarkeit und der Verwaltungsgerichte zu schaffen, da eine einheitliche Rechtsanwaltschaft ein nicht zu unterschätzendes Bindeglied zwischen beiden Gerichten bilden würde und weist darauf hin, dass für den Fall, dass die VO nicht erlassen werden würde, die Bestrebungen, die Zuständigkeit der Verwaltungsrechtsräte auszudehnen bzw. ihre Zuständigkeit bezüglich der Verwaltungsgerichte ausschließlich zu machen, sich u.U. durchsetzen würde.

OLG-Rat Hornig regt an, zu diesem Zeitpunkt jedoch nicht die eben erlassene RAO zu ändern, sondern eine Ergänzungsverordnung zu erlassen. Der Kreis der zur Rechtsanwaltschaft zuzulassenden Verwaltungsrechtsräte müsste jedoch auf diejenigen beschränkt werden, die bis zu einem bestimmten Zeitpunkt in der Brit. Zone bzw. in dem Land ihren Wohnsitz gehabt hätten.

Dr. Bleibtreu weist insbesondere auf die Bedenken hin, die sich aus Art. 3 des vom ZJA auszuarbeitenden VO-Entwurfs ergäben, weil hierdurch eine starke Bevorzugung der Verwaltungsräte einträte.

Dr. Drexelius spricht sich gegen den Erlass einer solchen VO aus, da das Land Hamburg hierdurch mittelbar gezwungen würde, das Institut der Verwaltungsrechtsräte einzuführen.

JM Dr. Katz und *JM Dr. Sträter* regen übereinstimmend an, die Regelung dieser Frage einem Bundesgesetz zu überlassen.

Dr. Drexelius macht den Vorschlag, eine entsprechende VO aber ohne Wirkung für die Hansestadt Hamburg zu erlassen. Dieser Anregung schließt sich auch JM Dr. Sträter für das Land Nordrhein-Westfalen an.

Da es in Anbetracht der 9. Sitzung des Justizkollegiums, wo die gleiche Frage behandelt werden soll, angebracht erscheint, einen einheitlichen Standpunkt zu vertreten, wird Folgendes festgestellt: Die Anwesenden erklären sich nach längerer Erörterung im Grundsatz mit dem Erlass einer entsprechenden VO einverstanden. Die insbesondere von Nordrhein-Westfalen und Niedersachsen gegen den VO-Entwurf erhobenen Einwände bezüglich des Art. 3 der VO, der Erledigung der bisher nicht bearbeiteten Anträge auf Zulassung zum Verwaltungsgerichtsrat sowie die Einschränkung der Zulassung solcher Bewerber, die in der Brit. Zone ihren Wohnsitz haben, sollen in einem Ausschuss geprüft und in die VO eingearbeitet werden. Der Ausschuss soll nach der Sitzung des Justizkollegiums am 24.6. in Hamburg zusammentreten. Seine Mitglieder sind: für NRW OLG-Rat Dr. Thunecke, für Niedersachsen LG-Rat Saage, für Schleswig-Holstein OLG-Rat Krohn, für Hamburg RegDir. Götz, für das ZJA RegDir. Dr. Ule.

7. Fragen zur RAO, insbesondere Besoldung für Anwaltsassessoren.

OLG-Rat Hornig spricht die Frage der Vereidigung der Rechtsanwälte an, die z.Zt. zwei Eide zu leisten hätten, den MR-Eid und den Eid vor dem Präsidenten der Rechtsanwaltskammer. Die Angelegenheit wird erörtert, ein Beschluss wird nicht gefasst.

OLG-Rat Hornig wirft die Frage über die Bestellung von Anwaltsvertretern auf, die nach der neuen RAO des OLG-Präs. übertragen wird. Eine Rechtsgrundlage über eine Delegation auf die LG-Präs. sei nicht mehr vorhanden.

Dr. Bleibtreu hält eine Delegation auf die LG-Präs. für möglich, regt jedoch an, im Sinne einer einheitlichen Regelung innerhalb der Zone eine DurchführungsVO zu erlassen.

Die übereinstimmende Meinung geht dahin, eine entsprechende VO zu erlassen.

Die weiter von *OLG-Rat Hornig* angeschnittenen Fragen zu § 4 bezüglich der Ableistung des Anwärterdienstes, insbesondere zu der Frage des Personenkreises, der nach Abs. 2 nicht den Vorschriften über den Anwärterdienst unterliegt, wird kein Beschluss gefasst. Die Lösung dieser Frage soll der Praxis innerhalb der Länder überlassen bleiben.

JM Dr. Hofmeister hält die Frage der Verlängerung des Anwärterdienstes über zwei Jahre hinaus mit Einverständnis des vom Anwärterdienst Betroffenen für wichtig und bittet hierüber eine Bestimmung in die DurchführungsVO aufzunehmen.

Es herrscht Übereinstimmung dahin, dass gegen eine Verlängerung der Anwärterdienstzeit, deren gesetzliche Frist von einem Jahr zum Schutze der Anwaltsassessoren erlassen worden sei, keine Bedenken bestünden, wenn der im Anwärterdienst Stehende mit dieser Verlängerung einverstanden sei.

OLG-Rat Hornig und *Dr. Demme* legen die Auffassung von Niedersachsen dar, wonach für die Zulassung von Anwaltsassessoren zum Anwärterdienst das Vorliegen eines Bedürfnisses geprüft werden müsse.

Dr. Koch gibt der gegenteiligen Meinung des ZJA Ausdruck und betont, dass an einen numerus clausus für Anwaltsassessoren beim Erlass der RAO bewusst nicht gedacht sei und deshalb Einzelheiten auch nicht geregelt seien.

JM Dr. Katz und *JM Dr. Sträter* schließen sich der Meinung des ZJA an. Nach Erörterung der abweichenden Meinung stellt *Dr. Koch* fest, dass die Frage des numerus clausus der Anwaltsassessoren im Zusammenhang mit der Besoldungsfrage stände, da sie ohne diese nicht gelöst werden könne. Für die Lösung der Besoldungsfrage gäbe es nach seiner Meinung drei Wege:

1. Besoldung im Wege freier Vereinbarung zwischen Anwalt und Anwaltsassessor,

2. Festsetzung eines Mindestunterhaltsbeitrages zwischen 100 und 150 DM als Existenzminimum,

3. Festsetzung eines innerhalb der Anwaltskammern aufzubringenden Gesamtbetrages zur Bezahlung von Anwaltsassessoren, aus dem jeweils immer nur ein Teil gezahlt werden könne, während die später Gekommenen in einen besoldeten Anwaltsassessorenplatz erst aufrücken könnten bei Ausscheiden älterer Assessoren.

JM Dr. Katz, Dr. Bleibtreu und *OLG-Rat Hornig* sprechen sich für eine freie Vereinbarung der Anwaltsassessorenvergütung aus.

Dr. Drexelius weist darauf hin, dass es unbillig wäre, den Anwaltsassessoren keinen festen Unterhaltszuschuss zu gewähren, zumal sie vom Staat durch Gesetz verpflichtet würden, ein Jahr als Anwaltsassessoren zu verbringen und insoweit den Referendaren gleichzustellen seien, die Unterhaltszuschüsse bekommen. Ein gegenteiliges Prinzip müsse zur „sozialen Auslese“ führen, die seiner Meinung nach unerwünscht sei.

JM Dr. Hofmeister betont, dass die Aufgabe des Anwaltsassessoriats die richtige Konsequenz bei der augenblicklichen Lage sei.

JM Dr. Sträter regt an, die Frage mit den Rechtsanwaltskammern zu erörtern, um evtl. festzustellen, wie groß der augenblickliche Besoldungsetat wäre und inwieweit die Anwaltskammern bereit wären, den Etatbetrag auch in Zukunft aufzubringen. Im Übrigen schließt er sich der Meinung an, dass seinerzeit die Einführung des Anwaltsassessors lediglich zum Schutze der Anwaltschaft (Vermeidung der Überfüllung des Berufs) erlassen sei, dass es nunmehr erforderlich wäre, die Anwaltsassessoren abzuschaffen.

Dr. Koch weist darauf hin, dass die Anwaltsassessoren in die neue RAO übernommen seien und dass eine Änderung der AnwaltsO im augenblicklichen Zeitpunkt schwer durchzusetzen sei. Es müsse daher eine Lösung innerhalb der z.Zt. geltenden Bestimmungen gefunden werden. Nach der RAO ist die Besoldung durch eine DurchführungsVO des Präs. des ZJA zu regeln.

OLG-Rat Hornig wirft in diesem Zusammenhang die Frage auf, ob es bei der Fassung des § 7 Abs. 4 Satz 1 möglich sei, die Besoldung auch in negativem Sinne zu lösen.

JM Dr. Sträter betont, dass man in diesem Zusammenhang von dem bisherigen Zustand ausgehen müsse, wonach die Frage der Besoldung nicht im Streit sei, sondern lediglich die Höhe bzw. die zu zahlende Stelle.

Dr. Koch macht den Vorschlag, die Erörterung des ganzen Fragenkomplexes noch einmal mit den Anwaltskammern aufzunehmen und im Übrigen eine Kommission einzusetzen.

Präs. Dr. Kiesselbach schlägt vor, mit Rücksicht darauf, dass nach den gesetzlichen Bestimmungen die Besoldungsfrage von ihm nach Anhörung der Anwaltschaft zu klären ist, zunächst eine Kommission aus je einem Vertreter der vier JM und aus Vertretern der Anwaltschaft zu bilden, die unter Vorsitz des ZJA zu der Frage Stellung zu nehmen hätte. (Als Vertreter der LJMin. werden benannt: NRW: OLG-Rat Dr. Thunecke, NS: OLG-Rat Hornig, SH: OLG-Rat Krohn, Hbg.: RegDir. Görtz.)

Der Vorschlag wird angenommen.

Präs. Dr. Kiesselbach übernimmt es, die Ernennung der Anwaltsvertreter mit Herrn Prof. Fischer zu besprechen.

Die Sitzung wurde um 19 Uhr unterbrochen und am 18.6. um 9.15 Uhr fortgesetzt.

8. Urteile der Westsektoren Berlins.

Dr. Koch berichtet von einer Anordnung der MR vom 7.5.1949, die den Ländern bereits zugegangen sei oder noch zugehen werde.

Es wird allseits für zweckmäßig gehalten, dass die LJVerw. diese Anordnung durch Rundverfügung bekanntgeben (kein Abdruck im ZJBlatt).

9. Abschaffung der Todesstrafe. Die Angelegenheit ist durch das Urteil des OGH für die Brit. Zone vom 14.6.1949 zufriedenstellend erledigt.

10. Amnestie.

Dr. Koch berichtet, dass nach dem GG die Kompetenz zur Amnestie offenbar nicht beim Bund läge. Eine dahingehende Bestimmung in einem früheren Entwurf sei gestrichen worden. Die Amnestie werde allgemein als generelle Begnadigung und damit als Hoheitsakt außerhalb des Strafvollzuges und der Strafgesetzgebung angesehen.

JM Dr. Katz berichtet, dass man im Parlamentarischen Rat eine Amnestie nach Erlass des GG für angebracht gehalten habe, und zwar einheitlich für das ganze Bundesgebiet. Es empfehle sich, im Justizkollegium eine gleichlautende Amnestie in allen Ländern vorzubereiten. Auch *JM Dr. Sträter* tritt für eine Amnestie ein. *JM Dr. Hofmeister* berichtet, dass das niedersächs. Kabinett keine besondere Neigung für eine Amnestie verspüre, sich aber im Interesse der Einheit den anderen Ländern ggfs. anschließen werde. *Dr. Drexelius* spricht sich gegen eine Amnestie aus.

In der Aussprache wird überwiegend dafür eingetreten, die Amnestie nicht nur auf Wirtschaftsdelikte zu beschränken. Doch empfiehlt es sich, Verbrechen gegen die Menschlichkeit und Organisationsdelikte nicht gesondert zu erwähnen.

11. Maßnahmen der Justizverwaltung zur Durchführung des Restitutionsgesetzes.

Dr. Koch berichtet von der Absicht der MR, durch AusführungsVO zum Rückerstattungsgesetz die Wiedergutmachungsämter den AG anzugliedern. Diese hätten im Wesentlichen die Tätigkeit von Güte- und Vergleichsstellen, könnten aber auch Arreste und einstweilige Verfügungen ausbringen.

Nach Aussprache besteht Einmütigkeit darüber, dass diese Aufgabe – wie auch von der MR vorgesehen – bei der Justiz verbleiben müsse. Es sei erforderlich, besonders erfahrene Richter einzusetzen, wobei nominelle Belastungen keine Rolle spielen dürften. Zu erwägen sei, besondere A 2 b-Stellen zu schaffen.

Es wird erörtert, ob der OLG-Präs. aufgrund der VO des ZJA vom 27.1. und 22.12.1948 bis Ende des Jahres Richter gegen ihren Willen an das AG – Wiedergutmachungsamt – versetzen könne. *Dr. Drexelius* äußert Bedenken, da Art. 97 GG die VO des ZJA insoweit aufhebe.

JM Dr. Katz legt Wert darauf, dass durch gesetzliche Ausnahmebestimmung sogar über das Ende diesen Jahres hinaus die Möglichkeit geschaffen werde, Richter an diese Stelle zwangszuversetzen.

Nach Aussprache wird es allseitig als wünschenswert angesehen, dass Richter nur für die Dauer des Geschäftsjahres berufen werden. Es wird jedoch dem ZJA überlassen, abzuwarten, ob eine gesetzliche Ausnahmebestimmung auf Zwangsversetzung erforderlich sei.

Dr. Moericke regt an, in § 2 des Entwurfs der Ausführungsbestimmungen des ZJA die darin vorgesehene Ermächtigung nicht „den Ländern", sondern „den LJVerw." zu erteilen.

12. Vorsitz in den Kammern und Senaten – Verlängerung der Frist des 30.6.1949.

Dr. Koch teilt mit, dass die MR die VO zur Verlängerung der Frist inzwischen genehmigt hat. Es ist übereinstimmend Wunsch der Anwesenden, mit Ausnahme von Hamburg, das an dem Erlass der VO nicht interessiert ist, dass die VO so schnell wie möglich verkündet wird.

13. Verfügungsberechtigung hinsichtlich des Vermögens des Deutschen Reiches.

OLG-Rat Hornig berichtet von einigen Fällen, in denen Schadensersatzansprüche gegen das Land Niedersachsen wegen unschuldig erlittener Haft geltend gemacht worden seien, nachdem politische Strafurteile aus der Zeit des Dritten Reiches im Wiederaufnahmeverfahren aufgehoben seien. Seines Erachtens handle es sich jedoch hier um Verbindlichkeiten des Reiches, die nicht auf ein einzelnes Land übergegangen seien; das habe auch der Zonenausschuss für die Verwaltung von Reichs- und Staatsvermögen in gemeinsamem Beschluss vom 30.11.1948 festgestellt.

JM Dr. Katz und *Dr. Drexelius* treten dem entgegen. Die Justiz und ebenso auch die Polizei seien als Sondervermögen mit allen Rechten, aber auch allen Verbindlichkeiten auf die Länder übergegangen. Die Landesjustiz sei daher haftpflichtig, falls von einem Gericht innerhalb des Landes seinerzeit ein Fehlurteil gesprochen sei. Die Richtigkeit dieser Ansicht ergebe sich auch aus Art. 134 Abs. 3 GG.

14. Unterhaltszuschüsse für Referendare.

JM Dr. Katz weist auf die besorgniserregende Lage der ständig ansteigenden Zahl der Referendare hin. Die Frage wird im Einzelnen anhand des dem ZJA zur Verfügung stehenden Materials erörtert. Die Entwicklung der Angelegenheit soll weiter beobachtet werden und auf der nächsten Ministertagung erneut angesprochen werden.

JM Dr. Hofmeister teilt mit, dass im Haushaltsausschuss des Nieders. Landtages ein Vorschlag bearbeitet wurde, wonach den Referendaren statt der bisherigen Unterhaltszuschüsse während der Ausbildungszeit Darlehen zur Verfügung gestellt werden sollen.

Es wird festgestellt, dass in den anderen Ländern der Brit. Zone eine derartige Lösung der Unterhaltsfrage der Referendare nicht beabsichtigt ist und auch nicht für tragbar gehalten wird wegen der mit der Darlehnshingabe verbundenen Rückzahlungsverpflichtung, die eine untragbare Belastung des zukünftigen Einkommens darstellen würde.

Die Tagung wurde am 18.6.1949 um 12 Uhr geschlossen. Es herrscht Übereinstimmung, noch im Laufe des Sommers eine weitere Ministerkonferenz einzuberufen. Der Termin dieser Tagung bleibt offen. Als Tagungsort soll auf Vorschlag von *JM Dr. Katz* ein Ort in Schleswig-Holstein in Aussicht genommen werden.

W. Kiesselbach.

Vierter Teil: Interzonale Tagungen der Leiter der Justizverwaltungen 1946–1948

I. 1. Niederschrift über die Tagung der Chefs der obersten Justizbehörden der britischen und amerikanischen Zone in Bad Godesberg am 16. und 17.7.1946

16.7.1946.

OLG-Präs. Lingemann, Düsseldorf: Meine sehr verehrten Damen und Herren! Gestatten Sie mir, dass ich als Hausherr Sie auf das Herzlichste hier begrüße. Als rheinischer Jurist und als Bürger der Stadt Godesberg freue ich mich ganz besonders, dass diese erste Tagung der führenden Juristen der Justizverw. der britischen und amerikanischen Zone hier in Godesberg stattfinden kann. Ich hoffe, dass die Tagung einen guten, anregenden und Zukunft versprechenden Erfolg haben wird. Ich darf Ihnen jetzt vorschlagen, als 1. Vorsitzenden der Tagung Herrn OLG-Präs. Dr. Kiesselbach, Hamburg, als 1. Stellvertreter Herrn Ministerpräs. Dr. Geiler, Wiesbaden und als 2. Stellvertreter Herrn JM Dr. Beyerle, Stuttgart zu wählen. Da kein Widerspruch erhoben ist, stelle ich allseitige Zustimmung zu meinem Vorschlage fest. Ich bitte Herrn OLG-Präs. Dr. Kiesselbach, den Vorsitz zu übernehmen.

OLG-Präs. Dr. Kiesselbach, Hamburg: Zunächst möchte ich den Willkommensgruß herzlich dankend wiederholen. Ich möchte den Herren Vertretern der Besatzungsmächte der britischen und amerikanischen Zone, den Vertretern der staatlichen und städtischen Behörden und den Herren Rektoren und Vertretern unserer Universitäten für ihr Erscheinen danken. Ich betrachte es als ein glückliches Omen für unseren Geist und die Auswirkung unserer Aussprache, dass sie stattfindet am Ufer des Rheins, dem Zeugen jahrhundertealter deutscher Geschichte, dem Lebensnerv deutscher und wirtschaftlicher Kraft. Und wenn wir heute unsere Tagung dem Signum des Rechts unterstellen, dann wollen wir uns bewusst sein, dass Recht und Sprache die stärksten Bindemittel sind, die ein Volk zusammenhalten sollen, und dass Juristen als Träger und Wahrer des Rechts nicht nur berufen, sondern verpflichtet sind, diesen Schatz zu hüten und zu münzen. Wenn wir hier versammelt sind, so sind wir vereint nicht nur in der Gemeinsamkeit unserer beruflichen Aufgabe, sondern vereint in der Gemeinsamkeit der tiefen Not und des schweren Leides, das unser Volk betroffen hat, so dass uns diese Tagung auch menschlich zusammenführen und einander näher bringen soll. Wenn es eine Stätte gibt, die geeignet ist, das zu fördern, was wir jetzt erstreben, so ist es Godesberg. So wollen wir versuchen, den Ernst unserer Arbeit durchleuchten zu lassen von dem Zauber, den nun einmal rheinisches Leben und rheinische Art auch in den trübsten Zeiten hat. Daran darf ich ein Wort der Erinnerung knüpfen, das auch unserem weiteren Weg und unserer Arbeit nützlich sein kann. Ich erinnere an das Jahr 1806, genau vor 140 Jahren. Die Geschichtsbücher haben jene Zeit bezeichnet mit dem lakonischen Worten „Ende des deutschen Reichs". Das Deutsche Reich war tatsächlich zu Ende gegangen, und da war es ein norddeutscher Staatsmann, der die Reichseinheit wahrte, und zwar für den norddeutschen Staatenbund. Er fasste den Gedanken des Wiederaufbaus zusammen in den Worten: „Niemand wird vom Schicksal zertreten, es sei denn, er lege sich vor ihm nieder".

In diesem Sinne wollen wir nunmehr an die Arbeit gehen.

Oberst Moller, Deputy Chief Legal Division, Herford: Als Vertreter der britischen Rechtsabteilung der Kontrollkommission für Deutschland heiße ich die obersten Mitglieder der deutschen Justiz aus der amerikanischen und britischen Zone willkommen. Es ist uns eine große Freude, Sie heute hier zu begrüßen.

Als Erstes möchte ich betonen, dass diese Konferenz von deutschen Juristen in dieser Zone vorgeschlagen wurde. Alle Einrichtungen sind von den deutschen Rechtsbeamten getroffen worden, obwohl wir von ganzem Herzen zustimmen, dass ein Austausch von Rechtsangelegenheiten erwünscht ist. Wir müssen betonen, dass diese Konferenz nicht unser Verdienst ist. Aller Dank gebührt Dr. Lingemann, der, wie ich weiß, sich sehr angestrengt hat, um diese Konferenz so erfolgreich wie möglich zu gestalten, und ich bin sicher, dass Sie sich alle anschließen, wenn ich Dr. Lingemann danke für alle Mühe, die er sich gemacht hat. Es war die Absicht, dass diese Konferenz eine rein deutsche Angelegenheit sein soll, ohne Mitwirkung der MR, und deshalb wurden auch keine offiziellen Einladungen den Rechtsoffizieren der amerikanischen und französischen Zone übersandt. Ich möchte aber jetzt unsere amerikanischen Freunde willkommen heißen. Ich möchte auch den Juristen der britischen Zone danken, dass sie Rechtsoffiziere der MR zur Konferenz eingeladen haben und uns die Gelegenheit geben, führende Juristen der amerikanischen Besatzungszone kennenzulernen.

Ich weiß, dass Sie viele Angelegenheiten zu besprechen haben und habe nicht die Absicht, ihre wertvolle Zeit lange in Anspruch zu nehmen. Als Einleitung jedoch möchte ich Ihnen eine kurze Übersicht über die heutige Lage in der JVerw. In der britischen Zone geben.

Bei Beginn der Besetzung Deutschlands waren alle deutschen Gerichte geschlossen und Recht wurde durch die MR aufrecht erhalten. Wir bemühen uns, das deutsche Rechtssystem aufzubauen. Das Chaos in der britischen Zone vor einem Jahr war unglaublich. – Die folgenden Gerichte sind gegenwärtig wieder eröffnet und arbeiten in dieser Zone: Acht OLG, 35 LG und 307 AG, im Vergleich zu früher, wo es acht OLG, 35 LG und 392 AG gab. Die Jverw. beginnt Fortschritte zu machen, aber als Ergebnis der Entnazifizierung und anderer Verwaltungsangelegenheiten mangelt es augenblicklich an 862 Richtern und 216 StA. Der Mangel an Gerichtsgebäuden, Nahrungsmitteln und anderen lebenswichtigen Materialien ist sehr ernst, aber Recht wird gesprochen trotz aller Schwierigkeiten, dank der gewissenhaften Arbeit und dem hohen Pflichtgefühl der Richter und StA, die mit Genehmigung der MR ihren Beruf ausüben. Es ist unsere Ansicht, dass die Arbeit dieser Juristen nicht genug gelobt werden kann.

Nach der Wiedereröffnung der deutschen Gerichte war es wichtig, dass ein zusammenfassender Körper eingesetzt wurde. Dezember vorigen Jahres haben wir einen obersten Zentralrechtsausschuss gebildet. Dieser Ausschuss versammelt sich einmal im Monat und regt Vorschläge zu Gesetzesentwürfen für die ganze britische Zone an. Unter der Leitung des Zentralausschusses wurde ein ständiger Unterausschuss geformt, der sich aus einem Vertreter der einzelnen OLG-Bezirke zusammensetzt. Dieser Zentralrechtsunterausschuss hat seinen Sitz in Hamburg.

Es ist aber unerwünscht, dass Richter gesetzgebende Gewalt innehaben, jedoch ist bei uns die Einrichtung von Landesregierungen ein schwierigeres Problem als in der amerikanischen Zone. Man hofft jedoch, dass solche Regierungen in nächster Zeit gebildet werden können. Bis zur endgültigen Entscheidung des Regierungsaufbaus Deutschlands ist entschieden worden, als zeitweise Maßnahme eine zentrale Justizstelle einzurichten, die für die britische Zone die Funktionen ausüben wird, die früher vom RJMin. ausgeübt wurden. Nach der Genehmigung durch die MR werden diese Funktionen einschließen: Die Einleitung und Verkündung von Gesetzen in gewissen Rechtsgebieten, die früher im Bereich des RJMin. lagen und die Ernennung der höchsten Justizbeamten in der britischen Zone. Das ZJA wird einen Präsidenten und einen Vizepräsidenten haben und sich aus drei Abteilungen zusammensetzen: Präsidialabteilung, Strafrechtsabteilung und Zivilrechtsabteilung. Die Zentraljustizstelle wird eine Verbindung darstellen zwischen der Rechtsabteilung der Kontrollkommission und der deutschen Rechtspflege in der Brit. Zone und wird ein Schritt weiter dahin sein, die Verantwortung an die deutschen Behörden zu übertragen. Wir sind in dieser Zone schwierigen Problemen in der Rechtspflege gegenübergestellt. Das Schwierigste sind die Rückstände in Straf- und Zivilsachen bei den AG und LG. Wir haben heute viel weniger Richter als vor der Besetzung, jedoch nimmt die Kriminalität zu. Es sind Änderungsvorschläge der Methoden vorgelegt worden; sie umfassen eine weitgehende Reorganisation der Gerichte, Umarbeitung der Strafprozessordnung, Erweiterung der Pflichten der Rechtspflege.

Meine Damen und Herren, vielleicht haben Sie dieselben Probleme. Wenn dem so ist, wären wir sehr dankbar, sie zu hören. Ich bin bereit, alle Fragen zu beantworten, die Sie mir zu stellen wünschen. Zum Schluss möchte ich sagen, dass ich es für wertvoll halte, dass sich die Juristen zu einem Austausch begegnen. Diese Konferenz soll der Beginn vieler weiterer Konferenzen sein.

OLG-Präs. Lingemann, Düsseldorf: Herr Oberst Rathbone hat mir gestern mitgeteilt, dass er infolge einer zwingenden anderweitigen Inanspruchnahme verhindert sei, an unserer Tagung teilzunehmen. Er entbietet uns seine besten Wünsche für eine gute und erfolgreiche Arbeit unserer Tagung. Ich weiß mich einig mit Ihnen allen in dem aufrichtigsten Bedauern, dass Herr Oberst Rathbone an unserer Tagung nicht teilnehmen kann. Wir hoffen, Herrn Oberst Rathbone bei einer demnächstigen weiteren Konferenz bei uns zu sehen. Ich bitte um die Ermächtigung,

Herrn Oberst Rathbone hiervon mit unseren besten Grüßen Mitteilung machen zu dürfen.

MinPräs. Dr. Geiler, Wiesbaden: Namens der Juristen der Amerik. Zone danke ich Ihnen, dass Sie uns eingeladen haben. Wir danken insbesondere den Herren der brit. MR, dass sie diese Einladung uns haben zukommen lassen, und vor allem danken wir den deutschen Herren, wobei sich dieser Dank auf die beiden Präs. Dr. Kiesselbach und Lingemann konzentriert, denen wir diese Zusammenkunft zu verdanken haben.

Wir in der Amerik. Zone begrüßen es aus mannigfachen Gründen, dass diese überzonale Zusammenkunft deutscher Juristen stattfinden kann. Wir begrüßen es aus persönlichen Gründen, da in dieser Zeit der Zerrissenheit die persönlichen Bindungen wichtig sind, damit wir in sachlicher Aussprache uns mit den wichtigen Problemen befassen. Wir begrüßen es auch im Interesse der Rechtseinheit. Es wäre eine bedauerliche Entwicklung, wenn in den einzelnen Zonen eine verschiedene Rechtsgestaltung Platz greifen würde. Deshalb sind alle Wege zur Rechtsvereinheitlichung zu begrüßen. Vor allem müssen wir die Zonengrenzen überwinden und jeder Weg, der dazu führt, ist für die deutsche Einheit von größter Bedeutung. Es ist auch diese Tagung unter diese Gesichtspunkte gestellt und ich wünsche ihr namens der Juristen der Amerik. Zone guten Verlauf.

MinDir. Dr. Konrad, München: Leider ist der Herr MinPräs. durch die heute stattfindende bayrische Landesversammlung verhindert, an der Tagung teilzunehmen. Er entbietet der Tagung seinen Gruß und lässt sagen, dass er die Bestrebungen, denen die Konferenz gewidmet ist, aufs Wärmste begrüßt.

OLG-Präs. Lingemann, Düsseldorf: Während in den westlichen OLG-Bezirken der jetzigen brit. Besatzungszone durch die Nähe der Front ein Stillstand der Rechtspflege praktisch schon vor der eigentlichen Besetzung eingetreten war, brachte im Übrigen das Eintreffen der Besatzungstruppen selbst und schließlich endgültig der 8.5.1945 für alle Gerichte der Brit. Zone die Einstellung ihrer Tätigkeit mit sich. Ein Chaos auf sachlichem, personellem und ideellem Gebiet war alles, was im Bereich der Justiz von der Herrlichkeit des Dritten Reichs übrig geblieben war. Zerstörte und beschädigte Gerichtsgebäude in den bombardierten Großstädten der ganzen Zone und in vielen kleineren Orten des Westens, durch die der Kampf gebraust war, geplündertes Mobiliar, verlagerte Akten, mehr oder weniger freiwilliges Abtreten der bisherigen leitenden Justizbeamten, eine völlige Verwirrung auf dem Gebiet der Gesetzgebung und Rechtsprechung. Hiermit kann die allgemeine Lage gekennzeichnet werden, die beim Beginn des Wiederaufbaus gegeben war.

Dieser ging nur langsam und allmählich, dabei keineswegs überall gleichzeitig oder auch nur im gleichen Tempo vor sich. In einem Punkt allerdings war sich der Aufbau in allen OLG-Bezirken gleich: Es wurden nicht von oben, von einer Zentrale herab, die Gerichte aller Instanzen gleichzeitig eröffnet, sondern jeder OLG-Bezirk ging unabhängig von den anderen Bezirken vor und überall erfolgte die Wiedereröffnung der Gerichte von unten auf. So, wie das AG Aachen als erstes deutsches Gericht unter der Aufsicht der Besatzungsmacht – damals noch der amerik. MG – seine Tätigkeit wieder aufnahm, so wurden auch anderweit zuerst die AG wieder eröffnet. Später folgten die LG und darauf die OLG. Die OLG-Präs. und die GstA allerdings, zum Teil auch die LG-Präs. und OstA, wurden jedoch schon geraume Zeit vor der Wiedereröffnung der OLG und Landgerichte ernannt, um maßgebend bei der Wiederingangsetzung der Justiz mitzuwirken.

Als erstes OLG nahm im September 1945 das HansOLG in Hamburg seine Tätigkeit wieder auf. Nacheinander folgten die anderen OLG. Als letztes OLG wurde am 16.3.1946 das OLG in Celle eröffnet. Auch sind sämtliche 35 *Land*gerichte in der britischen Besatzungszone wieder in Tätigkeit. Bei 307 von früher 392 *Amts*gerichten war die Wiedereröffnung bisher noch nicht möglich. Die noch nicht eröffneten AG werden aber durchweg von den Nachbargerichten betreut. Es lässt sich also sagen, dass im Großen und Ganzen gesehen alle Gerichte in der britischen Zone wieder arbeiten.

Vor dem Zusammenbruch bestanden in der britischen Zone die acht OLG: Braunschweig, Celle, Düsseldorf, Hamburg, Hamm, Kiel, Köln und Oldenburg. Diese OLG bestehen auch jetzt wieder, und zwar mit dem Sitz des jeweiligen OLG am alten Ort. Gewisse gebietliche Einbußen sind aber zu verzeichnen. So hat das OLG Braunschweig einige kleinere Gebiete verloren, die jetzt in der russischen Besatzungszone liegen. Vor allem aber wurde der OLG-Bezirk Köln dadurch weitgehend verkleinert, dass die LG-Bezirke Koblenz und Trier in die französische Zone fielen und von ihm abgetrennt wurden. Einige innerbezirkliche Gebietsverschiebungen sind ebenfalls eingetreten; so ist der LG-Bezirk Detmold wieder an den OLG-Bezirk Celle zurückgefallen, zu dem er bis in die letzte Zeit des Krieges gehört hatte. Ebenso ist Bremen, das als in der amerikanischen Enklave liegend vorübergehend selbständig war, jetzt wieder zum OLG-Bezirk Hamburg gekommen.

Wenn auch die überwiegende Mehrheit der Gerichte aller Instanzen ihre Tätigkeit wieder aufgenommen hat, so bedeutet das nicht, dass die Gerichte damit wieder in dem Umfang tätig geworden sind wie vor dem Zusammenbruch bzw. vor den besonders einschneidenden Maßnahmen der Zweiten KriegsmaßnahmenVO. Abgesehen von den ausdrücklich abgeschafften Sondergerichten sind bis heute noch geschlossen: Die Entschuldungsämter, die Erbgesundheitsgerichte, die Anerbengerichte, die Fideikommissgerichte, die Geschmacksmusterregister. Die Grundbuchämter, die Schifffahrtsgerichte, das Handelsregister haben erst geraume Zeit nach der allgemeinen Ingangsetzung der Gerichte wieder eröffnet werden können, sind aber jetzt durchweg in Tätigkeit. Bei den Zwangsversteigerungs- und Konkursbeteiligungen ist die Lage uneinheitlich. In einzelnen Bezirken sind sie in Tätigkeit, in anderen Bezirken sind sie noch geschlossen.

Vorrang haben für alle Gerichte nach Weisung der MR die Strafsachen. Das hat in Verbindung mit dem allgemeinen Personalmangel zur Folge, dass bei einigen wenigen Gerichten (LG und AG) die Rechtsprechung in Zivilsachen noch nicht wieder aufgenommen werden konnte, während sie bei anderen Gerichten nach anfänglicher Wiederingangsetzung vorübergehend eingestellt werden musste. Das Bild ist bezirksweise durchaus verschieden und hängt mit der in den einzelnen OLG-Bezirken unterschiedlichen Personallage zusammen. Von der Personallage abhängig ist auch die Besetzung im Einzelnen, d.h. wenn auch grundsätzlich die

Zivilkammer in Besetzung von drei Richtern wieder eingeführt worden ist, so hat sich dieser Grundsatz doch nicht überall durchführen lassen oder musste wieder aufgehoben werden. Stellenweise besteht daher das Ein-Mann-System. Soweit besondere Kammern für Handelssachen wieder eingerichtet worden sind, sprechen sie bisher noch Recht in der Besetzung mit einem Berufsrichter. Die Wiederernennung von Handelsrichtern ist aber beabsichtigt. Desgleichen schweben z.Zt. Erwägungen über die Wiedereinrichtung der Schöffen- und Schwurgerichte.

Die Personallage ist überhaupt das Problem katexochen.

Die Notwendigkeit der Entnazifizierung hat überall große Lücken in dem Personalbestand, insbesondere der Richter und StA gerissen. Zwar konnten auch bisher schon ehemalige Parteigenossen, die von der MR zugelassen wurden, wieder beschäftigt werden. Ihre Beschäftigung hing aber davon ab, dass die Zahl der ehemaligen Pg's diejenigen der Nicht-Parteigenossen nicht übersteigen durfte. Da nun unter den bisherigen Planstelleninhabern und unter dem Nachwuchs die Zahl der Parteigenossen wesentlich höher war als die Zahl der Nicht-Pg's, so war es nicht möglich, die erforderliche Zahl an Richtern und StA auch nur annähernd zu decken. Man musste daher auf pensionierte Beamte, auf Rechtsanwälte und auf weibliche Juristen zurückgreifen. Außerdem hatte man ein gewisses Reservoir noch in den Ostflüchtlingen zur Verfügung. Der Fehlbetrag konnte jedoch nur auf diese Weise nicht gedeckt werden. Die MR hat daher dankenswerter Weise zugelassen, dass in Zukunft diejenigen Richter und StA, die von dem deutschen Entnazifizierungsausschuss als tragbar bezeichnet werden, in Abweichung von dem bisherigen Quotensystem auch dann nicht als Pg's gelten, wenn sie früher der NSDAP angehört haben. Ferner hat die MR zugestanden, dass die Referendare, die jetzt und in Zukunft ihr Assessorexamen machen, in der gleichen Weise gewertet werden. Auch diese gelten daher bei der Quotenberechnung selbst dann nicht als Pg's, wenn sie früher Mitglieder der NSDAP waren. Voraussetzung ist selbstverständlich, dass es sich nur um sog. Formal-Pg's handelt.

Es ist zu hoffen, dass durch dieses große Entgegenkommen der MR in Zukunft eine Besserung der Personallage auch in den westlichen Bezirken eintreten wird. Dort war sie deswegen besonders ungünstig, weil die Ostflüchtlinge im Allgemeinen bereits von den Bezirken aufgenommen worden sind, die sie zuerst auf ihrer Flucht erreichten. Infolgedessen standen die östlichen OLG-Bezirke der britischen Zone personalmäßig günstiger da als die westlichen.

Ein Überblick über die derzeitige Personallage gibt folgende Gegenüberstellung: Bei 2895 Richterstellen des Jahres 1940 besteht z.Zt. ein ungedeckter Fehlbetrag von 862 Richtern; bei 593 StA-Stellen des Jahres 1940 beläuft sich der derzeitige Fehlbetrag auf 216 StA. Diese großen Lücken im Personalbestand sind auf die einzelnen Bezirke unterschiedlich verteilt. Während z.T. erst 30 % der Stellen wieder besetzt sind, konnte anderswo eine bis zu 70 % und darüber hinausgehende Besetzung ermöglicht werden.

Wie der Gerichtsbetrieb insbesondere in den westlichen Bezirken mit ihrer besonders ungünstigen Situation auf die Dauer aufrecht erhalten werden kann, ist umso weniger zu übersehen, als eine zentral geleitete Personalpolitik bisher nicht möglich ist.

Es fehlt nämlich in der britischen Zone bisher an einer einheitlichen Jverw. mit zentraler Leitung. Jeder OLG-Bezirk, mag er auch noch so klein sein, ist sozusagen autonom. Die Justizhoheit liegt, soweit sie nicht vom Kontrollrat in Berlin ausgeübt wird, bei der Kontrollkommission für die Brit. Zone, deren zuständige Rechtsabteilung ihren Sitz in Herford hat. Die Kontrollkommission hat die Verwaltungs- und Anordnungsbefugnisse des früheren RJM, soweit sie sich nicht selbst vorbehalten hat, den einzelnen OLG-Präs., und zwar jedem für seinen Bezirk, übertragen. Die OLG-Präs. nehmen also zugleich die Ministerialbefugnisse wahr. Sie ernennen daher auch, soweit erforderlich mit Zustimmung der MR, die Beamten aller Kategorien, auch der StA. Die autonome Stellung der einzelnen OLG-Bezirke hat naturgemäß zu einer gewissen Zersplitterung geführt. Nicht nur wurde und wird zum Teil auch noch jetzt vieles verwaltungsmäßig verschieden gehandhabt, es hat auch jeder OLG-Bezirk sein eigenes Justizblatt. Diese Justizblätter sind nach Aufmachung und Inhalt voneinander verschieden. Zum Teil sind sie zugleich Ersatz für den Reichsanzeiger, zum Teil veröffentlichen sie auch Entscheidungen.

Eine gewisse Besserung in der bestehenden Zersplitterung wurde dadurch erzielt, dass seit Herbst 1945 die acht OLG-Präs. in regelmäßigen Abständen sich in Bad Pyrmont zu kurzen Tagungen zusammenfinden, um ihre Maßnahmen aufeinander abzustimmen.

Diese Zusammenkünfte hatten den weiteren Erfolg, dass die von den einzelnen OLG-Präs. im Verordnungswege ausgeübte Gesetzgebungsbefugnis sich nunmehr einheitlicher auswirken konnte. Denn auch die Befugnis zur Gesetzgebung war auf die einzelnen OLG-Präs., und zwar auf jeden für seinen eigenen Bezirk, delegiert worden. Das hatte zum Ergebnis, dass die Gefahr bestand, dass die Rechtseinheit sich durch den Erlass abweichender VO aufsplittern würde. Inzwischen ist dieser Gefahr durch eine neue Maßnahme der Kontrollkommission wesentlich vorgebeugt worden. Die Gesetzgebungsbefugnis wird nunmehr in der Brit. Zone im Zusammenwirken dreier Faktoren ausgeübt, nämlich durch

a) den Rechtsunterausschuss der Brit. Zone, der ständig in Hamburg tagt, aus je einem Vertreter der einzelnen OLG-Bezirke zusammengesetzt ist und die Gesetze bzw. VO vorbereitet und entwirft,

b) den Zentralausschuss, der aus den acht OLG-Präs. besteht, nach Bedarf zusammentritt und die vom Unterausschuss vorgelegten Entwürfe zum Beschluss erhebt und

c) die Rechtsabteilung der Kontrollkommission, die dem Beschluss der OLG-Präs. die erforderliche Genehmigung erteilt.

Ist auf diesem Wege eine VO zustande gekommen, so muss jeder OLG-Präs. sie für seinen Bezirk in seinem Justizblatt verkünden.

Hier mag darauf hingewiesen werden, dass die GstA und neuerdings auch die Vorstände der RA-Kammern regelmäßig zu kurzen Tagungen zusammentreten, dass aber auch die von ihnen auf gesetzgeberischem Gebiet gefassten Beschlüsse nur in der vorbezeichneten Weise Gesetzeskraft erlangen können.

Durch die neue Maßnahme der Kontrollkommission ist klargestellt worden, dass alle Materialien, für die früher der RJM federführend war, jetzt allein der Gesetzesbefugnis der Jverw. in der soeben geschilderten Weise unterliegen und damit der Zuständigkeit anderer britischer und deutscher Stellen entzogen sind. Vermerkt sei hierbei, dass auch die Jverw. als solche und die Justizbeamten aller Kategorien keiner anderen deutschen Verwaltung unterstellt sind.

Bei der Ausübung ihrer legislativen Befugnisse haben die OLG-Präs. bisher davon abgesehen, einschneidende und grundlegende Änderungen in den Gesetzen vorzunehmen. Ihr Bestreben ging vielmehr lediglich dahin, durch Übergangs- und Notmaßnahmen die Wiederingangsetzung der Justiz zu ermöglichen und zu erleichtern, untragbare Bestimmungen auszumerzen und den durch den Zusammenbruch entstandenen besonderen Verhältnissen auf allen Gebieten Rechnung zu tragen.

So sind in einzelnen OLG-Bezirken die Gerichte durch besondere RechtsVO wieder eröffnet worden, während in anderen Bezirken die Wiedereröffnung einfach de facto erfolgt, ohne dass eine besondere VO für erforderlich gehalten wurde. Allgemein aber ist eine VO ergangen, durch die durch den Fortfall des RG und des KG geschaffene Lage geregelt wird. Durch besondere VO ist ferner allgemein die Zuständigkeit der AG auf 2.000 RM heraufgesetzt worden, während vor kurzem durch eine weitere VO die Berufungssumme auf 100 RM festgesetzt wurde. Weitere VO betreffen die örtliche Zuständigkeit des AG in Nachlasssachen. Es handelt sich dabei darum, die Verhältnisse zu klären, die sich aus den Gebietsabtrennungen im Osten und dem Flüchtlingszustrom auf dem Gebiet des Nachlassrechts ergeben. Aufgehoben wurden der § 60 der Zweiten KriegsmaßnahmenVO, betreffend Beseitigung der Kostenentscheidung aus dem Urteil, und § 5 der Ersten KriegsmaßnahmenVO, betreffend Zustellungen. Dabei ist allerdings nicht außer Acht zu lassen, dass einzelne OLG-Bezirke die Vereinfachungs- und KriegsmaßnahmenVO bereits in vollem Umfange nicht mehr anwenden. Bestrebungen zur Vereinheitlichung auf diesem Gebiet sind z.Zt. im Gange. Zu erwähnen ist noch als von erheblicher verfahrensrechtlicher Bedeutung eine VO, durch die gerichtliche Verfahren bis zum 1.7.1946 ausgesetzt werden konnten, wenn sie Verbindlichkeiten betreffen, die auf vom Reich pp. Erteilte Aufträge zurückgehen oder die durch jetzt zerstörte oder beschädigte Grundstücke pfandrechtlich gesichert sind. Durch eine jüngst ergangene VO ist die Aussetzungsmöglichkeit bis zum 1.1.1947 ausgedehnt worden. Auf strafprozessualem Gebiet ist von Bedeutung eine Abänderung der PreisstrafrechtsVO, durch die die Möglichkeit der gerichtlichen Entscheidung eingeführt worden ist. Ferner ist eine VO zur Beschleunigung des Strafverfahrens ergangen.

Von VO materieller Art erwähne ich u.a. die VO über die Verlängerung der Verjährungsfrist bis Ende 1946, sodann eine VO über die Aufhebung des § 35 der Zweiten KriegsmaßnahmenVO, betreffend Verbot der Briefhypothek, ferner eine VO über die Aufhebung erbrechtlicher Bestimmungen, nämlich der ErbregelungsVO, der §§ 1 und 2 des Gesetzes über erbrechtliche Beschränkungen und des § 38 des TestamentsG. Ferner wurde eine VO über Abwesenheitspflegschaft erlassen, durch die eine erweiterte Möglichkeit zur Bestellung von Abwesenheitspflegern geschaffen wurde, um den durch die Zoneneinteilung geschaffenen Schwierigkeiten Rechnung zu tragen. Erlassen wurde sodann eine VO über die Wiederaufnahme einer gelöschten Firma, die eine erleichterte Möglichkeit zur Wiedereintragung einer seit 1933 aus politischen, rassischen oder religiösen Gründen gelöschten Firma gibt. Einzelne Bezirke gestatteten ferner die Eheschließungen nach dem Tode aufgrund des bekannten Geheimerlasses Adolf Hitlers noch bis zum 31.3.1946. Erwähnt sei schließlich noch, dass neben einer durch die MR ausgesprochenen Amnestie auch deutsche Straffreiheitserlasse ergangen sind. Für die gesamte Brit. Zone wurde ferner eine neue JustizausbildungsO erlassen und eine geringfügige Änderung der Reichsnotarordnung verordnet.

JM Zinn, Wiesbaden: Die Entwicklung in der Amerik. Zone ist im Wesentlichen den gleichen Weg gegangen wie in den anderen Zonen. Vor der Besetzung war ein Stillstand der Rechtspflege schon zu bemerken. In Groß-Hessen ist ein großer Teil der Gerichtsgebäude zerstört worden, so in Kassel, Frankfurt/M., Darmstadt, Giessen, Wiesbaden, Offenbach und Hanau. Das gesamte Aktenmaterial (in Kassel auch das Grundbuchmaterial) wurde vernichtet. Nach der Besetzung wurden auf Anordnung der MR sämtliche Gerichte geschlossen. Die Justiz entwickelte sich auch von unten nach oben.

Zunächst musste eine politische Bereinigung durchgeführt werden. Nach Schließung der Gerichte suchte man das heraus, was politisch und fachlich geeignet war. Maßgebend waren die Grundsätze der amerik. MR. Niemand hat Anspruch darauf, in die alte Verwaltung übernommen zu werden. Es kommen nur Richter in Frage, die positiv für die neue Regierung eingestellt sind. In der Amerik. Zone ist die Justiz unterbesetzt. – Früher 655 Richterstellen, heute 222 besetzt; früher 93 StA-Stellen, heute 49 besetzt; früher 21 Amtsanwaltsstellen, heute 13 besetzt; früher 963 RA in Groß-Hessen, jetzt etwa 600 wieder eingestellt.

Der organisatorische Aufbau richtet sich nach dem Plan über den Aufbau des Rechtspflegerwesens vom 4.10.1945. Er entspricht dem, was für die Brit. Zone gilt. Die AG wurden zum Teil in der bisherigen Weise errichtet, zum Teil wurde davon abgesehen. In einigen Gegenden hat man wieder die frühere Gliederung der Justiz eingeführt. Der Weg der Zukunft ist noch nicht entschieden, die Erfahrungen müssen erst abgewartet werden. Die acht LG sind im Dezember 1945 wieder eröffnet worden. In Groß-Hessen waren früher drei OLG vorhanden, Frankfurt/M., Darmstadt und Kassel. Diese sind nach dem Plan vom 4.10.1945 vereinheitlicht. Einheitlicher Sitz des OLG ist Frankfurt/M. Zweigstellen befinden sich in Kassel und Darmstadt. Die Zahl der AG ist kleiner als früher. Früher waren es 96, jetzt 71. Weitere AG sind nicht beabsichtigt. Schon vor dem 8. Mai hatten sich zahlreiche Straf- und Zivilsachen angesammelt. Eine steigende Kriminalität machte sich bemerkbar. An einzelnen LG sind die Anzeigen auf das Doppelte des Standes von 1939 angestiegen. Durch den Fortfall der Befugnis der Polizeibehörden zu polizeilichen Strafverfügungen ist eine weitere Belastung eingetreten. Jetzt werden kleinere Strafsachen, die früher von der MR abgeurteilt wurden, von den deutschen Gerichten erledigt. Die Polizeirichter urteilen sofort ab unter Ausschluss der StA (Registrierscheinvergehen, Übertretungen der Sperrstundenzeit u.a.). Eine

Amnestie ist noch nicht erlassen worden. Auf Anregung Bayerns soll die Frage erneut behandelt werden.

Die AG arbeiten in vollem Umfange mit gewissen Verschleppungen und Verzögerungen aufgrund der Belastung. Anerbengerichte und Fideikommissgerichte sind nicht tätig, während die Grundbuchämter seit dem 15.4. in Groß-Hessen wieder arbeiten. Die Langsamkeit der Arbeit ist zurückzuführen auf den Mangel an Rechtspflegern und mittleren Beamten.

Der JM hat die Stellung des früheren RJM. Es bestehen selbständige LJVerw. Die MR beschränkt sich nur auf die Kontrolle. Sie hat sich das Recht der Bestätigung bei allen Gesetzen vorbehalten. Seit dem 15.6.1946 überlässt sie die Einstellung der Beamten der LJVerw. Dabei müssen die Richtlinien des Gesetzes vom 5.3.1946 beachtet werden. Außerdem erhält die MR Mitteilung über alle Einstellungen.

Es besteht ein Ausschuss der JM, der die Aufgaben des Rechtsausschusses des Länderrats in Stuttgart übernommen hat. Eine Landesregierung lässt den zuständigen Minister ein Gesetz ausarbeiten. Dann geht der Entwurf an den Ausschuss des Länderrats und wird dann dem Länderrat vorgelegt. Der Länderrat ist keine Institution mit einer staatlichen Souveränität, sondern eine Koordinationsinstanz. Der Zweck ist der, alles einheitlich zu regeln.

Gesetzgeberisch ist neben kleineren Regelungen die Einführung einer Strafrechtspflegeordnung 1946 bestehend aus dem StrafGVG 1946 und der StPO 1946 erfolgt. Es ist damit das wieder hergestellt worden, was vor 1933 galt. Ferner ein Gesetz zur Ahndung nationalsozialistischer Straftaten, die während der vergangenen zwölf Jahre unterblieben ist oder bei denen die Strafverfolgung durch Niederschlagen nicht erfolgt ist, und ein Gesetz zur Wiedergutmachung auf dem Gebiet der Strafrechtspflege, d.h. eine Amnestierung aller politischen Vergehen. In der Organisation nach dem Plan vom 4.10.1945 bilden die AG die unterste Instanz in vermögensrechtlichen Angelegenheiten im Werte bis 2.000 RM. Die erste Instanz ist eine Ein-Mann-Kammer. Das OLG ist die Revisionsinstanz. Ein Rechtsmittelgesetz ist vorgeschlagen und der MR vorgelegt.

MinDir. Dr. Konrad, München: In Bayern bestehen zurzeit drei OLG, 21 LG und 198 AG. Von den 198 AG arbeiten 33 als Zweigstellen. Es können wohl sämtliche Abteilungen arbeiten, aber es sind doch große Personalschwierigkeiten entstanden. Von den früheren 1.222 Richterstellen sind zurzeit 526 besetzt, von den StA-Planstellen (212) sind nur 87 besetzt.

MinPräs. Dr. Geiler, Wiesbaden: Oberst Moller hat die Möglichkeit gegeben, einige Fragen zu stellen. Vor allem ist es die Frage der Länderbildung in der Brit. Zone, die uns bewegt. Wie wird sich der Aufbau der derzeitigen Jverw. mit der Länderbildung vertragen? Die Juristen der Amerik. Zone stehen unter dem Eindruck der Landtage, die vor kurzem eröffnet wurden. Diesen Landtagen war ein sog. Beratender Landesausschuss vorausgegangen, der eine beratende Funktion gegenüber der Länderregierung hatte. Er war nicht ganz gleichmäßig zusammengesetzt. In Hessen bestand eine rein politische Zusammensetzung, d.h. je zehn Mitglieder der einzelnen vier Parteien. Es erhebt sich die Frage: Wie ist in der Brit. Zone die Einfügung ihrer Jverw. in den Länderaufbau gedacht?

OLG-Präs. Dr. Kiesselbach, Hamburg: Erwägungen und Vorbereitungen, um diese Fragen zu beantworten und auszuarbeiten, sind schon in die Wege geleitet. Die Sache liegt noch in den Händen der Rechtsabteilung der brit. Regierung.

Oberst Moller: Bezüglich der Einrichtung der Landesregierungen kann ich nicht mehr sagen als bisher erwähnt. Wenn die Landesregierungen eingerichtet werden, dann wird sich die Frage aufrollen, was für eine Gewalt ihnen zugesprochen werden wird. Die Antwort hierzu kann nicht gegeben werden, weil die Sache noch nicht geklärt ist. Das Prinzip der Brit. Zone ist, dass die Justiz ganz gesondert sein soll von der Politik. Aller politische Einfluss wird aus der Rechtspflege ganz ausgeschlossen. Es besteht kein Grund, weshalb dieses Prinzip fallen gelassen werden soll.

JM Zinn, Wiesbaden: Die LG-Bezirke haben das Recht, Schwur- und Schöffengerichte einzuführen. Welches Schwurgericht ist heute angemessen? Einige Stimmen sind für das alte Schwurgericht. In den alten Schöffen- und Schwurgerichten waren bisher drei Berufsrichter und sechs Geschworene. Für die neuen sind nur zwei Berufsrichter (ein Vorsitzender, ein Berichterstatter) und sieben Geschworene vorgesehen. Von diesen wieder soll ein Obmann ernannt werden, der das Urteil mit unterschreibt.

Es besteht in Hessen die VO, nach der alle, die die Befähigung zum Richteramt haben, dienstverpflichtet werden können (Anwälte usw.). Es ist in Groß-Hessen geplant, Friedensgerichte einzurichten (drei Laien als Richter), die Spruchrichtertätigkeit ausüben in einfachen Sachen, die ihnen von den AG zugewiesen werden. Es soll dadurch bei der Bevölkerung mehr Verständnis für die Gerichtsbarkeit geweckt worden.

JM Dr. Beyerle, Stuttgart: Frage der Ostflüchtlinge. Es macht sich ein starker Zulauf von deutschen Juristen bemerkbar, und zwar sind es zwei Kategorien. Teils handelt es sich um solche, die schon in den Jahren 1942 und 1943 umgesiedelt worden sind (aus Rumänien, Jugoslawien), die dann in den preußischen Bezirken einer kurzen Schulung unterzogen wurden und im Warthegau als Richter schon eingesetzt waren. Eine zweite Kategorie ist die, die noch nicht mit der deutschen Rechtspraxis Fühlung genommen haben, die aus Ungarn, Rumänien, Jugoslawien kommen. Im Länderausschuss hat man sich damit befasst. Es sind folgende Probleme aufgetreten, die die beiden Gruppen angehen:

1. Haben die Gesetze oder VO, die in der nationalsozialistischen Zeit ergangen sind, und die die Gleichwertigkeit von ausländischen Richterprüfungen anerkennen, heute überhaupt noch rechtliche Gültigkeit? Es ist von einem Herrn der amerikanischen Rechtsabteilung des Kontrollrats in Berlin bezweifelt worden, dass diese Gesetze gelten, da diese Richterernennungen von damals die Richterqualität von heute nicht in sich schließen. Eine diesbezügliche Anfrage an die MR in Berlin zur Stellungnahme ist bereits ergangen.

2. Wie gliedert man die Ostflüchtlinge (Juristen) ein? Wir haben in den drei Ländern eine gewisse Praxis angewandt, dahingehend, dass diese in eine Art Hilfsarbeitertätigkeit hineingenommen werden (Praktikantenbeschäftigung). Später

sollen sie in irgendeiner Weise durch vereinfachte Prüfung befähigt erklärt werden, eine richterliche Tätigkeit auszuüben.

OLG-Präs. Dr. Frhr. v. Hodenberg, Celle: In unserem Gebiet haben wir eine große Anzahl solcher Ostflüchtlinge. Bei der Frage, ob die Examina anderer Länder als rechtswirksam zu betrachten sind, habe ich mich dazu entschlossen, sie als rechtswirksam anzusehen. Allerdings habe ich die Erfahrung gemacht, dass man bei einer Daueranstellung dieser Richter sehr vorsichtig sein muss. Besondere Prüfungen sind unerlässlich. Sie erhalten meist Geschäftsaufträge. Eine große Vereinfachung könnte eintreten dadurch, dass die Zonengrenzen gesprengt würden. In staatlicher Beziehung sind in der Amerik. Zone schon große Fortschritte gemacht worden. Eine selbständige Umbildung des Schwurgerichts in Groß-Hessen hat bereits stattgefunden. Wir sind in der Brit. Zone dabei, uns zu unterhalten über eine neue RAO. Wir stehen leider vor der Tatsache, dass durch die politische Gestaltung sich in der Brit. Zone und Amerik. Zone selbständige Gesetze entwickeln. Um dies zu verhindern, sind Zusammenkünfte wie die heutige von großer Wichtigkeit. Dies ist aber keine Überwindung, die zu einer praktischen gemeinschaftlichen Arbeit führt. Es wirft sich die Frage auf: Kann man in dieser Zeit schon zu einer gemeinschaftlichen Arbeit kommen? Bei uns wird der Rechtsausschuss mit den Dingen befasst und die Sache geht dann an die MR, wodurch wieder Schwierigkeiten entstehen. In den anderen Zonen wird es wieder anders gehandhabt. Um eine gewisse Einheitlichkeit zu erzielen, sollte vor Beschließung von Gesetzen eine Aussprache zwischen den einzelnen Zonen stattfinden. Ein kleineres Gremium von drei bis vier Herren der einzelnen Zonen sollte zusammenkommen und Besprechungen abhalten. Das würde dazu führen, dass keine Aufsplitterung erfolgt, bis eine Gemeinsamkeit der politischen Entwicklung sichergestellt ist.

Dr. Weisser, Generalsekretär des Zonenbeirats, Hamburg: Die zentralen Einrichtungen in der Brit. Zone schweben zurzeit noch in der Luft. Sie sind nicht bei den Ländern verankert, sondern stehen in unmittelbarer Beziehung zur MR und zur Legal Division. Die zentralen Einrichtungen, auch wenn die Länder gebildet sein werden, bedürfen noch der Herstellung eines organischen Zusammenhangs. Mit der Bildung der Länder, deren Höchstzahl auf fünf festgesetzt worden ist, wird die Stellung zentraler Einrichtungen, wie es eine zentrale Jverw. sein würde, noch nicht geklärt sein. Es scheint daher wichtig, zu beachten, wie sich die Zentralämter der Brit. Zone gebildet haben und welche Entwicklung sie zurzeit nehmen.

Die große Zahl von Ländern in der Brit. Zone und ihre verschiedene Größe hat bewirkt, dass es unmöglich war, die unvermeidlich zentral zu regelnden Aufgaben in der Weise zu regeln, wie das in der Amerik. Zone durch den Länderrat geschehen ist. Daher musste eine zentrale Einrichtung geschaffen werden, die die Aufgaben wahrnimmt, die bisher vom Reich wahrgenommen wurden. Es bestehen ungefähr ein Dutzend Zentraleinrichtungen, so das Zentralamt für Wirtschaft in Minden, das die gewerbliche Wirtschaft organisiert, das Amt für Ernährung und Landwirtschaft in Hamburg, die zentrale Verkehrsverwaltung in Bielefeld, zwei Leitstellen in den Angelegenheiten der Finanzen. Diese Leitstellen regeln das Steuerwesen und die Aufgabe des Budgets. Es besteht die zentrale Arbeitsverwaltung, die den Anspruch erhebt, auch die Wohnungswirtschaft zu gestalten. Die zentrale Einrichtung für öffentliche Sicherheit ist geplant.

Es entstanden Beiräte bei den englischen Dachabteilungen. Diese waren nach dem Prinzip gebildet, dass fachkundige Personen gewählt wurden, die zusammentraten, um der betreffenden Abteilung Ratschläge zu erteilen. Oder es wurde das Prinzip angewendet, dass die leitenden Beamten der Mittelstufe der Verwaltungen zusammentraten, um einen solchen Beirat zu bilden. Das Prinzip der Zusammenfassung der leitenden Beamten der Mittelstufe ähnelt dem Länderrats-Prinzip, ähnelt dem Prinzip des Zonenbeirats. Diese Beiräte haben keinen unmittelbaren Zusammenhang mit dem zentralen Beratungsorgan, dem Zonenbeirat. Diese Beiräte haben sogar die Anweisung erhalten, keine Fühlung zu nehmen mit den sonstigen Stellen des öffentlichen Lebens. Sie sollen ein geheimer Rat sein. Der Unterschied zu Stuttgart besteht darin, dass im Zonenbeirat die Spitzen der Verwaltung mit den Führern der Parteien zusammengeführt sind und diese Zusammenarbeit geschieht in einer sachlichen Atmosphäre und führt fast immer zu einstimmigen Beschlüssen, auch wenn die Gegenstände parteipolitisch prekär sind. Der Zonenbeirat ist trotz allem zu einem Faktor im öffentlichen Leben der Brit. Zone geworden, der sich eine starke Beachtung erwirkt. In letzter Zeit hat die MR wichtige Gesetzgebungsmaterien dem Zonenbeirat anvertraut. Das ist besonders bei der Frage der Agrarreform (Bodenreform) in Erscheinung getreten.

Der Zonenbeirat soll in einem Sonderausschuss, zu dem auch Professoren des Rechts gehört werden, eine Stellungnahme ausarbeiten zu der Frage, wie bei einer gegebenen Höchstzahl von fünf Ländern der Brit. Zone diese verwaltungspolitisch durchorganisiert werden soll. Auch andere Fälle zeigen, dass der Zonenbeirat von sich aus diejenigen Gesetzgebungsmaterien an sich heranzieht, die von politisch überragender Bedeutung sind. So können dort gesetzgeberische Entwürfe vorberaten werden. Eine Abstimmung mit den Kräften des Zonenbeirats könnte den Vorteil haben, dass Sie frühzeitig über alle in Frage kommenden Gesichtspunkte und über die politischen Kräfte des öffentlichen Lebens unterrichtet sind. In irgendeiner Form wird diese Frage bei allen Zentralämtern aktuell und auch bei den zentralen Einrichtungen, die nicht die Gestalt von zentralen Ämtern und Verwaltungen angenommen haben, sondern sich im Vorstadium als Beiräte befinden. Überall steht die persönliche Gewissensfrage, inwieweit er aus sich heraus gegenüber dem deutschen Volk seinen Rat erteilen will oder wie weit der sich belehren lassen will über die politischen Kräfte, die sich im deutschen öffentlichen Leben, in der Bevölkerung regen und ihrerseits das Bedürfnis haben, mit zu beraten und zu entscheiden und im Sinne der Demokratie auch dazu berufen sein sollen.

Eine Zusammenarbeit mit den anderen Zonen ist durchaus wünschenswert. Wie kann diese Zusammenarbeit gestaltet werden? Der Vorschlag des Herrn Vorredners ist zweckmäßig, dass die Männer der Jverw. sich unter sich zusammenfinden, und es wäre zu wünschen, dass das nicht nur für diese beiden Zonen, sondern für alle vier Zonen verwirklicht werden kann. Auch die leiseste Möglichkeit, solche Dinge voranzutreiben, muss ergriffen werden. Neben dieser Verständigung der Ressorts unter sich muss die Verständigung zwischen den Räten der beiden Zonen und möglichst aller Zonen vor sich gehen. Sie muss unter dem politischen Gesichtspunkte erfolgen. Es gibt wenige Gesetze, die nicht ein politisches Gesicht haben. So möchte ich meinen, dass von vornherein bei einer Zusammenarbeit der Ressorts über die Zonengrenzen hinaus die geeigneten Wege gefunden werden sollten, diese Zusammenarbeit einzuordnen auch in die allgemeine politische Zusammenarbeit, die sich zwischen den Räten (Länderrat und Zonenbeirat) anbahnen.

Oberst Moller: Ich wünsche den Gegenstand der Verhandlung zu wechseln. Ich habe mit dem Sekretär des Internationalen Rechtsvereins in der letzten Woche gesprochen. Dabei wurde vorgeschlagen, auch die deutschen Mitglieder zu der im August in Cambridge stattfindenden Konferenz einzuladen. Dieses wird wohl nicht möglich sein, da die Konferenz schon sehr bald stattfinden soll. Ich habe angeregt, in Deutschland Zweigstellen einzurichten. Die Lage ist folgende: Vorausgesetzt, dass die MR die Genehmigung geben wird, bestehen keinerlei Bedenken, dass Leute sich zu einer oder verschiedenen Gruppen zusammenschließen. Aber die Mitglieder sollen nicht früher oder gegenwärtig Mitglieder des Internationalen Rechtsvereins sein. Wenn eine geformte Gruppe glaubt, dass sie sich dem Internationalen Rechtsverein anschließen wolle, so bestehen keine Bedenken. Mitglieder dürfen jedoch nur die sein, die politisch bereinigt sind. Die alte deutsche Zweigstelle des Internationalen Rechtsvereins muss als aufgelöst bezeichnet werden. Ich möchte von der Brit. Zone sprechen und wie diese darüber denkt. Vor einiger Zeit haben sich Gruppen von Juristen gebildet. In der Brit. Zone besteht eine Vorschrift, dass die Juristen, die an internationales Recht interessiert sind, sich zusammenschließen zu einem Gesuch, dass sie einem Rechtsverein beitreten wollen.

MinPräs. Dr. Geiler, Wiesbaden: Hinsichtlich der Bildung einer deutschen Gruppe des Internationalen Rechtsvereins hat Herr Prof. Cohn wissen lassen, dass bald eine solche deutsche Gruppe gegründet wird, damit die Vertreter dieser Gruppe an der Tagung in Cambridge teilnehmen können. Nach erneuter Fühlungnahme kommt jedoch eine Teilnahme an der Konferenz in Cambridge vorläufig nicht in Frage, und der Bildung einer solchen Gruppe wird noch Widerstand entgegengesetzt. Es kann wohl unter uns eine Vereinigung von international interessierten Juristen gebildet werden. Daraus könnte vielleicht später eine Gruppe des Internationalen Rechtsvereins herauswachsen.

Das Verhältnis der Länderregierungen in der Amerik. Zone zur Jverw. auch wir sind der Auffassung, dass eine politische Rechtszersplitterung nicht in Betracht kommen kann. Es ist notwendig, nicht nach politischen, sondern nach Gerechtigkeitsgesichtspunkten Recht zu sprechen, deshalb haben wir in der Amerik. Zone die Jverw. als solche sehr selbständig gestaltet. Die Länderregierung hat keinen Einfluss auf die Jverw. bis auf den einen, dass der MinPräs. den JM abberufen kann. Im Übrigen ist der JM selbständig. Es wird auch von der MR gefordert, dass diese Selbständigkeit gewahrt werden muss.

Etwas anderes ist die Legislative. Es ist in der heutigen Zeit, wo die wirtschaftlichen und steuerrechtlichen Probleme so stark sind, auf die Dauer nicht möglich, dass lediglich von der Jverw. eine Legislative vorgenommen wird. Bleibt nach

Gründung der Länder der Zonenbeirat als überzonenmäßige Instanz bestehen? Bei der Legislative kann der Zonenbeirat nur Überzonen-Parlament sein oder es müssen Länderparlamente gebildet werden.

GenSekretär Dr. Weisser, Hamburg: Der Zonenbeirat soll in der Form arbeiten, dass aus den heutigen Delegationen zusammentreten am Orte der Zentralämter und dort eine Art indirektes Parlament bilden.

MinPräs. Dr. Geiler, Wiesbaden: Was vermieden werden muss, ist eine Zonenregierung, denn jede Zonenregierung hindert die Reichsbildung. In der Amerik. Zone haben wir uns schon eingehend damit befasst. Es drängt alles nach einer zentralen Gestaltung. Wir haben uns überlegt, ob wir unseren Länderrat in eine Zonenregierung ausbilden sollen, sind aber davon abgekommen, da bei Bildung von Zonenregierungen die Reichsbildung sich schwieriger gestaltet als bei den Ländern, die die Bausteine des neuen Reichs bilden. Um die Aktionsfähigkeit der Länder zu stärken, wurde ein Direktorium zusammengestellt aus den Gesandten der drei Länder. Das Direktorium tritt jede Woche zusammen, um alle weniger wichtigen Fragen zu besprechen.

Von den Kontrollratsgesetzen waren wir überrascht. Sie kamen ohne eine Möglichkeit zur vorherigen Stellungnahme. Wir haben jedoch erreicht, dass die amerik. MR dem Länderrat Gelegenheit gibt, vor Erlass neuer Gesetze Stellung zu nehmen.

MinRat Dr. Müller, Tübingen: Die Franz. Zone ist in fünf Länder eingeteilt, die unter sich staatsrechtlich verschieden gestaltet sind. Sie hat eine eigene Landesregierung, in der der Landesdirektor der Justiz ein Mitglied des Direktoriums ist. Nur das Direktorium ist ermächtigt, Gesetze und VO irgendwelcher Art zu erlassen. Der einzige Landesdirektor (Ressortminister) kann nur Anweisungen besonderer Art erlassen, wie sie auch früher dem Fachminister möglich waren. Dadurch wird erreicht, dass die Jverw. in allen Fragen, die das Gesamtinteresse berühren, gleichberechtigt mitspricht, und dass die übrigen Ressorts gleichmäßig beteiligt sind. Die besondere Stellung der Justiz ist hervorgerufen dadurch, dass der Direktor für Justiz an erster Stelle steht und alle gesetzgeberischen VO dem Justizdirektorium zur Begutachtung vorgelegt werden. In den übrigen Zonen ist es noch nicht so weit.

Baden hat eine Landesverwaltung, während in Rheinland-Hessen die Justizdirektoren Mitglieder der Kabinette sind. Die Möglichkeit einer einheitlichen Rechtsbildung wird angestrebt. Es besteht ein Verbot der MR, irgendeine Materie gesetzgeberisch zu ordnen, die der Zuständigkeit des Kontrollrats untersteht (Reichsgesetze, Erlassung von Rechtsanordnungen, Abänderung bereits bestehender Gesetze, alle bisherigen Regelungen). Es ist klar, dass dieser Standpunkt zu einer außerordentlichen Verlangsamung der gesamten gesetzgeberischen Arbeit führt, andererseits könnte aber dieser Standpunkt dazu führen, eine einheitliche Rechtsgesetzführung zu erzielen. Wir gehen so vor, dass die fünf Länder, die in der Franz. Zone vereinigt sind, sich zu einem Rechtsausschuss, der monatlich in Neustadt/Hardt zusammenkommt, vereinigen, der alle Problem behandelt, deren dringende Erledigung notwendig ist, zu einem einheitlichen Vorschlag kommen und diesen Vorschlag nun der franz. Generaldirektion der Justiz in Baden-Baden vorzulegen. Je ein Land bearbeitet eine bestimmte Materie und reicht die betreffenden

Vorlagen in Neustadt ein. Die franz. Generaldirektion trägt die Vorschläge dem Kontrollrat in Berlin vor und erwartete die Erledigung von dort.

Diese Art und Weise führt wohl am ehesten zu einer Einheit. Diese Tagung möge dazu führen, dass die verschiedenen zentralen Rechtsausschüsse in den einzelnen Besatzungszonen sich in irgendeiner Form zusammenfinden und ihre Vorschläge als einheitliche Vorschläge der drei Besatzungszonen in Berlin vorlegen.

OLG-Präs. Dr. v. Hodenberg, Celle: Es besteht die Frage, ob es schon jetzt einen Weg gibt, zu einer interzonalen Erörterung gesetzgeberischer Angelegenheiten zu kommen, die verhindert, dass die einzelnen Zonen völlig auseinanderkommen. Ich glaube, dass das Gremium zu groß ist, um es hier zu besprechen. Ich mache deshalb folgenden Vorschlag: Ein kleinerer Ausschuss von fünf bis sechs Herren soll während des heutigen Tages zusammentreten, um zu besprechen, welche Wege möglich sind, um eine gewisse Verzahnung der Gesetzgebung auf interzonaler Grundlage herbeizuführen.

JM Zinn, Wiesbaden: Prof. Lange (Jena) beabsichtigt, eine 4-Zonen-Tagung der Juristen in Kürze abzuhalten.

OLG-Präs. Dr. v. Hodenberg, Celle: Diese 4-Zonen-Tagung wird wohl vorerst noch nicht möglich sein. Aber diejenigen, die heute hier zusammen sind, könnten doch inzwischen schon etwas tun. Wir könnten uns unter uns schon einigen.

MinPräs. Dr. Geiler: Der Vorschlag des Herrn OLG-Präs. Dr. v. Hodenberg sollte erst näher erörtert werden, wenn weitere Besprechungen stattgefunden haben. Vielleicht ergibt sich dann schon eine Annäherung der Meinungen.

Prof. Dr. Hallstein, Rektor der Universität Frankfurt: Gesetzespublikationen: Man muss lernen, wie die Juristen in den anderen Zonen arbeiten. Zonen und Länder haben sich rechtlich schon in einem Jahr auseinandergelebt. Die Notwendigkeit ist gegeben, daraus einige Konsequenzen zu ziehen. Man muss versuchen, eine Aufsplitterung des deutschen Rechts zu vermeiden. Ich glaube aber, selbst wenn man das äußerst Mögliche tut, wird man mit einer gewissen Auseinanderentwicklung in den einzelnen Zonen und Ländern auf eine geraume Zeit hinaus rechnen müssen. Dass dies seine Bedenken hat nicht nur unter dem Gesichtspunkte der Rechtseinheit, sondern auch unter dem Gesichtspunkt der Rechtssicherheit, lässt sich nicht leugnen, weil die Rechtssicherheit darunter leidet, dass man nicht mehr genau darüber unterrichtet ist, welches Recht überall in Deutschland gilt. Man muss etwas tun, um die Publikation von Rechtsquellen in Deutschland zu vereinheitlichen, ein Organ schaffen, in dem diese Quellen publiziert werden (ähnlich wie der Reichsanzeiger). Vom Standpunkt der Rechtswissenschaft aus möchte ich sagen: Die Situation der Rechtswissenschaft ist die, dass sie in einer stürmischen Entwicklung von Rechtspositivismus hinweg ist. Wenn eine solche Bewegung zusammentrifft mit der Schwierigkeit festzustellen, was positiven Rechtes ist, dann ist sie nicht frei von Gefahr. Die Rechtswissenschaft muss sich dahin arbeiten, dass sie einheitlich wird, durch Kritik an unnötigen Zersplitterungen des Rechts. In Groß-Hessen besteht ein beratender Ausschuss für Rechtsform, in dem Praxis und Rechtswissenschaft zusammenarbeiten. Eine solche Mitarbeit der Rechtswissenschaft ist erwünscht. Die Wissenschaftler haben die Möglichkeit, die Entwicklung auch außerhalb der eigenen Zone und des eigenen Landes im Auge zu behalten. Dazu muss man aber wissen, was in den einzelnen Zonen vorgeht.

Ein zweiter Gesichtspunkt ist die Ausbildung der deutschen Juristen. Es muss vermieden werden, dass der Rechtsunterricht der Entwicklung der Rechtsquellen folgt, dass eine hessische, bayerische, preußische Rechtswissenschaft entsteht. Dies ist ein akutes Problem. Wenn wir eine provinziale Verengung des Unterrichtsbetriebes vermeiden wollen, dann müssen wir die Bitte an die Instanzen richten, uns zu helfen, diese Übersicht nicht zu verlieren. Die Schaffung eines zentralen Ortes ist unser Wunsch.

GenSekretär Dr. Weisser: Im Zentralamt für Wirtschaft der Brit. Zone fand am Montag vor acht Tagen eine Besprechung statt, in der mitgeteilt wurde, dass für die Wirtschaft etwas Ähnliches zur Verfügung gestellt würde wie der alte Reichsanzeiger. Ein gesetzliches Verkündungsblatt wird auch geplant.

OLG-Präs. Dr. Schotter, Köln: Das Problem einer *Justizreform* hat die Jverw. des ehemaligen Reichs und der Länder seit mehr als 25 Jahren beschäftigt, ohne dass es bisher einen endgültigen Abschluss gefunden hat. Wir haben uns gewöhnt, unter kleiner Justizreform die Entlastung des Richters durch Beamte des gehobenen mittleren Dienstes zu verstehen, dagegen unter großer Justizreform die Umgestaltung der Gerichtsverfassung und der Prozessordnungen mit der Regelung des Instanzenzuges. Die Probleme, um die es sich hier handelt, gehen noch heute in ihren Grundlagen auf die Kodifikation der sog. Reichsjustizgesetze des Jahres 1879 zurück; diese Grundlagen haben also ein Entwicklungsstadium von 70 Jahren durchlaufen und damit einen Beweis der Bewährung durch sich selbst erbracht. Trotzdem kann eine Zeitwende, wie wir sie z.Zt. erleben, nicht an der Prüfung vorübergehen, ob das Gerichtswesen der Gegenwart noch mit den Kulturfortschritten der letzten 50 Jahre vereinbar und demnach noch zeitgemäß ist. Der Ruf nach Justizreform wurde bekanntlich erstmals im Preuß. Herrenhause durch den Oberbürgermeister Adickes erhoben, genau vor 40 Jahren, und ist seitdem nicht mehr verstummt. Alle denkenden Köpfe, die sich mit den gleichen Fragen befasst haben, sind zwangsläufig zu der Einsicht gekommen, dass im Zuge einer unaufschiebbaren Rationalisierung der Justiz die kleine Reform den Ausgangspunkt bilden müssen, dass diese aber nur die Vorstufe einer großen Reform des gesamten Gerichtswesens sein könne. Daher sind die andrängenden Aufgaben in dieser Reihenfolge in Angriff genommen worden und soweit sie angefasst wurden, konnten sie alsbald unbestreitbare Erfolge festgestellt werden. Der Erste Weltkrieg machte die Geister mobil, und seitdem standen drei Personen im Mittelpunkte der treibenden Kräfte, Personen, die – obwohl politisch durchaus gegensätzlich orientiert –, doch zu den gleichen Schlussfolgerungen kamen: Als Vertreter des kaiserlichen Deutschlands der Staatssekretär Mügel, als Vertreter des republikanischen Deutschlands der Minister Schiffer und als Vertreter des nationalsozialistischen Deutschlands der Staatssekretär Rothenberger. Ihre heute noch bedeutsamen Schriften kommen fast überall zu gleichen Ergebnissen. Damit will ich andeuten, dass es sich hier um politisch kaum belastete Probleme handelt, die auf der Ebene reiner Sachlichkeit in Angriff genommen werden konnten.

Die kleine Justizreform hat sich in zwei Etappen entwickelt, wobei das Land Preußen jedes Mal voranging und das Reich in kurzem Abstande folgte. Vorsichtig tastend hat man zunächst die Rationalisierung nicht auf ganzer Linie und mit einem Schlage durchgeführt, sondern nur den LJVerw. Vollmacht gegeben, nach eigenem Ermessen den Umfang der Entlastung zu bestimmen. Wenn wir den aus dieser Entwicklung hervorgegangenen Typ des Rechtspflegers, dessen Geburt etwa in das Jahr 1927 zu verlegen ist, mit dem Typ des Gerichtsschreibers vergleichen, wie er uns noch aus der Zeit der Jahrhundertwende vorschwebt, so fehlt uns fast jede Vergleichsmöglichkeit. Der heute mit dem Reifezeugnis einer höheren Schule eine dreijährige Ausbildungszeit mit entsprechender Schulung durchlaufende Rechtspfleger ist nach einigen Jahren der Praxis manchem älteren Richter mit akademischer Bildung überlegen. Demgegenüber ist die große Justizreform völlig zurückgeblieben und steht in den Grundzügen noch auf der Stufe von 1879. Zwar haben sich Spezialgerichte den allgemein rechtsprechenden Behörden zugesellt: Arbeits-, Anerben-, Pacht-, Fideikommissgerichte und im Strafrecht Jugend- und unseligen Angedenkens – Sondergerichte. Zu einem Eingriff in den allgemeinen Aufbau der Gerichte ist es aber bisher nicht gekommen.

Wenn man sich daher heute zu einem weiteren Schritt vielleicht auf beiden Gebieten entschließt, wird man sich des revolutionären Charakters einer solchen Maßnahme wohl bewusst sein und nur nach gründlichster Vorbereitung und Durcharbeitung aller Verzweigungen dieser weitschichtigen Materien handeln dürfen. Dabei müssen auch für mögliche Rückzüge die Wege offen bleiben. Alle Arbeit muss aber auf den alles überragenden Grundgedanken ausgerichtet sein, den einheitlichen Aufbau des Gerichtswesens in allen früheren Ländern nicht nur nicht zu gefährden, sondern die Länder durch einen festen Ring einheitlicher Handhabung der Gerichtsorganisation noch enger zusammenzuschließen.

Damit erhebt sich die Vorfrage des Berufes unserer Zeit zur Neugestaltung der hier einschlägigen Probleme. Wendepunkte im politischen Leben der Völker waren von jeher auch Wendepunkte im Rechtsleben. Das haben wir in der römischen Rechtsgeschichte von der Zwölftafelgesetzgebung bis zur Kodifikation Justinians, im deutschen Rechte von den Kapitularien Karls des Großen bis auf den westfälischen Frieden und die Französische Revolution verfolgen können. Die Katastrophe von 1945 mit ihren grundstürzenden Veränderungen auf allen Lebensgebieten des deutschen Volkes wird für das Rechtswesen umso eindringlicher Reformen fordern, als sich aus den Irrwegen des Nationalsozialismus ein Niedergang des Rechtslebens, eine Enttäuschung des Volkes über die Unabhängigkeit des Richterstandes, ein Vertrauensschwund größten Ausmaßes und eine allgemeine Rechtsunsicherheit durch das Aufkommen der Kräfte der Unterwelt ergeben hat. Daher der Ruf nach einer Reform an Haupt und Gliedern! Ist hiernach eine geläuterte Justiz für den Wiederaufbau des Staatslebens unentbehrlich, so wird sie im eigenen Hause Ordnung schaffen müssen, um Ansehen und Autorität der Gerichte wiederherzustellen. Die Öffentlichkeit erwartet Neugestaltungen, die einen Rückfall in die Methoden und Entgleisungen des Dritten Reichs ausschließen.

Die Besatzungsmacht, die z.Zt. und voraussichtlich noch auf Jahre hinaus, das deutsche Rechtsleben überwacht, ist ganz besonders an den Problemen, um die es sich hier handelt, interessiert und betrachtet sie als dringlicher als wir selbst. Teils, weil sie Ersparnisse davon erhofft, nicht minder aber, weil sie den deutschen Gerichtsapparat für personell übersetzt und für viel zu kompliziert hält und in ihren eigenen Gerichtsverfassungen den Grundsatz verwirklicht sieht, dass das Ansehen des Richters und die Anerkennung seines Urteils umso höher einzuschätzen ist, je weniger Richter vorhanden sind. Um die Neuordnung zu erleichtern, ist daher auch wohl im Kontrollratsgesetz Nr. 2 neben der vorläufigen Schließung aller Gerichte bestimmt worden, dass alle Richter zunächst von ihren Ämtern abberufen seien, womit offenbar der Grundsatz der Unabsetzbarkeit eine Lockerung erfahren sollte, der früher das Reformproblem nicht unwesentlich belastete. Denn die Personalfrage durchzieht wie ein roter Faden alle Überlegungen zur kleinen und großen Reform und ist letzten Endes für die Möglichkeiten sachgemäßer Änderungen entscheidend.

Wenn man hiernach den Beruf unserer Zeit zu Neugestaltungen bejahen muss, so scheint mir zunächst eine Lösung für die kleine Reform von der Beantwortung der Frage abhängig: Ist diese Reform notwendig, möglich, dringlich und welche Schwierigkeiten und Hindernisse stehen ihr im Wege, endlich, wie ist sie in großen Zügen durchführbar?

Die Notwendigkeit der richterlichen Entlastung ergibt sich nicht so sehr aus dem Beweggrunde der Vereinfachung und Verbilligung der Rechtspflege, die in einer Notzeit wie der gegenwärtigen eine nicht unwesentliche Rolle spielt, als vielmehr aus dem Zwang ökonomischer Erwägungen über die zweckmäßigste Verwendung menschlicher Arbeitskraft. Was die Maschine leisten kann, soll nicht dem Menschen aufgebürdet werden. Was die billigere Kraft hervorbringt, soll nicht von einer teureren verlangt werden. Was eine einzelne Persönlichkeit erarbeiten kann, soll nicht auf eine Mehrheit verlagert werden. Diese bisher schon angewandten Leitgedanken stehen heute mehr denn je im Vordergrund aller Umformungsprozesse. Wir können es uns nicht leisten, teure Kräfte da einzusetzen, wo billigere gleich gute Arbeit leisten. Wie der Richter durch den Rechtspfleger, so muss der Rechtspfleger durch den einfachen Bürobeamten und dieser durch den Angestellten entlastet werden; denn auch in der Verwaltung und im Kassenwesen der größeren Gerichte ist noch eine erhebliche Zahl Rechtspfleger eingesetzt, die ihrem Hauptberuf abgewandt zwar verantwortungsvolle Arbeit leisten, aber durch zuverlässige Kräfte geringerer Vorbildung unbedenklich ersetzbar sind. Eine Umschichtung der Kräfte von oben nach unten mit ausreichender Leistung der Geschäfte durch erprobte Vorgesetzte scheint mir daher das Gebot der Stunde unter dem beherrschenden Grundsatz rationeller Wirtschaft. Diesem Reformgedanken kommt die Tatsache zu Hilfe, dass die Ersatzkräfte am ehesten dort zu gewinnen sind, wo die Ansprüche an die Vorbildung ermäßigt werden können.

Entscheidender für die richtige Arbeitsverteilung ist aber der Beweggrund, die kleine Justizreform nicht sowohl zur Entlastung des einzelnen Richters und damit zu einer lediglich finanziellen Ersparnismaßnahme werden zu lassen, sondern die ganze Justiz einer *organisatorischen* Erneuerungsmaßnahme entgegenzuführen. Die Hebung des Ansehens der Gerichte und des Richters ist, wie einsichtige Reformer schon seit Jahrzehnten betont haben, nicht möglich ohne Verkleinerung des Kreises der Richter; die in Zivil- und Strafsachen tagtäglich in die Öffentlichkeit tretenden und ihrer Kritik unterliegenden Richter sind anders einzuschätzen als die geruhsame in ihren vier Wänden arbeitenden Richter der freiwilligen Gerichtsbarkeit. Ein Heer nur mittelmäßig qualifizierter Beamten mit Durchschnittsleistungen, deren Arbeit mehr als Handwerk oder Technik denn als Kunst oder Wissenschaft gewertet wird, kann der Verbesserung der Rechtsprechung trotz der Sammlung tausendfältiger Entscheidungen nicht die Dienste leisten, die den Rechtsspruch eines einzelnen, an exponierte Stelle gestellten qualifizierten Spruchrichters auszeichnen. Auch die Achtung des Volkes von den Entscheidungen gerade der unteren Instanzen wird umso mehr schwinden, je massenhafter diese Entscheidungen das Publikum überfluten. In anderen Ländern ist diese Heraushebung des Richters als Repräsentant der Autorität staatlicher Rechtssprüche längst erkannt und verwirklicht, und die bei uns in Deutschland völlig unbefriedigende wirtschaftliche Stellung des Richters nie in Erscheinung treten.

Der Schwund des Ansehens der Justiz in den letzten der für sie so verderblichen Jahren und die mangelnde Widerstandskraft der Richter dieser Zeit gegen politische Einflüsse erklärt sich nicht zuletzt auch aus der Massenhaftigkeit der richterlichen Ämter, in denen die meisten sich nur als Mitläufer eines Systems, nicht als die Repräsentanten der Staatsordnung und Staatsgewalt fühlten. Ein Richter, der – um es einmal militärisch auszudrücken –, in der Ochsentour mitgeht, wird nie das Vollbewusstsein der Würde seines Amtes und die Kraft des Widerstandes gegen politische Einflüsse aufbringen, wie der aus der Masse herausgehobene und durch ein gesundes Selbstbewusstsein ausgezeichnete Richter von Format. Dessen Entscheidungen werden auch nicht einer leichtfertigen Anfechtung in höherer Instanz anheimfallen, sondern durch das Gewicht guter Gründe den Instanzenweg zu verkürzen oder sogar auszuschließen gestatten.

Die *Notwendigkeit* der Entlastung ergibt sich aber weiter aus der Zunahme des Arbeitsanfalles bei allen Justizbehörden. Das Ansteigen der Kriminalität – unverkennbar und bedrohlich –, die Umschichtung der Bevölkerung und ihrer wirtschaftlichen Kräfte infolge Flüchtlingselends und Bombenschäden, der Stillstand der Rechtspflege (hier am Rhein mehr als ein volles Jahr umfassend) bringen die Jverw. in ähnliche Sorgen wie nach dem Ersten Weltkriege, als es unmöglich erschien, mit den noch vorhandenen Kräften die vordringlichsten Aufgaben zu erfüllen. Diese Verhältnisse fordern nachdrücklichst die weitere Befreiung des Richters von allen Aufgaben, die eine einfachere Arbeitskraft in gleicher Güte verrichten kann, wenn nicht das zu große Heer der richterlichen Beamten noch weiter anschwellen soll. Endlich kommt hinzu, dass der Personalmangel in der richterlichen Laufbahn erheblich zugenommen hat, teils durch die Abgänge infolge des Krieges, teils im Zuge der Entnazifizierung, teils durch Verkümmerung des Nachwuchses, der bis zu acht Jahren die Wehrpflicht zu erfüllen hatte, und endlich durch Überalterung der zurzeit noch Dienst leistenden Beamten. Wenn es auch möglich sein wird, auf dem verkleinerten ehemaligen Reichsgebiet einen Teil der Richter unterzubringen, die in den besetzten Gebieten brotlos geworden sind, so kann diese Tatsache zwar vorübergehend dazu führen, Fehlstellen auszugleichen, aber nicht auf die Dauer den Wegfall eines gleichmäßigen Nachwuchses ersetzten.

Zur Beurteilung der Möglichkeit der Entlastung wird man auch nicht übersehen dürfen, dass heute ganz andere Maßstäbe an alle Reformpläne anzulegen sind, wie sie etwa um die Jahrhundertwende zeitgemäß gewesen wären. Der Kulturfortschritt des deutschen Volkes in den letzten 30 Jahren ist ungeheuer groß und geht gerade bis in die einfachsten Kreise. Der Arbeiter von heute ist mit so vielen Dingen vertraut, die sich auf das Rechts- und Gerichtswesen beziehen, dass er sich in ganz anderer Weise unterrichten und helfen kann wie vor Jahren. Der Rechtspfleger von heute geht durch eine Schule, die von erprobten Kräften seiner eigenen Laufbahn und von höheren Richtern geleitet wird, dass ihm nicht nur die Auslegung der Gesetze zur täglichen Übung, sondern auch die Technik ihrer Handhabung in allen Sparten der Rechtspflege vertraut wird. Nimmt man hinzu die Erleichterung des Arbeitsganges durch Vervollkommnung der Büromaschinen, die Schnelligkeit der Unterrichtung der Öffentlichkeit durch Presse, Rundfunk u. dgl., die Empfänglichkeit und geistige Aufgeschlossenheit der jüngeren Generation für Belehrungen aller Art, über Dinge des öffentlichen Lebens, die Verkehrserleichterungen durch Eisenbahn und Kraftwagen, die doch in einiger Zeit wieder eintreten werden, so scheinen alle Voraussetzungen gegeben, die Entlastungsmöglichkeiten in weitestem Sinne zu bejahen und auch auszuschöpfen. Auch das Menschenmaterial, aus dem die Rechtspfleger entnommen werden, wird zahlenmäßig – wenn auch nicht sofort – in ausreichender Menge vorhanden sein, insbesondere wenn man auf die von der Universität nicht aufgenommenen Studenten zurückgreifen kann, auf die nicht in ihre Ämter zurückkehrenden Richter und auf die Überschüsse aus anderen Berufen. Die Erfahrungen der bisherigen Entlastung haben durchaus bestätigt, dass damit nur günstige Resultate erzielt worden sind, dass aus der Heranziehung der Rechtspfleger zu richterlichen Geschäften dem Staate kaum irgendwelche Regresse entstanden, und dass keinerlei sonst abträgliche Erscheinungen mit der Umschichtung der Arbeitslast verbunden waren. Wenn daher die Vorschläge zur Ausdehnung der Entlastung auch zunächst weit gespannt erscheinen mögen, so gründen sie sich doch auf das berechtigte Vertrauen, dass eine gute Ausbildung das allgemeine Niveau rechtspflegerischer Tätigkeit durchaus noch zu heben imstande ist.

Der Mut, einer schwierigen Aufgabe Herr zu werden, darf nicht an den *Hindernissen* scheitern, die sich jeder Reform entgegenstellen. Mancher wird fragen: Ist es empfehlenswert, den Rechtspfleger als neuen Richtertyp herauszustellen? Wird dadurch nicht das Ansehen des gelehrten Richters und der akademischen Bildung herabgedrückt und damit auch die Autorität seines Rechtsspruches? Die Beantwortung dieser Frage wird wesentlich davon abhängen, ob und inwieweit man sich entschließt, den Rechtspfleger auch als Streitrichter einzusetzen, was im Rahmen der kleinen Reform nicht beabsichtigt ist. Zunächst und hauptsächlich soll er ja nur neben dem Richter der Rechtsbetreuer des Publikums sein, der insbesondere alle Aufgaben der freiwilligen Gerichtsbarkeit in sich vereinigt und im Übrigen nur zu solchen Tätigkeiten herangezogen wird, die formeller und rein technischer Art sind. Es muss der Anschein vermieden werden, als ob durch die Hebung der Laufbahn der Rechtspfleger der Richter in seinem Amte eine capitis diminutio erleide, also eine Degradation der Persönlichkeit, während doch das Gegenteil beabsichtigt ist. Auch darf der Gedanke nicht aufkommen, dass der Rechtspfleger nunmehr ein völlig gleichwertiges Organ der Rechtspflege werden solle. Ein erkennbarer Abstand muss gewahrt werden. Sollte man im Zuge der *großen* Reform zur Wiederaufrichtung des Friedensrichteramtes kommen, so wird es der Erwägung bedürfen, ob der Rechtspfleger der richtige Streitschlichter für den Bagatellprozess ist, wo es nicht um Leben oder wirtschaftliche Existenzen, sondern um Streitigkeiten einfachster Art geht, zu deren Entscheidung sogar das Wissen eines Laien meist ausreicht.

Ein beachtliches Hindernis weiterer Entlastung ist sodann der Personalmangel. Er hat in den einzelnen Gerichtsbezirken oft ein ganz anderes Gesicht. Zurzeit wird kaum ein Bezirk vorhanden sein, der das Bedürfnis voll decken könnte. Auf weite Sicht gesehen dagegen lässt es sich bestimmt ermöglichen, genügend Kräfte bereitzustellen und heranwachsen zu lassen, die die für Rechtspfleger freigemachten Richterstellen ausfüllen können. Die Justiz wird sich überhaupt in den nächsten Jahren durch Engpässe hindurchbewegen müssen, die ihr bald auf diesem, bald auf jenem Gebiete Fesseln anlegen. Räumliche und personelle Behinderungen können daher zwar für einige Jahre hemmend in den Ablauf der Funktionen der Gerichte eingreifen, dürfen aber auf die Dauer den Erfordernissen exakter Gerichtsfunktion nicht entgegenstehen. Diese Überlegung zwingt zu der Folgerung, dass zum Mindesten das Problem der kleinen Justizreform als dringlich und unaufschiebbar angesehen werden sollte, damit sie im Einverständnis mit den letztlich entscheidenden Besatzungsbehörden und vor allem nicht ohne die verantwortliche Mitwirkung deutscher Stellen gelöst werde. Als weiteres Hindernis der Entlastung hat sich in der Vergangenheit die gesetzlich garantierte Unabsetzbarkeit des Richters erwiesen. Auch ein unterbeschäftigter Richter konnte im Regelfalle nicht gegen seinen Willen aus seiner Stelle entfernt werden.

Dieser Rechtszustand ist z.Zt. formell fortbestehend, tatsächlich aber im Zuge der Entnazifizierung aufgelockert, und das Hindernis könnte vollends entfallen, wenn die kleine Justizreform mit der großen verbunden und die im GVG festgelegte Gerichtsorganisation geändert wird.

Die Justizverwaltungen haben den Weg der Entlastung bisher mit aller Vorsicht beschritten und sich von dem Ziele leiten lassen, richterliche Geschäfte nur dann zu übertragen, wenn dies ohne Beeinträchtigung der Güte der Leistung geschehen könne. Der durch das Reichsentlastungsgesetz vom 11.3.1921 vorgezeichnete Weg fand in der preuß. Entlastungsverfügung vom 1.4.1928 einen vorläufigen Abschluss, demgegenüber die Reichsentlastungsverfügung vom 3.7.1943 keine wesentlichen Änderungen mehr brachte. Zwar ist diese Verfügung eine VO aus der Kriegszeit, die aber den Zustand in dem größten Lande Preußen kaum beeinflusste. Hiernach ist seitdem die Entlastung im Bereiche der freiwilligen Gerichtsbarkeit fast vollständig und auf dem Gebiete des Zivil- und Strafrechts in wesentlichen Punkten durchgeführt. Trotzdem bleiben noch weitere Möglichkeiten der Übertragung richterlicher Geschäfte übrig. Diese Übertragung vorzunehmen, wird die Aufgabe eines neuen Gesetzes sein, das sich mit wenigen Paragraphen als Ergänzung an das Reichsgesetz vom Jahre 1921 anschließen könnte und folgende Hauptbestandteile aufweisen müsste:

a) Auf dem Gebiete des Zivilprozesses wäre zu übertragen: das Güteverfahren, der Erlass der Versäumnis-, Anerkenntnis- und Verzichtsurteile, die Angelegenheiten der Rechtshilfe, der Zustellungen und der Vorbereitung der mündlichen Verhandlung, das Verteilungs-, Aufgebots- und Offenbarungseidverfahren.

b) Auf dem Gebiete des Konkursrechts: der größte Teil des Verfahrens der Eröffnung, der Forderungsregistrierung und Masseverteilung. Diese Geschäfte werden größtenteils schon heute dem Richter im Wege des „Vorverfügens“ abgenommen.

c) Auf dem Gebiete des Strafprozesses: Alle einfachen Vernehmungen des Beschuldigten, sofern nicht ein ausdrückliches Ersuchen auf Vernehmen durch den Richter gestellt wird, das Verfahren der Zeugenvernehmung und der Rechtshilfe, vielleicht auch das Verfahren in Privatklageangelegenheiten, das Verfahren der Strafbefehle und Strafverfügungen und der Strafvollstreckung.

Würde eine Entlastung in diesem Umfange tatsächlich durchgeführt, so würde die Ersparnis an Richterkräften nochmals ebenso groß sein wie die im Jahre 1928 erzielte, wo in kurzer Frist in Preußen mehr als 800 Richterkräfte frei wurden und dies, ohne dass zunächst am Aufbau der Gerichte etwas geändert werden müsste. Es erscheint mir daher im wohlverstandenen Interesse der Rechtspflege und des Richters zu liegen, nochmals einen energischen Schritt zu tun, um den Rationalisierungsprinzip voll gerecht zu werden.

Hat man diesen Schritt getan, so steht man auch schon an der Schwelle der großen Justizreform. Wenn ich hier einen deutlich sichtbaren Halt mache, so geschieht das deshalb, weil die Gedankengänge, die ich für die große Justizreform entwickeln möchte, kühn, vielleicht zu kühn erscheinen und ich mir bewusst bin, dass sie nicht allseitigen Beifall, vielleicht sogar lebhaften Widerspruch finden werden. Sie brauchen aber das z.Zt. allein vordringliche Problem der kleinen Reform nicht unbedingt zu belasten und sollen nur angedeutet werden als Ergebnis der vollkommenen logischen Durchdringung einer Entwicklung, deren Ergebnisse nicht allein unserer freien Entschließung unterliegen. Wir müssen daher auch für den Fall gerüstet sein, dass die Besatzungsmacht, durch Erfahrungen im eigenen Lande beeinflusst, sinngemäße Reform fordert.

Die erweiterte vorgeschlagene Entlastung bedeutet für die AG als das Rückgrat des GVG den Wegfall des Richters und seinen Ersatz durch den Rechtspfleger bei einer sehr großen Zahl von ihnen. Die Entwicklung dürfte aber nicht gleichzeitig zum Abbau des Gerichts selbst führen; denn die Bevölkerung kann der Rechtsbetreuung allerorts am wenigsten auf dem flachen Lande entraten. Aber viele heute schon für die Richterkraft unterbeschäftigten ein- und zweistelligen AG würden Richter verlieren und sich mit der Betreuung durch einen Rechtspfleger begnügen müssen. Es ist schwer zu sagen, wie viele von den 2052 AG des Reiches im Jahre 1940 eine Einbuße an Richterkräften erleiden würden, weil keine ausreichende Beschäftigung für den Richter mehr vorhanden wäre. Erst recht könnten bei den AG mit drei und mehr Richtern Ersparnisse an Richterkraft gemacht werden. Man möchte einwenden, die Verwurzelung des Richters mit der Bevölkerung sei auf dem flachen Lande und in der Kleinstadt so wertvoll, dass aus der Abschneidung der Verbindung zwischen Volk und Richter sich uneinbringliche Nachteile ergeben müssten. Einen nicht zu unterschätzenden Respekt vor seiner Persönlichkeit kann sich ein guter Rechtspfleger noch leichter erringen als der Richter, denn die Berührung mit dem Volke fließt zumeist aus den Quellen der freiwilligen Gerichtsbarkeit, die schon jetzt gerade dem Rechtspfleger anvertraut ist. Hat doch z.B. das große AG Köln heute schon nur einen Grundbuchrichter, und auch der ist nicht voll ausgenutzt.

Auch ist für den Richter mit Familie ein Daueraufenthalt in der Kleinstadt kaum erstrebenswert. Beim Heranreifen der Kinder wird er den besseren Fortbildungsmöglichkeiten der Stadt zustreben. Entscheidend wird aber der Einfluss der Reform auf die Rechtspflege sein müssen und dazu ist zu sagen, dass schon heute bei der Ausdehnung der sachlichen Zuständigkeit der AG in Zivil- und Strafsachen die Verantwortung für eine befriedigende Rechtsprechung vom sog. „kleinen Amtsrichter" kaum getragen werden, jedenfalls ihm nicht ohne Besorgnisse anvertraut werden kann. Die unentbehrliche Fortbildung lässt doch im engen Raum zu viel zu wünschen übrig und geeignete Rechts- und StA stehen solchen Richtern oft nicht beratend zu Seite. Wo soll nun aber der Spruchrichter des AG wiedergefunden werden, wenn er am Sitze des bisherigen AG nicht mehr zu finden ist? Darauf gibt uns die Entwicklung der Arbeitsgerichtsbarkeit mit ihrer unbeschränkten sachlichen Zuständigkeit 1. Instanz die wegweisende Antwort.

In den dichtbevölkerten Distrikten des Westens hat sich schon bald nach der Revision des ArbGG von 1928 die Notwendigkeit ergeben, die Gerichte dieser Art in den größeren Städten zu konzentrieren. Die Erfahrungen bestätigen, dass die Maßnahme, nach der auf etwa vier AG, ein Arbeitsgericht entfiel, richtig war und keine Nachteile im Gefolge hatte. Auch für ländliche Gegenden ist die Verlegung der Arbeitsgerichte in die größeren Städte als vorteilhaft angesehen worden. Selbst in den wenig aufgeschlossenen Bezirken, z.B. der Eifel, ist diese Verteilung nicht als besonders erschwerend empfunden worden. Es spricht vieles dafür, die spruchrichterliche Tätigkeit in Zivil- und Strafsachen gleichfalls einem zentral gelegenen AG zu übertragen. Für die Strafsachen ist das schon früher üblich geworden, indem nur die größeren Städte ein Schöffengericht bekamen. Auf diese Zentralgerichte, die man Bezirksgerichte oder ähnlich nennen könnte, müssten zunächst alle amtsgerichtlichen Spruchsachen übertragen werden. Alsdann gehört nur ein kleiner weiterer Schritt dazu, mit diesen zentralen AG das LG zu einer Einheit zu verbinden. In Zivilsachen haben wir uns ja schon lange an die Einzelrichter gewöhnt. Das wäre zwar nicht so zu verstehen, dass alle oft meilenweit abgelegenen Gebiete den Rechtsspruch nur in den Großstädten entgegen zu nehmen hätten, sondern der beim Bezirksgericht angestellte Richter hätte auf den Gerichtstagen am Sitze der AG die Verhandlungen mit den Parteien und den auf freiem Fuß befindlichen

Angeklagten abzuhalten. Ein solcher Reiserichter ist im englischen Gerichtswesen eine erprobte Erscheinung, auf die man dort bestimmt nicht verzichten möchte.

Der Ausbau der kleinen Justizreform würde für sich allein keinen Einfluss auf die Besetzung der LG und OLG haben, weil weitere Rationalisierungsmaßnahmen, als sie z.Zt. schon in Kraft sind, zur Einsparung von Richterkraft kaum weiter beitragen könnten. Dagegen könnte bei der Konzentration der amtsgerichtlichen Spruchsachen von der Verschmelzung der Bezirks-AG mit den LG nicht Halt gemacht werden.

Ein unverkennbarer Zug der Entwicklung der Gerichtsorganisation geht – wie schon gesagt – dahin, auch die Zivilkammern des LG mit nur einem Richter zu besetzen, d.h. den Schwerpunkt der *zivilen* Rechtsprechung 1. Instanz überall auf den Einzelrichter zu verlagern, und für die Organisation der *Straf*gerichte die drei Richterkammern erstinstanzlich zugunsten der Schöffengerichte aufzulösen. Könnte man sich dazu entschließen, so hätte man für alle Prozesse ein einheitliches Erstgericht mit unbeschränkter sachlicher Zuständigkeit mit nur einem Richter. Die Arbeitsweise eines solchen Gerichts wäre schneller und nicht so schwerfällig wie die eines Kollegiums, und die Auswahl der Persönlichkeit eines Richters von Format garantierte eine bessere Rechtsprechung als die eines Durchschnittskollegiums. Nur für die Kapitalverbrechen des Strafrechts verbliebe das Schwurgericht. Dagegen müsste für alle Rechtsmittelgerichte das Kollegialprinzip beibehalten werden, indem ein erfahrener älterer Vorsitzender mit qualifizierten Beisitzern die Rechts- und Tatsachenlage der Vorinstanz nachprüfte und für Einheitlichkeit und Fortbildung des Rechts besorgt wäre.

Die so oft diskutierte Kernfrage der *Vier*gliederung oder *Drei*gliederung des Gerichtsaufbaus würde – auch schon *ohne* Rücksicht auf den Wegfall des RG – eine fast verblüffend einfache Lösung finden.

Eingangsgericht wäre für jede Spruchrichtertätigkeit das Bezirksgericht (in Strafsachen einfacher Art ohne Schöffen), Berufungsgericht das kollegiale Obergericht, und oberstes Gericht ein Revisionsgericht für den Bereich sämtlicher Obergerichte zur Wahrung der größtmöglichen Einheitlichkeit der Rechtsprechung. Sicherlich ist der Wegfall der Strafkammern 1. Instanz eine anfechtbare Lösung, die sorgfältiger Prüfung bedarf. Die Lösung ist aber einstweilen nur ein Vorschlag und als solcher durchaus diskutabel. Im Rahmen eines solchen Aufbaus stände der Spruchrichter überall im Lichte der höchsteigenen Verantwortung, die ihm in jeder einzelnen Instanz persönlich aufzuerlegen ist; das Gros der Richter würde sich ganz allmählich etappenweise verringern und der Rechtspfleger rückte in die Stellung auf, die seiner Vorbildung entspricht und in der er auch wirtschaftlich eine Aufbesserung verdiente.

Unbefriedigend wäre an dieser Verteilung der Zuständigkeiten nur der Aufwand der Richterkraft für die Bagatellprozesse des Zivil- und Strafrechts. Es wäre angemessen und irrational, für die schwierigsten Straffälle die gleiche Arbeitskraft einzusetzen wie für eine Übertretung oder ein leichtes Vergehen, und Lappalien des täglichen Lebens der Weisheit eines gelehrten Zivilrichters zu unterbreiten. Damit ist das Problem des Friedensrichters herausgestellt. Überall, wo die

Rechtsentwicklung die Friedensgerichte hervorgebracht hat, wird an dieser Einrichtung mit Energie und Zähigkeit festgehalten.

Das Institut des Friedensrichters verdankt bekanntlich seine Entstehung dem in allen Kulturstaaten zum Durchbruch gekommenen Rationalisierungsbestreben, auch im *eigentlichen Rechtsprechungsbereich*, den Richter von minder bedeutsamen Aufgaben freizustellen. Wir finden den Friedensrichter im englischen, französischen, belgischen, schweizerischen und italienischen und früher rheinischen Recht. Wenn auch seine Zuständigkeit dort recht verschieden geartet und gestaltet ist, muss er doch als besonders gefestigter Repräsentant der volksnahen Rechtsprechung beurteilt werden. In England ist der Friedensrichter ein ehrenamtlicher Laienrichter, der unter Assistenz des juristisch gebildeten Clerks der eigentliche Strafrichter Englands ist. Zivilrechtlich hat er dort keine Bedeutung. Der französische Friedensrichter, ein Geschöpf der Franz. Revolution und bis auf den heutigen Tag erhalten, anfänglich auch Laienrichter, ist seit 1905 ein geprüfter hauptamtlicher Berufsrichter in jedem Kanton. In Zivilsachen geht seine Zuständigkeit bis zur Streithöhe von 600 Franken. Der rheinische Friedensrichter, zunächst von Frankreichs Gnaden, wurde in den Jahren nach der Erwerbung des Rheinlands durch Preußen in die allgemeine preuß. Gerichtsverfassung eingegliedert und hat sich in der ganzen Rheinprovinz 60 Jahre lang bis zur Reichsjustizgesetzgebung von 1879 erhalten. Seine Tätigkeit sollte der Festigung des allgemeinen Friedens unter den Menschen dienen und sein Aufgabenkreis war eine Sühne- und Vermittlertätigkeit auf fast allen Rechtsgebieten: im bürgerlichen Streitverfahren, in der freiwilligen Gerichtsbarkeit und in der Polizeigerichtsbarkeit. Die Kompetenz der Friedensgerichte war durch mehrere Verordnungen bis ins Einzelne geregelt. Daraus verdient hervorgehoben zu werden, dass Klagen beim LG erst zulässig waren nach fruchtlosem Sühneversuch vor dem Friedensgericht. Als Polizeigerichte hatten die Friedensgerichte über Übertretungen aller Art, Forst-, Jagd-, Fischereifrevel zu urteilen und hatten in Angelegenheiten des streitigen und freiwilligen Verfahrens der Zivilsachen fast die gleiche Zuständigkeit wie die späteren AG. Sie hielten Gerichtstage ab und der Friedensrichter unterstand als hauptamtlicher Berufsrichter der Aufsicht des LG-Präs. Seine Ausbildung war genau vorgeschrieben.

Dem Friedensgericht verwandt sind die in Baden und Württemberg erhalten gebliebenen Gemeindegerichte. Auch bei ihnen liegt das Schwergewicht der Tätigkeit nicht so sehr in der Rechtsprechung als in der gütlichen Beilegung von Streitsachen unter den Ortseingesessenen. Die Gemeinderichter sind Gemeindebeamte und in größeren Städten oft Volljuristen. Es erhebt sich die Frage, ob bei Erneuerung der Gerichtsorganisation die verschiedenen Arten von Friedensgerichten mit oder ohne Berufungsmöglichkeit in den Plan des Aufbaus einer neuen Gerichtsverfassung einzuschließen sind und ob die Besetzung mit Friedensrichtern aus dem Kreise der Rechtspfleger erfolgen kann, weil diese für ein solches Richteramt eine ausreichende Befähigung und genügend Vorkenntnisse mitbringen. Die Friedensrichterstellung könnte dann zur Spitzenstellung ihrer Laufbahn werden. Die Friedensgerichte würden alle Aufgaben erledigen, die schon jetzt den Rechtspflegern zum Zwecke der Entlastung der Richter obliegen und die ihnen durch Erweiterung der bisherigen Justizreform übertragen werden können. Sie würden also die heutigen AG, soweit es sich nicht um Spruchsachen handelt, im Wesentlichen ablösen.

Es ist hier nicht der Ort, bis in die Tiefen der auftauchenden Gründe des Für und Wider eines solchen Aufbaus einzudringen. Die Hindernisse der Reform sind regional durchaus verschieden und beruhen meistens auf der Personallage. Eines scheint mir unverkennbar: Die Friedensgerichte als starkes Bindeglied zwischen Volk und Rechtsprechung, dazu die dreigegliederten Spruchgerichte für Zivil- und Strafsachen stellen eine höchst einfache übersichtliche kräftesparende und das Ansehen der Justiz stärkende Gliederung des Gerichtswesens dar. Ob man den Friedensrichter der Rechtspflegerschaft oder anderen Laufbahnen entnimmt, ist nicht entscheidend. Die Entwicklung der Entlastungsmaßnahmen spricht aber dafür, dem Rechtspfleger den Weg zur Friedenrichtertätigkeit zu eröffnen, sofern eine gediegene Ausbildung und eine abschließende Prüfung die notwendigen Garantien dafür geschaffen haben.

Alle diese Gedanken sind nicht neu. Sie findet sich abgewandelt und mit ausführlicher Begründung in den Schriften der Vorkämpfer für die Reform – Mügel, Schiffer, Rothenberger – und es kommt uns fast verwunderlich vor, dass die Jverw. vor 1933 nicht den Mut gefunden hat, über das Hindernis der Unabsetzbarkeit des Richters hinweg den Weg wenigstens für die kleine Reform ganz freizumachen. Hier im Rheinland, wo man immer freiheitlich und fortschrittlich gesinnt war, sind durch die Neueinstellung von etwa 300 Rechtspflegeranwärtern in den OLG-Bezirken Köln und Düsseldorf die vorbereitenden Maßnahmen getroffen, Kräfte für die Richterentlastung zu gewinnen. Wir verhehlen uns nicht, dass die Verhältnisse in anderen Gegenden nicht gleich günstig liegen und größeren Schwierigkeiten begegnen. Die Zeit, die Probleme anzupacken, ist aber heute da. Möchte sie im Interesse einer Förderung der Rechtspflege nicht verpasst werden.

OLG-Präs. Dr. Kiesselbach: Wir wollen Stellung nehmen zur Ausgestaltung des Rechtspflegerwesens einschließlich des Friedensrichters.

GstA Dr. Junker, Düsseldorf: Kleine Reform der StA. Ein neuer Weg in zwei Etappen, den ich im OLG-Bezirk Düsseldorf gegangen bin. Ich kann meine Ausführungen stellen unter die folgenden Gesichtspunkte:

1. Personalmangel. Entlastung der StA und Amtsanwälte.
2. Beschleunigung und Vereinfachung des Ermittlungsverfahrens.
3. Verhältnis der StA zur Polizei.

Ad. 1: Als Beispiel das OLG in Düsseldorf. Dort waren es 94 Beamte des höheren Dienstes, heute sind es 34, darunter 17 frühere Pg's, davon ungefähr ein Drittel Rechtsanwälte, die als beauftragte StA beschäftigt werden, oder Assessoren, die irgendwelche praktische Tätigkeit noch nicht aufweisen konnten. Die Zahl der Anzeigen mehr als verdoppelt. und dennoch musste die Arbeit geleistet werden, und sie ist geleistet worden.

Die allgemeine Verfügung vom 19.9.1944, die noch in Kraft ist, gliederte die Amtsanwaltschaften in die StA ein. Es ist bestimmt, dass alle Sachen, die zur Zuständigkeit des AG gehören, Amtsanwälten übertragen werden können. Ich habe daher 1. In weitgehendem Maße Amtsanwälte eingestellt, 2. In weitgehendem

Maße Anwärter für diese Laufbahn zugelassen, 3. Hilfsbeamte eingestellt, d.h. also Inspektoren oder Oberinspektoren, teilweise von der StA, aber hauptsächlich vom Gericht, 4. Bei jedem AG außerhalb des Sitzes der StA örtliche Sitzungsvertreter und Stellvertreter eingesetzt. Ursprünglich hatten sie die Aufgabe, im beschleunigten Verfahren tätig zu sein. Jetzt habe ich Ihnen die Aufgabe zugewiesen, in allen Sitzungen des auswärtigen AG aufzutreten, wenn der OstA für die einzelne Sitzung nachgeprüft hat, dass dies angängig ist.

Diese Maßnahmen reichten nicht aus. Neuartig ist Folgendes, was ich durch Verfügung vom 3.1.1946 eingeführt habe: Ich habe den StA und Amtsanwälten besondere Hilfskräfte beigeordnet. Diese Hilfskräfte sollen nicht Schreibarbeit leisten, sondern Kopfarbeit, Vorarbeit nach Bedarf und Weisung des Sachbearbeiters. Sie sollen für ihn z.B. Verfügungen und Anklageschriften entwerfen, und zwar so, wie es bisher vom Referendar gemacht wurde. Wenn Sie heute den Terminzettel eines Strafgerichts besehen, so finden Sie vor allem Diebstähle, Kriegswirtschaftsvergehen und nur wenige andere Verfehlungen. Alle einfachen Geschäfte werden von diesen Hilfskräften entworfen. Die Verantwortung hat der Sachbearbeiter. Dieselben Hilfskräfte sollen dauernd demselben Sachbearbeiter zugewiesen bleiben. Diese Einrichtung ist erst in der Entwicklung begriffen, sie hat sich aber schon bewährt, obwohl diese Kräfte ihre volle Ausbildung noch nicht erreicht haben. Es kann sich eine Ersparnis bei den StA und vor allem den Amtsanwälten von 50 % ergeben.

Ad. 2. Diese Hilfskräfte sind dazu bestimmt, auch in weitestgehendem Umfange Vernehmungen zu tätigen, und zwar unter eigener Verantwortung und in Abwesenheit des StA, nachdem sie von diesem aufgeklärt und unterrichtet worden sind. Dies wird dazu führen, dass man einem StA zwei bis drei Hilfskräfte beigeben kann.

Diese Kräfte sollen auch bei den AG tätig sein. Sie sollten in einfachen Fällen Ersuchen um Vernehmung an die Geschäftsstelle des AG erledigen. Die Anträge auf richterliche Vernehmung sollen hierdurch jedoch nicht berührt werden, und zwar auch dann nicht, wenn sie Rechtspflegern übertragen werden.

Ad. 3. Die polizeilichen Strafverfügungen sind nicht nur in der britischen, sondern auch in der amerikanischen Zone aufgehoben worden. 1930 wurden in Preußen eine Million polizeilicher Strafverfügungen erlassen. In nur 5 % der Fälle wurde auf gerichtliche Entscheidung angetragen. Dadurch, dass diese Arbeitslast den StA anfiel, ist ein unangenehmer Zustand entstanden. Nicht im OLG-Bezirk Düsseldorf. Denn alle diese Arbeiten leisten im OLG-Bezirk Düsseldorf diese Hilfskräfte zur vollsten Zufriedenheit.

Der § 152 des GVG besagt: Die Polizeibeamten seien Hilfsbeamte der StA und hätten ihren Weisungen Folge zu leisten. Auf den Tagungen der GstA der Brit. Zone ist bemerkt worden, dass die Polizei beginnt, sich dieser Verfügung zu widersetzen. Es ist zu befürchten, dass jener Grundsatz hinfällig werden wird insoweit, als der Polizei nur mehr die eigentliche Fahndungstätigkeit verbleibt. Für den übrigen Teil der Ermittlungsverfahren müsste die StA sich einen Ersatz suchen. Diesen hätte sie in den beschriebenen Hilfskräften bei den zusätzlichen Vernehmungen.

Dr. Korinthenberg, Vizepräs. des OLG Köln: Die Ausführungen des Herrn GstA waren interessant. Man kann daraus erkennen, auf welch gefährlichen Weg die Not der Zeit die Justiz bringen kann. Man will dem StA und Richter Arbeit abnehmen, die durch nicht richterliche Kräfte erledigt werden kann. Man muss da die zuverlässigsten Kräfte finden. – Im Kölner Bezirk wurden hochqualifizierte Abiturienten (80 an der Zahl) als Rechtspflegeranwärter eingestellt. Wir führen sie drei Monate durch Oberinspektoren in die Gerichte ein, schicken sie neun Monate in einen Lehrgang und dann sechs Monate oder zwölf Monate in die gerichtliche Praxis, wo sie auf den einzelnen Rechtspflegergebieten unter Aufsicht erfahrenster Rechtspfleger arbeiten. Nach bestandenem Examen kommen sie in die Praxis und beginnen mit der einfachsten Rechtstätigkeit.

Prof. Kern, Tübingen: Die Reformen sind keineswegs neu. Es ist nicht einfach zu sagen, der Rechtspfleger soll dieses oder jenes Aufgabengebiet bekommen. Bei Betrugssachen möchte ich nicht den Rechtspfleger haben. Mir ist auch der Friedensrichter eine befremdliche Erscheinung, und ich glaube, dass man in Süd-Württemberg diesen nicht einführen wird. In Württemberg und Baden genügt es, wenn die Polizei die Strafverfügungen erlässt, und wenn dann erst die Kontrollinstanz, die Justiz und der Richter eintreten. In Württemberg war schon vor 1933 der Gedanke aufgekommen, zur Entlastung der StA dieser eigene Polizeibeamte zuzuweisen.

MinRat Roemer, München: In Bayern ist bereits ein Gesetzentwurf über Friedensrichter vorgelegt worden. Die Friedensrichter sind zur friedlichen Schlichtung vorgesehen. Der Friedensrichter in Spruchsachen würde von einem Teil des Volkes als eine Missachtung des Rechtsschutzinteresses angesehen werden. Zur polizeilichen Strafverfügung: Eine Strafbefugnis der Polizei scheint uns als etwas, was in einem Rechtsstaat vermieden werden sollte. Eine Entlastung der StA durch Hereinnahme von Hilfskräften anstelle von Polizei scheint nicht sehr glücklich. Man wird nicht darauf verzichten können, auf die Polizei zurückzugreifen, besonders bei echten Tatbestandsaufnahmen. Richtiger scheint die Vorarbeit durch die Polizei. Entscheidungen durch den Rechtspfleger werden u.U. nicht anerkannt.

JM Zinn, Wiesbaden: Ich halte es für möglich, dass weitere richterliche Geschäfte, die ein formales oder technisches Können voraussetzen, dem Rechtspfleger übertragen werden können. Das führt zu einer Entlastung des Richters und dazu, dass wir akademische Richter nicht mehr brauchen werden wie früher. Grundsätzlich scheint diese Lösung vertretbar. Bei Formalentscheidungen kann man dagegen Einwendungen machen. – Die Reform der Justiz darf aber nicht nur vom Standpunkt des Juristen aus durchgeführt werden. Wir müssen bei diesen Fragen erwägen, welchen Standpunkt die Bevölkerung einnimmt. Ein gewisses Misstrauen gegen das Berufsrichtertum ist heute noch vorhanden. An der Entwicklung der Arbeitsgerichtsbarkeit wird versucht, das akademische Richtertum auszuschalten. Diesen Strömungen muss Rechnung getragen werden. In Groß-Hessen wurde ein Friedensgericht vorgeschlagen. Der Gesetzentwurf wurde bereits der MR vorgelegt. Dieses Friedensgericht soll aus Laien zusammengesetzt sein, die in einfachen

Dingen eine schiedsrichterliche Tätigkeit ausüben sollen. – Die Reform der Justiz muss im Reichsrahmen geschehen.

17.7.1946

OLG-Präs. Dr. v. Hodenberg, Celle: Das Ergebnis der gestrigen Beratung des kleinen Ausschusses war folgende Beschlussfassung: Die Versammlung empfiehlt mit Zustimmung der MR, einen Ausschuss für deutsche Rechtsangleichung zu bilden, zu dem die Jverw. jeder Zone zwei Mitglieder entsenden und der periodisch tagen soll. – Es ist in Aussicht genommen, die Beratungen durch Zonenreferenten vorzubereiten und in geeigneten Fällen Sachverständige zuzuziehen.

Es sollen möglichst bald Schritte für eine zusammenfassende Bearbeitung der Gesetzgebung und Verwaltung übernommen werden. Es ist erwünscht, zu einem Ausschuss von vier Zonen zu kommen, weil die Einzel-MR wie der Kontrollrat in der Bearbeitung von Gesetzentwürfen dauernd begriffen sind, zu denen deutsche Stellen gehört werden sollten. Es ist zweckmäßig, den Ausschuss als Gegenstück zum Kontrollrat anzusehen, oder soll er die Beschlüsse der einzelnen Jverw. der vier Zonen vorbereiten? Zentralorgan gegenüber dem Kontrollrat oder Koordinierungsorgan? Es soll das eine sowohl wie das andere in Frage kommen. Ich hege Hoffnung, dass, wenn dieses System zum Erfolg führt, mit der Zeit etwas von der Initiative auf die deutschen Stellen übergeleitet werden wird, wenn der Kontrollrat sieht, dass von deutscher Seite tatsächlich eine Initiative ergriffen wird, die frei von Belastungen der überwundenen zwölf Jahre ist. Auf der anderen Seite ist es erwünscht, dass wir uns nicht auseinanderentwickeln, sondern, ehe wir Vorschläge den einzelnen MR vorlegen, in den einzelnen Zonen vorher abstimmen. Wenn ein solcher interzonaler Ausschuss zusammenkommt, so ist zu dieser Ausschussbildung in fester Form die Zustimmung der MR notwendig. Vor allem wird eine Zustimmung durch die MR in der russischen und französischen Zone notwendig sein. Das Ergebnis dieser Gemeinsamkeit ist ein Ziel, das wir wünschen müssen. Im Übrigen sind wir der Meinung, dass nach den Erfahrungen die Zustimmungen der MR länger auf sich warten lassen, dass es aber nicht notwendig ist, die Vorbereitungen solange anstehen zu lassen, bis die Genehmigungen eingegangen sind und dass in lockerer Form schon jetzt Beratungen stattfinden sollen. Groß-Hessen will die Vorbereitungen weiter betreiben und die Federführung mit jeder Zone übernehmen. Der Gestaltung der Arbeiten des Ausschusses muss freie Hand gelassen werden. Zweckmäßig ist es, einen solchen Ausschuss zusammenzusetzen aus möglichst wenigen Mitgliedern. Dieser Ausschuss muss in der Lage sein, andere Herren zuzuziehen, soweit es sich um Aufgaben grundsätzlicher Art und Spezialaufgaben handelt. Ob ein Beirat gewählt werden muss, das soll alles der Entwicklung überlassen werden. Bei Arbeiten grundsätzlicher Art soll die deutsche Wissenschaft zugezogen werden. Bei Übergangslösungen ist das nicht nötig. In allen Fällen, in denen Aufgaben behandelt werden, die politische Interessengebiete betreffen, sollen die politischen Instanzen Deutschlands zu Rate gezogen werden (Zonenbeirat, Länderrat). Weiter wird in Frage kommen, dass die Tagung vorbereitet wird durch Referenten, die vielleicht vorher zusammenkommen, um die Vorarbeiten zu leisten, wobei dann die Referate auf die einzelnen Zonen verteilt werden, dem Interessengebiet entsprechend. Das wird sich aus der weiteren Entwicklung ergeben.

Ich hoffe, dass sich die Versammlung auf den Standpunkt dieses Beschlusses stellt. Der Ausschuss soll den Namen eines Ausschusses für deutsche Rechtsangleichung haben. Wir bitten, Einzelbedenken zurückzustellen. Wie schnell kann man sich auf einzelnen Gebieten auseinanderarbeiten, und es ist schwer, wieder zusammen zu kommen.

MinDir. Dr. Konrad, München schlägt vor, die Sache elastischer zu fassen, etwa so: Die Versammlung empfiehlt die Bildung eines aus Vertretern der vier Zonen bestehenden Ausschusses und überträgt die hierfür erforderlichen Vorarbeiten Groß-Hessen.

JM Zinn: Es ist durchaus möglich, dass der Bildung eines solchen vier-Zonen-Ausschusses Schwierigkeiten entgegentreten. Das soll aber nicht hindern, von uns aus den Beschluss zu fassen, dass wir die Absicht haben, einen derartigen Ausschuss der vier Zonen zu bilden. Ich will die Vorarbeiten übernehmen und mich mit der MR in Verbindung setzen. Bis zur Genehmigung durch die MR schlage ich vor, einen inoffiziellen Ausschuss zu bilden. Ein Organ, das dem Kontrollrat gegenübersteht, wird auch dieser Ausschuss nicht sein können, denn der Kontrollrat ist keine Instanz, die eine ständige Organisation darstellt. Er handelt allein durch je eine der vier Besatzungsmächte. Dementsprechend hat der Kontrollrat das ganze Gebiet auf die Besatzungsmächte aufgeteilt. Verhandlungen mit diesen Einzelmächten brauchen nicht durch die Jverw. der einzelnen Zonen geführt zu werden, sondern durch den Ausschuss, der eine entsprechende größere Autorität hat. Die amerikanische und auch die englische MR werden einen solchen Ausschuss begrüßen. Es sollen aus jeder Zone zwei Namen genannt werden, mit denen die Fragen der Rechtsabteilung besprochen werden können.

Zurzeit wurde uns ein neues StGB von der MR zur Stellungnahme bis 5.8. vorgelegt. Es muss versucht werden, selbst zu diesem Entwurf der MR im Auftrage des Kontrollrats Stellung zu nehmen. Bei der RAO können die Herren der vier Zonen beraten.

OLG-Präs. Dr. v. Hodenberg, Celle: Die Mitglieder der Brit. Zone sollen erst nach der Beratung, die im August stattfindet, benannt werden. Vorläufig soll ein Briefwechsel mit Herrn OLG-Präs. Dr. Kiesselbach und MinRat Dr. Müller, Tübingen, stattfinden.

Das neue Arbeitsgerichtsgesetz

I. Entwicklung, Vorgeschichte

Bei der Behandlung des ArbGG befinden wir uns gerade hier am Rhein auf historischem Boden. Die ersten Vorläufer einer besonderen Gerichtsbarkeit für Arbeitsstreitigkeiten sind die *rheinischen Gewerbegerichte,* die z.Zt. der napoleonischen Herrschaft von Frankreich her in die preuß. Reinprovinz eingeführt worden sind und dort sehr lange bestanden haben.

Ihnen folgen wesentlich später – 1887 – die *Innungsschiedsgerichte* und *Innungen.* Die Innungsgerichte wurden zur Entscheidung von Arbeitsstreitigkeiten zwischen Handwerkern und Gesellen und die Innungen für Streitigkeiten zwischen

Meister und Lehrling berufen. Gegen ihre Entscheidung war die Berufung auf dem Rechtswege durch Klageerhebung bei dem ordentlichen Gericht zulässig.

Die eigentlichen Vorläufer der Arbeitsgerichte sind die Gewerbegerichte. Das GewGG vom 29.7.1890 ermächtigte die Gemeinden und Gemeindeverbände, durch Ortsstatut Gewerbegerichte einzusetzen. Sie waren aber nur für Gemeinden mit mehr als 20.000 Einwohnern zwingend vorgeschrieben. Der Vorsitzende wurde vom Magistrat oder der Gemeindevertretung gewählt. Er durfte weder Arbeitgeber noch Arbeitnehmer sein. Befähigung zum Richteramt wurde nicht gefordert. Tatsächlich besaßen aber die meisten Vorsitzenden (meist Magistratsassessoren, aber auch Richter und Anwälte) Richteramtsbefähigung. Gegen die Entscheidung der Gewerbegerichte konnten die Parteien Berufung oder Beschwerde beim LG einlegen, so dass in der 2. Instanz die Verbindung mit der ordentlichen Gerichtsbarkeit hergestellt war.

Die Zuständigkeit der Innungen und Innungsschiedsgerichte blieb daneben bestehen. – Die nächste Phase der Entwicklung bildet das Gesetz über die Kaufmannsgerichte vom 6.7.1904, das nach dem Vorbild der Gewerbegerichte Sondergerichte für die Entscheidung von Streitigkeiten zwischen Kaufleuten und ihren Angestellten oder Lehrlingen schuf. – Der Vorsitzende musste die Befähigung zum Richteramt oder höheren Verwaltungsdienst haben.

Die Gewerbegerichte, die Kaufmannsgerichte und die Innungsspruchstellen erfassten keineswegs alle arbeitsrechtlichen Streitigkeiten. Sie waren nur in größeren Gemeinden errichtet, in weiten Teilen des Reiches fehlten sie. Sie entschieden auch nur Arbeitsstreitigkeiten der gewerblichen Arbeiter und kaufmännischen Angestellten. Hausgehilfen, Landarbeiter, Arbeiter und Angestellte im öffentlichen Dienst und viele andere Arbeitnehmer waren ihnen nicht unterstellt, ferner auch nicht Arbeitnehmer mit höheren Bezügen als 5.000 RM jährlich.

Sofort nach dem Ersten Weltkrieg ging man daran, diese lückenhafte und uneinheitliche Regelung, die der steigenden Bedeutung der Arbeitsstreitigkeiten nicht mehr angemessen war, durch eine neue einheitliche Regelung zu ersetzen. Dabei verschloss man sich nicht der Erkenntnis, das Bagatellgerichte nach dem Muster der bisherigen Gewerbegerichte dem bedeutend erweiterten Aufgabenkreis der Arbeitsgerichte und der enorm angewachsenen Bedeutung der sozialen Streitfälle nicht mehr angemessen waren. Es war daher zunächst beabsichtigt, die Arbeitsgerichte ganz den ordentlichen Gerichten einzugliedern. Im Für und Wider der Interessenkämpfe wurde schließlich eine Kompromisslösung gefunden. In Anknüpfung an die geschichtliche Überlieferung wurde der Sondergerichtsgedanke in der 1. Instanz aufrecht erhalten. Praktisch war aber ein außerordentlicher Fortschritt erzielt worden. Denn die völlige Loslösung der Arbeitsgerichtsbarkeit aus der Justiz war beseitigt und eine enge, die gesamte Rechtspflege befruchtende Verbindung mit den ordentlichen Gerichten wieder hergestellt.

Der Vorsitzende der 1. Instanz wurde im Einvernehmen mit dem RArbMin. gewählt. Man hat damals, acht Jahre nach der Revolution von 1918, sich dem Gedanken nicht verschließen können, dass die Verbindung mit der Justiz wieder hergestellt werden müsse, und zwar auch in der 1. Instanz. Auch von Seiten der

Arbeitnehmer wurde die neue Arbeitsgerichtsbarkeit begrüßt. RAarb. Richter Dittmer, der dem Gewerkschaftsverband der Angestellten angehörte, äußerte z.B. im Jahre 1928, dass die neuen Arbeitsgerichte sich nicht nur bewährt, sondern zu einem Sieg des ordentlichen Richters entwickelt hätten (vgl. „Das Arbeitsgericht", 1928).

Das neue ArbGG vom 30.3.1946: Diese glückliche Entwicklung ist durch das neue ArbGG unterbrochen worden. Es geht in der Behandlung des Sondergerichtsgedankens zurück auf die Zeit der Gewerbe- und Kaufmannsgerichte, ja, noch weit darüber hinaus, indem es die Trennung der Arbeitsgerichte von der Justiz vollständig, und zwar auch in der höheren Instanz, durchführt.

II. Grundsätzliche Fragen.

1. Ordentliches Gericht oder Sondergericht. Berufsrichter oder Laienrichter.

Ist diese Wiederbelebung und Verstärkung des Sondergerichtsgedankens erwünscht? Gerade nach demokratisch-rechtsstaatlicher Auffassung gehören grundsätzlich alle Rechtsstreitigkeiten vor die ordentlichen Gerichte, die allein mit den erforderlichen Garantien der Unabhängigkeit und Unparteilichkeit ausgestattet sind. Jede dieser Garantien beraubte Sondergerichtsbarkeit hat eine Verschlechterung des Rechtsschutzes für die Beteiligten zur Folge.

Welche Gedanken können dazu geführt haben, die überwundene Sondergerichtsbarkeit wieder einzuführen? Gegen die Belassung der Arbeitsstreitigkeiten bei den ordentlichen Gerichten werden namentlich folgende Einwendungen erhoben:

a) Die Sondergerichte verbürgten ein einfacheres und schleunigeres Verfahren, förderten eine gütliche Beilegung der Streitfälle und zeigten größeres soziales Verständnis.

b) Den ordentlichen Gerichten fehle die Fühlungnahme mit dem Arbeitsleben und den sozialen Nöten des Volkes. Es sei notwendig, Vorsitzende zu bestellen, die im Arbeitsrecht praktische Erfahrungen hätten, z.B. im Arbeitsamt oder in der Sozialversicherung tätig gewesen seien. Dies ließe sich am besten durch Verbindung der Arbeitsgerichte mit den Behörden der Arbeitsverwaltung erreichen.

c) Die Richtigkeit dieser Argumente werde durch die bewährte Praxis der führenden Gewerbe- und Kaufmannsgerichte bestätigt.

Diese Argumente erscheinen mir keineswegs durchschlagend. Sie rechtfertigen nicht die Preisgabe der Vorzüge der ordentlichen Gerichtsbarkeit und sind überdies durch die Praxis der 1926 eingesetzten Arbeitsgerichte *widerlegt.* Ihr Verfahren war nicht weniger schleunig und gütebereit als das der früheren Gewerbegerichte. Darüber hinaus haben sie sich um die schöpferische Fortentwicklung des Arbeitsrechts große Verdienste erworben und hierbei ein praktisches soziales Verständnis bewiesen, das überall Anerkennung gefunden hat. – Dabei ist durch die neue Arbeitsgerichtsbarkeit der fundamentale Grundsatz der Unabhängigkeit und Unparteilichkeit, namentlich in 1. Instanz erheblich gefährdet.

Bei den neuen Arbeitsgerichten erfolgt nicht nur die Wahl der Beisitzer, sondern auch die Auswahl der *Vorsitzenden* aufgrund von Vorschlagslisten, die die Vertreter der Arbeitnehmer und Arbeitgeber aufstellen. Wenn auch andere, nicht vorgeschlagene Personen bestellt werden können, so werden praktisch doch die vorgeschlagenen überwiegen. Mögen diese auch ernstlich um Objektivität bemüht sein, so wird ihnen doch regelmäßig eine, wenn auch unbewusste, Befangenheit anhaften. *Mindestens wird die Partei zu einem Vorsitzenden, der von der anderen Interessengruppe vorgeschlagen ist,* kein Vertrauen haben und beim Unterliegen Parteilichkeit unterstellen. So sehr es zu billigen ist, wenn die *Beisitzer* von den beteiligten Interessengruppen vorgeschlagen werden, um deren Standpunkt zur Geltung bringen zu können, ist es umso mehr erforderlich, dass der *Vorsitzende über* den Interessengegensätzen steht und ausgleichend wirkt. Ein wirklich unabhängiger und unparteilicher Vorsitzender ist auch umso weniger zu entbehren, als die Parteien des unabhängigen *anwaltlichen* Schutzes beraubt sind, worauf noch näher einzugehen ist.

Das moderne Arbeitsrecht kann nicht mit dem Dienstvertragsrecht z.Zt. der Gewerbe- und Kaufmannsgerichte verglichen werden. Wie bereits ausgeführt, hatten die genannten Gerichte *nur einen beschränkten Kreis arbeitsrechtlicher Streitigkeiten zu bearbeiten,* nämlich nur Prozesse zwischen gewerblichen Unternehmern und ihren Arbeitern sowie zwischen Kaufleuten und ihren Angestellten, und diese auch nur insoweit, als der Arbeitnehmer jährlich nicht mehr als 5.000 RM verdiente. Da auch das *Arbeitsrecht damals noch in den Kinderschuhen steckte,* und auf geringes Interesse stieß, war es möglich, derartige Streitigkeiten einem Schiedsrichter oder Gemeindeorgan zur schiedlich-friedlichen Beilegung zu überlassen. Gleichwohl wurde schon damals in der Literatur und auf Tagungen des Gewerbe- und Kaufmannsgerichtsverbandes darauf hingewiesen, dass der Nichtberufsrichter vielfach nicht in der Lage ist, vollstreckbare Entscheidungen auch nur der Form nach zu erlassen. Das neuzeitliche Arbeitsrecht ist aber noch wesentlich umfangreicher und verwickelter. Die *jetzigen* Arbeitsgerichte haben über Arbeitsverhältnisse *jeder* Art zu entscheiden, über das Arbeitsverhältnis eines Landarbeiters ebenso wie über das eines leitenden Direktors in einem Großbetrieb oder des Dramaturgen oder Intendanten eines großen städtischen Theaters.

Dass hierdurch die Bedeutung der Streitfälle und die rechtlichen Schwierigkeiten erheblich zugenommen haben, liegt auf der Hand. Vermöge ihrer umfassenden Zuständigkeit haben sich die Arbeitsgerichte auch mit zahlreichen Streitfragen aus *anderen Rechtsgebieten* zu befassen. Ich erinnere z.B. an die verdienstvolle Behandlung der problematischen *Lohnverschiebungsverträge* in der Rechtsprechung der Arbeitsgerichte. Es handelte sich namentlich um die Fälle, in denen der zahlungsunfähige Ehemann sein Geschäft auf die Ehefrau übertrug und bei ihr gegen ein pfändungsfreies Taschengeld arbeitete. Die Gläubiger des Mannes, die behaupten, dass ihm eine höhere Vergütung zustehe, mussten die Streitfrage vor dem Arbeitsgericht austragen. Dass solche und ähnliche Lohnschiebungen nicht mehr vorkommen, ist der verständnisvollen Auslegung solcher Verträge durch die Arbeitsgerichte zu danken. Hierbei, wie in vielen anderen Fragen, – ich erwähne beispielsweise die fein nuancierte Rechtsprechung über die schwierigen Fragen des *Betriebsrisikos – müssen Entscheidungen von grundsätzlicher Bedeutung getroffen* werden, an die sich die Praxis halten kann und die für zahllose Einzelfälle Bedeutung haben. Derartigen Fragen ist ein Laienrichter – mag er auch im

Arbeitsrecht gut unterrichtet sein – zweifellos nicht gewachsen. Mit einer bloßen Billigkeitsrechtsprechung ist den betroffenen Kreisen nicht gedient. Zu alledem kommt die *Unübersichtlichkeit des arbeiterrechtlichen Rechtsstoffs.* Wirtschaftliche und soziale Not haben auch hier, wie auf vielen anderen Rechtsgebieten, eine umfassende Gesetzgebung ausgelöst, durch die das ganze Rechtsgebiet unübersichtlich und verwickelt geworden ist.

Daher ist nur ein das *gesamte* Recht beherrschender, besonders ausgesuchter Berufsrichter in der Lage, den Vorsitz in den Arbeitsgerichten zu übernehmen. – Wir müssen uns freimachen von dem Gedanken, dass jedes Rechtsgebiet eine Sonderstellung einnimmt. Das Recht ist eine Einheit, die keine Aufsplitterung verträgt. Soziale und wirtschaftliche Strömungen wirken sich auf *allen* Rechtsgebieten aus und verlangen eine einheitliche Bearbeitung.

Die Herauslösung der Arbeitsgerichtsbarkeit aus der sonstigen Justiz führt schließlich dazu, dass das Arbeitsrecht an der Weiterentwicklung und Zusammenentwicklung mit den übrigen Rechtsgebieten nicht teilnimmt. Andererseits sind von der Loslösung der Arbeitsgerichtsbarkeit *ernste Rückwirkungen auf die gesamte übrige* Rechtspflege zu befürchten. Wie soll der Richter *soziales Verständnis* gewinnen, wenn *ihm die Gelegenheit genommen wird,* es durch praktische Erfahrungen zu erwerben und zu vertiefen? Die Gefahr einer Weltfremdheit des Richters wird damit vergrößert. Die werktätige Bevölkerung wird im ordentlichen Gericht gewissermaßen das „kapitalistische" Gericht und im Berufsrichter den Hüter kapitalistischer Interessen sehen. Die Bemühungen, das Vertrauen der Bevölkerung zu den ordentlichen Gerichten zu verstärken, werden hierdurch außerordentlich erschwert. *Auch dem Nachwuchs ist die Möglichkeit einer gründlichen Ausbildung in sozialen Fragen genommen.*

Im Zeitalter des Sozialismus *müssen soziale* Streitfragen gerade dem besten und am gründlichsten ausgebildeten Richter anvertraut und im besonderen Maße unter den Schutz einer überparteilichen und unabhängigen Rechtspflege gestellt werden. Handelt es sich doch darum, den wirtschaftlich Schwächeren gegen Übermacht und Ausbeutung zu schützen. Dieser Aufgabe zeigten sich die im Jahre 1926 eingerichteten Arbeitsgerichte voll gewachsen. Die Vorsitzenden haben es durchweg verstanden, Vertrauen zu erwerben und mit den Beisitzern sowohl der Arbeitnehmer wie auch der Arbeitgeberseite vorbildlich und erfolgreich zusammen zu arbeiten. Es ist daher umso schmerzlicher, dass die 1926 errichteten Arbeitsgerichte ohne erkennbaren Grund preisgegeben worden sind.

2. Die Mitwirkung von Rechtsanwälten.

Über die Beteiligung der Rechtsanwälte am Verfahren vor dem Arbeitsgericht enthält das neue Gesetz nichts. Es verweist aber ergänzend auf das bisherige ArbGG, und zwar in der Fassung vom Jahre 1926. Nach der damaligen, nunmehr wieder hergestellten Fassung ist der Rechtsanwalt im ersten Rechtszuge *ausgeschlossen.* Im Jahre 1934 war diese Regelung gelockert worden: Rechtsanwälte konnten mit Genehmigung der Arbeitsfront vom Vorsitzenden für den einzelnen Fall zugelassen werden. Dies ist nach der jetzigen Regelung nicht mehr möglich. Die Pressevertretung liegt daher ausschließlich in den Händen der Verbandsvertreter.

Diese Entwicklung ist sehr bedauerlich. Sie bedeutet eine bedenkliche Schwächung des Rechtsschutzes für die Parteien. Zwar war der Rechtsanwalt auch schon bei den Gewerbe- und Kaufmannsgerichten grundsätzlich ausgeschlossen. Es handelte sich aber damals um einfache Streitfälle, bei denen es weniger auf eine Rechtsentscheidung als auf einen Ausgleich oder Schiedsspruch im Geiste der Billigkeit ankam. Dazu war die Mitwirkung eines juristisch vorgebildeten Rechtsbeistandes nicht erforderlich. Die modernen Arbeitsrechtsstreitigkeiten sind jedoch, wie bereits dargelegt, wesentlich anderer Natur und machen nicht selten Entscheidungen von großer grundsätzlicher Tragweite erforderlich, die sich auf große, nach Hunderttausenden zählende Arbeitnehmergruppen auswirken. – Gegen die Zulassung des Rechtsanwalts beim Arbeitsgericht wird namentlich eingewendet, dass dadurch das Verfahren verschleppt und verteuert und dass eine gütliche Einigung erschwert werde; außerdem sei die Unmittelbarkeit der Verhandlung mit den Parteien gefährdet.

Die Befürchtung der *Verschleppung* ist zweifellos unbegründet und oft genug widerlegt. Der Anwalt hat kein Interesse an einer Verlängerung des Prozesses. Vertagungen wegen Informationsschwierigkeiten ergeben sich bei jeder Art der Prozessvertretung. Außerdem ist der Rechtsanwalt durch die neuere Entwicklung des Zivilprozessrechts zur Konzentrierung und Beschleunigung des Verfahrens erzogen worden.

Die *Unmittelbarkeit* der Verhandlung kann auch bei anwaltlicher Vertretung sichergestellt werden, da der Vorsitzende jederzeit das persönliche Erscheinen der Parteien anordnen kann. Jedenfalls ist hierbei die Vertretung durch einen Rechtsanwalt nicht anders zu bewerten als die Vertretung durch einen Verbandsangestellten. – Ebenso wenig ist es richtig, dass der Rechtsanwalt eine *vergleichsweise Erledigung* des Rechtsstreits erschwere. Es ist bekannt, wie viele Streitfälle gerade durch anwaltliche Mitwirkung außergerichtlich verglichen werden. Allerdings mag es oft leichter sein, unerfahrene Parteien ohne rechtskundigen Beistand zu einer Einigung zu veranlassen. Keineswegs ist aber in einem solchen Vergleich immer die bessere, vor allem die gerechtere Lösung zu sehen. Entscheidend muss aber sein, ob allein dadurch dem Recht und der Gerechtigkeit besser gedient ist.

Dem Einwand, dass die anwaltliche Mitwirkung das Verfahren *verteuere,* könnte durch eine besondere Gebührenregelung und eine Änderung der Armenrechtsvorschriften begegnet werden. Es wird noch geltend gemacht, dass bei der Zulassung von Rechtsanwälten der Arbeitgeber regelmäßig rechtskundig vertreten sein werde, während dem Arbeitnehmer ein Rechtsbeistand versagt sei. Auch das ist unzutreffend. Dem Arbeitnehmer, der die Kosten eines Anwalts nicht aufbringen kann, kann ein Armenanwalt beigeordnet werden. In Wahrheit hat gerade der Ausschluss der Rechtsanwälte zur Folge gehabt, dass der nicht organisierte Arbeitnehmer häufig einem erfahrenen Gegner gegenübersteht. Der kapitalkräftigere Arbeitgeber wird nur selten persönlich verhandeln, sondern durch einen erfahrenen Angestellten, Prokuristen oder Syndikus vertreten sein. Besonders schwierig ist auch die Lage solcher nicht organisierter Arbeitnehmer, die wegen weiter Entfernung, Gebrechlichkeit oder aus sonstigen Gründen an der Verhandlung nicht teilnehmen können.

Auf diese Missstände ist schon auf der Tagung des Arbeitsgerichtsverbandes 1926 hingewiesen worden. Die Ansichten über die Lösung des Problems gingen damals auseinander. Aber man war sich klar darüber, dass dem Vorsitzenden unter allen Umständen ermöglicht werden müsse, im Einzelfall einen Rechtsanwalt beizuordnen. Mindestens diese Möglichkeit muss auch jetzt geschaffen werden. Darüber hinaus ist es erwünscht, dass der Ausschluss des Rechtsanwalts im arbeitsgerichtlichen Verfahren 1. Instanz möglichst bald ganz beseitigt wird. Er muss ebenso wie der Richter auf breitester Basis in unmittelbarer Verbindung mit den sozialen Nöten des Volkes gebracht werden.

Im Ganzen gesehen, ist das neue Gesetz ein *Rückschritt*. Es lässt die Erfahrungen des Gesetzes von 1926 außer Acht. Es macht das arbeitsgerichtliche Verfahren zu einer Stätte des Interessenkampfes. Sowohl *vor* wie auch *hinter* dem Richtertisch stehen sich Vertreter der Interessentengruppen gegenüber und nach den Bestimmungen des neuen Gesetzes muss befürchtet werden, dass ggf. auch der Vorsitzende nicht über dem Gegner steht, sondern sich unbewusst der einen oder anderen Gruppe verbunden fühlt.

Dass der Rechtsanwalt im *Berufungsverfahren* zugelassen ist, dürfte außer Zweifel sein. Denn nach Art. X sind die Vorschriften des ArbGG vom 23.12.1926 vorläufig weiter anzuwenden. Es besteht daher *Anwaltszwang*, jedoch mit der Maßgabe, dass *alle* vor einem deutschen Gericht zugelassenen Anwälte auftreten können und dass an ihre Stelle auch Verbandsangestellte treten können.

III. Durchführung des neuen ArbGG.

Im Einzelnen wirft das neue ArbGG eine Reihe von Fragen auf, die durch den Gesetzgeber oder die Rechtsprechung gelöst werden müssen. Schwierigkeiten bereitet insbesondere das Ineinandergreifen des neuen Gesetzes und das vorläufig anzuwendende ArbGG von 1926. Diese Fragen im Einzelnen zu erörtern, würde über den Rahmen dieses Referats hinausgehen. Nur die Zuständigkeit und die Rechtsmittelfrage lassen Sie mich kurz berühren:

1. Zuständigkeit: Das Gesetz behandelt im Art. 2 die sachliche Zuständigkeit der neuen Arbeitsgerichte im Wesentlichen in Übereinstimmung mit § 2 des bisherigen ArbGG. Ich bin der Meinung, dass es sich hierbei um eine erschöpfende Aufzählung der Zuständigkeiten handelt, so dass weitergehende Zuständigkeiten der bisherigen Arbeitsgerichte beseitigt sind. Dies gilt namentlich von § 3 des bisherigen Gesetzes. Danach war eine Zuständigkeit der Arbeitsgerichte auch für andere als arbeitsrechtliche Ansprüche begründet, wenn diese mit einem bei den Arbeitsgerichten anhängigen Rechtsstreit in rechtlichem oder unmittelbarem wirtschaftlichen Zusammenhang standen. Außerdem könnten juristische Personen des Privatrechts für Streitigkeiten mit ihren gesetzlichen Vertretern die Zuständigkeit der Arbeitsgerichte *vereinbaren*. Es dürfte keinem Zweifel unterliegen, dass diese erweiterte Zuständigkeit beseitigt ist.

Weniger zweifelsfrei ist die Behandlung der *Rechtsnachfolger*. Nach § 2 Abs. 2 des ArbGG 1926 waren nämlich die Arbeitsgerichte auch dann zuständig, wenn der Rechtsstreit durch einen Rechtsnachfolger oder durch eine Person geführt wurde, die kraft Gesetzes anstelle der ursprünglichen Partei hierzu befugt war. Diese Bestimmung ist in das neue Gesetz aufgenommen. Ob hieraus geschlossen werden muss, dass Klagen von Rechtsnachfolgern z.B. von Erben, Zessionaren, Pfändungsgläubigern usw., nicht mehr vor den Arbeitsgerichten, sondern vor den ordentlichen Gerichten anhängig zu machen sind, ist zweifelhaft und wird durch die Rechtsprechung geklärt werden müssen.

Nicht wiederhergestellt sind die im § 2 Nr. 5 des ArbGG 1926 vorgesehenen Zuständigkeiten des Arbeitsgerichts in gewissen Fällen des BetriebsräteG. Das alte BetriebsräteG ist nicht wieder aufgelebt. Das neue, bedeutend kürzere Gesetz enthält keine entsprechende Regelung. Ein Bedürfnis nach Wiederherstellung der früheren Vorschriften scheint allerdings, wie sich aus dem kürzlichen Vortrag eines Gewerkschaftsvertreters im Rundfunk ergab, bereits hervorgetreten zu sein.

2. Rechtsmittel: Gegen die Urteile der Arbeitsgerichte ist das Rechtsmittel der *Berufung* gegeben. Sie ist wie bisher zulässig, wenn der Streitwert eine bestimmte Höhe überschreitet, oder wenn das Arbeitsgericht sie wegen der grundsätzlichen Bedeutung der zur Entscheidung stehenden Rechtsfrage zulässt. Das neue Gesetz bestimmt aber nicht selbst den maßgebenden Streitwert, sondern überlässt seine Festsetzung dem Landesarbeitsamt. Dies bringt die Gefahr einer uneinheitlichen Berufungsfähigkeit mit sich. Ich halte es daher für erwünscht, dass wir für eine baldige *einheitliche* Regelung eintreten. Die bisher maßgebende Streitwertsumme von 300 RM hatte sich bewährt und wird daher zweckmäßig beizubehalten sein.

3. Auswahl des Vorsitzenden: Gewisse Zweifel bereiten die Vorschriften über die Auswahl des Vorsitzenden. Während das ArbGG 1926 Fähigkeit zum Richteramt verlangte, bestimmt Art. 6 Nr. 1 a des neuen Gesetzes, der Vorsitzende soll „fähig sein, richterliche Aufgaben wahrzunehmen", braucht aber nicht Berufsrichter zu sein. Die Fähigkeit zur Wahrnehmung richterlicher Aufgaben soll anscheinend – trotz der Ähnlichkeit des Wortlauts – mit der Befähigung zum Richteramt im Sinne des GVG nicht gleichbedeutend sein. Dies ergibt sich vor allem daraus, dass für die Vorsitzenden der Berufungsgerichte eine *höhere* juristische Qualifikation verlangt wird, sowie auch daraus, dass nach Art. 6 der Vorsitzende seine juristische Befähigung nicht durch bestimmte Prüfungen, sondern durch „seine frühere Tätigkeit, seine Ausbildung und die Obliegenheiten, die er in Arbeitnehmer- oder Arbeitgeberverbänden ausgeübt hat", nachweisen soll. Die Vorsitzenden der 2. Instanz brauchen ebenfalls nicht Berufsrichter zu sein, müssen aber nach dem Gesetz eine „entsprechende juristische Befähigung" haben (englischer Text: appropriate legal qualification). Damit dürfte außer Zweifel sein, dass jedenfalls die Vorsitzenden der *Berufungs*gerichte eine dem Berufsrichter entsprechende juristische Befähigung, d.h. *Richteramtsbefähigung* besitzen müssen.

Erwünscht wäre, dass möglichst Berufsrichter zu Vorsitzenden bestellt werden, so dass wenigstens in der 2. Instanz den ordentlichen Richtern Gelegenheit gegeben wäre, auf dem Gebiet des Arbeitsrechts mitzuarbeiten und Erfahrungen zu sammeln. Allerdings besteht, wie sich bereits gezeigt hat, unter den veränderten Verhältnissen bei den Berufsrichtern weniger Neigung, das Amt eines Vorsitzenden im Arbeitsberufungsgericht zu übernehmen. Sie befürchten, dass ihnen durch die Beurlaubung aus dem Justizdienst Nachteile entstehen könnten und haben auch gegen ihre Unterstellung unter die Landesarbeitsämter Bedenken.

4. *Aufsicht und Dienststrafrecht:* Schwierigkeiten bereitet die Frage der Dienstaufsicht und des Dienststrafrechts:

a) bei nichtbeamteten Vorsitzenden: Verhältnismäßig einfach liegen die Verhältnisse, soweit die Vorsitzenden nicht zugleich Beamte sind. Sie unterstehen dann ausschließlich der Aufsicht des Landesarbeitsamts und dem Dienststrafrecht des neuen ArbGG. Dieses Dienststrafrecht ist allerdings noch sehr unvollkommen. Nach Art. 7 Abs. 2 des Gesetzes wird eine besondere Disziplinarkammer gebildet, die mit einem Beamten des Oberpräsidiums oder der Landesregierung als Vorsitzendem und sechs Arbeitsgerichtsvorsitzenden als Beisitzer besetzt ist. Die Disziplinarkammer verhängt aber keine Strafen, sondern entscheidet nur darüber, ob die Entfernung des Vorsitzenden zu „empfehlen" ist. Die Entfernung selbst obliegt dem Oberpräsidenten oder der Landesregierung, die aber – da es sich eben nur um eine Empfehlung handelt – nicht an die Entscheidung der Disziplinarkammer gebunden sind.

Die Verhängung *anderer* Dienststrafen – Warnung, Verweis, Geldbuße – ist nicht zulässig. Zwar findet die ReichsdienststrafO auf alle Beamten im Sinne des DBG Anwendung. Es ist aber ungewiss, ob überhaupt für die nichtbeamteten Vorsitzenden ein Beamtenverhältnis im Sinne des DBG begründet werden soll. Aber auch wenn dies der Fall ist, muss angenommen werden, dass das ArbGG die Disziplinarbefugnisse der Arbeitsverwaltungsbehörde *erschöpfend* regelt, so dass daneben für eine Anwendung der ReichsdienststrafO kein Raum ist. Eine nähere Regelung – in Verbindung mit den Fragen der Besoldung und Versorgung – ist also unerwünscht.

b) Bei beamteten Vorsitzenden: Auch diese sind zweifellos – solange nichts anderes bestimmt wird – der Dienstaufsicht des Landesarbeitsamts unterstellt und können aus dem Amt als Arbeitsgerichtsvorsitzende aufgrund einer Empfehlung der Disziplinarkammer entfernt werden.

Sie unterstehen aber *daneben* als beurlaubte Beamte auch dem allgemeinen Dienststrafrecht nach der DienststrafO. Ihre bisherige Behörde, von der sie beurlaubt sind, kann daher gegen sie die Einleitung eines förmlichen Verfahrens veranlassen. Das ergibt sich zweifelsfrei aus § 29 Abs. 2 der ReichsdienststrafO. Denn danach wird durch die Beurlaubung oder Abordnung eines Beamten die Zuständigkeit der Einleitungsbehörde nicht berührt. Nur kann die Dienststrafkammer nicht auf Entlassung aus dem Amt als *Arbeitsgerichtsvorsitzender* erkennen – dies ist der Behörde der Arbeitsverwaltung vorbehalten –, sondern nur auf Entfernung aus dem *ursprünglichen* Amt, wie auch umgekehrt die Disziplinarkammer des ArbGG nur die Entlassung aus dem Vorsitzeramt empfehlen kann, dagegen mit dem Hauptamt des beurlaubten Beamten sich nicht zu befassen hat. Die allgemeine Dienststrafkammer kann im Übrigen nicht nur auf Entfernung aus dem Hauptamt erkennen, sondern auch die *anderen* in der ReichsdienststrafO vorgesehenen Dienststrafen (Warnung, Verweis, Geldbuße) verhängen.

Zweifelhaft ist die Behandlung der *Dienststrafverfügung*. Die Durchführungsbestimmungen zu § 24 der ReichsdienststrafO besagen, dass bei der Abordnung oder Beurlaubung eines Beamten die Befugnis zur Verhängung von Dienststrafverfügungen auf den *neuen* Dienstvorgesetzten übergeht. Dies würde bedeuten, dass die Verhängung von Warnungen, Verweisen und Geldbußen im Wege der Dienststrafverfügung dem Landesarbeitsamt bzw. dem Oberpräsidenten oder Arbeitsminister zustehe. M.E. ist die genannte Bestimmung jedoch bei der Beurlaubung eines Beamten zum Arbeitsgericht *nicht* anwendbar. Denn Art. 8 des ArbGG enthält offensichtlich eine *abschließende* Regelung der Disziplinarbefugnisse, die den Arbeitsverwaltungsbehörden gegenüber den Vorsitzenden der Arbeitsgerichte zusteht. Es ist nicht anzunehmen, dass sie gegenüber Vorsitzenden, die aus einem anderen Amt beurlaubt sind, weitergehende Befugnisse haben sollen, als gegenüber den nichtbeamteten Vorsitzenden. Die Befugnis zum Erlass von Dienststrafverfügungen verbleibt daher der Stammbehörde.

Auch wenn diese Schlussfolgerung nicht gebilligt wird, wäre es jedenfalls zu begrüßen, wenn auch diese Frage im Wege der Ausführungsbestimmungen geklärt würde. Dabei würde ich es für erwünscht halten, wenn die *beamteten* Vorsitzenden *ausschließlich* der Dienststrafgewalt ihrer Stammbehörde unterwerfen würden. Für eine Sonderregelung, wie sie das neue Arbeitsgesetz im Art. 7 getroffen hat, besteht praktisch nur bei den *nichtbeamteten* Vorsitzenden ein Bedürfnis.

5. Revisionsinstanz: Eine Revisionsinstanz ist noch nicht eingerichtet. Die Zonenbefehlshaber sind jedoch nach Art. 4 Abs. 3 des Gesetzes ermächtigt, ein oder mehrere Gerichte höheren Rechtszuges als Revisionsgerichte in Arbeitsstreitigkeiten zu bestimmen. Soweit und solange ein den OLG übergeordnetes Revisionsgericht noch nicht besteht, wird die 3. Instanz zweckmäßig bei einem OLG einzurichten sein und zwar in der Besetzung mit drei Berufsrichtern und vier Laienbeisitzern (zwei Arbeitnehmer und zwei Arbeitgeber). Die Aufsicht müsste der obersten Justizbehörde im Einvernehmen mit der obersten Sozialverwaltungsbehörde zustehen. Damit würde wenigstens in letzter Instanz eine Verbindung mit der Justiz wiederhergestellt.

6. Raumfrage: Die Frage, wo die Arbeitsgerichte unterzubringen sind, bedarf einer alsbaldigen Lösung. Die OLG-Präs. der Brit. Zone haben sich mit der Frage bereits auf einer gemeinsamen Tagung befasst und sich *gegen* eine Bereitstellung der Gerichtsgebäude ausgesprochen. Die MR teilt, wie aus einem den OLG-Präs. der Brit. Zone inzwischen zugegangenen Schreiben hervorgeht, diesen Standpunkt. Abgesehen von den technischen Schwierigkeiten, die sich aus der Raumknappheit in den Justizgebäuden ergeben, ist eine räumliche Trennung der Arbeitsgerichte den ordentlichen Gerichten auch aus grundsätzlichen Erwägungen erwünscht. Durch eine Unterbringung in den Gerichtsgebäuden würde in der Öffentlichkeit der Eindruck erweckt, dass die Arbeitsgerichte einen Teil der ordentlichen Gerichte bilden. Das muss vermieden werden. Die neuen Arbeitsgerichte unterscheiden sich nach Zusammensetzung und Qualifikation des Vorgesetzten sowie in Bezug auf die Garantien der Unabhängigkeit und Überparteilichkeit grundlegend von den ordentlichen Gerichten. Auch die Unterstellung der Arbeitsgerichte unter die *Aufsicht* der Verwaltungsbehörden lässt eine räumliche Trennung erwünscht erscheinen.

Die Frage würde ein anderes Gesicht bekommen, wenn *Berufsrichter* als Vorsitzende bestellt würden. Da dies bei den Berufungsgerichten voraussichtlich der Fall sein wird, würde *deren* Unterbringung in den Gerichtsgebäuden keine Bedenken entgegenstehen.

7. Übergangsregelung für anhängige Sachen: Das ArbGG ist in der Brit. Zone erst längere Zeit nach seinem Inkrafttreten (4.4.1946) bekannt geworden. Noch am 30.4.1946 hatte die MR Hannover mitgeteilt, dass die Durchführung des Gesetzes namentlich erhebliche und zeitraubende Vorarbeiten nötig mache; inzwischen seien die Arbeitsgerichtssachen wie bisher von den ordentlichen Gerichten weiter zu bearbeiten. Daher sind noch nach dem 4.4.1946 zahlreiche Arbeitsgerichtssachen bei den ordentlichen Gerichten anhängig geworden (im OLG-Bezirk Celle insgesamt 98) und eine Reihe von Entscheidungen ergangen oder Vergleiche geschlossen worden. Erst später wurde darauf hingewiesen, dass seit dem 4.4.1946 keine neuen Verfahren bei den ordentlichen Gerichten anhängig gemacht und die alten nicht fortgesetzt werden durften.

Daher ist eine Übergangsregelung dringend erforderlich, die die Tätigkeit der ordentlichen Gerichte in Arbeitsstreitigkeiten nach dem 4.4.1946 bestätigt, insbesondere die Gültigkeit der von den ordentlichen Gerichten erlassenen Entscheidungen und der von ihnen geschlossenen Vergleiche anerkennt.

Vorschläge zur Ausführung des neuen ArbGG.

Das ArbGG vom 30.3.1946 hat eine Reihe von Fragen aufgeworfen, die der beschleunigten Klärung durch Ausführungsvorschriften bedürfen.

I. Besonders dringlich ist eine Überbrückung des Zeitraums bis zur Errichtung der neuen Arbeitsgerichte. Die ordentlichen Gerichte sind seit dem Inkrafttreten des Gesetzes (4.4.1946) gehindert, die bei ihnen anhängig gewordenen Arbeitsrechtsstreitigkeiten fortzuführen und neue anzunehmen. Dadurch ist ein Stillstand der Rechtspflege auf dem Gebiete des Arbeitsrechts eingetreten, der für die Beteiligten unerträgliche Härten mit sich bringt. Zur Beseitigung dieser Härten ist den ordentlichen Gerichten zu gestatten, bis zur Errichtung der Arbeitsgerichte Arbeitsrechtsstreitigkeiten weiter zu bearbeiten. Auf jeden Fall müssen die von den ordentlichen Gerichten nach dem Erlass des neuen ArbGG gefällten Entscheidungen und die von ihnen abgeschlossenen Vergleiche bestätigt werden.

II. 1. Zur Vermeidung voneinander abweichender Bestimmungen über die Berufungssumme (Art. 5 Abs. 2 des Ges.) ist es erwünscht, dass die Berufungssumme im Wege der AusführungsVO einheitlich festgesetzt wird, zweckmäßig wie bisher auf 300 RM.

2. Im Art. 4 Abs. 3 des Gesetzes ist den Zonenbefehlshabern die Ermächtigung erteilt, ein oder mehrere Gerichte höheren Rechtszuges als Gerichte letzter Instanz in Arbeitsstreitigkeiten zu bestimmen. Soweit in der Zone die Bildung eines Revisionsgerichts für Zivilsachen *über* den OLG beabsichtigt ist, wird die dritte Instanz für Arbeitsstreitsachen mit diesem Revisionsgericht zu verbinden sein. Soweit und solange ein solches besonderes Revisionsgericht nicht besteht, ist der Senat eines

OLG als Gericht des letzten Rechtszuges zu bestimmen, der unter Zuziehung von vier nichtrichterlichen Beisitzern (zwei Arbeitnehmern und zwei Arbeitgebern) zu entscheiden hat.

3. Nach Art. 6 Nr. 1 Buchst. A, Schlusssatz, müssen die Vorsitzenden und stellvertr. Vorsitzenden der Berufungsgerichte eine dem Berufsrichter „entsprechende juristische Befähigung" haben. Es empfiehlt sich, ausdrücklich klarzustellen, dass hierunter die Fähigkeit zum Richteramt im Sinne des GVG zu verstehen ist.

4. Soweit Richter oder andere Beamte zur Tätigkeit in den Arbeitsgerichten beurlaubt werden, bedarf es einer näheren Regelung der Dienstaufsicht und des Dienststrafrechts. Es ist erwünscht, dass diese Beamten einschließlich der Dienststrafgewalt ihrer Stammbehörde unterworfen bleiben, so dass auch über ihre Entfernung aus dem Amt als Arbeitsgerichtsvorsitzende ausschließlich die nach der ReichsdienststrafO gebildete Dienststrafkammer zu entscheiden hat. Die Entlassung aus dem Amt auf Empfehlung der im Art. 7 Abs. 2 des Gesetzes genannte Disziplinarkammer würde danach nur für solche Vorsitzenden und stellv. Vorsitzende gelten, die nicht zugleich Beamte sind oder auf Lebenszeit zu Arbeitsgerichtsvorsitzenden bestellt wurden. Eine nähere Regelung des Dienststrafrechts für diese Vorsitzenden ist erforderlich, insbesondere bedarf es näherer Vorschriften über die Verhängung anderer Dienststrafen, über die Befugnis zur einstweiligen Amtsenthebung usw.

5. Den Vorsitzenden der Arbeitsgerichte 1. Instanz ist die Befugnis einzuräumen, auf Antrag einer Prozesspartei die Vertretung durch einen Rechtsanwalt zuzulassen und ihr im Falle der Bedürftigkeit einen Armenanwalt beizuordnen, sofern es wegen der rechtlichen Schwierigkeit oder der grundsätzlichen Bedeutung der Sache oder wegen der persönlichen Verhältnisse der Partei geboten ist. In diesen Fällen ist das Gericht zu ermächtigen, unter Berücksichtigung aller Umstände, insbesondere auch der wirtschaftlichen Verhältnisse der Parteien eine völlige oder teilweise Erstattung der außergerichtlichen Kosten anzuordnen.

6. Es ist ausdrücklich zu verbieten, dass die Beisitzer der Arbeitsgerichte während ihrer Amtsdauer als Prozessbevollmächtigte oder Beistände vor den Arbeitsgerichten auftreten.

7. Wegen der Verzögerungen im Postverkehr ist die Einspruchsfrist von drei Tagen (§ 59 des ArbGG 1926) auf eine Woche und die Berufungsfrist von zwei Wochen (§ 66 Abs. 1 aaO.) auf einen Monat zu verlängern, letztere jedoch mit der Maßgabe, dass innerhalb der Monatsfrist die Berufung auch zu begründen ist, so dass die bisherige *zusätzliche* Begründungsfrist von zwei Wochen wegfällt.

Es bleibt zu hoffen, dass die Arbeitsgerichtsbarkeit wieder der ordentlichen Gerichtsbarkeit zufällt.

Prof. Nipperdey, Köln: Gegen die Entschließung in ihrer allzu weiten Fassung erhebe ich gewisse Bedenken, weniger von der formellen Seite. Ich stimme in vielen Einzelheiten der Kritik zu, möchte allerdings vorweg auf einiges aufmerksam machen. Der Gedanke des Sondergerichts als solches ist in der geschichtlichen Entwicklung begründet. Es war so, dass wir ein besonderes ArbGG hatten, das in der Zusammensetzung Laienelemente enthielt. Es kommt hinzu, dass es sich hier um eine Sondermaterie handelt. Früher gab es ein Rechtsarbeitsministerium. Die Arbeitsgerichte waren in die Justiz eingegliedert, aber sie spielten eine Sonderrolle, was sich darin zeigte, dass zwei Ministerien (Justiz- und Arbeitsmin.) mit den Dingen befasst waren. Ich glaube, dass es nicht zweckmäßig ist, eine Entschließung zu fassen, die sich gegen die Einrichtung des Arbeitsgerichtes wendet. Grundsätzlich wird doch das Arbeitsgericht eine Sonderstellung einnehmen. Es wäre richtiger, sich etwas eingehender auf die Punkte zu beschränken, die vom Standpunkte einer geordneten Rechtspflege Bedenken erwecken müssen. Die rechtliche Unabhängigkeit ist nach diesem Gesetz nicht hinreichend gewährleistet. Die Unabhängigkeit ist deshalb nicht gewährt, weil der Gedanke der Ernennung auf Lebenszeit und Unabsetzbarkeit nicht zum Ausdruck kommt. Diese Richter, mögen sie beurlaubt sein, oder berufen werden, werden Beamte, und zwar Beamte innerhalb des Bereichs der Landesarbeitsverwaltung. Ihre Rechtsstellung scheint nicht hinreichend geregelt. Die Hauptbedenken bestehen darin, dass die Amtsdauer auf drei Jahre beschränkt ist. Es besteht die Gefahr, dass der Richter nicht wiederernannt wird. Die Stellung ist also unsicher. Es wäre in erster Linie zu fordern, dass diesen Vorsitzenden hinsichtlich der Unabhängigkeit die gleiche Stellung gegeben wird wie den ordentlichen Richtern. Was die Auswahl betrifft, so glaube ich nicht, dass das Vorschlagsrecht als solches zu beanstanden ist. Die Erfordernisse die an den Vorsitzenden gestellt werden, wonach er eine besondere Befähigung in Arbeitsangelegenheiten haben soll, scheinen eine starke Gewähr zu bieten, dass Leute ausgewählt werden, die mit den Dingen vertraut sind.

Bezüglich der Anwaltsfrage ist zu bedenken, dass ein ziemlich einheitlicher Wille der Arbeitnehmerseite (Gewerkschaften) vorliegt, so mit dem alten ArbGG von 1926 (§ 11) zu versuchen. Es sind hier besondere soziale Verhältnisse behandelt, die eine Sonderregelung erheischen. Es gibt nicht sehr viele Anwälte, die auf diesem Gebiet sehr viele Erfahrungen hatten. Es kommt hinzu, dass diese Anwälte für diese Streitigkeiten nicht besonders viel Interesse aufbrachten. Heute stehen die Arbeitnehmer einheitlich auf dem Standpunkt, dass es für die 1. Instanz besser ist, die Anwälte fortzulassen und es steht uns nicht gut an, wenn wir uns auf die nationalsozialistische Anordnung des ArbGG von 1934 berufen wollten, die damals gerade von den Gewerkschaften als ein Rückschritt empfunden worden ist. Ich möchte bitten, die vorgelegte Entschließung nach ihrer politischen und staatspolitischen Zweckmäßigkeit im gegenwärtigen Moment zu überprüfen. Ist es nicht zweckmäßiger, sich auf ganz bestimmte und entscheidende Beschwerdepunkte zu beschränken, und das ist eigentlich nur der Gesichtspunkt der richterlichen Unabhängigkeit?

JM Zinn: Die Frage der Arbeitsgerichtsbarkeit ist für die Justiz eine grundsätzliche. Die Entwicklung der Arbeitsgerichtsbarkeit ist zu bedauern, einmal vom Standpunkt der Rechtspflege schlechthin, vom Standpunkt der Justiz im Besonderen und desjenigen, der an einer Fortentwicklung des Arbeitsgerichts interessiert ist. Ich glaube nicht, dass das Arbeitsrecht einen Gewinn davon hat, wenn ausschließlich ein Laiengericht in 1. Instanz tätig ist. In der Amerik. Zone haben wir schon früher Stellung genommen. In der Konferenz der JM im Februar ds. Js. wurde eine Entschließung gefasst, die sinngemäß der des Herrn v. Hodenberg entspricht. Wir haben zum Ausdruck gebracht, dass die Bildung der vorgesehenen Arbeitsgerichte bedenklich erscheint. Diese Entschließung hat die Billigung der MinPräs. gefunden und ist an die amerik. MG nach Berlin gelangt.

Beim ArbGG von 1926 gingen nicht nur die Bestrebungen dahin, das Laienelement anzuschaffen, sondern die Arbeitsgerichtsbarkeit von der Justiz zu lösen. Dies ist nicht erfolgt. Die Einstellung gegen den akademischen Richter wurde damit erklärt, dass es dem Richter an sozialem Verständnis und an der Kenntnis des Arbeitsrechts fehle. Jede Sondergerichtsbarkeit ist uns unerwünscht. Ein Richter kann nur ein souveräner Richter sein, wenn möglichst viele Lebensvorgänge an ihnen herangetragen werden. Wir müssen uns hüten, Spezialisten auf verschiedenen Rechtsgebieten zu erziehen. In der Amerik. Zone wurde daher schon im Januar der Grundsatz der Unteilbarkeit der Gerichtsbarkeit und Aufnahme aller Sondergerichte in das Haus der Justiz gefordert. Wie können wir das Ziel, das uns gesteckt ist, verwirklichen? Die Einstellung derjenigen, die mit Arbeitsrecht zu tun haben, gegen den Berufsrichter, ist eine Nachwirkung des Misstrauens gegen die Justiz schlechthin. Wir kommen nur dann voran, wenn wir dieses Misstrauen überwinden, wenn wir den Juristen, die Justiz, mit den Kreisen der Gewerkschaften und dem Volk in nähere Verbindung bringen. Es wird notwendig sein, das Laienelement soweit als möglich in alle Gebiete der Justiz einzuführen. Alles was der Laie entscheiden kann, soll ihm überlassen werden.

Wir versuchen, die Ausbildung der Juristen mehr auszurichten auf diese Spezialgebiete. In einem neuen Gesetz wird vorgesehen, dass die Studenten sich besonders mit dem Sozialrecht beschäftigen sollen. Auch in der Prüfung soll besonderer Wert darauf gelegt werden. Die Vorbereitungsdienstzeit muss entsprechend gestaltet werden. In der AusbildungsO ist eine Beschäftigung der jungen Referendare bei den Rechtsberatungsstellen der Gewerkschaften vorgesehen. Dadurch werden die Referendare in der Praxis mit allen Vorgängen des Arbeitsrechts vertraut gemacht. Dieser Vorschlag fand bei den Gewerkschaften volle Zustimmung. Damit wird erreicht, 1. Dass der juristische Nachwuchs vertraut bleibt mit den Fragen des Arbeitsrechts, 2. Eine persönliche Fühlungnahme mit den Kreisen der Arbeitnehmerschaft, 3. Eine Abneigung gegen den Juristen wird beseitigt. Man wird den Wert einer juristischen Vorbildung wieder kennen und schätzen lernen und geneigt sein, auf diesem Gebiet vorgebildete Richter einzusetzen. Ich stehe auf dem Standpunkt, dass es notwendig ist, alles zu tun, um diese Sondergerichtsbarkeit nicht der Verwaltung eines anderen Ministeriums zu unterstellen. – Ich teile die Bedenken des Herrn Prof. Nipperdey nicht und stimme grundsätzlich Herrn v. Hodenberg zu.

Auch mit der Frage der Anwaltschaft haben wir uns beschäftigt und vorgeschlagen, in der ersten Instanz die Anwälte zuzuziehen. Das wird nötig sein, um den nicht organisierten Arbeitnehmern die Möglichkeit einer Vertretung vor Gericht zu geben.

JM Dr. Beyerle: In einer der letzten Rechtsausschusssitzungen wurde noch einmal eine Entschließung gefasst, worin wir unser Bedauern insbesondere nach der Richtung ausgedrückt haben, dass die Jverw. als solche vollkommen ausgeschaltet werden bei der Gestaltung und Überwachung der Arbeitsgerichte. Auch diese Entschließung ist vom Länderrat angenommen und weitergeleitet worden.

MinRat Roemer: Der Ausdruck „entsprechende juristische Befähigung" soll eine Kompromisslösung für die Russ. Zone sein. Wir sollen diesen Text nach unserem Ermessen auslegen und es wird in der Amerik. Zone darunter die Befähigung zum Richteramt verstanden. Hinsichtlich der Zulassung der Anwaltschaft war die Stellungnahme der Arbeitsverwaltungen ablehnend. Es war nicht möglich, eine Einigung zu erzielen. Gegen ein oberstes Zonengericht waren wir ablehnend, um einem späteren Reichsarbeitsgericht nicht vorzugreifen.

Prof. Hallstein, Frankfurt: Ich bin nicht überzeugt, dass die Bedenken von Prof. Nipperdey begründet sind. Vom Standpunkt der wissenschaftlichen Behandlung des Arbeitsrechts aus möchte ich sagen: In dieser Spezialisierung liegt eine große Gefahr. Es muss der Justiz die Möglichkeit gegeben werden, auch an der Entwicklung der sozialpolitischen Fragen Anteil zu nehmen. Den Gewerkschaften gegenüber ist es in keiner Weise aussichtslos, darauf hinzuweisen, was Herr Minister Zinn angedeutet hat. Die Stellungnahme gegenüber dem Kontrollrat ist von einem anderen Ausschuss bereits geschehen.

MinRat Dr. Müller, Tübingen: In der Franz. Zone decken sich die Ergebnisse mit den Ausführungen des Herrn Referenten und des Herrn JM Zinn. In der Franz. Zone müssen die Vorsitzenden der 2. Instanz Richterbefähigung haben. Die AG müssen solange als Arbeitsgerichte tätig sein, bis die Arbeitsgerichte endgültig etabliert sind. Es bestand Einigkeit darüber, dass die Revisionsinstanz mit dem OLG verkoppelt werden müsse, dass ein Senat des OLG gleichzeitig Revisionsgericht in Arbeitssachen ist mit der Maßgabe, dass dem Revisionsgericht je ein Beisitzer der Arbeitnehmer und der Arbeitgeber beigegeben wird. Wir sind der Auffassung, dass die Gerichtsbarkeit nach wie vor in einem engen Kontakt mit der Justiz verbleiben muss. Die Geschäftsstellen der Arbeitsgerichte sollen mit den Geschäftsstellen der AG verkoppelt werden. Die Arbeitsverwaltung schlägt die Berufsrichter der 1. Instanz der MR vor. Wir haben nicht die Absicht, die Richter, die zu Arbeitsrichtern ernannt werden, aus dem Justizdienst zu beurlauben. Die Richter werden nach wie vor in ihrem Amt bleiben und daneben Arbeitsrichter sein. Eine andere Lösung ist in der Franz. Zone gar nicht möglich. Es ist undenkbar, dass die Arbeitsverwaltung eine eigene Arbeitsgerichtsbarkeit aufbaut, weil das finanziell nicht tragbar wäre. Wir haben festgestellt, dass seit Oktober 1945 bis Juni 1946 in der ganzen Zone bei den AG nur 42 Arbeitsgerichtssachen angefallen sind. Es ist unmöglich, bei 14 Arbeitsgerichten, die wir einrichten müssten, 14 hauptamtliche Kräfte einsetzen, die nicht voll beschäftigt sind.

Die Vorschläge des Herrn v. Hodenberg möchte ich unterstützen.

OLG-Präs. Dr. v. Hodenberg: Zur Frage des Sondergerichts möchte ich sagen, dass ich nicht gegen die Beteiligung von Laien und nicht dagegen bin, dass eine besondere Kammer eingerichtet wird. Nur besteht ein Unterschied, ob man einen Teil des AG als Arbeitsgericht etabliert oder nicht. Der hauptamtliche Vorsitzende würde gar nicht voll beschäftigt sein. Deshalb können nur wenige Arbeitsgerichte 1. Instanz gebildet werden.

MinRat Dr. Arndt, Wiesbaden: Ich habe Bedenken gegen die vorgeschlagene Entschließung. Sie soll von einem kleineren Ausschuss nochmals überprüft und neu gefasst werden, da sie einige Angriffsflächen bietet. Ich schlage vor, die Entschließung in Anlehnung an die Stuttgarter Entschließung zu fassen.

Prof. Jellinek, Heidelberg: Man soll nicht ohne Zuziehung der anderen Seite Beschlüsse fassen, die die Verwaltungsgerichtsbarkeit betreffen, denn die größere Erfahrung haben die Vertreter der Verwaltungsgerichtsbarkeit selbst und nicht die Vertreter der Justiz. Ein Referat hierüber wäre notwendig.

OLG-Präs. Dr. Kiesselbach: Wir sind darin einig, dass diese Aussprache eine fruchtbare und interessante gewesen ist. Die Verhandlung des Deutschen Juristentages verlief in seiner Form jedoch etwas anders. Für die einzelnen Themata wurden ein Referent und ein Korreferent gewählt. Die Referate wurden vorgelegt und darüber abgestimmt. Das ganze Material wurde wissenschaftlich gewertet und hat einen großen Einfluss ausgeübt. Ich schlage vor, die Versammlung stimmt grundsätzlich dem Material zu und beschließt, sie den Gewerkschaften zu überreichen.

OLG-Präs. v. Hodenberg: Ich bin der Auffassung, dass man zwischen diesen großen Juristentagungen und einer Tagung der Jverw. einen Unterschied machen muss. Es scheint mir bedenklich, das Material heute in dieser Form zu verwenden. Es wäre nicht zweckmäßig, die Stuttgarter Entschließung noch einmal anzuwenden, aber es soll doch ein kleinerer Kreis eine abgekürzte Entschließung vorbereiten, die angenommen werden könnte. Ich würde den Vorschlag machen, ein kleinerer Ausschuss soll nach einer Formulierung suchen, die der Versammlung zur Abstimmung vorgelegt werden kann.

OLG-Präs. Dr. Kiesselbach: Der Antrag wird genehmigt. Der Ausschuss wird zusammengesetzt: a. d. Herren Dr. Arndt, Roemer, Konrad, v. Hodenberg, Dr. Koch und Dr. Müller.

OLG-Präs. Dr. Kuhnt, Kiel: Die Ausbildung und Fortbildung des juristischen Nachwuchses.

Wir befinden uns in einer Zeit des Umbruchs auf allen Gebieten: staatlich, politisch und wirtschaftlich. Das greift, wie bereits in einem gestrigen Vortrag hervorgehoben ist, auf die Rechtspflege über. Hier ist der Umbruch von besonderer Wichtigkeit. Im Gesetz kommt er am klarsten zum Ausdruck. Der Rechtsumbruch aber berührt ohne weiteres die Frage der Ausbildung des Nachwuchses: Der Nachwuchs muss den neuen Auffassungen entsprechend geschult werden; aus der Ausbildung muss dasjenige abgestoßen werden, was in die neuen Auffassungen nicht mehr hineinpasst. – Es würde über den Rahmen meines Vortrages hinausgehen, wenn ich einen eingehenden Überblick über den früheren Zustand geben würde; ich muss mich darauf beschränken, mit nur wenigen Strichen ein Bild von der Entwicklung zu zeichnen.

Der Studiengang war schon seit langem in den verschiedenen Ländern des Deutschen Reichs im Wesentlichen der gleiche. Bemerkenswert ist in den letzten 50 Jahren die Zurückdrängung des römischen Rechts und die Zurückdrängung der historischen Fächer zugunsten des modernen Rechts. Die Zurückdrängung des römischen Rechts hing zunächst mit der schulischen Entwicklung zusammen.

Das Vordringen des Realgymnasiums, das die lateinische Sprache weniger als das Humanistische Gymnasium pflegt, und das starke Vordringen der Oberrealschule, die kein Latein lehrte, brachten es mit sich, dass das römische Recht immer mehr in den Hintergrund trat und zum Schluss gar nicht mehr geprüft werden durfte. Im Referendarexamen bestand ein Unterschied zwischen dem süddeutschen und dem norddeutschen System. Das süddeutsche System sah in dieser Prüfung überwiegend eine Hochschulprüfung, während das norddeutsche System sie an die OLG legte und den Einfluss der Praktiker überwiegen ließ, indem von vier Prüfern zwei, darunter der Vorsitzende, Praktiker sein mussten, und die Berufung in das Prüfungsamt durch den OLG-Präs. erfolgte. Der Ausbildungsgang der Referendare war in den Ländern zwar nicht der gleiche, kam aber im Großen und Ganzen auf dasselbe hinaus. Das Assessorexamen wies insofern Unterschiede auf, als die Zahl der Klausuren und die Bedeutung, die diese gegenüber der häuslichen Arbeit hatten, verschieden waren. Gemeinsam war der Charakter dieser Prüfung als der einer Prüfung für die Praxis. Die JAO vom 30.3.1934 ordnete für das ganze Reich das Referendarexamen nach dem norddeutschen System und baute einen weiteren Prüfer, dessen Aufgabengebiet aus seinem Spitznamen „der völkische Beobachter" hervorgeht, und eine geschichtlich-politische Klausur ein. Auch in das Assessorexamen trug die JAO vom 30.3.1934 das politische Moment durch das Referendarlager und durch eine Klausur hinein. So war in ganz großen Zügen der Stand der Sache, als bei Beginn dieses Jahres der Zentralausschuss der OLG-Präs. mit der Prüfung der Ausbildungsfragen befasst wurde. Im Anschluss an diese Prüfung fand dann eine Besprechung im Großen Hauptquartier der brit. MR mit Vertretern der Hochschule unter Leitung der Erziehungsabteilung des Großen Hauptquartiers und ihrer Rechtsabteilung statt. Sie führte nach längeren Verhandlungen zu einer Einigung im Sinne der von der Jverw. erstrebten Zielen, indes mit der Maßgabe, dass die Vertreter der Hochschulen sich vorbehielten, nach einem Jahr nochmals auf die Angelegenheit zurückzukommen. Gemäß dieser Einigung ist dann die neue JAO für die britisch besetzte Zone ergangen.

Wenn ich nunmehr zu den einzelnen Punkten berichtend Stellung nehme, so muss ich an die Spitze meiner Ausführungen das Ziel der Ausbildung stellen. Es ist die Heranbildung eines wissenschaftlich geschulten und praktisch gründlich durchgebildeten Rechtswahrers. Dazu gehört: Kenntnis der Rechtsbegriffe – sie hat der Student auf der Hochschule zu lernen, – Kenntnis der Rechtsentwicklung – auch sie fällt ins Aufgabengebiet der Hochschule, – Kenntnis der Gesetze – ein Aufgabengebiet sowohl der Hochschule wie der praktischen Ausbildung, – Pflege eines unbeugsamen Gerechtigkeitssinnes, der höchsten Tugend des Rechtswahrers – eine Aufgabe der Hochschule und der praktischen Ausbildung; vom ersten Tage des Studiums an muss den Studenten als ein ceterum censeo eingehämmert werden, dass die gewissensmäßige Bindung des Richters an das für recht Erkannte niemals eine Lockerung erfahren darf. – Schließlich sind für die Ausbildung erforderlich die Vermittlung des praktischen Verständnisses und die Übung der Rechtsanwendung. Sie sind überwiegend Aufgabe der praktischen Ausbildung.

Die Erreichung des Zieles der Heranbildung eines hochqualifizierten Rechtswahrers ist nur möglich, wenn von der Hochschule *wissenschaftlich geschulte Juristen* erfordert werden. Der Richter soll ein Künstler, nicht ein Handwerker des Rechts sein. Ich möchte daher bezweifeln, dass die Versuche Erfolg haben werden, die, wie es heißt, in einer anderen Zone angestellt werden, wo in sechswöchentlicher Schulung Richter herangebildet werden. Zu diesem Punkte darf ich auch auf die Ausführungen Bezug nehmen, die soeben zum ArbGG gemacht worden sind.

Die neue JAO bestimmt die Dauer des Studiums auf sechs Semester. Eine Abkürzung des Studiums auf fünf Semester für Kriegsteilnehmer wurde abgelehnt. Fünf Übungen müssen mit Erfolg mitgemacht werden. An Neuerungen im Studiengang der Hochschule sind eingetreten: Eine stärkere Heranziehung des römischen Rechts, eine größere Berücksichtigung der Rechtsgeschichte, die Pflege der Rechtsvergleichung mit dem Ausland und die Kenntnis der Grundzüge des katholischen und evangelischen Kirchenrechts. Vor allem die stärkere Betonung des römischen Rechts begrüße ich persönlich lebhaft, weil für den Jungjuristen nichts so instruktiv ist wie das römische Recht mit seiner Klarheit und Kürze. Allerdings bedingt die stärkere Pflege des römischen Rechts eine Belastung der nicht humanistisch vorgebildeten Studenten. Die Ausgestaltung des Studiums im Einzelnen ist Angelegenheit der Hochschule. Ihre Aufgabe ist es, auch dafür Sorge zu tragen, dass die Allgemeinbildung des Studenten, die durch den Rückgang der schulischen Vorbildung eine empfindliche Minderung erfahren hat, wieder aufgehoben wird. Wenn ich hier einen Gedanken einwerfen darf, so ist es der, dass ich eine Fühlungnahme der Hochschule mit der Jverw. über die Gestaltung des Rechtsstudiums begrüßen würde. Ich selbst bin unlängst hieran von der MR insofern beteiligt worden, als ich zu dem Studienplan, den die Hochschule aufgestellt hatte, gehört wurde. Wie fast überall im Leben scheint mir auch hier eine verständnisvolle Zusammenarbeit ersprießlich zu sein.

Erörtert wurde bei Erlass der neuen JAO auch die Frage einer allgemeinen praktischen Ausbildung vor dem Studium, wie sie bei Apothekern, Bergleuten, Technikern u.a. geschieht. Wenn auch manches für diesen Gedanken sprechen mag, so wurde er doch fallengelassen und eine freiwillige Ferienbeschäftigung bei einem AG für ausreichend erachtet. In der Tat bedeutet es einen Zeitverlust, der nicht im angemessenen Verhältnis zu dem zu erwartenden Gewinn steht, wenn der von der Schule Kommende auf einem rein geisteswissenschaftlichen Gebiet eingehender mit der Praxis befasst würde, solange er noch gar nicht in die Ideen dieses Gebietes eingeführt worden ist. Es genügt, wenn er ein Bild von dem geschäftsordnungsmäßigen, dem äußeren Betrieb der juristischen Praxis erhält; davon, wie Akten erwachsen, wie ein Grundbuch, wie ein Register aussieht usw. Es ist hier auch berücksichtigt worden, dass infolge des Krieges viele Studenten in einem erheblich höheren Alter als früher die Hochschule beziehen.

Ich darf hier noch zwei Gedanken einschalten:

In den Kriegsgefangenenlagern in Nordamerika und in Kanada haben Lehrgänge für Rechtsstudenten stattgefunden. Ihre Anrechnung soll für die britisch besetzte Zone grundsätzlich, wie gemäß dem GVG beim Auslandsstudium, nur zur Hälfte und höchstens mit drei Semestern erfolgen, so dass der Student noch mindestens drei Semester auf einer deutschen Hochschule studieren muss. Das entspricht auch der Auffassung der Goslarer Hochschulkonferenz. Es ist jedoch den OLG-Präs. die Ermächtigung erteilt worden, den Einzelfall abweichend zu regeln. In den an mich gelangten Fällen habe ich es bisher stets abgelehnt, mehr als drei Semester anzurechnen. Die Praxis scheint aber in den OLG-Bezirken nicht einheitlich zu sein. Wie ich gestern erfahren habe, hat einer der hier anwesenden Herren Hochschullehrer den Aufbau des Rechtsstudiums in einem amerikanischen Lager geleitet. Ich glaube, wir alle würden es dankbar begrüßen, wenn er uns seine Tätigkeit dort und seine Beobachtungen näher schilderte. Dabei wird auch die Frage eine Rolle spielen, ob die Ordnung des Rechtsstudiums in den verschiedenen Gefangenenlagern einheitlich oder ob sie verschieden war.

Noch einen anderen Gedanken darf ich hier einwerfen, den Gedanken nämlich, ob eine erhöhte Beteiligung von Praktikern an den Übungen der Hochschule ratsam erscheint. Auch hierüber würde die Stellungnahme der Hochschule interessieren. Ich selbst glaube, dass der in der Praxis stehende Richter und Anwalt, an den täglich aus der unerschöpflichen Vielgestaltigkeit des Lebens neue Fälle herangetragen werden, dann, wenn er pädagogische Fähigkeiten hat, wohl geeignet ist, gerade in praktischen Übungen nutzbringend zu wirken. Und darüber hinaus möchte die Heranziehung von Praktikern meines Erachtens ein enges Zusammenarbeiten von Wissenschaft und Praxis ein sich Ergänzen beider fördern, was im Interesse der Ausbildung der Studenten und des Verständnisses zwischen Hochschule und Praxis begrüßenswert wäre.

Die *Ausgestaltung der Referendarprüfung* war der Hauptpunkt der Besprechung in Bünde. Zwar bestanden keine Gegensätze über die einzelnen Arbeiten, die der Prüfling vorzulegen hat. Erfordert werden eine Hausarbeit von sechs Wochen, nicht drei Wochen, also Rückkehr zum alten Zustand, wie er vor 1918 bestanden hat, und drei fünfstündige Klausuren, eine aus dem Gebiet des bürgerlichen Rechts, eine aus Strafrecht und eine aus Handels-, Staats- oder Verwaltungsrecht, also eine stärkere Beteiligung des öffentlichen Rechts, als dies z.B. in Baden der Fall ist. Beseitigt sind die geschichtlich-politische Klausur und die Klausur aus Arbeits-, Bauern- oder Wissenschaftsrecht. Beseitigt ist der politische Prüfer. Die Prüfung findet an einem Tage, nicht wie zeitweise in den zwanziger Jahren an zwei Tagen statt. Der Kandidat kann bezüglich des Themas der Hausarbeit Wünsche aussprechen. Die Prüfungsnoten für die einzelnen Leistungen sind dieselben wie vor der JAO vom 30.3.1934 in Norddeutschland. Die Prüfung kann einmal wiederholt werden, mit Genehmigung des OLG-Präs. auch ein zweites Mal, dies indes nur „in besonderen Ausnahmefällen"; bei Kriegsteilnehmern mit dreijährigem Zeitverlust dagegen soll von der Erteilung der Erlaubnis zum dritten Examensversuch „weitgehend Gebrauch" gemacht werden. Insofern bestand volle Übereinstimmung zwischen Hochschule und Jverw.

Dagegen fehlte zunächst die Übereinstimmung darüber, ob für die Prüfung das norddeutsche System gelten solle (Prüfung am OLG, als Prüfer zwei Praktiker, darunter der Vorsitzende und zwei Hochschullehrer, Berufung der Prüfer durch den

OLG-Präs.) oder das süddeutsche System, das den überwiegenden Einfluss bei der Prüfung an die Hochschule legte. Ich verweile bei diesem Punkt länger, weil er der eigentliche Gegenstand der mehrstündigen Erörterungen in Bünde war, und weil, wie ich gehört habe, die gefundene Lösung in den Kreisen der Hochschullehrer mit Zurückhaltung aufgenommen ist. Die entscheidende Frage ist hier: Hat das Referendarexamen überwiegend den Charakter der Universitätsabschlussprüfung, oder hat es den Charakter der Eingangsprüfung in die Praxis? Wenn das Erstere der Fall ist, dann ist ein überwiegender Einfluss der Hochschullehrer gerechtfertigt, wenn das Letztere zutrifft, dann erscheint ein überwiegender Einfluss der Praktiker geboten, denn sowohl der Hochschullehrer wie der Praktiker kennt sein eigenes Gebiet am besten, der Praktiker weiß, was die Praxis für Anforderungen an den Referendar stellt.

Ohne jeden Zweifel hat die Prüfung den Charakter sowohl einer Hochschulabschlussprüfung wie einer Eingangsprüfung in die Praxis. Das ist auch der Standpunkt der neuen JAO, denn sie weist der Prüfung die Aufgabe zu, „festzustellen, ob der Bewerber das rechtswissenschaftliche Studienziel erreicht hat und so viel praktisches Verständnis besitzt, dass er unter Berücksichtigung seiner gesamten geistigen Haltung für den Vorbereitungsdienst geeignet erscheint". Der Dualismus der Prüfung kommt also in der JAO klar zum Ausdruck.

Statistische Feststellungen haben nun ergeben, dass der ganz überwiegende Prozentsatz derjenigen Prüflinge, die das Referendarexamen bestehen, in die Ausbildung als Referendar hineingeht, und dass die große Mehrzahl die Ausbildung bis zum Assessorexamen durchläuft. Daraus ergibt sich, dass das statistische Interesse dahin geht, dass angesichts des ganz überwiegenden Prozentsatzes der in die Ausbildung Gehenden das Referendarexamen vorwiegend das Gepräge einer Eingangsprüfung in die Praxis tragen muss. Dem trägt die neue JAO Rechnung, indem sie bestimmt, dass entscheidend dafür, ob der Prüfling das Examen bestanden habe, sein müsse, ob er nach seinem Gesamteindruck „für den Vorbereitungsdienst reif ist". Die Hochschulvertreter verschlossen sich diesem Gedankengang nicht. Unter Zurückstellung ihrer Wünsche, die zunächst auf eine Verlegung der Prüfung an die Universität und dann dahin gingen, dass der Prüfungsausschuss mit zwei Hochschullehrern und einem Praktiker, schließlich dahin, dass sie mit drei Hochschullehrern und zwei Praktikern besetzt würden, stimmten sie zu, dass die Prüfung die Form behält, die sie seit mehr als 100 Jahren in der britisch besetzten Zone hat, dass sie also beim OLG bleibt, dass ferner dem Prüfungsausschuss zwei Hochschullehrer und zwei Praktiker, darunter bei Stimmengleichheit ausschlaggebend der Vorsitzende, angehören, und dass der OLG-Präs. die einzelnen Prüfer beruft.

Um vollständig zu sein, muss ich noch mehrere Einwände referieren, die von Seiten der Hochschullehrer gegen die von der Jverw. angestrebte Regelung angeführt wurden. Es ist geltend gemacht worden, dass auf den anderen Wissenschaftsgebieten die Prüfung am Ende des Studiums Angelegenheit der Hochschule sei, es wurde besonders auf das medizinische Studium hingewiesen. Weiter wurde geltend gemacht, dass die Studenten den Wunsch haben, von Hochschullehrern und nicht von den ihnen unbekannten Praktikern geprüft zu werden. Schließlich ist im Laufe der Erörterungen auch der Zweifel laut geworden, ob denn die Praktiker die gleiche Eignung zum Prüfen haben wie die durch ihre Lehrtätigkeit geschulten Professoren. Ich glaube, dass diese Einwände nicht berechtigt sind.

Die Auffassung, dass auf allen anderen Wissenschaftsgebieten die Prüfung am Schluss des Studiums eine Sache der Hochschule sei, trifft nicht zu, so z.B. ist bei evangelischen Theologen in Hannover die Prüfung Sache nur der Praktiker, bei Philologen und Bergleuten liegt das Schwergewicht der Prüfung bei den Praktikern. und bei den Medizinern ist zu bedenken, dass die Klinikdirektoren zugleich Praktiker sind.

Was den zweiten Einwand betrifft, so bezweifle ich nicht, dass Studenten den Professoren gegenüber geäußert haben, sie würden lieber von ihnen als von Praktikern geprüft. Aber zunächst scheint mir diesem Wunsch das erforderliche Gewicht zu ermangeln gegenüber den für die Beteiligung der Praktiker sprechenden Gesichtspunkten. Sodann ist zu berücksichtigen, dass der gleiche Wunsch, nur mit umgekehrten Vorzeichen, mir wiederholt von Prüflingen vorgetragen worden ist. Ich habe ihn stets zurückgewiesen, denn ich konnte mich des Eindrucks nicht erwehren, dass er nicht frei war von dem unsachlichen Bestreben, mir etwas zu sagen, was mir angenehm erscheinen sollte.

Anlangend den dritten Einwand, so vermag ich aus meiner Prüfertätigkeit nicht anzuerkennen, dass die Praktiker zum Prüfen weniger geeignet sind als die Hochschullehrer. Prüfen ist eine Kunst, die nicht sowohl fachliche Kenntnisse als auch Menschenkenntnis, Menschenbehandlung und Einfühlungsvermögen erfordert. Die Prüfung muss elastisch sein, der Prüfer muss mit dem Prüfling mitgehen können. Er darf kein Zettelprüfer sein, der starr an seinen Notizen festhält. Er muss einfache, klare Fälle geben und darf sie erst allmählich komplizieren. Er muss das Wissen und Verständnis der Prüflinge abtasten können, um zu einer richtigen Beurteilung zu gelangen. Aus einer Zahl von fast 100 Anwälten in Kiel und aus dem Richterkollegium des OLG sowie aus den an den Prüfungsgeschäften auch beteiligter Lübecker Juristen werden insgesamt bis zu fünf Prüfer herausgesucht, unter denen sich hervorragend qualifizierte Juristen befinden. Ich glaube, dass allein diese Zahlen genügen, um zu zeigen, dass es ohne weiteres möglich ist, aus den Praktikern voll geeignete Prüfungskräfte zu gewinnen.

Wenn ich zu diesem Punkt noch eines sagen darf: Ich habe niemals Gegensätze zwischen den beiden Gruppen von Prüfern beobachtet. Fast immer sind in den sechs Jahren, in denen ich bis 1933 den Vorsitz in der Referendarprüfungskommission in Kiel geführt habe, die Entscheidungen des Prüfungsausschusses einstimmig erfolgt. Nur eines Falles entsinne ich mich, in welchem das Stimmenverhältnis 2:2 stand. Das war aber nicht in der Weise der Fall, dass auf der einen Seite die beiden Hochschullehrer und auf der anderen Seite die beiden Praktiker standen, das Abstimmungsergebnis war vielmehr so, dass auf jeder Seite ein Hochschullehrer und ein Praktiker in ihrem Urteil übereinstimmten. Wie überhaupt eine verständnisvolle Zusammenarbeit von Hochschullehrern und Praktikern für den reibungslosen Gang des Prüfungsgeschäfts erforderlich erscheint, so ist ein Zusammenwirken beider auch für die Auswahl der Themen der Hausarbeit und für das Aussuchen der Klausurfälle dringend erwünscht. Auch hier sind nach meinen Wahrnehmungen bisher irgendwelche Schwierigkeiten nicht entstanden.

Wenn ich mich resümiere, so möchte ich also meinen, dass der von der neuen JAO geschaffene oder vielmehr beibehaltene Zustand die richtige Lösung des Problems ist. – Die ausgesprochene Hochschulabschlussprüfung ist das Doktorexamen.

Die Ausbildung der Referendare dauert normalerweise drei Jahre. Bei Kriegsteilnehmern und politisch Benachteiligten beträgt sie, wenn es nach den Leistungen unbedenklich ist, 27 Monate, hier kann sie sogar auf 24 Monate verkürzt werden. Der Gang im Einzelnen ist folgender: Sechs Monate kleines AG, acht Monate LG, davon mindestens fünf Monate in Zivilsachen, vier Monate StA, sechs Monate RA und Notar, sechs Monate großes AG und sechs Monate OLG. Die Beschäftigung der Referendare soll auf möglichst allen Gebieten des Rechtes erfolgen. Es kann eine selbständige Beauftragung mit einzelnen richterlichen Geschäften stattfinden. Auch bedeutungsvolle Geschäfte wie Erbscheinverhandlungen, Vernehmung des von der Erscheinenspflicht befreiten Angeklagten, Sitzungsdienst der Anklagebehörde und die gesamten Geschäfte des Rechtspflegers gehören hierzu. Die gestern erörterte Erweiterung der Stellung und Tätigkeit der Rechtspfleger würde sich also unmittelbar auch auf die Referendare auswirken. Fakultativ ist auch in der neuen JAO, die Ausbildung einer Verwaltungsbehörde. Ob die Zeit, die dieser Abschnitt erfordert, zu der Ausbildungszeit von drei Jahren hinzuzukommen hat, also zusätzlich ist, oder ob andere Ausbildungsabschnitte gekürzt werden können, darüber entscheidet der OLG-Präs.

Bei diesem Punkt muss ich einen Augenblick stehen bleiben. Die allgemeine Verwaltung in der britisch besetzten Zone bildet keine Regierungsassessoren mehr aus, sie ist in ihrem Nachwuchs daher auf die von uns Ausgebildeten angewiesen, wie es übrigens schon nach 1918 der Fall war. Sie hat nun den Wunsch, dass ihren Belangen Rechnung getragen wird, und jeder Referendar mindestens sechs Monate, möglichst zwölf Monate lang, in der Kreisinstanz ausgebildet werden muss. Dies Verlangen erscheint begründet. Ich bin daher in einen Meinungsaustausch mit der inneren Verwaltung eingetreten, der noch nicht zum Abschluss gelangt ist. Dabei wird eine Berücksichtigung des öffentlichen Rechts im Assessorexamen, die zurzeit fehlt, erforderlich sein. Ob der Einbau einer mehr als sechsmonatigen Ausbildungszeit in Verwaltungssachen eine Verlängerung der gesamten Ausbildungszeit bedeuten würde, oder ob in den anderen Ausbildungsstationen mehr als sechs Monate eingespart werden können, das bedarf noch der Prüfung. Soweit ich es bis jetzt übersehen kann, wird die Frage von Fall zu Fall zu entscheiden sein, also von dem Stand der Ausbildung, den Fähigkeiten und dem Fleiß des Referendars abhängen.

Die Ausbildung selbst, deren Leitung in der Hand des OLG-Präs. liegt, hängt von zwei Personen ab: In erster Linie von dem Referendar selbst, von seinen Fähigkeiten und seinem Arbeitswillen, sodann von dem Ausbildenden. Der Referendar muss mitarbeiten, er muss einsehen, dass die Ausbildung ihm nicht alle Gebiete lückenlos vorführen kann, sondern ihn anregen soll, sich durch Selbststudium möglichst umfassende Kenntnisse zu verschaffen. Diese Anregung und dauernde

Anleitung zu geben, ist Sache des Ausbildenden. Da nicht jeder Richter pädagogische Fähigkeiten hat und da eine theoretische Weiterbildung unerlässlich ist, werden Arbeitsgemeinschaften von Referendaren gebildet, die von einem dazu besonders geeigneten Richter oder StA geleitet werden. Hier ist der beste Richter gerade gut genug! Denn da die Zivilrechtspflege – mit Ausnahme der Ehescheidungssachen – nur spärlich anläuft, indem eine große Zahl von Fällen von der AussetzungsVO ergriffen wird, liegt jetzt der Schwerpunkt der Ausbildung in den Arbeitsgemeinschaften. Sie betragen vier Stunden die Woche. Der leitende Richter spricht die Gebiete durch, die die Referendare vorher durcharbeiten müssen und gibt auch eine schriftliche Bearbeitung von Fällen auf. Ich erwäge zurzeit eine Steigerung der Stundenzahl.

Auch hier muss ich einige Gedanken einschalten: Die Flüchtlingsfrage spielt in den östlichen Provinzen der britisch besetzten Zone eine große Rolle. In Schleswig-Holstein sind jetzt fast 60 % der Referendare Flüchtlinge. Sie verstopfen die Ausbildung, belasten das Stammpersonal und belasten den Haushalt. Aber ihnen *muss* geholfen werden. Soweit sie nicht Unterhaltszuschuss erhalten, auf den ich noch kurz eingehen werde, beziehen sie Wohlfahrtsunterstützung. Dabei in Parenthese: Eine Wohlfahrtsbehörde weigert sich, die Wohlfahrtsunterstützung zu zahlen, weil diese nicht dazu da sei, Personen, die körperliche Arbeit leisten können, auf Kosten der Allgemeinheit die Ausbildung zu einem akademischen Beruf zu gewähren. Dem bin ich mit der Begründung entgegengetreten, dass es unwirtschaftlich sei, wenn das bisher durch das Studium an Arbeitskraft und Kapital Aufgewendete nutzlos verloren gehe. Die Entscheidung der Verwaltungsstellen steht noch aus. Doch wieder zurück von dieser Abschweifung. Das Flüchtlingsproblem der Jungjuristen ist, wenn man in die Zukunft blickt, sehr ernst, denn eine Möglichkeit, alle einheimischen und alle Flüchtlingsreferendare später, wenn sie das Assessorexamen abgelegt haben, zu beschäftigen, besteht nicht, zumal wenn durch die gestern vorgeschlagene Justizreform eine empfindliche Einsparung von Richterkräften erfolgt. Insofern würden sich die gestrigen Vorschläge zur Justizreform gegen die Jungjuristen erheblich auswirken. Dass die Anwaltschaft den jetzigen Strom des Nachwuchses aufnehmen kann, halte ich für ausgeschlossen. Gegenüber der jetzigen starken Beschäftigung der Anwälte wird ein starker Rückgang der Geschäfte eintreten, sobald die Flut von Prozessen, insbesondere von Ehescheidungsprozessen, die sich infolge des Stillstandes der Rechtspflege angesammelt haben, abgeebbt ist. Das ist die natürliche Folge der voraussichtlichen wirtschaftlichen Entwicklung. Eine restlose Unterbringungsmöglichkeit für die Jungjuristen besteht auch dann nicht, wenn die innere Verwaltung einen Teil der Assessoren aufnimmt, denn ihr Bedarf wird hierfür nicht groß genug sein.

Es fällt auf und kann in diesem Zusammenhang nicht verschwiegen werden, dass fast alle Fälle, in denen bedauerlicherweise von Referendaren unrichtige oder unvollständige Fragebogen vorgelegt sind, Flüchtling betreffen. Das hat schon zu dem schlechten Witz Anlass gegeben, in Ostpreußen sei dem Fragebogen nach nur der Gauleiter Pg. gewesen. Ich erfordere daher, wo keine Personalakten zur Verfügung stehen, jetzt eidesstattliche Versicherungen darüber, dass die Angaben über Parteizugehörigkeit usw. richtig sind. Denn die Bestätigung der Referendare in politischer Beziehung ist in der britisch besetzten Zone den OLG übertragen worden. Diese sind allgemein ermächtigt worden, nach Prüfung der Fragebogen Rechtskandidaten und Referendare zu übernehmen, soweit sie politisch tragbar sind. Nur zur Ablegung der Assessorprüfung muss vorher die Bestätigung durch die MR eingeholt werden. Mit Rücksicht hierauf halte ich es für richtig, alle auch nur irgendwie zweifelhaften Fälle dem Entnazifizierungsausschuss vorzustellen, damit dessen Gutachten vorliegt. Dass ich alle Referendare, die in ihrem Fragebogen unrichtige oder unvollständige Angaben unentschuldbar gemacht haben, alsbald entlasse, brauche ich wohl nur am Rande zu bemerken.

Noch ein Wort über den Unterhaltszuschuss. Aus Finanzgründen musste alsbald nach der Kapitulation die frühere Regelung des automatischen Unterhaltszuschusses von 200 RM bzw. 260 RM beseitigt werden. Die Senkung musste auch bei den sog. Kriegsassessoren (Assessoren K), d.h. denjenigen Referendaren erfolgen, die den Titel Assessor und die erhöhten Bezüge von 400 bis 500 RM hatten. Bei dem Anwachsen der Zahl der einheimischen Referendare, bei dem Strom der Flüchtlingsreferendare und mit Rücksicht auf die karge Bemessung des Unterhaltszuschussfonds war eine radikale Senkung der Zuschüsse unabweislich. Sie erfolgte auf 140 RM monatlich als Höchstbetrag und schwankt zwischen dieser Summe und einem im Einzelfall erforderlichen zusätzlichen Betrag, der bis auf 40 RM im Monat herabgesetzt werden kann. Entscheidend sind Bedürftigkeit und Würdigkeit des Referendars, d.h. die individuelle Notlage und vor allem die Leistungen, denn die Förderung und Heranbildung tüchtiger Juristen ist Sinn und Ziel des Unterhaltszuschusses. An Leistungen werden daher von mir mindestens vollbefriedigende erfordert.

Der letzte Teil des Vortrages betrifft die *Assessor*prüfung. Zu ihr wird derjenige zugelassen, von dem, wie es in der JAO heißt, anzunehmen ist, dass er das Ziel der Ausbildung erreichen wird. Die Prüfung schließt sich im Wesentlichen der bisherigen Prüfung an. Entscheidend für das Bestehen der Prüfung ist nicht eine mathematische Berechnung der Prüfungsleistung, entscheidend ist vielmehr, ob nach dem Gesamtbild der Prüfung dem Referendar die Fähigkeit zum Richteramt zuzusprechen ist. Die geistige Beweglichkeit des Referendars, sein Judiz und seine gesamte Persönlichkeit müssen hier ein gewichtiges Wort mitreden. Weggefallen sind die politischen Momente, die die JAO von 1934 eingeführt hatte, nämlich das Referendarlager und die politische Klausur. Für die Hausarbeit ist die Frist zur Anfertigung von drei auf vier Wochen erstreckt worden, das Übrige ist geblieben. Die Prüfungen in der britisch besetzten Zone finden in Hamburg für den östlichen, in Düsseldorf für den westlichen Teil statt; an beiden Orten waren bereits früher Außenstellen des Reichsjustizprüfungsamts. Die Zahl der Prüfer beträgt drei. Der Prüfer muss die Befähigung zum Richteramt haben, also Praktiker (Richter, StA oder RA) oder Hochschullehrer sein. Das Letztere galt übrigens schon früher, ist aber wenig bekannt. So war in der Zeit meiner Tätigkeit in der Assessorprüfungskommission Prof. Martin Wolf Mitglied der Kommission. Erfordert werden eine Hausarbeit praktischen Charakters, nämlich Bearbeitung eines Aktenfalles durch

Gutachten und Urteil und drei fünfstündige Klausuren, eine aus dem Gebiet des bürgerlichen Rechts, eine aus Strafrecht und eine aus Handelsrecht, Zwangsvollstreckungsrecht oder dem Recht der freiwilligen Gerichtsbarkeit. Nicht auch ist eine Klausur aus dem öffentlichen Recht vorgesehen; insofern wird mit Rücksicht auf die Ausbildung des Nachwuchses eine Nachprüfung der Bestimmungen der JAO erforderlich sein. Die mündliche Prüfung findet an einem Tage statt, jeder Referendar erhält einen Vortragsfall, das ist ein Aktenstück, das er mit einem Urteilsvorschlag mündlich während etwa zehn bis höchstens 15 Minuten vortragen muss.

Wird die Prüfung nicht bestanden, dann erfolgt Zurückstellung auf sechs bis zwölf Monate. In denjenigen Fällen, in denen eine Wiederholung der Prüfung aussichtslos erscheint, kann sie verboten werden, der erstmalige Misserfolg also endgültig sein. Bei zweimaligem Misserfolg muss der Referendar entlassen werden. Ein dritter Versuch der Prüfung ist nicht statthaft, auch nicht bei früheren Kriegsteilnehmern.

Das ist dasjenige, was ich in großen Zügen über das Ausbildungswesen unseres Nachwuchses in der britisch besetzten Zone zu sagen habe. Mir ist, seitdem ich im Jahre 1922 nebenamtlich in die Assessorprüfungskommission berufen wurde, das Prüfungswesen ans Herz gewachsen. Jeder Referendar, der zum OLG kommt, wird von mir empfangen, für jeden steht zu jeder Zeit die Tür zu meinem Zimmer offen. Ich kenne die Not unseres Nachwuchses. Es fehlt ihm das Geld, er leidet großenteils bitterste Not, zumeist ist er ausgehungert. Es fehlen ihm die nötigsten Fachbücher. Er arbeitet also unter den schwierigsten Bedingungen. Seine Zukunftsaussichten sind schlecht, sein Schicksal ist schwer. Es ist bewundernswert, wie die meisten Referendare ihr Schicksal tragen und sich durch alle Schwierigkeiten hindurchkämpfen. Sie in diesem Kampf nach Kräften zu unterstützen, das sehe ich als eine meiner wichtigsten Aufgaben an.

JM Zinn: Der Kontrollrat lässt zurzeit eine neue Justizausbildungsordnung ausarbeiten, bei der die Juristen der russischen Besatzungszone federführend sind. Im Wesentlichen soll dabei die alte preuß. JAO zugrunde gelegt werden. Die amerik. MR habe ich gebeten, dass die Ausbildungsordnung eine Rahmenprüfungsordnung bleibt. Bis jetzt ist noch keiner dieser sechs-Wochen-Richter in Berlin oder Thüringen tätig.

Bei den heutigen Studenten beobachten wir eine äußerst mangelhafte Schulbildung. Es ist Sache der Universitäten, diesen Mangel auszugleichen. Wir sind der Auffassung, dass die Ausbildung von jungen Juristen kein reines Fachstudium sein soll. Der richterliche Nachwuchs muss mit allen geistigen Strömungen unserer Zeit vertraut gemacht werden. Im Einzelnen herrscht die Auffassung, dass dem Rechtsstudenten Gelegenheit gegeben werden muss, während des Studiums mit der Praxis Fühlung zu nehmen. Vor Beginn des Studiums muss eine Tätigkeit im Arbeitsverhältnis verlangt werden. Es ist dringend notwendig, dass auch beim Studium größter Wert auf das öffentliche Recht, das Arbeits- und Sozialrecht gelegt wird. – Wir wollen eine einheitliche Laufbahn gestalten. Es ist notwendig, dass die erste Staatsprüfung auf diese Ziele Rücksicht nimmt und eine entsprechende praktische Tätigkeit bei den öffentlichen Verwaltungen eingeführt wird. – Zur Frage, ob die erste juristische Staatsprüfung eine Abschlussprüfung oder Eingangsprüfung in die Praxis sein soll, möchten wir wünschen, dass die erste jur. Staatsprüfung an den Universitäten stattfinden soll (drei Hochschullehrer und zwei Praktiker). Ein Mittelweg kann eingeschlagen werden dergestalt, dass wir während des Vorbereitungsdienstes zwei Spätsemester vorsehen. – Es kommt darauf an, von Anfang an mit den Universitäten aufs Engste zusammen zu arbeiten. Es muss sogar so weit kommen, dass unsere Wünsche bei der Besetzung von Lehrstellen berücksichtigt werden.

JM Dr. Beyerle: Ich stimme den Ausführungen des Herrn OLG-Präs. Dr. Kuhnt zu. Wir in Württemberg-Baden haben die erste Prüfung als eine Abschlussprüfung gedacht und insoweit also das Hauptgewicht der Fakultät zugewiesen. Der Prüfungskommissar ist ein Praktiker. Wir haben auch der Fakultät Freiheit gelassen, wie viele Herren jeweils bei den einzelnen Prüfungen mitwirken. – Die Berücksichtigung des öffentlichen Rechts liegt uns sehr am Herzen. Die Prüfungsordnung des Prof. Jellinek ist nur eine provisorische. Wir wollen ja zunächst einmal Versuche machen. Was die praktische Befassung der Studenten mit den Dingen der Gerichte angeht, so sollen die Rechtsstudenten möglichst früh mit der gerichtlichen Praxis in Berührung gebracht werden in dem Sinne, dass sie den Mechanismus der Rechtspflege kennen lernen. Sie werden nur in geringem Maße zugelassen. So ist es für manche eine gewisse Entlastung und den jungen Menschen eine nutzbringende Tätigkeit, wenn er in irgendeiner Weise mit der gerichtlichen Praxis in Verbindung tritt (als Kanzleigehilfe, Praktikant). In der gerichtlichen Praxis habe ich festgestellt, dass die landgerichtliche Ausbildung sehr wertvoll ist. Die weitere Entwicklung soll abgewartet werden.

GstA Dr. Moericke, Celle: Früher musste der Student in den ersten Semestern eine andere wissenschaftliche Vorlesung hören, die nicht Prüfungsfach war. Dabei wurde in Erfahrung gebracht, dass dabei der Bildungsstand der jungen Juristen teilweise erheblich höher lag als bei den Studenten der anderen Fakultäten. In irgendwelcher Form könnte doch auf diese Ordnung zurückgegriffen werden, um die Allgemeinbildung der Studenten zu heben.

MinDir. Dr. Konrad: Ich stimme den Ausführungen des Herrn GstA Dr. Moericke zu. Die Grundsätze der Rechtsgeschichte sollen besonders unterrichtet werden.

Prof. Hallstein, Frankfurt:

Erörterung der Anrechnung von Kriegsgefangenensemestern. Ich habe selbst eine solche Fakultät in Amerika aufgebaut. So ist notwendig, doch eine gewisse Einheitlichkeit der Behandlung dieser Fragen zu gewährleisten, weil die Erfahrung gelehrt hat, dass verschiedene Verfahren durchgeführt worden sind. Teilweise werden diese Semester voll angerechnet, manchmal nur zur Hälfte oder weniger. Die Verhältnisse haben nach meinen eigenen Erfahrungen verschiedene Einrichtungen hervorgebracht. Es gibt einzelne Veranstaltungen, die mehr geleistet haben als zur selben Zeit in Deutschland die Fakultäten leisten konnten, weil die Gefangenen sich intensiver mit der Arbeit beschäftigen konnten. Andere Veranstaltungen dagegen hatten wieder mehr allgemeinbildenden Charakter. Das Ziel meiner Bemühungen ist, eine gewisse Skala von Bewertungen sicherzustellen, um den

Behörden die Unterlagen zu liefern. Es wird Fälle geben, in denen man zu einer vollen Anrechnung der Semester kommen wird. Vermieden wissen möchte ich eine prinzipielle Festlegung für alle Veranstaltungen dieser Art. Die Entscheidung muss vom Einzelfall abhängig gemacht werden. Ich hoffe, in nächster Zeit meine Ausführungen allen beteiligten Instanzen zugängig machen zu können.

Zum allgemeinen Thema muss gesagt werden, dass nicht alle Fragen behandelt werden können. Es ist so, dass wir auf der Basis der Länder arbeiten müssen. Man kann es mit verschiedenen Lösungen versuchen und Erfahrungen sammeln. Die hessischen Fakultäten haben die JAO stark begrüßt. Man soll den Blick nicht nur richten auf das Examen, sondern hinzunehmen die Tatsache, dass ein Jurist nur dann voll ausgebildet ist, wenn er den Vorbereitungsdienst beendet hat. Daraus kann die Folgerung werden, dass wir in der Ausbildung des Juristen eine Scheidung zwischen den vorwiegend theoretischen und der vorwiegend praktischen Ausbildung machen müssen. Das bedeutet, dass diese erste Phase abgeschlossen wird durch eine Prüfung, die stärker den Charakter der Abschlussprüfung als der Justizeingangsprüfung hat: Der theoretische Gesichtspunkt soll nicht allein gelten. Wir begrüßen es, dass die Fakultäten in diese Prüfungen stärker eingeschaltet sind als in der preuß. PrüfungsO.

Die Betonung des überfachlichen Studiums und der Gesichtspunkt des allgemeinen geisteswissenschaftlichen Studiums wird besonders unterstrichen werden. In Hessen wird wahrscheinlich für alle Fachstudien eine starke Betonung dieser allgemeinbildenden Note des Studiums durchgeführt. In die ersten Semester eines jeden Fachstudiums sollen regelmäßige Prüfungen eingebaut werden. Ein grundsätzlicher Punkt ist der der praktischen Arbeit sowohl des Studenten wie des Referendars. Das Problem zerfällt in zwei Fragen: Die Frage der Nötigung des Studenten zu einer Art von Handarbeit und die Frage seiner Vorbereitung durch eine praktische Tätigkeit, die eine fachliche Tätigkeit ist. Die Gedanken der Einführung eines Zwanges zur Eingliederung des Studenten in einen Handarbeitsprozess bilden eine Sonderfrage der groß-hessischen JAO. Wir haben gewisse Bedenken gegen eine Vorschrift dieser Art und werden sie dem Herrn JM vortragen.

Eine büromäßige Schulung soll in ihrem Ausbildungswert nicht überschätzt werden. Ob man es so machen soll, dass man Vorschriften erlässt, die über das hinausgehen, was bisher gegolten hat, ist uns zweifelhaft. Man soll wohl Vorschriften machen, aber dem Studenten auch eine gewisse Freizügigkeit lassen.

GstA Dr. Junker, Düsseldorf: Zu den sechs-Wochen-Richtern in der Russ. Zone ist zu sagen, dass diese als Richter noch nicht eingesetzt sind. Es war, wie mir berichtet worden ist, von vornherein auch nur beabsichtigt, sie als eine Art Friedensrichter in Bagatellsachen einzusetzen. Über die StA in der sowjetischen Besatzungszone habe ich nicht Mitteilung erhalten.

Prof. Kern, Tübingen: Die Prüfungen der einzelnen Länder sollen gegenseitig anerkannt werden. Eine Trennung von Justizjuristen und Verwaltungsjuristen soll nicht vorgenommen werden. Ferner ist zu sagen, dass die Allgemeinbildung eine Belastung mit Stoff wird. Vielleicht lassen sich Wahlfächer einführen.

Die Frage der Zulassung kann so gelöst werden, als nur die zugelassen werden, die durch eine besondere Prüfung ausgeschieden wurden. Dieselben sollen im zweiten, dritten und vierten Semester in einer Zwischenprüfung gesiebt werden, so dass ungeeignete Kräfte ausgeschieden werden. Das lässt sich aber nicht oder nur schwer durchführen. Die Zwischenpraxis wird bejaht. Das Wertverhältnis der einzelnen Fächer zueinander muss näher geregelt werden. Die Möglichkeit einer späteren Ausbildung wird wohl gegeben sein.

Prof. Jellinek, Heidelberg: Die Erfahrung zeigt, dass es gute Juristen in Württemberg, Hessen, Baden, Sachsen und Preußen gegeben hat trotz der anderen Systeme. Ich halte die Regelung in Heidelberg für ideal. Ein Praktiker führt den Vorsitz und im Übrigen prüfen die Hochschullehrer. Eine Forderung, die in den juristischen Fakultätskonferenzen immer wieder erhoben wird, weil dadurch dem Einpauker das Handwerk gelegt werden kann. Ist es gut, eine häusliche Arbeit zu geben, wo es schwer ist, Bücher zu beschaffen? Es schadet in keiner Weise, wenn auf diese Arbeit verzichtet wird. Es hat den Vorteil, dass wir den sog. Generalkonkurs haben. Es ist eine Prüfung einheitlich einmal oder zweimal im Jahr. Dies scheint richtiger zu sein als die Einzelprüfungen. Dieselben Kommissionen prüfen eine ganze Reihe von Kandidaten.

OLG-Präs. Dr. v. Hodenberg: Die *Entschließung* wurde vom kleinen Ausschuss wie folgt gefasst: Die in Bad Godesberg versammelten Vertreter der Jverw. in der amerik. und Brit. Zone halten sich, unterstützt durch Vertreter der Rechtswissenschaft, für verpflichtet, auf die ernsten Besorgnisse aufmerksam zu machen, die durch das neue ArbGG vom 30.3.1946 ausgelöst werden.

1. Die völlige Trennung der Arbeitsgerichte von der Justiz und die weitgehende Ausschaltung des Berufsrichters lassen eine verhängnisvolle Entwicklung befürchten:

a) Die Arbeitsgerichte haben vermöge ihrer umfassenden Zuständigkeit für Arbeitsverhältnisse *jeder Art* Entscheidungen von weittragender grundsätzlicher Bedeutung zu treffen. Das bestehende Arbeitsrecht ist überdies in einer Fülle einzelner Gesetze niedergelegt und daher außerordentlich unübersichtlich. Seine Fortentwicklung liegt weitestgehend in den Händen des Richters. Deshalb muss diese Aufgabe einem umfassend ausgebildeten, sozial aufgeschlossenen Berufsrichter übertragen werden.

b) Die wirtschaftlichen und sozialen Strömungen der Zeit wirken sich auf allen Gebieten des Rechts gleichmäßig aus und bedürfen einer einheitlichen Ordnung durch einen Richter, der einen Überblick über diese Zusammenhänge und die Entwicklung des *gesamten* Rechts besitzt. Bei völliger Loslösung von der ordentlichen Gerichtsbarkeit besteht die Gefahr einer Verkümmerung des Arbeitsrechts und damit einer Verschlechterung der Rechtsprechung zum Nachteile des rechtsuchenden Volkes.

c) Der Richter des neuen demokratischen Deutschland soll mit allen Bevölkerungskreisen in engster Berührung stehen und ihre Lebensfragen und Sorgen kennen. Er darf nicht durch weitgehende Ausschaltung bei den Rechtsstreitigkeiten der arbeitenden Bevölkerung den sozialen Fragen und Aufgaben entfremdet werden.

d) Die von starken sozialen Spannungen erfüllten Arbeitsstreitigkeiten müssen in besonderem Maße unter den Schutz des unabhängigen und überparteilichen Berufsrichters gestellt werden. Bei der vorgesehenen Art der Auswahl der Vorsitzenden und stellvertretenden Vorsitzenden der neuen Arbeitsgerichte wird häufig eine der beiden Prozessparteien den Vorsitzenden für befangen halten. Darunter wird das Ansehen der Arbeitsgerichte und ihrer Entscheidungen leiden.

2. Es ist bedauerlich, dass das neue Gesetz zu der vollen Ausschließung der Rechtsanwälte von den Arbeitsgerichten 1. Instanz zurückkehrt. – Die Vorenthaltung des frei gewählten anwaltlichen Beistandes widerspricht den Grundsätzen des demokratischen Rechtsstaats. – Die Entschließung in dieser Fassung wurde von allen anwesenden Herren (außer Herr Prof. Nipperdey) angenommen.

2. Bericht über die Tagung in der DRZ 1946, S. 59–60:

Die auf den 16. und 17.7.1946 nach Bad Godesberg einberufene Konferenz der Chefs der deutschen Justizverwaltungen der amerikanischen, britischen und französischen Zone verdankt ihren harmonischen äußeren Verlauf der gründlichen und sachkundigen Vorbereitung und Betreuung durch *OLG-Präs. Lingemann* von Düsseldorf und der feinsinnigen Gastfreundschaft der Stadt Godesberg. Die Verhandlungen leitete *OLG-Präs. Kiesselbach* von Hamburg. Als seine Stellvertreter waren *MinPräs. Dr. Geiler* und *JM Dr. Beyerle* gewählt worden. *OLG-Präs. Dr. Kiesselbach* bezeichnete es in seinen einleitenden Worten als ein glückliches Omen, dass die Tagung am Ufer des Rheines stattfinde, dem Zeugen jahrhundertealter deutscher Geschichte, dem Lebensnerv deutscher Wirtschaftskraft. Recht und Sprache seien die stärksten Bindemittel, die ein Volk zusammenhalten können. Die Juristen als Träger und Wahrer des Rechtes seien auf das Tiefste verpflichtet, diesen Schatz zu hüten und zu münzen; unser gemeinsames deutsches Recht sei ein Teil des Nibelungenschatzes, der im Rheine für unser deutsches Volk bewahrt sei. *Kiesselbach* erinnerte daran, dass vor 140 Jahren nach dem Zusammenbruch des Reiches ein norddeutscher Staatsmann die Rechtseinheit als wichtigstes Glied in der Kette der geistigen Verbundenheit des Volkes bezeichnet habe, und schloss mit den Worten: „Niemand wird von dem Schicksal zertreten, es sei denn, er lege sich vorher nieder. Wir wollen den Vorsatz haben, dass wir aufrecht stehen bleiben!"

Der britische Oberst *Muller*, der mit mehreren Offizieren der alliierten Regierungen an der Tagung teilnahm, erklärte, dass diese Konferenz eine rein deutsche Angelegenheit sei. Er gab einen Überblick über den Wiederaufbau der Rechtspflege in der britischen Zone und bemerkte, dass dank der gewissenhaften Arbeit und des großen Pflichteifers der Richter und StA trotz aller fast unüberwindlich erscheinenden Schwierigkeiten Recht gesprochen werde. Er würdigte dann die Bedeutung des obersten zentralen Rechtsausschusses und des ständigen Unterausschusses in der Brit. Zone und deutete an, dass in der nächsten Zeit auch in der Brit. Zone Länderregierungen eingerichtet werden und neben ihnen eine zentrale Justizstelle, welche diejenigen Funktionen zentral ausüben werde, die früher das RJMin. innegehabt habe, nämlich die Bearbeitung und Verkündung von Gesetzen und die Ernennung der höchsten Justizbeamten der Zone; sie wird gleichzeitig die Verbindung herstellen zwischen der Rechtsabteilung der Kontrollkommission und der deutschen Rechtspflege und damit einen weiteren Schritt zur Übertragung der Verantwortung an die deutschen Behörden bedeuten. Im Hinblick auf die Rückstände in der Straf- und Zivilrechtspflege, die nicht ausreichende Zahl von Richtern und StA, die Zunahme der Kriminalität werde eine weitgehende Reorganisation der Gerichte, eine Konzentration in den Großstädten, eine Umarbeitung der StPO und eine Erweiterung der Pflichten der Rechtspfleger in Erwägung gezogen. *Oberst Muller* erklärte, dass der Tagung der Justizchefs eine große Bedeutung beigemessen werden müsse, und gab dem Wunsche Ausdruck, dass sie die erste in einer großen Reihe weiterer Konferenzen sein möge. Er regte an, in Deutschland wieder eine Vereinigung zur Pflege des internationalen Rechtes zu gründen, der es freistehe, den Anschluss an internationale Vereinigungen dieser Art zu suchen. Voraussetzung vor die Zulassung dieser Vereinigung werde sein, dass sich politisch gereinigte Mitglieder zusammenfinden und dass die frühere deutsche Zweigstelle der internationalen Rechtsvereinigung als aufgelöst zu gelten habe.

Die ersten beiden Punkte der TO, der *Stand des Wiederaufbaus der Justiz in den verschiedenen Besatzungszonen und Vorschläge über die weitere Zusammenarbeit der deutschen Justizverwaltungen* brachten eingehende Referate des *OlG-Präs. Lingemann* und des großhessischen *JM Zinn*, an die sich eine überaus lebhafte und fruchtbare Aussprache anschloss. *MinPräs. Geiler* wies darauf hin, dass die Rechtseinheit das oberste Ziel bleiben müsse; es wäre bedenklich, wenn in den einzelnen Zonen eine im Wesentlichen verschiedene Rechtsentwicklung sich durchsetzen würde. Es seien daher alle Wege zu begrüßen, die es ermöglichen würden, die Einheit des Rechts zu erhalten und die Zonengrenzen auf diesem Gebiet zu überwinden. Übereinstimmend kam zum Ausdruck, dass in allen Zonen noch ein erheblicher Personalmangel herrscht. So sind in der Brit. Zone von 2.895 richterlichen Planstellen (nach dem Stand von 1940) noch 900 unbesetzt, von 593 StA-Stellen 250. Von 653 Richterstellen Großhessens sind erst 222 besetzt. Eine große Verschiedenheit zeigt die staatsrechtliche Einfügung der Jverw. in den Organismus der Länder- und Zonenregierungen. Während in der Brit. Zone alle gesetzgeberischen Materien, für welche früher das RJMin. federführend war, ausschließlich in die Zuständigkeit der Gesetzgebungskommission der Jverw. fallen, die Jverw. selbst keiner anderen deutschen Dienststelle unterstellt ist und die Chefs der Jverw. auch nicht Mitglieder der Provinzialregierungen sind, liegt die Gesetzgebungsgewalt, soweit sie in der amerikanischen und französischen Zone, unter Kontrolle der MR, in der Hand der Länderregierungen, wobei teilweise die Jmin. die Justiziare der einzelnen Ressorts sind. Bisher hat die Gesetzgebung in den einzelnen Zonen entscheidende und grundlegende Änderungen vermieden und sich mit Übergangs- und Notmaßnahmen begnügt. Nachdem sich nunmehr immer mehr die Notwendigkeit ergibt, auf allen Rechtsgebieten grundlegende Fragen zu regeln, bestand Einmütigkeit darüber, dass im Interesse einer gedeihlichen Entwicklung in allen Zonen eine möglichste Einheitlichkeit der Gesetzgebung erstrebt werden muss.

Nach eingehender Beratung in einem kleineren Ausschuss wurde einstimmig der Vorschlag angenommen, die Schaffung eines besonderen *Ausschusses für deutsche Rechtsangleichung* in die Wege zu leiten, der, aus Vertretern aller vier Besatzungszonen bestehend, mit Genehmigung der MR die Einheitlichkeit der Rechtssetzung auf allen Rechtsgebieten, wo sie unerlässlich erscheint, gewährleisten soll. Besondere Aufmerksamkeit wurde der Frage gewidmet, ob den aus den nichtdeutschen Gebieten zugezogenen Juristen, denen häufig eine ausreichende Kenntnis des deutschen Rechts und der Rechtsanwendung mangelt, die ihnen während des Krieges teilweise zuerkannte Befähigung zum Richteramt belassen werden kann und wie ihre Eingliederung in eine geordnete Rechtspflege erfolgen soll.

Prof. Hallstein (Frankfurt) wies darauf hin, dass durch die Zonentrennung und die teilweise völlig verschiedene gesetzgeberische Entwicklung Gefahr nicht nur für die Rechtseinheit, sondern auch für die Rechtssicherheit drohe. Die Praxis tappe heute schon weitgehend im Dunkeln, was in den einzelnen Zonen rechtens sei. *Hallstein* verwies auf die Zustände vor 100 Jahren, wo das gemeine Recht eigentlich nur die gemeinsamen Grundsätze herausgearbeitet, die positiven Einzelregelungen aber nur als Beleg- und Anschauungsmaterial verwertet habe. Der Universitätslehrer sei heute schon an vielen Stellen seiner Vorlesungen kaum in der Lage festzustellen, was nun in den einzelnen Zonen und ihren Gebieten rechtens sei. So ist es ein dringendes Bedürfnis und eine der ersten Aufgaben der Rechtsangleichungsstelle, eine Art *„Quellenarchiv“*, einen *„Reichsanzeiger des Rechtes“* zu schaffen, der einen erschöpfenden und zuverlässigen Überblick über das in den einzelnen Zonen geltende und neu geschaffene Recht gibt. Es sei Aufgabe der Universitäten, ihrerseits nach Kräften dazu beizutragen, dass das Recht so einheitlich bleibe, wie immer es möglich sei, die gemeinsame Rechtsüberzeugung wachzuhalten, Kritik an unnötigen Zersplitterungen des Rechtes zu üben und vor allem zu verhindern, dass der Rechtsunterricht der drohenden Entwicklung der Rechtsquellen folge und damit zur Ausbildung von „Zonenjuristen“ statt deutscher Juristen führe.

Über das Problem der *Justizreform* sprach *OLG-Präs. Schetter* (Köln). Er gab in fesselnden Ausführungen ein erschöpfendes Bild der seit Jahrzehnten immer wieder im Mittelpunkt stehenden Fragen der Entlastung des Richters durch Beamte des gehobenen mittleren Dienstes (sog. Kleine Justizreform) und der Umgestaltung der Gerichtsverfassung und des Instanzenzuges (große Justizreform). *Schetter* wies darauf hin, dass die Wortführer der Reformbestrebungen in den letzten 25 Jahren, *Mügel* aus dem kaiserlichen Deutschland, *Schiffer* in der republikanischen Epoche und *Rothenberger* im nationalsozialistischen Reich trotz der Verschiedenheit des Ausgangspunktes und der politischen und weltanschaulichen Einstellung zu dem gleichen sachlichen Ergebnis gekommen seien. Im Zuge der unausbleiblichen Rationalisierung der Justiz muss die kleine Reform den Ausgangspunkt bilden, aber nur als Vorstufe der großen Justizreform. Der Zusammenbruch des Jahres 1945 verlange gebieterisch die Durchführung der Reform, zumal sich aus den Irrwegen des Nationalsozialismus ein Niedergang des Rechtslebens, ein Vertrauensschwund großen Ausmaßen, eine allgemeine Rechtsunsicherheit und Zweifel an der Unabhängigkeit der Richter ergeben hätten. Auch die Besatzungsmächte erhoffen sich von einer Reform wesentliche Fortschritte; sie halten den Gerichtsapparat personell für übersetzt und zu kompliziert. Je weniger Richter da sind, umso höher ist das Ansehen des Richters und seines Urteils. Durch das Gesetz Nr. 2 der MR sei die Unabsetzbarkeit der Richter für eine gewisse Übergangszeit aufgehoben, damit sei ein Hindernis beseitigt, an dem bisher die Reformbestrebungen weitgehend gescheitert seien.

Die *kleine Justizreform* müsse sofort durchgeführt werden. Die Entlastung der Richter sei notwendig. Was die Maschine leisten könne, solle nicht der Mensch leisten; was billige Arbeitskräfte leisten können, dürfe nicht teureren überlassen werden; was der Einzelne bewältigen könne, solle nicht einer Mehrzahl anvertraut werden. Auch bei der richterlichen Arbeit selbst sei zu unterscheiden. Ein Richter, der mehr technische Arbeit leiste oder in der freiwilligen Gerichtsbarkeit überwiegend beschäftigt sei, könne mit einem täglich an die Öffentlichkeit tretenden und wirkenden Spruchrichter nicht auf eine Stufe gestellt werden. Die mangelnde Widerstandskraft der Richter gegen politische Einflüsse erkläre sich nicht zuletzt aus der Massenhaftigkeit der Richter, die sich als Mitläufer eines Systems, nicht als Vertreter der Staatsgewalt und Staatsordnung gefühlt hätten. Andererseits habe der Rechtspfleger von heute im Gegensatz zu seinen Vorgängern eine ganz andere Erfahrung und Vorbildung. Die Jugend von heute sei viel aufgeschlossener und empfänglicher für die Dinge aller Art. Auch das Menschenmaterial des Rechtspflegers werde zahlenmäßig ausreichen durch den Zustrom von Studenten, die nicht weitermachen können, durch Richter, die nicht in ihr Amt zurückkehren und überschüssige Kräfte aus anderen Berufen. Zunächst freilich sollen die Rechtspfleger nicht Streitrichter sein, sondern nur als Rechtsbetreuer des Publikums mit richterlichen Aufgaben der freiwilligen Gerichtsbarkeit betraut werden, Streitrichter höchstens in Bagatellsachen und in Fällen einfacher Art. Auf dem Gebiet des Zivilprozesses sollen dem Rechtspfleger das Güteverfahren, der Erlass von Versäumnis-, Anerkenntnis- und Verzichtsurteilen, die Rechtshilfe, das Zustellungswesen, die Vorbereitung der mündlichen Verhandlung, die Aufgebotssachen, das Verfahren in Offenbarungseidsachen, im Konkursrecht die Eröffnung, die Registrierung der Forderungen, die Verteilung der Masse, auf dem Gebiete des Strafverfahrens alle einfachen Vernehmungen des Beschuldigten, soweit nicht ausdrücklich richterliche Vernehmung gefordert wird, Rechtshilfeersuchen, Privatklagesachen, Strafbefehle und die Strafvollstreckung übertragen werden.

Auf dem Gebiete der *großen Justizreform,* die weniger dringend ist, schlug *OLG-Präs. Schetter* vor, dass die bisher nur mit einem oder zwei Richtern besetzten AG nur noch mit Rechtspflegern besetzt werden. Die Richter müssen in den großen Städten konzentriert werden. In diese Städte soll die spruchrichterliche Tätigkeit in allen Zivil- und Strafsachen verlegt werden. Neben diesen Zentralgerichten stehen die Bezirksgerichte, die durch „reisende Richter" versehen werden. Der Schwerpunkt der Rechtsprechung erster Instanz, auch bei den Zivilkammern der LG, wird auf den Einzelrichter verlegt. Die Strafkammern sollen zugunsten der Schöffengerichte aufgehoben werden, die Schwurgerichte bleiben auf Kapitalverbrechen beschränkt, Kollegialgerichte bleiben alle Rechtsmittelgerichte. So ergibt sich ein einfacher Aufbau. Eingangsgericht ist das Bezirksgericht, Berufungsgericht das Kollegialgericht und Revisionsgericht ein Obergericht für sämtliche kollegialen Obergerichte. Dem Ausbau des Instituts des Friedensrichters als eines besonders gefestigten Vertreters der volksnahen Rechtsprechung muss besondere Aufmerksamkeit geschenkt werden. Vor allem soll dem Rechtspfleger der Weg zum Friedensrichter ermöglicht werden. Die in dem Vortrag angeregten, z.T. umwälzenden Vorschläge fanden einen lebhaften und nicht durchweg zustimmenden Widerhall.

In einem umfassenden Referat über das neue *ArbGG* vom 30.6.1946 machte *OLG-Präs. Frhr. v. Hodenberg,* Celle, unter einmütiger Zustimmung auf die ernsten Bedenken aufmerksam, die durch die völlige Trennung der Arbeitsgerichte von der Justiz und die weitgehende Ausschaltung des Berufsrichters ausgelöst werden und eine verhängnisvolle Entwicklung befürchten lassen. Die Arbeitsgerichte haben vermöge ihrer umfassenden Zuständigkeit für Arbeitsverhältnisse jeder Art Entscheidungen von weittragender grundsätzlicher Bedeutung zu treffen. Das bestehende Arbeitsrecht ist überdies in einer Fülle einzelner Gesetze niedergelegt und daher außerordentlich unübersichtlich. Seine Fortbildung liegt weitgehend in den Händen des Richters. Nur ein umfassend ausgebildeter, sozial aufgeschlossener und besonders ausgesuchter Berufsrichter kann diese Aufgaben lösen. Die wirtschaftlichen und sozialen Strömungen der Zeit wirken sich auf allen Gebieten des Rechtes gleichmäßig aus und bedürfen einer einheitlichen Ordnung durch einen Richter, der einen Überblick über die Entwicklung des ganzen Rechts besitzt und dieses voll beherrscht. Bei völliger Loslösung von der Justiz besteht die Gefahr einer Verkümmerung des Arbeitsrechts zum Nachteil des rechtssuchenden Volkes. Der Richter des neuen demokratischen Deutschland soll mit allen Bevölkerungskreisen in engster Berührung stehen und ihre Lebensfragen und Sorgen kennen. Seine Ausschaltung bei den Rechtsstreitigkeiten der arbeitenden Bevölkerung muss zu einer innerlichen Entfremdung von den sozialen Fragen des Arbeitnehmers führen. Die von starken sozialen Spannungen erfüllten Arbeitsstreitigkeiten müssen in besonderem Maße unter den Schutz des unabhängigen und überparteilichen Berufsrichters gestellt werden. Die vorgesehene Auswahl der Vorsitzenden und stellv. Vorsitzenden der neuen Arbeitsgerichte bringt aber die Gefahr mit sich, dass diesen die volle Unparteilichkeit und innere Unabhängigkeit fehlt und das jedenfalls eine der beiden Prozessparteien den Vorsitzenden für befangen halten wird. Darunter wird das Ansehen der Arbeitsgerichte und ihrer Entscheidungen leiden.

Die volle Ausschließung der Anwaltschaft von den Arbeitsgerichten erster Instanz und damit die Vorenthaltung des frei gewählten anwaltschaftlichen Beistands widerspricht den Grundsätzen des demokratischen Rechtsstaates. Bis zur Errichtung der neuen Arbeitsgerichte sollen die ordentlichen Gerichte zuständig bleiben, damit nicht ein Stillstand der Arbeitsrechtspflege eintritt. Die Berufungssumme soll einheitlich auf 300 RM festgesetzt werden. Als oberstes Arbeitsgericht soll ein Senat des OLG bestimmt werden, solange in der Zone nicht die Bildung eines über den OLG stehenden Revisionsgerichts erfolgt. Dieser Senat soll unter

Zuziehung von vier nichtrichterlichen Beisitzern, zwei Arbeitgebern und zwei Arbeitnehmern entscheiden. Es soll ausdrücklich klargestellt werden, dass nach Art. VI Nr. 1 Buchst. A Schlusssatz die Vorsitzenden und stellv. Vorsitzenden der Berufungsgerichte die Fähigkeit zum Richteramt im Sinne des GVG haben müssen. Soweit Richter oder andere Beamte zur Tätigkeit in den Arbeitsgerichten beurlaubt werden, bedarf es einer näheren Regelung der Dienstaufsicht und des Dienststrafrechts. Es ist ausdrücklich zu verbieten, dass die Beisitzer der Arbeitsgerichte während ihrer Amtsdauer als Prozessbevollmächtigte oder Beistände vor den Arbeitsgerichten auftreten.

Zum Schluss der Tagung sprach *OLG-Präs. Kuhnt,* Kiel, über *Ausbildung und Fortbildung des juristischen Nachwuchses* vor allem in der britischen Zone, das Ziel der Ausbildung, die Gestaltung der Prüfungen, die Ausbildung der Referendare, die Regelung des Unterhaltszuschusses, das Flüchtlingsproblem beim juristischen Nachwuchs, die Anrechnung der Ausbildung auf Kriegsgefangenenhochschulen. Die Aussprache ergab, dass sich bezüglich der Ausgestaltung der juristischen Prüfungen zwei grundsätzlich verschiedene Systeme durchsetzten. Während die erste juristische Staatsprüfung in der britischen Zone als Eingangsprüfung der Praxis gestaltet und überwiegend von Praktikern abgenommen wird, bildet sie in anderen Zonen die Abschlussprüfung des Universitätsstudiums, die Prüfungskommission besteht überwiegend aus Professoren. Nach dieser letzteren Auffassung, der sich auch die anwesenden Universitätslehrer anschlossen, bildet die Ausbildung des Juristen ein Ganzes. Es soll klar unterschieden werden zwischen der überwiegend theoretischen Ausbildung des Studenten und der überwiegend praktischen Ausbildung des Referendars. Entsprechend sollen die Prüfungen gestaltet werden. Von vielen Seiten wurde eine Ergänzung des Fachstudiums durch ein überfachliches Studium, vor allem auf philosophischem und geschichtlichem Gebiet gefordert. Bezüglich der Frage der Beibehaltung auf ein oder zwei Termine im Jahr, der Einführung und Dauer einer Verwaltungsstation ergaben sich nicht unerhebliche Meinungsverschiedenheiten. Darüber bestand jedoch Einigkeit, dass die in den einzelnen Zonen abgelegten Prüfungen in allen anderen Zonen anerkannt werden sollen.

II. 1. Niederschrift über die 2. Interzonale Tagung der Leiter des Justizwesens am 4.–6.12.1946 in Wiesbaden.

Teilnehmer:
I. Amerikanische Militärregierung:
Mr. Watson, OMGUS, Berlin, Mr. F. J. Potter, Leiter der Rechtsabteilung der MR in Hessen, Rechtsabteilung: Mr. M. J. Robinson, Mr. A. A. Backer, Mr. T. Ellenbogen, Mr. E. H. Littmann, Mr. H. F. Porter, Mr. V. Gruder, Mr. A. C. Crea
Mr. Meyers, Rechtsabt. D. MR für Württemberg-Baden
Mr. Weston, Rechtsabt. D. MR für Bayern

II. Britische Militärregierung:
Mr. N. E. Moller, Leiter der Rechtsabt. Der brit. MR, Herford
Maj. Wills, Hamburg
III. Franz. Militärregierung:
Col. Bourthoumieux, Baden-Baden
IV. Vertreter des deutschen Justizwesens
Dr. Arndt, MinRat, Wiesbaden
Dr. von Arnim, Abt. Ltr. Generalsekretariat des Länderrats, Stuttgart
Baerns, Justizdir., Hamburg
Prof. Bernecker, Mainz
Dr. Beyerle, JM, Stuttgart
Bleibtreu, LG-Rat, Bonn
Frau Dr. von Bila, Rrat, Wiesbaden
Dr. Canter, MinDir., Wiesbaden
Dr. Carstens, Senat Bremen
Prof. Dr. Coing, Frankfurt
Dr. Delbrück, Vizepräs. OLG Celle
Dr. Doller, GstA, Neustadt/Hardt
Prof. Dr. Dulkeit, Kiel
Prof. Dr. Geiler, MinPräs. Wiesbaden
Prof. Dr. Genzmer, Hamburg
Prof. Dr. Hallstein, Rektor d. Universität Frankfurt
Haupt, Präsidialdir., Koblenz
Frl. Dr. Hemken, MR, Stuttgart
Dr. Jordan, MinRat, Karlsruhe
Dr. Junker, GstA, Düsseldorf
Prof. Dr. Kern, Tübingen
Kaulbach, OLG-Rat, Freiburg
Dr. Kesseböhmer, GstA, Hamm
Dr. Kiesselbach, Präs. D. Zentraljustizamts, Hamburg
Prof. Dr. Klein, Münster/Westf.
Dr. Kleine, Südd. Juristen-Zeitung, Heidelberg
Prof. Kohlrausch, Berlin-Nikolassee
Dr. Konrad, MinDir., München
Prof. Konrad, Dekan d. jur. Fakultät Marburg
Dr. Korinthenberg, Vizepräs. OLG, Bad Godesberg
Küster, Rechtsanwalt, Stuttgart
Dr. Kuhnt, JM, Kiel
v. Lewinski, GstA, Köln
Lingemann, OLG-Präs., Düsseldorf
Dr. Mallmann, Tübingen
Dr. Martens, Vizepräs. OLG, Karlsruhe
Dr. Melsheimer, Vizepräs., Berlin
Dr. Moericke, GstA, Celle

Moehrs, OLG-Präs., Frankfurt
Prof. Müller-Freienfels, Marburg
Dr. Müller, MinRat, Tübingen
G. Müller, MinRat, Wiesbaden
Prof. Dr. Niedermeyer, Göttingen
Dr. Pfefferkorn, Oberschulrat, Hamburg
Dr. Quabbe, GstA, Frankfurt
W. Roemer, MinRat, München
Dr. Rotberg, LG-Dir., Koblenz
Prof. Schätzel, Mainz
Dr. Schetter, OLG-Präs., Köln
Dr. Schiffer, Reichsminister a.D., Berlin
Prof. Schmid, Staatsrat, Tübingen
Prof. Schönke, Freiburg
Prof. Seidl, Erlangen
Dr. Spitta, Senator, Bremen
Dr. Stierle, MinRat, Stuttgart
Prof. Wahl, Heidelberg
H. Walter, MinDirig., München
Prof. Dr. v. Weber, Bonn
Prof. Welzel, Göttingen
Dr. Zinn, JM, Wiesbaden
Dr. Zürcher, MinDir., Freiburg
Ellinghaus, JM, Hannover

Tagesordnung:
1. Eröffnungsansprache des großhessischen Ministers der Justiz
2. Wahl des Vorsitzenden
3. Geschäftsordnung
4. Die Revision des StGB durch Beseitigung der Vorschriften nationalsozialistischen oder militaristischen Ursprungs (Referat Bayern)
5. Fortsetzung der Aussprache über das Ausbildungswesen, insbesondere Vorschlag für gemeinsame Richtlinien (Referat Hessen)
6. Berufung oder Revision gegen Urteile des LG in Zivilsachen (Referat Württemberg-Baden)
7. Aussprache über interzonale Rechtsfragen, insbesondere die gegenseitige Rechtshilfe
8. Die Durchführung des Kontrollratsgesetzes Nr. 18 (Wohnungsgesetz), insbesondere sein Einfluss auf das Mietrecht und den Mieterschutz (Referat Württemberg-Baden, Korreferat Hessen)
9. Vorschläge für eine 3. Interzonale Tagung, die insbesondere der Strafgerichtsverfassung, der Beteiligung von Laien an der Strafrechtspflege, dem Gnaden- und Strafvollzugsrecht gewidmet sein soll.
10. Schlussworte des Vorsitzenden

Protokoll der Tagung

I. Anwesend waren Vertreter der amerik., brit. und franz. MR und der deutschen Jverw. und Universitäten aller vier Besatzungszonen.

Die Tagung wurde mit einer Ansprache des *hess. JM Zinn eröffnet:* Ich begrüßte Sie zur 2. Interzonalen Tagung der Chefs der Jverw. Deutschlands und heißt Sie willkommen. Sie werden verstehen, dass es mir persönlich eine besondere Freude ist, dass diese Tagung zustande gekommen ist und dass Sie meiner Einladung Folge geleistet haben. Zum ersten Male ist in diesem Ausmaß eine Tagung von Vertretern aller vier deutschen Besatzungszonen zusammengerufen. Ich begrüße die Herren der amerik. MR, Mr. Watson vom OMGUS Berlin, den Chef der Rechtsabteilung für Hessen, Mr. Potter mit seinen Mitarbeitern, den Vertreter der Rechtsabteilung der MR für Württemberg-Baden, Mr. Meyers, den Vertreter der Rechtsabteilung der MR für Bayern, Mr. Weston, den Vertreter der brit. MR, Maj. Wills, sowie Col. Bourthoumieux von der franz. MR in Baden-Baden.

Vertreter aller vier Besatzungszonen haben sich hier zusammengefunden, neben Vertretern der Jverw. zahlreiche Repräsentanten der jur. Fakultäten der Universitäten, ein Merkmal dafür, wie eng die Zusammenarbeit von Praxis und Wissenschaft ist.

Es ist ein gutes Zeichen, dass die Tagung wenige Tage später stattfinden konnte, nachdem die neuen Landesverfassungen angenommen wurden, die die Grundlage für einen neuen demokratischen Rechtsstaat schaffen.

Ich möchte nicht durch eine lange Begrüßungsansprache aufhalten; ich möchte aber noch dem Wunsch Ausdruck geben, dass diese Tagung ein voller Erfolg werden möge für das Recht und unser Volk. Ich danke Ihnen für Ihr Erscheinen.

Mr. Potter, Leiter der Rechtsabt. Der MR f. Hessen: Ich bin nur als Gast zu dieser Konferenz gekommen, aber lassen Sie mich einige Worte der Begrüßung sprechen. Eine Konferenz wie diese kann zu gutem Verstehen und gutem Willen führen und die Grundlage zu einer haltbaren Organisation des Justizwesens schaffen. Kleine, aber *richtige* Anfänge können zu guten Prinzipien führen, kleine, aber *falsche* Anfänge können zu großen Katastrophen führen. Das deutsche Volk hat gerade eine solche große Katastrophe erlebt. Unsere Erfahrungen während des letzten Jahres haben sich von Beziehungen, ich möchte sagen von Feind zu Feind zu nur noch theoretischen Beziehungen von Feind zu Feind entwickelt, *praktisch* sind es jedoch die Beziehungen von Jurist zu Jurist.

Auch in Amerika habe ich an vielen Konferenzen, ähnlich dieser teilgenommen, die nicht alle gestellten Probleme lösen konnten, aber sie dokumentierten eine freie Demokratie, auf die wir alle stolz sind und die es ermöglicht, dass ich heute als Vertreter hier sein kann.

Dr. Newman, der Direktor der MR für Hessen konnte leider nicht kommen, da er an einer Konferenz in Stuttgart teilnehmen muss. Aber ich überbringe seine Grüße.

Wir sind hier nur als Zuhörer. Es ist jedoch unser Wunsch und unser Bestreben, das Gewicht dieser Konferenz zu stützen und allen Teilnehmern das Gefühl zu vermitteln, dass eine weitgesteckte Aufgabe gut geleistet worden ist.

MinPräs. Prof. Dr. Geiler, Wiesbaden: Ich habe die Ehre und die Freude, die Konferenzteilnehmer bei dem heutigen Abendessen als Gäste begrüßen zu dürfen und möchte daher im Augenblick nur einige kurze Willkommensworte sagen. Ich begrüße es, dass Wiesbaden als Tagungsort gewählt wurde, Wiesbaden, die Hauptstadt des Landes Hessen. Es ist von großer Bedeutung, dass sich hier Juristen aller vier Besatzungszonen zu einer ernsten Aussprache versammeln. Probleme von ungeheurer Schwierigkeit liegen vor uns, aber das Ziel ist klar: die Schaffung einer rechtsstaatlichen Grundlage für ein neues Deutschland.

Ich möchte eine Anregung geben: Ich würde es für gut halten, wenn eine Art von Kolloquiumsstunde eingeführt würde, eine Stunde zur ungezwungenen freien Aussprache, damit alle Gelegenheit haben, sich miteinander auszusprechen.

Zur Geschäftsordnung:

Reichsminister a.D. *Dr. Schiffer,* Berlin, wird als Senior der deutschen Juristenschaft zum Ehrenvorsitzenden gewählt.

Zu weiteren Vorsitzenden werden ernannt: *Präs. Dr. Kiesselbach,* Hamburg, als Repräsentant der Brit. Zone; *MinDir. Dr. Zürcher,* Freiburg, als Repräsentant der Franz. Zone; *JM Zinn* als Repräsentant der Amerik. Zone.

Über die Einhaltung der TO und die Reihenfolge der einzelnen Punkte soll vom Präsidium, wenn erforderlich, entschieden werden, da das vorgesehene Programm infolge seines Umfangs nicht eingehalten werden kann. Besondere Bedeutung soll aber in jedem Fall der Möglichkeit des seit Jahren unterbrochenen persönlichen Kontakts beigemessen werden.

Zu Punkt 4 der TO: Die Revision des StGB durch Beseitigung der Vorschriften nationalsozialistischen oder militaristischen Ursprungs.

Referat des Herrn MinDirig. Dr. Walter, München, Anlage 3: In diesem Zusammenhang wurden im Einzelnen folgende Entschließungen gefasst:

a) Sicherungsverwahrung (§ 42 e StGB). Die im Entwurf des Kontrollrats vorgesehene Abschaffung der Sicherungsverwahrung würde über eine Beseitigung nationalsozialistischer Strafrechtsvorschriften hinausgehen. Denn die Bekämpfung des Berufsverbrechertums ist eine zentrale Aufgabe der Kriminalpolitik, die seit Jahrzehnten die Strafgesetzgeber im Inland und im Ausland beschäftigt und deshalb auch in zahlreichen anderen Staaten zu entsprechenden oder der Sicherungsverwahrung ähnlichen Regelungen geführt hat. – In einer Zeit höchster Kriminalität ist daher eine Abschaffung der Sicherungsverwahrung rechtlich und politisch nicht vertretbar.

Daher wird vorgeschlagen, es bei der gegenwärtigen Regelung zu belassen, insbesondere den § 42 e nicht aufzuheben, bis der Zeitpunkt für eine Reform gekommen ist, mindestens aber, bis die Möglichkeit einer zeitlich unbestimmten Strafe für Berufsverbrecher gegeben ist.

b) Bestimmungen über den Hochverrat (§§ 80 ff. StGB). Wenn man von der Begriffsbestimmung des Hochverrats als des vorsätzlichen und rechtswidrigen Angriffs auf die Integrität der Staatsverfassung, des Staatsgebiets und des Staatsoberhaupts ausgeht, so müssen geschützt werden:

a) Die Verfassung der Länder und des Gesamtstaates, Deutschland gegen jede durch Gewalt oder Drohung mit Gewalt erzwungene Änderung,

b) deren Territorialbestand gegen gewaltsame Änderungen,

c) das Staatsoberhaupt gegen Beraubung seiner verfassungsmäßigen Gewalt oder Verhinderung an der Ausübung der verfassungsmäßigen Befugnisse.

Außer der Bestrafung des vollendeten und versuchten Hochverrats wäre auch die öffentliche Aufforderung zum Hochverrat und dessen Vorbereitung (durch Verabredung, Verbindungsaufnahme mit einer ausländischen Regierung zum Zwecke des Hochverrats, Ansammlung von Geld, Waffen zum gleichen Zweck u.a.) unter Strafe zu stellen.

Bestimmungen über den Landesverrat sollen der künftigen Gesetzgebung vorbehalten bleiben.

c) Bestimmungen über Mord (§ 211 StGB)

Für die Beibehaltung des § 211 in der von dem Unterausschuss des Kontrollrats vorgeschlagenen Fassung (die dem § 211 StGB a.F. entspricht, ergänzt durch Abs. 2 des § 211 in der gegenwärtigen Fassung) treten ein: *JM Beyerle* für Württemberg-Baden, Amerik. Zone; *Reichsmin. a.D. Dr. Schiffer,* Berlin, Russ. Zone.

Gegen die von dem Arbeitsausschuss des Kontrollrats vorgeschlagene Fassung des § 211 StGB sprachen sich aus: *MinDir. Dr. Konrad,* München, für Bayern, Amerik. Zone; *JM Zinn* für Hessen; *JM Kuhnt,* Kiel, für das Zentralamt der Justiz und Schleswig-Holstein, Brit. Zone; *PräsDir. Haupt,* Koblenz, für Rheinland-Pfalz, Franz. Zone; *MinRat Müller,* Tübingen, für Südwürttemberg-Hohenzollern und Süd Baden, Franz. Zone.

Die letzteren Vertreter der LJVerw. machen den folgenden Vorschlag: Zu § 211 StGB wird vorgeschlagen, Abs. 1 folgende Fassung zu geben: „Wer aus Mordlust, zur Befriedigung des Geschlechtstriebes, aus Habgier oder sonst aus niedrigen Beweggründen, aus rassischen, politischen oder religiösen Gründen, heimtückisch oder grausam oder mit gemeingefährlichen Mitteln oder um eine Straftat zu ermöglichen oder zu verdecken, einen Menschen tötet, wird wegen Mordes mit dem Tode bestraft." – Die Bestimmung des § 211 n.F. ist nicht nationalsozialistischen Ursprungs, sondern stammt in wesentlichen Teilen aus dem schweizerischen Entwurf von 1918. Die in ihr enthaltene Aufstellung eines Mördertyps allerdings ist ebenso wie die des Totschlägertyps durch die nationalsozialistische Ideologie beeinflusst. Um eine sonst mögliche Privilegierung des politischen Mordes zu vermeiden, wird ferner die Einschaltung „aus rassischen, politischen oder religiösen Gründen" in § 211 vorgeschlagen. – Entsprechend ist die Erwähnung des Totschlägers in den §§ 212, 213 StGB zu ändern.

d) Schwangerschaftsunterbrechung (§ 218 a StGB): In § 218 a Abs. 1 Ziff. 2 muss es richtig heißen: „wenn die Schwangerschaft durch Notzucht herbeigeführt ist". – Weiter empfiehlt es sich, der Notzucht die Schändung (§ 176 Ziff. 2 StGB) gleichzusetzen. Es erscheint auch die Fassung angebracht, dass in den beiden vorgesehenen Fällen die Schwangerschaftsunterbrechung *zulässig* ist. Die jetzige Formulierung, dass sie „straffrei" bleibt, würde darauf hindeuten, dass auch in diesen Fällen eine Strafnorm verletzt ist und nur aus besonderen Gründen keine Strafe eintritt. Das ist aber offenbar nicht der Fall. Schließlich wird es – um Missbräuche bei der Anwendung des § 218 a einzuschränken – zweckmäßig sein, die Voraussetzungen der Schwangerschaftsunterbrechung nach Ziff. 1 durch ein Kollegium, das aus einem Richter, einem Fach- und einem Amtsarzt besteht, feststellen zu lassen und in Ziff. 2 die Unterbrechung nur dann zuzulassen, wenn die strafbare Handlung binnen einer kurzen Frist (etwa eine Woche nach der Begehung) angezeigt wird, so dass eine Klärung des Tatbestandes noch möglich ist.

e) Beibehaltung des § 170 d StGB (Verletzung der Fürsorge- und Erziehungspflicht): Die Beibehaltung des § 170 d ist nicht erforderlich. Der Begriff des sittlichen Wohles ist bei den derzeitigen uneinheitlichen Auffassungen des Volkes zu unbestimmt, als dass eine Strafbestimmung auf ihn begründet werden könnte. Die Bestimmung würde insoweit der Gefahr eines Missbrauchs unterliegen. Die Gefährdung des körperlichen Wohles bedarf nicht der Stellung unter Strafandrohung, da alle wichtigen praktisch vorkommenden Fälle durch § 223 b StGB erfasst werden.

Die mit § 170 d verwandte Bestimmung des § 139 b sollte dahin geändert werden, dass die Altersgrenze auf 16 Jahre herabgesetzt, nur die grobe Vernachlässigung unter Strafe gestellt und als Voraussetzung der Strafbarkeit die Begehung eines Verbrechens oder Vergehens durch den zu Beaufsichtigenden erforderlich wird. Ferner sollte die Höchststrafe von sechs auf drei Monate herabgesetzt werden.

Für Streichung des § 170 d StGB sprechen sich aus: *Reichsmin. a.D. Dr. Schiffer* und *Vizepräs. Dr. Melsheimer* für die Russ. Zone, *JM Zinn* für Hessen, Amerik. Zone.

Gegen die Streichung sprechen sich aus, weil sie das sittliche Wohl eines Kindes für strafrechtlich schutzbedürftig ansehen: *ZJA f.d. Brit. Zone*, Schleswig-Holstein, Niedersachsen, *JM Beyerle* für Württemberg-Baden, Amerik. Zone, *MinDir. Dr. Konrad* für Bayern, *PräsDir. Haupt* für Rheinland-Pfalz, Franz. Zone, *MinRat Müller* für Südwürttemberg-Hohenzollern, Franz. Zone.

Zu Punkt 5 der TO: Ausbildungswesen.

MinRat Dr. Arndt, Wiesbaden knüpft an das in Bad Godesberg gehaltene Referat des JM Kuhnt an, betont jedoch, es sei mit der Rückkehr zu den früher bewährten Formen der preuß. Ausbildungsordnung nicht getan, vielmehr müsse eine grundsätzliche Abkehr vom Positivismus stattfinden. Nur weil dort, wo das Problem der Gerechtigkeit gesucht und die Substanz des Rechts gefunden werden müsse, eine Lücke gewesen sei, habe der Nationalsozialismus mit seiner „Weltanschauung" in die Jurisprudenz eindringen können. Deshalb sei es an sich zu begrüßen, dass der Kontrollratsentwurf der Richtlinien das Recht als überzeitliche Kulturerscheinung in den Mittelpunkt der Ausbildung stellen wolle, doch dürften Recht und Gesetz nicht gleichgesetzt werden, wie es der Entwurf täte. Dr. Arndt wandte sich im Einzelnen gegen verschiedene Formulierungen des Kontrollratsentwurfs und im Allgemeinen dagegen, dass mehr als bestimmte Mindestgrundsätze in die Richtlinien aufgenommen würden. Notwendig sei die Rückkehr von der Legalität des Gesetzes zur Legitimität des Rechts, so dass die Allgemeine Rechtslehre zusammen mit der Rechtsphilosophie Kern des Studiums und der Ausbildung sein und auch geprüft werden müsse. Unter Hinweis auf Einzelheiten im Entwurf einer hess. Prüfungsordnung forderte Dr. Arndt ferner die Erkenntnis, dass sich die richterliche

Unabhängigkeit und damit die Rechtsprechung überhaupt nur aus der Volkssouveränität ableiten lassen, dass der künftige Jurist von vornherein insbesondere durch eine Tätigkeit bei den Gewerkschaften mit den sozialen und wirtschaftlichen Problemen vertraut werden müsse sowie dass durch eine Verflechtung von Theorie und Praxis (Gerichtsdienst der Studenten, Spätsemester der Referendare) die Rechtstatsachen mehr zum Gegenstand der Ausbildung werden sollten.

Vizepräs. Melsheimer, Berlin: In der sowjetischen Zone darf ein Mitglied der NSDAP kein Richter sein. Man ist dazu übergegangen, Männer aus allen Schichten des Volkes zu Richtern zu machen und lässt sie zunächst unter Aufsicht studierter Richter arbeiten. Es sind bisher damit gute Ergebnisse erzielt worden.

MinPräs. Prof. Dr. Geiler, Wiesbaden: Es ist wichtig, den Weg vom Positivismus zur wahren Rechtslehre zurückzufinden. Das Wesen des Rechts ist eine Ordnungsfunktion, d.h. Gesetzeskenntnis und Lebenskenntnis müssen gemeinsam angewendet werden. Es geht nicht an, Recht contra Gesetz zu stellen. Zwar ist gerade in der heutigen Zeit die gesetzliche Treue nötig, jedoch nicht als starre Norm, sondern als lebendiges Leben. Zu dieser Erkenntnis und praktischen Anwendung ist eine philosophische Grundlage großer Bedeutung. Sie muss auf das Gerechtigkeitsempfinden abgestellt werden, auf die Kenntnis des sozialen Lebens, diese insbesondere in Verbindung und Zusammenarbeit mit den Gewerkschaften.

Reichsmin. a.D. Dr. Schiffer, Berlin: Recht und Leben gehören zusammen. Darauf ist bei der Ausbildung des Richters Bedacht zu nehmen. Doch erschöpft auch dieser Gedanke die Sache nicht. Es gibt Situationen, in denen die genaueste Kenntnis des Lebens nicht imstande ist, jeden Konflikt zu lösen und wo das Gesetz nicht mehr der Gerechtigkeit entspricht. Das Gesetz kann nicht verbindlich sein, wenn es der inneren und moralischen Kraft entbehrt. In solchen Konfliktfällen muss ein höchster Gerichtshof entscheiden.

Präs. Dr. Kiesselbach, Hamburg: Die Schaffung eines obersten Gerichts, das sich aus prominenten Richtern zusammensetzt und das in allen Konfliktfragen zu entscheiden hat, ist zu begrüßen. Ein einheitliches Vorgehen ist wünschenswert. Die Problemstellung Recht und Gesetz ist gefährlich.

MinRat Dr. Arndt, Wiesbaden: Es erscheint unerlässlich, den Studenten von vornherein zu zeigen, dass es das Problem der Gerechtigkeit gibt. Eine starke Schwenkung durch die Abkehr vom Positivismus ist notwendig. Das Problem Recht und Gesetz mag gefährlich sein; viel gefährlicher ist es aber, wenn es als Problem gar nicht erst erkannt wird. Es würde in diesem Zusammenhang interessieren, zu erfahren, ob die Einrichtung der Volksrichter in der Russ. Zone eine dauernde oder nur behelfsmäßige Maßnahme ist.

Vizepräs. Melsheimer, Berlin: Die Einrichtung der Volksrichter ist eine Notmaßnahme. Es ist geplant, zahlenmäßig festzustellen, wie groß der voraussichtliche Nachwuchs an akademischen Kräften sein wird; wahrscheinlich gering. Akademisch gebildete Kräfte werden für den Nachwuchs bevorzugt; wenn sie in genügendem Ausmaß vorhanden sind, kann unter Umständen auf die Volksrichter verzichtet werden.

Es wurde folgende *Entschließung* gefasst: Es erscheint wünschenswert, für die Regelung des Ausbildungsdienstes des akademischen Richternachwuchses allgemeine Richtlinien aufzustellen, aber notwendig ist, sie zunächst auf die Hauptpunkte zu beschränken. Diese *Hauptpunkte* sollten sein, dass

1. die Befähigung zum Richteramt und zum höheren Verwaltungsdienst einheitlich erworben wird,
2. diese Befähigung ein Studium der Rechtswissenschaft von mindestens sechs Semestern an einer Universität und eine praktische Ausbildung von mindestens drei Jahren bei Gerichts- und Verwaltungsbehörden voraussetzt,
3. für das Studium das Recht als Kulturerscheinung und Friedensordnung in den Mittelpunkt zu stellen sind,
4. die Pflichtfächer festgelegt werden, zu denen in erster Linie die Rechtsphilosophie (in Verbindung mit der allgemeinen Philosophie), die Rechtsgeschichte und auch das römische Recht unter Anwendung rechtsvergleichender Methoden gehören müssen,
5. eine Verflechtung von Theorie und Praxis dadurch stattfindet, dass zum Studium ein praktischer Ausbildungsdienst von mindestens drei Monaten und zur Ausbildung zwei Spätsemester von je sechs Wochen gehören,
6. zum Studium ein Eindringen auch in die Wirtschafts- und Sozialprobleme gehört und zur Ausbildung deshalb auch eine praktische Tätigkeit bei den Gewerkschaften, um mit den Fragen des Arbeitsrechts vertraut zu werden.

Im Übrigen aber sollten die Einzelheiten, insbesondere des Prüfungswesens, der örtlichen Tradition und der Entwicklung durch die Länder überlassen bleiben.

JM Zinn, Wiesbaden: Ich habe die Freude, im Namen aller Anwesenden Herrn Oberst Moller, Legal Division Herford, in unserem Kreise begrüßen zu können. Ich danke Ihnen, Herr Oberst, besonders, dass Sie es trotz Ihrer starken Beanspruchung noch ermöglichen konnten, die Fahrt nach Wiesbaden zu unternehmen.

Auf der Godesberger Tagung ist angeregt worden, wegen der Bildung eines Ausschusses für deutsche Rechtsangleichung an die MR heranzutreten. Dieser Wunsch hat sich nicht verwirklichen lassen. Es ist aber möglich gewesen, die Zustimmung der amerik. MR zur Gründung einer Südwestdeutschen Vereinigung für internationales Recht zu erhalten. Mr. Moller hatte auf der ersten Interzonentagung in Bad Godesberg darauf hingewiesen, dass im August 1946 auf einer Tagung der International Law Association möglicherweise über eine deutsche Teilnahme gesprochen werden sollte. Wir haben zwischenzeitlich nichts mehr darüber gehört und haben uns deshalb entschlossen, vorerst eine südwestdeutsche Gruppe für internationales Recht in der US-Zone zu gründen. Der Satzungsentwurf wurde von der US-MR genehmigt.

Dr. Kiesselbach, Präs. des ZJA, Hamburg: Bis 1933 war ich selbst Mitglied der International Law Association und habe deshalb großes Interesse an der Neugründung einer deutschen Gruppe. Es haben sich indessen verschiedene Schwierigkeiten ergeben: Die deutschen Teilnehmer an der Konferenz in Cambridge sollten einer nochmaligen Fragebogenprüfung unterzogen werden. Dies wurde von den Deutschen abgelehnt. Ferner soll die nächste Sitzung nach Prag einberufen werden;

es wird jedoch für die Deutschen schlecht möglich sein, an Sitzungen in Prag teilzunehmen.

Prof. Hallstein, Frankfurt/M.: Die Gründe, die zum vorläufigen Scheitern der Bildung des Ausschusses für deutsche Rechtsangleichung geführt haben, sind nicht bekannt. Ich hoffe aber, dass sie keine dauernden sein werden. Wir können nur vermuten, dass die Vorstellung obgewaltet hat, dass eine Förderung des politischen Zentralismus vermieden werden soll. Es bleibt aber der Wunsch bestehen, die Rechtseinheit nicht preiszugeben. Diese Tagung soll deshalb nicht vorübergehen, ohne zu bekräftigen, dass wir uns auch weiterhin für das Ziel eines einheitlichen deutschen Rechts einsetzen. Nicht erst das Hitlerreich hat uns den legislativen Zentralismus gebracht; er ist ein Kind des 19. Jahrhunderts. Es bleibt eine Aufgabe der Rechtswissenschaft, dem Problem der Erhaltung der Rechtseinheit besondere Beachtung zu schenken und die Kräfte für die Erhaltung der Rechtseinheit einzusetzen. Im Bereich der Rechtswissenschaft wird es für wünschenswert gehalten, eine Organisation zu schaffen, die der Erforschung des gemeinsamen Rechts gewidmet ist und zur Entwicklung des Rechts beiträgt. Auf einer Konferenz der Rechtsfakultäten ist der Beschluss gefasst worden, eine Gemeinschaftslösung der rechtspolitischen Fragen für alle deutschen Länder vorzubereiten.

MinRat Dr. Arndt, Wiesbaden: Referat über internationales Recht (s. Anlage 4).

Mr. Moller, Herford: Ich möchte einige Worte zur Frage der Gründung einer deutschen Gruppe für internationales Recht in der *Brit.* Zone sagen. Zunächst bitte ich um Entschuldigung, dass ich auf der Godesberger Tagung Hoffnungen erweckte, die sich bisher nicht verwirklichen ließen. Ich freue mich, dass Vertreter aller vier Zonen an der Konferenz hier in Wiesbaden teilnehmen und möchte dies als außerordentlich großen Fortschritt bezeichnen. In London besteht die International Law Association als freiwillige Körperschaft, die in anderen Ländern Zweigstellen geschaffen hat. In den besseren Tagen Deutschlands hat die deutsche Zweigstelle sehr wertvolle Beiträge zur Diskussion aller Probleme geliefert. Es muss jetzt wieder eine deutsche Gruppe gebildet werden, die sich dann mit England in Verbindung setzt, damit diese Gruppe der International Law Association als Zweigstelle angegliedert wird. Ich bedaure es, dass in dieser Hinsicht Versuche aus der *Brit.* Zone bis jetzt keinen rechten Erfolg hatten. Es besteht indessen keine Absicht, Persönlichkeiten, die schon politisch überprüft sind, einer nochmaligen Überprüfung zu unterziehen. Soweit ich informiert bin, haben Deutsche bisher keinen Antrag gestellt, eine deutsche Gruppe der in England bestehenden International Law Association anzuschließen.

Außerhalb der TO: Stellung zu bizonalen Ämtern.

JM Zinn, Wiesbaden: Für die Brit. und Amerik. Zone ist ein Wirtschaftsamt gebildet worden. Dieses wiederum hat einen Wirtschaftsrechtsausschuss gebildet, der sich mit Rechtsfragen auf dem Gebiet der Wirtschaft befassen soll. Es besteht aber schon der Rechtsausschuss beim Länderrat für die Amerik. Zone und das ZJA in Hamburg für die Brit. Zone. Dadurch ergibt sich ein Überschneiden und

Nebeneinander des „Rechtsausschusses“ und des „Wirtschaftsrechtsausschusses“, es muss jedoch eine brauchbare Lösung der Zusammenarbeit gefunden werden.

In diesem Zusammenhang taucht ein zweites Problem auf, was mehr staatsrechtlicher Natur ist. Der staatsrechtliche Charakter der bizonalen Ämter ist ungeklärt. Es ist auch nicht klar ersichtlich und geht aus dem Abkommen zur Bildung dieser Ämter nicht hervor, welche Rechte dieselben auf legislativem Gebiet haben. Ihre Befugnis zur unmittelbaren Gesetzgebung ist sehr umstritten und eine klare Rechtsbasis ist nicht erkennbar. Das Wirtschaftsamt der Brit. Zone beansprucht aus praktischen Gründen ein unmittelbares Gesetzgebungsrecht und ferner das formale Recht, die von ihm ausgearbeiteten und beschlossenen Gesetze für beide Zonen zu verkünden. Die Auffassung der deutschen Stellen in der Amerik. Zone geht dahin, dass ein solches unmittelbares Gesetzgebungsrecht einmal durch das Statut nicht gegeben ist und zweitens mit der Regelung nicht zu vereinbaren ist, welche durch die Verfassung der Länder in der Amerik. Zone geschaffen worden ist. Es besteht wohl die Möglichkeit einer Übertragung der Legislative nach oben. Es handelt sich aber bei der Errichtung dieser Ämter nicht um eine Übertragung von Vollmachten an einen oberen Staat, auf die der Unterstaat verzichtet, sondern nur um die Errichtung bürokratischer Behörden (Wirtschaftsrat, Verkehrsrat, Finanzrat), die nicht parlamentarisch kontrolliert werden. Art. 152 der hessischen Verfassung, der ein Recht der Übertragung der Legislative nach oben vorsieht und die Landesregierung ermächtigt, Vereinbarungen für größere Teile des deutschen Gebietes zu treffen, macht dies von bestimmten Bedingungen abhängig. Die gesetzgebende Gewalt kann nur auf Organe übertragen werden, die aus demokratischen Wahlen hervorgegangen sind und parlamentarisch kontrolliert werden. Wenn wir auch hier in diesem Kreise nicht zu einer Klärung des Problems kommen, so muss doch versucht werden, die Auffassungen der einzelnen Länder zu hören, um sie außerhalb dieser Tagung mit dem Wirtschaftsrat zu besprechen.

Die von MinRat Roemer gegebene Anregung geht dahin, dass es zweckmäßig sei, den Wirtschaftsrechtsausschuss als Unterausschuss des Rechtsausschusses beim Länderrat und des ZJA in Hamburg einzusetzen. Dies wäre eine Lösung, wenn das Wirtschaftsamt damit einverstanden ist, unter der Voraussetzung, dass das brit. ZJA wirklich die Aufgabe eines Gesetzgebungsministeriums erhält.

MinPräs. Prof. Dr. Geiler, Wiesbaden: Es ist unzweifelhaft, dass die bizonalen Ämter keine Legislative haben, dass ihnen vielmehr nur verwaltungsmäßige Befugnisse zustehen. Gesetze und VO können von ihnen lediglich vorbereitet und angeregt werden.

Prof. Dr. Kern, Tübingen: Der Justizminister muss Gesetzgebungsminister werden.

Zu Punkt 6 der TO: Berufung oder Revision gegen Urteile des LG in Zivilsachen. Referat MinRat Jordan, Karlsruhe (s. Anlage 5).

Von der nachstehenden *Entschließung* wird Abs. 1 einstimmig von den Konferenzteilnehmern der Amerik. Zone, Abs. 2 einstimmig von den Teilnehmern aller vier Zonen angenommen.

1. Im Interesse der Einheit des deutschen Rechts und der Güte der Rechtsprechung in der amerikanisch besetzten Zone wird die amerik. MR gebeten, Teil II des

„Plans für den Aufbau des Rechtspflegewesens in der Amerik. Zone“ vom 4.10.1945 unter 5 b (1) abändernd so zu fassen: „Gegen erstinstanzliche Endurteile des LG findet die Berufung an das OLG statt.“

2. Der Kontrollrat wird gebeten, bei der Neufassung der ZPO daran festzuhalten, dass gegen die in erster Instanz erlassenen Endurteile der LG grundsätzlich die Berufung an das OLG stattfindet.

Außerhalb der TO wird der Fall *Tillessen* [hierzu *C. Gebhardt,* Der Fall des Erzberger-Mörders Heinrich Tillessen. Ein Beitrag zur Justizgeschichte nach 1945, Tübingen 1995] erörtert.

Nach Mitteilung von unterrichteter Seite handelt es sich bei den Richtern um Persönlichkeiten, die an sich durch eine Beteiligung am Nationalsozialismus nicht belastet erscheinen. *Prof. Dr. Kohlrausch,* Berlin, bezeichnete das Urteil [Freispruch am 29.11.1946 in Freiburg; endgültige Verurteilung im Febr. 1947 zu 15 Jahren Freiheitsentziehung; 1958 begnadigt; vgl. auch *E. Huber-Stentrup,* JuS 1981, 246 ff.] als ein bedauerliches Symptom für die enge Auffassung, die mancher Richter in Deutschland heute noch haben mag, insbesondere auch für die Verkennung der Nachwirkung von Gesetzen aus der Hitlerzeit. Er zweifelt nicht daran, dass dieses Urteil in weiten Kreisen befremdet und empört, lehnt aber ein Urteil darüber ab, ob es richtig sei, dass diese Empörung sich schon jetzt entlädt, zumal in anderen Ländern öffentliche Kritik an Richtersprüchen überhaupt untersagt sei. Gleichwohl betonte Prof. Dr. Kohlrausch, das Freiburger Urteil erscheine nicht nur unrichtig, sondern sei auch eine schwere Schädigung des deutschen Richterstandes und muss das Rechtsgefühl der meisten Deutschen auf das Tiefste verletzen. Denn gemeine Verbrechen, durch die ein Usurpator zur Macht gelangt sei, bleiben solche. Das Traurige sei deshalb, dass die Freiburger Richter gegen diesen selbstverständlichen Gedanken gehandelt hätten, jedoch gab Prof. Dr. Kohlrausch der Hoffnung Ausdruck, das Freiburger Urteil möge gerade die Wirkung haben, dass unser Tiefpunkt überstanden sei.

Auch von anderer Seite wurde darauf hingewiesen, dass hier ein Konflikt zwischen den Grundsätzen der richterlichen Unabhängigkeit und der freien Meinungsäußerung vorliege. Der Grundsatz der richterlichen Unabhängigkeit, der überall zu den Elementen der Demokratie gehört, scheint zwar mit einer amtlichen Kritik eines Urteilsspruchs nicht vereinbar, insbesondere wenn das Verfahren wie hier noch gar nicht abgeschlossen ist. Andererseits gebietet das Grundrecht der freien Meinungsäußerung, dass gerade Juristen zu derartigen Vorkommnissen unmöglich schweigen können.

In der Aussprache wurde darauf hingewiesen, dass die Hitler-Amnestie vom 21.3.1933 verfassungswidrig war, weil sie nicht durch Reichsgesetz, sondern durch NotVO erlassen wurde. Eine Amnestie konnte aber niemals durch NotVO ausgesprochen werden, zumal der Reichstag damals versammelt war. Auch handle es sich gar nicht um eine echte Amnestie, weil die Straffreiheit nur einseitig den Parteigängern oder Wegbereitern des Nationalsozialismus zugutegekommen sei. Nach einhelliger Meinung durfte sich also Tillessen auf jene Amnestie nicht berufen, weil sie verfassungswidrig und daher ungültig war. Darüber hinaus hätte nach einhelliger Auffassung der selbstverständliche Grundgedanke, dass eine in Gesetzesform gekleidete Gewaltmaßnahme des Nationalsozialismus vor einer Anwendung des für alle gleichen Rechts nicht schützen dürfe, es nicht einmal erforderlich gemacht, die Kontrollratsgesetzgebung zur Entscheidung des Falles heranzuziehen. Lasse man aber Tillessen den guten Tropfen der Amnestie zugutekommen, wie es *JM Zinn* ausdrückte so bleibt ihm auch der bittere Tropfen nicht erspart, dass die Kontrollratsgesetzgebung ausdrücklich die Vergünstigungen einer solchen Amnestie aufgehoben hat.

Allgemein begrüßt wurde die in der Hessischen und Württemberg-Badischen Verfassung getroffene Einrichtung, dass künftig Richter, die den Geist der Verfassung verletzen, aus ihrem Amt durch ein geordnetes Verfahren abzuberufen sind. Eine allgemeine Ausdehnung dieses Grundsatzes, der in gleicher Weise die Verfassung und die notwendige Unabhängigkeit der Richter wahrt, wurde für wünschenswert erklärt. Auch hielt man es für angebracht, dass die in der Amerik. Zone getroffene Regelung, die durch Ländergesetze alle jene Amnestien und sonstigen Eingriffe Hitlers in die Rechtspflege für ungültig erklärte, auch in den übrigen Zonen eingeführt wird. Die zuständigen deutschen Stellen in der Franz. Zone hatten ihrer MR schon vor einiger Zeit entsprechende Vorschläge unterbreitet.

Zur Absetzung des Freiburger Richters Göring würde nicht Stellung genommen, weil es sich dabei um eine Maßnahme der MR handelt.

Die Teilnehmer der Tagung sahen davon ab, eine förmliche Entschließung zu fassen, weil das Verfahren gegen Tillessen noch schwebt und auch der Anschein einer Beeinflussung der künftig zur Entscheidung berufenen Richter vermieden werden muss. Aus allen Äußerungen leuchtete jedoch einstimmig der brennende Wunsch hervor, dass künftig in Deutschland die Gerechtigkeit wieder eine Stätte finde und keine formale Erwägung hindern dürfe, Unrecht zu sühnen. Das entscheidende Problem des Rechts, dem das Gesetz zu dienen habe, stand im Mittelpunkt der Tagung.

Zu Punkt 7 der TO: Aussprache über interzonale Rechtsfragen, insbesondere die gegenseitige Amtshilfe.

Referat des Herrn OLG-Präs. Lingemann, Düsseldorf (s. Anlage 6)

Prof. Dr. Schönke, Freiburg: Ich möchte auf einen besonders aktuellen Punkt der gegenseitigen Rechtshilfe hinweisen, das sind die Anträge auf Verschollenheitserklärungen. Soweit bekannt, entscheidet z.Zt. kein Gericht in der Brit. Zone über einen Antrag auf Bestellung eines Abwesenheitspflegers, bevor es nicht bei dem in Hannover dafür bestimmten Gericht angefragt hat, ob der gleiche Antrag etwa bereits bei einem anderen Gericht gestellt wurde. Möglicherweise kann Hannover als Auskunftsgericht für alle vier Zonen verwandt werden.

Es ist ferner dringend die Frage der Zuständigkeit in Gnadensachen für den Fall, dass verschiedene Zonen beteiligt sind, zu klären.

(Zusammenfassung der Vorschläge Prof. Schönke – s. Anlage 7)

Zu Punkt 8 der TO: Die Durchführung des Kontrollratsgesetzes Nr. 18 (Wohnungsgesetz), insbesondere sein Einfluss auf das Mietrecht und den Mieterschutz.

Referat des Herrn MinRat Stierle, Stuttgart (s. Anlage 8).

JM Zinn, Wiesbaden: Ich habe Bedenken gehabt, ob es zweckmäßig und angebracht ist, dieses Sonderthema im Rahmen der Tagung zu behandeln, weil vielen Herren aus den anderen Zonen die Fragen, die im Zusammenhang mit dem Kontrollratsgesetz Nr. 18 auftauchen, mehr oder minder fremd sind. Es erscheint daher auch nicht zweckmäßig, in eine Aussprache einzutreten. Die Behandlung dieses Themas lässt aber erkennen, dass das Kontrollratsgesetz Nr. 18 zu mancherlei Zweifeln und Auseinandersetzungen auch mit der MR geführt hat und uns vor neue Aufgaben stellte, wie z.B. die Definition des Begriffs der „Erfassung", bei dem es nicht von vornherein klar war, ob er etwa dem Begriff der Beschlagnahme gleichgesetzt werden müsste. Die Bedeutung, die dem Gesetz zukommt, ist ursprünglich auch nicht in vollem Umfang erkannt worden, wie überhaupt die Wohnungszwangswirtschaft eine Reihe wichtiger Probleme aufgerollt hat. Wir sehen uns vielfach zu äußerst einschneidenden Maßnahmen gezwungen, die der Notlage entspringen und die in normalen Zeiten nicht getroffen würden. Da auf der anderen Seite auf dem Gebiete des Wohnungswesens teilweise chaotische Zustände herrschten, war es notwendig, Ausführungsbestimmungen zu erlassen, die die Wohnungsämter zu einer gleichmäßigen und gerechten Handhabung des Kontrollratsgesetzes anleiten. Es ergibt sich aus dem Vortrag überdies ein gewisser Einblick in die viele Kleinarbeit, die der Rechtsausschuss in Stuttgart zu leisten hat; die hier erörterten Fragen haben z.B. den Rechtsausschuss und den Sozialpolitischen Ausschuss seit Monaten beschäftigt.

Zu Punkt 9 der TO: Vorschläge für eine 3. interzonale Tagung, die insbesondere der Strafgerichtsverfassung, der Beteiligung von Laien an der Strafrechtspflege, dem Gnaden- und Strafvollzugsrecht gewidmet sein soll.

JM Zinn, Wiesbaden: Am Schluss der TO steht die Anregung zur Entgegennahme von Vorschlägen für eine 3. interzonale Zusammenkunft, die voraussichtlich im Februar oder März 1947 in der Franz. Zone stattfinden soll. Sie war bereits für Oktober 1946 geplant, wurde aber mit Rücksicht auf die Tagung in der Amerik. Zone zurückgestellt. Von Seiten Hessens werden als Diskussionspunkte insbesondere Fragen der Strafgerichtsverfassung der Beteiligung von Laien an der Strafrechtspflege sowie des Gnaden- und Strafvollzugsrechts in Vorschlag gebracht. Weiter wird angeregt die Frage der Strafverfolgung politischer Denunzianten im Rahmen der nächsten Tagung zu behandeln.

JM Kuhnt, Kiel: Es erscheint wünschenswert, auch Vertreter der Rechtsanwaltschaft zu künftigen Tagungen heranzuziehen. In welchem Umfang dies geschehen soll, bleibt weiteren Erörterungen vorbehalten.

MinDir. Dr. Zürcher, Freiburg: Die in Aussicht genommene nächste Tagung in der Franz. Zone soll sich nicht auf Teilnehmer aus deutschem Gebiet beschränken, sie will vielmehr einen beschränkt internationalen Charakter tragen. Die Vorarbeiten für eine solche Konferenz sind schon gut vorangekommen und auch Oberst Bourthoumieux vertritt den Gedanken einer interzonalen Juristentagung in der Franz. Zone. Es ist beabsichtigt, zur Teilnahme an der Konferenz auch Vertreter der Anwaltschaft sowie Verwaltungs- und Wirtschaftsjuristen heranzuziehen.

Punkt 4 der TO: Revision des StGB: MinDirig. Dr. Walter, München, führte aus:

Der Kontrollrat hat für die geplante Revision der deutschen Strafgesetze einen Arbeitsausschuss eingesetzt. Die in den Entwürfen dieses Ausschusses vorgeschlagenen Änderungen betreffen:

I. Die Aufhebung zahlreicher seit 1933 ergangener Sonderbestimmungen.

II. Die Änderung des StGB.

III. Die Änderung der KriegswirtschaftsVO vom 4.9.1939 (RGBl. S. 1609) und der VO gegen Gewaltverbrecher v. 5.12.1939 (RGBl. S. 2378).

I. Mit der Aufhebung einer Reihe von Sonderbestimmungen, die seit dem Jahre 1933 erlassen wurden, wird der mit Gesetz Nr. 11 des Kontrollrats beschrittene Weg fortgesetzt. Die nunmehr zur Aufhebung vorgesehenen Gesetze und VO sind fast durchweg nationalsozialistische Schöpfungen, die gegenwärtig und in Zukunft keine Berechtigung mehr haben. In zwei Fällen werden Bestimmungen, die auch jetzt noch strafwürdige Tatbestände enthalten, ins Strafgesetzbuch übernommen:

1. Die Strafbestimmungen gegen Straßenraub mittels Autofallen (§ 1 des G. v. 22.6.1938 – RGBl. I S. 651) – als § 250 a und

2. die Bestimmung gegen falsche Polizeibeamte (§ 1 des G. zur Erweiterung des strafrechtlichen Schutzes gegen Amtsanmaßung vom 9.4.1942 – RGBl. I S. 174 – als § 132 Abs. 2).

Die Aufhebung aller in Betracht kommenden Bestimmungen wird daher empfohlen.

II. 1. Bei der Änderung des StGB bringt der zweite Entwurf gegenüber dem ersten und gegenüber dem geltenden Recht eine Reihe von Verbesserungen. Damit ist den bereits zum ersten Entwurf geltend gemachten Bedenken in folgenden wichtigen Punkten Rechnung getragen:

a) Durch die unveränderte Beibehaltung des § 163 ist klargestellt, dass die fahrlässige falsche uneidliche Aussage vor Gericht straffrei bleiben soll.

b) Ebenso sind durch Belassung des § 175 a in der jetzigen Fassung alle Fälle der widernatürlichen Unzucht weiter unter Strafe gestellt, die aus soziologischen Gründen besonders strafwürdig sind.

c) Die im ersten Entwurf noch enthaltene Normierung einer besonderen Berufsfahrlässigkeit (entsprechend dem vor der VO vom 2.4.1940, RGBl. I S. 606 geltenden Recht) in § 232 ist aufgehoben. In Zukunft sind also alle leichten vorsätzlichen und alle fahrlässigen Körperverletzungen nur auf Antrag verfolgbar. Für eine Berechtigung des StA, bei besonderem öffentlichem Interesse auch ohne Antrag zu verfolgen, besteht keine Notwendigkeit.

2. Auch die übrigen Änderungen stellen fast durchweg Verbesserungen dar. Dies gilt insbesondere für folgende Bestimmungen:

a) Aufhebung des § 49 b [Mordverbindungen] als überflüssig gegenüber § 129 a i.d.F. des Entwurfs des Arbeitsausschusses und Streichung des § 111 [Aufforderung zu strafbaren Handlungen], da in § 130 enthalten.

b) Sicherung der geheimen Wahl durch besondere Strafbestimmung des § 109 b.

c) Einfügung einer Bestimmung gegen Neubildung von Terrororganisationen (§ 126 a); in die Bestimmung selbst wird allerdings zweckmäßig die amerikanische Legaldefinition aufgenommen werden müssen (s. unten 3 k),

d) Bestrafung auch derjenigen Personen in § 129 a der Fassung des Arbeitsausschusses, die eine verbrecherische Verbindung unterstützen, ohne ihr selbst anzugehören, weil dadurch die Geldgeber und meist sehr einflussreichen Hintermänner solcher Organisationen getroffen werden können,

e) Übernahme strafrechtlicher Tatbestände aus Spezialgesetzen in das StGB, z.B. des § 1 der VO vom 9.4.1942 – RGBl. I S. 174 – als § 132 Abs. 2 und des § 1 des G. v. 22.6.1938 – RGBl. I S. 651 – als 250 a.

f) Auch sind nunmehr verschiedene Bestimmungen klarer formuliert, vor allem ohne entbehrliche Bezugnahme auf andere Paragraphen, z.B. §§ 157 Abs. 3, 159.

3. Dagegen werden gegen folgende vorgeschlagene Bestimmungen Bedenken erhoben:

a) Die Frage, ob Festungshaft als weitere Freiheitsstrafe neben Gefängnis und Zuchthaus beibehalten werden soll, spielt zurzeit eine geringe Rolle, da die meisten Bestimmungen, bei denen Festungshaft angedroht war (Hochverrat und Landesverrat) z.Zt. aufgehoben sind. Trotzdem darf nochmals darauf hingewiesen werden, dass die Gründe für die Aufhebung der Festungshaft teilweise nicht stichhaltig sind. Ob Festungen in Deutschland bestehen oder nicht, ist nicht entscheidend, da der Vollzug dieser Strafart ja auch in anderen Strafanstalten möglich ist. Die Festungshaft stellt auch nicht unbedingt ein Privileg bestimmter Gesellschaftsklassen dar. Das ergibt schon die Reichstagsvorlage eines neuen StGB von 1927, die eine der Festungshaft verwandte besondere Freiheitsstrafe, die sog. Einschließung – eine in bürgerlichen Strafanstalten durch bürgerliche Strafvollzugsbehörden getrennt von dem Strafvollzug gegen die eigentlich Kriminellen zu vollstreckende Freiheitsstrafe – schaffen wollte. Die Einschließung sollte die Freiheitsstrafe für die Überzeugungstäter sein, die allen Gesellschaftsschichten angehören können, und damit deren autonome Persönlichkeit – entsprechend der Grundauffassung der Demokratie – anerkennen. Das Gleiche bezweckte der im Strafrechtsausschuss des deutschen Reichstags am 12.2.1931 angenommene Antrag Dr. Hoegener und andere.

Mangels Dringlichkeit kann jedoch die Frage einer besonderen Freiheitsstrafe für Überzeugungstäter zurückgestellt werden.

b) Die veränderte politische Lage erfordert anstelle des Begriffs „Deutsches Reich" und ähnlicher Wendungen die Verwendung anderer Begriffe auf staatsrechtlichem Gebiet. Die neuen Ausdrücke müssen aber einheitlich gebracht werden. Das ist bisher nicht überall der Fall. So spricht z.B. § 3 von „Deutsche Gebiete", § 7 von „Deutschland".

Da – gerade aufgrund verschiedener Reden alliierter, insbesondere amerikanischer Staatsmänner – an der Weiterexistenz Deutschlands als Staatswesen nicht zu zweifeln ist, wird vorgeschlagen, einheitlich von „Deutschland" als Staatswesen und Gebietskörperschaft zu sprechen und das Adjektiv „deutsch" statt „des

Deutschen Reiches“ und ähnlicher Wendungen zu gebrauchen (so jetzt schon in § 3: „Die deutschen Strafgesetze finden Anwendung…“).

c) Die Streichung des Abs. 2 in § 20 a (Gewohnheitsverbrecher) bringt eine erhebliche Einschränkung. Es erscheint zweifelhaft, ob dies bei der gestiegenen Kriminalität richtig ist.

d) § 42 f [Unterbringung] in der vorgeschlagenen Fassung verlangt eine mündliche Verhandlung über die Weiterdauer *jeglicher* Art von Unterbringung nach Ablauf bestimmter Fristen. Die mündliche Verhandlung ist bei der Sicherungsverwahrung unerlässlich, in den Fällen anderer Unterbringung (z.B. Trinkerheilanstalt oder Arbeitshaus) jedoch nicht unbedingt erforderlich. Hier dürfte wohl auch beschlussmäßige Überprüfung ohne mündliche Verhandlung, vorbereitet durch entsprechende Gutachten, genügen.

e) Zur Frage des Hochverrats und des Landesverrats wird eine gesonderte Entschließung vorgelegt.

f) In § 106 (Verhinderung von Parlamentsmitgliedern) ist in Abs. 1 eine Höchststrafe von fünf Jahren Zuchthaus, in Abs. 2 bei Annahme mildernder Umstände schlechthin Zuchthaus – also von ein bis 15 Jahren – vorgesehen. Das ist offenbar ein Versehen. Es wird vorgeschlagen, in Abs. 2 Gefängnis von sechs Monaten bis zwei Jahren festzusetzen.

g) § 112 [aufgehoben durch Nr. 11] gehört seinem Wesen nach ins Pressegesetz.

h) Bei zahlreichen Delikten wider die *öffentliche Ordnung* (§§ 124 ff.) sind die Höchststrafen mit Recht hinaufgesetzt worden, da eine durch Straßenterror bedrohte Demokratie – wie die Erfahrungen der Weimarer Republik gelehrt haben – nicht lebensfähig ist und deshalb gerade die Demokratien zur Abwehr dieser Gefahren ausreichenden strafrechtlichen Schutz benötigen.

Diese Höchststrafen müssen aber aufeinander abgestimmt sein. Nach dem Entwurf sind die Rädelsführer bei Aufruhr (§ 115) mit zehn Jahren Zuchthaus als Höchststrafe bedroht, die Rädelsführer bei Landfriedensbruch (§ 125) mit 15 Jahren Zuchthaus, während bisher in beiden Fällen die Höchststrafe zehn Jahre betrug. Es wird vorgeschlagen, diese in beiden Bestimmungen einheitlich auf 15 Jahre festzusetzen.

i) Bei § 126 a erscheint die Einfügung der vom amerikanischen Delegierten vorgeschlagenen Legaldefinition der militärischen bzw. militärähnlichen Vereinigung zweckmäßig, um eine allzu weite Auslegung dieser Begriffe durch die Gerichte hintanzuhalten.

k) Im geltenden Recht sind die Strafen für Teilnahme an staatsfeindlichen Verbindungen (§ 129) mit Recht höher als für Geheimbündelei (§ 128). Nach dem Entwurf soll es umgekehrt sein. Es wird vorgeschlagen, das alte Verhältnis wieder herzustellen.

l) Gegen die weitgehende Formulierung des § 129 a im amerik. Entwurf bestehen keine Bedenken. Die Bestimmung könnte in dieser Fassung einer Partei oder Parteigruppierung, die gerade an der Macht ist, die Handhabe bieten, die Versammlungs- und Vereinigungsfreiheit für die anderen Parteien auf kaltem Wege aufzuheben oder doch wesentlich einzuschränken und sie mit der Behauptung zu unterdrücken, sie seien gegen die demokratisch-konstitutionale Staats- oder Regierungsform gerichtet.

Es wird vorgeschlagen, dieser Gefahr vorzubeugen entweder durch die Belassung des § 129 a in der Formulierung des Arbeitsausschusses oder doch durch Einführung weiterer Tatbestandsmerkmale in den amerikanischen Entwurf, wodurch sichergestellt wird, dass der mit rein politischen Mitteln ausgetragene Kampf der Opposition gegen die Regierung nicht betroffen wird.

m) In § 159 Abs. 1 Satz 2 (Meineidsverletzung) sind bei Annahme mildernder Umstände – offenbar versehentlich – *drei Jahre* Gefängnis als Mindeststrafe vorgesehen. Es soll wohl drei Monate heißen. Auf jeden Fall ist eine Mindeststrafe von drei Jahren viel zu hoch, da diese für den Meineid (§ 154) bei Annahme mildernder Umstände nur sechs Monate beträgt.

n) In § 218 a Abs. 1 Ziff. 2 muss es heißen: „Wenn die Schwangerschaft durch Notzucht herbeigeführt ist."

Weiter empfiehlt es sich, der Notzucht jede andere strafbare Handlung, insbesondere Blutschande, gleichzusetzen, schon um den sich aufdrängenden Schluss, dass Vergewaltigungen nunmehr besonders häufig sind, auszuschließen. – Ferner erscheint die Formulierung angebracht, dass in den beiden vorgesehenen Fällen die Schwangerschaftsunterbrechung *erlaubt* ist. Die jetzige Formulierung, dass sie „straffrei" bleibt, würde darauf hindeuten, dass auch in diesen Fällen eine Strafnorm verletzt ist und nur aus besonderen Gründen keine Strafe eintritt. Das ist aber offensichtlich nicht der Fall.

Schließlich wird es – um Missbräuche bei der Anwendung des § 218 a einzuschränken – zweckmäßig sein, die Voraussetzungen oder Schwangerschaftsunterbrechung nach Ziff. 1 durch ein Ärzte*kollegium* feststellen zu lassen und in Ziff. 2 die Unterbrechung nur dann zuzulassen, wenn die strafbare Handlung binnen einer gewissen Frist (spätestens etwa zwei Monate nach der Begehung) angezeigt wird, so dass eine Klärung des Tatbestandes noch möglich ist.

o) Bei § 263 (Betrug) soll Abs. 4 (der besonders schwere Fall und damit die Möglichkeit, auf Zuchthaus zu erkennen) wegfallen, während er bei § 266 (Untreue) beibehalten werden soll. Eine zwingende Notwendigkeit für diese unterschiedliche Behandlung ist nicht einzusehen. Die bisherige gleiche Behandlung erscheint folgerichtiger.

Demgemäß wäre in § 263 Abs.4 – ebenso wie bei § 266 Abs. 2 – nur Satz 2 zu streichen, womit lediglich die der Naziideologie entstammenden Beispiele für besonders schwere Fälle (z.B. Schädigung des Wohls des Volkes) wegfallen würden.

p) In § 293 [Fischwilderei] Abs. 2 S. 1 soll die Höchststrafe nunmehr neun Monate Gefängnis betragen. Eine solche Höchstgrenze fällt völlig aus dem Rahmen des deutschen Strafrechts, das bei Höchst- und Mindeststrafen keine Zwischenstufe zwischen sechs Monaten und einem Jahr kennt.

Es wird daher die Höchststrafe von einem Jahr vorgeschlagen.

q) § 300 soll wohl auch Verstöße der Apotheker gegen die Verletzung der Berufsschweigepflicht unter Strafe stellen, wie dies in der Fassung des § 300 vor 1933, in

§ 24 der ReichsapothekO vom 18.4.1937, RGBl. I S. 457, und im ersten Entwurf des Arbeitsausschusses der Fall war.

Demgemäß müssten in den Abs. 1 nach den Worten „Verteidiger in Strafsachen" die Worte „Ärzte, berufsmäßige Krankenschwestern und Apotheker" eingefügt werden.

r) Die unterlassene Hilfeleistung (§ 300 c) ist ihrem Wesen nach keine Polizeiübertretung, sondern echtes kriminelles Unrecht. Es dürfte sich daher empfehlen, den Tatbestand des § 330 c als Vergehen, bedroht mit Gefängnis oder Geldstrafe, zu belassen und ihn nicht durch den Übertretungstatbestand des § 360 Ziff. 10 zu ersetzen.

III. Die vorgeschlagenen Änderungen, insbesondere die Milderung der Strafen und der Wegfall der Gleichsetzung von Versuch und Beihilfe mit der vollendeten Tat in der VO gegen Gewaltverbrecher, sind voll gerechtfertigt.

IV. Gegen die Aufhebung der Sicherungsverwahrung bestehen nach wie vor große Bedenken. Die Sicherungsverwahrung ist wohl unter dem Naziregime in das StGB eingeführt worden, sie entspringt aber keineswegs der nationalsozialistischen Ideologie. Die Einführung von Maßnahmen zur Sicherung und Besserung, insbesondere der Verwahrung von Berufsverbrechern gehörte schon vor dem 1. Weltkrieg zu den vordringlichsten Förderungen der Strafrechtsreform. Sie ist bereits im Entwurf eines allgemeinen deutschen StGB von 1925 enthalten und wurde schon vorher von namhaften demokratischen Strafrechtslehrern verlangt. In der amtlichen Begründung des Entwurfs eines allgemeinen deutschen StGB aus dem Jahre 1925 wird hierzu u.a. Folgendes ausgeführt:

„Die ernsteste Frage auf dem Gebiete der sichernden Maßnahmen ist die Behandlung gefährlicher Gewohnheitsverbrecher. Der Entwurf lässt gegen solche Verbrecher eine nicht unbeträchtliche Verschärfung der Strafen zu. Aber auch die erhöhten Strafen vermögen die Gefahren, die der öffentlichen Sicherheit von den Gewohnheitsverbrechern drohen, nicht zu beseitigen. Sie werden den Typus des vielfach vorbestrafen Einbrechers, der alsbald nach der Entlassung aus dem Zuchthaus neue Beutezüge unternimmt, oder den des Sittlichkeitsverbrechers, der in der Freiheit jeder neuen Versuchung unterliegt, nicht zum Verschwinden bringen. Wird die Strafdauer auch noch so sehr erhöht, schließlich muss der Verbrecher doch wieder auf freien Fuß gesetzt werden; und zwar auch dann, wenn kein Zweifel darüber besteht, dass er die Freiheit zu neuen Verbrechen benützen wird. Diesem offenbaren Übelstand kann nur durch Zulassung einer sichernden Maßnahme vorgebeugt werden, die den Behörden das Recht gibt, den Verurteilten, auch nach verbüßter Strafe solange in Verwahrung zu halten, als er eine Gefahr für die Allgemeinheit bildet."

Der bekannte Strafrechtslehrer Liszt schreibt in seinem 1914 erschienenen Lehrbuch des deutschen Strafrechts u.a. Folgendes: „Mit steigender Entschiedenheit wird der Schutz der Gesellschaft gegen gemeingefährliche Verbrecher ins Auge gefasst. Am anschaulichsten tritt diese Bewegung uns vielleicht entgegen in der jüngsten englischen Gesetzgebung. Den gleichen Geist atmen aber auch die umfassenden Entwürfe von neuen Strafgesetzbüchern, an denen in der Schweiz, in

Österreich und im Deutschen Reich z.Zt. gearbeitet wird. Diese drei Entwürfe zeigen übereinstimmende Grundzüge. Von dem geltenden Recht heben sie sich durch dasselbe kennzeichnende Merkmal scharf ab. Neben das System der Strafe haben sie ein Doppelsystem von Maßnahmen gestellt, deren ausgesprochener Zweck entweder die erziehende Fürsorge für den Verbrecher oder aber der Schutz der Gesellschaft gegen den Verbrecher ist. Neben den Verbrecher, der in der bisherigen Weise gestraft wird, tritt der Verbrecher, der gebessert, und der Verbrecher, der aus der Gesellschaft ausgeschieden, unschädlich gemacht werden soll. Damit ist die von der modernen Richtung verlangte Dreiteilung der Verbrecher wie der gegen den Verbrecher zu ergreifenden Maßnahmen anerkannt. Zugleich ist aber damit die Erfüllung der beiden programmatischen Forderungen inhaltlich erreicht, die ich im Jahre 1882 aufgestellt hatte: Die Unschädlichmachung der Unverbesserlichen und die Besserung der Besserungsfähigen; nur dass nicht die Strafe, sondern besondere Maßnahmen der Erreichung dieses Doppelzieles zu dienen berufen sind."

Zahlreiche europäische Demokratien haben inzwischen die Sicherungsverwahrung eingeführt; so Großbritannien seit 1908, Schweden seit 1927, Holland und Norwegen seit 1929, Belgien seit 1930 und die Schweiz seit 1937. In allen diesen Ländern ist die Möglichkeit geschaffen, im Anschluss an eine nach den allgemeinen Gesichtspunkten verhängte Strafe den Rechtsbrecher in Verwahrung zu halten, bis die Annahme gerechtfertigt erscheint, dass er die Allgemeinheit nicht mehr bedrohen werde.

Auch Deutschland wird auf die Sicherungsverwahrung nicht verzichten können; denn die Allgemeinheit hat ein Recht, sich vor Gewerbs- und Gewohnheitsverbrechern zu schützen. Würde ein Staat auf eine ausdrückliche Regelung verzichten, so wird er bei Berufsverbrechern auf die Verhängung von Strafen hinwirken müssen, die über das unter dem Gesichtspunkt der Sühne und Abschreckung an sich gebotene Maß hinausgehen, und damit zu einer unterschiedlichen Behandlung und Beurteilung gleicher Tatbestände gelangen. Zweckmäßiger und richtiger ist es, die Strafen nach den für sie geltenden Regeln zu bemessen und, soweit es der Schutz der Allgemeinheit verlangt, eine reine vorbeugende Freiheitsentziehung anzuschließen. Der Umstand, dass die Sicherungsverwahrung ebenso wie jedes andere Gesetz von der nationalsozialistischen Gewaltherrschaft in besonderem Maße missbraucht worden ist, rechtfertigt nicht die Befürchtung, dass sie auch in Zukunft missbraucht werden könnte. Erforderlich ist nur, dass für die Anordnung der Sicherungsverwahrung bestimmte Voraussetzungen geschaffen werden, die wesentlich strenger sein müssen als die für die Unterbringung in eine Heil- oder Pflegeanstalt. Es muss, worauf schon in der Begründung zum Entwurf von 1925 verwiesen ist, eine nicht bloß ihrer Art, sondern auch den konkreten Umständen nach schwere strafbare Handlung vorliegen. Der Rechtsbrecher muss ferner schon früher zu erheblichen Freiheitsstrafen verurteilt worden sein und es muss aus den begangenen strafbaren Handlungen hervorgehen, dass er ein für die öffentliche Sicherheit gefährlicher Gewohnheitsverbrecher, also von einem aus häufigerer Begehung entstandenen dauernden Hang zum Verbrechen beherrscht ist. Auf Sicherungsverwahrung darf demnach nur erkannt werden, wenn die Gefahr besteht, dass der Verurteilte auch in Zukunft erheblichere Angriffe gegen strafrechtlich geschützte Rechtsgüter unternehmen wird. Hinzukommen muss weiter, dass der Vollzug der Sicherungsverwahrung nicht in Form der Strafe, sondern lediglich in Form der Festhaltung unter erträglichen Lebensbedingungen erfolgen darf. Dann ist der Asoziale in Sicherungsverwahrung wesentlich besser daran als die Asozialen, gegen den immer wieder hohen Freiheitsstrafen verhängt werden müssen, weil die Maßregel der Sicherungsverwahrung fehlt.

Das Problem der Sicherungsverwahrung hat auch noch eine politische Seite. Würde in einer Zeit mit hoher und steigender Kriminalität die Sicherungsverwahrung abgeschafft werden mit der Folge, dass alle Sicherungsverwahrten in Freiheit kämen, so müsste eine solche Maßnahme die Sicherheit der Bürger in einem kaum mehr erträglichen Ausmaß beeinträchtigen, zumal es sich bei den jetzt noch in Sicherungsverwahrung befindlichen Personen durchweg um kriminelle Berufsverbrecher handelt. Da heute den Ländern in Deutschland auch jeder strafrechtliche Schutz für ihre verfassungsmäßigen Einrichtungen fehlt, würde diese weitere Vermehrung der Kriminalität zu einer Gefahr für die Demokratie werden müssen. Um eine solche über das Gebiet des Strafrechts hinausgehende erhebliche Rückwirkung zu verhindern, ist es dringend erforderlich, an der Einrichtung der Sicherungsverwahrung festzuhalten.

V. Auf dem Gebiete des Hochverrats und Landesverrats sind im Jahre 1933 folgende Bestimmungen erlassen worden:

1. Die VO des Reichspräsidenten zum Schutz von Volk und Staat vom 28.2.1933 (RGBl. I S. 83), durch die die Todesstrafe für den Hochverrat und die Todesstrafe bzw. hohe Zuchthausstrafen für das Unternehmen der Tötung des Reichspräsidenten und von Regierungsmitgliedern eingeführt wurden;

2. die VO des Reichspräsidenten gegen Verrat am deutschen Volk und hochverräterische Umtriebe vom 28.2.1933 (RGBl. I S. 83), die Verschärfungen der Strafen bei Landesverrat und Verrat militärischer Geheimnisse sowie neue Tatbestände gegen den Verrat sonstiger Staatsgeheimnisse und Vorschriften gegen die Aufforderung zum gewaltsamen Kampf gegen die Staatsgewalt (u.a. auch zum Generalstreik) durch Druckschriften brachte;

3. Das Gesetz zur Abänderung strafrechtlicher Vorschriften vom 26.5.1933 (RGBl. I S. 295), das vor allem Bestimmungen über das Sich-Verschaffen geheimzuhaltender Nachrichten einfügte;

4. das Gesetz zur Gewährleistung des Rechtsfriedens vom 13.10.1933 (RGBl. I S. 723), das u.a. die Verbreitung einer im Ausland hergestellten hochverräterischen Druckschrift unter Strafe stellte.

Das gesamte Gebiet des Hochverrats und Landesverrats wurde sodann durch die Novelle von 1934 (Gesetz zur Änderung von Vorschriften des Strafrechts und des Strafverfahrens vom 24.4.1934 – RGBl. I S. 34 –) neu gestaltet. Zweck und Inhalt der Novelle war nach der amtlichen Begründung (Dt. Justiz 1934 I Teil S. 595), die durch verschiedene Gesetzesänderungen seit 1933 unübersichtlich gewordenen Materien neu zu ordnen und noch vorhandene Lücken zu schließen; dabei wurden das Spionagegesetz (Gesetz gegen den Verrat militärischer Geheimnisse vom 3.6.1914 – RGBl. I S. 195 –) und ein Teil der seit 1933 ergangenen einschlägigen Bestimmungen in das RStGB hineingearbeitet. Die Änderungen bestanden dem Inhalt nach vor allem in der Verschärfung zahlreicher Strafdrohungen, in der Gleichstellung des Versuchs mit der Vollendung und der Androhung der Strafe in voller Höhe schon für das „Unternehmen", was bis dahin nur beim Hochverrat der Fall war.

Die durch die Novelle von 1934 geschaffenen Bestimmungen sind während des Nazi-Regimes im Wesentlichen unverändert geblieben.

Der Alliierte Kontrollrat hat mit Gesetz Nr. 11 alle Bestimmungen über Hochverrat und Landesverrat (§§ 80–94 StGB), die Bestimmungen über feindliche Handlungen gegen befreundete Staaten (§§ 102 u. 103 StGB) und über den Schutz des Staates und der Partei sowie deren Symbole gegen Beschimpfungen (§§ 134 a und b StGB) aufgehoben.

Damit sind Bestimmungen beseitigt worden, die – hauptsächlich durch weit überspannte Strafdrohungen – zu einem wesentlichen Teil zur Aufrechterhaltung der nationalsozialistischen Gewaltherrschaft beigetragen haben. Auf der anderen Seite ist durch die völlige Aufhebung dieser Bestimmungen eine Lücke im Strafrecht geschaffen worden, die im Interesse einer stabilen demokratischen Entwicklung Deutschlands und der einzelnen Länder bald wieder geschlossen werden muss; denn auch die neuen deutschen Länder und der zukünftige deutsche Staat bedürfen des Strafrechtsschutzes ihrer Verfassungen und ihres Gebietsbestandes gegen rechtswidrige Angriffe und böswillige Beschimpfung ihrer Einrichtungen und Symbole durch Staatsfeinde im Innern. Kein Staat kann auf die Dauer auf diesen Schutz verzichten. Es wird auch erforderlich sein, das spätere deutsche Staatsoberhaupt gegen rechtswidrige Angriffe auf seine verfassungsmäßigen Befugnisse zu schützen. Schließlich kann auch ein demokratisches Deutschland des Rechtsschutzes seiner Stellung im Verhältnis zu den anderen Staaten nicht völlig entbehren, ebenso wie diese gegen feindliche Handlung von Seiten Deutscher geschützt sein müssen.

Der mit der Revision des StGB beauftragte Strafrechtsausschuss des Kontrollrats hat lediglich der Notwendigkeit des Schutzes ausländischer Staaten gegen hochverräterische Handlungen Rechnung getragen und anstelle der aufgehobenen §§ 102 u. 103 die Wiederaufnahme von Bestimmungen über feindliche Handlungen gegen fremde Staaten vorgeschlagen; bezüglich der übrigen Fragen hat der Ausschuss keine Übereinstimmung erzielt und daher nur beschlossen, die Aufmerksamkeit des Rechtsdirektorats auf dieses Problem zu lenken. Er hat dabei einem amerikanischen und russischen Vorschlag vorgelegt, der die Bildung oder Unterstützung einer Vereinigung oder Verbindung oder die Beteiligung daran unter Strafe stellt, die sich nach dem amerikanischen Entwurf: gegen die demokratisch-konstitutionelle Staats- oder Regierungsform, nach dem russischen Entwurf: gegen die antifaschistisch-demokratische Staats- und Regierungsform richtet.

Im Entwurf des Ausschusses sind allerdings folgende Bestimmungen vorgesehen:

a) § 126 a, der die Teilnahme an einer militärischen bzw. militärähnlichen Organisation oder deren Unterstützung unter Strafe stellt und sich nach der Begründung gegen das Neuaufkommen von Terrororganisationen, wie SS und SA wendet;

b) § 129 a, der die Teilnahme an einer Verbindung oder Vereinigung unter Strafe stellt, die die Ausführung von Verbrechen oder Vergehen bezweckt oder ihre Ziele mit verbrecherischen Mitteln verfolgt;

c) § 130, der die öffentliche Aufforderung zu Gewalttaten gegen Personen oder Sachen unter Strafe stellt.

Allein diese Vorschriften sind zu eng (§ 129 a ersetzt z.B. lediglich den § 49 b). Sie schützen nicht den Staat in seiner Integrität nach innen und außen und können deshalb keinen Ersatz für fehlende Hochverrats- und Landesverratsbestimmungen bilden.

1. Wenn man von der Begriffsbestimmung des *Hochverrats* als des vorsätzlichen und rechtswidrigen Angriffs auf die Integrität der Staatsverfassung, des Staatsgebiets und des Staatsoberhaupts ausgeht, so müssen geschützt werden:

a) die Verfassung der Länder und des Gesamtstaats Deutschland gegen jede durch Gewalt oder Drohung mit Gewalt erzwungene Änderung,

b) deren Territorialbestand gegen gewaltsame Änderungen,

c) das Staatsoberhaupt gegen Beraubung seiner verfassungsmäßigen Gewalt oder Verhinderung an der Ausübung der verfassungsmäßigen Befugnisse.

Außer der Bestrafung des vollendeten und versuchten Hochverrats wäre auch die öffentliche Aufforderung zum Hochverrat und dessen Vorbereitung (durch Verabredung, Verbindungsaufnahme mit einer ausländischen Regierung zum Zwecke des Hochverrats, Ansammlung von Geld, Waffen zum gleichen Zweck u.a.) unter Strafe zu stellen. 2. Der *Landesverrat* ist der vorsätzliche und rechtswidrige Angriff auf die Stellung eines Staates in seinem Verhältnis zu anderen Staaten.

Die historische Entwicklung zeigt folgende Erscheinungsformen dieses Angriffs, die auch im Entwurf zu einem allgemeinen deutschen StGB von 1925 ihren Niederschlag gefunden haben:

a) die landesverräterische Untreue, d.i. das Führen eines Staatsgeschäfts mit einer fremden Regierung wissentlich zum Nachteile des eigenen Staates;

b) die landesverräterische Beweisvernichtung, d.h. die Fälschung oder Vernichtung von Beweismitteln über ein Rechtsverhältnis zwischen dem eigenen und einem anderen Staat;

c) die Herbeiführung einer Kriegsgefahr durch Aufnahme von Beziehungen mit einer ausländischen Regierung;

d) die Waffenhilfe und sonstige Begünstigung eines Feindes während eines Krieges;

e) die Nichterfüllung von Verträgen über Kriegsbedürfnisse während eines Krieges oder bei einem drohenden Krieg;

f) das Ausspähen von Staatsgeheimnissen in der Absicht, sie zum Nachteil des eigenen Landes zu gebrauchen, und der Verrat solcher Geheimnisse.

Die Tatbestände Ziff. d) bis e) sind gegenstandslos. Auch die in Ziff. a) bis c) bezeichneten Tatbestände sind gegenwärtig im Hinblick auf die Proklamation Nr. 2

des Kontrollrats Abschnitt III ohne aktuelle Bedeutung; immerhin wäre zu erwägen, ob nicht bereits jetzt bei einer Revision des StGB in dieser Richtung entsprechende Bestimmungen geschaffen werden sollen. Denn die landesverräterische Untreue und landesverräterische Beweisvernichtung haben nichts mit Nationalsozialismus und Militarismus zu tun und Bestimmungen, die die strafrechtliche Verfolgung der Herbeiführung einer Kriegsgefahr ermöglichen, können nur einen Beitrag zur Ächtung des Krieges bilden.

Anlage 4

Außerhalb der TO nimmt *MinRat Dr. Arndt* das Wort zu Ausführungen über *„Internationales Strafrecht"*

Die Gründung einer *Südwestdeutschen Vereinigung für Internationales Recht* ist mehr als der Zusammenschluss zu einer fachwissenschaftlichen Gesellschaft. Sie bedeutet, den Blick hinaus zu richten in die Weite der Menschheit und nach einem jahrelangen Kerkerdasein wieder Anschluss suchen an die Welt.

Seit dem Tage aber, an dem die deutsche Gruppe der International Law Association zu bestehen aufhörte, haben nicht nur wir uns, sondern hat sich auch die Welt verändert. Unser Leben ist in der eigenen Heimat das von Heimatlosen geworden, und Gebirge von Toten bilden das finstere Tal, in dem wir uns befinden. Wenn wir also Ausschau halten wollen nach einem Pass, der uns wieder mit den anderen Ländern der Erde verbindet, müssen wir uns bewusst sein, dass wir im Schatten dieser Berge des Todes stehen und kein anderer Weg ins Leben führt als die Ehrfurcht vor den Opfern und die Einsicht unserer Schuld.

Doch auch die Welt ist eine andere geworden, friedloser denn je, als ob es in dieser Nacht keinen Stern eines gemeinsamen Rechts mehr gebe. Nicht nur Deutschland ist von blutenden Demarkationslinien zerschnitten, zerbrochen erscheinen auch die Tafeln des Völkerrechts und zerstört die Brücke des internationalen Privatrechts, die einmal dem Weltverkehr diente. Sehen wir uns auf diesem geistigen Trümmerfeld um, müssen wir gewahren, dass es nicht so sehr die traditionellen Gebiete der zwischenstaatlichen Zusammenarbeit sein werden, wo unsere Aufgaben liegen, sondern dass neben ihnen ein neuartiges Rechtsgebiet unsere Aufmerksamkeit auf sich zieht: das Internationale Staatsrecht.

Während das Völkerrecht die Beziehungen der Staaten als solche zum Gegenstande hat und das internationale Privatrecht den zwischenstaatlichen Verkehr im Einzelnen, scheint es auf den ersten Blick paradox, dass etwas so spezifisch Nationales wie das Staatsrecht Gegenstand einer internationalen Behandlung sein könnte. Noch in unseren Tagen galt für alles Staatsrecht eine Art Monroe-Doktrin der Nichteinmischung. Ein Staat galt international als souverän, als Herr über Krieg und Frieden, in dessen innere Angelegenheiten kein anderer Staat hineinzureden hatte. Diese überlieferte Auffassung vom isolierten Staat ist im spanischen Bürgerkrieg zugrunde gegangen. Noch einmal wurde damals das Prinzip der Nichteinmischung proklamiert; aber lauter als alle Deklamationen waren die Kanonen von Almeria und die Bomben auf Guernica. In der einen Welt erwies sich die Doktrin der Nichteinmischung als undurchführbar, da der Friede unteilbar ist.

Offenbarte der spanische Bürgerkrieg die Unhaltbarkeit der traditionellen Souveränitätslehre, so sind doch Erkenntnis und Bemühen, dass international eine in der ganzen Welt gemeinsame Rechtsüberzeugung, die den einzelnen Staat nicht allein nach außen, sondern auch nach innen bindet, niemals ganz verloren gegangen, seit das Unum Corpus Christianum in souveräne Staaten zerfallen war, und gerade an der Schwelle unserer Tage steht zwischen den beiden Weltkriegen der im Nürnberger Prozess so aktuell gewordene Kellogg-Pakt der Kriegsächtung. Ist der Krieg geächtet, so ist damit dem Staat das jus pacis ac belli abgesprochen; hat der Staat das jus belli verloren, so ist er auch im traditionellen Sinne nicht mehr souverän, und es genügt nicht mehr, dass seine Gesetze nach nationalem Staatsrecht legal sind, wenn sie sich gegenüber den internationalen Geboten nicht legitimieren können.

Deutlich wird diese Wandlung in der Atlantischen Urkunde vom 14.8.1941. Zwar bekennt sich diese Urkunde noch zu dem Grundsatz eines Rechts aller Völker, sich die Regierungsform zu wählen, unter der sie leben wollen, – aber sie fordert zugleich die endgültige Vernichtung der nationalsozialistischen Tyrannei, sie fordert für alle Staaten, Sieger und Besiegte, unter den gleichen Bedingungen Zugang zum Handel und zu den Rohstoffen der Welt, und sie fordert die Gewähr, dass alle Menschen in allen Ländern ihr ganzes Leben lang frei von Furcht und Not leben können. Damit stellt die Atlantische Urkunde ein innerpolitisches Verlangen und begründet internationale Maßstäbe für das nationale Staatsrecht.

Weit über die Atlantische Urkunde hinaus geht die in San Francisco am 26.6.1945 errichtete Urkunde der Vereinten Nationen. Sie erkennt allen Staaten die Befugnis der Kriegführung, ja in Art. 51 vielleicht sogar einen Anspruch auf Selbstverteidigung ab und überträgt die Entscheidung auf den Sicherheitsrat, dessen Weisungen jedes Mitglied zu befolgen hat. Wie ein roter Faden zieht sich durch die ganze Urkunde die Verpflichtung zur Mithilfe bei der Verwirklichung der Menschenrechte und Grundfreiheiten für alle. Damit sind die Menschenrechte ein Codex des internationalen Strafrechts geworden.

Die äußerste Folgerung aus dieser Entwicklung hat *Bernard Baruch* am 15.6.1946 in seiner Rede vor der Atomkommission der UN gezogen, als er erklärte:

„Alles, was geschieht, gleichgültig wo oder wie, was den Frieden der Welt oder die wirtschaftliche Stabilität bedroht, geht jeden und alle von uns an."

Wie aktuell das Interventionsprinzip, welches im Atomzeitalter den Krieg durch das Mittel eines internationalen Staatsrechts zum unteilbaren Frieden wenden will, in besonderem Maße für uns Deutsche ist, erweisen das Potsdamer Protokoll vom 2.8.1945 und der Nürnberger Prozess. Das Potsdamer Protokoll hat, worauf jetzt Herr *JM Zinn* mit historischen und juristischen Gründen hingewiesen hat, keineswegs eine Aufhebung Deutschlands als Staatswesen bedeutet, sondern im Gegenteil die Aufgabe gestellt, „die endgültige Umgestaltung des deutschen politischen Lebens auf demokratischer Grundlage und eine mögliche friedliche Mitarbeit Deutschlands am internationalen Leben … vorzubereiten."

Die bisherigen Grundsätze des Völkerrechts, dass die occupatio bellica nicht zu Eingriffen in das Staatsrecht des besetzten Gebietes berechtige, haben ihre

Begrenzung durch ein neu entstehendes Internationales Staatsrecht gefunden, das nicht wie das Völkerrecht nur außenpolitische Bindungen auferlegt, sondern innerpolitische Pflichten durch das Erfordernis der Demokratisierung, die jedoch sinnvoll nicht als Besatzungsrecht aufgefasst, sondern in Übereinstimmung mit der von Herrn JM Zinn aus einem Urteil des amerikanischen Obersten Bundesgerichts hergeleiteten Rechtsauffassung nur aus der Selbstbestimmung des Volkes begründet werden kann. Denn Demokratie lässt sich ihrer Natur nach nicht befehlen; sie kann nicht von außen oder von oben kommen, sondern nur von unten und innen aus eigenem Entschluss.

Wir beobachten also eine Entwicklung, die von der Außenpolitik zur Innenpolitik, vom Völkerrecht zum Staatsrecht geht, welche die ursprünglich außenpolitische Unabhängigkeitserklärung der Vereinigten Staaten von 1776, dass Regierungen auf dem Willen der Regierten beruhen, und die zeitgenössische Erscheinung der Widerstandsbewegungen, wie sie jetzt in der Hessischen Verfassung zum Widerstandsrecht der unmittelbaren Demokratie sich verdichtete, in innerstaatliche Grundsätze umwandelt und sie zum Kriterium der Legitimität macht. Für die Anerkennung einer Regierung genügt nicht mehr die Gewähr, dass sie die völkerrechtlichen Verpflichtungen ihres Staates zu erfüllen gewillt erscheint, sondern für die moderne Reconnaisance tritt die Notwendigkeit hinzu, dass sie sich innerstaatlich als demokratisch legitimiert.

Wie sehr es sich bei dieser Entwicklung nicht etwa um Theorien, sondern um reale Ereignisse der Geschichte handelt, hat der Nürnberger Prozess demonstriert, der bewusst den Präzedenzfall schaffen wollte, dass die Verletzung internationalen Rechts Sanktionen nach sich zieht. Man hat darüber gestritten, ob das Nürnberger Urteil den Grundsatz Nulla poene sine lege verletze, und der amerikanische Strafrechtslehrer *Glück* hat die Frage aufgeworfen und bejaht, ob der Prozess legal gewesen sei. Das wirkliche Problem des Nürnberger Prozesses ist jedoch ein Problem des Internationalen Strafrechts und liegt tiefer: nicht die Legalität, sondern die Legitimität steht infrage. Würde statt einer gemeinsamen Rechtsüberzeugung noch in der einen Welt eine Souveränität der Staaten anerkannt, dann allerdings hätten Maßnahmen des Staates, falls sie legal waren, nicht Gegenstand der Bestrafung sein können und auch ohne Rücksicht auf ihre Legalität niemals von einem staatsfremden Tribunal abgeurteilt werden dürfen. Der Nürnberger Gerichtshof vermochte also seine Legitimation nicht aus der bloßen Legalisierung durch ein Kontrollratsgesetz, sondern nur substantiell aus der Anerkennung eines internationalen Staatsrechts herzuleiten. Mit Recht hat deshalb *Jackson* gesagt, dass die wahre Klägerin vor den Schranken jenes Gerichts die Zivilisation sei. Eben aus dem gleichen Grunde bleibt es jedoch auch das Problematische des Nürnberger Prozesses, dass er ohne neutrale und – obgleich nach den Worten Jacksons wahrlich auch die Deutschen eine Rechnung mit den Angeklagten zu begleichen hatten – ohne deutsche Beteiligung vor einem interalliierten Militärtribunal statt vor einem internationalen Gerichtshof stattfand, und es entbehrt nicht der Tragik, dass jener Prozess, der einen wichtigen Schritt auf die Civitas Maxima zu darstellt, ein Fragment bleiben musste, weil es noch die alte Vorstellung vom Völkerrecht war, die ihn beherrschte, und nicht die neue eines internationalen Staatsrechts, die dazu hätten führen müssen, die Usurpation der Staatsmacht den Angeklagten, insbesondere dem Angeklagten Papen, als Hochverrat zum Vorwurf zu machen, da die Demokratie unteilbar ist.

Im Nürnberger Prozess offenbart sich als das Grundproblem des Internationalen Strafrechts die Unterscheidung zwischen Legalität und Legitimität. Der Begriff der Legalität ist positivistisch, er steht dem souveränen Staat als Schöpfer der Rechtsordnung voraus. Der Begriff der Legitimität ist transzendent; er erkennt den Staat als Geschöpf der Rechtsordnung, da die Menschenrechte, um mit *Shawcross* zu sprechen, nach dem Ebenbilde Gottes geschaffen sind. Gerade für unsere Gegenwart ist es von lebensentscheidender Bedeutung, dass der Besiegte nicht, wie *Jaspers* zur Schuldfrage aus dem Nihilismus der Existentialphilosophie heraus meint, dem Machtgebot des Vae Victis untersteht, sondern dem von aller Staatshoheit, auch der der Sieger, unabhängigen absoluten Recht, aus dem allein sich durch das internationale Staatsrecht die Legitimität einer Gesetzgebung herleiten lässt. Denn die Legitimität kann, worauf jüngst *Carl Schmid* hingewiesen hat, nur metajuristisch begründet werden. So wird auch die Legitimität des Nürnberger Spruchs davon abhängen, dass er kein Todesurteil für das deutsche Volk sein kann, sondern sich rechtfertigt als Hilfe für das Volk, dem mit den Maßstäben nicht des Vae Victis, sondern der Demokratie begegnet wird.

In der Taktik des Regierens mag, wie *Reinhold Niebunn* gesagt hat, die Ordnung über der Gerechtigkeit stehen, aber dauerhaften Frieden kann nur eine Ordnung, die Gerechtigkeit in sich schließt, sichern.

Wenn daher die Vertreter der Rechtswissenschaft in Deutschland und insbesondere unsere Vereinigung dem Frieden dienen und den Wiederanschluss an die Welt gewinnen will, müssen wir unser Augenmerk vornehmlich diesen Fragen widmen und den Arbeiten, von denen wir in unserer Abgeschlossenheit leider so wenig wissen. Die Amerikanische Vereinigung für Weltorganisation, die mit einer Delegation in San Francisco vertreten war, hat einen Bericht über die wesentlichen Menschenrechte erstattet, der auch in Deutschland bekannt und diskutiert werden sollte. Die Vereinten Nationen, die sich in ihrer Charta nicht weniger als fünfmal zu dem Grundsatz bekannt haben, die Achtung vor den Menschenrechten und fundamentalen Freiheiten zu fördern und zu ermutigen, haben zu diesem Ziel einen Ausschuss für wirtschaftliche und soziale Angelegenheiten eingesetzt, da sich die Erkenntnis Bahn bricht, dass die menschliche Freiheit sich nicht verbriefen lässt, sondern nur aus der für das künftige internationale Staatsrecht maßgeblichen internationalen Wirtschaftsordnung zu erwachsen vermag. Um diese Wirtschaftsordnung, die die Sozialverfassung bestimmen wird, ringt die Welt.

In Deutschland überschneiden sich heute die Kraftlinien der Mächte und der Doktrinen. Das ist die reale Lage, von der unsere Arbeit für den Tag und über den Tag hinaus bestimmt wird. Wir können sie nicht leisten, ohne uns bewusst zu sein, dass unsere Tätigkeit sich vor dem weltweiten Hintergrund eines in der Entstehung begriffenen internationalen Staatsrechts abspielt und das Nahziel der

Demokratisierung Deutschlands im Sinne des Potsdamer Protokolls ist, welche die Bildung einer deutschen Regierung und den Friedensschluss ermöglicht.

In unserer praktischen Arbeit stehen wir jetzt an dem kritischen Punkt, wo sich erweist, dass der Zustand in Deutschland, den man die politische Demontage nennen sollte, mindestens so gefahrvoll ist wie die industrielle Demontage. Wenn wir nicht im Chaos versinken wollen, brauchen wir Regelungen, die über die engen und lebensunfähigen Bezirke der einzelnen Länder und Zonen hinausgehen. Zu diesem Zwecke sind in der hoffnungsvollen Erwartung, dass alle Zonen sich anschließen werden, zunächst zwischen der amerikanischen und britischen Zone gewisse interzonale Ämter geschaffen worden. Die Entwicklung aber, die sich dabei abzuzeichnen scheint, muss als eine bedenkliche gekennzeichnet werden, solange sie droht, zur Bildung autoritärer Behörden zu führen, und nicht die Sicherheit geboten ist, dass die Neugestaltung nach den Grundsätzen des internationalen Staatsrechts demokratisch von unten her aufwächst. Hier Wächter zu sein, ist eine Aufgabe, die vornehmlich den heute hier versammelten Chefs der Justizverwaltungen zufallen muss, da in einem demokratischen Staatswesen sich ihr Zuständigkeitsbereich keineswegs auf die Rechtsprechung beschränken kann, geschweige denn auf das, was der Laie die „formaljuristische" Prüfung nennt, sondern der Justizminister Gesetzgebungsminister und keiner wie er zu prüfen imstande ist, ob ein gesetzgeberischer Entwurf sich in das Ganze der Staatsordnung einfügt, und keiner wie er zu verantworten berufen ist, dass Gesetze nach Entstehung und Inhalt auch wehrhaft demokratisch sind.

Insbesondere im vorläufigen Abkommen über die Bildung eines Deutschen Finanzrats und im vorläufigen Abkommen über die Bildung eines Deutschen Wirtschaftsrats ist aber für eine verantwortliche und gleichberechtigte Mitwirkung der JM der Länder in der amerik. und Brit. Zone kein Raum gelassen und der beim Wirtschaftsrat gebildete Wirtschaftsrechtsausschuss macht sich stark, die JM-Konferenz, die zugleich die Aufgaben des Rechtsausschusses beim Länderrat in Stuttgart ausführt, zu verdrängen. Im gleichen Zeitpunkt, in welchem der JM der Länder Bayern, Württemberg-Baden und Hessen aufgrund der Verfassungen den Regeln der parlamentarischen Demokratie unterworfen werden, nimmt der Wirtschaftsrat gegen den am 7.11.1946 zu Protokoll gegebenen Einspruch der Vertreter der JM von Bayern und Hessen das Recht für sich in Anspruch, Gesetze zu erlassen, da er nach dem von der MR genehmigten Abkommen ermächtigt sei to enact directives. Auf solche Weise würde die parlamentarische Verantwortung der JM illusorisch. Die Tragweite im Einzelfall wird daraus ersichtlich, dass etwa der vom Wirtschaftsrat gefertigte Entwurf eines Gesetzes über den Warenverkehr in seinem § 1 durch eine Generalklausel das Verwaltungsamt für Wirtschaft in der amerik. und Brit. Zone oder die Wirtschaftsminister der einzelnen Länder ermächtigen soll, den Verkehr mit Waren „zu regeln", insbesondere Anordnungen über deren Beschaffung, Fertigung, Verteilung, Lagerung, Absatz und Verbrauch zu treffen, obwohl eine solche uneingeschränkte Verordnungsbefugnis sich im Widerspruch befinden müsste zu Art. 118 der Hess. Verfassung, der die grundsätzliche Unübertragbarkeit der Gesetzgebungsgewalt „im Ganzen oder für Teilgebiete" statuiert.

Nach Art. 70 Abs. 3 der Bayer. Verfassung ist die Gesetzgebung überhaupt unübertragbar. Dieser demokratische Grundsatz der Unübertragbarkeit der Gesetzgebung kann nicht dadurch de facto durchbrochen werden, dass ein Wirtschaftsminister, selbst wenn er parlamentarisch verantwortlich ist, durch Beschlussfassung im Wirtschaftsrat seinen Landtag zum Erlass eines Gesetzes verpflichtet, wie es zurzeit in Art. 3 in Verbindung mit Art. 9 des Abkommens vom 5.9.1946 vorgesehen ist.

Nicht die begrüßenswerte Bemühung, über die Lücken des einen Deutschland und seine Zonen hinweg zu gemeinschaftlichen Regelungen zu kommen, ist es, gegen die sich eine Kritik richten darf, aber die Außerachtlassung von Grundsätzen des Internationalen Strafrechts, welche hier unter dem Einfluss von demokratisch nicht kontrollierten Wirtschaftsbestrebungen zu bedenklichen Entwicklungen führen könnte. Es wird Gegenstand einer sorgfältigen Erörterung sein müssen, wie eine gleichberechtigte Mitwirkung der parlamentarisch verantwortlichen JM und die Entscheidung der Volksvertreter soweit es sich um Gesetze handelt, auch für die überzonalen Ämter verwirklicht wird. Denn die politische Einheit Deutschlands, die von Stalin wie von Byrnes und Bevin als notwendig gefordert wird, kann nur mit Mitteln erzielt werden, die den Grundsätzen des internationalen Strafrechts entsprechen.

Berufung oder Revision gegen Urteile des LG in Zivilsachen?

I. Gesetzliche Grundlagen: § 511 ZPO: „Die Berufung findet gegen die in erster Instanz erlassenen Endurteile statt."

Plan für den Aufbau des Rechtspflegewesens in der Amerik. Zone vom 4.10.1945 Teil II, 5:

a) In Strafsachen: (1) „Gegen erstinstanzliche Urteile des LG ist nur Revision beim OLG zulässig."

b) In Zivilsachen: (1) „Gegen erstinstanzliche Urteile des LG ist nur Revision beim OLG zulässig."

Englischer Text bei beiden Stellen gleichlautend: (1) The OLG will be the court of appeal for all cases decided by the LG s a court of first instance. Appeals to the OLG will be confined to a review of questions oflaw."

Gesetz des Kontrollrats Nr. 4 vom 30.10.1945, „Wiederaufbau des deutschen Rechtswesens", Art. II, letzte Sätze: „Das LG ist Berufungsinstanz für Entscheidungen der AG. Das OLG ist an sich keine eigene Instanz, jedoch entscheidet es endgültig in Zivilsachen, die das LG entschieden hat. In Zweifelsfällen hat das OLG Revisionsrecht über Entscheidungen der AG und LG in Straffällen, wie im Gesetz vorgesehen."

"The LG will have appellate jurisdiction over decisions of the AG. The OLG will have to original jurisdiction, but will have final appellate jurisdiction over decisions of the LG in civil cases; they will have the right of review on question of law (Revision) over decisions of AG and LG in criminal cases as provided bylaw."

« Le LG sera la juridiction d'appel à l'égard des décisions de l'AG. L'OLG n'est pas un tribunal de première instance. Il constitue la juridiction d'appel en dernier ressort à l'égard des décisions du LG dans les affaires civiles. Il aura le droit de casser (révision) les décisions AG et LG en matière pénale, dans les cas prévus par la loi. »

„Gesetz über Rechtsmittel in der streitigen und der freiwilligen Gerichtsbarkeit" vom 25.4.1946 i.d.F. vom 9.10.1946:

§ 1. „(1) In bürgerlichen Rechtsstreitigkeiten findet gegen die Endurteile der AG die Berufung an das LG, gegen die Endurteile erster Instanz der LG die Revision an das OLG statt.

(4) In Ehesachen ist die Revision nur zulässig, wenn von ihr die Klärung einer Rechtsfrage von grundsätzlicher Bedeutung zu erwarten ist. Hierüber entscheidet das OLG durch Beschluss."

II. Literatur: RA Dr. Paul Wetzel in SJZ 1946 S. 128.

III. Stellungnahme

A. Gegebenheiten:

1. Bei Schaffung des Rechtsmittelgesetzes war Bindung an den „Plan" zwingend.

2. Ob dieser „Plan" mit (26 Tage später erlassenem) Kontrollratsgesetz Nr. 4 zu vereinbaren ist, ist hier nicht zu entscheiden. Der engl. und franz. Text können Zweifel erwecken.

3. Die Amerik. Zone steht mit Revision allein, anders als bei Schaffung des Rechtsmittelgesetzes weitgehend geglaubt wurde.

B. Beschwerden und Wünsche:

1. Jetziger Zustand schafft wesentliche Rechtsungleichheit in den drei westlichen Zonen. Beispiel: Nord- und Südbaden.

2. Revision als einziges Rechtsmittel führt dazu, dass – bei dem derzeitigen Überwiegen der Ehesachen – landgerichtliche Zivilurteile meist unanfechtbar sind.

3. Das ist besonders bedauerlich, solange beim LG noch der Einzelrichter entscheidet.

4. Eine zweite Tatsacheninstanz ist aber, wenn schon die frühere dritte Instanz fehlt, überhaupt vorzuziehen. Vor allem ist sie Wunsch der Anwaltschaft.

5. Zu kleine und zu gering mit Zivilsachen beschäftigte OLG wären zur Schaffung einer maßgebenden Revisionspraxis ungeeignet.

6. Auch Richtermangel kann heute nicht mehr bestimmend sein.

IV. Anträge: Die Interzonentagung möge beschließen:

1. Im Interesse der Einheit des deutschen Rechts und der Güte der Rechtsprechung in der amerikanisch besetzten Zone wird die amerikanische MR gebeten, Teil II des „Plans für den Aufbau des Rechtspflegewesens in der amerikanischen Zone" vom 4.10.1945 unter 5, b, (1) abändernd so zu fassen: „Gegen erstinstanzliche Endurteile des LG findet die Berufung an das OLG statt."

2. Der Kontrollrat wird gebeten, bei der Neufassung der ZPO daran festzuhalten, dass gegen die in erster Instanz erlassenen Endurteile der LG wieder grundsätzlich die Berufung an das OLG stattfindet.

Punkt 7 der TO: „Interzonale Rechtsfragen, insbesondere der gegenseitige Rechtshilfeverkehr".

OLG-Präs. Lingemann, Düsseldorf, führte aus: 1. Vor dem Zusammenbruch Deutschlands war der gegenseitige Rechts- und Amtshilfeverkehr der deutschen Behörden untereinander durch die Zentralinstanzen angeordnet, geregelt und gewährleistet. Insbesondere war die Einziehung von Abgaben sowie deren Abführung und die Vollstreckung von gerichtlichen Entscheidungen Gegenstand des Rechts- und Amtshilfeverkehrs. Inzwischen ist Deutschland in verschiedene Besatzungszonen aufgeteilt worden. Deutsche Zentralinstanzen fehlen, und durch die Anordnungen der Besatzungsmächte ist der Behördenaufbau sowie die Zuständigkeit der einzelnen Stellen in den verschiedenen Besatzungszonen zum Teil abweichend von dem früheren Zustand, aber auch abweichend voneinander geregelt. Gerade der Wegfall deutscher Zentralinstanzen lässt die gegenseitige Anerkennung der Amtshandlungen sowie einen Rechts- und Amtshilfeverkehr der deutschen Behörden untereinander über die Zonengrenzen hinweg als besonders notwendig erscheinen, um eine geordnete Durchführung der Verwaltung zu ermöglichen.

In rechtlicher Beziehung steht der gegenseitigen Anerkennung der Amtshandlungen und der Durchführung eines Rechts- und Amtshilfeverkehrs an sich nichts entgegen. Das Deutsche Reich ist trotz des Mangels einer einheitlichen Zentralgewalt und trotz der Aufteilung in verschiedene Besatzungszonen mit eigenen voneinander unabhängigen Verwaltungskörpern als ein einheitliches Staatsgebiet und Staatswesen anzusehen. Die deutschen Behörden in der einen Besatzungszone haben den durch Anordnung der Besatzungsmacht einer anderen Zone geschaffenen Zustand in Bezug auf den Behördenaufbau und die Zuständigkeiten als zu Recht bestehend und für sich verbindlich anzuerkennen. Da die gegenseitige Anerkennung von Amtshandlungen und die Gewährung von Rechts- und Amtshilfe zwischen den verschiedenen Besatzungszonen durch Anordnungen des Kontrollrats bisher nicht ausdrücklich geregelt worden sind, wird diese an sich klare Rechtslage von den deutschen Behörden jedoch vielfach als zweifelhaft angesehen, so dass Anerkennung sowie Rechts- und Amtshilfe versagt werden. Eine Klarstellung durch den Kontrollrat entspräche einem dringenden Bedürfnis. Eine Anerkennung der beiderseitigen Amtshandlungen und des Rechts- und Amtshilfeverkehrs ist meines Erachtens nur auf der Grundlage der Gegenseitigkeit möglich. 2. Was die Frage der Anerkennung der beiderseitigen Amtshandlungen anlangt, so wird insbesondere hinsichtlich der Anerkennung gerichtlicher Entscheidungen und notarieller Akte in den verschiedenen Zonen Klarheit geschaffen werden müssen.

Wie mir bekannt geworden ist, ist z.B. einem in der Brit. Zone amtierenden Notar, der einen Kaufvertrag mit Auflassung über ein in einer anderen Zone liegendes Grundstück beurkundet hat, die Auskunft gegeben worden, das zuständige AG werde wahrscheinlich die Anerkennung der Auflassung versagen. Hinsichtlich des Rechts- und Amtshilfeverkehrs haben sich im Bereich der Brit. Zone Schwierigkeiten im Allgemeinen nicht ergeben. Aus der Tatsache, dass zwischen dem hiesigen Justizetat und einem Justizetat in der russ. Besatzungszone eine Verrechnung nicht möglich ist, ist soweit ersichtlich ein Bedenken gegen die Erledigung von Rechtshilfeersuchen aus der Russ. Zone nicht hergeleitet worden. Formelle Schwierigkeiten, die dadurch entstehen, dass bei Vernehmungsersuchen das Recht der Parteien auf persönliche Anwesenheit in Beweisterminen (§ 375 ZPO) infolge der Reiseschwierigkeiten nicht berücksichtigt werden kann, wird man dadurch ausräumen können, dass die Parteien dem Prozessgericht oder dem Rechtshilfegericht gegenüber den Verzicht auf persönliche Anwesenheit im Termin erklären und dass die Parteien in einem Schriftsatz dem Rechtshilfegericht mitteilen, welche besonderen Gesichtspunkte und Fragen sie im Beweistermin berücksichtigt wissen wollen. Hindernisse im Rechtshilfeverkehr ergeben sich aber vor allem infolge des Verbots des Zahlungsverkehrs in der russ. Besatzungszone. Dieses Verbot erschwert insbesondere die Zwangsvollstreckung aus zivilprozessualen Titeln. Um Schwierigkeiten dieser Art auszuräumen, müssten Einrichtungen getroffen werden etwa der Art, dass die Abführung von Geldbeträgen, die aufgrund des Ersuchens einer Behörde der Russ. Zone eingezogen oder geleistet werden, auf ein besonderes Konto innerhalb der westlichen Zonen erfolgen kann. Ein derartiges Verfahren ist aber zurzeit nicht möglich.

Im Einzelnen sind noch folgende Schwierigkeiten aus dem Bereich der Brit. Zone bekannt geworden: Verschiedene Rechtshilfeersuchen sind mit Rücksicht auf den zurzeit bestehenden Richtermangel abgelehnt worden. Von einem AG ist gemeldet, dass Strafvollstreckungsersuchen, einschließlich Ersuchen zur Einziehung von Geldstrafen, in einer anderen Zone nicht ausgeführt seien. Ein Strafvollstreckungsersuchen einer StA in der Brit. Zone ist von einem Inspizienten für den Strafvollzug in dem Gebiet einer anderen Zone mit der Begründung abgelehnt worden, dass eine Abmachung der Besatzungsmächte der verschiedenen Zonen über die Strafvollstreckung in einer anderen Zone nicht vorliege. Von einem anderen Gericht ist die Zustellung in eine andere Besatzungszone vergebens versucht worden. In einem weiteren Falle ist die Vernehmung eines Zeugen in einer anderen Zone aufgrund Rechtshilfeersuchen nicht von einem Richter, sondern von einem Justizinspektor vorgenommen worden. Ein AG hat einem Gericht meines Bezirks gegenüber auf das Ersuchen um Übersendung einer Testamentsabschrift diese Übersendung von der Erstattung der Schreibgebühr in Höhe von 1,75 RM abhängig gemacht.

Wenn auch viele dieser Schwierigkeiten durch eine Fühlungnahme mit den höheren Landesjustizbehörden, in deren Bezirk die betreffenden Gerichte liegen, behoben werden können, beweist doch die große Anzahl dieser bekannt gewordenen Fälle, dass eine Klarstellung von Seiten einer übergeordneten Stelle dringend erforderlich ist.

Um den sich aus dem Interzonenverkehr ergebenden Schwierigkeiten nach Möglichkeit abzuhelfen, sind in der Brit. Zone verschiedene Maßnahmen beabsichtigt. So liegt ein VO-Entwurf des bisherigen Rechtsunterausschusses vor, der der Beseitigung von Schwierigkeiten bei Eintragung der Errichtung von Zweigniederlassungen und der Verlegung einer Hauptniederlassung oder des Sitzes einer

Handelsgesellschaft dienen soll. Nach diesem Entwurf soll u.a. bei Verlegungen im Inlande die die Anmeldung und Eintragung bei dem Registergericht der neuen Hauptniederlassung oder des neuen Sitzes ausreichen, während nach den geltenden gesetzlichen Bestimmungen die Anmeldung und Eintragung bei dem Gericht der bisherigen Hauptniederlassung bzw. des bisherigen Sitzes erforderlich ist.

Mit Rücksicht auf die zurzeit im Verkehr mit einzelnen Besatzungszonen noch bestehenden Schwierigkeiten im Zahlungsverkehr war der bisherige Rechtsunterausschuss ferner mit folgender Frage befasst worden:

Durch eine AV des RJM vom 7.10.1935 war bestimmt worden, dass bei Verweisung eines Rechtsstreits an ein anderes Gericht die Festsetzung und Zahlung der Gebühren und Auslagen des beim verweisenden Gericht tätig gewesenen Armenanwalts bei dem Gericht, an das der Rechtsstreit verwiesen ist, erfolgen soll. Das LG in Greifswald, an das ein Rechtsstreit verwiesen war, hat die Festsetzung und Zahlung der Armenanwaltskosten u.a. mit der Begründung abgelehnt, dass die Zahlung von einer besetzten Zone in die andere nicht zulässig sei und außerdem die Landesverwaltung Mecklenburg-Vorpommern eine eigene für Mecklenburg-Vorpommern geltende Armenanwaltsgebührenordnung besitze.

Das LG Berlin (im russ. Sektor Berlins) hat in einem vom LG Lüneburg dorthin verwiesenen Rechtsstreit die Zahlung der Kosten des Lüneburger Armenanwalts mit der Begründung abgelehnt, dass es dem Berliner Magistrat nicht zuzumuten sei, Armenanwaltskosten eines auswärtigen Rechtsanwalts zu zahlen.

Das LG Halle a.d. Saale hatte einen Eherechtsstreit an das LG Verden (Brit. Zone) verwiesen. Das LG Verden hatte die dem Armenanwalt in Halle zustehenden Gebühren und Auslagen festgesetzt und das jetzt zuständige Bezirksgericht Merseburg ersucht, die Kassenanweisung zu erlassen, da eine Zahlung durch die Kasse in Verden nicht möglich sei. Das Bezirksgericht Merseburg hat die Vorgänge dem Rechnungsamt des OLG Naumburg vorgelegt, das die Festsetzung mit der Mitteilung zurückgegeben hat, für die Erteilung der Auszahlungsanordnung sei das LG Verden zuständig. Wenn die Zahlung infolge der Zonengrenzen zunächst nicht ausgeführt werden könne, müsse damit bis zu einer anderweiten Regelung gewartet werden.

Unter diesen Umständen kann im Falle einer Verweisung eines Rechtsstreits die Anwendung der AV zu Unzuträglichkeiten führen. Es ist für den Bereich der Brit. Zone eine Änderung der AV dahingehend vorgesehen, dass ausnahmsweise auch die Festsetzung und Zahlung der Gebühren und Auslagen bei dem verweisenden Gericht erfolgen kann.

Im Zusammenhang mit diesen interzonalen Rechtsfragen sollen kurz noch einige Schwierigkeiten gestreift werden, die sich im Rechtsverkehr mit den Gebieten östlich der Oder-Neisse-Linie ergeben. Diese Gebiete, soweit sie am 31.12.1937 zum Deutschen Reich gehörten, werden zwar noch als zu Deutschland gehörig betrachtet werden müssen. Die Gerichte in diesen Gebieten sind aber nicht erreichbar. Zur Regelung dadurch entstehender Schwierigkeiten ist das ZJA der Brit. Zone mit mehreren Fragen befasst. So ist im Hinblick auf die Unmöglichkeit der Erteilung vollstreckbarer Ausfertigungen von Urteilen, die von einem Gericht östlich der Oder-Neisse-Linie erlassen sind, angeregt worden, an die Stelle des früheren Prozessgerichts dasjenige deutsche Gericht zu setzen, bei dem die Partei, gegen die sich die Zwangsvollstreckung richtet, ihren allgemeinen Gerichtsstand hat oder bei dem ein Gerichtsstand gemäß § 23 ZPO begründet ist. Auch die Frage der Erteilung des Rechtskraftzeugnisses bei Urteilen von Gerichten jenseits der Oder-Neisse-Linie verlangt dringend einer Regelung. Die hauptsächlichsten Schwierigkeiten treten aber erst dann auf, wenn es sich darum handelt, die Ausfertigung einer Urkunde zu beschaffen in Erweiterung der VO vom 18.6.1942 (RGBl. I S. 395). Dabei wird es unmöglich sein, Urkunden von Gerichten oder Notaren aus den Ostgebieten wieder herzustellen, wenn nicht einmal eine einfache Abschrift vorgelegt werden kann. Es liegt ferner ein VO-Entwurf vor, durch den die Frage der Rechtshängigkeit von Rechtsstreitigkeiten gelöst werden soll, die bei einem früheren Gericht der Ostgebiete anhängig waren. Der Entwurf geht von der Erwägung aus, dass einer Partei dazu verholfen werden muss, einen anhängigen Prozess, der infolge der Kriegseinwirkungen in gewissen Teilen des Landes nicht durchgeführt werden kann, fortzusetzen, und bestimmt u.a., dass die prozessrechtlichen Wirkungen der Rechtshängigkeit als nicht eingetreten gelten, wenn infolge der Auswirkungen des Krieges die Durchführung des Prozesses und Klagerücknahme dem Kläger unmöglich oder nicht zuzumuten sind.

Zur Beseitigung der Schwierigkeiten im interzonalen Rechtsverkehr rege ich deshalb an, durch die zuständige Besatzungsbehörde der einzelnen Zonen dem Kontrollrat vorzuschlagen:

a) Maßnahmen zu treffen mit dem Ziel, dass die deutschen Behörden der einen Besatzungszone, die Amtshandlungen im Rahmen der Anordnungen der MR einer anderen Besatzungszone über Behördenaufbau und Zuständigkeitsregelungen anerkennen,

b) einen Rechts- und Amtshilfeverkehr zwischen deutschen Behörden der verschiedenen Besatzungszonen nach Maßgabe der Bestimmungen, die vor der Besetzung galten, für zulässig zu erklären, soweit nicht im Einzelfall ein Verbot der MR dem entgegensteht,

c) soweit der Durchführung des Rechts- und Amtshilfeverkehrs ein Verbot des Zahlungsverkehrs mit einer anderen Zone entgegensteht, Maßnahmen zu treffen, durch die die Überweisung des eingezogenen oder geleisteten Betrages durch Verfügungen anderer Art ersetzt werden.

Die Durchführung des Kontrollratsgesetzes Nr. 18 (Wohnungsgesetz)

Referat von MinRat Dr. Stierle in Stuttgart.

Das Kontrollratsgesetz Nr. 18 (WG) sieht an verschiedenen Stellen (vgl. Art. XII, XIII) die Erlassung von Ausführungsbestimmungen durch die deutschen Wohnungsbehörden vor. Der Unterausschuss Wohnungswesen des Sozialpolitischen Ausschusses des Länderrats hat im Sommer 1946 eine DurchführungsVO ausgearbeitet, die dem Rechtsausschuss zur Begutachtung unterbreitet und von diesem zur gemeinsamen Beratung seiner Referenten an dem Unterausschuss

Wohnungswesen verwiesen wurde. Den Beratungen lagen der Entwurf des Unterausschusses, ein Gutachten des württemb.-bad. JMin. und ein hess. Gegenentwurf zugrunde. In mehreren Sitzungen wurde der ursprüngliche Entwurf stark umgearbeitet, bis er in seiner schließlichen Fassung an das Plenum des Sozialpol. Ausschusses und von diesem an das Direktorium und den Länderrat gelangte.

Aus der Fülle von Problemen, die den Ausschuss beschäftigten und zur Lösung einer der brennendsten Gegenwartsfragen, nämlich einer gerechten Wohnraumverteilung beitragen sollte, seien nur die Folgenden hervorgehoben: Die Diskriminierung der politisch Belasteten, die Hausratserfassung und, von den hess. Gegenvorschlägen, die Einführung des Beschlagnahmebegriffs neben demjenigen der Erfassung, die Erforderlichkeit als Voraussetzung für den Zwangswohnungstausch und die Einarbeitung eines über das Mieterschutzgesetz hinausgehenden Wohnungsschutzes in die DurchführungsVO. *I. Die Behandlung der politisch Belasteten.* Der Unterausschuss hatte zu Art. VII WG eine Ausführungsbestimmung vorgesehen, wonach beim Fehlen freien Wohnraums ein solcher vor allem bei politisch belasteten Personen einschließlich der Mitläufer freizumachen und dabei der Grad der Belastung soweit möglich zu berücksichtigen sei. Gegen diese Bestimmung erhob der Rechtsausschuss starke Bedenken in der Richtung, dass das WG selbst zwar in Art. VIII ein Vorrecht politisch qualifizierter, nicht aber eine Zurücksetzung politisch disqualifizierter Personen enthalte. Daraus sei zu schließen, dass das Gesetz, das den Geltungsbereich und den Rang eines Reichsgesetzes gegenüber Landesgesetzen einnehme, die Frage des Zuteilungsrangs habe abschließend regeln, es also der DurchführungsVO nicht habe freistellen wollen, zusätzliche Vorrangstatbestände einzuführen. Wolle man aber dieser Argumentation nicht folgen, – im Ausschuss wurde von dem Vertreter von OMGUS mitgeteilt, die amerik. MR stehe auf dem in Bayern bereits zur Durchführung gelangten Standpunkt, dass fehlender Wohnraum in erster Linie bei Parteigenossen zu beschaffen sei, – sondern eine Lücke im WG annehmen, dann dürfe sie nur im Rahmen des BefreiungsG vom 5.3.1946 ausgefüllt werden, das heißt über den Grad der politischen Belastung und über die zu verhängenden Sühnemaßnahmen, die sich nur bei Hauptverantwortlichen und Belasteten, nicht aber bei Minderbelasteten und Mitläufern auf Wohnungsbeschränkungen erstrecken, dürfen nur die unabhängigen Spruchkammern, nicht aber die Wohnungsbehörden entscheiden, Art. 27 Ziff. 1, 31 Ziff. 2 des BefreiungsG. Da sich nun aber der vereinigte Ausschuss über diesen Punkt nicht verständigen konnte, wurde in einer neuen Beratung mit den zugezogenen Vertretern der Befreiungsministerien ein Kompromiss folgenden Inhalts erzielt: „Bei der Erfassung des Art. VII Abs. 1 WG ist zu berücksichtigen, dass für den Betroffenen keine unbillige Härte entsteht und dass ihm, soweit erforderlich, ein anderer angemessener Wohnraum zugeteilt wird. – Wenn diese Voraussetzungen zutreffen, sind politisch Belastete nach dem Grad ihrer Belastung tunlichst zuerst heranzuziehen. – Für die Festlegung des Grades der politischen Belastung sind bis zum Vorliegen einer rechtskräftigen Entscheidung aufgrund des BefreiungsG die Angaben im Meldebogen maßgebend.“

Aber im Plenum des Sozialpolitischen Ausschusses wurde der letzte Satz trotz der erneut vorgebrachten Gegenargumente des Vertreters des Rechtsausschusses gestrichen, weil sich die Vertreter der Wohnungsbehörden angesichts der drängenden Wohnungsnot über die rechtlichen Bedenken glaubten hinwegsetzen zu müssen. Danach könnten nun die Wohnungsbehörden selbständig über den Grad der politischen Belastung und die zu verhängenden Wohnungsbeschränkungen entscheiden. Aber auch in diesem Punkt ist noch nicht das letzte Wort gesprochen. Denn der Länderrat hat zwar in seiner Sitzung vom 3.12.1946 der DurchführungsVO zugestimmt, aber nur unter dem Vorbehalt, dass diese Rechtsordnung noch durch die Landtage behandelt und verabschiedet werden solle, was das württ.-badische Gutachten schon von Anfang an vorgeschlagen hatte. Die Annahme der VO durch den Länderrat ist mit der Begründung erfolgt, dass der auf diesem Gebiet bestehenden sehr großen Rechtsunsicherheit begegnet werden müsse.

II. Die Hausratserfassung. Der Entwurf des Unterausschusses Wohnungswesen hatte in die VO eine Bestimmung eingearbeitet, der zufolge die Wohnungsbehörden befugt sein sollen, auf Zeit Hausrat des täglichen Bedarfs zu beschlagnahmen und ausstattungsbedürftigen Personen zuzuweisen, soweit ein erfasster Wohnraum wegen Mangels an Hausrat nicht bewohnt werden könne, und zwar sollte Hausrat in Besitz und Eigentum politisch Belasteter und Hausrat, der unbenützt in Lagerhäusern oder sonst wo gelagert ist, ohne Rücksicht auf politische Belastung herangezogen werden dürfen. Die Einwendung des Rechtsausschusses, dass diese Bestimmung im WG keine Stütze finde und der Nachprüfung durch die Verwaltungsgerichte nicht standhalten werde, verfehlte ihren Eindruck auf den Ausschuss nicht und das JMin. Württemberg-Baden wurde mit der Ausarbeitung eines besonderen Gesetzentwurfs über die Erfassung von Hausrat beauftragt, der dann mit einigen bayerischen Zusätzen sowohl vom Plenum des Sozialpolitischen Ausschusses wie auch vom Direktorium und vom Länderrat angenommen wurde, von letzterem mit demselben Vorbehalt und mit derselben Begründung wie bei der Annahme der DurchführungsVO. Das württ.-bad. Staatsministerium hat das Innenministerium ermächtigt, bis zur rechtskräftigen Verabschiedung des Gesetzes die ihm unterstellten Behörden anzuweisen, in der Praxis nach den Grundsätzen des Hausratsgesetzentwurfs als Richtlinien zu verfahren.

Die wesentlichen Bestimmungen über die Hausratserfassung gehen dahin:

§ 1. „Ist eine durch die Wohnungsbehörde nach dem WG und den einschlägigen Ausführungsvorschriften zugewiesene Person ohne ihr Verschulden nicht im Besitz der zum Wohnen notwendigen Gegenstände (Möbel, Betten, Hauswäsche, Geschirr) und kann sie sich diese laut Bescheinigung des zuständigen Wirtschaftsamtes nicht beschaffen, so hat der von der Zuweisung Betroffene in seinem Besitz befindliche Gegenstände dem Zugewiesenen auf Zeit gegen Entgelt zum Gebrauch zu überlassen, soweit weder er noch ein sonst Verfügungsberechtigter die Gegenstände zum eigenen angemessenen Wohnen benötigt.

Einigen sich die Beteiligten nicht, so hat die Wohnungsbehörde einen Ausgleich zu versuchen, und bei dessen Scheitern das Erforderliche anzuordnen.

In der Frage, welche Gegenstände zum eigenen angemessenen Wohnen benötigt werden, ist bei politisch belasteten Personen der Grad ihrer Belastung zu berücksichtigen. Durch die Feststellung des Grades der politischen Belastung sind bis zum Vorliegen einer rechtskräftigen Entscheidung aufgrund des Gesetzes zur Befreiung von Nationalsozialismus und Militarismus vom 5.3.1946 alle Angaben im Meldebogen maßgebend.

§ 2. In Lagerhäusern, Abstellräumen oder sonst wo ungenützt gelagerter Hausrat aus Privatbesitz kann von der Wohnungsbehörde erfasst und auf Zeit gegen ein Entgelt Personen zum Gebrauch überlassen werden, die ohne ihr Verschulden nicht im Besitz der zum Wohnen notwendigen Gegenstände sind und sich diese laut Bescheinigung des zuständigen Wirtschaftsamtes nicht beschaffen können, sofern dem Eigentümer oder Hinterleger anderweitiger Hausrat in für seinen Bedarf ausreichendem Umfang zur Verfügung steht und die Erfassung auch unter Berücksichtigung eines künftigen Verwendungszwecks für den Eigentümer oder Hinterleger keine unbillige Härte darstellt. Das Eigentum wird durch die Erfassung nicht berührt. – § 1 Abs. 3 gilt sinngemäß.

III. Die hessischen Gegenvorschläge1. Erfassung und Beschlagnahme. Zum Begriff der Erfassung (requisition) führt das hessische JMin. aus, das Wohnungsgesetz habe diesen bisher unbekannten neuen Rechtsbegriff mit der zwingenden Wirkung eingeführt, dass die Erfassung ein bisheriges Mietverhältnis zum Erlöschen bringe. Die Erfassung gehe also weiter als die dem deutschen Recht bisher bekannte Beschlagnahme. Sie komme ihrer Rechtsnatur nach einer Entziehung oder Enteignung nahe. Seien z.B. zwei Personen Hauptmieter einer 3-Zimmer-Wohnung, so dass diese unterbelegt sei, so erfolge die Wohnraumlenkung grundsätzlich nicht durch Erfassung des entbehrlichen dritten Zimmers, sondern durch seine Beschlagnahme. – Andernfalls müsste man nach dem Kontrollratsgesetz zwingend zu dem Ergebnis kommen, dass mit der Erfassung des nicht benötigten dritten Zimmers der Hauptmietvertrag insoweit erlösche und der bisherige Hauptmieter im Falle einer Mietklage den Vermieter an den Untermieter verweisen dürfte. Dadurch würden die Verwirrung auf dem Gebiet des Mietrechts und die Schwierigkeiten für die Prozessrichter unabsehbar. Bei richtiger Auslegung des Kontrollratsgesetzes stehe nichts im Wege, grundsätzlich für die Maßnahmen der Wohnungsbehörden den erprobten Begriff der Beschlagnahme beizubehalten, weil das WG nicht vorschreibe, die Wohnungsbehörden müssten notwendig immer mit der Erfassung vorgehen, die vielmehr stets nur das äußerste Mittel sei. Hauptaufgabe der DurchführungsVO müsse deshalb eine klare Abgrenzung zwischen den Rechtsbegriffen der Beschlagnahme und der Erfassung sein. Eine Erfassung werde erst dann erforderlich sein, wenn der Wohnrauminhaber nicht nur zu beschränken, sondern aus der Wohnung zu entfernen sei.

Allein die Ansicht, es sei im WG zwingend bestimmt, dass die Erfassung ein bisheriges Mietverhältnis zum Erlöschen bringe, dass sie also weiter gehe als die dem deutschen Recht bisher bekannte Beschlagnahme, trifft nicht zu. Es ist dabei Art. VIII Abs. 2 WG übersehen, wonach ein vor der Erfassung begründetes Rechtsverhältnis, insbesondere ein Mietvertrag über die Benutzung des erfassten

Wohnraums, spätestens mit dem Inkrafttreten eines nach den Vorschriften des Art. VIII abgeschlossenen neuen Rechtsverhältnisses erlischt. Nicht schon die *Erfassung* bringt die schuldrechtlichen Ansprüche des Betroffenen an den Wohnraum zum Erlöschen, wie Hessen meint, sondern erst die aufgrund der *Zuweisung* erfolgte Begründung eines neuen Rechtsverhältnisses. Die Erfassung hat nur die Wirkung, dass, soweit sie reicht, dem betroffenen Wohnungsinhaber der unmittelbare Besitz entzogen wird und dass er nun nicht mehr frei über den Wohnraum verfügen darf. Das neue Rechtsverhältnis kann (Art. VIII Abs. 2 a und b) durch einen auf Verlangen des Wohnungsamts geschlossenen Mietvertrag oder durch eine Verfügung mit mietvertraglicher Wirkung begründet sein. Diese Begründung eines neuen Rechtsverhältnisses folgt der Erfassung notwendig nach, jedoch gemäß Art. VIII Abs. 2 d nicht länger als 15 Tage. Das Erlöschen des bisherigen Rechtsverhältnisses kann vor diesem Zeitpunkt liegen, wenn nämlich der bisher berechtigte Mieter (bzw. Untermieter) durch Vereinbarung mit dem Eigentümer (bzw. Hauptmieter) oder auch konkludent, z.B. durch Räumung, schon vorher, also nach der Erfassung, aber vor Inkrafttreten des neuen Mietverhältnisses, auf die Fortsetzung seines Mietverhältnisses verzichtet; insofern ist das Wort „spätestens" sachgemäß. Die Erfassung hat also keine Wirkung, die hinausginge über:

a) die aktenmäßige Vormerkung des Raumes als eines für das Wohnungsamt im Wege der Zuteilung verfügbaren, dass nicht bloß Sachen, sondern auch Personen „erfasst" werden können, ergibt sich aus dem Flüchtlingsgesetz, wonach die Flüchtlinge vor ihrer Einweisung in die Notunterkunft zu erfassen und zu registrieren sind,

b) die förmliche Bekanntgabe dieser Bereitstellung an den bisher Berechtigten gem. Art. VII Abs. 2,

c) die in Art. VIII Abs. 2 e Satz 2 ausgesprochene Verfügungsbeschränkung.

Erfassung bedeutet also nicht weniger, aber auch nicht mehr als eine Beschlagnahme im sonst geläufigen Sinne. Natürlich kann sie mit der Zuweisung eines Wohnberechtigten im Sinne des Art. VIII Abs. 2 a verbunden werden und wenn das WG in Abs. 2 d die 15-Tagefrist mit der Erfassung beginnen lässt, scheint es davon auszugehen, dass diese Verbindung die Regel sein soll; notwendig ist sie aber keineswegs und in der praktischen Handhabung wird es sich empfehlen, die Frist ggfs. statt mit der Erfassung erst mit der Zuweisung beginnen zu lassen.

Die von Hessen geltend gemachten Bedürfnisse sind also im WG und im Entwurf der DurchführungsVO in Wahrheit durchaus befriedigt. Was in Ergänzung des Art. VIII zu verordnen war, nämlich dass die Erfassung auch Teile einer Wohnung ergreifen und die Zuweisung nicht nur ein Haupt-, sondern auch ein Untermieterverhältnis begründen kann, ist im Entwurf vorgesehen. Damit ist klargestellt, dass die Erfassung nicht nur einer Entfernung des Inhabers aus seinem Wohnraum, sondern auch einer Beschränkung in seinem Wohnraum dienen kann und dass es im Falle der Erfassung unterbelegten Mietraums ins billige Ermessen des Wohnungsamts gestellt ist, die Zuweisung in Untermiete oder neben dem Hauptmieter in Hauptmiete zu verfügen.

Die DurchführungsVO der Nordrhein-Provinz vom 23.5.1946 (Mitteil.- u. VOBl. Nr. 36 S. 213) hat auf alle näheren Bestimmungen verzichtet, steht aber auf dem Boden der hier vertretenen Auffassung, wie § 2 a Satz 2 erkennen lässt, wo Art. VIII Abs. 2 e Satz 1 unter Weglassung des Wortes „spätestens" wie folgt wiedergegeben hat: „Ein vor der Erfassung abgeschlossener Überlassungsvertrag erlischt, wenn das Wohnungsamt die Räume einer anderen Person zuweist."

Auch *Bettermann,* SJZ 1946 Heft Nr. 5 S. 113 ff., V, sagt, die Wirkung der Erfassung sei die einer Beschlagnahme, der Erfassung folge die Zuweisung; das behördlich befohlene oder festgesetzte Mietverhältnis verdränge das bisherige Wohnrecht. Zusammenfassend ist zu sagen: Die Erfassung des WG erfüllt die rechtliche Funktion einer Beschlagnahme, und geht nicht über sie hinaus. Die Einschaltung eines besonderen Beschlagnahmebegriffs neben der Erfassung in die DurchführungsVO wäre nicht nur überflüssig, sondern schädlich, weil sie zur Verwirrung und zur Erschwerung in der praktischen Handhabung des Gesetzes führen würde.

2. Die Erforderlichkeit als Voraussetzung für den Zwangswohnungstausch. Hessen vertritt die Meinung, dass für die Anordnung eines Wohnungstausches i.S. des Art. VI b WG die Erforderlichkeit i.S. der Unvermeidbarkeit und zwingenden Notwendigkeit Voraussetzung sei. Allein diese Auslegung findet im Gesetz keine Stütze. Wohl ist Hessen zuzugeben, dass die Fälle des Zwangswohnungstausches aufs engste eingeschränkt werden sollten, sie wirken bei den Betroffenen, die gar nicht im Besitz unausgenützten Wohnraums zu sein brauchen, als besonders harter Eingriff, zumal sie auch noch ihre Umzugskosten tragen müssen; eine Anregung im Ausschuss, diese Umzugskosten auf die Gemeinden zu übernehmen, fand bei den Wohnungsbehörden keine Geneigtheit, aber nach Art. VI b WG steht die Anordnung des Wohnungstausches nur unter der einen Voraussetzung, dass sie eine bessere Verteilung des Wohnraums bedeutet. Trifft diese Voraussetzung zu, so kann der Wohnungstausch im Wege der hierzu erforderlichen Erfassungen (Art. VIII Abs. 1) und Zuweisungen verfügt werden. Ob die neue Wohnraumverteilung, die auf dem Wege des Zwangstausches erzielbar ist, eine „bessere" ist, hat das Wohnungsamt verantwortlich zu entscheiden. Als Richtlinien für diese Entscheidung sind ihm in § 13 der DurchführungsVO die Vermeidung unbilliger Härten und die Zuteilbarkeit anderen angemessenen Wohnraums an den Betroffenen an die Hand gegeben; mehr lässt sich offenbar auch im VO-Wege nicht bestimmen. Mit Recht sagt *Bettermann* aaO. VI S. 116, dass im Rahmen des Art. FI b andere als wohnungswirtschaftliche Zwecke nicht verfolgt werden dürfen, die Tauschanordnung also keinen politischen oder Strafcharakter tragen darf. Dagegen ist ihm nicht zu folgen, wenn er als Voraussetzung fordert, dass eine der beiden Tauschwohnungen unterbelegt sei; was man einem Inhaber durch Erfassung wegen Unterbelegung nicht nehmen könne, dürfe ihm auch nicht auf dem Wege der Tauschordnung entzogen werden. Wenn etwa eine 5-Zimmer-Wohnung durch den alleinstehenden Hauptmieter und vier alleinstehende Untermieter belegt ist, so ist sie schwerlich unterbelegt; aber es wird sich nicht leugnen lassen, dass z.B. die Einweisung einer kinderreichen Familie, etwa aus Anlass der Rückkehr des Familienoberhaupts aus der Gefangenschaft, bei angemessener Unterbringung der fünf bisherigen Bewohner unter tauschweiser Verwendung der bisherigen Familienwohnung eine Verbesserung der Wohnraumverteilung bedeuten würde. Solche Befugnisse der Wohnungsämter wird man anerkennen müssen.

3. Ausdehnung des Mieterschutzes auf alle rechtmäßig zustande gekommenen Wohnverhältnisse. Der hessische Gegenentwurf hatte in § 36 Abs. 1 folgende Bestimmung vorgesehen: „Der § 24 des Mieterschutzgesetzes i.d. Fassung vom 15.12.1942 (RGBl. I S. 712) erhält folgende Fassung: Die Vorschriften des ersten Abschnitts dieses Gesetzes sind auf jedes Wohnverhältnis anzuwenden, gleich auf welchem rechtlichen oder tatsächlichen Grunde es beruht, sofern es rechtmäßig zustande gekommen ist. – Ausgenommen bleiben Wohnräume, die nur zum vorübergehenden Gebrauch bestimmt waren (z.B. Gasthauszimmer)."

Die Reformbedürftigkeit des Mieterschutzrechts steht außer Zweifel, ist aber durch das Wohnungsgesetz weder veranlasst noch auch nur in Einzelheiten beeinflusst. Auch erschöpft sie sich nicht in der Unzulänglichkeit der materiellen Schutzvorschriften; die Reform des Verfahrens ist kaum weniger dringlich; hier besteht eine Abhängigkeit insofern, als je nach der Verfahrensregelung, die getroffen wird, also je nachdem z.B. die Eigenbedarfsfälle in der gerichtlichen Zuständigkeit belassen oder in einem Kündigungsverfahren dem Wohnungsamt überwiesen werden, die Ausweitung des materiellen Mieterschutzes mehr oder weniger weit zu gehen braucht; im Einzelnen wird auf das Gutachten des Württ.-Bad. JMin. zur Reform des Mieterschutzrechts vom Juli 1946 verwiesen, das den JMin. der Länder und den sonst interessierten Stellen vorliegt. Unter diesen Umständen erscheint es erstens überhaupt antunlich, bei Gelegenheit einer DurchführungsVO zum WG das Mieterschutzrecht anzufassen. Abgesehen von dem Bedenken, ob ein Gesetz durch eine VO geändert werden kann, gehört das WG, wenn es auch ins Privatrecht eingreift (s. Art. VIII Abs. 2 e betr. die Wirkungen der Erfassung) doch von Haus aus dem Bereich des Verwaltungsrechts an und es würde also durch eine solche Einfügung einer rein privatrechtlichen Vorschrift die oft genug vermisste systematische Klarheit im Aufbau der Gesetzgebung zum Schaden ihrer Volkstümlichkeit weiterhin notleiden, was für das Mieterschutzrecht umso mehr zu beklagen wäre, als es ohnedies seit der letzten Neufassung des Gesetzes im Jahre 1942 bereits wiederum durch Bestimmungen ergänzt worden ist, die in Sondergesetzen zersplittert sind. Und zum anderen erscheint es untunlich, aus der notwendigen Gesamtreform des Mieterschutzgesetzes ein Stück vorwegzunehmen, das dann möglicherweise im Zusammenhang mit der endgültigen Reform alsbald nochmals geändert werden müsste. Die notwendige Erweiterung des Mieterschutzes sollte, loco, nämlich durch eine Änderung oder Neufassung des Mieterschutzgesetzes in Gesetzesform erfolgen. Das gilt auch von dem an sich zu billigenden § 37 des hess. Gegenentwurfs über das Verhältnis von gerichtlichen Entscheidungen zu Maßnahmen der Wohnungsämter.

Der hessische Vorschlag unterliegt auch materiell-rechtlichen Bedenken. Eine Totalisierung des Mieterschutzes für Untermietverhältnisse scheint nicht geboten; zum mindesten könnten möbliert wohnende Einzeluntermieter wie bisher schutzfrei bleiben. Auch würde die vorgeschlagene Änderung des § 24 MSchG nicht genügen, da sie mit §§ 19 ff., 26, 32 ff. MSchG in Widerspruch stünde, diese Vorschriften müssten ausdrücklich ganz oder teilweise aufgehoben werden, ebenso §§ 7–9 der VO vom 7.11.1944 (RGBl. I S. 319).

Als Ergebnis ist festzuhalten: Die von Hessen vorgeschlagene Umwandlung des Mieterschutzes in einen Wohnungsschutz ist, von formalen und sachlichrechtlichen Bedenken abgesehen, der notwendigen Gesamtreform des MSchG vorzubehalten und nicht als Teilstück mit der DurchführungsVO zum WG zu verflechten.

2. Bericht über die Wiesbadener Juristentagung (DRZ 1947, S. 27–30)

Vom 3. bis 6.12.1946 fand in Wiesbaden die zweite interzonale Tagung der Leiter des Justizwesens und von Vertretern der Rechtswissenschaft statt. Sie erhielt ihr besonderes Gepräge dadurch, dass hier zum ersten Mal seit dem Zusammenbruch führende Juristen aller vier Zonen und Berlins sich zu Aussprache und gemeinsamer Arbeit versammelten. Vertreten, und zwar größtenteils durch ihre Chefs, waren die JMin. der drei Länder der US-Zone, das ZJA und die Landesjustizministerien bzw. -verwaltungen der britischen Zone, die JVerw. der Länder Südbaden, Südwürttemberg und Rhein-Pfalz (französische Zone) und die zentrale deutsche JVerw. der sowjetischen Zone. Dazu traten Hochschullehrer aus allen vier Zonen und Berlin (dessen JVerw. nicht vertreten war). Als Gäste wohnten der Tagung Vertreter der amerikanischen, britischen und französischen Militärregierung bei. Den Ehrenvorsitz übernahm, von den Versammelten herzlich begrüßt, der Senior der deutschen Juristen, Reichsminister a.D. *Dr. Schiffer,* Chef der Deutschen Justizverwaltung der Sowjetischen Besatzungszone. Die Verhandlungen wurden von dem Veranstalter der Tagung, dem hess. *JM Zinn* geleitet.

Revision des StGB: Den Verhandlungen über den ersten Punkt der TO, die Revision des StGB durch Beseitigung der Vorschriften nationalsozialistischen oder militärischen Ursprungs, lag ein Referat des MinDirig. Walther (München) zugrunde, das sich mit dem vor der Verabschiedung stehenden einschlägigen Entwurf des vom Rechtsdirektor der Alliierten Kontrollbehörde eingesetzten Strafgesetzausschusses auseinandersetzte. Die Diskussion konzentrierte sich auf eine Hauptpunkte des Entwurfs, erstreckte sich aber häufig über die „Entnazifizierung" des StGB hinaus auf Probleme, deren Lösung der später in Angriff zu nehmenden großen Strafrechtsreform vorbehalten bleiben soll. Dies führte zu einer allseitigen Durchdringung der erörterten Gegenstände und leistete zugleich, indem es die heutige kriminalpolitische und -rechtliche Grundproblematik sichtbar werden ließ, den kommenden Reformen wertvolle Vorarbeit.

Der erste Diskussionsgegenstand war die Bekämpfung des gefährlichen Gewohnheitsverbrechertums, insbesondere die Sicherungsverwahrung. In dem erwähnten Strafgesetzausschuss hat sich die Mehrheit für die Streichung des § 42 e als nationalsozialistisch und für die Auflockerung des § 20 a ausgesprochen. Dass sich in der Tat Bedenken gegen die bisherige Regelung erheben lassen, stellte die

Diskussion außer Zweifel. Prof. Dr. Kohlrausch (Berlin) wandte sich scharf gegen die Zweispurigkeit der Verbrechensbekämpfung; das Nebeneinander von § 20 a und § 42 e sei „Etikettenschwindel"; nehme man das Sicherungs- und das Besserungselement aus der Strafe heraus, so bleibe die nackte Vergeltungstheorie übrig; für die Zukunft sei der Übergang zum unbestimmten Strafurteil anzustreben, und zwar zum relativ unbestimmten: Minimum und Maximum der Strafe sollten von vornherein bindend festgelegt werden. Ergänzend bezeichnete Prof. Dr. Lange (Jena) [nicht in der Teilnehmerliste erwähnt] unter Hinweis auf die §§ 20 ff. der thüring. Fassung des StGB das unbestimmte Strafurteil als humaner und demokratischer als die §§ 20 a, 42 e und als Krönung des spezialpräventiven Sühnegedankens; das absolut unbestimmte Urteil sei jedoch dem relativ unbestimmten vorzuziehen. Prof. Dr. v. Weber (Bonn) kritisierte die Vermengung verschiedenartiger kriminalpolitischer Gesichtspunkte und empfahl, nach dem Schweizer Vorbild die Verhängung von Strafe oder Sicherungsverwahrung je nach der Art des Einzelfalls vorzusehen. Alle Redner aber waren darin einig, dass die Problematik der Sicherungsverwahrung nichts mit der nationalsozialistischen Ideologie zu tun habe, dass es sich bei der Sicherungsverwahrung vielmehr um eine kriminalpolitische Maßnahme handle, die seit Jahrzehnten im In- und Ausland erörtert und auch in zahlreichen anderen Staaten eingeführt sei. Dementsprechend kam eine Entschließung zustande, in der unter Darlegung dieser Gesichtspunkte und unter Betonung einer wirksamen Bekämpfung des Berufsverbrechertums dem Kontrollrat vorgeschlagen wird, es bei der gegenwärtigen Regelung zu belassen, insbesondere den § 42 e nicht aufzuheben, bis der Zeitpunkt für eine Reform gekommen, mindestens aber bis die Möglichkeit einer unbestimmten Strafe für Berufsverbrecher gegeben ist.

Was die Bestrafung des Hochverrats angeht, so schloss sich die Konferenz ohne Diskussion der Forderung des Referenten an, dass die durch das [Kontrollratsgesetz v. 30.1.1946] Nr. 11 entstandene Lücke [Aufhebung der §§ 80 ff. StGB] im Interesse einer stabilen demokratischen Entwicklung durch Bestimmungen zum Schutz der Verfassung der Länder und des Gesamtstaates Deutschland, des Territorialbestandes und des Staatsoberhauptes geschlossen werden müsse, wobei außer dem vollendeten und versuchten Hochverrat auch dessen Vorbereitung und die öffentliche Aufforderung dazu unter Strafe zu stellen sei. Bestimmungen über den Landesverrat sollen dagegen der künftigen Gesetzgebung vorbehalten bleiben.

Gegenstand lebhafter und langwieriger Erörterungen waren die §§ 170 a ff. und damit das Problem der Poenalisierung des Privatrechts". Der von Prof. Dr. Welzel (Göttingen) vertretenen Auffassung, dass es sich hier um ausgeprägt nationalsozialistisches Gedankengut handle, trat u.a. Prof. Dr. Schönke (Freiburg) mit dem Hinweis entgegen, dass diese Bestimmungen auf den Schweizer Entwurf von 1908 und auf das schwedische und finnische Recht zurückgingen und dass z.B. auch in Frankreich die Entwicklung auf die Erweiterung des strafrechtlichen Familienschutzes ziele. Die Diskussion spitzte sich besonders auf die §§ 170 a und 170 d [von 1943, RGBl. I 169] zu. Die auf ihre Streichung gerichteten Vorschläge – der den § 170 d [Gefährdung des Kindes] betreffende wurde durch den Hinweis auf

§ 223 b und durch die Erwägung begründet, der Begriff des sittlichen Wohls sei bei den derzeitigen uneinheitlichen Auffassungen des Volkes zu unbestimmt, als dass eine Strafbestimmung ohne Gefahr des Missbrauchs auf ihn gegründet werden könne – wurden von mehreren Hochschullehrern unterstützt (Welzel, Lange, bez. § 170 d auch Kohlrausch und Schönke), drangen aber bei der Mehrheit der Vertreter der Justizverwaltungen nicht durch. Dagegen kam hinsichtlich des mit § 170 d verwandten § 139 b [v. 1943, RGBl. I 635; Neufassung durch 3. StÄGB v. 4.8.1933] vor allem auf die Initiative des LG-Dir. Dr. Rotberg (Koblenz) eine Entschließung zustande, er solle dahin geändert werden, dass die Altersgrenze auf 16 Jahre herabgesetzt, nur die grobe Vernachlässigung unter Strafe gestellt, als Voraussetzung der Strafbarkeit die Begehung eines Verbrechens oder Vergehens durch den zu Beaufsichtigenden erfordert und die Höchststrafe von sechs auf drei Monate herabgesetzt wird.

Die Erörterungen über die Fassung des § 211 ließen zutage treten, dass man bei der Prüfung, ob ein Gesetz dem Gebot der „Entnazifizierung" unterfalle oder nicht, mit groben Klassifikationen nicht zu befriedigenden Ergebnissen kommt. Nicht nur die aus der nationalsozialistischen Ideologie heraus entstandenen Gesetze fallen darunter, sondern, wie Prof. Dr. Kohlrausch bemerkte, auch solche, die ohne nationalsozialistischen Ursprungs zu sein, ganz oder teilweise in dieser Richtung missbraucht werden können. Durch diese Erwägung wurde die Diskussion über die Antithese: die Neufassung des § 211 ist nationalsozialistisch – sie ist es nicht, hinaus zu fruchtbaren Ergebnissen geführt. Eine volle Einigung kam freilich nicht zustande. Die Vertreter der sowjetischen Zone und von Nordwürttemberg-Nordbaden traten im Anschluss an den erwähnten Entwurf des Strafgesetzausschusses für die alte Fassung des § 211, ergänzt durch Abs. 2 der neuen Fassung ein. Die Mehrheit aber sprach sich dafür aus, die neue Fassung des § 211 in modifizierter Form beizubehalten, da sie nicht nationalsozialistischen Ursprungs und nur teilweise von der nationalsozialistischen Ideologie beeinflusst sei. Die Modifikation soll die Tätertypisierung beseitigen – künftig soll es heißen: „Wer aus Mordlust ..., wird wegen Mordes mit dem Tode bestraft" – und durch die Einschaltung „aus rassischen, politischen oder religiösen Gründen" eine sonst mögliche, vor allem durch die Formulierung „aus niedrigen Beweggründen" nahegelegte Privilegierung des politischen Mordes vermeiden. Dass der politische Mord uneingeschränkt als Mord anzusehen sei, wurde vor allem von Prof. Dr. Kohlrausch betont. Er wandte sich gegen die Idee des Überzeugungsverbrechers, die gesetzgeberisch nicht zu verwirklichen sei, und betonte unter allgemeiner Zustimmung, den Respekt vor dem fremden Menschenleben durch strikte Strafnormen zu stärken, sei heute notwendiger denn je.

In § 218 a Abs. 1 Ziff. 2 hat der Strafgesetzausschuss Straffreiheit der Abtreibung für den Fall vorgesehen, dass die Schwangerschaft durch Notzucht entstanden ist. Die Konferenz beschloss die Gleichsetzung der Schändung mit der Notzucht vorzuschlagen, die Frage der ethischen Indikation um Übrigen aber bis zur grundsätzlichen Reform zurückzustellen. Außerdem wurde empfohlen, um Missbräuche einzuschränken, die Voraussetzungen der Schwangerschaftsunterbrechung nach

§ 218 a Ziff. 1 durch ein gemischtes Kollegium (Richter, Facharzt, Amtsarzt) feststellen zu lassen und im Fall der Ziff. 2 die Unterbrechung nur dann zuzulassen, wenn die strafbare Handlung binnen einer kurzen Frist (etwa eine Woche) angezeigt wird. Die Notwendigkeit dieser Einschränkung ergab sich aus den von Prof. Dr. Lange berichteten Erfahrungen, die man in Thüringen bei der Anwendung des dort seit einem Jahr geltenden einschlägigen Gesetzes gemacht hat: man rechnet mit 30–75 % Missbrauchsfällen.

Ausbildungsrichtlinien: Zum zweiten Punkt der TO, der die Fortsetzung der auf der Godesberger Tagung begonnenen Aussprache über das *Ausbildungswesen* (vgl. DRZ 1946 S. 61) vorsah, referierte MinRat Dr. Arndt (Wiesbaden). Er forderte einen Kurswechsel der Ausbildung im Sinne einer unbedingten Abwendung vom Positivismus; damit die Isolierung, in die Jurisprudenz und Juristen geraten seien, überwunden werde. Von diesem Grundgedanken sind die Richtlinien beherrscht, die A. vortrug und begründete und die dem Kontrollrat als Ergänzung eines bereits vorliegenden, teilweise abweichenden Entwurfs vorgelegt werden sollen. Die Richtlinien beschränken sich auf einige in Deutschland einheitlich zu regelnden Hauptpunkte; die Einzelheiten, darunter auch die Frage, ob die Referendarprüfung als Universitätsabschlussprüfung in erster Linie von den Fakultäten oder als Eingangsprüfung zum Justizausbildungsdienst von den Justizverwaltungen vorzunehmen sei – das Godesberger Streitgespräch hierüber wurde in Wiesbaden von Praktikern und Hochschullehrern vor allem der britischen Zone eifrig und ergebnislos fortgesetzt –, die Einzelfragen also sollen der Regelung durch die Länder überlassen bleiben. Die Richtlinien, die nach einigen Änderungen allgemeine Billigung fanden, umfassen folgende Grundsätze: Einheitlicher Erwerb der Befähigung zum Richteramt und zum höheren Verwaltungsdienst. Juristisches Universitätsstudium von mindestens sechs Semestern und praktische Ausbildung von mindestens drei Jahren bei Gerichts- und Verwaltungsbehörden. Mittelpunkt des Studiums: Das Recht als Kulturerscheinung und Friedensordnung. Festlegung von Pflichtfächern, zu denen in erster Linie die Rechtsphilosophie (in Verbindung mit der allgemeinen Philosophie), die Rechtsgeschichte und das Römische Recht gehören müssen. Anwendung rechtsvergleichender Methoden, Verflechtung von Theorie und Praxis durch Einschaltung eines mindestens dreimonatigen praktischen Ausbildungsdienstes in das Studium und zweier Spätsemester von je sechs Wochen in die Ausbildung. Praktische Tätigkeit bei den Gewerkschaften im Rahmen der Ausbildung, um das notwendige Eindringen in die Wirtschafts- und Sozialprobleme und in die Fragen des Arbeitsrechts zu fördern.

Die dieser Entschließung vorangehende Aussprache drehte sich vor allem um den Positivismus. Dabei wirkte es sich wieder einmal aus, dass er bei den meisten seiner Bekämpfer von jeher ein Gegenstand mehr leidenschaftlicher Ablehnung als exakter Kritik gewesen ist. So wichen die Auffassungen von dem Kampfobjekt nicht unerheblich voneinander ab. Arndts Antipositivismus lief im Kern auf die Antithese „Recht contra Gesetz“ hinaus. Ministerpräs. Prof. Dr. Geiler dagegen, durch sein Lebenswerk als klarer Gegner der positivistischen Haltung ausgewiesen, warnte unter Hinweis auf die Problematik des Rechtsbegriffs vor der Gesetzesfeindschaft. Auf die richtige, aus der vollen Erkenntnis des Lebens geschöpfte, also weder schematische noch rein abstrakte Anwendung des Gesetzes komme es an. Neben der Lebenserfahrung und dem Rechtsgefühl sei die Gesetzeskenntnis durchaus nötig. Reichsminister Dr. Schiffer – auch er über den Vorwurf des Positivismus erhaben – wollte die Entscheidung darüber, ob ein Gesetz bloße Umhüllung des Unrechts, also nichtig sei, einem höchsten Gerichtshof, ähnlich dem Bundesgericht der USA, vorbehalten, der außer der Verfassungsmäßigkeit der Gesetze auch ihre Übereinstimmung mit den Grundlagen der Sittlichkeit und Vernunft zu prüfen habe.(Ein solches Gesetz sei, berichtete der Präsident des ZJA der britischen Zone Dr. Kiesselbach hierzu ergänzend, in der britischen Zone in Vorbereitung.) Prof. Dr. Niedermeyer (Göttingen) setzte sich für die Objektivität ein, die über dem Positivismus stehe, aber auch von ihm getragen sei. Er warnte vor der Überschätzung des heutigen Naturrechts. Es sei kalt geworden. Ihm fehle das Sprengende. Es sei Pragmatismus. – Die Frage, inwieweit die Gerechtigkeit durch den Gesetzgeber verwirklicht werden könne und welchen Einfluss die Demokratisierung der Legislative hierauf habe, wurde nicht gestellt, geschweige gelöst.

Hinter den Ausbildungsfragen steht das in Wiesbaden von der Beschlussfassung bewusst ausgeklammerte Grundproblem, ob überhaupt an dem Grundsatz der akademischen Ausbildung des Juristennachwuchses festzuhalten sei. In der sowjetischen Zone ist es akut. Hier amtieren, wie Vizepräs. Dr. Melsheimer (Berlin) berichtete, bereits rund 100 Volksrichter; zahlreiche weitere kommen nach Abschluss der zurzeit laufenden Kurse hinzu. In allen fünf Ländern der Sowj. Zone befinden sich Schulen, z.T. Internate, in denen die Schüler innerhalb von acht Monaten zu Richtern ausgebildet werden. Die Bewerber kommen u.a. aus den Kreisen der Arbeiterschaft, der Gewerkschaftssekretäre und der Anwaltsbürovorsteher. Ihr Mindestalter ist 25, ihr Höchstalter 45 Jahre; die meisten Bewerber sind über 30. Nach erfolgreicher Prüfung werden die Volksrichter vorzugsweise als Beisitzer in Strafkammern und als StA eingesetzt. Ihre Fortbildung wird durch Schulungsbriefe und Zwischenkurse dauernd vervollkommnet. Bewähren sie sich, so haben sie dieselben Beförderungsmöglichkeiten wie die akademisch vorgebildeten Richter. Die bisherigen Ergebnisse sind nach M. überaus günstig. Es handle sich um eine Notmaßnahme, die dadurch bedingt sei, dass in der Sowj. Zone kein Pg der NSDAP Richter sein dürfe. Ihre Dauer hänge von den Zahlen des akademischen Nachwuchses ab. Diese seien außerordentlich gering.

Berufung oder Revision? Zum Thema: Berufung oder Revision gegen Urteile des LG in Zivilsachen? sprach MinRat Dr. Jordan (Karlsruhe). Er kritisierte die Bestimmungen des Rechtspflegeplans und des Rechtsmittelgesetzes [10.4.1946], wonach in der US-Zone, anders als in den übrigen Zonen, gegen erstinstanzliche LG-Urteile nur die Revision gegeben ist. Auf seinen Antrag wurden Entschließungen angenommen, im Interesse der Einheit des deutschen Rechts und der Güte der Rechtsprechung in der US-Zone die US-MR um eine Änderung des Plans dahin zu bitten, dass gegen die erwähnten Urteile nunmehr die Berufung stattfindet, ferner den Kontrollrat zu bitten, bei der Neufassung der ZPO an der Zulassung der Berufung gegen derartige Urteile festzuhalten.

In der Aussprache wies Prof. Dr. Schönke darauf hin, dass die Berufung in den verschiedenen Teilen Deutschlands z.Zt. verschieden gestaltet und dass eine Vereinheitlichung erwünscht sei. Das Vorbringen neuer Tatsachen und Beweismittel in der in der Franz. Zone vorgesehenen Weise zu beschränken, liege im Zug der Entwicklung.

Interzonaler Rechtsverkehr: OLG-Präs. Dr. Lingemann (Düsseldorf) legte anhand zahlreicher Beispiele die Schwierigkeiten im Interzonalen Rechtsverkehr und im Rechtsverkehr mit den Gebieten östlich der Oder-Neiße-Linie dar. In der Brit. Zone seien Abhilfemaßnahmen beabsichtigt; doch entspreche eine allgemeine Klarstellung durch den Kontrollrat einem dringenden Bedürfnis. Die Vertreter der anderen Zonen stimmten uneingeschränkt zu. (Vizepräs. Dr. Melzheimer berichtete in diesem Zusammenhang, dass die Strafregister der Ostgebiete sich z.T. in Berlin und in der Sowj. Zone befinden und wieder allgemein zugänglich gemacht werden.) Die Konferenz nahm daraufhin eine Entschließung an, in der der Kontrollrat gebeten wird, die Anerkennung der Amtshandlungen deutscher Behörden der einen Zone in den anderen Zonen durchzusetzen, einen Rechts- und Amtshilfeverkehr zwischen den deutschen Behörden der verschiedenen Zonen nach Maßgabe der vor der Besetzung geltenden Bestimmungen zuzulassen und, soweit der Zahlungsverkehr mit anderen Zonen verboten ist, einen Ersatz der Überweisungen durch Verfügungen anderer Art zu ermöglichen.

Zum Wohnungsrecht: Zum letzten Punkt der TO, der die Durchführung des Wohnungsgesetzes, seinen Einfluss auf das Mietrecht und den Mieterschutz betraf, referierte MinRat Dr. Stierle (Stuttgart). Er setzte sich mit dem vom Sozialpolitischen Ausschuss des Länderrats aufgestellten Entwurf einer AVO zum Wohnungsgesetz und mit dem hessischen Gegenentwurf auseinander und behandelte dabei besonders eindringlich das Problem der Schlechterstellung der politisch Belasteten, die Hausratserfassung, die Erfassung gem. Art. VII WG und – ablehnend – die von hessischer Seite vorgeschlagene Umwandlung des Mieterschutzes in einen Wohnungsschutz. Eine Entschließung wurde nicht gefasst.

Rechtsangleichung. Internationales Recht. Verfassungsfragen: Außerhalb der TO wurden zunächst aktuelle Fragen der Rechtsangleichung besprochen. Es wurde mitgeteilt, dass der Ausschuss für deutsche Rechtsangleichung, dessen Bildung in Godesberg beschlossen worden war (DRZ 1946 S. 59), noch nicht ins Leben getreten ist. Wie Prof. Dr. Hallstein (Frankfurt) berichtete, hat eine Konferenz der juristischen Fakultäten kürzlich beschlossen, einen Ausschuss zu begründen, der den organisierten Einsatz der Rechtswissenschaft für rechtspolitische Fragen gewährleisten soll. Präs. Dr. Kiesselbach gab bekannt, dass die Wiedererrichtung einer deutschen Sektion der International Law Association in der Brit. Zone wohl bald zu erwarten sei.

Anlässlich der Gründung der Südwestdeutschen Vereinigung für internationales Recht hielt sodann MinRat Dr. Arndt einen Vortrag über *„Internationales Staatsrecht“*. Er trat dafür ein, dass es sich hierbei um ein neues Rechtsgebiet neben den traditionellen Gebieten handle. So wie die Weltentwicklung die Aufspaltung in isolierte, souveräne Staaten mehr und mehr überwinde und ihre Richtung auf die civitas maxima hin nehme, so verlagere sich das Schwergewicht vom Völkerrecht als dem den außenpolitischen Bindungen entsprechenden Rechtskreis auf das Internationale Staatsrecht. – Im 2. Teil seiner Ausführungen ging A. auf die Schwierigkeiten ein, die die Zusammenarbeit der Justizminister und der bizonalen Ämter bisher gehemmt haben. Er forderte die gleichberechtigte Mitwirkung der JM, die nicht nur Rechtspflege-, sondern auch Gesetzgebungsminister und daher in Gesetzgebungssachen in erster Linie federführend seien.

An diesen Teil des Vortrags knüpfte sich eine lebhafte Aussprache, die eine allgemeine Zustimmung zu den Forderungen des Referenten ergab und auch noch andere aus der Zweischichtigkeit unseres heutigen Staatsrechts (Besatzungsrecht – werdendes demokratisches Recht) sich ergebende Probleme mit einbegriff, z.B. das Verhältnis des Länderrats zu den neuen Parlamenten der Länder der US-Zone. Gegenüber der hin und wieder spürbaren Neigung, von Prinzipien aus zu konstruieren und dabei jene Zweischichtigkeit zu übersehen oder von ihr als von einem Nebeneinander statt einem Verhältnis der Über- und Unterordnung auszugehen, wies MinPräs. Dr. Geiler darauf hin, dass gegenwärtig nicht die Zeit zur Lösung staatsrechtlicher Grundfragen sei, sondern dass es darauf ankomme, praktische Arbeit zu leisten.

Besonders fruchtbar waren die Erörterungen über die Stellung des Justizministers. Es zeigte sich, dass allenthalben das Bestreben besteht, den verhängnisvollen „Partikularismus der Ressorts“ – so Prof. Dr. Kern (Tübingen) – zu überwinden und dem Justizminister den zentralen Rang eines Gesetzgebungsministers, eines Justiziars aller anderen Minister (Schiffer), eines Rechtsministers (Rotberg) einzuräumen. Diese Entwicklung ist schon weit fortgeschritten, am weitesten, wie es scheint, in der amerik. und in der Sowj. Zone. LG-Dir. Dr. Rotberg regte an, sie dadurch zu krönen, dass man den Justizminister, wie überhaupt die Justiz, politisch neutralisiere, ihn aus der Reihe der politischen Minister heraushebe.

Zum Tillessen-Prozess: Die Tagungsteilnehmer befassten sich, ebenfalls außerhalb der TO, eingehend mit der durch das Freiburger Verfahren geschaffenen Lage. In längeren Aussprachen, an denen sich außer dem Vertreter der franz. MR u.a. Vizepräs. Dr. Melsheimer, Prof. Dr. Kohlrausch, RA Küster (Stuttgart), Minister Dr. Beyerle (Stuttgart), Prof. Dr. Schätzel (Mainz), Minister Dr. Kuhnt (Kiel) und, besonders eindringlich, MinRat Dr. Müller (Tübingen) beteiligten, wurde der Fall von seinen verschiedenen Seiten aus gründlich erörtert. Die Tagungsteilnehmer waren, wie es in dem von dem Tagungsleiter herausgegebenen Communiqué heißt, „einmütig in dem festen Entschluss, Recht und Gerechtigkeit in Deutschland wieder herzustellen, das in der Nazi-Zeit ungesühnt gebliebene Unrecht zu ordnen, den Aufbau einer volksnahen, demokratischen und unabhängigen Justiz zu fördern und die Rechtsfindung des Richters zu erleichtern.

Zu dem Freiburger Verfahren als solchem wurde eine formale Stellungnahme nicht abgegeben, da die hierfür erforderlichen Feststellungen noch nicht erschöpfend getroffen werden konnten und eine solche Stellungnahme eine unzulässige Beeinflussung des auf Anordnung der MR nunmehr befassten Gerichtes wäre … [!]

Zu der Frage der Amnestie vom 21.3.1933 im Allgemeinen ging die übereinstimmende Meinung dahin, dass diese Amnestie nicht nur in einer rechtlich unzulässigen Weise als NotVO ergangen war, sondern dass sie auch deshalb heute grundsätzlich unanwendbar ist, weil sie eine einseitige Begünstigung der Wegbereiter und Helfershelfer Hitlers dargestellt und gegen die Grundsätze der Gerechtigkeit und der Gleichheit aller vor dem Gesetz verstößt. Sie fällt überdies unter Art. II des Nr. 1, der die Anwendung derartiger Gesetze verbietet. Kein politischer Verbrecher darf sich auf derartige Amnestien berufen und dadurch der verdienten Strafe entziehen.

Bei der Erörterung des Falles wurde die in den Verfassungen von Hessen und Württemberg vorgesehene Möglichkeit begrüßt, künftig in einem geordneten Verfahren Richter, die dem Geist der Verfassung zuwider handeln, abzuberufen und dadurch die Unabhängigkeit der Rechtsprechung so weit zu wahren, als es mit dem unerlässlichen Schutz der demokratischen Verfassung der deutschen Länder vereinbar ist.

MinPräs. Prof. Dr. Geiler konnte der Konferenz in seiner Schlussansprache attestieren, dass sie grundlegende Probleme fruchtbar und mit gutem Niveau gefördert habe und einen wesentlichen Schritt vorwärts bedeute, eine Vorstufe zu einem künftigen deutschen Juristentag. Hervorragender Anteil an diesem Erfolg kommt dem hessischen JM Zinn zu, der als Organisator der Tagung alle Bedingungen für deren harmonischen Ablauf in der denkbar besten Weise geschaffen hat und der sich außerdem, wie Reichsminister Dr. Schiffer in seinen Dankesworten hervorhob, als meisterhafter Verhandlungsleiter erwies.

III. Interzonaler Konstanzer Juristentag (2.–5.6.1947)

1. Programm (nach der Buchveröffentlichung v. 1947, S. 3–7): *Sonntag, 1.6.:* Eintreffen der Gäste

20 Uhr Konzert, dargeboten von der Militärregierung: „Le Trio Pasquier“

Montag, 2.6.:

9 Uhr Eröffnungssitzung im großen Festsaal des Insel-Hotels

Begrüßungsansprachen der Herren Furby, Directeur Général de la Justice, Bourthoumieux, Chef du Contrôle de la Justice Allemande, Schmid, Staatsrat in Tübingen, Streng, StS in Freiburg im Breisgau

Vortrag des Herrn Prof. Dr. von Hippel von der Universität Marburg über „Vorbedingungen einer Wiedergesundung heutigen Rechtsdenkens“

Eröffnung der Ausstellung „Rechtsdokumente“ durch Herrn Stadtarchivar Feger

16 Uhr Vortrag des Herrn Redslob, Dekan der juristischen Fakultät Straßburg, über „Die hauptsächlichen Verfassungsformen unseres Zeitalters“

Vortrag des Herrn Marcel Martin, Maître de Requêtes im Conseil d’Etat über „Der Conseil d’Etat – Hüter der Demokratie“

Vortrag des Herrn La Follette, GStA am amerikanischen Militärgerichtshof in Nürnberg, über „Garantien gegen eine diktatorische Justiz“

Dienstag, 3.6.:

9 Uhr Vortrag des Herrn Granier, Procureur de la République, Commissaire du Gouvernement beim Obersten Gerichtshof in Rastatt, über „Das Kriegsverbrechen – eine Sünde wider den Geist"

Vortrag des Herrn OStA Güde, Konstanz, über „Die Liquidierung des Reichserbhofrechts"

Vortrag des Herrn Prof. Dölle, Tübingen, über „Die Rechtslage in Deutschland nach der Aufhebung des Reichserbhofgesetzes"

15 Uhr Vortrag des Herrn Hornbostel, Prof. der Rechtsfakultät von Poitiers, über „Die neuen Erscheinungsformen der französischen Geldpolitik seit der Befreiung"

Vortrag des Herrn Rockwell, Direktor der Justizabteilung der amerikanischen Militärregierung, über Die Verfassung der USA und die individuellen Rechte"

Vortrag des Herrn OLG-Rat Schneider, Celle, über „Die durch die Aufhebung des Reichserbhofgesetzes geschaffene Rechtslage"

20 Uhr Vorstellung im Stadttheater Konstanz: „Peer Gynt" von Ibsen

Mittwoch, 4.6.

9 Uhr Vorträge der Herren Minister Zinn, Wiesbaden, Prof. Kern, Tübingen, Vortragender Rat Groß, Zentraljustizamt Hamburg über „Probleme der deutschen Gerichtsverfassung und der Wiedereinführung der Laienrichter"

Vortrag des Herrn GStA Bader, Freiburg, über „Das gegenwärtige Erscheinungsbild der deutschen Kriminalität"

15 Uhr Vortrag des Herrn MinRat Arndt, Wiesbaden, über „Das Verbrechen der Euthanasie"

Vortrag der Herrn Poitnard, Vorsitzender der Anwaltskammer von Paris, über „Rechte und Pflichten der Verteidigung"

20.30 Uhr Vortrag des Herrn Prof. Beyerle von der Universität Freiburg über „Rezeptionsvorgänge in Südwestdeutschland"

Ausstellung juristischer Dokumente (Vortrag von Archivar Feger)

Abriss der Geschichte der Tübinger Juristenfakultät (Prof. Erbe)

Donnerstag, 5.6.

Fahrt auf dem Bodensee von Konstanz nach Lindau auf dem Dampfer „Rhin et Danube".

2. Bericht über den Konstanzer Juristentag (DRZ 1947, S. 231–234):

I. Der Juristentag, der vom 1.–5.6.1947 in Konstanz stattfand, reihte sich an die interzonalen Tagungen von Godesberg und Wiesbaden (Juli u. Dez. 1946) an, erhielt sein besonderes Gepräge aber dadurch, dass auch zahlreiche ausländische Juristen, nahezu die Hälfte der etwa 240 Teilnehmer, ihm beiwohnten. Er war das erste große internationale Juristentreffen seit dem Zusammenbruch auf deutschem Boden. Außer französischen, amerikanischen und britischen Juristen, darunter führenden Persönlichkeiten der drei MR, waren Gäste aus Argentinien, Belgien, Luxemburg, den Niederlanden, Polen, der Schweiz und Ungarn erschienen. Von deutscher Seite nahmen ganz überwiegend Männer der Justizpraxis teil: Vertreter der Deutschen Justizverwaltung der sowjetischen Zone, des ZJA der britischen Zone und aller Landesjustizverwaltungen (außer denen der fünf Länder der Sowj. Zone und des Saarlandes), darunter der Chef der Deutschen Justizverwaltung der Sowj. Zone, Reichsminister a.D. *Dr. Schiffer,* die JM von Hessen, Niedersachsen, Nordrhein-Westfalen und Württemberg-Baden, die StS der Justiz von Südbaden und Württemberg-Hohenzollern, sowie als Vertreter Berlins der KG-Präs. *Dr. Strucksberg* und der Leiter der Rechtsabteilung des Magistrats, Stadtrat *Dr. Mittag;* ferner eine stattliche Reihe von Richtern, StA und Rechtsanwälten, besonders zahlreich aus dem Südteil der Franz. Zone und aus der Brit. Zone, deren OLG-Präs. und GStA fast vollständig erschienen waren, aber auch aus der US-Zone sowie aus Rheinland-Pfalz, dem Saarland und Berlin. Dazu kamen u.a. einige (auffallend wenige) Hochschullehrer aus den drei westlichen Zonen sowie vereinzelte Verwaltungsjuristen.

Dass die internationale Zusammensetzung des Kongresses von dessen Veranstalter, der franz. MR, nicht als bloß repräsentativer Rahmen gedacht war, sondern charakteristisch sein sollte für Sinn und Ziel der hier zu leistenden Arbeit, wurde eindrucksvoll in den Begrüßungsansprachen deutlich, die der Generaldirektor der Justiz, *Furby,* und *Oberst Bourthoumieux,* der Chef der Kontrolle der deutschen Justiz in der Franz. Zone, an die Teilnehmer richteten. GenDir. *Furby* knüpfte an die durch den Hitlerismus unterbrochene Tradition der internationalen Zusammenarbeit der Juristen aller Länder an und stellte die Tagung in den Dienst der großen Aufgabe, den zivilisierten Völkern das Bewusstsein der Gemeinschaft wiederzugeben. „Jede Lösung, die wir suchen, muss zur unbedingten Voraussetzung haben, dass sie die beiden Grundsätze respektiert: Bekämpfung jeder Machtäußerung im Gewande des Rechts und die Idee eines frei erwählten und allen zivilisierten Menschen gemeinsamen Rechts." *Oberst Bourthoumieux* betonte die geistige Bereitschaft und den guten Willen zum gemeinsamen Wirken an der Lösung der internationalen wie der deutschen Probleme, einer Aufgabe, zu der die deutschen Juristen in gleicher Weise wie alle anderen berufen seien. Dass die deutschen Juristen den Ruf, der an sie ergangen ist, in seiner ganzen Tragweite würdigen, kam in den Eröffnungsansprachen des Präsidenten des Staatssekretariats von Württemberg-Hohenzollern, *Staatsrat Prof. Dr. [Carlo] Schmid,* und des badischen *StS Streng* zum Ausdruck. *Staatsrat Schmid* umriss in seiner Ansprache (sie ist zu Beginn dieses Heftes abgedruckt) die Aufgabe des Juristen beim Neuaufbau Europas und trat für die Unverbrüchlichkeit und Unteilbarkeit der Rechtsordnung ein.

In dem Bekenntnis zur Idee des Rechts und zu seiner unabdingbaren Geltung für alle Menschen und alle Völker klang der Grundakkord an, der alle Vorträge, Erklärungen und Diskussionen durchdrang, gegenüber Disharmonien und Trübungen sich immer wieder durchsetzte und zu dem entscheidenden Erlebnis dieses Juristentages wurde, dem Erlebnis des trotz allen Schranken und Schwierigkeiten wieder aufkeimenden Willens zur Rechtsgemeinschaft.

II. Das Programm der Tagung war von überquellender Fülle. Nach dem einleitenden Vortrag von *Prof. Dr. v. Hippel* (Marburg/L.) über Vorbedingungen einer

Wiedergesundung heutigen Rechtsdenkens wurden – im Wesentlichen nacheinander, doch mit mancherlei Überschneidungen – folgende vier Themen und Themengruppen behandelt: Verfassungsfragen der Gegenwart; Nationalsozialistische Verbrechen und ihre Bestrafung; Die durch die Aufhebung des Erbhofgesetzes geschaffene Rechtslage; Beteiligung des Volkes an der Rechtspflege. Dazu kamen Einzelvorträge über verschiedene Gegenstände des deutschen und ausländischen Rechts- und Wirtschaftslebens.

Zur Wiedergesundung des heutigen Rechtsdenkens

Prof. v. Hippel ging von der tiefgehenden übernationalen Rechts- und Gesellschaftskrise aus, die seit dem 19. Jahrhundert in dem Ringen der von der Aufklärung geprägten bürgerlichen Demokratie und des marxistischen Sozialismus sowie der zahlreichen rivalisierenden Varianten und Kombinationen dieser beiden Grundformen, vom individuellen Anarchismus über den liberalen oder sozialistischen Nationalismus bis zum totalen Weltautoritätismus, sich ausprägt und auch in einer weltumspannenden Grundlagenkrise des Rechtsbewusstseins in Erscheinung tritt. Er entwickelte vier elementare Vorbedingungen, die erfüllt werden müssen, damit eine Gesundung des Rechtsdenkens möglich werde:

1. Die Überwindung der in Hitler gipfelnden, alle Wissenschaft und Wahrheit unmöglich machenden und alle Verhältnisse politisierenden Perversion, die das nur Willensmäßige, das „fanatische Wollen“ auf Kosten des Denkens überbetont, durch die unbedingte Bereitschaft zur objektiven Wahrheit und zur Gerechtigkeit.

2. Der Verzicht auf das pseudo-metaphysische Gepäck vorgefasster dogmatischer Weltanschauungen, die, indem sie immer wieder zu scheinbar unauflösbaren Antinomien führen, eine ständige Bedrohung echter Wissenschaft sind, zugunsten nüchterner Erforschung der jeweils zu regelnden Wirklichkeit unter hilfsweiser Aufstellung auch von Wirklichkeitshypothesen, die dann aber als bewusste Unsicherheitsfaktoren weiter abzuklären sind und nicht etwa dogmatisch sich verfestigen dürfen.

3. Die Widerlegung von persönlicher Willkür und juristischem Nihilismus dadurch, dass die juristisch elementaren Rechtssätze der verschiedenen Lebensgebiete, das „Naturrecht im positiven Recht“, aufgedeckt und bewusst gemacht werden.

4. Die Wiederherstellung des Einklangs von Recht und Realität durch einen ungebrochenen Willen zur Lebenseinheit von Rechtsforderung und Rechtswirklichkeit.

Verfassungsfragen der Gegenwart

Über *„Verfassungsformen der Gegenwart“* sprach *Prof. Dr. Redslob,* der Dekan der juristischen Fakultät Straßburg. Er arbeitete als die vier wesentlichen Strukturprinzipien die Gewaltentrennung, die parlamentarische Regierung, die Suprematie der Legislative und die der Exekutive heraus und gab einen anschaulichen Überblick über ihre Verwirklichung in den westlichen Demokratien.

Interessante Einblicke in die in Frankreich herrschenden verfassungs- und verwaltungsrechtlichen Grundanschauungen gab der Referent im franz. Staatsrat *M. Martin* in seinem Vortrag *„Der Conseil d'Etat als Hüter der Demokratie“*. Der Conseil d'Etat fungiert als oberste richterliche Instanz in Fällen der Überschreitung der Amtsgewalt. Er wacht darüber, dass die Superiorität des Gesetzes, ohne die es keine echte Demokratie, und die Trennung der Gewalten, ohne die es keine Freiheit gibt, gewahrt werden. Er prüft die Verordnungen – nach bestrittener Auffassung auch die „décrets-lois" – und Verwaltungsakte der Exekutive daraufhin, ob sie mit den Gesetzen in Einklang stehen. Seine sehr weit reichende Kompetenz macht nur vor dem Gesetz halt. Aus diesem Grund hat er, wie M. ausführte, es abgelehnt, die sog. Gesetze der Vichy-Regierung nachzuprüfen, obwohl diese Pseudo-Gesetze nichts anderes waren als Regierungsakte. Neben diesem von M. in seiner praktischen Bedeutung ausführlich geschilderten Kontrollrecht hat der Staatsrat auch eine Kompetenz in Verwaltungsstreitverfahren zwischen Privatpersonen und dem Staat. Schließlich ist er Berater des Gesetzgebers und der Regierung bei der Ausarbeitung von Gesetz- und Verfügungsentwürfen.

Der Oberste Gerichtshof der USA, über den der Direktor der Rechtsabteilung von OMGUS [Office of the Military Gouvernement for Germany (Amerik. Zone)], *A. A. Rockwell,* in seinem Vortrag *„Die öffentlichen und Individualrechte in Amerika"* sprach, berührt sich in manchem mit dem französischen Staatsrat. Aber er ist, anders als dieser, auch und vor allem Hüter der Verfassung in dem Sinn, dass er dazu berufen ist, die Verfassungsmäßigkeit der Gesetze nachzuprüfen. R. schilderte Entstehung, Funktionen und Bedeutung des Gerichtshofs und legte dann unter Hinweis auf Verfahren gegen deutsche Saboteure, die von U-Booten in Amerika abgesetzt worden seien, sowie gegen „Zeugen Jehovas" und Kriegsdienstverweigerer dar, dass er auch während des Krieges seine Aufgabe als Hüter der Verfassung und der Menschenrechte voll erfüllt habe.

Zum Schluss ging R., sein Thema verlassend, auf die heutige Situation in Deutschland ein. Er verteidigte die gegen die Nationalsozialisten angestrengten Verfahren gegen den Vorwurf der Rechtsbeugung und der Verletzung des Rückwirkungsverbots mit dem Hinweis, das Verhalten der Nationalsozialisten sei von Anfang an verbrecherisch gewesen. Der Ausnahmezustand, den nicht die Alliierten geschaffen hätten, erfordere Ausnahmesmaßnahmen. Sicherlich sei die MR kein demokratisches Regime. Sicherlich könnten während der Okkupationszeit Spannungen entstehen. Bedeutsamer aber als diese Spannungen sei die, die auf die Erinnerung an die Millionen von Opfern des Nationalsozialismus sich gründe. R. forderte die deutschen Juristen auf, an der Wiederherstellung der Rechtsordnung in Deutschland zu arbeiten und zu diesem Zweck dem deutschen Volk die Notwendigkeit der Säuberungsmaßnahmen und die Loyalität und Legalität des Verfahrens, in dem sie vollzogen werden, zu erläutern. – Was R. hier erklärte und forderte, kehrte in mannigfachen Varianten in den Vorträgen und Diskussionen zum nächsten Punkt der TO wieder, den man wohl als den Höhepunkt des ganzen Kongresses bezeichnen darf.

Die Bestrafung der nationalsozialistischen Verbrechen

Die Erörterungen wurden eingeleitet durch Vorträge der GStA *La Follette* (US-Militärgerichtshof in Nürnberg) und *Granier* (franz. Ob.Gericht in Rastatt). *La Follette* sprach über den *Nürnberger Juristenprozess.* Er berichtete über die dort erhobene Anklage, ging aber mit Rücksicht darauf, dass der Prozess noch schwebt, nicht auf das Belastungsmaterial ein, sondern beschränkte sich auf einige kritische Bemerkungen über die verderblichen Auswirkungen der NS-Justiz. *Granier* kennzeichnete in seinem groß angelegten, eindringlichen Vortrag die *Kriegsverbrechen als eine Sünde gegen den Geist,* den Geist, der immer nur das Produkt einer humanistischen, deshalb universalen Zivilisation sein kann und gegen den der Nationalsozialismus mit seiner auf dem Rassismus aufgebauten materialistischen Weltanschauung sich unheilvoll vergangen hat. Der Glaube an die Zivilisation und die Notwendigkeit, Wert und Würde der menschlichen Persönlichkeit wieder aufzurichten, fordere und rechtfertige die Bestrafung der Schuldigen.

Die Diskussion über das *Kontrollratsgesetz Nr. 10,* die sich unter dem Vorsitz von *Reichsminister Schiffer* – sonst wurden die Verhandlungen meist von *Oberst Bourthoumieux* geleitet – daran anschloss, konnte den Gegenstand, schon weil nur beschränkte Zeit zur Verfügung stand, nicht erschöpfen. Sie erstreckte sich im Wesentlichen nur auf das Verhältnis des 10 zu dem Grundsatz nulla poena sine lege und kam auch insoweit über grundsätzliche Erklärungen und Bekenntnisse kaum hinaus. So wurden immerhin die Grundauffassungen deutlich, die in der deutschen und ausländischen Öffentlichkeit vertreten werden; ob aber das im Ausland offenbar durchweg mangelnde Verständnis dafür, wieso es hier überhaupt ein Problem gibt, dadurch gefördert wurde, ist zu bezweifeln. Die Bedenken gegen [KRG] 10 versuchte *LG-Präs. Dr. Müllereisert* (Lindau) zusammenfassend zu begründen. Das Gesetz verstoße gegen das Rückwirkungsverbot. Außerdem sei Zweckgesetzgebung ein typischer NS-Missbrauch, den man nicht verschleiert wiederholen solle. Schließlich sei die Strafwürdigkeit der Humanitätsverbrechen nicht allgemein international für alle Angehörigen aller Nationen anerkannt; 10 sei vielmehr ein Sondergesetz für Deutsche. Präs. i. ZJA *Dr. Claß* (Hamburg) brachte die Auffassung des ZJA der Brit. Zone dahin zum Ausdruck, dass 10 ordnungsgemäß ergangen sei und den Grundsatz nulla poena sine lege in Wirklichkeit nicht verletze. *Vizepräs. Dr. Melsheimer* (Deutsche Justizverw. d. sowj. Z.) war bestürzt, dass die Frage der Anwendbarkeit des 10 überhaupt diskutiert werde. Auch er erkenne zwar den Grundsatz n.p.s.l. an. Dialektische Betrachtungsweise zwinge aber zu sagen, dass es keine ewigen Rechtsgrundsätze gebe. Alles in der Welt sei dem Wandel der Zeiten, der ökonomischen Verhältnisse unterworfen. Das Gesetz, das die Verurteilung der Kriegsverbrecher fordere, sei längst geschrieben in der Brust jedes anständigen Menschen seit Jahrtausenden. In der Ostzone gebe es kein „Problem" des 10. Man habe dort „losgelegt". Das Gesetz werde täglich, stündlich angewandt, und der deutsche Jurist der Ostzone freue sich darüber.

„Wir möchten nicht, dass losgeschlagen wird. Wir möchten, dass Recht gesprochen wird. Das [KRG] 10 ist für uns kein Stock, sondern Recht", erklärte *OStA Güde* (Konstanz) demgegenüber. Auch er vertrat im Übrigen (unter Hinweis auf seinen Aufsatz: DRZ 1947 S. 111 ff.) die Auffassung, dass der Grundsatz n.p.s.l. dem [KRG] 10 nicht im Wege stehe. Aber er wies darauf hin, dass es keine *subjektive* Rückwirkung gebe. Die Grenze zwischen moralischer und strafrechtlicher Schuld sei zu beachten. Auch sei es für den Richter, der solche Verbrechen aburteilen solle, schwer, über die eigene moralische Schuld, die ihn als Deutscher treffe, hinwegzukommen. G. regte daher an, test cases entscheiden zu lassen, und zwar durch Schweizer Richter. *Reichsmin. Schiffer* betonte, dass Recht und Sittlichkeit zusammengehören. Auch im Osten werde Recht gesprochen. Die Frage sei aber: Was ist Recht? Das gesunde Empfinden des Volkes verlange Bestrafung der wirklichen Verbrechen. Die Justiz müsse diesem gesunden Empfinden nachgeben. Den Standpunkt der ausländischen Juristen brachten *GStA Granier* und, besonders eindringlich, *Justizdir. Weninger* (franz. MR Koblenz), der Jahre in deutschen Kerkern verbracht hat und zum Tode verurteilt war, nochmals zum Ausdruck. Nur wer auf die Prinzipien der Philosophie und Moral zurückgehe, sagte *Granier*, könne verstehen, dass die Alliierten genötigt waren, das 10 zu erlassen. *Weninger* meinte, die Angriffe gegen [KRG] 10 entbehrten der moralischen Grundlage. Er appellierte an das Gewissen der deutschen Juristen, und zwar an das menschliche, nicht an das formale.

Ein anderer Ausschnitt aus diesem Problemkreis war Gegenstand des ebenso juristisch eindrucksvollen wie menschlich ergreifenden Vortrags von *MinRat Dr. Arndt* (Wiesbaden) über die sog. *„Euthanasieverbrechen"*. Er gab einen auf genauer Quellenkenntnis fußenden Überblick über Ziele und Verlauf dieser Aktion zur Vernichtung politisch unerwünschten Lebens, die, von Hitler in seinem Geheimerlass vom 1.9.1939 befohlen, von der Reichskanzlei aus zentral gesteuert – der damalige RJM Gürtner erfuhr erst am 27.8.1940 davon –, in sieben Euthanasie-Anstalten mit größter Heimlichkeit durchgeführt, Zehntausenden, vielleicht Hunderttausenden von Unglücklichen das Leben kostete. *Arndt* ging sodann, z.T. in Auseinandersetzung mit dem Urteil des LG Frankfurt 4 a Js 13/46 im Eichberger-Euthanasie-Prozess, an dem er als StA mitgewirkt hatte, auf die rechtliche Beurteilung dieser „Euthanasie" ein. Das LG Frankfurt hat die Rechtswidrigkeit des Handelns der angeklagten Ärzte und Pfleger bejaht, da Hitlers Erlass v. 1.9.1939 naturrechtswidrig und ungültig sei. „Brandet jenseits des Positivismus nur das offene Meer des Naturrechts?" fragte Arndt und versuchte die von Anfang an bestehende Nichtigkeit des Erlasses aufgrund einer auf die Kraft des Wirkungsvermögens abstellenden historisch-soziologischen Theorie (mit der er sich allerdings wohl nicht so weit von der von ihm abgelehnten „normativen Kraft des Faktischen" und vom Positivismus überhaupt entfernte, wie er es wollte) nachzuweisen. Er schnitt dann die Fragen der Kausalität, des Rechtsirrtums und des Bewusstseins der Rechtswidrigkeit an – die Schuld könne, führte er hierzu aus, statt in der verbrecherischen Intensität auch im Unvermögen liegen, in der Schwäche des rechtlichen Wollens, die zum Verlust des Gewissens führe –, berührte die Problematik des Prinzips nulla poena sine lege mit dem bemerkenswerten Satz, dieses Prinzip könne nur innerhalb einer gesicherten Rechtsordnung gelten, und setzte sich für die Aburteilung der „Euthanasie"-Verbrechen durch deutsche Gerichte ein; die Entsühnung könne nur aus dem Volk heraus geschehen, das sich mit diesen Verbrechen beschmutzt habe. Es gehe bei diesen Prozessen um die Idee des Rechts schlechthin. Menschen wurden außerhalb des Rechts gestellt. Vom unteilbaren Menschen her muss nun wieder das unteilbare Recht gesucht werden, das Recht des Menschen und das Recht der Völker.

Anschließend brachten als Vertreter der drei anderen Zonen *Reichsmin. Schiffer, StS Streng* und *JM Sträter* (NRW) den einmütigen Willen zum Ausdruck, dass alles geschehen müsse, um die Verbrechen abzuurteilen.

Die durch die Aufhebung des Erbhofgesetzes geschaffene Rechtslage

Zu diesem Thema bot *OStA Güde* (Konstanz) eine historisch-soziologische Überschau, die in rechtspolitische Forderungen ausmündete. Mit dem [KRG] Nr. 45 trete die deutsche Agrarwirtschaft unter das Konzept einer Planwirtschaft, in der die staatliche Bürokratie nicht nur die Lenkung jeglichen Grundstücksverkehrs, sondern potentiell auch die Direktive der gesamten Grundstücksnutzung für sich in Anspruch nehme. Diese Entscheidung sei zwangsläufig, eine Rückkehr zum wirtschaftlichen Liberalismus unmöglich. Es gelte aber, die schädlichen Wirkungen der Reglementierung und Bürokratisierung einzudämmen, den Grundeigentümer nicht vollends zum lenkungs- und beaufsichtigungsbedürftigen Beauftragten werden zu lassen, vielmehr auch in der Planwirtschaft einen Bereich von Eigenständigkeit zu erhalten. *Güde* forderte daher, überall dort, wo dem Staat generelle Eingriffsmöglichkeiten zugesprochen werden, diese und die Behördenbefugnisse sachlich zu begrenzen, die Lenkungs- und Kontrollaufgaben möglichst in die Hände von Selbstverwaltungskörpern zu legen und das Anerbenrecht nach den Notwendigkeiten unserer Zeit zu reformieren.

Prof. Dr. Dölle (Tübingen) trug eine prägnante rechtsdogmatische Analyse des positiven Rechtszustandes aufgrund des [KRG] 45 vor. Er arbeitete den Charakter des Gesetzes als eines Ermächtigungsgesetzes und die daraus für die Durchführungsbestimmungen und für die Schaffung neuen Anerbenrechts sich ergebenden kompetenzbegrenzenden Folgerungen scharf heraus und vertrat dabei die Auffassung, dass die Gerichte die Zonen- und Landesbestimmungen auf ihre Übereinstimmung mit dem zu prüfen hätten. Die praktisch wichtige Frage, ob die nach dem genehmigungsbedürftigen Geschäfte beim Fehlen der Genehmigung schwebend unwirksam oder nichtig sind, entschied D. unter Hinweis auf die praktischen Bedürfnisse im ersteren Sinn. Ausführlich erörterte er auch das Problem der Wiedergutmachung. Er trat für einen sowohl unzumutbare Ungerechtigkeit für die Betroffenen als auch Überlastung der Gerichte vermeidenden Mittelweg in der Richtung ein, dass der wiedergutzumachende Nachteil evident und erheblich sein müsse und der anspruchsbegründende Tatbestand strikt begrenzt, eine Generalklausel also vermieden werde; dagegen solle die Art und Weise der Wiedergutmachung (Geld oder Naturalrestitution) durch den Richter nach Umständen des Einzelfalls entschieden werden. – *OLG-Rat Dr. Schneider* (Celle) kritisierte einige von *Güdes* rechtspolitischen Anregungen, u.a. die nach einer Verstärkung der Selbstverwaltung – die Bauern zögen selbst sachkundige neutrale Richter vor –, befasste sich eingehend mit der Auslegung des Art. XII 45 und schilderte dann ausführlich die Brit. ZonenVO. Eine Diskussion fand nicht statt.

[*Zwei Einzelpunkte:* Zu der auch von *Dölle* und *Schneider* angeschnittenen Zweifelsfrage, ob der Nachlass nach Art. XII Abs. 2 S. 3 nur als geregelt gelte, wenn der Erbe schon drei Jahre im Besitz des Grundstücks gewesen sei, bevor der Anspruch gegen ihn erhoben werde, oder ob es genüge, dass er das Grundstück überhaupt in Besitz genommen habe, aber der Anspruch erst drei Jahre nach dem Tod des Eigentümers geltend gemacht werde, wurde aus amerikanischen Juristenkreisen geäußert, der Kontrollrat habe bei der Ausgestaltung des Art. XII hier keine Probleme gesehen, vielmehr zweifellos die zweite Möglichkeit verwirklichen wollen. – *OLG-Rat Schneider* wies auf eine Unstimmigkeit zwischen dem englischen Wortlaut – „or other money charge (Grundschuld)" – und dem deutschen Wortlaut des Art. V 45 hin und teilte mit, durch Art. IV der MRVO Nr. 84 sei dies für die Brit. Zone dahin berichtigt worden, dass auch alle anderen dinglichen Belastungen von Art. V erfasst würden. Ob dies dem Willen des Gesetzgebers entspricht, muss umso mehr bezweifelt werden, als nicht nur der deutsche, sondern auch der französische Wortlaut – „ou une dette foncière (Grundschuld)" – eindeutig gegen eine solche Ausweitung spricht.]

Beteiligung des Volkes an der Rechtspflege

Nicht *ob* das Volk an der Rechtsprechung mitwirken solle, sei die Frage, so begann *Prof. Dr. Kern* (Tübingen) sein Hauptreferat, sondern *in welcher Form* diese in der Demokratie selbstverständliche Mitwirkung auszugestalten sei. *Kern* konzentrierte sich dabei auf die Strafrechtspflege und hier auf das Problem: *Schwurgericht oder Schöffengericht?* Er gab zunächst einen Überblick über das geltende deutsche Recht, über die rechtsgeschichtliche Entwicklung seit Beginn der Neuzeit und über die Rechtslage in England, Frankreich, der Schweiz und anderen europäischen Ländern mit dem Ergebnis, dass das Schwurgericht außer in England, seiner Heimat, überall im Rückgang begriffen, meist, so auch in Frankreich, schon abgeschafft sei. Für Deutschland sprach *Kern* sich gegen die Schwurgerichtsverfassung im alten eigentlichen Sinn aus. Die Trennung von Schuld- und Straffeststellung und ihre Verteilung auf Geschworene und Berufsrichter bedeute eine unnatürliche Zerreißung der richterlichen Aufgaben. Der Wahrspruch der Geschworenen werde nicht begründet, könne daher auch in der Revisionsinstanz nicht sachlich nachgeprüft werden. Der Erfahrung, die man mit den Schwurgerichten gemacht habe, seien denn auch ungünstig gewesen; es habe zahllose Fehlurteile gegeben. Diese Nachteile würden in der Schöffenverfassung vermieden. Was deren Ausgestaltung angehe, so sei eine zahlenmäßige Überlegenheit der Schöffen nicht erforderlich; es müsse jedoch gewährleistet sein, dass die Schöffen eine Verurteilung verhindern könnten. Die Auslese der Schöffen dürfe nicht nach parteipolitischen Gesichtspunkten erfolgen, damit die Politisierung der Justiz vermieden werde. – Die hierin zum Ausdruck kommende maßvolle konservative Haltung unterstrich der zweite Referent, *MinRat Dr. Groß* (Hamburg), durch die Feststellung, unserer Notzeit fehle der Beruf zur Gesetzgebung im Sinne umwälzender Reformen; man solle sich zunächst mit der notwendigen Kleinarbeit zum Ausbau des geltenden Rechts begnügen. Er befasste sich im Übrigen ausführlich mit der Entwicklung der Strafgerichtsverfassung in der Brit. Zone seit 1945.

Die Aussprache ließ erkennen, dass das Schwurgericht alten Stils offenbar nur noch wenige Befürworter findet; als Einziger setzte sich *RA Dr. Grzimek* (Ravensburg) dafür ein. *RMin. Schiffer* stellte fest, die Schwurgerichte hätten sich nicht bewährt. Die Geschworenen hätten meist geglaubt, über dem Gesetz zu stehen; das könne man als ein begreifliches Aufbäumen gegen den Positivismus ansehen, sei aber eben doch eine Überschreitung der Zuständigkeitsschranken gewesen. *Schiffer* wandte sich auch gegen die (von *Kern* nicht beanstandete) Beibehaltung des Namens Schwurgerichte für die großen Schöffengerichte.

Das Schwergewicht der Diskussion lag im Übrigen auf dem grundsätzlichen Problem Politik und Justiz. *JM Zinn* (Hessen) und *Vizepräs. Melsheimer* wandten sich dagegen, dass die Justiz unpolitisch sei und dass man grundsätzliche Reformen auf spätere Zeiten verschieben solle. Sie wiesen auf die schädlichen Wirkungen und die unheilvolle Entwicklung des unpolitischen Richtertums der Weimarer Zeit hin. *Zinn* betonte, dass es bei der Beteiligung des Volkes an der Rechtsprechung nicht um ein bloß technisches, sondern um ein politisches Problem gehe, das Problem der Demokratie. Die Kluft zwischen dem Berufsrichter in der Robe und dem – immer noch als Fremdkörper in der Justiz empfundenen – Laienrichter im Zivilanzug müsse im Sinne der demokratischen unteilbaren richterlichen Gewalt überwunden werden. *Zinn* berichtete über die Ansätze zu einer grundsätzlichen Lösung, die sich in der neuen hessischen Regelung finden. *Melsheimer* führte aus, dass der Weg zur Volksjustiz nicht nur über Schwur- und Schöffengerichte gehe – die übrigens in der Ostzone wieder tätig seien, z.T. auch in Zivilsachen: Eheschöffengerichte –; vor allem müssten neue Richter geschaffen werden. Er wies in diesem Zusammenhang nachdrücklich auf die Volksrichter der Sowj. Zone hin [Die einschlägigen Ausführungen *Melsheimers* entsprechen im Wesentlichen seinem auf der Wiesbadener Juristentagung erstatteten Bericht, vgl. DRZ 1947 S. 28.]. *JM Sträter* warnte vor der Politisierung der Justiz, wandte sich gegen die Auswahl der Schöffen nach politischen Gesichtspunkten und erinnerte an die trüben Erfahrungen, die man mit dem Laienrichtertum früher gemacht habe und auch jetzt (Spruchkammern, Arbeitsgerichte) mache. Bemerkenswert war, dass auf beiden Seiten bei *Melsheimer* wie bei *Sträter* die Hoffnung auf eine Synthese zwischen dem Institut der Volksrichter und dem Laienrichtertum westlicher Art Anklang fand. Der Gedanke des Friedesrichtertums – dessen Ausbau auch von Notar Dozent *Dr. Bärmann* (Ludwigshafen) angeregt wurde – spielte dabei eine besondere Rolle.

Während dieser wie auch vorangegangener Diskussionen wurde mehrfach auch die *Entnazifizierung* der Justiz erörtert. *Vizepräs. Melsheimer* befasste sich kritisch mit ihrer Durchführung in den westlichen Zonen und wies auf die Radikalkur, den „reinen Tisch" in der Sowj. Zone hin, eine Lösung, deren Notwendigkeit *RMin. Schiffer* damit rechtfertigte, dass die Justiz wieder das Vertrauen des Volkes gewinnen müsse, dieses aber die Ausschaltung aller Richter, die damals mitgegangen seien, verlange. *StS Streng* und *JM Sträter* verteidigten die Säuberung der Justiz in den Westzonen. *Sträter* stellte fest, in ihrer Mehrheit hätten die Richter nicht vor dem Nationalsozialismus kapituliert.

Sonstige Vorträge und Veranstaltungen

Über *„Rechte und Pflichten der Verteidigung"* sprach der Vorsitzende der Pariser Anwaltskammer, *Poignard.* Er betonte die große Aufgabe, die die Anwaltschaft bei der Demokratisierung Deutschlands zu erfüllen hat und arbeitete die dabei zu beachtenden Grundsätze der Freiheit, Unabhängigkeit und Rechtlichkeit präzise heraus.

GStA Prof. Dr. Bader (Freiburg i.Br.) berichtete aufgrund der Fahndungsblätter und eigener praktischer Erfahrungen über das *Erscheinungsbild der gegenwärtigen Kriminalität in Deutschland.* Im Ganzen sei das Bild nicht wesentlich verändert. Eine Aufwärtskurve sei bei den Gewaltverbrechen, besonders Raub, und den Vermögensdelikten festzustellen, eine Strukturveränderung beim Betrug. *Bader* wies u.a. auf die grundlegende Bedeutung der Jugendkriminalität hin.

Prof. Hornbostel (Poitiers) gab einen aufschlussreichen Überblick über die *französische Währungspolitik* seit Kriegsende.

In einem öffentlichen Vortrag außerhalb der TO behandelte *Prof. Dr. Beyerle* (Freiburg i.Br.) die *Rechtrezeptionen im deutschen Südwesten,* die Rezeption des römischen Rechts am Ausgang des Mittelalters und die des französischen zu Beginn des 19. Jahrhunderts. Er ging in diesem Rahmen auf zahlreiche wesentliche Fragen der neueren Privatrechtsgeschichte ein.

Eine von *Stadtarchivar Dr. Feger* (Konstanz) zusammengestellte *rechtsgeschichtliche Buchausstellung* vereinigte eine Fülle von Kostbarkeiten, darunter die große Handschrift des Justinianischen Codex aus dem fürstl. zeilschen Archiv (13. Jahrhundert). Unter den diplomatischen Urkunden befand sich ein Brief des franz. Königs Franz I. an die Bürger von Konstanz, in dem er sie seine amici, socii et foederati nennt.

III. Man darf die Bedeutung solcher Kongresse nicht überschätzen; *Generaldir. Furby* und *Oberst Bourthoumieux* warnten mit Recht davor. Nicht Worte entscheiden, sondern Taten, die tätige Gesinnung in der Praxis des Alltags. Trotzdem kann man es wagen, den Konstanzer Juristentag als einen Markstein zu bezeichnen, einen Markstein auf dem Wege zu Rechtsfrieden, Rechtsgleichheit und Rechtseinheit. Er hat den deutschen Juristen den ersten Schritt aus der Isolierung heraus ermöglicht, in die sie durch Schicksal und Schuld geraten waren, die ersten Ansätze zu einem echten Gespräch, zu fruchtbarer Zusammenarbeit sichtbar werden lassen. Viel Trennendes bleibt noch zu überwinden, Meinungsverschiedenheiten und Missverständnisse, auch schmerzende Erinnerungen an Krieg und Gräuel der jüngsten Vergangenheit. *Oberst Bourthoumieux,* dessen Initiative und überlegene Verhandlungsleitung, wie *RMin. Schiffer* dankend hervorhob, wesentlich zum Erfolg des Kongresses beigetragen haben, fasste in seiner Schlussansprache die Hauptgesichtspunkte zusammen. Er appellierte an die deutschen Juristen, über Theoretisierungen und Problematisierungen, wie sie in dem scholastischen Streit zwischen Positivismus und Naturrecht zutage treten, sich nicht von der Realität zu entfernen, nach dem Herzen und Gewissen, nicht nach einem intellektuellen System zu handeln und dadurch zur Verwirklichung eines universalen Rechtsbewusstseins beizutragen, zum Sieg des Rechtsgedankens, den alle ersehnen. Der Generalverwalter der Franz. Zone, *Laffon,* der der letzten Sitzung beiwohnte, schloss die Tagung mit einem Bekenntnis zum unteilbaren gleichen Recht für alle.

3. Bericht von Schiffer über den Konstanzer Juristentag (NJ 1947, S. 116 f.)

Die Journées de Constance, die vom 1. bis 5.6.1947 stattfanden, waren eine Veranstaltung der Franz. MR. Die Tagung war insofern eine Fortsetzung der Wiesbadener Juristentagung vom 3.–6.11.1946, als unter ihren etwa 250 Teilnehmern alle deutschen Besatzungszonen vertreten waren; sie war also wiederum interzonal. Aber sie ging darüber hinaus, indem auch Juristen aus Frankreich, England, USA, Belgien, Luxemburg, den Niederlanden und der Schweiz anwesend waren. Sie war demnach zugleich eine erste internationale Juristentagung unter deutscher Beteiligung. Ihr internationaler Charakter prägte sich auch darin aus, dass die Vortragenden je zur Hälfte Deutsche und Ausländer waren. Die Vorträge wurden in deutscher, französischer und englischer Sprache gehalten und zumeist sofort in die beiden anderen Sprachen übertragen. Die Themen waren dem deutschen, französischen und amerikanischen Recht entnommen und in bunter Reihenfolge aus den verschiedensten Rechtsgebieten, dem Zivil- und Kriminalrecht, dem Gerichtsverfassungs- und Strafprozessrecht, dem Verfassungs- und Verwaltungsrecht, der Rechtsphilosophie und der Rechtsgeschichte ausgewählt. Sie wurden in eingehenden, sorgfältig vorbereiteten Ausführungen und in spannender Form behandelt.

Aber nicht in den Vorträgen lag das Schwergewicht dieser Tagung, sondern in Diskussionen und den freien Gesprächen, die an einzelne von ihnen anknüpften. Durch sie kamen ein größerer Schwung und eine starke Lebendigkeit in das Zusammensein, in dem nicht bloß die Gegenstände der Vorträge, sondern auch der gegenwärtige Rechtszustand und die in ihm zutage tretende geistige Verfassung Deutschlands zur Sprache kamen. Es gab nicht bloß einseitige Meinungsäußerungen, sondern auch einen Meinungsaustausch, aus dem erhellte, wo eine Meinungsübereinstimmung oder eine Meinungsverschiedenheit vorhanden war. Beides war festzustellen. Es bestand zunächst eine allgemeine Übereinstimmung in der Stellungnahme gegenüber der Rechtsentwicklung, wie sie sich jetzt in Deutschland vollzieht. Über ihre Bedenklichkeit war man sich überall einig. In der Tat gewährt sie das Bild einer sich mit reißender Schnelligkeit fortsetzenden Rechtszersplitterung, die sich schließlich zur Rechtszersetzung auszuweiten droht. Das Neben- und Durcheinander von Kontrollrats-, Zonen- und Ländergesetzgebung führt zu einer Hypertrophie des in Deutschland geltenden Rechts, die die peinlichsten Folgen nach sich zieht. Niemand vermag die ungeheure Masse dieses sich ständig vermehrenden, verändernden und aufsplitternden Rechts auch nur zu übersehen, das der praktischen Anwendung die größten Schwierigkeiten bereitet, die Wissenschaft in die peinlichste Lage versetzt und immer neue schwer lösbare Probleme aufwirft. Gar nicht abzusehen ist die Wirkung dieser Verhältnisse auf die deutsche Wirtschaft, wenn es gelingen sollte, sie in den erstrebten Zustand der Einheit zu überführen. Denn wenn an die Stelle der Schlagbäume aus Holz nunmehr Schlagbäume aus Paragraphen treten sollen, so wäre damit der Wirtschaft sehr wenig gedient. Schon aus diesem Grunde ertönte allseitig der Ruf nach einer Wiederherstellung der deutschen Rechtseinheit und zum mindesten nach vorbereitenden Maßnahmen, um das geltende Recht zu sammeln und zu sichten, der allgemeinen Kenntnisnahme zugänglich zu machen und Zweifelsfragen über die Gültigkeit der einzelnen Normen sowie die Widersprüche höchstrichterlicher Entscheidungen zu beheben.

Betraf diese Einhelligkeit die allgemeine Rechtslage, so stellt sie sich auch in einem wichtigen Einzelpunkte ein. Bei der Erörterung der Euthanasie zeigte sich eine vollständige Einmütigkeit in der Verurteilung der mit diesem Namen gekennzeichneten und verhüllten Abscheulichkeiten, und in der Entschlossenheit, sich in ihrer Ahndung nicht durch juristische Zwirnsfäden beirren zu lassen, die eine übersteigerte Konstruktionstätigkeit zu ziehen versucht sein könnte. Dies fand einen beinahe leidenschaftlichen Ausdruck in Erklärungen aus allen Zonen, die zugleich den Beweis dafür lieferten, dass in solchen Fragen das deutsche Rechtsempfinden sich völlig mit dem der übrigen Welt deckt und weit abrückt von der verzerrten Gestaltung eines Zustandes, der seine innere Unrechtmäßigkeit durch usurpierte Legalität zu bemänteln gedachte.

Dagegen trat auf anderen Gebieten die Verschiedenheit der Ansichten deutlich hervor, und zwar zumeist dergestalt, dass sich der Osten auf der einen, der Westen und Süden auf der anderen Seite gegenüberstanden. Zunächst galt das für die Stellung zum Nr. 10 und die Frage seiner Auslegung und Handhabung. Hier erneuerte sich die literarisch in Gang befindliche Auseinandersetzung ohne eine Abschwächung zu erfahren. Etwas anders lag es bei der Erörterung über die Behandlung der Nazis. In dieser prekären Frage dürfte es vielleicht gelungen sein, die Haltung der Ostzone den anderen Teilen wenigstens verständlich zu machen. Sie mussten sich sagen lassen, dass es sich bei dieser Haltung nicht sowohl darum handelte, in der Justiz besonders strenge Strafen gegen die früheren Nazis auszusprechen, als vielmehr darum, der Justiz das Vertrauen wiederzugewinnen, das ihr unter dem Nazismus beinahe restlos verloren gegangen war. Aus diesem Grunde hat im Osten die Justiz eine Sonderstellung hinsichtlich der Behandlung der in ihr tätig gewesenen Nazis, die sich eben auf ihr Sonderinteresse an der Regelung dieser Frage gründet. Wenn es geglückt sein sollte, für diese Haltung wenigstens Verständnis zu erreichen, auch wenn eine Überbrückung der Gegensätze wohl noch nicht in Frage kam, so wäre damit immerhin schon viel erreicht, zumal darin wiederum Einstimmigkeit bestand, dass eine einheitliche Regelung der ganzen Frage für Deutschland dringend wünschenswert sei.

Noch deutlicher zeigte sich ein wachsendes Verständnis für die Maßnahmen des Ostens in der Volksrichterfrage. In ihr konnte dargelegt werden, dass es sich nicht um eine Beseitigung oder auch nur Abschwächung der an die deutschen Juristen zu stellenden wissenschaftlichen Anforderungen handelt, und dass vielmehr sogar eine vertiefte wissenschaftliche Ausbildung der deutschen Juristen angestrebt werde. Die Absicht gehe dahin, neben die wissenschaftlichen Elemente der deutschen Justiz volkstümliche Kräfte zu stellen, um dadurch ihre Leistungsfähigkeit zu bereichern und zu erhöhen und im Zusammenwirken beider durch ihre wechselseitige Befruchtung das große Ziel einer Annäherung zwischen Recht und Volk zu erreichen und die bisherige ungesunde Entwicklung zu beenden, die zu einer Entfremdung zwischen ihnen geführt hat. Dass es sich dabei um ein gewagtes Experiment handelte, wurde nicht verschwiegen; aber man konnte darauf hinweisen, dass die bisher gemachten Erfahrungen ein über Erwarten günstiges Ergebnis gezeitigt haben. Diese Darlegungen bewirkten wenigstens so viel, dass die Ablehnung der Volksrichter sich einigermaßen abschwächte und nicht mehr ganz so vorbehaltlos ausgesprochen wurde wie bisher. Vielmehr wurde der Wunsch laut, sich zunächst einmal mit eigenen Augen von der neuen Einrichtung und ihrem Wesen und Wirken zu überzeugen, um alsdann eine endgültige Entschließung in eigener Sache zu treffen.

Bei solchen Auseinandersetzungen verloren die Gegensätze ihre Schärfe und vermochten nicht das Gefühl einer tiefen Befriedigung zu beeinträchtigen, das durch das Zusammensein der Deutschen aus allen Zonen hervorgerufen war. Das Zusammensein stärkte das Gefühl der Zusammengehörigkeit; die Zonengrenzen wurden geistig überwunden. Aber jenes Gefühl der Befriedigung wurde noch gesteigert durch die Tatsache, dass zum ersten Male auf dem Gebiete des Rechts auch die deutschen Grenzen dem geistigen Verkehr geöffnet waren. Ich darf die Worte hierher setzen, mit denen ich meine Ansprache am Schluss der Tagung endete: „Das deutsche Volk ist sehr einsam und verlassen. Wir drängen und niemandem auf; aber wir sind jedem dankbar, der uns die Hand entgegenstreckt, um uns aus unserer Vereinsamung und Isolierung zu erlösen." Schiffer

IV. Tagung deutscher Juristen Bad Godesberg (30.09.–1.10.1947)

1. Tagung deutscher Juristen in Bad Godesberg, 30.9.–1.10.1947, Hamburg 1947, S. 4–8:

1. Programm

29.9.1947: Ankunft der Teilnehmer

20.00 Uhr Kammermusikabend im Beethovensaal des Kurhauses Redoute, veranstaltet von der Stadt Bad Godesberg

30.9.1947

9.00 Uhr Eröffnungssitzung in der Aula der Otto-Kühne-Schule (Pädagogium), Begrüßungsansprachen, Geschäftsordnungsfragen

Anschließend: Vortrag *Dr. H. Ehard,* Ministerpräs. v. Bayern: *„Staatsrechtliche Probleme des bizonalen Aufbaues"*

15.00 Uhr Vortrag: *Dr. R. Mueller,* Rechtsanwalt, Frankfurt/M.: *„Dekartellierung und Konzernentflechtung"*

16.30 Uhr Vortrag: *Dr. Harald Koch,* Minister für Wirtschaft und Verkehr, Hessen: *„Rechtsform der Sozialisierung unter besonderer Berücksichtigung der Sozialisierung in Hessen"*

20.00 Uhr Gesellschaftsabend (Rheinischer Abend) auf der Godesburg, veranstaltet von der Stadt Godesberg

1.10.1947

9.00 Uhr Vortrag: *Dr. Ernst Wolff,* Rechtsanwalt, London: *„Freiheit und Gebundenheit des englischen Richters"*

10.30 Uhr Vorträge in zwei Sektionen

1. Sektion: *Dr. G. Petersen,* Justizdirigent im ZJA für die Britische Zone: *„Fragen des Enteignungsrechts"*

2. Sektion: *Walter Roemer,* MinRat im Bayr. Staatsministerium für Justiz: *„Wiedergutmachung"*

15.00 Uhr Vortrag *Prof. Dr. H. v. Weber,* Universität Bonn: *„Recht und Pflicht des Richters zur Prüfung der Gültigkeit des Strafgesetzes"*

16.15 Uhr Vorträge in zwei Sektionen

1. Sektion: *Prof. Dr. E. Niethammer,* Universität Tübingen: *„Der Kampf um die Wahrheit im Strafverfahren"*

2. Sektion: *Prof. Dr. W. Fischer,* Rechtsanwalt, Präs. der Vereinigung der Vorstände der Anwaltskammern, Hamburg: *„Grundsätze des Zivilprozessrechts und ihre Anwendung in der Praxis"*

17.30 Vortrag: *Prof. Dr. Eberhard Schmidt,* Universität Göttingen: *„Unabhängigkeit der Rechtspflege"*

Anschließend: Schlussworte

20.00 Uhr; Abendessen und geselliges Beisammensein

Tagungspräsidium:

Prof. Dr. v. Beckerath, Dekan der Juristischen Fakultät der Universität Bonn

Dr. Beyerle, Justizminister, Württemberg-Baden

Dr. Ehard, Ministerpräsident von Bayern

Prof. Dr. Fischer, Rechtsanwalt, Präsident der Vereinigung der Vorstände der Anwaltskammern

Dr. Heinemann, Justizminister, Nordrhein-Westfalen

Prof. Dr. C. Schmid, Justizminister, Württemberg und Hohenzollern

Tagungssekretariat:

ORR Jess, Zentraljustizamt Hamburg.

2. Bericht über die Tagung in Bad Godesberg (DRiZ 1947, S. 373 f.)

Am 30. Sept. und 1. Okt. 1947 fand auf Einladung des ZJA für die Brit. Zone in Bad Godesberg eine Tagung deutscher Juristen statt, nach der 1. Godesberger Tagung vom Juli 1946 und den Tagungen in Wiesbaden und Konstanz der 4. Kongress dieser Art nach dem Zusammenbruch. Außer Vertretern der MR der drei westlichen Zonen, an ihrer Spitze *Justizdir. Rockwell* US-MR), *Oberst Moller* (brit. MR) und *Oberst Bourthoumieux* (franz. MR), und der Vereinigung demokratischer Juristen aus Deutschland (London) sowie einem Schweizer Gast nahmen vorwiegend Männer der Justizpraxis der drei westlichen Zonen und Berlins an der Tagung teil: die Vertreter – meist die Chefs – des ZJA und der Justizministerien aller Länder der

US- und der Brit. Zone sowie aus der Franz. Zone der Länder Baden, Württemberg-Hohenzollern und Rheinland-Pfalz; ferner zahlreiche Richter, StA und RA aus den Westzonen und Berlin. Dazu kamen mehrere Hochschullehrer, darunter auch einige Fachvertreter des öffentlichen Rechts, sowie vereinzelte praktische Verwaltungsjuristen. Den Vorsitz führte der Präsident des ZJA *Dr. Kiesselbach.* Die sowjetische Zone war, anders als bei den beiden vorangegangenen Juristentagen, weder offiziell vertreten, noch war ihren Juristen die Teilnahme gestattet worden. Die im Tagungsprogramm vorgesehenen Vorträge von *Prof. Dr. R. Lange* (Jena) über „Mittel und Wege zur Überwindung der deutschen Rechtszersplitterung" und von *Vizepräs. Dr. Melsheimer* (Deutsche Justizverwaltung der Sowj. Bes.-Zone) über die „Rechtsentwicklung in der sowj. Bes.-Zone") mussten daher ausfallen.

Trotz dieser Lücken war das Programm überreich. Es konnte nur dadurch bewältigt werden, dass mehrere Vorträge nicht vor dem Plenum, sondern in zwei Sektionen gehalten wurden und dass man grundsätzlich auf Diskussionen verzichtete, also auf die Darbietung einer Vortragsreihe sich beschränkte. Wer den Hauptwert solcher Tagungen, zumal unter den heutigen deutschen Verhältnissen, in der öffentlichen Aussprache sieht, musste diesen Verzicht bedauern.

Die Vorträge waren thematisch gut ausgewählt und standen durchweg auf hohem Niveau. Sie boten einen ebenso weitreichenden wie tiefen Einblick in die heutige Problematik von Staat und Recht.

Der bayer. *MinPräs. Dr. Ehard* sprach über *„Staatsrechtliche Probleme des bizonalen Aufbaues".* Er gab einen Überblick über die bisherige Entwicklung und befasste sich dann eingehend mit der aufgrund des Abkommens vom 29.5.1947 bestehenden Rechtslage und ihrer Problematik. Durch das Abkommen und die zu seiner Ausführung erlassenen besatzungsrechtlichen Vorschriften sei kein Oberstaat geschaffen worden; es bestehe auch kein sozietätsähnliches Verhältnis zwischen den Ländern der angelsächsischen Zone. Tatsächlich hätten aber die neugeschaffenen Organe, der Wirtschaftsrat, der Exekutivausschuss und die Direktoren, weitgehende Ähnlichkeit mit Oberstaatsorganen. *E.* kritisierte die von ihm als einen nicht sehr glücklichen Kompromiss zwischen zentralistischen und föderalistischen Auffassungen gekennzeichnete Frankfurter Konstruktion vom Standpunkt eines maßvollen Föderalismus aus, eines „Föderalismus aus Realistik", frei von Ismen und Ideologien.

RA Dr. R. Müller (Frankfurt/M.) behandelte den durch die Begriffe *„Dekartellierung und Konzernentflechtung"* bezeichneten, in Deutschland – früher dem „klassischen Land der Vorherrschaft der Vertragsfreiheit über die Wettbewerbsfreiheit" – durch die vor allem unter amerikanischem Einfluss zustande gekommene Gesetzgebung der MR (G 56 der US-MR usw.) aktuell gewordenen Fragenkreis. Im Rahmen eines historischen Gesamtüberblicks und einer eingehenden Erörterung der neuen Gesetze wies er insbesondere auf die Probleme hin, die sich daraus ergeben, dass neues Recht auf altes, fremdes auf neues gesetzt sei und es noch an der Abstimmung fehle, außerdem auf die Gefahr einer neuen Vertrustung, die sich bei der Treuhandverwaltung gem. MRG 52 ergebe.

Die *„Rechtsform der Sozialisierung unter besonderer Berücksichtigung der Sozialisierung in Hessen"* war Gegenstand eines Vortrags des hess. Wirtschaftsministers *Dr. Koch.* Mit den überkommenen Rechtsformen des privaten und öffentlichen Rechts sei die Sozialisierung – die weder Verstaatlichung (Nationalisierung) der Wirtschaft noch Einführung gemischt-wirtschaftlicher Unternehmen oder der Gewinnbeteiligung der Arbeitnehmer bedeute – nicht zu erfassen. Es gelte daneben ein neues Sozialrecht zu entwickeln. Nach dieser, in Art. 38 ff. der hess. Verfassung zum Ausdruck gekommenen, von *K.* anhand eines Schaubildes ausführlich dargelegten Auffassung seien Eigentumsträger der sozialisierten Unternehmen das Volk, Rechtsträger die „Sozialgemeinschaften" (Sozialgesellschaften, -gewerkschaften, -genossenschaften), Verwaltungsträger die Gewerkschaften, Gemeinden, Gemeindeverbände u.a.

RA Dr. Ernst Wolff (London) sprach über *„Freiheit und Gebundenheit des englischen Richters".* Der Vortrag, der ein anschauliches Bild von der Stellung dieses „Despoten für die Zukunft und Sklaven für die Vergangenheit" (einerseits rechtschaffende Befugnis, andererseits Bindung an Präjudizen) gab, ist geeignet, manche landläufigen Meinungen über den englischen „Richterkönig" zu berichtigen. *W.* wies darauf hin, dass die Entwicklung von der größeren Freiheit zur größeren Gebundenheit des Richters (außer bei der Beaufsichtigung der Verwaltung durch die Gerichte) und zur stärkeren Formalisierung der Rechtsprechung gehe.

Aktuelle *Fragen des Enteignungsrechts* erörterte *Justizdirig. Dr. Petersen* (Hamburg). Er wandte sich u.a. gegen die neuerdings aufkommende Neigung, das Naturrecht als Schranke des gesetzlichen Enteignungsrechts heranzuziehen, und befasste sich eingehend mit dem Grundsatz der Territorialität der Enteignung und seiner Bedeutung für die Lösung der infolge der Zwangsenteignung in der Sowj. Zone entstandenen Fragen: diese Enteignungen könnten Rechtswirkungen nur innerhalb des enteigneten Landes oder der Zone äußern.

MinRat Roemer (München) referierte anhand des Entwurfs des Rückerstattungsgesetzes für die US-Zone über eine Reihe von Fragen der zivilrechtlichen *Wiedergutmachung* nat.-soz. Unrechts. Er teilte mit, dass der Entwurf vor mehreren Monaten der US-MR vorgelegt worden sei, die ihn an den Kontrollrat weitergeleitet habe. Eine gesamtdeutsche Regierung, und zwar ohne weitere Verzögerung, sei notwendig. Die sonstige Wiedergutmachung, also insbesondere die Entschädigung für Schäden an Leib und Leben, befinde sich noch im Anfangsstadium. – An der lebhaften Aussprache, die sich trotz des erwähnten grundsätzlichen Verzichts auf Diskussionen im Anschluss an den Vertrag entwickelte, beteiligten sich u.a. *Dr. Mainzer* und *Dr. Mosheim* von der Londoner Vertretung demokratischer Juristen, sowie *LG-Dir. Dr. Rotberg* (Koblenz), der Verfasser des für die Franz. Zone aufgestellten sog. Koblenzer Entwurfs.

In seinem Vortrag *„Recht und Pflicht des Richters zur Prüfung der Gültigkeit des Strafgesetzes"* gab *Prof. Dr. v. Weber* (Bonn) einen Gesamtüberblick über die Entwicklung der richterlichen Prüfungszuständigkeit in Gesetzgebung, Rechtsprechung und Wissenschaft der letzten Jahrzehnte bis zur Gegenwart. *W.* bejahte in Übereinstimmung mit den meisten neuen Verfassungen eine auf den

Verfassungsgerichtshof beschränkte Zuständigkeit zur Prüfung der materiellen und formellen Verfassungsmäßigkeit (nicht auch der Naturrechtsgemäßheit) der Gesetze.

OLG-Präs. Prof. Dr. Niethammer (Tübingen) betonte in seinem Vortrag *„Der Kampf um die Wahrheit im Strafverfahren"* die oberste Pflicht des Richters, die Wahrheit mit allen Mitteln zu erforschen. Die Aufklärungspflicht des Richters gehe allen formalen Beschränkungen des im Laufe der Zeit ausgebildeten Beweisrechts vor. Der Strafprozess sei nach seiner bisherigen Verwilderung als Schutzverfahren wieder voll herzustellen. Die heutige Gesetzeslage genüge noch nicht.

Die Frage, wie die Justiz vor den Auswirkungen der Parteipolitik zu schützen sei, stand im Mittelpunkt der Ausführungen von *RA Prof. Dr. Fischer* (Hamburg) über *„Grundsätze des Zivilprozessrechts und ihre Anwendung in der Praxis"*. *F.* forderte u.a. unbedingte Wahrung der Unabhängigkeit der Rechtspflege und des (richtig verstandenen!) rechtlichen Gehörs sowie Elastizität der Verfahrensregeln.

Einen energischen Verteidiger fand die Justiz schließlich in *Prof. Dr. Eberhard Schmidt* (Göttingen). In seinem weitgespannten Vortrag über die *Unabhängigkeit der Rechtspflege* legte er den auf Montesquieu zurückgehenden, durch die Rechtsidee inhaltlich bestimmten konstitutionellen Gesetzesbegriff als Grundlage für die Gesetzestreue und das Ethos des Richterstandes klar und kritisierte von hier aus die übliche Polemik gegen Positivismus und Justiz. Die Verantwortung für die Depravierung des Gesetzes im Verfallsstadium des Konstitutionalismus treffe weder die Justiz noch die Rechtswissenschaft, sondern den um jeden rechtlichen Halt gekommenen Gesetzgeber. Heute gelte es, die Gewaltenteilung und die Unabhängigkeit der Rechtspflege voll wiederherzustellen und auszubauen. Die einschlägigen Normen in den neuen Verfassungen, und zwar sowohl denen des östlichen als denen des westlichen Systems, seien unzulänglich, da sie eine politische Kontrolle des Richters vorsähen. Die Justiz müsse entpolitisiert und ihre Unabhängigkeit gegen Parteien und Presse gewahrt werden.

In seinem Nachwort, das zugleich eine Schlussansprache an die Tagung war, trat *Präs. Dr. Kiesselbach* für die Sache der Justiz ein, warnte aber auch vor Überspitzungen; man dürfe nicht vergessen, dass das Schiff der Justiz ein Leck habe; Unrecht und Willkür der vergangenen Jahre hätten es ihm geschlagen. *K.* wies u.a. auch darauf hin, die Entpolitisierung der Justiz habe die schädliche Folge, dass die Justiz in den Parlamenten nicht vertreten sei, hier also auch nicht ihren Einfluss gelten machen könne. Er sprach damit einen Teil – freilich nur einen kleinen, die konservativer Grundauffassung nicht verleugnenden Teil – der Bedenken aus, die in einer Diskussion, hätte sie stattfinden können, von dem auf eine grundsätzliche Neugestaltung des Verhältnisses von Justiz und Politik im Sinne ihrer Durchdringung und Verbindung drängenden Flügel, in erster Linie also den führenden hessischen Juristen (*JM Zinn, MinRat Dr. Arndt, MinRat Dr. Oppler)* gegen jenen Konservatismus geltend gemacht worden wären.

Den Dank der versammelten Juristen für die gründliche Vorbereitung und reibungslose Durchführung der Tagung und für die gastfreundliche Aufnahme in Bad Godesberg brachten *MinPräs. a.D. Prof. Dr. Geiler* und der württ.-bad. *JM Dr. Beyerle* zum Ausdruck. Sie huldigten in herzlichen Worten dem verehrten Präsidenten *Kiesselbach,* der kurz nach Vollendung seines 80. Lebensjahres, durch seine überlegene Leitung wesentlich zum Gelingen des Kongresses beigetragen hat.

Die Godesberger Tagung soll ein Vorläufer des *Deutschen Juristentages* sein, dessen Wiederbegründung beschlossen wurde. Die Vorarbeiten dazu sind abgeschlossen. Als vorläufiges Präsidium wurden die Mitglieder des Präsidiums des letzten Deutschen Juristentages vor 1933 berufen.

V. Interzonaler Juristentag in München (1.–4.6.1948)

1. Bericht in der SJZ 1948, S. 339–340:

Unter dem Vorsitz des stellv. bayr. Ministerpräsidenten und Justizministers *Dr. Josef Müller,* dem als Präsidium ein Vertreter des ZJA in Hamburg, des JMin. von Rheinland-Pfalz und der Präs. des KG beistanden, traten die Leiter des Justizwesens der drei Westzonen und Berlins, Richter, Hochschullehrer, Rechtsanwälte und Notare, Verwaltungsrichter und Verwaltungsbeamte am 1.6.1948 in der Aula der Münchener Universität zur diesjährigen Tagung deutscher Juristen zusammen. Die Vertreter aus der sowjetischen Zone hatten der Einladung nicht Folge leisten können. Die amerikanische, britische und französische Besatzungsmacht war durch die Leiter ihrer Rechtsabteilungen vertreten, die britische Zone auch durch den Chief Legal Adviser des Foreign Office *Mr. Beckett,* die amerikanische durch den stellv. Gouverneur Bayerns.

In einer Zeit, die uns die Neugestaltung Deutschlands nach außen und im Innern als unsere politische Aufgabe auferlegt hat, mussten die damit zusammenhängenden Themen aus dem *Völker-*, *Staats-* und *Verwaltungsrecht,* die im Plenum behandelt wurden, besonderes Interesse beanspruchen.

MinPräs. Dr. Ehard referierte über das Thema: *Der Nürnberger Prozess gegen die Hauptkriegsverbrecher und das Völkerrecht.* Dr. Ehard ging von der Feststellung aus, dass dort Handlungen zu Aburteilung gestanden hätten, die vom ganzen deutschen Volk als todeswürdige Verbrechen empfunden worden wären und auch bei Anwendung des deutschen Strafrechts ihre gerechte Ahndung gefunden hätten. In den in Nürnberg angewandten Normen und Rechtssätzen sieht Ehard neues Recht, das als ein Gebot höherer Gerechtigkeit anzuerkennen sei. Diese Bindung könne aber nicht auf den Einzelfall beschränkt bleiben; das neue Recht bände alle Staaten, es gelte für Sieger und Besiegte, denn Sieg und Niederlage könnten niemals ein Moratorium für Recht und Gerechtigkeit begründen.

Diese Fortbildung des Völkerrechts durch die Nürnberger Prozesse betonte auch der Militärgouverneur von Württemberg-Baden Mr. *La Follette* in seinem Vortrag über den *Nürnberger Juristenprozess.* In überzeugender Weise legte *La Follette* die Rechtsgrundlagen dieses Verfahrens und die sich daraus ergebende Strafwürdigkeit der Verurteilten dar. Wer zudem das Urteil in seinem ganzen Wortlaut kennt, kann nicht mehr daran zweifeln, dass hier die Initiatoren, Vertreter oder Handlanger eines auch für sie als verabscheuungswürdig erkennbaren Justizsystems zu vollem Recht verurteilt wurden, nicht nur im Sinne einer höheren Gerechtigkeit und des KRG 10, sondern auch im Sinne unserer deutschen, positiven Gesetze und Rechtsgrundsätze. Wäre es deutschen Juristen überlassen worden, die unter dem Schein des Rechts begangenen Verbrechen und die damit ihnen angetane Schmach zu sühnen, wäre das Urteil in manchen Teilen vielleicht strenger gewesen. In dieser Ansicht über den Prozess und das Urteil stimmten alle Diskussionsredner, unter lebhafter Zustimmung der Versammlung vorbehaltlos überein. Der von *Mr. La Follette* ausgesprochenen Warnung, die in Nürnberg Verurteilten zu Märtyrern zu erheben, bedurfte es deshalb in diesem Kreise nicht.

Prof. Dr. Erich Kaufmann legte bei seinem Referat: *Die gegenwärtige völkerrechtliche Lage Deutschlands* die bekannte These zugrunde, dass Deutschland weiter ein Staat und damit Rechtssubjekt in völkerrechtlicher und verfassungsrechtlicher Beziehung sei. Wegen der totalen Besetzung fehle ihm jedoch die Handlungs- und Geschäftsfähigkeit. Der Kriegszustand bestände noch, die HLKO finde jedoch keine Anwendung, da sie die Fortdauer der Feindseligkeiten voraussetze. Dem Wesen nach sei die Besatzung eine Treuhandbesatzung, die Besatzungsmacht also gebunden an die Gesetze der Menschlichkeit und die Sachgesetze der einzelnen Angelegenheit, die sie in die Hand nimmt. Da aber die Besatzung, wie jede, zugleich auch eine Fremdherrschaft sei, gelte es besonders, den völkerrechtlichen Grundsatz zu beachten, dass es Lebensgebiete gäbe, die infolge ihrer engen Verknüpfung mit den Traditionen und Anschauungen eines Volkes, wie z.B. Erziehung und Unterricht, Gliederung der Länder und ihr verfassungsmäßiger Aufbau, nur von diesem Volk selbst wahrgenommen werden könnten (domaine réservé). – Bei seiner Untersuchung über die territoriale Lage gelangte *Kaufmann* zu dem Ergebnis, dass die Polen keine Souveränität über das von ihnen verwaltete Gebiet erlangt hätten. Nach dem Protokoll und den Erklärungen *Byrnes,* sei dieses Gebiet als sowjetisches Besatzungsgebiet anzusehen, das Mandat an Polen bedeute also ein reines Besatzungs- und Verwaltungsmandat, das nach den Grenzen von 1937 deutsches Gebiet im Osten gehöre daher noch zu Deutschland.

Aus dem Kreis der Fragen, die der *Aufbau einer einheitlichen Wirtschaftsverwaltung* aufgeworfen hat, behandelte *Präs. Dr. Ruscheweyh* Wesen und Bedeutung des durch die Prokl. Nr. 8, brit. VO 127 geschaffenen und von ihm als Präsident geleiteten *Obergerichts des Vereinigten Wirtschaftsgebiets (VWG).* Dies ist danach als ein deutsches Gericht anzusehen, das im Namen des deutschen Staates Recht spricht. Nach dem ihm zugewiesenen, im Einzelnen von dem Vortragenden dargelegten Aufgaben vereinigt es in sich die Kennzeichen eines OLG, eines Verwaltungsgerichts, eines Finanzgerichts und eines Staatsgerichtshofs. Bei den Erörterungen über das anzuwendende Recht bekannte sich *Dr. Ruscheweyh* zu dem Grundsatz, dass die Trennung von Gesetzgebung und Rechtsprechung zu wahren sei und dem Richter deshalb die materielle Nachprüfung der Gesetze verbiete. Ein Zwiespalt zwischen Gesetz und Recht befreie den Richter nicht von seiner Pflicht, dem Gesetzesbefehl zu folgen; die Verantwortung trage allein der Gesetzgeber.

Das *zweite Referat zu diesem Themenkreis* hielt *StS Dr. Strauß,* Wiesbaden, und zwar behandelte er die *Aufgaben des Rechtsamts* für das VWG. Sie bestehen nach dem bisherigen Stand der organisatorischen Vorbereitung in der Mitwirkung bei der Gesetzgebung derart, dass die von den einzelnen Verwaltungen oder dem Wirtschaftsrat selbst angeregten Gesetzesentwürfe auf ihre rechtsförmliche Richtigkeit überprüft würden, wozu auch die Koordinierung der Arbeiten mehrerer beteiligter Ressorts gehöre. Eingeschlossen in diese Tätigkeit liege auch die schöne Verpflichtung, sich wieder um eine einwandfreie Gesetzessprache zu bemühen und darauf einzuwirken, dass nur das wirklich Notwendige in dem notwendig gewordenen Umfang in den Gesetzen geregelt würde.

Die zivilrechtliche Abteilung beschäftigte sich in erster Linie mit der *Reform des Zivilprozessrechts.* Das Referat hierüber hielt *LG-Präs. Dr. Weinkauff,* Bamberg. Er ging von der gegenwärtigen Lage der Rechtsprechung aus, die gekennzeichnet sei einerseits durch die Masse von Schemaprozessen – Ehe-, Unterhalts- und Mietsachen –, die die unzureichend besetzten Gerichte zu bewältigen hätten, andererseits durch die außergewöhnlich schwierigen Rechtsfragen, die sich aus dem Zusammenbruch des nationalsozialistischen Rechtssystems, der fortschreitenden Rechtszersplitterung als Folge seiner hemmungslosen Rechtserzeugung und aus der Überwucherung des privaten Rechts durch das öffentliche Recht ergäben. In dieser Situation sei ein einheitliches, klares und im Bestand sicheres Verfahrensrecht umso notwendiger. Aber auch daran fehle es. Zwar gelten die Grundzüge noch in allen Zonen einheitlich, auf allzu vielen Teilgebieten aber zonale Sonderregelungen. Das Übel habe schon nach 1933 mit einer ständigen ebenso nervösen wie kurzlebigen Novellengesetzgebung begonnen, die dann schließlich zu dem Verfahrensnotrecht der Vereinfachungs- und KriegsmaßnahmenVOen geführt hätte, deren Fortgeltung zonal stark verschieden ist. Einen gewissen Fortschritt stelle die Neuregelung in der Brit. Zone durch die VO vom 27.1.1948 dar, besonders dann, wenn die US-Zone sich ihr anschließe.

Angesichts dieses durch die politischen Verhältnisse noch erschwerten Zustandes verneint *Weinkauff* die Möglichkeit einer grundlegenden Reform. Für das streitige Verfahren, das in der ZPO i.d.F. vom 1.1.1934 eine recht gute Arbeitsmöglichkeit biete, sieht er dazu derzeit auch keine dringende Notwendigkeit, eher schon für das Zwangsvollstreckungsrecht. Die Bemühungen seien deshalb auf eine gesetzestechnische Bereinigung des Verfahrensrechts zu konzentrieren, die mangels eines deutschen Legislativorgans durch interzonale Vereinbarungen herbeigeführt werden müsste. Ziel seien ein in ganz Deutschland übereinstimmender Text von GVG und ZPO (auf der Grundlage der Neufassung v. 8.11.1933), ein übereinstimmender Aufbau des Notrechts mit einer Kodifikation der verbleibenden Bestimmungen, ein in allen Zonen gleicher Rechtsgang und ein gemeinsames oberstes Revisionsgericht. Das oberste Gericht müsse das Recht zur Nachprüfung der Verfassungsmäßigkeit der Gesetze und des positiven Rechts nach naturrechtlichen Grundsätzen haben.

Im Anschluss an dieses Referat wurde die folgende Entschließung gefasst, die die überwiegende Mehrheit des Plenums billigte: Die in München versammelten Juristen verfolgen mit tiefer Sorge die zunehmende Rechtszersplitterung und Rechtsunsicherheit innerhalb Deutschlands. – Wir fühlen uns verpflichtet, mit

Ernst und Nachdruck alle verantwortlichen deutschen Stellen und die Besatzungsmacht auf die damit für das Recht, die staatliche Ordnung und das Zusammenleben verbundene große Gefahr aufmerksam zu machen. – Wir bitten die Regierungen der deutschen Länder, die zonalen und überzonalen Organisationen und die Besatzungsmächte der weiteren Auflösung des noch vorhandenen gemeindeutschen Rechts ein Ende zu machen und die Rechtseinheit auf dem Gebiet des Zivilrechts und des Strafrechts, der Gerichtsverfassung und des Prozessrechts wiederherzustellen. – Zur Wahrung der Rechtseinheit fordern wir deshalb ein für alle Zonen gemeinsames Oberstes Gericht in Zivil- und Strafsachen.

Die Mitwirkung des StA in bürgerlichen Rechtsstreitigkeiten behandelte das Referat des *Vortragenden Rates Dr. Bülow,* Hamburg. Nach einer Darlegung des Rechtszustandes in Deutschland vor und nach 1945 und des ausländischen Rechts, das diese Einrichtung zum großen Teil auch kennt, stellte der Redner de lege ferenda Vorschläge zur Diskussion. Danach soll dem StA – und nur diesem – zwar generell (also nicht nur in Statussachen) die Befugnis gegeben werden, in bürgerlichen Rechtsstreitigkeiten mitzuwirken, wenn dies zur Wahrung der öffentlichen Interessen erforderlich erscheint, seine Rechte sollen sich aber auf die Teilnahme an der Verhandlung und die Abgabe gutachtlicher Äußerungen über die zu erlassende Entscheidung beschränken. Eine solche Tätigkeit sei vor allem förderlich, wenn Fragen des öffentlichen Rechts zur Entscheidung stünden. Ein Recht zur „außerordentlichen Wiederaufnahme", wie es das aufgehobene StA-Gesetz von 1941 geschaffen habe, sei als ein mit unseren Vorstellungen vom Rechtsstaat nicht vereinbarer Eingriff in die Unabhängigkeit der Rechtspflege abzulehnen.

Dass aus dem *Strafrecht* das bisher in der öffentlichen Diskussion so wenig beachtete Jugendstrafrecht zur Erörterung gestellt wurde, ist besonders hervorzuheben. Welche Bedeutung gerade diesem Gebiet zukommt, zeigten die *soziologischen Betrachtungen zur Jugendkriminalität* von *GStA Prof. Dr. Bader,* Freiburg. Anhand von drei typischen Fällen, deren soziologische Komponente insbesondere der Zerfall der Familien, der schwarze Markt und die Räuberromantik bildeten, gelangte *Bader* zu der Feststellung, dass diesen Zeiterscheinungen mit dem altväterlichen Begriff der Verwahrlosung nicht mehr beizukommen sei, wir vielmehr in Wirklichkeit einer Verschiebung der Werte gegenüberständen. Die Bemühungen um Abhilfe hätten sich auf das Wecken der Sinne für eine natürliche Rechtsordnung, die Erneuerung des Ehrbegriffs zu konzentrieren.

Im Strafvollzug sei die strenge Trennung von den älteren Verbrechen unerlässlich, kurzfristige Freiheitsstrafen bedeuteten gerade für Jugendliche eine besondere Gefahr, die durch Strafaufschub mit Heranziehung zur Wiederaufbauarbeit oder dergleichen zu umgehen sei.

Die gesetzgeberischen *Planungen zum Jugendstrafrecht* behandelte Justizdirig. *Dr. Grau,* Hamburg. Er unterzog den Entwurf des Kontrollrats zu einem neuen Jugendgerichtsgesetz einer eingehenden Kritik mit dem Ergebnis, dass er in dieser Fassung schon deshalb nicht verwendbar erschiene, da er nur die typisch nationalsozialistischen Bestimmungen des JGG von 1943 beseitigte, ohne die entstehenden Lücken auszufüllen. Im Übrigen wandte er sich mit gewichtigen Argumenten insbesondere gegen die unbestimmte Strafe und empfahl, zur bedingten Aussetzung der Strafvollstreckung des Gesetzes von 1923 zurückzukehren, da die feste Strafe aus erzieherischen Gründen unerlässlich sei. Hinsichtlich der Zuständigkeiten empfahl er, es bei der Abgrenzung des Gesetzes von 1943 zu belassen. Ob der Jugendrat beizubehalten sei, müsse der Praktiker entscheiden.

Als ein solcher vermittelte *AG-Rat Dr. Clostermann,* Bonn, den Zuhörern sehr eindrucksvoll, wie sich die Probleme des Jugendstrafrechts für einen erfahrenen Praktiker mit dem warmen Herzen dessen darstellen, der sich zu dieser Aufgabe berufen fühlt. Seine Vorschläge, die nachstehend kurz zusammengefasst seien, sollten nicht unbeachtet bleiben:

Durchgreifende Änderung der Personalpolitik (Auswahl der Jugendrichter nach der persönlichen Eignung, Ausgestaltung der Laufbahn des Jugendrichters, regelmäßige Richterkonferenzen);

Beseitigung der Aufspaltung der Zuständigkeiten zwischen AG und LG; Rückkehr insoweit zum Gesetz von 1923, für Bagatellsachen Zuständigkeit des Einzelrichters; unbedingte Wiederherstellung der Altersgrenzen von 14 und 18–21 Jahren;

Ausbau des Jugendarrests durch Heraufsetzen der Höchstdauer von einem Jahr;

Ausbau der unbedingten Verurteilung durch Herabsetzung der Mindestgrenzen.

Der gegenwärtige unhaltbare Zustand im *Wirtschaftsstrafrecht* und die Kodifikation dieser Materie als unabweisliche Forderung rechtsstaatlichen Denkens waren Gegenstand des Referats von *Prof. Dr. E. Schmidt,* Göttingen, der sich als Vorsitzender des Frankfurter Ausschusses für Wirtschaftsstrafrecht als ein hervorragender Sachkenner auch auf diesem Gebiete zeigte. Seine besondere Aufmerksamkeit wandte er der Abgrenzung zwischen Ordnungsstrafe und krimineller Strafe zu, die davon abhänge, dass man eine saubere, begriffliche Unterscheidung zwischen Wirtschaftsstrafsache und Ordnungswidrigkeit finde. Entscheidend dafür sei, welches Rechtsgut verletzt worden wäre, und nicht etwa nur die Frage nach der Größe des angerichteten Schadens. Gerade dadurch, dass man die Ordnungsstrafe als Bagatellstrafe im Verhältnis zur Kriminalstrafe aufgefasst habe, sei die unendliche Verwirrung, der wir jetzt in der Praxis begegnen, in das Wirtschaftsstrafrecht hineingetragen worden. Im Einzelnen darf hier auf den Aufsatz des Vortragenden im Maiheft dieser Zeitschrift verwiesen werden; dort ist auch die Formel wiedergegeben, die *Prof. Schmidt* aufgrund seiner Untersuchungen als praktische Richtlinie für den StA vorschlägt, wenn dieser zu entscheiden hat, ob er einen Fall wirtschaftsstrafrechtlicher Zuwiderhandlung im ordentlichen Strafverfahren verfolgen, oder ob er ihn den Wirtschaftsbehörden zur Ahndung mittels Ordnungsstrafe überlassen soll. Diesen Ausführungen folgte ein Überblick über den Entwurf eines Wirtschaftsstrafgesetzes, den der erwähnte Ausschuss vorbereitet hat.

Die mannigfachen *Probleme des juristischen Nachwuchses* behandelte *RA Dr. Hertkorn,* München. Anhand des von ihm gesammelten, sehr aufschlussreichen Materials beschäftigte er sich vor allem mit der Zulassung zum Studium, mit der Gestaltung der Studienzeit, insbesondere im Hinblick auf die neue Lage, die durch die Währungsumstellung geschaffen wird, mit der Ausbildung und dem Prüfungswesen.

Zwei rechtsphilosophische Vorträge von *Mr. Hocking*, Prof. an der Harvard University über *„Ethische Grundlagen des Rechts"* und dem Rektor der Münchener Universität *Prof. Dr. Wenzl* über *„Gemeinsame Grundfrage von Ethik und Recht"* umrahmten das überaus reichhaltige und wohlausgewählte Arbeitsprogramm dieser Tagung, die außerdem in geschlossenen Arbeitsbesprechungen der Justizverwaltungen und der Hochschullehrer, insbesondere aber auch durch einen abendlichen Empfang der bayer. Staatsregierung und einen Ausflug zu Abschluss den Teilnehmern schönste Gelegenheit zu persönlichem Gedankenaustausch bot.

2. Bericht von Dr. Lewald (NJW 1947/48, S. 380):

Die periodischen Zusammenkünfte deutscher Juristen wurden nach den Veranstaltungen von Konstanz, Wiesbaden und Bad Godesberg mit einer weiteren Juristentagung fortgesetzt, die auf Einladung des bayer. JMin. vom 1.–4.6.1948 in München stattfand. Das Programm der stark besuchten Tagung enthielt eine Fülle von Referaten aus den wichtigsten Gebieten vorwiegend des öffentlichen Rechts, die sowohl durch die Namen der Referenten als auch durch die Auswahl der meist aktuellen Themen bedeutungsvoll waren. – Rechtsphilosophische Themen behandelten die Referate des *Mr. Hocking*, Prof. an den Universitäten Harvard und Leyden und des *Prof. Wenzl*, München, über „Ethische Grundlagen des Rechts" und „Gemeinsame Grundfragen von Ethik und Recht". Von höchster Aktualität die beiden Referate über die „Reform des Zivilprozessrechts" (Referent: *LG-Präs. Weinkauff*, Bamberg) und „Das Obergericht für das vereinigte Wirtschaftsgebiet" (Referent: *Präs. Dr. Ruscheweyh*, Köln), das erste Thema die schwere Rechtsnot behandelnd, welche durch die aus gemeinsamer Wurzel erwachsenen Missstände unserer Zeit (Rechtszersplitterung und Überlastung eines dezimierten Richterstandes durch Arbeitsquantum und Überfülle schwierigster Rechtsprobleme) entstanden ist und wichtige Programmpunkte für die Abhilfe dieses Notstandes bezeichnend als da sind: Abbau des Kriegsnotrechts, Vereinheitlichung der Gesetzestexte für ZPO und GVG, gemeinsames Revisionsgericht für alle Zonen, das zweite Thema der Behandlung des neugeschaffenen Obergerichts in Köln gewidmet. *Präs. Ruscheweyh* entwickelte aus einem spärlichen Gesetzestext eine Fülle interessanter Zuständigkeitsfragen, deren Lösung nach seiner Meinung der Spruchpraxis vorbehalten bleiben muss.

In das Gebiet brennender Gegenwartsprobleme des Strafrechts führten die Referate von *Prof. Bader*, Freiburg, über „Jugendkriminalität und Jugendstrafrecht" und *Prof. Eberhardt Schmidt*, Göttingen, über „Wirtschaftsstrafrecht". *Prof. Bader* unterschied zwischen verschiedenen Gruppen jugendlicher Krimineller, nämlich: verbrecherischen Naturen, verwahrlosten und fehlgeleiteten Jugendlichen, von denen nur die Angehörigen der ersten Gruppe mit den Mitteln des Strafrechts, die beiden anderen mit Fürsorge- und Bewahrungsmaßnahmen und erst in zweiter Linie mit strafrechtlichen Maßnahmen zu behandeln seien. Der Referent setzte sich für eine besondere Behandlung der sog. Jungväter (Alter 18–25 Jahre) ein. – *Prof. Schmidt* schilderte die Arbeiten der Kommission für Wirtschaftsstrafrecht bei der bizonalen Wirtschaftsverwaltung, die sich die Kodifikation des materiellen und formellen Wirtschaftsstrafrechts in rechtsstaatlichem Geist zur Aufgabe macht. Er behandelte die Probleme, die sich aus dem Nebeneinander der eigentlichen kriminellen Tatbestände und der mit Ordnungsstrafen zu ahndenden Regelwidrigkeiten ergeben und sprach sich dafür aus, dass die Entscheidung über die Frage Kriminalstrafe oder Ordnungsstrafe den Wirtschaftsbehörden, nicht wie in dem bizonalen Bewirtschaftungsnotgesetz vorgesehen, der StA, obliegen solle. – Das Referat des *StS Dr. Strauß* über „Aufgaben der Rechtsabteilung des Vereinigten Wirtschaftsgebietes behandelte die Stellung des Rechtsamtes als selbständiger bei der bizonalen Gesetzgebung mitwirkender Verwaltungsstelle.

Den geistigen Mittelpunkt der Tagung bildeten drei Referate über völkerrechtliche Fragen: Der erfreulicherweise aus der Emigration zurückgekehrte bekannte Lehrer des Völkerrechts, *Prof. Erich Kaufmann,* München, behandelte „Die gegenwärtige völkerrechtliche Lage Deutschlands". Der Referent bekannt sich entsprechend der zwar sog. „herrschenden", wenn auch keineswegs unangefochtenen Meinung zur These des Fortbestandes des gesamtdeutschen Staates, ja „Deutschen Reiches". Nach *Kaufmann* üben aber die Besatzungsmächte auf deutschem Territorium nicht die deutsche Staatsgewalt, sondern alliierte Staatsgewalt aus. Die Okkupation wird nicht von dem Recht der HLKO als solcher beherrscht, sondern ist als eine Okkupation „sui generis" zu betrachten. Wenn es sich dabei nicht um ein Gewaltregime, sondern um ein Rechtsregime handelt, was vorauszusetzen ist, so sind diesem Recht wie allem Recht gewisse Schranken immanent. *Kaufmann* kommt daher zu dem Ergebnis, dass es für das gegenwärtige Okkupationsrecht gewisse „domaines réservés" geben müsse, die sowohl nach allgemeinen Rechtsgrundsätzen wie auch nach den von den Siegermächten proklamierten Grundsätzen den Eingriffen der Besatzungsmächte entzogen sind. Die Schwierigkeit besteht offenbar darin, diese „domaines réservés" praktisch abzugrenzen. Wenn *Kaufmann* auch einleuchtende Beispiele dafür gab, welche Gebiete zu den „domaines réservés" gehören (politische Erziehung zur Demokratie, Bildungs- und Erziehungswesen usw.) und wenn sich aus seinen Ausführungen ergab, welche Eingriffe unzulässig oder mindestens bedenklich sind (z.B. Demontage, Dekartellisierung), so machen doch gerade solche Betrachtungen deutlich, worin die eigentliche crux besteht, nämlich in dem Fehlen eines Besatzungsstatuts, das schon seit längerer Zeit von Sachkundigen erstrebt wird (vgl. die in der Wirtschaftszeitung vom 24.10.1947 berichteten Forderungen *Budde's*). Erwähnung verdient schließlich noch, dass *Kaufmann* die sicherlich begründete Rechtsansicht vertrat, dass die Gebiete östlich der Oder-Neiße-Grenze de jure nach wie vor zu Deutschland gehören.

Ihren Höhepunkt erreichte die Tagung mit den Reformen des bayr. *MinPräs. Dr. Ehard* über den „Nürnberger Prozess gegen die Hauptkriegsverbrecher und das Völkerrecht" und des Direktors der MR Württ.-Bad. *Mr. La Follette* über „Die Lehren des Nürnberger Juristenprozesses". – *Dr. Ehard* beschränkte sich im Wesentlichen auf die Untersuchung der im Statut über das IMT aufgestellten Norm über das Verbrechen gegen den Frieden und die strafrechtliche Verantwortlichkeit der Angeklagten für die Führung von Angriffskriegen und legte dar, dass die im Statut festgelegte Strafbarkeit des Angriffskrieges nicht einer schon 1939 allgemein geltenden Rechtsüberzeugung entspreche, sondern neues Recht sei, und dass insoweit der Grundsatz „nullum crimen sine lege" verletzt werde, weiterhin, dass bis zur Erlassung des Statuts kein Satz des allgemeinen Völkerrecht es zuließt, die Repräsentanten des Staates für die Führung eines Angriffskrieges persönlich zur strafrechtlichen Verantwortung zu ziehen. Alles kommt darauf an, ob das in Nürnberg erstmals angewandte neue Völkerrecht in Zukunft allgemein verbindliche Kraft erlangt, so dass es für Sieger und Besiegte gleichmäßig gilt. Über diese Frage äußerte sich der Referent skeptisch unter Hinweis auf eine in Nürnberg gemachte Äußerung des amerik. Hauptklägers gegen die präzedenzschaffende Wirkung des Verfahrens. Gleichwohl ließ *Dr. Ehard* seine von hohem Ethos getragenen Ausführungen in einige hoffnungsvoll ansprechende Worte ausklingen.

Mr. La Follette ließ für sein in englischer Sprache gehaltenes Referat das im deutschen Text 79 Seiten lange vervielfältigte Manuskript unter den Zuhörern verteilen, aus dem er nur vereinzelte Sätze vorlas. Die Wirkung der Rede wurde dadurch beeinträchtigt, dass sie Satz für Satz verdolmetscht wurde und die Übertragung zudem teilweise zu wünschen übrig ließ. Das Referat war insbesondere dadurch bemerkenswert, dass der Redner die z.T. voneinander abweichenden Auffassungen der Anklagebehörde und des Gerichts in einer ins Einzelne gehenden Übersicht über die Anklagepunkte und Tatbestandselemente gegenüberstellte. Der wesentliche Inhalt des Nürnberger Juristenurteils ist durch die gute, in Heft 4 S. 122 ff. dieser Zeitschrift veröffentlichte Übersicht bereits bekannt, aber es gewährte einen eigenen Reiz, in der repräsentativen Persönlichkeit des Hauptanklägers einen der auf amerikanischer Seite unmittelbar Beteiligten über den Prozess sprechen zu hören. Die Rede wurde z.T. zum Fenster hinaus gehalten; richtete sie sich doch ausdrücklich nicht nur an die Hörer, sondern auch an die bösartigen und unbelehrbaren Kritiker im Lande, denen gegenüber der Redner mit tadelnden Worten nicht sparte. Zum Schluss verlas er im Zusammenhang die letzten Seiten seines Manuskriptes, die Ermahnungen an das deutsche Volk zu reumütiger Haltung und die zweifellos gut gemeinte Warnung enthielten, die Angeklagten nicht zu Helden und Märtyrern zu machen. Warnungen, als deren Adressat eine politische Versammlung eher geeignet gewesen wäre. Schwerwiegende Argumente sachlicher Kritik sind durch *Dr. Ehard* und schon vor ihm in der öffentlichen Diskussion (nicht nur in Deutschland) vorgebracht worden (vgl. z.B. die bemerkenswerten Darlegungen von *Dr. Seidl*, auf die der amerikanische Ankläger *Prof. Kempner* nur dürftig und ausweichend geantwortet hat, Neue Zeitung 1948 Nr. 41 u. 42 v. 23. u. 27.5.1948), solche Argumente werden nicht entkräftet, indem vor einer Versammlung gelehrter Juristen über deren Köpfe hinweg Ressentiment erfüllte Kritiker der Straße angesprochen werden. Die notwendige moralisch Reaktion der Welt gegen die Untaten des Naziregimes hat sich zunächst in einer Ausnahmegesetzgebung gegen die Verbrecher dieses Regimes geäußert, die Hauptarbeit, die sachliche

Kritik fördern soll, bleibt zu tun: Die Inkraftsetzung des neuen, durch das Nürnberger Statut inaugurierten Völkerrechts als allgemeinverbindlicher Normen.

Zum Schluss sei gestattet, eine Anregung für künftige Tagungen zu geben: dass das Programm nicht allzu sehr mit Vorträgen überlastet werde, um mehr Raum für Diskussionen und damit für praktische Arbeitsergebnisse zu schaffen.

3. Bericht über die Tagung in der DRZ 1948, S. 247–249)

Vom 1.–4.6.1948 fand auf Einladung des bayer. Justizministers in München die 5. deutsche Juristentagung nach dem Zusammenbruch statt. Außer Vertretern der MR der drei westlichen Zonen und einigen Gästen aus dem Ausland nahmen vorwiegend Männer der Justizpraxis der drei westlichen Zonen und Berlins an der Tagung teil, außerdem Hochschullehrer, überwiegend Fachvertreter des Straf- und Prozessrechts, von fast allen Universitäten der westlichen Zonen und aus Berlin, sowie, auch diesmal leider nur vereinzelt, Praktiker des Staats- und Verwaltungsrechts. Vertreter der sowjetischen Zone waren eingeladen, aber nicht erschienen. Unter dem Vorsitz des bayr. *JM Dr. Müller*, der von *Präs. Baerns* (Hamburg), *OLG-Präs. Dr. Ritterspacher* (Neustadt/H.) u. *KG-Präs. Dr. Strucksberg* (Berlin) bei der Leitung der Verhandlungen unterstützt wurde, nahm die Tagung einen reibungslosen Verlauf. Die sorgfältige Organisation und die gastfreundliche Aufnahme fanden den Dank der Teilnehmer.

Das Programm war überreich. 14 Vorträge wurden gehalten, acht vor dem Plenum, vier in der strafrechtlichen und zwei in der zivilrechtlichen Abteilung. Auf Diskussionen war zwar nicht, wie bei der letzten Tagung, von vornherein verzichtet; sie konnten jedoch infolge Zeitmangels nur in bescheidenem Maß stattfinden, mussten z.T. sogar ganz ausfallen. Einen gewissen Ausgleich für diese Beschränkung der eigentlichen Arbeitstagung, freilich ohne unmittelbaren Ertrag für die juristische Öffentlichkeit, boten geschlossene Arbeitsbesprechungen der Justizverwaltungen, der Hochschullehrer und der Vertreter der Rechtsanwaltschaft.

Im Vordergrund des öffentlichen Interesses, des juristischen, mehr noch aber des politischen – dies so sehr, dass es der Konferenz zeitweilig ein besonderes Gepräge gab –, standen zwei Vorträge über die Nürnberger Prozesse. Der bayer. MinPräs. *Dr. Ehard* sprach über den Nürnberger Prozess gegen die Hauptkriegsverbrecher und das Völkerrecht. Er legte in sachlicher, reichlich dokumentierter Beweisführung dar, dass man mit dem Londoner Statut v. 8.8.1945 und dem Nürnberger Prozess über das geltende Völkerrecht hinausgegangen sei und neues Recht angewandt habe; insbes. seien weder die Strafbarkeit des Angriffskrieges noch die persönliche Veranwortlichkeit der im Namen des Staates handelnden Männer rechtlich positiviert gewesen, so dass auch die Verfechter des Statuts letztlich nur an die höhere Gerechtigkeit hätten appellieren können. Dies neue Recht gelte noch nicht allgemein. Die Siegermächte hätten sich nicht gebunden, es auch gegen sich selbst gelten zu lassen. Das aber sei nötig, damit das in Nürnberg feierlich verkündete Bekenntnis zum Vorrang des Rechts vor der Macht echtes, allumfassendes

Völkerrecht werde und „auch in der Welt der Wirklichkeit die Waage der Gerechtigkeit in ruhigem Gleichgewicht über der ganzen Menschheit schwebe."

Vielfach andere Aspekte ergaben sie aus dem weit ausgreifenden Vortrag des Direktors der MR für Württemberg-Baden, *La Follette,* über den Nürnberger Juristenprozess. Das Ziel des Vortragenden, der in diesem Prozess die Anklage vertreten hatte, war es vor allem, den Prozess wie überhaupt die Nürnberger und sonstigen Militärgerichtsprozesse gegen die vielfach erhobenen Vorwürfe zu verteidigen; dass die Angeklagten in ihrer Verteidigung beschränkt gewesen seien, dass Gewalt zur Erlangung von Beweismaterial ausgeübt worden sei, schließlich den Einwand tu quoque. Anklagebehörde und Gericht seien in Nürnberg ständig bestrebt gewesen, die Wahrheit unparteiisch zu ermitteln und gültigen Rechtsnormen zur Anerkennung zu verhelfen. Der Grundsatz nulla poena sine lege sei nicht verletzt worden. Die Prozesse, bes. der (von *L.F.* ausführlich geschilderte) Juristenprozess, hätten das Völkerrecht wesentlich bereichert. *L.F.* warnte davor, in verhängnisvoller Verstocktheit in den Verurteilten Märtyrer zu sehen und jenen den Wert der Prozesse herabsetzenden Gerüchten Glauben zu schenken. – In anschließenden Erklärungen deutscher Juristen kam zum Ausdruck, die rechtliche Qualität des Nürnberger Juristenurteils sei über jeden Zweifel erhaben, seine Verteidigung durch *L.F.* daher nicht nötig (Präs. i. ZJA *Dr. Klaas,* Hamburg; *MinRat Dr. Arndt,* Wiesbaden). Jedoch wäre eine Selbstreinigung durch deutsche Strafverfahren gesünder gewesen als diese Militärgerichtsprozesse (*JM Dr. Müller, Präs. Klaas*). Die Außerkraftsetzung der Hochverratsbestimmungen des StGB durch KRG Nr. 11 sei zu bedauern (*Arndt*). Auch jetzt bleibe noch ein wesentlicher Beitrag zur Ahndung der NS-Verbrechen, speziell auch der von Juristen verübten, zu leisten (*StS Sachs,* München). Kritik an *L.F.s* rechtlichen Ausführungen wurde im Übrigen insofern laut, als *Arndt* u.a. feststellte, der Einwand tu quoque lasse sich nicht in dieser Weise mit einer Handbewegung beiseiteschieben. Das in Nürnberg angewandte Völkerrecht dürfe nicht nur gegen Deutsche, es müsse vielmehr allgemein gelten. – *Müller* betonte mit Recht, die zwischen deutschen und ausländischen Juristen bestehende Gefahr, dass man aneinander vorbeirede, müsse überwunden werden. Dazu hätte eine ausgiebige Aussprache, zu der *L.F.s* von gutem Willen zu Verständnis und Hilfe getragener Vortrag die beste Gelegenheit bot, wesentlich beitragen können, mehr jedenfalls, als jene notgedrungen knappen (zudem teilweise bekenntnishaft emotionalen) Erklärungen.

Der Münchener Völkerrechtslehrer *Prof. Dr. Erich Kaufmann* gab ein eindrucksvolles Gesamtbild der gegenwärtigen völkerrechtlichen Lage Deutschlands. Es sei in völker- und staatsrechtlicher Hinsicht auch heute noch ein Rechtssubjekt. Dem Staat Deutschland (zu dem, wie *K.* betonte, de jure nach wie vor die deutschen Gebiete östlich der Oder-Neiße-Linie gehören, und zwar als Teil der sowjetischen Zone unter polnischem Verwaltungsmandat) fehle jedoch infolge der totalen Besatzung, einer occupatio sui generis, die Handlungsfähigkeit. Die Staatsgewalt werde von den Alliierten treuhänderisch ausgeübt. Diese „Besatzungsgewalt sui generis" sei nicht schrankenlos. Die Haager LandkriegsO als solche finde zwar keine Anwendung, da sie auf eine vorübergehende Besetzung während der

Fortdauer der Feindseligkeiten zugeschnitten sei. Aber die in ihr niedergelegten grundsätzlichen Schutznormen (Schutz der Person, Ehre, Familie, des Eigentums) gelten unabhängig von ihr. Die Besatzungsgewalt sei Rechtsmacht, daher wesensmäßig begrenzt und mit Pflichten und Verantwortung verbunden. Deshalb und weil sie rechtlich Fremdherrschaft, nicht Ausübung deutscher Staatsgewalt sei, gebe es für das besetzte Land und Volk einen „domaine réservé"; *K.*, der diesen Gedanken eindringlich zur Erwägung stellte, rechnete dazu u.a. die Erziehung zur Demokratie, die Verwaltungsorganisation, das Beamtenrecht, den Aufbau des Bildungs- und Erziehungswesens, die Wirtschaftsverfassung.

Zwei weitere Vorträge waren bedeutsamen Teilen der bizonalen Organisation gewidmet. *Präs. Dr. Ruscheweyh* (Köln/Hamburg) gab einen aufschlussreichen Einblick in Entstehungsgeschichte, Organisation, Verfahren und Zuständigkeit des Obergerichts für das Vereinigte Wirtschaftsgebiet und in das Bündel komplizierter Probleme, die sich daraus ergeben, dass dieses „Gericht sui generis" Kennzeichen eines obersten Justiz-, Verwaltungs-, Wirtschafts-, Finanzgerichts sowie eines Staatsgerichtshofs in sich vereinigt. *StS Dr. Strauß* (Frankfurt/M.) berichtete, ebenfalls aufschlussreich und anregend, über Entstehung, Rechtsstellung und Aufgaben des Rechtsamts für das Vereinigte Wirtschaftsgebiet, einer Verwaltungsstelle, die insbes. die rechtliche Begutachtung aller Gesetzvorlagen des Wirtschaftsrats obliegt und die, wie es scheint, Elemente u.a. eines Justizministeriums enthält. (Ein umfassender Überblick über „Entwicklung und Aufbau des Vereinigten Wirtschaftsgebiets" von *StS Strauß* wurde den Teilnehmern der Tagung als Festgabe überreicht [Verlag Lambert Schneider, Heidelberg, 54 S.)

Ein weiteres Vortragspaar war dem Problemkreis Recht und Ethik gewidmet. *Prof. Hocking* von der Harvard-Universität und der Universität Leyden ging in seinem Vortrag „Ethische Grundlagen des Rechts" über den in der amerikanischen Rechtslehre herrschenden Positivismus, Psychologismus und Soziologismus, ohne sich ganz davon zu lösen, insofern hinaus, als er sich bemühte, den ethischen Faktor in das System des positiven Rechts einzubauen. Der Münchener Philosoph *Prof. Dr. Wenzl* gab ein Umrissbild der gemeinsamen Grundfragen von Ethik und Recht; er betonte u.a. die fundamentale Bedeutung eines gültigen Menschenbildes.

RA Dr. Hertkorn (München) schließlich sprach über Probleme des juristischen Nachwuchses. Er setzte sich u.a. für die Beibehaltung und Förderung des Leistungsprinzips ein und regte die Einführung psychologischer Eignungsprüfungen an.

Neben allen diesen Plenarvorträgen blieb für die Arbeitssitzungen der zivil- und der strafrechtlichen Abteilung nur wenig Zeit. In der zivilrechtlichen Abt. legte zunächst *LG-Präs. RGR a.D. Weinkauff* (Bamberg) in einem durch Sachkunde und realistischen Blick ausgezeichneten Referat das Bedürfnis der Praxis nach einer einheitlichen und eindeutigen Ordnung des Zivilprozessrechts dar. Die schwierige gegenwärtige Lage der Rechtsprechung – massenhafte Schema- (Ehe-, Unterhalts-, Miet-) Prozesse, daneben in steigender Zahl sonstige Prozesse mit höchst komplizierten Rechtsfragen – und der durch die unruhige Novellengesetzgebung der vergangenen Jahre und jetzt die Zonenrechtszersplitterung unübersichtliche Stand des Verfahrensrechts führen zu der Forderung einer interzonalen technischen Gesamtbereinigung: Herstellung eines übereinstimmenden Textes des GVG und der ZPO, Abbau des Notrechts, gemeinsames oberstes Revisionsgericht. Von einer grundsätzlichen Reform solle man vorerst absehen; sie sei politisch und staatsrechtlich z.Zt. kaum durchführbar und, jedenfalls für das streitige Verfahren, dessen Recht man nach dem durchaus befriedigenden Stand vom 1.1.1934 übernehmen solle, auch nicht nötig. Eine bloß technische Bereinigung lasse sich dagegen auch unter den gegenwärtigen Verhältnissen für alle Zonen durchsetzen (außer vielleicht dem obersten Gericht, das dann aber jedenfalls für die drei Westzonen eingerichtet werden solle). – Die Diskussion zu diesem (wie auch zu dem folgenden) Vortrag fiel dem Zeitmangel zum Opfer. Die Frage des obersten deutschen Revisionsgerichts wurde jedoch in anderem Zusammenhang im Plenum erörtert. Gegen den Widerspruch insbes. von *JM Müller*, der auf die z.Zt. unüberwindbaren staatsrechtlichen und politischen Schwierigkeiten hinwies, kam eine Entschließung zustande, in der die zuständigen alliierten und deutschen Stellen auf die Gefahr der wachsenden Rechtszersplitterung aufmerksam gemacht werden und die Errichtung eines gemeinsamen Obergerichts für alle vier Zonen gefordert wird.

In dem zweiten Vortrag der zivilrechtlichen Abt. behandelte *Vortr. Rat Dr. Bülow* (Hamburg) die Mitwirkung der StA in bürgerlichen Rechtsstreitigkeiten. Er kritisierte insbes. das StA-Gesetz v. 15.7.1941 (interessant in den rechtsvergleichenden Ausführungen vor allem der Hinweis auf die weitreichende Parallele zwischen dieser Regelung und der in der UdSSR geltenden!), lehnte die außerordentliche Wiederaufnahme nach § 2 a StAG als typisch autoritär ganz ab, glaubte aber hinsichtlich des § 1 nicht die Rückkehr zu der früheren kasuistischen Regelung befürworten zu sollen, sondern sprach sich de lege ferenda für eine generelle Ermächtigung des StA zu fakultativer Mitwirkung im öffentlichen Interesse aus.

Das erste Thema der strafrechtl. Abt. war: „Jugendkriminalität und Jugendstrafrecht". Es wurde in drei sich gut ergänzenden Referaten und in einer kurzen Aussprache, wenn auch natürlich nicht erschöpfend, so doch in einer gewissen Abrundung erörtert. *GStA Prof. Dr. Bader* (Freiburg i.Br.) machte in seinem Referat die soziologische Methode für die Erkenntnis und Bekämpfung der Jugendkriminalität fruchtbar. Er unterschied a) verbrecherische Naturen, b) verwahrloste Jugendliche, c) fehlgeleitete Jugendliche. Die sorgfältige Unterscheidung und verschiedenartige Behandlung dieser drei Gruppen schon im Ermittlungsverfahren sei notwendig. Nur Gruppe a sei in erster Linie mit den Mitteln des Strafrechts zu behandeln; die Gruppe b bedürfe dagegen vor allem der Fürsorge und Bewahrung, die Gruppe c der Vermittlung eines neuen, ethisch wertvollen Lebensinhalts. B. befasste sich auch mit den sog. Jungtätern (18–25 Jahre) und wandte sich gegen ihre mechanische Gleichstellung mit den Vollerwachsenen. – *Justizdirig. Dr. Groß* (Hamburg) legte die Stellungnahme des ZJA für die Brit. Zone zu den vorliegenden Entwürfen zur Änderung des JGG dar und kritisierte besonders den letztvorgelegten Kontrollratsentwurf. *AG-Rat Dr. Clostermann* (Bonn), der in seinem Referat seine praktischen Erfahrungen als Jugendrichter auswertete, wies auf den Rückgang des Gesamtniveaus der Jugendstrafrechtspflege hin. Das JGG werde häufig falsch angewendet oder ganz ignoriert. Änderung der Personalpolitik, enge

Verbindung zwischen Arzt und Richter und der Jugendrichter untereinander sowie Zurückdrängung der Bürokratie seien erforderlich. *C.* befürwortete die Rückkehr zum JGG von 1923.

In der zweiten Sitzung dieser Abt. referierte *Prof. Dr. Eb. Schmidt* (Göttingen) über die von der Kommission für Wirtschaftsstrafrecht beim Frankfurter Wirtschaftsrat im Entwurf ausgearbeitete Kodifikation des materiellen und formellen Wirtschaftsstrafrechts. Der Entwurf fasse die unübersichtlich verstreute Materie zusammen und reinige sie von den Schlacken autoritären Rechtsdenkens. *S.* begründete eingehend die Unterscheidung und Abgrenzung der Wirtschaftsstrafsachen von den Ordnungswidrigkeiten und die Kompetenzabgrenzung von Justiz- und Wirtschaftsbehörden; er teilte u.a. mit, dass der Entwurf abweichend von § 18 Abs. 2 des bizonalen Bewirtschaftungsnotgesetzes, der die Entscheidung, ob Kriminal- oder Ordnungsstrafe, dem StA übertragen hat, die Stellung der Wirtschaftsbehörden wieder stärken wolle. – In der kurzen Diskussion wurden hierzu Zweifel geäußert. Zu einer eigentlichen Aussprache kam es infolge Zeitmangels nicht.

Auf der Tagung kamen zwei Entschließungen zustande. Die erste, ein oberstes Gericht fordernde, wurde bereits erwähnt. In der zweiten Entschließung, die ohne Diskussion einstimmig beschlossen wurde, werden die vom NS-Terror aus Deutschland vertriebenen deutschen Juristen um ihre Rückkehr gebeten....

4. Referat von Ehard (bayer. Ministerpräsident): Der Nürnberger Prozess gegen die Hauptverbrecher und das Völkerrecht

„Der Prozess, der nunmehr eröffnet wird, steht einzig in der Geschichte der Rechtspflege der Welt da und ist von größter Bedeutung für Millionen von Menschen auf der ganzen Welt."

So sprach der Vorsitzende des Internationalen Militärgerichtshofs, Lord-Richter Lawrence in Nürnberg bei der Eröffnung des sog. Prozesses gegen die Hauptkriegsverbrecher am 20.11.1945. Wenn sein Ausspruch richtig ist, dann steht zweifellos unter diesen Millionen das deutsche Volk an erster Stelle. Das war auch die Meinung, die in den Ausführungen der Hauptanklagevertreter des Öfteren ausgesprochen wurde. So rief der französische Vertreter, Herr François de Menthon aus:

„Dieses Werk der Gerechtigkeit ist auch für die Zukunft des deutschen Volkes unerlässlich ... Die Verurteilung Nazideutschlands durch diesen Hohen Gerichtshof wird die erste Belehrung für dieses Volk sein und wird den besten Ausgangspunkt darstellen ... für eine Neuerziehung, die die große Sorge des deutschen Volkes in den kommenden Jahren zu sein hat." „... Ihr Spruch wird als Grundlage für die moralische Wiederaufrichtung des deutschen Volkes dienen können, als erste Stufe zu seiner Aufnahme in die Gemeinschaft der freien Länder ..."

Dem deutschen Volke ist jedoch die Bedeutung des Prozesses, wie sie in den angeführten Sätzen von gewichtigen Männern des Auslands umrissen worden ist, während seines Ablaufs nur unzureichend zum Bewusstsein gekommen. Zu betäubt war es noch von dem Zusammenbruch, zu tief versunken in seine wachsende Not, zu stark noch im Banne der Kriegspropaganda, des Misstrauens und der Enttäuschungen, zu wenig noch vertraut mit den scheußlichen Verbrechen der gestürzten Machthaber, zu unbekannt mit dem ganzen Verfahren.

Auch war die Berichterstattung in Presse und Rundfunk nicht immer dazu angetan, Verständnis und Interesse zu wecken.

Die Zeit hat auch hier klärend und beruhigend gewirkt. Wir haben zu Prozess und Urteil genügend geistigen und seelischen Abstand gewonnen, um sie mit ruhig prüfendem Blick betrachten zu können. Wir haben jetzt auch das wesentliche Material zur Verfügung, das zu dieser objektiven Prüfung erforderlich ist, und zwar in Gestalt des amtlichen Aktenwerks, das den Wortlaut der Anklage und des Urteils sowie die Verhandlungsniederschriften und die wichtigsten Beweisdokumente enthält und das, wie es in einer Vorbemerkung heißt, „gemäß den Weisungen des Internationalen Militärgerichtshofs unter der Autorität des Obersten Kontrollrats für Deutschland veröffentlicht" wird.

An diesem ungeheuren Material darf das deutsche Volk nicht länger stumpf vorbeisehen. Ein Urteil, das ein Internationaler Militärgerichtshof auf deutschem Boden gegen Deutsche gefällt hat, darf keinen Deutschen gleichgültig lassen. Ein Verfahren, in dem zum ersten Male in so grandioser Form das Völkerrecht gegen den Missbrauch der Gewalt aufgerufen wird, müsste selbst dann die lebendige Aufmerksamkeit des deutschen Volkes finden, wenn Deutschland nicht unmittelbar beteiligt gewesen wäre.

Es ist nach meiner Überzeugung nunmehr die Pflicht und die dankbare Aufgabe der deutschen Rechtswissenschaft und Politik, das umfangreiche Material des Prozesses zu durchforschen und nutzbar zu machen. Diese Arbeit muss, wenn sie dauernden Wert haben soll, ohne jede vorgefasste Meinung durchgeführt werden, im Geiste des Rechtes und der Gerechtigkeit, die nicht Angelegenheit eines einzigen Volkes oder einzelnen Machtgruppen sein können, sondern die das Anliegen der ganzen Menschheit sein müssen.

Amt, Beruf und Neigung veranlassen mich zu dem heutigen Versuch, einen Beitrag zur Lösung dieser weitreichenden Aufgabe zu liefern, indem ich mit Ihnen den Prozess und das Urteil im Lichte des für die ganze Kulturwelt geltenden Rechtes, im Lichte des Völkerrechtes betrachte. Aus der Fülle der Probleme greife ich vor allem die für die Rechtsentwicklung höchst bedeutsame Frage heraus, ob und inwieweit in Nürnberg neues Recht angewandt wurde. Die knapp bemessene Zeit zwingt zur Beschränkung auf wesentliche Gesichtspunkte. Aber in diesem sachverständigen Kreis bedarf es ja ohnehin nicht einer ins Einzelne gehenden Ausdeutung aller Begriffe.

Als Material benutze ich vor allem die bisher herausgegebenen Bände des amtlichen Aktenwerks in deutscher Sprache. Die Plädoyers der Verteidigung sind noch nicht erschienen. Ich kann deshalb auf ihre zweifellos beachtlichen Argumente nur insoweit zurückgreifen, als sie im Urteil erwähnt sind.

Bei meinen Zitaten folge ich der amtlichen Übersetzung, obwohl sie nicht immer ganz geglückt zu sein scheint.

Um jedem Missverständnis vorzubeugen, möchte ich zu Beginn meiner Ausführungen das Eine klarstellen:

In Nürnberg standen zumeist Handlungen zur Aburteilung, die vom ganzen deutschen Volk als todeswürdige Verbrechen empfunden werden. Diese Verbrechen hätten auch bei Anwendung der in den meisten Staaten, einschließlich Deutschlands, in Kraft befindlichen Strafgesetzbücher ihre verdiente Ahndung gefunden. Dass die Völkergemeinschaft, wenn sie im Zeitalter der furchtbarsten Vernichtungswerkzeuge weiterbestehen will, sich gegen solche Verbrechen auch mit den Waffen des Rechts wappnen und sichern darf und muss, ist die Überzeugung auch des deutschen Volkes. Bei unserer Betrachtung des Nürnberger Prozesses kann uns deshalb nicht etwa der unwürdige Wunsch nach milderer Beurteilung des Verbrechens leiten, sondern nur das Verlangen nach immer größerer Vollkommenheit des Gesetzes und die Sehnsucht nach dem endgültigen und allgemeinen Siege des Rechtes über die Macht.

Bei meinem Referat will ich zunächst die formalen Unterlagen des Prozesses und seinen Verlauf kurz darlegen, dann die rechtlichen Probleme behandeln und würdigen und schließlich die Folgerungen ziehen.

Die völkerrechtliche Grundlage des Prozesses ist der am 8.4.1945 in London unterzeichnete Vertrag zwischen England, den Vereinigten Staaten, Frankreich und der Sowjetunion, der die Bezeichnung führt: „Abkommen ... über die Verfolgung und Bestrafung der Hauptkriegsverbrecher der europäischen Achse".

Das Abkommen sieht vor, dass aus Vertretern der vier Mächte ein Internationaler Gerichtshof gebildet wird. Ein dem Abkommen als integrierender Bestandteil beigefügtes sog. Statut regelt in sieben Abschnitten die Verfassung des Gerichtshofs, die Zuständigkeit und die allgemeinen Grundsätze, den Aufbau und die Zuständigkeit der Anklagebehörde, die Rechte der Angeklagten, die Rechte des Gerichtshofs und das Prozessverfahren, Urteil und Strafe und schließlich die Kostenfrage.

[Art. 3, I] Von den Bestimmungen des Statuts seien folgende hervorgehoben: Der Gerichtshof kann weder von der Anklagebehörde noch von einem Angeklagten oder seinem Verteidiger abgelehnt werden.

[Art. 6, I] Der Gerichtshof ist zuständig zur Aburteilung aller Personen, „die im Interesse der der europäischen Achse angehörenden Staaten als Einzelpersonen oder als Mitglieder einer Organisation oder Gruppe" eines der im Statut bezeichneten Verbrechen begangen haben. Diese Verbrechen sind:

[Art. 6 II] a) Verbrechen gegen den Frieden, b) Kriegsverbrechen, c) Verbrechen gegen die Menschlichkeit.

[Art. 6 III] Anführer, Organisatoren, Anstifter und Teilnehmer an einem gemeinsamen Plan oder einer Verschwörung zur Begehung eines der Verbrechen sind für alle Handlungen verantwortlich, die von irgendeiner Person in Ausführung eines solchen Planes begangen worden sind.

[Art. 7] „Die amtliche Stellung eines Angeklagten, sei es als Oberhaupt eines Staates oder als verantwortlicher Beamter in einer Regierungsabteilung, soll weder als Strafausschließungsgrund noch als Strafmilderungsgrund gelten."

[Art. 8] „Die Tatsache, dass ein Angeklagter auf Befehl seiner Regierung oder eines Vorgesetzten gehandelt hat, gilt nicht als Strafausschließungsgrund, kann aber als Strafmilderungsgrund berücksichtigt werden."

Art. 9 schafft die Möglichkeit, eine Gruppe oder Organisation als verbrecherisch zu erklären mit bestimmten Rechtsfolgen für alle Mitglieder.

Von der formalen Seite betrachtet stellt das Abkommen sog. spezielles Völkerrecht dar, das aus einem Vertrag entsteht und zunächst nur die Signatare bindet, zum Unterschied vom allgemeinen Völkerrecht, das auf Gewohnheitsrecht beruht und für die ganze Völkerrechtsgemeinschaft verbindlich ist.

Das Statut ist seinem Inhalt nach zugleich Strafgesetz und Strafprozessordnung. Es stellt Verbrechenstatbestände fest und gibt einen Strafrahmen, wie es in einem Strafgesetzbuch üblich ist. Es enthält aber auch die Bestimmungen über die Zusammensetzung des Gerichtshofs und die Verfahrensregeln, wie wir sie in einem GVG und einer StPO finden.

Das Statut stellt, insbesondere im Verfahrensrecht, ein Kompromiss zwischen angelsächsischer und kontinentaler Rechtsauffassung dar.

Aufgrund des Statuts erhob am 18.10.1945 die vereinigte Anklagebehörde der Signatarmächte gegen 24 deutsche Staatsangehörige und sechs Gruppen oder Organisationen Anklage. Darin werden gemäß den im Staat festgelegten Verbrechenstatbeständen folgende Anschuldigungen erhoben:

[1, 30] Anklagepunkt Eins: Gemeinsamer Plan oder Verschwörung. Ich zitiere: „Alle Angeklagten haben mit verschiedenen anderen Personen während eines Zeitraumes von Jahren vor dem 8.5.1945 als Führer, Organisatoren, Anstifter und Mittäter an der Ausarbeitung oder Ausführung eines gemeinsamen Planes oder einer Verschwörung teilgenommen, die darauf abzielte oder mit sich brachte die Begehung von Verbrechen gegen den Frieden, gegen das Kriegsrecht und gegen die Humanität, wie sie in dem Statut dieses Gerichtshofes definiert sind."

Hier darf ich kurz auf den im Prozess gegen die Hauptkriegsverbrecher und in späteren Prozessen viel erörterten Begriff der „Verschwörung" (conspiracy) erläuternd eingehen. Der Begriff ist dem kontinentalen Recht nicht vertraut. Er hat sich im angelsächsischen Gewohnheitsrecht herausgebildet. Mit Hilfe dieses Begriffes können Mitglieder und Anführer von Verbrecherbanden für *alle* Verbrechen der Bande verantwortlich gemacht werden, auch wenn ihnen keine aktive Beteiligung an *jedem* einzelnen Verbrechen nachzuweisen ist. Durch die Aufnahme dieses angelsächsischen Begriffs in das Statut wurde die rechtliche Handhabe geschaffen, jede führende nationalsozialistische Persönlichkeit für alle Verbrechen der Regimes haftbar zu machen.

Das Statut ging aber noch darüber hinaus, indem es den weder im angelsächsischen noch in einem anderen Recht bisher bekannten Begriff eines „common plan", „eines gemeinsamen Planes", für das Begehen von Verbrechen eingeführt hat, weil den Verfassern die bestehenden Rechtsbegriffe offenbar nicht ausreichend für die Bestrafung des so scheußlicher Verbrechen angeklagten Personenkreises schienen. Dieses Verfahren ist, wie ich kurz anmerken will, nicht ohne Bedenken, vor allem, weil es keine klare Grenze zieht und von der politischen Wirklichkeit zu sehr abstrahiert.

Da ich auf dieses Problem heute nicht weiter eingehen werde, will ich vorwegnehmen, dass das Urteil in diesem Punkte der Anklage nicht unbeschränkt gefolgt ist.

[1, 45] Anklagepunkt Zwei: Verbrechen gegen den Frieden.

„Alle Angeklagten ... nahmen ... an der Planung, der Vorbereitung, der Entfesselung und der Führung von Angriffskriegen teil, die zugleich auch Kriege waren, die internationale Verträge, Abkommen und Zusicherungen verletzten."

In der Anlage C zur Anklage werden 26 völkerrechtliche Verträge aufgezählt, deren Verletzung den Angeklagten zur Last gelegt wird, darunter verschiedene Haager Konventionen, der Versailler Vertrag, die Locarnoverträge, der Pariser Kriegsächtungspakt von 1928, Nichtangriffsverträge, z.B. der Nichtangriffspakt zwischen Deutschland und der Sowjetunion vom 23.8.1939 u.a.m.

[1, 46] Anklagepunkt Drei: Kriegsverbrechen:

„Sämtliche Angeklagte begingen vom 1.9.1939 bis 8.5.1945 Kriegsverbrechen in Deutschland und in allen ... besetzen Ländern und Gebieten ... und auf hoher See."

Als Kriegsverbrechen werden angeführt: Ermordung und Misshandlung der Zivilbevölkerung, Deportation zur Sklavenarbeit, Mord und Misshandlung von Kriegsgefangenen, Ermordung von Geiseln, Plünderung von öffentlichem und privatem Eigentum, zwangsweise Rekrutierung von Zivilarbeitern u.a.m.

[1, 59] Ich gebe einige Zitate aus der Anklage:

„Die Angeklagten machten sich unter anderem folgender Handlungen und Schandtaten schuldig:

1. Sie setzten den Lebensstandard der Bevölkerung in den besetzten Ländern herab und verursachten Hungersnot, indem sie die besetzten Länder ihrer Lebensmittel beraubten, um sie nach Deutschland zu verschleppen."

[VI, 58, 59] Hierzu führte ein französischer Hilfsankläger in der Hauptverhandlung Folgendes aus: „... Doch gibt es etwas, das niemals wieder gutgemacht werden kann: Die Folgen der Entbehrungen auf den Gesundheitszustand der Bevölkerung ...". In allen besetzten Gebieten, und besonders in Frankreich starben viele Menschen allein an Unterernährung und aus Mangel an Heizung. Wir schätzen, dass ein Mensch 3.000 bis 3.500 Kalorien pro Tag benötigt sowie 4.000 bis 5.000 Kalorien für Schwerarbeiter. Vom Beginn der Rationierung im September 1940 an wurden jedoch nur 1.800 Kalorien pro Tag pro Person verteilt. Nach und nach verminderte sich die Ration auf 1.700 Kalorien im Jahre 1942, sodann auf 1.500 Kalorien und schließlich verminderte sie sich auf 1.200 Kalorien und 900 Kalorien pro Tag für Erwachsene und auf 1.300 Kalorien für Schwerarbeiter. An ältere Personen wurden nur 850 Kalorien pro Tag ausgegeben ..."

Unheilbare Krankheiten, wie Tuberkulose, entwickelten sich und werden noch für viele Jahre ihre Verwüstungen anrichten. Die Entwicklung von Kindern und Jugendlichen ist ernstlich bedroht. Die Aussichten für die Zukunft der Rasse sind äußerst beunruhigend."

[1, 59] In der Anklage heißt es dann weiter:

2. „Die Angeklagten beschlagnahmten in allen besetzen Ländern Rohstoffe und industrielle Maschinen, schafften sie nach Deutschland und benutzten sie im Interesse des deutschen Kriegseinsatzes und der deutschen Volkswirtschaft.

3. Sie beschlagnahmten in verschiedenem Ausmaß in den besetzten Ländern Geschäftsunternehmungen, industrielle Anlagen und anderen Besitz ..." – Es heißt dann unter 5:

[1, 60] 5. „Sie führten eine ausgedehnte Kontrolle über die Volkswirtschaft der besetzten Länder ein....

6. ... Sie gaben ein Besatzungsgeld heraus, legten Besatzungssteuern auf und forderten finanzielle Beiträge, die die Kosten der Besetzung weit überschritten....

8. ... Sie zerstörten in den besetzten Gebieten Industriestädte, Kulturstätten, wissenschaftliche Institute und Besitz aller Art, um so die Möglichkeit einer Konkurrenz mit Deutschland auszuschalten."

[1, 47] Ein anderes Zitat: „Zivilisten in den besetzten Gebieten wurden systematisch in ‚Schutzhaft' genommen, d.h. verhaftet und ohne jedes Gerichtsverfahren und unter Versagung des üblichen Rechtsschutzes ins Gefängnis geworfen."

[1, 56] Über die Behandlung der Kriegsgefangenen heißt es u.a.: „Die Angeklagten ermordeten und misshandelten Kriegsgefangene, indem sie ihnen angemessene Verpflegung, Behausung, Kleidung, ärztliche Versorgung und Betreuung versagten, indem sie sie zu Arbeit unter unmenschlichen Bedingungen zwangen, indem sie sie folterten, menschenunwürdigen Erniedrigungen aussetzten und töteten."

[1, 259] Ich nehme hier ein Zitat aus dem Urteil vorweg: Dort ist ein Schreiben des Admirals Canaris vom 13.9.1941 erwähnt, in dem es heißt: Die Grundsätze des allgemeinen Völkerrechts über die Behandlung von Kriegsgefangenen ... haben sich seit dem 18. Jahrhundert dahin gefestigt, dass die Kriegsgefangenschaft weder Rache noch Strafe ist, sondern lediglich Sicherheitshaft, deren einziger Zweck es ist, die Kriegsgefangenen an der weiteren Teilnahme am Kampf zu verhindern."

Das Urteil stellt ausdrücklich fest, dass diese Ausführungen die rechtliche Lage richtig wiedergeben und dass eine Behandlung der Kriegsgefangenen, die in Widerspruch mit diesen Grundsätzen steht, nicht dem Völkerrecht entspricht.

Der Anklagepunkt Vier lautet: Verbrechen gegen die Menschlichkeit:

[1, 70] „Sämtliche Angeklagten haben Verbrechen gegen die Humanität in Deutschland, den besetzten Gebieten sowie in Österreich, der Tschechoslowakei, in Italien und auf hoher See begangen." Insbesondere werden aufgeführt: Ermordung, Ausrottung, Versklavung, Deportation und andere unmenschliche Handlungen gegen Zivilbevölkerungen vor und während des Krieges, Verfolgung aus politischen, rassischen und religiösen Gründen.

Die Anklage war auf eine Fülle genauer Angaben zu jedem einzelnen Punkt gestützt: Die Hauptverhandlung wurde am 20.11.1945 eröffnet. Das Urteil ist datiert vom 1.10.1946.

Der Prozess war technisch eine bedeutende Leistung: Deutsch, Englisch, Französisch und Russisch waren als Verhandlungssprachen zugelassen. Jedes Wort, das in einer dieser Sprachen gesprochen wurde, konnte sofort in die anderen drei

Sprachen übersetzt durch Kopfhörer übertragen werden. Ein ungeheures Beweismaterial wurde vorgelegt, erläutert und verarbeitet. In dem durch das Statut gezogenen Rahmen waren alle Beteiligten offenbar um Objektivität bemüht. Gelegentliche Abweichungen von dieser Regel wurden von dem Vorsitzenden sofort unterbunden.

Die deutsche Verteidigung sah sich vor eine sehr schwierige Aufgabe gestellt, da sie in allen technischen Fragen vom Gericht oder der Anklagebehörde abhängig war, das riesige Belastungsmaterial der Anklagebehörde erst im Lauf des Prozesses kennenlernte und sich in einem vom deutschen Strafprozess wesentlich abweichenden Prozessverfahren zurechtfinden musste. Ihre Leistung war unter diesen Umständen besonders hoch zu werten.

In den sehr ausführlichen Anklagereden versuchten die Ankläger, insbesondere der amerikanische Hauptankläger, Richter Jackson, auch dem deutschen Volk Gerechtigkeit widerfahren zu lassen.

[II, 120] „Wir möchten klarstellen, dass wir nicht beabsichtigen, das ganze deutsche Volk zu beschuldigen."[II, 128] An einer anderen Stelle: „Die demokratischen Teile dieses Volkes wurden von den demokratischen Kräften der übrigen Welt, einschließlich meines eigenen Landes, nur unzureichend unterstützt."

[II, 121] Er sagt weiter: „Wahrlich, die Deutschen – nicht weniger als die Welt draußen – haben mit den Angeklagten eine Rechnung zu begleichen."

Das erdrückende Beweismaterial, das die Anklagebehörde in der mündlichen Verhandlung vorlegte, stammt zum weitaus größten Teil aus erbeuteten deutschen Archiven. Seine Echtheit war nicht zu bestreiten.

Die Anklage, die Verhandlungsprotokolle und das Urteil schildern den verhängnisvollen Weg des Nationalsozialismus in Deutschland und in der Welt so sachlich und eindringlich wie kaum irgendeine deutsche Darstellung. Wir erleben noch einmal die ganze Entwicklung: Den Weg zur Macht, die Befestigung der Macht durch Täuschung, Zwang, List und Terror, den Kampf gegen die Arbeiterklasse, gegen die Kirche, die Judenverfolgungen und den Krieg mit seinen Greueln. Vieles wird dabei vor unseren Augen aufgedeckt, was dem deutschen Volk unbekannt war. Die Schamröte muss jedem Deutschen ins Gesicht steigen, wenn er die unwiderleglichen Beweise dafür hört und sieht, wie feige Grausamkeit, hündische Gefolgstreue, wahnwitzige Besessenheit, alle Ehre und Menschlichkeit mit Füßen getreten und das deutsche Ansehen verwirtschaftet haben. Man möchte jeden Deutschen anhalten, diese Dokumente zu lesen, besonders jene Menschen, die gar zu schnell vergessen und den Blick zu gerne abwenden von den Scheußlichkeiten einer nahen Vergangenheit. Sie würden dann besser begreifen, dass sich aus dem verbrecherischen Gestern das tragische Heute entwickeln musste.

Lassen Sie mich nach diesem kurzen Überblick zu den rechtlichen Problemen übergehen, die wir heute behandeln wollen.

1. Das Strafrecht, das anzuwenden war, ist das Statut. Es ist datiert vom 8.8.1945. Die Anklage richtet sich aber gegen Handlungen, die alle vor dem 8.5.1945, d.h. lange vor dem Erlass des Statuts begangen worden sind.

Sodann: Das Statut erklärt u.a. als Verbrechen bestimmte Handlungen, die bisher nur als politisches oder militärisches Verhalten gewertet wurden, die aber nie einer internationalen strafrechtlichen Würdigung unterzogen worden waren, so vor allem in Art. 6 a: „Planen, Vorbereitung, Einleitung oder Durchführung eines Angriffskrieges oder eines Krieges unter Verletzung internationaler Verträge, Abkommen oder Zusicherungen oder Beteiligung an einem gemeinsamen Plan oder einer Verschwörung zur Ausführung einer der vorgenannten Handlungen."

Ferner zieht das Statut einen Personenkreis zur Verantwortung, wie er bisher nie einer völkerrechtlichen Strafgerichtsbarkeit unterworfen worden war. Nach der überwiegenden Lehre hat es das Völkerrecht nur mit Staaten zu tun, nicht mit Einzelpersonen. Für Handlungen vorwiegend politischen Charakters, auch für die sog. politischen Verbrechen, haftet nach dieser Anschauung völkerrechtlich nur der Staat als solcher, nicht der Handelnde persönlich.

Es erhebt sich deshalb die Frage, ob durch das Statut und das Verfahren nicht der im Strafrecht der Kulturstaaten nahezu allgemein geltende Grundsatz verletzt ist, dass eine Tat nur dann bestraft werden darf, wenn sie zur Zeit der Begehung mit einer Strafe bedroht war. Es ist der Grundsatz, der die rückwirkende Kraft von Strafgesetzen ausschließt und der gewöhnlich mit der kurzen lateinischen Formel ausgedrückt wird: nulla poena sine lege oder nullum crimen sine lege.

Manche Vertreter des Völkerrechts bezweifeln, dass dieser Grundsatz im Völkerrecht überhaupt anwendbar sei, und zwar, weil er eine Stufe der Rechtsorganisation voraussetze, die im Völkerrecht noch nicht erreicht sei. Ich brauche aber auf diesen Einwand kaum einzugehen, da weder die Anklagebehörde noch das Urteil grundsätzlich bestritten haben, dass dieses Prinzip auch im Völkerrecht Geltung habe. Die gleiche Ansicht hat übrigens der Haager Internationale Gerichtshof in einem Gutachten über die Unzulässigkeit der Einführung der Analogie im Danziger Strafrecht ausgesprochen, das der Gerichtshof im Jahre 1934 auf Anforderung des Völkerbundrats erstattet hat. Gegen die Voten des italienischen und des japanischen Richters wurde dann ausgeführt, dass der Satz „nulla poena sine lege praevia" auch völkerrechtlich Anwendung finden müsse.

2. Das Statut ist von den Siegern erlassen worden und richtet sich ausschließlich gegen den Besiegten. Die eine Streitpartei ist, wie es in einer Eingabe der Gesamtverteidigung ausgesprochen wird, [I, 188] „alles in einem: Schöpfer der Gerichtsverfassung und der Strafrechtsnormen, Ankläger und Richter."

Hier erhebt sich die Frage, ob dieser Sachverhalt nicht den allgemein anerkannten Grundsätzen der modernen Strafrechtspflege und den Erfordernissen eines internationalen Gerichtshofs widerspricht.

Die Anklagevertreter und der Gerichtshof hätten sich auf einfache Weise jeder Diskussion dieser Fragen mit der Berufung auf das Statut als die für sie einzig maßgebliche Rechtsquelle entschlagen können. Es gereicht dem Gerichtshof wie der Anklagebehörde zur Ehre, dass sie bei aller Betonung der ausschlaggebenden Bedeutung des Statuts diesen grundsätzlichen Rechtsfragen nicht auswichen, sondern in ihren Ausführungen, die z.T. Meisterstücke forensischer Beredsamkeit sind, den oben angeführten Einwendungen mit großem Scharfsinn und mit beachtlicher dialektischer Gewandtheit zu begegnen suchten, wobei sie übrigens untereinander keineswegs in jeder Einzelheit und in jedem Argument übereinstimmten.

Die Hauptankläger heben selbst die Neuartigkeit des Verfahrens hervor. Sie räumen ein, dass zum ersten Male in der Geschichte ein solches internationales Strafgericht stattfindet und dass zum ersten Mal die für den Angriffskrieg und seine Folgen verantwortlichen Männer persönlich zur Rechenschaft gezogen werden. Sie vertreten aber trotzdem den Standpunkt, dass der Grundsatz „nulla poena sine lege" nicht verletzt sei. Denn die angewandten Rechtsnormen seien nichts grundsätzlich Neues, sondern entsprächen der allgemeinen Rechtsüberzeugung. Das Völkerrecht entstehe – so führen sie aus – nicht nur durch Verträge der Staaten, nicht nur als gesetztes Recht, sondern auch durch allmähliche Übung durch Gewohnheitsrecht. Dieses schon vorher geltende Gewohnheitsrecht sei in dem Statut sozusagen kodifiziert. Neu sei nicht das Strafgesetz an sich, sondern nur die Formulierung.

So sagt z.B. der amerikanische Hauptankläger: [II, 173] „Das Völkerrecht bildet sich aus Verträgen und Abkommen unter den Staaten und aus angenommener Gewohnheit. Jedes Gewohnheitsrecht aber geht in seinem Ursprung auf eine einzelne Handlung zurück. ... Nur wenn wir bereit wären, auf jede Entwicklung des Völkerrechts zu verzichten, könnten wir bestreiten, dass auch unsere eigene Zeit Gewohnheitsrecht setzen und Abkommen schließen kann, aus denen dann selbst wieder neues und gefestigtes Völkerrecht wird."

Nun ist, wie immer wieder hervorgehoben wurde, das Herzstück des Prozesses die Anklage auf Planung und Entfesselung von Angriffskriegen. War aber der Angriffskrieg nicht strafbar, dann entfiele auch die Strafbarkeit der Verbrechen gegen den Frieden, mit anderen Worten der sog. politischen Verbrechen, auf die so besonderes Gewicht gelegt wurde. Die Hauptankläger haben deshalb mit einem beträchtlichen Aufgebot an Beredsamkeit und an historischem Material die These aufgebaut, dass der im Statut als Verbrechen definierte Angriffskrieg spätestens seit dem Pariser Kriegsächtungspakt von 1928, dem sog. Briand-Kellogg-Pakt, als völkerrechtliches Verbrechen gegolten habe.

Wenn aber – so argumentieren sie, theoretisch wohl stark überspitzt – der Angriffskrieg ein Verbrechen ist, dann geht der Angreifer automatisch aller Rechte verlustig, die ein Kriegführender in einem erlaubten Krieg hat. Der Angriffskrieg ist dann nichts anderes als ein mörderisches und räuberisches Unternehmen.

[III, 120] Der englische Hauptankläger sagte: „Welcher Staatsmann ... konnte vom Jahre 1928 an daran zweifeln, dass Angriffskriege ... als widerrechtlich und geächtet anzusehen sein?"

[III, 109] „Es ist durchaus nicht notwendig, zu zweifeln, dass in einigen Hinsichten das Statut den Stempel bedeutungsvoller und heilsamer Neuartigkeit trägt. Aber wir sind der Ansicht und der Überzeugung, dass die Bestimmung des Statuts, die ... solche Kriege zum Verbrechen macht, im Grunde keine Neuerung darstellt. Diese Bestimmung des Statuts schafft nur eine zuständige Gerichtsbarkeit."

[III, 124] „Das Statut füllt eine Lücke im internationalen Strafverfahren aus."

Die persönliche Haftbarkeit der für den Krieg verantwortlichen Männer auch für politische, im Namen des Staates begangene Handlungen ist nach der Darstellung der Ankläger eine logische Folgerung und eine Forderung der Gerechtigkeit. Der Staat ist nur ein gedachtes Wesen. Handlungen, Verbrechen werden immer nur von Menschen begangen. Richter Jackson sagt: [III, 173] „Die allergeringste Folge der Verträge, die den Angriffskrieg für widerrechtlich erklären, ist jedem der dennoch einen solchen Krieg anstiftet oder entfesselt, jeglichen Schutz zu nehmen, den das Gesetz je gab, und die Kriegstreiber einem Urteilsspruch nach den allgemein anerkannten Grundregeln des Strafrechts zu überantworten."

[II, 177] „Der Grundsatz der persönlichen Haftung ist notwendig und logisch, wenn das Völkerrecht wirklich dazu beitragen soll, den Frieden aufrechtzuerhalten."

[II, 177/78] „... Die Untergebenen waren (nach dem früheren Recht) gegen eine Haftung durch die Befehle ihrer Vorgesetzten geschützt. Die Vorgesetzten waren gedeckt, weil ihre Befehle als Staatsakte bezeichnet wurden. ... Die moderne Zivilisation gibt den Menschen unbegrenzte Waffen der Zerstörung in die Hand. Sie kann nicht dulden, dass es auf einem so weiten Felde keine rechtliche Verantwortung geben sollte."

[II, 182] „Der letzte Schritt, periodisch wiederkehrende Kriege zu verhüten, ... ist, die Staatsmänner vor dem Recht verantwortlich zu machen." Soweit Richter Jackson.

[III, 121] Der englische Hauptankläger ruft aus: „Die für dieses Statut verantwortlichen Großmächte ... ziehen die zwingenden Konsequenzen aus dem Verzicht auf den Krieg, aus dem Verbot und der Verurteilung des Krieges ..., und sie lehnten es ab, die Gerechtigkeit zur Machtlosigkeit zu verurteilen, indem sie den überlebten Lehren beipflichten, die dahin gehen, dass kein souveräner Staat und keine im Namen eines souveränen Staates handelnde Einzelperson ein Verbrechen begehen könne...".

[II, 118] Den Einwand, dass das Statut das Recht des Siegers verkörpere, erörtert der amerikanische Vertreter mit den Worten: „Leider bedingt die Art der hier behandelten Verbrechen, dass in Anklage und Urteil siegreiche Nationen über geschlagene Feinde zu Gericht sitzen. Die von diesen Männern verübten Angriffe, die eine ganze Welt umfassten, haben nur wenige wirkliche Neutrale hinterlassen. Entweder müssen also die Sieger die Geschlagenen richten, oder sie müssen es den Besiegten überlassen, selbst Recht zu sprechen."

Etwas abweichend von den angelsächsischen Vertretern begründet der französische Hauptankläger in einer gut durchdachten juristischen Konstruktion das Recht des Statuts.

[V, 418 ff., nicht wörtlich zitiert] Er führt aus: Die Zuständigkeit des Gerichtshofs beruht auf der völkerrechtlichen Anerkennung des in den souveränen Staaten geltenden Territorialprinzips. Nach diesem Prinzip kann jeder Staat die Verbrechen bestrafen, die auf seinem Gebiet begangen wurden. Da die Verbrechen der Angeklagten sich auf mehrere Staatsgebiete erstrecken, war die Schaffung eines gemeinsamen Gerichtshofs angezeigt.

[V, 438] Ist eine völkerrechtliche Verantwortung gegeben, so trifft sie gewöhnlich allerdings nicht den Einzelnen, sondern die staatliche Gesamtheit als solche. Es obliegt dann dem Staate, das Verhalten der Männer, die die Urheber einer Völkerrechtsverletzung waren, politisch oder strafrechtlich zu werten. Derzeit gibt es jedoch keinen deutschen Staat. Die höchste Gewalt in Deutschland wird durch die vier Besatzungsmächte ausgeübt. Ihnen steht daher auch das Recht zu, die Schuld deutscher Staatsangehöriger vor Gericht zu bringen.

Nach dieser französischen These würde also der Gerichtshof als Sachwalter der deutschen Souveränität handeln.

Der Hauptankläger der Sowjetunion, General Rudenko, erkennt im Gegensatz zu den anderen Hauptanklägern das Gewohnheitsrecht im Völkerrecht nicht an, sondern betrachtet als rechtsbegründende Quelle und als einzigen rechtsverbindlichen Akt lediglich das Übereinkommen zwischen den Staaten. [VII, 168] Er sagt: „Das Statut … stellt daher das unerlässliche und ausreichende Gesetz dar, das die Grundlage des Gerichtsverfahrens und die Bestrafung der Hauptkriegsverbrecher bestimmt."

Die Berufung auf den Grundsatz nullum crimen sine lege … so sagt er weiter, „verliert jegliche Bedeutung angesichts dieses einen grundlegenden und entscheidenden Umstandes, dass nämlich das Statut des Gerichtshofs vorhanden und wirksam ist und dass alle seine Vorschriften bedingungslose und bindende Wirkung haben."

Diese Ausführungen vereinfachen die Probleme vielleicht doch zu stark.

[I, 244] Das Urteil folgt in wesentlichen Punkten den grundsätzlichen Ausführungen der Hauptankläger. Es betont, dass das Recht des Statuts für den Gerichtshof maßgebend ist. Das Statut ist nach der Darstellung des Urteils ergangen aufgrund des unbezweifelbaren Rechts der Besatzungsmächte, für die besetzen Gebiete Gesetze zu erlassen. Das Statut ist keine willkürliche Ausübung der Macht seitens der siegreichen Nationen, sondern der Ausdruck des zur Zeit der Schaffung bestehenden Völkerrechts.

[I, 145] Zu der Frage der rückwirkenden Geltung des Statuts sagt das Urteil: „Zunächst muss bemerkt werden, dass der Rechtssatz nullum crimen sine lege keine Beschränkung der Souveränität darstellt, sondern allgemein ein Grundsatz der Gerechtigkeit ist. Zu behaupten, dass es ungerecht sei, jene zu strafen, die unter Verletzung von Verträgen und Versicherungen Nachbarstaaten ohne Warnung angegriffen haben, ist offenbar unrichtig. Denn unter solchen Umständen muss der Angreifer wissen, dass er unrecht hat, und weit entfernt davon, dass es nicht ungerecht wäre, ihn zu strafen, wäre es vielmehr ungerecht, wenn man seine Freveltat straffrei ließe."

Wenn ich diese Sätze richtig verstehe, so wird darin festgestellt, dass der souveräne Staat auch unter Außerachtlassung des Grundsatzes „nullum crimen sine lege" bindendes Recht für seine Gerichte setzen kann, wenn die höhere Gerechtigkeit es erfordert.

Das Urteil führt dann weiter aus, dass der Angriffskrieg durch den Briand-Kellogg-Pakt von 1928 als Verbrechen geächtet gewesen sei. Ich zitiere: [I, 246]

„Der Gerichtshof ist der Ansicht, dass der feierliche Verzicht auf den Krieg als Werkzeug der nationalen Politik es notwendigerweise einbeschließt, dass solch ein Krieg völkerrechtswidrig ist und dass diejenigen, die einen solchen Krieg mit allen seinen unvermeidbaren und schrecklichen Folgen planen und führen, damit ein Verbrechen begehen.

[I, 246, 247] Der Pakt legt – so argumentiert das Urteil – zwar nicht ausdrücklich fest, dass solche Kriege Verbrechen sind, und setzt keine Gerichtshöfe zur Aburteilung der Angreifer ein. Bei der Auslegung des Paktes aber „muss man sich bewusst bleiben, dass Völkerrecht nicht das Ergebnis einer internationalen Gesetzgebung ist und dass zwischenstaatliche Abkommen, wie der Pakt von Paris, sich mit allgemeinen Rechtsgrundsätzen beschäftigen müssen und nicht mit verwaltungstechnischen Verfahrensregeln. Kriegsrecht findet sich nicht nur in Verträgen, sondern auch in solchen Gebräuchen und Gewohnheiten der Staaten, die allmählich allgemeine Anerkennung gefunden haben und in den allgemeinen Rechtsgrundsätzen, die von Juristen ausgearbeitet und von Militärgerichtshöfen angewendet werden. Dieses Recht ist nicht statisch, sondern folgt durch ständige Angleichung den Notwendigkeiten einer sich wandelnden Welt."

[I, 249] Die völkerrechtliche Verantwortlichkeit von Einzelpersonen wird vom Gerichtshof bejaht. Nach seiner Meinung legt das Völkerrecht Einzelpersonen so gut wie Staaten Pflichten und Verbindlichkeiten auf. Es heißt hierzu im Urteil: „Nur durch Bestrafung jener Einzelpersonen, die solche Verbrechen begehen, kann den Bestimmungen des Völkerrechts Geltung verschafft werden."

Das sind in kurzer Zusammenfassung die wesentlichen Argumente der Anklage und des Urteils in den Fragen, die wir hier behandeln. Bei einer kritischen Betrachtung brauche ich wohl auf einige Argumente, die mehr rhetorische als juristische Bedeutung haben, nicht näher einzugehen. Ich erwähne als Beispiel nur die mehrmals vorgebrachte Behauptung, die Angeklagten dürften sich nicht auf den Grundsatz berufen, der die rückwirkende Kraft eines Gesetzes ausschließt, weil sie selbst jedes Recht verachtet hätten. Dazu wäre zu sagen, dass es unbeachtlich ist, ob der Angeklagte sich über Recht und Gesetz erhaben dünkt. Auch der Verbrecher genießt den Schutz des Gesetzes, selbst wenn er die bindende Kraft der Rechtsordnung innerlich nicht anerkennt.

Ich wende mich gleich der bedeutsameren Frage zu, ob und inwieweit in diesem Prozess neues Recht angewandt und der Grundsatz „nulla poena sine lege" verletzt wurde.

Stellen wir zunächst den Sinn dieses Satzes noch einmal fest: Wir wissen, dass es der Zweck jeden Rechtes ist, das Verhalten der Menschen zueinander zu bestimmen. Das Recht sagt jedem, was er darf und was er nicht darf. Wer eine Handlung begeht, muss wissen, welche Rechtsfolgen sie hat. Das ist nur möglich, wenn diese Verhaltensregeln schon vorher allgemein feststehen. Je gewichtiger die Rechtsfolgen sind, desto notwendiger ist es, dass sie klar und unmissverständlich voraussehbar sind. Das gilt erst recht dann, wenn die Gemeinschaft für ein Verhalten einen Strafanspruch erhebt, der ja seinem Wesen nach ein empfindlicher Eingriff in die Rechtssphäre des Einzelnen ist. Die Rechtsnorm, auf die ein Strafanspruch gegründet wird, muss ein bestimmtes Verhalten nicht nur als rechtswidrig erklären, sie muss es vielmehr als *strafbares* Verhalten, als Verbrechen, erscheinen lassen, und sie muss schließlich die Durchsetzung des Strafanspruchs vorsehen. Der die Tat verbietenden oder ächtenden Rechtsnorm muss die Sanktion, die praktisch durchführbare Strafdrohung zur Seite treten. Es genügt demnach nicht, wenn die Tat moralisch verurteilt und als *strafwürdig* empfunden wird, sie muss vielmehr auch als *strafbar* gekennzeichnet sein. Wenn sich im Laufe der Entwicklung eine Rechtsnorm bildet, die ein bisher straffreies Verhalten unter Strafe stellt, so kann diese Norm, wenn sie wirklich Recht sein soll, nur für die Zukunft gelten. Denn bisher stand die Tat ja nicht im Widerspruch zum Recht – und die Vergangenheit vermag auch der Gesetzgeber nicht zu ändern. Das ist der Gedanke, der dem Satz „nulla poena sine lege" zugrunde liegt. Dabei ist das Wort lex nicht nur als Gesetz im engeren technischen Sinn, d.h. als eine von besonders bevollmächtigten Organen in bestimmter Form erlassene Vorschrift zu verstehen, sondern es ist darunter jede Rechtsform einbegriffen, sei es, dass sie auf formalem Gesetz oder auf Gewohnheitsrecht, d.h. auf einer allgemein als verbindlich empfundenen Rechtsüberzeugung beruht. Das Wort lex entspricht in diesem Zusammenhang dem Begriffsinhalt des englischen Ausdrucks law, der ja im Deutschen ebenfalls sowohl „Gesetz" wie „Recht" oder „Rechtsnorm" bedeutet.

Wenden wir nun diese Kriterien auf den Nürnberger Prozess an, so lautet die erste Frage: Entspricht die Bestimmung des Statuts, welche die Planung und Entfesselung eines Angriffskrieges als strafbares Verbrechen bezeichnet, einem völkerrechtlich festgelegten Rechtssatz oder einer bereits 1939 vorhandenen allgemeinen Rechtsüberzeugung?

Zunächst ist festzustellen, dass der Begriff des Angriffskrieges im Statut nicht definiert ist und dass über diesen Begriff im Völkerrecht auch noch keine allgemein verbindliche Einigung erzielt war. Die Tatsache ist nicht unwichtig. Wer einen Krieg anfängt, der wird immer eine mehr oder minder glaubhafte Begründung bereit haben. Denken wir nur an die Reden Hitlers! Man darf aber, wie der amerikanische Hauptankläger mit Recht betont, [II, 175] „keine politischen, militärischen, wirtschaftlichen oder anderen Erwägungen als Entschuldigung oder Rechtfertigung solcher Handlungen gelten lassen". Es trifft zu, dass man um die Klärung des Begriffs vielfach bemüht war. Jackson zitiert als Beispiel die „Übereinkunft über die Definition des Begriffs Angriff", die 1933 in London zwischen der Sowjetunion, den Baltischen Staaten, Polen, Rumänien, der Türkei, Persien und Afghanistan unterzeichnet wurde, und er bezeichnet sie als „eine der maßgeblichen Quellen des Völkerrechts". Nun, was jetzt maßgebliche Quelle des Völkerrechts benannt wird, galt damals lediglich als diplomatischer Schachzug der Sowjetunion. Von den Richterstaaten sind weder die Vereinigten Staaten noch England noch Frankreich dieser oder einer Vereinbarung ähnlichen Inhalts beigetreten, eben weil sie die Definition nicht gegen sich gelten lassen wollten. Die Übereinkunft hat übrigens die Sowjetunion nicht gehindert, unbekümmert um ihre eigene Definition des Angriffs und ohne Rücksicht auf diplomatische Proteste, in das Gebiet ihrer Vertragspartner, der Baltischen Staaten und Polens, einzurücken und das rumänische Bessarabien zu besetzen.

Aber lassen wir die Theorie beiseite und nehmen wir ohne weitere Diskussion an, dass die Kriege, über die der Gerichtshof zu befinden hatte, tatsächlich Angriffskriege nach Art. 6 a des Statuts waren. Wie stand es mit der Strafbarkeit dieser Kriege? Man sollte glauben, dass in einer so wichtigen Frage das Völkerrecht eine über jeden Zweifel erhabene klare Regelung enthalten müsste. Leider ist es nicht so.

Anklage und Urteil kommen allerdings, wie ich ausgeführt habe, nach eingehender Darstellung der Kriegsverhütungsbestrebungen aus der Zeit nach dem Ersten Weltkrieg zu dem Ergebnis, dass spätestens der Allgemeine Pakt über den Verzicht auf den Krieg vom 27.8.1928, der unter den Bezeichnungen Pariser Kriegsächtungspakt oder Kellogg-Pakt besser bekannt ist, die Strafbarkeit des Angriffskrieges begründet. Art. I des Paktes lautet: „Die Hohen Vertragsschließenden Parteien erklären feierlich im Namen ihrer Völker, dass sie den Krieg als Mittel für die Lösung internationaler Streitfälle verurteilen und auf ihn als Werkzeug nationaler Politik in ihren gegenseitigen Beziehungen verzichten."

Dieser vertragliche Verzicht auf den Krieg als Werkzeug nationaler Politik bedeutet selbstverständlich, dass solch ein Krieg völkerrechtswidrig ist und dass jede Nation, die trotzdem einen solchen Krieg entfesselt, einen Vertragsbruch begeht. Insoweit wird man dem Urteil durchaus beistimmen. Dagegen finde ich in den Darlegungen der Anklage und des Urteils keinen überzeugenden Beweis für die weitere Schlussfolgerung, dass nach dem Pakt ein solcher Krieg nicht nur rechtswidrig sei, sondern dass diejenigen, die einen solchen Krieg planen und führen, damit ein *Verbrechen* begingen. Im Pakt selbst ist der Krieg nicht als Verbrechen bezeichnet und der Verzicht ist nicht mit einer Sanktionsdrohung ausgestattet. Man muss es bedauern, dass der Pakt insoweit eine lex imperfecta ist, aber man kann es m.E. nicht bestreiten. Es ist gewiss moralisch nicht befriedigend, wenn eine ungeheuerliche Tat wie die Entfesselung eines Angriffskrieges nach dem Pakt zwar als rechtswidrig, aber nicht als strafbares Verbrechen angesehen werden kann. In der Entwicklung des Rechtes sind jedoch solche Unvollkommenheiten leider nicht selten, und sie sind nicht immer vermeidbar.

Nun wurde aber im Prozess und im Urteil eingehend dargelegt, dass Völkerrecht sich nicht nur aus Verträgen, sondern auch aus Gebräuchen und Gewohnheiten entwickelt, die allmählich allgemeine Anerkennung gefunden haben, und aus Rechtsgrundsätzen, die von Juristen ausgearbeitet sind und dann allmählich allgemeine Rechtsüberzeugung werden. Auch Rechtssätze, die ursprünglich nur Vertragsrecht waren, können allmählich allgemeines Völkerrecht werden, das für alle Staaten gilt. Wir stimmen dieser Auffassung, die auch von der deutschen Völkerrechtswissenschaft vertreten wird, durchaus zu. Es bleibt demnach im vorliegenden Falle noch zu prüfen, ob der Angriffskrieg, auch wenn keine vertragliche Norm ihn ausdrücklich als strafbar erklärte, etwa nach allgemeiner Rechtsüberzeugung ein strafbares Verbrechen war.

Das Urteil verweist hierzu auf Resolutionen, die den Angriffskrieg als internationales Verbrechen bezeichnen, nämlich auf eine Entschließung des Völkerbundrats vom 24.9.1927 und auf eine Entschließung der 6. Panamerikanischen Konferenz zu Havanna vom 18.2.1928 sowie auf das sog. Genfer Protokoll von 1924.

Diese Kundgebungen zeigen zweifellos, dass im Völkerleben der Wunsch wuchs, den Angriffskrieg zum internationalen Verbrechen erklärt zu sehen. Aber sie beweisen keineswegs, dass dieser Wunsch im Völkerrecht schon verwirklicht worden war. Es ist im Gegenteil festzustellen, dass keine der beteiligten Regierungen über eine deklaratorische oder deklamatorische Kundgebung hinausgegangen ist und dass sich keine Regierung völkerrechtlich auf den strafbaren Charakter des Angriffskrieges festgelegt hat. Das Genfer Protokoll ist seinerzeit durch einstimmigen Beschluss den Mitgliedern des Völkerbunds zur Annahme empfohlen worden. Aber es wurde trotzdem nie ratifiziert und hat nie völkerrechtliche Geltung erlangt. Dieser Umstand spricht m.E. nicht *für* das Vorhandensein einer allgemeinen Rechtsüberzeugung, sondern dagegen.

Betrachten wir schließlich noch die Staatenpraxis, die ja auch eine wichtige Quelle des Völkerrechts ist.

Wenn seit 1928 eine solche allgemeine Rechtsüberzeugung von der völkerrechtlichen Strafbarkeit des Angriffskrieges wirklich bestanden hätte, so wäre sie doch aller Wahrscheinlichkeit nach in der praktischen Politik zum Ausdruck gekommen. An geeigneten, ja an zwingenden Anlässen hierfür hätte es nicht gefehlt. Japan hat Krieg gegen China begonnen und hat mit bewaffneter Hand die Mandschurei erobert. Italien hat Abessinien mit Krieg überzogen, die Sowjetunion hat Krieg gegen Finnland geführt. Es ist aber keine amtliche Erklärung bekannt geworden, in der die Vereinigten Staaten oder die englische oder die französische oder die sowjetische Regierung unter Berufung auf das geltende Völkerrecht diese Angriffskriege als internationale Verbrechen bezeichnet, eine internationale Bestrafung angedroht und die handelnden Staatsmänner persönlich verantwortlich gemacht hätte.

Die Sowjetunion wurde zwar Ende 1939 wegen des Krieges gegen Finnland aus dem Völkerbund ausgeschlossen, aber die Anklagebehörde und das Urteil haben diesen Beschluss ebenso wenig wie die vom Völkerbund in einigen Fällen beschlossenen „Sanktionen" als Beweis für die völkerrechtliche Strafbarkeit des Angriffskrieges angeführt.

Auch die eindringlichen Mahnungen, die verschiedene Staatsmänner am Vorabend des Krieges an Hitler richteten und die eine sehr ernste Sprache sprechen, enthalten keine Bezugnahme auf eine allgemeine Rechtsüberzeugung dieser Art und keine Warnung vor Verbrechen und keine Strafandrohung. Meines Wissens hat auch die Sowjetunion den bevorstehenden Angriffskrieg gegen Polen, von dem sie genau unterrichtet war, damals keineswegs als „völkerrechtliches Verbrechen" verurteilt.

Ich glaube, diese Tatsachen und Erwägungen müssen zu dem Schluss führen, dass die im Statut festgelegte Strafbarkeit des Angriffskrieges nicht einer schon

1939 allgemein geltenden Rechtsüberzeugung entspricht, sondern dass sie *neues* Recht ist und dass insoweit der Grundsatz „nullum crimen sine lege“ verletzt wurde.

Man muss sich fragen, warum eigentlich die Strafbarkeit des Angriffskrieges zum Kernstück des ersten Nürnberger Prozesses gemacht wurde. Denn die Angeklagten wären wegen ihrer gegen die Strafgesetze aller zivilisierten Länder verstoßenden Handlungen auch dann der gerechten Strafe nicht entgangen, wenn man auf die Bestrafung des Angriffskrieges als internationales Verbrechen verzichtet hätte.

Die Erklärung für dieses Vorgehen liegt wohl mehr auf politischen als auf rechtlichem Gebiet. Eine „gerichtliche“ Ahndung der verbrecherisch herbeigeführten Weltkatastrophe war schlechterdings nicht zu umgehen, wollte man nicht zu erheblich weitergehenden und für die Entwicklung des Rechts bedenklicheren Methoden der Bestrafung seine Zuflucht nehmen, denen notwendigerweise ein höheres Maß von Willkür angehaftet hätte.

Die Hervorkehrung des Angriffskrieges in der Anklage hat es den Angeklagten ermöglicht, vorwiegend politische Gesichtspunkte für ihre Verteidigung ins Feld zu führen. Dies hat zum Teil die bedauerliche Folge gehabt, dass ihre sonstigen, nach dem bestehenden Recht einwandfrei strafbaren Taten in gewissem Umfang durch die strittige Frage, ob der Angriffskrieg ein internationales, am Individuum und vor einem Gerichtshof der Siegermächte abzuurteilendes Verbrechen sei, überschattet wurden.

Noch weit bedauerlicher aber wäre es, wenn in Zukunft über der Verurteilung des Angriffskrieges das hauptsächlich für den Schutz des Individuums wichtige Kriegsrecht, wie die Haager Landkriegsordnung, das Genfer Kriegsgefangenenabkommen und andere, vernachlässigt und an Beachtung und Wert verlieren würde. Ob es der Menschheit je gelingen wird, den Krieg unmöglich zu machen, ist zweifelhaft. Über jeden Zweifel hinaus aber steht fest, dass eine barbarische, beim heutigen Stand der Technik, die ganze Menschheit gefährdende totale Kriegführung einsetzen würde, wenn sich nicht alle Kriegführenden, Angreifer wie Verteidiger, durch dieses Kriegsrecht gebunden fühlen müssten, das gesicherter Bestand des Völkerlebens geworden ist.

Nach diesem kurzen Exkurs komme ich zur Frage der persönlichen Verantwortlichkeit der im Namen des Staates handelnden Männer. Der Gerichtshof weist die Ansicht zurück, dass Personen, die einen Staatsakt ausführen, keine eigene völkerrechtliche Verantwortung trügen, sondern durch die Doktrin von der Souveränität des Staates geschützt seien.

Hierzu ist zu sagen, dass die früher allgemein geltende Auffassung, das Völkerrecht sei nur das Recht zwischen den Staaten, das den Einzelnen nicht berühre, noch keineswegs allgemein aufgegeben ist.

Die mehrmals vorgebrachte Feststellung, dass Verbrechen immer von Einzelwesen begangen werden, ist zweifellos richtig, aber sie ist eine Binsenwahrheit. Sie gilt für jedes menschliche Tun und beweist an sich nichts für die strafrechtliche Verantwortlichkeit für den Einzelfall. Ich erinnere an den englischen Satz: The King can do no wrong. Auch internationale Militärgerichtshöfe werden von Menschen gebildet, auch Abkommen werden von Menschen geschlossen, auch ein Statut wird von Einzelmenschen geschaffen, die Anklage wird von Einzelmenschen erhoben – und doch beginnt in dem Prozess die Anklage mit den Worten: „Die Vereinigten Staaten von Amerika, die Französische Republik, das Vereinigte Königreich von Großbritannien und Nordirland und die Union der Sozialistischen Sowjetrepubliken erheben Anklage ...".

Schließlich bedürfte die apodiktische Feststellung des Urteils, der Grundsatz des Völkerrechts, der unter gewissen Umständen dem Repräsentanten eines Staates Schutz gewährt, könne nicht auf Taten Anwendung finden, die durch das Völkerrecht als verbrecherisch gebrandmarkt seien, doch eingehender Begründung. Es ist jedenfalls nicht ein einziger Fall bekannt, in dem ein Staatsmann für eine im Namen des Staates begangene Handlung zur völkerrechtlichen strafrechtlichen Verantwortung gezogen worden wäre. Alle Anklagevertreter hoben ja auch pathetisch hervor, dass die Aburteilung der für Staatsakte Verantwortlichen etwas völlig Neues sei.

So kommt man zu dem Schluss, dass auch in dieser Frage neues Recht mit rückwirkender Kraft angewandt wurde.

Schließlich noch ein Wort zur prozessualen Seite. Sie wird von den Anklagevertretern in ihren sonst so ausführlichen und gründlichen Plädoyers verhältnismäßig kurz abgetan. Es wird zwar von Allen eingeräumt, dass dieser Gerichtshof ein Novum ist, und dass es noch nie ein derartiges internationales Strafverfahren gegeben hat, auch nicht nach dem Vertrag von Versailles, der ursprünglich eine Aburteilung der Kriegsverbrecher vorgesehen hatte. Die Ankläger sagen: Das Statut füllt „nur" eine Lücke aus. Das Statut schafft „nur" eine zuständige Gerichtsbarkeit. Das sind aber in Wirklichkeit gewaltige Neuerungen. Das Recht, das eine Lücke ausfüllt, ist neues Recht, das Recht, das eine bisher nicht bestehende Gerichtsbarkeit schafft, ist ebenfalls neues Recht. Es ist für den Täter ein großer Unterschied, ob die Gerichtsverfassung und das Prozessverfahren bereits zur Zeit der Begehung der Tat festgelegt waren oder ob sie erst nachträglich und mit Geltungsbeschränkung auf seinen Fall geschaffen werden. Nicht umsonst sind in vielen Verfassungen, so auch in Art. 86 der Bayer. Verfassung, Ausnahmegerichte als unstatthaft erklärt.

Die Überlegungen, die wir angestellt haben, führen m.E. zu dem Ergebnis, dass das Statut und der Prozess über das geltende Völkerrecht hinausgegangen sind und neues Recht rückwirkend angewandt haben. Ich glaube, es entspricht dem Ansehen des Richters und der internationalen Rechtspflege besser, wenn man diese Tatsache einräumt, als wenn man das Recht auf ein Prokrustesbett spannt, bis es dem Erfordernis der Stunde zu genügen scheint.

Dass man mit juristischen Konstruktionen, die ganz auf dem geltenden materiellen Recht beruhen, den gewaltigen Komplex von politischen, militärischen und rechtlichen Problemen, dem das Gericht gegenüberstand, doch nicht befriedigend unter das geltende Völkerrecht subsumieren kann, haben offenbar auch die Verfechter des Statuts gefühlt. Sie haben nach Erschöpfung aller juristischen Argumente schließlich subsidiär gegen das einengende materielle Recht an die höhere

Gerechtigkeit appelliert, der jedes materielle Recht unterzuordnen sei. Das ist verständlich. Eine Unzahl furchtbarer Taten war begangen worden. Sollte es der Menschheit versagt sein, diese Taten zu bestrafen und von den Schuldigen Sühne zu fordern? Jedes Rechtsgefühl bäumt sich dagegen auf. Dieses Verlangen nach höherer Gerechtigkeit soll gestillt werden, auch wenn man dabei über das bei der Begehung der Taten geltende Recht hinausgehen müsste.

Es ist wohl kein Zufall, dass die Ankläger die edelste Beredsamkeit gerade an diesem Punkt entfalten, wo das materielle Recht keine durchschlagenden Argumente mehr bietet. In der Tat könnte und müsste die letzte und tiefste Rechtfertigung des Statuts und des Prozesses in der Erfüllung dieser ethischen Forderung liegen. Wer dieser höheren Gerechtigkeit den Weg freimachen will, wird gerne mit den Worten des britischen Hauptanklägers ausrufen: [III, 121] „Wenn dies eine Neuerung darstellt, so handelt es sich um eine längst überfällige Neuerung, eine wünschenswerte und segensreiche Neuerung, die mit der Gerechtigkeit, mit dem gesunden Menschenverstand und mit den ewigen Zielen des Völkerrechts voll übereinstimmt."

Das sind einprägsame Worte. Wenn man ihnen folgt, führen sie sehr weit. Die Gerechtigkeit, der gesunde Menschenverstand und die ewigen Ziele des Völkerrechts erfordern es auch gebieterisch, dass diese Normen, alt oder neu, wenn sie als Recht empfunden werden sollen, für den Starken wie für den Schwachen gelten. Denn vor dem Völkerrecht sind alle Nationen gleich. Es ist gegen das Recht, wenn eine Nation sich gegenüber einer anderen auf Rechtsnormen beruft, die sie nicht auch für sich selber als bindend anerkennt.

Diese allgemeine Anerkennung durch die Richtermächte ist leider nicht ausdrücklich erfolgt. Die Mächte hätten im Londoner Abkommen feierlich erklären können, dass sie die im Statut aufgestellten Normen als allgemein verbindlich für die Völkergemeinschaft betrachten. Sie haben es nicht getan. Die Vereinten Nationen, in deren aller Interesse die vier Mächte handelten, wie es im Vorspruch zu dem Londoner Abkommen heißt, haben zwar in einer Entschließung der Generalversammlung im Dezember 1946 unter Hinweis auf das Nürnberger Urteil die „Überzeugung" ausgesprochen, dass die gegen Verbrecher eines Angriffskrieges angewandten Grundsätze allgemein gültig sein *sollten*. Die Entschließung schafft aber, ebenso wie die früher erwähnten Resolutionen, noch kein Völkerrecht, sie ist nur eine Empfehlung de lege ferenda. Ein zuständiger Gerichtshof ist nicht gebildet worden.

Wohl haben die Anklagevertreter wiederholt erklärt, dass die Signatarmächte sich mit dem Statut selbst unter dieses Völkerrecht stellen. So sagte der amerikanische Vertreter: [II, 118] „Wir dürfen niemals vergessen, dass nach dem gleichen Maß, mit dem wir die Angeklagten heute messen, auch wir morgen von der Geschichte gemessen werden. Diesen Angeklagten einen vergifteten Becher reichen, bedeutet, ihn an unsere eigenen Lippen zu bringen."

Und an anderer Stelle: [II, 182] „Lassen Sie es mich deutlich aussprechen: Dieses Gesetz wird hier zwar zunächst auf deutsche Angreifer angewandt, es schließt aber ein und muss, wenn es von Nutzen sein soll, den Angriff jeder anderen Nation verdammen, nicht ausgenommen die, die jetzt hier zu Gericht sitzen."

Ich fürchte, dass diese glanzvolle Rhetorik die nüchterne Wirklichkeit zu sehr verklärt. Vertraglich haben sich die Signatarmächte jedenfalls in keiner Weise ausdrücklich gebunden, das Recht des Statuts auch gegen sich selbst gelten zu lassen.

Nun wird man aber vielleicht geneigt sein, anzunehmen, dass das Urteil als Präzedenzfall gerade für das angelsächsische Rechtsdenken bindende Kraft haben müsse. Jedoch dürfte auch diese Hoffnung trügerisch sein. Der britische Hauptankläger sagt zwar einmal: [III, 124] „Soweit das Statut dieses Gerichtshofs neues Recht einführt, haben seine Schöpfer für die Zukunft einen Präzedenzfall aufgestellt, eine Präzedenz, die für alle, auch für sie selbst bindend ist."

Aber der amerikanische Hauptankläger hat in einer prozessualen Debatte ausdrücklich festgestellt: [III, 605] „Dass hier ein Militärgericht anstelle eines üblichen Strafgerichts geschaffen wurde, geschah zum Teil deshalb, um die präzedenzschaffende Wirkung dessen, was hier aufgrund unseres eigenen Rechtes geschieht, zu vermeiden sowie auch um dem Präzedenzzwang zu entgehen, der eintreten würde, wenn wir hier ein Richterkollegium üblicher Art hätten."

Da Jackson wohl der Hauptautor des Statutes ist, kommt seinen Worten besonderes Gewicht zu. Man muss es bedauern, dass ein Urteil, dessen grundsätzliche Bedeutung von allen Seiten so laut betont wurde, in seiner juristischen Wirksamkeit so erheblich eingeschränkt wurde.

Die Gerechtigkeit, der gesunde Menschenverstand und die ewigen Ziele des Völkerrechts fordern schließlich auch, dass die internationale Gerichtsbarkeit, der die erhabenen Normen, mögen sie alt oder neu sein, zur Auslegung und Anwendung anvertraut werden, in ihrem Aufbau und ihrer Zusammensetzung jede erreichbare Garantie der Unparteilichkeit bietet. Die Grundsätze der modernden Strafrechtspflege sind in dieser Hinsicht kaum umstritten.

Es ist unbestrittene allgemeine Rechtsüberzeugung, dass der Gesetzgeber nicht auch Ankläger und Richter sein soll.

Es ist allgemeine Rechtsüberzeugung, dass der Mittäter nicht Gesetzgeber und Richter über den Täter sein kann. Wer selbst mit dem Angreifer paktiert, ihn zum Angriff ermutigt und die Beute mit ihm geteilt hat, ist nicht berechtigt, über ihn Gericht zu halten.

Es ist allgemeine Rechtsüberzeugung und ist Praxis der bisher entstandenen internationalen Rechtsprechung, dass der Richterspruch von Neutralen gefällt werden soll und dass die Streitparteien vertreten sein können.

In Nürnberg wurde das Recht leider nur von den Siegern angewandt. Die Versicherung, dass trotzdem nicht Siegerecht, sondern nur Völkerrecht geübt werde, hätte überzeugender gewirkt, wenn das Schwert des Rechtes in die Hände neutraler Mächte gelegt worden wäre. Gewiss, es gab wenig Neutrale in diesem Weltkrieg, aber es gab immerhin die Schweiz, Schweden, Portugal, Länder, die an Kennern des Völkerrechts und an weisen Richtern keinen Mangel haben.

Schließlich wären das Vertrauen in die Rechtsprechung des Gerichtshofs und die moralische Wirkung des Urteils im deutschen Volk zweifellos tiefer gewesen, wenn in diesem Gericht über Deutsche auch deutsche Richter Sitz und Stimme gehabt hätten.

Alle diese Feststellungen sollen jedoch die Bedeutung des Prozesses keineswegs verkleinern. Es war ja gerade unser Vorhaben bei unserer heutigen Zusammenkunft, uns die Bedeutung des Prozesses klarzumachen, indem wir ihn nicht unter dem engen deutschen Gesichtswinkel betrachten, sondern indem wir ihn in den einzig ihm gemäßen Rahmen des alle Kulturvölker umfassenden Völkerrechts stellen. Nur in diesem Rahmen vermögen wir zu erkennen, inwieweit Statut und Prozess einen Fortschritt darstellen oder einleiten.

Nun bedenken wir Folgendes! In dem Prozess wurde nahezu das gesamte Völkerrecht, vor allem aber das Recht der Kriegsverhütung und das Kriegsrecht von scharfsinnigen Vertretern der vier siegreichen Großmächte ausführlich dargelegt. Die Haager Konventionen, das Besatzungsrecht, das Genfer Abkommen über die Kriegsgefangenen – was nur je die Wissenschaft erarbeitet, die Praxis geübt und die Regierungen ausdrücklich oder stillschweigend anerkannt hatten, einschließlich des Statuts, wurde dem Gerichtshof als geltendes Recht, als Ausdruck allgemeiner Rechtsüberzeugung, als Verwirklichung der Gerechtigkeit unterbreitet, und er wurde beschworen, dieses Recht anzuwenden, auch wenn es in der Vergangenheit kein Beispiel für die Anwendung gebe, weil sonst die Völkergemeinschaft zugrunde gehen müsse!

Und der Gerichtshof, errichtet von den gleichen vier Großmächten, besetzt mit hervorragenden Männern aus den vier Nationen, hat bestätigt, dass diese Normen die allgemeine Rechtsüberzeugung enthalten und allgemein verpflichtend sind!

So verkünden Prozess und Urteil feierlich den Vorrang des Rechtes über die Macht. Dieses Bekenntnis zu einem alle umfassenden Recht, kann nicht auf den Einzelfall beschränkt bleiben, sondern muss alle Staaten, auch wenn sie keine ausdrückliche juristische Verpflichtung auf sich genommen haben, moralisch binden. Neunzehn Staaten sind dem Londoner Abkommen beigetreten und die Ankläger haben selbst erklärt, dass das von ihnen dargelegte Recht [Jackson, II, 169] „die Weisheit, das Gerechtigkeitsgefühl und den Willen von 23 Regierungen, einer überwältigenden Mehrheit aller zivilisierten Länder, vertritt."

Dieses Recht gilt immer und überall und für jeden, es gilt für Sieger und Besiegte. Denn Sieg und Niederlage können niemals ein Moratorium für Recht und Gerechtigkeit begründen.

Vergessen wir auch nicht, dass die Zukunft wichtiger ist als die Vergangenheit! In dieser Erkenntnis dürfen wir den Nürnberger Prozess begrüßen als einen Richtungsweiser für die weitere Entwicklung des Völkerrechts. Ein demokratisches Deutschland wird diese Entwicklung mit allen Kräften fördern.

Auch wir betrachten es als einen gewaltigen Fortschritt des Völkerrechts, wenn künftig ohne Ansehen des Staates und der Person immer und überall der Angriffskrieg als internationales Verbrechen geahndet wird und wenn die verantwortlichen Staatsmänner persönlich zur Rechenschaft gezogen werden.

Wir halten es für Recht, wenn künftig Mord, Misshandlung von Angehörigen der Zivilbevölkerung in besetzten Gebieten oder ihre Deportation zur Sklavenarbeit, ihre Ausweisung aus ihren Heimstätten, die Wegnahme ihres Eigentums, wenn Plünderung öffentlichen oder privaten Eigentums, wenn Verfolgung aus politischen, rassischen oder religiösen Gründen ohne Ansehen der Person völkerrechtlich bestraft wird.

Wir stimmen der Feststellung zu, dass es als strafbares Verbrechen gelten muss, wenn die Bevölkerung eines besetzten Gebietes an Unterernährung und an Mangel an Heizmaterial dahinsiecht, wenn Kriegsgefangene misshandelt und entgegen den internationalen Abkommen und dem völkerrechtlichen Gewohnheitsrecht zur Sklavenarbeit deportiert werden.

Unter dieses Recht gebeugt, auf dieses Recht gestützt, wollen wir dem Frieden und der Versöhnung dienen, wenn es uns endlich wieder vergönnt sein wird, an unserem bescheidenen Teil an der Gestaltung der Völkerbeziehungen mitzuwirken.

Meine Herren!

Die Bände des amtlichen Aktenwerks über den Prozess zeigen auf dem Umschlag eine Hand, die über den Erdkreis die Waage der Gerechtigkeit hält. Auf dem Bilde schweben ihre goldenen Schalen in ruhigem Gleichgewicht. In der Wirklichkeit unserer Welt aber taumeln sie jäh auf und ab, und oft will es scheinen, als sinke die Schale des Unrechts, immer lastender beschwert. Töricht wäre es, sich darüber zu freuen und sie mit Hass und Rache noch tiefer hinabzudrücken.

Nein, *wir* wollen nur mithelfen, die Schale des Rechts gewichtig zu füllen. Wir wollen in die Schale des Rechts als Sühne für begangene Verbrechen, auch wenn wir sie nicht gewollt oder vollbracht, ja nicht einmal gewusst haben, die Strafe der Verbrecher legen, die aus unserem Volke kamen, aber auch das Dulden unserer Kriegsgefangenen, das Heimweh der Mütter und Frauen, die Tränen der Heimatvertriebenen. Wir wollen hineinlegen unser Verlangen nach Gerechtigkeit und unseren ehrlichen Willen zur Mitarbeit am Wiederaufbau der Völkergemeinschaft, damit endlich das Recht zur Herrschaft komme und auch in der Welt der Wirklichkeit die Waage der Gerechtigkeit in ruhigem Gleichgewicht über der ganzen Menschheit schwebe.

5. Vortrag von Charles M. La Follette, Direktor der Militärregierung für das Land Württemberg-Baden:

Das Verfahren gegen die nationalsozialistischen Juristen.

Der Nürnberger Prozess gegen die Angehörigen des RJMin. und die Richter des Volksgerichtshofes und der Sondergerichte in Nürnberg und Stuttgart aufgrund einer Anklage wegen Kriegsverbrechen und Verbrechen gegen die Menschlichkeit ist für alle Juristen außerordentlich interessant. Es war meine Aufgabe, die Anklage in diesem Falle zu vertreten. Ihre Einladung, den Fall hier zu erörtern, hat mich sehr geehrt. Es ist klar, dass dieser Fall von mir in der verhältnismäßig kurzen Zeit, die mir hier zur Verfügung steht, nicht so eingehend besprochen werden kann wie es nötig wäre, um eine so ins Einzelne gehende Darstellung zu geben, wie wir Juristen sie aufgrund unserer Ausbildung und unserer Erfahrung zu verlangen gewohnt sind; denn die Verhandlungen in diesem Falle begannen am 5.3.1947 und endeten mit der Urteilsverkündung am 4.12.1947; das Verfahren richtete sich gegen fünfzehn Angeklagte, unter denen sich ein stellv. RJM, zwei StS und fünf hohe Beamte dieses Ministeriums, der Oberreichsanwalt beim VGH, ein OStA bei diesem Gericht, zwei Richter am VGH und drei Vorsitzende von Sondergerichten befanden; im Laufe des Verfahrens wurden 138 Zeugen vernommen und 2093 Urkunden überreicht, darunter 1452 von den Angeklagten; zehn Angeklagte wurden verurteilt, einer davon nur wegen Zugehörigkeit zu einer verbrecherischen Organisation; vier Angeklagte wurden freigesprochen, und das Verfahren gegen einen Angeklagten wurde wegen Krankheit von unabsehbarer Dauer unterbrochen. Die Verlesung des 330 Seiten langen Urteils dauerte zwei Tage. Weil es, wie gesagt, aus diesem Grunde unmöglich ist, den Fall mit der gewünschten Ausführlichkeit zu erörtern, werde ich mich bemühen, durchweg eine knappe und geordnete Darstellung der erheblichen Tatsachen zu geben, so schwierig das auch ist. Wenn mir das gelingt, dann werden Sie wenigstens in den Grundzügen einen Überblick über die Fragen erhalten, die aufgetaucht und entschieden worden sind.

Nach meiner Überzeugung ist nicht nur das materielle Völkerrecht durch dieses Verfahren wirklich bereichert, sondern auch wertvolles Material gewonnen worden, aus dem wir Juristen und die Laien der ganzen Welt eine Menge lernen können. Daher glaube ich, dass die anstrengende Arbeit, der ich mich unterzog, nicht vergeblich war, und ich meine damit nicht die verhängten Strafen – denn ich dürste nicht nach dem Blut irgendeines Menschen, und es macht mir kein Vergnügen, ihn eingesperrt zu sehen –, sondern ich meine das Siegel der Billigung, das durch Richterspruch den Leitsätzen für das Verhalten aller Menschen aufgedrückt worden ist, Leitsätzen, auf die die Menschheit in Zukunft wieder blicken kann, wenn es sich darum handelt, Maßstäbe zu finden, die das friedliche Zusammenleben der Menschen möglich machen. Wenn aber diese positiven Ergebnisse, die ich für wertvoll halte, auch von dem Mann auf der Straße geschätzt und geachtet werden sollen, dann darf man nicht zulassen, dass sie in seinen Augen durch Leute entwertet werden, die aus Gedankenlosigkeit oder mit Vorbedacht in einer Weise zu ihnen Stellung nehmen, die nur ihre Entwertung zur Folge haben kann. Daraus folgt auch, dass sogar Männer wie Sie, erfahrene Juristen, die das Gute wollen, vorübergehend irregeführt werden können, wenn eine derartige Stellungnahme nicht sofort frontal angegriffen wird.

Wenn Sie Misstrauen gegen die Unparteilichkeit des Verfahrens hegen sollten, dann würden Sie die wichtigen Prinzipien des Völkerrechts unterschätzen, die in diesem Falle verkündet und angewandt worden sind. Daher muss ich jetzt von meinem Thema abschweifen. Die öffentlichen Angriffe gegen das Verfahren können in drei Gruppen geteilt werden, 1. dass es kein Kampf mit gleichen Waffen sei, das heißt, dass die Angeklagten in ihrer Verteidigung beschränkt gewesen seien, 2. dass in anderen Verfahren – nicht in den Nürnberger Prozessen – körperlicher Zwang zur Erlangung von Beweismaterial ausgeübt worden sei, 3. dass es ungerecht sei, Deutsche wegen gewisser Verbrechen vor Gericht zu stellen, die auch von Angehörigen anderer Nationen begangen worden sind und noch begangen werden.

Wir wollen zunächst einige statistische Angaben über das in den Nürnberger Prozessen vorgetragene Beweismaterial betrachten. Vor dem Internationalen Militärtribunal sind 33 Zeugen für die Anklagebehörde erschienen, dagegen, außer den Angeklagten selbst, 61 für die Verteidigung. Weitere 143 Personen haben für die Angeklagten eidesstattliche Erklärungen abgegeben oder Fragebogen beantwortet. Zum Fragenkomplex „Verbrecherische Organisationen“ sind 101 Zeugen vernommen und 1809 eidesstattliche Erklärungen eingereicht worden. Außerdem wurden bei der Kommission sechs Berichte eingereicht, in denen der Inhalt von 418.000 eidesstattlichen Erklärungen zugunsten der Angeklagten verarbeitet war.

In den auf das Internationale Militärtribunal folgenden Nürnberger Prozessen sollte man die Zahl der für die Anklagebehörde eingereichten eidesstattlichen Erklärungen mit denen zugunsten der Angeklagten vergleichen und die Anzahl der eidesstattlichen Erklärungen beachten, die nicht angezweifelt worden sind. Im Ärztefall zum Beispiel hat die Anklagebehörde 49 eidesstattliche Erklärungen eingereicht, die Verteidigung dagegen 535. Die Anklagebehörde hat nur 13 Verfasser von durch die Verteidigung eingereichten Erklärungen ins Kreuzverhör genommen, die Verteidigung gar nur drei, die Erklärungen für die Anklage abgegeben hatten. Nur 16 von insgesamt 584 Erklärungen sind daher angezweifelt worden.

Im Fall *Milch* haben Anklagebehörde und Verteidigung je 13 eidesstattliche Erklärungen eingereicht, von denen die Verteidigung acht angezweifelt hat und die Anklagebehörde keine einzige. Im Ganzen wurden angegriffen acht von 26.

Im Fall *Pohl* hat die Anklagebehörde 58, die Verteidigung 116 eidesstattliche Erklärungen überreicht, die Verteidigung hat fünf, die Anklagebehörde 16 Verfasser ins Kreuzverhör genommen. Im Ganzen wurden angegriffen 21 von insgesamt 476.

Im Fall *Flick* hat die Anklagebehörde 58, die Verteidigung 445 eidesstattliche Erklärungen überreicht; die Verteidigung hat einen Verfasser ins Kreuzverhör genommen, die Anklagebehörde zwei. Im Ganzen wurden angegriffen: 3 von insgesamt 503.

Im sog. *Südost-Fall* hat die Anklagebehörde acht eidesstattliche Versicherungen eingereicht und die Verteidigung 666. Die Anklagebehörde hat sechs Verfasser von Versicherungen für die Verteidigung ins Kreuzverhör genommen, die Verteidigung drei Verfasser von Versicherungen für die Anklage. Von insgesamt 674 eidesstattlichen Versicherungen sind neun Verfasser ins Kreuzverhör genommen worden.

Im *Einsatzgruppen-Fall* hat die Anklagebehörde neun eidesstattliche Versicherungen überreicht; die Verteidigung hat keinen der Verfasser ins Kreuzverhör genommen. Nur drei Verfasser sind von der Anklagebehörde ins Kreuzverhör genommen worden bei einer Gesamtzahl von 505 eidesstattlichen Versicherungen für die Verteidigung. Insgesamt sind angegriffen worden: drei von 514 überreichten eidesstattlichen Versicherungen.

Im *Juristenprozess* hat die Anklagebehörde 76 eidesstattliche Versicherungen überreicht; 64 Verfasser solcher Versicherungen sind von der Verteidigung ins Kreuzverhör genommen worden. Bei einer Verteidigung hat die Anklagebehörde nur drei solcher Verfasser solcher Versicherungen ins Kreuzverhör genommen.

Insgesamt ist bei einer Gesamtzahl von 594 Versicherungen die Glaubwürdigkeit von 67 Verfassern von eidesstattlichen Versicherungen in Zweifel gezogen worden.

Prozentual bedeutet das, dass von insgesamt 3371 eidesstattlichen Versicherungen, die in den erwähnten sieben Verfahren überreicht worden sind, insgesamt weniger als 3,5 % von Anklagebehörde und Verteidigung angezweifelt worden sind. Auf der anderen Seite weise ich ganz besonders auf die Tatsache hin, dass beinahe 85 % der Verfasser von eidesstattlichen Versicherungen, die im Juristenprozess von der Anklagebehörde überreicht worden sind, durch die Verteidigung ins Kreuzverhör genommen worden sind. Kann man da anständigerweise sagen, dass die Angeklagten im Juristenprozess der Möglichkeit beraubt waren, gemäß der englisch-amerikanischen Tradition den Personen gegenübergestellt zu werden, die Anklagen gegen sie erhoben hatten? Aus dem Urteil im Juristenprozess zitiere ich Folgendes: „Abschriften der von der Anklagebehörde angebotenen Beweisstücke wurden den Angeklagten in deutscher Sprache vor dem Termin zur Verfügung gestellt, an dem die Annahme des Dokuments als Beweisstück stattfand. Der Gerichtshof hat die mündliche Bekundung von 138 Zeugen angehört. Weiter hat er 641 Beweisstücke der Anklagebehörde und 1452 der Verteidigung entgegengenommen, von denen viele eine beträchtliche Länge aufwiesen. Einige eidesstattliche Erklärungen wurden seitens der Anklagebehörde eingereicht, doch waren sie gering an Zahl im Vergleich zu den Hunderten, die seitens der Verteidigung eingereicht wurden."

„Wenn möglich, und dies traf in praktisch allen Fällen zu, wurde dem Ansuchen von Verteidigung auf Vorführung jener Personen stattgegeben, die zur Unterstützung der Anklage eidesstattliche Erklärung ausgestellt hatten, in öffentlicher Gerichtssitzung, und diese Aussteller eidesstattlicher Erklärungen sind zum Kreuzverhör erschienen. Aussteller eidesstattlicher Erklärungen für die Verteidigung wurden in verhältnismäßig wenigen Fällen von der Anklagebehörde in mündliches Kreuzverhör genommen."

Dass den Rechten der Angeklagten weitgehend Rechnung getragen worden ist, ergibt sich auch daraus, dass sie ihre Verteidiger frei wählen konnten und dass diesen Verteidigern weitgehendes Entgegenkommen gezeigt wurde. Drei Anträge auf Beiordnung amerikanischer Anwälte wurden gestellt, zweien dieser Anträge ist stattgegeben worden, der dritte wurde aus Gründen zurückgewiesen, die objektiven Juristen als einwandfrei einleuchten. Soweit es sich um deutsche Rechtsanwälte handelte, sind keine Einschränkungen gemacht worden, nicht einmal solche, die mit den gegenwärtigen vor deutschen Gerichten geltenden Bestimmungen vergleichbar wären. Wie eine in Nürnberg für den 5.3.1948 durchgeführte Prüfung ergeben hat, sind von 179 deutschen Verteidigern, die bis dahin aufgetreten waren, 111 Mitglieder der NSDAP und zehn Angehörige der SS gewesen. Diese Ziffern müssen auch die schärfsten nationalsozialistisch eingestellten Kritiker der Nürnberger Prozesse zufrieden stellen. Die deutschen Anwälte erhalten eine Verpflegung mit einem höheren Kaloriengehalt als die des amerikanischen Soldaten; ihnen stehen amerikanische Transportmittel in Form von Eisenbahn, Kraftwagen und Flugzeug zur Verfügung, und für ihre Privatwagen erhalten sie amerikanisches Benzin. Weiterhin betrug die Höchstzahl amerikanischer Juristen in einem bestimmten Zeitpunkt nur 75, die Höchstzahl der Verteidiger dagegen 191. Schließlich konnte, wie das Tribunal im Juristenprozess ausgeführt hat, die Verurteilung fast in jedem einzelnen Fall auf schriftliche öffentliche Urkunden oder auf private Aufzeichnungen der Angeklagten selbst oder solcher Organisationen gestützt werden, in denen die Angeklagten entweder selbst tätig waren, oder jedenfalls die Richtung maßgeblich bestimmten.

Das ist keinesfalls eine vollständige Aufzählung der Tatsachen. Und diesen Tatsachen gegenüber stützen sich die Leute, die die Verfahren in Misskredit bringen wollen, auf die Erklärung eines einzigen amerikanischen Richters von ungefähr 53, die an den nach Abschluss des Prozesses vor dem Internationalen Militärtribunal durchgeführten Verfahren teilgenommen haben. Dieser Richter war Vorsitzender eines Dreimännergerichts in einem Fall, in dem von insgesamt elf Angeklagten zwei zu lebenslänglicher Freiheitsentziehung, zwei zu zwanzig Jahren, einer zu fünfzehn Jahren, einer zu zwölf Jahren, einer zu zehn Jahren und einer zu sieben Jahren verurteilt worden waren. Als Vorsitzender hatte er die Pflicht und die Möglichkeit, das Verfahren mit dem Vorbehalt der Wiederaufnahme zu unterbrechen, wenn er es nicht für unparteiisch hielt und einer der Beisitzer ihm beistimmte; falls er überstimmt wurde, konnte er sein Amt niederlegen und die weitere Mitwirkung an diesem Falle ablehnen. Stattdessen hat er das Urteil unterzeichnet, durch das acht Männer auf die oben angegebenen Zeiten ins Gefängnis geschickt wurden.

Unter den Angeklagten in dem Falle, in dem ich die Anklage vertrat, befanden sich ausgezeichnete nationalsozialistische Juristen. Zwei Richter am VGH haben es vorgezogen, nicht als Zeugen in eigener Sache aufzutreten, und beide sind freigesprochen worden. Drei Richter an Sondergerichten, *Rothaug, Öschey* und *Cuhorst,* sind als Zeugen in eigener Sache aufgetreten. Die beiden Erstgenannten erhielten Gefängnisstrafen auf Lebenszeit, der dritte aber ist freigesprochen worden. Nicht einer dieser nationalsozialistischen Richter hat selbst im eingehendsten Kreuzverhör jemals zugegeben, dass er einem Angeklagten unparteiisches Gehör verweigert und ihn dann mit lebenslänglicher Freiheitsentziehung bestraft habe.

Nach allgemeiner Lebenserfahrung tut kein Mensch so etwas. Denken Sie bitte einmal darüber nach – würde ein Mann die Hühner seines Nachbarn stehlen und dann auf den Marktplatz laufen, um seine Tat in alle Winde zu schreien? Würde ein Mann seine eigene Tochter vergewaltigen und dann ein Schriftstück zum Abdruck in seinem Stadtblatt aufsetzen, in dem er seine Untat schildert? Weil die Menschen normalerweise weder so dumm noch so gemein sind, würden wir ihnen nicht glauben, wenn sie so etwas täten; wir würden vielmehr annehmen, dass ihre Handlungen einen Versuch darstellen, aus Gründen, die für den normalen Menschen unverständlich sind, eine traurige Berühmtheit zu erlangen.

Ich vermag nicht zu glauben, dass irgendein amerikanischer Jurist seine Berufsehre soweit verletzen würde, dass er zwei Männer lebenslänglich und sechs weitere auf lange Jahre ins Gefängnis schickt – und des aufgrund einer Hauptverhandlung, die er selbst geleitet hat und selbst nicht für unparteiisch hält. Ich würde ihm daher keinen Glauben schenken, wenn er sagt, dass er so gehandelt habe. Ich würde zwar nicht wissen und auch nicht wissen wollen, warum er etwas derartiges sagt, würde aber unter Anwendung der Erfahrungssätze über Handlungen von normalen Menschen seine Worte nicht als glaubwürdiges Beweismaterial ansehen, aufgrund dessen man die Rechtsbeständigkeit der Nürnberger Prozesse verunglimpfen könnte. Die Gründe, aus denen andere den gegenteiligen Standpunkt einnehmen, will ich jetzt nicht erörtern. Ich bitte Sie aber, als vernünftige Menschen sorgfältig die Beweiskraft und Logik meines Standpunktes abzuwägen, bevor Sie selbst einer unglaubwürdigen Erklärung Glauben schenken.

Zweitens: Gegenwärtig werden in der Öffentlichkeit Gerüchte verbreitet, dass Angeschuldigte und Zeugen misshandelt worden seien, um auf diese Weise in den Dachauer Prozessen Verurteilungen zu erzielen. Natürlich müssen Verurteilungen aufgrund von Beweismaterial, das durch Zwang erpresst worden ist, wieder aufgehoben werden, wenn sie wirklich vorkommen, und wenn irgendjemand der Anwendung solcher Methoden überführt wird, dann muss und wird er bestraft werden. Aber die schuldige Achtung für die Würde und das Ansehen der Vereinigten Staaten würde anständige Leute daran verhindern, Gerüchte zu verbreiten, die auf eidesstattlichen Erklärungen nach Abschluss des Verfahrens beruhen, bevor die Regierung der Vereinigten Staaten entweder die Möglichkeit zur Anstellung von Ermittlungen gehabt oder den Gerüchtemachern erklärt hat, dass sie nicht daran denke, solche Ermittlungen einzuleiten. Der Regierung der Vereinigten Staaten ist von den Gerüchtemachern nicht die Möglichkeit zur Ermittlung gegeben worden, bevor diese zur Druckerpresse griffen, und daraus folgt, dass die Regierung die Einleitung von Ermittlungen nicht abgelehnt hat.

Wenn unter diesen Umständen solche Gerüchte öffentlich vorbereitet werden, dann muss das zur Folge haben, den Bestrebungen der Leute in Deutschland Nahrung zu geben, die heute wie früher Gedanken von rassischer Überlegenheit mit ihren Folgeerscheinungen, Rassenhass, Militarismus, Ausnutzung der Macht für Zwecke der Unterdrückung im Busen tragen; ihre Bestrebungen gehen dahin, aus den gemeinen Verbrechern, die in Nürnberg verurteilt worden sind, Märtyrer zu machen. Die freiheitlich gesinnten Deutschen, deren Vertreter hier versammelt sind, sind bestrebt, gerade diese Kräfte zu bekehren und eine erneute Machtergreifung vor dem Gelingen dieser Bekehrung zu verhindern. – Ich spreche hier nur über Folgen und überlasse es den Leuten, die dieses Unheil angerichtet haben, die Motive in ihrem eigenen Gewissen zu analysieren.

Wenn in Nürnberg die Beweisaufnahme einige ungeschickte Versuche der Einschüchterung durch Worte ergeben hat, so müssen wir als Juristen auch hier zunächst einmal die Beweisquelle betrachten. Vor allem müssen wir als Juristen feststellen erstens: ob tatsächlich Zwang vorliegt, und zweitens, wenn wir dies bejahen, ob das auf diese Weise erlangte Beweismaterial für die Verurteilung eines Angeklagten ursächlich war oder nicht. Verneinen wir dies, dann darf die geringe Achtung vor den juristischen Fähigkeiten eines StA, der so unklug handelte, unsere objektive Würdigung der in Nürnberg entwickelten Rechtssätze und der dort erzielten Ergebnisse nicht beeinflussen. Wir müssen noch mehr tun – wenn wir erst einmal von dem Wert der in Nürnberg erzielten Ergebnisse überzeugt sind, dann sind wir es nicht nur den Deutschen, sondern auch den Amerikanern schuldig, die Wirkung der Gerüchte zunichte zu machen, die diesen Wert herabgesetzt haben.

Noch ein dritter Einwand wird erhoben und allgemein verbreitet; man sollte niemals zulassen, dass dieser Einwand zu einer Kontroverse zwischen Männern führt, die behaupten, sie verstünden die ethischen Grundlagen, auf denen feste Gesellschaftsordnungen errichtet werden können. Dies ist der Einwand, dass anderswo, unter der Gerichtshoheit anderer Staaten, andere Menschen angeblich gleichartige Verbrechen begehen, aber nicht vor Gericht gestellt und verurteilt werden. Dieser Einwand lässt den Grundsatz völlig außer Acht, dass ein Unrecht nicht durch ein weiteres Unrecht in Recht verwandelt werden kann. Daraus folgt, dass niemand zu seiner Rechtfertigung anführen kann, eine andere, *unter den gleichen Gesetzen stehende* Person habe ein gleichartiges Verbrechen begangen. In noch geringerem Grade kann es zur Verteidigung eines Verbrechers oder als begründeter Vorwurf der Parteilichkeit oder der Feigheit gegen Richter oder Ankläger geltend gemacht werden, dass sie nicht Leute vor Gericht stellen, *über die sie keine Gerichtshoheit haben.* Weiter unten werde ich die juristisch ausgezeichnet begründete Antwort des Tribunals im Richter-Fall zitieren, es scheint mir aber besser, zur Widerlegung der hinterhältigen Kritik einfachere Beispiele zu wählen, die die Gerüchtemacher im Lande sicherlich verstehen werden.

Würde ein bayerisches Gericht den Einwand eines Mörders zulassen, dass in Thüringen jemand einen Mord begangen habe, aber nicht vor Gericht gestellt worden sei? Würden die Bayern noch irgendwelche Achtung vor ihren eigenen Richtern haben, wenn diese Richter einen Mörder mit einer solchen Begründung freisprechen? Noch zwingender aber ist folgende Fragestellung: Würde ein bayerisches Gericht den Vorwurf der Parteilichkeit und der Unterdrückung als gerechtfertigt ansehen, der darauf gestützt wird, dass das Gericht einen Mann, der innerhalb der Zuständigkeit dieses Gerichts einen Mord begangen hat, verurteilt hat, trotz der zur Verteidigung vorgetragenen Behauptung, dass die thüringischen Gerichte es abgelehnt hätten, einen Mann zu verurteilen, der in Thüringen einen Mord begangen hatte?

Würde irgendein deutscher protestantischer Bischof sich weigern, einen Pastor seines Glaubens disziplinarisch zu bestrafen, der Mitglieder seiner Gemeinde bestohlen hat, nur weil der Pastor zur Verteidigung behauptet, dass die Bischöfe der Anglikanischen Kirche, der amerikanischen Methodistenkirche, der römisch-katholischen Kirche in Frankreich oder der Orthodoxen Kirche in Russland ihre Priester oder Seelsorger für eine gleichartige Handlung nicht bestraft hätten? Würde die Gemeinde dieses deutschen protestantischen Bischofs noch Achtung vor ihm haben, wenn er eine derartige Verteidigung seines Pastors gelten ließe? Und schließlich, würde ein protestantischer Bischof in Deutschland, der einen seiner Pastoren wegen Diebstahls an seinen Gemeindemitgliedern disziplinarisch bestraft hat, annehmen, dass er gerecht, anständig und würdig behandelt werde, wenn er wegen dieser Bestrafung mit der Begründung angegriffen wird, dass die Bischöfe der Anglikanischen Kirche, der amerikanischen Methodisten-Kirche, der römisch-katholischen Kirche in Frankreich oder der russischen orthodoxen Kirche ihre Priester und Seelsorger wegen des Diebstahls an Gemeindemitgliedern nicht bestraft hätten?

Ich möchte annehmen, dass die Antwort auf alle sechs Fragen verneinend ausfallen muss.

Ebenso ist es im Recht. Gegen die Gültigkeit eines von allen zivilisierten Völkern anerkannten Rechtssatzes kann nicht vorgebracht werden, dass er in manchen Gegenden nicht durchgesetzt wird, obwohl er dort als wirksam anerkannt wird. Eine solche Tatsache, wenn sie überhaupt wahr ist, kann vor einem Gericht, das den Rechtssatz durchzusetzen bereit ist, nicht zur Verteidigung des der Verletzung dieses Rechtssatzes beschuldigten Täters dienen; es ist auch nicht angängig, ein Gericht deswegen zu verunglimpfen, weil es einen Rechtssatz innerhalb seiner Zuständigkeit durchsetzt, und die herabsetzende Kritik damit zu begründen, dass anderswo kein Gericht besteht, das den Rechtssatz durchsetzen konnte, oder dass ein anderes Gericht im Bezirk einer anderen Gerichtshoheit die Durchsetzung verweigert habe.

Und jetzt zitiere ich aus dem Urteil im Juristenprozess: „Diese Universalität und höchste Geltung des Völkerrechts beinhaltet nicht unbedingt auch die Universalität seiner Erzwingbarkeit. Was die Bestrafung von Personen betrifft, die sich gegen Kriegsrecht und Kriegsbrauch (Kriegsverbrechen im engeren Sinne) vergangen haben, so wurde immer anerkannt, dass der Staat, in dessen Hände die Verbrecher fallen, Gerichtshöfe zu ihrer Aburteilung und Bestrafung einrichten kann. Diese Regeln des Völkerrechts wurden als elementar anerkannt und die Zuständigkeit der geschädigten kriegführenden Regierung, sie zu erzwingen, sei es innerhalb der Staatsgrenzen oder im besetzten Gebiet, ist unbestritten (Ex parte uirin, supra: In re: Yamashite, 90 L. od. 343). Die Erzwingung des Völkerrechts ist jedoch traditionellerweise praktischen Begrenzungen unterworfen."

„Auf diese Weise blieben die Doktrinen der Staatshoheit trotz der obersten Geltung der materiellen Bestimmungen des Gemeinen Völkerrechts durch die Kontrolle über den Erzwingungsapparat gewahrt. Es muss zugegeben werden, dass die Deutschen nicht die Einzigen waren, die sich der Begehen von Kriegsverbrechen schuldig gemacht haben; andere Völkerrechtsverbrecher konnten sicherlich von dem Staate, dessen Bürger sie sind, vor Gericht gestellt und bestraft werden, ferner durch den geschädigten Staat, wenn er imstande ist, die Zuständigkeit über ihre Person zu erlangen, und schließlich durch einen Internationalen Gerichtshof, *falls er zur Rechtsprechung befugt und zuständig ist.*

In Anwendung dieser Grundsätze ist offenbar die Befugnis, Völkerrechtsverbrecher in Deutschland zu bestrafen, nicht ausschließlich von der Erlassung materieller Strafrechtsregeln abhängig, die nur in Deutschland in Geltung stehen. *Auch ist die scheinbare Straffreiheit von Verbrechern auf dem Gebiete anderer Staaten nicht darin begründet, dass dort die Regeln des Völkerrechts fehlen, welche wir hier zur Durchführung bringen.* Nur wenn man die außerordentliche und zeitgebundene Lage in Deutschland bedenkt, kann das Verfahren hier mit den anerkannten Grundsätzen der Staatshoheit in Einklang gebracht werden. In Deutschland hat eine internationale Körperschaft (der Kontrollrat) die Befugnis übernommen und ausgeübt, den Justizapparat zur Bestrafung derer einzurichten, welche die Bestimmungen des Gemeinen Völkerrechts verletzt haben, – eine Befugnis, welche keine internationale Behörde im Gebiete eines Staates, der eine einheimische, ihre Hoheitsrechte tatsächlich ausübende Regierung besitzt, ohne Zustimmung übernehmen und ausüben könnte."

Diese vorstehenden Darlegungen sollten nicht nur die Juristen, sondern auch diejenigen Laien zufrieden stellen, die ehrliche Bedenken gegen die rechtlich einwandfreie Anwendung des Völkerrechts in den Nürnberger Prozessen und gegen die dieser Anwendung zugrunde liegenden rechtlichen Erwägungen haben. Sie werden *die* Leute nicht überzeugen, die die Nürnberger Prozesse aus Bösartigkeit angreifen, sollten aber diejenigen unter uns, die den von jenen Leuten angerichteten Schaden wiedergutmachen wollen, mit Material versehen, das sich auf Recht, Logik und allgemeine Sittengesetze stützt.

Es wird allen anständigen Menschen klar sein, dass der letzte der von mir aufgezählten Einwände nichts mit der Beschuldigung zu tun hat, dass die Tribunale Gerichte der Sieger seien und ihre Urteilssprüche daher nicht unparteiisch gefällt würden. Der Vorwurf der Parteilichkeit ist schon früher erhoben und widerlegt worden. Lassen Sie mich noch Folgendes hinzufügen: Wer behauptet, dass zurzeit in Gegenden unter anderer Gerichtshoheit Verbrechen nicht ebenfalls vor Gericht gestellt werden, beschwert sich im Grunde darüber, dass die gegenwärtigen Zustände in der Gemeinschaft der Völker noch nicht ein dauerndes zwischenstaatliches Gericht möglich gemacht haben, vor dem die Bestimmungen des Völkerrechts gegen jeden zur Anwendung gebracht werden können, der das Völkerrecht verletzt.

Es gibt zwei Arten von Menschen, solche, die nur zersetzende Kritik üben, und solche, die positiv mitarbeiten wollen, um theoretische Unzulänglichkeiten eines Rechtssystems zu beseitigen. Die Errichtung solch eines Gerichts durch die Völker der *Vereinten Nationen* ist der nächste Schritt, der zur Entwicklung einer überstaatlichen Gemeinschaft dringend erforderlich ist, in der die Völker der Erde hoffen können, von der blutigen Geißel des Krieges verschont zu bleiben. Der Maßstab, nach dem man die Aufrichtigkeit eines Kritikers messen kann, ist die Fragestellung: Was hat er getan, um die Schaffung eines solchen Gerichts mit Wort und Tat zu fördern? Hans Kelsen hat schon vor der Schaffung der *Vereinten Nationen* einen ausgezeichneten Plan für die Errichtung eines solchen Gerichts vorgelegt.

Obwohl einige unter uns sich bemüht haben, den Plan bei der Schaffung der *Vereinten Nationen* zur Beratung zu stellen, ist er doch nicht ernsthaft erörtert worden. Ein Misserfolg ist aber keine Entschuldigung für die Aufgabe aller weiteren Bemühungen. Diese positive Stellungnahme zum Problem der Abschaffung des Krieges ist in Wahrheit der Wesenskern des Christentums. Hierdurch unterscheidet es sich von allen anderen Glaubenslehren. Christi wahre Schüler verstehen das, denn nicht umsonst steht geschrieben: „Ihr sollt nicht nur das Wort hören, sondern nach ihm handeln" (Jak. 1:22). Die Wahrheit dieses Wortes ist von den Vertretern der Anklage im Juristenprozess voll erkannt worden. Am Ende der Eröffnungsrede haben wir eine Erklärung abgegeben, zu der ich mich noch heute bekenne und für den Rest meines Lebens bekennen werde. – „Deshalb ist dieser Fall, obwohl die Anklage im Namen der Regierung der Vereinigten Staaten von Amerika erhoben wird, im Grunde die Sache der Völker der Welt gegen diese Männer, die verbrecherische Taten gegen die Gemeinschaft, die wir als die Welt kennen, begangen haben. Denn nur wenige Orte auf dieser Erde sind so abgelegen, dass sie nicht bis zu einem gewissen Grade die zersetzende, wenn nicht zerstörerische Wucht der Verbrechen dieser Männer verspürten, oder jener anderer, deren sie dienten und mit deren Taten sie verbrecherisch verbunden waren. Wenn daher nicht alle Länder der Welt einen ständigen Kampf führen, um dem moralischen Gewissen der Welt, wie es hier bekräftigt worden ist, nachzuleben, so wird das Resultat ein zynisches Deutschland und eine teilnahmslose, amoralische Welt sein, die ohne Ziel dahintreibt, weil sich bei keinem Volk eine Haltung finden, die mit den Grundgesetzen eines moralischen Verhaltens, wie sie hier verkündet worden, übereinstimmt. Die wahre Bedeutung dieses Verfahrens geht daher weit über die bloße Frage von Schuld oder Unschuld der Angeklagten hinaus. Dieser Prozess wendet sich an die Moralbegriffe der zivilisierten Welt und legt daher den Völkern der Welt die Verpflichtung auf, die hier angewandten Normen als Maßstab anzuerkennen."

„Die Vereinigten Staaten können sich dem Ruf dieser Verantwortung nicht entziehen. Wir können in Nürnberg nur einen Bruchteil davon in die Tat umsetzen. Aber Nürnberg muss zum Symbol werden nicht der Rache oder der satten Selbstgefälligkeit, sondern des Friedens und Verständnisses unter den Nationen und Völkern. Das den Angeklagten in diesem und anderen Prozessen in Nürnberg zur Last gelegte Verbrechen liegt in der Zerstörung der Grundlagen des Friedens und der Verleugnung des Bestandes jeder Menschlichkeit. Durch die Verhandlung dieser Anklagepunkte nach Recht und Gesetz in dem Bestreben, die Wahrheit zu ergründen, wird Nürnberg in vollem Maße seine Rechtfertigung finden."

Der Prüfstein für die Unparteilichkeit der Nürnberger Prozesse ist nicht die Staatsangehörigkeit der Beteiligten. Im Gegenteil: Es ist das Verständnis der Anklagevertreter und Richter für die Tatsache, dass sie ihre Unparteilichkeit praktisch beweisen müssen, da es ja die theoretische Unparteilichkeit aufgrund gleicher Staatsbürgerschaft nicht geben konnte. Wir haben gezeigt, in welchem Sinne die Anklagevertretung an ihre Aufgabe herangegangen ist. Wie unparteiisch das Gericht die Rechtsfragen und damit die Angeklagten behandelt hat, zeigt das folgende Zitat aus dem Urteil im Juristenprozess:

„Wir wenden uns der Betrachtung und Einteilung des Beweismaterials zu. Die Anklagebehörde hat eine große Zahl erbeuteter Dokumente vorgelegt, die den drakonischen Charakter der Nazi-Strafgesetze aufzeigen und beweisen, dass in Tausenden Fällen die Todesstrafe von Gerichten verhängt wurde. Fälle, in denen diese höchste Strafe verhängt wurde, dürften im Großen und Ganzen in die folgenden Gruppen zerfallen:

1. Prozess gegen erwiesene Gewohnheitsverbrecher;

2. Fälle von Plünderung in den zerstörten Gebieten Deutschlands, die nach Luftangriffen und unter dem Schutze der Verdunklung begangen wurden;

3. Kriegswirtschaftsverbrechen – gegen die Rationierung, Hortung und dergleichen;

4. Verbrechen der Wehrkraftzersetzung; zersetzende Äußerungen, Kritik an Hitler und dergleichen;

5. Verbrechen des Landes- und Hochverrats;

6. Verbrechen verschiedener Art, soweit sie von Polen, Juden und anderen Ausländern begangen wurden;

7. Verbrechen, die unter das „Nacht und Nebel"-Programm und ähnliche Verfahrensarten fielen.

Zunächst sollen nun die ersten vier Gruppen, wie sie oben aufgeführt sind, betrachtet werden. Der Gerichtshof ist sich sehr wohl der Gefahr bewusst, in das Urteil seine eigenen sittlichen Überzeugungen oder wenigstens jene des angloamerikanischen Rechtsdenkens als Recht einzuschließen. Das werden wir nicht tun. Wohl dürfen wir – und wir tun es auch – die drakonischen Gesetze verdammen und unsere Abscheu ausdrücken gegenüber den Beschränkungen, die seitens des Nazi-Regimes der Rede- und Handlungsfreiheit auferlegt worden sind; aber noch bleibt die Frage unbeantwortet: Stellen jene drakonischen Gesetze oder die unter ihnen gefällten Entscheidungen Kriegsverbrechen der Verbrechen gegen die Menschlichkeit dar?

Das Gericht hat dann die ersten vier Gruppen mit der Begründung ausgeschieden, dass sie nicht unter das Völkerrecht fallen. Die Unparteilichkeit, über die ich hier spreche, zeigt sich in zwei weiteren Stellen der Urteilsbegründung, die sich mit der Ausscheidung der vierten Gruppe der oben aufgezählten Verbrechen wegen Unzuständigkeit des Gerichts beschäftigen: „Probleme von weit größerer Schwierigkeit ergeben sich, wenn wir die Fälle betrachten, die Bestrafung wegen Wehrkraftzersetzung nach sich zogen. Die Beschränkungen der Redefreiheit, die bei der Anwendung dieser Gesetze auferlegt worden sind, sind für unser Rechtsempfinden empörend. Ein Gerichtshof unter einer freien Verfassung – einschließlich der der Weimarer Republik – würde nicht zögern, sie zu verurteilen, wenn diese Beschränkung in Friedenszeiten angewendet würden, aber selbst unter dem Schutz der Verfassung der Vereinigten Staaten steht es einem Staatsbürger nicht vollkommen frei, die Regierung anzugreifen oder sich in ihre militärischen Ziele einzumischen. Angesichts einer wirklichen und akuten Gefahr kann selbst in Amerika die Redefreiheit etwas eingeschränkt werden. Können wir dann sagen, dass mitten im Wüten des totalen Krieges und im Angesicht unmittelbar drohenden Unheils die Beamten, die diese barbarischen Gesetze in einem letzten verzweifelten Bemühen, die Niederlage hinzuhalten, anwandten, sich Verbrechen gegen die Menschlichkeit schuldig machten?"

Wir wollen nunmehr auch diejenigen Erwägungen zitieren, aus welchen das Gericht seine Zuständigkeit für Fälle der vierten Kategorie verneint hat. „Da wir offensichtlich die Pflicht haben, uns auf dem erst neuerdings in klareren Linien geregelten Gebiet der intern nationalen Angelegenheiten vorsichtig zu bewegen, kommen wir zu dem Schluss, dass die innerstaatlichen Gesetze und Urteile in Deutschland, die die Redefreiheit in der Ausnahmezeit des Krieges beschränkten, nicht dadurch als Verbrechen gegen die Menschlichkeit verurteilt werden können, dass wir uns bloß auf die Lehre vom Angriffskrieg berufen. All die Gesetze, die wir anführten, konnten in diskriminierender Art angewandt werden und wurden es auch, und in vielen Fällen haben der Justizminister und die Gerichte sie in willkürlicher und brutaler Weise angewandt, die das Menschheitsgewissen empört und die hier strafbar ist. *Nur halten wir dafür, dass wir angesichts der besonderen Sachlage dieses Prozesses keinen Angeklagten allein deswegen ohne weiteres verurteilen können, weil Gesetze der ersten vier Gruppen erlassen oder angewandt wurden.*"

Widerlegung des Zitats

Zur endgültigen Widerlegung der rein propagandistischen, bösartigen, aber zurzeit in Deutschland vorsätzlich in weite Kreise hineingetragenen Behauptung, „die Nürnberger Prozesse gegen die bedauernswerten und unglücklichen Nazis" – Männer, die ihrerseits ohne die leiseste moralische Rechtfertigung und ohne jede Spur eines unparteiischen Gerichtsverfahrens Millionen von Menschen gemordet haben – „seien eine Verfolgungsmaßnahme seitens der Sieger", will ich nunmehr das Prozessergebnis als solches sprechen lassen. Fünfzehn Angeklagte waren auf der Anklagebank. Nur neun von ihnen wurden verurteilt. Gegen keinen einzigen wurde auf die Todesstrafe erkannt. Vier erhielten Gefängnis auf Lebenszeit, nämlich *Schlegelberger, Klemm, Rothaug* und *Oeschey*. Sechs Angeklagte erhielten Gefängnisstrafen von begrenzter Dauer, nämlich *Rothenberger, Lautz, Mettgenberg, von Ammon, Joel* und *Altstötter*. Allen diesen wurde die Haftzeit bis zum Urteil auf die Strafe angerechnet. In einem Falle – dem Falle des Angeklagten *Engert* – wurde das Verfahren – vorbehaltlich eines späteren neuen Verfahrens – wegen Krankheit abgebrochen, und dieser Angeklagte ist zurzeit nicht in Haft. (Es kann einwandfrei gesagt werden, dass seine Schuld im Augenblick der Verfahrensunterbrechung durch deutsche Beweisurkunden sowie durch die Bekundungen eines katholischen Geistlichen und einer Anzahl von deutschen Laien bereits erwiesen war.) Vier Angeklagte wurden freigesprochen, nämlich *Barnickel,* ein OStA am VGH, *Nebelung* und *Petersen,* beide Richter am VGH, und *Cuhorst,* Richter am Sondergericht Stuttgart. Das Urteil ist von deutscher noch mehr als von amerikanischer Seite als zu milde angegriffen worden. Es kommt hinzu, dass die Anklagebehörde in keinem Stadium des Prozesses Anträge hinsichtlich des Strafmaßes gestellt hat. Ebenso wenig hat die StA nach Erlass des Urteils jemals irgendeine Kritik an den im Einzelfalle ergangenen Verurteilungen oder Freisprüchen geäußert.

Der Vorwurf, die Grundsätze des Völkerrechts seien nicht in unparteiischer Weise angewendet worden, es seien Zeugen unter Druck gesetzt worden, um eine Verurteilung zu erzielen, man habe die Verteidigung in ihren Rechten beschränkt, und die rohen amerikanischen Sieger hätten die bedauernswerten, harmlosen, lauteren, herzensguten Nazis durch gehässige Ankläger und durch brutale, voreingenommene blutdürstige Richter verfolgt, ist nichts als eine Lüge, die objektiver Beurteilung nicht standhalten kann.

Die fortgesetzte Erhebung, Verbreitung, Veröffentlichung und Nachbetung derartiger Vorwürfe von amerikanischer, deutscher oder anderer Seite ist ein ernstliches Hindernis für die Entwicklung einer demokratischen Gesinnung in

Deutschland, denn sie hält die Deutschen davon ab, sich innerlich von den bösen Kräften loszusagen, die den Nationalsozialismus über Deutschland gebracht haben. Darüber hinaus sind sie aber auch ein Hindernis für die schließliche Aufrichtung einer weltbeherrschenden internationalen Regierung, die auf einer sittlichen Ordnung beruht und über einen unabhängigen internationalen Gerichtshof verfügt, der Recht spricht über diejenigen, welche die auf dieser sittlichen Ordnung beruhenden Normen des Völkerrechts verletzen.

Bei der Erörterung der Rechtslage, die dem Prozess gegen die Nazijuristen zugrunde lag – dieser Prozess wird allgemein und darum auch im Folgenden als Juristenprozess bezeichnet – werden wir uns der stofflichen Gliederung, die in dem Urteil selbst zu finden ist, nicht in allen Punkten anschließen. Dies beruht nicht etwa darauf, dass diese Gliederung unübersichtlich gewesen wäre; vielmehr würde die Zeit nicht ausreichen, um Ihnen den gesamten Stoff in allen seinen Einzelheiten durch veranschaulichende Ausschnitte aus dem Urteil vor Augen zu führen. Ich will es daher vor diesem Hörerkreise als bekannt voraussetzen, dass die in Nürnberg aufgrund der VO Nr. 7 des Befehlshabers der amerikanischen Zone errichteten Gerichtshöfe ihre Gerichtsbarkeit in Wirklichkeit nicht aus dieser VO herleiten, sondern aus derselben Rechtsquelle, aus der die Gerichtsbarkeit des IMT hervorging, nämlich aus dem Kontrollratsgesetz Nr. 10, welches von den vier Besatzungsmächten erlassen worden ist, d.h. von denselben Mächten, die das Londoner Abkommen und das Londoner Statut geschaffen haben. Dementsprechend ist das Statut zu einem integrierenden Bestandteil des Gesetzes Nr. 10 gemacht worden. Das Urteil enthält weiterhin eine vorzügliche und wohlgeordnete Übersicht über alle diejenigen Maßnahmen, durch welche Rechtsordnung und Rechtspflege unter der Herrschaft Hitlers Schritt für Schritt derart ausgehöhlt und pervertiert wurden, dass sie schließlich jede Unabhängigkeit verloren und sozusagen nichts anderes mehr waren als Waffen im Arsenal der Verwaltungsmaschine des Naziregimes. Es enthält ferner eine ebenso gründliche Darstellung der praktischen Anwendung dieser sog. Rechtspflege Hitlers auf diejenigen unglücklichen Menschen – Deutsche und Nichtdeutsche –, die ihr Schicksal dazu verdammte, unter Nazigesetzen und vor Nazigerichten die Rolle von Angeklagten zu übernehmen. Ich darf jedoch voraussetzen, dass Deutsche, namentlich deutsche Juristen, wohl vertraut sind mit all den erwiesenen Tatsachen, die das Gericht so übersichtlich zusammengestellt hat.

Ebenso will ich davon absehen, die Feststellungen des Urteils zu Punkt IV der Anklageschrift zu erörtern, durch welchen eine Anzahl der Angeklagten der Mitgliedschaft in solchen Organisationen beschuldigt wurden, die durch das IMT als verbrecherisch erklärt worden sind. Der Angeklagte *Altstötter* ist der einzige Angeklagte, der lediglich dieses Vergehens für schuldig befunden worden ist. In dieser Beziehung genügt der Hinweis, dass der Angeklagte *Altstötter* im Mai 1937 in die SS eintrat und am 20.4.1938 zum Untersturmführer befördert wurde. Er war ein naher persönlicher Freund von Himmler, von SS-Gruppenführer Prof. Dr. Karl Gebhardt, von SS-Gruppenführer Berger und von Kaltenbrunner. Er war Rechtsberater im Stabe der 48. Standarte und später ein Mitglied der Rechtsabteilung des Reichssicherheitshauptamtes; im Jahre 1943, zu einer Zeit, in der er Leiter der Abteilung VI des RJMin. war, nahm er an einem Essen im Reichssicherheitshauptamt teil, dem auch Berger und andere Obergruppenführer beiwohnten. Er stieg schließlich zum Oberführer auf, und seine Dienste sind durch die Verleihung von SS-Auszeichnungen anerkannt worden. Himmler hatte die SS-Führer angewiesen, sich in Angelegenheiten, die rechtlicher Beurteilung bedurften, an *Altstötter* zu wenden. Dies ist lediglich eine Zusammenfassung des Beweisergebnisses in knappster Form. Tatsächlich enthält der sieben Seiten umfassende Abschnitt des Urteils, der sich mit diesem Komplex befasst, zahlreiche weitere Beweise. Es genügt die Feststellung, dass das Beweisergebnis den vom IMT aufgestellten und von dem erkennenden Gericht übernommenen und beachteten Erfordernissen entspricht, welche lauten: „Das Kriterium ist das Folgende: diejenigen Mitglieder einer für verbrecherisch erklärten Organisation gelten als strafbar, ‚*welche Mitglieder der Organisation wurden oder blieben, obgleich sie wussten, dass sie zur Begehung von Handlungen benutzt wurde, die durch Art. 6 des Statuts für verbrecherisch erklärt worden sind* oder die als Mitglieder der Organisation persönlich in die Begehung solcher Verbrechen verwickelt waren.'"

Des ferneren erscheint es wesentlich darauf hinzuweisen, dass das Gericht es abgelehnt hat, irgendjemand wegen solcher Handlungen zu verurteilen, die vor dem 1.9.1939 begangen wurden; allerdings hat das Gericht es sich sowohl der Anklagebehörde wie auch der Verteidigung gestattet, Beweise für solche Handlungen dann anzubieten, wenn sie für die Erforschung des Vorsatzes, des Beweggrundes oder der Frage der Kenntnis gewisser Tatsachen von Bedeutung waren. Aufgrund einer Plenarentscheidung, die in einer gemeinsamen Sitzung der Richter der verschiedenen Militärgerichtshöfe einschließlich der Richter im Juristenprozess getroffen worden war, hat das Gericht ferner bezüglich des Punktes I der Anklageschrift den Standpunkt der Anklagebehörde insofern verworfen, als die Verschwörung zur Begehung von Kriegsverbrechen und von Verbrechen gegen die Menschlichkeit als *selbständiger materieller Verbrechenstatbestand* unter Anklage gestellt war.

Punkt I war somit der einzige Anklagepunkt, der den Angeklagten Handlungen, die vor dem 1.19.1939 begangen worden waren, als selbständige Verbrechenstatbestände zur Last legte, und wir haben bereits betont, dass das Gericht das Vorliegen von Kriegsverbrechen oder Verbrechen gegen die Menschlichkeit insoweit verneint hat. Eine Anklage wegen Verbrechens gegen den Frieden, gemeinhin als „Angriffskrieg" bezeichnet, war gegen die Angeklagten nicht erhoben worden. Mit Punkt IV, der den Vorwurf der Mitgliedschaft in verbrecherischen Organisationen betrifft, habe ich mich bereits beschäftigt. Für die gegenwärtige Erörterung bleiben daher übrig der Anklagepunkt II, durch welchen alle Angeklagten der Begehung von Kriegsverbrechen beschuldigt wurden, und der Anklagepunkt III, der ihnen allen die Begehung von Verbrechen gegen die Menschlichkeit zur Last legte.

Ein umfangreiches Schrifttum ist entstanden über die Bedeutung des Rechtsgrundsatzes *nullum crimen sine lege.* Dies führt natürlich zu der ergänzenden, ja grundlegenderen weiteren Frage: Waren die Straftaten, mit denen wir uns hier beschäftigen, schon zur Zeit ihrer Begehung durch die Angeklagten Straftaten im Sinne des internationalen Rechts? Ich bin stets der Überzeugung gewesen, dass dies der Fall war. Das Gericht hat im gleichen Sinne entschieden. (In diesem Zusammenhang möchte ich eine interessante Vorfrage streifen, eine Frage, die lediglich von der Anklagebehörde im Juristenprozess berührt worden ist, und zwar in ihrem Eröffnungsvortrag: Nach unserer Auffassung leiten die Militärgerichte, welche nach Abschluss des IMT-Prozesses in Nürnberg tagen, ihre Gerichtsbarkeit von derselben Rechtsquelle her wie das IMT und genießen dieselbe Autorität wie das IMT. Ungeachtet des Umstandes, dass diese Gerichte gemäß gewissen Vorschriften des Statuts und der VO Nr. 7 gehalten sein mögen, *gewisse vom IMT festgestellte Tatsachen als feststehend anzusehen,* sind sie dennoch durchaus befugt, in der *Rechtsfindung* ihrem eigenen richterlichen Ermessen zu folgen. Mit anderen Worten ausgedrückt bedeutet dies Folgendes: Ich habe damals behauptet und behaupte auch heute, dass das Londoner Abkommen, das Statut, das Kontrollratsgesetz Nr. 10 und die VO Nr. 7 nicht etwa eine Rangordnung von Gerichten geschaffen haben, etwa derart, dass das IMT ein höchstens oder oberstes Gericht wäre, dessen Entscheidungen über Rechtsfragen für die später errichteten Gerichte bindend wären; es ist vielmehr eine Reihe von Gerichten gleichen Ranges geschaffen worden, die gleichmäßig dazu berechtigt sind, über Fragen des internationalen Rechts nach ihrem eigenen richterlichen Ermessen zu entscheiden. Diese Frage mag eines Tages ein interessantes Thema für weitere Erörterungen darbieten.)

Da das Gericht in diesem Punkte zu denselben materiell-rechtlichen Ergebnissen gelangt ist wie das IMT, so kann ich es mir ersparen, auf die Entscheidungsgründe zu diesem Punkt ausführlich einzugehen. Da ich aber auf der anderen Seite der Überzeugung bin, dass das Militärgericht die Gründe für seine Auffassung in vielen Punkten treffender formuliert hat als das IMT, so möchte ich mir gestatten, mehrere besonders hervorragende Stellen aus den Entscheidungsgründen wörtlich anzuführen. Zur Frage des anzuwendenden materiellen Strafrechts führt das Gericht aus: „Doch Völkerrecht schreitet fort. Seine Wachstumsperiode fällt meist zusammen mit einer Periode der Unrast der Welt. Der Druck der Notwendigkeit fördert die Geltendmachung von Naturgesetz und Sittenlehre und formt sie um in Gesetzregeln, die aufgrund des übereinstimmenden Willens der zivilisierten Menschheit in voller Absicht und ausdrücklich anerkannt werden. Die Erfahrung zweier großer Weltkriege innerhalb eines Vierteljahrhunderts muss tiefe Wirkungen auf das Gemüt der Völker und deren Verlangen nach einem internationalen Recht erzeugen, in dem sich die internationale Gerechtigkeit spiegelt. Ich bin überzeugt, dass sich das Völkerrecht fortentwickelt hat, da es sich ja fortentwickeln muss, wenn es eine lebendige und wirksame Kraft in diesen Tagen des sich ausbreitenden Gefühls für Menschlichkeit sein soll." (Lord Wright: „War Crimes under International Law", The Law Quarterly Review, Bd. 62, Januar 1946, S. 51).

Im Weiteren wird darauf hingewiesen, dass die Generalversammlung der Vereinten Nationen die durch das Statut und durch das IMT festgelegten Rechtsnormen als eine durchaus haltbare und zutreffende Formulierung völkerrechtlicher Normen anerkannt hat.

Aus den von Lord Wright angegebenen Gründen wurde seit dem ersten Weltkrieg dieses Wachstum durch Zuwachs stark beschleunigt (Hyde, International Law, 2. Durchgesehene Aufl., Bd. 1, S. 8). Das Statut, das IMT-Urteil und das KR-Ges. 10 sind nur „große neue Kapitel im Buch des Völkerrechts". Sie stellen die autoritative Anerkenntnis des Prinzips der persönlichen strafrechtlichen Verantwortung in internationalen Angelegenheiten dar, das sich, wie wir zeigen werden, im Laufe vieler Jahre entwickelt hat.

Sicherlich verdient KR Ges. 10, das von den bevollmächtigten Vertretern der vier größten Mächte der Erde erlassen worden ist, Berücksichtigung seitens des Gerichts, wenn es erklärt: „Jeder der folgenden Tatbestände stellt ein Verbrechen dar." Sicherlich ist die erforderliche internationale Zustimmung und stillschweigende Billigung gegeben, wenn 23 Staaten, darunter alle Großmächte der Londoner Vereinbarung und dem IMT-Statut zugestimmt haben, ohne dass irgendein Staat Widerspruch geäußert hätte. Sicherlich muss das Statut als deklaratorische Darlegung der Grundsätze des Völkerrechts angesehen werden, und zwar im Hinblick darauf, dass es als solche seitens der Generalversammlung der Vereinten Nationen anerkannt worden ist. Wir zitieren: „Die Generalversammlung anerkennt die ihr durch Art. 13 Par. 1 Abs. (a) der Satzung auferlegte Verpflichtung, Studien anzustellen und Empfehlungen zu geben, um die stetige Entwicklung des Völkerrechts und seine Kodifikation zu fördern." –

„Sie nimmt die Vereinbarung zur Einsetzung eines internationalen Militärgerichts zwecks Verfolgung und Bestrafung der Hauptkriegsverbrecher der Europäischen Akte zur Kenntnis, die in London am 8.8.1945 unterzeichnet wurde, sowie das dieser Vereinbarung angefügte Statut und auch die Tatsache, dass gleichartige Grundsätze in das Statut des Internationalen Militärgerichtshofes für gerichtliche Verfahren gegen die Hauptkriegsverbrecher des Fernen Ostens, des am 19.1.1946 in Tokio kundgemacht worden ist, Anwendung finden;" –

Aus diesem Grunde „bestätigt sie die Grundsätze des Völkerrechts, die im Statut des Nürnberger Gerichtshofs und im Urteil dieses Gerichtshofs anerkannt sind; – fordert das mit Beschluss der Generalversammlung vom ... Dez. 1946 eingesetzte Komitee zur Kodifizierung des Völkerrechts auf, Pläne zur Formulierung – im Rahmen einer allgemeinen Kodifikation der gegen den Frieden und die Sicherheit der Menschheit gerichteten Verbrechenstatbestände oder eines internationalen Strafgesetzbuchs – der durch das Statut des Nürnberger Gerichtshofes und im Urteil dieses Gerichtshofes anerkannten Grundsätze als einen Gegenstand äußerster Wichtigkeit zu behandeln."

(Journal of the United Nations, No. 58, Supp. A-A/P V/55, S. 485; The Crime of Aggression and the Future of International Law, von Phillip C. Jessup; Political Science Quarterly, Bd. LXII, März 1948, No. 1, S. 2).

Über die in dem gleichen Ausschuss auftretende Frage „nullum crimen sine lege" hat das Gericht seine Auffassung in der folgenden prägnanten Form zum Ausdruck gebracht: „Viele der Gesetze der Weimarer Ära, die zum Schutz der Menschenrechte erlassen wurden, wurden niemals aufgehoben. Viele Handlungen, die Kriegsverbrechen oder Verbrechen gegen die Menschlichkeit laut KR-Ges. 10

darstellen, wurden begangen oder gestattet in direkter Verletzung auch der Bestimmungen des deutschen Strafrechts. Zwar kann dieses Gericht einen Angeklagten wegen bloßer Verletzung des deutschen StGB nicht zur Verantwortung ziehen, andererseits ist es aber ebenso richtig, dass der Grundsatz, der rückwirkende Gesetzgebung ausschließt, als eine Regel der Gerechtigkeit und Billigkeit keine Entlastung darstellen soll, falls die Handlung, die in Verletzung von KR-G. 10 begangen wurde, dem Täter auch als strafbares Verbrechen unter dem Recht seines Landes erkennbar war.

Als ein Grundsatz der Gerechtigkeit und Billigkeit wird die fragliche Regel voll zur Anwendung kommen. Auf das Gebiet des Völkerrechts angewendet, erfordert dieser Grundsatz den Beweis, ehe ein Schuldspruch gefällt wird, dass der Angeklagte wusste bzw. wissen musste, dass er in Angelegenheiten von völkerrechtlichem Belang sich der Teilnahme an einem staatlich organisierten System der Ungerechtigkeit und Verfolgung schuldig gemacht hat, welches das sittliche Gefühl der Menschheit verletzt, und dass er wusste bzw. wissen musste, dass er im Falle der Festnahme bestraft werden würde. Ob nun KR-Gesetz 10 als Kodifikation oder als materielle Gesetzgebung betrachtet wird, so kann doch niemand, der wissentlich Handlungen beging, die durch KR-Gesetz 10 unter Strafe gestellt wurden, behaupten, er habe nicht gewusst, dass er für seine Handlungen zur Rechenschaft gezogen werden würde."

Das Endergebnis, zu welchem das Gericht in dieser Frage gelangt, ist eine wertvolle Ergänzung zu den vom IMT in diesem Punkte angestellten Erwägungen.

Wir zitieren weiter aus dem Bericht des Pariser Ausschusses: „Jede kriegsführende Macht hat gemäß dem Völkerrecht die Befugnis und die Ermächtigung, Einzelpersonen, die der Begehung von in Kapitel II der ‚Verletzungen der Gesetze und Gebräuche des Krieges' aufgeführten Verbrechen beschuldigt sind, vor Gericht zu stellen, falls solche Personen gefangen genommen wurden oder auf andere Art in ihre Gewalt gefallen sind. Jede kriegsführende Macht hat gemäß ihrer eigenen Gesetzgebung einen geeigneten militärischen oder zivilen Gerichtshof eingerichtet, oder hat das Recht, einen solchen einzurichten zum Zwecke der Aburteilung der Fälle." (Hyde, International Law, 2. durchgesehene Aufl. Bd. III, S. 2412.)

Gemäß dem Vertrag von Versailles, Art. 228, „anerkennt" die deutsche Regierung selbst „das Recht der Alliierten und Assoziierten Mächte, Personen, die wegen Verbrechen gegen Kriegsrecht und Kriegsgebrauch angeklagt sind, vor Militärgerichte zu stellen." Derartige Personen sollen im Falle eines Schuldspruchs zu den „im Gesetze festgelegten" Strafen verurteilt werden. Eine gewisse Anzahl von Deutschen wurde tatsächlich wegen der Begehung solcher Verbrechen vor Gericht gestellt. (s. Hyde, International Law, 2. durchgesehene Aufl. Bd. III, S. 2414).

Die obigen Erwägungen zeigen, dass der Grundsatz nullum crimen sine lege, wenn richtig verstanden und angewendet, keine rechtliche oder moralische Schranke gegen die Strafverfolgung im vorliegenden Falle darstellt.

Mit den bisherigen Ausführungen haben wir bewiesen, dass das zugrunde gelegte materielle Recht gültig war und daher Einwendungen gegen die Durchführung des Verfahrens nicht erhoben werden können. Wir wenden uns nun der rechtlichen Konstruktion zu, die das Gericht den einschlägigen Bestimmungen des KG-Gesetzes 10 gegeben hat. Es handelt sich hier um zwei derartige Bestimmungen. Die eine ist enthalten in Art. II, 1, b); in ihr wird der Begriff der Kriegsverbrechen bestimmt, also die Grundlage der im Anklagepunkt II behandelten Verbrechen; die andere Bestimmung findet sich im Art. II, 1 c); dort sind die Verbrechen gegen die Menschlichkeit – die Grundlage der im Anklagepunkt III behandelten Verbrechen – begrifflich bestimmt.

Die von dem Gericht angewandte Auslegung des Art. II, 1, b) ist in folgenden Ausführungen enthalten: „Wir kommen nun zur Frage der Konstruktion des 10, denn welchen Geltungsbereich das Gemeine Völkerrecht auch haben mag, seine Erzwingbarkeit in der vorliegenden Rechtssache ist durch den Inhalt des die Zuständigkeit regelnden Aktes deifiziert [?] und begrenzt.

Die erste Straftatbestimmung des KR-Ges.10, die uns hier beschäftigt, ist die Folgende:

„§ II, 1. Jeder der folgenden Tatbestände stellt ein Verbrechen der dar: (h) *Kriegsverbrechen.* Gewalttaten oder Vergehen gegen Leib, Leben oder Eigentum, begangen unter Verletzung der Kriegsgesetze oder -gebräuche einschließlich der folgenden, den obigen Tatbestand jedoch nicht erschöpfenden Beispiele: Mord, Misshandlung der Zivilbevölkerung der besetzten Gebiete, ihre Verschleppung zur Zwangsarbeit oder anderen Zwecken, oder die Anwendung der Sklavenarbeit in dem besetzten Gebiet selbst, Mord oder Misshandlung von Kriegsgefangenen, Personen auf hoher See; Tötung von Geiseln; Plünderung von öffentlichem oder privatem Eigentum; vorsätzliche Zerstörung von Stadt und Land; oder Verwüstungen, die nicht durch militärische Notwendigkeit gerechtfertigt sind."

Hier sehen wir den beherrschenden Einfluss des Gemeinen Völkerrechts als solchen, denn die für uns geltenden Gesetze haben die Regeln des Völkerrechts sich zu eigen gemacht und in sich aufgenommen, und zwar als die Tatbestandsregeln für Kriegsverbrechen.

Der Umfang der Erforschung von Kriegsverbrechen ist natürlich durch die – entsprechend auszulegenden – Bestimmungen des Statuts und des 10 umrissen. In diesem Punkte befinden sich die beiden Gesetze in wesentlichem Einklang. Beide lassen sowohl einschließend wie ausschließend die Absicht erkennen, dass der Begriff „Kriegsverbrechen" Handlungen gegen Nichtdeutsche in Verletzung von Kriegsrecht und Kriegsbrauch umschließen soll, nicht aber Verbrechen, die von Deutschen gegen ihre eigenen Mitbürger begangen wurden, einschließen soll.

Wie ersichtlich, zählt Art. 6 des Statuts als Kriegsverbrechen auf: Handlungen gegen Kriegsgefangene, Personen auf hoher See und Geiseln, die willkürliche Zerstörung von Städten usf., ferner die durch militärische Notwendigkeit nicht gerechtfertigte Verwüstung, Plünderung öffentlichen oder privaten Eigentums (offenbar nicht das Eigentum Deutschlands oder von Deutschen) und Misshandlungen oder Deportation zur Sklavenarbeit oder für irgendeinen anderen Zweck von Angehörigen der Zivilbevölkerung *von oder in* besetzten Gebieten." 10, Supra, benutzt ähnliche Ausdrücke. Es sagt: „Misshandlung oder Verschleppung *der*

Zivilbevölkerung der besetzten Gebiete zur Zwangsarbeit oder für irgendwelche anderen Zwecke."

Diese Absicht der Gesetzgeber wird noch klarer, wenn wir die Bestimmungen des Statuts und des KR-Ges. 10 über Verbrechen gegen die Menschlichkeit ins Auge fassen.

Zur Auslegung des Art. VI des Statuts – welcher durch Art. I des – 10 zu einem Bestandteil dieses Gesetzes gemacht worden ist – und zur Auslegung des Art. II, 1, c) des 10, also derjenigen Bestimmungen, welche den Begriff der Verbrechen gegen die Menschlichkeit definieren, führt das Gericht aus:

Art. 6 des Statuts definiert Verbrechen gegen die Menschlichkeit wie folgt: „Mord, Ausrottung, Versklavung, Deportation oder andere unmenschliche Handlungen, begangen an irgendeiner Zivilbevölkerung vor oder während des Krieges, Verfolgung aus politischen, rassischen oder religiösen Gründen, begangen in Ausführung eines Verbrechens oder in Verbindung mit einem Verbrechen, für das der Gerichtshof zuständig ist, und zwar unabhängig davon, ob die Handlung gegen das Recht des Landes verstieß, in dem sie begangen wurde, oder nicht."

10 definiert als verbrecherisch: „Gewalttaten und Vergehen, einschließlich der folgenden, den obigen Tatbestand jedoch nicht erschöpfenden Beispiele: Mord, Ausrottung, Versklavung, Zwangsverschleppung, Freiheitsberaubung, Folterung, Vergewaltigung oder andere an der Zivilbevölkerung begangene unmenschliche Handlungen; Verfolgung aus politischen, rassischen oder religiösen Gründen, ohne Rücksicht darauf, ob sie das nationale Recht des Landes, in welchem die Handlung begangen worden ist, verletzen."

Diese Bestimmungen sind offenbar nicht überflüssig. Sie ergänzen die vorhergehenden Bestimmungen über Kriegsverbrechen, und ihr Verbot umfasst nicht nur Kriegsverbrechen, sondern auch Handlungen, die nicht unter die vorher ergangenen Begriffsbestimmungen von Kriegsverbrechen fallen. Anstelle des Verbots von Grausamkeiten, begangen gegen Zivilisten in oder aus besetztem Gebiet, verbieten diese Bestimmungen Grausamkeiten „gegen irgendeine Zivilbevölkerung". Andererseits fallen auch Verfolgungen auf rassischer, religiöser oder politischer Grundlage unter unsere Zuständigkeit „ohne Rücksicht darauf, ob sie das nationale Recht des Landes, in welchem die Handlung begangen worden ist, verletzen."

„Unsere Zuständigkeit, Personen, die wegen Verbrechen gegen die Menschlichkeit unter Anklage stehen, abzuurteilen, ist dem Umfang nach begrenzt, und zwar sowohl durch Definition, wie auch durch Illustration, wie aus 10 erhellt. Nicht das vereinzelte Verbrechen eines deutschen Privatmannes wird verurteilt, noch das vereinzelte Verbrechen, das das Deutsche Reich durch seine Funktionäre gegen eine Privatperson beging. Es ist bezeichnend, dass das Gesetz die Worte „gegen irgendeine Zivilbevölkerung" benutzt und nicht die Worte „gegen irgendeinen Zivilisten". Die Bestimmung richtet sich gegen Verbrechen und unmenschliche Handlungen und Verfolgungen auf politischer, rassischer oder religiöser Grundlage, die entweder von der Regierung systematisch organisiert und durchgeführt wurden, oder ihre Billigung fanden.

Es mag sich vielleicht verlohnen, diesen Hörerkreis besonders auf Folgendes aufmerksam zu machen (und ich kann vielleicht sogar hoffen, dass meine Worte auch den besonders hämischen Kritikern zu Ohren kommen): Das Gericht hat durch die von ihm gewählte Konstruktion eine bemerkenswerte Einschränkung des Begriffs des Verbrechens gegen die Menschlichkeit vorgenommen; es hat diese Einschränkung wiederholt unterstrichen und durchweg an ihr festgehalten. Sie besteht darin, dass unmenschliche Handlungen und Verfolgungen aus politischen, rassischen oder religiösen Gründen nur dann Verbrechen darstellen, wenn weiter erwiesen wird, dass sie „systematisch organisiert und entweder von der Regierung oder mit ihrer Billigung durchgeführt worden sind.“ Das Gericht hat diese Konstruktion noch in anderer Wendung wie folgt niedergelegt: Keiner der Angeklagten ist in der Anklageschrift der Ermordung oder der Misshandlung irgendeiner bestimmten Person beschuldigt. Wäre dies der Fall, dann würde die Anklageschrift ohne Zweifel das angebliche Opfer nennen. Einfacher Mord und Einzelfälle von Gräueltaten bilden nicht den Klagepunkt für die Beschuldigung. Die Angeklagten sind solch unermesslicher Verbrechen beschuldigt, dass bloße Einzelfälle von Verbrechenstatbeständen im Vergleich dazu unbedeutend erscheinen. Die *Beschuldigung, kurz gesagt, ist die der bewussten Teilnahme an einem über das ganze Land verbreiteten und von der Regierung organisierten System der Grausamkeit und Ungerechtigkeit unter Verletzung der Kriegsgesetze und der Gesetze der Menschlichkeit, begangen im Namen des Rechts unter der Autorität des Justizministeriums und mit Hilfe der Gerichte. Der Dolch des Mörders war unter der Robe des Juristen verborgen.*

Ich möchte auch sowohl meine Hörer, wie die Kritiker darauf hinweisen, dass es nicht die Gerichtshöfe waren, die der Anklagebehörde diese Begrenzung aufzwangen, sondern, dass die Anklagebehörde den Gerichtshöfen die Begrenzung nahelegte als eine Maßnahme, die notwendig war, um den Angeklagten jeden möglichen Schutz unter dem Gesetz zu sichern. Dieses Argument wurde zuerst in Nürnberg von dem Hauptankläger General Taylor vorgebracht, im Falle No. V vor dem Gerichtshof IV, Vereinigte Staaten gegen Flick, im sog. Flick-Fall. In seiner Eröffnungsrede sagte er: „Persönliche und gelegentliche Mordtaten und Sittlichkeitsverbrechen, wie solche unglücklicherweise in den geordnetsten und demokratischen Nationen vorkommen, liegen nicht in seinem Anwendungsbereich. Auch nicht, wie wir glauben, örtliche Ausbrüche von Rassenhass oder unbedeutende Diskriminierungen, die mit dem Worte ‚Verfolgungen‘ bezeichnet werden. Auf der anderen Waagschale sind große, sich über das ganze Volk erstreckende Feldzüge, die offen von der Regierung unterstützt oder stillschweigend geduldet wurden, um das Leben für große Gruppen der Zivilbevölkerung unerträglich zu machen, sie zu vertreiben, zu erniedrigen, zu versklaven oder auszurotten. Solche Verfolgungen und Mordtaten, Versklavungen oder andere im Zusammenhang damit begangene unmenschlich Handlungen fallen jedoch gewiss in diese Definition.“

Die Anklagebehörde hat im Richter-Fall denselben Punkt ausführlich erörtert und die weitere schwere Aufgabe übernommen, den Grundsatz auf das vorliegende Beweismaterial anzuwenden. In unseren abschließenden Ausführungen haben wir gesagt: „Der Standpunkt der Anklagebehörde ist daher der folgende: Wie ohne jeden begründeten Zweifel erweisen, hat jeder derjenigen Angeklagten auf der Anklagebank, der ein Staatsanwalt oder Richter beim VGH war, wissentlich während der gesamten Zeit seiner Amtsdauer seinen Posten erstrebt, angenommen, innegehabt und beibehalten, obgleich es ihm wohlbekannt war, dass ein von der Regierung inaugurierter Plan und ein Unternehmen, ein Vorhaben, die Absicht und der Vorsatz obwalteten Menschen, einschließlich deutscher Einwohner, Zivilisten und Staatsangehöriger, aus rassischen, politischen und religiösen Gründen zu ermorden. Gleichzeitig war es ihnen wohlbekannt, dass ein von der Regierung inaugurierter Plan obwaltete, ein rechtliches und gerichtliches System zu schaffen, auszuüben und zu verwalten, das bestimmt war zur Unterstützung, Durchführung, Förderung und Erleichterung des vorerwähnten von der Regierung inaugurierten Planes und Unternehmens, Menschen, einschließlich deutscher Einwohner, Zivilisten und Staatsangehöriger, aus rassischen, politischen und religiösen Gründen zu ermorden."

Aber Art. II, 2 des 10 hat die Möglichkeiten der persönlichen Beteiligung eines einzelnen Angeklagten an 1 (b) und (c) definierten Verbrechen, von denen wenigstens eins jedem einzelnen Angeklagten zweifelsfrei nachgewiesen werden muss, um eine Verurteilung zu erzielen. Weiterhin wie folgt festgelegt: „Ohne Rücksicht auf seine Staatsangehörigkeit oder die Eigenschaft, in der er handelte, wird eines Verbrechens nach Maßgabe der Ziff. 1 dieses Artikels für schuldig erachtet, wer a) als Täter oder b) als Beihelfer bei der Begehung eines solchen Verbrechens mitgewirkt oder es befohlen oder angestiftet oder c) durch seine Zustimmung daran teilgenommen hat oder d) mit seiner Planung oder Ausführung im Zusammenhang gestanden hat ..."

Die Anklagebehörde hat daher darauf hingewiesen, dass der Begriff des Verbrechens gegen die Menschlichkeit nur auf eine von der Regierung „begünstigte", oder wie es der Gerichtshof später richtiger ausgedrückt hat, auf eine von der Regierung „organisierte" Verfolgung angewendet werden könne, und dem Gericht ihren Standpunkt wie folgt unterbreitet, immer in dem Gedanken an die oben erwähnte Vorschrift des 10 und an die Notwendigkeit, jeden einzelnen Angeklagten mit dem Verbrechen in einen durch Art. II, 2 festgelegten Zusammenhang zu bringen. Um daher die Schuld jedes einzelnen der vorbezeichneten Angeklagten im Sinne eines Verbrechens gegen die Menschlichkeit festzustellen, braucht daher nur ein einziger weiterer abschließender Tatbestand ohne begründeten Zweifel festgestellt zu werden, nämlich der Tatsache, dass der Angeklagte in *einem* Einzelfalle Täter, Teilnehmer, Gehilfe und Förderer an einem Morde war, an einer Ausrottungshandlung, Versklavung, Freiheitsberaubung oder Verfolgung aus rassischen, politischen religiösen Gründen teilnehme, oder dass der Angeklagte in *einem* Einzelfalle durch seine Zustimmung teilnahm an oder in Verbindung stand mit einem Plane oder Unternehmen, die einen Mord, eine Ausrottungshandlung, Versklavung, Freiheitsberaubung oder Verfolgung aus rassischen, politischen oder religiösen Gründen zur Folge hatte.

Um es in anderen Worten auszudrücken, die Anklagebehörde hat zugegeben, dass ein Tatbestandsmerkmal des Verbrechens darin bestehen müsse, dass es von der Regierung organisiert war. Da aber auch der Plan oder das Unternehmen, die verbotenen Handlungen aus politischen, rassischen oder religiösen Gründen zum Ziel haben, von der Regierung begünstigt sein müssen, so heißt das also, dass der Täter schuldig ist, wenn er bewusst auch nur einen Mord begeht, der mit dem von der Regierung begünstigten Plan im Zusammenhang steht. Ich zitiere die Ausführungen, die dem Gericht zu diesem Punkt vorgetragen wurden:

„Das bedeutet jedoch nicht, dass die Anklagebehörde im Falle jedes einzelnen Angeklagten den Nachweis erbringen müsste, er hätte persönlich so viele derartige Verbrechen verübt, dass sie einen persönlichen Entschluss oder Plan bewiesen, das Verbrechen bei jeder sich bietenden Gelegenheit oder in einem überwältigenden Prozentsatz von Malen zu begehen. Nicht dies ist das Kriterium. Wenn man vom Morde als einem Beispiele ausgeht, ist das Kriterium vielmehr die folgende Frage: Handelte der Angeklagte, wenn auch nur bei *einer* Gelegenheit als Haupttäter oder Teilnehmer, nahm er durch seine Zustimmung teil an oder stand er in Verbindung mit einem Plan oder Unternehmen – seinem Umfange nach national, wenn nicht sogar regierungs-offiziell – darauf gerichtet, Menschen aus rassischen, politischen oder religiösen Gründen zu ermorden, bei welcher Gelegenheit ein Mensch tatsächlich ermordet wurde? Wenn dies der Fall ist, so hat er ein Verbrechen gegen die Menschheit begangen.

Das Verbrechen fällt dem Angeklagten persönlich zu Last. Die Absicht, der Plan oder das Unternehmen, Menschen aus rassischen, politischen oder religiösen Gründen zu ermorden, ist national, sowohl der zugrundeliegenden Politik, wie auch dem Umfange nach."

Wir vergessen nicht, dass in Deutschland, bevor Hitler und seine Nationalsozialisten zu viele Deutsche in einen Zustand tierischer Abgestumpftheit versetzt hatten, ein einziger Mord das Entsetzen der Gemeinde erregt hätte, und dass der Mörder nach seiner Überführung fraglos ohne Gnade bestraft worden wäre. Diejenigen, die jetzt versuchen, die in Nürnberg verurteilten nationalsozialistischen Mörder als Märtyrer hinzustellen, mögen ein bisschen über den Tiefstand der deutschen Moralbegriffe nachdenken, die sie, nach ihren Handlungen zu urteilen, anscheinend nicht nur billigen, sondern sogar wieder einführen wollen.

Wir haben jetzt die folgenden Punkte erörtert: das materielle internationale Strafrecht, den Satz „nullum crime sine lege", sowie Kriegsverbrechen und Verbrechen gegen die Menschlichkeit im Sinne des 10 und die Art der Auslegung der in diesem Gesetz enthaltenen Begriffsbestimmungen durch Anklagebehörde und Gerichtshof, mit besonderer Unterstreichung der engen Auslegung, die im Falle des Begriffs Verbrechen gegen die Menschlichkeit angewandt worden ist. Im Interesse einer geordneten Darstellung muss ich mich jetzt der Erörterung von mehreren Klassen von Verbrechen zuwenden, die unter dem Nationalsozialismus unter Anklage gestellt und bestraft wurden, und die dadurch, wie der Gerichtshof festgestellt hat, zu der Begehung von Verbrechen im Sinne des KR-Ges. 10 durch die Angeklagten geführt haben. Die von dem Gerichtshof gegebene Übersicht derjenigen Verbrechen, die von den Nazis unter Anklage gestellt wurden und dadurch zu der Begehung von Verbrechen im Sinne des KR-Ges. 10 durch die Angeklagten im Juristenprozess geführt haben, ist folgende: 5. Verbrechen des Hochverrats und Landesverrats – 6. Verbrechen verschiedener Art, die von Polen, Juden und anderen Personen begangen wurden. – 7. Verbrechen, die gemäß dem Nacht und Nebel-Erlass“ und ähnlichen Verfahren verfolgt wurden.

Diese Übersicht wird aber verständlicher, wenn wir daraus eine Übersicht derjenigen Verbrechen machen, die von den im Juristenprozess Angeklagten verübt worden sind. Ich glaube, die folgende ist eine ganz gute Übersicht derjenigen rechtlichen Gesichtspunkte, die der Gerichtshof im Juristenprozess als maßgeblich für die Entscheidung erachtet hat:

1. Verbrechen, die sich aus den Prozessen gegen die Polen wegen angeblich begangenen Verrats und Hochverrats und Landesverrats gegen das Deutsche Reich ergeben, und aus der Verurteilung und Bestrafung dieser Polen.

2. Verbrechen, die sich aus der Beteiligung der einzelnen Angeklagten an der von der Regierung begünstigten Rassenverfolgung der Juden und der Polen ergeben.

3. Verbrechen, die sich aus der Beteiligung der einzelnen Angeklagten an der von der Regierung begünstigten politischen Verfolgung deutschstämmiger Staatsangehöriger ergeben.

Die Anklagebehörde hatte im Falle des Angeklagten Cuhorst Beweismaterial vorgelegt, das sich auf von der Regierung organisierte religiöse Verfolgungen von Pastoren bezog. Dieses Beweismaterial betraf teilweise Verurteilungen, die vor dem 1.9.1939 erfolgt waren; insoweit wurde es von dem Gerichtshof mit der Begründung zurückgewiesen, dass diese Urteile in der Anklageschrift nicht ordnungsgemäß unter Anklage gestellt worden seien. Dasjenige Beweismaterial, das sich auf die nach dem 1.9.1939 verkündeten Urteile bezog, wurde von dem Gerichtshof als nicht ausreichend für den einen jeden begründeten Zweifel ausschließenden Nachweis erachtet, wie er für die Verurteilung als notwendig angesehen wurde. Diese Schlussfolgerung ist von dem Gerichtshof nicht ausdrücklich ausgesprochen worden, ergibt sich aber logisch aus dem insoweit erfolgten Freispruch.

4. Verbrechen, die sich aus der Beteiligung der einzelnen Angeklagten an der Durchführung des „Nacht- und Nebelerlasses“ durch das JMin. ergeben.

5. Zwei weitere besondere Straftaten, die dem Angeklagten Klemm zur Last gelegt waren, nämlich a) seine aktive Teilnahme an der Durchführung von Hitlers Programm für die Aufreizung der Bevölkerung zur Lynchjustiz an notgelandeten alliierten Fliegern, b) seine Beteiligung an der Abschlachtung von 800 Gefangenen im Zuchthaus Sonneburg durch die Gestapo, als die Einnahme des Zuchthauses durch die herannahende russische Armee bevorstand.

Die Anklagebehörde hat alle diese oben erwähnten Verbrechen der verschiedenen Angeklagten sowohl als Kriegsverbrechen im Sinne von Anklagepunkt II wie auch als Verbrechen gegen die Menschlichkeit im Sinne von Punkt III angesehen und die Anklageschrift entsprechend formuliert. Wenn man sich an den Satz des Internationalen Militärgerichtshofs erinnert, dass diejenigen Handlungen, die nicht Kriegsverbrechen waren, Verbrechen gegen die Menschlichkeit seien, dann versteht man, dass die Rechtsnormen auf diesem Gebiet sich noch nicht kristallisiert haben. Das aber rechtfertigt nicht die Schlussfolgerung, dass Männer als schuldig erklärt worden sind, die tatsächlich unschuldig waren. Die Unsicherheit ergibt sich aus mehreren Gründen, erstens aus der Tatsache, dass die Anklagebehörde in manchen Fällen nicht in der Lage war, mit Sicherheit nachzuweisen, ob Juden, Nichtdeutsche oder Deutsche, oder alle drei Gruppen umgebracht worden waren; zweitens daraus, dass in den Fällen, in denen Juden umgebracht worden waren, die zugleich Staatsbürger der überrannten Nationen waren, die Möglichkeit bestand, dass mit der Tötung, Ausrottung oder Versklavung der gleichen Personen beide Verbrechen in Tateinheit begangen waren. Das heißt, Hitlers Kriegserklärung gegen den nebelhaften Feind, den er als das „internationale Judentum" bezeichnete, und für den es keinen Präzedenzfall gibt, hat zwar keinen „Kriegszustand" und keine „Feindseligkeiten" geschaffen, auf die sich die Haager Konvention anwenden ließe, aber die Misshandlungen der Juden war nichtsdestoweniger eine Handlung, die in den Bereich der Verbote der Haager Konvention fällt und aus diesem Grunde ein Kriegsverbrechen darstellen konnte, obgleich sie zu gleicher Zeit eine von der Regierung organisierte Grausamkeit und eine Straftat im Sinne der Begriffsbestimmung der Verbrechen gegen die Menschlichkeit war.

Drittens musste man sich auch mit dem Tatbestand der Ausbürgerung der in Deutschland lebenden Juden auseinandersetzen, die ohne Zweifel einen Teil des Ausrottungsplans der Regierung bildeten; auch auf diese Frage musste eine Antwort gefunden werden, wenn man den nationalsozialistischen Angeklagten den Einwand abschneiden wollte, dass Hitlers Gesetz die Juden zu Fremdbürgern gemacht hätten. Sie haben nämlich vorgebracht, dass diese Gesetze ihnen die Befugnis gegeben hätten, die Rechte der Juden in Deutschland in jeder Hinsicht zu beschränken, mit Ausnahme der Befugnis, sie zu töten. Kein Angeklagter hatte den Mut auszusagen, dass er die Tötung der Juden billige, nur weil sie seien; sie seien aber befugt gewesen, ihre Bürgerrechte zu beschränken und sie als feindliche Fremde zu internieren. Das war natürlich das phantastische und teuflisch Schlaue bei Hitlers Angriffen auf die Juden, dass er eine Feindnation, das „Internationale Judentum" schuf, die überhaupt nicht bestand, und die deshalb weder einen Botschafter noch einen Gesandten noch konsularische Vertreter hatte, die sie vertreten oder diplomatischen Protest einlegen konnten. Diese Feindnation hatte keine Bündnisabkommen und keine Pakte für gegenseitige militärische Hilfe. Der Jude als Fremdbürger in Deutschland hatte einen Status, der dem Völkerrecht völlig unbekannt ist. Viertens handelt es sich bei der Frage, ob die aufgrund der Polen- und JudenstrafrechtsVO begangenen Verbrechen gegen Polen Kriegsverbrechen oder Verbrechen gegen die Menschlichkeit darstellen, um ein Problem, das auf dem Grenzgebiet zweier sich berührender Vorschriften liegt.

Alle diese Tatsachen haben dazu geführt, dass die Anklagebehörde und der Gerichtshof in etwas verschiedener Weise an die Frage herangegangen sind, ob die Tatbestände unter die Vorschriften des Unterabschnitts (b) oder (c) des § 1 von Art. II des KRG 10 einzuordnen seien. Die Ergebnisse wurden von dieser verschiedenen Subsumtion der Tatsachen nicht berührt, ebenso wenig von der Frage, welche Gesetze auf die Tatsachen anzuwenden seien, denn kein Angeklagter wurde zu Unrecht verurteilt. Selbstverständlich ist die Entscheidung des Gerichtshofes, und nicht die von der Anklagebehörde vorgebrachte Begutachtung nunmehr maßgebend für die rechtliche Beurteilung des Falles. Trotzdem sollte die Untersuchung der voneinander abweichenden Ansichten ein ungemein interessantes Studium für die Juristen abgeben. Da ich dabei bin, die Entscheidung des Gerichtshofs über die Einteilung der eben angeführten Verbrechen zu erörtern, möchte ich auch in Kürze darlegen, wie die Anklagebehörde das Gesetz und die Tatbestände ausgelegt hat.

Bevor ich dazu übergehe, die Verschiedenheiten in der rechtlichen Beurteilung zu besprechen, scheint es mir angebracht, die Fälle anzuführen, in denen die abschließende Stellungnahme der Anklagebehörde mit der Entscheidung des Gerichtshofs übereinstimmte. Sie waren sich darüber einig,

1. dass die unter Klasse 2 (c) und 3 angeführten Verbrechen Verbrechen gegen die Menschlichkeit darstellten;

2. dass die unter Klasse 4 angeführten Verbrechen Kriegsverbrechen darstellten, ebenso wie das unter Klasse 5 (a) angeführte Verbrechen;

3. dass der Angeklagte Klemm sich sowohl eines Kriegsverbrechens wie eines Verbrechens gegen die Menschlichkeit schuldig gemacht habe, da glaubhaft erwiesen war, dass sich sowohl russische Staatsbürger wie deutsche Staatsbürger unter den 800 von der Gestapo in Sonnenburg erschossenen Personen befunden hätten.

Ihre Meinungen gingen auseinander in Bezug auf die unter (a) Klasse 1 und (b) Klasse 2 (b) angeführten Verbrechen. Die Anklagebehörde vertrat den Standpunkt, dass die Prozesse gegen Polen wegen Hochverrats und Landesverrats und ihre Verurteilung nach dem Ergebnis der Beweisaufnahme Verstöße gegen die Haager Konvention darstellten, während der Gerichtshof der Ansicht war, dass die gegen die Polen verübten Handlungen, insbesondere diejenigen, die aufgrund der Polen- und JudenstrafrechtsVO begangen waren, unter die Begriffsbestimmung der Verbrechen gegen die Menschlichkeit fielen.

Dieselbe Meinungsverschiedenheit gab es über Fälle in Klasse 2 (b), nämlich die aufgrund der Polen- und JudenVO erfolgten Verurteilungen von im Altreich lebenden Polen in solchen Fällen, in denen sie wegen im Altreich begangener Handlungen angeklagt und verurteilt worden waren.

Um die Richtigkeit oder Unrichtigkeit der Gesichtspunkte, über die sich Gericht und Anklagebehörde einig waren, und die Gründe für die Meinungsverschiedenheiten in den Punkten, über die sie sich uneinig waren, verständlich zu machen, muss man die Haager Landkriegsordnung zur Erörterung heranziehen und in Kürze die Polen- und JudenstrafrechtsVO und die Gründe erörtern, die die deutsche Regierung für die Erlassung durch Durchführung dieses Gesetzes angegeben hat.

Die einschlägigen Vorschriften der Haager Konvention sind die folgenden:

Kriegsgefangene. Art. 5: Die Einschließung von Kriegsgefangenen ist nur statthaft als unerlässliche Sicherungsmaßregel und nur während der Dauer der diese Maßregel notwendig machenden Umstände.

Art. 6: Der Staat ist befugt, die Kriegsgefangenen mit Ausnahme der Offiziere nach ihrem Dienstgrad und nach ihren Fähigkeiten als Arbeiter zu verwenden. Diese Arbeiten dürfen nicht übermäßig sein und in keiner Beziehung zu den Kriegsunternehmungen stehen.

Sec II. Art. 23: Abgesehen von den durch Sonderverträge aufgestellten Verboten ist namentlich untersagt:

(h) die Aufhebung oder zeitweilige Außerkraftsetzung der Rechte und Forderungen von Angehörigen der Gegenpartei.

Sec III. Art. 43: Nachdem die gesetzmäßige Gewalt tatsächlich in die Hände des Besetzenden übergegangen ist, hat dieser alle von ihm abhängigen Vorkehrungen zu treffen, um nach Möglichkeit die öffentliche Ordnung und das öffentliche Leben wiederherzustellen und aufrecht zu erhalten, und zwar, *soweit kein zwingendes Hindernis besteht,* unter Beachtung der Landesgesetze.

Art. 46: Die Ehre und die Rechte der Familie, das Leben der Bürger und das Privateigentum, sowie die religiösen Überzeugungen und gottesdienstlichen Handlungen sollen geachtet werden. Das Privateigentum darf nicht eingezogen werden.

Die Polen- und JudenstrafrechtsVO ist am 4.12.1941 in Kraft getreten. Es war nicht die erste gegen Polen gerichtete Maßnahme, die gegen die Haager Konvention verstieß, insbesondere gegen die vorstehend zitierten Art. 23 (h), 43 und 46. Natürlich war das nicht die erste gesetzliche Maßnahme, die von dem Hitlerregime zur Schlechterstellung der Juden getroffen und durchgeführt wurde. Trotz seiner drakonischen Schärfe befriedigte aber selbst dieses Gesetz den Durst nach Judenblut nicht, und im Jahre 1943 wurde bestimmt, dass es auf Juden nicht länger anzuwenden sei. Der letzte Schleier einer Scheingesetzlichkeit wurde zerrissen und beiseite geworfen, und die Juden wurden der Gestapo zur unmittelbaren Behandlung überlassen. Aber bis zum Ende des Krieges diente diese VO zur Verfolgung und Ausrottung der Polen im Altreich.

Art. 43 der Haager Konvention muss auch deshalb herangezogen werden, weil dort festgelegt ist, dass die einzige Entschuldigung für eine Weigerung der Besatzungsmacht, die ihnen in der Haager Konvention auferlegten Pflichten zu erfüllen, das Vorliegen einer „militärischen Notwendigkeit" ist. Mit anderen Worten: Der Ausdruck „soweit kein zwingendes Hinderns besteht" ist dahin ausgelegt worden, dass nur das Vorhandensein von Umständen, die die Besetzung *tatsächlich* gefährden, eine Entschuldigung oder Rechtfertigung darstellen für eine Weigerung der Besatzungsmacht, den Bürgern der besetzten Gebiete die Rechte zu gewähren, die sie ihnen nach der Haager Konvention gewähren muss.

Selbst in diesem Falle darf das von der Besatzungsmacht aufgezwungene Gesetz nur darauf abzielen, die Ordnung aufrecht zu erhalten, so dass die ungehinderte Durchführung der militärischen Maßnahmen der Besatzungsmacht gewährleistet ist und ferner das Ausbrechen eines Chaos unter der Bürgerschaft des besetzten Gebietes verhindert wird. Niemals aber kann dieser Art. eine diskriminierende VO der Besatzungsmacht rechtfertigen, der man auf den ersten Blick ansieht, dass sie nicht darauf hinzielt, die Ordnung aufrecht zu erhalten oder wiederherzustellen, sondern die einen wohlüberlegten Plan zur Versklavung und Ausrottung darstellt. Ich kann hier die VO oder ihre Vorschriften nicht wörtlich wiedergeben, aber ich will einen Teil der Schlussbegründung der Anklagebehörde zitieren, die die hauptsächlichen Grundzüge dieser diskriminierenden VO enthält.

„Diese VO vom 4.12.1941 ordnete unter anderen Dingen an, dass sich Polen und Juden in den eingegliederten Ostgebieten ‚deutschen Gesetzen und VO entsprechend' zu verhalten hätten und sich von allem fernhalten müssten, was der ‚Hoheit des Deutschen Reiches und dem Ansehen des deutschen Volkes abträglich ist'. Die VO sah vor, dass gegen Polen und Juden bei Begehen einer Gewalttat ‚gegen einen Deutschen wegen seiner Zugehörigkeit zum deutschen Volkssturm' die Todesstrafe verhängt werden soll. In Fällen, wo die Todesstrafe nicht vorgesehen war, erklärte die VO, ‚soll sie verhängt werden', wenn die Tat von ‚besonders niedriger Gesinnung' zeugt oder aus ‚anderen Gründen besonders schwer' ist; Jugendliche konnten zum Tode verurteilt werden (deutsche Jugendliche konnten damals nicht zum Tode verurteilt werden) und ein Pole oder Jude sollte strafverfolgt werden, ‚wenn seine Bestrafung im öffentlichen Interesse geboten ist".

Wir müssen uns daran erinnern, dass der offenkundige Zweck dieses Gesetzes nicht die Aufrechterhaltung der Ordnung in diesen einverleibten Ostgebieten war – eine Idee, die völkerrechtlich gerechtfertigt wäre. Es gibt keinen Präzedenzfall in der neueren Geschichte, dem man den Zweck dieser VO an die Seite stellen könnte, nicht einmal die Aufzwingung deutschen Rechts Belgien gegenüber während des ersten Weltkriegs – eine Handlung, die ja selbst für ungesetzlich erklärt worden ist. Diese VO bezweckte einzig und allein die Bestrafung von Verbrechen, die Polen gegen Deutsche verübten. Sie stand in keinerlei Beziehung zu den Erfordernissen der Kriegführung oder zur Aufrechterhaltung der inneren Ordnung in Polen zum Vorteil einer polnischen Nation, die von Menschen gebildet wurde, die im Genuss der vollen Bürgerrechte standen."

Aber das letzte Glied in der Beweiskette stützt sich auf die Vorschrift, dass in jedem Fall eine „militärische Notwendigkeit" vorliegen muss, um die Verweigerung der durch Art. 43 gewährleisteten Rechte zu rechtfertigen. Zweifellos ist auch diese „militärische Notwendigkeit" die einzige Norm, an der man die Behauptung der Besatzungsmacht messen kann, dass sie sich „einem zwingenden Hindernis" gegenüber sehe, die ihr auferlegten Pflichten zu erfüllen. Dieser Fall stellt demgemäß eine Ausnahme dar und die Behauptung des Vorliegens dieser Ausnahme enthält ein qualifiziertes Geständnis: Die Anklagebehörde hatte es in diesem Falle nicht notwendig, das Fehlen einer „militärischen Notwendigkeit" nachzuweisen, um einen Verstoß gegen Art. 43 festzustellen. Im Gegenteil: sobald das Beweismaterial ergeben hatte, dass die Besatzungsmacht das „im Lande gültige Gesetz" durch Erlass und Durchführung der Polen- und JudenstrafrechtsVO missachtet hatte, war es Sache der Angeklagten, das Vorhandensein von Umständen nachzuweisen, die einen diese Handlung rechtfertigenden Zustand der „militärischen Notwendigkeit" geschaffen hatten.

Die Akten enthalten auch nicht ein Tüpfelchen von solchem Beweismaterial. Im Gegenteil, der positive Beweis liegt vor, dass „militärische Notwendigkeit" als Grundlage oder Begründung für die Anwendung dieses Gesetzes nicht einmal in Betracht gezogen worden ist. Dieser Beweis ergab sich zu einem großen Teil, wenn nicht gänzlich aus dem von der Verteidigung vorgelegten Material. (Hitlers Lehren von „Herrenrasse" und „Lebensraum" hatten sie gegenüber den Pflichten, die

Deutschland durch das Völkerrecht auferlegt waren, so abgestumpft und gleichgültig gemacht, dass ihre Gedankengänge zwei Jahre später, als sie ihre eigene Verteidigung planten, noch immer unter diesem Einfluss standen.) Der Beweis, von dem ich spreche, besteht aus Artikeln, die Freisler in der Zeitschrift „Deutsche Justiz" im Dez. 1941 und im Januar 1942 veröffentlichte. Die von Schlegelberger genehmigten Artikel zeigen ganz eindeutig, dass der Erlass und die Durchführung der Polen- und JudenVO auf rein politischen Gründen beruhte. Wenn es aber politische Gründe waren, dann waren sie nicht von einer „militärischen Notwendigkeit" abhängig. Die „militärische Notwendigkeit" ist aber, wie ich schon auseinandergesetzt habe, der einzige vom Völkerrecht anerkannte Grund, der die Verweigerung der den Bewohnern des besetzten Landes durch Art. 43 gewährleisteten Rechte entschuldigt. Deshalb können politische Gründe, die nach dem Ergebnis der Beweisaufnahme, die einzigen Gründe für den Erlass und die Durchführung der Polen- und JudenVO waren, diese Handlung nicht rechtfertigen, und alle Verurteilungen und Hinrichtungen aufgrund dieses Gesetzes waren prima facie rechtswidrig, und wiederum wäre es Sache der Männer auf der Anklagebank gewesen, sie zu rechtfertigen.

Ein genügender Beweis der Tatsache, dass politische Überlegungen die einzigen Beweggründe waren, ergibt sich aus den folgenden Zitaten aus Freislers Artikeln in der Zeitschrift „Deutsche Justiz": „Daher stand auch die Auslegung der Strafgesetze und die Strafrechtsschöpfung als Ganze wie in jedem einzelnen Fall immer unter dem Leitgedanken des Zieles der deutschen politischen Arbeit in jenen Gauen." – „Mit der Gerechtigkeit steht die politische Aufgabe einer Strafrechtspflege überhaupt nicht im Widerspruch. Die Richtlinien dafür, um zu einer gerechten Entscheidung, insbesondere auch bei Rechtsschöpfung gemäß Ziff. II zu gelangen, gewinnt die Polenstrafrechtspflege beim Blick auf das Ganze des deutschen Volkes und Reiches aus den Staatsnotwendigkeiten, deren rechtliche Erfassung sich aus den politischen Zielsetzungen der deutschen Arbeit in den eingegliederten Gebieten ergibt."

Wer wird gegenüber solchem Beweismaterial aufstehen und zu behaupten wagen, dass die Gesetzgebung gegen Polen und Juden völkerrechtlich zulässig gewesen sei, ganz zu schweigen von christlicher Moral und Ethik!

Zwar war das Justizministerium für die Durchführung dieses Gesetzes außerhalb des Altreiches nicht zuständig, aber das Gesetz war aufgrund der darin enthaltenen Vorschriften (Abschnitt I–IV) anwendbar auf diejenigen Polen im Altreich, die vor dem 1.9.1939 polnische Bürger gewesen waren und in Polen gelebt hatten und erst später im Altreich aufgetaucht waren. Solche Polen fielen unter die Sondergesetzgebung, und deutsche Gerichtshöfe haben sie ihren Entscheidungen zugrundegelegt, bis der Zusammenbruch des Tausendjährigen Reiches den Feindseligkeiten ein Ende machte. Zweifellos war die VO ungültig, weil die Gründe für ihren Erlass den Vorschriften des Völkerrechts nicht genügten. Verurteilungen aufgrund dieser VO, für die weder eine Erklärung noch eine Rechtfertigung vorlag, stellen also Handlungen dar, die „gegen Kriegsrecht und Kriegsbrauch verstoßen" und sind somit Kriegsverbrechen. Die Anklagebehörde hat ausgeführt, dass Deutschland durch rechtswidrige Deportation der polnischen Staatsbürger aus Polen, wo die Anwendung des Erlasses zweifelsohne gesetzwidrig war, nach Deutschland sich unmöglich der Verantwortung für ein Verbrechen entziehen konnte, das sich aus der Durchführung desselben Erlasses gegen dieselben Leute in Polen ergeben hätte. „…" Es ist daher klar, dass die aufgrund dieses Erlasses durchgeführten Prozesse gegen Polen, die unrechtmäßig nach Deutschland deportiert worden waren, trotz allem ein Kriegsverbrechen darstellen, obgleich der Ort der Verhandlung infolge dieser Deportation ein anderer geworden war."

Aufgrund dieser Rechtsauffassung, dass nämlich trotz der Deportation der Polen nach Deutschland auch die in Deutschland erfolgte Anwendung der „Polen- und Judengesetzgebung" ein Kriegsverbrechen darstellt, ist die Anklagebehörde zu der Überzeugung gekommen, dass die Verurteilungen, die zu der gleich zu erörternden Gattung gehören, nämlich Verurteilungen von Polen wegen Hoch- und Landesverrats ebenfalls Kriegsverbrechen darstellen. Dazu kam noch, dass überhaupt kein Beweis dafür vorlag, dass die Polen dem Deutschen Reich irgendeine Treupflicht schuldeten, und das ist das wesentlichste Tatbestandsmerkmal von Hoch- und Landesverbrechen.

Die Anklagebehörde stand nicht auf dem Standpunkt, dass Polen nach dem 1.9.1939 „freiwillig" zur Arbeit nach Deutschland gekommen seien; sie war deshalb der Auffassung, dass aus den oben auseinandergesetzten Gründen die Prozesse gegen Polen als Kriegsverbrechen zu betrachten seien.

Nach der Auffassung der Anklage müsse ferner, selbst wenn der Gerichtshof sich auf den Standpunkt stellen sollte, dass die Polen freiwillig zur Arbeit nach Deutschland gekommen seien, die Anwendung der „Polen- und Judengesetzgebung" als ein Teil eines Planes angesehen werden, die Polen aus rassischen und politischen Gründen zu verfolgen und auszurotten. In dieser Hinsicht waren wir einig mit dem Gerichtshof, der entschieden hat, dass diese Prozesse als Verbrechen gegen die Menschlichkeit anzusehen seien.

Das Gericht hat diese Frage unter einem umfassenderen Aspekt betrachtet. Es hat das gesamte Beweismaterial untersucht, das dafür vorliegt, dass tatsächlich ein von der Regierung organisiertes Programm zur Verfolgung und Ausrottung von Polen und Juden bestand. Es hat den Schluss gezogen, dass die Vollziehung und Durchsetzung des Gesetzes gegen Polen und Juden ein Bestandteil dieses Programms und ein Beweis für seine Existenz war. Dies hat das Gericht zu folgendem weiteren Schlusse geführt:

In denjenigen Fällen, in welchen die Anwendung des Gesetzes in einer jeden begründeten Zweifel ausschließenden Weise gezeigt hat, dass der Richter den Vorsatz hatte, Polen in Ausführung des von der Regierung organisierten Vernichtungsplans auszurotten, muss der Richter des Verbrechens gegen die Menschlichkeit schuldig befunden werden.

Um Sie mit dem einschlägigen Beweismaterial und mit dem diesbezüglichen Gedankengang des Gerichts vertraut zu machen, will ich aus den Entscheidungsgründen die folgende kurze Stelle anführen: „Von besonderer Bedeutung ist das Protokoll über den Erlass von Strafgesetzen für Polen und Juden in den eingegliederten Ostgebieten. Am 17.4.1941 richtete der Angeklagte Schlegelberger einen Brief an den Reichsminister und Chef der Reichskanzlei. Darin stellt er fest, dass er sofort, nachdem die Sondergerichte aufgrund des Erlasses vom 5.9.1939 in den Ostgebieten eingeführt worden waren, den Versuch gemacht habe, diese ‚Gerichte mit ihrem besonders schnellen und energischen Verfahren zum Mittelpunkt der Bekämpfung aller polnischen und jüdischen Verbrechen' zu machen. Es sagte, ‚dass das Klageerzwingungsverfahren aufgehoben wurde, weil es unverträglich erscheint, dass Polen und Juden auf diesem Wege den deutschen Staatsanwalt zur Erhebung einer Anklage zwingen können.'"

Er sagt weiter: „Nachdem ich von der Willensäußerung des Führers Kenntnis erhalten hatte, dass die Polen (und wohl auch die Juden) auf strafrechtlichem Gebiete *grundsätzlich* anders als die Deutschen zu behandeln sind, habe ich nach vorbereitenden Besprechungen mit dem OLG-Präsidenten und den GStA der eingegliederten Ostgebiete den anliegenden Entwurf über die Strafrechtspflege gegen Polen und Juden in den eingegliederten Ostgebieten und im Gebiet der ehemalig freien Stadt Danzig aufgestellt."

Weiter sagt er: „Schon bisher bin ich in Übereinstimmung mit der Auffassung des Stellvertreters des Führers davon ausgegangen, dass der Pole gegen den Vollzug einer gewöhnlichen Freiheitsstrafe weniger empfindlich ist. Ich hatte deshalb schon im Verwaltungsweg dafür gesorgt, dass Polen und Juden von anderen Gefangenen getrennt gehalten werden und dass der Strafvollzug gegen sie in strengerer Form durchgeführt wird. Nr. 3 geht noch einen Schritt weiter und setzt an die Stelle der reichsrechtlichen Gefängnis- und Zuchthausstrafen andere neuartige Freiheitsstrafen, nämlich das Straflager und das verschärfte Straflager."

Ein Memorandum vom 22.4.1941 mit dem gleichen Aktenzeichen wie Schlegelsbergers Brief besagt, dass Schlegelberger den vorgeschlagenen Entwurf weitergeleitet hat und fügt hinzu:

„Der Entwurf stellt ein drakonisches Sonderstrafrecht für Polen und Juden auf, das sehr weite Tatbestände formuliert und überall die Todesstrafe zulässt. Auch die Art der Freiheitsstrafe ist gegenüber dem deutschen Strafrecht verschärft."

Am 1.4.1943 erklärte ein vom RJMin. an die GStA und andere gerichteter Brief, dass das Reichssicherheitsamt durch Erlass vom 11.3.1943 angeordnet hat:

„a) Juden, die gemäß Ziff. VI der Richtlinien aus einer Vollzugsanstalt entlassen werden, sind durch die für die Vollzugsanstalt örtlich zuständige Staatspolizei(-leit) stelle auf Lebenszeit gemäß den ergangenen Schutzhaftbestimmungen dem Konzentrationslager Auschwitz bzw. Lublin zuzuführen. Das Gleiche gilt für Juden, die zukünftig nach Verbüßung einer Freiheitsstrafe aus einer Vollzugsanstalt zur Entlassung kommen.

b) Polen, die gemäß Ziff. VI der Richtlinien aus einer Vollzugsanstalt entlassen werden, sind für die Vollzugsanstalt örtlich zuständigen Staatspolizei(-leit)stelle auf Kriegsdauer gemäß den ergangenen Schutzbestimmungen einem Konzentrationslager zuzuführen.

Das Gleiche gilt für Polen, die zukünftig nach Verbüßung einer Freiheitsstrafe von mehr als fünf Monaten aus einer Vollzugsanstalt zur Entlassung kommen."

Als krönendes Beispiel fanatischer Dummheit zitieren wir das folgende, im April 1943 herausgegebene Dokument, das dem Angeklagten Rothenberger auf seinem Schreibtisch gelegt und von ihm abgezeichnet wurde.

Der Reichsminister der Justiz, Führerinformation 1943:

„Eine Volljüdin hat nach der Geburt eines Kindes ihre Muttermilch an eine Kinderärztin verkauft und verschwiegen, dass sie Jüdin ist. Mit der Milch wurden deutschblütige Säuglinge einer Kinderklinik genährt. Die Beschuldigte wird wegen Betrugs angeklagt. Die Abnehmer der Milch sind geschädigt, weil die Muttermilch einer Jüdin nicht als Nahrung für deutsche Kinder gelten kann. Das unverschämte Verhalten der Beschuldigten ist auch eine Beleidigung. Von der Einholung entsprechender Strafanträge ist jedoch abgesehen worden, um unter den Eltern, die den wahren Sachverhalt nicht kennen, nicht nachträglich noch Beunruhigung hervorzurufen.

Die Rassenhygienische Seite des Falles werde ich mit dem Reichsgesundheitsführer erörtern. – Berlin, den ... 4.1943."

Dies ist nur ein bescheidenes Einzelbeispiel aus der Fülle der Beweise, die in *amtlichen deutschen Dokumenten* enthalten sind (das sollten sich diejenigen gesagt sein lassen, die darüber Zeter schreien, dass die Amerikaner angeblich Zeugen durch Zwang zu Aussagen beeinflussen). Das Gericht behandelt diese amtlichen Dokumente auf mehr als 20 Seiten, bevor es daraus das folgende Ergebnis zieht:

„Das Beweismaterial ergibt schlüssig die Annahme und Anwendung systematischer, von der Regierung organisierter und gebilligter Maßnahmen, welche durch das KR-Ges. 10 unter Strafe gestellte Gräueltaten und Verbrechen gegen die ‚Bevölkerung' aus rassischen Gründen darstellen. – Insofern diese Maßnahmen im besetzten Gebiet durchgeführt wurden, bilden sie den Tatbestand von Kriegsverbrechen und Verbrechen gegen die Menschlichkeit. Insofern sie im Altreich gegen Personen deutscher Nationalität durchgeführt wurden, bilden sie den Tatbestand von Verbrechen gegen die Menschlichkeit."

Das System und der Plan der Rassenverfolgung ist deutlich gemacht worden. Allgemeine Kenntnis seiner großen Umrisse, in all ihrer Ungeheuerlichkeit, ist den Angeklagten beigebracht worden. Es verbleibt nur die Frage, ob das Beweismaterial in einer jeden vernünftigen Zweifel ausschließenden Weise im Falle der einzelnen Angeklagten dartut, dass jeder Einzelne bewusst an diesem Plane mitgewirkt oder zustimmend an ihm teilgenommen hat.

Ich habe Ihnen die widerstreitenden Ansichten der Anklagebehörde und des Gerichts in dieser Frage vor Augen geführt, damit Sie als Juristen verstehen können, dass es durchaus möglich ist, dass eine und dieselbe Handlung entweder ein Kriegsverbrechen oder ein Verbrechen gegen die Menschlichkeit oder endlich beides zugleich darstellen kann. Ich glaube, Sie werden mir darin zustimmen, dass diese Möglichkeit letzten Endes auf die bösartige, unmoralische und wissenschaftlich unbegründete Rassenlehre zurückzuführen ist, mit der Hitler den Geist des deutschen Volkes vergiftete. Ich habe jedoch bereits dargelegt, dass gegen keinen einzigen Angeklagten ein Strafverfahren mit dem Ziele eingeleitet worden ist, ihn wegen zweier durch eine und dieselbe Handlung begangene Verbrechen zu verurteilen, obwohl die bewusste Politik der Staatsregierung so hassenswerte und massenhafte Verbrechen herbeiführte.

Bevor ich mich der Erörterung der Tatbestände zuwende, aufgrund welcher die Angeklagten wegen Verbrechens gegen die Menschlichkeit verurteilt worden sind, möchte ich kurz auf die tragende Grundlage dieser Verurteilungen hinweisen. In Bezug auf die Amtshandlungen des Angeklagten *Lautz*, eines StA, und der Angeklagten *Rothaug* und *Oeschey*, die Richter waren, hat das Gericht das Beweisergebnis in zahlreichen Fällen dahin gewürdigt, dass nicht etwa Polen oder Juden lediglich in Anwendung des Gesetzes gegen Polen und Juden abgeurteilt wurden, sondern dass die *Art und Weise der Anwendung* dieses Gesetzes bei Berücksichtigung aller im Einzelfalle mitwirkenden Tatsachen klar und erwiesen hat, dass die Angeklagten das Gesetz als tödliche Waffe dazu benutzten, das von der Regierung planmäßig verfolgte Ziel der Verfolgung und Ausrottung aus rassischen Gründen zu fördern. Die damals angeklagten Polen oder Juden wurden nicht verurteilt, weil sie Verbrecher waren, sondern weil sie Polen oder Juden waren.

Die beste Veranschaulichung der Anwendung dieser Strafvorschrift durch das Militärgericht ist letzten Endes weniger in denjenigen Fällen zu finden, in welchen eine Verurteilung gerechtfertigt erschien – obschon ich nicht glaube, dass irgendjemand die Richtigkeit dieser Verurteilungen bestreiten wird –, sondern in der Anwendung der Vorschrift auf den freigesprochenen Angeklagten *Cuhorst.*

Ich zitiere: Was Anklagepunkt III betrifft, so ist das Problem hier beträchtlich komplizierter. Es gibt im Gerichtsprotokoll eine Menge eidesstattlicher Erklärungen und vielerlei Zeugenaussagen über den Charakter des Angeklagten, als den eines fanatischen Nazis und rücksichtslosen Richters. Es liegt auch viel Beweismaterial über die willkürliche, unfaire und unrichterliche Art vor, in der er Gerichtsverhandlungen führte. Einiges von dem belastenden Material wurde im Kreuzverhör abgeschwächt, aber das allgemeine Bild, das ihn als solchen Richter darstellt, wird von dem Gerichtshof übernommen: – Die Fälle, die hier bezüglich seiner Verbindung mit diesem Verfahren festgestellten Verbrechen nach Punkt 3 in Erwägung zu ziehen sind, werfen die Frage auf, ob das Beweismaterial seine Verbindung mit der Verfolgung von Polen festlegt. In diesem Zusammenhang heben wir den Fällen Skowron und Pietra besondere Beachtung geschenkt. – Nach dem vorhandenen Beweismaterial erachtet sich der Gerichtshof nicht in der Lage, in einer über jeden vernünftigen Zweifel erhabenen Weise erklären zu können, dass der Angeklagte schuldig sei, Strafen aus rassischen Gründen verhängt zu haben, oder in einer über jeden vernünftigen Zweifel erhabenen Weise sagen zu können, dass er die diskriminatorischen Bestimmungen der Polen- und JudenstrafrechtsVO zum Nachteil der Polen anwandte, die er aburteilt.

Nunmehr möchte ich Ihnen eine Reihe von Fällen vorführen, welche Ihnen diejenigen Handlungen veranschaulichen können, wegen welcher einzelne Angeklagte verurteilt worden sind.

Ich erwähne zunächst den Angeklagten *Lautz.* Das Gericht hat in den Urteilsgründen die tatsächlichen und rechtlichen Gesichtspunkte aufgrund deren er der Begehung von Verbrechen gegen die Menschlichkeit schuldig befunden wurde, so treffend dargelegt, dass ich es kaum nötig haben werde, die Zitate durch eigene Erläuterungen zu ergänzen.

Wir anerkennen die Tatsache, dass in einem unter kriegerischer Besatzung stehenden Gebiet die Militärbehörden der Besatzungsmacht nach Kriegsrecht und -brauch Landeseinwohner bestrafen dürfen, die sich in feindliche Umtriebe gegen die Besatzungsmacht nach Art einer Fünften Kolonne einlassen. Es muss zugegeben werden, dass das Recht zur Bestrafung solcher Umtriebe von der besonderen Art der Vergehen, deren die Leute beschuldigt werden, abhängt und nicht von dem Namen, mit dem jene Handlungen beschrieben werden. Es muss auch zugegeben werden, dass Polen, die freiwillig in Altreich kamen, nach den Kriegsgesetzen für die Verletzung nicht diskriminatorischer deutscher Strafrechtsbestimmungen bestraft werden konnten.

Diese Überlegungen rechtfertigen jedoch nicht die Handlungsweise der StA des Reiches, die in zahlreichen Fällen Polen unter den folgenden Umständen des Hochverrats beschuldigten: Polen wurden des Fluchtversuchs aus dem Reich beschuldigt. Die Anklageschriften in solchen Prozessen behaupteten, dass die Angeklagten des Versuchs schuldig seien, durch Gewalt oder Androhung von Gewalt zum Reiche gehöriges Gebiet vom Reiche abzutrennen, in Verletzung der ausdrücklichen Bestimmungen von § 80 des Gesetzes vom 24.4.1934. Das Gebiet, dessen Abtrennung vom Reich versucht zu haben die Angeklagten beschuldigt wurden, waren Teile Polens, die das Reich ungesetzlich zu annektieren versucht hatte. Wenn die Theorie der deutschen StA in diesen Fällen logisch zu Ende geführt würde, so würde das bedeuten, dass jeder polnische Einwohner des besetzten polnischen Gebietes, der als Soldat in der Armee seines Landes für die Rückgabe polnischen Gebiets an Polen kämpfte, des Hochverrats gegen das Reich schuldig war und bei Gefangennahme erschossen werden konnte. Die Theorie der StA des Reichs trägt ihre eigene Widerlegung in sich.

Eine Strafverfolgung in diesen Fällen stellte eine nicht zu rechtfertigende Ausweitung des Begriffs Hochverrat dar, die unserer Überzeugung nach ein Kriegsverbrechen und ein Verbrechen gegen die Menschlichkeit war. Das durch solche Strafverfolgungen begangene Unrecht bestand nicht nur darin, dass das Vergehen des Fluchtversuchs aus dem Reich nur falsch bezeichnet wurde; das Unrecht bestand darin, die Tat fälschlicherweise als Hochverrat zu bezeichnen und damit für ein minderes Vergehen die Todesstrafe anwendbar zu machen.

Lautz schätzt, dass zwischen 150 und 200 Personen wegen Verlassens ihres Arbeitsplatzes und versuchter Flucht aus Deutschland durch Überschreiten der Schweizer Grenze strafrechtlich verfolgt wurden. Diese Fälle wurden nach den Hoch- und Landesverratsbestimmungen des StGB verfolgt.

Am 24.2.1942 erhob Perrisius als Stellvertreter des Angeklagten Lautz Anklage gegen den Polen Ledwon.

In der Anklageschrift heißt es, dass der Grund, den der Angeschuldigte Ledwon für seinen Fluchtversuch aus Deutschland angibt, „keinen Glauben verdient. Es ist vielmehr anzunehmen, dass er beabsichtigte, in die auf der Seite der Feindmacht aufgestellte polnische Legion einzutreten“. Die Anklageschrift stellt fest, dass der

Angeklagte wusste, dass das Ziel der polnischen Legion die Wiedererrichtung eines polnischen Staates sei. Aufgrund der vorangehenden Einzelbehauptungen legte die Anklageschrift den Beschuldigten zur Last; (1) das hochverräterische Unternehmen, mit Gewalt ein zum Reich gehöriges Gebiet vom Reiche loszureißen, vorbereitet zu haben; (2) im Inland es unternommen zu haben, während eines Krieges gegen das Reich der feindlichen Macht Vorschub zu leisten und sich dadurch als Pole nicht entsprechend dem deutschen Gesetz und den Anordnungen der deutschen Behörden verhalten zu haben, und (3) gegen einen Angehörigen einer deutschen Behörde eine Gewalttat begangen zu haben. Das Gericht erkannte folgende Tatsachen: Der Angeklagte ist Pole und wohnte am 1.9.1939 in Polen (s. Polen- und JudenstrafrechtsVO). Nach dem Feldzug in Polen meldete sich der Angeklagte „freiwillig" zum Arbeitseinsatz in Deutschland, und versuchte dann, das Land zu verlassen". Das Gericht stellt weiter fest, dass „der Angeklagte durch die Anklage beschuldigt wird, in die Schweiz gewollt zu haben, um dort in die polnische Legion einzutreten". Es fügt hinzu, dass die polnische Legion in der Schweiz interniert war und dass zahlreiche Polen an der Grenze aufgegriffen wurden, die teilweise überführt werden konnten, in die polnische Legion in der Schweiz gewollt zu haben.

Das Gericht erklärt dann mit ungewohnter Offenheit, dass „die Hauptverhandlung kein konkretes Beweisanzeichen dafür ergeben hat, dass der Angeklagte ... von dem Bestehen einer polnischen Legion in der Schweiz Kenntnis gehabt hat". Es war der Ansicht, dass wegen mangelnden Nachweises „der Angeklagte der Verbrechen der Vorbereitung zum Hochverrat und der landesverräterischen Feindbegünstigung nicht zu überführen" war. Die Urteilsbegründung des VGH fährt fort: „Dagegen ist der Angeklagte nach dem Ergebnis der Hauptverhandlung einer Zuwiderhandlung nach der PolenstrafrechtsVO vom 4.12.1941 schuldig. Die allgemeinen Voraussetzungen dieser VO sind erfüllt, da der Angeklagte nach Abstammung, Erziehung und Einstellung Volkspole ist und am 1.9.1939 auch im Gebiet des ehemaligen polnischen Staates ansässig war. Er hat dadurch, dass er Ende Juli 1941, also während der Erntezeit seinen Arbeitsplatz als landwirtschaftlicher Arbeiter eigenmächtig verließ, den ordnungsmäßigen Fortgang der Erntearbeiten bei seinem Arbeitgeber gestört und damit diesen benachteiligt. Darüber hinaus gereichte es aber seine Handlungsweise auch dem ganzen deutschen Volke zum Nachteil. Deutschland bedarf aber zur Deckung seines Kriegsbedarfs und zur Sicherung der Ernährung von Front und Heimat dringend aller im Arbeitseinsatz befindlichen Personen, einschließlich der ausländischen. Jeder Arbeiter, der seine Kraft durch die Flucht ins Ausland der deutschen Kriegswirtschaft dauernd entzieht, verringert damit die Zahl der notwendig gewordenen Arbeitskräfte und fügt so den Interessen des deutschen Volkes Schaden zu."

Wir haben bereits die Grundübel in der Praxis der StA erörtert, demzufolge die Polen des Hochverrats durch versuchte Abtrennung eines Gebietes vom Reich, das dem Reich nie rechtmäßig angegliedert worden war, beschuldigt wurden. Im Fall Ledwon wird die hinterhältige Arglist des Nazi-Verfahrens bloßgelegt. Wäre der Fall nur unter die Polen- und JudenstrafrechtsVO gebracht worden, so wäre der VGH nicht zuständig gewesen, deshalb wurde der Angeklagte des Hochverrats beschuldigt wegen des Versuchs, ein Gebiet vom Reich loszureißen, welches nicht zum Reich gehörte. Der Nachweis des Hochverrats misslang. Es blieb nur die Anschuldigung, dass bei dem Versuch, aus Deutschland und von der Zwangsarbeit dort zu entfliehen, der Angeklagte einen Zollbeamten mit der Faust angriff, und dass er seine Tat als Pole unter Verletzung der Polen- und JudenstrafrechtsVO beging. Nach diesem diskriminatorischen Gesetz wurde Ledwon zum Tode verurteilt und hingerichtet. Der Angeklagte Lautz ist der Teilnahme an dem nationalen Programm der rassischen Vernichtung von Polen, durch Verdrehung der Hochverratsgesetzgebung schuldig.

Der Angeklagte Lautz ist ferner dessen schuldig befunden worden, dass er sein Amt dazu missbraucht hat, einen Justizmord an einem polnischen Staatsangehörigen zu begehen, weil dieser in der Zeit vor dem 1.9.1939 einen anderen Staatsangehörigen, der deutschen Volkstums war, den polnischen Gerichten ausgeantwortet hatte, weil er für Deutschland gegen Polen Spionage getrieben hatte. Der Sachverhalt ist in den Urteilsgründen ausführlich dargelegt worden.

Eine geheime Mitteilung des Angeklagten Lautz an den RJM ist besonders interessant. Ein Vorschlag zur Strafverfolgung gewisser Polen unter Anschuldigung des Hochverrats wegen Taten, die vor dem Krieg in Polen begangen worden waren, stand in Erwägung. Bei seiner Erörterung zitiert Lautz Himmler, das Auswärtige Amt und den Präsidenten des VGH. Die Tatsachen, aufgrund deren die Stellungnahme abgegeben wurden, können folgendermaßen erläutert werden. Ein Pole macht vor dem Krieg in Polen gegen einen polnischen Staatsangehörigen deutschen Blutes ein Verfahren anhängig, in dem er den Volksdeutschen der Teilnahme an gegen Polen gerichteten Umtrieben der Fünften Kolonne beschuldigt. Während des Krieges wird der Pole, der das Verfahren gegen den Volksdeutschen anhängig macht, gefangen. Die Frage lautete: Kann ein Pole von einem deutschen Gericht strafrechtlich verfolgt werden unter Anschuldigung des Hochverrats gegen das Deutsche Reich, wobei die Anschuldigung auf die Tatsache gestützt wird, dass er den Volksdeutschen in Polen hatte strafrechtlich verfolgen lassen? Himmler behauptet, „dass die fremdländische Polizei den Volksdeutschen gegenüber Maßnahmen anwandte, die dem Völkerrecht und dem Minderheitsrecht" widersprachen und dass derartige Täter strenge Bestrafung verdienen, aber er sagt auch, dass soweit es sich um Volksdeutsche handelt, § 91 Abs. 2 des RStGB „nicht unmittelbar anwendbar ist, weil die Volksdeutschen nach formellem Staatsrecht nicht die deutsche, sondern die polnische Staatsangehörigkeit besaßen. Insoweit kann ich nur anregungsweise der Meinung Ausdruck geben, dass auf dem Verrat Volksdeutscher an die ausländische Polizei ... § 91 Abs. 2 StGB anzuwenden ist ..." Wir betonen die Tatsache, dass die zur Erörterung stehende Frage sich auf die vorgeschlagene Verfolgung eines Polen wegen Taten bezog, die vor dem Kriegsbeginn begangen wurden, zu einer Zeit, wo Polen die volle Ausübung seiner Hoheitsrechte in seinem ganzen Gebiet innehatte. Die Frage konnte sich nicht gut auf Taten beziehen, die begangen worden waren, nachdem Polen überrannt und ein Teil willkürlich eingegliedert war, denn damals wären polnische Behörden nicht in der Lage gewesen, Volksdeutsche zu verfolgen.

Der Angeklagte Lautz gab seiner Ansicht offen Ausdruck, dass die deutsche Gesetzgebung über Hochverrat den zur Erörterung stehenden Fall nicht betraf. Hierin hatte er völlig recht.

Mit einfachen Worten, Lautz schlug vor, dass die Gerichte gegen Polen verhandeln und sie verurteilen sollten, wegen Taten, die überhaupt kein Gesetz verletzten, wenn sie nach gesundem Volksempfinden Bestrafung verdienten. Dieser Vorschlag verstößt gegen jede Auffassung von Gerechtigkeit und Anstand, wo immer er auch angewendet wird, aber mit der Anwendung gegen einen Polen wegen einer Tat, die er in seinem eigenen Land in Friedenszeit begangen hatte, wird dieser Vorschlag zu einem Denkmal nationalsozialistischer Arroganz und Verbrechens. Ein solcher Pole stand in keinem Treueverhältnis zu einem anderen Staat als Polen und unterstand nur der Gerichtsbarkeit des polnischen Staates. Die Verfolgung des Polen Golek stellt eine handgreifliche Verletzung der Kriegsgesetze dar (vgl. Zitate aus der Haager Konvention, oben), und jeder Beamte, der an einem derartigen Verfahren teilnahm, wäre eines Kriegsverbrechens nach KR-Ges. 10 schuldig. Das Dokument zeigt, dass ähnliche Fälle wie der Fall Golek vor dem VGH verhandelt wurden und dass in Zukunft weitere Strafverfolgungen erwartet wurden. In eigener Sache hat der Angeklagte Lautz ausgesagt, dass in mehreren Einzelfällen die Entscheidung des Ministers eingeholt werden musste. Wir sind zu der Annahme berechtigt, dass Lautz' Erwartungen erfüllt wurden, und dass er an der Strafverfolgung von Golek und ähnlichen Fällen teilnahm.

Der Angeklagte *Rothaug* ist wegen Verbrechens gegen die Menschlichkeit verurteilt worden, die er als Präsident des Nürnberger Sondergerichts gefällt hat. Aus der Masse der vorliegenden Beweise hat das Gericht drei Fälle ausgewählt. Wir werden für zwei dieser Fälle Auszüge zitieren. Der eine von ihnen betrifft zwei polnische Mädchen, von denen das eine 17 Jahre alt war, der andere betrifft einen Juden namens Leo Katzenberger, einen 68jährigen Nürnberger Bürger.

Aus der sorgfältigen Darstellung des ersten der beiden Fälle durch das Gericht führe ich nunmehr einige Auszüge an:

Der erste Fall, der betrachtet werden muss, ist der Fall Durka und Struss. Unsere Kenntnis dieses Falles stützt sich hauptsächlich auf das Beweismaterial, das Hans Kern, der Verteidiger eines der Angeklagten, und Hermann Markl, der StA in diesem Fall, erbracht haben und auf die Aussagen des Angeklagten Rothaug. – die wesentlichen Tatbestände sind kurz folgende: Zwei Polinnen, eine nach Kerns Aussage 17 Jahre alt, die andere etwas älter, waren der Brandstiftung in einem Bayreuther Rüstungsbetrieb angeklagt. Dieses angebliche Feuer hat in der Fabrik keinen wesentlichen Schaden angerichtet, aber sie waren in der Nähe, als es ausbrach, und wurden verhaftet und von der Gestapo verhört. Beide legten angeblich Geständnisse vor der Gestapo ab. Fast unmittelbar nach diesem Vorfall wurden sie von der Gestapo nach Nürnberg zur Verhandlung vor dem Sondergericht gebracht. – Der Zeuge Kern wurde ungefähr zwei Stunden vor Beginn der Hauptverhandlung von dem Angeklagten Rothaug aufgefordert, in dem Fall als Verteidiger zu fungieren. Er machte Rothaug darauf aufmerksam, das ihm keine Zeit zur Vorbereitung einer Verteidigung zur Verfügung stehe. Nach Korn erklärte Rothaug, dass, wenn er die

Verteidigung nicht übernehmen würde, die Verhandlung eben ohne Verteidiger durchgeführt werden würde. Nach Rothaug sagte er Kern, er würde einen anderen Verteidiger bestellen. Jedenfalls sollte die Verhandlung sofort stattfinden. – Die Verhandlung selbst dauerte nach Kern etwa eine halbe Stunde. Nach der Aussage des Angeklagten ungefähr eine Stunde; nach Markl wurde sie mit der Schnelligkeit eines Standgerichtsverfahrens durchgeführt.

Diese beiden jungen Polinnen wurden zum Tode verurteilt und vier Tage nach der Hauptverhandlung hingerichtet. Aufgrund der Beweise hielt dieser Gerichtshof dafür, dass diese beiden jungen Frauen überhaupt keines wahrhaften Prozesses teilhaftig wurden, sondern hingerichtet wurden im Einklang mit dem nationalsozialistischen Vernichtungsplan, weil sie polnische Staatsangehörige waren.

Der Fall Katzenberger ist – soweit dem Angeklagten Rothaug bekannt – nach dem eigenen Zeugnis dieses Angeklagten der einzige Fall, in welchem ein Jude wegen angeblicher Rassenschande zum Tode verurteilt wurde. Katzenberger war damals 68 Jahre alt.

Ich zitiere aus den Urteilsgründen: Der dritte zu erörternde Fall ist der des Leo Katzenberger. Das Beweismaterial zeigt, dass Lehmann Israel Katzenberger, gemeinhin Leo Katzenberger genannt, der ein Kaufmann und Vorsitzender der Israelitischen Kultusgemeinde in Nürnberg war, dass er wegen eines Verbrechens nach § 2, rechtlich zusammentreffend mit einem Verbrechen nach § 4 der VO gegen Volksschädlinge in Verbindung mit einem Verbrechen der Rassenschande zum Tode verurteilt wurde. Der Prozess wurde in öffentlicher Sitzung am 13.3.1943 durchgeführt. Katzenberger war damals über 68 Jahre alt.

Die entscheidenden Tatsachen in diesem Falle sind im Wesentlichen die folgenden: Im ersten Halbjahr 1941 erließ der Zeuge Groben einen Haftbefehl gegen Katzenberger, der beschuldigt war, intime Beziehungen mit der Fotografin Seiler gehabt zu haben. Aufgrund der polizeilichen Erhebungen war tatsächlicher Geschlechtsverkehr nicht bewiesen und Katzenberger bestritt die Beschuldigung. Auf Grobens Rat hin willigte Katzenberger ein, dass er vorläufig keine Schritte gegen den Haftbefehl unternehmen, sondern weitere Untersuchungsergebnisse abwarten würde. Diese weiteren Erhebungen zogen sich sehr in die Länge, obschon Groben bei der StA auf Eile drängte. Trotz der Bemühungen der Polizei gelang es dieser nicht, weiteres erhebliches Beweismaterial zu erlangen, und es wurde offensichtlich, dass der einzige Weg zur Klärung der Lage war, von der Seiler eine Erklärung unter Eid zu erlangen, was auch getan wurde.

In ihrer beschworenen Erklärung sagte sie, dass Katzenberger sowohl sie als auch ihre Familie schon jahrelang gekannt habe, bevor sie nach Nürnberg gekommen war, dass seine Beziehung zu ihr eine freundliche und väterliche war, und sie stritt Geschlechtsverkehr ab. Das Beweismaterial zeigte ebenfalls, dass Katzenberger die Seiler bei verschiedenen Gelegenheiten geldlich unterstützt hatte und dass er Verwalter des Grundbesitzes war, auf dem die Seiler lebten und welcher das Eigentum einer Firma war, an der er Teilhaber war. aufgrund der Seiler-Erklärung unterrichtete Groben Katzenbergers Anwalt, Dr. Herz, vom Ergebnis und gab zu verstehen, dass jetzt die Zeit gekommen sei, gegen den Haftbefehl vorzugehen.

Nachdem Rothaug von diesem Geschehnis gehört hatte, ordnete er an, dass der Fall Katzenberger vom Strafgericht zum Sondergericht überwiesen werden solle, die erste Anklageschrift wurde zurückgezogen und eine neue wurde für das Sondergericht vorbereitet.

Im Einklang mit Rothaugs Anordnung wurde die Anklageschrift für das Sondergericht verfasst, und in dieser neuen Anklageschrift wurde Katzenberger nicht nur der Rassenschande beschuldigt, sondern eine neue Anschuldigung wurde unter der VolksschädlingsVO erhoben, welche letztere die Todesstrafe statthaft machte. In die neue Anklageschrift wurde auch Frau Seiler unter der Beschuldigung des Meineids einbezogen. Die Wirkung der Verkopplung der Beschuldigung gegen Seiler mit der gegen Katzenberger war ihre Ausschaltung als Zeugin für den Angeklagten, und ein solches Zusammenfügen widersprach den bestehenden Übungen. Damals sagte Rothaug zu Markl, dass ausreichendes Beweismaterial für Geschlechtsverkehr zwischen Seiler und Katzenberger vorliege, um ihn zu überführen, und dass er bereit sei, ihn zum Tode zu verurteilen. Markl unterrichtete das JMin. von dem Verfahren, das Rothaug gegen Katzenberger beabsichtigte und ihm wurde erwidert, dass, wenn dies Rothaugs Wünsche seien, das Verfahren gebilligt würde.

Vor Prozessbeginn besuchte der Angeklagte Rothaug Dr. Armin Baur, medizinischer Berater des Gerichts zu Nürnberg, als den medizinischen Sachverständigen im Falle Katzenberger. Er erklärte Baur gegenüber, er wolle ein Todesurteil fällen und darum sei es notwendig, den Angeklagten zu untersuchen. Rothaug bemerkte, diese Untersuchung werde eine bloße Formsache sein, da Katzenberger „ohnehin geköpft werden würde". Auf die Vorhaltung des Arztes hin, Katzenberger sei ein alter Mann und es sei fraglich, ob man gegen ihn den Vorwurf der Rassenschande erheben könne, erwiderte Rothaug: „Für mich reicht es aus, dass dieses Schwein gesagt hat, ein deutschen Mädchen hätte ihm auf dem Schoße gesessen".

Viele Zeugen haben ausgesagt, dass der Prozess den Charakter einer politischen Kundgebung hatte, hohe Würdenträger der Partei waren anwesend, darunter Reichsinspekteur Oexle. Ein Teil der Gruppe der Parteifunktionäre erschien uniformiert.

Wir haben mit einiger Ausführlichkeit das Beweismaterial dieses Falles erörtert, um die Art dieser Verfahren und die Gesinnung des Angeklagten Rothaug darzutun. Eine unbestrittene Tatsache jedoch reicht aus, um zu zeigen, dass jener Fall im Verfolg des Naziprogramms, die Juden zu verfolgen und auszurotten, lag. Es ist die Tatsache, dass nur ein Jude wegen Rassenschande vor Gericht gestellt werden konnte. Katzenberger wurde nur deswegen verurteilt und hingerichtet, weil er Jude war.

Der Angeklagte *Oeschey* war der Nachfolger Rothaugs als Präsident des Sondergerichts Nürnberg. In Anwendung des Gesetzes gegen Polen und Juden verurteilte er eine polnische Witwe Sophie Kaminska und ihren ukrainischen Liebhaber zum Tode und zwar einzig und allein deshalb, weil der Ukrainer, ein Ostarbeiter, sich zu einer Tätlichkeit gegen einen deutschen Polizeibeamten hinreißen ließ, um ihn daran zu hindern, die Kaminska in einer Gefängniszelle einzusperren. Ich beginne nunmehr das Zitat:

In voller Gerechtigkeit gegen den Angeklagten Oeschey sollen die dem Urteilsspruch zugrundeliegenden Tatsachen kurz zusammengefasst werden: Kurz nach dem Einfall in Polen kam die Kaminska nach Deutschland „zum Arbeitseinsatz". Kaminska und Wdoven hatten ein Liebensverhältnis miteinander. Beide arbeiteten für einen Bauer Gundel. Sie verlangten ihr Gehalt von Gundel, welches verweigert wurde, worauf sie zudringlicher wurden. „Wdoven gab dem Bauern tatsächlich einen Stoß". In seiner Bedrängung rief Gundel den Gefreiten Anton Wanner zu Hilfe, der sich in Uniform befand und seinen Urlaub dort verbrachte. Ein Streit folgte. Die Kaminska schlug dem Soldaten ins Gesicht und dieser zahlte ihr mit gleicher Münze heim. Während der Auseinandersetzung fiel das Sturmabzeichen des Soldaten zu Boden. Verschiedene Zwischenfälle ereigneten sich daraufhin. Der Soldat zog sein Seitengewehr und Kaminska lief aus dem Zimmer und ergriff eine Haue, ohne jedoch eine Gelegenheit zu erhalten, den Soldaten anzugreifen, da er die Türe schloss. Kurz danach fuhr der Soldat mit seinem Rad fort, und die Polin Kaminska warf ihm einen Stein nach, ohne jedoch zu treffen. Am nächsten Tag kam ein Gendarmeriewachtmeister auf den Hof und nahm die Kaminska fest, die ihm „widerwillig" folgte. Wdoven folgte ihnen, entgegen den Anweisungen des Polizisten. Dieser schlug Wdoven zweimal ins Gesicht, um ihn zu zwingen, umzukehren. Nichtsdestoweniger folge Wdoven bis zum Eingang der Zelle und versuchte, der Polin Kaminska beizustehen, als sie sich der Gefangensetzung widersetzte. Das höchste, was man aufgrund des Beweismaterials, wie es der Angeklagte Oeschey selbst darstellt, sagen kann, ist, dass hier eine echte Schlägerei mit gegenseitigen Beschimpfungen und Bedrohungen vorlag. Es ist verständlich, dass viele der oben erwähnten Feststellungen, die aus dem Urteil zitiert wurden, von den Angeklagten damals geleugnet wurden, aber, wie gesagt, verhandeln wir nicht noch einmal den Fall aufgrund der ihn zugrunde liegenden Tatsachen."

„Das Gericht sagte: ‚Die Angeklagte hatte die Unverschämtheit, einen deutschen Soldaten anzugreifen; sie nahm eine herausfordernde Haltung ein, welche zu einer *schweren Bluttat* geführt hätte, wenn der Soldat dem auf ihn gerichteten Stein nicht ausgewichen wäre.'" – Von der Kaminska sagte das Gericht: „Sie kennzeichnet sich dadurch als polnische Gewaltverbrecherin". – Der von Oeschey unterzeichnete Urteilsspruch stellt fest: „Aufgrund des § 3 Abs. 2 der PolenstrafrechtsVO muss auf Todesstrafe erkannt werden, wenn das Gesetz sie androht."

„In Bezug auf Wdoven, der ein Ukrainer war und deswegen nicht aufgrund des gegen Polen gerichteten Gesetzes verurteilt werden konnte, ließ sich das Gericht über die Tatsache aus, dass er gewusst habe, dass die deutsche Wirtschaft, die unter den Kriegsverhältnissen Fremdarbeiter benötigte, ‚insbesondere Arbeiter aus den Ostgebieten'. Das Gericht kam zu dem Schluss, dass Wdoven, der bei seinem Versuch, die Kaminska zu schützen, höchstens ganz wenig Gewalt angewandt hatte, schuldig sei, die außerordentlichen Kriegsbedingungen ausgenützt zu haben und damit einer Verletzung des Gesetzes gegen Gewaltverbrecher. Von dem Angeklagten Oeschey wurden beide Angeklagten zum Tode verurteilt.

Ich nehme an, dass meine Zuhörer der Beurteilung des Gerichts zustimmen, die lautet: „Oeschey hat in jedem Fall mit böser Absicht an dem von der Regierung organisierten System der rassischen Verfolgung teilgenommen. Das ist auch ein Fall einer derartigen Vergewaltigung der Rechtsordnung, dass das Gewissen der Menschheit sich dagegen aufbäumt."

Oeschey ist ferner der Verfolgung und Ermordung eines Mannes von deutscher Nationalität und Rassenzugehörigkeit überführt worden; er beging auch diese Tat zur Förderung der von der Regierung planmäßig durchgeführten Verfolgung von Personen aus politischen Gründen. Es handelt sich um das Todesurteil gegen Graf Montgelas in Fürth, das er *zehn Tage* vor der Einnahme Nürnbergs durch die Amerikaner verhängte.

Ich zitiere: „Am 15.2.1945 wurde als eine letzte Verzweiflungsmaßnahme angesichts der unmittelbar drohenden Niederlage das Gesetz zur Errichtung der zivilen Standgerichte erlassen. Das Gesetz bestimmte, dass das Urteil entweder Todesstrafe, Freispruch oder Überweisung an die ordentlichen Gerichte sein sollte. Aufgrund dieses Gesetzes errichtete Gauleiter Melz ein Standgericht in Nürnberg. Es setzte sich zusammen aus den Angeklagten Oeschey als Vorsitzendem und Gauinspektor Haberkern und einem Major der Wehrmacht als Beisitzer. Am 2.4.1945 wurde Karl Schroeder zum StA ernannt. Die Richter und der StA begaben sich dann auf die Gauleitung, wo der Gauleiter ihnen eine Rede hielt, in welcher er erklärte: „... dass es sich darum drehe, den amerikanischen Vormarsch aufzuhalten, da mit dem Einsatz neuer Waffen zu rechnen sei, und er erwarte, dass das Standgericht durch schärfstes Vorgehen der Front den nötigen Rückhalt gebe."

„Der erste zur Verhandlung stehende Fall war der des Grafen Montgelas." Eichinger, als Verteidiger des Grafen Montgelas, erhielt erst Kunde von dem Prozess, nachdem Montgelas verurteilt und erschossen worden war.

Eichinger, der als Zeuge vor diesem Gerichtshof erschien, war [nicht lesbar] von der Gräfin Montgelas mit der Verteidigung ihres Gatten beauftragt worden. Er erklärte, dass er sich mit StA Dr. Müller besprochen habe und benachrichtigt worden sei, dass der Staatsanwalt anerkannte: „dass er die Zuständigkeit des VGH annehme, weshalb er zur Entscheidung dieser Frage die Akte dem Oberreichsanwalt beim Volksgericht vorgelegt habe. Ich bat ihn, mich sofort nach der Rückkunft der Akten bzw. nach der Entscheidung des Oberreichsanwalts zu verständigen. Er versprach mir das und ich war vollkommen beruhigt."

„Damals befand sich Montgelas im Krankenhaus des Gefängnisses in Einzelhaft. Am 10.4. begab sich Eichinger in das Gefängnisbüro, um in die Akten des Falles Montgelas Einsicht zu nehmen, bei welcher Gelegenheit ihm der Direktor des Nürnberger Gefängnisses vertraulich mitteilte, dass Montgelas am 5.4. um 2 Uhr nachmittags vor das Standgericht geladen, zum Tode verurteilt und am nächsten Tage erschossen worden war. Das Verbrechen, dessentwegen Graf Montgelas erschossen worden war, bestand in Bemerkungen, die er in einem Privatzimmer des Grandhotels einer Dame, Frau Pfleger aus Bamberg, gegenüber gemacht hatte. Der Graf hatte abfällige Bemerkungen über Hitler gemacht und u.a. gesagt, dass dessen wirklicher Name Schickelgruber sei. Auch äußerte er sich über das Attentat auf Hitlers Leben vom 20.7.1944 beifällig. Aufgrund der Aussage Eichingers vor diesem Gerichtshof sind wir überzeugt, dass, wenn man sich ernstlich bemüht hätte, man ihn vom Prozess seines Klienten hätte im Voraus benachrichtigen können. Eichinger hat die Ansicht ausgedrückt, der dieser Gerichtshof zustimmt, dass eine um zwei Uhr zugestellte Vorladung, um drei Uhr vor einem Standgericht zu erscheinen, ein Vergehen gegen die Gerechtigkeit ist. Der einzige Zeuge, der gegen Montgelas auftrat, war ein SS-Führer, der ihm mehrere Tage gefolgt war und versucht hatte, Beweismaterial gegen ihn zu sammeln. Dadurch, dass er sich in einem Nebenzimmer verborgen hielt und eine mechanische Vorrichtung benutzte, war er in der Lage, die Unterhaltung zwischen Montgelas und der Dame zu belauschen und darüber auszusagen. Eichinger stellt fest, dass die Feststellungen des SS-Führers, der der Lauscher im Hotel war, „sich in wesentlichen Punkten widersprächen" mit den Feststellungen, die Montgelas seinem Anwalt gegenüber gemacht hatte, und dass letzterer bereits vorgeschlagen hatte, die Dame, mit welcher Montgelas sich unterhalten hatte, als Gegenzeugin für den Grafen zuzulassen.

Die Gattin des Märtyrers Montgelas gab in der amtlichen Untersuchung an, dass OStA Schroeder ihr gesagt habe, dass „keine Zeit war, dem dringenden Ersuchen meines Gatten, ihm einen Verteidiger zu verschaffen, zu entsprechen". Schroeder teilte der Gräfin auch mit, dass sie über den Verbleib des Leichnams ihres Mannes nichts erfahren dürfe, da er keines ehrlichen Todes gestorben sei. In den letzten Tagen des Krieges, als die amerikanische Armee fast vor den Toren Nürnbergs stand, weniger als einen Monat vor dem völligen Zusammenbruch des deutschen Widerstands, wird also ein kranker Mann, der in Einzelhaft gehalten wurde, am 3.4. angeklagt, am 5.4. abgeurteilt und am 6.4. erschossen, ohne Kenntnis seines Anwalts, in einem Geheimverfahren und ohne die Gewährung von Zeugen, die für ihn ausgesagt hätten. Ein derartiges Scheinverfahren ist kein Rechtsprozess, sondern Mord."

Die rechtliche Beurteilung des Tatbestands im Falle Montgelas hat das Gericht wie folgt zusammengefasst:

„KRG 10 bestimmt, dass Verfolgungen aus politischen und rassischen Gründen Verbrechen sind. Wenn auch die Tatsache allein, dass Montgelas wegen nazi- und staatsfeindlicher Bemerkungen verfolgt wurde, vielleicht keine Verletzung des KRG Nr. 10 darstellt, so sind doch die Umstände, unter welchen er vor Gericht gestellt wurde, derart, dass wir überzeugt sind, dass Montgelas nicht verurteilt wurde wegen Zersetzung der bereits zusammengebrochenen Abwehrkraft des besiegten Volkes, sondern ganz im Gegenteil, dass das Gesetz bewusst von Gauleiter Holz angewandt und von Oeschey durchgesetzt wurde als ein letzter Racheakt politischer Verfolgung. Wenn die Bestimmungen des KRG Nr. 10 nicht auf diesen Fall zutreffen, wissen wir nicht, auf welche Art politischer Verfolgung sie zutreffen sollen."

Der Rechtsgrundsatz, dass Verfolgungen aus politischen Gründen nach internationalem Recht ein Verbrechen gegen die Menschlichkeit darstellen, ist somit zum ersten Male hier in Nürnberg zur Anwendung gekommen.

Wir kommen nun zur Erörterung desjenigen Kriegsverbrechens, das in der Verkündung und Durchführung des Nacht- und Nebelerlasses besteht. Sieben Angeklagte, nämlich *Schlegelberger, Klemm, Rothenberger, Lautz, Mettgenberg, von Ammon* und *Joel* sind wegen Kriegsverbrechen verurteilt worden, weil sie durch ihre Zustimmung zu einem Plan und Unternehmen Hitlers teilgenommen oder damit in Verbindung gestanden haben, deren Durchführung die Absicht verfolgte, französische, luxemburgische, belgische, holländischen, dänische und norwegische Staatsangehörige nach Deutschland zu verschleppen, um sie dort in geheimen Prozessverfahren aburteilen zu lassen, die nur als eine Verhöhnung der Gerechtigkeit bezeichnet werden können, oder um sie in Konzentrationslager zu bringen. Das Verbrechen bestand in der Heimlichkeit dieser Verfahren, durch welche Abschnitt II, Art. 23 h und Abschnitt III, Art. 43 u. 46 der Haager Konvention verletzt wurden.

Hierzu ist von vornherein festzustellen, dass die Verletzung dieser Konvention durch die Einleitung solcher Verfahren einzig und allein durch „militärische Notwendigkeit" gerechtfertigt werden könnte und durch keinen anderen Grund; dies würde auch dann gelten, wenn wir unterstellen würden, dass der geheime Charakter des Verfahrens, die Einkerkerung ohne Gerichtsverfahren oder sogar nach erfolgtem Freispruch und die Verschleppung an und für sich zulässig wären, was in Wirklichkeit nicht der Fall ist. Die Beweislast für das Vorliegen einer militärischen Notwendigkeit liegt nach den Vorschriften aller StPO den Angeklagten ob. Aber keiner der Angeklagten hat auch nur eine Spur des Beweises einer solchen Notwendigkeit angeboten; die meisten von ihnen, wenn nicht alle, haben sogar bekundet, dass sie niemals eine Rückfrage an die Wehrmacht oder an irgendeine deutsche Regierungsstelle gerichtet haben, um aufzuklären, ob vor der Festnahme der Nacht- und Nebelgefangenen, die sie im Rahmen der Zuständigkeit des JMin. festhielten und aburteilten, das Vorliegen einer militärischen Notwendigkeit durch die deutschen Besatzungsbehörden festgestellt worden war. Soweit daher die Beweisaufnahme mit einer jeden begründeten Zweifel ausschließenden Gewissheit im Einzelfalle ergeben hat, dass ein Angeklagter mit diesem Plane in Verbindung stand, so war seine Verurteilung rechtlich eine unabweisliche Notwendigkeit; das einzig rechtlich überhaupt in Betracht kommende Verteidigungsmittel ist von den Angeklagten nicht geltend gemacht worden.

Es scheint mir wesentlich, Sie, meine Herren, als deutsche Juristen mit denjenigen Tatsachen, die den Inhalt der Beweisaufnahme bildeten, wenigstens zum Teil vertraut zu machen. Ich gebe daher folgende Stellen wörtlich wieder.

In der Frage, ob der Erlass durch militärische Notwendigkeit diktiert war, stellt das Gericht fest: „Es ist keinerlei Beweis dafür erbracht worden, dass die Aussiedlung der Bevölkerung aus den besetzten Gebieten zum Schutze der Sicherheit der Besatzungstruppen notwendig gewesen wäre."

Zur Begründung der Feststellung, dass die Prozessführung gegen die Nacht- und Nebelgefangenen mit einem unparteiischen Gerichtsverfahren auch nicht das Mindeste zu tun hatte, bemerkt das Gericht: „Die Verhandlungen gegen die NN-Angeklagten hielten nicht einmal den Schein einer fairen Verhandlung oder Rechtsanwendung aufrecht. Die eines NN-Vergehens Beschuldigten wurden verhaftet und heimlich zur Verhandlung nach Deutschland oder anderen Ländern gebracht. Sie wurden von der Außenwelt abgeschlossen gehalten. In vielen Fällen wurde ihnen das Recht der Gegenüberstellung mit Belastungszeugen oder der Stellung von Entlastungszeugen verweigert. Die Verhandlungen wurden im Geheimen abgehalten, den Angeklagten wurde das Recht auf einen Wahlverteidiger verweigert und gelegentlich wurde ihnen Rechtsbeistand überhaupt versagt. In vielen Fällen erhielten sie keine Anklageschrift, sondern der Angeklagte erfuhr erst wenige Augenblicke vor Beginn der Hauptverhandlung, welcher Art das angebliche Verbrechen war, für das er sich zu verantworten hatte. Das ganze Verfahren war vom Anfang bis zum Ende geheim, und es durfte kein öffentliches Protokoll aufgenommen werden. Diese Tatsachen werden durch erbeutete Dokumente und durch andere, während des Prozesses vorgelegte Beweismaterialien erwiesen, von denen wir einige jetzt besprechen wollen."

In Bezug darauf, dass die Gefangenen auch nach Beendigung ihrer Strafzeit und sogar im Falle ihres Freispruchs weiter in Haft gehalten wurden, hat der Angeklagte *von Ammon* Folgendes bekundet: „Diese von *Schlegelberger* gezeichnete VO v. 7.2.1942 enthielt u.a. die folgenden Bestimmungen: Ausländische Zeugen durften in den besonderen Verfahren nur mit Zustimmung des StA vernommen werden, da verhindert werden musste, dass das Schicksal der NN-Gefangenen im Ausland bekannt wurde. – Die Vorsitzenden der in Frage kommenden Gerichte mussten den StA zu erkennen geben, wenn sie von ihrem Strafantrag abweichen wollten. Freisler bemerkte hierzu, damit sei die äußerste Grenze erreicht, was man dem Gericht zumuten könne. Aber bei der Besonderheit dieses Verfahrens sei es notwendig, dass man solche Bestimmungen treffen müsse."

Als Thierack ins Reichsjustizministerium kam, hat er später die VO dahin abgeändert, dass die Gerichte ihren abweichenden Standpunkt nicht mehr dem StA zu erkennen geben mussten, dass aber die freigesprochenen NN-Gefangenen oder solche, die ihre Strafe verbüßt hatten, von den Gerichtsbehörden an die Gestapo zur Schutzhaft ausgeliefert werden sollten.

Die Praxis der Vorbringung in Konzentrationslager ist durch amtliche deutsche Dokumente erwiesen. Ich zitiere: „Die Verwendung von Konzentrationslagern für NN-Gefangene ist durch einen vom 1.8.1942 datierten, von SS-Brigadeführer und Generalmajor der SS *Glücks* unterschriebenen Brief dargetan, der Anlagen zur Kenntnisnahme und Ausführung für die leitenden Organe der KZ Mauthausen, Auschwitz, Flossenbürg, Dachau, Ravensbrück, Buchenwald und zahlreiche andere enthielt. Der Brief gibt an, dass derartige Gefangene gemäß dem *Keitel*-Befehl aus den besetzten Gebieten nach Deutschland zur Überstellung an die Sondergerichte zu verbringen sind. Sollte dies aus irgendeinem Grunde unmöglich sein, so ist der Angeklagte in eines der oben angeführten KZ einzuliefern. Die leitenden Organe der Lager wurden darüber belehrt, dass bezüglich der Haft solcher Gefangener strengste Geheimhaltung gewahrt und verhindert werden müsse, dass auf irgendeine Weise, sei es vor oder nach der Verhandlung, Verbindungen zur Außenwelt hergestellt werden."

Der Leiter des Rechtswesens bei der Wehrmacht, General *Rudolf Lehmann,* war sich dessen bewusst, dass die Nacht- und Nebelaktion und ihre Durchführung völkerrechtswidrig waren. Er hat Folgendes ausgesagt: „Ich habe gesagt, das dieser ... Plan zu missbilligen sei aus völkerrechtlichen Gründen, aus justizpolitischen Gründen und hauptsächlich deshalb, die Justiz soll niemals etwas heimlich tun. Ich habe ihm vorgehalten, was für ein Verdacht auf unserer Justiz ruhen müsse, wenn die nach Deutschland verbrachten Landeseinwohner spurlos verschwunden seien. In mir und in allen Beteiligten hat sich alles aufgelehnt, gerade gegen diesen Teil des Gedankens, der viel folgenschwerer erschien als die Frage, wer das schließlich behandeln soll. Das war auch die Meinung der Chefjuristen der Wehrmachtsstelle, ..."

Der Angeklagte *Mettgenberg* bekleidete die Stellung des Ministerialdirigenten der Abteilungen III und IV des JMin. im Rahmen der Abteilung III (Strafgesetzgebung), war er mit Völkerrechtsfragen befasst. Er entwarf geheime Allgemeine Verfügungen und Runderlasse. Er bearbeitete Nacht- und Nebelfälle und war mit dem Ziel und der Durchführung dieser Maßnahme vertraut. Hierzu hat er bekundet: „Ich war bei der grundlegenden Freisler-Besprechung, in der Nacht- und Nebelsachen zuerst aufgrund des Führererlasses besprochen wurden, nicht zugegen. Wenn ich an der Besprechung beteiligt gewesen wäre und Gelegenheit gehabt hätte, meine Meinung zu Gehör zu bringen, so hätte ich mich jedenfalls gegen die Übernahme der Nacht- und Nebelverfahren in die Justizverwaltung ausgesprochen. Es war gegen meine Beamtenerziehung, die Justiz zu etwas zu missbrauchen, was ihrer Grundeinstellung zuwider sein musste.

Wenn Herr Ammon in einer einzelnen Sache Zweifel hatte über ihre Behandlung, so haben wir diese Frage gemeinsam besprochen, und wenn sie größere Bedeutung hatte, auch gemeinsam höheren Orts zum Vortrag und zur Entscheidung gebracht. Wenn er keine Zweifel hatte, konnte er alle Sachen selbständig entscheiden. Wir bekamen die Sachen ursprünglich von der Wehrmacht, später von der Gestapo. Die Verteilung der Sachen an die zuständigen Sondergerichte oder den VGH hat Herr von Ammon selbständig verfügt. Die Überprüfung der Anklagen und Urteile hatte Herr von Ammon vorzunehmen und die Entscheidung des Ministers über die Vollstreckung von Todesurteilen herbeizuführen.

Die Frage des Ausschlusses ausländischer Beweismittel war ein Justizproblem ersten Ranges, da es uns von oben vorgeschrieben war, so fehlte dem JMin. die Bewegungsfreiheit. Das gehörte wieder zu dem Kapitel, dass man solche Sachen nicht annehmen soll."

Es ergibt sich somit klar, dass der Nacht- und Nebelerlass das Völkerrecht verletzte und eine rechtswidrige Handhabe dazu war, „unter Verletzung der Rechte und Gebräuche des Krieges Grausamkeiten und Straftaten gegen Menschen zu begehen". Sobald daher der Beweis dafür erbracht ist, dass die begangenen Handlungen den Tatbestand dieser völkerrechtlichen Strafbestimmung erfüllen, stellen sie Verbrechen dar. Wenn es erwiesen ist, dass ein Angeklagter mit dieser Maßnahme, in deren Rahmen eine fortlaufende Reihe solcher Straftaten begangen wurde, in Verbindung stand, so ist die Schuld dieses Angeklagten erwiesen.

Ich habe Ihre Zeit durch meine Ausführungen lange genug in Anspruch genommen. Trotzdem schmeichle ich mir nicht, dass ich damit alle die Zweifelsfragen beantwortet habe, die Sie über die Rechtsgrundlagen des Urteils in seiner Gesamtheit oder über die Richtigkeit der einzelnen Schuldsprüche hegen mögen. der Gegenstand gibt jedem Juristen immer neuen Stoff zum Nachdenken. Sicher aber werden Sie sich nunmehr wenigstens davon überzeugt haben, dass die Angeklagten nicht etwa nur aus dem Grunde verurteilt worden sind, dass sie hohe Stellen in Hitlers Regierung innegehabt hatten. Die Anklagebehörde ist ständig bestrebt gewesen, die Wahrheit zu ermitteln und gültigen Rechtsnormen zur Anerkennung zu verhelfen. Sie hat geflissentlich darauf verzichtet, Leidenschaften und Gefühlsmomente sprechen zu lassen. Kein Mitglied der Anklagebehörde war von persönlichem Hass gegen die Angeklagten beseelt. Dagegen empfand jedes einzelne Mitglied der Anklagebehörde die tiefste Verachtung, ja nahezu das Gefühl des Hasses gegenüber der Pervertierung der Gerechtigkeit, die durch die Beweisaufnahme enthüllt wurde. Aber diese Empfindung teilt jeder wahre Jurist, der von den ethischen Überlieferungen seines hohen Berufes erfüllt ist, welchem Volke er auch immer angehören mag.

Die Entscheidung des Gerichtshofs, besonders in der Frage des nullus crimen sine lege, und die Entwicklung und Darlegung seiner grundlegenden Rechtsauffassung über den Charakter der Verbrechen, die wir als Verbrechen gegen die Menschlichkeit bezeichnen, stellt eine Bereicherung des materiellen Völkerrechts dar, jener Summe von Rechtsnormen, die die Quelle der Hoffnung sein muss und sein wird für die in Angst und Unterdrückung lebenden kleinen Leute dieser Erde.

Die im Juristenprozess unter Anklage gestellten Männer haben mehr auf dem Gewissen als die Verbrechen, für die sie verurteilt worden sind; sie haben mehr getan als die Tradition der deutschen Justiz zu schänden und in den Staub zu ziehen, *sie haben durch ihre eigenen Handlungen* Millionen von Europäern dazu gebracht, das deutsche Volk zu hassen, und Millionen von Amerikanern veranlasst, ihm zu misstrauen.

Seht ihr Deutschen das nicht ein? Die gleichen Angeklagten, die dem polnischen Volk die Polen- und Judengesetzgebung aufzwangen, haben euch Feinde geschaffen, die ihr euch nur schwer leisten könnt! Ist es denn euch Deutschen nicht klar, dass gerade die Männer auf der Anklagebank in Nürnberg, die die Völker der überrannten Länder mit dem Nacht- und Nebelerlass zum Verstummen gebracht haben, Hunderttausende von Westeuropäern mit Misstrauen gegen jede kleinste Regung des deutschen Volkes erfüllt haben? Diese Angeklagten haben euch, dem deutschen Volke, durch ihre Verbrechen Schaden zugefügt. Sie sind nicht Helden und Märtyrer, sie sind Verräter eures Volkes.

Selbstverständlich darf ein ganzes Volk niemals für das Böse, das seine Führer verübt haben, verurteilt werden. Aber ein kluges und reumütiges Volk würde bestimmt keinen Versuch machen, solche üblen Führer, die so viel Elend in der Welt angestiftet, zu Märtyrern zu stempeln und ihre fluchtwürdige Laufbahn mit dem Unglück gekrönt haben, das sie über das deutsche Volk brachten!

Sie und ich dürfen nicht vergessen, dass der Einzelne einen Nebenmenschen nicht nur nach dem beurteilt, was er tut, sondern auch danach, welche Art von Leuten er als Vorbild betrachtet.

Ebenso beurteilen die Bürger der Nationen in dieser Zeit die Bürger anderer Nationen nicht nur nach ihren Handlungen, sondern auch danach, welche Art von Männern sie sich als ihre Helden erwählen. Denn ein nationalistisches Volk wird sich bei der Wahl seiner neuen Führer mit Sicherheit Männer aussuchen, die den Vorbildern seiner vergangenen Helden ähnlich sind.

Die anderen Völker dieser Erde wissen das. Deshalb warne ich euch: Überlegt das wohl! Denn die Augen der Menschen, denen Deutschland Leiden zugefügt hat, beobachten euch, um zu sehen, was sie von dem Deutschland von morgen zu erwarten haben. Lasst euch nicht irreführen durch die kreischenden Stimmen der Leute in Amerika oder Deutschland, die den Faschismus trotz des Elends, das er angestiftet hat, lieben und ihn heimlich wieder aufrichten wollen. Die Welt wird ein unreumütiges Deutschland nicht zulassen, wird sich weigern, Verträge zu schließen oder Handel zu treiben mit einem Volk, das der Welt unverhohlen zeigt, dass die überwiegende Mehrzahl ihrer Bürger immer noch die alten Helden verehrt, die ihnen die wissenschaftlich und ethisch falsche Ideologie der auf Blut begründeten rassischen Überlegenheit in den Kopf gesetzt und sie so dazu gebracht haben, alle ihre Mitmenschen zu hassen und zu verachten. Diejenigen unter uns, die wahre Freunde des deutschen Volkes sind, und die den besten freiheitlichen Kräften in Deutschland in ihrem Kampf gegen diese Gefahr zur Seite stehen wollen, müssen jetzt ihre Stimme erheben und handeln – wenn wir es jetzt nicht tun, dann müssen wir schweigen für immer.

Wenn das deutsche Volk der Welt klar zu machen wünscht, dass es sich nicht geändert hat und sich auch nicht ändern will, dann kann es dieses Ziel am sichersten dadurch erreichen, dass es die gemeinen Verbrecher, denen in Nürnberg der Prozess gemacht wurde, zu Märtyrern erhebt. Es ist daher sonnenklar, dass diejenigen, die darauf abzielen, die Nürnberger Prozesse, aus welchen Gründen auch immer, zu diskreditieren, Feinde des deutschen Volkes sind und die Vernichter aller unserer gegenwärtigen lichten Hoffnungen für ein friedliches, blühendes Europa.

Ich möchte helfen, das Gute im deutschen Volk wieder aufzubauen und will nicht zu seinem künftigen Elend beitragen. Dies ist der Grund, warum ich so hart gerungen habe. Dies ist der Grund, warum ich Ihnen herzlich dafür danke, dass Sie diesen meinen Vortrag angehört und gelesen haben.

Fünfter Teil: Hinweise auf die Justizkonferenzen in der Sowjetischen Besatzungszone Zentralverwaltung der Justiz in der SBZ

I. Tagesordnungen der Länderkonferenzen (1946–1949)

a) 11.3.1946:

1. Die Beseitigung nazistischer Urteile.
2. Zur Frage der Amnestie.
3. Die Bestrafung der Sabotierung des Neuaufbaus.
4. Die Regelung der Zuständigkeit für Wiederaufnahmeverfahren in besonderen Fällen.

b) 3.5.1946:

1. Die VO über die Zuständigkeit in gerichtlichen Verfahren, die bei einem nicht mehr bestehenden deutschen Gericht anhängig waren (ÜberleitungsVO).
2. Die VO über die Beseitigung der Armenanwaltsgebühren.
3. Die Frage des Ausschlusses von Mitgliedern der nationalsozialistischen Partei vom Amt des Vormundes.
4. Die Frage, ob weitere Vorschriften über die Hemmung von Verjährungsfristen oder von gerichtlichen Fristen notwendig erscheinen oder nicht.
5. Die Abänderung des § 1714 BGB (Das Recht des unehelichen Kindes auf Unterhalt gegen seinen Erzeuger nach vorausgegangenem Unterhaltsvergleich).
6. Änderung des § 72 des Deutschen Gerichtskostengesetzes (Erstattung von Postgebühren).

– Außerdem soll eine grundsätzliche Aussprache über die Frage der Verkündung von Gesetzesvorschriften, der Herausgabe und des wechselseitigen Austausches von Gesetz- und VO-Blättern der Länder und Provinzen sowie die Mitarbeit an der Zeitschrift der Deutschen Justizverwaltung stattfinden. –

c) 14. und 15.6.1946

1. Die Notwendigkeit von Schutzmaßnahmen zugunsten der Kriegsgefangenen, insbesondere auf dem Gebiete der Zwangsvollstreckung.
2. Die Zuständigkeit für die Ausübung des Gnadenrechts bei Verurteilung durch Gerichte, die aus der deutschen Gerichtsbarkeit ausgeschieden sind.
3. Die Behandlung unschlüssiger Klagen.
4. Die Abgrenzung der Zuständigkeiten der Gerichte und Verwaltungsbehörden in Streitsachen öffentlich-rechtlichen Inhalts.

5. Der Entwurf einer VO über die Wiedergutmachung nazistischen Unrechts (Verleihung der Rechtsstellung eines überlebenden Ehegatten nach dem Opfertod des Lebensgefährten).
6. Die Verkündung von Gesetzen, VO und Bestimmungen über die öffentlichen Bekanntmachungen.
7. Anwendbarkeit und Wiederinkraftsetzung von Bestimmungen auf Gebieten des gewerblichen Rechtsschutzes und des Urheberrechts.

d) 16.8.1946:
1. Der bei der Deutschen Justizverwaltung ausgearbeitete Entwurf einer VO über das Schnellverfahren.
2. Die Frage der Löschung von Briefhypotheken öffentlicher Kreditinstitute ohne voraufgegangene Kraftloserklärung des vernichteten Hypothekenbriefes.
3. Die Frage, ob die §§ 331, 358 und 373 RStPO hinsichtlich der reformatio in pejus in der neuen oder alten Fassung anzuwenden sind.
4. Fragen des Personenstandgesetzes, insbesondere die Frage der Eintragung des religiösen Bekenntnisses in den Personenstandsbüchern, und die Fortführung des zweiten Teils des Familienbuches, der für die Eintragung der Familienangehörigen bestimmt ist.
5. Fortsetzung der Aussprache über die Verleihung der Staatsangehörigkeit durch die Länder bzw. Provinzen.

e) 1. und 2.11.1946:
1. Der Referentenentwurf einer VO über die außerordentliche Revision in Strafsachen.
2. Der Referentenentwurf einer VO über die Bestrafung falscher Angaben über die Zugehörigkeit zur ehemaligen NSDAP und ihrer Gliederungen.
3. Der Referentenentwurf einer allgemeinen Entlastungsverfügung.
4. Die weitere Gültigkeit des TestamentsG vom 31.7.1938.
5. Fragen des Verschollenheitsrechts.
6. Versicherung der Richter und Rechtspfleger gegen Rückgriffsansprüche aus Amtspflichtsverletzung.
7. Ersatz kleiner Gefängnisstrafen durch Ableistung von Pflichtarbeit.

f) 13./14.12.1946
1. Unerledigte Fragen aus der Länderkonferenz vom 1./2.11.1946: a) Höhe der Berufungssumme, b) Gültigkeit der GeboteVO vom 30.6.1941 (RGBl. I S. 354), c) Gültigkeit der VO über die Abwicklung von Lieferverträgen vom 24.4.1940 (RGBl. I S. 671).
2. Grundsätzliches zur Frage des zurzeit anwendbaren Strafverfahrensrechts.
3. In welcher Fassung ist § 1600 BGB anzuwenden?
4. Die Rechtsstellung der aus den Lehrgängen hervorgegangenen Richter und Staatsanwälte.
5. Ist das Gesetz zur Regelung der landwirtschaftlichen Schuldverhältnisse vom 1.6.1933 (RGBl. I S. 331) noch anwendbar?

6. Kann von dem Prinzip der Firmenwahrheit auch weiterhin gemäß der VO vom 9.12.1943 (RGBl. I S. 627) abgewichen werden?

g) 11.4.1947

1. Inwieweit sind die nach dem 30.1.1933 zur StPO ergangenen Novellen noch weiterhin anwendbar?

Referent: Vortr. Rat Weiß.

2. Die Bestrafung falscher Angaben über die Zugehörigkeit zur Partei und zu ihren Gliederungen.

Referent: Vortr. Rat Dr. Guski.

3. Die Neugestaltung und Entnazifizierung des Adoptionsrechts. Referent: Vortr. Rat Dr. Nathan.

4. Die Bedeutung der in Befehlen der SMAD getroffenen Anordnung, „dass die Schuldigen zur gerichtlichen Verantwortung zu ziehen sind.“ Referent: Oberjustizrat Weist.

h) 4./5.7.1947

1. Durchführung und Auslegung des Gesetzes Nr. 45 des Kontrollrats.
2. Fragen zum Gesetz Nr. 50 des Kontrollrats.
3. Die Beratung rückständiger Zinsen in der Zwangsversteigerung.
4. Bereinigung des handelsrechtlichen Kriegsmaßnahmenrechts.
5. Zustellungen im Parteibetrieb oder von Amts wegen.

hh) DP 1/19 Konferenz v. 29.8.1947 (Direktiven, 24, 28 und Befehl der SAD 201, 204.)

i) 14./15.11.1947

1. Anwendung des Befehls Nr. 201/47 der SMAD, dessen Ausführungsbestimmung Nr. 3 und der Direktive Nr. 38 des Kontrollrats: a) Bericht der JM und GStA, b) Auslegungsfragen.

2. Möglichkeiten der Entlastung der Gerichte und StA.

Referent: Direktor Rosenthal-Pelldram.

4. Zoneneinheitliche Regelung der Berufung in das Schöffen- und Geschworenenamt. Referent: Vortr. Rat Weiss.

Verzeichnis der Vertreter der JMin. der Länder der Sowjetischen Besatzungszone in Deutschland bei der Länderkonferenz am 14. u. 15.11.1947 in Berlin

Brandenburg: JM Stargardt, MinDr. Hoeniger, OLG-Präs. Dr. Löwenthal, GStA Dr. Ostmann, SenPräs. Gollos, RRat Gronau.

Mecklenburg: MinDir. Heinrich, OLG-Präs. Lange, GStA Saling, Frau ORR Löhr.

Sachsen: JM Prof. Dr. Kastner, MinDir. Dr. Ulich, MinDir. Dr. Mannsfeld, OLG-Präs. Weiland, Komm. GStA Richter.

Sachsen-Anhalt: MinPräs. Dr. Hübener, MinDir. Dr. Heine, OLG-Präs. Dr. Schmidt, GStA Fischl, LG-Dir. Rother.

Thüringen: JM Külz, MinDir. Dr. Schultes, OLG-Präs. Dr. Barth, GStA Dr. Kuschnitzky, Prof. Dr. Lange, OStA Dr. Benker.

j) 12./13.3.1948

1. Die Gefahr des Missbrauchs der Freiheit zu neuen Straftaten als Haftgrund. Referent: Vortr. Rat Hirschfeld.

2. Empfiehlt sich die Einführung von Strafmaßnahmen zur Verhinderung des Entweichens von Gefangenen?

Referent: Dir. Dr. Gentz.

3. Beauftragung von Praktikern mit Vorlesungen und Übungen an den juristischen Fakultäten.

Referent: Oberjustizrat Dr. Abendroth.

4. Die Abstammungsfeststellung (Frage nach der weiteren Anwendbarkeit des Art. 4 der VO über die Angleichung familienrechtlicher Vorschriften vom 6.2.1943 – RGBl. I S. 80 –).

Referent: Vortr. Rat Dr. Nathan.

5. Welche Stellen kommen für die Anlegung und die Hinterlegung von Mündelgeldern in Frage:

Referent: Vortr. Rat Dr. Nathan.

6. Abhilfe bei der sofortigen Beschwerde im Zivilprozessverfahren (Frage nach der weiteren Anwendbarkeit des § 5 Abs. 4 der 4. VereinfachungsVO vom 12.1.1943 – RGBl. I S. 7 –).

Referent: Oberjustizrat Dr. Zimmerreimer.

Verzeichnis der Vertreter der JMin. der Länder der Sowjetischen Besatzungszone in Deutschland bei der Länderkonferenz am 12. u. 13.3.1948 in Berlin

Brandenburg: JM Stargardt, SenPräs. Dr. Conrad, SenPräs. Gollos

Mecklenburg: MinDir. Heinrich, OLG-Präs. Dr. Mierendorff, GStA Bick, ORRin Löhr

Sachsen: JM Prof. Dr. Kastner, MinDir. Dr. Mansfeld, MinRat Dr. Cohn

Sachsen-Anhalt: MinDir. Dr. Heine, GStA Fischl, LG-Dir. Falkenstein

Thüringen: GStA Dr. Kuschnitzky, Prof. Dr. Lange, OLG-Rätin Dr. v. Mangold

k) 11./12.6.1948

Aufgaben der weiteren Demokratisierung der Justiz, Herr Max *Fechner*

1. Durchführung des Befehls 201 der SMAD vom 16.8.1947 über die Anwendung der Direktiven Nr. 24 und 38 des Kontrollrats betreffend die Entnazifizierung. – Herr Vizepräs. Dr. Melsheimer.

2. Beteiligung der Justiz an der Bekämpfung der Verschleuderung, der Veruntreuung und des Diebstahls von normierten Waren und Nahrungsmitteln, von Eigentum der volkseigenen Betriebe und von den für Reparationszwecke bestimmten Waren und Frachten. – Herr Vortr. Rat Weiss.

3. Betätigung der Justiz auf dem Gebiet der Durchführung des landwirtschaftlichen Ablieferungssolls im Wirtschaftsjahr 1948/1949. – Herr Vortr. Rat Hirschfeld.

l) 25./26.11.1948

1. Eröffnung durch den Präsidenten der DJV

2. Berichterstattung der Länder über die Durchführung der auf den Juristenkonferenzen vom Juli/August 1948 beschlossenen Resolutionen.

3. Zweijahresplan und Justiz. – Heinrich Rau, Vorsitzender der DWK.
4. Die WirtschaftsstrafVO. – Wolfgang Weiss, Dirigent in der DJV.
5. Rechtsschutz für die Errungenschaften des demokratischen Aufbaues (zivilrechtliche Fragen). – Dr. Hans Nathan, Abteilungsleiter der DJV.

m) 25./26.3.1949

Aufgaben der Arbeitstagung: Präs. Fechner.

a) Referenten: Herr JM Dieckmann, Dresden, Frau Hauptabteilungsleiterin Dr. Heinze, DJV.

b) Aussprache, c) Schlusswort: Vizepräs. Dr. Melsheimer.

2. Praktische Anwendung der WirtschaftsstrafVO.

a) Referent: Herr Abteilungsleiter Weiss der DJV

b) Aussprache, c) Allgemeines Schlusswort: Präs. Max Fechner.

II. Berichte über Juristenkonferenzen

1. Bericht über die Konferenz vom 11./12.6.1948 (NJW 1947/48, S. 468 f.)

Im Einvernehmen mit der Rechtsabteilung der sowjet. Besatzungsmacht fand am 11. und 12.6.1948 in Berlin die Juristenkonferenz auf Einladung des Chefs der deutschen Justizverwaltung der östlichen Besatzungszone, RJM a.D. Exzellenz *Dr. Schiffer,* statt. Die Tagesordnung umfasste Fragen von höchster rechtspolitischer Bedeutung. Das einleitende Hauptreferat erstattete der Politiker *Max Fechner* über *„Aufgaben der weiteren Demokratisierung der Justiz".* Damit war für die weiteren Referate und die Aussprache die entscheidende Frage gestellt. Die drei folgenden Referate zeigten das in ihrem Inhalt und in ihren Forderungen auf. Das erste Referat des Vizepräs. *Dr. Melsheimer* betraf die *„Durchführung des Befehls Nr. 201 der SMAD vom 15.8.1947 über die Anwendung der Direktiven Nr. 24 und 28 des KR über die Entnazifizierung"* [hierzu *Tobias Haberkorn,* Deutschland Archiv 2012]. Das zweite Referat erstattete Vortr. Rat *Weiß* über die *„Beteiligung der Justiz in der Bekämpfung der Verschleuderung, der Veruntreuung und des Diebstahls von normierten Waren und Nahrungsmitteln, von Eigentum der volkseigenen Betriebe und von den für Reparationszwecke bestimmten Waren und Frachten".* Das letzte Referat des Vortr. Rats *Hirschfeld* erläuterte die *„Betätigung der Justiz auf dem Gebiet der Durchführung des landwirtschaftlichen Ablieferungssolls im Wirtschaftsjahr 1948/49".*

Die TO und die Vorschläge der Konferenz zeigten mit aller Deutlichkeit, dass es nicht darauf ankam, in Auseinandersetzungen über theoretische Probleme einzutreten. Es wurden Fragen erörtert, die in der Gegenwart erörtert werden müssen, wenn wir neue feste Grundlagen für unser Rechts- und Verfassungswesen finden wollen. Aber ihre theoretische Durchleuchtung war nicht die Aufgabe der Konferenz. Manche dieser Fragen sind in der Ostzone praktisch entschieden. Die Debatte konnte dies voraussetzen. Dadurch kam sie rascher zu neuen praktischen

Ergebnissen und Forderungen. Sie blieb nicht im Stadium der Erörterung der Grundlagen, sondern sie schritt vorwärts. Dieses Ergebnis ist gewiss zu einem weiteren Teil der Tatsache zu verdanken, dass die Konferenz die Persönlichkeiten umfasste, die in der Ausübung des Rechtswesens an erster Stelle stehen. Teilnehmer waren die Vertreter der Rechtsabteilung der SMAD, der politischen Parteien, der deutschen Wirtschaftskommission, deren Hauptverwaltung Handel und Versorgung und deren Hauptverwaltung Verkehr, der deutschen Verwaltung des Inneren (vor allem die Polizeichefs der fünf Länder) und der JMin. der fünf Länder. Die JMin. waren vertreten durch die Minister, obersten Richter, GStA und die ersten Sachbearbeiter in den Ministerien. Man sollte bei weiteren in Aussicht genommenen Konferenzen die Vertreter der Anwaltschaft und der Rechtswissenschaft der Hochschulen einladen. Die Referate und die Aussprache ergaben mehrmals ein Ansprechen dieser beiden wichtigen Teilhaber des Justizwesens.

Das Hauptreferat *Fechners* war – wie *Schiffer* feststellte – von dem Gefühl der Achtung vor dem Recht getragen. Er forderte die Festigung des Ansehens der Rechtspflege im Volk. Die neue ökonomische Gestaltung, die jetzt im Werden ist, verlange die Entwicklung schöpferischer Prinzipien auf dem Gebiet des Rechts und des Rechtswesens. Die Justiz müsse aus ihrer Isolierung heraus, die sie letzten Endes als den Rest ehemaliger Herrschaftsformen des Obrigkeitsstaates erscheinen lässt. Von einer Demokratisierung sprechen, heiße, der Justiz den Schutz der Rechtsordnung des demokratischen Aufbaus anzuvertrauen. Diese Aufgabe könne sie nur leisten, wenn das Volk nicht rechtsfremd und der Richter nicht volksfremd ist. Für *Fechner* als Sozialisten ist es selbstverständlich, dass es kein absolutes Recht, sondern ein Recht der jeweiligen gesellschaftlichen Epoche gibt. Die staatsrechtliche Lage Deutschlands biete keine Möglichkeit für eine umfassende Kodifizierung neuer Rechtsanschauungen. Trotzdem sei eine großzügige und tiefgreifende Reform auf dem Gebiete des Rechtswesens möglich. In erster Linie sei es Aufgabe des Richters, das der Zeit entsprechende Rechtsbewusstsein zu schaffen. Er müsse der Wegbereiter sein. Notwendig tauche die Frage nach der Unabhängigkeit des Richters auf. Es gebe kein unpolitisches Recht und keine unpolitischen Richter. Das sei nicht mit parteiisch zu verwechseln. Der Richter ist dem Gesetz unterworfen, dessen Sinn er zu erforschen und anzuwenden hat – nicht i.S. positivistischer Einstellung. *Fechner* bejahte die Frage nach der Wahl der Richter. Die Wahl sei eine Folge des Prinzips der Volkssouveränität. Die Theorie der Gewaltenteilung wird aufgegeben. Damit wird auch dem Richter das Recht auf ein Urteil über die Verfassungsmäßigkeit der Gesetze abgesprochen. Die Einstellung des Richters und seine Ausbildung behandelte *Fechner* mit besonderer Betonung. Die Einrichtung der Volksrichter sei ein kühnes Experiment im Zuge der Demokratisierung der Rechtspflege. Daneben wies er ausdrücklich auf die Notwendigkeit des akademisch vorgebildeten Richters hin. Hier müssen die Universitäten die Unterrichtung und Erziehung i.S. der Humanität und Demokratie gewährleisten. Die Schulreform hat mit der Brechung des Bildungsprivilegs die Voraussetzungen geschaffen. Die Wissenschaft muss die Gesellschaftslehre herausarbeiten, die den neuen ökonomischen und politischen Verhältnissen entspricht. Laien und Volksrichter seien ein unentbehrliches Element zur Bildung einer volksnahen Rechtsprechung. Die materielle Lage aller Richter müsse sie frei von Nahrungssorgen stellen.

Zur Reform des Strafvollzugs wies *Fechner* auf die ermutigenden Versuche im Lande Brandenburg hin, die den Täter erziehend in die Gesellschaft zurückführen sollen. Das Strafrecht diene nicht dem Schutz der individuellen Rechte, sondern es zeige dem Täter sein gemeinschaftswidriges Verhalten als strafbar.

In der Diskussion stimmte *Schiffer* weitgehend zu, wenn dabei bewährte Grundlagen der Vergangenheit nicht preisgegeben zu werden brauchen. Grundlage und Ziel aller Reformen müsse der *demokratische* Rechtsstaat sein, in dem der Volkswille, aber nicht Volkswillkür herrsche. Die Justiz dürfe nicht nur „das Stiefkind der Demokratie“ (Treitschke) sein. Der Rechtsstaat müsse vom Volk geschaffen, getragen und gestützt werden. Auch dem Rechte seien selbstgewählte Schranken gesetzt. Die Laienbeteiligung solle keine Juristenjustiz mit Laiendekoration sein. Er sagte dem Nazismus und der schematisierenden Bürokratie den Kampf an. Die Teilnahme des Volkes an allen staatlichen Einrichtungen sei eine unerlässliche Voraussetzung für die Demokratie. (So müsse das alte Schwurgericht wieder erstehen, indem jedoch ein Jurist als Vorsitzender ohne Stimmrecht fungieren soll.)

RA *Dr. von Stoltzenberg* als Vertreter der LDP knüpfte an die demokratischen Forderungen von 1848 an, deren konsequente Durchführung uns neue Vorschläge bringe. Nur zum Teil habe das Bürgertum damals seine Forderungen durchgesetzt. Die Reaktion habe vieles wieder durchlöchert. Dem neuen „Geist der Gesetze“ müsse der Geist der Richter konform sein. Der sog. Volksrichter sei eine bedeutungsvolle neue Art der Laienbeteiligung. Dem Schwurgericht habe man vor 100 Jahren zugetraut, das Rechte zu finden – ohne gesetzestechnische Kenntnisse. Es seien noch mehrere Probleme zu lösen, so die Frage des Übergangs der verwaltenden Justiz auf die Verwaltung. Das betreffe zahlreiche Aufgaben der freiwilligen Gerichtsbarkeit. Damit könne die Erweiterung notarischer Tätigkeit verbunden sein. Diese Entlastung der Justiz komme der urteilenden Justiz zugute und könne ihr Ansehen stärken. Die Frage des Instanzenzuges sei noch zu prüfen. Die Einschaltung der Schiedsgerichtsbarkeit in sog. Bagatellsachen in Straf- und Ziviljustiz sei geboten. Im Grundsätzlichen trete er für die Wahl der Richter ein, die auch die Frage der Einsetzung eines Gerichtshofes zur Prüfung der Spruchtätigkeit der Richter überflüssig mache. Wahl der Richter sei solchen Gerichten und ihren Urteilen vorzuziehen. Es sei ein weit verbreiteter Irrtum, dass die Gewaltenteilung untrennbar von der Demokratie sei. Vielmehr ist sie ein Kampfmittel gegen den Obrigkeitsstaat gewesen. Das Misstrauen der Justiz gegenüber der Demokratie und dem Parlament habe im Weimarer Staat nicht unwesentlich zu dessen Niedergang beigetragen (s. hierzu *Apelt:* „Geschichte der Weimarer Verfassung“, München 1946).

Als Vertreter der CDU bekannte sich RA *Dr. Brandt* zum Neuen, das nicht an 1933 anschließen könne. Zu Reformen aus dem Sinn der Zeit müsse man den Mut haben. Er lehnte das Nachprüfungsrecht der Verfassungsmäßigkeit der Gesetze ab, ebenso die Unabsetzbarkeit der Richter, ohne dass die Unabhängigkeit der Gerichte angetastet werden dürfe. Die Demokratisierung der Justiz sei nur möglich mit der Demokratisierung der Menschen.

LG-Dir. Dr. Schultes verlangte die Absetzbarkeit der Richter zur Durchführung der Demokratie (diese zweckgebundene Formulierung erscheint zu eng und trifft nicht das Grundsätzliche).

GStA Helm verlangte den Schutz der Demokratie, die Entwicklung eines Rechtes der volkseigenen Betriebe und die völlige Gleichstellung der Geschlechter. Er setzte sich für die obligatorische Schiedsgerichtsbarkeit in Bagatellsachen ein.

Das Referat *Dr. Melsheimers* befasste sich im Wesentlichen mit den Grundsätzen der Anwendung des Befehls 201 in Verbindung mit den KR-Direktiven Nr. 24 und 38. Er verlangte eine rasche, aber gründliche Durchführung, die den Täter der gerechten Strafe zuführe. Er kritisierte die unmögliche Art der Anwendung des KRG 10 im Westen, die sich immer noch nicht von der positivistischen Grundhaltung unserer Gerichte loslösen könne. Für den Naziverbrecher gelte der Satz „ne bis in idem“ nicht. Aus der Statistik der Verfahren und Urteile aus Befehl 201 zeigte er auf, welche Gerichte eine dem Gesetz entsprechende Einstellung eingenommen, wie aber sich auch ergab, dass mancherorts Verfahren und Urteile Ärgernis erregend durchgeführt seien. Seine Analyse der Rechtsprechung verband er mit einer auf hohem sittlichem Niveau stehenden Darlegung der Grundsätze der Strafjustiz. Zahlreiche Beispiele begründeten seine Darlegungen. Die Debatte hielt dieses Niveau im Allgemeinen nicht ein. Die Debattenredner – in der Hauptsache die Praktiker des Verfahrens – Polizei, StA und Gericht – zogen oft einseitige Folgerungen auf der Grundlage bestimmter überbetonter Einstellungen. Trotzdem war die Aussprache für die Praxis und Durchführung des Gesetzes von großer Bedeutung. Es muss anerkannt werden, dass auch die Vorwürfe und Kennzeichnung der Mängel im Verfahren für die weitere Tätigkeit der Strafverfolgungsbehörden und der Gerichte positiv wirken werden. Mit Recht wies Frau *Benjamin* darauf hin, dass die Bestrafung und Entfernung der Nazis nicht ausreichend sei. Die Ausbildung sei eine unerlässliche Voraussetzung weiterer Demokratisierung.

Als Vertreter der Besatzungsmacht führte Oberstleutnant *Jakupov* aus, dass die Kritik nicht genügend neue Wege aufgezeichnet habe, und dass sie häufig an Problemen zweiten und dritten Grades hängengeblieben sei. Man müsse sich frei von alten Theorien machen, soweit sie den neuen demokratischen Zielen widersprechen. Wenn das Volk die Justiz nicht geliebt habe, so sei das eine Frage der Klassenjustiz gewesen. Er fordere eine größere Beteiligung der Bevölkerung in den Gerichten und eine Zusammenarbeit der alten und neuen Richter, die nicht im Gegensatz stehen sollten. Zum Problem Politik und Justiz lehnte er den unpolitischen Richter ab. Ihn gebe es nicht, das sei Illusion. Der Richter müsse am politischen Leben teilnehmen, sonst kann er das im Volk lebende Recht nicht verstehen. Im Verhalten zum Gesetz müsse die Rechtsprechung die Stützung des neuen demokratischen Staates sein. Die Anwendung des Gesetzes sei nicht Selbstzweck, sondern Schaffung einer neuen, gerechten, demokratischen Ordnung. Die Anwaltschaft sei ein ebenso wichtiger Teil der Justiz wie die Gerichte; so müsse auch ihre Bereinigung vom Nazismus vollständig sein. Die durchaus positive Stellungnahme fasste die vorhergehende Debatte nicht nur zusammen, sondern gab ihr bestimmte Ziele. Das erfolgte weder im Tone der souveränen Besatzungsmacht, noch einer Überheblichkeit aus demokratischer Tradition. Desto wirkungsvoller und eindringlicher waren die Ausführungen.

Die folgenden Referate gaben in Gedrängtheit den notwendigsten Inhalt ihres Themas wieder. Interessant ist die neuartige Bekämpfung der Eisenbahndiebstähle durch ein Schnellgericht im Triebwagen an Ort und Stelle. Die Notwendigkeit, den Wirtschaftsverwaltungen Strafbefugnisse einzuräumen, ergibt sich daraus, dass schnelles Zufassen erforderlich ist. Einen wichtigen Hinweis gab *Dr. Hirschfeld* mit der Anregung, die Pressestellen aus ihrer Verborgenheit herauszuziehen und sie zu veranlassen, über die neuen Gesetze zweckmäßige Unterrichtung zu erteilen; das gilt besonders für die landwirtschaftliche Bevölkerung. Rechtsanwalt Dr. Frhr. von Stoltzenberg, Leipzig.

2. Bericht über eine Arbeitstagung der leitenden Juristen bei der DJV am 15.1.1949 (NJ 1949, S. 1 ff.)

Am 15.1.1949 fand bei der Deutschen Justizverwaltung eine Arbeitstagung der leitenden Juristen statt, auf der anhand von genauem statistischem Material ein eingehender Bericht über die Entwicklung der Rechtspflege der sowjetischen Besatzungszone im zweiten Halbjahr 1948 auf strafrechtlichem und zivilrechtlichem Gebiet gegeben wurde. Der Bericht ließ erkennen, dass die Konsolidierung der wirtschaftlichen Verhältnisse der Zone ihren Niederschlag auch in der Justiz gefunden hat. Erstmals nach 1945 war ein eindeutiger Rückgang der Kriminalität zu verzeichnen, war ein Abnehmen der Scheidungsprozesse festzustellen und konnte aufgezeigt werden, dass sich demgegenüber die Tätigkeit der Gerichte auf dem Gebiet der sonstigen streitigen und der freiwilligen Gerichtsbarkeit verstärkt hatte.

Diese Tatsachen nahm der Präsident der Deutschen Justizverwaltung, *Max Fechner*, zum Anlass, um im Rahmen der erwähnten Tagung die folgende bedeutsame Erklärung abzugeben:

Der auf unserer heutigen Arbeitstagung führender Juristen vorgetragene Bericht über die Entwicklung der Justiz im letzten Halbjahr veranlasst mich, einige grundsätzliche Hinweise darüber zu geben, durch welche Maßnahmen und in welchem Umfange sich die demokratische Gesetzlichkeit in der sowjetischen Besatzungszone gefestigt hat und welche Maßnahmen die Justiz im Verein mit allen demokratischen öffentlichen Organisationen weiterhin ergreifen muss, um die Prinzipien der Gesetzlichkeit und der Rechtsordnung in der sowjetischen Besatzungszone tatkräftig weiterzuentwickeln. Denn der ständigen Festigung der demokratischen Gesetzlichkeit müssen wir in der Periode der Sicherung und Entwicklung der neuen demokratischen Ordnung und des Aufbaues einer Friedenswirtschaft unsere ganze Aufmerksamkeit zuwenden.

War es nach 1945 die Aufgabe der deutschen demokratischen Organisationen, mit Hilfe der sowjetischen Militärverwaltung die Reste des faschistischen Staats- und Verwaltungsapparates zu beseitigen und zu gleicher Zeit die Grundlagen für eine fortschrittliche Demokratie und Verwaltung völlig neu zu schaffen, so stehen wir heute vor der Aufgabe, diese schwer erarbeiteten Grundlagen für die demokratische Entwicklung in Staat und Wirtschaft durch das volle Gewicht der Gesetze zu schützen. Durch die unermüdliche Arbeit an der Festigung der demokratischen Gesetzlichkeit können und müssen wir durch unsere Gerichte zum Aufbau unserer Friedenswirtschaft beitragen. Diese großen Aufgaben, die nunmehr auf der Grundlage der in den zurückliegenden Jahren durchgeführten umwälzenden Reformen realisiert werden müssen, erfordern auch eine Fortentwicklung unserer Rechtsordnung.

Im Zuge der Entwicklung der demokratischen Ordnung in der sowjetischen Besatzungszone sind viele Gesetze und Befehle erlassen worden, die für die Entwicklung der Gesetzlichkeit von großer Bedeutung sind. Besonders vom letzten Jahre 1948, können wir mit einer gewissen Genugtuung feststellen, dass sich die Rechtsordnung ständig gefestigt hat. die Zeit der notgedrungenen Improvisationen ist längst durch eine planmäßige systematische Arbeit in Verwaltung und Wirtschaft abgelöst, und neue, aus der wirtschaftlichen und gesellschaftlichen Umwälzung nach 1945 geschaffene demokratische Gesetze binden die Behörden, die demokratischen Organisationen, die öffentlichen Angestellten und jeden einzelnen Bürger an die demokratische Ordnung. Der Abschluss der Boden- und Industriereform, die Beendigung der Sequestrierung, die rechtliche Verankerung des Volkseigentums, die Durchführung der Entnazifizierung und ihre nunmehr erfolgte Beendigung, die gewährte Amnestie, das alles sind erfolgreich durchgeführte Maßnahmen für die demokratische Umgestaltung in der sowjetischen Besatzungszone und für die Entwicklung einer klaren und festen Gesetzlichkeit.

Auf dem Boden dieser sich ständig kräftigenden Rechtsordnung steht die sowjetische Besatzungszone in erfolgreichem Kampf um ihre wirtschaftliche Wiederherstellung und um die Entwicklung der Friedenswirtschaft mit Hilfe des Zweijahresplanes. Unverkennbar ist ein allgemeiner Arbeitsaufschwung in allen Schichten der Bevölkerung festzustellen, und der Fleiß und der Leistungswille der Arbeiter, der Bauern, der Handwerker, der privaten Unternehmer und der Intelligenz sind darauf gerichtet, die friedliche Wirtschaft der Zone wiederherzustellen und weiterzuentwickeln. Die großen demokratischen öffentlichen Organisationen sind in dem Willen zur gemeinsamen Arbeit an der Sicherung und Förderung einer friedlichen und demokratischen Entwicklung in der Zone eng verbunden. Auch die neugeschaffenen demokratischen Verwaltungsbehörden der Zone sind stärker geworden und haben sich in immer steigendem Maße das Vertrauen der Bevölkerung erobert. Sie haben besonders bei der Durchführung des Halbjahresplanes 1948 ihre Befähigung erwiesen, schwierige wirtschaftliche und politische Aufgaben zu lösen.

Aus der Fülle der Gesetze und Maßnahmen, die besonders im vergangenen Jahre 1948 zur Festigung und Entwicklung der Rechtsordnung wesentlich beigetragen haben, möchte ich nur die wichtigsten nennen. – Die Deutsche Wirtschaftskommission gewährleistet die Einheitlichkeit und Zweckmäßigkeit des Wiederaufbaus der Friedenswirtschaft und schafft auf diesem Gebiet einheitliche

Rechtsgrundlagen. – Die Sequestrierung wurde durch den Befehl der SMA vom 17.4.1948 beendet. – Das Volkseigentum wurde für unantastbar erklärt und vor der Preisgabe an Privatpersonen und Spekulanten geschützt. Seiner wirtschaftlichen Fortentwicklung dient der von der DWK geschaffene Ausschuss zum Schutze des Volkseigentums.

Die Gerichte erkennen immer stärker ihre Aufgabe, jeden Verstoß und jede Gefährdung dieses höchsten Rechtsgutes des Volkes mit der harten Anwendung des demokratischen Gesetzes abzuwehren. Sie richten ihre Aufmerksamkeit auf die Wahrung der Bestimmungen zum Schutz der Betriebsausrüstungen gegen Diebstahl und Veruntreuung. Sie sind sich der Verpflichtung bewusst, durch ihre Rechtsprechung die Arbeitsproduktivität zu fördern, die Qualität der Produkte zu steigern, das demokratische Mitbestimmungsrecht der Werktätigen in Bezug auf Planung und Kontrolle der Produktion zu wahren, sowie die Gesetze anzuwenden, die der Verbesserung der materiellen Lage der Arbeiter, Angestellten und der technischen Intelligenz dienen sollen. Sie bemühen sich in immer stärkerem Maße, durch ihre Rechtsprechung den Arbeitsschutz und den Schutz der Arbeitskraft der Werktätigen zu gewährleisten.

Das Gesetz der sowjetischen Zone schützt aber nicht nur das Volkseigentum, sondern auch die Interessen der Heimarbeiter, der Handwerker, der kleinen und mittleren Privatunternehmer. Das große handwerkliche Können und die private Initiative werden dem wirtschaftlichen Wiederaufbau im vollen Umfange nutzbar gemacht, um das Tempo der Entwicklung unserer Friedenswirtschaft zu erhöhen. Ich lege besonderen Wert darauf, festzustellen, dass in den Verfassungen sämtlicher Länder der sowjetischen Besatzungszone der Grundsatz ausgesprochen ist: „Das Eigentum wird von der Verfassung gewährleistet. Sein Inhalt und seine Schranken ergeben sich aus Gesetzen." Die verfassungsmäßige Gewährleistung des Eigentums bedeutet, dass der Anspruch auf zivil- und strafrechtlichen Schutz, den unsere Gesetze dem Eigentümer einer Sache gegen Rechtsbrecher gewähren, zusätzlich mit dem Schutz der Verfassung ausgestattet wird. Ich verweise ferner auf die Unterredung des Marschalls Sokolowskij mit Dr. Külz und Lieutenant am 7.4.1948, in der der Marschall Folgendes erklärte: „Die Sowjetische Militäradministration in Deutschland unterstützt mit allen Mitteln jegliche Initiative, die auf die Wiederherstellung und Entwicklung der friedlichen Wirtschaft der sowjetischen Besatzungszone gerichtet ist. Es versteht sich von selbst, dass sie auch die Initiative privater Unternehmer, die auf das gleiche Ziel gerichtet ist, unterstützen wird."

Es ist klar, dass die demokratische Rechtsordnung eine verantwortungslose und den Plan gefährdende egoistische Anwendung der Privatinitiative der Unternehmer nicht gelten lassen kann. Ich möchte keinen Zweifel darüber lassen, dass die Sicherung des planmäßigen Aufbaus unserer Wirtschaft es erfordert, dass alle mit der ganzen Härte des demokratischen Gesetzes getroffen werden müssen, die als Spekulanten, Schieber und Saboteure sich durch ihr verantwortungsloses Handelns auf Kosten des Volkes bereichern wollen und die sich dadurch außerhalb der Gesellschaft stellen. – Für die Privatinitiative aber, die den Interessen der Bevölkerung dient, und die sich verantwortungsbewusst in den planmäßigen

Wiederaufbau der Friedenswirtschaft einbaut, ist die Möglichkeit der freien Entfaltung uneingeschränkt gewährleistet.

In diesem Zusammenhang möchte ich zu den Verlautbarungen Stellung nehmen, die seit dem Verbot weiterer Sequestration und Enteignung durch den Befehl vom 17.4. v.J. mit offensichtlichen Provokationsabsichten zu hören sind. Es wird nämlich böswillig behauptet, dass die Einziehung von Privateigentum trotz Abschluss der Sequestrierung weiter fortgesetzt wird. Ich stelle ausdrücklich fest, dass nach Abschluss der Sequestrierung in der sowjetischen Zone keine Enteignungen von Privateigentum vorgenommen werden mit Ausnahme solcher, die als Strafmaßnahme aufgrund eines Gerichtsurteils erfolgen. Es entspricht aber dem Strafrecht aller demokratischen Länder, die völlige oder teilweise Einziehung durch Gerichtsurteil vorzusehen.

Aber auch in diesen Fällen macht es die demokratische Gesetzlichkeit den Gerichten zur Pflicht, genauestens durch Beachtung der Gesetze darüber zu wachen, dass zwischen der Schwere des Vergehens und dem Umfang des Eingriffs in das Eigentum das richtige Verhältnis besteht. Deshalb sollte von der Enteignung nur in den allerseltensten Fällen Gebrauch gemacht werden. In den Fällen, in denen nicht aus bewusst gesellschaftswidrigem Verhalten eine Gesetzesverletzung begangen wird, ist die Frage zu überprüfen, ob nicht durch die Ausschaltung des Schuldigen auf dem Wege des Aufkaufs seines Eigentums durch den Staat die genügende Sicherheit für die demokratische Entwicklung der Wirtschaft gegeben ist.

Ich stelle deshalb noch einmal fest, dass das demokratische Recht der sowjetischen Zone dem Privateigentümer den Schutz seines Eigentums gewährleistet, soweit es nicht zum Schaden des Volkes ausgenutzt wird. – Bedeutsame Erfolge in dem Bemühen um die Festigung der Gesetzlichkeit sind auch auf dem Gebiete der gerechten Warenverteilung und der Innehaltung der Festpreise für Lebensmittel und Industriewaren zu verzeichnen. Durch genaue und strenge Gesetzanwendung gegen Preiswucherer und Schieber wird die widerrechtliche Bereicherung einzelner Schädlinge der Gesellschaft zum Wohle der Bevölkerung immer wirksamer verhindert.

Auf dem politisch-gesellschaftlichen Gebiet kommt den Befehlen Nr. 201 und Nr. 35 über die Durchführung der Entnazifizierung und über die Auflösung der Entnazifizierungskommissionen eine hohe Bedeutung in der Entwicklung der Grundsätze der Gesetzlichkeit und Rechtsordnung der sowjetischen Besatzungszone zu. Gemäß den gemeinsam gefassten Beschlüssen der Alliierten in Potsdam wurde durch den Befehl Nr. 201 die Demokratisierung der Verwaltung und der Wirtschaft in der sowjetischen Besatzungszone ernsthaft gefördert. Zugleich wurde den nominellen ehemaligen Pgs wieder die Möglichkeit gegeben, sich durch fleißige Mitarbeit am Wiederaufbau und durch loyale Einstellung zur neuen demokratischen Ordnung nach ihren Kenntnissen und Fähigkeiten als gleichberechtigte Bürger in den Arbeitsprozess einzugliedern. Mit der Aburteilung der Schuldigen am Volke und mit dem Abschluss der Entnazifizierung ist ein wesentlicher Beitrag zur Sicherung klarer und geordneter Rechtsverhältnisse in der sowjetischen Besatzungszone geleistet worden.

Noch auf eine Tatsache möchte ich hinweisen, die der Festigung der demokratischen Gesetzlichkeit in der sowjetischen Besatzungszone dient. Es gehört zum Wesen unserer neuen demokratischen Ordnung, dass die Teilnahme aller Bürger an der Staatsverwaltung nicht nur verfassungsmäßig garantiert, sondern auch in der Praxis durchgeführt wird. Die Bevölkerung in der sowjetischen Besatzungszone hat die Möglichkeit, durch eine weitgehende Demokratisierung der Justiz aktiv am Rechtsleben teilzunehmen. Das Bildungsprivileg einer Schicht ist gebrochen, und jeder Bürger hat die Möglichkeit, in die hohe Funktion eines Richters oder Staatsanwalts zu kommen. Ferner ist die Laiengerichtsbarkeit ausgebaut worden, und die Kontrolle und Mitarbeit der Bevölkerung an der Rechtsprechung ist durch regelmäßige öffentliche Berichterstattung der Justizorgane gewährleistet.

Ich sehe die vordringliche Aufgabe der Justiz darin, die Achtung des Gesetzes zu erwirken, das demokratische Rechtsbewusstsein im Volke zu stärken und durch die Festigung der Rechtsordnung den Aufbau der Friedenswirtschaft zu sichern. Die Entwicklung und Stärkung der Rechtsordnung der sowjetischen Besatzungszone ist selbstverständlich nicht allein die Aufgabe der Justiz; vielmehr müssen alle Verwaltungsorgane, wie auch die demokratischen Parteien und Organisationen gemeinsam daran arbeiten.

Zum Schluss verweise ich darauf, dass der demokratischen Rechtsordnung in der sowjetischen Besatzungszone politische und wirtschaftliche Maßnahmen zugrunde liegen, die nach den gemeinsam gefassten Beschlüssen der Alliierten in Potsdam die Rechtsgrundlage für eine demokratische und friedliche Entwicklung in Gesamtdeutschland sein sollten. Wir stellen mit tiefem Bedauern fest, dass bisher nur in der sowjetischen Besatzungszone die demokratische Rechtsordnung zur Sicherung einer friedlichen Entwicklung der Bevölkerung geschaffen worden ist. Wir sehen in der Verwirklichung der Potsdamer Beschlüsse in ganz Deutschland die unerlässliche Voraussetzung für die Wiederherstellung der Rechtseinheit in unserem Land auf der Grundlage der demokratischen Rechtsordnung, die in der sowjetischen Besatzungszone sich stark entwickelt und gefestigt hat.

Meine Damen und Herren, ich sprach zu Ihnen über die Fragen der Sicherung der demokratischen Rechtsordnung als Präsident der Deutschen Justizverwaltung. Sie wissen, dass ich zu gleicher Zeit die Funktion des stellvertretenden Vorsitzenden der Sozialistischen Einheitspartei Deutschlands innehabe. Ich hebe die Tatsache bewusst hervor, dass ich diese Ausführungen auch in meiner Eigenschaft als stellvertretender Vorsitzender meiner Partei gemacht habe. Ich bin mir dessen voll bewusst, dass ich diese Ausführungen auch im Namen meiner Partei machen kann, die von sich aus ebenfalls bestrebt ist, durch engste Zusammenarbeit mit allen fortschrittlichen demokratischen Kräften sich für die Entwicklung und die Festigung der demokratischen Rechtsordnung in der sowjetischen Besatzungszone einzusetzen.

Die Erklärung des Präsidenten der Deutschen Justizverwaltung wurde von den Teilnehmern der Arbeitstagung mit großem Interesse entgegengenommen. Das kam in den nachstehenden *Ausführungen des Vizepräsidenten der Deutschen*

Justizverwaltung, Dr. Melsheimer, zum Ausdruck, mit denen sich dieser zum Sprecher der übrigen Teilnehmer machte und die allgemeine Zustimmung fanden:

Unsere heutige Dienstbesprechung hat begonnen wie unzählige ihrer Vorgängerinnen: Auf diesen Konferenzen der leitenden Funktionäre der Deutschen Justizverwaltung werden seit Jahren die jeweils aktuellsten Fragen unserer Justiz zum Gegenstand des Gedankenaustausches gemacht und in gemeinsamer Erörterung, in Rede und Gegenrede ihrer Lösung zugeführt. – Viele bedeutsame Meinungsäußerungen und viel richtungweisende Erklärungen sind auf solchen Konferenzen abgegeben worden, ohne dass jemand von uns auf den Gedanken gekommen wäre, diese oder jene Äußerung als so bedeutsam, als so grundlegend anzusehen, dass sie Anspruch darauf erheben konnte, über den Kreis der hier Beteiligten hinaus unmittelbar der Öffentlichkeit zugänglich gemacht zu werden.

Ich habe den Eindruck, dass durch die soeben abgegebene Erklärung unseres Präsidenten die heutige Konferenz eine Wendung genommen hat, die sie von ihren Vorgängerinnen wesentlich und grundsätzlich unterscheidet. Wir müssen die gegenwärtige justizpolitische Situation beachten, in der diese Ausführungen gemacht wurden: Die Kräfte, die unser deutsches Land um ihrer imperialistischen Ziele willen zu zersplittern bestrebt sind, die im Begriff sind, nach Herausreißung des Herzens der deutschen Wirtschaft, des Ruhrgebiets, nunmehr auch den Kopf, Berlin, zu spalten und aus dem Rest des Körpers in Bonn ein separatistisches West-Deutschland zu formen, diese Kräfte bedienen sich zur Rechtfertigung ihres verbrecherischen Tuns mit Vorliebe der lügnerischen Behauptung: Nicht durch ihr eigenes Verhalten, sondern durch die Entwicklung in der sowjetischen Besatzungszone sei die Zerschlagung Deutschlands unaufhaltsam geworden; in unserer Zone habe man sich endgültig abgekehrt von der Rechtsstaatlichkeit, vom Schutz der Freiheit der Persönlichkeit, vom Schutz des Eigentums; in unserer Zone habe man sich zugewandt der Methode des Terrors und der Unterdrückung, und eines der Mittel zur Erreichung der „absoluten Bolschewisierung" unserer Zone sei – die Justiz.

So irrsinnig diese Behauptung der Gegner, die nur der Verschleierung ihrer eigenen Ansichten dient, für jeden Kenner der Verhältnisse unserer Zone seit jeher gewesen ist, so halte ich es doch für überaus bedeutsam, dass Präsident Fechner gerade in diesem Augenblick und in der gegenwärtigen politischen Situation nicht nur in seiner Eigenschaft als Chef der Deutschen Justizverwaltung, sondern auch in seiner Eigenschaft als stellvertretender Vorsitzender der Sozialistischen Einheitspartei Deutschlands die Erklärung abgegeben hat, die Sie soeben gehört haben. Diese Erklärung fegt den Spuk der Phantastereien hinweg, mit denen die Gegner unserer konsequenten demokratischen Entwicklung die Gehirne der deutschen Menschen zu umnebeln versuchen; sie stellt die von den Feinden unseres Vaterlandes verdrehte Wahrheit über unsere Zielsetzung wieder auf die Beine und gibt den Deutschen diesseits und jenseits der Zonengrenze und darüber hinaus allen Menschen, die sachlich denken können und wollen, ein klares Bild von den Aufgaben der deutschen Justiz im gegenwärtigen Stand unserer Entwicklung.

Ich frage Sie, meine Damen und Herren, welcher deutsche Richter, welcher deutsche Staatsanwalt, welcher deutsche Bürger überhaupt – sei es diesseits oder jenseits der Zonengrenze – könnte diese Zielsetzung nicht mit heißem Herzen begrüßen und sich zu eigen machen? Ich frage Sie, meine Damen und Herren: Wo ist nach dieser Erklärung unseres Präsidenten der mysteriöse Schleier, mit dem man so gern der wahren Erkenntnis über das Wesen und die Aufgabe unserer Justiz den Weg versperren möchte?

Ich glaube, ich spreche in Ihrer aller Namen, wenn ich dem, was Max Fechner als Präsident der Deutschen Justizverwaltung und als Politiker heute hier erklärt hat, als Jurist mit vollem Herzen zustimme und das, was er gesagt hat, als richtunggebend und zielsetzend nicht nur für die demokratische Justiz unserer Zone, sondern darüber hinaus für die demokratische Justiz in ganz Deutschland erkläre.

Deshalb, meine Damen und Herren, bitte ich Sie, mir zuzustimmen, wenn ich – entgegen den Gepflogenheiten unserer früheren Dienstbesprechungen dieser Art – den Antrag stelle, die heute abgegebenen bedeutsamen Erklärungen des Präsidenten nicht in unserem engen Rahmen versickern zu lassen, sondern Sorge dafür zu tragen, dass sie der breitesten Öffentlichkeit zugänglich gemacht werden.

3. Bericht über die Konferenz vom 25./26.3.1949 (NJ 1949, S. 89 ff.)

Am 25./26.3.1949 fand bei der Deutschen Justizverwaltung eine Arbeitstagung statt, an der neben Vertretern der Rechtsabteilung der SMAD und der DJV lediglich die Justizminister der Länder mit ihren Stellvertretern, die GStA und OLG-Präsidenten teilnahmen. Diese gegenüber früheren derartigen Konferenzen bewusst enge Begrenzung der Teilnehmerzahl hatte ihre Ursache in dem Hauptthema, das behandelt werden sollte: die Arbeit der Justizministerien.

Präs. Fechner nahm am ersten Tage in seinen einleitenden Worten Gelegenheit, allgemein die Aufgaben der Justiz herauszustellen und auf den Unterschied dieser Konferenz zu den früheren großen Juristenkonferenzen hinzuweisen. Er verwies darauf, dass es Aufgabe dieser früheren Konferenzen gewesen sei, die große Linie und die allgemeinen Grundsätze für die Arbeit der Justiz zu entwickeln und damit die Voraussetzungen für die Verbesserung dieser Arbeit zu schaffen. Nachdem die Erfahrung gezeigt habe, dass sich diese Grundsätze in der Arbeit der Justiz durchgesetzt hätten, gehe es, so führte er weiter aus, nunmehr darum, den Organen der Justiz konkrete Aufgaben zu stellen und mit den Vertretern der Justiz der Länder konkrete Arbeitsprobleme zu besprechen. In diesem Sinne solle die Arbeitstagung ein Anfang sein; ihr sollten in regelmäßigen Abständen ähnliche Zusammenkünfte folgen.

Abschließend wies Präs. Fechner auf die Bedeutung des Weltfriedenskongresses in Paris im April 1949 hin und brachte eine Entschließung zur Abstimmung, die einstimmig angenommen wurde und in dem einleitenden Aufsatz dieses Heftes abgedruckt ist.

Zu dem ersten Thema der TO über die *Arbeit der Justizministerien* sprach zunächst *JM Dieckmann* aus Sachsen. Er behandelte die drei nach seiner Ansicht wesentlichsten Aufgabengebiete eines Justizministeriums, nämlich die Personalpolitik, die Kontrolle und Revision sowie die Rechtsgestaltung. Hinsichtlich der *Personalpolitik* vertrat er unter Hinweis auf die nach der Verfassung unteilbare und uneingeschränkte Verantwortung des Ministers gegenüber dem Landtag den Standpunkt, dass der Minister allein es sein müsse, der jede Entscheidung in Personalangelegenheiten sowohl in fachlicher wie auch politischer Beziehung zu treffen habe. Er erkannte die Berechtigung blockpolitischer Vereinbarungen über die Veränderung in höheren Dienststellen und die Notwendigkeit der Bestätigung der Gesamtregierung hierfür an, erklärte sich auch dazu bereit, die Stellungnahme des Innenministeriums zu der politischen Zuverlässigkeit eines Bewerbers oder eines Angehörigen der Justiz anzuhören und als Material zu verwerten, glaubte aber auf sein Recht zur eigenen letzten Entscheidung nicht verzichten zu können. Der DJV räumte er die Befugnis ein, fallweise Kräfte an sich zu ziehen und aus besonderem Anlass auch Kräfte zwischen den Ländern zu verteilen, verlangte aber vorherige Absprache mit dem Minister und bestritt das Recht der DJV, ohne eine solche Absprache über Justizangehörige eines Landes zu verfügen. Zu der *Kontroll- und Revisionstätigkeit* der Justizministerien führte er aus, es sei erforderlich, die Verteilung und Gesamtauswertung durch das Ministerium vornehmen zu lassen, vertrat aber den Standpunkt, dass die Durchführung der Kontrolltätigkeit hinsichtlich der Gerichte in erster Linie dem OLG-Präsidenten und hinsichtlich der Staatsanwaltschaften dem GStA zustehe; das Justizministerium ziehe zweckmäßigerweise zur eigenen Kontrolle nur die Teilgebiete heran, die es für besonders wichtig halte (z.Zt. beispielsweise das Wirtschaftsstrafrecht, die Verfahren nach dem Befehl 201 und die grundbuchliche und handelsrechtliche Durchführung der Bodenreform und der Beendigung der Sequestrierung). Auch der *rechtsgestaltenden* Tätigkeit des Justizministeriums legte er sowohl, was die Gesetzgebung anlangt, wie bezüglich der Rechtsgutachtertätigkeit eine erhebliche Bedeutung bei und wandte sich gegen eine zu starke Zentralisierung auf diesem Gebiet, die der Förderung der demokratischen Initiative des ganzen Volkes hinderlich sei.

Das zweite Referat zu diesem Thema hielt Frau *Dr. Heinze* von der DJV. Sie verwies einleitend darauf, dass sie zwar die Aufgaben der Justizministerien anhand des Beispiels des von der DJV kurz zuvor überprüften Justizministeriums des Landes Sachsen darlegen werde, dass aber die von ihr zu treffenden Feststellungen und Folgerungen für alle Justizministerien Geltung hätten. Sie betonte weiterhin einleitend die Notwendigkeit, bei der Betrachtung der Aufgaben der Justizministerien die Veränderungen der allgemeinen und wirtschaftlichen Verhältnisse zu berücksichtigen, die auch eine Veränderung der Aufgaben und Methoden der Rechtspflege mit sich gebracht hätten. Bei der Erörterung der *personalpolitischen* Fragen ging sie zunächst auf den neuen Strukturplan ein, der mit Wirkung vom 1.1.1949 für alle Verwaltungen und damit auch für die Justiz innerhalb der sowjetischen Besatzungszone eingeführt worden ist und dem sich das Justizministerium des Landes Sachsen erst unmittelbar vor der Konferenz angeschlossen hatte.

Sie bemängelte das bisherige Festhalten an der Geschäftsverteilung innerhalb des sächsischen Justizministeriums besonders deshalb, weil diese Geschäftsverteilung unklar und ohne klare Abgrenzung der einzelnen Funktionen gewesen sei, was vielfach zu Mängeln in der Arbeit geführt habe. Sie verwies darauf, dass geeignete Absolventen der Richterschule noch immer zu wenig in Beförderungsstellen gekommen seien, obwohl eine entsprechende Entschließung bereits auf der Juristenkonferenz vom 25./26. Nov. 1948 gefasst worden sei, und dass insbesondere noch viel zu wenig Absolventen der Lehrgänge in den zweitinstanzlichen Gerichten tätig seien. Sie erkannte die gute Arbeit an, die in Sachsen in der Richterschule geleistet worden sei, bemängelte aber die unzureichenden Maßnahmen zur Fortbildung aller Richter.

Bezüglich der *Revisions- und Kontrolltätigkeit* wandte sie sich gegen die Auffassung des ersten Referenten, nach der die Kontrolltätigkeit zum wesentlichen Teil zu den Aufgaben des GStA und des OLG-Präsidenten gehöre. Sie verlangte Konzentrierung dieser Arbeit bei der Kontrollabteilung des Justizministeriums. Sie führte weiter aus, dass sich bei der Revision des sächsischen Justizministeriums ergeben habe, dass man dort weder die vielen Berichte der DJV über die Revisionen einzelner Gerichte ausgewertet und nutzbar gemacht, noch Rundverfügungen der DJV schnell genug und sachgemäß weitergeleitet habe. Auch fehle es noch an einer zureichenden Kontrolle und Auswertung der Einzelentscheidungen, wie auch an einer sachgemäßen Bearbeitung und Auswertung der Statistik. Dagegen konnte sie feststellen, dass auf dem Gebiet der Justiz-Ausspracheabende im Lande Sachsen recht Gutes geleistet worden sei.

Zu der Frage der *Gesetzgebung* vertrat sie im Gegensatz zu Minister Dieckmann den Standpunkt, dass die Justizgesetzgebung eine zonale Aufgabe sei, und dass sich die rechtsgutachtliche Tätigkeit des Justizministeriums auf die Fragen beschränken müsse, die zu dem unmittelbaren Aufgabengebiet der Justiz gehörten; es sei nicht angängig, das Justizministerium durch Rechtsgutachten für andere Ministerien oder andere Dienststellen zu belasten. Gerade dadurch, dass auf diesem Gebiet zu viel Arbeit geleistet worden sei, sei die Arbeit auf den anderen, wesentlichen Gebieten vernachlässigt worden. Endlich forderte sie unter Anerkennung der Arbeit, die gerade im Lande Sachsen auf diesem Gebiet geleistet worden sei, allgemein eine Verbesserung der Arbeit im Strafvollzug, eine Förderung der Bewährungsarbeit und eine systematische Bekämpfung der Gefangenenentweichungen. Abschließend wies sie auf die Notwendigkeit hin, die Arbeitsmethoden zu verbessern und die Arbeit weniger bürokratisch zu gestalten, wozu insbesondere eine enge Zusammenarbeit mit den übrigen Verwaltungen des Landes, mit den Gerichten und Staatsanwaltschaften und mit der DJV erforderlich sei.

In der *Diskussion* zu diesen Referaten schloss sich nur der Justizminister des Landes Sachsen-Anhalt *Damerow* teilweise der grundsätzlichen Stellungnahme des Justizministers Dieckmann an, der in einem Diskussionsbeitrag selbst noch einmal seine Ansicht vertrat, während die übrigen Diskussionsredner, darunter die Justizminister der Länder Thüringen und Brandenburg, dem von Frau Dr. Heinze vertretenen Standpunkt über die Notwendigkeit einer Verstärkung der koordinierenden

Stellung der DJV beipflichteten. Insbesondere der MinDir. *Dr. Schultes* (Thüringen) wies auf die Entwicklung der Verhältnisse seit dem Jahre 1945 hin. Damals, so führte er aus, habe aufgrund des Befehls Nr. 110 der SMAD die alleinige Gesetzgebungsbefugnis der Länder bestanden, die später durch die Landtagsgesetzgebung abgelöst worden sei. In der Zwischenzeit aber sei die Situation durch die Schaffung der DWK [Deutsche Wirtschaftskommission; hierzu: Vierteljahr für Zeitgeschichte 1985, S. 456 ff.] und durch die Aufstellung des Zweijahresplans eine andere geworden; jetzt sei es notwendig, die Gesetzgebung auch auf dem Gebiet der Justiz zu vereinheitlichen und von besonderen Landesgesetzen, die nur der weiteren Rechtszersplitterung dienten, Abstand zu nehmen. Er legte dann im Anschluss an die Ausführungen, die schon der thüringische Justizminister Dr. Loch gemacht hatte, die Ergebnisse dar, die in der Zwischenzeit auf dem Gebiet der Kontrolltätigkeit und der Personalpolitik im Lande Thüringen erzielt worden waren. Ähnliche Berichte wurden von dem *MinDir. Böhme* für Sachsen-Anhalt und *MinDir. Dr. Heinrich* für Mecklenburg gegeben. *MinDir. Dr. Hoeniger* (Brandenburg) vertrat ebenfalls mit Nachdruck den Standpunkt, dass der DJV heute die leitenden und lenkenden Aufgaben sowohl auf dem Gebiet der Gesetzgebung wie auch auf den anderen Gebieten zukämen, und dass im Übrigen weitgehend eine Dezentralisation der Verwaltung erfolgen solle. Er verlangte aber, dass Gesetzesentwürfe den Ländern zur Kenntnis gebracht würden, damit vor ihrem Erlass die Praxis gehört werden könne.

In einem Schlusswort fasste *Vizepräs. Dr. Melsheimer* die Ergebnisse des ersten Tages zusammen und wandte sich hierbei insbesondere gegen die grundsätzlichen Ausführungen des JM Dieckmann. Er verwies darauf, dass es nicht angängig sei, sich heute hinsichtlich der Stellung der Länder und damit der einzelnen Ministerien auf denselben Standpunkt zu stellen wie 1948, weil sich in der Zwischenzeit eine Veränderung der gesamten ökonomischen und gesellschaftlichen Struktur der Zone vollzogen habe, die sich auch auf das Verhältnis zwischen den Ländern und den zonalen Verwaltungen auswirke. Er widersprach der Auffassung von der alleinigen Befugnis des Justizministers zur Entscheidung in *Personalangelegenheiten* und verwies darauf, dass der Fortschritt der demokratischen Entwicklung gerade darin bestehe, dass alle Stellen, die zur politischen Willensbildung berufen sind, bei der Personalpolitik mitzusprechen haben. Er verwies auf die Aufgabe der DJV, dafür zu sorgen, dass in den Ländern eine demokratische Personalpolitik betrieben werde, und nahm für die DJV das Recht in Anspruch, auch in Einzelfällen Entscheidungen in Personenangelegenheiten der Länder zu treffen.

Unter Hinweis darauf, dass nach einem Beschluss der DWK die Richterschule der DJV unterstehe, betonte er dies insbesondere für die Absolventen der Richterschulen, deren Einsatz von der Entscheidung der DJV abhängig sei. Hinsichtlich der *Kontrolltätigkeit* vertrat er mit Nachdruck den Standpunkt, dass für sie in erster Linie das Justizministerium verantwortlich und zuständig sei, das sich zur Durchführung dieser Aufgaben zwar des OLG-Präsidenten und des GStA bedienen könne, diese Aufgaben aber nicht auf diese Stellen völlig übertragen dürfe. Was die *Gesetzgebungstätigkeit* der Länder anlange, so gelte hier ganz besonders das, was über die allgemeine Entwicklung seit 1945 gesagt worden sei; es könne keine Rede davon sein, dass eine förderungswerte Initiative der Länder dadurch verhindert werde, dass man von ihnen verlange, sie sollten von der Justizgesetzgebung Abstand nehmen, weil diese zoneneinheitlich erfolgen müsse. Auch könne es nicht verantwortet werden, dass ein Justizministerium durch gutachtliche Tätigkeit für andere Stellen und Ministerien auf Kosten seiner eigentlichen und wesentlichen Aufgaben auf dem Gebiet der Kontrolle und Revision übermäßig in Anspruch genommen werde. Es müsse, so stellte Dr. Melsheimer abschließend fest, von den Justizministerien verlangt werden, dass sie sich mehr als bisher an ein einheitliches zonales Denken gewöhnten.

Am zweiten Tag der Konferenz referierte der Abteilungsleiter *Weiß* von der DJV über die *praktische Anwendung der Wirtschaftsstrafverordnung*. Er stellte einleitend fest, dass der Deutschen Justizverwaltung bisher nur sehr wenige Urteile bekannt geworden seien, die aufgrund der WirtschaftsstrafVO ergangen waren, so dass es nicht möglich sei, in eine Analyse dieser Rechtsprechung einzutreten. Er behandelte deshalb die Rechtsfragen, die in Berichten der Justizministerien und der Wirtschaftsministerien aufgeworfen worden waren. Viele dieser Fragen konnten durch eine dem Sinn des Gesetzes entsprechende Auslegung eine Beantwortung erfahren. Bei einem Teil der aufgeworfenen Fragen zeigte es sich aber, dass es notwendig ist, eine weitere Durchführungsanordnung zur WirtschaftsstrafVO zu erlassen. Der Entwurf einer solchen Durchführungsanordnung soll unverzüglich nach der Konferenz im Einvernehmen mit dem Sekretariat der DWK ausgearbeitet und dann zunächst den Ländern zur Stellungnahme übersandt werden. In der anschließenden *Diskussion* berichteten die Vertreter aller Länder über die Erfahrungen, die bisher mit der WirtschaftsstrafVO gemacht worden waren. Dabei stellte sich heraus, dass die Zusammenarbeit der Justiz mit der Wirtschaftsverwaltung noch in vielen Fällen der Verbesserung bedarf.

Nachdem der Abteilungsleiter Weiß in seinem Schlusswort zu den in der Diskussion behandelten Fragen Stellung genommen hatte, fasste *Präs. Fechner* die Ergebnisse der Tagung zusammen, wobei er insbesondere auf die am ersten Konferenztag erörterten Probleme einging. Er stellte zunächst fest, dass es gelungen sei, auf dieser Arbeitstagung den entscheidenden Schritt von der Behandlung grundsätzlicher und allgemeiner Fragen der Demokratisierung der Justiz zu der Erörterung konkreter Tagesfragen zu tun. Er vertrat den Standpunkt, dass es nach der Entwicklung, die sich in der letzten Zeit vollzogen hat, eigentlich gar nicht mehr nötig gewesen wäre, die Frage der Abgrenzung der Befugnisse zwischen der Deutschen Justizverwaltung und den Länderministerien zu diskutieren. Er zog aus seinen Ausführungen zu dieser Frage die Folgerung, dass die DJV das Recht und die Pflicht der zentralen und operativen Leitung und Lenkung der Justizarbeit in der Zone habe. Er erinnerte daran, wie sich beispielsweise die Bedeutung einer starken Stellung der DJV bei den Verhandlungen über den Tarifvertrag und den Strukturplan erwiesen habe. Er verwies auf die Notwendigkeit, bei den Ministerien eine klare Geschäftsordnung zu schaffen, die die Zuständigkeiten scharf voneinander abgrenze, und legte Wert auf die Entwicklung neuer Arbeitsmethoden auch innerhalb der Justiz. Die Länder sollten sich dem Vorgang der DJV anschließen und wie diese eine auf längere Zeit berechneten Plan für ihre Arbeit aufstellen. Er betonte, wie wichtig es sei, dass die wesentlichen Rundverfügungen der DJV beschleunigt und unverändert an die Gerichte und StA gelangten und kündigte die Herausgabe eines Mitteilungsblattes der DJV an, dass diese Rundverfügungen enthalten und den Gerichten und StA unmittelbar übersandt werden solle. Bezüglich der Gesetzgebung vertrat er den Standpunkt, dass sie – unter entsprechender Beteiligung der Länder – zentral erfolgen müsse. Für die Personalpolitik verlangte auch er für die DJV die Befugnis, von sich aus, wenn auch selbstverständlich unter Berücksichtigung der Belange der Länder, maßgebliche Entscheidungen zu treffen. Für die Richterausbildung kündigte er eine zonale Richterschule an, in der mit den besten Lehrkräften der Zone in je einem Kursus 300 bis 400 Richter und StA herangebildet werden sollen.

Abschließend stellte Präs. Fechner in Aussicht, dass auf den nächsten Arbeitstagungen die zu behandelnden Themen immer mehr konkretisiert werden würden, damit durch diese Arbeitstagungen der Justiz der Zone wirklich praktische und wertvolle Richtlinien und Hinweise gegeben werden können. Wolfgang Weiß

III. Tagung der GStA vom 25./26.4.1947 (BA Berlin DP 1/14)

Teilnehmer der Konferenz: Dr. Schiffer, Dr. Melsheimer und Dir. Rosenfeld-Pelldram.

Sachsen-Anhalt: GStA Fischl

Mark Brandenburg: GStA Dr. Ostmann

Sachsen: OStA Pinter, StA Froebel

Thüringen: GStA Dr. Kuschnitzky

Mecklenburg: MinRat Dr. Herbert, GStA Saling, ORRin Löhr

Tagesordnung:

1. Bericht der GStA

a) über die Geschäftsbelastung der StA unter besonderer Berücksichtigung der Zahl der unerledigten Verfahren,

b) über die Zusammenarbeit der StA mit der Polizei und anderen deutschen Behörden,

c) über das Funktionieren der Rechtshilfe in Strafsachen (insbesondere bei Fahndung, Auslieferung, Vollstreckung) innerhalb und außerhalb der Zone.

2. Die Abkürzung der Ermittlungsverfahren

a) durch Einführung einer allgemeinen Fristsetzung,

b) durch organisatorische Maßnahmen.

3. Die Behandlung von Haftsachen: Voraussetzungen, Kontrolle und Dauer der Haft (Haftprüfung).

4. Die Lage des Strafvollzuges, insbesondere hinsichtlich

a) Haftraum, b) Behandlung der Jugendlichen.

5. Gnadenverfahren:

a) Praktische Behandlung der Gnadensachen, insbesondere bei Todesurteilen,
b) maßgebende Gesichtspunkte für die Gnadenentscheidung.
6. Die Frage der Strafzumessung:
a) Maßgebende Gesichtspunkte für die Stellung der Strafanträge,
b) bezirksweise Erhebungen und Erfahrensaustausch betr. die Strafhöhe bei typischen Delikten,
c) die Behandlung des Strafmaßes in den Urteilsgründen,
d) insbesondere bei Anwendung des Befehls Nr. 160,
e) insbesondere in den Fällen des KRG Nr. 10.
7. Die Aufdeckung und Bekämpfung der Ursachen der Kriminalität, insbesondere durch Verwertung der Arbeitsergebnisse anderer Verwaltungen.
8. Die kriminalistische Ausbildung der Staatsanwälte.
Fragen:
1. Wie soll eine Ausbildung erfolgen? Durch eine Reihe von sechs Vorträgen aus den wichtigsten Gebieten der Kriminalistik mit Demonstrationen und nachheriger Besprechung.
2. Wer soll an den Vorträgen teilnehmen? a) Die StA, b) die Richter, c) leitende Amtspersonen der Polizei, besonders der Kriminalpolizei.
3. Wo sollen die Vorträge stattfinden? a) In welcher Stadt? b) in welchem Raum?
4. Wann sollen die Vorträge stattfinden? Die erste Vortragsreihe wäre zweckmäßig in der ersten oder zweiten Woche des Junis durchzuführen.
5. Eine wie lange Zeit würden die Vorträge beanspruchen? Vier Tage: Am ersten Tage zwei Vorträge, am zweiten Tage zwei Vorträge, am dritten und vierten Tage je ein Vortrag.
6. Dauer der Dienstfahrt? Sechs Tage.
9. Die Frage der Schulung
a) der Referendare, b) der Absolventen der Volksrichterkurse, c) der Kriminalpolizei.
10. Hinweise für die Fassung der Quartalsberichte

IV. Juristenkonferenzen in den Ländern (Bundesarchiv Berlin)

1. Mecklenburg 10./11.4.1948 (DP 1/6480)
2. Thüringen 20.–24.11.1947 u. 30.6./1.7.1948 (DP 1377 und 1/6899)
3. Brandenburg 7.9.1947 (DP 1/20: Volksrichter; Politisierung des Richterdienstes, Rückkehr zu einer volksnahen Justiz), 6./7.8.1948 u. 22.8.1948 (DP 1/29, 1/13 u. 1/6899)

Biografische Hinweise

Baerns, Werner (1896–1984). 1928 Assessor, jüd. Abstammung (2. Grades) 1939 LG-Rat (befasst mit Verwaltungssachen). Ende 1945 OLG-Rat (1946 Senatspräsident); 1948–1963 OLG-Präsident in Düsseldorf. – *Quellen: Gisela Hillner,* W. B. Erinnerung an einen OLG-Präsidenten, in: Anne-José Paulsen (Hrsg.), Hundert Jahre OLG Düsseldorf, Festschrift, Berlin 2006, S. 63 ff.

Beyerle, Josef (1881–1963). 1923–1933 Justizminister von Württemberg, ab 1934 Richter am OLG Stuttgart. 1945–1950 Justizminister von Württemberg-Baden. – *Lit.: Günter Buchstab,* Josef Beyerle. Beispiel eines christlichen Politikers, Melle 1981.

Biermann, Rudolf (geb. 1904, 1967 Ruhestand). 1938 StA in Verden; 1945 GStA in Celle, anschließend in Braunschweig.

Brauer, Max (1887–1973). 1924–1933 Oberbürgermeister von Altona. In der NS-Zeit im Exil. 1946–1953, 1957–1960 Erster Bürgermeister von Hamburg (zunächst auch für die Justiz zuständig). – *Lit.: Erich Lüth,* Max Brauer, Hamburg 1972.

Burchardi, Dr. iur. 1920 StA in Berlin, 1928 LG-Dir. in Magdeburg, 1930 OStA in Berlin, 1948–1954 GStA in Köln.

Dörmann, Goswin (geb. 1884). 1919 StA in Essen, 1926 StA-Rat in Kiel, Anf. 1945 StA am LG Berlin. 1945–1948 GStA in Kiel. – *Lit.: Klaus-Detlev Godau-Schüttke:* Ich habe nur dem Recht gedient, Baden-Baden 1993, S. 32 f.

Ellinghaus, Wilhelm (1888–1961). 1918 Rechtsanwalt in Hagen, 1928 Landrat, 1930 Regierungsvizepräs. in Gumbinnen, 1945 RegPräs. in Hannover, 1946–1947 Nieders. Justizminister unter Wilhelm Kopf.

Fechner, Max (1892–1973). 1928–1933 Abgeordneter des Preuß. Landtags (SPD). Ab 1946 im Vorstand der SED. 1948 Präsident der Deutschen Justizverwaltung in der SBZ, anschl. Justizminister bis 1952 der DDR. – *Lit.: Rudi Bechert:* Lieber Genosse Max, Aufstieg und Fall des ersten Justizministers der DDR Max Fechner, Berlin 2003.

Freyen, Friedrich, Dr. iur. (geb. 1890; jüd. Abstammung 2. Grades). 1925 StA in Hamburg, 1945 OStA, 1947 GStA in Hamburg.

Geiler, Karl (1878–1953). 1921 Habilitation in Heidelberg. 1928 ord. Honorarprof. (1929–1939 Ordinarius ebd.). 1945–1946 Ministerpräsident von Hessen. Ab 1947 Prof. für Internationales Recht in Heidelberg; 1947–1948 ebd. Rektor. – *Lit.: Konrad Duden,* NDB 6, 151 (1964).

Hallstein, Walter (1901–1982). Habil. in Berlin; 1930–1941 ord. Prof. in Rostock für Privat- und Gesellschaftsrecht, 1941 in Frankfurt/Main. 1951 StS im Bundeskanzleramt, 1951–1958 im Auswärtigen Amt, anschl. bis 1967 Vorsitzender der

Kommission für die Europäische Wirtschaftsgemeinschaft. – *Lit.: Ingrid Piala,* W. H. – Jurist und Gestalter der Europapolitik der ersten Stunde, Berlin 2012.

Heinemann, Gustav (1899–1976). 1947–Sept.1948 Justizminister in Düsseldorf im Kabinett Karl Arnold.

Heitzer, Arnold (geb. 1889). 1920 Rechtsanwalt in Aachen, 1945 StA am LG Aachen. Aug. 1948–1950 GStA in Kiel/Schleswig, 1953 GStA in Bremen. – *Lit.: Godau-Schüttke,* S. 56 ff.

Hermsen, Ernst (1883; Todesdatum nicht bekannt). 1913 AG-Rat in Essen, 1921 LG-Rat ebd., anschl. am LG Duisburg-Hamborn; ab 1923 wieder in Essen. 1926–Sept. 1933 LG-Präs. in Koblenz, anschl. Senatspräs. in Hamm (Strafsenat in Hochverratssachen). Kein Mitglied der NSDAP. Präs. des OLG Hamm von Ende 1945-Mai 1946. – *Lit.: Edith Raim,* Justiz zwischen Diktatur und Demokratie, München 2013, S. 364 ff.

Heusinger, Bruno (1900–1987). 1929 LG-Rat, 1930 OLG-Rat in Braunschweig, 1.6.1933/34 Präs. des OLG Braunschweig; 1935 Zurückstufung zum Senatspräs.; 1948–1955 OLG-Präs. in Braunschweig, 1957 in Celle; 1960–1968 Präs. des BGH. – *Lit.: M. Flotho,* Bruno Heusinger – Ein Präsident im Konflikt zwischen Solidarität und Gewissen, in: R. Wassermann (Hrsg.), Justiz im Wandel der Zeit, Braunschweig 1989, S. 349 ff.

Hodenberg, Bodo Frhr. v. (1900–1987). 1913 Rechtsanwalt (1924 auch Notar) in Celle. 1945–1955 OLG-Präs. Celle. – *Lit.: H.-H. Franzki* (Hrsg.), Festschrift zum 250jährigen Bestehen des OLG Celle, Celle 1986.

Hofmeister, Werner (1902–1984). 1929 im Justizdienst; 1933 wegen seiner Mitgliedschaft in der DVP entlassen; anschl. Rechtsanwalt; 1945 am AG Braunschweig; Juni 1946 Notar; Mitglied des Nieders. Landtags von 1951–1967. 1949/50 u. 1957/59 Justizminister Niedersachsens. – *Lit.: H.-R. Jarck/G. Scheel* (Hrsg.): Braunschweigisches Biographisches Lexikon, Hannover 1996, S. 283 f.

Junker, Max (1885–1959). 1911 Gerichtsassessor, 1914 StA in Altona, 1930 Erster StA ebd., 1931 LG-Dir., 1932 OStA am LG Münster. 1933 zum LG-Dir. zurückgestuft (wegen seiner Tätigkeit im Zentrum), 1945–1952 GStA am OLG Düsseldorf.

Katz, Rudolf (1895–1961; jüd. Abstammung). 1924–1933 Rechtsanwalt (Notar) in Altona. 1933, März, Flucht nach Frankreich, 1935 in den USA (seit 1938 amerikanischer Staatsbürger). 1947–1950 Justizminister von Schleswig-Holstein; anschl. bis 1961 erster Vizepräs. des Bundesverfassungsgerichts. – *Lit.: Godau-Schüttke,* S. 41 ff.

Kern, Eduard (1887–1972). 1919 Habilitation in München. 1923 ord. Prof. in Freiburg/Br., 1934–1935 Rektor ebd. 1935–1946 Prof. in Tübingen. – *Lit.: E. Schmidhäuser,* Eduard Kern, 1887–1972, in: F. Elsener, Lebensbilder zur Geschichte der Tübinger Juristenfakultät, Stuttgart 1977, S. 177 ff.

Kesseböhmer, Wilhelm, Dr. iur. (geb. 1892). 1919 Gerichtsassessor, 1923 StA in Essen, 1935 Erster StA in Hamm. 1945–1957 GStA ebd.

Kiesselbach, Wilhelm (1867–1960). 1895 Rechtsanwalt in Hamburg, 1929–1933 Präsident des Hans. OLG, das er erneut 1945/46 leitete; anschl. Präsident des Zentraljustizamts für die Brit. Zone. – *Lit.: Jannssen, W. K.*, NJW 1961, S. 1008; *W. Lührs*, NDB, Bd. 11, 1977, S. 599 f.

Klaas, Walter (1895–1978). 1921 Gerichtsassessor in Hamburg, 1924 Rechtsanwalt ebd. 1945–1947 GStA in Hamburg. 1947 Präs. der Strafrechtsabt. des Zentraljustizamts. 1951 Richter am BVerfG (2. Senat). – *Lit.:* W. Klaas, Nachruf in der FAZ vom 3.4.1978.

Koch, Ekard, Dr. iur. (1902–2000). 1928 Rechtsanwalt in Oldenburg, 1945–1955 Präs. des OLG Oldenburg, 1951/52 StS im Nds. Justizministerium; 1960–1966 Präs. des OLG Celle. – *Lit.: P. Bahlmann*, Verbrechen gegen die Menschlichkeit? Wiederaufbau der Justiz und frühe NS-Prozesse im Nordwesten Deutschlands, Diss. phil. Oldenburg 2008, S. 60 ff.

Kohlrausch, Eduard (1874–1948). Ab 1919 Prof. in Berlin. – *Lit: Holger Karitzky*, Eine strafrechtliche Biographie, Berlin 2002.

Korintenberg, Werner Dr. iur. (1898–1981). 1931 AG-Rat in Duisburg-Ruhrort, LG-Rat in Köln. 1948–1962 Präs. des OLG Köln. – *Lit.:* NJW 1961, 1008.

Kuhnt, Gottfried (1884–1967). 1921 MinRat im preuß. Justizministerium, 1927–1933 OLG-Präs. in Kiel. 1945/46 erneut OLG-Präs. in Kiel; 1946/47 Justizminister von Schleswig-Holstein; 1947–1952 erneut OLG-Präs. in Kiel/Schleswig. – *Lit.: Godau-Schüttke*, S. 29 ff.

La Follette, Charles M. (1898–1974). Rechtsanwalt und Politiker (Abgeordneter im US-Repräsentantenhaus). 1947 an den Nürnberger Prozessen beteiligt, anschl. von 1947–1949 Militärgouverneur für die amerikanische Zone in Württemberg-Baden. – *Lit.:* Biographisches Archiv 24/1952 vom 2.6.1952 im Munzinger-Archiv.

Lingemann, Heinrich (1880–1962). 1917 StA in Frankfurt/M., 1926 OStA in Breslau, 1927 in Essen. 1933 LG-Dir. in Köln; 1937 Versetzung als AG-Rat an das AG Köln; 1938 auf Antrag Eintritt in den Ruhestand. 1945 AG-Präs. in Köln; Okt. 1945–Sept. 1948 Präs. des OLG Düsseldorf. – *Lit.: H. Wiesen*, Das Oberlandesgericht von 1945 bis zur Gegenwart; in der Festschrift: 75 Jahre OLG Düsseldorf, 1981, S. 85 ff.

Lewinski, v. (geb. 1879). 1918 StA in Münster, 1921 Erster StA am OLG Hamm, 1923 OStA ebd., 1928 OStA am LG Wuppertal, 1933 LG-Rat (OStA) in Stolp. 1945–1947 GStA in Köln.

Mansfeld, Wilhelm (1875–1955; jüd. Abstammung 2. Grades). 1901 Gerichtsassessor, 1909 Landrichter (1913 LG-Rat), 1917 StA, 1923 OLG-Rat; 1939 vorzeitige Pensionierung auf eigenen Wunsch, 1945 Präs. des OLG Braunschweig. – *Lit.: Dr. Miosge*, in: E. Isermann/M. Schlüter (Hrsg.), Justiz und Anwaltschaft in Braunschweig 1879–2004, Braunschweig 2004, S. 145 ff.

Melsheimer, Ernst (1897–1960). 1924 LG-Rat Berlin I, 1932 Oberregierungsrat im preuß. JM, 1933 LG-Dir. in Berlin III, 1946–1949 der Deutschen Justizverwaltung in Ostberlin, 1949–1960 GStA der DDR. – *Quellen: Britta Heymann,* Ernst Melsheimer (1897–1960): Eine juristische Karriere in verschiedenen staatlichen Systemen, Frankfurt a.M., 2007.

Meyer-Abich, Friedrich Karl Andreas (1895–1972), Dr. iur. 1924 Rechtsanwalt und Notar in Emden. 1933 Verlust der Zulassung zur Rechtsanwaltschaft. 1945 GStA in Oldenburg. 1953–1960 StS des Nieders. Justizministeriums.

Moericke, Dagobert (1885–1961). 1909 Promotion zum Dr. iur. 1912 Gerichtsassessor, 1916 Amtsrichter in Karlsruhe, 1919 StA in Pforzheim, 1922 in Konstanz. 1924 Erster StA in Karlsruhe, 1926 LG-Rat ebd., 1928 OStA am RG in Leipzig, 1936 Senatspräs. am OLG Celle. 1945–1947 GStA in Celle, anschl. bis 1950 StS im Nieders. Justizministerium, 1951 Senatspräs. am BGH. – *Quellen: R. Frommholz,* Moericke, NDB, Bd. 17, 1994, S. 666.

Ruscheweyh, Herbert (1892–1965). 1921 Rechtsanwalt in Hamburg; 1928–1933 Mitglied der Hamburger Bürgerschaft (ab 1931–1933 deren Präsident). Jan. 1946 Vizepräs., ab Okt. 1946 deren Präsident. 1948–1951 Präs. des Deutschen Obergerichts in Köln. Honorarprof. a.D. Hamburg (1951); Präs. des DJT 1953, 1955, 1957 und 1960. – *Lit.: D. Ihonor:* Herbert Ruscheweyh. Verantwortung in schwierigen Zeiten, Baden-Baden 2006.

Schetter, Rudolf (1880–1967). 1909 LG-Rat in Köln; 1920 OLG-Rat ebd.; 1923 Senatspräs. in Düsseldorf, 1927, 1934 LG-Dir. Mitglied des Reichstags für das Zentrum von 1924–1933. 1934 LG-Dir. in Köln. 1941 auf eigenen Wunsch im Ruhestand. Aug.–Okt. 1944 verhaftet; 1945 Präs. des LG Köln; anschl. OLG-Präs. in Köln.

Schiffer, Eugen (1860–1954). 1888 Amtsrichter in Hindenburg (Zabrze), 1888–1906 Amtsrichter, anschl. LG-Rat in Magdeburg, 1906 am KG, 1910 Oberwaltungsgerichtsrat. 1912–1917 Reichstagsabg. für die Nationalliberalen, 1914–1918 im preuß. Abgeordnetenhaus, 1921–1924 im preuß. Landtag. 1917 UnterStS im Reichsschatzamt. 1919 Reichsfinanzminister, 1919/1921 Reichsjustizminister. RT-Abgeordneter der DDP; ab 1924 als Rechtsanwalt tätig. 1945 Mitbegründer der LDPD; 1945–1948 Präs. der Deutschen Zentralen Verwaltung der Justiz; wohnhaft auch nach 1945 in Berlin (West). – *Lit.: Joachim Ramm,* Eugen Schiffer und Reform der deutschen Justiz, Neuwied 1987; *Thilo Ramm* (Hrsg.), Eugen Schiffer, 1860–1954. Ein nationalliberaler Staatsmann, Baden-Baden 2006, *H. Wentker,* Eugen Schiffer als Präsident der Deutschen Zentralverwaltung für Justiz in der SBZ (1945–1948), in: Jahrbuch zur Liberalismus-Forschung 29 (2017), S. 221 ff.

Schneidewin, Karl, Dr. iur. (1887–1964) Gerichtsassessor 1913, 1920 StA in Berlin III, 1923 Erster StA am RG, 1925 OStA ebd. 1930 Rechtsanwalt, 1945 OStA in Leipzig, 1946 GStA in Celle, 1948 GStA am OGH Köln. – *Lit.: C. Kirchner,* JZ 1964, S. 191 f.

Schönke, Adolf (1908–1953). 1932 Promotion, 134 Gerichtsassessor (Reichsjustizmin.), 1937 AG-Rat. 1937 Habilitation in Berlin; ab 1938 Prof. in Freiburg i.Br. – *Lit.:* JZ 1953, S. 350 (Bader); JuS 1984, S. 75 ff. (E. Pieske).

Staff, Curt (1901–1976), Dr. iur. 1923 Assessorprüfung, 1930 LG-Rat in Braunschweig (vorher bei der StA). 1933 bis Juli Mitglied des Reichstags. Juni 1933 aus dem Dienst entlassen. Aug. 1945–Okt. 1947 GStA in Braunschweig, 1948 Senatspräs. am OGH Köln. 1951 OLG-Präs. in Frankfurt/M. – *Lit.: Th. Henne,* NJW 2001, S. 3030 f.; *E. Zimmer,* Die Geschichte des Oberlandesgerichts in Frankfurt am Main, Frankfurt/M. 1976, S. 152 ff.

Sträter, Artur (1902–1977; jüd. Abstammung 2. Grades). Rechtsanwalt in Soest bis 1945; Juni 1945 Präs. des Regierungsbezirks Düsseldorf. 1950–1970 Mitglied des Landtags von NRW 1946/47 u. 1948–1950. Von 1962–1976 Justizminister von NRW.

Wiefels, Josef (1893–1977). 1934 OLG-Rat in Düsseldorf; 1946–1961 Präs. des OLG Hamm. Wiefels hielt 1944 auf der Arbeitstagung für Nachwuchskräfte im April/Mai folgendes Referat: „Kurzer Aufriss der leitenden Gedanken der nationalsozialistischen Rechtserneuerung" (wiedergegeben bei *W. Schubert,* Das Reichsjustizministerium unter Otto Thierack [1942–1945], Teil 2, Berlin 2018, S. 77 ff.)

Zinn, Georg August (1901–1976). Zunächst Kommunalbeamter in Kassel; ab 1923 Studium der Rechtswissenschaften, 1931 Assessorprüfung, anschl. bis 1945 Rechtsanwalt beim AG und LG in Kassel; Okt. 1945–1949 Justizminister des Landes Hessen; 1950–1969 Ministerpräsident von Hessen. – *Lit.: Gerhard Beier,* Hessen vorn. Die Biographie des Hessischen Ministerpräsidenten Georg August Zinn, Bonn 1971.

Nachtrag

Besprechung der Referenten für die Gesetzgebung bei den OLG Hamburg, Kiel, Celle, Braunschweig und Oldenburg am 10.10.1945 in Lüneburg.

Anwesende:
Hamburg: LG-Dir. Willers, RA Dr. Sieveking
Kiel: OLG-Rat Dose
Celle: OLG-Rat Dr. Tasche
Braunschweig: OLG-Rat Dr. Fricke
Oldenburg: OLG-Rat Schmidt-Ranke, OLG-Rat Weitzel
Den Vorsitz übernimmt LG-Dir. Willers.

I. Gesetzgebung. LG-Dir. Willers berichtet über die Zusammenarbeit mit Oberst Carton in Hamburg, der Mitglied der Dreier-Kommission in Oeynhausen sei und erklärt habe, dass für den gesamten britischen Bezirk seine Genehmigungen gültig und seine Erklärungen verbindlich seien.

In Hamburg seien bisher erlassen: eine VO über die Wiedereröffnung der Gerichte, eine VO über die Einsicht in das Schiffsregister und Justizerlass Nr. 1, von dem jeden der Anwesenden ein Exemplar überreicht wird. – Die VO sollen im Hamburger Verordnungsblatt erscheinen. Es sei vorgesehen, das Verordnungsblatt auch den anderen OLG zuzustellen.

OLG-Rat Dr. Tasche berichtet über den am OLG Celle ausgearbeiteten Plan, sämtliche KriegsVO aufzuheben.

OLG-Rat Dr. Fricke berichtet, dass in Braunschweig eine VO zur Wiedereröffnung der Gerichte in Vorbereitung sei.

LG-Dir. Willers schlägt vor, die Hamburger VO zu übernehmen.

OLG-Rat Dr. Tasche berichtet weiter aus Celle, dass dort die Neubearbeitung des Anerbenrechts, des Pachtschutzes und des Landbewirtschaftungsrechts in Angriff genommen sei. – Es wird vorgeschlagen, dass diese Rechtsgebiete weiterhin in Celle bearbeitet werden.

LG-Dir. Willers erwähnt sodann die Bestrebungen, ein Staatssekretariat für Gesetzgebungen in Berlin zu errichten. Es sei fraglich, ob dem nicht von russischer Seite Schwierigkeiten bereitet würden, auch sei die englisch/amerikanische Zusammenarbeit nicht reibungslos. Es müsste daher zunächst eine Zentrale im britisch besetzten Gebiet erstrebt werden.

OLG-Rat Schmidt-Ranke berichtet, dass zwischen Oldenburg, Hannover und Braunschweig ein Staatsvertrag geschlossen sei (fraglich, ob mit oder ohne Zustimmung der Militärregierung), nachdem eine Regierung aus den Ministerpräsidenten der drei Länder gebildet werden solle. Auf diese solle die gesetzgebende Gewalt des Reiches übergehen, so dass damit die Gesetzgebung dem OLG-Präsidenten entzogen sei.

OLG-Rat Dr. Fricke ist der Auffassung, dass ohne Rücksicht auf den Staatsvertrag gearbeitet werden könne, da die Trennung von Justiz und Verwaltung bereits erfolgt sei.

LG-Dir. Willers berichtet, dass eine VO über die Kompetenzen der OLG-Präsidenten geplant sei, die überall eingeführt werden müsse, um eine einheitliche Gesetzgebung zu ermöglichen. Er zitierte die Hamburger Anweisung der Militärregierung an den Bürgermeister der Hansestadt Hamburg, die eine klare Trennung der Zuständigkeit zwischen den Verwaltungs- und Justizbehörden vorsieht.

Es wird für erstrebenswert gehalten, dem Gremium der OLG-Präs. klar umrissene gesetzgeberische Aufgaben zu erteilen.

Bezüglich des Vorschlags von Oberst Carton, den Zustand der Gesetzgebung von 1933 wieder herzustellen, herrscht die Ansicht, dass dieses nicht möglich sei. Ein Memorandum darüber ist nach Mitteilung von LG-Dir. Willers von Oberst Carton angefordert. Bisher sei davon auszugehen, dass die Engländer alle Gesetzgebung ablehnen, die Reichsrecht verletzt.

Zur Frage der VertragshilfeVO berichtet *LG-Dir. Willers,* dass ein Entwurf, der anstelle eines Entwurfs der Handelskammer Hamburg der Militärregierung eingereicht sei, noch nicht genehmigt worden sei. Er schlägt auch hier gemeinsame Entwürfe vor.

OLG-Rat Dr. Tasche berichtet, dass der OLG-Präs. von Hannover bereits einen Entwurf eingereicht habe, im Übrigen sei der Hamburger Entwurf insofern bedenklich, als die getroffenen Anordnungen und Regelungen des Richters für unanfechtbar erklärt wurden. Soweit der Bezirk Celle in Frage komme, müsse eine Nachprüfung der Entscheidungen der Vertragshilferichter möglich sein.

II. Eröffnung der Gerichte. Die einzelnen Referenten berichten über den Stand der Eröffnung der Gerichte:

Hamburg: Alle Gerichte arbeiten mit Ausnahme des Konkursgerichts, der Abteilung für Zwangsversteigerung und Zwangsversteigerung und Zwangsverwaltung sowie der Register.

Braunschweig: LG werden eröffnet für Strafsachen, AG für Straf- und Zivilsachen, aber nur teilweise. Für die Register ist der OLG-Präs. für die Eintragung von Verfügungsbeschränkungen und Beschlagnahmen durch die Militärregierung für verantwortlich erklärt.

Oldenburg: LG arbeiten in Strafsachen, AG in Zivil- und Strafsachen.

In Bezug auf die Grundbücher ist eine Vollzugsmeldung über die Eintragung von Verfügungsbeschränkungen pp. gemäß Gesetz Nr. 52 eingefordert.

Celle: LG Hildesheim, Göttingen, Hannover sind eröffnet, die AG nur zum Teil

Kiel: LG und AG arbeiten in Strafsachen.

Es wird beschlossen, laufend über den Zustand der Eröffnung der Gerichte, der Zulassung der Anwälte und Notare an alle beteiligten OLG zu berichten. Diese Berichte sollen regelmäßig auf den Zusammenkünften der Präsidenten und

Referenten überreicht werden. Von Hamburg aus sollen die Gerichte des westlichen Teils der britischen Zone unterrichtet werden.

III. § 18 GVG n.F. LG-Dir. Willers überreichte den Anwesenden ein Referat, das der Militärregierung überreicht sei, um eine authentische Interpretation der neuen Fassung von § 18 zu erhalten. Die Interpretation sei wichtig für die Frage, ob § 18 auch für Zivilprozesse gelte und für die Schwierigkeiten auf dem Gebiete der freiwilligen Gerichtsbarkeit. Eine Antwort der Militärregierung sei noch nicht eingegangen.

IV. Folgerungen aus dem Wegfall des Reichsgerichts. LG-Dir. Willers überreichte den Entwurf einer AusführungsVO zur Verordnung über die Wiedereröffnung der Gerichte und trägt die Begründung des Entwurfs vor. Der Entwurf wurde besprochen.

Zu § 1 schlägt *OLG-Rat Schmidt-Ranke* vor, diesen folgendermaßen zu fassen: „Gegen Endurteile und Beschlüsse des OLG kann ein Rechtsmittel nicht mehr eingelegt werden, und dafür ist § 5 zu streichen."

Zu § 2. *OLG-Rat Schmidt-Ranke* gibt zur Erwägung, die Revision von Amts wegen für erledigt zu erklären. In Zeile 4 soll eingefügt werden „durch Beschluss des OLG".

Zu § 3. *OLG-Rat Schmidt-Ranke* hat Bedenken gegen die Parteiherrschaft und im Übrigen soll das Wort „anhängig" ersetzt werden durch „in unzulässiger Weise eingelegt".

Zu § 4 Abs. 3. Es wird vorgeschlagen, den Charakter einer Mussvorschrift dadurch zum Ausdruck zu bringen, dass gesagt wird: „Der Revisionskläger muss darauf hingewiesen werden".

Zu §§ 6-9 werden keine Bedenken geäußert. Grundsätzlich herrscht Einverständnis, dass nachträglich kein Rechtsmittel gegen rechtskräftige Entscheidungen mehr zugelassen werden soll.

Zu § 10. *OLG-Rat Dr. Fricke* befürwortet im Interesse der Rechtseinheit ein gemeinsames OLG in der britischen Zone zu bestimmen.

V. Schleichhandel. LG-Dir. Willers überreicht den Entwurf einer VO zur Bekämpfung des Schleichhandels und der Schwarzschlachtung mit Begründung.

VI. Zustellung. Es besteht das Bestreben, die Zustellung wieder einzuführen. Durch Rundfragen bei den zuständigen Postbehörden ist zu klären, inwieweit die Zustellungen wieder möglich sind.

VII. Dauer des Stillstandes der Rechtspflege. Jeder Chefpräsident soll für seinen Bezirk die Dauer des Stillstandes der Rechtspflege bestimmen. Es werden Zweifel geäußert, ob für jeden LG-Bezirk eine verschiedene Frist festgesetzt werden kann. *OLG-Rat Dose* schlägt vor, im Zweifelsfalle die für den Betroffenen günstigste Regelung zu wählen.

VIII. Zurückstellung aufgrund § 1 der VO vom 12.5.1943. Es herrscht die Ansicht, dass die VO vorläufig nicht aufgehoben zu werden braucht.

IX. Patentrecht. LG-Dir. Willers trägt vor, dass nach Wegfall des Reichspatentamts eine Prüfung von Patenten nicht mehr stattfinden könne, dass aber zur Sicherung der Priorität von Anmeldungen eine Stelle zur Hinterlegung von Patenten,

Gebrauchsmustern und Warenzeichen geschaffen werden müsse. Der Entwurf einer entsprechenden von den Hamburger Patentanwälten ausgearbeiteten VO, die das Handelsregister in Hamburg als Hinterlegungsstelle vorsieht, wird überreicht.

OLG-Rat Dr. Tasche erwähnt einen Entwurf, nach dem Braunschweig zuständig sein soll. Nach Mitteilung von *OLG-Rat Schmidt-Ranke* soll auch für Oldenburg Braunschweig zuständig sein. Erstrebenswert sei eine zentrale Regelung.

X. Ersatzgericht für das LG und AG Berlin. Der Vorschlag des OLG-Präs. in Celle in den Fällen, in denen in deutschen Gesetzen, VO und VerwaltungsAO das LG oder AG Berlin für die Erledigung von Rechtsangelegenheiten für zuständig erklärt ist, anstatt dessen das LG bzw. AG Hannover treten zu lassen, wird grundsätzlich gebilligt. Es wird jedoch erwogen, den Vorschlag zunächst zurückzustellen, ähnliche Fälle zu sammeln und zu einem gegebenen Zeitpunkt vorzutragen.

XI. Ehegesetz. LG-Dir. Willers referiert über die Abänderungsvorschläge, die beim OLG Hamburg ausgearbeitet worden sind.

OLG-Rat Dr. Tasche überreicht eine Zusammenfassung der Auffassungen der Senatspräsidenten am OLG Celle. – Die Besprechung ergibt im Wesentlichen eine Übereinstimmung über die Frage, welche Vorschriften des Ehegesetzes aufrecht zu erhalten und welche zu streichen sind. – Die Abänderungsvorschläge sollen den OLG-Präs. zugehen. Eine Gesetzesänderung ist zurzeit noch nicht möglich.

XII. Erbrecht. LG-Dir. Willers referiert über die aufzuhebenden Bestimmungen des Testamentsgesetzes, des Gesetzes vom 5.11.1937 und der VO vom 25.11.1941. Ein Bericht über die Abänderungsvorschläge soll dein OLG-Präs. ebenfalls zugehen.

XIII. Ausbildungswesen, Prüfungswesen und Unterhaltszuschuss für Referendare. OLG-Rat Dr. Fricke überreicht zu diesen Fragen ein Referat. Die Besprechung ergibt zu den Fragen der Abkürzung des Studiums und der Vorbereitungszeit bei Ausbildungsverlust, bei Behinderung des Studiums infolge politischer Haltung und der Regelung der Übung keine Bedenken (wie 1-3). – Das Studium des Kirchenrechts wird nicht mehr für erforderlich gehalten (wie 4). – Die Berufung der im § 9 Abs. 3 d genannten Personen hat zu entfallen (wie 6).

Im Übrigen wird den Vorschlägen zugestimmt. Als Prüfungsorte werden Hamburg, Celle und Oldenburg in Vorschlag gebracht. Weitere Einzelheiten über die Frage der Unterhaltszuschüsse sind mit den Präsidenten durchzuberaten. Ebenso ist die Frage der Übernahme der Referendare aus den Russengebieten den Präsidenten zur Entscheidung vorzulegen.

Es besteht die Auffassung, dass die Ausbildung dieser Referendare zu fördern ist, eine Übernahme jedoch nur im Einzelfall erfolgen kann.

OLG-Rat Dr. Tasche regt noch an, dass in jedem OLG-Bezirk leitende Justizbeamte namhaft gemacht werden, die als Auskunftspersonen für Bewerber aus dem Osten in Frage kommen.

Die nächste Referentenzusammenkunft soll etwa in vier Wochen stattfinden.

Sachverzeichnis und Quellennachweis

Quellennachweis

www.ingramcontent.com/pod-product-compliance
Ingram Content Group UK Ltd.
Pitfield, Milton Keynes, MK11 3LW, UK
UKHW021824290926
8980IPUK00004B/254